॥ सत्यं शिवं सुन्दरम् ॥

श्रीमद्गोस्वामी तुलसीदासजीविरचित

श्रीरामचरितमानस

(हल्बी पद्यानुवाद सहित)

॥ सत्यं शिवं सुन्दरम् ॥

श्रीमद्गोस्वामी तुलसीदासजीविरचित

श्रीरामचरितमानस

(हल्बी पद्यानुवाद सहित)

अनुवादक

रामसिंह ठाकुर

लोकभारती प्रकाशन

नयी दिल्ली पटना इलाहाबाद कोलकाता

संस्कृति विभाग, छत्तीसगढ़ सरकार के सहयोग से प्रकाशित

लोकभारती प्रकाशन
पहली मंज़िल, दरबारी बिल्डिंग, महात्मा गांधी मार्ग
इलाहाबाद-211 001

वेबसाइट : www.lokbhartiprakashan.com
ई-मेल : info@lokbhartiprakashan.com

शाखाएँ : 1-बी, नेताजी सुभाष मार्ग, दरियागंज
नई दिल्ली-110 002
अशोक राजपथ, साइंस कॉलेज के सामने
पटना-800 006
36 ए, शेक्सपियर सरणी, कोलकाता-700 017

पहला संस्करण : 2014

मूल्य : ₹ 2500

सौजन्य : रामचरितमानस चतुश्शताब्दी
समारोह समिति

बी.के. ऑफसेट
नवीन शाहदरा
दिल्ली-110 032 द्वारा मुद्रित

Shrimad Goswami Tulsidasjivirchit
SHRIRAMCHARITMANAS
(Halbi Padhyanuvad Sahit)
Edited by Ram Singh Thakur

ISBN : 978-81-8031-975-4

आभार

श्री रमन सिंह

मुख्यमंत्री, छत्तीसगढ़

और

श्री अजय चंद्राकर

मंत्री, संस्कृति, पर्यटन, पंचायत, ग्रामीण विकास एवं

संसदीय कार्य, छत्तीसगढ़

के प्रति, जिनकी विशेष रुचि एवं मार्गदर्शन के बिना

यह प्रकाशन संभव नहीं होता।

गोस्वामी तुलसीदासजी महाराज

निवेदन

अपने अवतरण के साथ ही वर्ष १९७० में रामचरितमानस चतुश्शताब्दी समारोह समिति ने प्रवृत्तियों का जो खाका बनाया उसमें आदिवासी अंचलों में रामकथा का प्रसार-प्रचार प्रमुख था। इस निर्णय के मूल में स्वतंत्र भारत की यह नीति थी कि आदिवासी जन-समुदाय को देश की मूल सांस्कृतिक धारा से जोड़ा जाए। भारत एक विशिष्ट प्राण-धारा से सिंचित है और वह है आध्यात्मिक। इसी प्राण-धारा से हमारे देश के महापुरुषों ने प्रेरणा पाई है और वे वेद दर्शन, बौद्ध दर्शन, जैन दर्शन, कबीर दर्शन, गाँधी दर्शन, सत्यनाम दर्शन देकर मानव-समाज को कृतार्थ करते रहे हैं। जब भी देश भटका है या विचलित हुआ है तब आदिशंकर, तुलसीदास, विवेकानन्द और गाँधी सदृश प्रात:स्मरणीय महापुरुषों नें इसी प्राण-धारा का सम्बल लेते हुए पथ-प्रदर्शन किया है। इसका एक प्रवाह-स्रोत रामकथा रही है। कालजयी आकर्षण का विश्लेषण करते हुए श्री कुबेरनाथ राय कहते हैं कि जिजीविषा, करुणा और संकल्प का त्रिवेणी संगम केवल राम के व्यक्तित्व में ही मिलता है। स्वाभाविक था कि समिति के सांस्कृतिक समाकलन सम्बन्धी प्रयास रामकथा के इर्द-गिर्द ही गठित हों। ऐसा नहीं है कि आदिवासी अंचल रामकथा से सर्वथा अपरिचित हो किन्तु व्यक्ति, समाज और राष्ट्र के लिए समान रूप से प्रेरणादायक गायन तुलसीदास ने ही किया है। फलत: तुलसीदास द्वारा रचित रामचरितमानस को ही इस प्रयास का बीज बनाया गया।

दिनांक १३ अक्टूबर, १९७३ की बैठक में समिति ने तय किया कि हल्बी, गोंडी, माड़ी, भीली और कुडुख में रामकथा का गद्य और पद्य में प्रस्तुतीकरण हो। गद्यात्मक आवृत्ति के लिए हिन्दी में रामकथासार तैयार किया जाए और विभिन्न बोलियों की आवृत्तियाँ उसी के आधार पर निर्मित हों। मानस के दोहे और चौपाइयों का अनुसरण करते हुए हल्बी, गोंडी, माड़ी और भीली में पद्यात्मक आवृत्ति तैयार की जाए।

उन पाँचों बोलियों का गद्यात्मक रूपान्तर वर्ष १९७९ में सम्पन्न हो गया और मुद्रित प्रतियाँ आदिमजाति कल्याण विभाग के माध्यम से वितरित कर दी गईं। अनेकानेक कारणों से पद्यात्मक आवृत्तियों का मुद्रण आगे नहीं बढ़ पाया। परम प्रसन्नता का विषय है कि अब हल्बी पद्यानुवाद का प्रकाशन सम्भव हुआ है। हल्बी विभाषी जनसाधारण में जो पढ़-लिख लेते हैं, वे इसके पाठ से रसानुभूति कर पाएँगे। जो निरक्षर हैं उनके लिए आकाशवाणी के प्रसारण से तथा हाटों में गायन की व्यवस्था की जावेगी।

हल्बी पद्यानुवाद का दु:साध्य कार्य अनेक महानुभावों की लगन और परिश्रम से सम्भव हुआ है। उपलब्ध रचनाओं के संकलन और परिशोधन में डॉ. हीरालाल शुक्ल का महत्त्वपूर्ण योगदान रहा है। श्री रामसिंह ठाकुर ने उस कार्य को आगे बढ़ाया।

इन सबके प्रति समिति अनुगृहीत है।

(गोरेलाल शुक्ल)

।। श्रीहरिः ।।

गोस्वामी तुलसीदास जी की संक्षिप्त जीवनी

प्रयाग के पास बाँदा जिले में राजापुर नामक एक ग्राम है, वहाँ आत्माराम दूबे नाम के एक प्रतिष्ठित सरयूपारीण ब्राह्मण रहते थे। उनकी धर्मपत्नी का नाम हुलसी था। संवत् १५५४ की श्रावण शुक्ला सप्तमी के दिन अभुक्त मूल नक्षत्र में इन्हीं भाग्यवान् दम्पति के यहाँ बारह महीने तक गर्भ में रहने के पश्चात् गोस्वामी तुलसीदास जी का जन्म हुआ। जन्मते समय बालक तुलसीदास रोए नहीं, किन्तु उनके मुख से 'राम' का शब्द निकला। उनके मुख में बत्तीसों दाँत मौजूद थे। उनका डील-डौल पाँच वर्ष के बालक का-सा था। इस प्रकार के अद्‌भुत बालक को देखकर पिता अमङ्गल की शङ्का से भयभीत हो गए और उसके सम्बन्ध में कई प्रकार की कल्पनाएँ करने लगे। माता हुलसी को यह देखकर बड़ी चिन्ता हुई। उन्होंने बालक के अनिष्ट की आशङ्का से दशमी की रात को नवजात शिशु को अपनी दासी के साथ उसकी ससुराल भेज दिया और दूसरे दिन स्वयं इस असार-संसार से चल बसीं। दासी ने, जिसका नाम चुनिया था, बड़े प्रेम से बालक का लालन-पालन किया। जब तुलसीदास लगभग साढ़े पाँच वर्ष के हुए, चुनिया का भी देहान्त हो गया, अब वो बालक अनाथ हो गया। वह द्वार-द्वार भटकने लगा। इस पर जगज्जननी पार्वती को उस होनहार बालक पर दया आई। वे ब्राह्मणी का वेश धारण कर प्रतिदिन उसके पास जातीं और उसे अपने हाथों भोजन करा जातीं।

इधर भगवान् शंकर जी की प्रेरणा से रामशैल पर रहनेवाले श्री अनन्तानन्द जी के प्रिय शिष्य श्रीनरहर्यानन्द जी ने इस बालक को ढूँढ़ निकाला और उसका नाम रामबोला रखा। उसे वे अयोध्या ले गए और वहाँ संवत् १५६१ माघ शुक्ला पञ्चमी शुक्रवार को उसका यज्ञोपवीत संस्कार कराया। बिना सिखाए ही बालक रामबोला ने गायत्री-मन्त्र का उच्चारण किया; जिसे देखकर सब लोग चकित हो गए। इसके बाद नरहरि स्वामी ने वैष्णवों के पाँच संस्कार करके रामबोला को राममन्त्र की दीक्षा दी और अयोध्या में ही रहकर उन्हें विद्याध्ययन कराने लगे। बालक रामबोला की बुद्धि बड़ी प्रखर थी। एक बार गुरुमुख से जो सुन लेते थे, उन्हें वह कण्ठस्थ हो जाता था। वहाँ से कुछ दिन बाद गुरु-शिष्य दोनों सूकरक्षेत्र (सोरों) पहुँचे। वहाँ श्रीनरहरि जी ने तुलसीदास जी को रामचरित सुनाया। कुछ दिन बाद वे काशी चले आए। काशी में शेषसनातन जी के पास रहकर तुलसीदास ने पन्द्रह वर्ष तक वेद-वेदाङ्ग का अध्ययन किया। इधर उनकी लोकवासना कुछ जाग्रत् हो उठी और अपने विद्यागुरु से आज्ञा लेकर वे अपनी जन्मभूमि को लौट आए। वहाँ आकर उन्होंने देखा कि उनका परिवार नष्ट हो चुका है। उन्होंने विधिपूर्वक अपने पिता आदि का श्राद्ध किया और वहीं रहकर लोगों को भगवान् राम की कथा सुनाने लगे।

संवत् १५८३ ज्येष्ठ शुक्ला १३ गुरुवार को भारद्वाज गोत्र की एक सुन्दरी कन्या के साथ उनका विवाह हुआ और वे सुखपूर्वक अपनी नवविवाहिता वधू के साथ रहने लगे। एक बार

।। श्रीराम ।।

गोस्वामी तुलसीदासजी महराज चो जीवना

परयाग लगे बाँदा जिला चो राजापुर गाँव ने आतमाराम दुबे नामी बाम्हन रहत। हुनचो बावले चो नावँ हुलसी रहे। संबत १५५४ सावन जोन सप्तमी दिन अभ्युक्त मूल नछतर ने एई जोड़ी घरे गोस्वामी तुलसीदाम चो जनम होली। बले जाएसे कि जनमतो पहार तुलसीदास चो मुँह ले 'राम' सबद निकरू रहे, एइने एमन चो नावँ 'रामबोला' पडुन रहे। असन बल बले जाएसे कि पिलापन ने 'राम-राम' बलुन भीख मांगत एइकाजे नावँ 'रामबोला' पडुन गेली।

अभ्युक्त मूल नछतर ने जनमलो किरता दोख चो भरम ले आया-बूबा पिला के तियागुन दिला तबे पिला चो पाल-पोस नवकरीन करून रहे। जनमलो थोड़े दिन पाछे आया-बूबा दुनोंय चो मउत होउन गेली आरू थोड़े दिन पाछे पाल-पोस करू नवकरीन चो बल मउत होउन गेली आरू तुलसी सही रकम ले बोपड़ा होउन गेला।

असन रकम ले तुलसीदास चो पिलापन भारी डंड ले नाहकली। तुलसी के खातो काजे डेवना-डेवना ने भीख मांगुक पड़ते रहे गुने गरीबी आरू भूख के आपन भोगला आरू समझुन रहत। एइ काजे बलला-

"नहिं दरिद्र सम दुख जग माहीं"

तुलसी काजे रहुकलाय गाँव रहे न घर। सरगलोक जातो बल नी रहे, पय, इतरो उलट जीवना गत ने बल तुलसी चो मन ने अस्तीरे रहे आरू हुसनेय रूचि बल रहे। जात-पात चो ढोंग करते नी रहत न दूसर के जात-पात के पूछत अउर काचोइ गरज बल नी करते रहत-

"मेरे जात-पाँति, न चहौं काहू की जाति-पाँति।
मेरे कोउ काम को, न हौं काहू के काम को॥"

असन गढ़न ने ऊँच संस्कार आरू लोग-मन चो मंझगते पावलो डंड तुलसी चो कबी-पन के उजागर करलो। एइ सरलगा श्री नरहरयानन्द संगे भेट होली आरू हुनीमन घरे बिदिया पाठ पढ़ला। उथा ले थोड़े दिन पीछे सूकरखेत अमरला जे ठाने नरहरीदास बाबा तुलसीदास के रामचरित सुनाला एचो पाछे कासी अमरला कासी ने सेस सनातन महराज लगे रहुन तुलसी बेद-बेदांग चो पाठ पढ़ला। उल्टुन आपलो जनम ठान ने फिरुन इला।

संबत १५८३ जेठ जोन १३ लखीमबार दिन भरद्वाज गोत चो गोटोक सुन्दरी कनया संगे तिहँचो बिहा होली। तुलसी आपलो बायले के खुबे मया करते रहोत। गोटोक दिन तिहँवो बायले आपलो भाई संगे मायके जाउन रहे उथा पाठ सरलगा तुलसीदास बल अमरून गेला। मुनीस के पाठ-सरलगा इलो के दखुन धिक्कारली आरू बलली-

उनकी पत्नी भाई के साथ अपने मायके चली गई। पीछे-पीछे तुलसीदास जी भी वहाँ जा पहुँचे। उनकी पत्नी ने इस पर उन्हें बहुत धिक्कारा और कहा कि 'मेरे इस हाड़-मांस के शरीर में जितनी तुम्हारी आसक्ति है, उससे आधी भी यदि भगवान् में होती तो तुम्हारा बेड़ा पार हो गया होता।'

तुलसीदास जी को ये शब्द लग गए। वे एक क्षण भी नहीं रुके, तुरन्त वहाँ से चल दिए।

वहाँ से चलकर तुलसीदास जी प्रयाग आए। वहाँ उन्होंने गृहस्थ वेश का परित्याग कर साधु वेश ग्रहण किया। फिर तीर्थाटन करते हुए काशी पहुँचे। मानसरोवर के पास उन्हें काकभुशुण्डि जी के दर्शन हुए।

काशी में तुलसीदास जी रामकथा कहने लगे। वहाँ उन्हें एक दिन एक प्रेत मिला, जिसने उन्हें हनुमान जी का पता बतलाया। हनुमान जी से मिलकर तुलसीदास जी ने उनसे श्रीरघुनाथ जी का दर्शन कराने की प्रार्थना की। हनुमान जी ने कहा, 'तुम्हें चित्रकूट में रघुनाथ जी के दर्शन होंगे।' इस पर तुलसीदास जी चित्रकूट की ओर चल पड़े।

चित्रकूट पहुँचकर रामघाट पर उन्होंने अपना आसन जमाया। एक दिन वे प्रदक्षिणा करने निकले थे। मार्ग में उन्हें श्रीराम के दर्शन हुए। उन्होंने देखा कि दो बड़े ही सुन्दर राजकुमार घोड़ों पर सवार होकर धनुष-बाण लिये जा रहे हैं। तुलसीदास जी उन्हें देखकर मुग्ध हो गए, परन्तु उन्हें पहचान न सके। पीछे से हनुमान जी ने आकर उन्हें सारा भेद बताया, तो वे बड़ा पश्चात्ताप करने लगे। हनुमान जी ने उन्हें सान्त्वना दी और कहा प्रातःकाल फिर दर्शन होंगे।

संवत् १६०७ की मौनी अमावस्या बुधवार के दिन उनके सामने भगवान् श्रीराम पुनः प्रकट हुए। उन्होंने बालक रूप में तुलसीदास जी से कहा–बाबा! हमें चन्दन दो। हनुमान जी ने सोचा, वे इस बार भी धोखा न खा जाएँ, इसलिए उन्होंने तोते का रूप धारण करके यह दोहा कहा–

चित्रकूट के घाट पर भइ संतन की भीर।
तुलसिदास चंदन घिसें तिलक देत रघुबीर॥

तुलसीदास जी उस अद्‍भुत छवि को निहारकर शरीर की सुधि भूल गए। भगवान् ने अपने हाथ से चन्दन लेकर अपने तथा तुलसीदास जी के मस्तक पर लगाया और अन्तर्धान हो गए।

संवत् १६२८ में ये हनुमान जी की आज्ञा से अयोध्या की ओर चल पड़े। उन दिनों प्रयाग में माघ मेला था। वहाँ कुछ दिन वे ठहर गए। पर्व के छह दिन बाद एक वट वृक्ष के नीचे उन्हें भरद्वाज और याज्ञवल्क्य मुनि के दर्शन हुए। वहाँ उस समय वही कथा हो रही थी, जो उन्होंने सूकरक्षेत्र में अपने गुरु से सुनी थी। वहाँ से ये काशी चले आए और वहाँ प्रह्लाद घाट पर एक ब्राह्मण के घर निवास किया। वहाँ उनके अन्दर कवित्व शक्ति का स्फुरण हुआ और वे संस्कृत में पद्य-रचना करने लगे। परन्तु दिन में वे जितने पद्य रचते, रात्रि में वे सब लुप्त हो जाते। यह घटना रोज घटती। आठवें दिन तुलसीदास जी को स्वप्न हुआ। भगवान् शंकर ने उन्हें आदेश दिया कि तुम अपनी भाषा में काव्य-रचना करो। तुलसीदास जी की नींद उचट गई। वे उठकर बैठ गए। उसी समय भगवान् शिव और पार्वती उनके सामने प्रकट हुए। तुलसीदास जी ने उन्हें साष्टाङ्ग प्रणाम किया। शिवजी ने कहा–'तुम अयोध्या में जाकर रहो और हिन्दी में काव्य-रचना करो। मेरे आशीर्वाद से तुम्हारी कविता सामवेद के समान फलवती होगी।' इतना कहकर श्रीगौरीशंकर अन्तर्धान हो गए। तुलसीदास जी उनकी आज्ञा शिरोधार्य कर काशी से अयोध्या चले आए।

''मोचो ये हाड़-मांस चो देह ले इतरो मया आसे। जे एचोले आधो मया जे भगवान ले होउन रती जाले तुमचो बेड़ा पार होउन रती।

तुलसीदास के गोठ पावली आरू हुन सपा के तियागुन तीरिथ करते कासी अमरला। कासी ने रामकथा करत। उथा ले चितरकूट गेला फेर अयोधिया आरू फेर कासी। कासी ने तुलसीदाम चो मन भीतर कबी सकत उमंडली। मूर ने संस्कृत ने पद धराला मान्तर भगवान संकर चो किरपा पाउन भासा ने गीत लिखुक तियार होला। संबत १६३१ ने तुलसीदास जी रामचरितमानस लिखतो मूर धरला जे संबत १६३३ चो मांघ जोन ने पूरा होली। ये मानस के तुलसीदास कासी ने भगवान विस्वनाथ आरू माता अन्नपूर्णा के सुनाला। आगे-आगे जाले संस्कृत चो गियानी मन भासा ने होलो किरता मानस चो निन्दा करला मान्तर सरासरी ने तुलसीदास चो जीत होली आरू रामचरितमानस हिटते लोग चो बोली ने सामुन गेलीसे।

संबत १६८० चो सावन अंधारी तीज दिन सनवार असीघाट ने गोस्वामी तुलसीदास जी महराज आपलो देंह के तियागुन देव-लोक चले गेला।

संवत् १६३१ का प्रारम्भ हुआ। उस साल रामनवमी के दिन प्राय: वैसा ही योग था जैसा त्रेतायुग में रामजन्म के दिन था। उस दिन प्रात:काल श्रीतुलसीदास जी ने श्रीरामचरितमानस की रचना प्रारम्भ की। दो वर्ष, सात महीने, छब्बीस दिन में ग्रन्थ की समाप्ति हुई। संवत् १६३३ के मार्गशीर्ष शुक्ल पक्ष में राम विव्राह के दिन सातों काण्ड पूर्ण हो गए।

इसके बाद भगवान् की आज्ञा से तुलसीदास जी काशी चले आए। वहाँ उन्होंने भगवान् विश्वनाथ और माता अन्नपूर्णा को श्रीरामचरितमानस सुनाया। रात को पुस्तक श्रीविश्वनाथ जी के मन्दिर में रख दी गई। सबेरे जब पट खोला गया तो उस पर लिखा हुआ पाया गया–'सत्यं शिवं सुन्दरम्।' और नीचे भगवान् शंकर की सही थी। उस समय उपस्थित लोगों ने 'सत्यं शिवं सुन्दरम्' की आवाज भी कानों से सुनी।

इधर पंडितों ने जब यह बात सुनी तो उनके मन में ईर्ष्या उत्पन्न हुई। वे दल बाँधकर तुलसीदास जी की निन्दा करने लगे और पुस्तक को भी नष्ट कर देने का प्रयत्न करने लगे। उन्होंने पुस्तक चुराने के लिए दो चोर भेजे। चोरों ने जाकर देखा कि तुलसीदास जी की कुटी के आसपास दो वीर धनुष-बाण लिये पहरा दे रहे हैं। वे बड़े ही सुन्दर श्याम और गौर वर्ण के थे। उनके दर्शन से चोरों की बुद्धि शुद्ध हो गई। उन्होंने उसी समय से चोरी करना छोड़ दिया, और भजन में लग गए। तुलसीदास जी ने अपने लिए भगवान् को कष्ट हुआ जान कुटी का सारा सामान लुटा दिया, पुस्तक अपने मित्र टोडरमल के यहाँ रख दी। इसके बाद उन्होंने एक दूसरी प्रति लिखी। उसी के आधार पर दूसरी प्रतिलिपियाँ तैयार की जाने लगीं। पुस्तक का प्रचार दिनोदिन बढ़ने लगा।

इधर पंडितों ने और कोई उपाय न देख श्रीमधुसूदन सरस्वती जी को उस पुस्तक को देखने की प्रेरणा की। श्रीमधुसूदन सरस्वती जी ने उसे देखकर बड़ी प्रसन्नता प्रकट की और उस पर यह सम्मति लिख दी–

आनन्दकानने ह्यस्मिञ्जङ्गमस्तुलसीतरु:।
कवितामञ्जरी भाति रामभ्रमरभूषिता॥

'इस काशीरूपी आनन्दवन में तुलसीदास चलता-फिरता तुलसी का पौधा है। उसकी कवितारूपी मञ्जरी बड़ी ही सुन्दर है, जिस पर श्रीरामरूपी भँवरा मँडराया करता है।'

पंडितों को इस पर भी सन्तोष नहीं हुआ। तब पुस्तक की परीक्षा का एक उपाय और सोचा गया। भगवान् विश्वनाथ के सामने सबसे ऊपर वेद, उसके नीचे शास्त्र, शास्त्रों के नीचे पुराण और सबसे नीचे रामचरितमानस रख दिया गया। मन्दिर बन्द कर दिया गया। प्रात:काल जब मन्दिर खोला गया तो लोगों ने देखा कि श्रीरामचरितमानस वेदों के ऊपर रखा हुआ है। अब तो पंडित लोग बड़े लज्जित हुए। उन्होंने तुलसीदास जी से क्षमा माँगी और भक्ति से उनका चरणोदक लिया।

तुलसीदास जी अब असीघाट पर रहने लगे। रात को एक दिन कलियुग मूर्तरूप धारण कर उनके पास आया और उन्हें त्रास देने लगा। गोस्वामी जी ने हनुमान जी का ध्यान किया। हनुमान जी ने उन्हें विनय के पद रचने को कहा; इस पर गोस्वामी जी ने विनय-पत्रिका लिखी और भगवान् के चरणों में उसे समर्पित कर दी। श्रीराम ने उस पर अपने हस्ताक्षर कर दिए और तुसलीदास जी को निर्भय कर दिया।

संवत् १६८० श्रावण कृष्ण तृतीया शनिवार को असीघाट पर गोस्वामी जी ने राम-राम करते हुए अपना शरीर परित्याग किया।

॥ सत्यं शिवं सुन्दरम्॥

श्रीमद्गोस्वामी तुलसीदासजीविरचित

श्रीरामचरितमानस

(हल्बी पद्यानुवाद सहित)

॥ श्रीहरि: ॥

श्रीरामचरितमानस
(हल्बी पद्यानुवाद सहित)

विषय-सूची

॥ श्री गणेशाय नमः॥

श्रीजानकीवल्लभो विजयते

श्रीरामचरितमानस

प्रथम सोपान

बालकाण्ड

श्लोक

वर्णानामर्थसंघानां रसानां छन्दसामपि।
मङ्गलानां च कर्त्तारौ वन्दे वाणीविनायकौ॥ १॥

भवानीशङ्करौ वन्दे श्रद्धाविश्वासरूपिणौ।
याभ्यां विना न पश्यन्ति सिद्धाः स्वान्तःस्थमीश्वरम्॥ २॥

वन्दे बोधमयं नित्यं गुरुं शङ्कररूपिणम्।
यमाश्रितो हि वक्रोऽपि चन्द्रः सर्वत्र वन्द्यते॥ ३॥

सीतारामगुणग्रामपुण्यारण्यविहारिणौ।
वन्दे विशुद्धविज्ञानौ कवीश्वरकपीश्वरौ॥ ४॥

उद्भवस्थितिसंहारकारिणीं क्लेशहारिणीम्।
सर्वश्रेयस्करीं सीतां नतोऽहं रामवल्लभाम्॥ ५॥

यन्मायावशवर्ति विश्वमखिलं ब्रह्मादिदेवासुरा
यत्सत्त्वादमृषैव भाति सकलं रज्जौ यथाहेर्भ्रमः।
यत्पादप्लवमेकमेव हि भवाम्भोधेस्तितीर्षावतां
वन्देऽहं तमशेषकारणपरं रामाख्यमीशं हरिम्॥ ६॥

नानापुराणनिगमागमसम्मतं यद्
रामायणे निगदितं क्वचिदन्यतोऽपि।
स्वान्तःसुखाय तुलसी रघुनाथगाथा
भाषानिबन्धमतिमञ्जुलमातनोति॥ ७॥

॥ श्री गणेशाय नमः॥

श्रीजानकीवल्लभो विजयते

श्रीरामचरितमानस

भाग-एक

बालकाण्ड

(हल्बी)

अक्षर अरथ रस पद चो, सुभ भरपूर जे करेसे।
गणेस भगवान माता सरसती चो बिनती मयँ करेंसे॥ १॥
मान भरोस चो रूप जे आत, संकर-पारबती के बिनायँ।
जेचो बिगर मन भीतरे सिध, भगवान के नी पाय॥ २॥
हमेस गियानी संकर माहा गुरू चो, बिनती मयँ करेंसे।
जेचो आसरा ने टेड़गा जोन बल, मान पाउन रहेसे॥ ३॥
सीताराम चो गुन कूढ़ा असन, पबितर बन ने बुलेसे।
हुनी बालमिकी आरु हनु चो, बिनती मय करेंसे॥ ४॥
जनमाऊ पोसू मारू दुख हरू, सपा सुभ जे करेसे।
राम चो मयादार सीता माता चो, बिन्ती मय करेंसे॥ ५॥
संवसार ब्रह्मा देव असुर जेचो, माया चो हाते पड़ु न।
डोरी के बले साँप माहा, सकत ऊपरे भरमुन॥ ६॥
सपा दखा देऊ सँवसार के, सत जानुक होयसे।
जेचो अबगो पाँय जे, भवसागर ले तारुन देयसे॥ ७॥
तरतो मन करू लोग काजे, गोटकी डोंगी ये आय।
हुनी हरी चो बिन्ती करेंसे, जे राम कहाऊ आय॥ ८॥
पुरान बेद सास्तर चो बरन, बिचार रामायन ने आसे।
अउर फेर काहीं काहीं कहनी, मिरुन मिसुन आसे॥ ९॥
आपलो मन चो सुख काजे, मन भाऊ भासा ने जोड़ुन।
रघुनाथ चो कया के तुलसी, गाए से सुन्दर जोड़ुन॥ १०॥

सो०– जो सुमिरत सिधि होइ गननायक करिबर बदन।
करउ अनुग्रह सोइ बुद्धि रासि सुभ गुन सदन॥ १॥

मूक होइ बाचाल पंगु चढ़इ गिरिबर गहन।
जासु कृपाँ सो दयाल द्रवउ सकल कलिमल दहन॥ २॥

नील सरोरुह स्याम तरुन अरुन बारिज नयन।
करउ सो मम उर धाम सदा छीरसागर सयन॥ ३॥

कुंद इंदु सम देह उमा रमन करुना अयन।
जाहि दीन पर नेह करउ कृपा मर्दन मयन॥ ४॥

बंदउ गुरु पद कंज कृपा सिंधु नररूप हरि।
महामोह तम पुंज जासु बचन रबि कर निकर॥ ५॥

चौ०– बंदउँ गुरु पद पदुम परागा। सुरुचि सुबास सरस अनुरागा॥
अमिय मूरिमय चूरन चारू। समन सकल भव रुज परिवारू॥ १॥

सुकृति संभु तन बिमल बिभूती। मंजुल मंगल मोद प्रसूती॥
जन मन मंजु मुकुर मल हरनी। किएँ तिलक गुन गन बस करनी॥ २॥

श्रीगुर पद नख मनि गन जोती। सुमिरत दिब्य दृष्टि हियँ होती॥
दलन मोह तम सो सप्रकासू। बड़े भाग उर आवइ जासू॥ ३॥

उघरहिं बिमल बिलोचन ही के। मिटहिं दोष दुख भव रजनी के॥
सूझहिं राम चरित मनि मानिक। गुपुत प्रगट जहँ जो जेहि खानिक॥ ४॥

दो०– जथा सुअंजन अंजि दृग साधक सिद्ध सुजान।
कौतुक देखत सैल बन भूतल भूरि निधान॥ १॥

चौ०– गुरु पद रज मृदु मंजुल अंजन। नयन अमिअ दृग दोष बिभंजन॥
तेहिं करि बिमल बिबेक बिलोचन। बरनउँ राम चरित भव मोचन॥ १॥

(बिन्ती)

१ जिहँके सुमरले सपा सिध होय, देव मुखिया आत।
हाथी मुँह चो गुनी भगवान, दया करते जात॥ १॥
२ कोंदा गोठयाएसे जेचो दया ले, खोड़िया डोंगरी चेघे।
कली चो महापाप के सारू, भगवान मोके दखे॥ २॥
३ नीयर पूड़न माहा साँवर देहँ चो, लाल पूड़न माहा आँखी।
छीरसमुंद ने जे सोवसोत, हिरदे ने रहत साखी॥ ३॥
४ कुन्दई फूल जोन माहा देहँ चो, पारबती चो मुनीस जे।
गरीब दुखी के दया करू, काम के जराला जे॥ ४॥
दया करा तुमी मोचो ऊपरे, बिन्ती तुमचो करेंसे।
गियान धियान के साहा होवा, मन ने तुमके धरेंसे॥ ५॥
५ गुरु पायँ चो बिन्ती करें, दया चो समुंद आत।
अँधयार ले उजर ने आनू, नरहरी रूप चो आत॥ ६॥

माथा ने चेघायँ पायँ धुरला, तिहँचो गुन के गाएँ।
जे गंध आरु मया ले भरपूर, मन ले तिहँके पाएँ॥ ७॥
अमर संजीवनी जे आय, सपा रोग के खाएसे।
हुनी पुनवान सुख चो माता, सिव देहँ चो सोभा पाएसे॥ ८॥
भगत चो सुन्दर मन दरपन चो, मइल के धोते जाएसे।
आरू तिलक माथा ने दिले, गुन के हाते पाएसे॥ ९॥
गुरु पायँ चो नख चो जोत, मनी माहा दमके।
हुनके अबगो सुरता करलोने, मन चो आइँख दमके॥ १०॥
उजर पड़ते अग्यान अंधार, तुरते गुचुन जाएसे।
उजर जेचो मन ने झूले, बड़े भाग ले पाएसे॥ ११॥
उजर मन ने एते खान, आइँख उघड़ुन जाएसे।
दुख दोस सपा सँवसार चो, हिटते गुचुन जाएसे॥ १२॥
रामचरित चो मनी-मोती, कोनी खदान ने रहो।
तिहँके सपा दखा देयसे, कितरोय गुपत रहो॥ १३॥

१ जहन जानकार मसीन के आपलो, आइँख ने लगाउन भाती।
भुइँ रान पहाड़ भीतर चो, दखसोत करते हाँसी॥ १४॥

गुरू महराज जो पायँ धुरला सुन्दर कवँल जे आय।
आइँख ने आंजले दोस-डंड के, नास करू आय॥ १५॥
नगत अडरा के जानू आइँख ने, एकेय काजर देऊन।
संवसार ले तारू रामचरितर, सांगेंसे चेत नेऊन॥ १६॥

बंदउँ प्रथम महीसुर चरना। मोह जनित संसय सब हरना॥
सुजन समाज सकल गुन खानी। करउँ प्रनाम सप्रेम सुबानी॥ २॥

साधु चरित सुभ चरित कपासू। निरस बिसद गुनमय फल जासू॥
जो सहि दुख परछिद्र दुरावा। बंदनीय जेहिं जग जस पावा॥ ३॥

मुद मंगलमय संत समाजू। जो जग जंगम तीरथराजू॥
राम भक्ति जहँ सुरसरि धारा। सरसइ ब्रह्म बिचार प्रचारा॥ ४॥

बिधि निषेधमय कलिमल हरनी। करम कथा रबिनंदनि बरनी॥
हरि हर कथा बिराजति बेनी। सुनत सकल मुद मंगल देनी॥ ५॥

बटु बिस्वास अचल निज धरमा। तीरथराज समाज सुकरमा॥
सबहि सुलभ सब दिन सब देसा। सेवत सादर समन कलेसा॥ ६॥

अकथ अलौकिक तीरथराऊ। देइ सद्य फल प्रगट प्रभाऊ॥ ७॥

दो०– सुनि समुझहिं जन मुदित मन मज्जहिं अति अनुराग।
लहहिं चारि फल अछत तनु साधु समाज प्रयाग॥ २॥

चौ०– मज्जन फल पेखिअ ततकाला। काक होहिं पिक बकउ मराला॥
सुनि आचरज करै जनि कोई। सतसंगति महिमा नहिं गोई॥ १॥

बालमीक नारद घटजोनी। निज निज मुखनि कही निज होनी॥
जलचर थलचर नभचर नाना। जे जड़ चेतन जीव जहाना॥ २॥

मति कीरति गति भूति भलाई। जब जेहिं जतन जहाँ जेहिं पाई॥
सो जानब सतसंग प्रभाऊ। लोकहुँ बेद न आन उपाऊ॥ ३॥

बिनु सतसंग बिबेक न होई। राम कृपा बिनु सुलभ न सोई॥
सतसंगत मुद मंगल मूला। सोइ फल सिधि सब साधन फूला॥ ४॥

पिरथी चो दे मता बाम्हन मन चो, पायँ चो बिन्ती करेंसे।
जे अग्यान चो भरम के सारे, मन ने तिहँके धरेंसे॥ १७॥
गुन चो खदान संत लोग के, बिन्ती मय करेंसे।
सुदर चारचा करते तिहँचो, पायँ चो बिन्ती करेंसे॥ १८॥
रस नाहलो कपसा माहा, साधू चरितर सफा।
छुकछुका गुन ले भरपूर, आत मन ले सफा॥ १९॥
पर चो दोसके तोपतो काजे, आपन डंड सहसोत।
सँवसारी गियानी एइ ने, तिहँचो गुन के करसोत॥ २०॥
रेंगू बुलू तीरिथ माहा हरीक उदीम चो आत।
पर चो भलइ बनती काजे, सासू लोगमन आत॥ २१॥
राम चो भक्ती गंगा धारा, असने गुन के मांगेंसे।
ब्रह्म बिचार तिहँचो सरसती, बसुन सपा के सांगेसे॥ २२॥
उआट जोखा कली पाप के, जमना माहा करेसे।
तिरबेनी माहा हरिहर कथा, सपा चो भलई करेसे॥ २३॥
पक्की भरोसा बड़रुख माहा, अटल होउन आसे।
गुन करम ले भरपूर, तीरिथ होउन आसे॥ २४॥
अद्भुत आए ये तीरिथ, बललो ने नो पुरे।
अपरम्पार आय साह महेमा, तुरते पल बल मिरे॥ २५॥

२ सुनुन समझुन हरीक मन ले, जे ये तीरिथ नहासोत।
एइ देहँ चो रते रते, चारों फल के पावसोत॥ २६॥

ए तीरिथ ने नहातो फल, तुरते दखुक होएसे।
काँजरा कोयली होउन जायसे, कोकोड़ा हाँसा होयसे॥ २७॥
सुनुन अचरित होवा नाईं, महेमा असने आय।
साधू महेमा लुके नाईं, सते गोठ ये आय॥ २८॥
बालमिकी नारद अगस्त, बलला साधू सपा।
पानो भुँई सरग चो जीव, जड़ जीव जितरो सपा॥ २९॥
जितरो जे मन गती गुन पाउन, भलई पावला एथा।
साधू संगत ले पावला सपा, बेद गावला कथा॥ ३०॥
निको-अडरा के जानुक नीहोय, साधू संगत बिगर।
राम किरपा ले भेटुक होयसे, तिहँके नीआय फिकर॥ ३१॥
सुख भलई आय साधू संगत, राम किरपा ले मिरे।
सिद्धि चो पाक संगत ने आय, फूल साधलोने मिरे॥ ३२॥
जसन लोहो के पारस छिआले, सोन उल्टुन जाएसे।
हुसने साधू संगत मिरले, दुषट सुधरुन जाएसे॥ ३३॥

सठ सुधरहिं सतसंगति पाई। पारस परस कुधात सुहाई॥
बिधि बस सुजन कुसंगत परहीं। फनि मनि सम निज गुन अनुसरहीं॥ ५॥

बिधि हरि हर कबि कोबिद बानी। कहत साधु महिमा सकुचानी॥
सो मो सन कहि जात न कैसें। साक बनिक मनि गुन गन जैसें॥ ६॥

दो०– बंदउँ संत समान चित हित अनहित नहिं कोइ।
अंजलि गत सुभ सुमन जिमि सम सुगंध कर दोइ॥ ३ (क)॥

संत सरल चित जगत हित जानि सुभाउ सनेहु।
बालबिनय सुनि करि कृपा राम चरन रति देहु॥ ३ (ख)॥

चौ०– बहुरि बंदि खल गन सतिभाएँ। जे बिनु काज दाहिनेहु बाएँ॥
पर हित हानि लाभ जिन्ह केरें। उजरें हरष बिषाद बसेरें॥ १॥

हरि हर जस राकेस राहु से। पर अकाज भट सहसबाहु से॥
जे पर दोष लखहिं सहसाखी। पर हित घृत जिन्ह के मन माखी॥ २॥

तेज कृसानु रोष महिषेसा। अघ अवगुन धन धनी धनेसा॥
उदय केत सम हित सबही के। कुंभकरन सम सोवत नीके॥ ३॥

पर अकाजु लगि तनु परिहरहीं। जिमि हिम उपल कृषी दलि गरहीं॥
बंदउँ खल जस सेष सरोषा। सहस बदन बरनइ पर दोषा॥ ४॥

पुनि प्रनवउँ पृथुराज समाना। पर अघ सुनइ सहस दस काना॥
बहुरि सक्र सम बिनवउँ तेही। संतत सुरानीक हित जेही॥ ५॥

दुसट फांदा ने सजन पड़ले, आपलो गुन के गाएसे।
साँप चो मनी के दरक जसन, उजर करते जाएसे॥ ३४॥
ब्रह्मा सिव बिस्नू कबी, गियानी लगे सुना।
साबू महेमा के नी सकोत, बिचारुन सपा गुना॥ ३५॥
मय ये महेमा के काय सकेंदे, जसन पनारा चो मोल।
साग-भाजी चो बिकया काय, मनी चो सांगेदे मोल॥ ३६॥

३ (क) हात जोड़ुन बिन्ती करेंसे, सन्त समाज के।
जेचो बैरी न मीत आसोत, असन महराज के॥ ३७॥
फूल टुटाऊ हाथ के फूल, आपलो गंध ले भरेसे।
आपलो लगे राखू लोग चो, गंध ले हुसने करेसे॥ ३८॥

३ (ख) सँवसार चो हितू संत हिरदे, बिनायँसे टकर जानुन।
आपलो पायँ ले मया देओत, पिला बिन्ती सुनुन॥ ३९॥

एदायँ मयँ सते मन ले, दुमुट चो बिन्ती करेंसे।
जो फोकहा चो हित काजे, उल्टा टकर धरेसे॥ ४०॥
पर चो हानी जे मन काजे, आपलो लाभ लागे।
दूसर चो नसतो ने लाभ दिखेसे, बनलोने अडरा लागे॥ ४१॥
जे भगवान चो चारचा ठान ने, बाधा करूक जासोत।
जसन राहू केतू के दखा, चंदा-सूरुज के खासोत॥ ४२॥
कोटी बाहाँ जे मन लगे, दूसर चो बिगाड़ करूक।
हजार आइँख चो होसत तेमन, पर-दोस के दखुक॥ ४३॥
जसन माछी घीव ने मरून, घीव के नसाउन देएसे।
हुसने दुसट आपलो नसाउन, दूसर चो नसाउन देएसे॥ ४४॥
आइग माहा तिहँचो तेज, आइग माहा रीस।
दूसर चो बिगाड़ करतो काजे, डगराते रसोत मीस॥ ४५॥
अवगुन कुबेर चो धन माहा, कुभकरन माहा साऊ।
सपा चो भलई के नास करूक, लेंगड़ा तारा होऊ॥ ४६॥
करा जसन फसल ने पड़ुन, आपने गलुन जासोत।
हुसने दुसट जीव के देऊन, पर घर के खासोत॥ ४७॥
हजार मुंह ले पर दोस के, सांगसोत गढ़ुन गढ़ुन।
सेस माहा तिंहके जानुन, बिनायँसे हात जोड़ुन॥ ४८॥
पर निंदा सुनतो काजे, हजार कान जेचो।
पिरथूराज मानुन भाती, बिन्ती करेंसे तिहँचो॥ ४९॥
देवराजा इन्दर माहा, मंद-सुर जेंके भाए।
तिहँचो मयँ बिन्ती करेंसे, असन जेके भाए॥ ५०॥

बचन बज्र जेहि सदा पिआरा। सहस नयन पर दोष निहारा॥ ६॥

दो०— उदासीन अरि मीत हित सुनत जरहिं खल रीति।
जानि पानि जुग जोरि जन बिनती करइ सप्रीति॥ ४॥

चौ०— मैं अपनी दिसि कीन्ह निहोरा। तिन्ह निज ओर न लाउब भोरा॥
बायस पलिअहिं अति अनुरागा। होहिं निरामिष कबहुँ कि कागा॥ १॥

बंदउँ संत असज्जन चरना। दुखप्रद उभय बीच कछु बरना॥
बिछुरत एक प्रान हरि लेहीं। मिलत एक दुख दारुन देहीं॥ २॥

उपजहिं एक संग जग माहीं। जलज जोंक जिमि गुन बिलगाहीं॥
सुधा सुरा सम साधु असाधू। जनक एक जग जलधि अगाधू॥ ३॥

भल अनभल निज निज करतूती। लहत सुजस अपलोक बिभूती॥
सुधा सुधाकर सुरसरि साधू। गरल अनल कलिमल सरि ब्याधू॥ ४॥

गुन अवगुन जानत सब कोई। जो जेहि भाव नीक तेहि सोई॥ ५॥

दो०— भलो भलाइहि पै लहइ लहइ निचाइहि नीचु।
सुधा सराहिअ अमरताँ गरल सराहिअ मीचु॥ ५॥

चौ०— खल अघ अगुन साधु गुन गाहा। उभय अपार उदधि अवगाहा॥
तेहि तें कछु गुन दोष बखाने। संग्रह त्याग न बिनु पहिचाने॥ १॥

भलेउ पोच सब बिधि उपजाए। गनि गुन दोष बेद बिलगाए॥
कहहिं बेद इतिहास पुराना। बिधि प्रपंचु गुन अवगुन साना॥ २॥

दुख सुख पाप पुन्य दिन राती। साधु असाधु सुजाति कुजाती॥
दानव देव ऊँच अरु नीचू। अमिअ सुजीवनु माहुरु मीचू॥ ३॥

माया ब्रह्म जीव जगदीसा। लच्छि अलच्छि रंक अवनीसा॥
कासी मग सुरसरि क्रमनासा। मरु मारव महिदेव गवासा॥ ४॥

बजर उराठील गोठ जेके, हमेस नंगत लागे।
हजार आइँख ले पर दोस के, दखुक रहेसे आगे॥ ५१॥

४ संत संगी बयरी चो हित ने, जरसोत दुसट सुनुन।
जानुन हात जोड़ न बिनायँसे, रीत मया चो धरून॥ ५२॥

बिन्ती करेंसे आपन बाटले, जें आपन ले नी छांडत।
कावँरा के कितरोय मया ले पोसा, माँस के नी छांडत॥ ५३॥
संत-असंत दुनों के एदायँ, बिनायँसे जोड़ुन हात।
दुनो समान दंड देसोत, भेटले-छांडले साथ॥ ५४॥
गोटोक चो संगत छांडी होले, जीव निसकुन जाएसे।
दूसर चो फांदा ने पड़ुन न गेले, डंड बाढ़ुन न जाएसे॥ ५५॥
पूड़न आरु जरू के दखा, दुनो जनमला संगे।
मान्तर तिहँचो गुन अलगेसे, जीवसोत लगे संगे॥ ५६॥
साधू अमरित माहा होसोत, दुसट के मंद नी पुरे।
दुनों सँवसार समुन्द ने इला, सास्तर जेके घुरे॥ ५७॥
निको अडरा करनी गुन ले, जैस बदी धन पासोत।
अमरित जोन गंगा साधू, गुन ले भरपुर आसोत॥ ५८॥
बिस आइग करमनासा; कसई चो गुन बल आय।
गुन अवगुन के जानते जानते, धरेसे जेके जे भाय॥ ५९॥

५ भले आपलो भलई के जाने, नीच चो नानी करम।
अमरित जसन जीव के राखे, बिस चो मारतो धरम॥ ६०॥

दुसट चो पाप साधू चो गुन, दुनोय अपरम्पार।
खिंडिक ने बलले जानलो बिगर, कोन पायदे पार॥ ६१॥
निको अडरा दुनों जनमला, ब्रह्मा सँवसार ने।
भिने भिने तिहँके करला, बेद चो बिचार ने॥ ६२॥
बेद सास्तर पुरान बलसोत, सँवसारे सपा आसे।
गुन अवगुन सपाय रकम चो, सानी होलोर आसे॥ ६३॥
सुख दुख आरु पाप पुन, दिन रात के जाना।
साबू-बदमास जात-कुजात, देव-राकस के जाना॥ ६४॥
ऊँच-नीच अमरित-मोहरा, जीवना-मरना बले।
माया-ब्रह्म जीव-भगवान, अमीर गरीब बले॥ ६५॥
राजा-रैयत कासी-मगध, गंगा करमनासा।
ब्रह्मा न-कसई मारवाड़-मालवा, सरग-नरक सपा॥ ६६॥

सरग नरक अनुराग बिरागा। निगमागम गुन दोष बिभागा॥ ५॥

दो०– जड़ चेतन गुन दोषमय बिस्व कीन्ह करतार।
संत हंस गुन गहहिं पय परिहरि बारि बिकार॥ ६॥

चौ०– अस बिबेक जब देइ बिधाता। तब तजि दोष गुनहिं मनु राता॥
काल सुभाउ करम बरिआईं। भलेउ प्रकृति बस चुकइ भलाईं॥ १॥

सो सुधारि हरिजन जिमि लेहीं। दलि दुख दोष बिमल जसु देहीं॥
खलउ करहिं भल पाइ सुसंगू। मिटइ न मलिन सुभाउ अभंगू॥ २॥

लखि सुबेष जग बंचक जेऊ। बेष प्रताप पूजिअहिं तेऊ॥
उधरहिं अंत न होइ निबाहू। कालनेमि जिमि रावन राहू॥ ३॥

किएहुँ कुबेषु साधु सनमानू। जिमि जग जामवंत हनुमानू॥
हानि कुसंग सुसंगति लाहू। लोकहुँ बेद बिदित सब काहू॥ ४॥

गगन चढ़इ रज पवन प्रसंगा। कीचहिं मिलइ नीच जल संगा॥
साधु असाधु सदन सुक सारीं। सुमिरहिं राम देहिं गनि गारीं॥ ५॥

धूम कुसंगति कारिख होई। लिखिअ पुरान मंजु मसि सोई॥
सोइ जल अनल अनिल संघाता। होइ जलद जग जीवन दाता॥ ६॥

दो०– ग्रह भेषज जल पवन पट पाइ कुजोग सुजोग।
होहि कुबस्तु सुबस्तु जग लखहिं सुलच्छन लोग॥ ७ (क)॥

सम प्रकास तम पाख दुहुँ नाम भेद बिधि कीन्ह।
ससि सोषक पोषक समुझि जग जस अपजस दीन्ह॥ ७ (ख)॥

सवँसारी साधू जितरो बले, ए सवँसार ने आसोत।
गुन दोस ले अलगाउन भाती, बेद सास्तर गासोत॥ ६७॥

६ भगवान जनमालो जड़ जीव, गुनी दोसी होसोत।
दोस छांडुन गुन धरेया संत, भलई बाटे होसोत॥ ६८॥

जेबे भगवान गुनी बनासोत, दोस गुन ने मिसे।
बेरा टकर करम सकत ले, भलई ले बल चुके॥ ६९॥
माया चो असन फांदा के भगत, सुधराते जस धरेसे।
हुसनेय झट संगत पाउन, केबई तो भलई करेसे॥ ७०॥
मान्तर तेमनचो गुनचो सकत, आपलो जोर करेसे।
केबेइ नी सरू दुसट करम, टकर ले नी सरेसे॥ ७१॥
ठग साधू चो भेस धरसोत, सवँसार भेस मानेसे।
मान्तर केबई बेरा पड़लोने, सवँसार तिहँके जानेसे॥ ७२॥
कपट लुकाउक नी सकला, कालनेमी रावन असन।
एइ सवँसारे फल पावला, आपलो करनी जसन॥ ७३॥
अउर भेस ने रले बले, अलगेसे साधू चो गुन।
करनी गुन उपरेय एथा, मान पाएसे गुन॥ ७४॥
हनू जामवन्त बेन्दरा भालू, संगत ले मान पावला।
बेद लोक ने सपाय आसे, सपा एके जानला॥ ७५॥
लेहरा संगे धुरला उठुन, सरग चेधते जाएसे।
हुनी खाले पानी ने पड़ले, चिखला होउन जाएसे॥ ७६॥
राम-राम बलसोत रूपू मयना, साह धरे रहुन।
गनुन नारी तेइ देसोत, नीच घरे जीउन॥ ७७॥
कुसंग ने पड़ुन भाती धुआँ, बिटबिटा माहा लागे।
हुनी संगत ने सिहई बनुन, पुरान लिखुक लागे॥ ७८॥
हुनी धुँआ उपरे जाउन, आइग-पानी के पाउन।
सवँसार के पोसेया होएसे, अकास ने बादरी होउन॥ ७९॥

७ (क) ग्रह-ओखत-पानी-लेहरा-कपड़ा, सपा ने संग ऊपरे।
निको-अडरा जिनीस होसोत, संगत गुन चो ऊपरे॥ ८०॥
चतुर गियानी बिचारुन बलसोत, जानुक नी सकत सपा।
भगवान चो दया मया के, मानसोत गियानी सपा॥ ८१॥

७ (ख) जोनी उजर अँधार रात, महेना ने समान होएसे।
जोन चो आगर-घाट दखुन, तेमे बल भेद होएसे॥ ८२॥
गोटोक जोन के बढ़ाते जाएसे, दूसर चो घटातो दखुन।
जस-अपजस गुन ऊपर, सवँसारी देसोत बलुन॥ ८३॥

जड़ चेतन जग जीव जत सकल राममय जानि।
बंदउँ सब के पद कमल सदा जोरि जुग पानि॥ ७ (ग)॥

देव दनुज नर नाग खग प्रेत पितर गंधर्ब।
बंदउँ किंनर रजनिचर कृपा करहु अब सर्ब॥ ७ (घ)॥

चौ०– आकर चारि लाख चौरासी। जाति जीव जल थल नभ बासी॥
सीय राममय सब जग जानी। करउँ प्रनाम जोरि जुग पानी॥ १॥

जानि कृपाकर किंकर मोहू। सब मिलि करहु छाड़ि छल छोहू॥
निज बुधि बल भरोस मोहि नाहीं। तातें बिनय करउँ सब पाहीं॥ २॥

करन चहउँ रघुपति गुन गाहा। लघु मति मोरि चरित अवगाहा॥
सूझ न एकउ अंग उपाऊ। मन मति रंक मनोरथ राऊ॥ ३॥

मति अति नीच ऊँचि रुचि आछी। चहिअ अमिअ जग जुरइ न छाछी॥
छमिहहिं सज्जन मोरि ढिठाई। सुनिहहिं बालबचन मन लाई॥ ४॥

जौं बालक कह तोतरि बाता। सुनहिं मुदित मन पितु अरु माता॥
हँसिहहि कूर कुटिल कुबिचारी। जे पर दूषन भूषनधारी॥ ५॥

निज कबित्त केहि लाग न नीका। सरस होउ अथवा अति फीका॥
जे पर भनिति सुनत हरषाहीं। ते बर पुरुष बहुत जग नाहीं॥ ६॥

जग बहु नर सर सरि सम भाई। जे निज बाढ़ि बढ़हिं जल पाई॥
सज्जन सकृत सिंधु सम कोई। देखि पूर बिधु बाढ़इ जोई॥ ७॥

दो०– भाग छोट अभिलाषु बड़ करउँ एक बिस्वास।
पैहहिं सुख सुनि सुजन सब खल करहहिं उपहास॥ ८॥

चौ०– खल परिहास होइ हित मोरा। काक कहहिं कलकंठ कठोरा॥
हंसहि बक दादुर चातकही। हँसहिं मलिन खल बिमल बतकही॥ १॥

कबित रसिक न राम पद नेहू। तिन्ह कहँ सुखद हास रस एहू॥
भाषा भनिति भोरि मति मोरी। हँसिबे जोग हँसें नहिं खोरी॥ २॥

७ (ग) सवँसारे जितरो जड़ जीव आसोत, राम माहा जानुन।
सपा चो पायँ के बिनायँसे मय, दुनों हात जोड़ुन॥ ८४॥

७ (घ) देव असुर नांग चड़ई डूमा, मनुख जीव सपा।
मान देऊन बिन्ती करेंसे, किरपा करा सपा॥ ८५॥

चौरासी लाख जोनी ने जितरो, जीव जे आसोत एथा।
सीताराम माहा जानुन सपा के, बिनी करेंसे एथा॥ ८६॥
आपलो सेउक जानुन मोके, किरपा चो खदान तुमी।
छल कपट के छांड़ुन भाती, किरपा करा तुमी॥ ८७॥
आपलो बुध बल चो मोके, काहीं भरोस नीआय।
एड़ काजे किती करेंसे, साहा होवासे सपाय॥ ८८॥
गाउक दखेंसे रघुपति चो गुन, अकल नानी आसे।
रामचरित चो गुन महेमा, एकेदायँ अथाह आसे॥ ८९॥
एड़ने कहीं बुध नी पड़े, कंगाल माहा आँय।
मन-मन चो दखेंसे जे, राजा माहा आय॥ ९०॥
बुध एकेदायँ नानी आसे, मन ऊपर के दखे।
नठलो मही बल हाते नीआय, अमरित पाउक दखें॥ ९१॥
सजन मोचो टेक के दखुन, माफी करते सुना।
पीला गोठ जानुन मानुन, गलती के नी गुना॥ ९२॥
हरीक होउन मायबाप सुनसोत, पिला चो तोतरी गोठ।
सुनुन भाती हाँसुन देसोत, दुसट बदमास लोग॥ ९३॥
कसने रहो आपलो गीत, आपनेय के भाएसे।
सवँसार ने दूसर चो गीत, काकेय-काकेय भाएसे॥ ९४॥
नंदी तरई माहा लोग, सवँसारे खुबे आसोत।
पानी के पाउन भाड़ी जलन, आपनेय बाढ़ते जासोत॥ ९५॥
समुन्द नाहा बिरले कोनी, सजन लोग होसोत।
पुनी जोन के दखुन भाती, हरीक खुबे होसोत॥ ९६॥

८ भाग नानी मंसा बड़े, भरोसा गोटोक भारी।
सजन सपा सुखी होदे, दुसट हाँसदे भारी॥ ९७॥

दुसट लोग चो हाँसलोने बल, मोचोय भलई होएदे।
कावँरा कोयकी के दोस देयसे, बोली मीठा होएसे॥ ९८॥
कोकोड़ा के दखा हाँसा के हाँसे, मेंडका उसी के हाँसेसे।
हुसने मन ले दुसट लोग, सफा गोठ के हाँसेसे॥ ९९॥
राम पायँ ले मया निआय, नंगत नी लागेदे गीत।
तिहँचो हाँसतो काजे जाले, होयदे सुख चो गीत॥ १००॥

प्रभु पद प्रीति न सामुझि नीकी। तिन्हहि कथा सुनि लागहि फीकी॥
हरि हर पद रति मति न कुतरकी। तिन्ह कहँ मधुर कथा रघुबर की॥ ३॥

राम भगति भूषित जियँ जानी। सुनिहहिं सुजन सराहि सुबानी॥
कबि न होउँ नहिं बचन प्रबीनू। सकल कला सब बिद्या हीनू॥ ४॥

आखर अरथ अलंकृति नाना। छंद प्रबंध अनेक बिधाना॥
भाव भेद रस भेद अपारा। कबित दोष गुन बिबिध प्रकारा॥ ५॥

कबित बिबेक एक नहिं मोरें। सत्य कहउँ लिखि कागद कोरें॥ ६॥

दो०– भनिति मोरि सब गुन रहित बिस्व बिदित गुन एक।
सो बिचारि सुनिहहिं सुमति जिन्ह कें बिमल बिबेक॥ ९॥

चौ०– एहि महँ रघुपति नाम उदारा। अति पावन पुरान श्रुति सारा॥
मंगल भवन अमंगल हारी। उमा सहित जेहि जपत पुरारी॥ १॥

भनिति बिचित्र सुकबि कृत जोऊ। राम नाम बिनु सोह न सोऊ॥
बिधुबदनी सब भाँति सँवारी। सोह न बसन बिना बर नारी॥ २॥

सब गुन रहित कुकबि कृत बानी। राम नाम जस अंकित जानी॥
सादर कहहिं सुनहिं बुध ताही। मधुकर सरिस संत गुनग्राही॥ ३॥

जदपि कबित रस एकउ नाहीं। राम प्रताप प्रगट एहि माहीं॥
सोइ भरोस मोरें मन आवा। केहिं न सुसंग बड़प्पनु पावा॥ ४॥

पहिल भासा गढ़तो बुता, दूसर भोला अकल।
कोनी तिहँके दोस नी देदे, हाँसोत कि करोत नकल॥ १०१॥
जिहँके परभू चो सुंदर पाय ले, समँझ मया नीआय।
तिहँके सुनलोने फेकवा लागेदे, रामचो कथा आय॥ १०२॥
हरिहर पायं ले मया जिहँके, गोठ काटू जे नहीं।
रघु चो कथा सुन्दर तिहँके, मीठा लागेदे सही॥ १०३॥
सजन बसुन एइ कथा के, सुन्दर सहराते बलदे।
राम भक्ती ले भरपूर मानुन, खुबे मया ले सुनदे॥ १०४॥
मयं कोनी कबी नोआँय, पद जोडुक नी जानें।
बिदिया गुन बल घाट आसे, भेद गुन नी जानें॥ १०५॥
बाराबानी चो अक्षर गोठ, अरथ बाराबानी।
सिंगार बले बरन-बरन, पद बल बरन-बानी॥ १०६॥
भाव रस चो गोठ उतरोय, गीत चो गोठ आय।
जेमें बरन गुन दोस आसे, तेके कबी गाय॥ १०७॥
इतरोने बल गीत गुन चों, काईं नीआय गियान।
पंडरी कागत ने सत लिखेंसे, राम चो करते धियान॥ १०८॥

९ मोचो गढ़लो गुन नाहलो, गोटकी गुन जे आसे।
जेके सुनदे नंगत गियानी, बुध-बिता जे आसे॥ १०९॥

रघुनाथ चो नाँव सहज, पबितर आय भारी।
बेद सास्तर चो सार आसे, दोस सारेसे भारी॥ ११०॥
भलई चो घर दोस ले तारू, जेके जानसोत सपा।
सिव पारबती संगे भजसोत, बसुन मन ले सफा॥ १११॥
नंगत कबी चो गढ़लो गीत, होवो अद्‌भुत कितरोय।
राम नाँव चो बिगर हुन, सोभा नी पाय उतरोय॥ ११२॥
सुन्दरी मेहरार जोन माहा, कितरोय गहना पिंधले।
फटई बिगर सोभा नी पाय, कितरोय सोन पिंधले॥ ११३॥
अडरा कबी चो गुन नाहलो, गढ़लो बललो गीत।
राम नावँ चो चारचा रले, गियानी गावसोत गीत॥ ११४॥
मन ले तेके गियानी गावसोत, गियानी बसुन सुनसोत।
संत मन भवँरा माहा, सुन्दर रस के पीवसोत॥ ११५॥
भले मोचो पद-गीत ने, काई नीआय रस।
राम भगवान चो महेमा परगट, भगत पीवदे रस॥ ११६॥
मोचो मन ने भरोसा आसे, इतरोय के मयँ जाने।
भले चो संगत धरलो लोग चो, पद के सवँसार माने॥ ११७॥

धूमउ तजइ सहज करुआई। अगरु प्रसंग सुगंध बसाई॥
भनिति भदेस बस्तु भलि बरनी। राम कथा जग मंगल करनी॥ ५॥

छं०– मंगल करनि कलिमल हरनि तुलसी कथा रघुनाथ की।
गति कूर कबिता सरित की ज्यों सरित पावन पाथ की॥

प्रभु सुजस संगति भनिति भलि होइहि सुजन मन भावनी।
भव अंग भूति मसान की सुमिरत सुहावनि पावनी॥

दो०– प्रिय लागिहि अति सबहि मम भनिति राम जस संग।
दारु बिचारु कि करइ कोउ बंदिअ मलय प्रसंग॥ १० (क)॥

स्याम सुरभि पय बिसद अति गुनद करहिं सब पान।
गिरा ग्राम्य सिय राम जस गावहिं सुनहिं सुजान॥ १० (ख)॥

चौ०– मनि मानिक मुकुता छबि जैसी। अहि गिरि गज सिर सोह न तैसी॥
नृप किरीट तरुनी तनु पाई। लहहिं सकल सोभा अधिकाई॥ १॥

तैसेहिं सुकबि कबित बुध कहहीं। उपजहिं अनत अनत छबि लहहीं॥
भगति हेतु बिधि भवन बिहाई। सुमिरत सारद आवति धाई॥ २॥

राम चरित सर बिनु अन्हवाएँ। सो श्रम जाइ न कोटि उपाएँ॥
कबि कोबिद अस हृदयँ बिचारी। गावहिं हरि जस कलि मल हारी॥ ३॥

कीन्हें प्राकृत जन गुन गाना। सिर धुनि गिरा लगत पछिताना॥
हृदय सिंधु मति सीप समाना। स्वाति सारदा कहहिं सुजाना॥ ४॥

जौं बरषइ बर बारि बिचारू। होहिं कबित मुकुतामनि चारू॥ ५॥

दो०– जुगुति बेधि पुनि पोहिअहिं रामचरित बर ताग।
पहिरहिं सज्जन बिमल उर सोभा अति अनुराग॥ ११॥

चौ०– जे जनमे कलिकाल कराला। करतब बायस बेष मराला॥
चलत कुपंथ बेद मग छाँड़े। कपट कलेवर कलि मल भाँड़े॥ १॥

पीता गुन के छांडेसे धुआँ, उदबती चो होउन।
मोचो गीत राग नाहलो, राम कथा चो होउन॥ ११८॥
सवँसार चो भलई करू, गीत के मयँ गाएँसे।
नंगत गुन के सांगते-सांगते, राम गुन के गाएंसे॥ ११९॥
तुलसीदास बलसोत सुना, राम कथा आय भारी।
कली पाप के सारतो काजे, एचो गुन आय भारी॥ १२०॥
खेचड़ नंदी माहा गीत, बोहतो ने टेड़गा आसे।
हुसने पबितर गंगा नंदी चो, बोहतोर टेड़गा आसे॥ १२१॥
भगवान जस संग चो गीत, सजन मन के भाए।
मड़ाभाटा चो लाखड़ी संकर देहें, सुमरले पबितर आए॥ १२२॥

१० (क) सपा के निको लागेदे पद, राम नाँव चो जस ले।
चन्दन के काय दारू बलासे, मलय चो संगत ले॥ १२३॥
कारी गाय चो पंडरी गोरोस, गुन ने होयसे भारी।
असन जानुन पीवसोत लोग, जे गुनी होसोत भारी॥ १२४॥

१० (ख) असने गवाँर चो भासा रले बस, सीताराम चो गुन।
चतुर गियानी मन के देऊन, पढ़सोत-सुनसोत गुन॥ १२५॥

मनी मुक्ता मोती सुन्दर, छबी जे बल आय।
साँप पहाड़ हाथी माथा ने, हुसन सोभा नी पाय॥ १२६॥
राजा चो मुकुट जवान मेहरार चो, देहँ एमन पाउन।
हुसनेय आगर सोभा पावसोत, संगत ऊपरे जाउन॥ १२७॥
गियानी बलसोत कँव तो उपजुन, नंगत कबी चो गीत।
अउर कहाँय सोभा पाएसे, गुनी गियानी चो गीत॥ १२८॥
भक्ती करते कबी सुमरले, सारद माता के दखा।
ब्रह्मलोक के छांडुन भाती, पराते अमरेसे हुता॥ १२९॥
कबी गियानी मन ने बिचारून, कली पाय ले तारु।
हरी जस के गावसोत सपा, जे मंजपुर ले तारू॥ १३०॥
सवँसारी चो गीत गावले, पछताएसे मुंड धरून।
गुनी-मन के समुन्द बलसोत, बुद्धि के सुतई बलुन॥ १३१॥
सरसती के स्वाती नछत्तर, जानसोत ग्यानी गुनी।
ऊंच बिचार माहा पानी बरसाले, गीत होयसे मुक्तामनी॥ १३२॥

११ उआट ले बेधुन रामचरित डोर ने, गुथुन सजन लोग।
पिंधसोत आपलो सफा हिरदे ने, सोहे मया चो जोग॥ १३३॥

जे ये अटपट कली जुग ने, जनम धरून आसोत।
जेमनचो करनी कावँरा माहा, भेस ले हाँसा आसोत॥ १३४॥

बंचक भगत कहाइ राम के। किंकर कंचन कोह काम के॥
तिन्ह महँ प्रथम रेख जग मोरी। धींग धरमध्वज धंधक धोरी॥ २॥

जौं अपने अवगुन सब कहऊँ। बाढ़इ कथा पार नहिं लहऊँ॥
ताते मैं अति अलप बखाने। थोरे महुँ जानिहहिं सयाने॥ ३॥

समुझि बिबिधि बिधि बिनती मोरी। कोउ न कथा सुनि देइहि खोरी॥
एतेहु पर करिहहिं जे असंका। मोहि ते अधिक ते जड़ मति रंका॥ ४॥

कबि न होउँ नहिं चतुर कहावउँ। मति अनुरूप राम गुन गावउँ॥
कहँ रघुपति के चरित अपारा। कहँ मति मोरि निरत संसारा॥ ५॥

जेहिं मारुत गिरि मेरु उड़ाहीं। कहहु तूल केहि लेखे माहीं॥
समुझत अमित राम प्रभुताई। करत कथा मन अति कदराई॥ ६॥

दो०– सारद सेस महेस बिधि आगम निगम पुरान।
नेति नेति कहि जासु गुन करहिं निरंतर गान॥ १२॥

चौ०– सब जानत प्रभु प्रभुता सोई। तदपि कहें बिनु रहा न कोई॥
तहाँ बेद अस कारन राखा। भजन प्रभाउ भाँति बहु भाषा॥ १॥

एक अनीह अरूप अनामा। अज सच्चिदानंद पर धामा॥
ब्यापक बिस्वरूप भगवाना। तेहिं धरि देह चरित कृत नाना॥ २॥

सो केवल भगतन हित लागी। परम कृपाल प्रनत अनुरागी॥
जेहि जन पर ममता अति छोहू। जेहिं करुना करि कीन्ह न कोहू॥ ३॥

बेद बाट के छांडुन भाती, अडरा बाट ने जासोत।
कपट चो मूरित कली चो पाप चो, नकलाहा होउन आसोत॥ १३५॥
ठगी राम चो भगत कहाउन, लोग मन के ठगसोत।
रीस धन आरु काम असन चो, चाकर होउन रसोत॥ १३६॥
मोके गना आगे संवसार ने, असन लोग मन माहा।
जे ठग धरमी बलुन आसोत, निलजाहा मन माहा॥ १३७॥
आपलो सपा अवगुन सांगले, कथा लामुन जाएदे।
एइ ने खिंडिक ने सांगुन दिले, गियानी थाहा पावदे॥ १३८॥
समझुन रकम बिन्ती मोचो, कथा ले दोस नी देदें।
इतरो ने बल जे भरम करदे, मोचो ले आगर होदे॥ १३९॥
मयँ कोनी बड़े कबी नोआँय, चतुर बलुक नी बलेंसे।
आपलो गुन माहा राम गुन, गढ़ुन गाउन बलेंसे॥ १४०॥
कहाँ ये जाले रघु नाथ चो, आय अपार चरितर।
कहाँ मोचो ये बुध के दखा, जो भरमेसे सवँसार भीतर॥ १४१॥
जे-लेहरा सुमेरु के उड़ाएसे, कपसा के काय गने।
राम चो महेमा अपरम्पार, बिचारुन आपलो मने॥ १४२॥

१२ कथा गढ़ुक मन कंदेरेसे, अपार महेमा कथा।
सरसती सेंस सिव ब्रह्मा, बेद सास्तर पुरान कथा॥ १४३॥

असन के आय असन नोआय, सपा गाउन बलसोत।
महेमा गुन चरिचर चो जे, हमेस गीत करसोत॥ १४४॥
भले सपा जानते रहोत, परभू चो गुन महेमा।
बललो बिगर कोनी नी रला, बेद सांगला महेमा॥ १४५॥
भजन महेमा रकम रकमचो, सांगलो आसे कथा।
भवसागर ले तारून देएसे, गावलो ने भजन कथा॥ १४६॥
भगवान गोटकी रूप नाहलो, रूप नावँ नीआय तिहँचो।
जे केबई जनम नी धरे, महेमा गुलाय तिहँचो॥ १४७॥
जे परमेसर बैकुंठ आत, सपाय ठान ने आसोत।
सवंसार चो रूप आत तेई, कई रकम ले आसोत॥ १४८॥
हुनी सुन्दर देंह धरून, एइ सवँसारे एऊन।
बरन बरन लील करला, मँजपुर ने एऊन॥ १४९॥
भगत लोग चो हितू जे, दया चो धाम परभू।
सरन पड़लो के साहा होऊ, किरपा करू परभू॥ १५०॥
भगत ऊपरे दया मया, हारक बल करले।
केबई बले रीस नी करला, हारक किरपा करले॥ १५१॥

गई बहोर गरीब नेवाजू। सरल सबल साहिब रघुराजू॥
बुध बरनहिं हरि जस अस जानी। करहिं पुनीत सुफल निज बानी॥ ४॥

तेहिं बल मैं रघुपति गुन गाथा। कहिहउँ नाइ राम पद माथा॥
मुनिन्ह प्रथम हरि कीरति गाई। तेहिं मग चलत सुगम मोहि भाई॥ ५॥

दो०– अति अपार जे सरित बर जौं नृप सेतु कराहिं।
चढि पिपीलिकउ परम लघु बिनु श्रम पारहि जाहिं॥ १३॥

चौ०– एहि प्रकार बल मनहि देखाई। करिहउँ रघुपति कथा सुहाई॥
ब्यास आदि कबि पुंगव नाना। जिन्ह सादर हरि सुजस बखाना॥ १॥

चरन कमल बंदउँ तिन्ह केरे। पुरवहुँ सकल मनोरथ मेरे॥
कलि के कबिन्ह करउँ परनामा। जिन्ह बरने रघुपति गुन ग्रामा॥ २॥

जे प्राकृत कबि परम सयाने। भाषाँ जिन्ह हरि चरित बखाने॥
भए जे अहहिं जे होइहहिं आगें। प्रनवउँ सबहि कपट सब त्यागें॥ ३॥

होहु प्रसन्न देहु बरदानू। साधु समाज भनिति सनमानू॥
जो प्रबंध बुध नहिं आदरहीं। सो श्रम बादि बाल कबि करहीं॥ ४॥

कीरति भनिति भूति भलि सोई। सुरसरि सम सब कहँ हित होई॥
राम सुकीरति भनिति भदेसा। असमंजस अस मोहि अँदेसा॥ ५॥

तुम्हरी कृपाँ सुलभ सोउ मोरे। सिअनि सुहावनि टाट पटोरे॥ ६॥

दो०– सरल कबित कीरति बिमल सोइ आदरहिं सुजान।
सहज बयर बिसराइ रिपु जो सुनि करहिं बखान॥ १४ (क)॥

गेलो के मिराऊ गरोब के साहा, मनले सरल आसोत।
सपा सकत तिहँचो लगे, सपा चो मालिक आसोत॥ १५२॥
गियानी असन जानून हरी चो, जस गुन के गासोत।
बोली के पबितर गुनी बनाते, हरी चो जस गासोत॥ १५३॥
हुनी सकत ले रघुनाथ चो, महेमा के मयं बलेंसे।
राम पायं ने माथा लवाँउन, गुन कथा के बलेंसे॥ १५४॥
मुनी-मन हरी गुन चो, गावला आगे जे गुन।
हुनी मारग ने हिंडले जाले, सुगिम पाएंदे गुन॥ १५५॥

१३ बड़े बड़े नंदी ऊपरे राजा, पुलिया बनाउन देसोत।
नानी नानी चाटी बले, सहज नाहकुन जासोत॥ १५६॥

असने मन ले बल दखाउन, करेंसे राम कथा।
बियास माहा बड़े बड़े कवी, करलाजे हरी कथा॥ १५७॥
मन चो मोचो पूरा करोत, सपा चो पायँ के बिनायँ।
रघुनाथ चो गीत कली ने, गाऊ कबी के बिनायँ॥ १५८॥
जनम ले गियानी जे आसोत, बोली कबी चो आसे।
हरि चरितर महेमा गुन, जेचो भासा ने आसे॥ १५९॥
असन जे होला अउर जे होदे, पुरे जे बल आसोत।
सपा कपट छांडुन बिनायँसे, जे हरी गुन ने गासोत॥ १६०॥
साधू लोग चो गीत महेमा चो, होएसे मान जाना।
हरीक होउन बरदान दिया, बिन्ती मोचो माना॥ १६१॥
जे गीत के गियानी नी मानले, फोकहा होएसे ते।
भूरुख कबी गाएसे असन के, सकत के सारेसे ते॥ १६२॥
जस गीत धन हुनी नंगत, जे पर चो काम एएसे।
गंगा माहा पबितर होउन, हित मारग ने जाएसे॥ १६३॥
राम चो कीरत खुबे सुन्दर, गीत फेकवा आसे।
मेल नी खाएसे इतरोय चो, मोके फिकर आसे॥ १६४॥
बले कबी सियान किरपा ले, होएदे सहज सुदर।
केकती खिलन ले पोता बले, सोभा पाएसे सुंदर॥ १६५॥

१४ (क) सहज सुन्दर जस गाऊ गीत के, चतुर मान करसोत।
बयरी रीस छांडुन भाती, तेके सहराउक धरसोत॥ १६६॥
सफा गियान बुध चो विगर, असन गीत नी होए।
गियान बुध आसे मोचो घाट, जेमें ए गीत होए॥ १६७॥

सो न होइ बिनु बिमल मति मोहि मति बल अति थोर।
करहु कृपा हरि जस कहउँ पुनि पुनि करउँ निहोर॥ १४ (ख)॥

कबि कोबिद रघुबर चरित मानस मंजु मराल।
बालबिनय सुनि सुरुचि लखि मो पर होहु कृपाल॥ १४ (ग)॥

सो०– बंदउँ मुनि पद कंजु रामायन जेहिं निरमयउ।
सखर सुकोमल मंजु दोष रहित दूषन सहित॥ १४ (घ)॥

बंदउँ चारिउ बेद भव बारिधि बोहित सरिस।
जिन्हहि न सपनेहुँ खेद बरनत रघुबर बिसद जसु॥ १४ (ङ)॥

बंदउँ बिधि पद रेनु भव सागर जेहिं कीन्ह जहँ।
संत सुधा ससि धेनु प्रगटे खल बिष बारुनी॥ १४ (च)॥

दो०– बिबुध बिप्र बुध ग्रह चरन बंदि कहउँ कर जोरि।
होइ प्रसन्न पुरवहु सकल मंजु मनोरथ मोरि॥ १४ (छ)॥

चौ०– पुनि बंदउँ सारद सुरसरिता। जुगल पुनीत मनोहर चरिता॥
मज्जन पान पाप हर एका। कहत सुनत एक हर अबिबेका॥ १ ॥

गुर पितु मातु महेस भवानी। प्रनवउँ दीनबंधु दिन दानी॥
सेवक स्वामि सखा सिय पी के। हित निरुपधि सब बिधि तुलसी के॥ २ ॥

कलि बिलोकि जग हित हर गिरिजा। साबर मंत्र जाल जिन्ह सिरिजा॥
अनमिल आखर अरथ न जापू। प्रगट प्रभाउ महेस प्रतापू॥ ३ ॥

सो उमेस मोहि पर अनुकूला। करिहिं कथा मुद मंगल मूला॥
सुमिरि सिवा सिव पाइ पसाऊ। बरनउँ रामचरित चित चाऊ॥ ४ ॥

भनिति मोरि सिव कृपाँ बिभाती। ससि समाज मिलि मनहुँ सुराती॥
जे एहि कथहि सनेह समेता। कहिहहिं सुनिहहिं समुझि सचेता॥ ५ ॥

१४(ख) दया करा मयँ तुमके गोहारेंसे, घनघड़ी मान देऊन।
जेमे हरी चो गुन महेमा के, सहज ने सकें करुक॥ १६८॥

१४(ग) कबी आरु पण्डित तुमी, पिला चो बिन्ती सुनुन।
रामचरित कुंड चो हाँसा, किरपा करा गुनुन॥ १६९॥

१४(घ) मुनी पायँ के मयँ बिनायँसे, गढ़ला रामायन जे।
खर संगे-संग कवँल सुंदर, दोस ले अलगुन जे॥ १७०॥

१४(ङ) चारों बेद के बिनायँसे जे, भवसागर ले तारे।
रघुनाथ चो महेमा गावते, सपना ने नी हारे॥ १७१॥

१४(च) ब्रह्मा पाय चो धुरला के बिनायँसे, जे भवसागर गढ़ला।
संत माहा अमरित जोन, कामधेनू निकरला॥ १७२॥
दूसर बाटे दुसट मनुख माहा, बिस के बले गढ़ला।
आपलोय जस ले मंद-सुर बल, भवसागर ने गढ़ला॥ १७३॥

१४(छ) देव बाम्हन पंडित ग्रह, बिनायँसे सपा चो पाँय।
हरीक ले सपा पूरा करा, जे मन ले मानलो आय॥ १७४॥

सरसती आरु गंगा के बिनायँसे, जे देव नंदी आत।
दुनों पबितर गुनी महेमा ले, भरपूर देबी आत॥ १७५॥
गोटोक नहाले पानी खादले, सपा पाप के सारेसे।
दूसर चो गुन जस बलले सुनले, अबूझपन के मारेसे॥ १७६॥
संकर पारबती गुरू माय बाप, गरीब के साहा आसोत।
हात जोड़ुन पाँय पडेंसे, जे रोजे दानी आसोत॥ १७७॥
सीतापति चो सेउक मालिक, संगबारी जे आत।
कपट नाहलो हित करया, तुलसी काजे आत॥ १७८॥
कलजुग के दखुन जग हित काजे, हर गिरजा जोड़ा करला।
बिगर मेल चो अक्षर जोड़ुन, साबर मन्तर गढ़ला॥ १७९॥
नंगत ले जचो अरथ नीहोय, नी होय जाप करूक।
महेस परताप ले महेमा के, पुरे होएसे पाउक॥ १८०॥
उमापति सिव हरीक होऊन, कथा ने संग दे दे।
सुभ भलई चो मूर बनाते, गुन ले भरून दे दे॥ १८१॥
सिव सिवा चो धियान करते, तिहंचो परसाद पाउन।
राम चरितर के हरीक चेत ले, सांगेसे मयँ गाउन॥ १८२॥
सिव किरपा ले मोचो गीत, पाएदे सोभा असन।
राती पहार जोन संगे तारा, पाएसे सोभा जसन॥ १८३॥

होइहहिं राम चरन अनुरागी। कलि मल रहित सुमंगल भागी॥ ६॥

दो०– सपनेहुँ साचेहुँ मोहि पर जौं हर गौरि पसाउ।
तौ फुर होउ जो कहेउँ सब भाषा भनिति प्रभाउ॥ १५॥

चौ०– बंदउँ अवध पुरी अति पावनि। सरजू सरि कलि कलुष नसावनि॥
प्रनवउँ पुर नर नारि बहोरी। ममता जिन्ह पर प्रभुहि न थोरी॥ १॥

सिय निंदक अघ ओघ नसाए। लोक बिसोक बनाइ बसाए॥
बंदउँ कौसल्या दिसि प्राची। कीरति जासु सकल जग माची॥ २॥

प्रगटेउ जहँ रघुपति ससि चारू। बिस्व सुखद खल कमल तुसारू॥
दसरथ राउ सहित सब रानी। सुकृत सुमंगल मूरति मानी॥ ३॥

करउँ प्रनाम करम मन बानी। करहु कृपा सुत सेवक जानी॥
जिन्हहि बिरचि बड़ भयउ बिधाता। महिमा अवधि राम पितु माता॥ ४॥

सो०– बंदउँ अवध भुआल सत्य प्रेम जेहि राम पद।
बिछुरत दीनदयाल प्रिय तनु तृन इव परिहरेउ॥ १६॥

चौ०– प्रनवउँ परिजन सहित बिदेहू। जाहि राम पद गूढ़ सनेहू॥
जोग भोग महँ राखेउ गोई। राम बिलोकत प्रगटेउ सोई॥ १॥

प्रनवउँ प्रथम भरत के चरना। जासु नेम ब्रत जाइ न बरना॥
राम चरन पंकज मन जासू। लुबुध मधुप इव तजइ न पासू॥ २॥

बंदउँ लछिमन पद जल जाता। सीतल सुभग भगत सुख दाता॥
रघुपति कीरति बिमल पताका। दंड समान भयउ जस जाका॥ ३॥

सेष सहस्त्रसीस जग कारन। जो अवतरेउ भूमि भय टारन॥
सदा सो सानुकूल रह मो पर। कृपासिंधु सौमित्रि गुनाकर॥ ४॥

जे ये कथा के मया परेम ले, चेत ले वलदे सुनदे।
कलजुग पाप ले गुचुन भाती, राम पाँय चो मयादार होदे॥ १८४॥

१५ सपना ने बले जे गौरीसंकर, मोचो ले हरीक आसोत।
सपा सत होओ महेमा सकत, जें भासा गीत ने आसोत॥ १८५॥

बिनायंसे पबितर अवधपुरी के, जे कलजुग पाप के सारेसे।
सरजू नंदी बोहेसे उथा, जे मंजपुर ले तारे से॥ १८६॥
अवधपुर चो लोग के बिनायंसे, सपा चो मान करून।
जेमन ऊपरे दया करला, भगवान मया करून॥ १८७॥
सीता के निंदरतो पाप के सारून, दुख ले तारून दिला।
आपलो धाम ने बसाउन भाती, सपा के तारून दिला॥ १८८॥
कौसिला रूप चो बेर उदानी बाट चो, बिन्ती मयँ करेंसे।
जेचो महेमा कीरत गुलाय, सवँसार के सुखी करेसे॥ १८९॥
जहाँ ले सवँसार के सुख देऊ, दुसट पूड़न काजें।
रघुपति जोन परगट होला, ओस माहा पूड़न काजे॥ १९०॥
सपा रानी संगे राजा दसरथ के, जस पुन चो मूरित मानुन।
मन बानी ले मयँ बिनायँसे, दया करत सेउक जानुन॥ १९१॥
जेमन के नंगत गढुन ब्रह्मा, लुबे मान पावला।
राम चो माय बाप होलो किरता, महेमा गुन पावला॥ १९२॥

१६ अवध राजा दसरथ चो, बिन्ती मय करेंसे।
जे राम पायँ ले सते रकम, भारी मया करेसे॥ १९३॥

गरीब चो साहा होऊ परभू चो, संग छांडते आपलो।
देह जे रहे भारी मयादार, किटका असन छांडलो॥ १९४॥
बिन्ती करेंसे राजा जनक चो, सपा कुटुम संगे।
जेमन चो भारी मया रहे, राम पायँ चो संगे॥ १९५॥
जोग भोग के लुकाउन रहोत, असन मया तिहँचो।
राम के दखते परगट होली, परछो होउन तिहँचो॥ १९६॥
सपा ले आगे भरत पायँ चो, बिन्ती मयँ करेंसे।
जेचो नेम बरत मया के, भासा सांगुक नी सकेसे॥ १९७॥
राम पायँ माहा पूड़न काजें, भंवरा माहा जे रहे।
लोभाउन लग के छांडे नहीं, पायँ ने मोहाउन रहे॥ १९८॥
सीतर सुंदर भगत के सुख देऊ, बिनायँसे लछमन चो पाँय।
रघुपति जस कीरत बैरख काज, लाठ माहा जे आय॥ १९९॥
सवँसार काज हजार मुंडया सेंस, गुनी अवतारी आत।
पिरथी चो दुख टारू किरपा करू, हरीक होउन जात॥ २००॥

रिपुसूदन पद कमल नमामी। सूर सुसील भरत अनुगामी॥
महावीर बिनवउँ हनुमाना। राम जासु जस आप बखाना॥ ५॥

सो०– प्रनवउँ पवनकुमार खल बन पावक ग्यान घन।
जासु हृदय आगार बसहिं राम सर चाप धर॥ १७॥

चौ०– कपिपति रीछ निसाचर राजा। अंगदादि जे कीस समाजा॥
बंदउँ सब के चरन सुहाए। अधम सरीर राम जिन्ह पाए॥ १॥

रघुपति चरन उपासक जेते। खग मृग सुर नर असुर समेते॥
बंदउँ पद सरोज सब केरे। जे बिनु काम राम के चेरे॥ २॥

सुक सनकादि भगत मुनि नारद। जे मुनिबर बिग्यान बिसारद॥
प्रनवउँ सबहि धरनि धरि सीसा। करहु कृपा जन जानि मुनीसा॥ ३॥

जनकसुता जग जननि जानकी। अतिसय प्रिय करुनानिधान की॥
ताके जुग पद कमल मनावउँ। जासु कृपाँ निरमल मति पावउँ॥ ४॥

पुनि मन बचन कर्म रघुनायक। चरन कमल बंदउँ सब लायक॥
राजिवनयन धरें धनु सायक। भगत बिपति भंजन सुखदायक॥ ५॥

दो०– गिरा अरथ जल बीचि सम कहिअत भिन्न न भिन्न।
बदउँ सीता राम पद जिन्हहि परम प्रिय खिन्न॥ १८॥

चौ०– बंदउँ नाम राम रघुबर को। हेतु कृसानु भानु हिमकर को॥
बिधि हरि हरमय बेद प्रान सो। अगुन अनूपम गुन निधान सो॥ १॥

महामंत्र जोइ जपत महेसू। कासीं मुकुति हेतु उपदेसू॥
महिमा जासु जान गनराऊ। प्रथम पूजिअत नाम प्रभाऊ॥ २॥

सतरूधन चो सुन्दर पायँ के, बिनायँसे हात जोडुन।
बीर भरत चो नेम के सुंदर, करला मान करून॥ २०१॥
महाबीर हनुमान के बिनायँसे, जे जस चो धनी आत।
राम आपलो मुंह ले जचो, जस गुन सांगलो आत॥ २०२॥

१७ पवन चो बेटा हनूमान चो, बिन्ती मय करेंसे।
जे दुस्ट माहा बन के जराउक, आइग रूप धरेसे॥ २०३॥

जिहँचो मन ने ग्यान चो मूरित, धनउकांड के धरून।
रसोत राम भगवान हमेस, आपलो डेरा करून॥ २०४॥
बंदरा भालू रक्सा राजा, अंगद बेंदरा सपा।
तिहँचो पाँय के बिनाएँसे मयँ, राम के पावला सपा॥ २०५॥
पसु चड़ई देव असुर मनुख, जे बिनाएसे राम चो पायँ।
जे फोकहा बलै सेउक आसोत, बिनाएसे सपा चो पायँ॥ २०६॥
सुक सनकादी नारद भगत गियानी, जितरो मुनी जे आसोत।
बिनाएँसे भुई ने माथा टेकुन, भगत गुनी जे आसोत॥ २०७॥
आपलो सेउक जानुन मोके, सपाझन किरपा करा।
जस आसे तुमचो किरपा ले, हरीक ले दया करा॥ २०८॥
जनक चो बेटी सवँसार चो माय, जानकी देबी तुमी।
दयाचो कम राम चो मयादार, भारी मया बिती तुमी॥ २०९॥
दुनों पायँ चो बिन्ती करेंसे, जेमे किरपा आसे भारी।
हुनी ले नँगत बुध पाएंदे, जेचो महेमा खुबेभारी॥ २१०॥
मनबानी करम ले बिनाएँसे, जे धनउ कांड धरया आत।
भगत के सुखदेऊ बिपती टारु, भगवान रघुनाइक आत॥ २११॥
आँइख जे मन चो पूड़न माहा, सपा ले भरपूर जें।
तिहँचो पायं चो बिन्ती करेंसे, पूड़न माहा आए जे॥ २१२॥

१८ बोली–अरथ पानी झेल माहा, आय भिने जे बलले।
गोटकी सीताराम चो पायँ के, बिनाएँसे मय मन ले॥ २१३॥

नावँ महेमा

रघुबर चो नावँ के बिनाएँसे, जेमनके राम बलसोत।
आइग सुरुज जोन काजे जे, राम रूप चो आसोत॥ १॥
जे ब्रह्मा बिस्नू सिव माहा, बेद चो जीव आय।
गुन चो भंडार जोड़ नाहलो, महापरमेसर आयँ॥ २॥
महामंतर जेंके महेस जपसोत, गियान तेचोय देसोत।
कासी ने मुक्ती चो किरता आय, जेंके भगवान देसोत॥ ३॥

जान आदिकबि नाम प्रतापू। भयउ सुद्ध करि उलटा जापू॥
सहस नाम सम सुनि सिव बानी। जपि जेईं पिय संग भवानी॥ ३॥

हरषे हेतु हेरि हर ही को। किय भूषन तिय भूषन ती को॥
नाम प्रभाउ जान सिव नीको। कालकूट फलु दीन्ह अमी को॥ ४॥

दो०– बरषा रितु रघुपति भगति तुलसी सालि सुदास।
राम नाम बर बरन जुग सावन भादव मास॥ १९॥

चौ०– आखर मधुर मनोहर दोऊ। बरन बिलोचन जन जिय जोऊ॥
सुमिरत सुलभ सुखद सब काहू। लोक लाहु परलोक निबाहू॥ १॥

कहत सुनत सुमिरत सुठि नीके। राम लखन सम प्रिय तुलसी के॥
बरनत बरन प्रीति बिलगाती। ब्रह्म जीव सम सहज सँघाती॥ २॥

नर नारायन सरिस सुभ्राता। जग पालक बिसेषि जन त्राता॥
भगति सुतिय कल करन बिभूषन। जग हित हेतु बिमल बिधु पूषन॥ ३॥

स्वाद तोष सम सुगति सुधा के। कमठ सेष सम धर बसुधा के॥
जन मन मंजु कंज मधुकर से। जीह जसोमति हरि हलधर से॥ ४॥

दो०– एकु छत्रु एकु मुकुटमनि सब बरननि पर जोउ।
तुलसी रघुबर नाम के बरन बिराजत दोउ॥ २०॥

चौ०– समुझत सरिस नाम अरु नामी। प्रीति परसपर प्रभु अनुगामी॥
नाम रूप दुइ ईस उपाधी। अकथ अनादि सुसामुझि साधी॥ १॥

जेचो महेमा के गनेस भगवान, नंगत करून मानसोत।
एइ नावँ चो परताप ले, आगे पूजा पावसोत॥ ४॥
बालमिकी जानला नावँ महेमा, उल्टा जपला जे।
मरा बलुन मुक्ती पावला, पबितर होला ते॥ ५॥
सिव मुंह ले महेमा सुनुन, सहस नावँ चो मोल।
मुनीस संगे भवानी भजसोत, राम नावँ चो बोल॥ ६॥
पारबती हिरदे चो मया दखुन, सिव हरीक होउन।
मेहरार ने बड़े पतिबरता के, राखला ठान देऊन॥ ७॥
नावँ महेमा के जानसोत सिव, राम चो नंगत करुन।
अमरित बनली मोहरा बले, नावँ जस के सुनुन॥ ८॥

१९ बरसा रघुपति भक्ती होएसे, तुलसी सेउक धान।
राम नावँ सुन्दर सावन भादँव, जेंमें पाकेसे धान॥ ९॥

दुनों अक्षर सुन्दर नंगत, बरनमाला चो आँखी।
भगत चो जीवना सुमरले हित, सुख चो आत साथी॥ १०॥
ए लोक ने लाभ पाएसे, गेले परलोक ने।
भगवान सेवा ने लागुन रहेसे, सुखी परलोक ने॥ ११॥
बललोने सुनलोने सुमरलोने, खुबे नंगत लागेसे।
राम लछमन माहा तुलसीके, उतरोय मया लागेसे॥ १२॥
अलगाउन बललो ने एचो महेमा, बीजमंतर लागेसे।
जीव ब्रह्म माहा समान टकर, संगे रलों माहा लागेसे॥ १३॥
नर नारायण माहा भाई सुन्दर, जग के पोसू जे।
भगत लोग के अवस करुन, साहा होऊ जे॥ १४॥
भक्ती माहा मेहरार चो दुनों, कान चो खिलवाँ आत।
सवँसार चो भलई करुक, जोन सुरुज आत॥ १५॥
सुन्दर गती अमरित सुवाद, फल मिरतो माहा आय।
पिरथी बोझा के बोहतो काजे, सेंस कचीम आय॥ १६॥
भगत चो मन चो सुंदर पूड़न काज, भवँरा माहा जे आय।
दसोदा माता माहा जीभ काजे, कृष्णा बलराम आय॥ १७॥

२० गोटोक छत्तर गोटोक मुकुट मनी, सपा दायँ उपरे रहेसे।
तुलसी बलसोत रघुवर नावँ चो, बरन सोभा रहेसे॥ १८॥

समझलो ने नावँ नावँ धरेया, गोटकी माहा आत।
दुनों चो मया समान मान्तर, ये मालिक सेउक आत॥ १९॥
नावँ रूप दुनों भगवान आत, दुनों के सांगुक नी होए।
सुन्दर अपरम्पार दुनोय रूप, बुध ले जानुक होए॥ २०॥

को बड़ छोट कहत अपराधू। सुनि गुन भेद समुझिहहिं साधू॥
देखिअहिं रूप नाम आधीना। रूप ग्यान नहिं नाम बिहीना॥ २॥

रूप बिसेष नाम बिनु जानें। करतल गत न परहिं पहिचानें॥
सुमिरिअ नाम रूप बिनु देखें। आवत हृदयँ सनेह बिसेषें॥ ३॥

नाम रूप गति अकथ कहानी। समुझत सुखद न परति बखानी॥
अगुन सगुन बिच नाम सुसाखी। उभय प्रबोधक चतुर दुभाषी॥ ४॥

दो०– राम नाम मनिदीप धरु जीह देहरीं द्वार।
तुलसी भीतर बाहेरहुँ जौं चाहसि उजिआर॥ २१॥

चौ०– नाम जीहँ जपि जागहिं जोगी। बिरति बिरंचि प्रपंच बियोगी॥
ब्रह्मसुखहि अनुभवहिं अनूपा। अकथ अनामय नाम न रूपा॥ १॥

जाना चहहिं गूढ़ गति जेऊ। नाम जीहँ जपि जानहिं तेऊ॥
साधक नाम जपहिं लय लाएँ। होहिं सिद्ध अनिमादिक पाएँ॥ २॥

जपहिं नामु जन आरत भारी। मिटहिं कुसंकट होहिं सुखारी॥
राम भगत जग चारि प्रकारा। सुकृती चारिउ अनघ उदारा॥ ३॥

चहू चतुर कहुँ नाम अधारा। ग्यानी प्रभुहि बिसेषि पिआरा॥
चहुँ जुग चहुँ श्रुति नाम प्रभाऊ। कलि बिसेषि नहिं आन उपाऊ॥ ४॥

कोन नानी कोन बड़े आय, दोस बलल्लो ने आय।
गुन ऊपर जानदे जानेया, जे साधू गियानी आय॥ २१॥
सवँसारी रूप ले जानसोत, काय आय नावँ तेचो।
नावँ बिगर रूप के दखुन, नी जानत नावँ तेचो॥ २२॥
हाते संगालो काहीं जिनिस चो, नावँ के नीहोय जानुक।
नावँ जानलो जिनिस के लुकाले, रूप ले होयसे जानुक॥ २३॥
विगर दखलो रूप के बले, मया ले सुरता करले।
मया ने हुन हिरदे ने एएसे, बिगर रूप दखले॥ २४॥
नाव रूप चो गती कहनी, जेके बलुक नी होए।
समझले सुख देयसे भरपूर, तेके सांगुक नी होए॥ २५॥
सगुन-निरगुन चो मंजगत सुन्दर, नावँ साखी आसे।
दुनों चो गियान देऊ चतुर, दुइ गोठ बिता आसे॥ २६॥

२१ राम नावँ चो मनी दिया के, जीभ रुखी ने धरा।
तुलसी बाहिर भीतर उजर, करतो काजे घरा॥ २७॥

ब्रह्मा चों गढ़लो सवँसार ने, वरन परपंच जे आसोत।
तेचो ले नंगत फुसकलोर, साधू बयरागी आसोत॥ २८॥
असल गियान ले चेता रसोत, नावँ के जीभ ले जपते।
भगवान चो असल भेद के, जानसोत नावँ के जपते॥ २९॥
नावँ रूप नाहलो खुबे सुंदर, ब्रह्मसुख भोग करसोत।
दखुक होए न जानुक होए, असन नावँ धरसोत॥ ३०॥
जे भगवान चो मरम भेद के, जानतो काजे दखसोत।
नावँ के जीभ ले जपुन भाती, सपा भेद के जानसोत॥ ३१॥
साधू नावँ चो जप करसोत, हमेस चेत देऊन।
सिध होसोत तप करते, आठों सिद्धि पाऊन॥ ३२॥
दुखेला भगत दुख ले दंदरुन, जे नावँ जाप करसोत।
बिपती तिहँचो टरुन जाएसे, ते बल सुखी होसोत॥ ३३॥
सँवसार ने चार[1] रकम चो, भगत नावँ भजसोत।
राम भक्ती ले चारों पुनी, पाप ले गुचुन रसोत॥ ३४॥
चारों चतुर नावँ ऊपरे, भगत आसोत जे।
जेमें जे गियानी भगत, भगवान के भासोत ते॥ ३५॥
असन चारों बेद ने गुलाय, चारों जुग ने जारी।
नावँ के छांडुन दूसर उआट, नीआय कली ने भारी॥ ३६॥

१. (१) धन काजे भजतो लोग (अर्थार्थी) (२) बिपती पड़लो ने बितती ले फुसकतो काजे भजतो लोग (आर्त) (३) भगवान के जानतो-समझतो काये भजतो लोग (जिज्ञासु) (४) भगवान के तत्व ले जानुन टकर मया ले भजतो लोग (ज्ञानी)।

दो०– सकल कामना हीन जे राम भगति रस लीन।
नाम सुप्रेम पियूष ह्रद तिन्हहुँ किए मन मीन॥ २२॥

चौ०– अगुन सगुन दुइ ब्रह्म सरूपा। अकथ अगाध अनादि अनूपा॥
मोरें मत बड़ नामु दुहू तें। किए जेहिं जुग निज बस निज बूतें॥ १॥

प्रौढ़ि सुजन जनि जानहिं जन की। कहउँ प्रतीति प्रीति रुचि मन की॥
एकु दारुगत देखिअ एकू। पावक सम जुग ब्रह्म बिबेकू॥ २॥

उभय अगम जुग सुगम नाम तें। कहेउँ नामु बड़ ब्रह्म राम तें॥
ब्यापकु एकु ब्रह्म अबिनासी। सत चेतन घन आनँद रासी॥ ३॥

अस प्रभु हृदयँ अछत अबिकारी। सकल जीव जग दीन दुखारी॥
नाम निरूपन नाम जतन तें। सोउ प्रगटत जिमि मोल रतन तें॥ ४॥

दो०– निरगुन तें एहि भाँति बड़ नाम प्रभाउ अपार।
कहउँ नामु बड़ राम तें निज बिचार अनुसार॥ २३॥

चौ०– राम भगत हित नर तनु धारी। सहि संकट किए साधु सुखारी॥
नामु सप्रेम जपत अनयासा। भगत होहिं मुद मंगल बासा॥ १॥

राम एक तापस तिय तारी। नाम कोटि खल कुमति सुधारी॥
रिषि हित राम सुकेतुसुता की। सहित सेन सुत कीन्ह बिबाकी॥ २॥

२२ सपा भोग मुक्ती के छांड़ुन, जे बल जीव आसोत।
राम नावँ चो रस ने मिसुन, भगत लोग आसोत॥ ३७॥

मया ले सुंदर अमरित कुंड ने, मन के मछरी करून।
नंगत भक्ती ले तेमन सपा, रसोत नावँ के जपुन॥ ३८॥
ब्रह्म चो सगुन-निरगुन रूप, जेके बलुक नी होए।
अथाह सुन्दर सपाय ठान ने, जेचो महेमा होए॥ ३९॥
ए दुनों ले बले बड़े, नावँ के मय माने।
आपलो सकत इतरो दुनों के, आपलो हाते जाने॥ ४०॥
सियान सजन नी समझा एके, दास चो टेक दोस।
आपलो मन चो बिसवास मया ले, गोठ बलेंसे सोज॥ ४१॥
दुनोंय रकम चो ब्रह्म-ग्यान, आका माहा आसे।
जसन दारू भीतरे आइग, सते रकम ले आसे॥ ४२॥
दखा नी देए असन रहेसे, जरतो बरतो रूप।
आइग पुरे जे दखा देएसे, हुनी आय सगुन रूप॥ ४३॥
जेके जानतोर दुनों कठिन, तिहँके नावँ पुरे।
एइ ने नावँ के ब्रह्म राम ले, बड़े बलेंसे पुरे॥ ४४॥
ब्रह्म एकलो आय सपा ठाने, केबई नास नीआय।
गियान सकत ले भरपूर जे, हरीक चो धन आय॥ ४५॥
असन दोस नाहलो भगवान चो, हिरदे ने रते बले।
सवँसारे जीव गरीब दुखी, महेमा रते बले॥ ४६॥
नावँ जानले नावँ जतन ले, ब्रह्म परगट होएसे।
जसन रतन के जानले बूझले, मोल परगट होएसे॥ ४७॥

२३ असने निरगुन नावँ चो महेमा, होएसे खुबे बड़े।
आपलो समझ इतरो बलेंसे, नावँ राम ले बड़े॥ ४८॥

भगत चो भलई काज मनुख देह, राम धरून इला।
बिपती सहुन साधू लोग के, हरीक करून दिला॥ ४९॥
भगत सहज आरु मया ले, तिहँचो नावँ के धरते।
हरीक भलई चो घर होसोत, नावँ चो जप करते॥ ५०॥
एकलो तपसी चो बायले के, जाउन तारला राम।
कोटी दुस्ट चो नसलो बुध के, सुधरायसे अबगो नावँ॥ ५१॥
रुसी-मुनी चो बनती काजे, ताड़का के मारला राम।
हुनचो बेटा संगे फउद के, एकलोय मारला राम॥ ५२॥
दोस दुख फोकहा मंसा, जे भगत मन ने होएसे।
रात के जसन सुरुज सारेसे, हुसनेय नावँ होयसे॥ ५३॥

सहित दोष दुख दास दुरासा। दलइ नामु जिमि रबि निसि नासा॥
भंजेउ राम आपु भव चापू। भव भय भंजन नाम प्रतापू॥ ३॥

दंडक बन प्रभु कीन्ह सुहावन। जन मन अमित नाम किए पावन॥
निसिचर निकर दले रघुनंदन। नामु सकल कलि कलुष निकंदन॥ ४॥

दो०– सबरी गीध सुसेवकनि सुगति दीन्हि रघुनाथ।
नाम उधारे अमित खल बेद बिदित गुन गाथ॥ २४॥

चौ०– राम सुकंठ बिभीषन दोऊ। राखे सरन जान सबु कोऊ॥
नाम गरीब अनेक नेवाजे। लोक बेद बर बिरिद बिराजे॥ १॥

राम भालु कपि कटकु बटोरा। सेतु हेतु श्रमु कीन्ह न थोरा॥
नामु लेत भवसिंधु सुखाहीं। करहु बिचारु सुजन मन माहीं॥ २॥

राम सकुल रन रावनु मारा। सीय सहित निज पुर पगु धारा॥
राजा रामु अवध रजधानी। गावत गुन सुर मुनि बर बानी॥ ३॥

सेवक सुमिरत नामु सप्रीती। बिनु श्रम प्रबल मोह दलु जीती॥
फिरत सनेहँ मगन सुख अपनें। नाम प्रसाद सोच नहिं सपनें॥ ४॥

दो०– ब्रह्म राम तें नामु बड़ बर दायक बर दानि।
रामचरित सत कोटि महँ लिय महेस जियँ जानि॥ २५॥

मासपारायण, पहला विश्राम

चौ०– नाम प्रसाद संभु अबिनासी। साजु अमंगल मंगल रासी॥
सुक सनकादि सिद्ध मुनि जोगी। नाम प्रसाद ब्रह्मसुख भोगी॥ १॥

नारद जानेउ नाम प्रतापू। जग प्रिय हरि हरि हर प्रिय आपू॥
नामु जपत प्रभु कीन्ह प्रसादू। भगत सिरोमनि भे प्रहलादू॥ २॥

ध्रुवँ सगलानि जपेउ हरि नाऊँ। पायउ अचल अनूपम ठाऊँ॥
सुमिरि पवनसुत पावन नामू। अपने बस करि राखे रामू॥ ३॥

सिव धनउ के राम टुटाला, जे रहे बोझ भारी।
सवँसार चो डर ले छुटाऊ, नावँ आय बड़े भारी॥ ५४॥
राम दंडक बन ने जाउन, बनाला तेके सुन्दर।
अनगिनत मनुख चो मन ने, नावँ ले बनाला सुन्दर॥ ५५॥
रक्सा दल के मारला राम, आपलो हातें एकलोय।
कली चो सपा पाप के मारेसे, नावँ के दखा एकलोय॥ ५६॥

२४ नंगत सेउक सबरी गिदहा के, रघुनाथ मुक्ती दिला।
बेद नावँ चो गुन करसोत, दुसट तरुन गेला॥ ५७॥

सुगरीव विभीसन के साहा राम, अनगिनत चो साहा नावँ।
लोक बेद ने सिरजुन भाती, जस पाएसे नावँ॥ ५८॥
बेंदरा भालू सकलुन बंधाला, राम समुंद ने पुलिया।
मेहनत हुता काईं नी लागली, बनुन गेली पुलिया॥ ५९॥
नावँ धरलोने बड़े-बड़े, समुंद सुखुन जासोत।
सजन लोग बिचार करा, बेद असने गासोत॥ ६०॥
बस बूड़त ले राम रावन के, लड़ई ने मारून दिला।
सीता माता के संगे धरुन, आपलो नंगर ने इला॥ ६१॥
अजोधिया ने राज करला, राजा होउन भाती।
देव मुनी जस गावसोत, सुंदर गढ़ुन भाती॥ ६२॥
सेउक मोह के जीतेसे मया ले, नावँ के सुरता करून।
रक्सा ले आगर जेचो सकत, नावँ परताप ले जीतुन॥ ६३॥
मया ले भरून आपलोय सुख ले, गुलाय बुलते रसोत।
नावँ परताप ले फिकर दुख, आपने गुचुन रसोत॥ ६४॥

२५ ब्रह्म राम ले नावँ बड़े, बरदानी के बर देंएसे।
सौ कोटि रामचरितर ले सिव, नावँ ने हिरदे नेएसे॥ ६५॥

नावँ परसाद ले सिव भगवान, नास नी होऊ आसोत।
भूतहा भेस चो होले बले, सुभ चो गुनी आसोत॥ ६६॥
सुक-सनकादी जोगी-मुनी, रसोत नावँ के गाउन।
ब्रह्मानन्द सुख भोग-सोत, नावँ परसाद के पाउन॥ ६७॥
नारद जानला नावँ महेमा, हरी सवँसार के भाए।
हरी हर के मान देसोत आपन, हरी के हर भाए॥ ६८॥
नावँ परताप ले प्रहलाद के दखा, बड़े भगत होला।
धुरू दुख ले नावँ के जपुन, अटल लोक ने गेला॥ ६९॥
हनुमान पबितर नावँ के सुमरुन, पावला सकत भारी।
भगवान राम के हाते करला, नावँ परताप भारी॥ ७०॥

अपतु अजामिलु गजु गनिकाऊ। भए मुकुत हरि नाम प्रभाऊ॥
कहौं कहाँ लगि नाम बड़ाई। रामु न सकहिं नाम गुन गाई॥ ४॥

दो०– नामु राम को कलपतरु कलि कल्यान निवासु।
जो सुमिरत भयो भाँग तें तुलसी तुलसीदासु॥ २६॥

चौ०– चहुँ जुग तीनि काल तिहुँ लोका। भए नाम जपि जीव बिसोका॥
बेद पुरान संत मत एहू। सकल सुकृत फल राम सनेहू॥ १॥

ध्यानु प्रथम जुग मख बिधि दूजें। द्वापर परितोषत प्रभु पूजें॥
कलि केवल मल मूल मलीना। पाप पयोनिधि जन मन मीना॥ २॥

नाम कामतरु काल कराला। सुमिरत समन सकल जग जाला॥
राम नाम कलि अभिमत दाता। हित परलोक लोक पितु माता॥ ३॥

नहिं कलि करम न भगति बिबेकू। राम नाम अवलंबन एकू॥
कालनेमि कलि कपट निधानू। नाम सुमति समरथ हनुमानू॥ ४॥

दो०– राम नाम नरकेसरी कनककसिपु कलिकाल।
जापक जन प्रहलाद जिमि पालिहि दलि सुरसाल॥ २७॥

चौ०– भायँ कुभायँ अनख आलसहूँ। नाम जपत मंगल दिसि दसहूँ॥
सुमिरि सो नाम राम गुन गाथा। करउँ नाइ रघुनाथहि माथा॥ १॥

मोरि सुधारिहि सो सब भाँती। जासु कृपा नहिं कृपाँ अघाती॥
राम सुस्वामि कुसेवकु मोसो। निज दिसि देखि दयानिधि पोसो॥ २॥

लोकहुँ बेद सुसाहिब रीती। बिनय सुनत पहिचानत प्रीती॥
गनी गरीब ग्राम नर नागर। पंडित मूढ़ मलीन उजागर॥ ३॥

नीच अजामिल हाथी बेसवा, हरी चो नावँ जपुन।
सवँसार ले तरून गेला, अबगो नावँ जपुन॥ ७१॥
नावँ महेमा के कितरो बलें, कोनी पुरुक नी सकोत।
नावँ गुन के राम बल गाउन, एथा पुरुक नी सकोत॥ ७२॥

२६ नावँ राम चो कलप-रूख, मुक्ती चो घर आय।
जेके सुमरुन गवाँर तुलसी, तुलसी माहा आय॥ ७३॥

चारों जुग तीनों काल लोक ने, नावँ के जपुन जीव।
डंड दुख ले फुसकुन गेला, नानी बड़े जीव॥ ७४॥
वेद पुरान संत लोगमन, असने बलुन गासोत।
राम नावँ ले मया होओ, जे पुन चो फल आसोत॥ ७५॥
सतजुग धियान त्रेता होम, द्वापर पूजा होएसे।
महाकली जुग पाप चो जड़, नीच जीवना होएसे॥ ७६॥
मनुख पाप समुंद भीतरे, जीएसे मछरी होउन।
होम धियान पूजा सके नहीं, जीवना जीएसे भटुन॥ ७७॥
असन कलीकाल ने नावँ, कलपतरु आय।
सुरता करले सवँसार फांदा, सतयानास जाय॥ ७८॥
कली ने राम चो नावँ सुभ, मन चो फल देएसे।
परलोक ने हुसनेय हितू, माय बाप एथा होएसे॥ ७९॥
कलीकाल ने करम नीआय, भक्ति गियान नी मिरे।
असन अटपट ने राम चो नावँ, गोटकी आधार उरे॥ ८०॥
कपट चो खदान कलीकाल माहा, कालनेमी के मारूक।
बुद्धि बिता होएसे नावँ, सकत ले हनू तारूक॥ ८१॥

२७ राम नावँ नरसिंघ आय, हिरन्याकसिपु कलीकाल।
गाया परहलाद साहा करदे, देव बयरी चो काल॥ ८२॥

मया बइर रोस-पन ठग ले, कसनेय नावँ धरले।
दसों बाट ले भलई होयसे, ना चो जाप करले॥ ८३॥
हुनी राम चो नावँ सुमरुन, रघुनाथ पायँ के पड़ते।
राम गुन के गाएँसे मयँ, डण्डासरन पड़ते॥ ८४॥

राम चो मेंहमा

मोचो सपा नसलो के तेई, सुधरावदे नंगत करून।
जमन चो दया दया करते, नी अघाय दया करुन॥ १॥
राम माहा मोचो नंगत मालिक, मोचो माहा अडरा सेऊक।
दया चो धन आपलो दखुन, पोसला जानुन सेउक॥ २॥

सुकबि कुकबि निज मति अनुहारी। नृपहि सराहत सब नर नारी॥
साधु सुजान सुसील नृपाला। ईस अंस भव परम कृपाला॥ ४॥

सुनि सनमानहिं सबहि सुबानी। भनिति भगति नति गति पहिचानी॥
यह प्राकृत महिपाल सुभाऊ। जान सिरोमनि कोसलराऊ॥ ५॥

रीझत राम सनेह निसोतें। को जग मंद मलिनमति मोतें॥ ६॥

दो०– सठ सेवक की प्रीति रुचि रखिहहिं राम कृपालु।
उपल किए जलजान जेहिं सचिव सुमति कपि भालु॥ २८ (क)॥

हौंहु कहावत सबु कहत राम सहत उपहास।
साहिब सीतानाथ सो सेवक तुलसीदास॥ २८ (ख)॥

चौ०– अति बड़ि मोरि ढिठाई खोरी। सुनि अघ नरकहुँ नाक सकोरी॥
समुझि सहम मोहि अपडर अपनें। सो सुधि राम कीन्हि नहिं सपनें॥ १॥

सुनि अवलोकि सुचित चख चाही। भगति मोरि मति स्वामि सराही॥
कहत नसाइ होइ हियँ नीकी। रीझत राम जानि जन जी की॥ २॥

रहति न प्रभु चित चूक किए की। करत सुरति सय बार हिए की॥
जेहिं अघ बधेउ ब्याध जिमि बाली। फिरि सुकंठ सोइ कीन्ह कुचाली॥ ३॥

सोइ करतूति बिभीषन केरी। सपनेहुँ सो न राम हियँ हेरी॥
ते भरतहि भेंटत सनमाने। राजसभाँ रघुबीर बखाने॥ ४॥

दो०– प्रभु तरु तर कपि डार पर ते किए आपु समान।
तुलसी कहूँ न राम से साहिब सीलनिधान॥ २९ (क)॥

राम निकाईं रावरी है सबही को नीक।
जौं यह साँची है सदा तौ नीको तुलसीक॥ २९ (ख)॥

एहि बिधि निज गुन दोष कहि सबहि बहुरि सिरु नाइ।
बरनउँ रघुबर बिसद जसु सुनि कलि कलुष नसाइ॥ २९ (ग)॥

लोक वेद बल नंगत मालिक चो, सांगसोत असने टकर।
बिन्ती सुनते मया के चिताय, जानुन सपा टकर॥ ३॥
अमीर गरीब गवाँर गवँरेया, मुरूख गियानी लोग।
बदी जस चो नावँ कमाऊ, मनुख मेहरार लोग॥ ४॥
निको-अडरा के गुनी कबी, आपलो बुध ले गढ़ुन।
राजा राम के सहराते बलसोत, आपलो गुन ले गुनुन॥ ५॥
साधू गियानी नंगत टकर चो, भगवान जस चो राजा।
बोलो बिन्ती भक्ती चाल ले, मान देसोत राजा॥ ६॥
असन टकराहा सवँसारी राजा, चतुर कौसल चो राजा।
सफा गया ले राम रीझूआत, मोचा कोन मूरुख राजा॥ ७॥

२८ (क) दूसट सेउक चो मया राखदे, किरपा करेया राम।
जे मंत्री बेंदरा भालू संगे, बढ़ाला पखना चो दाम॥ ८॥

२८ (ख) सपा बलसोत राम चो सेउक, मयँ बल होलेसे दास।
राम निंदरना के सुनुन सहसोत, सेउक तुलसीदास॥ ९॥

मोचो टेक दोस बड़े आय, नरक नाक नी देए।
फोकहा डर ले मयँ डरेंसे, राम चेत नी दए॥ १०॥
उल्टा मालिक सुनुन जानुन, चेत आँइख ले दखुन।
भक्ती बुद्धि के सहरावला, मोचो गुन के दखुन॥ ११॥
बललो ने नसो हिरदे नंगत रले, मन ले सेउक माने।
हिरदे चो सपा ढंग गढ़न ले, राम रीझे माने॥ १२॥
भुलकलो नसलो भगतमन चो, चेत नी करत परभू।
सौ सों हार ले गुन टकर के, सुरता करसोत परभू॥ १३॥
बाली के मारला जे पाप किरता, सुगरीब हुनी करलो।
सपना ने राम नी बिचारला, बिभीसन वले करलो॥ १४॥
भरत संगे भेट होतो पहार, रघुबीर मान करला।
राज दरबार ने बसलो दायँ, गुन महेमा के बलला॥ १५॥

२९ (क) परभू खाले बेंदरा रूखे, आपलो असन मानत।
बिरले राम मालिक धीरजाहा, तुलसीदास जानत॥ १६॥

२९ (ख) तुमचो टकर ले सपा चो भलई, दयावान तुमी राम।
जे ये सपा सत आय जाले, तुलसी पाएदे मान॥ १७॥

२९ (ग) असन गुन दोस आपलो बलुन, सपा चो पायँ पडुन।
बलेंसे कली चो पाप के सारू, राम चो महेमा गढुन॥ १८॥

चौ०– जागबलिक जो कथा सुहाई। भरद्वाज मुनिबरहि सुनाई॥
कहिहउँ सोइ संबाद बखानी। सुनहुँ सकल सज्जन सुखु मानी॥ १॥

संभु कीन्ह यह चरित सुहावा। बहुरि कृपा करि उमहि सुनावा॥
सोइ सिव कागभुसुंडिहि दीन्हा। राम भगत अधिकारी चीन्हा॥ २॥

तेहि सन जागबलिक पुनि पावा। तिन्ह पुनि भरद्वाज प्रति गावा॥
ते श्रोता बकता समसीला। सवँदरसी जानहिं हरिलीला॥ ३॥

जानहिं तीनि काल निज ग्याना। करतल गत आमलक समाना॥
औरउ जे हरिभगत सुजाना। कहहिं सुनहिं समुझहिं बिधि नाना॥ ४॥

दो०– मैं पुनि निज गुर सन सुनी कथा सो सूकरखेत।
समुझी नहिं तसि बालपन तब अति रहेउँ अचेत॥ ३० (क)॥

श्रोता बकता ग्याननिधि कथा राम कै गूढ़।
किमि समुझौं मैं जीव जड़ कलि मल ग्रसित बिमूढ़॥ ३० (ख)॥

चौ०– तदपि कही गुर बारहिं बारा। समुझि परी कछु मति अनुसारा॥
भाषाबद्ध करबि मैं सोई। मोरें मन प्रबोध जेहिं होई॥ १॥

जस कछु बुधि बिबेक बल मेरें। तस कहिहउँ हियँ हरि के प्रेरें॥
निज संदेह मोह भ्रम हरनी। करउँ कथा भव सरिता तरनी॥ २॥

बुध बिश्राम सकल जन रंजनि। रामकथा कलि कलुष बिभंजनि॥
रामकथा कलि पंनग भरनी। पुनि बिबेक पावक कहुँ अरनी॥ ३॥

रामकथा कलि कामद गाई। सुजन सजीवनि मूरि सुहाई॥
सोइ बसुधातल सुधा तरंगिनि। भय भंजनि भ्रम भेक भुअंगिनि॥ ४॥

असुर सेन सम नरक निकंदिनि। साधु बिबुध कुल हित गिरिनंदिनि॥
संत समाज पयोधि रमा सी। बिस्व भार भर अचल छमा सी॥ ५॥

राम कथा महेमा

जगबालिक के जे कथा भावली, सांगला भरद्वाज लगे।
सुख पावते सजन मन सुना, सांगेंदे तुमन लगे॥ १॥
आगे सिव पारबती के, सांगला दया ले गढुन।
काँवरा के राम भगत जामुन, दिला लाइक दखुन॥ २॥
काँवरा ले जगबालिक पाउन, भरद्वाज लग गावला।
सांगया सुनया समान गुनी, हरीक महेमा गावला॥ ३॥
गँवरा के हाते धरलो माहा, तीनों काल के जानसोत।
अउर जे गियानी हरी भगत, सुनते बलते समझसोत॥ ४॥

३० (क) हुनी कथा के सूकरखेत ने, आपलो गुरू ले सुनले।
पिला चेत चो रहें तेबे, कथा के नी गुनले॥ ५॥

३० (ख) रामकथा चो महेमा भेद के, कसन समँझते मयँ।
गियानी होसोत बलेया-सुनया, कली पाप ने पड़लो मयँ॥ ६॥

अकल इतरो समझुक सकले, सांगला घनधड़ी तेबे।
मोचो मन अस्तीर होओ, भासा ने गढ़ेंसे एबे॥ ७॥
गियान जस चो जसन एबे, मोचो ने सक त आसे।
हरी चो किरपा दया मया ले, बलेंदे हुसने जे आसे॥ ८॥
भरम अबूझ गोठ के सारू, गढ़ेंसे मयँ कथा।
सवँसार माहा नदी के नाहकुक, डोंगी आय ये कथा॥ ९॥
राम कथा गियानी के हरीक, मनुख के सुखी करू।
कलीकाल चो सपा पाप के, हिटते नास करू॥ १०॥
कलजुग माहा साँप काजे, माई मंजूर आय।
बिबेक आइग के परगट करूक, अरनी माहा आय॥ ११॥
राम कथा कली चो कामधेनू, सपा के पूरन करे।
सजनमन काजे संजीवनी, सुन्दर उपाय करे॥ १२॥
पिरथी ने एइ अमरित नंदी, जिवतो मरतो डर ले तारे।
मेंडका माहा भरम जे होएसे, साँप होउन सारे॥ १३॥
असुर फउद माहा नरकमन के, नास करतो काजे।
साधू रूप चो देवकुल हितू-, दंतेसरी माहा आसे॥ १४॥
संत समाज माहा छीर समुंद काजे, लछमी चोसोभा पाय।
हिटते सवँसार चो बोझ बोहुक, अटल पिरथी आय॥ १५॥
जमदूत मुँह ने मस थोपुक, सवँसारे जमना माहा।
सपा जीव के मुक्ती देऊक, लागे ये कासी नाहा॥ १६॥

जम गन मुहँ मसि जग जमुना सी। जीवन मुकुति हेतु जनु कासी॥
रामहि प्रिय पावनि तुलसी सी। तुलसिदास हित हियँ हुलसी सी॥ ६॥

सिवप्रय मेकल सैल सुता सी। सकल सिद्धि सुख संपति रासी॥
सदगुन सुरगन अंब अदिति सी। रघुबर भगति प्रेम परमिति सी॥ ७॥

दो०– रामकथा मंदाकिनी चित्रकूट चित चारु।
तुलसी सुभग सनेह बन सिय रघुबीर बिहारु॥ ३१॥

चौ०– रामचरित चिंतामनि चारू। संत सुमति तिय सुभग सिंगारू॥
जग मंगल गुनग्राम राम के। दानि मुकुति धन धरम धाम के॥ १॥

सदगुर ग्यान बिराग जोग के। बिबुध बैद भव भीम रोग के॥
जननि जनक सिय राम प्रेम के। बीज सकल ब्रत धरम नेम के॥ २॥

समन पाप संताप सोक के। प्रिय पालक परलोक लोक के॥
सचिव सुभट भूपति बिचार के। कुंभज लोभ उदधि अपार के॥ ३॥

काम कोह कलिमल करिगन के। केहरि सावक जन मन बन के॥
अतिथि पूज्य प्रियतम पुरारि के। कामद घन दारिद दवारि के॥ ४॥

मंत्र महामनि बिषय ब्याल के। मेटत कठिन कुअंक भाल के॥
हरन मोह तम दिनकर कर से। सेवक सालि पाल जलधर से॥ ५॥

अभिमत दानि देवतरु बर से। सेवत सुलभ सुखद हरि हर से॥
सुकबि सरद नभ मन उडगन से। रामभगत जन जीवन धन से॥ ६॥

सकल सुकृत फल भूरि भोग से। जग हित निरुपधि साधु लोग से॥
सेवक मन मानस मराल से। पावक गंग तरंग माल से॥ ७॥

तुलसी माहा पबितर लागे, कथा ये राम के।
तुलसी काजे हुलसी माहा, हितू ये मन के॥ १७॥
सिव भगवान के नरबदा माहा, रामकथा ले मया लागे।
सपा सिद्धि सुख धन चो, महेमा बाढ़े जागे॥ १८॥
सदगुनी देवमन के जनमाऊ पोसू, अदिति माहा आय।
रघुनाथ चो भक्ती गया कथा, अपरम्पार आय॥ १९॥

३१ तुलसी बलसोत राम कथा मंदाकिनी, चेत चितरकुट आय।
सीताराम हरीक ले बुलसोत, बन ये सुन्दर आय॥ २०॥

राम चो चरितर खुबे सुन्दर, चिन्तामनी नाहा आय।
संत बुद्धी मेहरार काजे, सुन्दर गाहना आय॥ २१॥
राम चो गुन कूढ़ा कूढ़ा जग चो हित करू।
धन धरम मुक्ती आरु, परमधाम के देऊ॥ २२॥
गियान बैराग जोग काजे, सदगुरु होउआय।
सबँसार चो रोग काजे, देव बइद माहा आय॥ २३॥
सीताराम काजे मया के जनमाउक, आया बूवा आय।
सपा बरत धरम नेम चो, असल बीज आय॥ २४॥
दुख दारदिर सपा पाप के, हिटते नास करू।
एलोक परलोक सपाय ठाने, मया ले पालन करू॥ २५॥
गियानी राजा चो सूरबीर, देवान माहा आय।
लोभी समुन्द के सुखाती काजे, अगस्त मुनी आय॥ २६॥
भगत मन चो रीस काम, कली पाप हाथी काजे।
सिंधबाघ चो पिला माहा, बन ने मारतो काजे॥ २७॥
सिव ले पूजा पाऊ मयादार, तिहँचो सगा आय।
दारदिर आइग के लिबातो काजे, बरसा बादरी आय॥ २८॥
साँप मोहरा माहा विषय के, महामनी उतरातो काजे।
माथा चो लिखा अपजस के, मेटाय बढ़ती काजे॥ २९॥
अँधयार अग्यान ले तारूक़, सूरज जोत होएसे।
धान माहा ये सेउक काजे, सरग चो बादरी होएसे॥ ३०॥
मन मन चो जिनिस देऊ, देव रूख माहा आय।
सेवा करले हरीहर असन, सहज ने मिरू आय॥ ३१॥
नंगत कबी कुआँर चो, अकास चो तारा सुंदर।
राम भगत चो मन काजे, जीवन धन आय सुंदर॥ ३२॥
सपा पुन चो फल जे मिरेसे, भोग-मन माहा आय।
छल नाहलो सवँसार चो हितू, साधू संत माहा आय॥ ३३॥
सेउक मन चो मानसरोवर काजे, हाँसा माहा आय।
पबितर करूक गंगा माई चो, हलका माहा आय॥ ३४॥

दो०– कुपथ कुतरक कुचालि कलि कपट दंभ पाषंड।
दहन राम गुन ग्राम जिमि इंधन अनल प्रचंड॥ ३२ (क)॥

रामचरित राकेस कर सरिस सुखद सब काहु।
सज्जन कुमुद चकोर चित हित बिसेषि बड़ लाहु॥ ३२ (ख)॥

चौ०– कीन्हि प्रस्न जेहि भाँति भवानी। जेहि बिधि संकर कहा बखानी॥
सो सब हेतु कहब मैं गाई। कथा प्रबंध बिचित्र बनाई॥ १॥

जेहि यह कथा सुनी नहिं होई। जनि आचरजु करै सुनि सोई॥
कथा अलौकिक सुनहिं जे ग्यानी। नहिं आचरजु करहिं अस जानी॥ २॥

रामकथा कै मिति जग नाहीं। असि प्रतीति तिन्ह के मन माहीं॥
नाना भाँति राम अवतारा। रामायन सत कोटि अपारा॥ ३॥

कलपभेद हरिचरित सुहाए। भाँति अनेक मुनीसन्ह गाए॥
करिअ न संसय अस उर आनी। सुनिअ कथा सादर रति मानी॥ ४॥

दो०– राम अनंत अनंत गुन अमित कथा बिस्तार।
सुनि आचरजु न मानिहहिं जिन्ह कें बिमल बिचार॥ ३३॥

चौ०– एहि बिधि सब संसय करि दूरी। सिर धरि गुर पद पंकज धूरी॥
पुनि सबही बिनवउँ कर जोरी। करत कथा जेहिं लाग न खोरी॥ १॥

सादर सिवहि नाइ अब माथा। बरनउँ बिसद राम गुन गाथा॥
संबत सोरह सै एकतीसा। करउँ कथा हरि पद धरि सीसा॥ २॥

नौमी भौम बार मधुमासा। अवधपुरीं यह चरित प्रकासा॥
जेहि दिन राम जनम श्रुति गावहिं। तीरथ सकल तहाँ चलि आवहिं॥ ३॥

असुर नाग खग नर मुनि देवा। आइ करहिं रघुनायक सेवा॥
जन्म महोत्सव रचहिं सुजाना। करहिं राम कल कीरति गाना॥ ४॥

दो०– मज्जहि सज्जन बृंद बहु पावन सरजू नीर।
जपहिं राम धरि ध्यान उर सुंदर स्याम सरीर॥ ३४॥

चौ०– दरस परस मज्जन अरु पाना। हरइ पाप कह बेद पुराना॥
नदी पुनीत अमित महिमा अति। कहि न सकइ सारदा बिमल मति॥ १॥

राम धामदा पुरी सुहावनि। लोक समस्त बिदित अति पावनि॥
चारि खानि जग जीव अपारा। अवध तजें तनु नहिं संसारा॥ २॥

३२ (क) आइग जसन दारू के जराएसे, टेडम कुचाल के जराय।
रामकथा अवचाल के सारते, कलीचो पाप के जराय॥ ३५॥

३२ (ख) रामचरितर पुनी जोन चो तरास, सपा के सुख देऊ।
बोड़ेंदा चकोरी सजन चेत काज, हितू लाभ चो होऊ॥ ३६॥

जसन सवाल भवानी करला, सांगला संकर जसन।
सपा काजे मय गढुन गाउन, कथा सांगलेसे असन॥ ३७॥
आगे जे नी सुनुन रहोत कथा, नी होआ अचरित सुनुन।
केबई नी होवत अचरित गियानी, अटपट कथा के सुनुन॥ ३८॥
राम कथा चो आखरी नीआय, असन मन ने जानत।
कई रकम चो राम अवतार सौ कोटी रामायन मानत॥ ३९॥
मुनीमन हरी-चरितर के गावला, जुग असन बरन एके।
भरम छांडुन मन ले सुना, विचार करते एके॥ ४०॥

३३ राम चो महेमा महेमा चो गुन, कथा अपरम्पार।
सुन्दर बिचारु अचरित नो होदे, जानुन अपरम्पार॥ ४१॥

गुरू पाँय धुरला माथा चेघाउन, भरम गुचा ते मग।
कथा बलतो ने दोस नी छिओ, असन बिनाते मयँ॥ ४२॥
मान ले सिव के माथा लँवाते, बलेंसे राम गुन कथा।
सोरा सौ इकतीस हरी के बिनाते, मूर करें से कथा॥ ४३॥
दिन मंगल चइत नवमी, अयोधिया चरितर होली।
सांगसोत बेद तीरीथ उतरसोत, राम जनम जे दिन होली॥ ४४॥
असुर नांग देव मुनी, रघुनाथ सेवा करसोत।
गियानीं जनम उच्छब मनाते, राम चो जस गासोत॥ ४५॥

३४ सरजू चो पबितर पानी ने सजन, कूढ़ा कूढ़ा नहासोत।
मन ने सुंदर नीयर देंह चो, राम चो धियान करसोत॥ ४६॥

नहाले दखले छिवले खदले, पाप के सारेसे जे।
गाउक नी सके सरसती महेमा, बेद सास्तर सांगेसे जे॥ ४७॥
सुन्दर अयोधिया लोक ने बड़े, पबितर रामधाम देऊ।
चारों जीव जे अवध ने मरेसे, उल्टुन फेर नी एऊ॥ ४८॥
सपा रकम ले सुन्दर जे आसे, अयोधिया पुर के जानुन।
सपा सिद्धी के देऊ बिती, सुभ चो खदान मानुन॥ ४९॥
मूर करलेसे सुन्दर कथा चो, जेके सुनलो ने।
हिटते सरेसे टेडम घमंड रीस, मन ने सुमरलो ने॥ ५०॥

सब बिधि पुरी मनोहर जानी। सकल सिद्धिप्रद मंगल खानी॥
बिमल कथा कर कीन्ह अरंभा। सुनत नसाहिं काम मद दंभा॥ ३॥

रामचरितमानस एहि नामा। सुनत श्रवन पाइअ बिश्रामा॥
मन करि विषय अनल बन जरई। होइ सुखी जौं एहिं सर परई॥ ४॥

रामचरितमानस मुनि भावन। बिरचेउ संभु सुहावन पावन॥
त्रिबिध दोष दुख दारिद दावन। कलि कुचालि कुलि कलुष नसावन॥ ५॥

रचि महेस निज मानस राखा। पाइ सुसमउ सिवा सन भाषा॥
तातें रामचरितमानस बर। धरेउ नाम हियँ हेरि हरषि हर॥ ६॥

कहउँ कथा सोइ सुखद सुहाई। सादर सुनहु सुजन मन लाई॥ ७॥

दो०– जस मानस जेहि बिधि भयउ जग प्रचार जेहि हेतु।
अब सोइ कहउँ प्रसंग सब सुमिरि उमा बृषकेतु॥ ३५॥

चौ०– संभु प्रसाद सुमति हियँ हुलसी। रामचरितमानस कबि तुलसी॥
करइ मनोहर मति अनुहारी। सुजन सुचित सुनि लेहु सुधारी॥ १॥

सुमति भूमि थल हृदय अगाधू। बेद पुरान उदधि घन साधू॥
बरषहिं राम सुजस बर बारी। मधुर मनोहर मंगलकारी॥ २॥

लीला सगुन जो कहहिं बखानी। सोइ स्वच्छता करइ मल हानी॥
प्रेम भगति जो बरनि न जाई। सोइ मधुरता सुसीतलताई॥ ३॥

सो जल सुकृत सालि हित होई। राम भगत जन जीवन सोई॥
मेधा महि गत सो जल पावन। सकिलि श्रवन मग चलेउ सुहावन॥ ४॥

भरेउ सुमानस सुथल थिराना। सुखद सीत रुचि चारु चिराना॥ ५॥

दो०– सुठि सुंदर संबाद बर बिरचे बुद्धि बिचारि।
तेइ एहि पावन सुभग सर घाट मनोहर चारि॥ ३६॥

चौ०– सप्त प्रबन्ध सुभग सोपाना। ग्यान नयन निरखत मन माना॥
रघुपति महिमा अगुन अबाधा। बरनब सोइ बर बारि अगाधा॥ १॥

एचो नावँ आय रामचरितमानस, सु नलोने धीरज मिरेसे।
मन जे आय हाथी माहा, बिसय आइग ने जरेसे॥ ५१॥
रामचरित माहा तरई ने, पड़लोने सुखी होएसे।
मुनीमन काजे रामचरितमानस, खुबे मान चो होएसे॥ ५२॥
सुंदर पबितर ये मानस के, भगवान सिव गढ़ला।
दोस दुख दारदिर कली पाप चो, नास करुक गढ़ला॥ ५३॥
मन ने आपलो राखुन रहोत, महेस नंगत गढुन।
पारबती के सांगला एकेय, नंगत बेरा दखुन॥ ५४॥
एइ ने एके मन ले दखुन, सिव हरीक होउन।
रामचरितमानस नावँ धरला, खुबे हरीक होउन॥ ५५॥
हुनी सुख देऊ सुन्दर कथा के, मय बलेंसे सुना।
भरपूर मान देऊन मन ले, सजन गोहड़ा गुना॥ ५६॥

३५ सवँसार ने जखन जे काजे, मानस चो परचार होली।
उमा महेस के सुमरुन बलेंसे, कथा अपार होली॥ ५७॥

हिरदे ने बुध चो बढ़ती होली, सिव परसाद ले सुंदर।
एइ ने रामचरित मानस चो, तुलसी कबी सुंदर॥ ५८॥
आपलो बुध असन गढुन, बनाएँसे एके सुंदर।
बलेबल सजन सुगुन बुध ले, सुधरावदे सुंदर॥ ५९॥
संत गियान के भुँई जाना, खोल ठान के मन।
वेद पुरान के समुंद समँझा, बादरी साधु संत॥ ६०॥
राम चो लैदर जस कथा के, बरसा असन जाना।
सगुन लीला भगवान चो, सफा पानी माना॥ ६१॥
मइल के पानी नास करे से, ठंडा सीतर जे आसे।
मया भक्ती महेमा गोठ, सांगलोने खुबे आसे॥ ६२॥
सीतर पानी मीठ हितू, सतकरम धान काजे।
जीवना माहा होउन जाएसे, राम भगत मन काजे॥ ६३॥
पबितर पानी बुद्धि पिरथी ने, धसरते सकली होउन।
कान बाट ले नंगत हिरदे ने, भरली हुता मांडुन॥ ६४॥
चना होउन हुनी सुंदर, सफा सीतर होली।
मन भावतो लाइक सुंदर, सुख देऊ होली॥ ६५॥

३६ चारोंझन चो सुंदर गोठ, बिचारून गढ़लो आसे।
एइ ये पबितर तरई चो, चार घाट माहा आसे॥ ६६॥

सात कांड सुन्दर सात सीढ़ी, गियान आँइख ले दखले।
मन ने हरीक होउन जाएसे, मानस तरई के दखले॥ ६७॥

राम सीय जस सलिल सुधासम। उपमा बीचि बिलास मनोरम॥
पुरइनि सघन चारु चौपाई। जुगुति मंजु मनि सीप सुहाई॥ २॥

छंद सोरठा सुंदर दोहा। सोइ बहुरंग कमल कुल सोहा॥
अरथ अनूप सुभाव सुभासा। सोइ पराग मकरंद सुबासा॥ ३॥

सुकृत पुंज मंजुल अलि माला। ग्यान बिराग बिचार मराला॥
धुनि अवरेब कबित गुन जाती। मीन मनोहर ते बहुभाँती॥ ४॥

अरथ धरम कामादिक चारी। कहब ग्यान बिग्यान बिचारी॥
नव रस जप तप जोग बिरागा। ते सब जलचर चारु तड़ागा॥ ५॥

सुकृती साधु नाम गुन गाना। ते बिचित्र जलबिहग समाना॥
संतसभा चहुँ दिसि अवँराई। श्रद्धा रितु बसंत सम गाई॥ ६॥

भगति निरूपन बिबिध बिधाना। छमा दया दम लता बिताना॥
सम जम नियम फूल फल ग्याना। हरि पद रति रस बेद बखाना॥ ७॥

औरउ कथा अनेक प्रसंगा। तेइ सुक पिक बहुबरन बिहंगा॥ ८॥

दो०– पुलक बाटिका बाग बन सुख सुबिहंग बिहारु।
माली सुमन सनेह जल सींचत लोचन चारु॥ ३७॥

चौ०– जे गावहिं यह चरित सँभारे। तेइ एहि ताल चतुर रखवारे॥
सदा सुनहिं सादर नर नारी। तेइ सुरबर मानस अधिकारी॥ १॥

अति खल जे बिषई बग कागा। एहि सर निकट न जाहिं अभागा॥
संबुक भेक सेवार समाना। इहाँ न बिषय कथा रस नाना॥ २॥

तेहि कारन आवत हियँ हारे। कामी काक बलाक बिचारे॥
आवत एहिं सर अति कठिनाई। राम कृपा बिनु आइ न जाई॥ ३॥

कठिन कुसंग कुपंथ कराला। तिन्ह के बचन बाघ हरि ब्याला॥
गृह कारज नाना जंजाला। ते अति दुर्गम सैल बिसाला॥ ४॥

बन बहु बिषम मोह मद माना। नदीं कुतर्क भयंकर नाना॥ ५॥

रघुपति चो निरगुन महेमा, एक रस आसे जे।
थाहा नी पात ले खोल आसे, बललो आसे जे॥ ६८॥
राम सीता चो जस गुन, अमरित पानी आय।
गढ़न गढ़न रूप जे आसे, हलका खेल आय॥ ६९॥
रकम रकम पुड़इन माहा, पद गढ़लो आसे।
तरई ने सुंदर मोती जनमाऊ, सुतई माहा आसे॥ ७०॥
बरन बरन पद आसोत, रंगरंग चो पूड़न माहा।
अरथ भेद भाला सुंदर, मकरंद गंध माहा॥ ७१॥
सत करम सुंदर भँवरा, ग्यान बैराग हाँसा माहा।
गीत बोली तान गुन जात, रकम मछरी माहा॥ ७२॥
अरथ धरम काम मुक्ती, गियान बिग्यान बलतोर।
नव रस जप तप जोग बैराग, पानी जीव गनतोर॥ ७३॥
पुनी साधू नाँव गुन-गीत, पानी चड़ई माहा।
संत बसका आमा बनवाड़ी, मान मांघ माहा॥ ७४॥
भक्ती गोठ माफी दया, सकत लाहा मांडो।
मन साधतो नेम धरम, सोहेसे फूल मांडो॥ ७५॥
फर आसे गियान माहा, हरी पायँ ले मया।
फर चो रस सुवाद के, बेद बलसोत मया॥ ७६॥
अउर जे जे कथा कहनी, रकम रकम आसे।
रुपू कोयली नाहा एमें, बरन चड़ई आसे॥ ७७॥
कथा ले सीतकाटा मारेसे, फुलवारी बगेचा आय।
सुख होयसे जे मन भीतर, चड़ई कोल्हार आय॥ ७८॥

३७ सफा मन पनारा माहा, मयादार होएसे।
सफा मया पानी आँइख ले, जे टेंडुक होएसे॥ ७९॥

सम्हारून चरितर जे गावसोत, चतुर रखवार आत।
मनुख मेहरार मया ले सुनाय, मालिक देव आत॥ ८०॥
दुसट बिसयी काँवरा कोकोड़ा, तरई लगे नी जाओत।
घोंघी मेंडकी चील चड़ई, बिसय कथा नी पाओत॥ ८१॥
कामी काँवरा कोकोड़ा हारसोत, तरई रेठे एउक।
कठिन राम किरपा बिगर, नी मिरे लगे एउक॥ ८२॥
कुसंग अटपट अडरा बाट, बाघ साँप ले आगर।
घर बूता बरन पिचकाट, पहाड़ डोंगरी ले आगर॥ ८३॥
बियाबान बन ले आगर, लोभ टेडम गरब आत।
बरन रकम चो गोठ फालतोर, भयंकार नंदी आत॥ ८४॥

दो०– जे श्रद्धा संबल रहित नहिं संतन्ह कर साथ।
तिन्ह कहुँ मानस अगम अति जिन्हहि न प्रिय रघुनाथ॥ ३८॥

चौ०– जौं करि कष्ट जाइ पुनि कोई। जातहिं नींद जुड़ाई होई॥
जड़ता जाड़ बिषम उर लागा। गएहुँ न मज्जन पाव अभागा॥ १॥

करि न जाइ सर मज्जन पाना। फिरि आवइ समेत अभिमाना॥
जौं बहोरि कोउ पूछन आवा। सर निंदा करि ताहि बुझावा॥ २॥

सकल बिघ्न ब्यापहि नहिं तेही। राम सुकृपाँ बिलोकहिं जेही॥
सोइ सादर सर मज्जनु करई। महा घोर त्रयताप न जरई॥ ३॥

ते नर यह सर तजहिं न काऊ। जिन्ह कें राम चरन भल भाऊ॥
जो नहाइ चह एहिं सर भाई। सो सतसंग करउ मन लाई॥ ४॥

अस मानस मानस चख चाही। भइ कबि बुद्धि बिमल अवगाही॥
भयउ हृदयँ आनंद उछाहू। उमगेउ प्रेम प्रमोद प्रबाहू॥ ५॥

चली सुभग कबिता सरिता सो। राम बिमल जस जल भरिता सो॥
सरजू नाम सुमंगल मूला। लोक बेद मत मंजुल कूला॥ ६॥

नदी पुनीत सुमानस नंदिनि। कलिमल तृन तरु मूल निकंदिनि॥ ७॥

दो०– श्रोता त्रिबिध समाज पुर ग्राम नगर दुहुँ कूल।
संतसभा अनुपम अवध सकल सुमंगल मूल॥ ३९॥

चौ०– रामभगति सुरसरितहि जाई। मिली सुकीरति सरजु सुहाई॥
सानुज राम समर जसु पावन। मिलेउ महानदु सोन सुहावन॥ १॥

जुग बिच भगति देवधुनि धारा। सोहति सहित सुबिरति बिचारा॥
त्रिबिध ताप त्रासक तिमुहानी। राम सरूप सिंधु समुहानी॥ २॥

मानस मूल मिली सुरसरिही। सुनत सुजन मन पावन करिही॥
बिच बिच कथा बिचित्र बिभागा। जनु सरि तीर तीर बन बागा॥ ३॥

उमा महेस बिबाह बराती। ते जलचर अगनित बहुभाँती॥
रघुबर जनम अनंद बधाई। भवँर तरंग मनोहरताई॥ ४॥

दो०– बालचरित चहु बंधु के बनज बिपुल बहुरंग।
नृप रानी परिजन सुकृत मधुकर बारि बिहंग॥ ४०॥

चौ०– सीय स्वयंबर कथा सुहाई। सरित सुहावनि सो छबि छाई॥
नदी नाव पटु प्रस्न अनेका। केवट कुसल उतर सबिबेका॥ १॥

३८ मया-मान खरचा जेचो लगे, बाट काजे नीआय।
संगत नीकत साधू संत चो, राम ले मया नीआय॥ ८५॥

असन लोग काजे मानस भारी अगम आय।
मान सतसंग भगवान मया, नाहलो ते नी पाय॥ ८६॥
कोनी डंड सहुन अमरले, झूमा जर ले थाके।
मूरुख मन ने सीत भारी, नहाउक नी सके॥ ८७॥
तरई ने नहाउक पीउक नी सके, एइ घमंड ले फिरुन।
कोनी हुता चो हाल पूछलोने, पुरे सांगेसे निंदरुन॥ ८८॥
जेके राम दया ले दखसोत, बिघन नी सके बियापुक।
हुनी तरई ने मया ले नहाएसे, डंड नी सके जराउक॥ ८९॥
जेके राम चो पाँय ले मया, तरई नी छांडत ते।
मन देऊन सतसंग करा, नहाउक दखेसे जे॥ ९०॥
जहाँ ले सुन्दर गीत नंदी, उपजुन बोहली से।
राम चो जस माहा पानी, हुनमें भरलीसे॥ ९१॥
सरजू नावँ एचो आय, भलई चो जड़ आय।
लोक बेद चो गोठ सुंदर, खंड सुन्दर आय॥ ९२॥
मानसरोवर चो बेटी सुंदर, पबितर नंदी आय।
कली पाप चो रुख के ये, जड़ ले फिंगू आय॥ ९३॥

३९ पारा गाँव सहर जे आसोत, तीनों सुनेया लोग।
संत बसका भलई चो जड़, अयोधिया चो जोग॥ ९४॥

राम भक्ती गंगा ने पड़ली, बड़ई माहा सरजू।
भाई संगे राम-रावन लड़ई, सोन पड़ली सरजू॥ ९५॥
दुनों मंजगत गंगा धार, सोहेसे भक्ति माहा।
गियान बयराग संगे संग, गुन जे आसे साहा॥ ९६॥
तीनों ताप के डराऊ ये, तीन मुहीं नंदी आय।
राम चो रूप समुंद बाटे, जे बोहुन जाउ आय॥ ९७॥
एचो जड़ आय मानस कथा, गंगा पड़ली जाउन।
सजन लोग जें सुनेया आत, पबितर करदे गाउन॥ ९८॥
खंड धड़ी चो बन-बगेचा, कथा अटपट आसोत।
सिव पारबती बिहा बरतिया, नंदी चो जीव आसोत॥ ९९॥

४० राम जनम चो हरीक-उदीम, हलका गोंडरा असन।
चारो पिला चो लीला सुंदर, रंग रंग चो पूड़न जसन॥ १००॥

राजा रानी कुटुम लोग, जे नंगत करम आत।
किंजरते रसोत भवँरा माहा, पानी चड़ई आत॥ १०१॥

सुनि अनुकथन परस्पर होई। पथिक समाज सोह सरि सोई॥
घोर धार भृगुनाथ रिसानी। घाट सुबद्ध राम बर बानी॥ २॥

सानुज राम बिबाह उछाहू। सो सुभ उमग सुखद सब काहू॥
कहत सुनत हरषहिं पुलकाहीं। ते सुकृती मन मुदित नहाहीं॥ ३॥

राम तिलक हित मंगल साजा। परब जोग जनु जुरे समाजा॥
काई कुमति केकई केरी। परी जासु फल बिपति घनेरी॥ ४॥

दो०– समन अमित उतपात सब भरतचरित जपजाग।
कलि अघ खल अवगुन कथन ते जलमल बग काग॥ ४१॥

चौ०– कीरति सरित छहूँ रितु रूरी। समय सुहावनि पावनि भूरी॥
हिम हिमसैलसुता सिव ब्याहू। सिसिर सुखद प्रभु जनम उछाहू॥ १॥

बरनब राम बिबाह समाजू। सो मुद मंगलमय रितुराजू॥
ग्रीषम दुसह राम बनगवनू। पंथकथा खर आतप पवनू॥ २॥

बरषा घोर निसाचर रारी। सुरकुल सालि सुमंगलकारी॥
राम राज सुख बिनय बड़ाई। बिसद सुखद सोइ सरद सुहाई॥ ३॥

सती सिरोमनि सिय गुन गाथा। सोइ गुन अमल अनूपम पाथा॥
भरत सुभाउ सुसीतलताई। सदा एकरस बरनि न जाई॥ ४॥

दो०– अवलोकनि बोलनि मिलनि प्रीति परसपर हास।
भायप भलि चहु बंधु की जल माधुरी सुबास॥ ४२॥

चौ०– आरति बिनय दीनता मोरी। लघुता ललित सुबारि न थोरी॥
अदभुत सलिल सुनत गुनकारी। आस पिआस मनोमल हारी॥ १॥

राम सुप्रेमहि पोषत पानी। हरत सकल कलि कलुष गलानी॥
भव श्रम सोषक तोषक तोषा। समन दुरित दुख दारिद दोषा॥ २॥

सीता स्वयंबर चो सुंदर कहनी, नंदी चो छबी आय।
रकम रकम सवाल डोंगी, जवाब घटवारी आय॥ १०२॥
सुनलो पाछे चो चरचा लागे, रेठ चो रेंगया लोग।
जे लगे रहुन बलुन मिसुन, पावसोत मया चो भोग॥ १०३॥
फरसू चो रीस दखले लागे, मंझीधार असन।
हुता राम चो मया चो गोठ, बांधलो पार असन॥ १०४॥
सपा भाई संगे राम चो बिहा, नंदी चो भाड़ी असन।
बलू सुनू हरीक होऊ, नहाऊ पुनी जसन॥ १०५॥
राम चो गादी पहार जे, जोड़ा जोड़ुन रहोत।
नंदी ने जसन लोग कूढ़ा, परब दिन ने रहोत॥ १०६॥
कैकई चो कुबुध लागेसे, नंदी चो काई असन।
जेचो किरता भारी बिपती, पड़ली फल जउन॥ १०७॥

४१ भरत जी चो सुंदर चरितर, जप जग्यँ माहा आय।
जे सपा उतपातमन के, सांती करू बिती आय॥ १०८॥

कली चो सपा रकम चो पाप, दुसटमन चो अवगुन।
पानी ने जीऊ सारस कोकोड़ा, चड़ईमन चो गुन॥ १०९॥
जस छयो दिन नंदी चो सुदर, सपा पबितर आय।
सिव उमा बिहा पूस चो सीत, राम जनम मांघ आय॥ ११०॥
चइत माहा आय राम बिहा, राम जातो जेठ दिन।
बाट हिंडतो पहार चो घाम, भारी डंड चो दिन॥ १११॥
राकस मन संग लड़ई कथा, लागे बरसा असन।
देवकुल चो बढ़ती बाचतो, बाढ़लो धान जसन॥ ११२॥
राम राज चो सुख हरीक, कुआँर चो सीत घाम।
जहाँ जनमुन जीव पावसोत, अमरपुर चो धाम॥ ११३॥
सीता माता चो गुन कथा, पानी चो सुन्दर गुन।
भरत गुन जसन सीतर, सरजू पानी चो गुन॥ ११४॥

४२ चारों भाई चो खेला कूदा, एक दूसर ले मया।
पानी चो गंध मिठास के, मुनी करसोत मया॥ ११५॥

मोचो दारदिर चो बिन्ती मया, एकेदायँ नानी आय।
ए पानी अटपट गुनी, सुनलोने पियास जाय॥ ११६॥
राम संगे जे मया करसोत, कली चो पाप नी एए।
संवसार जो जिवना मरना, दारदिर पाप के खाए॥ ११७॥
रीस काम मोह माया सारून, गियान बैराग देऊ।
नहाले धोवले पीवले मानले, पाप दुख के नेऊ॥ ११८॥

काम कोह मद मोह नसावन। बिमल बिबेक बिराग बढ़ावन॥
सादर मज्जन पान किए तें। मिटहिं पाप परिताप हिए तें॥ ३॥

जिन्ह एहिं बारि न मानस धोए। ते कायर कलिकाल बिगोए॥
तृषित निरखि रबि कर भव बारी। फिरिहहिं मृग जिमि जीव दुखारी॥ ४॥

दो०– मति अनुहारि सुबारि गुन गन गनि मन अन्हवाइ।
सुमिरि भवानी संकरहि कह कबि कथा सुहाइ॥ ४३ (क)॥

अब रघुपति पद पंकरुह हियँ धरि पाइ प्रसाद।
कहउँ जुगल मुनिबर्य कर मिलन सुभग संबाद॥ ४३ (ख)॥

चौ०– भरद्वाज मुनि बसहिं प्रयागा। तिन्हहि राम पद अति अनुरागा॥
तापस सम दम दया निधाना। परमारथ पथ परम सुजाना॥ १॥

माघ मकरगत रबि जब होई। तीरथपतिहिं आव सब कोई॥
देव दनुज किंनर नर श्रेनीं। सादर मज्जहिं सकल त्रिबेनीं॥ २॥

पूजहिं माधव पद जलजाता। परसि अखय बटु हरषहिं गाता॥
भरद्वाज आश्रम अति पावन। परम रम्य मुनिबर मन भावन॥ ३॥

तहाँ होइ मुनि रिषय समाजा। जाहिं जे मज्जन तीरथराजा॥
मज्जहिं प्रात समेत उछाहा। कहहिं परसपर हरि गुन गाहा॥ ४॥

दो०– ब्रह्म निरूपम धरम बिधि बरनहिं तत्त्व बिभाग।
कहहिं भगति भगवंत कै संजुत ग्यान बिराग॥ ४४॥

चौ०– एहि प्रकार भरि माघ नहाहीं। पुनि सब निज निज आश्रम जाहीं॥
प्रति संबत अति होइ अनंदा। मकर मज्जि गवनहिं मुनिबृंदा॥ १॥

एक बार भरि मकर नहाए। सब मुनीस आश्रमन्ह सिधाए॥
जागबलिक मुनि परम बिबेकी। भरद्वाज राखे पद टेकी॥ २॥

सादर चरन सरोज पखारे। अति पुनीत आसन बैठारे॥
करि पूजा मुनि सुजसु बखानी। बोले अति पुनीत मृदु बानी॥ ३॥

आपलो मन के ये पानी ले, जे बले नी धोवला।
ते डरपोकहा कलीकाल ने, एकेदायँ ठगई होला॥ ११९॥
पियास चीतर बारू उपरे, सुरुज तरास के दखुन।
पानी भरमते खाउक परायसे, दुखी बारू के दखुन॥ १२०॥
हुसने कली ने भरमलो जीव, आसोत ठगई हो उन।
उपंडी उआट ले भदुन भाती, दुख पावदे नंगत करून॥ १२१॥

४३ (क) आपलो बुध इतरो बचारुन, मत ले आपलो नहाउन।
कबी सुन्दर कथा बलेसे, गौरी-संकर के बिनाउन॥ १२२॥

४३ (ख) राम पायँ के हिरदे ने धरुन, तिहँचो परसाद पाउन।
तपी-मुनी चो गोठयालोके, सांगसे मय गाउन॥ १२३॥

भरद्वाज याज्ञवल्क्य गोठ

प्रयागराज ने भरद्वाज रहोत, राम पाँय ले मया भारी।
दयावान धरमी तपी जोगी, गियानी चतुर भारी॥ १॥
सुरुज माघ ने मकर जाएसे, तीरथ एसोत सपा।
देव मनुख राकस किन्नर, तिरबेनी नहासोत सप॥ २॥
बेनीमाधो पायँ चो पूजा, खुबे हरीक ले होयसे।
अच्छयबड़ के छिवले दखले, देंह सीतकाटा मारेसे॥ ३॥
भरद्वाज चो सुन्दर आसरम, पबितर खुबे सुंदर।
बड़े बड़े मुनी के भाएसे, सोभा ने बल सुंदर॥ ४॥
रिसी-मुनी जुहसोत हुता, जे बल नहाउक जासोत।
पहतया हरीक ले नहाउन, भगवान गुन गासोत॥ ५॥

४४ ब्रह्म गियान धरम बिधान, संवसार चो गोठ होएसे।
सपा रकम चो गियान गोठ संग, भगवान कथा होएसे॥ ६॥

असने गुलाय मांघ नहासोत, पाछे फिरुन जासोत।
बरख बरख असने उच्छब, करून भाती जासोत॥ ७॥
हारक असने मांघ नहाउन, फिरला सपा मुनी।
याज्ञवल्क्य मुनी चो पायँ धरून, थेबाला भरद्वाज मुनी॥ ८॥
हरीक मन ले पायँ पखारुन, आसन बसुक दिला।
नंगत पूजा करून भाती, पाक-फर खाउक दिला॥ ९॥
पाछे बलला हे भगवान, मन ने भरम भारी।
बेद चो गियान तुमचो लगे, बिधान जानास भारी॥ १०॥

नाथ एक संसउ बड़ मोरें। करगत बेदतत्त्व सबु तोरें॥
कहत सो मोहि लागत भय लाजा। जौं न कहउँ बड़ होइ अकाजा॥ ४॥

दो०– संत कहहिं असि नीति प्रभु श्रुति पुरान मुनि गाव।
होइ न बिमल बिबेक उर गुर सन किएँ दुराव॥ ४५॥

चौ०– अस बिचारि प्रगटउँ निज मोहू। हरहु नाथ करि जन पर छोहू॥
रास नाम कर अमित प्रभावा। संत पुरान उपनिषद गावा॥ १॥

संतत जपत संभु अबिनासी। सिव भगवान ग्यान गुन रासी॥
आकर चारि जीव जग अहहीं। कासीं मरत परम पद लहहीं॥ २॥

सोपि राम महिमा मुनिराया। सिव उपदेसु करत करि दाया॥
रामु कवन प्रभु पूछउँ तोही। कहिअ बुझाइ कृपानिधि मोही॥ ३॥

एक राम अवधेस कुमारा। तिन्ह कर चरित बिदित संसारा॥
नारि बिरहँ दुखु लहेउ अपारा। भयहु रोषु रन रावनु मारा॥ ४॥

दो०– प्रभु सोइ राम कि अपर कोउ जाहि जपत त्रिपुरारि।
सत्यधाम सर्बग्य तुम्ह कहहु बिबेकु बिचारि॥ ४६॥

चौ०– जैसें मिटै मोर भ्रम भारी। कहहु सो कथा नाथ बिस्तारी॥
जागबलिक बोले मुसुकाई। तुम्हहि बिदित रघुपति प्रभुताई॥ १॥

रामभगत तुम्ह मन क्रम बानी। चतुराई तुम्हारि मैं जानी॥
चाहहु सुनै राम गुन गूढ़ा। कीन्हिहु प्रस्न मनहुँ अति मूढ़ा॥ २॥

तात सुनहु सादर मनु लाई। कहउँ राम कै कथा सुहाई॥
महामोहु महिषेसु बिसाला। रामकथा कालिका कराला॥ ३॥

रामकथा ससि किरन समाना। संत चकोर करहिं जेहि पाना॥
ऐसेइ संसय कीन्ह भवानी। महादेव तब कहा बखानी॥ ४॥

दो०– कहउँ सो मति अनुहारि अब उमा संभु संबाद।
भयउ समय जेहि हेतु जेहि सुनु मुनि मिटिहि बिषाद॥ ४७॥

चौ०– एक बार त्रेता जुग माहीं। संभु गए कुंभज रिषि पाहीं॥
संग सती जगजननि भवानी। पूजे रिषि अखिलेस्वर जानी॥ १॥

मान्तर मोचो भरम सांगुक, लुबे लाज लागेसे।
नी सांगलो ने हानी होयसे, सपा गियान भागेसे॥ ११॥

४५ बेद सास्तर पुरान संत, बलला असन नीती।
गुरु संगे कपट करलोने, मन चो नी रहे गती॥ १२॥

बिचारून अबूझ होएँसे भगवान, सेउक चो हरा अग्यान।
बेद सास्तर पुरान संत, करला राम चो गान॥ १३॥
गियानी गुनी अविनासी सिव, राम चो जाप करसोत।
सवँसारे चारों जीव एउन, कासी मरून तरसोत॥ १४॥
हुन बल राम चो महेमा आय, सिव जे दया करसोत।
फोन राम आत किरपा चो धाम, समझावा जेके भजसोत॥ १५॥
अयोधिया राजा चो लाल, गोटोक राम रहोत।
महेमा चरितर सवँसार जानेसे, अवध जनमुन रहोत॥ १६॥
तिंहचो बायले के रावन चोरलो, भोगला दंड जे भारी।
लड़ई-भाटा ने रावन के मारला, रीस होउन भाती॥ १७॥

४६ हुनी राम कि अउर भगवान, सतबादी तुमी जानास।
सिव जेके भजते रसोत, सांगा बिचारून जे जानास॥ १८॥

जसन ने जाओ मोचो भरम, कथा के सांगा हुसन।
याज्ञवल्क मुनी हाँसुन बलला, गोठ के सुनला जसन॥ १९॥
मन-बानी-करम ले तुमी, राम चो भगत आहास।
चलाकी के जानले तुमचो, सवाल जे करासाहास॥ २०॥
राम गुन चो भेद के सुनुक, असन सवाल होली।
मूरुख माहा सवाल करलास, धरम चो होओ बोली॥ २१॥
मन देऊन सुना तुमी गुनी, राम चो सुंदर कथा।
अग्यान भैंसासुर माहा आय, काली राम चो कथा॥ २२॥
संत पीवसोत चकोरी माहा, जोन तरास राम कथा।
असने भरम भवानी करला, संकर सांगला कथा॥ २३॥

४७ जेबे जसन जे काजे होली, सुना मुनी मयँ सांगें।
बुध इतरो सिव उमा चो, गोठयालो के सांगें॥ २४॥

सती भरम

हारक त्रेता ने अगस्त लगे, संभू सती संग गेला।
सवँसार चो देव जामुन, रिसी मान करला॥ १॥
राम कथा के महेस पुरे, रिसी अगस्त बलला।
महेस भगवान हरीक मनले, कथा बसुन सुनला॥ २॥

रामकथा मुनिबर्ज बखानी। सुनी महेस परम सुखु मानी॥
रिषि पूछी हरिभगति सुहाई। कही संभु अधिकारी पाई॥ २॥

कहत सुनत रघुपति गुन गाथा। कछु दिन तहाँ रहे गिरिनाथा॥
मुनि सन बिदा मागि त्रिपुरारी। चले भवन सँग दच्छकुमारी॥ ३॥

तेहि अवसर भंजन महिभारा। हरि रघुबंस लीन्ह अवतारा॥
पिता बचन तजि राजु उदासी। दंडक बन बिचरत अबिनासी॥ ४॥

दो०– हृदयँ बिचारत जात हर केहि बिधि दरसनु होइ।
गुप्त रूप अवतरेउ प्रभु गएँ जान सबु कोइ॥ ४८ (क)॥

सो०– संकर उर अति छोभु सती न जानहिं मरमु सोइ।
तुलसी दरसन लोभु मन डरु लोचन लालची॥ ४८ (ख)॥

चौ०– रावन मरन मनुज कर जाचा। प्रभु बिधि बचनु कीन्ह चह साचा॥
जौं नहिं जाउँ रहइ पछितावा। करत बिचारु न बनत बनावा॥ १॥

एहि बिधि भए सोचबस ईसा। तेहि समय जाइ दससीसा॥
लीन्ह नीच मारीचहि संगा। भयउ तुरत सोइ कपट कुरंगा॥ २॥

करि छलु मूढ़ हरी बैदेही। प्रभु प्रभाउ तस बिदित न तेही॥
मृग बधि बंधु सहित हरि आए। आश्रमु देखि नयन जल छाए॥ ३॥

बिरह बिकल नर इव रघुराई। खोजत बिपिन फिरत दोउ भाई॥
कबहूँ जोग बियोग न जाकें। देखा प्रगट बिरह दुख ताकें॥ ४॥

दो०– अति बिचित्र रघुपति चरित जानहिं परम सुजान।
जे मतिमंद बिमोह बस हृदयँ धरहिं कछु आन॥ ४९॥

चौ०– संभु समय तेहि रामहि देखा। उपजा हियँ अति हरषु बिसेषा॥
भरि लोचन छबिसिंधु निहारी। कुसमय जानि न कीन्हि चिन्हारी॥ १॥

पाछे रिसी हरी भक्ती चो, गियान भेद के पूछला।
तिहँके लाइक जामुन सिव, भक्ती चो गियान दिला॥ ३॥
रघुनाथ चो गुन कथा बलते, सुनते थेबुन रला।
बिदा मांगुन सिव सती, कैलास वाट निकरला॥ ४॥
तेइदाँय हरी रघुबंस ने, पिरथी चो भार हरूक।
मनुखदेंह ने अवतार धरला, सुन्दर चरितर करूक॥ ५॥
बाप गोठ उपरे राज छाड़ुन, साधू भेस ने जेबे।
दंडक बन ने बुलते रहोत, अवनासी-अवतारी तेबे॥ ६॥

४८ (क) हिंडते मन ने बिचारत हर, कसन दरसन होएदे।
गुपत भगवान अवतारी आत, गेले परचार होएदे॥ ७॥
संकर हिरदे होलो-कोचो, दरसन लोभ भारी।
सती काय भेद नी जानोत, सिव के डर भारी॥ ८॥

४८ (ख) तुलसी संकर भगवान सुना, भेद के राखला मने।
आँइख लोभी दरसन काजे, बिचारत सिव मने॥ ९॥

ब्रह्मा लग रावन आपलो मउत, मागलो मनुख हाते।
ब्रह्मा वरदान के सत करूक, भगवान करदे हाते॥ १०॥
मय जे पुरे नी गेलो ने, पछताउन रहुन जाएँसे।
असन बिचारत बुध नी पड़े, मने मन रहुन जाएसे॥ ११॥
महादेव बिचार ने गुपुन रहोत, तेबई दसमुंडया रावन।
नीच मारीच के संगे धरून, गेलो हुता रावन॥ १२॥
कपट चो चीतर सोन माहा, मूरूख छल करून।
बैदेही के चोरुन आनलो, महेमा ले अबूझ होउन॥ १३॥
चीतर के मारून भाई संग हरी, कुड़िया ने फिरून इला।
सूना दखुन आँइख भर आँसू, एकेदाँय कंदरई होला॥ १४॥
रघु मनुख असन कंदरते दुखी, छांडरा होलो माहा।
बियाबान बन ने दुनों भाई, बुलते डगरासोत आहा॥ १५॥
जेमन चो मिसतो छांडतो नीआय, तिहँचो महेमा भारी।
पुरे छांडी होलो दुख ले, दखे जाएसे भारी॥ १६॥

४९ रघुनाथ चो चरितर अटपट, अमरलो ग्यानी जानसोत।
मोह फांदा ने पडलो अबूझ, अउर धरुन मानसोत॥ १७॥

राम के संभू दखला जसने, हिरदे उपजली हरीक।
आँइख दुनों भरुन गेला, होउन भारी हरीक॥ १८॥

जय सच्चिदानंद जग पावन। अस कहि चलेउ मनोज नसावन॥
चले जात सिव सती समेता। पुनि पुनि पुलकत कृपानिकेता॥ २॥

सतीं सो दसा संभु कै देखी। उर उपजा संदेहु बिसेषी॥
संकरु जगतबंद्य जगदीसा। सुर नर मुनि सब नावत सीसा॥ ३॥

तिन्ह नृपसुतहि कीन्ह परनामा। कहि सच्चिदानंद परधामा॥
भए मगन छबि तासु बिलोकी। अजहुँ प्रीति उर रहति न रोकी॥ ४॥

दो०– ब्रह्म जो ब्यापक बिरज अज अकल अनीह अभेद।
सो कि देह धरि होइ नर जाहि न जानत बेद॥ ५०॥

चौ०– बिष्नु जो सुर हित नरतनु धारी। सोउ सर्बग्य जथा त्रिपुरारी॥
खोजइ सो कि अग्य इव नारी। ग्यानधाम श्रीपति असुरारी॥ १॥

संभुगिरा पुनि मृषा न होई। सिव सर्बग्य जान सबु कोई॥
अस संसय मन भयउ अपारा। होई न हृदयँ प्रबोध प्रचारा॥ २॥

जद्यपि प्रगट न कहेउ भवानी। हर अंतरजामी सब जानी॥
सुनहि सती तव नारि सुभाऊ। संसय अस न धरिअ उर काऊ॥ ३॥

जासु कथा कुंभज रिषि गाई। भगति जासु मैं मुनिहि सुनाई॥
सोउ मम इष्टदेव रघुबीरा। सेवत जाहि सदा मुनि धीरा॥ ४॥

छं०– मुनि धीर जोगी सिद्ध संतत बिमल मन जेहि ध्यावहीं।
कहि नेति निगम पुरान आगम जासु कीरति गावहीं॥
सोइ रामु ब्यापक ब्रह्म भुवन निकाय पति माया धनी।
अवतरेउ अपने भगत हित निजतंत्र नित रघुकुलमनी॥

सो०– लाग न उर उपदेसु जदपि कहेउ सिवँ बार बहु।
बोले बिहसि महेसु हरिमाया बलु जानि जियँ॥ ५१॥

चौ०– जौं तुम्हरें मन अति संदेहू। तौ किन जाइ परीछा लेहू॥
तब लगि बैठ अहउँ बटछाहीं। जब लगि तुम्ह ऐहहु मोहि पाहीं॥ १॥

कुबेरा ने चिन्हारी नी करुन, मन ने बिन्ती करला।
जय सच्चिदानंद जग-पावन, आपलो मन ने बलला॥ १९॥
काम के जारू किरपा चो धाम, मन ने असन बलते।
सती संगे संग जीतते जावत, घन-घड़ी हरीक होते॥ २०॥
संभू गत दखुन सती चो, मन ने भरम होली।
संकर के सवँसार पायँ पड़ेसे, तिहँके ए काय होली॥ २१॥
सवँसार चो भगवान जे आत, देव मनुख मुनी सपा।
माथा टेकुन पायँ पड़सोत, संभू भगवान के सपा॥ २२॥
राजा चो बेटा के भगवान बलुन, एमन बिन्ती करला।
मया नी मांडेसे एबतले तिहँचो, असन मंगन होला॥ २३॥

५० ब्रह्म ले गुलाव जे सामुन रहू, माया ले अलगुन जे।
जेचो जनम गोचर नाई, मन ले नोआत जे॥ २४॥

भेद नाहलो बेद नी जानत, असन ब्रह्म जे आत।
धरुन भाती मनुख चोला, हुन काय तेई आत॥ २५॥
देव हित काजे मनुख चोला, बिस्नू भगवान धरसोत।
तेमन बले त्रिपुरारी माहा, सपा के जानुन आसोत॥ २६॥
ग्यान चो भंडार असुर चो बयरी, लछमी चो मुनीस आय।
अबूझमन नाहा बायले के, ते डगरावदे काय॥ २७॥
सपा के जानू सिव चो गोठ, फंद बल होउक नी सके।
सती चो मन ने भरम होली, मन गियान पाउक नी सके॥ २८॥
हर अंतरजामी जानला सपा, काई नी बलली सती।
असन भरम धरतोर नोआय, टकर ने मेहरार सती॥ २९॥
अगस्त गावला जेचो कथा, भक्ति के सांगले मयँ।
हुनी आत रघुबीर महापरभू, जिहँके मानले मयँ॥ ३०॥
जिहँचो सेवा गियानी मुनी, बरहमेस करते रसोत।
जोगी सिद्ध सफा चेत ले, जिहँचो धियान करसोत॥ ३१॥
बेद पुरान सास्तर 'इतरोय नोआय', कीरत गावसोत असन।
गुलाय रहू ब्रह्माण्ड चो मालिक, मायाचो मालिक असन॥ ३२॥
बरहमेस सुन्दर सुतन्त ब्रह्मरूप, भगत हित काजे राम।
रघुकुल मनी रूप ले अवतारी, आपलो मन ले राम॥ ३३॥

५१ समझावत बलत सिव भगवान, सती नी मानली गोठ।
समँझला हरी चो माया के, हाँसते बलला गोठ॥ ३४॥

काय काल परीछा नी करीस, भरम जात ले तुचो।
बड़ छाँय ने बसुन रहेंदे, फिरुन एतले तुचो॥ ३५॥

जैसें जाइ मोह भ्रम भारी। करेहु सो जतनु बिबेक बिचारी॥
चलीं सती सिव आयसु पाई। करहिं बिचारु करौं का भाई॥ २॥

इहाँ संभु अस मन अनुमाना। दच्छसुता कहुँ नहिं कल्याना॥
मोरेहु कहें न संसय जाहीं। बिधि बिपरीत भलाई नाहीं॥ ३॥

होइहि सोइ जो राम रचि राखा। को करि तर्क बढ़ावै साखा॥
अस कहि लगे जपन हरिनामा। गईं सती जहँ प्रभु सुखधामा॥ ४॥

दो०— पुनि पुनि हृदयँ बिचारु करि धरि सीता कर रूप।
आगें होइ चलि पंथ तेहि जेहिं आवत नरभूप॥ ५२॥

चौ०— लछिमन दीख उमाकृत बेषा। चकित भए भ्रम हृदयँ बिसेषा॥
कहि न सकत कछु अति गंभीरा। प्रभु प्रभाउ जानत मतिधीरा॥ १॥

सती कपटु जानेउ सुरस्वामी। सबदरसी सब अंतरजामी॥
सुमिरत जाहि मिटइ अग्याना। सोइ सरबग्य रामु भगवाना॥ २॥

सती कीन्ह चह तहँहुँ दुराऊ। देखहु नारि सुभाव प्रभाऊ॥
निज माया बलु हृदयँ बखानी। बोले बिहसि रामु मृदु बानी॥ ३॥

जोरि पानि प्रभु कीन्ह प्रनामू। पिता समेत लीन्ह निज नामू॥
कहेउ बहोरि कहाँ बृषकेतू। बिपिन अकेलि फिरहु केहि हेतू॥ ४॥

दो०— राम बचन मृदु गूढ़ सुनि उपजा अति संकोचु।
सती सभीत महेस पहिं चलीं हृदयँ बड़ सोचु॥ ५३॥

चौ०— मैं संकर कर कहा न माना। निज अग्यानु राम पर आना॥
जाइ उतरु अब देहउँ काहा। उर उपजा अति दारुन दाहा॥ १॥

जसन ने मोह भरम जायदे, हुम न बिचारुन करसे।
गुन ले सोचुन समझुन भाती, जाउन परीछ धरसे॥ ३६॥

सती माया

सिव हुकुम ले सती हिंडली, मन ने बिचारत भारी।
कसन करें काय करे, जावत बिचारते भारी॥ १॥
इसू संभू मन ने बिचारला, भलइ नीहोय हुनचो।
समझाले बले भरम नी गेली, कि तरोय वले मोचो॥ २॥
हुनी होयदे जसन राम, रचुन दिलासोत।
चारचा करुन खेंदा लमातोर, फोकहा आय बलसोत॥ ३॥
मुरियाला राम जप भगवान, असन बिचारुन भाती।
सती हिंडली राम बाटे, हुता ले उठुन भाती॥ ४॥

५२ घनघड़ी आपलो मन ने बिचारते, सीता भेस के धरली।
मनुख राजा राम चो पुरे, आपलो छल के करली॥ ५॥

सती चो छलतो भेस दखुन, लछमन काबा होला।
मन ने तिहँचो भरम होली, दखुन ओगाय होला॥ ६॥
काई बलुक नी सकला, धीरबुधिया लछमन।
रघुनाथ चो महेमा के, जानसोत नंगत लछमन॥ ७॥
सती कपट के जानला तुरते, देव मालिक जे आत।
सपा हिरदे भीतर चो दखु, अन्तरजामी आत॥ ८॥
जिहँचो सुमरना करलो ने, अग्यान उठुन जाए।
हुनी सपा ठान ने रहू, राम भगवान आए॥ ९॥
राम भगवान पुरे बले, मेहरार जात चो टकर।
सती माता लुकाउक दखे, आपलो गुन टकर॥ १०॥
आपलोय माया चो सकतगुन के, मन ने सहराउन भाती।
सुसार गोठ ने बलला तेबे, राम मुचकुन भाती॥ ११॥
आगे हात जोडुन परभू, सती के जोहार करला।
पाछे बाप चो नावँ संगे, आपलो नावँ धरला॥ १२॥
फेर पूछला नांदया-बसु, सिव भगवान केंव।
एकलो तुमी बन बाटले, बुलते जाहासीस केंव॥ १३॥

५३ राम चो सुसार भेदगोठ के, सुनते धापड़ सती।
डरते सिव बाट हिंडली, लाज पावंली सती॥ १४॥

संकर गोठ के नी धरले, काय सागेंदे जाउन।
राम उपरे दोस पाड़ले, अग्यानी बुध पाउन॥ १५॥

जाना राम सतीं दुखु पावा। निज प्रभाउ कछु प्रगटि जनावा॥
सतीं दीख कौतुकु मग जाता। आगें रामु सहित श्री भ्राता॥ २॥

फिरि चितवा पाछें प्रभु देखा। सहित बंधु सिय सुंदर बेषा॥
जहँ चितवहिं तहँ प्रभु आसीना। सेवहिं सिद्ध मुनीस प्रबीना॥ ३॥

देखे सिव बिधि बिष्नु अनेका। अमित प्रभाउ एक तें एका॥
बंदत चरन करत प्रभु सेवा। बिबिध बेष देखे सब देवा॥ ४॥

दो०– सती बिधात्री इंदिरा देखीं अमित अनूप।
जेहिं जेहिं बेष अजादि सुर तेहि तेहि तन अनुरूप॥ ५४॥

चौ०– देखे जहँ तहँ रघुपति जेते। सक्तिन्ह सहित सकल सुर तेते॥
जीव चराचर जो संसारा। देखे सकल अनेक प्रकारा॥ १॥

पूजहिं प्रभुहि देव बहु बेषा। राम रूप दूसर नहिं देखा॥
अवलोके रघुपति बहुतेरे। सीता सहित न बेष घनेरे॥ २॥

सोइ रघुबर सोइ लछिमनु सीता। देखि सती अति भईं सभीता॥
हृदय कंप तन सुधि कछु नाहीं। नयन मूदि बैठीं मग माहीं॥ ३॥

बहुरि बिलोकेउ नयन उघारी। कछु न दीख तहँ दच्छकुमारी॥
पुनि पुनि नाइ राम पद सीसा। चलीं तहाँ जहँ रहे गिरीसा॥ ४॥

दो०– गईं समीप महेस तब हँसि पूछी कुसलात।
लीन्ही परीछा कवन बिधि कहहु सत्य सब बात॥ ५५॥

मासपारायण, दूसरा विश्राम

चौ०– सतीं समुझि रघुबीर प्रभाऊ। भय बस सिव सन कीन्ह दुराऊ॥
कछु न परीछा लीन्हि गोसाईं। कीन्ह प्रनामु तुम्हारिहि नाईं॥ १॥

जो तुम्ह कहा सो मृषा न होई। मोरें मन प्रतीति अति सोई॥
तब संकर देखेउ धरि ध्याना। सतीं जो कीन्ह चरित सबु जाना॥ २॥

बहुरि राममायहि सिरु नावा। प्रेरि सतिहि जेहिं झूँठ कहावा॥
हरि इच्छा भावी बलवाना। हृदयँ बिचारत संभु सुजाना॥ ३॥

सती माता चो हिरदे ने, डाहा मारुक धरली।
भगवान राम जानला सपा, सती के दुख होली॥ १६॥
राम आपला महेमा सकत, परगट दखाला पुरे।
सीता लछमन संगे राम, सती के दखाला पुरे॥ १७॥
उल्टुन दखली हुता बल भगवान, सीता भाई संगें।
सुन्दर भेस ने रूप दखाला, तीनों मूरित संगे॥ १८॥
जे बाट दरवे परभू विराजमान, नंगत चतुर जे आसोत।
मुनी जोगी सेवा करसोत, राम बिराजलो आसोत॥ १९॥
कितरोय सिव ब्रह्मा बिस्नू, एक ले आगर एक।
राम भगवान चो बिन्ती सेवा, करसोत एक ले एक॥ २०॥

५४ अनगिनत लछमी सती ब्रह्माणी, देव रूप असन ते।
सोभा माहा तिहँचो सक्ती, तिहँचोय असन ते॥ २१॥

इसू-हेंव राम के दखली, देव संग देबी उतरो।
आसोत सपा रकम चो जीव, सवँसार ने जितरो॥ २२॥
बरन भेस ले देव-देवी, राम चो सेवा करसोत।
राम चो रूप गोटकी आसे, दूसर कहाँय नी दखोत॥ २३॥
सीता सगे राम कई ठन, गोटकी भेस ने रहोत।
हुनी राम हुनी लछमन, हुनी सीता रहोत॥ २४॥
असन दखुन सती डरली, हिरदे थरथरली तिहँचो।
आइँख लिमटुन बाटे बसली, देंह सुध नाई तिहँचो॥ २५॥
पाछे आइँख उघड़ाउन दखली, काई नी रहे तेलग।
राम पाँय के पड़ुन गेली, संकर रहत जेलग॥ २६॥

५५ सिव लग अमरते हाँसते पूछला, कसन गत रहे सांग।
कसन परीछा करलीस तुई, सपाय सत सत सांग॥ २७॥

रघुवीर चो महेमा के जानुन, कपट करली डरुन।
काईं परीछा नी करले देव, बिनावले तिहँके दखुन॥ २८॥
फंद नोआय भरोसा आसे, भगवान तुमचो बललोर।
दखला संकर धियान करुन, जे चरितर रहे करलोर॥ २९॥
राम चो माया के माथा लवाँउन, मनने बिचार करला।
सती टोड ले फन्द बलावली, मन के हाते करला॥ ३०॥
भारी सकत भगवान चो महेमा, हुनके कोन पार पाए।
एइ ने तीनों पुर ने सपा, तिहँचो गुन के गाए॥ ३१॥
सीता भेस सती धरली, सिव के अडरा लागली।
मन ने भारी दुख होए, धरम बाट के छांडली॥ ३२॥

सतीं कीन्ह सीता कर बेषा। सिव उर भयउ बिषाद बिसेषा॥
जौं अब करउँ सती सन प्रीती। मिटइ भगति पथु होइ अनीती॥ ४॥

दो०– परम पुनीत न जाइ तजि किएँ प्रेम बड़ पापु।
प्रगटि न कहत महेसु कछु हृदयँ अधिक संतापु॥ ५६॥

चौ०– तब संकर प्रभु पद सिरु नावा। सुमिरत रामु हृदयँ अस आवा॥
एहिं तन सतिहि भेट मोहि नाहीं। सिव संकल्पु कीन्ह मन माहीं॥ १॥

अस बिचारि संकरु मतिधीरा। चले भवन सुमिरत रघुबीरा॥
चलत गगन भै गिरा सुहाई। जय महेस भलि भगति दृढ़ाई॥ २॥

अस पन तुम्ह बिनु करइ को आना। रामभगत समरथ भगवाना॥
सुनि नभगिरा सती उर सोचा। पूछा सिवहि समेत सकोचा॥ ३॥

कीन्ह कवन पन कहहु कृपाला। सत्यधाम प्रभु दीनदयाला॥
जदपि सतीं पूछा बहु भाँती। तदपि न कहेउ त्रिपुर आराती॥ ४॥

दो०– सतीं हृदय अनुमान किय सबु जानेउ सर्बग्य।
कीन्ह कपटु मैं संभु सन नारि सहज जड़ अग्य॥ ५७ (क)॥

सो०– जलु पय सरिस बिकाइ देखहु प्रीति कि रीति भलि।
बिलग होइ रसु जाइ कपट खटाई परत पुनि॥ ५७ (ख)॥

चौ०– हृदयँ सोचु समुझत निज करनी। चिंता अमित जाइ नहिं बरनी॥
कृपासिंधु सिव परम अगाधा। प्रगट न कहेउ मोर अपराधा॥ १॥

संकर रुख अवलोकि भवानी। प्रभु मोहि तजेउ हृदयँ अकुलानी॥
निज अघ समुझि न कछु कहि जाई। तपइ अवाँ इव उर अधिकाई॥ २॥

सतिहि ससोच जानि बृषकेतू। कहीं कथा सुंदर सुख हेतू॥
बरनत पंथ बिबिध इतिहासा। बिस्वनाथ पहुँचे कैलासा॥ ३॥

सती संगे मया करलोने, धरम चो हानी होएदे।
भक्ती चो जस उठुन जाएदे, दुरदसा भारी होएदे॥ ३३॥

५६ सती असन पबितर आसे, छांडुक बने ना राखुक।
मन ले संकर कंदरुन जावत, बलुक बने ना सागुक॥ ३४॥

परभू राम चो पाँय के बिनाते, मन ने उआट इली।
सती चो ए देंह ले एदाँय, मोचो सपाय होली॥ ३५॥
असन मन ले पक्की करून, निकरला कैलास बाटे।
संगे सती माता रहोत, नो गोठवात बाटे॥ ३६॥
अकास वाट ले गोठ होली, महेस जय हो तुमचो।
तुमचो पक्की भक्ती उआट, जय हो जय हो तुमचो॥ ३७॥
इतरोपन टेक तुमके छांडुन, कोन बल सकेदे करूक।
राम चो भगत तुमी भगवान, तुमी सकासे पुरुक॥ ३८॥
सरग दुआर चो गोठ सुनुन, सती के फिकर होली।
संकर भगवान के पूछली तुरते, कसन ने ये गोठ होली॥ ३९॥
काय परन करलास किरपा करू, भगवान सत चो धाम।
गरीब दुखी के साहा होऊ, तुमी किरपा चो धाम॥ ४०॥
बारारकम ले सती माता, भगवान ले जानुक दखोत।
तिरपुर चो बयरी सिव भगवान, कहीं बजे नी बलोत॥ ४१॥

५७ (क) सती मन ने धोकली तेबे, जानू कपट के जानला।
मेहरार टकर ले मूरुख होसोत, अबूझ गुन के जानला॥ ४२॥

५७ (ख) मया चो सुन्दर टकर के दखा, गोरस संगे बिकायसे पानी।
कपट आमट चो पड़ते तुरते, अलगुन जायसे पानी॥ ४३॥

आपलो करनी के मने बिचारुन, फिकर करली भारी।
इतरो ने बले संकर भगवान, काईं नी करला चारी॥ ४४॥
सिव चो किरपा अथाह समुंद, पाउक नी होय थाहा।
मुँह फूटते मोचो दोस के, काहीं नी बलला आहा॥ ४५॥
सकर चो मन के दखुन भवानी, समँझला आपलो मने।
परभू मोके छांडुन दिला, कलप डाहा मने॥ ४६॥
आपलो पाप समँझुन भाती, काईं बलुक नी बने।
कुम्हार आवा नाहा हिरदे, भीतर भीतर जरे॥ ४७॥
सती के फिकर ने दखुन सिव, सुख काज सांगत कथा।
सवँसार चो भगवान कैलास अमरला, सांगते बरन कथा॥ ४८॥

तहँ पुनि संभु समुझि पन आपन। बैठे बट तर करि कमलासन॥
संकर सहज सरूपु सम्हारा। लागि समाधि अखंड अपारा॥ ४॥

दो०– सती बसहिं कैलास तब अधिक सोचु मन माहिं।
मरमु न कोऊ जान कछु जुग सम दिवस सिराहिं॥ ५८॥

चौ०– नित नव सोचु सती उर भारा। कब जैहउँ दुख सागर पारा॥
मैं जो कीन्ह रघुपति अपमाना। पुनि पतिबचनु मृषा करि जाना॥ १॥

सो फलु मोहि बिधाताँ दीन्हा। जो कछु उचित रहा सोइ कीन्हा॥
अब बिधि अस बूझिअ नहिं तोही। संकर बिमुख जिआवसि मोही॥ २॥

कहि न जाइ कछु हृदय गलानी। मन महुँ रामहि सुमिर सयानी॥
जौं प्रभु दीनदयालु कहावा। आरति हरन बेद जसु गावा॥ ३॥

तौ मैं बिनय करउँ कर जोरी। छूटउ बेगि देह यह मोरी॥
जौं मोरें सिव चरन सनेहू। मन क्रम बचन सत्य ब्रतु एहू॥ ४॥

दो०– तौ सबदरसी सुनिअ प्रभु करउ सो बेगि उपाइ।
होइ मरनु जेहिं बिनहिं श्रम दुसह बिपत्ति बिहाइ॥ ५९॥

चौ०– एहि बिधि दुखित प्रजेसकुमारी। अकथनीय दारुन दुखु भारी॥
बीतें संबत सहस सतासी। तजी समाधि संभु अबिनासी॥ १॥

राम नाम सिव सुमिरन लागे। जानेउ सतीं जगतपति जागे॥
जाइ संभु पद बंदनु कीन्हा। सनमुख संकर आसनु दीन्हा॥ २॥

लगे कहन हरि कथा रसाला। दच्छ प्रजेस भए तेहि काला॥
देखा बिधि बिचारि सब लायक। दच्छहि कीन्ह प्रजापति नायक॥ ३॥

बड़ अधिकार दच्छ जब पावा। अति अभिमानु हृदयँ तब आवा॥
नहिं कोउ अस जनमा जग माहीं। प्रभुता पाइ जाहि मद नाहीं॥ ४॥

दो०– दच्छ लिए मुनि बोलि सब करन लगे बड़ जाग।
नेवते सादर सकल सुर जे पावत मख भाग॥ ६०॥

चौ०– किंनर नाग सिद्ध गंधर्बा। बधुन्ह समेत चले सुर सर्बा॥
बिष्नु बिरंचि महेसु बिहाई। चले सकल सुर जान बनाई॥ १॥

आपलो टेक के सुरता करून, बड़-गच खाले गेला।
महारूप के सम्हराउन संकर, भारी तप ने बसला॥ ४९॥

५८ सती कैलास ने भारी दुखी, भेद नी जानोत कोनी।
जुग माहा दिन कटते जाए, गोठयाऊ नी रहोत कोनी॥ ५०॥

रोजे मन ने दुख विचार, समुंद के नाहकेंदे केबे।
मुनीस गोठ के फंद मानुन, निंदरले रघुनाथ के तेबे॥ ५१॥
नंगत एकेइ जानुन भगवान, असन दिलासोत फल।
जीउक देहासीस भगवान चो, पाठ करलोने बल॥ ५२॥
सती हिरदे चो दुख के काईं, बलुक बसे नी होए।
सुमरते बलली हे भगवान, कसन ने जीवना होए॥ ५३॥
जे तुमी गरीब के साहा, जस के बेद गासोत।
मन चो दुख के सारू तुमी, मुनी गीत गासोत॥ ५४॥
जाले हात जोड़ुन बिनायँसे, ए देह छूटो मोचो।
मन बानी करम ले जे, मया सत आसे मोचो॥ ५५॥

५९ सपा जानू भगवान सुना, चांडे तुमी करा।
सुरता करलोने मेहनत बिगर, सपा बिपती के हरा॥ ५६॥

दच्छ बेटी चो असन कंदरतोर, सांगुक नी होय जेंके।
सतासी हजार बरख गेली, सिव चेतला तेबे॥ ५७॥
राम नावँ के सुमरत सिव, जानली सती तेबे।
सँवसार चो मालिक चेतला एदाँय, पाँय नागली तेबे॥ ५८॥
पुरे ठान संकर देऊन, मुरयाला हरीक कथा।
सती चो मन लागे नहीं, सुनुक गुनुक कथा॥ ५९॥

दच्छ जग्यँ

देव रैयत मन चो मुखिया, सती चो बूबा होलो।
प्रजापति चो पद ब्रह्मा, नंगत जानून दिलो॥ १॥
दच्छ बड़े पद के पावलो, मन ने होली घमंड।
बिरले के सवँसारे पद पाउन, नी होयसे घमंड॥ २॥

६० दच्छ गोटोक जग्यँ कराए, मुनी मन के धरून।
गुलाय देव के नेवता दिलो, जग्यँ चो मान करून॥ ३॥

नाग किन्नर सिद्ध गंधर्व, आपलो बायले संगे।
बि मान सजाउन अकासबाट ले, जाओत सपा संगे॥ ४॥

सतीं बिलोके ब्योम बिमाना। जात चले सुंदर बिधि नाना॥
सुर सुंदरी करहिं कल गाना। सुनत श्रवन छूटहिं मुनि ध्याना॥ २॥

पूछेउ तब सिवँ कहेउ बखानी। पिता जग्य सुनि कछु हरषानी॥
जौं महेसु मोहि आयसु देहीं। कुछ दिन जाइ रहौं मिस एहीं॥ ३॥

पति परित्याग हृदयँ दुखु भारी। कहइ न निज अपराध बिचारी॥
बोली सती मनोहर बानी। भय संकोच प्रेम रस सानी॥ ४॥

दो०– पिता भवन उत्सव परम जौं प्रभु आयसु होइ।
तौ मैं जाउँ कृपायतन सादर देखन सोइ॥ ६१॥

चौ०– कहेहु नीक मोरेहुँ मन भावा। यह अनुचित नहिं नेवत पठावा॥
दच्छ सकल निज सुता बोलाईं। हमरें बयर तुम्हउ बिसराईं॥ १॥

ब्रह्मसभाँ हम सन दुखु माना। तेहि तें अजहुँ करहिं अपमाना॥
जौं बिनु बोलें जाहु भवानी। रहइ न सीलु सनेहु न कानी॥ २॥

जदपि मित्र प्रभु पितु गुर गेहा। जाइअ बिनु बोलेहुँ न सँदेहा॥
तदपि बिरोध मान जहँ कोई। तहाँ गएँ कल्यानु न होई॥ ३॥

भाँति अनेक संभु समुझावा। भावी बस न ग्यानु उर आवा॥
कह प्रभु जाहु जो बिनहिं बोलाएँ। नहिं भलि बात हमारे भाएँ॥ ४॥

दो०– कहि देखा हर जतन बहु रहइ न दच्छकुमारि।
दिए मुख्य गन संग तब बिदा कीन्ह त्रिपुरारि॥ ६२॥

चौ०– पिता भवन जब गईं भवानी। दच्छ त्रास काहुँ न सनमानी॥
सादर भलेहिं मिली एक माता। भगिनीं मिलीं बहुत मुसुकाता॥ १॥

सती दखली अकास बाट ले, सुंदर बिमान जासोत।
बिस्नू महादेव ब्रम्हा के छांडुन, सपा देवमन जासोत॥ ५॥
देव सुन्दरी सुंदर गीत, राग धरुन गासोत।
जेंके सुनुन सेस मुनी, धियान ले फुसकुन जासोत॥ ६॥
सांग ला सपा सिव भगवान, सती जसने पूछ ली।
बूबा घर चो जग्यँ के सुनुन, सती के अस्तीर लागली॥ ७॥
महादेव जे राजी होलोने, एइ मिस के धरून।
बूबा घरे रहेंदे दुइ दिन, मन के ढाड़स करुन॥ ८॥
मुनीस छाँड़लो चो दुख भारी, मन ने तिहँचो रहे।
आप लो दोस समझुन माता, ओगाय होउन रहे॥ ९॥
डरते लजाते मया ले सुंदर, गोठ करते सती।
सिव भगवान पुरे बल ली, सँवसार चो माता सती॥ १०॥

६१ बूबा घरे जग्यँ उच्छब, भगवान जे राजी तुमी।
मान संगे दखुक जाएँदे, हुकुम करते तुमी॥ ११॥

बलला निको मन चो बललीस, भावली मन के मोचो।
नंगत नोआय जे नेवतला नाजुन, नी भाएसे मोके॥ १२॥
नेव तला सपा बेटी मन के, मान्तर भुलकला तुके।
मो चो किरता बइर धरून, छांडुन दिला तुके॥ १३॥
हारक ब्रह्मा दरबार ने, मोचो ले रीस होला।
एइ ने तुके छांहुन भाती, भारो हतक करला॥ १४॥
बिगर बलाव जे जासे भवानी, नी एय परेम मया।
काईं नी रहेदे मान-मरजाद, टुटुन जाएदे मया॥ १५॥
गुरू बाप मित भगवान घर, नी बलावलोने बले।
जातोर काईं दोस नोआय, बेरा दखुन बलें॥ १६॥
जहाँ बइर धरून रसोत, जातोर नंगत नोआय।
भारो फदीता सहुक पड़ेसे, जे नंगत नोआय॥ १७॥
संभू कितरोय समझाला बले, होनी चो सकत भारी।
सती हिरदे ने गियान नी होय, समझावत सिव भारी॥ १८॥
बलाय बिगर गेलीस जाले, बलेसे मोचो ये मन।
नंगत गोठ काईं नी होएदे, समझात सिव तन-मन॥ १९॥

६२ कई रकम ले बलुन दखला, सती नी मानली तेबे।
तिरपुरारो मुखिया सेउक संग, बिदा करला तेबे॥ २०॥

बूबा घरे जसने अमरली, मान नी करला कोनी।
दच्छ डर ले ओगाय रहोत, पूछत नाहीं कोनी॥ २१॥

दच्छ न कछु पूछी कुसलाता। सतिहि बिलोकि जरे सब गाता॥
सतीं जाइ देखेउ तब जागा। कतहुँ न दीख संभु कर भागा॥ २॥

तब चित चढ़ेउ जो संकर कहेऊ। प्रभु अपमानु समुझि उर दहेऊ॥
पाछिल दुखु न हृदयँ अस ब्यापा। जस यह भयउ महा परितापा॥ ३॥

जद्यपि जग दारुन दुख नाना। सब तें कठिन जाति अवमाना॥
समुझि सो सतिहि भयउ अति क्रोधा। बहु बिधि जननीं कीन्ह प्रबोधा॥ ४॥

दो०– सिव अपमानु न जाइ सहि हृदयँ न होइ प्रबोध।
सकल सभहि हठि हटकि तब बोलीं बचन सक्रोध॥ ६३॥

चौ०– सुनहु सभासद सकल मुनिंदा। कही सुनी जिन्ह संकर निंदा॥
सो फलु तुरत लहब सब काहूँ। भली भाँति पछिताब पिताहूँ॥ १॥

संत संभु श्रीपति अपबादा। सुनिअ जहाँ तहँ असि मरजादा॥
काटिअ तासु जीभ जो बसाई। श्रवन मूदि न त चलिअ पराई॥ २॥

जगदातमा महेसु पुरारी। जगत जनक सब के हितकारी॥
पिता मंदमति निंदत तेही। दच्छ सुक्र संभव यह देही॥ ३॥

तजिहउँ तुरत देह तेहि हेतू। उर धरि चंद्रमौलि बृषकेतू॥
अस कहि जोग अगिनि तनु जारा। भयउ सकल मख हाहाकारा॥ ४॥

दो०– सती मरनु सुनि संभु गन लगे करन मख खीस।
जग्य बिधंस बिलोकि भृगु रच्छा कीन्हि मुनीस॥ ६४॥

चौ०– समाचार सब संकर पाए। बीरभद्रु करि कोप पठाए॥
जग्य बिधंस जाइ तिन्ह कीन्हा। सकल सुरन्ह बिधिवत फलु दीन्हा॥ १॥

भे जगबिदित दच्छ गति सोई। जसि कछु संभु बिमुख कै होई॥
यह इतिहास सकल जग जानी। ताते मैं संछेप बखानी॥ २॥

माय भेटली मया धरून, बहिन भेटली हासुन।
बूबा उल्टुन पूछलो नाई, जरली जीव दखुन॥ २२॥
सती दखली जग्य लग जाउन, सिव चो भाग नी रहे।
चेत पड़ली संकर गोठ ले, जीव जरतो के सहे॥ २३॥
आगे चो दुख इतरो नी रेहे, जसन एथा होए।
बारा रकम चो दुख ले आगर, अपमान ले दुख होए॥ २४॥
सपा ले आगर जात अपमान, समझुन रीस होली।
कई रकम ले माय मनाय, सपा अबिरथा गेली॥ २५॥

६३ सिव अपमान नी सहे, नी धरे मनातो गोठ।
घुड़काउन बलली दरबारी के डपटुन रीस चो गोठ॥ २६॥

सिव के निंदरू निंदा सुन, दरवारी मुनी सुना।
निंदरलो फल तुरते मिरेदे, बूबा संगे गुना॥ २७॥
सत-सिव-बिस्नू निंदा जे लग, हुता ले धरम जाए।
निंदरू चो जीभ काटुन भाती, कान तोपते परातो आय॥ २८॥
तिरपुर असुर के मारू महेस जग चो आत्मा आत।
सवँसार चो बाप हुनी, सपा चो हितू आत॥ २९।
बिगर बुध चो बाबा मोचो, तेकेय निंदरेंसे एथा।
हुनचोय बिरज ले जनमलो मय, गोठ बलेंसे एथा॥ ३०॥
मुंड ने जोन राखू बैला बसू, भगवान के मन ने धरून।
ए चोला के छांडुन देएँसे, तिहँचो सुमरना करून॥ ३१॥
असन बलते सती माता, जग्यँ आइग ने पड़ली।
आपलो देंह के लाखड़ी करली, गुलाय दंदरना धरली॥ ३२॥

६४ सती मरलो के सुनुन सेउक, जायँ के उजड़ाउक धरला।
होम-जग्यँ चो नास के दखुन, भिरगू साहा होला॥ ३३॥

सुनते रीसे रीस संकर, वीरभद्र के पठाला।
होम-जग्य के नास करून, सपा के फल दिला॥ ३४॥
सवँसार ने बड़े दच्छ चो गती, हुनी रकम चो होली।
सिव निंदरू चो जसन होएसे, हुनी दुरदसा होली॥ ३५॥
खिंडिक ने एके सांगले मयँ, जानसोत सवँसारी सपा।
सवँसार चो देव संकर भगवान, जस गावसोत सपा॥ ३६॥

पारबती जनम

मरतो बेरा बिस्नू ले सती, सुमरून मांगली बर।
जनम जनम मोके मिरत, सिव भगवान वर॥ १॥

सतीं मरत हरि सन बरु मागा। जनम जनम सिव पद अनुरागा॥
तेहि कारन हिमगिरि गृह जाई। जनमीं पारबती तनु पाई॥ ३॥

जब तें उमा सैल गृह जाईं। सकल सिद्धि संपति तहँ छाईं॥
जहँ तहँ मुनिन्ह सुआश्रम कीन्हे। उचित बास हिम भूधर दीन्हे॥ ४॥

दो०– सदा सुमन फल सहित सब द्रुम नव नाना जाति।
प्रगटीं सुंदर सैल पर मनि आकर बहु भाँति॥ ६५॥

चौ०– सरिता सब पुनीत जलु बहहीं। खग मृग मधुप सुखी सब रहहीं॥
सहज बयरु सब जीवन्ह त्यागा। गिरि पर सकल करहिं अनुरागा॥ १॥

सोह सैल गिरिजा गृह आएँ। जिमि जनु रामभगति के पाएँ॥
नित नूतन मंगल गृह तासू। ब्रह्मादिक गावहिं जसु जासू॥ २॥

नारद समाचार सब पाए। कौतुकहीं गिरि गेह सिधाए॥
सैलराज बड़ आदर कीन्हा। पद पखारि बर आसनु दीन्हा॥ ३॥

नारि सहित मुनि पद सिरु नावा। चरन सलिल सबु भवनु सिंचावा॥
निज सौभाग्य बहुत गिरि बरना। सुता बोलि मेली मुनि चरना॥ ४॥

दो०– त्रिकालग्य सर्बग्य तुम्ह गति सर्बत्र तुम्हारि।
कहहु सुता के दोष गुन मुनिबर हृदयँ बिचारि॥ ६६॥

चौ०– कह मुनि बिहसि गूढ़ मृदु बानी। सुता तुम्हारि सकल गुन खानी॥
सुंदर सहज सुसील सयानी। नाम उमा अंबिका भवानी॥ १॥

सब लच्छन संपन्न कुमारी। होइहि संतत पियहि पिआरी॥
सदा अचल एहि कर अहिवाता। एहि तें जसु पैहहिं पितु माता॥ २॥

होइहि पूज्य सकल जग माहीं। एहि सेवत कछु दुर्लभ नाहीं॥
एहि कर नामु सुमिरि संसारा। त्रिय चढ़हहिं पतिब्रत असिधारा॥ ३॥

सैल सुलच्छन सुता तुम्हारी। सुनहु जे अब अवगुन दुइ चारी॥
अगुन अमान मातु पितु हीना। उदासीन सब संसय छीना॥ ४॥

दो०– जोगी जटिल अकाम मन नगन अमंगल बेष।
अस स्वामी एहि कहँ मिलिहि परी हस्त असि रेख॥ ६७॥

चौ०– सुनि मुनि गिरा सत्य जियँ जानी। दुख दंपतिहि उमा हरषानी॥
नारदहूँ यह भेदु न जाना। दसा एक समुझब बिलगाना॥ १॥

हुतालै सती हिंमांचल घरे, पारबती देहँ धरली।
धन मान सपा बाढ़क धरला, जबले जनम धरली॥ २॥
कुड़िया बंनाउन रिसी मुनी, गुलाय डेरा धरला।
हिमाचल नंगत ठान देउन, तिहँचो मान करला॥ ३॥

६५ पहाड़ डोंगरी गुलाय हुता, बारामासी रूख होला।
ठान ठान ने मनी सोनचो, खदान गुलाय होला॥ ४॥

नंदी ले पानी पबितर बोहे, जीव चड़ई सुखी भारी।
आपलो बइर भुलकुन सपा, मया ले जीवसोत भारी॥ ५॥
जसन भगत मन सोभा पाएसे, राम भक्ती पाउन।
हुसने पहाड़ सोभा पाए, पारबती जनम पाउन॥ ६॥
सोजे सुभ उच्छब होए, घर घर उदीम होओत।
जेचो महेमा गुन के बसुन ब्रह्मा गीत गाओत॥ ७॥
खेल करूक अमरला नारद, सुनुन खबर सपा।
हिमांचल राजा पाँय परवारून, ठान दिला सफा॥ ८॥
बायले संगे नारद चो, पायँ ने पड़ुन दिला।
चरनामिरित के गुलाय महल, हुकुम ले छिंचाउन दिला॥ ९॥
भाग के आपलो सहराते राजा, बेटी के बलाला पुरे।
नारद मुनी चो पायँ ऊपरे, मंडाउन दिला पुरे॥ १०॥

६६ तुमी तीनों बेरा के जानू, सपा के जानू आहास।
गुन दोस के बिचारून सांगा, गुलाय अमरलो आहास॥ ११॥

मुनी हाँसते भेद ले बलला, गुन चो खदान आय।
उमा अम्बिका भवानी सुंदर, टकर ले गुनी आय॥ १२॥
सपा रकम ले भरपूर बाबी, मुनीस चो मया पाएदे।
सुहाग अमर आसे एचो, माय बाप जस पावदे॥ १३॥
सपा मिरेदे एचो सेबा ले, पूजा सवँसार करदे।
एचोय नावँ ले मेहरार सपा, पतिबरता गुन धरदे॥ १४॥
सुलछनी आय कनया तुमचो, दुई चार अवगुन आसे।
भारी अवगुन माय बाप नाहलो, एकटा रहेया जे आसे॥ १५॥

६७ जोगी लटहा नांगड़ा रहू, अडरा भेस चो जे।
असन रेख पड़लीसे हाते, मुनीस होयदे ते॥ १६॥

नारद गोठ के सुनुन मन ने, दुनों के दुख होली।
मन मन ने पारबती माता, खुबे हरीक होली॥ १७॥

सकल सखीं गिरिजा गिरि मैना। पुलक सरीर भरे जल नैना॥
होइ न मृषा देवरिषि भाषा। उमा सो बचनु हृदयँ धरि राखा॥ २॥

उपजेउ सिव पद कमल सनेहू। मिलन कठिन मन भा संदेहू॥
जानि कुअवसरु प्रीति दुराई। सखी उछँग बैठी पुनि जाई॥ ३॥

झूठि न होइ देवरिषि बानी। सोचहि दंपति सखीं सयानी॥
उर धरि धीर कहइ गिरिराऊ। कहहु नाथ का करिअ उपाऊ॥ ४॥

दो०– कह मुनीस हिमवंत सुनु जो बिधि लिखा लिलार।
देव दनुज नर नाग मुनि कोउ न मेटनिहार॥ ६८॥

चौ०– तदपि एक मैं कहउँ उपाई। होइ करै जौं दैउ सहाई॥
जस बरु मैं बरनेउँ तुम्ह पाहीं। मिलिहि उमहि तस संसय नाहीं॥ १॥

जे जे बर के दोष बखाने। ते सब सिव पहिं मैं अनुमाने॥
जौं बिबाहु संकर सन होई। दोषउ गुन सम कह सबु कोई॥ २॥

जौं अहि सेज सयन हरि करहीं। बुध कछु तिन्ह कर दोषु न धरहीं॥
भानु कृसानु सर्ब रस खाहीं। तिन्ह कहँ मंद कहत कोउ नाहीं॥ ३॥

सुभ अरु असुभ सलिल सब बहई। सुरसरि कोउ अपुनीत न कहई॥
समरथ कहुँ नहिं दोषु गोसाईं। रबि पावक सुरसरि की नाईं॥ ४॥

दो०– जौं अस हिसिषा करहिं नर जड़ बिबेक अभिमान।
परहिं कलप भरि नरक महुँ जीव कि ईस समान॥ ६९॥

चौ०– सुरसरि जल कृत बारुनि जाना। कबहुँ न संत करहिं तेहि पाना॥
सुरसरि मिलें सो पावन जैसें। ईस अनीसहि अंतरु तैसें॥ १॥

संभु सहज समरथ भगवाना। एहि बिबाहँ सब बिधि कल्याना॥
दुराराध्य पै अहहिं महेसू। आसुतोष पुनि किएँ कलेसू॥ २॥

हुता चो भेद के नारद बले, जानुक नी सकला।
बाहिर ले सपा गोटकी रहोत, अलगाते भीतर धरला॥ १८॥
सखीमन संगे पारबती, परबत राजा रानी।
काबा होला देहें सीतकाटा, आँइख ने भरली पानी॥ १९॥
नारद गोठ के फंदनी मानुन, पारबती धरली मने।
संकर पायँ ले मया उपजली, फेर बिचारली मने॥ २०॥
बेरा के नंगत नी दखुन, गेली उमा उठुन।
सखी कोरा ने जाउन माता, बसली ओगाय होउन॥ २१॥
राजा रानी सगे बिचारत, सखी चतुर गियानी।
नारद बललो फंद नी होए, ए आत भारी गियानी॥ २२॥
मन ने धीरज धरुन भाती, हिंमाचल राजा बलला।
भगवान एदाँय उआट सांगा, काय करूंदे बलला॥ २३॥

६८ मुनी बलला हिमवंत सुना, जे कपार ने लिखलो आसे।
देव-मनुख-राकस-मुनी-नांग चो, मेटतो सकत नी आसे॥ २४॥

बले गोटोक उआट सांगेंसे, देव जे साहा होले।
उमा हुसने बर पाएदे, जसन मय बलले॥ २५॥
जे जे बर चो दोस सांगले, सिव ने आसे सपा।
सिव संग बिहा होउन गेले, गुन आय बलदे सपा॥ २६॥
जसन बिस्नू सेंस ने सोवसोत, पंडित दोस नी देओत।
आइग सूरिज सपा खावसोत, बलेबल नो पाओत॥ २७॥
निको-अडरा पानी बोहेसे, गंगा के नी देओत दोस।
सूरिज-गंगा-आइग माहा समरथ के, काईं नी लागे दोस॥ २८॥

६९ मूरुख नर जे आपलो गियान चो, घमंड धरून भाती।
असन गढ़न चो होड़ करसोत, फोक हा उमडुन भाती॥ २९॥

जुग जुग ले नरक ने पड़सोत, तिहँचो गति नी होए।
जीव वल केबई भगवान असन, काय सुतन्त होए॥ ३०॥
गंगा जल ले उतरावलो मंद, संत नी खाओत केबई।
गंगा ने तेकेइ मिसाउन दिले, पबितर बनेसे तेई॥ ३१॥
जीव भगवान ने असने भेद, गियानी जानसोत एके।
सिव भगवान सहज भरपूर, भगवान मानसोत तेके॥ ३२॥
तेइ काजे ए बिहा होले, भलई होयदे एमें।
मान्तर भारी कठिन आय, महेस के मनातो तेमें॥ ३३॥

जौं तपु करै कुमारि तुम्हारी। भाविउ मेटि सकहिं त्रिपुरारी॥
जद्यपि बर अनेक जग माहीं। एहि कहँ सिव तजि दूसर नाहीं॥ ३॥

बर दायक प्रनतारति भंजन। कृपासिंधु सेवक मन रंजन॥
इच्छित फल बिनु सिव अवराधें। लहिअ न कोटि जोग जप साधें॥ ४॥

दो०– अस कहि नारद सुमिरि हरि गिरिजहि दीन्हि असीस।
होइहि यह कल्यान अब संसय तजहु गिरीस॥ ७०॥

चौ०– कहि अस ब्रह्मभवन मुनि गयऊ। आगिल चरित सुनहु जस भयऊ॥
पतिहि एकांत पाइ कह मैना। नाथ न मैं समुझे मुनि बैना॥ १॥

जौं घरु बरु कुलु होइ अनूपा। करिअ बिबाहु सुता अनुरूपा॥
न त कन्या बरु रहउ कुआरी। कंत उमा मम प्रानपिआरी॥ २॥

जौं न मिलहि बरु गिरिजहि जोगू। गिरि जड़ सहज कहिहि सबु लोगू॥
सोइ बिचारि पति करेहु बिबाहू। जेहिं न बहोरि होइ उर दाहू॥ ३॥

अस कहि परी चरन धरि सीसा। बोले सहित सनेह गिरीसा॥
बरु पावक प्रगटै ससि माहीं। नारद बचनु अन्यथा नाहीं॥ ४॥

दो०– प्रिया सोचु परिहरहु सबु सुमिरहु श्रीभगवान।
पारबतिहि निरमयउ जेहिं सोइ करिहि कल्यान॥ ७१॥

चौ०– अब जौं तुम्हहि सुता पर नेहू। तौ अस जाइ सिखावनु देहू॥
करै सो तपु जेहिं मिलहिं महेसू। आन उपायँ न मिटहि कलेसू॥ १॥

नारद बचन सगर्भ सहेतू। सुंदर सब गुन निधि बृषकेतू॥
अस बिचारि तुम्ह तजहु असंका। सबहि भाँति संकरु अकलंका॥ २॥

सुनि पति बचन हरषि मन माहीं। गई तुरत उठि गिरिजा पाहीं॥
उमहि बिलोकि नयन भरे बारी। सहित सनेह गोद बैठारी॥ ३॥

बलेबल तप करलोने भगवान, चाडे जासोत मानुन।
तुमचो बेटी जे तप करदे, तिहँके नंगत मानुन॥ ३४॥
होतो के मेटुन देदे देव, कितरोय बले रले।
सिव के छांडुन दूसर नीआय, सवँसारे कितरोय रले॥ ३५॥
सरनाहा चो दुख हरु आत, सिव बर देसोत हुसने।
किरपा चो समुंद सेउक के, हरीक करसोत हुसने॥ ३६॥
सिव चो पूजा तप बिगर, कितरोय काईं करले।
मन चो काई मिटे नाईं, करोड़ जप-तप करले॥ ३७॥

७० असन बलते भगवान के सूमरते, गिरजा के आसीस दिला।
नंगत होयदे भरम के छांडा, राजा के गियान दिला॥ ३८॥

पारबती तप

नारद बलुन ब्रह्मलोक गेला, पुरे जे होली सुना।
मुनिन के एकलो पाउन मयना, बलली मोचो सुना॥ १॥
घर बर कुल लाइक होलोने, बेटी चो बिहा करा।
जीव माहा आय मोचो बेटी, एचो बिचार करा॥ २॥
गिरजा चो लाइक बर नी मिरले, सपा गोठयादे गोठ।
पहाड़ टकर ले मूरुख होसोत, नी जानत नंगत खोट॥ ३॥
असन बिचारते तुमी देव, बिहाव जोड़ा करा।
पछतात ले नो होओ पाछे, असन उआट करा॥ ४॥
असन बलते मुनीस चा, पायँ ने पड़ली रानी।
माथा के पायँ ले उठाए नाईं, पुरे पड़ली रानी॥ ५॥
राजा बलला जोन ले भले, आना जाओ निकरुन।
नारद गोठ फंद नी होए, गेलासोत जे बलुन॥ ६॥

७१ भगवान चो सुरता करा, बिचार छांडुन सपा।
गढ़ला बनाला पारबती के, नंगत करदे सपा॥ ७॥

बेटी ले तुके जे इतरो मया, जाउन सिखाव नंगत।
सिव मिरो माहा तप करो, दूसर नोआय नंगत॥ ८॥
नारद चो भेद मिसालो गोठ, नंगत काजे जे आसोत।
सुन्दर सपा गुन चो भंडार, संकर भगवान आसोत॥ ९॥
असन बिचारुन फोकहा भरम, छांडुन दिआ रानी।
सपा बाट ले सिव नंगत, बिचार करा रानी॥ १०॥
मुनीस गोठ ले हरीक होउन, गेली पारबती लगे।
मया चो आँसू आइँख ने, कोरा बसाली लगे॥ ११॥

बारहिं बार लेति उर लाई। गदगद कंठ न कछु कहि जाई॥
जगत मातु सर्बग्य भवानी। मातु सुखद बोलीं मृदु बानी॥ ४॥

दो०– सुनहि मातु मैं दीख अस सपन सुनावउँ तोहि।
सुंदर गौर सुबिप्रबर अस उपदेसेउ मोहि॥ ७२॥

चौ०– करहि जाइ तपु सैलकुमारी। नारद कहा सो सत्य बिचारी॥
मातु पितहि पुनि यह मत भावा। तपु सुखप्रद दुख दोष नसावा॥ १॥

तपबल रचइ प्रपंचु बिधाता। तपबल बिष्नु सकल जग त्राता॥
तपबल संभु करहिं संघारा। तपबल सेषु धरइ महिभारा॥ २॥

तप अधार सब सृष्टि भवानी। करहि जाइ तपु अस जियँ जानी॥
सुनत बचन बिसमित महतारी। सपन सुनायउ गिरिहि हँकारी॥ ३॥

मातु पितहि बहुबिधि समुझाई। चलीं उमा तप हित हरषाई॥
प्रिय परिवार पिता अरु माता। भए बिकल मुख आव न बाता॥ ४॥

दो०– बेदसिरा मुनि आइ तब सबहि कहा समुझाइ।
पारबती महिमा सुनत रहे प्रबोधहि पाइ॥ ७३॥

चौ०– उर धरि उमा प्रानपति चरना। जाइ बिपिन लागीं तपु करना॥
अति सुकुमार न तनु तप जोगू। पति पद सुमिरि तजेउ सबु भोगू॥ १॥

नित नव चरन उपज अनुरागा। बिसरी देह तपहिं मनु लागा॥
संबत सहस मूल फल खाए। सागु खाइ सत बरष गवाँए॥ २॥

कछु दिन भोजनु बारि बतासा। किए कठिन कछु दिन उपबासा॥
बेल पाती महि परइ सुखाई। तीनि सहस संबत सोइ खाई॥ ३॥

पुनि परिहरे सुखानेउ परना। उमहि नामु तब भयउ अपरना॥
देखि उमहि तप खीन सरीरा। ब्रह्मगिरा भै गगन गभीरा॥ ४॥

दो०– भयउ मनोरथ सुफल तव सुनु गिरिराजकुमारि।
परिहरु दुसह कलेस सब अब मिलिहहिं त्रिपुरारि॥ ७४॥

चौ०– अस तपु काहुँ न कीन्ह भवानी। भए अनेक धीर मुनि ग्यानी॥
अब उर धरहु ब्रह्म बर बानी। सत्य सदा संतत सुचि जानी॥ १॥

आवै पिता बोलावन जबहीं। हठ परिहरि घर जाएहु तबहीं॥
मिलहिं तुम्हहि जब सप्त रिषीसा। जानेहु तब प्रमान बागीसा॥ २॥

गोठ नी फूटे रानी मुँह ले, घनघड़ी पोटारते जाए।
जग चो माता भवानी तेबे, बलली गोठ जे भाए॥ १२॥

७२ राती सपना ने दखले आया, सुन तुई मन देउन।
सुन्दर उजर देह चो बाम्हन, गुन गियान दिलो बलुन॥ १३॥

नारद बललो सत गोठ के, मानुन तप के कर।
माय बाप के भावलीसे ये, सुख देउ तप के कर॥ १४॥
तप ले ब्रह्मा सवँसार गढ़ेसे, बिस्नू पोसेसे तपले।
पिरथी के बोहेसे तप ले सेंस, रुद्र मारेसे तपले॥ १५॥
जाउन तुइ बल तप कर, तीनों पुर तप ने आसे।
सुनुन एकेदाँय काबा होली, राजा लग जाउन साँगे॥ १६॥
समझाउन माय बाप के उमा, तप करूक बन ने गेली।
सपा कुटुम कंदरई होना, मुँह ले नी फूटे बोली॥ १७॥

७३ बेद सिरा मुनी एउन समझाला, पारबती चो महेमा।
सपा के तेबे समँझ इली, जानला तिहँचो महेमा॥ १८॥

परानपति पायँ के हिरदे धरून, मुरयाली तप भारी।
सुखवारी चोला रहे तिहँचो, सुख छांडली बिचारी॥ १९॥
रोजे दिन पायँ ले मया बाढ़े, भुलकली देहँ चो सुध।
हजार बरख कांदा-फर खादली, गुपली सपा चो बुध॥ २०॥
सौ बरख साग खाउन रली, भारी उपास करली।
तीन हजार बरख सूखलो बेलपान, भुइँ ले बेचुन खदली॥ २१॥
पाछे पाछे पान के छांडली, अपरना नावँ होली।
हुनचो देहँ के सूखते दखुन, अकास ले गोठ होली॥ २२॥

७४ इतरो डंड के सहुन उमा, पावासे मन चो सपा।
सिव भगवान मिरदे एदाँय, छांडा उपास सपा॥ २३॥

असन तप कोनी नी करला, मुनी तपी होला भारी।
एदाँय ब्रह्मा चो गोठ माना, होलास अमर भारी॥ २४॥
टेक के छांहुन घरे जाहा, बूबा बलाउक इले।
मोचो गोठ के सत मानासे, सातों रिसी चो इले॥ २५॥
गोठ के सुनुन उमा हरीक, देहें सीतकारा मारली।
जप तप ले पारबती चो, खुबे मया बाढ़ली॥ २६॥
याज्ञवल्क बलला इतरो मय, सांगले पारबती कथा।
एदाँय मन देऊन सुना, सांगेसे संकर कथा॥ २७॥

सुनत गिरा बिधि गगन बखानी। पुलक गात गिरिजा हरषानी॥
उमा चरित सुंदर मैं गावा। सुनहु संभु कर चरित सुहावा॥ ३॥

जब तें सतीं जाइ तनु त्यागा। तब तें सिव मन भयउ बिरागा॥
जपहिं सदा रघुनायक नामा। जहँ तहँ सुनहिं राम गुन ग्रामा॥ ४॥

दो०– चिदानंद सुखधाम सिव बिगत मोह मद काम।
बिचरहिं महि धरि हृदयँ हरि सकल लोक अभिराम॥ ७५॥

चौ०– कतहुँ मुनिन्ह उपदेसहिं ग्याना। कतहुँ राम गुन करहिं बखाना॥
जदपि अकाम तदपि भगवाना। भगत बिरह दुख दुखित सुजाना॥ १॥

एहि बिधि गयउ कालु बहु बीती। नित नै होइ राम पद प्रीती॥
नेमु प्रेमु संकर कर देखा। अबिचल हृदयँ भगति कै रेखा॥ २॥

प्रगटे रामु कृतग्य कृपाला। रूप सील निधि तेज बिसाला॥
बहु प्रकार संकरहि सराहा। तुम्ह बिनु अस ब्रतु को निरबाहा॥ ३॥

बहुबिधि राम सिवहि समुझावा। पारबती कर जन्मु सुनावा॥
अति पुनीत गिरिजा कै करनी। बिस्तर सहित कृपानिधि बरनी॥ ४॥

दो०– अब बिनती मम सुनहु सिव जौं मो पर निज नेहु।
जाइ बिबाहहु सैलजहि यह मोहि मागें देहु॥ ७६॥

चौ०– कह सिव जदपि उचित अस नाहीं। नाथ बचन पुनि मेटि न जाहीं॥
सिर धरि आयसु करिअ तुम्हारा। परम धरमु यह नाथ हमारा॥ १॥

मातु पिता गुर प्रभु कै बानी। बिनहिं बिचार करिअ सुभ जानी॥
तुम्ह सब भाँति परम हितकारी। अग्या सिर पर नाथ तुम्हारी॥ २॥

प्रभु तोषेउ सुनि संकर बचना। भक्ति बिबेक धर्म जुत रचना॥
कह प्रभु हर तुम्हार पन रहेऊ। अब उर राखेहु जो हम कहेऊ॥ ३॥

सिव कथा

जबले सती बाप घर जाउन, देहँ के जराउन दिली।
तेबेले सिव भगवान मन ने, बैराग होउन गेली॥ १॥
बरहमेस राम नावँ जपसोत, तीनों पुर ने बुलते।
राम गुन चो कथा सुनते, एथा उथा बुलते॥ २॥

७५ मोह काम घमंड नाहलो, सुख चो धाम देव।
सपा लोक के हरीक देंऊ हरी के, हिरदे ने बसाउन देव॥ ३॥

कहाँय पिरथी ने मुनीमन लगे, गियान गोठ बलते।
कहाँय राम चो गुन सांगते, कथा सुनते बलते॥ ४॥
चतुर सब काम नाहलो, बलेबल भगत काजे।
छांडरा होलो दुख ले दुखी। सती माता काजे॥ ५॥
राम पायँ ले रोजे दिन, होए नवा मया।
राम दखला सिय भगवान चो, नेम संगे मया॥ ६॥
भलइ मानेया किरपा करू, रूप गुन चो भण्डार राम।
भारी तेज ले परगट होला, भगवान सिरीराम॥ ७॥
कई रकम ले सिव के सहराते, मीठा बोली बलला।
तुमचो बिगर कोन असन, बरत के अमरे बलला॥ ८॥
खुबे रकम ले सिव के समझाउन, सांगला पारबती जनम।
किरपा करू लमाउन बलला, गिरजा चो पुन करम॥ ९॥

७६ मो चो बिन्ती के सुना सिव, जे आसे मो चो ले मया।
पारबती संगे बिहा करा, इतरोय मोके दिआ॥ १०॥

बलला सिव सुगुन भाती, असन नो भाय नंगत।
मान्तर मालिक चो गोठ के बले, मेटातो नोआय नंगत॥ ११॥
तुम चो हुकुम मानेंदे मालिक, एइ आय मोचो धरम।
मुंडे चेघाउन भाती एके, मानेदे मोचो करम॥ १२॥
माय बाप गुरु मालिक चो, गोठ हुकुम जे होयसे।
बिगर बिचारलो करतोर आय, जे हमेस सुभ होयसे॥ १३॥
भारी हितू आहास तुमी, सपा रकम ले मोचो।
हे परभू जे हुकुम दिलास, मुंडे चेघाएँसे मोचो॥ १४॥
भक्ती गियान धरम मिसालो, सिव चो गोठ सुनुन।
भगवान के अस्तीर लागली, बलला नंगत गुनुन॥ १५॥
परन करू राहास तुमी हर, हुनबल होली पूरा।
बललो गोठ के हिरदे राखुन, नंगत करून करा॥ १६॥

अंतरधान भए अस भाषी। संकर सोइ मूरति उर राखी॥
तबहिं सप्तरिषि सिव पहिं आए। बोले प्रभु अति बचन सुहाए॥ ४॥

दो०– पारबती पहिं जाइ तुम्ह प्रेम परिच्छा लेहु।
गिरिहि प्रेरि पठएहु भवन दूरि करेहु संदेहु॥ ७७॥

चौ०– रिषिन्ह गौरि देखी तहँ कैसी। मूरतिमंत तपस्या जैसी॥
बोले मुनि सुनु सैलकुमारी। करहु कवन कारन तपु भारी॥ १॥

केहि अवराधहु का तुम्ह चहहू। हम सन सत्य मरमु किन कहहू॥
कहत बचत मनु अति सकुचाई। हँसिहहु सुनि हमारि जड़ताई॥ २॥

मनु हठ परा न सुनइ सिखावा। चहत बारि पर भीति उठावा॥
नारद कहा सत्य सोइ जाना। बिनु पंखन्ह हम चहहिं उड़ाना॥ ३॥

देखहु मुनि अबिबेकु हमारा। चाहिअ सदा सिवहि भरतारा॥ ४॥

दो०– सुनत बचन बिहसे रिषय गिरिसंभव तव देह।
नारद कर उपदेसु सुनि कहहु बसेउ किसु गेह॥ ७८॥

चौ०– दच्छसुतन्ह उपदेसेन्हि जाई। तिन्ह फिरि भवनु न देखा आई॥
चित्रकेतु कर घरु उन घाला। कनककसिपु कर पुनि अस हाला॥ १॥

नारद सिख जे सुनहिं नर नारी। अवसि होहिं तजि भवनु भिखारी॥
मन कपटी तन सज्जन चीन्हा। आपु सरिस सबही चह कीन्हा॥ २॥

तेहि कें बचन मानि बिस्वासा। तुम्ह चाहहु पति सहज उदासा॥
निर्गुन निलज कुबेष कपाली। अकुल अगेह दिगंबर ब्याली॥ ३॥

असन बलते राम भगवान, अंतरधान होला।
तिहँचो मूरित के भगवान सिव, हिरदे ने आपन धरला॥ १७॥
हुदलोयदायँ सातो रिसी, सिव भगवान लग इला।
मन भावतो माहा भगवान, तिहँचो लगे बलला॥ १८॥

७७ पारबती लग जाउन तुमी, गया चो परीछा धरा।
हिमांचल के पठाउन बलावा, सपा भरम के हरा॥ १९॥

रिसी मन हुता जाउन भाती, गवरी चो दसा दखला।
मूरित होउन तपसिया ने आसे, असन रूप दखला॥ २०॥
परबत राजा चो धनीबाबा, सुना बलला मुनी।
तपासीस इतरो कायकाजे, पूछत सातों मुनी॥ २१॥
काचो सेवा ने आहास इतरो, काय डगरावासीस तुमी।
आमचो पुरे सत भेद के, सांगुन दिआ तुमी॥ २२॥
बलली मन लजायसे सांगुक, हाँसासे मुरूख जानुन।
मन चो टेक काचोय नी सुने, करले मन चो मानुन॥ २३॥
पानी ऊपरे भीती उठाउक, मन दखेसे दखा।
नारद गोठ ने पटका नाहलो, उड़ुक दखेंसे दखा॥ २४॥
अबूझपन जे मोचो आसे, तेके तो दखा मुनी।
वरपेला सिव के मुनिस बनाउक, दखेंसे गियानी मुनी॥ २५॥

७८ सुनते गोठ के हाँसला मुनी, परबत ले देहँ तुमचो।
सांगा नारद चो गोठ धरून, घर बसलीसे काचो॥ २६॥

जाउन दच्छ चो बेटीमन के, गियान सिखाउन रहे।
ते फेर फिरुन घर नी दखला, असन हरजाउन रहे॥ २७॥
चित्रकेतु चो घर के नारद, चटपट करून दिलो।
हिरनाकसिपु चो एइ गती, नारद बनाउन दिलो॥ २८॥
नारद फाँदा ने मनुख मेहरार, जे बल पड़ुन जासोत।
घर के, छांडुन मांगाखाया, अवस होउन जासोत॥ २९॥
सजन माह देंह दिखेसे, मन चो कपटी हुन।
आपलोय माह सपा लोग के, बनाउक दखेसे हुन॥ ३०॥
हुनचो गोठ के मानुन भाती, डगरासीस मुनीस असन।
टकर ले नीलज गुन नाहलो, रहेसे ओगाय जसन॥ ३१॥
मनुख मुंड चो माला पिंधू, कुल नाहलो जे आय।
बिगर घर चो नंगड़ा रह, सांप पिंधलो आय॥ ३२॥
असन बर मिरलो ने बल, पावासे काय सुख।
नंगत भटलास फंद फांदा ने, भुलकुन दखलास सुख॥ ३३॥

कहहु कवन सुखु अस बरु पाएँ। भल भूलिहु ठग के बौराएँ॥
पंच कहें सिवँ सती बिबाही। पुनि अवडेरि मराएन्हि ताही॥ ४॥

दो०– अब सुख सोवत सोचु नहिं भीख मागि भव खाहिं।
सहज एकाकिन्ह के भवन कबहुँ कि नारि खटाहिं॥ ७९॥

चौ०– अजहूँ मानहु कहा हमारा। हम तुम्ह कहुँ बरु नीक बिचारा॥
अति सुंदर सुचि सुखद सुसीला। गावहिं बेद जासु जस लीला॥ १॥

दूषन रहित सकल गुन रासी। श्रीपति पुर बैकुंठ निवासी॥
अस बरु तुम्हहि मिलाउब आनी। सुनत बिहसि कह बचन भवानी॥ २॥

सत्य कहेहु गिरिभव तनु एहा। हठ न छूट छूटै बरु देहा॥
कनकउ पुनि पषान तें होई। जारेहुँ सहजु न परिहर सोई॥ ३॥

नारद बचन न मैं परिहरऊँ। बसउ भवनु उजरउ नहिं डरऊँ॥
गुर कें बचन प्रतीति न जेही। सपनेहुँ सुगम न सुख सिधि तेही॥ ४॥

दो०– महादेव अवगुन भवन बिष्नु सकल गुन धाम।
जेहि कर मनु रम जाहि सन तेहि तेही सन काम॥ ८०॥

चौ०– जौं तुम्ह मिलतेहु प्रथम मुनीसा। सुनतिउँ सिख तुम्हारि धरि सीसा॥
अब मैं जन्मु संभु हित हारा। को गुन दूषन करै बिचारा॥ १॥

जौं तुम्हरे हठ हृदयँ बिसेषी। रहि न जाइ बिनु किएँ बरेषी॥
तौ कौतुकिअन्ह आलसु नाहीं। बर कन्या अनेक जग माहीं॥ २॥

जन्म कोटि लगि रगर हमारी। बरउँ संभु न त रहउँ कुआरी॥
तजउँ न नारद कर उपदेसू। आपु कहहिं सत बार महेसू॥ ३॥

पंच बललो उपरे सिव, सती ले बिहा करलो।
पाछे हुनके छांडुन भाती, हतिया कराउन दिलो॥ ३४॥

७९ एदाँय सिव के फिकर नीआय, मांगुन खाउन सोएसे।
असन एकटा टकराहा लगे, काय बायले खटेसे॥ ३५॥
आमचो बललो के मान एदाँय, नंगत बर जे आसोत।
सुन्दर पबितर नंगत सुखी, जस गुन बेद गासोत॥ ३६॥
दोस ले अलगुन गुन चो भंडार, नंगत जे आसोत।
लछमी चो मालिक बैकुंठ रहू, भरपूर जे आसोत॥ ३७॥
असन बर के आनुन आमी, भेटाउन देउँदे तुमके।
पारबती माता हाँसते बलली, तिहँचो गोठ के सुनते॥ ३८॥
सते बललास पहाड़ ले ये, जनम पावली देँह।
एइने मोचो टेक नी जाय, भले जाओ देँह॥ ३९॥
सोना बले पखना ले उपजे, हुनबल जरालोने।
आपलो टकर के नी छांडे, कितरोय तपालोने॥ ४०॥
नारद गोठ के नी छांडे, घर रहो कि जाओ।
ए सपा ले नी डरें मय, काईं बले होओ॥ ४१॥
जेके गुरू चो गोठ उपरे, भरोसा नी रहे।
हुनचो काजे सुख-सिद्धि, सपना ने नी रहे॥ ४२॥

८० महादेव अवगुन चो भंडार, बिस्नू गुन चो धाम।
जेचो मन जहाँ रमली, तेके तेचोय ले काम॥ ४३॥

आगतले जे तुमी मुनी, मोके भेटुन रतास।
माथा चेधाते तुमचोय के, जेबल बलुन रतास॥ ४४॥
एदाँय मयँ आपलो जनम, सिव काज हारून दिले।
फेर गुन दोष कोन बिचारी, जिवना सोपुन दिले॥ ४५॥
बिहाव गोठ के गोठयातो काजे, तुमी टेकुन आहास।
माहला गोठ करलो नाहले, जे रहुक नी सकास॥ ४६॥
सवँसारे खुबे बर-कनया, तुमचो खेल काजे।
कोनी गढ़न चो गोठ नीहोए, खेल करेया काजे॥ ४७॥
कोटी जनम ले एइ टकर ले, सिव चो होएंदे मयँ।
जे काईं मंजगत पड़ले, कुँआरी जिएंदे मयँ॥ ४८॥
आपने होउन सिव बल एउन, सौ हार ले बल बलत।
नारद गोठ के मयँ नी छांडे, कोनी काईं बलत॥ ४९॥
जगदम्बा माता भवानी बलली, पड़ेंसे तुमचो पायँ।
घरे जाहा देर होलीसे, तुमनमन एदांय॥ ५०॥

मैं पा परउँ कहइ जगदंबा। तुम्ह गृह गवनहु भयउ बिलंबा॥
देखि प्रेमु बोले मुनि ग्यानी। जय जय जगदंबिके भवानी॥ ४॥

दो०– तुम्ह माया भगवान सिव सकल जगत पितु मातु।
नाइ चरन सिर मुनि चले पुनि पुनि हरषत गातु॥ ८१॥

चौ०– जाइ मुनिन्ह हिमवंतु पठाए। करि बिनती गिरजहिं गृह ल्याए॥
बहुरि सप्तरिषि सिव पहिं जाई। कथा उमा कै सकल सुनाई॥ १॥

भए मगन सिव सुनत सनेहा। हरषि सप्तरिषि गवने गेहा॥
मनु थिर करि तब संभु सुजाना। लगे करन रघुनायक ध्याना॥ २॥

तारकु असुर भयउ तेहि काला। भुज प्रताप बल तेज बिसाला॥
तेंहि सब लोक लोकपति जीते। भए देव सुख संपति रीते॥ ३॥

अजर अमर सो जीति न जाई। हारे सुर करि बिबिध लराई॥
तब बिरंचि सन जाइ पुकारे। देखे बिधि सब देव दुखारे॥ ४॥

दो०– सब सन कहा बुझाइ बिधि दनुज निधन तब होइ।
संभु सुक्र संभूत सुत एहि जीतइ रन सोइ॥ ८२॥

चौ०– मोर कहा सुनि करहु उपाई। होइहि ईस्वर करिहि सहाई॥
सतीं जो तजी दच्छ मख देहा। जनमी जाइ हिमाचल गेहा॥ १॥

तेहिं तपु कीन्ह संभु पति लागी। सिव समाधि बैठे सबु त्यागी॥
जदपि अहइ असमंजस भारी। तदपि बात एक सुनहु हमारी॥ २॥

पठवहु कामु जाइ सिव पाहीं। करै छोभु संकर मन माहीं॥
तब हम जाइ सिवहि सिर नाई। करवाउब बिबाहु बरिआई॥ ३॥

एहि बिधि भलेहिं देवहित होई। मत अति नीक कहइ सबु कोई॥
अस्तुति सुरन्ह कीन्हि अति हेतू। प्रगटेउ बिषमबान झषकेतू॥ ४॥

असन मया के दखुन भाती, गियानी मुनी बलला।
जयहो भवानी तुमचो जय हो, जय हो जय हो बलला॥ ५१॥

८१ तुमी माया सिव भगवान, तुमी बाप माँय।
देहें सीतकाटा मारली तिहँचो, गेला पड़ुन पायँ॥ ५२॥

हिमवंत के जाउन पठाला, फिराला बिन्ती करून।
सिव लग जाउन कथा सांगला, मनले हरीक होउन॥ ५३॥
पारबती चो मया के सुनुन, सिव हरीक होला।
सातों मुनी हरीक होते, ब्रम्हलोक फिरून गेला॥ ५४॥
तारक नाँव चो गोटोक असुर, भारी बली होलो।
आपलो डेना चो सकल जोर ले, खुबे बड़े होलो॥ ५५॥
सपाय देव आरु लोक, सकत नाहलो होला।
सुख धन मान सपा सरली, भाटाने पड़ुन गेला॥ ५६॥
अमर होउन बलुक घरलो, काचोय ले नी हारे।
कई रकम चो लड़ई करून, देव चो सकत हारे॥ ५७॥
सपा उआटुन ब्रह्मा दुआरे, जाउन गोहार करला।
बह्मा भगवान दुखले कंदरते, देवमनके दखला॥ ५८॥

८२ नंगत समझाउन भाती बलला, असुर मरेदे तेबे।
हारेदे सिव चो बेटा ले, हुन जनम धरेदे तेबे॥ ५९॥

समझुन तुमन उआट करा, गोठके नंगत मोचो।
भगवान बल साहा होदे, काम होएदे तुमचो॥ ६०॥
सती दच्छ जग्यँ ने आपलो, देंह के छाँडली जामुन।
एदायँ हुनी हिमाचल घरे, जनम धरली से एऊन॥ ६१॥
सिव के मुनीस बनातो काजे, करलीसे भारी तप।
ए बाट सिव सपाय छांडुन, करूक बसला तप॥ ६२॥
असन ए अटपट होली, बले बल सुना मोचो।
सपाय जाउन कामदेव लग, बिन्ती करा तेचो॥ ६३॥
लकबकाउन देओ संकर मन के, हुन हुता जाउन।
तेबे आमी मुंड के मंडावाँ, सिव पाँय ने जाउन॥ ६४॥
बिहा करवाँ बरपेला आमी, सपा राजी करून।
जसन ने भलइ होओ देव चो, विचारते उआट करूँ॥ ६५॥
नंगत आय बलते मया ले, देव के बिनाउक धरला।
विसमबान मछरी बैरख चो, देव परगट होला॥ ६६॥

दो०– सुरन्ह कही निज बिपति सब सुनि मन कीन्ह बिचार।
संभु बिरोध न कुसल मोहि बिहसि कहेउ अस मार॥ ८३॥

चौ०– तदपि करब मैं काजु तुम्हारा। श्रुति कह परम धरम उपकारा॥
पर हित लागि तजइ जो देही। संतत संत प्रसंसहिं तेही॥ १॥

अस कहि चलेउ सबहि सिरु नाई। सुमन धनुष कर सहित सहाई॥
चलत मार अस हृदयँ बिचारा। सिव बिरोध ध्रुव मरनु हमारा॥ २॥

तब आपन प्रभाउ बिस्तारा। निज बस कीन्ह सकल संसारा॥
कोपेउ जबहि बारिचरकेतू। छन महुँ मिटे सकल श्रुति सेतू॥ ३॥

ब्रह्मचर्ज ब्रत संजम नाना। धीरज धरम ग्यान बिग्याना॥
सदाचार जप जोग बिरागा। सभय बिबेक कटकु सब भागा॥ ४॥

छं०– भागेउ बिबेक सहाय सहित सो सुभट संजुग महि मुरे।
सदग्रंथ पर्बत कंदरन्हि महुँ जाइ तेहि अवसर दुरे॥
होनिहार का करतार को रखवार जग खरभरु परा।
दुइ माथ केहि रतिनाथ जेहि कहुँ कोपि कर धनु सरु धरा॥

दो०– जे सजीव जग अचर चर नारि पुरुष अस नाम।
ते निज निज मरजाद तजि भए सकल बस काम॥ ८४॥

चौ०– सब के हृदयँ मदन अभिलाषा। लता निहारि नवहिं तरु साखा॥
नदीं उमगि अंबुधि कहुँ धाईं। संगम करहिं तलाव तलाईं॥ १॥

जहँ असि दसा जड़न्ह कै बरनी। को कहि सकइ सचेतन करनी॥
पसु पच्छी नभ जल थल चारी। भए काम बस समय बिसारी॥ २॥

मदन अंध ब्याकुल सब लोका। निसि दिनु नहिं अवलोकहिं कोका॥
देव दनुज नर किंनर ब्याला। प्रेत पिसाच भूत बेताला॥ ३॥

इन्ह कै दसा न कहेउँ बखानी। सदा काम के चेरे जानी॥
सिद्ध बिरक्त महामुनि जोगी। तेपि कामबस भए बियोगी॥ ४॥

छं०– भए कामबस जोगीस तापस पावँरन्हि की को कहै।
देखहिं चराचर नारिमय जे ब्रह्ममय देखत रहे॥
अबला बिलोकहिं पुरुषमय जगु पुरुष सब अबलामयं।
दुइ दंड भरि ब्रह्मांड भीतर कामकृत कौतुक अयं॥

८३ देव सांगला आपलो बिपती, बिचार करलो सुनुन।
हाँसुन बललो भलइ नीआय, बिचारा एके गुनुन॥ ६७॥

तुमचो मय कारज करेंदे, बेद धरम बलसोत।
देंह दूसर चो भलई ने छांडले, संत बड़ई कलसोत॥ ६८॥
असन बलते मुंड लवाउन, फूल धनउ धरून।
हरीक होते निकरलो देव, संगी मन के धरून॥ ६९॥
मोहनी देव मन ने आपलो, बिचार करते जाय।
सिव संगे जे बइर धरलोने, मोचो भलई नीआय॥ ७०॥
आपलो माया लमाउन भाती, सवँसार के हाते करलो।
रीस करून बैरख बिता, बेद चो मान सारलो॥ ७१॥
बरमचारी नेम जस धीरज, गियान बिग्यान धरम।
जोगी बैरागी चो बुध गुपली, छांडुन पराला धरम॥ ७२॥
बुध संगी संगे परालो, फउद जे रहे तिहँचो।
लड़ई माटा ने पाठ दखाला, गती नो रहे तिर्हचो॥ ७३॥
लुकला सपा गरंथ खोह ने, गोठ रहुन गेली।
सपा सवँसारी हड़बड़ुन गेला, भगवान ए काय होली॥ ७४॥
काय होएदे जसन करवाँ, साहा होएदे कोन।
काम जे असन रीस होलोंसे, दसमुंडय आय कोन॥ ७५॥

८४ माइ-फुरसा रेंगू ठिया जीव, जितरो बले आसोत।
आपलो मरजाद छांडुन सपा, काम फांदा ने जासोत॥ ७६॥

सपा मन ने काम छावली। लाहा रूख के दखत।
नंदी समुंद के तरइ मुंडा के, गोटोक होउक दखत॥ ७७॥
रूख नंदी चो असन गती, जीव चो कोन बले।
अकास पानी पिरथी बुलेया, बेरा के भुलकुन वले॥ ७८॥
काम फांदा ने पडुन गेला, बाय-बिकल गुलाय।
रात-दिन नी दखत चकवा, जोड़ पड़सोत गुलाय॥ ७९॥
परेत डूमा देव असुर मनुख, सांप किन्नर सपा।
ए-मन-चो तो टकर असनेय, एइ ने नी बलें सफा॥ ८०॥
दुसट मनुख चो कोन सांगे, सवँसार चो गति रहे।
सवँसार के ब्रह्म माहा जे दखत, तिहँचो बल गत नी रहे॥ ८१॥
सवँसार के मेहरार माहा तेबल, हुदलदाँय दखत।
मेहरार के सवँसार मनुख दिखे, मेहरार मनुख दिखत॥ ८३॥
दुई घड़ी काजे ब्रह्मांड गुलाय, काम चो हाते पड़ुन।
तमासा माहा होउन गेली, गढ़लो गुन ने पड़ुन॥ ८४॥

सो०– धरी न काहूँ धीर सब के मन मनसिज हरे।
जे राखे रघुबीर ते उबरे तेहि काल महुँ॥ ८५॥

चौ०– उभय घरी अस कौतुक भयऊ। जौ लगि कामु संभु पहिं गयऊ॥
सिवहि बिलोकि ससंकेउ मारू। भयउ जथाथिति सबु संसारू॥ १॥

भए तुरत सब जीव सुखारे। जिमि मद उतरि गएँ मतवारे॥
रुद्रहि देखि मदन भय माना। दुराधरष दुर्गम भगवाना॥ २॥

फिरत लाज कछु करि नहिं जाई। मरनु ठानि मन रचेसि उपाई॥
प्रगटेसि तुरत रुचिर रितुराजा। कुसुमित नव तरु राजि बिराजा॥ ३॥

बन उपबन बापिका तड़ागा। परम सुभग सब दिसा बिभागा॥
जहँ तहँ जनु उमगत अनुरागा। देखि मुएहुँ मन मनसिज जागा॥ ४॥

छं०– जागइ मनोभव मुएहुँ मन बन सुभगता न परै कही।
सीतल सुगंध सुमंद मारुत मदन अनल सखा सही॥
बिकसे सरन्हि बहु कंज गुंजत पुंज मंजुल मधुकरा।
कलहंस पिक सुक सरस रव करि गान नाचहिं अपछरा॥

दो०– सकल कला करि कोटि बिधि हारेउ सेन समेत।
चली न अचल समाधि सिव कोपेउ हृदयनिकेत॥ ८६॥

चौ०– देखि रसाल बिटप बर साखा। तेहि पर चढ़ेउ मदनु मन माखा॥
सुमन चाप निज सर संधाने। अति रिस ताकि श्रवन लगि ताने॥ १॥

छाड़े बिषम बिसिख उर लागे। छूटि समाधि संभु तब जागे॥
भयउ ईस मन छोभु बिसेषी। नयन उघारि सकल दिसि देखी॥ २॥

सौरभ पल्लव मदनु बिलोका। भयउ कोपु कंपेउ त्रैलोका॥
तब सिवँ तीसर नयन उघारा। चितवत कामु भयउ जरि छारा॥ ३॥

हाहाकार भयउ जग भारी। डरपे सुर भए असुर सुखारी॥
समुझि कामसुखु सोचहिं भोगी। भए अकंटक साधक जोगी॥ ४॥

छं०– जोगि अकंटक भए पति गति सुनत रति मुरुछित भई।
रोदति बदति बहु भाँति करुना करति संकर पहिं गई॥
अति प्रेम करि बिनती बिबिध बिधि जोरि कर सन्मुख रही।
प्रभु आसुतोष कृपाल सिव अबला निरखि बोले सही॥

दो०– अब तें रति तव नाथ कर होइहि नामु अनंगु।
बिनु बपु ब्यापिहि सबहि पुनि सुनु निज मिलन प्रसंगु॥ ८७॥

८५ काचोई मन के धीरज नी रहे, जीतलो मन के काम।
हुनीमन अबगो बाचुन रला, जिहँके राखला राम॥ ८५॥

दुई घड़ी असन तमासा करून, सिव बाट काम गेलो।
सिव के दखते भारी डरलो, सवँसार के धीरज दिलो॥ ८६॥
सपा जीव हरीक होला जसन, मतवार उमजुन होए।
रुद्र के दखते समझलो एके, जीतुक नी होए॥ ८७॥
फिरूक बले लाज होए मदन, काईं करूक नी सकलो।
बसन्त के पुरे तियार करून, मरूक तियार होलो॥ ८८॥
बाराबानी चो फूल सुंदर, डांड ने बूटा होली।
चारों खूट बाग-बगीचा, खुबे सुंदर होली॥ ८९॥
रान बगीचा बावली तरई, चारों खूट ने होली।
गुलाय असन मया उमंडली, मरलो मन ने बल होली॥ ९०॥
सरलो के बले काम सताय, रान सोभा असन।
सीतर सुंदर लेहरा बोहे, माघ महेना असन॥ ९०॥
तरइ ने पूड़न बिगसुन गेला, भंवरा बसत जाउन।
कोथली हाँसा रुपू कोल्हार, अपसरा नाचत गाउन॥ ९२॥

८६ कामदेव आपलो फउद संगे, कोटी उपाय करलो।
सिव चो अटल तप नी हाले, लुबे रीस होलो॥ ९३॥

आमा गच चो खेंदा दखुन, काम रीसेरीस चेघलो।
फूल धनउ ले पाँचों कांड के, कान अमरत ले झीकलो॥ ९४॥
पाँचों कांड के फिंगलो जसने, छाती के पावली जाउन।
सिव चो तप टुटुन गेली, दखला आइँख उघड़ाउन॥ ९५॥
एकेदाँय रीस होला सिव, रूख ने मदन के दखुन।
तीसर आइँख के उघड़ाउन दिला, लाखड़ी होलो जरून॥ ९६॥
देव डरला रक्सा सुखी, सवँसारे कोल्हार होली।
साधू जोगी चो बाधा सरली, कामी दुखी भारी॥ ९७॥
कामदेव चो बायले रती, सुनुन अवचेत होली।
गागते रोवते गिरते पड़ते, सिव भगवान लग गेली॥ ९८॥
रकम बिन्ती करे मया ले, दुनों हात के जोड़ून।
चांडे हरीक होऊ बलला, पुरे रांडी के दखुन॥ ९९॥

८७ बिगर देंह बियापेदे गुलाय, अनंग नांव होली।
एदाँय सुन भेटतो काजे, जे मय बलेंसे बोली॥ १००॥

चौ०– जब जदुबंस कृष्न अवतारा। होइहि हरन महा महिभारा॥
कृष्न तनय होइहि पति तोरा। बचनु अन्यथा होइ न मोरा॥ १॥

रति गवनी सुनि संकर बानी। कथा अपर अब कहउँ बखानी॥
देवन्ह समाचार सब पाए। ब्रह्मादिक बैकुंठ सिधाए॥ २॥

सब सुर बिष्नु बिरंचि समेता। गए जहाँ सिव कृपानिकेता॥
पृथक पृथक तिन्ह कीन्हि प्रसंसा। भए प्रसन्न चंद्र अवतंसा॥ ३॥

बोले कृपासिंधु बृषकेतू। कहहु अमर आए केहि हेतू॥
कह बिधि तुम्ह प्रभु अंतरजामी। तदपि भगति बस बिनवउँ स्वामी॥ ४॥

दो०– सकल सुरन्ह के हृदयँ अस संकर परम उछाहु।
निज नयनन्हि देखा चहहिं नाथ तुम्हार बिबाहु॥ ८८॥

चौ०– यह उत्सव देखिअ भरि लोचन। सोइ कछु करहु मदन मद मोचन॥
कामु जारि रति कहुँ बरु दीन्हा। कृपासिंधु यह अति भल कीन्हा॥ १॥

सासति करि पुनि करहिं पसाऊ। नाथ प्रभुन्ह कर सहज सुभाऊ॥
पारबतीं तपु कीन्ह अपारा। करहु तासु अब अंगीकारा॥ २॥

सुनि बिधि बिनय समुझि प्रभु बानी। ऐसेइ होउ कहा सुखु मानी॥
तब देवन्ह दुंदुभीं बजाईं। बरषि सुमन जय जय सुर साईं॥ ३॥

अवसरु जानि सप्तरिषि आए। तुरतहिं बिधि गिरिभवन पठाए॥
प्रथम गए जहँ रहीं भवानी। बोले मधुर बचन छल सानी॥ ४॥

दो०– कहा हमार न सुनेहु तब नारद कें उपदेस।
अब भा झूठ तुम्हार पन जारेउ कामु महेस॥ ८९॥

पिरथी बोझ हरूक कृष्ण, यदुबंस जनम धरदे।
तुचो मुनिस तिहँचो बेटा, होउन जनम धरेदे॥ १०१॥
मोचो ये गोठ अबिरथा नीजाय, सुनुन रती गेली।
सिव पारवती चो बिहा कथा, सांगेसे जे होली॥ १०२॥

सिव पारबती विहा

सपा देव के धरून ब्रह्मा, बैकुंठ बाट गेला।
किरपा चो धाम विस्नू संगे, सिव बाटे गेला॥ १॥
भिने भिने होउन सपा, तिहँचो बिन्ती करला।
साँप गाहना बिता भोला, खुबे हरीक होला॥ २॥
किरपा करू सिव पूछला, कसन इलास तुमी।
ब्रह्मा बलला सुना मालिक, अन्तर जामी तुमी॥ ३॥
भक्ती हाते होउन मयँ, बिन्ती करेंसे तुमचो।
देव मन चो देव महादेव, बिचार सुना आमचो॥ ४॥

८८ देवमन चो मन ने आसे, भारी हरीक एदाँय।
आंइँख ने तुमचो बिहा दखुक, उआट आसे एदाँय॥ ५॥

काम घमण्ड के सारू भगवान, असन उआट करा।
तुमचो बिहा दखू आमी, असन बिचार करा॥ ६॥
किरपा चो समुंद काम के जराउन, रतीके वरदान देऊन।
बिगर देंह बियापो असन, दिलास नंगत करून॥ ७॥
माफी करसोत डाँहुन भाती, नंगत मालिक जे आत।
पारबती के आंग ने झोका, जे तप करलो आत॥ ८॥
रास चो गोठ के सुरता करून, ब्रह्मा गोठ के सुनुन।
हरीक मन ले सिव बलला, असने होवो गुनुन॥ ९॥
देवमन तेबे निसान बजाला, फूल चो बरसा करते।
हरीक होउन जाते गेला, जय हो जय हो बलते॥ १०॥
बेरा दखुन सातों रिसी, उथा अमरून गेला।
ब्रह्मा तिहँके हिमाचल लगे, तुरते पठाउन दिला॥ ११॥

८९ जेलग माता पारबती रहत, हुताय आगे गेला।
छल हाँसी गोठ के मुनी, तिहँके बलुक धरला॥ १२॥

नारद गोठ ने भटलास एदाँय, नी सुनलास आमचो।
सकर काम के जराउन दिला, फंद टेक आय तुमचो॥ १३॥

मासपारायण, तीसरा विश्राम

चौ०– सुनि बोलीं मुसकाइ भवानी। उचित कहेहु मुनिबर बिग्यानी॥
तुम्हरें जान कामु अब जारा। अब लगि संभु रहे सबिकारा॥ १॥

हमरें जान सदा सिव जोगी। अज अनवद्य अकाम अभोगी॥
जौं मैं सिव सेये अस जानी। प्रीति समेत कर्म मन बानी॥ २॥

तौ हमार पन सुनहु मुनीसा। करिहहिं सत्य कृपानिधि ईसा॥
तुम्ह जो कहा हर जारेउ मारा। सोइ अति बड़ अबिबेकु तुम्हारा॥ ३॥

तात अनल कर सहज सुभाऊ। हिम तेहि निकट जाइ नहिं काऊ॥
गएँ समीप सो अवसि नसाई। असि मन्मथ महेस की नाई॥ ४॥

दो०– हियँ हरषे मुनि बचन सुनि देखि प्रीति बिस्वास।
चले भवानिहि नाइ सिर गए हिमाचल पास॥ ९०॥

चौ०– सबु प्रसंगु गिरिपतिहि सुनावा। मदन दहन सुनि अति दुखु पावा॥
बहुरि कहेउ रति कर बरदाना। सुनि हिमवंत बहुत सुखु माना॥ १॥

हृदयँ बिचारि संभु प्रभुताई। सादर मुनिबर लिए बोलाई॥
सुदिनु सुनखतु सुघरी सोचाई। बेगि बेदबिधि लगन धराई॥ २॥

पत्री सप्तरिषिन्ह सोइ दीन्ही। गहि पद बिनय हिमाचल कीन्ही॥
जाइ बिधिहि दीन्हि सो पाती। बाचत प्रीति न हृदयँ समाती॥ ३॥

लगन बाचि अज सबहि सुनाई। हरषे मुनि सब सुर समुदाई॥
सुमन बृष्टि नभ बाजन बाजे। मंगल कलस दसहुँ दिसि साजे॥ ४॥

दो०– लगे सँवारन सकल सुर बाहन बिबिध बिमान।
होहिं सगुन मंगल सुभद करहिं अपछरा गान॥ ९१॥

चौ०– सिवहि संभु गन करहिं सिंगारा। जटा मुकुट अहि मौरु सँवारा॥
कुंडल कंकन पहिरे ब्याला। तन बिभूति पट केहरि छाला॥ १॥

ससि ललाट सुंदर सिर गंगा। नयन तीनि उपबीत भुजंगा॥
गरल कंठ उर नर सिर माला। असिव बेष सिवधाम कृपाला॥ २॥

बिग्यानी सत बललास तुमी, उमा मुचकते रहोत।
तुमचो समँझ ले काम के जराला, काय ते दोसी रहोत॥ १४॥
मान्तर मोचो समँझ ले सिव, हमेस जोगी आत।
झूमा नाहलो काम ले गुचुन, केबई नी जन्मू आत॥ १५॥
असन जानून जे सिव के, मन बानी करम ले।
मया ले भरपूर रहुन भाती, तिहँचो सेवा करले॥ १६॥
जाले तुमी सुना मुनीमन, किरपा चो धाम भगवान।
मोचो टेक के सत करदे, दया करया भगवान॥ १७॥
तुमी जे बललास सिव भगवान, काम के जराउन दिला।
नी फबेसे तुमचो बलतोर, जे बललास कराउन दिला॥ १८॥
ओस आइग रेठे नी जाए, सहज टकर ए आय।
लगे गेले सरून जाएदे, एइ तिहँचो कारज आय॥ १९॥

९० मया परेम चो गोठ सुनुन, मन ले हरीक होला।
भवानी के माथा लवाँउन, हिमांचल बाटे गेला॥ २०॥

परवत राजा के सपाय हाल, मुनीमन सांगुन दिला।
काम जरलो के सुनुन राजा, भारी दुखी होला॥ २१॥
रती चो पावलो बरदान के, मुनीमन सांबला।
तेके सुनुन हिमाचल राजा, भारी हरीक होला॥ २२॥
मुनीमन के हाग देउन, सुभघड़ी दखुक बलला।
घड़ी नछत्तर बेद रीती ले, लगिन धराउक बलला॥ २३॥
लगिन कागद तिंहके देउन, तिहँचो पायँ धरला।
तेमन नेउन ब्रह्मा के दिंला, पढ़ुन हरीक होला॥ २४॥
ब्रह्मा कागद पढ़ुन सुनाला, देव मुनी हरीक होला।
अकास ले फूल बरसा होए, बाजा बजाउक धरला॥ २५॥

९१ दसों-खूट कलसा तोरन, देव बाम्हन सम्हराओत।
सुभ सकुन होउक धरली, अपसरा गीत गाओत॥ २६॥

सिव सेउकमन भगवान चो, सिंगार करुक धरला।
जटा चो मुकुट बनाउन उपरे, साँप चो मउड़ करला॥ २७॥
साँप चो कुंडल कंकन देउन, लाखड़ी थोपुन देहें।
कपड़ा लगे बाघ छाला, पिंधला आपलो देहें॥ २८॥
माथा उपरे जोन सोभा, गंगा मुंड उपरे।
साँप जनेइ टोडरा मोहरा, मुंडमाला छाती उपरे॥ २९॥
असुभ भेस होले बले, सुभ करेया आत।
सिव भगवान सपा रकम ले, किरपा करेया आत॥ ३०॥

कर त्रिसूल अरु डमरु बिराजा। चले बसहँ चढ़ि बाजहिं बाजा॥
देखि सिवहि सुरत्रिय मुसुकाहीं। बर लायक दुलहिनि जग नाहीं॥ ३॥

बिष्नु बिरंचि आदि सुरब्राता। चढ़ि चढ़ि बाहन चले बराता॥
सुर समाज सब भाँति अनूपा। नहिं बरात दूलह अनुरूपा॥ ४॥

दो०– बिष्नु कहा अस बिहसि तब बोलि सकल दिसिराज।
बिलग बिलग होइ चलहु सब निज निज सहित समाज॥ ९२॥

चौ०– बर अनुहारि बरात न भाई। हँसी करैहहु पर पुर जाई॥
बिष्नु बचन सुनि सुर मुसकाने। निज निज सेन सहित बिलगाने॥ १॥

मनहीं मन महेसु मुसुकाहीं। हरि के बिंग्य बचन नहिं जाहीं॥
अति प्रिय बचन सुनत प्रिय केरे। भृंगिहि प्रेरि सकल गन टेरे॥ २॥

सिव अनुसासन सुनि सब आए। प्रभु पद जलज सीस तिन्ह नाए॥
नाना बाहन नाना बेषा। बिहसे सिव समाज निज देखा॥ ३॥

कोउ मुख हीन बिपुल मुख काहू। बिनु पद कर कोउ बहु पद बाहू॥
बिपुल नयन कोउ नयन बिहीना। रिष्टपुष्ट कोउ अति तनखीना॥ ४॥

छं०– तन खीन कोउ अति पीन पावन कोउ अपावन गति धरें।
भूषन कराल कपाल कर सब सद्य सोनित तन भरें॥
खर स्वान सुअर सृकाल मुख गन बेष अगनित को गनै।
बहु जिनस प्रेत पिसाच जोगि जमात बरनत नहिं बनै॥

सो०– नाचहिं गावहिं गीत परम तरंगी भूत सब।
देखत अति बिपरीत बोलहिं बचन बिचित्र बिधि॥ ९३॥

चौ०– जस दूलहु तसि बनी बराता। कौतुक बिबिध होहिं मग जाता॥
इहाँ हिमाचल रचेउ बिताना। अति बिचित्र नहिं जाइ बखाना॥ १॥

सैल सकल जहँ लगि जग माहीं। लघु बिसाल नहिं बरनि सिराहीं॥
बन सागर सब नदीं तलावा। हिमगिरि सब कहुँ नेवत पठावा॥ २॥

कामरूप सुंदर तन धारी। सहित समाज सहित बर नारी॥
गए सकल तुहिनाचल गेहा। गावहिं मंगल सहित सनेहा॥ ३॥

प्रथमहिं गिरि बहु गृह सँवराए। जथाजोगु तहँ तहँ सब छाए॥
पुर सोभा अवलोकि सुहाई। लागइ लघु बिरंचि निपुनाई॥ ४॥

तिरछुल के गोटोक हाते, दूसर ने डमरू धरला।
नंगत सम्हराउन नांदेया के, सिव भगवान चेघला॥ ३१॥
अपसरामन सिव के दखुन, मुचकुन भाती बलसोत।
नीआय ये बरलाइक दुलहिन, ये संवसारे बलसोत॥ ३२॥
बिस्नू ब्रह्मा देव सपा, आपलो लोग संगे।
आपलो आपलो बाहन चेघुन, निकरला दुलहा संगे॥ ३३॥
देवदल सपा रकमले सुंदर, सोभा भारी रहे।
दुलहा के सोभा देतो लाइक, बरात नी रहे॥ ३४॥

९२ दिगपालमन के बलाउन बिस्नू, हाँसते बलला तुमी।
आपलो आपलो दल संगे, भिने रेंगा तुमी॥ ३५॥

बर चो लाइक नीआय बरात, बिचारुन दखा तुमी।
पर गाँव ने जाउन भाती, हाँसी करावासे तुमी॥ ३६॥
बिस्नू गोठ के सुनते देव, मुचकते अलगते गेला।
लोगमन बले तिहँचो संगे, अलग होउन दिला॥ ३७॥
सिव हुकुम ले सपा इला, सिव चो पायँ पड़ला।
बाहन भेस के दखुन तिहँचो, सिव बल हांसुन दिला॥ ३८॥
बिगर मुँह चो खुबे मुँह चो, कोनी हात-पावँ बिगर।
काचोय खुबे आइँख आसे, कोनी आइँख बिगर॥ ३९॥
कोनी पेटला कोनी मोट, किटका माहा कोनी।
कोनी पबितर मेस ने आसोत, छूतही भेस ने कोनी॥ ४०॥
भयँकार गाहना पिंधुन आसोत, हाते कपार धरुन।
कोनी तो दरद लहू रकत के, गुलाय देहें घसुन॥ ४१॥
गदहा कोलया बरहा कुकुर, असन मुँह तिहँचो।
परेत जोगनी भूत डूमा, सांगुक नी होय तिहँचो॥ ४२॥

९३ परेत डूमा नाचते गाते, आपलोय मन ने आसोत।
बिगर गढ़न चो ते दखलोने, अटपट गोठयासोत॥ ४३॥

जसन दुलहा हुसन बरात, बाटे तमासा खुबे।
एबाट हिमांचल मांडो बनाला, सोभा अटपट खुबे॥ ४४॥
सवँसार चो नानी बड़े डोंगरी, नंदी तरई जितरो।
नेवता पठाला हिमांचल राजा, मान पाओत जितरो॥ ४५॥
आपलो मन चो भेस करुन, सुंदरी संगे धरुन।
मया ले सुभ गीत गासोत, मन-मन ले करुन॥ ४६॥
आगत ले राजा सपा घर के, सजाउन भाती रहोत।
लाइक जानुन ठान ठान ने, लोग उतरते जाओत॥ ४७॥

छं०– लघु लाग बिधि की निपुनता अवलोकि पुर सोभा सही।
बन बाग कूप तड़ाग सरिता सुभग सब सक को कही॥
मंगल बिपुल तोरन पताका केतु गृह गृह सोहहीं।
बनिता पुरुष सुंदर चतुर छबि देखि मुनि मन मोहहीं॥

दो०– जगदंबा जहँ अवतरी सो पुरु बरनि कि जाइ।
रिद्धि सिद्धि संपत्ति सुख नित नूतन अधिकाइ॥ ९४॥

चौ०– नगर निकट बरात सुनि आई। पुर खरभरु सोभा अधिकाई॥
करि बनाव सजि बाहन नाना। चले लेन सादर अगवाना॥ १॥

हियँ हरषे सुर सेन निहारी। हरिहि देखि अति भए सुखारी॥
सिव समाज जब देखन लागे। बिडरि चले बाहन सब भागे॥ २॥

धरि धीरजु तहँ रहे सयाने। बालक सब लै जीव पराने॥
गएँ भवन पूछहिं पितु माता। कहहिं बचन भय कंपित गाता॥ ३॥

कहिअ काह कहि जाइ न बाता। जम कर धार किधौं बरिआता॥
बरु बौराह बसहँ असवारा। ब्याल कपाल बिभूषन छारा॥ ४॥

छं०– तन छार ब्याल कपाल भूषन नगन जटिल भयंकरा।
सँग भूत प्रेत पिसाच जोगिनि बिकट मुख रजनीचरा॥
जो जिअत रहिहि बरात देखत पुन्य बड़ तेहि कर सही।
देखिहि सो उमा बिबाहु घर घर बात असि लरिकन्ह कही॥

दो०– समुझि महेस समाज सब जननि जनक मुसुकाहिं।
बाल बुझाए बिबिध बिधि निडर होहु डरु नाहिं॥ ९५॥

चौ०– लै अगवान बरातहि आए। दिए सबहि जनवास सुहाए॥
मैनाँ सुभ आरती सँवारी। संग सुमंगल गावहिं नारी॥ १॥

कंचन थार सोह बर पानी। परिछन चली हरहि हरषानी॥
बिकट बेष रुद्रहि जब देखा। अबलन्ह उर भय भयउ बिसेषा॥ २॥

भागि भवन पैठीं अति त्रासा। गए महेसु जहाँ जनवासा॥
मैना हृदयँ भयउ दुखु भारी। लीन्ही बोलि गिरीसकुमारी॥ ३॥

ब्रह्मा गढ़लोर नीचट लागे, दखुन पुर चो सोभा।
कुआँ तरई नंदी सुन्दर, सांगो कोन सोभा॥ ४८॥
घर घर सुभ चो जलसा तोरन, बैरख झंडी सोहत।
चतुर मनुख मेहरार दखुन, मुनीमन बल मोहात॥ ४९॥

९४ जे पुर ने जगदम्बा अवतार, सोभा कोन सांगे।
नवा सुख धन मन मान बाढ़सोत, एक ले आगर आगे॥ ५०॥

दंदरला बरात के अमरलो सुनुन, बाढ़ली पर चो सोभा।
परघाउमन सजत सम्हरत, करते बरन सोभा॥ ५१॥
बरन बाहन सम्हराउन भाती, मान ले निकरला सपा।
देव गोहड़ा के दखुन भाती, हरीक होला सपा॥ ५२॥
भगवान बिस्नू चो सोभा दखुन, खुबे हरीक होला।
सिव दल के दखते वाहन, डरून पराउक धरला॥ ५३॥
थोड़े समझ चो सियान लोग, थेबला धीरज धरून।
पिला गोहड़ा गदबदला, जीव के आपलो धरून॥ ५४॥
घरे अमरलो के माय बाप पूछत, डरले तेमन बलत।
काय के सांगू सांगुक नीहोय, थरथराते बलत॥ ५५॥
बरात नोआय जम चो फउद, दुलहा बयला उपरे।
मनुख मुण्ड साँप गाहना, लाखड़ी देंह उपरे॥ ५६॥
नंगड़ा लटहा भयंकार दुलहा, सुना जे संग चो लोग।
भूत परेत अटपट मुँह चो, डूमा बरतेया लोग॥ ५७॥
बरात दखुन जे जीवत बाचे, तेइ आय सते पुनी।
हुनी पारबती बिहा दखेदे, पिला सांगत गुनी॥ ५८॥

९५ महेस समाज चो जानुन भाती, माय बाप मुचकुन देसोत।
डरतो नोआय बलुन भाती, तिहँके समझाउन देसोत॥ ५९॥

परघाऊ लोग बरात आनला, जनवास नंगत दिला।
सुभ आरती मयना जोड़ली, मेहरार संगे होला॥ ६०॥
सुन्दर हात ने सोन चो थारी, मयना हरीक होते।
परछन करुक मेहरार-मन संग, निकरली हरोक होते॥ ६१॥
अदभुत भेस सिव चो दखुन, मेहरार डरला भारी।
घरे पराउन ओयलला सपा, फिंगते कलसा थारी॥ ६२॥
जनवास ने सिव भगवान, आपन फिरुन गेला।
मयना चो जीव भारी दुखी, उमा के कोरा धरला॥ ६३॥
नीयर पूड़न माहा आइँख ने आँसू, भरून माय बलली।
असन रूप जे भगवान दिला, तिहँके ए काय होली॥ ६४॥

अधिक सनेहँ गोद बैठारी। स्याम सरोज नयन भरे बारी॥
जेहिं बिधि तुम्हहि रूपु अस दीन्हा। तेहिं जड़ बरु बाउर कस कीन्हा॥ ४॥

छं०– कस कीन्ह बरु बौराह बिधि जेहिं तुम्हहि सुंदरता दई।
जो फलु चहिअ सुरतरुहिं सो बरबस बबूरहिं लागई॥
तुम्ह सहित गिरि तें गिरौं पावक जरौं जलनिधि महुँ परौं।
घरु जाउ अपजसु होउ जग जीवत बिबाहु न हौं करौं॥

दो०– भईं बिकल अबला सकल दुखित देखि गिरिनारि।
करि बिलापु रोदति बदति सुता सनेहु सँभारि॥ ९६॥

चौ०– नारद कर मैं काह बिगारा। भवनु मोर जिन्ह बसत उजारा॥
अस उपदेसु उमहि जिन्ह दीन्हा। बौरे बरहि लागि तपु कीन्हा॥ १॥

साचेहुँ उन्ह कें मोह न माया। उदासीन धनु धामु न जाया॥
पर घर घालक लाज न भीरा। बाझँ कि जान प्रसव कै पीरा॥ २॥

जननिहि बिकल बिलोकि भवानी। बोली जुत बिबेक मृदु बानी॥
अस बिचारि सोचहि मति माता। सो न टरइ जो रचइ बिधाता॥ ३॥

करम लिखा जौं बाउर नाहू। तौ कत दोसु लगाइअ काहू॥
तुम्ह सन मिटहिं कि बिधि के अंका। मातु ब्यर्थ जनि लेहु कलंका॥ ४॥

छं०– जनि लेहु मातु कलंकु करुना परिहरहु अवसर नहीं।
दुखु सुखु जो लिखा लिलार हमरें जाब जहँ पाउब तहीं॥
सुनि उमा बचन बिनीत कोमल सकल अबला सोचहीं।
बहु भाँति बिधिहि लगाइ दूषन नयन बारि बिमोचहीं॥

दो०– तेहि अवसर नारद सहित अरु रिषि सप्त समेत।
समाचार सुनि तुहिनगिरि गवने तुरत निकेत॥ ९७॥

चौ०– तब नारद सबही समुझावा। पूरुब कथाप्रसंगु सुनावा॥
मयना सत्य सुनहु मम बानी। जगदंबा तव सुता भवानी॥ १॥

अजा अनादि सक्ति अबिनासिनि। सदा संभु अरधंग निवासिनि॥
जग संभव पालन लय कारिनि। निज इच्छा लीला बपु धारिनि॥ २॥

मूरुख तुचो दुलहा के कसन, दिलो बैहा बनाउन।
कलपरुख ने जे फर के, देतोर रहे लगाडन॥ ६५॥
बरपेला तेइ के एदाँय दखा, दिलो बम्बूर ने जोड़ुन।
तुके धरुन पहाड़ ले धसरें, आइग ने जाएँ पड़ुन॥ ६६॥
समुंद ने डगाउन देयंदे, घर उजड़ुन जाओ।
भले सवँसारे बदी होओ, सपाय सरून जाओ॥ ६७॥
असन बैहा संगे बेटी, जीव चो रहत ले मयँ।
तुचो बिहा के नी करेंदे, काईं बल होएँ मयँ॥ ६८॥

९६ हिमांचल रानी चो दुख दखुन, सपा बोमरुन, गेला।
बेटी चो मया के सुरता करते, बलते गागुक धरला॥ ६९॥

काय नसालेसे मय नारद चो, बसलो के उजड़ाउन दिलो।
असन बैहा के पावतो काजे, तप कराउन दिलो॥ ७०॥
सते जेचो घर न दुआर, बायले न मोह माया।
तिहँके दूसर चो घर नसाउक, केबई नी लागे दया॥ ७१॥
बाँझिन काय जाने छवारी दुखा, उमा बलली सुनुन।
ब्रह्मा गढ़लो के काय करसे, बिचार छांड गुनुन॥ ७२॥
मोचो भाग ने जे बैहा मुनीस, लिखुन दिलोर आसे।
कायकाज दूसर के दोस देवाँ, असन जे गढ़लोर आसे॥ ७३॥
विधाता लिखलो के सांग आया, मेटुक सकसे काय।
फोकहा कलंक नी धर तुई, छांड गागुक एदाँय॥ ७४॥
दुख कंदरइ चो बेरा नोआय, जे लिखलो भाग ने आसे।
जहाँ जाएंदे तेकेय पाएंदे, सुख दुख जे आसे॥ ७५॥
बिन्ती चो असन गोठ सुनुन, मेहरार बिचारुक धरला।
भगवान के बरन बरन, दोस देउक धरला॥ ७६॥
खबर सुनते हिमांचल राजा, आपलो घरे गेला।
नारद आरु सातों रिसी के, संगे धरुन निला॥ ७७॥

९७ पाछे जनम चो सपाय के, नारद सांगला गोठ।
बलला मयना सत के सुन, जेमे नीआय खोट॥ ७८॥

तुमचो बेटी माय परमेसरी, सवँसार के जनम देऊ।
माता भवानी केबई नी जनमू, केबई नास नी होऊ॥ ७९॥
बरहमेस रहेसे आधा देहँ ने, भगवान सिव चो जे।
सवँसार के जनमाऊ पोसू मारू, देंह धरेसे मनचो जे॥ ८०॥
आगे दच्छ घरे जनमुन, सती नाँव ले रहे।
खुबे सुंदर देंह पाउन, सिव चो बायले रहे॥ ८१॥

जनमीं प्रथम दच्छ गृह जाई। नामु सती सुंदर तनु पाई॥
तहँहुँ सती संकरहि बिबाहीं। कथा प्रसिद्ध सकल जग माहीं॥ ३॥

एक बार आवत सिव संगा। देखेउ रघुकुल कमल पतंगा॥
भयउ मोहु सिव कहा न कीन्हा। भ्रम बस बेषु सीय कर लीन्हा॥ ४॥

छं०— सिय बेषु सतीं जो कीन्ह तेहिं अपराध संकर परिहरीं।
हर बिरहँ जाइ बहोरि पितु कें जग्य जोगानल जरीं॥
अब जनमि तुम्हरे भवन निज पति लागि दारुन तपु किया।
अस जानि संसय तजहु गिरिजा सर्बदा संकरप्रिया॥

दो०— सुनि नारद के बचन तब सब कर मिटा बिषाद।
छन महुँ ब्यापेउ सकल पुर घर घर यह संबाद॥ ९८॥

चौ०— तब मयना हिमवंतु अनंदे। पुनि पुनि पारबती पद बंदे॥
नारि पुरुष सिसु जुबा सयाने। नगर लोग सब अति हरषाने॥ १॥

लगे होन पुर मंगल गाना। सजे सबहिं हाटक घट नाना॥
भाँति अनेक भई जेवनारा। सूपसास्त्र जस कछु ब्यवहारा॥ २॥

सो जेवनार कि जाइ बखानी। बसहिं भवन जेहिं मातु भवानी॥
सादर बोले सकल बराती। बिष्नु बिरंचि देव सब जाती॥ ३॥

बिबिधि पाँति बैठी जेवनारा। लागे परुसन निपुन सुआरा॥
नारिबृंद सुर जेवँत जानी। लगीं देन गारीं मृदु बानी॥ ४॥

छं०— गारीं मधुर स्वर देहिं सुंदरि बिंग्य बचन सुनावहीं।
भोजनु करहिं सुर अति बिलंबु बिनोदु सुनि सचु पावहीं॥
जेवँत जो बढ्यो अनंदु सो मुख कोटिहूँ न परै कह्यो।
अचवाँइ दीन्हे पान गवने बास जहँ जाको रह्यो॥

दो०— बहुरि मुनिन्ह हिमवंत कहुँ लगन सुनाई आइ।
समय बिलोकि बिबाह कर पठए देव बोलाइ॥ ९९॥

जगजाहिर आय ए कथा, सुना मयँ सांगे।
हारक बाटे एतोदाँय, सिव भगवान संगे॥ ८२॥
रघुकुल पूड़न चो सुरुज, रामके भेटला पुरे।
सिव बललोर के नी मानुन, भरम ने पड़ला पुरे॥ ८३॥
सीता माता चो भेस धरला, इतरोय अपराध होली।
संकर भगवान छांडुन दिला, माता के दुख होली॥ ८४॥
सिव छांडलो काज बाप घरे, जग्यँ उच्छव ने गेली।
जग्यँ आइग ने पड़ुन भाती, लाखड़ी होउन गेली॥ ८५॥
हुनी एदाँय तुमचो घरे, जनम धरून आसे।
आपलो मुनीस के पावतो काजे, तप करून आसे॥ ८६॥
असन जानुन भरम छान, गिरजा के तुमी जाना।
सिव चो आधा अंग आत, मोचो गोठ के माना॥ ८७॥

९८ नारद गोठ सुनुन सपा चो, दुख गेली तुरते।
सहर गुलाय अमरुन गेली, सपा खबर तुरते॥ ८८॥

तेबे मयना हिमवंत सगे, हरीक होउन गेला।
मन ने पारबती माता चो, बिन्ती घनघड़ी करला॥ ८९॥
मनुख मेहरार पिला-झिला, सियान जवान सपा।
भारी हरीक होउन गेला, सहर चो लोग सपा॥ ९०॥
सहर गुलाय सुभ गीत, सोन कलसा बरन।
खातो काजे राधा रीत ले, रांधा मंडाला बरन॥ ९१॥
जहाँ माता भवानी आसोत, कोन जेवनार सांगे।
मान करते बरतेयामन के, बलाउक गेला आगे॥ ९२॥
बिस्नू ब्रह्मा सपा देव के, बलावला राजा खाउक।
चतुर सुआर परसुक धरला, पंगत बसला खाउक॥ ९३॥
मेहरार कूढ़ा देवमन चो, खाउक बसलो जानुन।
मया बोली ले भाड़ुक धरला, हांसी लोग के जानुन॥ ९४॥
देवमन हांसी गोठ सुनते, सुख मानते खासोत।
अउर बलत बलते तेमन, धीरे खाते जासोत॥ ९५॥
कोटी मुँह बरन सांगुक नी सके, खात ले हरीक जे होली।
हात मुँह के धोआउन फेर, पान सुपारी होली॥ ९६॥
पाछे जे बल जे जे ठान ने, एऊन थेबुन रहोत।
सपा हुताय जाते गेला, जहाँ जे जे रहोत॥ ९७॥

९९ पाछे मुनीमन फिरून सांगला, लगीन बेरा जानुन।
देवमन के बलाउक पठाला, नगत तिहँके मानुन॥ ९८॥

चौ०– बोलि सकल सुर सादर लीन्हे। सबहि जथोचित आसन दीन्हे॥
बेदी बेद बिधान सँवारी। सुभग सुमंगल गावहिं नारी॥ १॥

सिंघासनु अति दिब्य सुहावा। जाइ न बरनि बिरंचि बनावा॥
बैठे सिव बिप्रन्ह सिरु नाई। हृदयँ सुमिरि निज प्रभु रघुराई॥ २॥

बहुरि मुनीसन्ह उमा बोलाईं। करि सिंगारु सखीं लै आईं॥
देखत रूपु सकल सुर मोहे। बरनै छबि अस जग कबि को है॥ ३॥

जगदंबिका जानि भव भामा। सुरन्ह मनहिं मन कीन्ह प्रनामा॥
सुंदरता मरजाद भवानी। जाइ न कोटिहुँ बदन बखानी॥ ४॥

छं०– कोटिहुँ बदन नहिं बनै बरनत जग जननि सोभा महा।
सकुचहिं कहत श्रुति सेष सारद मंदमति तुलसी कहा॥
छबिखानि मातु भवानि गवनीं मध्य मंडप सिव जहाँ।
अवलोकि सकहिं न सकुच पति पद कमल मनु मधुकरु तहाँ॥

दो०– मुनि अनुसासन गनपतिहि पूजेउ संभु भवानि।
कोउ सुनि संसय करै जनि सुर अनादि जियँ जानि॥ १००॥

चौ०– जसि बिबाह कै बिधि श्रुति गाई। महामुनिन्ह सो सब करवाई॥
गहि गिरीस कुस कन्या पानी। भवहि समरपीं जानि भवानी॥ १॥

पानिग्रहन जब कीन्ह महेसा। हियँ हरषे तब सकल सुरेसा॥
बेदमंत्र मुनिबर उच्चरहीं। जय जय जय संकर सुर करहीं॥ २॥

बाजहिं बाजन बिबिध बिधाना। सुमनबृष्टि नभ भै बिधि नाना॥
हर गिरिजा कर भयउ बिबाहू। सकल भुवन भरि रहा उछाहू॥ ३॥

दासीं दास तुरग रथ नागा। धेनु बसन मनि बस्तु बिभागा॥
अन्न कनकभाजन भरि जाना। दाइज दीन्ह न जाइ बखाना॥ ४॥

देवमन के बसतो काजे, लाइक ठान दिला।
बेद रीति चो चंवरा रहे, मेहरार गाउक इला॥ ९९॥
भारी सुंदर गादी रहे, सांगुक नीहोय जेके।
ब्रह्मा भगबान बनाउन रहोत, हाते आपलो तेके॥ १००॥
ब्राह्मनमन के माथा लवाँउन, सिव भगवान बसला।
आपलो भगवान राम के सुमरुन, सिंहासन ने बसला॥ १०१॥
फेर मुनीमन पारबती चो, मांडो ने बलाव करला।
सखी तिहँचो सिंगार करून, आनुन पुरे करला॥ १०२॥
देवमन मोहाउन गेला दखते, पारब ती चो रूप।
कोन कबी ये सवँसार ने, जे सांगो सोभा रूप॥ १०३॥
सिव चो बायले सवँसार चो, माता जानुन भाती।
मने-मन देव मान दिला, पायँ पड़ुन भाती॥ १०४॥
सवँसार के जनमाऊ माय चो, करोड़ मुँह बले।
सांगुक नी सके सोभा रूपके, फेर कोन काय बले॥ १०५॥
सेंस सारद बेद बले, बलुक लाज होए।
गवाँर बुधया तुलसीदास, कोन गिन्ती ने आए॥ १०६॥
सुन्दर सोभा चो खदान माहा, मांडो भीतरे इला।
सिव जेलग बसुन रहोत, उमा तेइ लग गेला॥ १०७॥
लाज काजे मुनीस पाँय के, नी सकते रहोत दुखुक।
मान्तर भँवरा माहा मन, हुताय रस पीउक॥ १०८॥

१०० मुनीमन चो मांगलो असन, सिव पारबती दुनों।
गनेस भगवान चो पूजा करला, सपाले आगे दुनों॥ १०९॥

देवमन के अनादि जानुन, कोनी भरम नी करत।
दिहा ले आगे कहाँ ले इला, असन भरम नो धरत॥ ११०॥
जेमन बेद ने सांगलो आसे, हुसने नेंग रीति।
महामुनीमन सपारकम चो, कराला सपा नीति॥ १११॥
कुस खड़ धरून हिमांचल राजा, कनया चो धरून हात।
भवानी जानुन भाती राजा, सिव के सोंपला हात॥ ११२॥
जसने महेस पारबती चो, हात-लगीन करला।
मन ने तेवेय सपाय देव, खुबे हरीक होला॥ ११३॥
महामुनी मन वेद मन्तर, नेम ले बलते जाओत।
देवमन सपा सिव भगवान चो, जय जय बलते जाओत॥ ११४॥
बरन बाजा बाजुक धरली, सरग ले फूल बरसे।
सिव पारबती चो बिहा होली, ब्रह्मांड हरीक ले गरजे॥ ११५॥

छं०– दाइज दियो बहु भाँति पुनि कर जोरि हिमभूधर कह्यो।
का देउँ पूरनकाम संकर चरन पंकज गहि रह्यो॥
सिवँ कृपासागर ससुर कर संतोषु सब भाँतिहिं कियो।
पुनि गहे पद पाथोज मयनाँ प्रेम परिपूरन हियो॥

दो०– नाथ उमा मम प्रान सम गृहकिंकरी करेहु।
छमेहु सकल अपराध अब होइ प्रसन्न बरु देहु॥ १०१॥

चौ०– बहु बिधि संभु सास समुझाई। गवनी भवन चरन सिरु नाई॥
जननीं उमा बोलि तब लीन्ही। लै उछंग सुंदर सिख दीन्ही॥ १॥

करेहु सदा संकर पद पूजा। नारिधरमु पति देउ न दूजा॥
बचन कहत भरे लोचन बारी। बहुरि लाइ उर लीन्हि कुमारी॥ २॥

कत बिधि सृजीं नारि जग माहीं। पराधीन सपनेहुँ सुखु नाहीं॥
भै अति प्रेम बिकल महतारी। धीरजु कीन्ह कुसमय बिचारी॥ ३॥

पुनि पुनि मिलति परति गहि चरना। परम प्रेम कछु जाइ न बरना॥
सब नारिन्ह मिलि भेटि भवानी। जाइ जननि उर पुनि लपटानी॥ ४॥

छं०– जननिहि बहुरि मिलि चली उचित असीस सब काहूँ दईं।
फिरि फिरि बिलोकति मातु तन तब सखीं लै सिव पहिं गईं॥
जाचक सकल संतोषि संकरु उमा सहित भवन चले।
सब अमर हरषे सुमन बरषि निसान नभ बाजे भले॥

दो०– चले संग हिमवंतु तब पहुँचावन अति हेतु।
बिबिध भाँति परितोषु करि बिदा कीन्ह बृषकेतु॥ १०२॥

चौ०– तुरत भवन आए गिरिराई। सकल सैल सर लिए बोलाई॥
आदर दान बिनय बहुमाना। सब कर बिदा कीन्ह हिमवाना॥ १॥

गाड़ीमन ने जोडुन भाती, दाइज दिला राजा।
पाछे हात जोड़ुन भाती, बलला हिमांचल राजा॥ ११६॥
संकर तुमी सपाले भरपूर, तुमके देउक काय सकें।
पायँ धरून पड़ुन दिला, बलला पुरूक काय सकें॥ ११७॥
किरपा चो समुंद सतरा के, नंगत अस्तोर करला।
फेर मयना मया ले भरून, सिव पायँ के धरला॥ ११८॥

१०१ घर टहला करावासे भगवान, मोचो जीव माहा आय।
दोस के माफी हरीक ले करासे, वरदान देहा काय॥ ११९॥

कई रकम ले समझाला सिव, बिन्ती करून गेली।
माँय उमा के कोरा बसाउ न, सुंदर सीख दिली॥ १२०॥
बरहमेस तुइ संकर चो, पायँ चो पूज करसे।
मेहरार चो धरम एइ आय, मन ने गोठ धरसे॥ १२१॥
नीआत आउर कोनी देव, मुनीसेऽच आत बलली।
बेटी के छाती संगे लेपटाउ न, आइँख ने आँसू भरलो॥ १२२॥
भगवान कायकाज मेहरार के, सवँसारे जनम दिला।
परहाते रहेया के केबई, सुख नी दिला॥ १२३॥
बलते माय बोमरून गेली, मान्तर बेरा दखुन।
मन ने धीरज धरली रानी, दुख बेरा के जानुन॥ १२४॥
घनघड़ी भेटे मयना रानी, उमा पायँ ने पड़े।
खुबे मया रहे तिहँचो, बललोने गोठ नी पुरे॥ १२५॥
भवानी भेटली भारी मया ले, पास मेह रार संगे।
छाती उपर पोटारी होली। आपलो आया संगे॥ १२६॥
माय संग उमा भेटुन निकरली, लाइक आसीस दिला।
उल्टुन उल्टुन दखते जाए, सिव लग सखी निला॥ १२७॥
गरीब मांगा खया मनके, महादेव सतोष करला।
पारबती के संगे धरून, घर बाट निकरला॥ १२८॥
सपा देव हरीक मनले, फूल चो बरसा करोत।
अकास ने सुंदर नंगारा बाजे, जय जय कोल्हार करोत॥ ११९॥

१०२ हिमवन्त राजा अमराउक तिहँके, मयाले संग धरला।
बैलाबसू ढाड़ुस देऊन, राजा के बिदा करला॥ १३०॥

नंदी डोंगरी के बलाला राजा, घरे एउन तुरते।
सपा के हरीक ले बिदा करला, मान दान करते॥ १३१॥
जसने सिव उपा माता संग, कैलाश अमरून गेला।
तेबे सपाय लोक चो देव, आपलो लोक गेला॥ १३२॥

जबहिं संभु कैलासहिं आए। सुर सब निज निज लोक सिधाए॥
जगत मातु पितु संभु भवानी। तेहिं सिंगारु न कहउँ बखानी॥ २॥

करहिं बिबिध बिधि भोग बिलासा। गनन्ह समेत बसहिं कैलासा॥
हर गिरिजा बिहार नित नयऊ। एहि बिधि बिपुल काल चलि गयऊ॥ ३॥

तब जनमेउ षटबदन कुमारा। तारकु असुरु समर जेहिं मारा॥
आगम निगम प्रसिद्ध पुराना। षन्मुख जन्मु सकल जग जाना॥ ४॥

छं०– जगु जान षन्मुख जन्मु कर्मु प्रतापु पुरुषारथु महा।
तेहि हेतु मैं बृषकेतु सुत कर चरित संछेपहिं कहा॥
यह उमा संगु बिबाहु जे नर नारि कहहिं जे गावहीं।
कल्यान काज बिबाह मंगल सर्बदा सुखु पावहीं॥

दो०– चरित सिंधु गिरिजा रमन बेद न पावहिं पारु।
बरनै तुलसीदासु किमि अति मतिमंद गवाँरु॥ १०३॥

चौ०– संभु चरित सुनि सरस सुहावा। भरद्वाज मुनि अति सुखु पावा॥
बहु लालसा कथा पर बाढ़ी। नयनन्हि नीरु रोमावलि ठाढ़ी॥ १॥

प्रेम बिबस मुख आव न बानी। दसा देखि हरषे मुनि ग्यानी॥
अहो धन्य तव जन्मु मुनीसा। तुम्हहि प्रान सम प्रिय गौरीसा॥ २॥

सिव पद कमल जिन्हहि रति नाहीं। रामहि ते सपनेहुँ न सोहाहीं॥
बिनु छल बिस्वनाथ पद नेहू। राम भगत कर लच्छन एहू॥ ३॥

सिव सम को रघुपति ब्रतधारी। बिनु अघ तजी सती असि नारी॥
पनु करि रघुपति भगति देखाई। को सिव सम रामहि प्रिय भाई॥ ४॥

दो०– प्रथमहिं मैं कहि सिव चरित बूझा मरमु तुम्हार।
सुचि सेवक तुम्ह राम के रहित समस्त बिकार॥ १०४॥

सोभा के मयँ कसन सांगे, माय बाप जे आत।
कैलास ने गनमन संग, भोग करते जात॥ १३३॥
रोजेदिन नवा रकम, हरीक ले बुलते रहोत।
असने दिन नहाकते गेली, भारी हरीक रहोत॥ १३४॥
तेबे छय मुंह बिता बेटा, कार्तिक चो जनम होली।
हुनी बाढ़ुन लड़ई करलो। तारक चो मरना होली॥ १३५॥
बेद सास्तर पुरान ने जाहिर, करनी जनम कथा।
एके सपा सवँसार जानेसे, षडानन चो कथा॥ १३६॥
महादेव चो ये चरितर, मयँ खिडिक ने बलले।
सिव पारबती बिहा कथा, जे कोनी बल वलदे॥ १३७॥
सपा रकम चो सुभ कारज ने, हमेस सुभ पावदे।
उमा संकर दिहा चो कथा, जे हमेस गावदे॥ १३८॥

१०३ गिरजा चो मुनीस महादेव चो, चरितर समुद आय।
जेमन चो महेमा सुभ-गुन के, बेद पार नी पाय॥ १३९॥

मयँ जनम बुध नाहलो, गवाँर तुलसी आँय।
महेमा के कसन करुन, पुराउक सकू आँय॥ १४०॥
सिव चो सरस सुन्दर चरितर, सुनुन भरद्वाज मुनी।
मन ने हरीक होउन गेला, ग्यानी महामुनी॥ १४१॥

सिव-पारबती गोठ

कथा सुनतो काजे तिहँचो, बाढ़ली लोभ मन ने।
आइँख आँसू ले भरूत गेली, सीतकाटा देहँ ने॥ १॥
मया ले एकेदायँ भरून गेला, गोठ नी फूटे मुँह ले।
तिहँचो गत दखुन याग्यँवल्क, हरीक होला मन ले॥ २॥
बलला मुनी आहा तु मी, धन आय जनम तुमचो।
गवरीपति काज जीव ले आगर, दखेंसे मय तुमचो॥ ३॥
जेचो मन ने सिव पायँ ले, मया जे नीआय।
राम भगवान के सपन ने बले, हुन जीव नी भाय॥ ४॥
सिव माहा कोन राम चो, आसोत बरत करुन।
बिगर पाप करलो बायने, सती के दिला छांडुन॥ ५॥
टेक करून भक्ती के, सिव दखाउन दिला।
को न मयादार सिव माहा, राम काजे होला॥ ६॥

१०४ आगे सिव चो चरितर बलुन, तुमचो भेद जानले।
तुमी राम चो पबितर सेउक, दोस नाहलो मानले॥ ७॥

चौ०– मैं जाना तुम्हार गुन सीला। कहउँ सुनहु अब रघुपति लीला॥
सुनु मुनि आजु समागम तोरें। कहि न जाइ जस सुखु मन मोरें॥ १॥

राम चरित अति अमित मुनीसा। कहि न सकहिं सत कोटि अहीसा॥
तदपि जथाश्रुत कहउँ बखानी। सुमिरि गिरापति प्रभु धनुपानी॥ २॥

सारद दारुनारि सम स्वामी। रामु सूत्रधर अंतरजामी॥
जेहि पर कृपा करहिं जनु जानी। कबि उर अजिर नचावहिं बानी॥ ३॥

प्रनवउँ सोइ कृपाल रघुनाथा। बरनउँ बिसद तासु गुन गाथा॥
परम रम्य गिरिबरु कैलासू। सदा जहाँ सिव उमा निवासू॥ ४॥

दो०– सिद्ध तपोधन जोगिजन सूर किंनर मुनिबृंद।
बसहिं तहाँ सुकृती सकल सेवहिं सिव सुखकंद॥ १०५॥

चौ०– हरि हर बिमुख धर्म रति नाहीं। ते नर तहँ सपनेहुँ नहिं जाहीं॥
तेहि गिरि पर बट बिटप बिसाला। नित नूतन सुंदर सब काला॥ १॥

त्रिबिध समीर सुसीतलि छाया। सिव बिश्राम बिटप श्रुति गाया॥
एक बार तेहि तर प्रभु गयऊ। तरु बिलोकि उर अति सुखु भयऊ॥ २॥

निज कर डासि नागरिपु छाला। बैठे सहजहिं संभु कृपाला॥
कुंद इंदु दर गौर सरीरा। भुज प्रलंब परिधन मुनिचीरा॥ ३॥

तुमचो गुन टकर के जानले, नंगत करु न एदाँय।
रघुनाथ चो लीला बलेंसे, सुना तु मी एदाँय॥ ८॥
तुमचो संग आज चो भेट, मन ने हरीक होली।
काई बलुक नीहोय एके, असन हरीक होली॥ ९॥
रामचरित अटपट आय, सुना मुनी एके।
सौ कोटी सेस बले, सांगुक नी सके॥ १०॥
जसन सुनलेंसे मय हुसने, गोठ के सकत देऊ।
भगवान के समरून बलेंसे। जे हाते धनउ धरू॥ ११॥
सुमरून बलेंसे जेचो हाते, रूख चो पुतरी होउन।
आपन सारदा माता रहेसे, वरहमेस लगे होउन॥ १२॥
अंतरजामी भगवान राम, तिहँके नचातो काजे।
डोरी धरेया होउन आसोत, आपलो भगत काजे॥ १३॥
भगत जानुन जे कबी उपरे, भगवान दया करसोत।
हमेस तिहँचो हिरदे दुआर ने, सारदा के नचाउक धरसोत॥ १४॥
हुनी किरपा करू राम के, पायँ पड़ेंसे मयँ।
तिहँचो छुकछुका गुन चो हरीकले, कथा बलेंसे मयँ॥ १५॥
पहाड़मन ने कैलास पहाड़, आसे नंगत सुंदर।
बरहमेस सिव उमा संगे, रसोत जानुन सुंदर॥ १६॥

१०५ सिद्ध जपी जोगी देव किन्नर, मुनी कूढ़ा रसोत।
सपा पुनी हरीक चो धाम, संकर चो सेवा करसोत॥ १७॥

जे भमवान बिस्नू महादेव ले, पाठ करलो आसोत।
सपना ने बल जाउक नी सकोत, जे धरम ले गुचुन आसोत॥ १८॥
हुनी पहाड़ ने गोटोक बड़े, आसे जे बड़ रूख।
राजे नवा सपाय दिन ने, सुन्दर आय जे रूख॥ १९॥
तीनों रकम चो लेहरा उथा, छाँय सीतर आसे।
सिव चो बिसावलो रूख आय, वेद ने सांगलो आसे॥ २०॥
हुनी रूख खाले हारक, सिव भगवान गेला।
हुनके दखुन भाती मन ले, खुबे हरीक होला॥ २१॥
आपलोय हात ले बाघंबर के, ओछाउन भाती सिव।
फोकहा काजे टकरले आपन, बसुन दिला सिव॥ २३॥
कुंदई जोन संख माहा, पंडरी देंह रहे।
लाम बाहाँ मुनीमन माहा, कपड़ा देंह ने रहे॥ २३॥
लाल पूड़न माहा पायँ, नख ले जोत भारी।
भगत मन चो अंधयार के, उजर करू भारी॥ २४॥

तरुन अरुन अंबुज सम चरना। नख दुति भगत हृदय तम हरना॥
भुजग भूति भूषन त्रिपुरारी। आननु सरद चंद छबि हारी॥ ४॥

दो०– जटा मुकुट सुरसरित सिर लोचन नलिन बिसाल।
नीलकंठ लावन्यनिधि सोह बालबिधु भाल॥ १०६॥

चौ०– बैठे सोह कामरिपु कैसें। धरें सरीरु सांतरसु जैसें॥
पारबती भल अवसरु जानी। गईं संभु पहिं मातु भवानी॥ १॥

जानि प्रिया आदरु अति कीन्हा। बाम भाग आसनु हर दीन्हा॥
बैठीं सिव समीप हरषाई। पूरुब जन्म कथा चित आई॥ २॥

पति हियँ हेतु अधिक अनुमानी। बिहसि उमा बोलीं प्रिय बानी॥
कथा जो सकल लोक हितकारी। सोइ पूछन चह सैलकुमारी॥ ३॥

बिस्वनाथ मम नाथ पुरारी। त्रिभुवन महिमा बिदित तुम्हारी॥
चर अरु अचर नाग नर देवा। सकल करहिं पद पंकज सेवा॥ ४॥

दो०– प्रभु समरथ सर्बग्य सिव सकल कला गुन धाम।
जोग ग्यान बैराग्य निधि प्रनत कलपतरु नाम॥ १०७॥

चौ०– जौं मो पर प्रसन्न सुखरासी। जानिअ सत्य मोहि निज दासी॥
तौ प्रभु हरहु मोर अग्याना। कहि रघुनाथ कथा बिधि नाना॥ १॥

जासु भवनु सुरतरु तर होई। सहि कि दरिद्र जनित दुखु सोई॥
ससिभूषन अस हृदयँ बिचारी। हरहु नाथ मम मति भ्रम भारी॥ २॥

प्रभु जे मुनि परमारथबादी। कहहिं राम कहुँ ब्रह्म अनादी॥
सेस सारदा बेद पुराना। सकल करहिं रघुपति गुन गाना॥ ३॥

तुम्ह पुनि राम राम दिन राती। सादर जपहु अनँग आराती॥
रामु सो अवध नृपति सुत सोई। की अज अगुन अलखगति कोई॥ ४॥

दो०– जौं नृप तनय त ब्रह्म किमि नारि बिरहँ मति भोरि।
देख चरित महिमा सुनत भ्रमति बुद्धि अति मोरि॥ १०८॥

साँप लाखड़ी तिहँचो गाहना, देंह जे सजुन रहे।
तिरपुरारी मुँह कुआँर पुनी चो, जोन ले आगर रहे॥ २५॥

१०६ जटा चो मुकुट मुंड ने गंगा, आइँख पूड़न माहा।
सुन्दर माथा ने दूज जोन, टोडरा नीयर माहा॥ २६॥

काम चो बयरी हुता बसुन, दिखते रहोत असन।
देंह धरून आपनेय आसे, ओगाय-रस जसन॥ २७॥
बेरा दखुन भवानी गेला, सिव लगे दखला।
मयादार बायले के डेबरी बाटे, बसुक ठान दिला॥ २८॥
हरीक मन ले माता भवानी, सिव लग जाउन बसला।
पाछे जनम चो कथा के, माता सुरता करला॥ २९॥
मुनीस हिरदे चो मया दखुन, बलली मया ले हाँसुन।
सपा चो हितू कथा के, पारबती दखेसे पुछुक॥ ३०॥
सवँसार चो मालिक मोचो देव, तिरपुर असुर के मारू।
महेमा तीनों लोक ने जाहिर, भगत लोग के तारू॥ ३१॥
रेंगू ओगाय जीव नांग मनुख, देव जितरो आसोत।
पूड़न माहा पायँ चो सपा, सेवा करते जासोत॥ ३२॥

१०७ भगवान तुमी भरपूर गुलाय, बनती चो रूप आहास।
योग गुन चो भंडार तुमी, गियान ले भरपूर आहास॥ ३३॥

सरनाहा काजे नावँ कलपतरू सुख चो रासी तुमी।
हरीक मन ले दासी जानुन, आहास सते जे तुमी॥ ३४॥
जाले भगवान तुमी आज, रघुनाथ चो बलुन कथा।
सांगुन भरम गुचावा एदाँय, राम चो बरन कथा॥ ३५॥
दारदिर दुख सहें कायकाज, कलपतरू खाले रहुन।
मोचो बुध चो भरम के, गुचावा बिचार करून॥ ३६॥
ब्रह्म के जानू सांगू मुनी, हुनमन बत बलसोत।
केबई नी सरू ब्रह्म बलले, रघुनाथ के बलसोत॥ ३७॥
सेस सरसती वेद पुरान, गासोत राम गुन।
तुमी दिन रात भारी मया ले, करासीस राम धुन॥ ३८॥
अवध राजा चो बेटा राम, काय ये हुनी आत।
अजन्मा अगोचर गिरगुन राम, हुनी कि अउर आत॥ ३९॥

१०८ राजा चो बेटा आत जाले, ब्रह्म आत कसन।
बायले काजे तिहँचो मती, लागे बेहेटलो असन॥ ४०॥

इसू तेमनचो चरितर दखुन, हेंव महिमा जानुन।
मोचो बुध दँदरुन जाएसे, बरन महिमा सुनुन॥ ४१॥

चौ०– जौं अनीह ब्यापक बिभु कोऊ। कबहु बुझाइ नाथ मोहि सोऊ॥
अग्य जानि रिस उर जनि धरहू। जेहि बिधि मोह मिटै सोइ करहू॥ १॥

मैं बन दीखि राम प्रभुताई। अति भय बिकल न तुम्हहि सुनाई॥
तदपि मलिन मन बोधु न आवा। सो फलु भली भाँति हम पावा॥ २॥

अजहूँ कछु संसउ मन मोरें। करहु कृपा बिनवउँ कर जोरें॥
प्रभु तब मोहि बहु भाँति प्रबोधा। नाथ सो समुझि करहु जनि क्रोधा॥ ३॥

तब कर अस बिमोह अब नाहीं। रामकथा पर रुचि मन माहीं॥
कहहु पुनीत राम गुन गाथा। भुजगराज भूषन सुरनाथा॥ ४॥

दो०– बंदउ पद धरि धरनि सिरु बिनय करउँ कर जोरि।
बरनहु रघुबर बिसद जसु श्रुति सिद्धांत निचोरि॥ १०९॥

चौ०– जदपि जोषिता नहिं अधिकारी। दासी मन क्रम बचन तुम्हारी॥
गूढ़उ तत्त्व न साधु दुरावहिं। आरत अधिकारी जहँ पावहिं॥ १॥

अति आरति पूछउँ सुरराया। रघुपति कथा कहहु करि दाया॥
प्रथम सो कारन कहहु बिचारी। निर्गुन ब्रह्म सगुन बपु धारी॥ २॥

पुनि प्रभु कहहु राम अवतारा। बालचरित पुनि कहहु उदारा॥
कहहु जथा जानकी बिबाहीं। राज तजा सो दूषन काहीं॥ ३॥

भरपूर मन नाहलो गुलाय, ब्रह्म जे आत जाले।
हे देव समझाउन सांगा मन ले, रीस नी करुन आले॥ ४२॥
मोके बुध नाहलो जानुन, रीस नो होआसे।
जसन गुचेदे मोचो मोह, हुनी सपा के बलासे॥ ४३॥
रान ने राम चो पाछे जनम, सकत दखुन रहें।
तेबे डरलो बिती मयँ, तुमके नी सागुन रहें॥ ४४॥
बलेबल अबूझ मन ने, नी इली गियान।
जेचो फल के नंगत करून, पावलेसे धरीधियान॥ ४५॥
एबतले मन ने खिंडिक, भरम आसे परभू।
किरग करा हात-जोड़ें से, बिन्ती करेंसे परभू॥ ४६॥
तेबे बल समझाउन रलास, बले समंझले नहीं।
रीस नी करा बिचारुन तुमी, बिन्ती करेंसे सही॥ ४७॥
आगे माहा मोह नीआय, सते एदाँय मोके।
रामकथा के सुनतो काजे, सते भाएसे मोके॥ ४८॥
सेस नांग के गाहना बनाऊ, देव चो देव तुमी।
भगवान राम चो गुनपबितर, कथा सांगा तुमी॥ ४९॥

१०९ भुँई ने आपंलो माथा टेकुन, करेंसे पाँय चो बिन्ती।
दस अंडखी चो दुनों हात के, जोडुद न करेंसे बिन्ती॥ ५०॥

बेदचो सपा गोठ के, निचाउन भाती तुमी।
रघुनाथ चो सुन्दर कथा, सांगा एदाँय तुमी॥ ५१॥
भले मेहरार होलो किरता, सुनतों लाइक नोआँय।
बले मन बानी करम ले, तु मचोय सेवकिन आँय॥ ५२॥
संत लोगमन जे लग बले, भटलो लोग के पावले।
भेद गोठ के लुकाओत नाईं, लाइक लोग के पावले॥ ५३॥
देव चो मालिक सरन पड़ुन, तुमचोय ले पूछें।
दया करुन राम कथा सांगा, जेंमें नंगत बूझें॥ ५४॥
आगे हुन किरता सांगा, जेचो काजे एसोत्।
निरगुन ब्रह्म सगुन रुप, धरुन भाती एसोत॥ ५५॥
फेर भगवान राम चो, जनम कथा के बला।
तिहँचो सहज पिलापन चो, कथा के फेर बला॥ ५६॥
जानकी संगे बिहा करला, सांगा तुमी तेके।
फेर राज छांडला कसन, काय दोस रहे तेके॥ ५७॥
बन ने जसन चरितर करला, सपा के भगवान सांगा।
रावन राकस के मारला कहन, हिटने मोके सांगा॥ ५८॥

बन बसि कीन्हे चरित अपारा। कहहु नाथ जिमि रावन मारा॥
राज बैठि कीन्हीं बहु लीला। सकल कहहु संकर सुखलीला॥ ४॥

दो०– बहुरि कहहु करुनायतन कीन्ह जो अचरज राम।
प्रजा सहित रघुबंसमनि किमि गवने निज धाम॥ ११०॥

चौ०– पुनि प्रभु कहहु सो तत्त्व बखानी। जेहिं बिग्यान मगन मुनि ग्यानी॥
भगति ग्यान बिग्यान बिरागा। पुनि सब बरनहु सहित बिभागा॥ १॥

औरउ राम रहस्य अनेका। कहहु नाथ अति बिमल बिबेका॥
जो प्रभु मैं पूछा नहिं होई। सोउ दयाल राखहु जनि गोई॥ २॥

तुम्ह त्रिभुवन गुर बेद बखाना। आन जीव पाँवर का जाना॥
प्रस्न उमा कै सहज सुहाई। छल बिहीन सुनि सिव मन भाई॥ ३॥

हर हियँ रामचरित सब आए। प्रेम पुलक लोचन जल छाए॥
श्रीरघुनाथ रूप उर आवा। परमानंद अमित सुख पावा॥ ४॥

दो०– मगन ध्यान रस दंड जुग पुनि मन बाहेर कीन्ह।
रघुपति चरित महेस तब हरषित बरनै लीन्ह॥ १११॥

चौ०– झूठेउ सत्य जाहि बिनु जानें। जिमि भुजंग बिनु रजु पहिचानें॥
जेहि जानें जग जाइ हेराई। जागें जथा सपन भ्रम जाई॥ १॥

बंदउँ बालरूप सोइ रामू। सब सिधि सुलभ जपत जिसु नामू॥
मंगल भवन अमंगल हारी। द्रवउ सो दसरथ अजिर बिहारी॥ २॥

करि प्रनाम रामहि त्रिपुरारी। हरषि सुधा सम गिरा उचारी॥
धन्य धन्य गिरिराजकुमारी। तुम्ह समान नहिं कोउ उपकारी॥ ३॥

सुख चो रुप तुमी संकर, राम लीला के सांगा।
गादी बसुन राज करला, हुन सपा के सांगा॥ ५९॥

११० किरपा चो धाम अदभुत चरितर, करुन रहोत जसन।
रघुकुल चो मुकुटमनी, धाम गेला जसन॥ ६०॥

फेर हुन असल छार के, समझाउन मोके सांगा।
जेचो जोर ले ग्यानी मुनी, मंगन रतो के सांगा॥ ६१॥
फेर भक्ती गियान बिग्यान, सपा अलगाउन भाती।
बैराग चो गोठ के सांगा, दया करुन भाती॥ ६२॥
अउर जे काई रामचो भेद, कितरोय लुकलो आसोत।
सांगा सपा के अलगाउन भाती, जितरो बले जे आसोत॥ ६३॥
तुमचो गियान एकेदाँय सफा, जेवल भुलकलेसे देव।
लुकावा नाईं सपा के सांगासे, दया करू देव॥ ६४॥
तीनों लोक चो गुरु तुमी, बलला देवता बेद।
दूसर पापी काय जानदे, इतरो बड़े भेद॥ ६५॥
पारबती चो सुन्दर सहज, छल नाहलो बोली।
सिव चो मन के खुबे भावली, सुमुन मीठा बोली॥ ६६॥
हर हिरदे ने रामचरितर, एऊन सामुन गेली।
मया लें देहें सीतकाटा, आइँख भरून गेली॥ ६७॥
रघुनाथ रूप हिरदे ने, एउन सामुन गेला।
भारी हरीक चो देव सिव, दखुन सुख पावला॥ ६८॥

१११ दुईघड़ी काज धियान करून, मन के बाहिर करला।
हरीक होउन रामचरितर के सिव बलुक धरला॥ ६९॥

बिगर जानलोफं द बले, सत माहा लागे।
जसन जानलो बिगर डोरी, साँप माहा लागे॥ ७०॥
जिहँके जानले ए सवँसार, हाजलो माहा आए।
सोउन दखलो सपना भरम, उठले जसन जाए॥ ७१॥
हुनी राम चो पिला रूप के, मय बिन्ती करेंसे।
सपा सिद्धी मनले जपले, भारी सहज मिरेसे॥ ७२॥
दसरथ दुआरे खेसू-बुलू, सुभ देउ असुभ सारू।
किरपा आपलो करा तुमी, अबूझपन के मारू॥ ७३॥
तिरपुर के मारू सिव भगवान, राम के पायँ पड़ुन।
हरीक ले अमृत माहा गोठ, बलला मन ने गुनुन॥ ७४॥
परबत राज चो बेटी उमा, धन आहास तुमी।
नीआत कोनी भलई करू, जसन आहास तुमी॥ ७५॥

पूँछेहु रघुपति कथा प्रसंगा। सकल लोक जग पावनि गंगा॥
तुम्ह रघुबीर चरन अनुरागी। कीन्हिहु प्रस्न जगत हित लागी॥ ४॥

दो०– राम कृपा तें पारबति सपनेहुँ तव मन माहिं।
सोक मोह संदेह भ्रम मम बिचार कछु नाहिं॥ ११२॥

चौ०– तदपि असंका कीन्हिहु सोई। कहत सुनत सब कर हित होई॥
जिन्ह हरिकथा सुनी नहिं काना। श्रवन रंध्र अहिभवन समाना॥ १॥

नयनन्हि संत दरस नहिं देखा। लोचन मोरपंख कर लेखा॥
ते सिर कटु तुंबरि समतूला। जे न नमत हरि गुर पद मूला॥ २॥

जिन्ह हरिभगति हृदयँ नहिं आनी। जीवत सव समान तेइ प्रानी॥
जो नहिं करइ राम गुन गाना। जीह सो दादुर जीह समाना॥ ३॥

कुलिस कठोर निठुर सोइ छाती। सुनि हरिचरित न जो हरषाती॥
गिरिजा सुनहु राम कै लीला। सुर हित दनुज बिमोहनसीला॥ ४॥

दो०– रामकथा सुरधेनु सम सेवत सब सुख दानि।
सतसमाज सुरलोक सब को न सुनै अस जानि॥ ११३॥

चौ०– रामकथा सुंदर कर तारी। संसय बिहग उड़ावनिहारी॥
रामकथा कलि बिटप कुठारी। सादर सुनु गिरिराजकुमारी॥ १॥

राम नाम गुन चरित सुहाए। जनम करम अगनित श्रुति गाए॥
जथा अनंत राम भगवाना। तथा कथा कीरति गुन नाना॥ २॥

तदपि जथा श्रुत जसि मति मोरी। कहिहउँ देखि प्रीति अति तोरी॥
उमा प्रस्न तव सहज सुहाई। सुखद संतसंमत मोहि भाई॥ ३॥

एक बात नहिं मोहि सोहानी। जदपि मोह बस कहेहु भवानी॥
तुम्ह जो कहा राम कोउ आना। जेहि श्रुति गाव धरहिं मुनि ध्याना॥ ४॥

तुमी जे राम-कथा चो गोठ, पूछलास बसुन एथा।
गंगा माहा सपा लोक के, पबितर करू कथा॥ ७६॥
तुमी सवँसार चो भलइ काजे, असन सवाल करलास।
रघुनाथ पायँ ले मया आसे, गुने असन पूछलास॥ ७७॥

११२ रघुनाथ चो किरपा होले, सपना ने बले।
मन ने दुख मोह भरम, नी होय सते बलें॥ ७८॥

बले तुमी जूना गोठ के, धरुन भरम करलास।
सुनले सपा चो भलई होए, असन कथा पूछलास॥ ७९॥
जे आपलो कान ले केबइ, भगवान कथा नी सुनला।
साँप बिल माहा कान तेचो, जे कथा नो सुनला॥ ८०॥
जेचो आइँख संत दरसन, केबइ बल नी करे।
मंजूर-पाखी ने दला देऊ, आइंख ने गन्ती करें॥ ८१॥
जे मुंड भगवान गुरु, पायँ के नी जाने।
पिता लाउ माहा जे आय, जे घमंड के माने॥ ८२॥
निठुर आय बजर माहा, हुनमन चो छाती।
भगवान चरितर सुनुन बल, हरीक नो होय छाती॥ ८३॥
गिरजा सुन राम चो लीला, देव चो भलइ करे।
राकस गोहड़ामन के सिरजुन, मोहाउन भाती धरे॥ ८४॥

११३ राम कथा कामधेनू माहा, सेवा ले सुख देय।
नंगत लोग देवलोक आत, कोन चेत नी देय॥ ८५॥

राम कथा हात चो थापड़ी, जे भरम चड़ई उड़ाय।
कली रुख के गोंदू टंगया, मान ले सुन काय॥ ८६॥
गुन चरितर जनम करम, सुंदर नावँ राम चो।
सपाय अनगिनत बेद बलसोत, भारी महेमा राम चो॥ ८७॥
जसन राम अनन्त आसोत, हुसनेय तिहँचो कथा।
महेमा गुन बल हुसनेय आय, जे मय सांगे कथा॥ ८८॥
बलेबल तुमचो भारी मया के, दखुन भाती मयँ।
जसन जानें जसन सुनले, हुसने सांगेंसे मयँ॥ ८९॥
उमा तुमचो टकर ले सवाल, खुबे सुन्दर आसे।
संत विचार सुख देउ नंगत, मोके लागलो आसे॥ ९०॥
भवानी तुमचो बललो गोठ, गोटोक नी भाबली मोके।
भले मोह फांदा ने पड़ुन, बललास एबे मोके॥ ९१॥
राम भगवान के असन बलतोर, कि कोनी अउर आत।
मुनीमुन जेचो धियान ने, बेद जस गाउ आत॥ ९२॥

दो०– कहहिं सुनहिं अस अधम नर ग्रसे जे मोह पिसाच।
पाषंडी हरि पद बिमुख जानहिं झूठ न साच॥ ११४॥

चौ०– अग्य अकोबिद अंध अभागी। काई बिषय मुकर मन लागी॥
लंपट कपटी कुटिल बिसेषी। सपनेहुँ संतसभा नहिं देखी॥ १॥

कहहिं ते बेद असंमत बानी। जिन्ह कें सूझ लाभु नहिं हानी॥
मुकुर मलिन अरु नयन बिहीना। राम रूप देखहिं किमि दीना॥ २॥

जिन्ह कें अगुन न सगुन बिबेका। जल्पहिं कल्पित बचन अनेका॥
हरिमाया बस जगत भ्रमाहीं। तिन्हहि कहत कछु अघटित नाहीं॥ ३॥

बातुल भूत बिबस मतवारे। ते नहिं बोलहिं बचन बिचारे॥
जिन्ह कृत महामोह मद पाना। तिन्ह कर कहा करिअ नहिं काना॥ ४॥

सो०– अस निज हृदयँ बिचारि तजु संसय भजु राम पद।
सुनु गिरिराज कुमारि भ्रम तम रबि कर बचन मम॥ ११५॥

चौ०– सगुनहि अगुनहि नहिं कछु भेदा। गावहिं मुनि पुरान बुध बेदा॥
अगुन अरूप अलख अज जोई। भगत प्रेम बस सगुन सो होई॥ १॥

जो गुन रहित सगुन सोइ कैसें। जलु हिम उपल बिलग नहिं जैसें॥
जासु नाम भ्रम तिमिर पतंगा। तेहि किमि कहिअ बिमोह प्रसंगा॥ २॥

राम सच्चिदानंद दिनेसा। नहिं तहँ मोह निसा लवलेसा॥
सहज प्रकासरूप भगवाना। नहिं तहँ पुनि बिग्यान बिहाना॥ ३॥

११४ डूमा माहा मोह ने पड़लोर, पाखंडी जे आसोत।
भगवान पायँ ले मुंह उल्टुन, एइ सवँसारे आसोत॥ ९३॥

सत फंद काईं नी जानत, अस न लोग जे आसोत।
पापी नीच मनुखमन, बसुन सुनुन आसोत॥ ९४॥
अग्यानी मुरूख अभागा कामी, जितरो जे आसोत।
मन दरपन ने जेचो काई, बिसयी माहा जे आसोत॥ ९५॥
छलबाज दुसट कयराहा बदमास, जे सपना ने बले।
संत लोग चो दरस नी करला, असन लोग बले॥ ९६॥
जिहँके आपलो हानी लाभ, काईं दखा नी देय।
बेद ले उल्टा गोठ करूक, बरहमेस पुरे होय॥ ९७॥
मन दरपन ने मइल जेमन चो, आइँख नाहलो जे आसोत।
राम रूप के कसन दखदे, जे जनम काना आसोत॥ ९८॥
सगुन निरगुन काईं चो, गियान बले नीआय।
गोठयाते रसोत वरन गढ़ुन, जे तिहँकेय भाय॥ ९९॥
हरी माया चो हाते पड़ुन, सवँसारे रसोत भटुन।
काईं बले आपलो टोंड ले आगे देसोत बलुन॥ १००॥
वायुरोग जिंहके बियापेसे, भूत फांदा ने आसोत।
बरहमेस निसा ने मातुन, लोगमन जे आसोत॥ १०१॥
मोह रस चो मंद के खाउन, बिचारून नी बलत।
तिहँचो बललो के सुनतो नो आय, काईं ते बलत॥ १०२॥

११५ मन ने असन बिचार करून, भरम छांडुन दिआ।
राम भगवान चो पायँ के भजा, मन के पाएँ निआ॥ १०३॥

भरम अंधार के नास करूक, सुरुज माहा आय।
मोचो गोठ के सुना नंगत, जे सत आय॥ १०४॥
सगुन निरगुन ने काईं बल, भेद निआय जाना।
बेद पुरान पंडित मुनी, बलसोत तेके माना॥ १०५॥
जे निरगुन रूप नाहलो, जेके बलुक नीहोय।
केबई नो जनमू भगत मया ले, सगुन रूप चो होय॥ १०६॥
ये निरगुन सगुन कसन, जसन करा ने पानी।
करा होयसे सगुन रूप, निरगुन आय पानी॥ १०७॥
भरम अंधार सारतो काजे, नांव सुरूज आय।
तिहँचो काजे मोह चो गोठ, कसन बले जाय॥ १०८॥
मोह रात काज रात सच्चिदानंद, सुरूज माहा आत।
सोजे टकर ले अंजोर माहा, भगवान रूप आत॥ १०९॥

हरष बिषाद ग्यान अग्याना। जीव धर्म अहमिति अभिमाना॥
राम ब्रह्म ब्यापक जग जाना। परमानंद परेस पुराना॥ ४॥

दो०– पुरुष प्रसिद्ध प्रकास निधि प्रगट परावर नाथ।
रघुकुलमनि मम स्वामि सोइ कहि सिवँ नायउ माथ॥ ११६॥

चौ०– निज भ्रम नहिं समुझहिं अग्यानी। प्रभु पर मोह धरहिं जड़ प्रानी॥
जथा गगन घन पटल निहारी। झाँपेउ भानु कहहिं कुबिचारी॥ १॥

चितव जो लोचन अंगुलि लाएँ। प्रगट जुगल ससि तेहि के भाएँ॥
उमा राम बिषइक अस मोहा। नभ तम धूम धूरि जिमि सोहा॥ २॥

बिषय करन सुर जीव समेता। सकल एक तें एक सचेता॥
सब कर परम प्रकासक जोई। राम अनादि अवधपति सोई॥ ३॥

जगत प्रकास्य प्रकासक रामू। मायाधीस ग्यान गुन धामू॥
जासु सत्यता तें जड़ माया। भास सत्य इव मोह सहाया॥ ४॥

दो०– रजत सीप महुँ भास जिमि जथा भानु कर बारि।
जदपि मृषा तिहुँ काल सोइ भ्रम न सकइ कोउ टारि॥ ११७॥

चौ०– एहि बिधि जग हरि आश्रित रहई। जदपि असत्य देत दुख अहई॥
जौं सपनें सिर काटै कोई। बिनु जागें न दूरि दुख होई॥ १॥

जासु कृपाँ अस भ्रम मिटि जाई। गिरिजा सोइ कृपाल रघुराई॥
आदि अंत कोउ जासु न पावा। मति अनुमानि निगम अस गावा॥ २॥

बिग्यान चो बिहान नीहोय, घमंड टेडम आय।
हरीक दुख ग्यान-अग्यान, जीव चो धरम आय॥ ११०॥
राम गुलाय रहू ब्रह्म, भगवान हरीक चो रूप।
सपा ले नंगत पुराण-मनुख, सवँसार जाने रूप॥ १११॥

११६ नावँ जाहिर अंजोर भंडार, सपा रूप ने परगट।
जीव-माया सवँसार चो मालिक, आसोत गुलाय परगट॥ ११२॥

मोचो सपा जानू मालिक, रघुकुल मनी राम।
असन बलुन माथा के आगे, लवाँला सिव भगवान॥ ११३॥
भरत के जे समझत नाईं, आत मूरूख लोग।
राम भगवान के दोस देसोत, असोत अग्यानी लोग॥ ११४॥
अकास उपर बादरी दखुन, बलसोत मुरूख लोग।
बादरी तोपली सुरूज के, मानसोत असन लोग॥ ११५॥
आपलो आइँख के अंडखी ले, चेपाउन जे दखेसे।
गोटकी जोन के हुन दुइ ठन, भरमुन भाती दखेसे॥ ११६॥
उमा राम काजे असन मोह, करतोर हुसनेय आय।
जसन सरग अंधयार दिखे, जे धुवां धुरला ले आय॥ ११७॥
बिसय इंद्री देव जीव, एकलो ले चेता रहेसे।
अनादि ब्रह्म राम ले, गुलाय उजर रहेसे॥ ११८॥
सवँसार उजर ले भरपूर, उजर करेया राम।
माया चो मालिक गियान गुन चो, आत भगवान धाम॥ ११९॥
जेमन चो राज ने मोह चो, मदद पाउन भाती।
मूरुख माया सत माहा, लागेसे भरमुन भाती॥ १२०॥

११७ चांदी दिखेसे सुतइ ने, बेर तरास ने पानी।
तीनों काल गुचाउक नी सकत, असन भरम के रानी॥ १२१॥

ए सवँसार भगवान चो, ओधा धरून आसे।
भले ए सत नोआय बल, दुख देतो काजे॥ १२२॥
सपना ने जसन कोनी, मुंड काटुन देयसे।
बिगर चेतलो दुख नी जाय, असन भरमाउन देएसे॥ १२३॥
गिरजा असन जेचो किरपा, भरम उठुन जाए।
हुनी ए रघुनाथ आत, जेचो महेमा गाएँ॥ १२४॥
जेचो मूर टीप के कोनी, सरत ले नी जानला।
आपलो बुध असन बेद, नंगत गाढ़ुन गावला॥ १२५॥
बिगर पायँ हिंडेसे जे, सुनेसे कान बिगर।
बारा रकम बुता के सारेसे हात बिगर॥ १२६॥

बिनु पद चलइ सुनइ बिनु काना। कर बिनु करम करइ बिधि नाना॥
आनन रहित सकल रस भोगी। बिनु बानी बकता बड़ जोगी॥ ३॥

तनु बिनु परस नयन बिनु देखा। ग्रहइ घ्रान बिनु बास असेषा॥
असि सब भाँति अलौकिक करनी। महिमा जासु जाइ नहिं बरनी॥ ४॥

दो०— जेहि इमि गावहिं बेद बुध जाहि धरहिं मुनि ध्यान।
सोइ दसरथ सुत भगत हित कोसलपति भगवान॥ ११८॥

चौ०— कासीं मरत जंतु अवलोकी। जासु नाम बल करउँ बिसोकी॥
सोइ प्रभु मोर चराचर स्वामी। रघुबर सब उर अंतरजामी॥ १॥

बिबसहुँ जासु नाम नर कहहीं। जनम अनेक रचित अघ दहहीं॥
सादर सुमिरन जे नर करहीं। भव बारिधि गोपद इव तरहीं॥ २॥

राम सो परमातमा भवानी। तहँ भ्रम अति अबिहित तव बानी॥
अस संसय आनत उर माहीं। ग्यान बिराग सकल गुन जाहीं॥ ३॥

सुनि सिव के भ्रम भंजन बचना। मिटि गै सब कुतरक कै रचना॥
भइ रघुपति पद प्रीति प्रतीती। दारुन असंभावना बीती॥ ४॥

दो०— पुनि पुनि प्रभु पद कमल गहि जोरि पंकरुह पानि।
बोलीं गिरिजा बचन बर मनहुँ प्रेम रस सानि॥ ११९॥

चौ०— ससि कर सम सुनि गिरा तुम्हारी। मिटा मोह सरदातप भारी॥
तुम्ह कृपाल सबु संसउ हरेऊ। राम स्वरूप जानि मोहि परेऊ॥ १॥

नाथ कृपाँ अब गयउ बिषादा। सुखी भयउँ प्रभु चरन प्रसादा॥
अब मोहि आपनि किंकरि जानी। जदपि सहज जड़ नारि अयानी॥ २॥

बिगर मुँह सपाय रस चो, सुवाद के पाएसे।
बिगर गोठ चो जे आए, सपा सांगते जाएसे॥ १२७॥
बिगर देह छिएसे बले, दखेसे आइँख बिगर।
सपा रकम चो गंध जानेसे, जे आय नाक बिगर॥ १२८॥
हुन ब्रह्म चो सपाय करनी, असन अदभूत आय।
जेचो महेमा बलुक नी होय, अपरम्पार आय॥ १२९॥

११८ बेद पंडित असन बलसोत, धरसोत मुनी धियान।
दसरथ बेटा अवध राजा, हितू राम भगवान॥ १३०॥

कासी ने मरू जीव के, तेमन चो नावँ ले।
दखुन मय दुख ले गुचाते, तारेंसे परताप ले॥ १३१॥
रघुकुल ने बड़े मोचो भगवान, हुनी राम आत।
जड़ चेता सपा हिरदे चो, भीतर चो जानेया आत॥ १३२॥
बिगर मन जिहँचो नावँ, मनुख धरून देएसे।
तेचो जनम जनम चो पाप, आपने जरून जाएसे॥ १३३॥
जे मनुख मया ले तिहँचो, सुरता करून आसोत।
भवसागर के गाय खुर खोदरा, माहा नाहकुन जासोत॥ १३४॥
भवानी ये हुनी परमात्मा, राम भगवान आय।
तिहँचो काजे भरम बलतोर, एकेदाँय अडरा आय॥ १३५॥
असन भरम मन ने धरले, मनुख चो गियान जाएसे।
बैराग आरु सपा नंगत गुन, हिटते सरून जाएसे॥ १३६॥
सिव चो गोठ के सुनुन भाती, पारबती चो भरम।
बरन गोठ ले उमंडलो बिती, उठुन गेली भरम॥ १३७॥
राम पायँ ले भरोसा होली, मया बांढ़ली खुबे।
होतो नी होतो गेली सपा, फोकहा रहे जे खुबे॥ १३८॥

११९ घनघड़ी मुनीस पायँ के, धरून भाती उमा।
पूड़नमाहा हात के जोड़ुन, मया ले बलली उमा॥ १३९॥

जोन तरास माहा सीतर, गोठ के सुनुन तुमचो।
कुआँर दिन चो घाम तपन, सपा सरली मोचो॥ १४०॥
किरपा करू मोचो सपा, भरम के सारलास।
राम चो सत रूप समँझले, तुमी दया करलास॥ १४१॥
मोचो मालिक किरपा ले, दुख गेली सपाय।
सुखी होउन गेले एदायँ, पाउन तुमचो पायँ॥ १४२॥
असन तो मेहरार जनम पाउन, टकर ले मूरुख आँय।
आपलो सेवकिन जाना तुमी, बुध नाहलो आँय॥ १४३॥

प्रथम जो मैं पूछा सोइ कहहू। जौं मो पर प्रसन्न प्रभु अहहू॥
राम ब्रह्म चिनमय अबिनासी। सर्ब रहित सब उर पुर बासी॥ ३॥

नाथ धरेउ नरतनु केहि हेतू। मोहि समुझाइ कहहु बृषकेतू॥
उमा बचन सुनि परम बिनीता। रामकथा पर प्रीति पुनीता॥ ४॥

दो०– हियँ हरषे कामारि तब संकर सहज सुजान।
बहु बिधि उमहि प्रसंसि पुनि बोले कृपानिधान॥ १२० (क)॥

नवाह्नपारायण, पहला विश्राम
मासपारायण, चौथा विश्राम

सो०– सुनु सुभ कथा भवानि रामचरितमानस बिमल।
कहा भुसुंडि बखानि सुना बिहग नायक गरुड़॥ १२० (ख)॥

सो संबाद उदार जेहि बिधि भा आगें कहब।
सुनहु राम अवतार चरित परम सुंदर अनघ॥ १२० (ग)॥

हरि गुन नाम अपार कथा रूप अगनित अमित।
मैं निज मति अनुसार कहउँ उमा सादर सुनहु॥ १२० (घ)॥

चौ०– सुनु गिरिजा हरिचरित सुहाए। बिपुल बिसद निगमागम गाए॥
हरि अवतार हेतु जेहि होई। इदमित्थं कहि जाइ न सोई॥ १॥

राम अतर्क्य बुद्धि मन बानी। मत हमार अस सुनहि सयानी॥
तदपि संत मुनि बेद पुराना। जस कछु कहहिं स्वमति अनुमाना॥ २॥

तस मैं सुमुखि सुनावउँ तोही। समुझि परइ जस कारन मोही॥
जब जब होइ धरम कै हानी। बाढ़हिं असुर अधम अभिमानी॥ ३॥

करहिं अनीति जाइ नहिं बरनी। सीदहिं बिप्र धेनु सुर धरनी॥
तब तब प्रभु धरि बिबिध सरीरा। हरहि कृपानिधि सज्जन पीरा॥ ४॥

भगवान तुमी मोचो उपरे, हरीक आहास जाले।
तुमचोले आगे जे पूछले, तेकई सांगा आले॥ १४४॥
राम ब्रह्म ग्यान रूप आत, केबई नास नी होऊ।
अलगुन सपा हिरदे गाँव ने, आसोत जे रहुन॥ १४५॥
मनुख चो देंह भगवान, कसन ने धरला सांगा।
धरम बैरख बिता भगवान, समझाउन मोके सांगा॥ १४६॥
उमा चो भारी गोठ के, सुनला भगवान सिव।
राम कथा ले भारी मया, तिहँचो दखला सिव॥ १४७॥

१२० (क) तेबे काम चो बयरी टकरले, चतुर भगवान सिव।
मनले भारी हरीक होउन, सहराते बलला सिव॥ १४८॥

१२० (ख) सुन सुभ कथा भवानी, जे काकभुसुंड बलला।
चड़ई ने राजा गरूड़, जेके हरीक ले सुनला॥ १४९॥

१२० (ग) गोठ जसन ने होली ते, पुरे चो के सांगासे।
राम अवतार चो सुंदर पबितर, चरितर के सांगासे॥ १५०॥

१२० (घ) हरी चो गुन नावँ कथा रुप, अनगिनत अपरम्पार।
मान्तर बुध आसन सांगेसे, उमा सुन जे अपार॥ १५१॥

हरी चो सुंदर चरितर, बेद सास्तर गावला कथा।
सपा के सुंदर लमाउन, सांगेसे मय कथा॥ १५२॥
हरी अवतार जे काजे होएसे, तेके बलुक नी होय।
इतरोय आय हुनी काजे, असन बलुक नी होय॥ १५३॥
मोचो समझ ले इतरोय आय, बुध बिती सुन।
राम चो अउर गोठ नोआय, मन बानी ले गुन॥ १५४॥
संत मुनी बेद पुरान, बलला जे बल जितरो।
आपलो आपलो बुध माहा, बलते रसोत उतरो॥ १५५॥
अउर जे मोचो समझ ने, जे बल एएसे सुन।
सुंदर मुंह बिती तेई किरता, सांगेसे तुइ सुन॥ १५६॥
जेबे बल धरम चो, घटती होते जायसे।
नीच घमडाहा राकसमन चो, बढ़ती होते जायसे॥ १५७॥
अतियाचार असन करसोत जेंके सांगुक नीहोय।
गउ बाम्हन देव पिरथी, डंड सपा काज होय॥ १५८॥
तेबे तेबे किरपा करू, बरन देंह धरुन।
सजन लोग चो डंड हरसोत, बरन चोला धरुन॥ १५९॥

दो०– असुर मारि थापहिं सुरन्ह राखहिं निज श्रुति सेतु।
जग बिस्तारहिं बिसद जस राम जन्म कर हेतु॥ १२१॥

चौ०– सोइ जस गाइ भगत भव तरहीं। कृपासिंधु जन हित तनु धरहीं॥
राम जनम के हेतु अनेका। परम बिचित्र एक तें एका॥ १॥

जनम एक दुइ कहउँ बखानी। सावधान सुनु सुमति भवानी॥
द्वारपाल हरि के प्रिय दोऊ। जय अरु बिजय जान सब कोऊ॥ २॥

बिप्र श्राप तें दूनउ भाई। तामस असुर देह तिन्ह पाई॥
कनककसिपु अरु हाटकलोचन। जगत बिदित सुरपति मद मोचन॥ ३॥

बिजई समर बीर बिख्याता। धरि बराह बपु एक निपाता॥
होइ नरहरि दूसर पुनि मारा। जन प्रहलाद सुजस बिस्तारा॥ ४॥

दो०– भए निसाचर जाइ तेइ महाबीर बलवान।
कुंभकरन रावण सुभट सुर बिजई जग जान॥ १२२॥

चौ०– मुकुत न भए हते भगवाना। तीनि जनम द्विज बचन प्रवाना॥
एक बार तिन्ह के हित लागी। धरेउ सरीर भगत अनुरागी॥ १॥

कस्यप अदिति तहाँ पितु माता। दसरथ कौसल्या बिख्याता॥
एक कलप एहि बिधि अवतारा। चरित पवित्र किए संसारा॥ २॥

एक कलप सुर देखि दुखारे। समर जलंधर सन सब हारे॥
संभु कीन्ह संग्राम अपारा। दनुज महाबल मरइ न मारा॥ ३॥

परम सती असुराधिप नारी। तेहिं बल ताहि न जितहिं पुरारी॥ ४॥

१२१ असुर के मारुन देव के, साहा होसोत ते।
आपलो बेद चो मान काजे, अवतारी होसोत ते॥ १६०॥

सवँसार ने आपलो सुंदर, जस बिगराउन देसोत।
भगवान राम अवतारी, एइ काजे होसोत॥ १६१॥
हुनी जस के गाउन भगत, भव ले तरुन जासोत।
किरपा चो समुंद भगत हित काज, देह धरते जासोत॥ १६२॥
राम चो जनम धरतो किरता, कइठन आसे सुन।
एक ले आगर एक अटपट, नंगत बुध ले गुन॥ १६३॥
सपाय के सांगेंसे मय, एक दुइ जनम चो गोठ।
सावधान होउन सुन एके, भगवान जनम चो गोठ॥ १६४॥
जय-विजय हरी चो दुनों, डेवना राखा आसोत।
जेमनके सपाय जे आसोत, नंगत करुन जानसोत॥ १६५॥
बाम्हन चो सराप उपरे, दुनों भाई ते।
तामसी चोला चो तेमन होला, पावला दुनों ते॥ १६६॥
गोटोक हिरनाकस्यप होलो, हिरनाच्छ दूसर चो नावँ।
देवराजा इंदर चो घमंड, टुटाऊ जाहिर नावँ॥ १६७॥
जुद्ध ने जीतू नामी दुनों, बीर भारी रहोत।
भगवान बरहा देंह धरुन, गोटोक के मारुन रहोत॥ १६८॥
नरसिंग होउन दूसर के मारुन, भगत के साहा होला।
आपलो भगत परलाद चो जस, जग ने जाहिर करला॥ १६९॥

१२२ देवमन के जितू हुनमन, बली राकस होला।
सवँसार जानेंसे रावन कुंभकरन, नावँ चो दुनो होला॥ १७०॥

भगवान हात ले मरलोने बले, ते नी पावला मुक्ती।
सराप तीन जनम काजे, बाम्हन बोली सक्ती॥ १७१॥
भगतमन के मया करु, हारक हुनी काजे।
भगवान हरी अवतार धरला, तिहँचो भलइ काजे॥ १७२॥
तेबे कस्यप अदिति तिहँचो, आया बूबा होला।
दसरथ कौसिला नावँ ले, जाहिर दुनों होला॥ १७३॥
एक कलप असन अवतार, सवँसारे लीला करला।
जलंधर नावँ चो असुर ले, देव हारुन गेला॥ १७४॥
तिहँचो दुख के दखुन सिव, भारी लड़इ करला।
बलेबल असुर नी मरलो, सिव बल थाकुन गेला॥ १७५॥
असुर चो बावले महासती, तेचोय परताप ले।
तिरपुर मारु बले नी सकला, जीतुक हुनचो ले॥ १७६॥

दो०– छल करि टारेउ तासु ब्रत प्रभु सुर कारज कीन्ह।
जब तेहिं जानेउ मरम तब श्राप कोप करि दीन्ह॥ १२३॥

चौ०– तासु श्राप हरि दीन्ह प्रमाना। कौतुकनिधि कृपाल भगवाना॥
तहाँ जलंधर रावन भयऊ। रन हति राम परम पद दयऊ॥ १॥

एक जनम कर कारन एहा। जेहि लगि राम धरी नरदेहा॥
प्रति अवतार कथा प्रभु केरी। सुनु मुनि बरनी कबिन्ह घनेरी॥ २॥

नारद श्राप दीन्ह एक बारा। कलप एक तेहि लगि अवतारा॥
गिरिजा चकित भईं सुनि बानी। नारद बिष्नुभगत पुनि ग्यानी॥ ३॥

कारन कवन श्राप मुनि दीन्हा। का अपराध रमापति कीन्हा॥
यह प्रसंग मोहि कहहु पुरारी। मुनि मन मोह आचरज भारी॥ ४॥

दो०– बोले बिहसि महेस तब ग्यानी मूढ़ न कोइ।
जेहि जस रघुपति करहिं जब सो तस तेहि छन होइ॥ १२४ (क)॥

सो०– कहउँ राम गुन गाथ भरद्वाज सादर सुनहु।
भव भंजन रघुनाथ भजु तुलसी तजि मान मद॥ १२४ (ख)॥

चौ०– हिमगिरि गुहा एक अति पावनि। बह समीप सुरसरी सुहावनि॥
आश्रम परम पुनीत सुहावा। देखि देवरिषि मन अति भावा॥ १॥

निरखि सैल सरि बिपिन बिभागा। भयउ रमापति पद अनुरागा॥
सुमिरत हरिहि श्राप गति बाधी। सहज बिमल मन लागि समाधी॥ २॥

मुनि गति देखि सुरेस डेराना। कामहि बोलि कीन्ह सनमाना॥
सहित सहाय जाहु मम हेतू। चलेउ हरषि हियँ जलचरकेतू॥ ३॥

१२३ छल करुन देवमन काजे, मेहरार के नसाउन दिला।
भेद जानते मेहरार रीस ले, भगवान के सराप दिला॥ १७७॥

लीला चो भंडार किरपा करु, सराप के मान दिला।
रावन हुनी जलंधर जेके, मारुन राम पद दिला॥ १७८॥
एइ किरता गोटोक जनम, मनुख देंह धरला।
राम अवतार कथा के मुनी, कबी बरन बलला॥ १७९॥
नारद सरापुन रहे हारक, एक कलप हुनी काजे।
भगवान हरी चो अवतार होली, लीला करतो काजे॥ १८०॥
सुनुन गिरजा अकचकावली, बलली ए आय कसन।
विंस्नू भगत गियानी नारद, सरापुन दिला कसन॥ १८१॥
लछमी मुनीस चो काय अपराध, पुरारी सांगा मोके।
नारद मुनी चो मन ने मोह, अचरज गोठ आय जेके॥ १८२॥

१२४ (क) महेस हांसुन बलला गियानी, मूरूख नोआत कोनी।
रघुनाथ जेके जसन करसोत, हुसने होयसे सानी॥ १८३॥
याग्यँवल्क मुनी बलसोत, राम गुन चो कथा।
मान देऊन भरद्वाज तुमी, सुना राम चो कथा॥ १८४॥

१२४ (ख) तुलसी मान घमंड छांडुन, भवसागर ले तारू।
रघुनाथ चो भजन करा, जातो एतो के सारू॥ १८५॥

नारद मोह

हिमालय ने गोटोक सुन्दर, पबितर करपन रहे।
जेचो लग ले गंगा नंदी, सुन्दर बोहते रहे॥ १॥
सुन्दर पबितर ठान दखुन, नारद के भावली खुबे।
नंदी डोंगरी बन सोभा, रहे उथा लुबे॥ २॥
जेंके दखुन रमापति चो, पायँ ले मया होली।
भगवान के सुमरते सराप चो, सकत थेबुन गेली॥ ३॥
मनले सफा टकर किरता, तप ने बसुन दिलो।
नारद गत के दखुन इंदर, खुबे डरून गेलो॥ ४॥
कामदेव के बलाउन हुनचो, भारी मान करलो।
मोचो काजे संगीमन संग, उथा जाहा बललो॥ ५॥
नसाउक निकरलो नारद तप के, बसलो बलते जानुन।
मछरी बैरख बिता कामदेव, मन ले हरीक होऊन॥ ६॥
इंदर मनने डर होली, देवरिसी कोन जाने।
मोचो पुरी अमरावती के, डगराएसे कोन जाने॥ ७॥

सुनासीर मन महुँ असि त्रासा। चहत देवरिषि मम पुर बासा॥
जे कामी लोलुप जग माहीं। कुटिल काक इव सबहि डेराहीं॥ ४॥

दो०– सूख हाड़ लै भाग सठ स्वान निरखि मृगराज।
छीनि लेइ जनि जान जड़ तिमि सुरपतिहि न लाज॥ १२५॥

चौ०– तेहि आश्रमहिं मदन जब गयऊ। निज मायाँ बसंत निरमयऊ॥
कुसुमित बिबिध बिटप बहुरंगा। कूजहिं कोकिल गुंजहिं भृंगा॥ १॥

चली सुहावनि त्रिबिध बयारी। काम कृसानु बढ़ावनिहारी॥
रंभादिक सुर नारि नबीना। सकल असमसर कला प्रबीना॥ २॥

करहिं गान बहु तान तरंगा। बहुबिधि क्रीड़हि पानि पतंगा॥
देखि सहाय मदन हरषाना। कीन्हेसि पुनि प्रपंच बिधि नाना॥ ३॥

काम कला कछु मुनिहि न ब्यापी। निज भयँ डरेउ मनोभव पापी॥
सीम कि चाँपि सकइ कोउ तासू। बड़ रखवार रमापति जासू॥ ४॥

दो०– सहित सहाय सभीत अति मानि हारि मन मैन।
गहेसि जाइ मुनि चरन तब कहि सुठि आरत बैन॥ १२६॥

चौ०– भयउ न नारद मन कछु रोषा। कहि प्रिय बचन काम परितोषा॥
नाइ चरन सिरु आयसु पाई। गयउ मदन तब सहित सहाई॥ १॥

मुनि सुसीलता आपनि करनी। सुरपति सभाँ जाइ सब बरनी॥
सुनि सब कें मन अचरजु आवा। मुनिहि प्रसंसि हरिहि सिरु नावा॥ २॥

तब नारद गवने सिव पाहीं। जिता काम अहमिति मन माहीं॥
मार चरित संकरहि सुनाए। अतिप्रिय जानि महेस सिखाए॥ ३॥

जितरो बसे कामी लोभी, सवँसारे जे होसोत।
कपटी काँवरा माहा तेमन, सपा के डरते रसोत॥ ८॥

१२५ सूखलो हाड़ा धरुन परायसे, कुकुर सिंध के दखुन।
मूरूख समझेसे मोचो के, नेएदे कायतो झिकुन॥ ९॥

असन बिचारते देवराजा के, लाज बल नी लागली।
राज झीकेदे नारद मोचो, बलते लाज नी लागली॥ १०॥
आसरम ने कामदेव गेलो, माया के पुरे करलो।
बसंत रितु के सम्हराउन भाती, बरन सोभा करलो॥ ११॥
गचमन नें रंग-रंग चो, फूल बिगसते गेला।
कोयली कुहकत भँवरा गरजत, सोभा बढ़ाउन दिला॥ १२॥
काम उपजाउ तीनों लेहरा, पोहरूक धरली सुन्दर।
रंभा सपा जवान जवान, देव कनया सुन्दर॥ १३॥
सपा काम भेद ने चतुर, रकम राग धरून।
बरन खेल खेलुक धरला, हाते गेंद के धरुन॥ १४॥
कामदेव आपलो लोग के दखुन, मन ने हरीक होए।
फेर बरन बरन गढ़न ले, माया जाल धरे॥ १५॥
मुनी के काईं नी बियापली, कामदेव चो माया।
आपलोय डर ले डरुन गेलो, पापी करते माया॥ १६॥
लछमी चो मुनीस आसोत, जेचो साहा होउन।
तिहँचो मरजाद के कोन, चेपाएदे पुरे होउन॥ १७॥

१२६ संगीमन संग डरुन भाती, मन ले हार मानुन।
खुदे दुखी गोठ बललो, मुनी पायँ के धरुन॥ १८॥

नारद मन ने रीस नी होली, मया ले दखुन भाती।
कामदेव के समझावला, सुन्दर बलुन भाती॥ १९॥
मुनी पायँ ने मुंड मंडाउन, तिहँचो हुकुम धरुन।
कामदेव आपन फिरुन गेलो, संगीमन के धरुन॥ २०॥
देवराजा चो दरबार ने, कामदेव जाउन बललो।
नारद मुनी चो साधु टकर, सपा के गढ़ुन सांगलो॥ २१॥
सुनुन सपा अचरित, होला, मुनी चो महेमा बलला।
भगवान हरी चो सपायझन, मया ले पायँ पड़ला॥ २२॥
तहाँले नारद सिव बाट गेला, मन ने घमंड तिहँचो।
कामदेव के जीतले मयँ, असन घमंड तिहँचो॥ २३॥
काम चरितर सिव के सांगला, होउन रहे जसन।
नारद के आपलो मयादार जामुन, सिखाला नंगत जसन॥ २४॥

बार बार बिनवउँ मुनि तोही। जिमि यह कथा सुनायहु मोही॥
तिमि जनि हरिहि सुनावहु कबहूँ। चलेहुँ प्रसंग दुराएहु तबहूँ॥ ४॥

दो०– संभु दीन्ह उपदेस हित नहिं नारदहि सोहान।
भरद्वाज कौतुक सुनहु हरि इच्छा बलवान॥ १२७॥

चौ०– राम कीन्ह चाहहिं सोइ होई। करै अन्यथा अस नहिं कोई॥
संभु बचन मुनि मन नहिं भाए। तब बिरंचि के लोक सिधाए॥ १॥

एक बार करतल बर बीना। गावत हरि गुन गान प्रबीना॥
छीरसिंधु गवने मुनिनाथा। जहँ बस श्रीनिवास श्रुतिमाथा॥ २॥

हरषि मिले उठि रमानिकेता। बैठे आसन रिषिहि समेता॥
बोले बिहसि चराचर राया। बहुते दिनन कीन्हि मुनि दाया॥ ३॥

काम चरित नारद सब भाषे। जद्यपि प्रथम बरजि सिवँ राखे॥
अति प्रचंड रघुपति कै माया। जेहि न मोह अस को जग जाया॥ ४॥

दो०– रूख बदन करि बचन मृदु बोले श्रीभगवान।
तुम्हरे सुमिरन तें मिटहिं मोह मार मद मान॥ १२८॥

चौ०– सुनु मुनि मोह होइ मन ताकें। ग्यान बिराग हृदय नहिं जाकें॥
ब्रह्मचरज ब्रत रत मतिधीरा। तुम्हहि कि करइ मनोभव पीरा॥ १॥

नारद कहेउ सहित अभिमाना। कृपा तुम्हारि सकल भगवाना॥
करुनानिधि मन दीख बिचारी। उर अंकुरेउ गरब तरु भारी॥ २॥

बेगि सो मैं डारिहउँ उखारी। पन हमार सेवक हितकारी॥
मुनि कर हित मम कौतुक होई। अवसि उपाय करबि मैं सोई॥ ३॥

तब नारद हरि पद सिर नाई। चले हृदयँ अहमिति अधिकाई॥
श्रीपति निज माया तब प्रेरी। सुनहु कठिन करनी तेहि केरी॥ ४॥

घनघड़ी मयँ बिन्ती करेंसे कथा जे सांगलास तुमी।
हरी लग गोठ निकरले बल, लुकाउन दिआसे तुमी॥ २५॥

१२७ हित काजे जे सिव सिखाला, नारद के अडरा लागली।
हरी सकत भारी भरद्वाज, सुना जे तमासा होली॥ २६॥

राम जे करूक दखसोत, हुनी होयसे सते।
कोनी नीआत असन जे, उलटुन करूक सके॥ २७॥
नंगत नी लागली नारद के, सिव चो गोठ बलली।
तहाँले फेर नारद मुनी, ब्रह्मलोक बाट चलली॥ २८॥
हारक गीत ने चतुर मुनी, बीना धरुन गाते।
छीरसमुंद बाटे गेला, हरी चो गुन गाते॥ २९॥
माथा माहा बेद आसोत, लछमी रसोत जेठाने।
हुनी बैकुंठ नारद गेला, नारायण रसोत जेठाने॥ ३०॥
माया चो मालिक उठुन भाती, हरीक तिहँके भेटला।
फेर मुनी संगे आपन, आसन देउन बसला॥ ३१॥
बिस्नू भगवान हाँसते बलला, नारद मुनी के।
गरीब उपरे खुबे दिन ने, दया करते इलो के॥ ३२॥
सिव भगवान भले आगतले, समझाउन रहोत तिहँके।
बलेबल सांगला सपा चरितर, नारद भगवान के॥ ३३॥
रघुपति चो माया अटपट, सकत जेचो भारी।
सवँसारे कोन जनमलो असन, जेके नी मोहाय भारी॥ ३४॥

१२८ बलला भगवान मुँह के सुखाते, सुसार गोठ तिहँके।
काम घमंड मोह कइर सरेसे, दूसर सुमरले तुमके॥ ३५॥

मुनी मोह तिहँके बियापेसे, गियान बैराग नीआय।
तुमी बरमचारी धीरजाहा गियानी, काम चो सकत काय॥ ३६॥
घमंड ले नारद बलली भगवान, तूमचोय किरपा आय।
गरीब चो हितू मन ने बिचारला, घमंड चो गाजा आय॥ ३७॥
तेके जड़ ले उखनुन फिंगेंदे, सेउक चो हितू होएँ।
उआट असन करेंदे जेमे, खेल संग भलइ होए॥ ३८॥
भगवान पायँ ने माथा लवाँउन, नारद मुनी चलला।
हिरदे ने घमंड खुबे बादली, हरीक हरीक हिंडला॥ ३९॥
तेबे लछमी चो मुनीस भगवान, माया चो बलाव करल।
एदायँ तिहँचो भारी कठिन, करनी सुना जे करला॥ ४०॥

दो०– बिरचेउ मग महुँ नगर तेहिं सत जोजन बिस्तार।
श्रीनिवासपुर तें अधिक रचना बिबिध प्रकार॥ १२९॥

चौ०– बसहिं नगर सुंदर नर नारी। जनु बहु मनसिज रति तनुधारी॥
तेहिं पुर बसइ सीलनिधि राजा। अगनित हय गय सेन समाजा॥ १॥

सत सुरेस सम बिभव बिलासा। रूप तेज बल नीति निवासा॥
बिस्वमोहनी तासु कुमारी। श्री बिमोह जिसु रूपु निहारी॥ २॥

सोइ हरिमाया सब गुन खानी। सोभा तासु कि जाइ बखानी॥
करइ स्वयंबर सो नृपबाला। आए तहँ अगनित महिपाला॥ ३॥

मुनि कौतुकी नगर तेहिं गयऊ। पुरबासिन्ह सब पूछत भयऊ॥
सुनि सब चरित भूपगृहँ आए। करि पूजा नृप मुनि बैठाए॥ ४॥

दो०– आनि देखाई नारदहि भूपति राजकुमारि।
कहहु नाथ गुन दोष सब एहि के हृदयँ बिचारि॥ १३०॥

चौ०– देखि रूप मुनि बिरति बिसारी। बड़ी बार लगि रहे निहारी॥
लच्छन तासु बिलोकि भुलाने। हृदयँ हरष नहिं प्रगट बखाने॥ १॥

जो एहि बरइ अमर सोइ होई। समरभूमि तेहि जीत न कोई॥
सेवहिं सकल चराचर ताही। बरइ सीलनिधि कन्या जाही॥ २॥

लच्छन सब बिचारि उर राखे। कछुक बनाइ भूप सन भाषे॥
सुता सुलच्छन कहि नृप पाहीं। नारद चले सोच मन माहीं॥ ३॥

करौं जाइ सोइ जतन बिचारी। जेहि प्रकार मोहि बरै कुमारी॥
जप तप कछु न होइ तेहि काला। हे बिधि मिलइ कवन बिधि बाला॥ ४॥

दो०– एहि अवसर चाहिअ परम सोभा रूप बिसाल।
जो बिलोकि रीझै कुअँरि तब मेलै जयमाल॥ १३१॥

१२९ बाठे चार सौ कोस ने गोटोक, सहर बनाली माया।
बैकुंठ ले आगर तेचो सोभा, बरन बनाली माया॥ ४१॥

काम रती देंह ने असन, मनुख मेहरार सुंदर।
सहर चो राजा सीलनिधी, सोभा गुन ले सुंदर॥ ४२॥
अनगिनत घोड़ा हाथी रहोत, कूढ़ा कूढ़ा फउद रहोत।
सुख तेज सौ इंदर ले आगर, बलरूप भरपूर रहोत॥ ४३॥
बिस्वमोहनी नावँ चो कनया, तिहँचो गोटोक रहे।
जेचो रूप के दखुन लछमी, मोहाउन जाते रहे॥ ४४॥
सपाय गुन चो खदान हुन, भगवान चो माया रहे।
हुनचो सोभा सांगे कसन, जे अपन माया रहे॥ ४५॥
बाबीधनी आपलो स्वयंवर, करूक दखते रहोत।
अनगिनत राजा एइ काजे, उथा जुहुन रहोत॥ ४६॥
हुनी सहर ने खेलवाड़ मुनी, नारद अमरून गेला।
सपा हाल के सहरेयामन ले, नारद पूछुक धरला॥ ४७॥
खबर जानुन राजा महल ने, अमरला नारद तुरते।
राजा बरन पूजा करून, आसन बसाला तिहँके॥ ४८॥

१३० नारद मुनी के राजा दखाला, बाबी धनी के आनुन।
गुन दोस सपा सांगा परभू, हिरदे ने नंगत गुनुन॥ ४९॥

रुप के दखुन नारद मुनी, बैराग भुलकुन गेलो।
खुबे दाँय ले दखे हुनकेय, दखते रहुन गेलो॥ ५०॥
हुनचो लच्छ के दखुन मुनी, आपन के भुलकुन गेलो।
मन ने हरीक परगट ले ते, लच्छन के नी बलल्लो॥ ५१॥
मन ने बिचार करे मुनी, जे बल बिहा करदे।
अमर होयदे सते हुनके, कोनी जीतुक नी सकदे॥ ५२॥
जेके मुनीस बनाएदे आपलो, सीलनिधी चो कनया।
जड़ जीव सपा सेवा करदे, जहाँ जाएदे कनया॥ ५३॥
सपा लच्छ के बिचारुन मुनी, मन ने आपलो धरलो।
राजा पुरे काईं बले, गढ़ुन सांगुन दिलो॥ ५४॥
बाबी के नंगत लच्छ चो बलुन, हुता ले जाते गेलो।
मान्तर आपलो मन ने भारी, फिकर करते रलो॥ ५५॥
जाउन असन उआट करें मयँ, कनया मोके मिरे।
जप तप एबे होएदे नाईं, भगवान कसन ने मिरे॥ ५६॥

१३१ सोभा लागेदे एबे तो भारी, लागेदे रुप सुंदर।
दखुन मोहाओ बाबीधनी, माला के डारो सुंदर॥ ५७॥

चौ०– हरि सन मागौं सुंदरताई। होइहि जात गहरु अति भाई॥
मोरें हित हरि सम नहिं कोऊ। एहि अवसर सहाय सोइ होऊ॥ १॥

बहुबिधि बिनय कीन्हि तेहि काला। प्रगटेउ प्रभु कौतुकी कृपाला॥
प्रभु बिलोकि मुनि नयन जुड़ाने। होइहि काजु हिएँ हरषाने॥ २॥

अति आरति कहि कथा सुनाई। करहु कृपा करि होहु सहाई॥
आपन रूप देहु प्रभु मोही। आन भाँति नहिं पावौं ओही॥ ३॥

जेहि बिधि नाथ होइ हित मोरा। करहु सो बेगि दास मैं तोरा॥
निज माया बल देखि बिसाला। हियँ हँसि बोले दीनदयाला॥ ४॥

दो०– जेहि बिधि होइहि परम हित नारद सुनहु तुम्हार।
सोइ हम करब न आन कछु बचन न मृषा हमार॥ १३२॥

चौ०– कुपथ माग रुज ब्याकुल रोगी। बैद न देइ सुनहु मुनि जोगी॥
एहि बिधि हित तुम्हार मैं ठयऊ। कहि अस अंतरहित प्रभु भयऊ॥ १॥

माया बिबस भए मुनि मूढ़ा। समुझी नहिं हरि गिरा निगूढ़ा॥
गवने तुरत तहाँ रिषिराई। जहाँ स्वयंबर भूमि बनाई॥ २॥

निज निज आसन बैठे राजा। बहु बनाव करि सहित समाजा॥
मुनि मन हरष रूप अति मोरें। मोहि तजि आनहि बरिहि न भोरें॥ ३॥

मुनि हित कारन कृपानिधाना। दीन्ह कुरूप न जाइ बखाना॥
सो चरित्र लखि काहुँ न पावा। नारद जानि सबहिं सिर नावा॥ ४॥

दो०– रहे तहाँ दुइ रुद्र गन ते जानहिं सब भेउ।
बिप्रबेष देखत फिरहिं परम कौतुकी तेउ॥ १३३॥

भगवान ले सोभा मांगेंदे, मान्तर गेलोने भाई।
खुबे बेर नाहकुन जाएदे, काय करें मयँ भाई॥ ५८॥
हरी माहा कोनी हितू नीआत, तेइ साहा होओत।
नारद रकम बिन्ती करे, भगवान साहा होओत॥ ५९॥
खेल करेया किरपा करु, परगट होउन गेला।
दखुन आइँख जुड़ाली नारद चो, मन ने हरीक होला॥ ६०॥
एदाँय मोचो काम होयदे, मानुन भाती नारद।
खुबे नानी होउन भाती, कथा सांगला नारद॥ ६१॥
किरपा करु साहा होआ, भगवान मोचो तुमी।
आपलो सुंदर रुप के मोके, देहा एदाँय तुमी॥ ६२॥
अउर काईं रकम ले बले, हुनके पाउक नी सकें।
चांडे करा हुनी जेमे, भलइ होउक सके॥ ६३॥
मयँ तुमचो सेउक आँय, सुनुन भगवान बलला।
माया चो भारी सकत दखुन, मन ने हाँसते बलला॥ ६४॥

१३२ नारद सुना जसन ने तुमचो, हित होए तेइ करें।
मोचो गोठ फंद नी होए, दूसर काईं नी करें॥ ६५॥

मुनी सुना रोग ले बोमरून, कुपथ मांगलो ने।
बइद तिहँके केबइ नी देय, कितरोय मांगलो ने॥ ६६॥
असने रकम चो भयँ बले, बिचारलेसे पक्की।
अंतरधान होउन दिला, भगवान बलुन पक्की॥ ६७॥
माया फांदा ने पड़लोर मुनी, असन अबूझ होलो।
हरी भगवान चो सफा गोठ के, समझुक नी सकलो॥ ६८॥
रिसीराज फेर उथाय गेलो, जे ठाने सपाय रहोत।
स्वयंबर चो ठान जेलग, राजा बनाउन रहोत॥ ६९॥
आसन ने बसु रहोत राजा, लोग संग सजुन भाती।
नारद बिचारत मयँ आँय सुंदर, हरीक होउन भाती॥ ७०॥
दूसर के नी मनयायदे, नी दखेदे भुलकुन।
मोके छांडुन दूसर बाटे, केबई नी जाय हुन॥ ७१॥
किरपा चो धनी मुनी भलइ काज, कुरुप बनाउन दिला।
सांगुक नी होय असन रकम चो, रुप बनाउन दिला॥ ७२॥
ए चरितर के अउर कोनी, जानुक नी सकला।
सपाय तिहँके नारद जानुन, जोहार मान ले करला॥ ७३॥

१३३ दुइझन सिवचो सेउक रहोत, भेद के जानते रहोत।
हरीकमन ले बाम्हन भेस ने, लीला दखते रहोत॥ ७४॥

चौ०– जेहिं समाज बैठे मुनि जाई। हृदयँ रूप अहमिति अधिकाई॥
तहँ बैठे महेस गन दोऊ। बिप्रबेष गति लखइ न कोऊ॥ १॥

करहिं कूटि नारदहि सुनाई। नीकि दीन्हि हरि सुंदरताई॥
रीझिहि राजकुअँरि छबि देखी। इन्हहि बरिहि हरि जानि बिसेषी॥ २॥

मुनिहि मोह मन हाथ पराएँ। हँसहिं संभु गन अति सचु पाएँ॥
जदपि सुनहिं मुनि अटपटि बानी। समुझि न परइ बुद्धि भ्रम सानी॥ ३॥

काहुँ न लखा सो चरित बिसेषा। सो सरूप नृपकन्याँ देखा॥
मर्कट बदन भयंकर देही। देखत हृदयँ क्रोध भा तेही॥ ४॥

दो०– सखीं संग लै कुअँरि तब चलि जनु राजमराल।
देखत फिरइ महीप सब कर सरोज जयमाल॥ १३४॥

चौ०– जेहि दिसि बैठे नारद फूली। सो दिसि तेहिं न बिलोकी भूली॥
पुनि पुनि मुनि उकसहिं अकुलाहीं। देखि दसा हर गन मुसुकाहीं॥ १॥

धरि नृपतनु तहँ गयउ कृपाला। कुअँरि हरषि मेलेउ जयमाला॥
दुलहिनि लै गे लच्छिनिवासा। नृपसमाज सब भयउ निरासा॥ २॥

मुनि अति बिकल मोहँ मति नाठी। मनि गिरि गई छूटि जनु गाँठी॥
तब हर गन बोले मुसुकाई। निज मुख मुकुर बिलोकहु जाई॥ ३॥

अस कहि दोउ भागे भयँ भारी। बदन दीख मुनि बारि निहारी॥
बेषु बिलोकि क्रोध अति बाढ़ा। तिन्हहि सराप दीन्ह अति गाढ़ा॥ ४॥

दो०– होहु निसाचर जाइ तुम्ह कपटी पापी दोउ।
हँसेहु हमहि सो लेहु फल बहुरि हँसेहु मुनि कोउ॥ १३५॥

जेलग जाउन नारद बसलो, रूप चो घमण्ड धरून।
सिव गन बसला हुनी लगे, बाम्हन भेस ने रहुन॥ ७५ ॥
बाम्हन भेस किरता कोनी, तिहँके जानुक नी सकला।
नारद के ताना मारोत, भगवान सोभा ले थाकला॥ ७६ ॥
हरी खुबे सोभा दिलासोत, रीझेदे बाबी दखुन।
हरी जानुन एइमनके, बरेदे बाबी सिरजुन॥ ७७ ॥
मुनी चो मन मोहाते रहे, मन माया हाते रहे।
सिवगन हरीकले हांसत बलत, नारद सुनते रहे॥ ७८ ॥
बुध भरम ने पड़लो किरता, नी पड़े काईं समंझ।
तिहँचो ताना आपलो बड़ई, रहे नारद चो समंझ॥ ७९ ॥
असल चरितर के उभा कोनी, जानुक नी सकला।
अबगो एकलो बाबी धनी, रूप के दखुक सकला॥ ८० ॥
बेंदरा माहा मुँह रहे, भयँकार देह दखते।
कनया हिरदे ने रीस बियापली, बेंदरा माहा दखते॥ ८१ ॥

१३४ राजहाँसा माहा हिंडला, सखीमन के धरुन।
सपा राजा के दखते किंजरे, माला हाते धरुन॥ ८२ ॥

घमण्ड ले फुलुन जे बाटे, नारद बसुन रहोत।
हुनबाट भुलकुन बाबी, दखते नी रहोत॥ ८३ ॥
उधलते छटपटते घनघड़ी, दखत नारद हुनके।
सिवगन दुनों मुचकते रहत, गत के दखुन हुनचो॥ ८४॥
किरपा करेया राजा भेस ने, उथा अमरून दिला।
बाबी हरीक तिहँचो टोडरा ने, जयमाला डारून दिला॥ ८५ ॥
लछमी चो धनी भगवान, दुलहिन के निला।
सपा रलो राजा लोग, ओगाय होउन दिला॥ ८६ ॥
मोह किरता मुनी बुध, गुपुन जाउन रहे।
एइ ने बाबी गेली दखुन, एकदाँय कंदरुन रहे॥ ८७॥
गठयालो मनी गठ ले जसन, पडली फुसकुन भाती।
गण बलला दरपन दखा, हांसुन मुचकुन भाती॥ ८८ ॥
असन बलते दुनों डरुन, हुता ले पराउन दिला।
आपलो मुँह के पानी ने, मुनी जाउन दखला॥ ८९ ॥
एकेदाँय तिहँचो रीस जीतली, मिरलो रुप के दखते।
भारी सराप दिला तिहँके, गणमन बाट दखते॥ ९० ॥

१३५ कपटी पापी तुमन जाउन, राकस होआ दुनों।
मोके हाँसतो फल के पावा, नंगत एदायँ दुनों॥ ९१ ॥

चौ०– पुनि जल दीख रूप निज पावा। तदपि हृदयँ संतोष न आवा॥
फरकत अधर कोप मन माहीं। सपदि चले कमलापति पाहीं॥ १॥

देहउँ श्राप कि मरिहउँ जाई। जगत मोर उपहास कराई॥
बीचहिं पंथ मिले दनुजारी। संग रमा सोइ राजकुमारी॥ २॥

बोले मधुर बचन सुरसाईं। मुनि कहँ चले बिकल की नाईं॥
सुनत बचन उपजा अति क्रोधा। माया बस न रहा मन बोधा॥ ३॥

पर संपदा सकहु नहिं देखी। तुम्हरें इरिषा कपट बिसेषी॥
मथत सिंधु रुद्रहि बौरायहु। सुरन्ह प्रेरि बिष पान करायहु॥ ४॥

दो०– असुर सुरा बिष संकरहि आपु रमा मनि चारु।
स्वारथ साधक कुटिल तुम्ह सदा कपट ब्यवहारु॥ १३६॥

चौ०– परम स्वतंत्र न सिर पर कोई। भावइ मनहि करहु तुम्ह सोई॥
भलेहि मंद मंदेहि भल करहू। बिसमय हरष न हियँ कछु धरहू॥ १॥

डहकि डहकि परिचेहु सब काहू। अति असंक मन सदा उछाहू॥
करम सुभासुभ तुम्हहि न बाधा। अब लगि तुम्हहि न काहूँ साधा॥ २॥

भले भवन अब बायन दीन्हा। पावहुगे फल आपन कीन्हा॥
बंचेहु मोहि जवनि धरि देहा। सोइ तनु धरहु श्राप मम एहा॥ ३॥

कपि आकृति तुम्ह कीन्हि हमारी। करिहहिं कीस सहाय तुम्हारी॥
मम अपकार कीन्ह तुम्ह भारी। नारि बिरहँ तुम्ह होब दुखारी॥ ४॥

दो०– श्राप सीस धरि हरषि हियँ प्रभु बहु बिनती कीन्हि।
निज माया कै प्रबलता करषि कृपानिधि लीन्हि॥ १३७॥

फेर तुमन कोनी मुनी चो, हाँसी नी करा केबई।
पाछे पानी ने दखला मुनी, असल दरवला तेबई॥ ९२॥
मान्तर तिहँके धीरज नाईं, ओंठ जाए फड़कुन।
लछमी चो मुनीस बाटे नारद, निकरलो रीस होउन॥ ९३॥
जाउन सराप देएँदे नाहले, जीव के देएंदे पुरे।
मोचो हाँसी कराउन दिला, सवँसार चो पुरे॥ ९४॥
असुर चो बयरी हरी तिहँके, बाटे भेटला पुरे।
लछमी संगे हुनी बाबी, संगे पड़ला पुरे॥ ९५॥
देव चो मालिक मीठा बोलो ले, बलला मुनी केंव।
बायबिकाल होते जाहासीस, तुमी एदाँय केंव॥ ९६॥
गोठ के सुनते नारद मुनी, एकेदांय रीस होलो।
माया फांदा ने होलोर किरता, चेत ले गुपुन रलो॥ ९७॥
बलला दूसर चो बढ़ती के, दखुक नी सकीस।
मन ने तुचो इरखा कपट, सपा के ठगसीस॥ ९८॥
समुन्द मतावतो बेरा सिव के, बैहा बनाउन तुई।
देवमन ले उकसावन भातो, मोहरा पियाउ तुई॥ ९९॥

१३६ असुर के मंद सिव के बिस, लछमी मनी धरलीस।
कपटी मन धोकादार गुन, सपा संग दगा करसीस॥ १००॥

मुंड उपरे कोनी नीआत सुतंत, मन जे भाए करसीस।
नंगत के अडरा अडरा के नंगत, हरीक दुख नी धरसीस॥ १०१॥
ठगुन ठगुन जुरलीस पक्की, एकेदांय निडर होलीस।
ठगतो काजे मन देंह ले, काईं बिचार नी करलीस॥ १०२॥
सुभ असुभ करम काईं, तुके बाधा नी देओत।
एबतले कोनी सुधराला नाईं, कोनी चेत नी देओत॥ १०३॥
एदाँय पक्की फांदा ने पड़लीस, करनी असन पावसे।
जे देंह धरुन मोके ठगलीस, हुनी देंह के पावसे॥ १०४॥
मोचो सराप आय रूप के तुई, बेंदरा बनालीस जसन।
एइ ने बेंदरा साहा होदे, करनी तुचो जसन॥ १०५॥
जे मेहरार के मयँ मनयावले, तेके छंडाउन तुई।
मोचो भारी बिगाड़ करलीस, भटसे तेई काज तुई॥ १०६॥

१३७ सराप मुंडे चेघाउन भगवान, हरीक ले बिन्ती करला।
किरपा करेया माया सकत के, झिकुन आपन करला॥ १०७॥

भगवान जसने आपली माया, गुचाउन दिला तुरते।
लछमी बाबी सपाय झन, हाजुन गेला तुरते॥ १०८॥

चौ०– जब हरि माया दूरि निवारी। नहिं तहँ रमा न राजकुमारी॥
तब मुनि अति सभीत हरि चरना। गहे पाहि प्रनतारति हरना॥ १॥

मृषा होउ मम श्राप कृपाला। मम इच्छा कह दीनदयाला॥
मैं दुर्बचन कहे बहुतेरे। कह मुनि पाप मिटिहिं किमि मेरे॥ २॥

जपहु जाइ संकर सत नामा। होइहि हृदयँ तुरत बिश्रामा॥
कोउ नहिं सिव समान प्रिय मोरें। असि परतीति तजहु जनि भोरें॥ ३॥

जेहि पर कृपा न करहिं पुरारी। सो न पाव मुनि भगति हमारी॥
अस उर धरि महि बिचरहु जाई। अब न तुम्हहि माया निअराई॥ ४॥

दो०– बहुबिधि मुनिहि प्रबोधि प्रभु तब भए अंतरधान।
सत्यलोक नारद चले करत राम गुन गान॥ १३८॥

चौ०– हर गन मुनिहि जात पथ देखी। बिगत मोह मन हरष बिसेषी॥
अति सभीत नारद पहिं आए। गहि पद आरत बचन सुनाए॥ १॥

हर गन हम न बिप्र मुनिराया। बड़ अपराध कीन्ह फल पाया॥
श्राप अनुग्रह करहु कृपाला। बोले नारद दीनदयाला॥ २॥

निसिचर जाइ होहु तुम्ह दोऊ। बैभव बिपुल तेज बल होऊ॥
भुजबल बिस्व जितब तुम्ह जहिआ। धरिहहिं बिष्नु मनुज तनु तहिआ॥ ३॥

समर मरन हरि हाथ तुम्हारा। होइहहु मुकुत न पुनि संसारा॥
चले जुगल मुनि पद सिर नाई। भए निसाचर कालहि पाई॥ ४॥

दो०– एक कलप एहि हेतु प्रभु लीन्ह मनुज अवतार।
सुर रंजन सज्जन सुखद हरि भंजन भुबि भार॥ १३९॥

चौ०– एहि बिधि जनम करम हरि केरे। सुंदर सुखद बिचित्र घनेरे॥
कलप कलप प्रति प्रभु अवतरहीं। चारु चरित नानाबिधि करहीं॥ १॥

खुबे डरुन मुनी हरी चो, पायँ के धरुन दिला।
सरनाहा चो दुख के तुमी, साहा होवा बलला॥ १०९॥
फोकहा होओ भाखलो सराप, किरपा करेया मोचो।
गरीब के साहा होउ बलला, मन चो होली मोचो॥ ११०॥
मुनी बलला ऊंच नीच अडरा, गोठ मयँ बलुन दिले।
मोचो पाप कसन कटेदे, मयँ काय करुन दिले॥ १११॥
भगवान बलला संकरजी चो, सतनाम जप करा।
हिरदे ने तुमचो धीरज होएदे, मन ने एके धरा॥ ११२॥
सिव माहा मयादार मोचो, कोनी बले नीआय।
ए भरोसा के भुलकुन भाती, केबई छांडतो नोआय॥ ११३॥
सिव भगवान जेचो उपरे, नी करत किरपा।
हुन मोचो भक्ति नी पाय, केबइ नी करें किरपा॥ ११४॥
मंजपुर ने बुला तुमी, बिचार के पक्की करुन।
एदाँय मोचो माया केबइ, नी बिथापेदे भुलकुन॥ ११५॥

१३८ कई रकम ले समझाउन परभु, अंतरधान होला।
नारद मुनी राम गुन गाते, सतलोक बाट गेला॥ ११६॥

हर गन मुनी बाटे दखला, हरीक मोह ले गुचुन।
डरते नारद लगे जाउन, बलला पायँ के धरुन॥ ११७॥
आमी बाम्हन नोआँव परभू, सिव चो सेउक आँव।
भारी अपराध करलू आमी, फल पावलो आँव॥ ११८॥
किरपा करेया सराप लें एदाँय, गुचाउन दिया तुमी।
गरीब के साहा होउ मुनी, बलला सुना तुमी॥ ११९॥
दुनों जाउन राकस होआ, तेज बल नावँ होओ।
आपलो डेना सकत जोर ले, सवँसार तुमचो होओ॥ १२०॥
भगवान बिस्नू मनुख चोला, धरुन मजपुर एदे।
जुद्ध ने तिहँचो हाते मरासे, तुमचो मुक्ती होएदे॥ १२१॥
मुनी पायँ ने आपलो मुंड, दुनो लँवाउन गेला।
बेरा दखुन दुनों गन, राकस जनम धरला॥ १२२॥

१३९ एक कलप मनुख चोला, लीला धरला करुक।
देव के हरीक सजन के सुख, पिरथी भार के हरुक॥ १२३॥

असन भगवान चो कितरोय सुंदर, सुख देउ जनम करम।
हर कलप ने अवतार धरते, बरन लीला करम॥ १२४॥
मुनीमन तेबे भारी पबितर, गीत गढ़ुन भाती।
तिंहँचो कथा के बसुन सुंदर, गासोत गढ़ुन भाती॥ १२५॥

तब तब कथा मुनीसन्ह गाई। परम पुनीत प्रबंध बनाई॥
बिबिध प्रसंग अनूप बखाने। करहिं न सुनि आचरजु सयाने॥ २॥

हरि अनंत हरि कथा अनंता। कहहिं सुनहिं बहुबिधि सब संता॥
रामचंद्र के चरित सुहाए। कलप कोटि लगि जाहिं न गाए॥ ३॥

यह प्रसंग मैं कहा भवानी। हरिमायाँ मोहहिं मुनि ग्यानी॥
प्रभु कौतुकी प्रनत हितकारी। सेवत सुलभ सकल दुखहारी॥ ४॥

सो०– सुर नर मुनि कोउ नाहिं जेहि न मोह माया प्रबल।
अस बिचारि मन माहिं भजिअ महामाया पतिहि॥ १४०॥

चौ०– अपर हेतु सुनु सैलकुमारी। कहउँ बिचित्र कथा बिस्तारी॥
जेहि कारन अज अगुन अरूपा। ब्रह्म भयउ कोसलपुर भूपा॥ १॥

जो प्रभु बिपिन फिरत तुम्ह देखा। बंधु समेत धरें मुनिबेषा॥
जासु चरित अवलोकि भवानी। सती सरीर रहिहु बौरानी॥ २॥

अजहुँ न छाया मिटति तुम्हारी। तासु चरित सुनु भ्रम रुज हारी॥
लीला कीन्हि जो तेहिं अवतारा। सो सब कहिहउँ मति अनुसारा॥ ३॥

भरद्वाज सुनि संकर बानी। सकुचि सप्रेम उमा मुसुकानी॥
लगे बहुरि बरनै बृषकेतू। सो अवतार भयउ जेहि हेतू॥ ४॥

दो०– सो मैं तुम्ह सन कहउँ सबु सुनु मुनीस मन लाइ।
राम कथा कलि मल हरनि मंगल करनि सुहाइ॥ १४१॥

चौ०– स्वायंभू मनु अरु सतरूपा। जिन्ह तें भै नरसृष्टि अनूपा॥
दंपति धरम आचरन नीका। अजहुँ गाव श्रुति जिन्ह कै लीका॥ १॥

सियान सुनुन अचरित नी होओत, भगवान महेमा अपार।
संत सुनसोत कई रकम ले, कथा महेमा अपार॥ १२६॥
रामचंद चो सुन्दर चरितर, कोटी कलप ने बले।
गाउन तेंके पुरुक नीहोय, कितरोय गावा बले॥ १२७॥
मुनीम न बल भगवान माया ले, मोहाउन जासोत उमा।
इतरोय सांगुक मय ए कथा, सांगले तुमके उमा॥ १२८॥
सरनाहा चो भलइ करु, लीला करेया मगवान।
सेवा ले सहज मिरसोत जे, दुख हरेया भगवान॥ १२९॥
देव मुनी मनुख ने नीआत, बाचलो लोग कोनी।
जेंके भगवान चो बल-बिती माया, मोहाउन नी दिली॥ १३०॥

१४० मन ने असन विचार करुन, भजन करतोर आय।
माहामाया चो मुनीस चो, सेवा करतोर आय॥ १३१॥

मनु-सतरुपा कथा

दूसर कथा के सुना भवानी, भगवान अवतार चो।
एदांय अटपट कथा के सांगेंस, हरी अवतार चो॥ १॥
जनम नाहलो रूप नाहलो, निरगुन जे किरता।
अवधपुरी चो राजा होला, ब्रह्म जे किरता॥ २॥
ले परभू के बन ने दखलीस, भाइ संगे जे रहोत।
मुनीमन माहा भेस करुन, बन बन बुलते रहोत॥ ३॥
भवानी जिहँचो महे मा द खुन, सती देंह ले तुई।
बह्री माहा होउन रलीस, नी उजरलीसीस तुई॥ ४॥
हुनी भरम रोग सारु चो, चरितर के सुन।
बुध इतरो सांगेसे जे, लीला करला सुन॥ ५॥
याग्यँवल्क बलला सुना भरद्वाज, संकर गोठ के सुमुन।
लाज होते मया ले मुचकली, पारबती गोठ सुनुन॥ ६॥
फेर सिब बलूक धरला, जे काज अवतार होली।
हुनीके सांगेसे मय तुमके, मन देउन सुना मुनी॥ ७॥

१४१ कली चो पाप सारतो काजे, राम चो कथा आय।
सपा रकम ले नंगत करु, खुबे सुन्दर आय॥ ८॥

स्वायंभू मनु आरु सतरुपा, जे मनुख सवँसार बनाला।
बायले मुनीस चो टकर नंगत, गुन बेद गावला॥ ९॥
बेटा राजा उत्तानपाद, तिहँचो धुरुव होलो।
सवँसार ने नावँ जस, हरी भगत होलो॥ १०॥

नृप उत्तानपाद सुत तासू। ध्रुव हरिभगत भयउ सुत जासू॥
लघु सुत नाम प्रियब्रत ताही। बेद पुरान प्रसंसहिं जाही॥ २॥

देवहूति पुनि तासु कुमारी। जो मुनि कर्दम कै प्रिय नारी॥
आदिदेव प्रभु दीनदयाला। जठर धरेउ जेहिं कपिल कृपाला॥ ३॥

सांख्य सास्त्र जिन्ह प्रगट बखाना। तत्त्व बिचार निपुन भगवाना॥
तेहिं मनु राज कीन्ह बहु काला। प्रभु आयसु सब बिधि प्रतिपाला॥ ४॥

सो०– होइ न बिषय बिराग भवन बसत भा चौथपन।
हृदयँ बहुत दुख लाग जनम गयउ हरिभगति बिनु॥ १४२॥

चौ०– बरबस राज सुतहि तब दीन्हा। नारि समेत गवन बन कीन्हा॥
तीरथ बर नैमिष बिख्याता। अति पुनीत साधक सिधि दाता॥ १॥

बसहिं तहाँ मुनि सिद्ध समाजा। तहँ हियँ हरषि चलेउ मनु राजा॥
पंथ जात सोहहिं मतिधीरा। ग्यान भगति जनु धरें सरीरा॥ २॥

पहुँचे जाइ धेनुमति तीरा। हरषि नहाने निरमल नीरा॥
आए मिलन सिद्ध मुनि ग्यानी। धरम धुरंधर नृपरिषि जानी॥ ३॥

जहँ जहँ तीरथ रहे सुहाए। मुनिन्ह सकल सादर करवाए॥
कृस सरीर मुनिपट परिधाना। सत समाज नित सुनहिं पुराना॥ ४॥

दो०– द्वादस अच्छर मंत्र पुनि जपहिं सहित अनुराग।
बासुदेव पद पंकरुह दंपति मन अति लाग॥ १४३॥

चौ०– करहिं अहार साक फल कंदा। सुमिरहिं ब्रह्म सच्चिदानंदा॥
पुनि हरि हेतु करन तप लागे। बारि अधार मूल फल त्यागे॥ १॥

उर अभिलाष निरंतर होई। देखा नयन परम प्रभु सोई॥
अगुन अखंड अनंत अनादी। जेहि चिंतहिं परमारथबादी॥ २॥

नेति नेति जेहि बेद निरूपा। निजानंद निरुपाधि अनूपा॥
संभु बिरंचि बिष्नु भगवाना। उपजहिं जासु अंस तें नाना॥ ३॥

नानी प्रियब्रत नावँ रहे, जेचो महेमा भारी।
बेद पुरान महेमा बलसोत, गुन ने रहे भारी॥ ११॥
हनचो बेटी देवहुती, कर्दम चो बायले होली।
गरीब जीव के दया करु, की पल के जनम दिली॥ १२॥
सांख्यसास्तर परगट बलला, गियानी भारी होला।
असल भेद के बिचारुक, भगवान गियानी होला॥ १३॥
खुबे दिन ले हुनी मनु, मंजपुर राज करला।
सपा रकम ले भगवान हुकुम, मानुन राज करला॥ १४॥

१४२ बिसय ले बैराग होते नी रहे, घरे सिवान होला।
भक्ती बिगर जीवना जाएदे, बिचारते दुखी होला॥ १५॥

बरपेला बेटा के राज देउन, बायले संग बन गेला।
तीरथ पबितर सिद्धि देऊ, नैमीसारन्य नावँ सुनला॥ १६॥
हरीक राजा हुनीबाट गेला, सिद्धि मुनी रसोत।
धीरजाहा ग्यानी राजा रानी, जदलदाँय बाट हिंडोत॥ १७॥
सोभा असन लागे जसन, गियान भक्ती आपने।
देहँ धरून भाती हिंडसोत, सं गे संग आपने॥ १८॥
हिंडते हिंडते गो मती अमरला, हरीक होते दुनों।
सफा सुन्दर पानी ने नहाला, मन ले सफा दुनों॥ १९॥
धरम के भरपूर दसुन भाती, भेटुक इला सपा।
राजरिसी मानुन भाती, सिद्धी गियानी सपा॥ २०॥
जे जे सुंदर तीरथ आसे, मुनीमन मान करते।
राजरिसी के सपा तीरथ, कराला मान करते॥ २१॥
देह एकेदाँय झटकुन गेली, मुनीमन माहा पिंधत।
संतमन संगे रहुन दुनों, पुरान सास्तर सुनत॥ २२॥

१४३ बारा अक्षर चो मंत्र जपत, भारी मया ले दुनों।
भगवान वासुदेव पायँ ले मया, मन ले धरला दुनों॥ २३॥

सच्चिदानंद ब्रह्म के सुमरते, साग पाक फर खाउन।
हरी चो तप ने ते बल छांडुन, रला पानो खाउन॥ २४॥
हिरदे ने गोटोक मंसा रहे, कसन एइ आइँख ले।
भगवान चो दरसन करवाँ आपलोय आइँख ले॥ २५॥
निर्गुन अखंड अपरम्पार, मूर टीप नीआय जेचो।
ब्रह्म गियानी सपा के जानू, सुरता करसोत जेचो॥ २६॥
ए नोआय ए नोआय बलते, बेद बिचार करसोत।
हरीक ले भरपूर जोड़ नाहलो, नावँ बिगर जे रसोत॥ २७॥

ऐसेउ प्रभु सेवक बस अहई। भगत हेतु लीलातनु गहई॥
जौं यह बचन सत्य श्रुति भाषा। तौ हमार पूजिहि अभिलाषा॥ ४॥

दो०– एहि बिधि बीते बरष षट सहस बारि आहार।
संबत सप्त सहस्त्र पुनि रहे समीर अधार॥ १४४॥

चौ०– बरष सहस दस त्यागेउ सोऊ। ठाढ़े रहे एक पद दोऊ॥
बिधि हरि तप देखि अपारा। मनु समीप आए बहु बारा॥ १॥

मागहु बर बहु भाँति लोभाए। परम धीर नहिं चलहिं चलाए॥
अस्थिमात्र होइ रहे सरीरा। तदपि मनाग मनहिं नहिं पीरा॥ २॥

प्रभु सर्बग्य दास निज जानी। गति अनन्य तापस नृप रानी॥
मागु मागु बरु भै नभ बानी। परम गभीर कृपामृत सानी॥ ३॥

मृतक जिआवनि गिरा सुहाई। श्रबन रंध्र होइ उर जब आई॥
हृष्ट पुष्ट तन भए सुहाए। मानहुँ अबहिं भवन ते आए॥ ४॥

दो०– श्रवन सुधा सम बचन सुनि पुलक प्रफुल्लित गात।
बोले मनु करि दंडवत प्रेम न हृदयँ समात॥ १४५॥

चौ०– सुनु सेवक सुरतरु सुरधेनू। बिधि हरि हर बंदित पद रेनू॥
सेवत सुलभ सकल सुखदायक। प्रनतपाल सचराचर नायक॥ १॥

जौं अनाथ हित हम पर नेहू। तौ प्रसन्न होइ यह बर देहू॥
जो सरूप बस सिव मन माहीं। जेहिं कारन मुनि जतन कराहीं॥ २॥

जो भुसुंडि मन मानस हंसा। सगुन अगुन जेहि निगम प्रसंसा॥
देखहिं हम सो रूप भरि लोचन। कृपा करहु प्रनतारति मोचन॥ ३॥

जेचो ले कइ टन ब्रह्मा बिस्नू, सिव परगट होसोत।
असन परभू सेउकमन चो, हाते होउन रसोत॥ २८॥
भगतमन काज लीला लाइक, जे अटपट देंह धरसोत।
आमचो मन चो पूरा होएदे, सत जे बेद बलसोत॥ २९॥

१४४ असने अबगो पानी खाते, गेली छय हजार बरख।
अबगो लेहरा अधार ने रला, सात हजार बरख॥ ३०॥

लेहरा छांडुन दस हजार बरख, गोटकी पायँ ले उबा।
ब्रह्मा बिस्नू सिव कई हार, गेला दखुन उबा॥ ३१॥
ललचावत कई गढ़न ले, बरदान मांगुक बलोत।
भारी धीरजाहा पड़त नहीं, कइहार उसकाउन दखोत॥ ३२॥
अबगो हाड़ा पंजरा इतरो, देह ने बाचुन रहे।
मातर मनने खिंडिक बल, दुख नी होते रहे॥ ३३॥
भगवान जे सपा ठाने रहेले, आपलो सेउक जानुन।
अपरम्पार मतो ले तप करू, राजा रानी के मानुन॥ ३४॥
किरपा गोठ बर मांगा, अकास बाट ले होली।
मुरदा ने बले जीव पाड़ू, सुंदर गोठ होली॥ ३५॥
कान काना बाट ले जसनें, हिरदे ने गोठ गेली।
एबई घर ले इलो माहा, देहँ बरकस होली॥ ३६॥

१४५ देंहे सीतकाटा मारली सुनते, अमरित माहा गोठ।
डंडासरन मया नी समाय, मनु बलला गोठ॥ ३७॥

कामधेनु कलपरूख तुमी, सेउक काजे भगवान।
पायें धुरला के बिनासोत ब्रह्मा, बिस्नू सिव भगवान॥ ३८॥
सेवा करले सरल तुमी, सपा सुख के देऊ।
जड़ जीव चो मालिक साहा, सरन ने जे एऊ॥ ३९॥
अनाथ लोग चो भलइ करू, जे आमचो उपरे मया।
जाले हरीक ले बरदान दिया, करून तुमी दया॥ ४०॥
रहेसे जे रूप सिव चो, मन ने बरहमेस।
जेके पावतो काजे मुनीमन, उआटते रसोत हमेस॥ ४१॥
भुसुंडि मन चो मानसरोवर ने, किंजरु हाँसा जे आय।
सगुन नरगुन बलुन जिहँके बेद सहराऊ आय॥ ४२॥
सरनाह चो दुख के टारु, भगवान किरपा करा।
आइँख भर हुनी रूप दखूँ, फन सन दया करा॥ ४३॥
जोड़ी चो सुसार बोलो सुंदर, बिन्ती ले भरपूर।
भगवान के मया लागली, मया ले भरपूर॥ ४४॥

दंपति बचन परम प्रिय लागे। मृदुल बिनीत प्रेम रस पागे॥
भगत बछल प्रभु कृपानिधाना। बिस्वबास प्रगटे भगवाना॥ ४॥

दो०– नील सरोरुह नील मनि नील नीरधर स्याम।
लाजहिं तन सोभा निरखि कोटि कोटि सत काम॥ १४६॥

चौ०– सरद मयंक बदन छबि सींवा। चारु कपोल चिबुक दर ग्रीवा॥
अधर अरुन रद सुंदर नासा। बिधु कर निकर बिनिंदक हासा॥ १॥

नव अबुंज अंबक छबि नीकी। चितवनि ललित भावँती जी की॥
भृकुटि मनोज चाप छबि हारी। तिलक ललाट पटल दुतिकारी॥ २॥

कुंडल मकर मुकुट सिर भ्राजा। कुटिल केस जनु मधुप समाजा॥
उर श्रीबत्स रुचिर बनमाला। पदिक हार भूषन मनिजाला॥ ३॥

केहरि कंधर चारु जनेऊ। बाहु बिभूषन सुंदर तेऊ॥
करि कर सरिस सुभग भुजदंडा। कटि निषंग कर सर कोदंडा॥ ४॥

दो०– तड़ित बिनिंदक पीत पट उदर रेख बर तीनि।
नाभि मनोहर लेति जनु जमुन भवँर छबि छीनि॥ १४७॥

चौ०– पद राजीव बरनि नहिं जाहीं। मुनि मन मधुप बसहिं जेन्ह माहीं॥
बाम भाग सोभति अनुकूला। आदिसक्ति छबिनिधि जगमूला॥ १॥

जासु अंस उपजहिं गुनखानी। अगनित लच्छि उमा ब्रह्मानी॥
भृकुटि बिलास जासु जग होई। राम बाम दिसि सीता सोई॥ २॥

छबिसमुद्र हरि रूप बिलोकी। एकटक रहे नयन पट रोकी॥
चितवहिं सादर रूप अनूपा। तृप्ति न मानहिं मनु सतरूपा॥ ३॥

भगत चो माय बाप किरपा करू, सपा ले भरपूर जे।
परगट होला सवँसारे भरपूर, भगवान रहत जे॥ ४५॥

१४६ नीयर पूड़न पाहा नीयर मणी। नीयर बादरी असन।
लाज पावसोत कोटी कामदेव, सोभा ने दिखसोत असन॥ ४६॥

कुआँर पुनी जो न माहा सोभा, गाल टोढ़ी सुंदर।
तीन डांड पड़लो टोडरी, संख माहा सुंदर॥ ४७॥
रगरगा ओंठ दाँत नाक सुन्दर, खुबे सुन्दर सोमा।
हाँसलोने जोन तरास के बले, निंदरून देयसे सोभा॥ ४८॥
आइँख नवा पूड़न माहा, खुबे सुन्दर रहे।
काम धमंड के लाज पड़ाउ भंव, तिलक ने जोत रहे॥ ४९॥
मछरी कुँडल कान चो सोभा, मुँड ने किरीट सोभा।
चिंगड़ी चूंदी बिटबिटा घन, भँवरा कूढ़ा चो सोभा॥ ५०॥
हिरदे भिरगू पायँ चिन्हा, सुंदर बनमाला रहे।
बरुन बरन रतन मनी चो, हार गाहना रहे॥ ५१॥
सिंघ माहा डेग उठलो, जनइ खाँद ने सुंदर।
बाहाँमन चो बाजूबंद, सोभा ने भारी सुंदर॥ ५२॥
हाथी चोंडा नाहा बाहाँ, कन्हेया ने ठोंगी सोहे।
हाते धनउ कांड धरलोर, सोभा ले मान मोहे॥ ५३॥

१४७ बिजली नी पूरे पीताम्बर सोभा, तीन डांड पेट उपरे।
जमना गोंडरा छबि हारे, बोमली सोभा उपरे॥ ५४॥

मुनीमन चो मन भँवरा, बरहमेस रसोत जेमें।
पायँ सोभा सांगुक नीहोय, मन रहेसे जेमें॥ ५५॥
डेबरी बाटे बरहमेस जे, रहेसे सोभा पावते।
सवँसार के जनमाउ परमेगरी, आसोत सुंदर दिखते॥ ५६॥
जिहँचो अंस ले पुन चो खदान, अनगिनत देबी होसोत।
लछमी पारबती ब्रह्माणी, सपाय जनम धरसोत॥ ५७॥
भँव के नेतुन दिलो ने जेचो, सवँसार जनमुन जासोत।
हुनी सोता माता राम चो, डेबरी बाटे आसोत॥ ५८॥
सोभा चो समुंद हरी रूप दखुन, मनु सतरूपा दुनों।
आइँख टोपा के थेबाउन भाती, टकटकी दखत दुनों॥ ५९॥
हुन भारी सोभा के दुनों, मान ले दखते रहोत।
दखते दखते बले दुनों, अघाते नी रहोत॥ ६०॥
देंह चो चेत रहे नाईं, हरीक हाते पड़ला।
भगवान पायँ के हाते धरून, सोजे भुएँ पड़ला॥ ६१॥

हरष बिबस तन दसा भुलानी। परे दंड इव गहि पद पानी॥
सिर परसे प्रभु निज कर कंजा। तुरत उठाए करुनापुंजा॥ ४॥

दो०– बोले कृपानिधान पुनि अति प्रसन्न मोहि जानि।
मागहु बर जोइ भाव मन महादानि अनुमानि॥ १४८॥

चौ०– सुनि प्रभु बचन जोरि जुग पानी। धरि धीरजु बोली मृदु बानी॥
नाथ देखि पद कमल तुम्हारे। अब पूरे सब काम हमारे॥ १॥

एक लालसा बड़ि उर माहीं। सुगम अगम कहि जाति सो नाहीं॥
तुम्हहि देत अति सुगम गोसाईं। अगम लाग मोहि निज कृपनाईं॥ २॥

जथा दरिद्र बिबुधतरु पाई। बहु संपति मागत सकुचाई॥
तासु प्रभाउ जान नहिं सोई। तथा हृदयँ मम संसय होई॥ ३॥

सो तुम्ह जानहु अंतरजामी। पुरवहु मोर मनोरथ स्वामी॥
सकुच बिहाइ मागु नृप मोही। मोरें नहिं अदेय कछु तोही॥ ४॥

दो०– दानि सिरोमनि कृपानिधि नाथ कहउँ सतिभाउ।
चाहउँ तुम्हहि समान सुत प्रभु सन कवन दुराउ॥ १४९॥

चौ०– देखि प्रीति सुनि बचन अमोले। एवमस्तु करुनानिधि बोले॥
आपु सरिस खोजौं कहँ जाई। नृप तव तनय होब मैं आई॥ १॥

सतरूपहि बिलोकि कर जोरें। देबि मागु बरु जो रुचि तोरें॥
जो बरु नाथ चतुर नृप मागा। सोइ कृपाल मोहि अति प्रिय लागा॥ २॥

प्रभु परंतु सुठि होति ढिठाई। जदपि भगत हित तुम्हहि सोहाई॥
तुम्ह ब्रह्मादि जनक जग स्वामी। ब्रह्म सकल उर अंतरजामी॥ ३॥

अस समुझत मन संसय होई। कहा जो प्रभु प्रवान पुनि सोई॥
जे निज भगत नाथ तव अहहीं। जो सुख पावहिं जो गति लहहीं॥ ४॥

किरपा चो धनी भगवान, डंडारसन दखुन।
तुरते उठाला राजा के, माथा के हात ले छिउन॥ ६२॥

१४८ किरपानिधान बलला मोके, खुबे हरीक जानुन।
बर मांग जे मन के भाएसे, मोके दानी मानुन॥ ६३॥

भगवान चो बोलो सुनुन, दुनोंय हात जोड़ला।
सहज सुसार बोलो ने राजा, धीरज धरून बलला॥ ६४॥
भगवान तुमचो पायँ दरस ले, सपाय पुरली मन चो।
बले मन ने गोटोक लोभ, खुबे आसे आमचो॥ ६५॥
पूरा होतो सहज बले, कठिन बले आय।
एइ ने बलुक होए नाईं, तुमके सहज आय॥ ६६॥
मान्तर मालिक तुमी मोचो, गरीब दसा दखुन।
भारी कठिन लागेसे ते, आपलो गत के दखुन॥ ६७॥
कलपरूख पाउन दारदिर, जुगे धन के मांगुक।
लाज होएसे कायकाज कि, सकत नी सकें जानुक॥ ६८॥
हुमने मन ने संसो होएसे, तुम जानासीस सपा।
अंतरजामी तुमी आहास, मन चो जानासीस सपा॥ ६९॥
भगवान बलला राजा तुमो, मन ने नी धरा काईं।
मोचो लगे नी देतो लाइक, नी आय असन काईं॥ ७०॥

१४९ किरपा चो धाम बड़े दानी, सत बलेंसे काय मयँ।
तुमचोय माहा बेटा दखेंसे, काय के लुकायँ मयँ॥ ७१॥

अनमोल गोठ राजा चो सुनुन, किरपा चो धाम बलला।
असने होओ कहाँ दखेंदे, मयँ होएँदे बलला॥ ७२॥
सतरूपा के हात जोड़लो दखुन, बलला जे मन ने आसे।
तुमी बले बरदान मांगा, जे बिचार ने आसे॥ ७३॥
बललो भगवान चतुर राजा, मांगला एबे जे बर।
किरपा करू मोके भावली, राजा जे मांगला बर॥ ७४॥
मान्तर गोटोक निलज टेक, होएसे मोचो मन ने।
भगत चो भलई करू हुनबल, भाएदे तुमचो मन के॥ ७५॥
ब्रह्म असन मन चो बाप, जग चो मालिक तुमी।
सपा मन भीतर चो जानू, ब्रह्म आहास तुमी॥ ७६॥
मन ने भरम होउन जाएसे, बिचार करलोने असन।
बले बल सते हुनी आय, भगवान बलसोत जसन॥ ७७॥
तुमचो जे आपलो आसोत, सपा सुख के पासोत।
आरू भगवान तेइमन, परम गती के पासोत॥ ७८॥

दो०– सोइ सुख सोइ गति सोइ भगति सोइ निज चरन सनेहु।
सोइ बिबेक सोइ रहनि प्रभु हमहि कृपा करि देहु॥ १५०॥

चौ०– सुनि मृदु गूढ़ रुचिर बर रचना। कृपासिंधु बोले मृदु बचना॥
जो कछु रुचि तुम्हरे मन माहीं। मैं सो दीन्ह सब संसय नाहीं॥ १॥

मातु बिबेक अलौकिक तोरें। कबहुँ न मिटिहि अनुग्रह मोरें॥
बंदि चरन मनु कहेउ बहोरी। अवर एक बिनती प्रभु मोरी॥ २॥

सुत बिषइक तव पद रति होऊ। मोहि बड़ मूढ़ कहै किन कोऊ॥
मनि बिनु फनि जिमि जल बिनु मीना। मम जीवन तिमि तुम्हहि अधीना॥ ३॥

अस बरु मागि चरन गहि रहेऊ। एवमस्तु करुनानिधि कहेऊ॥
अब तुम्ह मम अनुसासन मानी। बसहु जाइ सुरपति रजधानी॥ ४॥

सो०– तहँ करि भोग बिसाल तात गएँ कछु काल पुनि।
होइहहु अवध भुआल तब मैं होब तुम्हार सुत॥ १५१॥

चौ०– इच्छामय नरबेष सँवारें। होइहउँ प्रगट निकेत तुम्हारें॥
अंसन्ह सहित देह धरि ताता। करिहउँ चरित भगत सुखदाता॥ १॥

जे सुनि सादर नर बड़भागी। भव तरिहहिं ममता मद त्यागी॥
आदिसक्ति जेहिं जग उपजाया। सोउ अवतरिहि मोरि यह माया॥ २॥

पुरउब मैं अभिलाष तुम्हारा। सत्य सत्य पन सत्य हमारा॥
पुनि पुनि अस कहि कृपानिधाना। अंतरधान भए भगवाना॥ ३॥

दंपति उर धरि भगत कृपाला। तेहिं आश्रम निवसे कछु काला॥
समय पाइ तनु तजि अनयासा। जाइ कीन्ह अमरावति बासा॥ ४॥

१५० हुनी सुख गती भक्ती, पायँ ले मया दिया।
गियान हुसने जीवना आमके, किरपा करून दिया॥ ७९॥

सुसार सुन्दर नंगत अटपट, गढ़लो गोठ सुनुन।
किरपा चो समुंद हरीक मन ले, बलला तिहँके गुनुन॥ ८०॥
तुमचो मन ने जे बल आसे, सपाय दिले तुमके।
एमें काई भरम नी करा, जे मयँ बलले तुमके॥ ८१॥
फेर मनु भगवान पायँ चो, बिन्ती करून बलला।
गोटोक अरज अउर आसे, हात जोड़ुन बलला॥ ८२॥
तुमचो पायँ ले मोचो मया, हमेस हुसनेय रहो।
जसन बेटा काजे बाप चो, मया हमेस रहो॥ ८३॥
जसन मनी नाहलो साँप, मछरी पानी नाहलो।
हुसने मोचो जिवना बले, नी रहो तुमचों नाहलो॥ ८४॥
पायँ के धरून पड़ुन दिला, असन बर मांगुन।
बलला तेबे दया चो धाम, असने होओ जानुन॥ ८५॥
देवराजा चो राज ने तुमी, जाउन भाती रहा।
मोचो हुकुम मानुन भाती, हुता चो भोग करा॥ ८६॥

१५१ थोड़े दिन सरग चो भोग, भोगुन भाती तुमी।
होआसे अवधपुर चो राजा, जनम धरून तुमी॥ ८७॥

आपलोय मन चो होउन भाती, एएंदे परगट होउन।
तेबे तुमचो बेटा होएंदे, मनुख चोला धरून॥ ८८॥
बाबा आपलो अंस सगे, देह धरून भाती।
भगत के सुख देऊ चरितर, करेंदे एउन भाती॥ ८९॥
चरितर के जे भाग बिता, मान देऊन सुनदे।
माया मोह छांडुन भवसागर ले, हुन तरून जादे॥ ९०॥
आदिसक्ति जे सवँसार गढ़ली, ये माहमाया बले।
मोचो संगे अवतार धरेदे, सते गोठ मय बलें॥ ९१॥
असन रकम ले मयँ तुमचो, मन चो करेंदे पूरा।
सत आय सत आय मोचो परन, करेंदे सपा पूरा॥ ९२॥
किरपा चो धाम भगवान असने, घनघड़ी बलते।
अन्तरधान होउन दिला, परभू असन बलते॥ ९३॥
भगत उपरे किरपा करू के, आपलो हिरदे ने धरून।
थोड़े दिन हुनों उथाय रला, परभू के हिरदे धरून॥ ९४॥
बेरा दखुन सहज ने, आपलो देह के छांडुन।
बास करला अमरावती, हरीक मन ने जाउन॥ ९५॥

दो०– यह इतिहास पुनीत अति उमहि कही बृषकेतु।
भरद्वाज सुनु अपर पुनि राम जनम कर हेतु॥ १५२॥

मासपारायण, पाँचवाँ विश्राम

चौ०– सुनु मुनि कथा पुनीत पुरानी। जो गिरिजा प्रति संभु बखानी॥
बिस्व बिदित एक कैकय देसू। सत्यकेतु तहँ बसइ नरेसू॥ १॥

धरम धुरंधर नीति निधाना। तेज प्रताप सील बलवाना॥
तेहि कें भए जुगल सुत बीरा। सब गुन धाम महा रनधीरा॥ २॥

राज धनी जो जेठ सुत आही। नाम प्रतापभानु अस ताही॥
अपर सुतहि अरिमर्दन नामा। भुजबल अतुल अचल संग्रामा॥ ३॥

भाइहि भाइहि परम समीती। सकल दोष छल बरजित प्रीती॥
जेठे सुतहि राज नृप दीन्हा। हरि हित आपु गवन बन कीन्हा॥ ४॥

दो०– जब प्रतापरबि भयउ नृप फिरी दोहाई देस।
प्रजा पाल अति बेदबिधि कतहुँ नहीं अघ लेस॥ १५३॥

चौ०– नृप हितकारक सचिव सयाना। नाम धरमरुचि सुक्र समाना॥
सचिव सयान बंधु बलबीरा। आपु प्रतापपुंज रनधीरा॥ १॥

सेन संग चतुरंग अपारा। अमित सुभट सब समर जुझारा॥
सेन बिलोकि राउ हरषाना। अरु बाजे गहगहे निसाना॥ २॥

बिजय हेतु कटकई बनाई। सुदिन साधि नृप चलेउ बजाई॥
जँह तहँ परीं अनेक लराईं। जीते सकल भूप बरिआईं॥ ३॥

सप्त दीप भुजबल बस कीन्हे। लै लै दंड छाड़ि नृप दीन्हे॥
सकल अवनि मंडल तेहि काला। एक प्रतापभानु महिपाला॥ ४॥

दो०– स्वबस बिस्व करि बाहुबल निज पुर कीन्ह प्रबेसु।
अरथ धरम कामादि सुख सेवइ समयँ नरेसु॥ १५४॥

चौ०– भूप प्रतापभानु बल पाई। कामधेनु भै भूमि सुहाई॥
सब दुख बरजित प्रजा सुखारी। धरमसील सुंदर नर नारी॥ १॥

१५२ उमा के सिव जे सांगला कथा, भारी पबितर आय।
मुनी राम चो अवतार धरतोर, सुना दूसर जे आय॥ ९६॥

सत्यभानु राजा चो कथा

सूना पबितर कथा के सुना, सिव उमा के बलला।
सत्यकेतु राजा कैकयराज ने, सवँसारे नामी रला॥ १॥
धरम कारी नीती चो खदान, तेज गुनी सुन्दर रहत।
दुइ झन बेटा तिहँचो होला, गुनी बली ते रहत॥ २॥
राज चो राजा बड़े होलो, परतापभानु नावँ।
दूसर बेटा जे हुनचो रहे, अरिमरदन नावँ॥ ३॥
जेचो बाँहा चो सकत भारी, जुद्ध ने अटल रह।
भाई भाई ने मेल रहे, दोस छल ले गुचुन रहू॥ ४॥
बड़े के राज देऊन भाती, भगवान भजन करूक।
रान बाटे गेला राजा, जिवना के सुखी करुक॥ ५॥

१५३ राजा होते खन परताप भानु चो, नावँ होउन गेली।
रैयत के पोंसे बेद रीती ले, पाप उठुन गेली॥ ६॥

राजा चो हितू सुकराचार माहा, गियान ले भरपूर रहे।
असन बुध बिता धरमरुची, राज चो ईवान रहे॥ ७॥
असन बुध बिता देवान, बल बिता भाई रहे।
राजा आपन रन ने चतुर, भारी सकत बिता रहे॥ ८॥
चारों रकम चो अपार फउद, अनगिनत जोधा रहत।
सपा रन ने जुझून भाती, मरूक तियार रहत॥ ९॥
आपलो फउद के दखुन राजा, मन ने हरीक होलो।
धरी घमाघम नगारा पेटुक, राजा हुकुम दिलो॥ १०॥
सपा के जीतुक फउद धरून, सुभ दिन दखुन राजा।
डंका बजावते फउद संगे, निकरलो धरमी राजा॥ ११॥
एथा-उथा लड़ई होली, राजा जीतते गेलो।
सातों समुंद चो सपा भुँइ के, आपलो हाते करलो॥ १२॥
राजामन के जीतुन जीतुन, डांडुन छांडते रहे।
गुलाय पिरथी ने एकलो राजा, परतापभानु रहे॥ १३॥

१५४ सवँसार के बाहाँ ले जीतनु, राज ने फिरलो राजा।
अरथ धरम काम सुख भोगे, बेरा दखुन राजा॥ १४॥

परतापभानु बल के पाउन माटी, कामधेनु माहा होली।
सपा लोग सुँदर धरमी सुखी, रैयत चो दुख गेली॥ १५॥

सचिव धरमरुचि हरि पद प्रीती। नृप हित हेतु सिखव नित नीती॥
गुर सुर संत पितर महिदेवा। करइ सदा नृप सब कै सेवा॥ २॥

भूप धरम जे बेद बखाने। सकल करइ सादर सुख माने॥
दिन प्रति देइ बिबिध बिधि दाना। सुनइ सास्त्र बर बेद पुराना॥ ३॥

नाना बापीं कूप तड़ागा। सुमन बाटिका सुंदर बागा॥
बिप्रभवन सुरभवन सुहाए। सब तीरथन्ह बिचित्र बनाए॥ ४॥

दो०– जँह लगि कहे पुरान श्रुति एक एक सब जाग।
बार सहस्त्र सहस्त्र नृप किए सहित अनुराग॥ १५५॥

चौ०– हृदयँ न कछु फल अनुसंधाना। भूप बिबेकी परम सुजाना॥
करइ जे धरम करम मन बानी। बासुदेव अर्पित नृप ग्यानी॥ १॥

चढ़ि बर बाजि बार एक राजा। मृगया कर सब साजि समाजा॥
बिंध्याचल गभीर बन गयऊ। मृग पुनीत बहु मारत भयऊ॥ २॥

फिरत बिपिन नृप दीख बराहू। जनु बन दुरेउ ससिहि ग्रसि राहू॥
बड़ बिधु नहिं समात मुख माहीं। मनहुँ क्रोध बस उगिलत नाहीं॥ ३॥

कोल कराल दसन छबि गाई। तनु बिसाल पीवर अधिकाई॥
घुरुघुरात हय आरौ पाएँ। चकित बिलोकत कान उठाएँ॥ ४॥

दो०– नील महीधर सिखर सम देखि बिसाल बराहु।
चपरि चलेउ हय सुटुकि नृप हाँकि न होइ निबाहु॥ १५६॥

चौ०– आवत देखि अधिक रव बाजी। चलेउ बराह मरुत गति भाजी॥
तुरत कीन्ह नृप सर संधाना। महि मिलि गयउ बिलोकत बाना॥ १॥

तकि तकि तीर महीस चलावा। करि छल सुअर सरीर बचावा॥
प्रगटत दुरत जाइ मृग भागा। रिस बस भूप चलेउ सँग लागा॥ २॥

गयउ दूरि घन गहन बराहू। जहँ नाहिन गज बाजि निबाहू॥
अति अकेल बन बिपुल कलेसू। तदपि न मृग मग तजइ नरेसू॥ ३॥

धरमी देवान चो हरी पायँ ले, हमेंस मया रहे।
राजा चो हित काजे हमेस, नीती सिखाते रहे॥ १६॥
गुरू देव सत पितर बाम्हन चो, राजा सेवा करत।
राज काजे जे धरम वेद ने, मान ले मानते रहत॥ १७॥
सुख मानुन बेद रीती ले, सपा के पोसते रहे।
बेद सास्तर पुरान रोजे सुनत, दान पुन करते रहे॥ १८॥
बावली तरई कुआँ फुलवारी, सुँदर बगेचा बनालो।
बाम्हनमन काज घर देव गुड़ी, तीरथमन के बनालो॥ १९॥

१५५ बेद पुरान ने होम जग पूजा, जितरो आसे सांगलो।
हजार हजार गोटोक गोटोक के, मान ले राजा करलो॥ २०॥

हिरदे ने काईं लोभ नी रहे, बुध बिता गियानी रहे।
तीनों रकम ले जे धरम करे, बासुदेव के होमते रहे॥ २१॥
नंगत घोड़ा ने बसुन राजा, हारक तियार होलो।
पारद काजे सपा जाक के, जोड़ुन निकरून दिलो॥ २२॥
बिन्ध्याचल चो बियाबान बने, जाउन भाती राजा।
नंगत नंगत पसु मन के, मारते जाए राजा॥ २३॥
बन ने गोटोक बरहा के, बुलतो दाँय दखलो।
लागे जसन जोन के गोबुन, राहू आसे लुकलो॥ २४॥
जोन बड़े होलो किरता, मुहें सामते नी रहे।
रीस काजे बरहा बले, तेके नी उगलते रहे॥ २५॥
असन हुनचो दांत सोभा, देंह बरकस दिखे।
गरजना के सुनते घुरते, कान उठाउन दखे॥ २६॥

१५६ नील पहाड़ माहा बरहा के दखुन, हिंडालो घोड़ा राजा।
बाचुक नी सकीस एदायँ, रोस ले बललो राजा॥ २७॥

गरजना करते घोड़ा एतो के, दखुन भाता बरहा।
लेहरा माहा रोस ले परालो, बन भीतरे बरहा॥ २८॥
राजा तुरते धनउ उपरे, कांड के मंडाउन दिलो।
कांड के दखुन बरहा भुएँ, देहँ के लुकाउन दिलो॥ २९॥
नेतुन नेतुन बींधते जाए, छल ले बरहा बाचे।
दिखे केबड़ लुके केबड़, रीसे रीस राजा पाछे॥ ३०॥
लाफी बियाबान बन भीतरे, बरहा ओयलुन दिलो।
हाथी घोड़ा जेलग नाईं, असन बाट ने गेलो॥ ३१॥
एकलोय राजा बन भीतरे, भारी डंड बल रहे।
बलेबल राजा पसू पाठ के, छांडते नी रहे॥ ३२॥

कोल बिलोकि भूप बड़ धीरा। भागि पैठ गिरिगुहाँ गभीरा॥
अगम देखि नृप अति पछिताई। फिरेउ महाबन परेउ भुलाई॥ ४॥

दो०– खेद खिन्न छुद्धित तृषित राजा बाजि समेत।
खोजत ब्याकुल सरित सर जल बिनु भयउ अचेत॥ १५७॥

चौ०– फिरत बिपिन आश्रम एक देखा। तहँ बस नृपति कपट मुनिबेषा॥
जासु देस नृप लीन्ह छड़ाई। समर सेन तजि गयउ पराई॥ १॥

समय प्रतापभानु कर जानी। आपन अति असमय अनुमानी॥
गयउ न गृह मन बहुत गलानी। मिला न राजहि नृप अभिमानी॥ २॥

रिस उर मारि रंक जिमि राजा। बिपिन बसइ तापस कें साजा॥
तासु समीप गवन नृप कीन्हा। यह प्रतापरबि तेहिं तब चीन्हा॥ ३॥

राउ तृषित नहिं सो पहिचाना। देखि सुबेष महामुनि जाना॥
उतरि तुरग तें कीन्ह प्रनामा। परम चतुर न कहेउ निज नामा॥ ४॥

दो०– भूपति तृषित बिलोकि तेहिं सरबरु दीन्ह देखाइ।
मज्जन पान समेत हय कीन्ह नृपति हरषाइ॥ १५८॥

चौ०– गै श्रम सकल सुखी नृप भयऊ। निज आश्रम तापस लै गयऊ॥
आसन दीन्ह अस्त रबि जानी। पुनि तापस बोलेउ मृदु बानी॥ १॥

को तुम्ह कस बन फिरहु अकेलें। सुंदर जुबा जीव परहेलें॥
चक्रबर्ति के लच्छन तोरें। देखत दया लागि अति मोरें॥ २॥

नाम प्रतापभानु अवनीसा। तासु सचिव मैं सुनहु मुनीसा॥
फिरत अहेरें परेउँ भुलाई। बड़े भाग देखेउँ पद आई॥ ३॥

हम कहँ दुर्लभ दरस तुम्हारा। जानत हौं कछु भल होनिहारा॥
कह मुनि तात भयउ अँधियारा। जोजन सत्तरि नगरु तुम्हारा॥ ४॥

दो०– निसा घोर गम्भीर बन पंथ न सुनहु सुजान।
बसहु आजु अस जानि तुम्ह जाएहु होत बिहान॥ १५९ (क)॥

राजा के धीरजाहा दखुन, डोंगरी करपन ने गेलो।
फिरलो राजा कठिन दखुन, बाट भुलकुन गेलो॥ ३३॥

१५७ राजा घोड़ा थाकुन गेला, भूख पियास ने भारी।
नंदी तरई डगराते बुलत, पानी बिगर अवगत भारी॥ ३४॥

बन ने बुलते बाटे गोटोक, कुड़िया राजा दखलो।
हुता कपटी मुनी भेस ले, राजा गोटोक रलो॥ ३५॥
जेचो राज के प्रतापभानु, जीतुन धरुन रहे।
फउद छांडुन जुद्ध ले परालो, एथा लुकुन रहे॥ ३६॥
बेरा परतापभानु चो, आपलो कुबेरा दखलो।
नी उलटलो टेडमाहा, राजा के नी भेटलो॥ ३७॥
दारिदर माहा रीस धरुन, तपसी भेस ने रहे।
राजा तेचोय लगे गेलो, चिताउन ओगाय रहे॥ ३८॥
पियास किरता राजा तेके, चिताउक नी सकलो।
सुदर भेस ने दखुन भाती, महमुनी समँझलो॥ ३९॥
घोड़ा ले उतरून राजा आगे, मान ले परनाम करलो।
चतुर होतो किरता राजा, आपलो नावँ नी सांगलो॥ ४०॥

१५८ पियास ने राजा के दखुन, तरई दखाउन दिलो।
हरीक राजा घोड़ा संगे, नहालो पानी खदलो॥ ४१॥

थाकी गेली राजा सुखी, लपसी आसरम निलो।
बेर बसतो बेरा दखुन, बसुक आसन दिलो॥ ४२॥
फेर सुसार गोठ ले पूछे, जुवान कोन तूमी।
जिवना चो फिकर नी करते, राने बुलासीस तुमी॥ ४३॥
चकरबरती राजा चो लच्छ, तुमचो ने दखन।
भारी दया लागेसे मोके, तुमचो गुन दखुन॥ ४४॥
परतापभानु राजा चो मुनी, देवान आयँ मयँ।
पारद करते भुलकुन एथा, इलो आयँ मय॥ ४५॥
बड़े भाग जे एथा एउन, पायँ चो दरस करले।
मोके केवई नी मिरली जे, हुन दरसन पावले॥ ४६॥
एइ ने मोके असन जनाएसे, भलइ होएदे एदाँय।
सत्तर जोजन तुमचो सहर, होली अँधार एदाँय॥ ४७॥

१५९ (क) सजन सुना चिमचिमा अंधार, बियानान बन आय।
वाट बले नीआय मानुन, बिहाने जहासे काय॥ ४८॥

तुलसी जसि भवतब्यता तैसी मिलइ सहाइ।
आपुनु आवइ ताहि पहिं ताहि तहाँ लै जाइ॥ १५९ (ख)॥

चौ०– भलेहिं नाथ आयसु धरि सीसा। बाँधि तुरग तरु बैठ महीसा॥
नृप बहु भाँति प्रसंसेउ ताही। चरन बंदि निज भाग्य सराही॥ १॥

पुनि बोले मृदु गिरा सुहाई। जानि पिता प्रभु करउँ ढिठाई॥
मोहि मुनीस सुत सेवक जानी। नाथ नाम निज कहहु बखानी॥ २॥

तेहि न जान नृप नृपहि सो जाना। भूप सुहृद सो कपट सयाना॥
बैरी पुनि छत्री पुनि राजा। छल बल कीन्ह चहइ निज काजा॥ ३॥

समुझि राजसुख दुखित अराती। अवाँ अनल इव सुलगइ छाती॥
सरल बचन नृप के सुनि काना। बयर सँभारि हृदयँ हरषाना॥ ४॥

दो०– कपट बोरि बानी मृदुल बोलेउ जुगुति समेत।
नाम हमार भिखारि अब निर्धन रहित निकेत॥ १६०॥

चौ०– कह नृप जे बिग्यान निधाना। तुम्ह सारिखे गलित अभिमाना॥
सदा रहहिं अपनपौ दुराएँ। सब बिधि कुसल कुबेष बनाएँ॥ १॥

तेहि तें कहहिं संत श्रुति टेरें। परम अकिंचन प्रिय हरि केरें॥
तुम्ह सम अधन भिखारि अगेहा। होत बिरंचि सिवहि संदेहा॥ २॥

जोसि सोसि तव चरन नमामी। मो पर कृपा करिअ अब स्वामी॥
सहज प्रीति भूपति कै देखी। आपु बिषय बिस्वास बिसेषी॥ ३॥

सब प्रकार राजहि अपनाई। बोलेउ अधिक सनेह जनाई॥
सुनु सतिभाउ कहउँ महिपाला। इहाँ बसत बीते बहु काला॥ ४॥

दो०– अब लगि मोहि न मिलेउ कोउ मैं न जनावउँ काहु।
लोकमान्यता अनल सम कर तप कानन दाहु॥ १६१ (क)॥

सो०– तुलसी देखि सुबेषु भूलहिं मूढ़ न चतुर नर।
सुंदर केकिहि पेखु बचन सुधा सम असन अहि॥ १६१ (ख)॥

१५९ (ख) तुलसी जसन होनी रहेसे, साहा मिरेसे हुसनेय।
आपने एएसे तेचो लगे, नाहले हुताय नेय॥ ४९॥

आले परभू बलुन राजा, हुकुम माथा चेधाउन।
पुरे तेचो बसुन दिलो, घोड़ा रुखे बांधुन॥ ५०॥
खुबे रकम ले मान बड़इ, तेचो करे राजा।
पायँ के बिनाते जावत, भाग सहराते राजा॥ ५१॥
फेर सुसार गोठ ले बललो, भगवान आपलो जानुन।
नी बलतो गोठ बलेंसे, तुमके बूबा मानुन॥ ५२॥
मुनी तुमी नावँ गाँव के, साँगा सेउक जानुन।
कपटी चितालो राजा के, पूछे राजा नी जानुन॥ ५३॥
राजा मन ले सफा रहे, कपटी चतुर रहे।
बयरी छतरी फेर राजा, अल बल नेतते रहे॥ ५४॥
राज सुख के सुरता करते, बयरी दुखी रहे।
कुम्हार आवा माहा छाती, भीतरे जरते रहे॥ ५५॥
सुदर सहज सरल गोठ के, हुन काने सुनुन।
मनेमन आपने हरीक होए, बइर के सुरता करून॥ ५६॥

१६० कपट मिसाउन नंगत उआटुन, सुसार गोठ बललो।
मोचो नावँ आय भीख मांगू, घर दुआर नाहलो॥ ५७॥

राजा बललो तुमचोय माहा, बिग्यान धनी आसोत।
कुबेस धरुन रूप लुकाउन, घमंड ले गुचुन आसोत॥ ५८॥
संत वेद गोहारुन बलसोत, मान घमंड छांडलो लोग।
भगवान के बले हुसनेय, भायसे नंगत लोग॥ ५९॥
तुमचो माहा मांगाखया, घर नाहलोके दखुन।
ब्रह्मा सिव के भरम होएसे, रूप गुन के दखुन॥ ६०॥
जेबल आहास आहास तुमी, बिनाएँसे मयँ पायँ।
मोचो ऊपरे दया करा, तुमचो सेउक आँय॥ ६१॥
आपलो उपर राजा चो नया, बिस्वास भरोस दखुन।
सपा रकम ले हाते करलो, खुबे मया करुन॥ ६२॥
सुन एदायँ मयँ बलेंसे, जेंके सत तुइ जान।
खुदे दिन होलीसे रते, एथा मोचो मान॥ ६३॥

१६१ (क) कोनी नी भेटला एबतले, मयँ बल भेट नी करें।
लोक ने मान आइग माहा, तप के लाखड़ी करे॥ ६४॥

१६१ (ख) तुलसी सुन्दर भेस ले मूरुख, चतुर बल भटुन जासोत।
सुन्दर मंसूर चो अमरित गोठ, जे साँप के खासोत॥ ६५॥

चौ०– तातें गुपुत रहउँ जग माहीं। हरि तजि किमपि प्रयोजन नाहीं॥
प्रभु जानत सब बिनहिं जनाएँ। कहहु कवनि सिधि लोक रिझाएँ॥ १॥

तुम्ह सुचि सुमति परम प्रिय मोरें। प्रीति प्रतीति मोहि पर तोरें॥
अब जौं तात दुरावउँ तोही। दारुन दोष घटइ अति मोही॥ २॥

जिमि जिमि तापसु कथइ उदासा। तिमि तिमि नृपहि उपज बिस्वासा॥
देखा स्वबस कर्म मन बानी। तब बोला तापस बगध्यानी॥ ३॥

नाम हमार एकतनु भाई। सुनि नृप बोलेउ पुनि सिरु नाई॥
कहहु नाम कर अरथ बखानी। मोहि सेवक अति आपन जानी॥ ४॥

दो०– आदिसृष्टि उपजी जबहिं तब उतपति भै मोरि।
नाम एकतनु हेतु तेहि देह न धरी बहोरि॥ १६२॥

चौ०– जनि आचरजु करहु मन माहीं। सुत तप तें दुर्लभ कछु नाहीं॥
तपबल तें जग सृजइ बिधाता। तपबल बिष्नु भए परित्राता॥ १॥

तपबल संभु करहिं संघारा। तप तें अगम न कछु संसारा॥
भयउ नृपहि सुनि अति अनुरागा। कथा पुरातन कहै सो लागा॥ २॥

करम धरम इतिहास अनेका। करइ निरूपन बिरति बिबेका॥
उदभव पालन प्रलय कहानी। कहेसि अमित आचरज बखानी॥ ३॥

सुनि महीप तापस बस भयऊ। आपन नाम कहन तब लयऊ॥
कह तापस नृप जानउँ तोही। कीन्हेहु कपट लाग भल मोही॥ ४॥

सो०– सुनु महीस असि नीति जहँ तहँ नाम न कहहिं नृप।
मोहि तोहि पर अति प्रीति सोइ चतुरता बिचारि तव॥ १६३॥

सवँसार ले एइ काज, लुकुन भाती आसें।
हरी के छांडुन काचोय ले, मतलब नाहलो आसें॥ ६६॥
बिगर जनावलो ने बले भगवान, जानसोत सपा के।
काय सिद्धि मिरेदे सांग, रिझालोने सपा के॥ ६७॥
तुमी पबितर सुन्दर गियानी, मोके भावलास खुबे।
हुसनेय तुमचो उपरे एदाँय, मोके भरोसा खुबे॥ ६८॥
भाई एदाँय तुमचोले, काईं लुकाउन रले।
मोके दोस भारी लागेदे, काई के नी सांगले॥ २९॥
गुचतो गोठ के जसन जसन, तपसी बलते जाए।
हुसने हुसने भानू राजा के, भरोसा होते जाए॥ ७०॥
कोकोड़ा माहा धियान धरू, कपटी मुनी दखलो।
राजा के मन गोठ करम ले, आपलो हाते करलो॥ ७१॥
बललो एकतनु नावँ मोचो, पूछला राजा सुनुन।
अरथ समझाउन नावँ चो सांगा, आपलो सेउक जानुन॥ ७२॥

१६२ आदिसृष्टी उपजली जबले, होलीसे जनम मोचो।
फेर दूसर देंह नी धरले एकतनु नावँ आय मोचो॥ ७३॥

असन नीआय काईं बले जे, तप ले मिरुक नी सके।
मन ने अचरित नी होआ काय, तप काय नी सके॥ ७४॥
जग गढ़न देसोत ब्रह्मा, तप चो जोर ले जाना।
पोसेसे बिस्नू सवँसार के, तप सकत ले माना॥ ७५॥
मोरेसे रुद्र सवँसार के, तप चो सकत उरे।
असन काईं जिनिस नीआय, जे तप ले नी मिरे॥ ७६॥
सुनुन मन ने मया बादली, राजा चो तपी ले।
जूना-जूना कथा सांगे, बसुन राजा के॥ ७७॥
करम धरम बरन बरन, कहनी कथा बलते।
उजर पाड़े ग्यान बैराग चो, बरन गोठ बलते॥ ७८॥
सुष्टि जनम जिवना परलय, अटपटमन के सांगे।
सुनुन राजा तपसी हाते, होउन गेलो आगे॥ ७९॥
मयँ तुमके जानेंसे राजा, तपसी बललो फेर।
मोके भावली कपट करलोर, सांगेंसे सुना फेर॥ ८०॥

१६३ नीती आय राजा आपलो, नावँ नी सांगत गुलाय।
एइ चलाकी तुचो दखुन, मया होलीसे काय॥ ८१॥

तुचो नावँ आय परतापभानू, सतकेतू बूबा आय।
हानी दखुन नी बलें मयँ, गुरु किरपा ले जानू आयँ॥ ८२॥

चौ०– नाम तुम्हार प्रताप दिनेसा। सत्यकेतु तव पिता नरेसा॥
गुर प्रसाद सब जानिअ राजा। कहिअ न आपन जानि अकाजा॥ १॥

देखि तात तव सहज सुधाई। प्रीति प्रतीति नीति निपुनाई॥
उपजि परी ममता मन मोरें। कहउँ कथा निज पूछे तोरें॥ २॥

अब प्रसन्न मैं संसय नाहीं। मागु जो भूप भाव मन माहीं॥
सुनि सुबचन भूपति हरषाना। गहि पद बिनय कीन्हि बिधि नाना॥ ३॥

कृपासिंधु मुनि दरसन तोरें। चारि पदारथ करतल मोरें॥
प्रभुहि तथापि प्रसन्न बिलोकी। मागि अगम बर होउँ असोकी॥ ४॥

दो०– जरा मरन दुख रहित तनु समर जितै जनि कोउ।
एकछत्र रिपुहीन महि राज कलप सत होउ॥ १६४॥

चौ०– कह तापस नृप ऐसेइ होऊ। कारन एक कठिन सुनु सोऊ॥
कालउ तुअ पद नाइहि सीसा। एक बिप्रकुल छाड़ि महीसा॥ १॥

तपबल बिप्र सदा बरिआरा। तिन्ह के कोप न कोउ रखवारा॥
जौं बिप्रन्ह बस करहु नरेसा। तौ तुअ बस बिधि बिष्नु महेसा॥ २॥

चल न ब्रह्मकुल सन बरिआई। सत्य कहउँ दोउ भुजा उठाई॥
बिप्र श्राप बिनु सुनु महिपाला। तोर नास नहिं कवनेहुँ काला॥ ३॥

हरषेउ राउ बचन सुनि तासू। नाथ न होइ मोर अब नासू॥
तव प्रसाद प्रभु कृपानिधाना। मो कहुँ सर्ब काल कल्याना॥ ४॥

दो०– एवमस्तु कहि कपट मुनि बोला कुटिल बहोरि।
मिलब हमार भुलाब निज कहहु त हमहि न खोरि॥ १६५॥

चौ०– तातें मैं तोहि बरजउँ राजा। कहें कथा तव परम अकाजा॥
छठें श्रवन यह परत कहानी। नास तुम्हार सत्य मम बानी॥ १॥

यह प्रगटें अथवा द्विजश्रापा। नास तोर सुनु भानुप्रतापा॥
आन उपायँ निधन तव नाहीं। जौं हरि हर कोपहिं मन माहीं॥ २॥

मया भरोसा सोन टकर, नीति ने चतुर दखुन।
खुबे मया उपजली मन ने, सांगेंसे पूछलो सुनुन॥ ८३॥
भरम नी कर हरीक मयँ, माँग जसन जे भाय।
हरीक ले पायँ धरुन राजा, कह रकम ले बिनाँय॥ ८४॥
तुमचो दरसन ले चारों पदारथ, मूठा ने मोचो इली।
बलेबल परभू के हरीक दखुन, मन ने मोचो इली॥ ८५॥
नी मिरतो बरदान के, मांगुन भाती मयँ।
कायकाजे ये जीवना दुखले, नी अलगें मयँ॥ ८६॥

१६४ देंह सियानपन मउत दुख ले, एकेदाँय फुसकुन जाओ।
लड़इ भाठा ने कोनी बयरी, मोके नी जीतुक पाओ॥ ८७॥

सौ कलप गोटकी छतर ने, रहो मोचो राज।
बयरी नाहलो पिरथी ने, सुख ने रहो राज॥ ८८॥
दासी बलली असने होएदे, गोटोक गोठ अटपट।
जेके नंगत सुनुन रहा, जे आय भारी अटपट॥ ८९॥
पिरथी चो मालिक गोटोक, बाम्हन कुल के छांडुन।
काल बले तुचो पायँ ने, मुंड लवाँएदे एउन॥ ९०॥
तप सकत ले बाम्हनमन, हमेस बली रसोत।
तिहँचो रीस ले भगवान बले, साहा नी होसोत॥ ९१॥
राजा जे बाम्हन मन के, करलोने आपलो हाते।
ब्रह्मा बिस्नू महेस बले, रदे तुमचो हाते॥ ९२॥
तेमन उपरे बरपेला, काई होउक नी सके।
दुनों बाहाँ उठाउन मयँ, बलेंसे ए सते॥ ९३॥
बाम्हन सराप बिगर राजा, नास नी होएदे तुमचो।
राजा महराज हरीक होलो, गोठ के सुनुन तेचो॥ ९४॥
बलुक धरलो मालिक मोचो, एदाँय नास नी होएदे।
किरपा करु तुमचो किरपा ले, सपा भलइ होएदे॥ ९५॥

१६५ छलबाज बलली असने होओ, दोस नी देसे तेबे।
आमचो भेट के भुलकुन जाले, काकेय नी सांगसे तेबे॥ ९६॥

एइकाज तुमके मना करेंसे, जे ए गोठ के बलले।
तुमचो भारी हानी होएदे, सत गोठ के बलले॥ ९७॥
छय कान ने गोठ पड़ले, तुमचो नास होएदे।
मोचो गोठ के सत माना, असने ने नास होएदे॥ ९८॥
परतापभानु सुना ए गोठ, जे परगट एके करले।
नाहले तुमचो नास जे बाम्हन, सराप देउन दिले॥ ९९॥

सत्य नाथ पद गहि नृप भाषा। द्विज गुर कोप कहहु को राखा॥
राखइ गुर जौं कोप बिधाता। गुर बिरोध नहिं कोउ जग त्राता॥ ३॥

जौं न चलब हम कहे तुम्हारें। होउ नास नहिं सोच हमारें॥
एकहिं डर डरपत मन मोरा। प्रभु महिदेव श्राप अति घोरा॥ ४॥

दो०– होहिं बिप्र बस कवन बिधि कहहु कृपा करि सोउ।
तुम्ह तजि दीनदयाल निज हितू न देखउँ कोउ॥ १६६॥

चौ०– सुनु नृप बिबिध जतन जग माहीं। कष्टसाध्य पुनि होहिं कि नाहीं॥
अहइ एक अति सुगम उपाई। तहाँ परंतु एक कठिनाई॥ १॥

मम आधीन जुगुति नृप सोई। मोर जाब तव नगर न होई॥
आजु लगें अरु जब तें भयऊँ। काहू के गृह ग्राम न गयऊँ॥ २॥

जौं न जाउँ तव होइ अकाजू। बना आइ असमंजस आजू॥
सुनि महीस बोलेउ मृदु बानी। नाथ निगम असि नीति बखानी॥ ३॥

बड़े सनेह लघुन्ह पर करहीं। गिरि निज सिरनि सदा तृन धरहीं॥
जलधि अगाध मौलि बह फेनू। संतत धरनि धरत सिर रेनू॥ ४॥

दो०– अस कहि गहे नरेस पद स्वामी होहु कृपाल।
मोहि लागि दुख सहिअ प्रभु सज्जन दीनदयाल॥ १६७॥

चौ०– जानि नृपहि आपन आधीना। बोला तापस कपट प्रबीना॥
सत्य कहउँ भूपति सुनु तोही। जग नाहिन दुर्लभ कछु मोही॥ १॥

अउर काईं करम ले तुमचो, मउत होउक नी सके।
ब्रह्म संकर मन ने रीस, करले बल नी सके॥ १००॥
मुनी पायँ के धरुन राजा, बललो सत एइ आय।
बाम्हन गुरु रीस ले बला, कोन बचाउ आय॥ १०१॥
बाम्हन केबइ रीस होलोने, गुरु बचाउक सके।
गुरु ले बइर करले पेर, कोनी बचाउक नी सके॥ १०२॥
तुमचो बललो असन जे मय, नी मान ले जाले।
मोचो नास होउन जाओ, फिकर नी आय आले॥ १०३॥
मोचो मन जाले हे भगवान, गोटकी डर ले डरे।
बाम्हन सराप भारी अटपट, ते चो ले मय डरें॥ १०४॥

१६६ किरपा करुन सांगा बाम्हन, हाते होदे कसन।
काकेय नी दखें आपलो हितू, एदाँय तुमचो जसन॥ १०५॥

सुन राजा बरन उआट, सवँसार ने आसोत।
मान्तर तेके साधतो काजे, कठिन होउन जासोत॥ १०६॥
तेमे बल हुनचो फल, मिरेदे कि नी मिरे।
कठिन आसे गोटोक उआट, जे सहज ले मिरे॥ १०७॥
राजा नंगत सुन उआट, हाते आस मोचो।
जातोर होउक नी सके, तुमचो राज ने मोचो॥ १०८॥
जबले मोचो जनम होली से, आज लगले मयँ।
काचोई बल घर गांव ने, नी गेलेंसे मयँ॥ १०९॥
मान्तर मोचो नी गेलो ने, कारज नसेदे तुचो।
गोटोक दुबधा एइ पड़ली, गोठ नी पड़े मोचो॥ ११०॥
सुनुन राजा सुसार गोठ ले, बललो देव सुना।
बेद असन नीती बलसोत जेंके तुमी गुना॥ १११॥
बड़े लोग नानी उपरे भारी मया करसोत।
पहाड़ आपलो मुंड उपरे, रोंडा के बल धरसोत॥ ११२॥
अपार समुंद आपलो उपरे, रहेसे फेफल घरुन।
भुई के दखा मुंड उपरे, राखेसे धुरला धरुन॥ ११३॥

१६७ असन बलते पायँ के धरुन, बललो दया करा।
संत गरीब के साहा होऊ, इतरो डंड के सहा॥ ११४॥

कपट ने चतुर तपसी बललो, जानुन राजा के हाते।
सत बलेंसे असन काईं जे, नीआय मोचो हाते॥ ११५॥
मन करम भासा ले तुई, मोचो भगत आस।
मय कारज अवस करेंदे, मोके मानलो आस॥ ११६॥

अवसि काज मैं करिहउँ तोरा। मन तन बचन भगत तैं मोरा॥
जोग जुगुति तप मंत्र प्रभाऊ। फलइ तबहिं जब करिअ दुराऊ॥ २॥

जौं नरेस मैं करौं रसोई। तुम्ह परुसहु मोहि जान न कोई॥
अन्न सो जोइ जोइ भोजन करई। सोइ सोइ तव आयसु अनुसरई॥ ३॥

पुनि तिन्ह के गृह जेवँइ जोऊ। तव बस होइ भूप सुनु सोऊ॥
जाइ उपाय रचहु नृप एहू। संबत भरि संकलप करेहू॥ ४॥

दो०– नित नूतन द्विज सहस सत बरेहु सहित परिवार।
मैं तुम्हरे संकलप लगि दिनहिं करबि जेवनार॥ १६८॥

चौ०– एहि बिधि भूप कष्ट अति थोरें। होइहहिं सकल बिप्र बस तोरें॥
करिहहिं बिप्र होम मख सेवा। तेहिं प्रसंग सहजेहिं बस देवा॥ १॥

और एक तोहि कहउँ लखाऊ। मैं एहि बेष न आउब काऊ॥
तुम्हरे उपरोहित कहुँ राया। हरि आनब मैं करि निज माया॥ २॥

तपबल तेहि करि आपु समाना। रखिहउँ इहाँ बरष परवाना॥
मैं धरि तासु बेषु सुनु राजा। सब बिधि तोर सँवारब काजा॥ ३॥

गै निसि बहुत सयन अब कीजे। मोहि तोहि भूप भेंट दिन तीजे॥
मैं तपबल तोहि तुरग समेता। पहुँचैहउँ सोवतहि निकेता॥ ४॥

दो०– मैं आउब सोइ बेषु धरि पहिचानेहु तब मोहि।
जब एकांत बोलाइ सब कथा सुनावौं तोहि॥ १६९॥

चौ०– सयन कीन्ह नृप आयसु मानी। आसन जाइ बैठ छलग्यानी॥
श्रमित भूप निद्रा अति आई। सो किमि सोव सोच अधिकाई॥ १॥

कालकेतु निसिचर तहँ आवा। जेहिं सूकर होइ नृपहि भुलावा॥
परम मित्र तापस नृप केरा। जानइ सो अति कपट घनेरा॥ २॥

तेहि के सत सुत अरु दस भाई। खल अति अजय देव दुखदाई॥
प्रथमहिं भूप समर सब मारे। बिप्र संत सुर देखि दुखारे॥ ३॥

तेहिं खल पाछिल बयरु सँभारा। तापस नृप मिलि मंत्र बिचारा॥
जेहिं रिपु छय सोइ रचेन्हि उपाऊ। भावी बस न जान कछु राऊ॥ ४॥

जोग जुगती तप मन्तर, लुकाउन करलोने।
सिद्ध होउन फल देएसे, उआटुन करलोने॥ ११७॥
राजा मय जे रांधा करें, तुई परसते जाव।
मोके हुता कोनी बले, नी जानुक पाव॥ ११८॥
हुन अरन के जे जे बल, तु चो हाते खादे।
ते ते तुचो हुकुम मानेया, तुरते होउन जादे॥ ११९॥
तिहँचो धरे जेबल खादे, ते बल होदें हाते।
एइ उआट काजे संकलप, कर बरख भर काजे॥ १२०॥

१६८ कुटुम संगे नेवतसे लाख, बाम्हन नवा रोजे।
तुचो संकलप माहा मय, राधुन देएंदे सोजे॥ १२१॥

असन ने खिंडिक डंड ले, बाम्हन हाते होदे।
बाम्हन चो होम सेवा ले देव, सहज हाते होदे॥ १२२॥
गोटोक चिन्हार सांगुन रहेंसे, नी एएँ ए रूप धरून।
आपलो माया ले तुचो सुआर के, आनेंदे गजा चोरून॥ १२३॥
तप जार ले आपलो माहा, राखेंदे बरख एथा।
हुनचो रूप ले सिद्ध करेंदे, एउन भाती उथा॥ १२४॥
रात होली सोवा भेटेंदे, तीसर दिने मयँ।
तप जोरले घोड़ा संगे, घरे अमराएंदे मयँ॥ १२५॥

१६९ हुनी सुआर चो भेस ने, एकलो ठान लग तुके।
सपा कथा सांगले जाले, तई चितासे मोके॥ १२६॥

हुकुम मानुन राजा सोवलो, छलबाज आसन बसालो।
सोवते राजा के झूमा इली रहे खुदे थाकलो॥ १२७॥
मान्तर कपटी कसन सोवतो, तेके तो फिकर रहे।
कालकेतु रकसा उथा इलो, जे बरहा होउन रहे॥ १२८॥
हुनी राजा के भटाउन आनलो, तपी चो भारी मीत।
छल परपंच ले भरपूर रहे, कपटी छलबाज रीत॥ १२९॥
दस भाई सौ बेटा तेचो, भारी दुसट रहोत।
काचोय ले नी जीतती लाइक, देव के बिटाते रहोत॥ १३०॥
ब्राम्हन संत देव के दुखी, दखुन भाती राजा।
सपा के आगे मारून रहे, लड़ई ने बली राजा॥ १३१॥
दुसट पाछे चो बइर धरून, तपसी ले मति बांधुन।
जसन ने बयरी चो नास होओ, हुसन उआट करून॥ १३२॥
होनी पुरे राजा बले, समझुक नी सकलो।
छली कपटी चाल ने हुन, एउन भाती पड़लो॥ १३३॥

दो०– रिपु तेजसी अकेल अपि लघु करि गनिअ न ताहु।
अजहुँ देत दुख रबि ससिहि सिर अवसेषित राहु॥ १७०॥

तापस नृप निज सखहि निहारी। हरषि मिलेउ उठि भयउ सुखारी॥
मित्रहि कहि सब कथा सुनाई। जातुधान बोला सुख पाई॥ १॥

अब साधेउँ रिपु सुनहु नरेसा। जौं तुम्ह कीन्ह मोर उपदेसा॥
परिहरि सोच रहहु तुम्ह सोई। बिनु औषध बिआधि बिधि खोई॥ २॥

कुल समेत रिपु मूल बहाई। चौथें दिवस मिलब मैं आई॥
तापस नृपहि बहुत परितोषी। चला महाकपटी अतिरोषी॥ ३॥

भानुप्रतापहि बाजि समेता। पहुँचाएसि छन माझ निकेता॥
नृपहि नारि पहिं सयन कराई। हयगृहँ बाँधेसि बाजि बनाई॥ ४॥

दो०– राजा के उपरोहितहि हरि लै गयउ बहोरि।
लै राखेसि गिरि खोह महुँ मायाँ करि मति भोरि॥ १७१॥

चौ०– आपु बिरचि उपरोहित रूपा। परेउ जाइ तेहि सेज अनूपा॥
जागेउ नृप अनभएँ बिहाना। देखि भवन अति अचरजु माना॥ १॥

मुनि महिमा मन महुँ अनुमानी। उठेउ गवँहि जेहिं जान न रानी॥
कानन गयउ बाजि चढ़ि तेहीं। पुर नर नारि न जानेउ केहीं॥ २॥

गएँ जाम जुग भूपति आवा। घर घर उत्सव बाज बधावा॥
उपरोहितहि देख जब राजा। चकित बिलोक सुमिरि सोइ काजा॥ ३॥

जुग सम नृपहि गए दिन तीनी। कपटी मुनि पद रह मति लीनी॥
समय जानि उपरोहित आवा। नृपहि मते सब कहि समुझावा॥ ४॥

दो०– नृप हरषेउ पहिचानि गुरु भ्रम बस रहा न चेत।
बरे तुरत सत सहस बर बिप्र कुटुंब समेत॥ १७२॥

चौ०– उपरोहित जेवनार बनाई। छरस चारि बिधि जसि श्रुति गाई॥
मायामय तेहिं कीन्हि रसोई। बिंजन बहु गनि सकइ न कोई॥ १॥

बिबिध मृगन्ह कर आमिष राँधा। तेहि महुँ बिप्र माँसु खल साँधा॥
भोजन कहुँ सब बिप्र बोलाए। पद पखारि सादर बैठाए॥ २॥

१७० नानी नी जाना बली बयरी के, एकलो होले बले।
जोन सुरुज के राहु बिटायसे, मुंडेऽच बाचली बले॥ १३४॥

जाउन सोउन रव एदाँय, मय दखेंदे एबे।
बिगर ओखत भगवान बले, रोग सारला तेबे॥ १३७॥
कांदा जड़ संगे बियरी के, कुटुम संगे बोहराउन।
आज ले चउथ दिन भेटेंदे, सपा बानी सुधाराउन॥ १३८॥
तपसी राजा के समझाउन, भरोसा देउन रक्सा।
माया बिता रीसे-रीस, रेंगलो रिसहा रक्सा॥ १३९॥
परतापभानु के घोड़ा संगे, डंडिक ने अमराउन दिलो।
राजा के रानी लगे सेवाउन, घोड़ा पैगा ने बांधुन दिलो॥ १४०॥

१७१ राजा पुरोहित के चोरुन निलो, माया जोर ले असुर।
गुडरी करपन ने राखलो तेके, भरमाउन बुध के असुर॥ १४१॥

आपन सुन्दर डसना ने, पुरोहित भेस के धरून।
अचरित राजा आपन ले, आपला घरे दखुन॥ १४२॥
मन ने मुनी चो महेमा सहराउन, धीरे उठलो राजा।
जेंके रानी जानुक नी पाओ, असन निकरलो राजा॥ १४३॥
फेर हुनी घोड़ा ने चेघुन, बन बाट जाते गेलो।
सहर ने कोनी जानुक नी सकला, राजा चो इलो गेलो॥ १४४॥
मंझन जीतलो पाछे राजा, सहर भीतर इला।
घर घर ने हरीक होली, बाजा बजाउक घरला॥ १४५॥
सुवार के दखते सुरता करून, राजा नंगत दखे।
जुग माहा तीन दिन कटली, सुरता करते तेके॥ १४६॥
सांगलो बेरा ने हुनी पुरोहित, राजा पुरे इलो।
गुपत गोठ जे रहे तेके, समझाउन बलुन दिलो॥ १४७॥

१७२ भरम ले राजा गुपुन रहे, गुरु के चिताउन हरीक।
कुटुम संगे एक लाख बाम्हन, नेवतलो हरीक हरीक॥ १४८॥

छय बानी चो बेद रीती ले, सुवार रांधलो रांधा।
गनुक नी होय इतरो बानी, बरन जिनिस चो रांधा॥ १४९॥
कई रकम चो पसु माँस संगे, हुन दुसट रक्सा।
बाम्हन माँस के मिसाउन दिलो, कपटी छली रक्सा॥ १५०॥
राजा बलाला बाम्हन मनके, सपा चो पायँ धोउन।
आपन सपा के परसुक धरला, भारी मानले बसाउन॥ १५१॥
तेबेय छली कालकेतू, अकाल ले करलो गोठ।
उठुन जाहा सपा बाम्हन, राधा ने आसे खोट॥ १५२॥

परुसन जबहिं लाग महिपाला। भै अकासबानी तेहि काला॥
बिप्रबृंद उठि उठि गृह जाहू। है बड़ि हानि अन्न जनि खाहू॥ ३॥

भयउ रसोईं भूसुर माँसू। सब द्विज उठे मानि बिस्वासू॥
भूप बिकल मति मोहँ भुलानी। भावी बस न आव मुख बानी॥ ४॥

दो०– बोले बिप्र सकोप तब नहिं कछु कीन्ह बिचार।
जाइ निसाचर होहु नृप मूढ़ सहित परिवार॥ १७३॥

चौ०– छत्रबंधु तैं बिप्र बोलाई। घालै लिए सहित समुदाई॥
ईस्वर राखा धरम हमारा। जैहसि तैं समेत परिवारा॥ १॥

संबत मध्य नास तव होऊ। जलदाता न रहिहि कुल कोऊ॥
नृप सुनि श्राप बिकल अति त्रासा। भै बहोरि बर गिरा अकासा॥ २॥

बिप्रहु श्राप बिचारि न दीन्हा। नहिं अपराध भूप कछु कीन्हा॥
चकित बिप्र सब सुनि नभबानी। भूप गयउ जहँ भोजन खानी॥ ३॥

तहँ न असन नहिं बिप्र सुआरा। फिरेउ राउ मन सोच अपारा॥
सब प्रसंग महिसुरन्ह सुनाई। त्रसित परेउ अवनीं अकुलाई॥ ४॥

दो०– भूपति भावी मिटइ नहिं जदपि न दूषन तोर।
किएँ अन्यथा होइ नहिं बिप्रश्राप अति घोर॥ १७४॥

चौ०– अस कहि सब महिदेव सिधाए। समाचार पुरलोगन्ह पाए॥
सोचहिं दूषन दैवहि देहीं। बिरचत हंस काग किय जेहीं॥ १॥

उपरोहितहि भवन पहुँचाई। असुर तापसहि खबरि जनाई॥
तेहिं खल जहँ तहँ पत्र पठाए। सजि सजि सेन भूप सब धाए॥ २॥

खादले भारी हानी होएदे, बाम्हन माँस आसे।
उबा होल सपा सुनुन, मानुन असने आसे॥ १५३॥
मोह ले दंदरुन रहे राजा, बुध भुलकुन रहे।
होनी माहा मुँह ले तेचो, भाखा फूटते नी रहे॥ १५४॥

१७३ सपा बाम्हन तेबे रीस ले, नी बिचारुन बलला।
मूरुख कुटुम संगे तुइ, रक्सा होव बलला॥ १५५॥

नीच छतरी बाम्हनमन के, कुटुम संगे नेवतुन।
धरम नसाउक दखते रहीस, एथा तुइ नेतुन॥ १५६॥
भगवान साहा होला गुने, बाचली आमचो धरम।
एदोंय तुई कुटुम सगे, नससे करून करम॥ १५७॥
बरख भीतर नास होओ, कुल ने एदाँय तुचो।
जानुन ख पानी देऊ बल, कोनी नी रदे तुचो॥ १५८॥
डाहल बिकल धरमी राजा, डरलो सराप सुनुन।
फेर अकास ले गोठ होली, खुबे सुन्दर गुनुन॥ १५९॥
नी बिचारुन सराप दिलास, बाम्हन तुमी सपा।
राजा महराज काईं अपराध, नी करला एथा॥ १६०॥
अकचकावला बाम्हन सपा, अकास गोठ सुनुन।
रांधा रहे जे ठान ने, राजा गेलो सुनुन॥ १६१॥
दखलो उथा काईं नी रहे, सुमार बल नी रहे।
फिकर करते राजा फिरलो, सांगलो गोठ जे रहे॥ १६२॥
डर चो मारे डाहल बिकल, राजा महराज होए।
पिरथी उपरे पडुन दिलो, भारी दुखी होए॥ १६३॥

१७४ तुचो दोस नोआय बले, होनी नी टरे।
बाम्हन सराप अटपट होएसे, टारले नी टरे॥ १६४॥

असन बलते बाम्हन सपा, उठुन जाते गेला।
सहरेया फिकर ले भगवान के, दोस देउक घरला॥ १६५॥
हाँसा बनाते बनाते जे, काँवरा बनाउन दिलो।
सुआर के घरे अमराउन, राजा के खबर दिलो॥ १६६॥
इसू हेंव कागत पठालो, दुसट राजा लिखुन।
बयरी राजा अमरुन गेला, सपा फउद धरुन॥ १६७॥
डंका पेटते अमरून भाती, सहर के गोंडरून दिला।
रोजे बरन लड़ई होए, सपा के मारते गेला॥ १६८॥
करनी करते सपा बीर, जूझून मरून गेला।
भाई संगे राजा बले, लड़ई ने मरून गेला॥ १६९॥

घेरेन्हि नगर निसान बजाई। बिबिध भाँति नित होइ लराई॥
जूझे सकल सुभट करि करनी। बंधु समेत परेउ नृप धरनी॥ ३॥

सत्यकेतु कुल कोउ नहिं बाँचा। बिप्रश्राप किमि होइ असाँचा॥
रिपु जिति सब नृप नगर बसाई। निज पुर गवने जय जसु पाई॥ ४॥

दो०– भरद्वाज सुनु जाहि जब होइ बिधाता बाम।
धूरि मेरुसम जनक जम ताहि ब्यालसम दाम॥ १७५॥

चौ०– काल पाइ मुनि सुनु सोइ राजा। भयउ निसाचर सहित समाजा॥
दस सिर ताहि बीस भुजदंडा। रावन नाम बीर बरिबंडा॥ १॥

भूप अनुज अरिमर्दन नामा। भयउ सो कुंभकरन बलधामा॥
सचिव जो रहा धरमरुचि जासू। भयउ बिमात्र बंधु लघु तासू॥ २॥

नाम बिभीषन जेहि जग जाना। बिष्नुभगत बिग्यान निधाना॥
रहे जे सुत सेवक नृप केरे। भए निसाचर घोर घनेरे॥ ३॥

कामरूप खल जिनस अनेका। कुटिल भयंकर बिगत बिबेका॥
कृपा रहित हिंसक सब पापी। बरनि न जाहिं बिस्व परितापी॥ ४॥

दो०– उपजे जदपि पुलस्त्यकुल पावन अमल अनूप।
तदपि महीसुर श्राप बस भए सकल अघरूप॥ १७६॥

चौ०– कीन्ह बिबिध तप तीनिहुँ भाई। परम उग्र नहिं बरनि सो जाई॥
गयउ निकट तप देखि बिधाता। मागहु बर प्रसन्न मैं ताता॥ १॥

करि बिनती पद गहि दससीसा। बोलेउ बचन सुनहु जगदीसा॥
हम काहू के मरहिं न मारें। बानर मनुज जाति दुइ बारें॥ २॥

कुल ने कोनी नी बाचला, सतकेतु राजा चो।
सराप कसन फंद होएदे, दिलो बाम्हन चो॥ १७०॥
बयरी के जीतुन सहर बनाउन, हरीक सपा राजा।
जस पावते आपलो आपलो, राज ने गेला राजा॥ १७१॥

१७५ सुना भरद्वाज भगवान जे, उल्टा होउन जाएसे।
धुरला बले सुमेरु माहा, पहाड़ होउन जाएसे॥ १७२॥

बाप बले जम माहा, काल बनुन जाएसे।
डोरी साँप माहा चाबुक, उपर पराउन एएसे॥ १७३॥

* रावन जनम *

परतापभानु राजा मुनी, बेरा पाउन हुनी।
कुटुम संगे रावन नावँ चो, रक्सा होलो हुनी॥ १॥
दस मुंडया कोड़क बाहाँ, भारी सूरबीर रहे।
अरिमर्दन राजा जेचो, नानो भाई रहे॥ २॥
हुन भारी बली होलो, कुम्भकरन हुनचो नावँ।
तिहँचो जे देवान रहत, धरमरुची नावँ॥ ३॥
तेचो सउत भाई नानी, जनमुन होलो हुनी।
बिभीसन नावँ रहे हुनचो, जाहिर नावँ गुनी॥ ४॥
राजा चो बेटा सेउक, जितरो बले रहत।
भारी अटपट रक्सा होला, जितरो कुटुम रहत॥ ५॥
बरन जात चो मन मन चो, भेस धरेया होला।
निरदयी दुसट कपटी बदमास, समंझ नाहलो होला॥ ६॥
पापी सवँसार के डंड देउ, कितसे सांगो तिहँचो।
सांगले बले अमरूक नी होए, असन टकर तिहँचो॥ ७॥

१७६ भले पुलत्स्य चो पबितर सुंदर, कुल ने जनम पावला।
मान्तर बाम्हन सराप किरता, पापी जनम पावला॥ ८॥

तीनों भाई बरन रकम ले, भारी तप के करला।
जेचो महेमा सांगुक नोहोय, असन तप करला॥ ९॥
तिहँचो तप के दखुन ब्रम्हा, रावन लगे जाउन।
बलला तुई बरदान मांग, हरीक मोके पाउन॥ १०॥
पायँ धरून रावन बललो, खुबे बिन्ती करून।
मनुख बेंदरा छांडुन कोनी, जीतुक नी सको लड़ुन॥ ११॥
सिव बलला हुदलदाँय, ब्रह्मा संगे जाउन।
मयँ बल बर देउन रहें, हुपचो तप के मानुन॥ १२॥

एवमस्तु तुम्ह बड़ तप कीन्हा। मैं ब्रह्माँ मिलि तेहि बर दीन्हा॥
पुनि प्रभु कुंभकरन पहिं गयऊ। तेहि बिलोकि मन बिसमय भयऊ॥ ३॥

जौं एहिं खल नित करब अहारू। होइहि सब उजारि संसारू॥
सारद प्रेरि तासु मति फेरी। मागेसि नीद मास षट केरी॥ ४॥

दो०– गए बिभीषन पास पुनि कहेउ पुत्र बर मागु।
तेहिं मागेउ भगवंत पद कमल अमल अनुरागु॥ १७७॥

चौ०– तिन्हहि देइ बर ब्रह्म सिधाए। हरषित ते अपने गृह आए॥
मय तनुजा मंदोदरि नामा। परम सुंदरी नारि ललामा॥ १॥

सोइ मयँ दीन्हि रावनहि आनी। होइहि जातुधानपति जानी॥
हरषित भयउ नारि भलि पाई। पुनि दोउ बंधु बिआहेसि जाई॥ २॥

गिरि त्रिकूट एक सिंधु मझारी। बिधि निर्मित दुर्गम अति भारी॥
सोइ मय दानवँ बहुरि सँवारा। कनक रचित मनिभवन अपारा॥ ३॥

भोगावति जसि अहिकुल बासा। अमरावति जसि सक्रनिवासा॥
तिन्ह तें अधिक रम्य अति बंका। जग बिख्यात नाम तेहि लंका॥ ४॥

दो०– खाईं सिंधु गभीर अति चारिहुँ दिसि फिरि आव।
कनक कोट मनि खचित दृढ़ बरनि न जाइ बनाव॥ १७८ (क)॥

हरि प्रेरित जेहिं कलप जोइ जातुधानपति होइ।
सूर प्रतापी अतुलबल दल समेत बस सोइ॥ १७८ (ख)॥

चौ०– रहे तहाँ निसिचर भट भारे। ते सब सुरन्ह समर संघारे॥
अब तहँ रहहिं सक्र के प्रेरे। रच्छक कोटि जच्छपति केरे॥ १॥

दसमुख कतहुँ खबरि असि पाई। सेन साजि गढ़ घेरेसि जाई॥
देखि बिकट भट बड़ि कटकाई। जच्छ जीव लै गए पराई॥ २॥

कुम्भकरन लग ब्रह्मा गेला, दखुन अचरित होली।
जे ए दुसट रोजे खदले, सवँसार उजाड़ होली॥ १३॥
बिचारुन बिधाता सरसती ले, फिराला मती तेचो।
छय महेना सोउक मांगलो, मन चो दिला तेचो॥ १४॥

१७७ बिभीसन लग जाउन फेर, बलला मांग बर।
भगवान पायँ ले सफा सुन्दर, मया मांगलो बर॥ १५॥

तिहँके बर देउन ब्रह्मा, आपलो धाम गेला।
तीनों भाई बले हुसने, हरीक होते फिरला॥ १६॥
मय असुर चो मंदोदरी, बेटी सुन्दर रहे।
मेहरार मांदी ने खुबे सुंदर, मुंड चो मनी रहे॥ १७॥
हुनके आनुन भाती मय, रावन के सोपुन दिलो।
जानलो रक्सा राजा होएदे, तेइ ने हुनके दिलो॥ १८॥
नंगत बायले पाउन रावन, लुबे हरीक होलो।
दुनी भाईमन चो बले, बिहा करुन दिलो॥ १९॥
समुंद मंजगते तिरकुट, गोटोक डोंगरी रहे।
हुता गोटोक सुंदर गढ़, ब्रम्हा बनाउन रहे॥ २०॥
मय दानव हुनी गढ़ के, सजाउन दिलो सुंदर।
मनी खचलो सोना महल, अनगिनत सुंदर॥ २१॥
नागकुल काजे पाताल ने, भोगावती पुरी।
इंदर काजे सरग लोक ने, अमरावती पुरी॥ २२॥
तेमन ले बजे खुबे सुंदर, जे बरकस रहे।
लंका नावँ ले सवँसार ने, हुन अमर रहे॥ २३॥

१७८ (क) चारों खूट समुंद खोल, मनी गढ़लो भीती।
कारीगिरी सांगुक नी होय, सोन चो रहे भीती॥ २४॥

१७८ (ख) हरी किरपा ले जे कलप, रावन राजा होएसे।
बली नामी फउद संगे, हुनी पुरी ने रहेसे॥ २५॥

आगे हुता बड़े-बड़े वीर, रक्सा गोहड़ा रहोत।
देव तिहँके लड़इ ने मारून, हुता जाउन रहोत॥ २६॥
इन्दर किरपा ले कुबेर चो, कोटी यच्छ लोग।
फउद धरून रावन अमरलो, संगे रक्सा लोग॥ २७॥
जीव धरून पराला यच्छा, रक्सा गोहड़ा के दखुन।
फिकर गेली सुखी रावन, बुलुन सहर दखुन॥ २८॥

फिरि सब नगर दसानन देखा। गयउ सोच सुख भयउ बिसेषा॥
सुंदर सहज अगम अनुमानी। कीन्हि तहाँ रावन रजधानी॥ ३॥

जेहि जस जोग बाँटि गृह दीन्हे। सुखी सकल रजनीचर कीन्हे॥
एक बार कुबेर पर धावा। पुष्पक जान जीति लै आवा॥ ४॥

दो०– कौतुकहीं कैलास पुनि लीन्हेसि जाइ उठाइ।
मनहुँ तौलि निज बाहुबल चला बहुत सुख पाइ॥ १७९॥

चौ०– सुख संपति सुत सेन सहाई। जय प्रताप बल बुद्धि बड़ाई॥
नित नूतन सब बाढ़त जाई। जिमि प्रतिलाभ लोभ अधिकाई॥ १॥

अतिबल कुंभकरन अस भ्राता। जेहि कहुँ नहिं प्रतिभट जग जाता॥
करइ पान सोवइ षट मासा। जागत होइ तिहूँ पुर त्रासा॥ २॥

जौं दिन प्रति अहार कर सोई। बिस्व बेगि सब चौपट होई॥
समर धीर नहिं जाइ बखाना। तेहि सम अमित बीर बलवाना॥ ३॥

बारिदनाद जेठ सुत तासू। भट महुँ प्रथम लीक जग जासू॥
जेहि न होइ रन सनमुख कोई। सुरपुर नितहिं परावन होई॥ ४॥

दो०– कुमुख अकंपन कुलिसरद धूमकेतु अतिकाय।
एक एक जग जीति सक ऐसे सुभट निकाय॥ १८०॥

चौ०– कामरूप जानहिं सब माया। सपनेहुँ जिन्ह कें धरम न दाया॥
दसमुख बैठ सभाँ एक बारा। देखि अमित आपन परिवारा॥ १॥

सुत समूह जन परिजन नाती। गनै को पार निसाचर जाती॥
सेन बिलोकि सहज अभिमानी। बोला बचन क्रोध मद सानी॥ २॥

सुनहु सकल रजनीचर जूथा। हमरे बैरी बिबुध बरूथा॥
ते सनमुख नहिं करहिं लराई। देखि सबल रिपु जाहिं पराई॥ ३॥

तेन्ह कर मरन एक बिधि होई। कहउँ बुझाइ सुनहु अब सोई॥
द्विजभोजन मख होम सराधा। सब कै जाइ करहु तुम्ह बाधा॥ ४॥

परी के खुबे सुन्दर दखुन, मांदी संग बसलो हुता।
लाइक माहा घर देउन रक्सा बसालो हुता॥ २९॥
हारक कुबेर बाटे रावन, लड़ई करुक गेलो।
हुनचो पुस्पक बिमान जीतुन, आपलो संगे आनलो॥ ३०॥

१७९ हारक हांसो ने कैलास के, उठाउन दिलो रावन।
बाहाँ बल के तवलाउन, हुता ले इलो रावन॥ ३१॥

जसन लाभ ले लोभ बाढ़ेसे, हुसने सुख धन बाढ़े।
फउद बल बुध महेमा बेटा, रोजे नवा बाढ़े॥ ३२॥
कुम्भकरन माहा भारी बली, हुनचो भाई रहे।
सवँसारे हुनचो माहा बली, जनम नी धरून रहे॥ ३३॥
मंद खाउन छय महेना, सोउन रहू आय।
चेतते धापड़ संवसार ने, होए हाय हाय॥ ३४॥
चपरट जाती जे रोजे दिन, आहार करतो हुन।
लड़ई भाटा काज सांगुक नी होय, असन बीर हुन॥ ३५॥
लंकापुर ने हुनचोय माहा, लुबे बीर रहोत।
बड़े बेटा रावन चो, मेंघनाथ बीर रहोत॥ ३६॥
बीरमन ने आगे रहे, सवँसार भर ने।
लग ने कोनी नी पुरत, हिटते सवँसार ने॥ ३७॥
सरगलोक हुनचो ले डरून, होओत ताना नाना।
काचोइ सकत नी रहे जे, पुरे आनो बाना॥ ३८॥

१८० दुरमुख कम्पन बजरदन्त, धूमकेतू अतिकाय।
सवँसार के जीतती लाइक, असन बीर मन काय॥ ३९॥

सपा रक्सा मन चो भेस, माया ले बनाउक जानत।
दया धरम के सपना ने बल, ते असुर नी मानत॥ ४०॥
हारक दरबार बसुन रावन, आपलो कुटुम के दखलो।
बेटा नाती पोती सेउक, कुढ़ा कूढ़ा दखलो॥ ४१॥
अनगिनत रक्सा जात, जेके गनुक नी होए।
आपलो फउद के दखुन रावन, खुबे हरीक होए॥ ४२॥
बलली टकर चो टेडमाहा, रीस घमंड ले गोठ।
रक्सा दल इतरोय सुना, जे मयँ बलेंसे गोठ॥ ४३॥
देवमन आत आमचो बयरी, केबइ नी लड़त पुरे।
बली बयरी के दखुन परासोत, जे तेमन के डरे॥ ४४॥
समझाउन सांगेंसे गोठ उआट, जेमे मरना तिहँचो।
बाम्हन भोज पूजा हवन सराध, नसावा जाउन तिहँचो॥ ४५॥

दो०– छुधा छीन बलहीन सुर सहजेहिं मिलिहहिं आइ।
तब मारिहउँ कि छाड़िहउँ भली भाँति अपनाइ॥ १८१॥

चौ०– मेघनाद कहुँ पुनि हँकरावा। दीन्हीं सिख बलु बयरु बढ़ावा॥
जे सुर समर धीर बलवाना। जिन्ह कें लरिबे कर अभिमाना॥ १॥

तिन्हहि जीति रन आनेसु बाँधी। उठि सुत पितु अनुसासन काँधी॥
एहि बिधि सबही अग्या दीन्ही। आपुनु चलेउ गदा कर लीन्ही॥ २॥

चलत दसानन डोलति अवनी। गर्जत गर्भ स्रवहिं सुर रवनी॥
रावन आवत सुनेउ सकोहा। देवन्ह तके मेरु गिरि खोहा॥ ३॥

दिगपालन्ह के लोक सुहाए। सूने सकल दसानन पाए॥
पुनि पुनि सिंघनाद करि भारी। देइ देवतन्ह गारि पचारी॥ ४॥

रन मद मत्त फिरइ जग धावा। प्रतिभट खोजत कतहुँ न पावा॥
रबि ससि पवन बरुन धनधारी। अगिनि काल जम सब अधिकारी॥ ५॥

किंनर सिद्ध मनुज सुर नागा। हठि सबही के पंथहिं लागा॥
ब्रह्मसृष्टि जहँ लगि तनुधारी। दसमुख बसबर्ती नर नारी॥ ६॥

आयसु करहिं सकल भयभीता। नवहिं आइ नित चरन बिनीता॥ ७॥

दो०– भुजबल बिस्व बस्य करि राखेसि कोउ न सुतंत्र।
मंडलीक मनि रावन राज करइ निज मंत्र॥ १८२ (क)॥

देव जच्छ गंधर्व नर किंनर नाग कुमारि।
जीति बरीं निज बाहु बल बहु सुंदर बर नारि॥ १८२ (ख)॥

चौ०– इंद्रजीत सन जो कछु कहेऊ। सो सब जनु पहिलेहिं करि रहेऊ॥
प्रथमहिं जिन्ह कहुँ आयसु दीन्हा। तिन्ह कर चरित सुनहु जो कीन्हा॥ १॥

देखत भीमरूप सब पापी। निसिचर निकर देव परितापी॥
करहिं उपद्रव असुर निकाया। नाना रूप धरहिं करि माया॥ २॥

१८१ भूख ले सुखुन सकत नाहलो देव, सहज भेंटदे एउन।
मारेंदे नाहले छांड़ेदे मय, नंगत हाते करून॥ ४६॥

मेघनाथ के नंगत सिखाउन, बढ़ालो बल तेचो।
लड़तो घमंड जे देव ने आहे, सांगलो उआट तेचो॥ ४७॥
जीतुन बांधुन आनेंदे मय, मानुन गोठ निकरलो।
असन साग रक्सा मन के, रावन हुकुम दिलो॥ ४८॥
हाते मुदगर धरुन आपन, निकरलो जीतुक गुलाय।
पिरथी डोले हिंडलोने तेचो, कोल्हार करते जाय॥ ४९॥
गरजना ले देव मेहरारमन चो, गरभ घसरुन जाए।
सुमेरु पहाड़ ने देव लुकला, रावन चो एतो दाँय॥ ५०॥
दे[illegible] चो सुंदर लोक के, रावन सूना दखलो।
सिंघ माहा गरजुन भाती, धरी सराफ धरलो॥ ५१॥
लड़ई निसा ने मातुन रावन, बुले डगराते जोड़ी।
असन कोनी नी मिरला जे, एउन पड़ता जोड़ी॥ ५२॥
सुरुज जोन पवन बरुन, कुबेर अगिन देव।
जम काल असन अधिकारी, रहत जे बड़े देव॥ ५३॥
किन्नर सिद्ध मनुख मांदी, नाँग जितरो रहोत।
टेक धरुन पाछे पड़लो, सपा दंदरुन रहोत॥ ५४॥
ब्रह्मा चो सवँसारे देंह धरुन, जे मनुख मेहरार रहोत।
सपा-के-सपा रावन हाते, होउन भाती रहोत॥ ५५॥
डर चो मारे हुनचो हुकुम, मानुन भाती रहोत।
रोजे मान देते पायँ ने, माथा लवाँते रहोत॥ ५६॥

१८२ (क) सपा सवँसार के बांहाँ सकत ले, हाते करलो हुन।
सवँसारे काकेय सुतंत होउन, रहुक नी दिलो हुन॥ ५७॥

१८२ (ख) नानी राजामन चो राजा, राज करे मनचो।
देव गंधर्व यच्छ मनुख, नाग किन्नर मन चो॥ ५८॥

सुंदरी आरु नंगत मेहरार के, बांहा ले जीतुन आनुन।
आपलो संगे बिहा करे, धरुन धरुन आनुन॥ ५९॥
मेघनाथ जे बललो इतरो, असन करुन दिलो।
जतन आगतले सारुन रहे, हुकुम पुरून दिलो॥ ६०॥
जेमन के आगे सांगुन रहे, रावन हुकुम देउन।
तिंहँचो करनी के सुना जे, करला हुकुम सुनुन॥ ६१॥
सपा रक्सा कूढ़ा दखले, भारी बिकराल रहोत।
देव के दुख देऊ हुनमन, पापी हुसने रहोत॥ ६२॥

जेहि बिधि होइ धर्म निर्मूला। सो सब करहिं बेद प्रतिकूला॥
जेहिं जेहिं देस धेनु द्विज पावहिं। नगर गाउँ पुर आगि लगावहिं॥ ३॥

सुभ आचरन कतहुँ नहिं होई। देव बिप्र गुरु मान न कोई॥
नहिं हरिभगति जग्य तप ग्याना। सपनेहुँ सुनिअ न बेद पुराना॥ ४॥

छं०– जप जोग बिरागा तप मख भागा श्रवन सुनइ दससीसा।
आपुनु उठि धावइ रहै न पावइ धरि सब घालइ खीसा॥
अस भ्रष्ट अचारा भा संसारा धर्म सुनिअ नहि काना।
तेहि बहुबिधि त्रासइ देस निकासइ जो कह बेद पुराना॥

सो०– बरनि न जाइ अनीति घोर निसाचर जो करहिं।
हिंसा पर अति प्रीति तिन्ह के पापहि कवनि मिति॥ १८३॥

मासपारायण, छठा विश्राम

चौ०– बाढ़े खल बहु चोर जुआरा। जे लंपट परधन परदारा॥
मानहिं मातु पिता नहिं देवा। साधुन्ह सन करवावहिं सेवा॥ १॥

जिन्ह के यह आचरन भवानी। ते जानेहु निसिचर सब प्रानी॥
अतिसय देखि धर्म कै ग्लानी। परम सभीत धरा अकुलानी॥ २॥

गिरि सरि सिंधु भार नहिं मोही। जस मोहि गरुअ एक परद्रोही॥
सकल धर्म देखइ बिपरीता। कहि न सकइ रावन भय भीता॥ ३॥

धेनु रूप धरि हृदयँ बिचारी। गई तहाँ जहँ सुर मुनि झारी॥
निज संताप सुनाएसि रोई। काहू तें कछु काज न होई॥ ४॥

असुर जाउन बंड करत, माया ले रुप धरत।
जसन ने धरम चो नास होएसे, बेद ले गुचुन करत॥ ६३॥
जे लगले गउ बाम्हन के, पावत ते रक्सा।
हुनी गांव पुर सहर के, डसाउन देओत रक्सा॥ ६४॥
कहाँय सुभ चो करम नीहोय, देव बाम्हन गुरु के कोनी।
मानतो लोग रहत नहीं, हरी भक्ती के कोनी॥ ६५॥
पूजा हवन गियान बैराग, बेद पुरान चो बानी।
सपना ने बल सुनुक नी होए, गुलाय होली हानी॥ ६६॥
जप जोग बैराग तप होम के, रावन कान ले सुनते।
उठुन जाए रक्सा आपन, तुरते खबर सुनते॥ ६७॥
काईं बल बाचुक नीपाय, सपा के उजड़ाय हुन।
असन नसलो टकर के, गुलाय पाड़लो हुन॥ ६८॥
कहाँय कान के धरम गोठ, सुनुक नी मिरते रहे।
बेद पुरान बलू के डंड, देस ले निकराते रहे॥ ६९॥

१८३ रक्सा जसन अतयाचार करोत, तेके सांगुक नी होय।
हिंसा बाटे तिहँचो मया, पाप सांगुक नी होय॥ ७०॥

* राम जनम *

चोर जुआड़ी दुसट लोग, खुबे बाढ़ुन गेला।
परधन पर-बायले उपरे, मन रेंगाउ होला॥ १॥
देव मायबाप चो मानत नहीं, साइ ले सेवा कराउ।
उमा असन टकराहा जीव, रक्सा नावँ कहाउ॥ २॥
धरम चो असन गुचतो दखुन, पिरथी डरुन गेली।
बायबिकल बिचार करे, एकाय होउन गेली॥ ३॥
नंदी पहाड़ समुंद चो मोके, जान नी पड़े बोझ।
पर चो हानी करु ले जितरो, मोके लागेसे बोझ॥ ४॥
सपा धरम के उल्टा दखते, बलुक नी सकें बले।
गउ देंह धरुन निकरली, बिचारुन नंगत मने॥ ५॥
देव मुनी सुकुन रहोत, गागते गेली उथा।
बलुन आपलो बिपती सांगली, साहा नी होला उथा॥ ६॥

* * * *

ब्रह्मलोक बाट देव मुनी गंधर्व गेला सपा॥
डर भय ले बियाकुल पिरथी,
गउ भेस ने संगे पिरथी,

छं०– सुर मुनि गंधर्बा मिलि करि सर्बा गे बिरंचि के लोका।
सँग गोतनुधारी भूमि बिचारी परम बिकल भय सोका॥
ब्रह्माँ सब जाना मन अनुमाना मोर कछू न बसाई।
जा करि तैं दासी सो अबिनासी हमरेउ तोर सहाई॥

सो०– धरनि धरहि मन धीर कह बिरंचि हरि पद सुमिरु।
जानत जन की पीर प्रभु भंजिहि दारुन बिपति॥ १८४॥

चौ०– बैठे सुर सब करहिं बिचारा। कहँ पाइअ प्रभु करिअ पुकारा॥
पुर बैकुंठ जान कह कोई। कोउ कह पयनिधि बस प्रभु सोई॥ १॥

जाके हृदयँ भगति जसि प्रीती। प्रभु तहँ प्रगट सदा तेहिं रीती॥
तेहिं समाज गिरिजा मैं रहेऊँ। अवसर पाइ बचन एक कहेऊँ॥ २॥

हरि ब्यापक सर्बत्र समाना। प्रेम तें प्रगट होहिं मैं जाना॥
देस काल दिसि बिदिसिहु माहीं। कहहु सो कहाँ जहाँ प्रभु नाहीं॥ ३॥

अग जगमय सब रहित बिरागी। प्रेम तें प्रभु प्रगटइ जिमि आगी॥
मोर बचन सब के मन माना। साधु साधु करि ब्रह्म बखाना॥ ४॥

दो०– सुनि बिरंचि मन हरष तन पुलकि नयन बह नीर।
अस्तुति करत जोरि कर सावधान मतिधीर॥ १८५॥

छं०– जय जय सुरनायक जन सुखदायक प्रनतपाल भगवंता।
गो द्विज हितकारी जय असुरारी सिधुंसुता प्रिय कंता॥

ब्रह्म सपा के जानला मने,
विचार ले नेतुन दखला मने,
पिरथी के बलला मय नी सकें,
एके पुरुक मय नी सकें,
हुनी नी सरु जेचो तुइ दासी आमचो बनादे सपा॥

१८४ ब्रह्म बलला धरती माता,
धीरज धरुन भाती मने,
हरी पायँ के सुरता करा,
आपलौ हिरदे ने तिहँके धरा,
सेउक डंड के तेइ आत जानू,
भारी बिपती के तेइ आत जानू,
हुनी नास करदे बलुन बिचार करला सपा॥
परभू के कहाँ पाउंदे आमी,
तिहँचो पुरे सांगूंदे आमी,
कोनी बलसोत बैकुंठ जाहा,
छीर-समुंद बलसोत जाहा,
असन हिरदे ने भक्ति मया,
रीती ले एसोत करुन दया,
बेरा दखुन भाती बलले मयँ जानेंसे इतरो सफा॥

* * * *

सपा ठान ने आसोत भगवान,
परछो होउन आसोत भगवान,
मया ले परगट होउन जासोत,
बेरा बाट कोनेया जे आसोत,
सांगा असन ठान जे आसोत,
जे ठान ने नीआत भगवान॥

१८५ मोचो गोठ के सुनुन मन ने,
ब्रह्मा हरीक होला मन ने,
सीताकाटा मारली देहें,
मया चो आँसू आँइख मन ने,
बिनाला हात जोडु न सम्हरुन,
धीर बुधिया ब्रह्म भगवान॥
जय हो...जय हो...जय हो...

* * * *

पालन सुर धरनी अद्भुत करनी मरम न जानइ कोई।
जो सहज कृपाला दीनदयाला करउ अनुग्रह सोई॥ १॥

जय जय अबिनासी सब घट बासी ब्यापक परमानंदा।
अबिगत गोतीतं चरित पुनीतं मायारहित मुकुंदा॥

जेहि लागि बिरागी अति अनुरागी बिगत मोह मुनिबृंदा।
निसि बासर ध्यावहिं गुन गन गावहिं जयति सच्चिदानंदा॥ २॥

जेहिं सृष्टि उपाई त्रिबिध बनाई संग सहाय न दूजा।
सो करउ अघारी चिंत हमारी जानिअ भगति न पूजा॥

जो भव भय भंजन मुनि मन रंजन गंजन बिपति बरूथा।
मन बच क्रम बानी छाड़ि सयानी सरन सकल सुरजूथा॥ ३॥

सारद श्रुति सेषा रिषय असेषा जा कहुँ कोउ नहिं जाना।
जेहि दीन पिआरे बेद पुकारे द्रवउ सो श्रीभगवाना॥

भव बारिधि मंदर सब बिधि सुंदर गुनमंदिर सुखपुंजा।
मुनि सिद्ध सकल सुर परम भयातुर नमत नाथ पद कंजा॥ ४॥

दो०– जानि सभय सुर भूमि सुनि बचन समेत सनेह।
गगनगिरा गंभीर भइ हरनि सोक संदेह॥ १८६॥

देव चो मालिक सेउक के सुख देउ चो हित्।
लछमी चो मालिक असुर के मारु गड बाम्हन चो हितू।
देव पिरथी के पोसू भगवान जय हो जय हो जय हो॥ १॥
लीला ने अद्भुत भेद नी जानला गरीब के दया करू।
टकर ले दयावान नास नी होउ सपा चो मन ने रहू।
किरपाकरा तपा ठान चो मालिक जय हो जय हो जय हो॥ २॥
जानुक नी होय जे बरहमेस इंदरी ले अलगुन आसोत।
भारी हरीक चो चरितर करू मया ले साहा आसोत।
हुनी पबितर अटपट भगवान जय हो जय हो जय हो॥ ३॥
मयादार होउन दिन रात धियानधरून भाती जे आसोत।
जिहँचो मया गुन चो कूढ़ा के गीत गावते जे आसोत।
तेइ सच्चिदानन्द भगवान चो जय हो जय हो जय हो॥ ४॥
जे तीनों सवँसार के जनम दिला एकलोय संग चो बिगर।
पाप चो नास करेया भगवान चेत करत आमचो उपर।
भक्ती नी जानू पूजा नी जानू परभू जय हो जय हो जय हो॥ ५॥
सवँसारे जनमतो मरतो डर के नास करेया ले आसोत।
मुनीमन चो मन के हमेस भारी हरीक करेया जेआसोत।
सपा रकम चो बिपती कूड़ा के नास करेया जय हो जय हो जय हो॥ ६॥
मन करम भासा ले आमी सपा देव कूढ़ा कूढ़ा परभू।
चलाकी करतोर टकर ले गुचुन सरन इलूंसे परभू।
साहा होओ आमो सरन एदाँय जय हो जय हो जय हो॥ ७॥
सरसती बेद सेस सपाय रिसी मन जितरो बल जे आसोत।
बेद बलसोत कोनी बल जिहँके एबत ले जानुक नी पासोत।
आमी सरन गरीब उपरे मया करत जयहो जय हो जयहो॥ ८॥
ये सवँसार समुंद मथतो काजे जे मंदराचल माहा आसोत।
सपा ले सुंदर गुन चो धाम सुख चो रासी जे आसोत।
तुमचो पूड़न माहा पायँ के बिनाँउसे जयहो जयहो जयहो॥ ९॥

मुनि सिद्धि सपा देव, डर ले घबराउन देव।
बिनाउँसे दुनों हात जोड़ुन, किरपा करा देव॥ ७॥

१८६ देव पिरथी के डरलो दखुन, सुनुन मया चो गोठ।
दुख भरम के नास करु, होली अकास ले गोठ॥ ८॥

× × × ×

चौ०– जनि डरपहु मुनि सिद्ध सुरेसा। तुम्हहि लागि धरिहउँ नर बेसा॥
अंसन्ह सहित मनुज अवतारा। लेहउँ दिनकर बंस उदारा॥ १॥

कस्यप अदिति महातप कीन्हा। तिन्ह कहुँ मैं पूरब बर दीन्हा॥
ते दसरथ कौसल्या रूपा। कोसलपुरीं प्रगट नरभूपा॥ २॥

तिन्ह कें गृह अवतरिहउँ जाई। रघुकुल तिलक सो चारिउ भाई॥
नारद बचन सत्य सब करिहउँ। परम सक्ति समेत अवतरिहउँ॥ ३॥

हरिहउँ सकल भूमि गरुआई। निर्भय होहु देव समुदाई॥
गगन ब्रह्मबानी सुनि काना। तुरत फिरे सुर हृदय जुड़ाना॥ ४॥

तब ब्रह्माँ धरनिहि समुझावा। अभय भई भरोस जियँ आवा॥ ५॥

दो०– निज लोकहि बिरंचि गे देवन्ह इहइ सिखाइ।
बानर तनु धरि धरि महि हरि पद सेवहु जाइ॥ १८७॥

चौ०– गए देव सब निज निज धामा। भूमि सहित मन कहुँ बिश्रामा॥
जो कछु आयसु ब्रह्माँ दीन्हा। हरषे देव बिलंब न कीन्हा॥ १॥

बनचर देह धरी छिति माहीं। अतुलित बल प्रताप तिन्ह पाहीं॥
गिरि तरु नख आयुध सब बीरा। हरि मारग चितवहिं मतिधीरा॥ २॥

गिरि कानन जहँ तहँ भरि पूरी। रहे निज निज अनीक रचि रूरी॥
यह सब रुचिर चरित मैं भाषा। अब सो सुनहु जो बीचहिं राखा॥ ३॥

अवधपुरीं रघुकुलमनि राऊ। बेद बिदित तेहि दसरथ नाऊँ॥
धरम धुरंधर गुननिधि ग्यानी। हृदयँ भगति मति सारँगपानी॥ ४॥

मय मनुख चोला धरेंदे।
हे मुनी सिद्धि देव चो मालिक नी डरा तुमी।
मनुख चोला धरुन पबितर सुरुज बंस ने एएंदे॥
कस्यप अदिति दुनों झन भारी तप करुप रला।
आगत ले वरदान दिले से मनुख चोला ने एएँदें॥
हुनी दुनों दसरथ कौसिला मनुख चो राजा होउन।
अवधपुरी ने परगट आसोत हुताय अंस संग एएँदे॥
तिहँचो घरे रघुकुल ने नंगत चार भाई रूप ले एउन।
नारद गोठ के सत करेंदे सक्ती संग अवतार धरेंदें॥
डर ले गुचुन जाहा देव मोचो गोठ के सत जाना।
अवस करुन पिरथी चो भार एउन भाती हरेंदे॥

× × × ×

तुरते फिरला देवमन सपा, सुनुन ब्रह्म चो गोठ।
हिरदे सीतर होउन गेली, सुनुन अकास गोठ॥ ९॥
ब्रह्मा भगवान पिरथी के, समझाला नंगत करुन।
तेबे निडर होली हुन, पिरथी ढाड़ुस करून॥ १०॥

१८७ देव मन के सिखाला जाहा, बेंदरा देह ने तुमी।
भगवान पाये चो सेवा करा, पिरथी ने रहुन तुमी॥ ११॥

ब्रह्मा आपलो लोक गेला, देवमन आपन गेला।
अस्तीर लागली पिरथी के, सपाय हरीक होला॥ १२॥
ब्रह्मा जे हुकुम देव के दिला, हरीक होउन करला।
पिरथी ने सपा एउन भाती, बेंदरा देंह धरला॥ १३॥
उपपार महेमा बल तिहँचो, सपा सूरबीर रहोत।
रूख डोंगरी पहाड़ नख, हात हतयार रहोत॥ १४॥
धीरज बुध ले पिरथी ने, भगवान चो बाट दखत।
फउद संगे रान पहाड़, छाई होउन रहोत॥ १५॥
सपा सुंदर चरितर बलले, एदाँय हुनके सुना।
मंजगते जे छांडुन दिले, हुन चरितर सुना॥ १६॥
अवधपुर रघुकुल मुकुट चो, मनी दसरथ होला।
जिहँचो नावँ जस बेद ने, खुबे नामी होला॥ १७॥
धरम ले भरपूर गुन चो भंडार, गियानी हुसनेय रहोत।
सारंग धनउ धरेया ले भक्ती, बुध ले हुताय रहोत॥ १८॥

दो०– कौसल्यादि नारि प्रिय सब आचरन पुनीत।
पति अनुकूल प्रेम दृढ़ हरि पद कमल बिनीत॥ १८८॥

चौ०– एक बार भूपति मन माहीं। भै गलानि मोरें सुत नाहीं॥
गुर गृह गयउ तुरत महिपाला। चरन लागि करि बिनय बिसाला॥ १॥

निज दुख सुख सब गुरहि सुनायउ। कहि बसिष्ठ बहुबिधि समुझायउ॥
धरहु धीर होइहहिं सुत चारी। त्रिभुवन बिदित भगत भय हारी॥ २॥

सृंगी रिषहि बसिष्ठ बोलावा। पुत्रकाम सुभ जग्य करावा॥
भगति सहित मुनि आहुति दीन्हें। प्रगटे अगिनि चरू कर लीन्हें॥ ३॥

जो बसिष्ठ कछु हृदयँ बिचारा। सकल काजु भा सिद्ध तुम्हारा॥
यह हबि बाँटि देहु नृप जाई। जथा जोग जेहि भाग बनाई॥ ४॥

दो०– तब अदृस्य भए पावक सकल सभहि समुझाइ।
परमानंद मगन नृप हरष न हृदयँ समाइ॥ १८९॥

चौ०– तबहिं रायँ प्रिय नारि बोलाईं। कौसल्यादि तहाँ चलि आईं॥
अर्ध भाग कौसल्यहि दीन्हा। उभय भाग आधे कर कीन्हा॥ १॥

कैकेई कहँ नृप सो दयऊ। रह्यो सो उभय भाग पुनि भयऊ॥
कौसल्या कैकेई हाथ धरि। दीन्ह सुमित्रहि मन प्रसन्न करि॥ २॥

एहि बिधि गर्भसहित सब नारी। भईं हृदयँ हरषित सुख भारी॥
जा दिन तें हरि गर्भहिं आए। सकल लोक सुख संपति छाए॥ ३॥

मंदिर महँ सब राजहिं रानीं। सोभा सील तेज की खानीं॥
सुख जुत कछुक काल चलि गयऊ। जेहिं प्रभु प्रगट सो अवसर भयऊ॥ ४॥

दो०– जोग लगन ग्रह बार तिथि सकल भए अनुकूल।
चर अरु अचर हर्षजुत राम जनम सुखमूल॥ १९०॥

१८८ कौसिल्या मन सपा मयादार, रानी पबितर रहोत।
भगवान पायँ ले मया करते, मुनीस नेम ने रहोत॥ १९॥

राणा चो मन ने भारी दुख, हारक बिचार होली।
मोचो गोटोक बल बेटा नीआत, असन फिकर होली॥ २०॥
राजा तुरते गुरू घर गेला, पायँ के बिनाला तिहँचो।
राज गुरू के सपा सुनाला, जे दुख रहे तिहँचो॥ २१॥
कई रकम ले गुरू बसिस्ठ, समझाउन भाती बलला।
चार बेटा होदे तुमचो, धीरज धरा बलला॥ २२॥
तीनों लोक ने नावँ होएदे, हरदे भगत चो डर।
समझाला गुरू महराज के, बलला ढाड़ुस कर॥ २३॥
बसिस्ठ सिरिंगी रिसी के बलाउन, बेटा होम कराला।
भक्ती ले मनी चो होम पाउन, खीर संग अगीन इला॥ २४॥
बलला गुरू के हिरदे ने बिचारुन, होम जे कराउन रला।
सपा कारज सिध होलो, बलते खीर के दिला॥ २५॥
राजा तुमी खीर के नेउन, जसन जे भाए नंगत।
हुसन भाग बनाउन दिआसे, फल मिरेदे नंगत॥ २६॥

१८९ पाछे अगिनदेव समझाउन, अंतरधान होला।
हरीक हिरदे ने समाते नी रहे, असन राजा होला॥ २७॥

मयादार बायले मन के, राजा बलाव करला।
हरीक मन ले सपाय रानी, कौसिल्या संग इला॥ २८॥
खीर चो आधा कौसिल्या के देउन, आधा के दुइ करला।
गोटोक भाग कैकइ के देउन, बाचलो के दुइ करला॥ २९॥
कौसिल्या कैकइ हाते राजा, हुनके मंडाउन दिला।
असने तिहँके हरीक करून, सुमितरा के दिला॥ ३०॥
असन गढ़न ले सपाय मेहरार, भारी-पायँ होला।
मने-मन राजा रानी हरीक, हुसनेय सुखी होला॥ ३१॥
सोभा गुन तेज चो खदान, रानी महल ने सोहत।
हरी अवतार चो दिन अमरली, हरीक सुखी होवत॥ ३२॥

१९० जोश लगन ग्रह-बार तिथि, होली समान जसन।
हरीक जड़ जीव राम जनम, सुख चो जड़ असन॥ ३३॥

पबितर महेना चइत जोन, नवमी तिथि दिन।
अभिजित मुहूरत भगवान चो, भारी मया दिन॥ ३४॥

चौ०– नौमी तिथि मधु मास पुनीता। सुकल पच्छ अभिजित हरिप्रीता॥
मध्यदिवस अति सीत न घामा। पावन काल लोक बिश्रामा॥ १॥

सीतल मंद सुरभि बह बाऊ। हरषित सुर संतन मन चाऊ॥
बन कुसुमित गिरिगन मनिआरा। स्त्रवहिं सकल सरिताऽमृतधारा॥ २॥

सो अवसर बिरंचि जब जाना। चले सकल सुर साजि बिमाना॥
गगन बिमल संकुल सुर जूथा। गावहिं गुन गंधर्ब बरूथा॥ ३॥

बरषहिं सुमन सुअंजुलि साजी। गहगहि गगन दुंदुभी बाजी॥
अस्तुति करहिं नाग मुनि देवा। बहुबिधि लावहिं निज निज सेवा॥ ४॥

दो०– सुर समूह बिनती करि पहुँचे निज निज धाम।
जगनिवास प्रभु प्रगटे अखिल लोक बिश्राम॥ १९१॥

छं०– भए प्रगट कृपाला दीनदयाला कौसल्या हितकारी।
हरषित महतारी मुनि मन हारी अद्भुत रूप बिचारी॥

लोचन अभिरामा तनु घनस्यामा निज आयुध भुज चारी।
भूषन बनमाला नयन बिसाला सोभासिंधु खरारी॥ १॥

कह दुइ कर जोरी अस्तुति तोरी केहि बिधि करौं अनंता।
माया गुन ग्यानातीत अमाना बेद पुरान भनंता॥

करुना सुख सागर सब गुन आगर जेहि गावहिं श्रुति संता।
सो मम हित लागी जन अनुरागी भयउ प्रगट श्रीकंता॥ २॥

मंझन पहार सीत घाम बल जुगे नी रहे।
पबितर बेरा सपा लोक ने भारी हरीक रहे॥ टे.॥

सीतर सुंदर धीरे धीरे लेहरा बोहे तेबे।
देवमन हरीक संतमन के मया रहे तेबे।
बन सुंदर फूलमन ले फुलुन हरीक रहे॥
डोंगरी पहाड़ कूढ़ा मनी ले तेबे बरते रहोत।
अमरित धार ले नंदी सपा तेबे बोहते रहोत।
तीनों लोक ने हुदलदाँय भारी हरीक रहे॥
हुन बेरा के ब्रह्मा जानला देव निकरला सजुन।
भरी होला अकास गुलाय बिमान सजाउन धरुन।
गंधर्व गोहड़ा गुन गावत गुलाय हरीक रहे॥
अंजरी ने सुन्दर फूल सजाउन बरसा करुक धरला।
अकास गुलाय धोंय-धोंय नंगारा पेटुक धरला।
सपा नांग मुनी देव चो मन ने हरीक रहे॥
स्तुति करत रकम रकम ले आपलो आपलो जसन।
भेट देवत जसन जेचो सकत रहे हुसन।
देव गोहड़ा ने हुदलदायँ भारी हरीक रहे॥

१९१ देवमन बिन्ती सारून, गेला आपलो धाम।
सवँसार के सुख देऊ, परगट होला राम॥ ३५॥

गरीब लोग के साहा होउ परगट होला।
कौसिल्या के किरपा करू राम परगट होला॥
मुनीमन चो मन के हरेया तिहँचो अदभुत रूप।
बिचारुन आया कौसिल्या हरीक ले भरुन गेला॥
जोत ले भरपूर गाहना-गूठ वनमाला पिंधलोर।
बड़े बड़े आइँख सुन्दर रहे ते परगट होला॥
खर रक्सा के मारेया जे आत सोभा चो समुंद।
असन सुन्दर गढ़न ले भगवान राम परगट होला॥
दुनों हात जोडुन आया बिन्ती करुक धरली।
अनंत मय कसन बिनाँय राम परगट होला॥
माया गुन गियान ले भिने बेद पुरान बलसोत।
कटार नाहलो बलसोत जे भगवान परगट होला॥
भगत के भया करु लछमी चो मुनीस भगवान।
मोचो भलई काजे आज राम भगवान परगट होला॥

ब्रह्मांड निकाया निर्मित माया रोम रोम प्रति बेद कहै।
मम उर सो बासी यह उपहासी सुनत धीर पति थिर न रहै॥

उपजा जब ग्याना प्रभु मुसकाना चरित बहुत बिधि कीन्ह चहै।
कहि कथा सुहाई मातु बुझाई जेहि प्रकार सुत प्रेम लहै॥ ३॥

माता पुनि बोली सो मति डोली तजहु तात यह रूपा।
कीजै सिसुलीला अति प्रियसीला यह सुख परम अनूपा॥

सुनि बचन सुजाना रोदन ठाना होइ बालक सुरभूपा।
यह चरित जे गावहिं हरिपद पावहिं ते न परहिं भवकूपा॥ ४॥

दो०– बिप्र धेनु सुर संत हित लीन्ह मनुज अवतार।
निज इच्छा निर्मित तनु माया गुन गो पार॥ १९२॥

चौ०– सुनि सिसु रुदन परम प्रिय बानी। संभ्रम चलि आईं सब रानी॥
हरषित जहँ तहँ धाईं दासी। आनँद मगन सकल पुरबासी॥ १॥

दसरथ पुत्रजन्म सुनि काना। मानहुँ ब्रह्मानंद समाना॥
परम प्रेम मन पुलक सरीरा। चाहत उठन करत मति धीरा॥ २॥

जाकर नाम सुनत सुभ होई। मोरें गृह आवा प्रभु सोई॥
परमानंद पूरि मन राजा। कहा बोलाइ बजावहु बाजा॥ ३॥

गुर बसिष्ठ कहँ गयउ हँकारा। आए द्विजन सहित नृपद्वारा॥
अनुपम बालक देखेन्हि जाई। रूप रासि गुन कहि न सिराई॥ ४॥

दो०– नंदीमुख सराध करि जातकरम सब कीन्ह।
हाटक धेनु बसन मनि नृप बिप्रन्ह कहँ दीन्ह॥ १९३॥

बेद बलसोत तुमचो रोवाँ रोवाँ ने ब्रह्माण्ड कूढ़ा।
हुनी तुमी मोचो गरभ ने रलास परगट होला॥
असने आया के गियान इली भगवान मुचकुन दिला।
बरन चरितर करुक दखत राम परगट होला॥
पाछे जनम चो कथा आया के समझाला सुन्दर।
बेटा चो मया मिरो भरपूर राम परगट होला॥
आया चो बुध पलटुन गेली फेर बलली बेटा।
तुमी ए रूप छाँडुन लीला करा राम परगट होला॥
एइ मोचो सुख काजे होएदे गोठ सुनुन भाती।
देव चो मालिक चतुर भगवान सुन्दर परगट होला॥
सुन्दरपिला रूप धरून गागुक धरला राम।
तुलसीदास बलसोत गुन चो धाम राम परगट होला॥
ए चरितर के जे बल गासोत हरी पद के पासोत।
सवँसार कुआँ ने केबइ नी पड़त राम परगट होला॥

१९२ गउ बाम्ह्न देव सत काज, धरला मनुख अवतार।
माया गुन इंदरी ले गुचुन, मन चो देंह अपार॥ ३६॥

मन के भावतो पिला गागतो, सुमुन सपाय रानी।
धरचांड. परातें हरीक ले, एउन गेला रानी॥ ३७॥
जत-खत परात नवकरीन, होउन भाती हरीक।
गुलाय पुर चो लोग मगन, होउन भाती हरीक॥ ३८॥
दसरथ राजा बेटा जनमलो के, आपलो कान ने सुनुन।
ब्रह्म सुख मिरलो माहा, हरीक होला गुनुन॥ ३९॥
मन ने भारी मया रहे, सीतकाटा देहें मारे।
बुध के धीरज देउन राजा, देंह के उठाउक हारे॥ ४०॥
जेचो नावँ के काने सुनले, भारी सुभ, होएसे।
हुनी भगवान घरे इला, बलुन हरीक होएसे॥ ४१॥
राजा चो मन हरीक ले, पूरा होली भरून।
बजनेया के बाजा बजाउक, हुकुम दिला बलुन॥ ४२॥
गुरू बाट बलाव गेला, गुरू तियार होउन।
राज दुआरे अमरून गेला, बाम्ह्नमन के धरून॥ ४३॥
जाउन गुरू बिगर जोड़ चो, पिला के दखला पुरे।
जे मन चो रूप सोभा बूढ़ा, गुन बललोने नी सरे॥ ४४॥

१९३ नांदीसुख सराध छटी बरही, जात करम कराला।
बाम्ह्न मन के गउ कपड़ा, सोन मनी दान कराला॥ ४५॥

चौ०– ध्वज पताक तोरन पुर छावा। कहि न जाइ जेहि भाँति बनावा॥
सुमनबृष्टि अकास तें होई। ब्रह्मानंद मगन सब लोई॥ १॥

बृंद बृंद मिलि चलीं लोगाईं। सहज सिंगार किएँ उठि धाईं॥
कनक कलस मंगल भरि थारा। गावत पैठहिं भूप दुआरा॥ २॥

करि आरति नेवछावरि करहीं। बार बार सिसु चरनन्हि परहीं॥
मागध सूत बंदिगन गायक। पावन गुन गावहिं रघुनायक॥ ३॥

सर्बस दान दीन्ह सब काहू। जेहिं पावा राखा नहिं ताहू॥
मृगमद चंदन कुंकुम कीचा। मची सकल बीथिन्ह बिच बीचा॥ ४॥

दो०– गृह गृह बाज बधाव सुभ प्रगटे सुषमा कंद।
हरषवंत सब जहँ तहँ नगर नारि नर बृंद॥ १९४॥

चौ०– कैकयसुता सुमित्रा दोऊ। सुंदर सुत जनमत भैं ओऊ॥
वह सुख संपति समय समाजा। कहि न सकइ सारद अहिराजा॥ १॥

अवधपुरी सोहइ एहि भाँती। प्रभुहि मिलन आई जनु राती॥
देखि भानु जनु मन सकुचानी। तदपि बनी संध्या अनुमानी॥ २॥

अगर धूप बहु जनु अँधिआरी। उड़इ अबीर मनहुँ अरुनारी॥
मंदिर मनि समूह जनु तारा। नृप गृह कलस सो इंदु उदारा॥ ३॥

भवन बेदधुनि अति मृदु बानी। जनु खग मुखर समयँ जनु सानी॥
कौतुक देखि पतंग भुलाना। एक मास तेइँ जात न जाना॥ ४॥

दो०– मास दिवस कर दिवस भा मरम न जानइ कोइ।
रथ समेत रबि थाकेउ निसा कवन बिधि होइ॥ १९५॥

चौ०– यह रहस्य काहूँ नहिं जाना। दिनमनि चले करत गुनगाना॥
देखि महोत्सव सुर मुनि नागा। चले भवन बरनत निज भागा॥ १॥

बैरख झंडी तोरन ले गुलाय, सहर छाउन दिला।
कोनी सांगुक नी सकत, असन सजाउन दिला॥ ४६॥
अकास ले फूल बरसा, ब्रह्मसुख ने सपा।
मेहरार कूढ़ा कूढ़ा होउन, जावत हेंव सपा॥ ४७॥
टकर ले सिंगार करून, उठुन उठुन परात।
सुभ जोड़ा कलसा धरून, गीत गाते जात॥ ४८॥
सिंगदेवड़ी ले ओयलुन भाती, आरती करोत ते।
निछावर करते पिला पायँ ने, पड़ते जावोत ते॥ ४९॥
भाट पड़ेहार भजनाहा, रघुकुल मालिक चो।
पबितर राग धरून गाओत, गुन महेमा चो॥ ५०॥
सपा भरपूर दान दिला, नी राखे जे पाए।
कस्तूरी केसर चंदन चिखला, गुलाय बोहते जाए॥ ५१॥

१९४ घर घर बाजा सुभ चो बाजे, भगवान परगट आसोत।
मेहरार मुनीस सहर चो, हरीक गुलाय होसोत॥ ५२॥

बेटा मन के जनम दिला, कैकइ सुमितरा बले।
सुख बेरा के सांगुन नी पुरत, सरसती सेंस बले॥ ५३॥
अवधपुरी चो भारी सोभा, लागे सुंदर असन।
भेटुक इलोसे रात आपन, भगवान संगे जसन॥ ५४॥
सुरज सपा दखुन मन ने, लजाउन भाती आसे।
फेर मन ने बिचारून भाती, सांझ होतो माहा आसे॥ ५५॥
धूप उदबती चो कुमला, साँझ अंधार माहा।
अबीर जे गुलाय उड़ेसे, साँस चो रंग माहा॥ ५६॥
मनी कूढ़ा महल ने आसे, दिखसोत तारा माहा।
राजमहल चो सुंदर कलसा, लागेसे जोन माहा॥ ५७॥
सुसार गोठ ले बेद गरजना, होएसे जे सुंदर।
बेरा जसन मिसड़ा होउन, चड़ई कोल्हार सुंदर॥ ५८॥
तमासा दखुन सुरुज बले, रेंगुक भुलकुन गेलो।
महेना नाहकुन गेली मांतर, जानुक नी सकलो॥ ५९॥

१९५ भेद के कोनी नी जानला, दिन महेना चो होली।
सुरूज रथ संगे उथा, रात कसन ने होती॥ ६०॥

सुरुज गुन गावते गेलो, भेद नी जानला कोनी।
हरीक दखुन भाग सहराते, फिरला देव नांग मुनी॥ ६१॥
तुचो बुध राम पायँ ले, खुबे आसे उमा।
एइने गोटोक लुकालो गोठ, सांगेसे सुन उमा॥ ६२॥

औरउ एक कहउँ निज चोरी। सुनु गिरिजा अति दृढ़ मति तोरी॥
काकभुसुंडि संग हम दोऊ। मनुजरूप जानइ नहिं कोऊ॥ २॥

परमानंद प्रेम सुख फूले। बीथिन्ह फिरहिं मगन मन भूले॥
यह सुभ चरित जान पै सोई। कृपा राम कै जापर होई॥ ३॥

तेहि अवसर जो जेहि बिधि आवा। दीन्ह भूप जो जेहि मन भावा॥
गज रथ तुरग हेम गो हीरा। दीन्हे नृप नानाबिधि चीरा॥ ४॥

दो०– मन संतोषे सबन्हि के जहँ तहँ देहिं असीस।
सकल तनय चिर जीवहुँ तुलसिदास के ईस॥ १९६॥

चौ०– कछुक दिवस बीते एहि भाँती। जात न जानिअ दिन अरु राती॥
नामकरन कर अवसरु जानी। भूप बोलि पठए मुनि ग्यानी॥ १॥

करि पूजा भूपति अस भाषा। धरिअ नाम जो मुनि गुनि राखा॥
इन्ह के नाम अनेक अनूपा। मैं नृप कहब स्वमति अनुरूपा॥ २॥

जो आनंद सिंधु सुखरासी। सीकर तें त्रैलोक सुपासी॥
सो सुखधाम राम अस नामा। अखिल लोक दायक बिश्रामा॥ ३॥

बिस्व भरन पोषन कर जोई। ताकर नाम भरत अस होई॥
जाके सुमिरन तें रिपु नासा। नाम सत्रुहन बेद प्रकासा॥ ४॥

दो०– लच्छन धाम राम प्रिय सकल जगत आधार।
गुरु बसिष्ट तेहि राखा लछिमन नाम उदार॥ १९७॥

चौ०– धरे नाम गुर हृदयँ बिचारी। बेद तत्व नृप तव सुत चारी॥
मुनि धन जन सरबस सिव प्राना। बाल केलि रस तेहिं सुख माना॥ १॥

बारेहि ते निज हित पति जानी। लछिमन राम चरन रति मानी॥
भरत सत्रुहन दूनउ भाई। प्रभु सेवक जसि प्रीति बड़ाई॥ २॥

भुसुंड आरु मय संगेसंग, दुनोंय जाउन रहूँ।
कोनी चिताउक नी सकला, मनुख भेस ने रहूँ॥ ६३॥
भारी मया सुख ले दुनों, मगन मन ले रहूँ।
बाट-बाट भुलकुन भुलकुन, गुलाय बुलते रहूँ॥ ६४॥
ए सुन्दर सुभ चरितर के, हुनी जानुक सके।
जेचो उपरे राम किरपा, हुनी अमरूक सके॥ ६५॥
हुदलदाँय जे बल उथा, जसन गढ़न ने इला।
जेके जेबल भावली उथा, तेकेय राजा दिला॥ ६६॥
हाथी घोड़ा सोना रथ, हीरा मनी बरन।
सपा के राजा महराज दिला, लुगा - पाटा बरन॥ ६७॥

१९६ सपा चो मन भरपुर करला, लोग आसीस देओत।
तुलसीदास चो मालिक चारो, खुबे दिन ले जीओत॥ ६८॥

दिन रात जातो जान नी पड़े, नाहकली थोड़े दिन।
राजा गियानी मुनी के बलाला, नावँ धरातो दिन॥ ६९॥
पूजा करुन मुनी चो राजा, बलला सुना मुनी।
मन ने जे नावँ आसे, हुनी के धरा मुनी॥ ७०॥
मुनी बलला एमन चो राजा, सुन्दर नावँ आसे।
बलेबल आपलो बुध ले, बलेंदे जे आसे॥ ७१॥
ए जे हरीक चो समुँद, सुख चो कूढ़ा आसोत।
तीनों लोक गोटकी कन ले, सुखी होउन जासोत॥ ७२॥
सपा ले बड़े तुमचो बेटा, राम नावँ आय।
सुख चो घर सपा लोक के, धीरज देउ आय॥ ७३॥
दूसर बेटा जे तुमचो आते, भरत होयदे नावँ।
सुमरले सतरू चो नास होयदे, सतरुधन वेद ने नावँ॥ ७४॥

१९७ जग अधार राम चो मयादार, लच्छ चो धाम जे आय।
लछमन नावँ धरला गुरु, जे नंगत सुभ चो आय॥ ७५॥

गुरु हिरदे ले बिचारुन, नावँ धरून बलला।
सजा तुमचो चारों बेटा, बेद चो छार बलला॥ ७६॥
मुनीमन चो धन भगत चो सपा, सिव चो परान आत।
तुमन काजे पीला लीला ले, हरीक मानलो आत॥ ७७॥
पिलापन ले लछमन आपलो, भारी हितू जामुन।
राम पायँ ले मया धरला, हिरदे ले मानुन॥ ७८॥
भरत सतरूधन दुनों भाई, मालिक सेउक माहा।
जसन मया चो जस गुन, हुसने मया आहा॥ ७९॥

स्याम गौर सुंदर दोउ जोरी। निरखहिं छबि जननीं तृन तोरी॥
चारिउ सील रूप गुन धामा। तदपि अधिक सुखसागर रामा॥ ३॥

हृदयँ अनुग्रह इंदु प्रकासा। सूचत किरन मनोहर हासा॥
कबहुँ उछंग कबहुँ बर पलना। मातु दुलारइ कहि प्रिय ललना॥ ४॥

दो०– ब्यापक ब्रह्म निरंजन निर्गुन बिगत बिनोद।
सो अज प्रेम भगति बस कौसल्या के गोद॥ १९८॥

चौ०– काम कोटि छबि स्याम सरीरा। नील कंज बारिद गंभीरा॥
अरुन चरन पकंज नख जोती। कमल दलन्हि बैठे जनु मोती॥ १॥

रेख कुलिस ध्वज अंकुस सोहे। नूपुर धुनि सुनि मुनि मन मोहे॥
कटि किंकिनी उदर त्रय रेखा। नाभि गभीर जान जेहिं देखा॥ २॥

भुज बिसाल भूषन जुत भूरी। हियँ हरि नख अति सोभा रूरी॥
उर मनिहार पदिक की सोभा। बिप्र चरन देखत मन लोभा॥ ३॥

कंबु कंठ अति चिबुक सुहाई। आनन अमित मदन छबि छाई॥
दुइ दुइ दसन अधर अरुनारे। नासा तिलक को बरनै पारे॥ ४॥

सुंदर श्रवन सुचारु कपोला। अति प्रिय मधुर तोतरे बोला॥
चिक्कन कच कुंचित गभुआरे। बहु प्रकार रचि मातु सँवारे॥ ५॥

पीत झगुलिआ तनु पहिराई। जानु पानि बिचरनि मोहि भाई॥
रूप सकहिं नहिं कहि श्रुति सेषा। सो जानइ सपनेहुँ जेहि देखा॥ ६॥

दो०– सुख संदोह मोहपर ग्यान गिरा गोतीत।
दंपति परम प्रेम बस कर सिसुचरित पुनीत॥ १९९॥

सॉँवर पंडरा चो जोड़ी-जोड़ी, दुनोय खुबे सुंदर।
किटका टुटावत माय दखुन, सोभा गुन ले सुँदर॥ ८० ॥
चारों बेटा सुँदर टकर, गुन चो धाम आत।
बले सुख चो समुँद राम, सपा ले आगर आत॥ ८१ ॥
जोनी उजर माहा हिरदे, किरपा ले भरपूर आसे।
मन के झीकू हाँसी तिहँचो, तरास के सांगुन आसे॥ ८२ ॥
कोरा ने केबइ झूलना ने केबइ, नंगतपो हड़ाउन भाती।
मायमन भारी लाड़ करसोत, मोचो बेटा बलुन भाती॥ ८३ ॥

१९८ गुलाय रहू ब्रह्म माया नाहलो, निरगुन हरीक नाहलो।
भक्ती मया ले कौसिल्या कोरा ने, सोवसोतजनम नाहलो॥ ८४ ॥

नीयर पूड़न पानी बादरी माहा, साँवर देह जे आसे।
करोड़ कामदेव चो सोभा आय, सुँदर रूप जे आसे॥ ८५ ॥
रगरगा सुँदर पायँ मन चो, नख चो जोत असन।
पूड़न केरी ने मंडालो आसे, मोती माहा जसन॥ ८६ ॥
बजर बैरख अंकुस चो, चिन्हा पायँ ने सुंदर।
पायजेब चो गरजना मोहाय, मुनी गन के सुंदर॥ ८७ ॥
कन्हेया ने करधन सुंदर, तीन डाँड पेटे आसे।
बोमली थाहा के हुनी पाए, जे दखलो आसे॥ ८८ ॥
रकम रतन गढ़लो भरपूर, मनी हार चो सोभा।
मन मोहाउ बाम्हन पायँ, छाती चिन्हा सोभा॥ ८९ ॥
सक संख माहा आसे, टोड़ी खुबे सुंदर।
अनगिनत मदन सोभा, मुँह ने दिखे सुंदर॥ ९० ॥
सुंदर दांत दुइ दुइ ठन, रगरगा ओंठ आसे।
नाक तिलक चो सोभा के, कोन सांगया आसे॥ ९१ ॥
सुंदर कान मुंह सोभा, गाल आसोत सुंदर।
तोतरी बोली कान ने सुनले, खुबे लागे सुंदर॥ ९२ ॥
चिकन-चिकन जनमलो दाँय चो, घुंघरू चूँदी सोहे।
आया जेके सँवराउन दिली, मुंड ने सुंदर सोहे॥ ९३ ॥
देहें पियँर कुड़ता पिंभपुन, मांडी खूटा जातोर।
मोके खुदे नंगत लागेसे, हात थापुन जातोर॥ ९४ ॥
तिहँचो रूप बेद सेस बल, बलुक नी सकोत।
जे सपना ने दखलासोत, हुनी जानुक सकोत॥ ९५ ॥

१९९ सुख चो कूढ़ा मोह भासा, इंदरी ले अलग आसोत।
जोड़ी मया ने पड़ुन राम, लीला करते जासोत॥ ९६ ॥

चौ०– एहि बिधि राम जगत पितु माता। कोसलपुर बासिन्ह सुखदाता॥
जिन्ह रघुनाथ चरन रति मानी। तिन्ह की यह गति प्रगट भवानी॥ १॥

रघुपति बिमुख जतन कर कोरी। कवन सकइ भव बंधन छोरी॥
जीव चराचर बस कै राखे। सो माया प्रभु सों भय भाखे॥ २॥

भृकुटि बिलास नचावइ ताही। अस प्रभु छाड़ि भजिअ कहु काही॥
मन क्रम बचन छाड़ि चतुराई। भजत कृपा करिहहिं रघुराई॥ ३॥

एहि बिधि सिसुबिनोद प्रभु कीन्हा। सकल नगरबासिन्ह सुख दीन्हा॥
लै उछंग कबहुँक हलरावै। कबहुँ पालने घालि झुलावै॥ ४॥

दो०– प्रेम मगन कौसल्या निसि दिन जात न जान।
सुत सनेह बस माता बालचरित कर गान॥ २००॥

चौ०– एक बार जननीं अन्हवाए। करि सिंगार पलनाँ पौढ़ाए॥
निज कुल इष्टदेव भगवाना। पूजा हेतु कीन्ह अस्नाना॥ १॥

करि पूजा नैबेद्य चढ़ावा। आपु गई जहँ पाक बनावा॥
बहुरि मातु तहवाँ चलि आई। भोजन करत देख सुत जाई॥ २॥

गै जननी सिसु पहिं भयभीता। देखा बाल तहाँ पुनि सूता॥
बहुरि आइ देखा सुत सोई। हृदयँ कंप मन धीर न होई॥ ३॥

इहाँ उहाँ दुइ बालक देखा। मतिभ्रम मोर कि आन बिसेषा॥
देखि राम जननी अकुलानी। प्रभु हँसि दीन्ह मधुर मुसुकानी॥ ४॥

दो०– देखरावा मातहि निज अद्भुत रूप अखंड।
रोम रोम प्रति लागे कोटि कोटि ब्रह्मंड॥ २०१॥

असने सपा सवँसार चो, आया बूबा राम।
अवधपुर चो रहू लोग के, सुख हरीक देसोत राम॥ ९७॥
जे बले राम पायँ ले, मया जोड़ुन आसोत।
उमा तिहँचो पुरे राम, लीला करते जासोत॥ ९८॥
रघुनाथ ले उल्टुन जीव, कोटी करो उपाय।
हुनचो सवँसार बाँधन के, कोन छंडाउ आय॥ ९९॥
जड़ जीव जितरो के, जे हाते करून आसे।
हुन माया बल परभू पुरे, डरून भाती आसे॥ १००॥
भँव ले नेतून नचासोत, असन भगवान के छांहुन।
सांगा काचो भजन करवाँ, काके आपलो जानुन॥ १०१॥
मन भासा करम ले सपा, चतुर गुन ले गुचुन।
भजन करले किरपा करदे, रघुनाथ आपलो दखुन॥ १०२॥
भगवान असन पीलापन चो, लीला करला सुंदर।
सपा नंगर चो लोगमन के, सुख दिला सुंदर॥ १०३॥
केबड़ कोरा ने धरून आया, हाला-झुला करोत।
केब झुलना ने पोहड़ाउन, मया ले झुलाउक धरोत॥ १०४॥

२०० रात दिन जातो के नी जानत, मया ले कौसिल्या माय।
पिला चरितर चो गीत गाओत, बेटा चो मया ने माय॥ १०५॥

हारक नहाउन सिंगार करून, झुलना ने सोवाउन दिली।
पाछे कुलदेव चो पूजा करूक, आपन नहाउन इली॥ १०६॥
सेवा करून परसाद चेघाउन, राँधासार बाट गेली।
बेटा चो परसाद खातो के दखली, जसने फिरून इली॥ १०७॥
डर चो मारे डेवना बाट गेली, जेलग सोआउन रहे।
उथा बल दरवली आपलो पिला के, जेके सोआउन रहे॥ १०८॥
फेर फिरली पूजा सार ने, हुनी ऽ च आसे उथा।
हिरदे कँपकपे धी रज नहीं, दखुन भाती उथा॥ १०९॥
बिचार धरली एथा उथा, दुइ पिला के दखले।
भरम बुध कि काईं खास, कि रता ले मयँ दखले॥ ११०॥
घबरलो माहा आया के, राम भगवान दखुन।
सुंदर मुचकुम दिला तेबेय, आया बाटे दखुन॥ १११॥

२०१ पाछे आपलो आया के, अखंड रूप दखाला।
जेमें रोवाँ-रोवाँ ने कोटि, ब्राहमाण्ड दखाला॥ ११२॥

अनगिनत सूरूज जोन सिव, ब्रह्मा दखा देओत।
डोंगरी पहाड़ नंदो समुँद, पिरथी दखा देओत॥ ११३॥

चौ०– अगनित रबि ससि सिव चतुरानन। बहु गिरि सरित सिंधु महि कानन॥
काल कर्म गुन ग्यान सुभाऊ। सोउ देखा जो सुना न काऊ॥ १॥

देखी माया सब बिधि गाढ़ी। अति सभीत जोरें कर ठाढ़ी॥
देखा जीव नचावइ जाही। देखी भगति जो छोरइ ताही॥ २॥

तन पुलकित मुख बचन न आवा। नयन मूदि चरननि सिरु नावा॥
बिसमयवंत देखि महतारी। भए बहुरि सिसुरूप खरारी॥ ३॥

अस्तुति करि न जाइ भय माना। जगत पिता मैं सुत करि जाना॥
हरि जननि बहुबिधि समुझाई। यह जनि कतहुँ कहसि सुनु माई॥ ४॥

दो०– बार बार कौसल्या बिनय करइ कर जोरि।
अब जनि कबहूँ ब्यापै प्रभु मोहि माया तोरि॥ २०२॥

चौ०– बालचरित हरि बहुबिधि कीन्हा। अति अनंद दासन्ह कहँ दीन्हा॥
कछुक काल बीतें सब भाई। बड़े भए परिजन सुखदाई॥ १॥

चूड़ाकरन कीन्ह गुरु जाई। बिप्रन्ह पुनि दछिना बहु पाई॥
परम मनोहर चरित अपारा। करत फिरत चारिउ सुकुमारा॥ २॥

मन क्रम बचन अगोचर जोई। दसरथ अजिर बिचर प्रभु सोई॥
भोजन करत बोल जब राजा। नहिं आवत तजि बाल समाजा॥ ३॥

कौसल्या जब बोलन जाई। ठुमुकु ठुमुकु प्रभु चलहिं पराई॥
निगम नेति सिव अंत न पावा। ताहि धरै जननी हठि धावा॥ ४॥

धूरस धूरि भरें तनु आए। भूपति बिहसि गोद बैठाए॥ ५॥

दो०– भोजन करत चपल चित इत उत अवसरु पाइ।
भाजि चले किलकत मुख दधि ओदन लपटाइ॥ २०३॥

गुन गियान बल काल करम चो, बरन टकर रहे।
जेके केबई सुनुन नी रहे, दखली जे जिनिस रहे॥ ११४॥
सपा रकम ले बली माया के, दखली आया पुरे।
डर चो मारे हात जोड़ुन, उबा आसे पुरे॥ ११५॥
जीव के दखली जेके माया, बरहमेस नचाएसे।
भक्ती के दखली माया ले, जे छंडाते जाएसे॥ ११६॥
सीतकाटा मारली देहें, गोठ नी फूटते रहे।
मुंड के लवाँली राम पायँ ने, आइँख लिमटुन रहे॥ ११७॥
आया के आका-बाका दखुन, रक्सा चो बयरी राम।
पीला रूप ने फेर होला, भगवान सिरीराम॥ ११८॥
स्तुति बल होए नहीं, एकेदाँय डरून गेली।
सवँसार चो माय बाप के, बेटा बलतोर होली॥ ११९॥
आया के खूब समझाला, बलला आया सुन।
कहाँय एके नी बलसे, समझुन गोठ के गुन॥ १२०॥

२०२ हात जोड़ुन बिन्ती करते, घनघड़ी बले आया।
मोके फेर नी बियापो, भगवान तुमचो माया॥ १२१॥

पीलापन चो कइ रकम ले, लीला करुन रहोत।
आपलो सेउक मन के खुबे, हरीक देते रहोत॥ १२२॥
थोड़े दिन नाहकलो पाछे, चारों बड़े होला।
कुटुम लोग के सुख देऊ, भाई चारों होला॥ १२३॥
झालर नेम के कराला गुरु, महल ने आपन जाउन।
बाम्हन गोहड़ा हरीक होला, मन चो दान पाउन॥ १२४॥
चारों लाल पिला सुंदर, अपार चरितर करोत।
माय बाप चो मन के मोहाते, बरन लीला करोत॥ १२५॥
खातो पाहार राजा बलावले, बले ते नी एओत।
संगी पिला गोहड़ा के छांड़ुन, उल्टुन नी एओत॥ १२६॥
कौसिल्या आया बलाउक गेले, ठमकते पराउन जासोत।
इतरोय नोहाय बलुन बेद, जेमन चो जस गासोत॥ १२७॥
जेचो छोर के सिव भगवान, केबई नी सकला पाउक।
बरपेला खोर-खोर पराएसे, आया तिहँके धरूक॥ १२८॥
देहँ धुरला संगे इलनि, हाँसते राजा महाराज।
तिहंके आपलो कोरा बसाउन, धरसोत राजा महाराज॥ १२९॥

२०३ खासोत मान्तर चेत भाँभरी, बेरा पाउन चलला।
दही भात मुहें थोपुन, किलकारी मारते चलला॥ १३०॥

चौ०– बालचरित अति सरल सुहाए। सारद सेष संभु श्रुति गाए॥
जिन कर मन इन्ह सन नहिं राता। ते जन बंचित किए बिधाता॥ १॥

भए कुमार जबहिं सब भ्राता। दीन्ह जनेऊ गुरु पितु माता॥
गुरगृहँ गए पढ़न रघुराई। अलप काल बिद्या सब आई॥ २॥

जाकी सहज स्वास श्रुति चारी। सो हरि पढ़ यह कौतुक भारी॥
बिद्या बिनय निपुन गुन सीला। खेलहिं खेल सकल नृपलीला॥ ३॥

करतल बान धनुष अति सोहा। देखत रूप चराचर मोहा॥
जिन्ह बीथिन्ह बिहरहिं सब भाई। थकित होहिं सब लोग लुगाई॥ ४॥

दो०– कोसलपुर बासी नर नारि बृद्ध अरु बाल।
प्रानहु ते प्रिय लागत सब कहुँ राम कृपाल॥ २०४॥

चौ०– बंधु सखा सँग लेहिं बोलाई। बन मृगया नित खेलहिं जाई॥
पावन मृग मारहिं जियँ जानी। दिन प्रति नृपहि देखावहिं आनी॥ १॥

जे मृग राम बान के मारे। ते तनु तजि सुरलोक सिधारे॥
अनुज सखा सँग भोजन करहीं। मातु पिता अग्या अनुसरहीं॥ २॥

जेहि बिधि सुखी होहिं पुर लोगा। करहिं कृपानिधि सोइ संजोगा॥
बेद पुरान सुनहिं मन लाई। आपु कहहिं अनुजन्ह समुझाई॥ ३॥

प्रातकाल उठि कै रघुनाथा। मातु पिता गुरु नावहिं माथा॥
आयसु मागि करहिं पुर काजा। देखि चरित हरषइ मन राजा॥ ४॥

मन के भाउ पिला चरितर, पिलापन ने तिहँचो।
सिव सेंस बेद सास्तर, गीत गावसोत जेचो॥ १३१॥
मन नी सामे पिलापन चो, लीला ने जेचो।
निरबान अभागा जिवना बनाए, भगवान बले तेचो॥ १३२॥
जसने सपा भाई बाढ़ दन, खिंडिक बड़े होला।
गुरू माय बाप जनइ नेंग के, तिहँचो सारून दिला॥ १३३॥
बिदिया पढुक तपा भाई, गुरू घरे गेला।
सपा पढ़ न थोड़े दिन ने, चारों सारून दिला॥ १३४॥
चारों बेद जिहँचो टकर ने, निनास माहा आसोत।
अचरित गोठ आय ते, पढ़ुक गेलो आसोत॥ १३५॥
चारों भाई बिदिया बिन्ती, गुन टकर ले गुनी।
राजा लीला चो सपा खेल, खेलते रसोत गुनी॥ १३६॥
हाते धनउ कांड आसे, भारी सोभा दखले।
जड़ जीव सपा मोहासोत, तिहँचो रूप दखते॥ १३७॥
खोर ने सपा भाई खेलते, निसकुन जे बाट जासोत।
हुन बाट चो मनुख मेहरार, मया ने जुड़ाउन जासोत॥ १३८॥

२०४ मेहरार मनुख सियान पिला, कोसलपुर ने रहेया।
जीव ले आगर मया लागे, राम किरपा करेया॥ १३९॥

भाई सँगवारीमन के, राम संगे धरसोत।
रोजे दिन बन ने जाउन, राम पारद खेलसोत॥ १४०॥
पसुमन के सने मारोत, मन ने पबितर जानुन।
राजा पुरे दखाते जाओत, रोजे दिन आनुन॥ १४१॥
जे पसु भगवान राम चो, कांड ले मरुन जाओत।
ते देहँ के छांडुन सोजे, देव लोक ने जाओत॥ १४२॥
राम भाई संगवारी संगे, रोजे जेवनार करोत।
आया बूबा चो हुकुम के, हुसनेय मानुन करोत॥ १४३॥
जसन रकम ले नंगरेया, मनले सुखी होओत।
किरपा चो धाम राम बले, हुसनेय लीला करोत॥ १४४॥
मन देउन रोजे दिन, बेद पुरान सुनोत।
फेर नानी भाईमन के, समझाउन आपन बलोत॥ १४५॥
माय बाप गुरु के रोजे पहतेया, माथा लवाँओत राम।
हुकुम मांगुन राज़ चो बुता, हरीक ले करोत राम॥ १४६॥
राम चो महेमा चरितर के, दखुन दखुन राजा।
मने मन खुबे हरीक, होउन जाओत राजा॥ १४७॥

दो०– ब्यापक अकल अनीह अज निर्गुन नाम न रूप।
भगत हेतु नाना बिधि करत चरित्र अनूप॥ २०५॥

चौ०– यह सब चरित कहा मैं गाई। आगिलि कथा सुनहु मन लाई॥
बिस्वामित्र महामुनि ग्यानी। बसहिं बिपिन सुभ आश्रम जानी॥ १॥

जहँ जप जग्य जोग मुनि करहीं। अति मारीच सुबाहुहि डरहीं॥
देखत जग्य निसाचर धावहिं। करहिं उपद्रव मुनि दुख पावहिं॥ २॥

गाधितनय मन चिंता ब्यापी। हरि बिनु मरहिं न निसिचर पापी॥
तब मुनिबर मन कीन्ह बिचारा। प्रभु अवतरेउ हरन महि भारा॥ ३॥

एहूँ मिस देखौं पद जाई। करि बिनती आनौं दोउ भाई॥
ग्यान बिराग सकल गुन अयना। सो प्रभु मैं देखब भरि नयना॥ ४॥

दो०– बहुबिधि करत मनोरथ जात लागि नहिं बार।
करि मज्जन सरऊ जल गए भूप दरबार॥ २०६॥

चौ०– मुनि आगमन सुना जब राजा। मिलन गयउ लै बिप्र समाजा॥
करि दंडवत मुनिहि सनमानी। निज आसन बैठारेन्हि आनी॥ १॥

चरन पखारि कीन्हि अति पूजा। मो सम आजु धन्य नहिं दूजा॥
बिबिध भाँति भोजन करवावा। मुनिबर हृदयँ हरष अति पावा॥ २॥

२०५ जे निराकार मन नाहलो, गुलाय छाउन आसोत।
जनम नाहलो निरगुन जे, नावँ रुप नाहलो आसोत॥ १४८ ॥

बरन गढ़न ले हुनी भगवान, भगत लोग मन काजे।
अदभुत सुंदर चरितर करसोत, भगत लोग मन काजे॥ १४९ ॥

ताड़का वध

पिला पाहार चो सपा चरितर, सांगले मय गाउन।
पुरे चो कथा सुना एदाँय, नंगत मन देउन॥ १ ॥

× × × ×

बिस्वामित्र गियानी मुनी, बन के पबितर आसरम जानुन।
हुताय रहोत गियानी मुनी॥
जे लग मुनी जप होम करोत, योग साधन धियान करोत।
मान्तर मारीच सुबाहु रक्सा ले, खुबे डरते रहोत मुनी॥
होम पूजा के दखते रक्सा, पराउन उमडुन एओत रक्सा।
भारी उपदरो मताओत रक्सा, जेमे डंड पाओत मुनी॥
गाधी चो बेटा बिस्वामित्र, मन ने फिकर करला मुनी।
भगवान मारलो बिगर नी मरत, पापी रक्सा गुन ले धुनी॥
पिरथी चो भार हरूक भगवान, मंजपुर ने अवतारी भगवान।
मन ने नंगत नेत करला, तेबे भारी गियानी मुनी॥
एइ मिस ने जाउन मय, पायँ चो दरस पाँएँ मय।
बिन्ती करून दुनों के आनें, असन उआट जोंगला मुनी॥
गियान बैराग ले भरपूर जे, सपा गुन चो धाम आत जे।
दरस पाएंदे आइँख भर मय, असन बिचार धरला मुनी॥

२०६ खुबे रकम ले धरून मन ने, बेर नी लागली जाउक तिहँके।
सरजू नहाउन राजा डेवना ने, अमरून गेला गियानी मुनी॥

* * * *

भेट करूक निकरला राजा, मुनी इलोके सुनुन।
मुनी लगे अमरला राजा, बाम्हनमन के धरून॥ २ ॥
डंडासरन पड़ुन मुनी चो, आसन बसाला राजा।
पायँ पखारून पूजा करून, मया ले बलला राजा॥ ३ ॥
मोचो माहा दूसर कोनी, भगवान नीआत एबे।
हिरदे ले हरीक मुनी महाराज, जेवन करला तेबे॥ ४॥

पुनि चरननि मेले सुत चारी। राम देखि मुनि देह बिसारी॥
भए मगन देखत मुख सोभा। जनु चकोर पूरन ससि लोभा॥ ३॥

तब मन हरषि बचन कह राऊ। मुनि अस कृपा न कीन्हिहु काऊ॥
केहि कारन आगमन तुम्हारा। कहहु सो करत न लावउँ बारा॥ ४॥

असुर समूह सतावहिं मोही। मैं जाचन आयउँ नृप तोही॥
अनुज समेत देहु रघुनाथा। निसिचर बध मैं होब सनाथा॥ ५॥

दो०– देहु भूप मन हरषित तजहु मोह अग्यान।
धर्म सुजस प्रभु तुम्ह कौं इन्ह कहँ अति कल्यान॥ २०७॥

चौ०– सुनि राजा अति अप्रिय बानी। हृदय कंप मुख दुति कुमुलानी॥
चौथेंपन पायउँ सुत चारी। बिप्र बचन नहिं कहेहु बिचारी॥ १॥

मागहु भूमि धेनु धन कोसा। सर्बस देउँ आजु सहरोसा॥
देह प्रान तें प्रिय कछु नाहीं। सोउ मुनि देउँ निमिष एक माहीं॥ २॥

सब सुत प्रिय मोहि प्रान कि नाईं। राम देत नहिं बनइ गोसाईं॥
कहँ निसिचर अति घोर कठोरा। कहँ सुंदर सुत परम किसोरा॥ ३॥

सुनि नृप गिरा प्रेम रस सानी। हृदयँ हरष माना मुनि ग्यानी॥
तब बसिष्ट बहु बिधि समुझावा। नृप संदेह नास कहँ पावा॥ ४॥

फेर चारों बेटा के आनुन, पायँ ने डारून दिला।
राम के दखुन मुनी महाराज, देहँ भुलकुन गेला॥ ५॥
राम मुँह चो सोभा दखुन, असन मगन होला।
चकोर पुनी जोन के दखेसे, हुसन मगन होला॥ ६॥
तेबे राजा हरीक मन ले, बलला सांगा मुनी।
असन किरपा केबइ बले, नी करू राहास मुनी॥ ७॥
आज तुमचो कसन ने एतोर, हरीक मन ले सांगा।
बेर नी करेंदे पूरा करूक, मन चो तुमी मांगा॥ ८॥
मुनी बलला सुना राजा, रक्सा बिटासोत मोके।
इलेसे मयँ काई बले, मांगतो काजे तुमके॥ ९॥
देहा मोके रघुनाथ के, नानी भाई संगे।
रक्सा मरून गेलो पाछे, बाचेंदे साहा संगे॥ १०॥

२०७ हे राजा हरीक मन ले, एमनमन के देहा।
मोह अग्यान छांडुन भाती, मोचो संगे देहा॥ ११॥

मालिक एचोले धरम जस, तुमके मिरून जाएदे।
एमनमन चो बले भारी, पुन होउन जाएदे॥ १२॥
खुबे भी भावतो गोठ सुनुन, हिरदे कपुन गेली।
राजा महराज चो मुँह चो तेज, फेकवा पड़ुन गेली॥ १३॥
बलला महराज सियान-पन ने, बेटा पावले चार।
तुमी ए गोठ जे बललास मोके, नी करून बिचार॥ १४॥

* * * *

पिरथी हाथी धन खजाना, मन चो मांगा सुनी।
आज मयँ खुबे हरीक ले, सपा के देएँदे मुनी।
देहँ जीव ले बल आगर, काई बल नी होय।
एके बल डँडिक ने, देउन देएँदे मुनी॥
सपा बेटा ले मोके मया, जीव ले आगर होए।
तेचोनेबल जीव चो धन, राम के देउक नी होए।
भारी अटपट डर चो लाइक, रक्सा गोहड़ा आसोत।
मोचो कहाँ ए सुखवार, सुंदर पिला मुनी॥
मया गोठ ने सानी-होलोर, राजा गोठ के सुनुन।
हिरदे ले हरीक गियानी मुनी, गोठ नंगत गुनुन।
सपा भरम राजा चो, सरुन जाओ जसन।
हुसन लुबे रकम ले, समझाला वसिष्ठ मुनी॥

अति आदर दोउ तनय बोलाए। हृदयँ लाइ बहु भाँति सिखाए॥
मेरे प्रान नाथ सुत दोऊ। तुम्ह मुनि पिता आन नहिं कोऊ॥ ५॥

दो०– सौंपे भूप रिषिहि सुत बहुबिधि देइ असीस।
जननी भवन गए प्रभु चले नाइ पद सीस॥ २०८ (क)॥

सो०– पुरुषसिंह दोउ बीर हरषि चले मुनि भय हरन।
कृपासिंधु मतिधीर अखिल बिस्व कारन करन॥ २०८ (ख)॥

चौ०– अरुन नयन उर बाहु बिसाला। नील जलज तनु स्याम तमाला॥
कटि पट पीत कसें बर भाथा। रुचिर चाप सायक दुहुँ हाथा॥ १॥

स्याम गौर सुंदर दोउ भाई। बिस्वामित्र महानिधि पाई॥
प्रभु ब्रह्मन्यदेव मैं जाना। मोहि निति पिता तजेहु भगवाना॥ २॥

चले जात मुनि दीन्हि देखाई। सुनि ताड़का क्रोध करि धाई॥
एकहिं बान प्रान हरि लीन्हा। दीन जानि तेहि निज पद दीन्हा॥ ३॥

तब रिषि निज नाथहि जियँ चीन्ही। बिद्यानिधि कहुँ बिद्या दीन्ही॥
जाते लाग न छुधा पिपासा। अतुलित बल तनु तेज प्रकासा॥ ४॥

मया मान ले दुनों पिलाके, बलाला लगे राजा।
छाती लगे लेपटाउन भाती, सिखाला तिहँके राजा।
बलला परभू दुनों बेटा, जीव माहा आत मोचो।
एदाँय बाप तुमी एमन चो, दूसर नीआत मुनी॥

२०८ (क) खुबे रकम ले समझाउन भाती आसीस देउन राजा।
बेटामन के विस्वामित्र के सोपुन दिला राजा।
माँय महल जाउन परभू पायँ पड़ला तिहँचो।
पायँ पड़ुन रेंगला दुनों संगे विस्वामित्र मुनी॥

*　*　*　*

२०८ (ख) मनुख ने सिंघ दुनों, मुनी चो डर मेटुक।
हरीक होउन भाती निकरला, रक्सा डर सारुक॥ १५॥
किरपा चो समुंद राम, धीरबुधेया मालिक।
सवँसार चो जाक चो मूर, गरीब दुखी चो मालिक॥ १६॥

*　*　*　*

लाल आइँख ओसार छाती, बाहाँ ले बरकस आसोत।
बरुन रुख माहा नीयर, देह ले सुंदर आसोत॥
पिताम्बर पिंधुन कन्हेया ने, ठोंगी धरुन आसोत।
दुनो हाते सुंदर धनउ-कांड धरलो आसोत॥
साँवर पंडरा रंग चो दुनों, खुबे सुन्दर आसोत।
बिस्वामित्र काजे हाँडा मिरलो, माहा दुनों आसोत॥
बिस्वामित्र जानला भगवान, बाम्हन भगत आसोत।
मोचो काजे भगवान आपलो, बूबा के छांडुन आसोत॥

×　×　×　×

ताड़का के दखाला मुनी, बार हिंडतो दाँय।
पराउन इली सबद के, सुनते एके-दाँय॥ १७॥
गोटकी कांड जीव धरली, गरीब जानुन राम।
दिला आपलो धाम तेके, परभू सिरीराम॥ १८॥

*　*　*　*

परभू गु न बिदिया चो, भंडार आत जानते मुनी।
लीला के सम्पूरन करतो काजे, बिदिया दिला मुनी।
भूख पियास नी लागो देंह चो सकत बाढ़ो।
जोत बल हुसनेय होओ गुन दिला मुनी॥

दो०– आयुष सब समर्पि कै प्रभु निज आश्रम आनि।
कंद मूल फल भोजन दीन्ह भगति हित जानि॥ २०९॥

चौ०– प्रात कहा मुनि सन रघुराई। निर्भय जग्य करहु तुम्ह जाई॥
होम करन लागे मुनि झारी। आपु रहे मख कीं रखवारी॥ १॥

सुनि मारीच निसाचर क्रोही। लै सहाय धावा मुनिद्रोही॥
बिनु फर बान राम तेहि मारा। सत जोजन गा सागर पारा॥ २॥

पावक सर सुबाहु पुनि मारा। अनुज निसाचर कटकु सँघारा॥
मारि असुर द्विज निर्भयकारी। अस्तुति करहिं देव मुनि झारी॥ ३॥

तहँ पुनि कछुक दिवस रघुराया। रहे कीन्हि बिप्रन्ह पर दाया॥
भगति हेतु बहु कथा पुराना। कहे बिप्र जद्यपि प्रभु जाना॥ ४॥

तब मुनि सादर कहा बुझाई। चरित एक प्रभु देखिअ जाई॥
धनुषजग्य सुनि रघुकुल नाथा। हरषि चले मुनिबर के साथा॥ ५॥

२०९ सपा रकम चो हतेयार के भेट देउन मुनी।
आपलो आसरम अमरला दुनों संगे मुनी।
तिहँके आपलो हितू जानुन भक्ती मया ले होउन।
कांदा जड़ पाक फर के खाउक दिला मुनी॥

बिहान पहाते राम बलला सुना तुमी मुनी।
निडर होउन होम करा जाउन सपा मुनी।
सुनुन होम ने बसला आसरम चो सपा मुनी।
आपन राम राखा रहोत निरभय सपाय मुनी॥

* * * *

खबर पावते मारीच रक्सा,
मुनीमन चो बयरी रक्सा,
रीसेरीस पराते इलो,
संगीमन के धरुन रक्सा।
बिगर फर चो कांड ले राम,
हुनके फिंगुन दिला राम,
सौ जोजन समुंद पैले,
जाउन पडलो मारीच रक्सा,
फेर सुबाहु के अगिन बान,
मारुन दिला परभू राम,
लछमन फउद के सारुन दिला,
मरुन गेला सपा रक्सा।
रक्सा के मारुन बाम्हनमन के, साहा होलाराम।
देवमुनी स्तुति करत, जय जय जय सिरीराम॥ १८॥

अहिल्या तारतोर

दया करते बाम्हनमन उपरे, थोड़े दिन थेबला राम।
बाम्हनमन पुरान सुनाओत, सुनते जाओत राम॥ १॥
भगवान राम सपा के जानते, मान्तर भक्ति किरता।
बाम्हन मन चो मान राखोत, मया परेम किरता॥ २॥
बिस्वामित्र मुनी मान देते, समझाउन भाती बलला।
गोटोक चरितर दखुक राम, एदाँय जावाँ बलला॥ ३॥
रघुकुल चो मालिक सुनुन, धनउ जग्यँ चो गोठ।
मुनी संगे हरीक मन ले, निकरला सुपुन गोठ॥ ४॥

आश्रम एक दीख मग माहीं। खग मृग जीव जंतु तहँ नाहीं॥
पूछा मुनिहि सिला प्रभु देखी। सकल कथा मुनि कहा बिसेषी॥ ६॥

दो०– गौतम नारी श्राप बस उपल देह धरि धीर।
चरन कमल रज चाहती कृपा करहु रघुबीर॥ २१०॥

छं०– परसत पद पावन सोक नसावन प्रगट भई तपपुंज सही।
देखत रघुनायक जन सुखदायक सनमुख होइ कर जोरि रही॥

अति प्रेम अधीरा पुलक सरीरा मुख नहिं आवइ बचन कही।
अतिसय बड़भागी चरनन्हि लागी जुगल नयन जलधार बही॥ १॥

धीरजु मन कीन्हा प्रभु कहुँ चीन्हा रघुपति कृपाँ भगति पाई।
अति निर्मल बानी अस्तुति ठानी ग्यानगम्य जय रघुराई॥

मैं नारि अपावन प्रभु जग पावन रावन रिपु जन सुखदाई।
राजीव बिलोचन भव भय मोचन पाहि पाहि सरनहिं आई॥ २॥

मुनि श्राप जो दीन्हा अति भल कीन्हा परम अनुग्रह मैं माना।
देखेउँ भरि लोचन हरि भव मोचन इहइ लाभ संकर जाना॥

बिनती प्रभु मोरी मैं मति भोरी नाथ न मागउँ बर आना।
पद कमल परागा रस अनुरागा मम मन मधुप करै पाना॥ ३॥

जेहिं पद सुरसरिता परम पुनीता प्रगट भई सिव सीस धरी।
सोई पद पंकज जेहि पूजत अज मम सिर धरेउ कृपाल हरी॥

एहि भाँति सिधारी गौतम नारी बार बार हरि चरन परी।
जो अति मन भावा सो बरु पावा गै पति लोक अनंद भरी॥ ४॥

बाटे गोटोक जूना कुडिया, तिहँके दखा पडली।
पसू चड़इ जीव-जन्तू, काईं दखा नी पड़ली॥ ५॥
पखना चो सिला के दखुन, पूछला भगवान राम।
मुनी सपा लमाउन सांगला, सपा के सुनला राम॥ ६॥

२१० पायँ धुरला के ए दखेसे, देहा किरपा करून।
हे रघुवीर मुक्ती करा, तमी दय करून॥ ७॥

दुख टारु भारी पबितर, पायँ छियाते खान।
तपसी सिला ने जीव पडली, धुरला पड़ते खान॥ ८॥
भगत के सुख देउ रघु के, आइँख ने आपलो दखुन।
पुरे उबा होउन गेली, दुनों हात के जोड़ुन॥ ९॥
भारी मया किरता हुन, अबधीरजा होउन गेली।
देहँ सीतकाटा गोठ नाजुन, ओगाय होउन दिली॥ १०॥
बड़े भाग बिती अहिल्या, पायँ के पोटारुन दिली।
दुनों आइँख ले मया चो मारे, पानी ढारते गेली॥ ११॥
चितावली फेर भगवान के, मन के धीरज करुन।
रघुनाथ किरपा ले पावली, भक्ती धियान धरुन॥ १२॥
सुन्दर सुसार गोठ ले फेर, स्तुति करुक धरली।
दुनों हात के जोड़ुन अहिल्या, राम चो बिन्ती करली॥ १३॥

गियान ले जानतो लाइक रघुनाथ जय हो जय हो जय हो।
मयँ अपबितर मेहरार जात परभू जय हो जय हो जय हो॥
सवँसार के पबितर करु तुमी, भगत के सुख देउ।
रावन चो बयरो भगवान, सरन तुमचो जय हो॥
पूड़न पायँ चो धुरला चो, रस माहा मया के।
भँवरा माहा मन खाते रहो, जय हो जय हो जय हो॥
भारी पबितर देव नंदी गंगा उपजली जे पायँ ले।
सिव भगवान जेके मुंडे धरला जय हो जय हो जय हो॥
जे पायँ के ब्रह्मा भगवान करसोत हमेस पूजा।
किरपा करु मोचो मुंडे छियाला जय हो जयहो जय हो॥

असन घनघड़ी बिन्ती करून, हरीचो पड़ली पायँ।
हुनी सपा बरदान पावली, हुनके जे जे भाय॥ १४॥
गौतम रिसी चो बायले, मन चो बरदान पाउन।
हरीक मन ले मुनीस धाम, गेली गुन के गाउन॥ १५॥
परभू राम आत दयावान, मूर नाहलो जे।
गरीब चो मालिक दया करु, हरीक मन ले जे॥ १६॥

दो०– अस प्रभु दीनबंधु हरि कारन रहित दयाल।
तुलसिदास सठ तेहि भजु छाड़ि कपट जंजाल॥ २११॥

मासपारायण, सातवाँ विश्राम

चौ०– चले राम लछिमन मुनि संगा। गए जहाँ जग पावनि गंगा॥
गाधिसूनु सब कथा सुनाई। जेहि प्रकार सुरसरि महि आई॥ १॥

तब प्रभु रिषिन्ह समेत नहाए। बिबिध दान महिदेवन्हि पाए॥
हरषि चले मुनि बृंद सहाया। बेगि बिदेह नगर निअराया॥ २॥

पुर रम्यता राम जब देखी। हरषे अनुज समेत बिसेषी॥
बापीं कूप सरित सर नाना। सलिल सुधासम मनि सोपाना॥ ३॥

गुंजत मंजु मत्त रस भृंगा। कूजत कल बहुबरन बिहंगा॥
बरन बरन बिकसे बनजाता। त्रिबिध समीर सदा सुखदाता॥ ४॥

दो०– सुमन बाटिका बाग बन बिपुल बिहंग निवास।
फूलत फलत सुपल्लवत सोहत पुर चहुँ पास॥ २१२॥

चौ०– बनइ न बरनत नगर निकाई। जहाँ जाइ मन तहँइँ लोभाई॥
चारु बजारु बिचित्र अँबारी। मनिमय बिधि जनु स्वकर सँवारी॥ १॥

धनिक बनिक बर धनद समाना। बैठे सकल बस्तु लै नाना॥
चौहट सुंदर गलीं सुहाई। संतत रहहिं सुगंध सिंचाई॥ २॥

मंगलमय मंदिर सब केरें। चित्रित जनु रतिनाथ चितेरें॥
पुर नर नारि सुभग सुचि संता। धरमसील ग्यानी गुनवंता॥ ३॥

२११ मूरख मन कपट बेभार, छांडुन भजन करा।
तुलसीदास बलसोत सुना, राम भजन करा॥ १७॥

राम चो जनकपुर अमरतोर

राम लछमन संगे मुनी, अमरला हुन लगे।
जग के पबितर करुक गंगा, बोहेसे जे लगे॥ १॥
गाधी चो बेटा बिस्वामित्र, नंदी कथा बलला।
जसन ने देव नंदी गंगा, पिरथी इली सांगला॥ २॥
रिसीमन संगे तेबे भगवान, गंगा इसनान करला।
बाम्हनमन के बरन बरन, दान पुन करला॥ ३॥
मुनी गोहड़ा संगे तेमन, हरीक मन ले चलला।
तड़ाकनाय जनकपुर लग, सपाय अमरून गेला॥ ४॥
जनकपुर चो सुन्दर सोभा के, राम जसने दखला।
नानी भाई संगे मन ने, भारी हरीक होला॥ ५॥
कुआँ नंदी तरइ बरन, पानी अमरित माहा।
मनी गढ़लो पचरी रहोत, सरगपुर माहा॥ ६॥
फूल रस ले मातुन भवँरा, सुंदर कोल्हार करसोत।
बरन बरन रंग चो, चड़ई कोल्हार होसोत॥ ७॥
रंग रंग चो पूड़न सुँदर, बिगसुन भाती आसोत।
सुख देउ लेहरा बोहे जे, सीतर सुबास आसोत॥ ८॥

२१२ फुलवारी बगेचा बन गुलाय, डेरा चड़इमन चो।
फूल पाक सुंदर पाना, चारों खूट सहर चो॥ ९॥

नगर चो असन सोभा, जेके सांगुक नी होए।
जे लगे बल मन जाए, हुताय मोहाउन जाए॥ १०॥
सुंदर बजार मनो गढ़लो, छानी चो घर आसोत।
लागे जसन बरमा आपलो, हाते गढ़लो आसोत॥ ११॥
कुबेर माहा बड़े धनी, बेपारी बसलासोत।
रकम रकम चो जिनिस के, बिकुक बसलासोत॥ १२॥
जोड़ान बाट चारों खूट सुंदर, खोर-मन बल सुंदर।
सुपास जिनीसमन भरपूर, माहकते रहेसे सुंदर॥ १३॥
सपा घर ने सुभ सोभा, छापा बनालोर सुंदर।
कामदेव माहा छापा बनाऊ, छापलो आसोत सुंदर॥ १४॥
सहर चो मेहरार मनुख सुंदर, पबितर धरमी आसोत।
साधू टकर चो गियानी गुनी, पुर चो लोग आसोत॥ १५॥

अति अनूप जहँ जनक निवासू। बिथकहिं बिबुध बिलोकि बिलासू॥
होत चकित चित कोट बिलोकी। सकल भुवन सोभा जनु रोकी॥ ४॥

दो०– धवल धाम मनि पुरट पट सुघटित नाना भाँति।
सिय निवास सुंदर सदन सोभा किमि कहि जाति॥ २१३॥

चौ०– सुभग द्वार सब कुलिस कपाटा। भूप भीर नट मागध भाटा॥
बनी बिसाल बाजि गज साला। हय गय रथ संकुल सब काला॥ १॥

सूर सचिव सेनप बहुतेरे। नृपगृह सरिस सदन सब केरे॥
पुर बाहेर सर सरित समीपा। उतरे जहँ तहँ बिपुल महीपा॥ २॥

देखि अनूप एक अँवराई। सब सुपास सब भाँति सुहाई॥
कौसिक कहेउ मोर मनु माना। इहाँ रहिअ रघुबीर सुजाना॥ ३॥

भलेहिं नाथ कहि कृपानिकेता। उतरे तहँ मुनिबृंद समेता॥
बिस्वामित्र महामुनि आए। समाचार मिथिलापति पाए॥ ४॥

दो०– संग सचिव सुचि भूरि भट भूसुर बर गुर ग्याति।
चले मिलन मुनिनायकहि मुदित राउ एहि भाँति॥ २१४॥

चौ०– कीन्ह प्रनामु चरन धरि माथा। दीन्हि असीस मुदित मुनिनाथा॥
बिप्रबृंद सब सादर बंदे। जानि भाग्य बड़ राउ अनंदे॥ १॥

कुसल प्रस्न कहि बारहिं बारा। बिस्वामित्र नृपहि बैठारा॥
तेहि अवसर आए दोउ भाई। गए रहे देखन फुलवाई॥ २॥

जे लग जनक चो सुंदर सुंदर, रतो महल आसोत।
हुता चो सोभा दखुन देव बल, ओगाय होउन जासोत॥ १६॥
चेत गुपेसे कोट के दखले, दखलोने लागेसे असन।
सपा लोकमन चो सोभा, छेकुन आसोत जसन॥ १७॥

२१३ छुकछुका महल रकम रकम चो, कपड़ा ओरालोर आसोत।
सोन चो सोभा मनी संगे, तेमे दिलोर आसोत॥ १८॥

राजा नाटकार भाट पड़ेहार, कूढ़ा कूढ़ा आसोत।
घोड़ा-पैगा हाथी-सार, बड़े-बड़े आसोत॥ १९॥
जे सपा हाथी घोड़ा ले, भरपूर होउन आसोत।
रथमन बल सुंदर सुदर, पुरे मंडालोर आसोत॥ २०॥
देवान कप्तान सूरबीर, खुबे खुबे आसोत।
तेमन काजे महल माहा, घर सुंदर आसोत॥ २१॥
सहर बाहिर तरइ नंदी, रेठे रेठे जे आसोत।
खुबे राजामन थेबुन भाती, डेरा पड़ुन आसोत॥ २२॥
आमा चो गोटोक सुंदर बगेचा, मुनी महाराज दखुन।
जे सपा चो सुबिस्ता रहे, असन ठान के दखुन॥ २३॥
कौसिक बलला रघुनाथ, भावली मोके ठान।
मोचो मन बलेसे आमी, थेबूं एइ ठान॥ २४॥
किरपा चो धाम आले बलला, सपा थेबुन गेला।
बिस्वामित्र इलासोत बलते, जसने राजा सुनला॥ २५॥

२१४ हुसने राजा पबितर मन चो, देवान मन संगे।
गुरु सतानंद बाम्हन पंडित, सपा के धरला संगे॥ २६॥

सगा चो सपा नंगत लोग के, आपलो संगे धरून।
भेटुक राजा जनक निकरला, हरीक मन के करून॥ २७॥
माथा पायँ ने देऊन राजा, मुनी चो पायँ पड़ला।
मुनीमन चो मालिक कौसिक, हरीक आसीस दिला॥ २८॥
इलो इतरो सपा बाम्हन चो, पायँ पड़ला राजा।
आपलो भाग के सहरावते, हरीक होओत राजा॥ २९॥
हरीक उदीम चो सवाल के, घनघड़ी पूछोत मुनी।
राजा जनक के बसावला, बिस्वामित्र मुनी॥ ३०॥
तेबे दुनोंय भाई बले, उथाय अमरून गेला।
तेमन तेबे लगे चो फुलबाड़ी, दखुक जाउन रला॥ ३१॥
सुखवार किसोर उमर चो, साँवर पंडरा दुनो।
सवँसार चो चेत चोराडक, आइँख सुख दुनों॥ ३२॥

स्याम गौर मृदु बयस किसोरा। लोचन सुखद बिस्व चित चोरा॥
उठे सकल जब रघुपति आए। बिस्वामित्र निकट बैठाए॥ ३॥

भए सब सुखी देखि दोउ भ्राता। बारि बिलोचन पुलकित गाता॥
मूरति मधुर मनोहर देखी। भयउ बिदेहु बिदेहु बिसेषी॥ ४॥

दो०– प्रेम मगन मनु जानि नृपु करि बिबेकु धरि धीर।
बोलेउ मुनि पद नाइ सिरु गदगद गिरा गभीर॥ २१५॥

चौ०– कहहु नाथ सुंदर दोउ बालक। मुनिकुल तिलक कि नृपकुल पालक॥
ब्रह्म जो निगम नेति कहि गावा। उभय बेष धरि की सोइ आवा॥ १॥

सहज बिरागरूप मनु मोरा। थकित होत जिमि चंद चकोरा॥
ताते प्रभु पूछउँ सतिभाऊ। कहहु नाथ जनि करहु दुराऊ॥ २॥

इन्हहि बिलोकत अति अनुरागा। बरबस ब्रह्मसुखहि मन त्यागा॥
कह मुनि बिहसि कहेहु नृप नीका। बचन तुम्हार न होइ अलीका॥ ३॥

ए प्रिय सबहि जहाँ लगि प्रानी। मन मुसुकाहिं रामु सुनि बानी॥
रघुकुल मनि दसरथ के जाए। मम हित लागि नरेस पठाए॥ ४॥

दो०– रामु लखनु दोउ बंधुबर रूप सील बल धाम।
मख राखेउ सबु साखि जगु जिते असुर संग्राम॥ २१६॥

चौ०– मुनि तव चरन देखि कह राऊ। कहि न सकउँ निज पुन्य प्रभाऊ॥
सुंदर स्याम गौर दोउ भ्राता। आनँदहू के आनँद दाता॥ १॥

रधुपती जसने हुता अमरला, सपा उबा होला।
बिस्वामित्र आपलो लगे, बसुक ठान दिला॥ ३३॥
दुनों भाई के दुखन हुता, सपा सुखी होओत।
देहें मारली सीतकाटा, आइँख भरून जाओत॥ ३४॥
बिदेह राजा राम चो सुंदर, मूरित पुरे दखुन।
बिगर देह चो होउन गेला, मन चो मूरित दखुन॥ ३५॥

२१५ मया ने मगन जामुन मन के, बिचार ने पड़ला राजा।
धीरज ले मुनी पायँ पड़ुन, मया ले बलला राजा॥ ३६॥

सांगा भगवान ये दुनो सुंदर, पिला मुनी कुल चो।
कि ये सुंदर गाहना आत, कोनी राजा कुल चो॥ ३७॥
कि ये जेके इतरोय नोआय, बलुन बेद गासोत।
ब्रह्म जोड़ी रूप धरून काय, एथा एऊन आसोत॥ ३८॥
मोचो मन जाले सहज ले, बैराग रूप ने आसे।
जोन काजे चकोरी मोहलो, माहा मोहाउन आसे॥ ३९॥
एइ ने तुमके सते मनले, पूछेंसे भगवान मयँ।
काईं गोठ के नी लुकावा, देह भुलकलेसे मयँ॥ ४०॥
एमन के दखुन भारी मया ले, होउन बरपेला मन।
ब्रह्म सुख के बल छांडुन दिलो, हरीक होउन मन॥ ४१॥
मुनी हाँसते बलला राजा, सते बललास तुमी।
तुमचो गोठ फंद नीहोए, सत के सुना तुमी॥ ४२॥
ए सवँसार ने जे लग ले, जीतरो जीव आसोत।
सपा जीव के दुनों भाई, मन ले खुबे भासोत॥ ४३॥
मुनी गोठ के सुनुन भाती, राम मुचकुन दिला।
भेद के नी सांगा काय, मुचकते नेतुन दिला॥ ४४॥
रघुकुल मनी दसरथ चो, बेटा आत ए दुनों।
मोचो भलइ काजे राजा दिला, साहा आसोत दुनों॥ ४५॥

२१६ राम लछमन नावँ आय, दुनों नंगत भाई।
रूप गुन बल चो धाम, संगे दुनों भाई॥ ४६॥

सवँसार साखी आसोत एमन, रक्सा मन के जीतुन।
मोचो जग्यँ के साहा होला, दुसट मन के मारून॥ ४७॥
राजा बलला सुना मुनी, पायँ चो दरसन पाउन।
तुमचो पुन चो सकत के, बलुक नी सकें गाउन॥ ४८॥
ए सुंदर साँवर पंडरा, देह चो दुनों भाई।
हरीक के बल हरीक देऊ, आत ये दुनों भाई॥ ४९॥

इन्ह कै प्रीति परसपर पावनि। कहि न जाइ मन भाव सुहावनि॥
सुनहु नाथ कह मुदित बिदेहू। ब्रह्म जीव इव सहज सनेहू॥ २॥

पुनि पुनि प्रभुहि चितव नरनाहू। पुलक गात उर अधिक उछाहू॥
मुनिहि प्रसंसि नाइ पद सीसू। चलेउ लवाइ नगर अवनीसू॥ ३॥

सुंदर सदनु सुखद सब काला। तहाँ बासु लै दीन्ह भुआला॥
करि पूजा सब बिधि सेवकाई। गयउ राउ गृह बिदा कराई॥ ४॥

दो०– रिषय संग रघुबंस मनि करि भोजनु बिश्रामु।
बैठे प्रभु भ्राता सहित दिवसु रहा भरि जामु॥ २१७॥

चौ०– लखन हृदयँ लालसा बिसेषी। जाइ जनकपुर आइअ देखी॥
प्रभु भय बहुरि मुनिहि सकुचाहीं। प्रगट न कहहिं मनहिं मुसुकाहीं॥ १॥

राम अनुज मन की गति जानी। भगत बछलता हियँ हुलसानी॥
परम बिनीत सकुचि मुसुकाई। बोले गुर अनुसासन पाई॥ २॥

नाथ लखनु पुरु देखन चहहीं। प्रभु सकोच डर प्रगट न कहहीं॥
जौं राउर आयसु मैं पावौं। नगर देखाइ तुरत लै आवौं॥ ३॥

सुनि मुनीसु कह बचन सप्रीती। कस न राम तुम्ह राखहु नीती॥
धरम सेतु पालक तुम्ह ताता। प्रेम बिबस सेवक सुखदाता॥ ४॥

दो०– जाइ देखि आवहु नगरु सुख निधान दोउ भाइ।
करहु सुफल सब के नयन सुंदर बदन देखाइ॥ २१८॥

एमनमन चो एक दूसर ले, मया पबितर आसे।
मन के भाउ भारी पबितर, गोठ बलुक नी आसे॥ ५०॥
हरीक ले बि देह दजला परभू, सुना जे मया आसे।
ब्रह्म जीव माहा एमन चो, टकर ले मया आसे॥ ५१॥
घनघड़ी राजा भगवान के, मया ले दखते जाओत।
देहें सीतकाटा मारे हुसने, हिरदे ले हरीक होओत॥ ५२॥
मुनी चो गुन गाउन भाती, पायँ पड़ला राजा।
तिंहके संगे धरून भाती, सहर निला राजा॥ ५३॥
फेर महल ने नेउन थेबाला, पूजा सेवा करला।
राजा मुनी ले बिदा मांगुन, आपलो महल गेला॥ ५४॥

२१७ रघुकुल चो मुकुट मनी, रिसीमन संगे।
खाउन माती दुनों भाई, सुस्तावला रहुन संगे॥ ५५॥

हुदलदाँय पहार भर चो, दिन बाचुन रहे।
मन भीतर लछमन चो, गोटोक मंसा रहे॥ ५६॥

* राम लछन लो सहर बुलतोर *

जनकपुर सहर ने जाउन, दखुन एऊँ असन।
परभू चो डर फेर सुनी पुरे, रहोत झझोकलो असन॥ १॥
एड़ ने परगट काईं बल, नी बलत लछमन।
मने मन मुचकुन भाती, रहत मारून मन॥ २॥
जानला भाई चो मन चो के, राम अंतरजामी।
भगत मन के किरपा करू, मया ने होली सामी॥ ३॥
बिनती करून गुरुजी चो, हुकुम पाउन राम।
झझकते मुचकते उबा होउन, बलला परभू राम॥ ४॥
लछमन सहर दखतो काजे, मन करेसे परभू।
तुमचो डर किरता खुलुन, नी बलेसे परभू॥ ५॥
जे तुमचो हुकुम होलो ने, संगे जाउन मयँ।
एके सहर दखाउन भाती, फिराउन आनेंदे मयँ॥ ६॥
सुमुन मुनी मया ले भरून, बलला सुना राम।
नीती चो साहा कसन तुमी, नी होवासे राम॥ ७॥
नीती धरम चो मरजाद के, राखू रहू तुमी।
मया हाते पड़ुन भाती, सुख देऊ तुमी॥ ८॥

२१८ सुख चो धाम जाउन भाती, दखा सहर सुन्दर।
सपा चो आइँख के सुख देहा, दखाउन मुँह सुन्दर॥ ९॥

चौ०– मुनि पद कमल बंदि दोउ भ्राता। चले लोक लोचन सुख दाता॥
बालक बृंद देखि अति सोभा। लगे संग लोचन मनु लोभा॥ १॥

पीत बसन परिकर कटि भाथा। चारु चाप सर सोहत हाथा॥
तन अनुहरत सुचंदन खोरी। स्यामल गौर मनोहर जोरी॥ २॥

केहरि कंधर बाहु बिसाला। उर अति रुचिर नागमनि माला॥
सुभग सोन सरसीरुह लोचन। बदन मयंक तापत्रय मोचन॥ ३॥

कानन्हि कनक फूल छबि देहीं। चितवत चितहि चोरि जनु लेहीं॥
चितवनि चारु भृकुटि बर बाँकी। तिलक रेख सोभा जनु चाँकी॥ ४॥

दो०– रुचिर चौतनीं सुभग सिर मेचक कुंचित केस।
नख सिख सुंदर बंधु दोउ सोभा सकल सुदेस॥ २१९॥

चौ०– देखन नगरु भूपसुत आए। समाचार पुरबासिन्ह पाए॥
धाए धाम काम सब त्यागी। मनहुँ रंक निधि लूटन लागी॥ १॥

निरखि सहज सुंदर दोउ भाई। होहिं सुखी लोचन फल पाई॥
जुबतीं भवन झरोखन्हि लागीं। निरखहिं राम रूप अनुरागीं॥ २॥

कहहिं परसपर बचन सप्रीती। सखि इन्ह कोटि काम छबि जीती॥
सुर नर असुर नाग मुनि माहीं। सोभा असि कहुँ सुनिअति नाहीं॥ ३॥

बिष्नु चारि भुज बिधि मुख चारी। बिकट बेष मुख पंच पुरारी॥
अपर देउ अस कोउ न आही। यह छबि सखि पटतरिअ जाही॥ ४॥

दो०– बय किसोर सुषमा सदन स्याम गौर सुख धाम।
अंग अंग पर वारिअहिं कोटि कोटि सत काम॥ २२०॥

मुनी पायँ के बिनाउन भाती, दुनों भाई निकरला।
पुरेया आइँख के सुख देउक, सहर बाटे चलला॥ १०॥
सपा पिला एमनमन चो, सुन्दर सोभा दखुन।
संग ने तिहचो होउन दिला, सुन्दर रूप दखुन॥ ११॥
आइँख के लोभाते सपा झन चो, बुलसत दुनों भाई।
देह माहा चंदन चिकसा, साँवर पडरा भाई॥ १२॥
पीयँर कुड़ता पटका बांधलोर, संगे ठोंगी कलसोर।
दुनों हात ने धनउ कांड, आसोत बरकस धरलोर॥ १३॥
सिंध माहा टोडरी बरकस, बाहाँ खांद आसे।
मुक्ता मला छाती उपरे, पूड़न आइँख आसे॥ १४॥
तीनो ताप के छड़ाउन मुँह, जोन माहा दिखे।
कान मन चो करनफूल, तरास मारते दिखे॥ १५॥
दखतो तिहँचो मन के भाए, भँव मन खुबे सुन्दर।
तिलक डांड कपारे दिलोर, दखले चमके सुन्दर॥ १६॥

२१९ चारखुटिया - टोपी मुंडे, करिया झुलुप सुन्दर।
टीप नख ले होतो माहा, सपा सोभा सुन्दर॥ १७॥

जनकपुर चो लोग जसने, ए खबर सुनला।
इलासोत सहर दखुक, दुनों राजा पिला॥ १८॥
काम बुता के छाँड़ुन असन, निसकुन लोग जासोत।
जसन दारदिर खजाना लुटूक, लोग पराते एसोत॥ १९॥
दुनो भाई चो सोभा दखते, मानत आइँख चो सुख
भीतर खिड़की ले जवान मेहरार, दखत राम चो रूप॥ २०॥
आपन आपन एक दूसर ले, मया ले गोठयाते जासोत।
कोटी काम सोभा के सखी, एमन जितुन आसोत॥ २१॥
देव असुर नांग मनुख, मुनी मन चो सोभा।
केबई बललोर सुनलोर दखलोर, नीआय असन सोभा॥ २२॥
भगवान बिस्नू चो चार डेना, ब्रह्मा चो चार मुंड।
सिव भेस अटपट बिकट, आसे पाँच ठन मुंह॥ २३॥
ए सखी दूसर कोनी बल, देव नीआत असन।
जोड़ करून गोठयातो त्लाइक, सोभा नीआय असन॥ २४॥

२२० सुन्दर किसोर उमर चो, सोभा चो घर आत।
साँवर पंडरा रंग ले दुनों, सुख चो धाम आत॥ २५॥

अंग अंग ने कोटी कोटी, काम सोभा धरा।
बले सोभा के नी पुरदे, कितरोय निछावर करा॥ २६॥

चौ०– कहहु सखी अस को तनु धारी। जो न मोह यह रूप निहारी॥
कोउ सप्रेम बोली मृदु बानी। जो मैं सुना सो सुनहु सयानी॥ १॥

ए दोऊ दसरथ के ढोटा। बाल मरालन्हि के कल जोटा॥
मुनि कौसिक मख के रखवारे। जिन्ह रन अजिर निसाचर मारे॥ २॥

स्याम गात कल कंज बिलोचन। जो मारीच सुभुज मदु मोचन॥
कौसल्या सुत सो सुख खानी। नामु रामु धनु सायक पानी॥ ३॥

गौर किसोर बेषु बर काछें। कर सर चाप राम के पाछें॥
लछिमनु नामु राम लघु भ्राता। सुनु सखि तासु सुमित्रा माता॥ ४॥

दो०– बिप्रकाजु करि बंधु दोउ मग मुनिबधू उधारि।
आए देखन चापमख सुनि हरषीं सब नारि॥ २२१॥

चौ०– देखि राम छबि कोउ एक कहई। जोगु जानकिहि यह बरु अहई॥
जौं सखि इन्हहि देख नरनाहू। पन परिहरि हठि करइ बिबाहू॥ १॥

कोउ कह ए भूपति पहिचाने। मुनि समेत सादर सनमाने॥
सखि परंतु पनु राउ न तजई। बिधि बस हठि अबिबेकहि भजई॥ २॥

कोउ कह जौं भल अहइ बिधाता। सब कहँ सुनिअ उचित फल दाता॥
तौ जानकिहि मिलिहि बरु एहू। नाहिन आलि इहाँ संदेहू॥ ३॥

जौं बिधि बस अस बनै सँजोगू। तौ कृतकृत्य होइ सब लोगू॥
सखि हमरें आरति अति तातें। कबहुँक ए आवहिं एहि नातें॥ ४॥

दो०– नाहिं त हम कहुँ सुनहु सखि इन्ह कर दरसनु दूरि।
यह संघटु तब होइ जब पुन्य पुराकृत भूरि॥ २२२॥

चौ०– बोली अपर कहेहु सखि नीका। एहिं बिआह अति हित सबही का॥
कोउ कह संकर चाप कठोरा। ए स्यामल मृदु गात किसोरा॥ १॥

सांगा सखी आले सांगा, असन आसोत कोन।
असन रूप के दखुन भाती, नी मोहाएदे कोन॥ २७॥
दूसर बलली भारी मया ले, सुसार गोठ ललकाउन।
जसन सुनलेसे सुना दीदी, सांगेंसे मयँ बलुन॥ २८॥
राजा दसरथ चो ए दुनों, बेटा आत सखी।
राज-हाँसा चो पिला जोड़ी, माहा आसोत सखी॥ २९॥
जेचो सुन्दर साँवर देंह, आइँख पूड़न माहा।
मारीच सुबाहु चो टेडम सारू, सुख चो खदान आहा॥ ३०॥
हाते धनउ कांड धरलोर, कौसिल्या चो बेटा आत।
राम नावँ आय एमन चो, जे भारी सुभ चो आत॥ ३१॥
राम चो भाई लछमन नावँ, पाछे हिंडते जासोत।
सुन सखी सुमित्रा रानी, तिहँचो आया आसोत॥ ३२॥

२२१ ब्राह्मन मन चो बूता सारून, रिसी चो बायले के तारुन।
धनउ जग्यँ दखुक इलासोत, हरीक सपाय सुनुन॥ ३३॥

राम चो सुन्दर रूप दखुन, गोटोक सखी बलली।
देवमन चो किरपा ले, लागेसे जोग पडली॥ ३४॥
जानकी चो लाइक आसे बर, एमन के दखलोने राजा।
टेक के छांडुन बरपेला, बिहा करादे राजा॥ ३५॥
कोन तो बलेंसे राजा महराजले, चिन्हारी होलासोत आगे।
मुनीमन संग एमन चो बल, मान करलासोत आगे॥ ३६॥
मान्तर बहिन राजा आपलो, टेक के नी छांडे।
होनी हाते टेक बरपेला, डेरा धरुन आसे॥ ३७॥
कोनी बलेसे जे भगवान, भले सुना पड़ेसे।
जानुन सपा के फल देसोत, असन गोठ पड़ेसे॥ ३८॥
जाले जानकी के एइ बर, सिरजुन भाती मिरेदे।
दीदी एमें भरम नीआय, एइऽच जोग पड़ेदे॥ ३९॥
देव किरपा ले जोग पड़ो, अस्तीर होउंदे आमी।
एइ नाता ने एते रदे, दंदरू से एइकाजे अमी॥ ४०॥

२२२ नी जाले सत के सुना, एमन चो दरसन बले।
नी रहेदे आमचो भाग ने, सते गोठ के बलें॥ ४१॥

दूसर बलली सते बहीन, बललीस खुबे नंगत।
ए बिहा ले सपाझन चो, होयदे सपा नंगत॥ ४२॥
कोनी बलली संकर धनउ, भारी बरकस आसे।
सुखवारी देह पिला उमर, साँवर देह चो आसे॥ ४३॥

सबु असमंजस अहइ सयानी। यह सुनि अपर कहइ मृदु बानी॥
सखि इन्ह कहँ कोउ कोउ अस कहहीं। बड़ प्रभाउ देखत लघु अहहीं॥ २॥

परसि जासु पद पंकज धूरी। तरी अहल्या कृत अघ भूरी॥
सो कि रहिहि बिनु सिव धनु तोरें। यह प्रतीति परिहरिअ न भोरें॥ ३॥

जेहिं बिरंचि रचि सीय सँवारी। तेहिं स्यामल बरु रचेउ बिचारी॥
तासु बचन सुनि सब हरषानीं। ऐसेइ होउ कहहिं मुदु बानीं॥ ४॥

दो०– हियँ हरषहिं बरषहिं सुमन सुमुखि सुलोचनि बृंद।
जाहिं जहाँ जहँ बंधु दोउ तहँ तहँ परमानंद॥ २२३॥

चौ०– पुर पूरब दिसि गे दोउ भाई। जहँ धनुमख हित भूमि बनाई॥
अति बिस्तार चारु गच ढारी। बिमल बेदिका रुचिर सँवारी॥ १॥

चहुँ दिसि कंचन मंच बिसाला। रचे जहाँ बैठहिं महिपाला॥
तेहि पाछें समीप चहुँ पासा। अपर मंच मंडली बिलासा॥ २॥

कछुक ऊँचि सब भाँति सुहाई। बैठहिं नगर लोग जहँ जाई॥
तिन्ह के निकट बिसाल सुहाए। धवल धाम बहुबरन बनाए॥ ३॥

जहँ बैठें देखहिं सब नारी। जथाजोगु निज कुल अनुहारी॥
पुर बालक कहि कहि मृदु बचना। सादर प्रभुहि देखावहिं रचना॥ ४॥

दो०– सब सिसु एहि मिस प्रेमबस परसि मनोहर गात।
तन पुलकहिं अति हरषु हियँ देखि देखि दोउ भ्रात॥ २२४॥

चौ०– सिसु सब राम प्रेमबस जाने। प्रीति समेत निकेत बखाने॥
निज निज रुचि सब लेहिं बोलाई। सहित सनेह जाहिं दोउ भाई॥ १॥

एइकाजे जाना बाई, कठिन आय सपा।
सुनुन दूसर सुसार गोठ ले, बलुक धरली सफा॥ ४४॥
एमनमन चो गोठ के सुना, कोनी कोनी बलसोत।
दखतो ने भले ए नानी, गुन ने बड़े आसोत॥ ४५॥
पायँ धुरला छिवतेखान, अहिल्या तरून गेली।
मंजपुर ने जे भारी बड़े, पाप करून रली॥ ४६॥
सिव धनउ के बिगर टुटालोर, रदे तेमन काय।
ए भरोसा के भुलकुन बले, नी छांडा काय॥ ४७॥
जे ब्रह्मा सीता के सवाँरून, गढ़ुन भाती आसोत।
हुनी विचारून साँवर बर के, गढ़ुन बनालोर आसोत॥ ४८॥
हुनचो गोठ ले हरीक होला, सुनुन भाती सपा।
सुसार बोली ले असने होओ, बलला मेहरार सपा॥ ४९॥

२२३ सुन्दर मुँह आइँख बिती, सपा मेहरार कूढ़ा।
हरीक होते फूल बरसावत, उबा कूढ़ा कूढ़ा॥ ५०॥

जे जे बाट दुनों भाई, संगे संगे जाओत।
उभा उथा भारी हरीक, गुलाय होउन जाओत॥ ५१॥
दुनों भाई सुन्दर सहर चो, उदिया बाटे गेला।
जे लगे धनउ जग्यँ चो, ठान बनाउन रला॥ ५२॥
खुबे लाम ओसार ठान, ढलवाँ पक्की घर।
जेचो उपरे सुन्दर सफा, बेदी सजालो घर॥ ५३॥
चारों छूट राजा बसाउक, ठान बनाउन रहोत।
दूसर माचा गोंडराउन भाती, सुन्दर बनाउन रहोत॥ ५४॥
सहरेया मन काजे बसतो ठान, डेंग सुंदर रहे।
वरन बाना लिखलो घर, बड़े बड़े दिखते रहे॥ ५५॥
जे ठान ले आपलो आपलो, कुल चो असन सपा।
मेहरार मन लाइक माहा, बसुन दखदे सपा॥ ५६॥
सहर चो पिला मीठा बोली ले, बलते मान करते।
भगवान राम के दखाते जाओत, ठान चो नावँ धरते॥ ५७॥

२२४ सांगतो मोखी ले पिलामन, भारी मया ले होउन।
राम चो सुंदर देह के छिअत, देह ले हरीक होउन॥ ५८॥

दुनों भाई के दखुन भाती, हरीक हिरदे ने।
सीतकाटा मारते जाए, गुलाय देह ने॥ ५९॥
राम सपा पिलामन चो, मया परेम दखुन।
ठानमन चो नावँ पूछोत, सहराउन देओत दखुन॥ ६०॥

राम देखावहिं अनुजहि रचना। कहि मृदु मधुर मनोहर बचना॥
लव निमेष महुँ भुवन निकाया। रचइ जासु अनुसासन माया॥ २॥

भगति हेतु सोइ दीनदयाला। चितवत चकित धनुष मखसाला॥
कौतुक देखि चले गुरु पाहीं। जानि बिलंबु त्रास मन माहीं॥ ३॥

जासु त्रास डर कहुँ डर होई। भजन प्रभाउ देखावत सोई॥
कहि बातें मृदु मधुर सुहाईं। किए बिदा बालक बरिआईं॥ ४॥

दो०– सभय सप्रेम बिनीत अति सकुच सहित दोउ भाइ।
गुर पद पंकज नाइ सिर बैठे आयसु पाइ॥ २२५॥

चौ०– निसि प्रबेस मुनि आयसु दीन्हा। सबहीं संध्याबंदनु कीन्हा॥
कहत कथा इतिहास पुरानी। रुचिर रजनि जुग जाम सिरानी॥ १॥

मुनिबर सयन कीन्हि तब जाई। लगे चरन चापन दोउ भाई॥
जिन्ह के चरन सरोरुह लागी। करत बिबिध जप जोग बिरागी॥ २॥

तेइ दोउ बंधु प्रेम जनु जीते। गुर पद कमल पलोटत प्रीते॥
बार बार मुनि अग्या दीन्ही। रघुबर जाइ सयन तब कीन्ही॥ ३॥

चापत चरन लखनु उर लाएँ। सभय सप्रेम परम सचु पाएँ॥
पुनि पुनि प्रभु कह सोवहु ताता। पौढ़े धरि उर पद जलजाता॥ ४॥

दो०– उठे लखनु निसि बिगत सुनि अरुनसिखा धुनि कान।
गुर तें पहिलेहिं जगतपति जागे रामु सुजान॥ २२६॥

आपलो आपलो बाटे पिलामन, राम के बलाते जाओत।
जे बाट बलाले हुनी बाटे, मया ले दुनों जाओत॥ ६१॥
सुसार सुंदर सरसरा गोठ, बलुन भाती राम।
नानी भाई के दखाते जाओत, भगवान सिरी राम॥ ६२॥
जेचो हुकुम ले मिलकी मारते, माया पुरे होउन।
सुंदर ब्रह्मांड कूढ़ा - मन के, देएसे सपा गढ़ुन॥ ६३॥
गरीब उपरे दया करू, भक्ती किरता राम।
धनउ जग्यँ चो ठान दखसोत, अचरित होते राम॥ ६४॥
असन सपा अदभुत दखुन, गुरू बाटे चलला।
बेर होली जानुन भाती, दुनों मन ने डरला॥ ६५॥
जेचो भय ले डर के बले, लागते रहेसे डर।
भजन सकत उपरे दखासोत, हुनी परभू डर॥ ६६॥
खुबे मया सुसार वोली ले, पिलामन के बलते।
बरपेला बिदा करला, मया चो गोठ बलते॥ ६७॥

२२५ हरीक मया नीती आरू, भारी डर ले दुनों।
गुरू पायँ ने मुंड लवाँउन, हुकुम ले बसला दुनों॥ ६८॥

सांझ होतेखान मुनी हुकुम ले, संध्या पूजा करला।
जूना-जूना कथा कहनी, रात ले बलला सुनला॥ ६९॥
जसने नंगत मुनी जाउन, पोहड़ला रात दखुन।
दुनों भाई पायँ चेपाओत, मुनी चो ढलंगलो दखुन॥ ७०॥
बरन जोग जप पूजा करसोत, पायँ चो दरसन काजे।
बैरागीमन योग ने रसोत, पायँ के छिवतो काजे॥ ७१॥
हुनी दुनों भाई के दखा, मया पुरे हारून भाती।
भारी मया ले पायँ चेपासोत, हरीक होउन भाती॥ ७२॥
घनघड़ी गुरू हुकृउम देसोत, जाउन सोंआ राम।
तेबे डसना ने जाउन भाती, सोवला परभू राम॥ ७३॥
हिरदे ने पायँ के धरून, डर मया ने होउन।
राम पायँ के चेपासोत, लछमन मया करून॥ ७४॥
भगवान घनघड़ी बलला भाई, सोव तुइ बल जाउन।
लछमन वले जाउन सोवला, पायँ के मन ने धरून॥ ७५॥

२२६ पहिल कुकड़ा बासते खान, आगे लछमन उठला।
सवँसार चो मालिक राम, गुरू ले आगे चेतला॥ ७६॥

बिहान चो सपा बुता सारून, जाउन नहाला दुनों।
फूल काजे बगेचा गेला, हरीक होते दुनों॥ ७७॥

चौ०– सकल सौच करि जाइ नहाए। नित्य निबाहि मुनिहि सिर नाए॥
समय जानि गुर आयसु पाई। लेन प्रसून चले दोउ भाई॥ १॥

भूप बागु बर देखेउ जाई। जहँ बसंत रितु रही लोभाई॥
लागे बिटप मनोहर नाना। बरन बरन बर बेलि बिताना॥ २॥

नव पल्लव फल सुमन सुहाए। निज संपति सुर रूख लजाए॥
चातक कोकिल कीर चकोरा। कूजत बिहग नटत कल मोरा॥ ३॥

मध्य बाग सरु सोह सुहावा। मनि सोपान बिचित्र बनावा॥
बिमल सलिलु सरसिज बहुरंगा। जलखग कूजत गुंजत भृंगा॥ ४॥

दो०– बागु तड़ागु बिलोकि प्रभु हरषे बंधु समेत।
परम रम्य आरामु यहु जो रामहि सुख देत॥ २२७॥

चौ०– चहुँ दिसि चितइ पूँछि मालीगन। लगे लेन दल फूल मुदित मन॥
तेहि अवसर सीता तहँ आई। गिरिजा पूजन जननि पठाई॥ १॥

संग सखीं सब सुभग सयानीं। गावहिं गीत मनोहर बानीं॥
सर समीप गिरिजा गृह सोहा। बरनि न जाइ देखि मनु मोहा॥ २॥

मज्जनु करि सर सखिन्ह समेता। गई मुदित मन गौरि निकेता॥
पूजा कीन्हि अधिक अनुरागा। निज अनुरूप सुभग बरु मागा॥ ३॥

एक सखी सिय संगु बिहाई। गई रही देखन फुलवाई॥
तेहिं दोउ बंधु बिलोके जाई। प्रेम बिबस सीता पहिं आई॥ ४॥

दो०– तासु दसा देखी सखिन्ह पुलक गात जलु नैन।
कहु कारनु निज हरष कर पूछहिं सब मृदु बैन॥ २२८॥

चौ०– देखन बागु कुअँर दुइ आए। बय किसोर सब भाँति सुहाए॥
स्याम गौर किमि कहौं बखानी। गिरा अनयन नयन बिनु बानी॥ १॥

जनक राजा चो बगेचा ने, जाउन दखला सुंदर।
माघ दिन बल मोहाएदे, असन सोभा सुंदर॥ ७८॥
मन के मोहाउ बरन रूख, उथा आसोत सुंदर।
रंग रंग चो नंगत लाहा, मांडो गुलाय सुंदर॥ ७९॥
नवा पाक फरु फूल पान, बूटा गज सुंदर।
कलपरूख के लाज पड़ात, धन दखाते सुंदर॥ ८०॥
उसी कोयकी रूपू चकोरी, वरन चड़इ चो बोली।
मंजूर सुंदर नाचत गावत, बलते सुंदर बोली॥ ८१॥
मंजी बगेचा ने खुबे सुंदर, तरई सोभा पाए।
सुंदर मनी चो पचरी जेमें, दखले मन मोहाए॥ ८२॥
सफा पानी रंग रंग चो, पूड़न बिगसलो रहत।
पानी चड़ई चो कोल्हार हुसने, भंवरा गरजते रहत॥ ८३॥

२२७ बगेचा तरई के दखुन परभू, भाई संग हरीक होला।
सते सुंदर आय ए बगेचा, तेबे राम सुखी होला॥ ८४॥

गुलाय नजर पकाउन पाछे, पनारा ले पूछून।
फूल पान धरते जाओत, मन ले हरीक होउन॥ ८५॥
हुदलोयदाँय सीता बाबीधनी, हुनी बगेचा ने इली।
पारबती चो पूजा करुक, रानी पठाउन रली॥ ८६॥
चतुर सियान सुंदरी सखी, संगे रहोत तिहँचो।
सुंदर राग ले गीत गाओत, कोयकी राग जिहँचो॥ ८७॥
तरई रेठे गोटोक गुड़ी, गिरजा माता चो सुंदर।
सांगुक तीहोय जेचो सोभा, मन के मोहाउ सुंदर॥ ८८॥
तरई ने नहाउन हरीक मन ले, गुड़ी ने गेली सीता।
आपलो लाइक बर मांगली, पूजा करून सीता॥ ८९॥
गोटोक सखी सीता संग के छांडुन भाती गेली।
फुलबाड़ी ले दुनी भाई के, दखुन उल्टुन इली॥ ९०॥

२२८ आइँख ने पानी देहें सीतकाटा, गत के दखुन सखी।
कसन ने होसीस इतुरो हरीक, हरीक ले पूछत सखी॥ ९१॥

बलली बगेचा दखुक इलासोत, दुइ झन लाल पिला।
सपा रकम ले सुंदर आसोत, किसोर उमर चो पिला॥ ९२॥
कसन रूप के सांगे बहिन रंग ने पंडरा साँवर।
टोंड आसे आइँख बिगर, आइँख टोंड बिगर॥ ९३॥
सुनुन सपा सखी हरीक, सिया मन चो जानला।
गोटोक बलली हुनी आत ते, मुनी जे काली आनला॥ ९४॥

सुनि हरषीं सब सखीं सयानी। सिय हियँ अति उतकंठा जानी॥
एक कहइ नृपसुत तेइ आली। सुने जे मुनि सँग आए काली॥ २॥

जिन्ह निज रूप मोहनी डारी। कीन्ह स्वबस नगर नर नारी॥
बरनत छबि जहँ तहँ सब लोगू। अवसि देखिअहिं देखन जोगू॥ ३॥

तासु बचन अति सियहि सुहाने। दरस लागि लोचन अकुलाने॥
चली अग्र करि प्रिय सखि सोई। प्रीति पुरातन लखइ न कोई॥ ४॥

दो०– सुमिरि सीय नारद बचन उपजी प्रीति पुनीत।
चकित बिलोकति सकल दिसि जनु सिसु मृगी सभीत॥ २२९॥

चौ०– कंकन किंकिनि नूपुर धुनि सुनि। कहत लखन सन रामु हृदयँ गुनि॥
मानहुँ मदन दुंदुभी दीन्ही। मनसा बिस्व बिजय कहँ कीन्ही॥ १॥

अस कहि फिरि चितए तेहि ओरा। सिय मुख ससि भए नयन चकोरा॥
भए बिलोचन चारु अचंचल। मनहुँ सकुचि निमि तजे दिगंचल॥ २॥

देखि सीय सोभा सुखु पावा। हृदयँ सराहत बचनु न आवा॥
जनु बिरंचि सब निज निपुनाई। बिरचि बिस्व कहँ प्रगटि देखाई॥ ३॥

सुंदरता कहुँ सुंदर करई। छबिगृहँ दीपसिखा जनु बरई॥
सब उपमा कबि रहे जुठारी। केहिं पटतरौं बिदेहकुमारी॥ ४॥

दो०– सिय सोभा हियँ बरनि प्रभु आपनि दसा बिचारि।
बोले सुचि मन अनुज सन बचन समय अनुहारि॥ २३०॥

जेमन आपलो रूप चो मोहनी, नंगर ने डारून दिला।
सपा मनुख मेहरार पिला के, मया ले हाते करला॥ ९५॥
एथा उथा सपा लोगमन, छबी चो गोठ करसोत।
आमी बल जाउन दखूं, दखतो लाइक आसोत॥ ९६॥
तिहँचो उआट सीता बाबी के, भावली मन ने खुबे।
दरसन काजे आहँख बले, भांभरी होए खुदे॥ ९७॥
सीता हिंडली हुनी मयादार, सखी के करून पुरे।
सूना मया के कोनी बले, जानुक नी सकला पुरे॥ ९८॥
नारद गोठ के सुरता करून, सीताजी चो मने।
पबितर मया उपजुन गेली, भीतर आपन आपने॥ ९९॥

२२९ आका - बाका सपा बाटे, दखते जाए सीता।
जसन हिरनी डरून भाती, दखेसे एथा उथा॥ १००॥

अयँठी बनोरिया करघन संगे, पायजेब गरजना सुनुन।
लछमन भाई के बलसोत राम, हिरदे ने आपलो गुनुन॥ १०१॥
गरजना असन लागे से जसन, काम सवँसार के जीतुक।
संकलप करून नगारा के, पेटुन दिलोसे जीतुक॥ १०२॥
असन बलते हुनी बाटे, राम भगवान दखला।
जोन माहा सीता के दखुक, चकोरी आइँख बनला॥ १०३॥
सुंदर आइँख थेबुन दिला, दखत टकटकी मारून।
लागे निमी बल गुचुन दिलो, आपने लाज होउन॥ १०४॥
सीता चो सोभा दखुन राम, खुबे सुखी होला।
मनेमन सहराते रहत, मुंह ले नी बलला॥ १०५॥
ब्रह्मा आपलो सपा गुन ले, मूरित गढ़लो आसोत।
असन सोभा सवँसार ने, परगट दखालो आसोत॥ १०६॥
सुंदर के बल सुंदर करू, सीता लागेसे असन।
सुँदर घर ने दिया चो, जोत बेरसे जसन॥ १०७॥
रकम रकम चो जोड़ गोठ के, कबी गोहड़ा सपा।
जूठा करून संगाउन दिला, आगत रवे ते सपा॥ १०८॥
जनकनंदनी सीता चो मयँ, जोड काचो संग करें।
सोभा ने खुबे सुंदर आसोत, सोज गोठ ए बलें॥ १०९॥

२३० हिरदे ने सीता के सोभा बलुन, आपलो गत के दखुन।
पबितर मन ले नानी भाई के, बलला बेरा दखुन॥ ११०॥

भाई जनक राजा चो बेटी, बाबी एइ आय।
जेचो काजे धनउ जग्यँ, एदाँय होउ आय॥ १११॥

चौ०– तात जनकतनया यह सोई। धनुषजग्य जेहि कारन होई॥
पूजन गौरि सखीं लै आई। करत प्रकासु फिरइ फुलवाई॥ १॥

जासु बिलोकि अलौकिक सोभा। सहज पुनीत मोर मनु छोभा॥
सो सबु कारन जान बिधाता। फरकहिं सुभद अंग सुनु भ्राता॥ २॥

रघुबंसिन्ह कर सहज सुभाऊ। मनु कुपंथ पगु धरइ न काऊ॥
मोहि अतिसय प्रतीति मन केरी। जेहिं सपनेहुँ परनारि न हेरी॥ ३॥

जिन्ह कै लहहिं न रिपु रन पीठी। नहिं पावहिं परतिय मनु डीठी॥
मंगन लहहिं न जिन्ह कै नाहीं। ते नरबर थोरे जग माहीं॥ ४॥

दो०– करत बतकही अनुज सन मन सिय रूप लोभान।
मुख सरोज मकरंद छबि करइ मधुप इव पान॥ २३१॥

चौ०– चितवति चकित चहूँ दिसि सीता। कहँ गए नृप किसोर मनु चिंता॥
जहँ बिलोक मृग सावक नैनी। जनु तहँ बरिस कमल सित श्रेनी॥ १॥

लता ओट तब सखिन्ह लखाए। स्यामल गौर किसोर सुहाए॥
देखि रूप लोचन ललचाने। हरषे जनु निज निधि पहिचाने॥ २॥

थके नयन रघुपति छबि देखें। पलकन्हिहूँ परिहरीं निमेषें॥
अधिक सनेहँ देह भै भोरी। सरद ससिहि जनु चितव चकोरी॥ ३॥

लोचन मग रामहि उर आनी। दीन्हे पलक कपाट सयानी॥
जब सिय सखिन्ह प्रेमबस जानी। कहि न सकहिं कछु मन सकुचानी॥ ४॥

सखी सुन्दरी गवरी पूजा काज, आनलासोत एथा।
फुलबाड़ी के उजर करते, बुलेसे ए एथा॥ ११२॥
मंजपुर ने ए अदभुत सोभा, दखुन भाती भाई।
टकर ले मोचो पबितर मन, दंदरून गेली से भाई॥ ११३॥
ए सपा किरता के जाले, भगवान जानों आपन।
मांतर मोचो जेवनी भाग, फड़कते जाएसे आपन॥ ११४॥
रघुबंस ने जनम धरू चो, सहज टकर एइ आय।
कुमारग बाटे भुलकुन बले, पायँ मंडाते नी जाय॥ ११५॥
मोके जाले आपलो मन ने, भारी भरोस आसे।
सपना ने बले पर बायले बाट, नजर नी गेलोर आसे॥ ११६॥
लड़ई भाटा ने बयरी केबई, पाठ दखुक नी पाओत।
पर चो बायले केबई बले, मन के झीकुक नी पाओत॥ ११७॥
भीख मांगू जेचो घर ले, नीआय बलुन नी सुनदे।
सवँसार ने असन नंगत मनुख, थोड़े माहा गनदे॥ ११८॥

२३१ नानी भाई संगे गोठयात, राम भगवान असन।
सीता बाबी चो रूप ने मांतर, लोभाउन आसे मन॥ ११९॥

तिहँचो पूड़न माहा मुंह चो, रस सोभा के।
भवँरा माहा पीवते जाए, मन सोभा रस के॥ १२०॥
आका बाका चारों खुट, दखते जासोत सीता।
लाल-पिलामन केंव गेला, फिकर करत सीता॥ १२१॥
पिला चीतर आइँख बिती चो, जे बाट नंजर जाए।
लागे हुता पंडरी पूड़न चो, डांड बरसुन जाए॥ १२२॥
सीता के दखाला लाहा आड़ले, सुन्दरी सखीमन।
साँवर पंडरा जोड़ी सुन्दर, लाल पिलामन॥ १२३॥
तिहँचो रुप के दखते सुन्दर, आइँख ललचाउन गेला।
आपलो हाँडा के चितालो माहा, खुबे हरीक होला॥ १२४॥
रघुपति चो छबी दखुन, आइँख ओगाय होला।
टोपा बले मिलकी मारुक, छांडुन थेबुन दिला॥ १२५॥
खुबे भया किरता देह बल, बेसुध होउन गेली।
लागे कुवाँर पुनी जोन के, चकोरी दखुन दिली॥ १२६॥
आइँख बाट ले राम चो मूरित, हिरदे भीतर आनुन।
चतुर ने बड़े सीता बाबी, दिली कपाट टोपा ढापुन॥ १२७॥
सीता पो मया ने पड़लो, जानला जसने सखी।
मन ले लाज होउन गेला, बलुक नी सकला सखी॥ १२८॥

दो०– लताभवन तें प्रगट भे तेहि अवसर दोउ भाइ।
निकसे जनु जुग बिमल बिधु जलद पटल बिलगाइ॥ २३२॥

चौ०– सोभा सीवँ सुभग दोउ बीरा। नील पीत जलजाभ सरीरा॥
मोरपंख सिर सोहत नीके। गुच्छ बीच बिच कुसुम कली के॥ १॥

भाल तिलक श्रमबिंदु सुहाए। श्रवन सुभग भूषन छबि छाए॥
बिकट भृकुटि कच घूघरवारे। नव सरोज लोचन रतनारे॥ २॥

चारु चिबुक नासिका कपोला। हास बिलास लेत मनु मोला॥
मुखछबि कहि न जाइ मोहि पाहीं। जो बिलोकि बहु काम लजाहीं॥ ३॥

उर मनि माल कंबु कल गीवा। काम कलभ कर भुज बलसींवा॥
सुमन समेत बाम कर दोना। सावँर कुअँर सखी सुठि लोना॥ ४॥

दो०– केहरि कटि पट पीत धर सुषमा सील निधान।
देखि भानुकुलभूषनहि बिसरा सखिन्ह अपान॥ २३३॥

चौ०– धरि धीरजु एक आलि सयानी। सीता सन बोली गहि पानी॥
बहुरि गौरि कर ध्यान करेहू। भूपकिसोर देखि किन लेहू॥ १॥

सकुचि सीयँ तब नयन उघारे। सनमुख दोउ रघुसिंघ निहारे॥
नख सिख देखि राम कै सोभा। सुमिरि पिता पनु मनु अति छोभा॥ २॥

परबस सखिन्ह लखी जब सीता। भयउ गहरु सब कहहिं सभीता॥
पुनि आउब एहि बेरिआँ काली। अस कहि मन बिहसी एक आली॥ ३॥

गूढ़ गिरा सुनि सिय सकुचानी। भयउ बिलंबु मातु भय मानी॥
धरि बड़ि धीर रामु उर आने। फिरी अपनपउ पितुबस जाने॥ ४॥

२३२ निकरला लाहा मंजगत ले, दुनों भाई असन।
दुइ ठन जोन बादरी आड़ले, निकरुन गेला जसन॥ १२९॥

सोभा ने अपार दुनों भाई, देंह चो सोभा लागे।
नीयर पींयर पूड़न माहा, सुन्दर सोभा लागे॥ १३०॥
माथा ने तिलक पसीना टिपका, सोभा पाएसे सुन्दर।
दुनों कान चो पिंधलो गाहना, सोभा छाएसे सुन्दर॥ १३१॥
टेड़गा भँव चो सोभा आसे, घुंघरु झुलुप सोहे।
नवा पूड़न माहा रगरगा, आइँख सुन्दर सोहे॥ १३२॥
टोढ़ी नाक गाल सुन्दर, मोलयाय हांसी दखले।
मुँह चो छबि बलुक नीहोय, काम लजाए दखले॥ १३३॥
छाती उपरे मनी चो माला, टोडरी संख माहा।
डेंग-थाक बाहाँ काम चो, हाथी चोंडा माहा॥ १३४॥
डेबरी हात ने फूल डोबली, जेमन लगे आसे।
साँवर रंग चो कुवँर सखी, खुबे सुन्दर आसे॥ १३५॥
सिंध माहा पातर कन्हेया, पीताम्बरी पिंधलोर।
सोभा गुन चो भंडार जे, गाहना सुरुजकुल चो॥ १३६॥

२३३ राम भगवान के दखुन भाती, संग चो सखीमन।
आपन के बल भुलकुन गेला, सीता चो सखीमन॥ १३७॥

गोटोक नंगत चतुर सखी, धीरज धरुन भाती।
बाबीधनी सीता ले बलली, हात के धरुन भाती॥ १३८॥
पाछे ले बले करते रसे, गिरजा माता चो धियान।
राजा पिलामन के दखुक, कसन नी धरीस धियान॥ १३९॥
सुनते लाज होउन सीता, आइँख उघड़ाउन दखली।
रघुकुल चो दुनों सिंघ के, पुरे उबा दखली॥ १४०॥
मुंडले धरुन पायँ नख ले, राम चो सोभा दखुन।
मन ने भारी दुखी होली, बूबा चो टेक सुमरुन॥ १४१॥
पर हात ने सीता के दखुन, डरुन गेला सखी।
खुबे बेर होलीसे बलला, झझकते सपा सखी॥ १४२॥
एदाँय आमके जातोर आय, काली के फेर एवाँ।
गोटोक सखी मन ने हाँसली, बलते फेर एवाँ॥ १४३॥
सखी चो भेद गोठ सुनुन, लाज होली सीता।
बेर होली जानुन माय चो, डर ले डरली सीता॥ १४४॥
राम रूप के हिरदे ने नेउन, मन ने धीरज धरुनु।
धोकते फिरली बाप हाते, आपलो चोला के दखुन॥ १४५॥

दो०– देखन मिस मृग बिहग तरु फिरइ बहोरि बहोरि।
निरखि निरखि रघुबीर छबि बाढ़इ प्रीति न थोरि॥ २३४॥

चौ०– जानि कठिन सिवचाप बिसूरति। चली राखि उर स्यामल मूरति॥
प्रभु जब जात जानकी जानी। सुख सनेह सोभा गुन खानी॥ १॥

परम प्रेममय मृदु मसि कीन्ही। चारु चित्त भीतीं लिख लीन्ही॥
गई भवानी भवन बहोरी। बंदि चरन बोली कर जोरी॥ २॥

जय जय गिरिबरराज किसोरी। जय महेस मुख चंद चकोरी॥
जय गज बदन षडानन माता। जगत जननि दामिनि दुति गाता॥ ३॥

नहिं तव आदि मध्य अवसाना। अमित प्रभाउ बेदु नहिं जाना॥
भव भव बिभव पराभव कारिनि। बिस्व बिमोहनि स्वबस बिहारिनि॥ ४॥

दो०– पतिदेवता सुतीय महुँ मातु प्रथम तव रेख।
महिमा अमित न सकहिं कहि सहस सारदा सेष॥ २३५॥

चौ०– सेवत तोहि सुलभ फल चारी। बरदायनी पुरारि पिआरी॥
देबि पूजि पद कमल तुम्हारे। सुर नर मुनि सब होहिं सुखारे॥ १॥

मोर मनोरथु जानहु नीकें। बसहु सदा उर पुर सबही कें॥
कीन्हेउँ प्रगट न कारन तेहीं। अस कहि चरन गहे बैदेहीं॥ २॥

बिनय प्रेम बस भई भवानी। खसी माल मूरति मुसुकानी॥
सादर सियँ प्रसादु सिर धरेऊ। बोली गौरि हरषु हियँ भरेऊ॥ ३॥

२३४ चीतर चड़ई दखतो ओखी ने, घनघड़ी दखे उलटुन।
मया मन ने घाट नी होए, राम चो छबि दखुन॥ १४६॥

सिव धनउ के बजर जानते, मन ने बिचार करते।
साँवर मूरित के हिरदे धरुन, हिंडली धियान धरते॥ १४७॥
गुन मया भारी सोभा चो, जानकी आत खदान।
जानकी चो जातोर के, जानला परभू राम॥ १४८॥
तबे गुलगुला मया चो, सिहई बनाउन सुन्दर।
चेत भीती ने बनाला राम, छापा तिहँचो सुन्दर॥ १४९।
सीता फेर भवानी माता चो, गुड़ी भीतरे गेली।
माता चो पायँ के सुमरुन, हात जोड़ुन बलली॥ १५०॥
जय जय हिमांचल चो बेटी, पारबती जय हो।
सिव ची जोन माहा मुँह चो, चकोरी जय हो जय हो॥ १५१॥
हाथी मुँह चो गनेस आरु, सडानन चो आया।
बिजली माहा जोत देंह चो, सवँसार चो आया॥ १५२॥
तुमचो मूर मंजगत नीआय, छोर बल नीहोय जानुक।
तुमचो अपरम्पार महेमा के, वेद नी सके जानुक॥ १५३॥
सवँसार के जनमाऊ पोस मारु, सवँसार के मोहाऊ तुमी।
सुतंत रहून गुलाय बुलू, भारी सकत चो तुमी॥ १५४॥

२३५ देवमन ने मुनीस के बड़े मानू, नंगत मेहरार मन ने।
तुमचो गनती पहिल आसे, मेहरार लोगमन ने॥ १५५॥

हजार सरसती बले तुमचो, महेमा बलुक नी सकें।
सेस बल जे हजार मुंडेया, हुन बल अमरुक नी सके॥ १५६॥
तिरपुर बयरी चो बायले तुमी, बर मांगलो के देऊ।
चारों सहज तुमचो सेवा ले, भगत के वर देऊ॥ १५७॥
तुमचो पायँ चो पूजा देबी, जे बल करुक पासोत।
देव मनुख मुनी सपा, सुखी होउन जासोत॥ १५८॥
मोचो मन चो के जानासाहास, नंगत करुन तुमी।
हिरदे ने बरहमेस घर माहा, रहू आहास तुमी॥ १५९॥
एइकाजे परगट नी बलले, असन बलुन भाती।
जानकी माता चो पायँ के, धरली बसुन भाती॥ १६०॥
भवानीमाता बिन्ती ले हाते, एकेदाँय होउन गेली।
टोडरा ने पिंधालो ढोंडामाल, आपने पड़ुन गेली॥ १६१॥
सीता, बाबी परसाद के, मुंडे चेघावली धरून।
गौरी हिरदे हरीक ले भरली, बलली मूरित मुचकुन॥ १६२॥

सुनु सिय सत्य असीस हमारी। पूजिहि मन कामना तुम्हारी॥
नारद बचन सदा सुचि साचा। सो बरु मिलिहि जाहिं मनु राचा॥ ४॥

छं०– मनु जाहिं राचेउ मिलिहि सो बरु सहज सुंदर साँवरो।
करुना निधान सुजान सीलु सनेहु जानत रावरो॥
एहि भाँति गौरि असीस सुनि सिय सहित हियँ हरषीं अली।
तुलसी भवानिहि पूजि पुनि पुनि मुदित मन मंदिर चली॥

सो०– जानि गौरि अनुकूल सिय हिय हरषु न जाइ कहि।
मंजुल मंगल मूल बाम अंग फरकन लगे॥ २३६॥

चौ०– हृदयँ सराहत सीय लोनाई। गुर समीप गवने दोउ भाई॥
राम कहा सबु कौसिक पाहीं। सरल सुभाउ छुअत छल नाहीं॥ १॥

सुमन पाइ मुनि पूजा कीन्ही। पुनि असीस दुहु भाइन्ह दीन्ही॥
सुफल मनोरथ होहुँ तुम्हारे। रामु लखनु सुनि भए सुखारे॥ २॥

करि भोजनु मुनिबर बिग्यानी। लगे कहन कछु कथा पुरानी॥
बिगत दिवसु गुरु आयसु पाई। संध्या करन चले दोउ भाई॥ ३॥

प्राची दिसि ससि उयउ सुहावा। सिय मुख सरिस देखि सुखु पावा॥
बहुरि बिचारु कीन्ह मन माहीं। सीय बदन सम हिमकर नाहीं॥ ४॥

दो०– जनमु सिंधु पुनि बंधु बिषु दिन मलीन सकलंक।
सिय मुख समता पाव किमि चंदु बापुरो रंक॥ २३७॥

चौ०– घटइ बढ़इ बिरहिनि दुखदाई। ग्रसइ राहु निज संधिहिं पाई॥
कोक सिकप्रद पंकज द्रोही। अवगुन बहुत चंद्रमा तोही॥ १॥

सुना सिया सत आसीस मोचो मन चो पावसे आपलो।
नारद गोठ पबितर सत आय, बर पावसे आपलो॥ १६३॥
मन जेचो ने होउन गेली से, टकर ले साँवर सुन्दर।
हुनी बर तुमके मिरेदे, जे आत भारी सुन्दर॥ १६४॥
दया चो हांडा सपाय ठाने, मया टकर के जाने।
गौरी चो असन आसीस सुनुन, सखी संगे हरीक माने॥ १६५॥
तुलसी बलसोत भवानी चो, घनघड़ी पूजा करून।
हरीक मन ले महल बाटे, सीता गेली उल्टुन॥ १६६॥

२३६ गवरी माता के आपलो बाटे, मन चो माहा जानुन।
हिरदे ने हरीक खुबे होली, माता ले मन चो मांगुन॥ १६७॥

बलुक नीहोय असन हरीक, सुभ सपाय वाटे।
देंह गुलाय फड़कुन जासोत, सीता चो डेबरी बाटे॥ १६८॥
सीता चो रूप सोभा के, सहरावते मन ने।
दुनों भाई गुरू लग गेला, हरीक होते मन ने॥ १६९॥
राम सपा के सांगुन दिला, कौसिक मुनी पुरे।
सहज टकर चो राम आत, छल नी एय पुरे॥ १७०॥
फूल पाउन मुनी महराज, पूजा पाठ करला।
दुनों भाई के हरीक होते, आसीरबाद दिला॥ १७१॥
तुमचो मन चो पुरा होओ, असन बर दिला।
सुनुन भाती राम लछमन, खुबे हरीक होला॥ १७२॥
नंनत बिग्यानी मुनी खाउन, जूना कथा के बलला।
दिन जाते गुरू हुकुम ले, संध्या काजे गेला॥ १७३॥
उदिया बाटे उदलो जोन के, दखला सिरीराम।
सीता चो मुँह माहा दखुन, हरीक होला राम॥ १७४॥
फेर मन ने बिचार करला, जोन नी पुरे तिहँके।
सीता मुँह माहा नीआय एकाय अमरेदे तिहँके॥ १७५॥

२३७ नोनहा समुंद ले जनमलो, बिस आय भाई तेचो।
गुलाय दिन फेकवा रहेसे, कलंकी चिन्हा तेचो॥ १७६॥

बिचारा जोन गरीब कहाँ ले, तिहँके सकेदे पुरूक।
सीता बाबी चो मुहँ माहा, सकेदे कहाँ ले होउक॥ १७७॥
घाट होएसे बाढ़ेसे रोज, छांडरी के दुख देऊ।
जोड़ान ने आपलो पाउन, गोबुन देएसे राहू॥ १७८॥
चकहा के सुख देऊ, पूड़न चो आय बयरी।
जोन तुचो ने खुबे अवगुन, छांडरी जीव चो बयरी॥ १७९॥

बैदेही मुख पटतर दीन्हे। होइ दोषु बड़ अनुचित कीन्हे॥
सिय मुख छबि बिधु ब्याज बखानी। गुरु पहिं चले निसा बड़ि जानी॥ २॥

करि मुनि चरन सरोज प्रनामा। आयसु पाइ कीन्ह बिश्रामा॥
बिगत निसा रघुनायक जागे। बंधु बिलोकि कहन अस लागे॥ ३॥

उयउ अरुन अवलोकहु ताता। पंकज कोक लोक सुखदाता॥
बोले लखनु जोरि जुग पानी। प्रभु प्रभाउ सूचक मृदु बानी॥ ४॥

दो०– अरुनोदयँ सकुचे कुमुद उडगन जोति मलीन।
जिमि तुम्हार आगमन सुनि भए नृपति बलहीन॥ २३८॥

चौ०– नृप सब नखत करहिं उजिआरी। टारि न सकहिं चाप तम भारी॥
कमल कोक मधुकर खग नाना। हरषे सकल निसा अवसाना॥ १॥

ऐसेहिं प्रभु सब भगत तुम्हारे। होइहहिं टूटें धनुष सुखारे॥
उयउ भानु बिनु श्रम तम नासा। दुरे नखत जग तेजु प्रकासा॥ २॥

रबि निज उदय ब्याज रघुराया। प्रभु प्रतापु सब नृपन्ह दिखाया॥
तव भुज बल महिमा उदघाटी। प्रगटी धनु बिघटन परिपाटी॥ ३॥

बंधु बचन सुनि प्रभु मुसुकाने। होइ सुचि सहज पुनीत नहाने॥
नित्यक्रिया करि गुरु पहिं आए। चरन सरोज सुभग सिर नाए॥ ४॥

सतानंदु तब जनक बोलाए। कौसिक मुनि पहिं तुरत पठाए॥
जनक बिनय तिन्ह आइ सुनाई। हरषे बोलि लिए दोउ भाई॥ ५॥

बैदेही मुँह सोभा संगे जोड़ुन, नी फबेसे बलतोर।
अडरा करनी चो दोस पड़ेदे, संगे जोड़ुन बलतोर॥ १८०॥
जोन ओखी ले सीता सोभा के, गढ़ुन बलला राम।
रात होलो के दखुन भाती, गुरू लग गेला राम॥ १८१॥
मुनी चो पूड़न माहा पायँ चो, बिन्ती करून भाती।
दुनों भाई सोवला जाउन, कुम पाउन भाती॥ १८२॥
रात पहाते खन रधुनाथ, चेतते उठुन वसला।
भाई लछमन के पुरे दखुन, राम तिहँके बलला॥ १८३॥
दख भाई पूड़न चकोर के, सुख देउ सूरूज उदेसे।
राम चो सकत महेमा के लछमन, हात जोड़ुन बलेसे॥ १८४॥

२३८ बेद तरास ले बोड़ेंदा, कोमंजसोत लाज पाउन।
अकास चो सपा तारा जोत, जाएसे फेकवा होउन॥ १८५॥

जसन जनकपुर ने तुमचो, अमरलोर के सुनुन।
सपा राजा सकत नाहलो, होउन गेला गुनुन॥ १८६॥
सपाय राजा तारा माहा, अंजोर जे करसोत।
धनउ माहा अंधार के, गुचाउक नी सकसोत॥ १८७॥
रात सरलो ने जसन पूड़न, चकवा भँवरा हरीक।
बरन बरन चो चड़ई बले, होसोत भारी हरीक॥ १८८॥
तुमचो सपा भगत परभू, हुसनेय गढ़न ले।
सुखी होउन जादे सपा, धनउ चो टूटलोने॥ १८९॥
सुरुज उदते बिगर मेहनत, अंधार उठुन जाएसे।
तारा लुकसोत सवँसार ने, अंजोर होउन जाएसे॥ १९०॥
सुरुज उदतो ओखी ने परभू, सपाय राजा के।
परभू आपलो महेमा के, दखाला राजा के॥ १९१॥
तुमचो बाँहा चो बल महेमा उघडाउन दखातो काबे।
धनउ टुटातो रीती चलली, सपा के दखतो काजे॥ १९२॥
भाई चो असन गोठ सुनुन, भगवान मुचकुन दिला।
फेर टकर ले पबितर राम, बिहान करम करला॥ १९३॥
नहाउन रोज चो करम सारून, गुरू लगे इला।
एउन गुरू पाये ने दुनों, मुंड लँवाउन दिला॥ १९४॥
तेबे जनक सतानंद गुरू चो, मान ले बलाव करून।
विस्वामित्र मुनी बाटे, तुरते दिला पठाउन॥ १९५॥
सतानंद एउन राजा जनक चो, बिन्ती सुनाउन दिला।
दुनों के बलाउन गुरू खुबे, हरीक होउन गेला॥ १९६॥

दो०– सतानंद पद बंदि प्रभु बैठे गुर पहिं जाइ।
चलहु तात मुनि कहेउ तब पठवा जनक बोलाइ॥ २३९॥

मासपारायण, आठवाँ विश्राम
नवाह्नपारायण, दूसरा विश्राम

चौ०– सीय स्वयंबरु देखिअ जाई। ईसु काहि धौं देइ बड़ाई॥
लखन कहा जस भाजनु सोई। नाथ कृपा तव जापर होई॥ १॥

हरषे मुनि सब सुनि बर बानी। दीन्हि असीस सबहिं सुखु मानी॥
पुनि मुनिबृंद समेत कृपाला। देखन चले धनुषमख साला॥ २॥

रंगभूमि आए दोउ भाई। असि सुधि सब पुरबासिन्ह पाई॥
चले सकल गृह काज बिसारी। बाल जुबान जरठ नर नारी॥ ३॥

देखी जनक भीर भै भारी। सुचि सेवक सब लिए हँकारी॥
तुरत सकल लोगन्ह पहिं जाहू। आसन उचित देहु सब काहू॥ ४॥

दो०– कहि मृदु बचन बिनीत तिन्ह बैठारे नर नारि।
उत्तम मध्यम नीच लघु निज निज थल अनुहारि॥ २४०॥

चौ०– राजकुअँर तेहि अवसर आए। मनहुँ मनोहरता तन छाए॥
गुन सागर नागर बर बीरा। सुंदर स्यामल गौर सरीरा॥ १॥

राज समाज बिराजत रूरे। उडगन महुँ जनु जुग बिधु पूरे॥
जिन्ह कें रही भावना जैसी। प्रभु मूरति तिन्ह देखी तैसी॥ २॥

देखहिं रूप महा रनधीरा। मनहुँ बीर रसु धरें सरीरा॥
डरे कुटिल नृप प्रभुहि निहारी। मनहुँ भयानक मूरति भारी॥ ३॥

२३९ सतानंद पायँ के बिनाउन, गुरू लग बसला राम।
तेबे विस्वामित्र सुनाला, जनक बलाव आय राम॥ १९७॥

* सीता स्वयम्वर *

सीता स्वयंबर जाउन दखवाँ, आनन मन आज।
काके भगवान बड़ई देदे, दखूंदे आमी आज॥ १॥
लछमन बलला जेचो उपरे, किरपा होएदे तुमचो।
हुनी बड़ई चो लाइक होएदे, परभू दया ने तुमचो॥ २॥
नंगत गोठ के सुनुन उथा, रलोर सपाय मुनी।
हरीक होते सुख मानला, आसीस दिला मुनी॥ ३॥
किरपा करेया राम फेर, मुनीमन संग होला।
धनउ मांडो चो जग्यँ दखुक, सपाय संगे चलला॥ ४॥
रंगभूमि ने इलासोत आज, दुनों भाई संगे।
सहेरया लोग खबर सुनला, तेमन चो इलोर संगे॥ ५॥
पिला जवान सियान मेहरार, मनुख सहर चो सपा।
रंगभूमि बाट गेला दखुक, घर बुता छांडुन सपा॥ ६॥
फउद माहा लोगमन के, राजा जनक दखला।
भरोसा चो सेउकमन के, हाग देउन बलला॥ ७॥
सपा इलो लोगमन लग, तुरते जाउन, तुमी।
लाइक दखुन बसुक ठान, देते जाहा तुमी॥ ८॥

२४० सेउक गोहड़ा सुसार मया ले, गोठ बलुन भाती।
नंगत मंजगत नानी लोग के, दखुन दखुन भाती॥ ९॥

मनुख मेहरार सपा लोग के, दखुन तिहँचो लाइक।
आसन् देउन बहाते जाओत, जे जसन चो लाइक॥ १०॥
हुदलोयदाँय दुनों लाल, उभा अमरून गेला।
लागे सोभा अपन सजीम, देह धरून इला॥ ११॥
साँवर पंडरा देह तिहंचो, गुन चो समुंद आत।
भारी चतुर हुसनेय बीर, दुनोंय भाई आत॥ १२॥
दखलोने राज-समाज ने, लागत दुनों असन।
तारा मंजगते दुइ ठन जोन, पुनी चो उदलो असन॥ १३॥
जेचो मन ने जसन रहे, परभू के दखत हुसन।
महाबीर राजा राम के, दखत बीर जसन॥ १४॥
लागे बीर रस आपलो देंह, धरुन भाती इला।
कपटी लोग भयानक रुप, दखुन डरुन गेला॥ १५॥

रहे असुर छल छोनिप बेषा। तिन्ह प्रभु प्रगट कालसम देखा॥
पुरबासिन्ह देखे दोउ भाई। नरभूषन लोचन सुखदाई॥ ४॥

दो०– नारि बिलोकहिं हरषि हियँ निज निज रुचि अनुरूप।
जनु सोहत सिंगार धरि मूरति परम अनूप॥ २४१॥

चौ०– बिदुषन्ह प्रभु बिराटमय दीसा। बहु मुख कर पग लोचन सीसा॥
जनक जाति अवलोकहिं कैसें। सजन सगे प्रिय लागहिं जैसें॥ १॥

सहित बिदेह बिलोकहिं रानी। सिसु सम प्रीति न जाति बखानी॥
जोगिन्ह परम तत्त्वमय भासा। सांत सुद्ध सम सहज प्रकासा॥ २॥

हरिभगतन्ह देखे दोउ भ्राता। इष्टदेव इव सब सुख दाता॥
रामहि चितव भायँ जेहि सीया। सो सनेहु सुखु नहिं कथनीया॥ ३॥

उर अनुभवति न कहि सक सोऊ। कवन प्रकार कहै कबि कोऊ॥
एहि बिधि रहा जाहि जस भाऊ। तेहिं तस देखेउ कोसलराऊ॥ ४॥

दो०– राजत राज समाज महुँ कोसलराज किसोर।
सुंदर स्यामल गौर तन बिस्व बिलोचन चोर॥ २४२॥

चौ०– सहज मनोहर मूरति दोऊ। कोटि काम उपमा लघु सोऊ॥
सरद चंद निंदक मुख नीके। नीरज नयन भावते जी के॥ १॥

चितवनि चारु मार मनु हरनी। भावति हृदय जाति नहिं बरनी॥
कल कपोल श्रुति कुंडल लोला। चिबुक अधर सुंदर मृदु बोला॥ २॥

छलबाज रक्सा राजा भेस ने, ठगुन बसुन रहोत।
तिहँके भगवान काल माहा, पुरे दखा देओत॥ १६॥
सहर चो लोग दुनों भाई के, मनुख गाहना माहा।
दखत आपलो आइँखमन के, सुख देऊ माहा॥ १७॥

२४१ मेहरार हरीक ले मन चो माहा, तिहँके दखसोत पुरे।
सिंगार रस मूरित होउन, एऊन गेलोसे पुरे॥ १८॥

विराट रुप ने भगवान के, गियानी उथा दखला।
जेचो खुबे मुंह हात पायँ, आइँख मुंड चो दखला॥ १९॥
जनक कुटुम जात लोग के, भगवान दिखत असन।
लागेसे मया दखलोने, सगा सहोदर जसन॥ २०॥
जनक संगे सपा रानी के, पिला माहा लागत।
तिहँचो मया के सांगुक नीहोय, जसन तिहँके लागत॥ २१॥
जोगी लोग के सांत सफा, सम माहा दीखत।
आपने जोत ले भारो जोत चो, रूप ने ते दीखत॥ २२॥
हरी भगत मन के दुनों, सपा चो सुख देऊ।
कुल चो देव साहा लागत, भगत के सुख देऊ॥ २३॥
सीता जे मन ले राम के दखत, तेके सांगुक नीहोय।
हुन मया सुख के जाले, बलुक बल नी होय॥ २४॥
हिरदे भीतर आपने धोकत, नोसकत बलूक।
कोनी कबी कसन गढ़न ले, सकेदे फेर बलूक॥ २५॥
असने जसन जेचो मन ने, जसन बल रहे।
कोसलपुरिया राम के ते, हुसनेय दखते रहे॥ २६॥

२४२ सवँसार भर चो नजर चोराउ सावँर पंडरा सुंदर।
कोसल चो लाल राजा कूढ़ा ने, सोभा पावत सुंदर॥ २७॥

टकर ले सुंदर मन के चोराउ, करोड़ काम चो सोभा।
तिहँचो काजे बलले बले, गोठ नी पुराय सोभा॥ २८॥
कुँवार पुनी चो जोन के निदरु, सुंदर मुँह तिहँचो।
पूड़न नाहा आइँखमन के, खुबे भाएसे तिहँचो॥ २९॥
सुंदर सोभा कामदेव चो, मन के बले जीतू।
हिरदे के खुबे भाएसे, सपा मन के जीतू॥ ३०॥
सांगुक नी होय असन सोभा, गाल असोत सुंदर।
कान ने सुंदर कुंडल झुले, टोढ़ी ओंठ सुंदर॥ ३१॥
जोन तरास निंदरेसे, हाँसतो पहार चो सोभा।
टेड़गा भँव नाक सुंदर, माथा ने तिलक सोभा॥ ३२॥

कुमुदबंधु कर निंदक हाँसा। भृकुटी बिकट मनोहर नासा॥
भाल बिसाल तिलक झलकाहीं। कच बिलोकि अलि अवलि लजाहीं॥ ३॥

पीत चौतनीं सिरन्हि सुहाईं। कुसुम कलीं बिच बीच बनाईं॥
रेखें रुचिर कंबु कल गीवाँ। जनु त्रिभुवन सुषमा की सीवाँ॥ ४॥

दो०– कुंजर मनि कंठा कलित उरन्हि तुलसिका माल।
बृषभ कंध केहरि ठवनि बल निधि बाहु बिसाल॥ २४३॥

चौ०– कटि तूनीर पीत पट बाँधें। कर सर धनुष बाम बर काँधें॥
पीत जग्य उपबीत सुहाए। नख सिख मंजु महाछबि छाए॥ १॥

देखि लोग सब भए सुखारे। एकटक लोचन चलत न तारे॥
हरषे जनकु देखि दोउ भाई। मुनि पद कमल गहे तब जाई॥ २॥

करि बिनती निज कथा सुनाई। रंग अवनि सब मुनिहि देखाई॥
जहँ जहँ जाहि कुअँर बर दोऊ। तहँ तहँ चकित चितव सबु कोऊ॥ ३॥

निज निज रुख रामहि सबु देखा। कोउ न जान कछु मरमु बिसेषा॥
भलि रचना मुनि नृप सन कहेऊ। राजाँ मुदित महासुख लहेऊ॥ ४॥

दो०– सब मंचन्ह तें मंचु एक सुंदर बिसद बिसाल।
मुनि समेत दोउ बंधु तहँ बैठारे महिपाल॥ २४४॥

चौ०– प्रभुहि देखि सब नृप हियँ हारे। जनु राकेस उदय भएँ तारे॥
असि प्रतीति सब के मन माहीं। राम चाप तोरब सक नाहीं॥ १॥

करेया चिगड़ी चूंदी के दखुन, भवँरा कूढ़ा चो डांड।
आपन ले लाज होसोत, दखले भँवरा डांड॥ ३३॥
पीयर चार खुटिया टोपी, मुंड ने सोभा पाए।
मंजगते सोन तार चो फूल, बनालो सोभा पाए॥ ३४॥
संख माहा सुंदर गोल, टोडरा ने तीन डांड।
जसन तीनों लोक चो सोभा, सांगेसे ते डांड॥ ३५॥

२४३ छाती उपरे गज मुक्ता, कंठी माला चो सोभा।
तुलसी माला सुंदर गुथलो, उपरे पाए सोभा॥ ३६॥

खांद बयला माहा बरकस, सिंघ उबा होले।
बरकस बड़े बाहाँ चो, बल चो भंडार लागे॥ ३७॥
कन्हेया ने ठोंगी पीताम्बरी, जेवनी कांड धरलोर।
पींयर जनेई खादें दिखे, डेबरी धनउ धरलोर॥ ३८॥
नख ले टीपचुँदी अमरत ले, सपाय अंग सुन्दर।
तिहँचो उपरे सपाय सोभा, छाइ होलीसे सुन्दर॥ ३९॥
तिहँके दखुन सपाय लोग, खुबे सुखी होला।
टकटकी मारून दखते रहोत, डीमा थेबुन गेला॥ ४०॥
जनक दुनों भाई के दखुन, लुबे हरीक होला।
तेबल जाउन कौसिक मुनी चो, सुन्दर पायँ के धरला॥ ४१॥
बिन्ती करून आपलो कथा, सांगुन भाती राजा।
मुनी के सपा रंगभूमी के, नेउन दखाला राजा॥ ४२॥
दुनों नंगत राजा पिलामन, जे जे बाट जाओत।
हुनी हुनी बाट सपाय लोग, अकचकाते दखते जाओत॥ ४३॥
सपा राम के आपलो बाट, मुंह करलोर दखला।
मान्तर कोनी एचो मरम, जानुक नी सकला॥ ४४॥
दखुन राजा के मुनी बलला, सुन्दर आसे खुबे।
हरीक होला जनक राजा, खुसी वले खुबे॥ ४५॥

२४४ सपा ले छुकछुका गोटोक माचा, सुन्दर बड़े जे रहे।
बसाला मुनी संगे दुनों के, जे सपा ले डेंग रहे॥ ४६॥

भगवान के दखुन सपा राजा, हिरदे ले हारला असन।
तारा जोत फेकवा होएसे, जोन उदलोने जसन॥ ४७॥
सपा चो मन के भरोस होली, घनउ टुटादे राम।
एमें काई भरम नीआय, घनउ टुटादे राम॥ ४८॥
सिव भगवान चो बजर घनउ के, दिन टोड़लो वले।
राम टोडरा ने जयमाल के, सीता डारदे सते॥ ४९॥

बिनु भंजेहुँ भव धनुषु बिसाला। मेलिहि सीय राम उर माला॥
अस बिचारि गवनहु घर भाई। जसु प्रतापु बलु तेजु गवाँई॥ २॥

बिहसे अपर भूप सुनि बानी। जे अबिबेक अंध अभिमानी॥
तोरेहुँ धनुषु ब्याहु अवगाहा। बिनु तोरें को कुअँरि बिआहा॥ ३॥

एक बार कालउ किन होऊ। सिय हित समर जितब हम सोऊ॥
यह सुनि अवर महिप मुसुकाने। धरमसील हरिभगत सयाने॥ ४॥

सो०– सीय बिआहबि राम गरब दूरि करि नृपन्ह के।
जीति को सक संग्राम दसरथ के रन बाँकुरे॥ २४५॥

चौ०– ब्यर्थ मरहु जनि गाल बजाई। मन मोदकन्हि कि भूख बुताई॥
सिख हमारि सुनि परम पुनीता। जगदंबा जानहु जियँ सीता॥ १॥

जगत पिता रघुपतिहि बिचारी। भरि लोचन छबि लेहु निहारी॥
सुंदर सुखद सकल गुन रासी। ए दोउ बंधु संभु उर बासी॥ २॥

सुधा समुद्र समीप बिहाई। मृगजलु निरखि मरहु कत धाई॥
करहु जाइ जा कहुँ जोइ भावा। हम तौ आजु जनम फलु पावा॥ ३॥

अस कहि भले भूप अनुरागे। रूप अनूप बिलोकन लागे॥
देखहिं सुर नभ चढ़े बिमाना। बरषहिं सुमन करहिं कल गाना॥ ४॥

दो०– जानि सुअवसरु सीय तब पठई जनक बोलाइ।
चतुर सखीं सुंदर सकल सादर चलीं लवाइ॥ २४६॥

असन बिचारते जोंव भाई, घर घर ने आपलो।
जस तेज महेमा सपा के, छांडुन भाती आपलो॥ ५०॥
दूसर जे टेडम ले काना, घमंडी हुसने रहोत।
ये गोठ के सुमुन भाती, खुबे हाँसते रहोत॥ ५१॥
घनउ के टुटाबलो ने बले, बिहा सहज नोआय।
फेर बिगर घनउ टुटालोर, कसन चो बिहा आय॥ ५२॥
सीता काजे काल ले वले, हारक जूझून पड़वाँ।
तेके बले जुद्ध ने आनी, अवस जीतुन देवाँ॥ ५३॥
असन घमंड चो गोठ सुनुन, उथा जे धरमी रहोत।
भगत भारी सियान लोग, मुचकुन जाते रहोत॥ ५४॥

२४५ बलत सपा राजामन चो, घमंड के टुटाउन।
राम संगे सीता के दखासे, दिहा होदे सिरजुन॥ ५५॥

रन ने चतुर दसरथ चो, सुन्दर बेटामन के।
लड़इ ने कोन् जीतेया आसे, चतुर बीरमन के॥ ५६॥
मेलाय टोड करते नी रहा, सपा फोकहा जातले।
भूख काय जाएदे सांगा, मन ने लाड़ू खादले॥ ५७॥
कामचो पबितर सिखानी सुनुन, मन ने आपलो गुना।
साच्छात परमेसरी सीता के, मन ने आपनो जाना॥ ५८॥
सवँसार चो बाप रामके मानते, आइँख भर दरसन करा।
घनघड़ी असन बेरा नी मिरे, बिचारून दरसन करा॥ ५९॥
सुन्दर सुख देउ गुन चो कुढ़ा, सिव हिरदे ने रहू।
तुमचो आइँख पुरे इलासोत, सिव हिरदे ने रहू॥ ६०॥
लगे इलो अमिंरत के छांहुन, जानकी के पावतो काजे।
बारू के पानी माहा दखुन, परावासीस मरतो काजे॥ ६१॥
जेके जसन बल नंगत भाएसे, जाउन करा तुमी।
जनम धरलो फल के पावलू, आज सपा आमी॥ ६२॥
असन बलते सपा राजामन, मया ले मंगन होला।
राम चो अटपट रूप दखते, सपाय हरीक होला॥ ६३॥
देवमन बल अकास ले, बिमान मन ने एउन।
दरसन करोत गुन गाओत, फूल बरसाओत एउन॥ ६४॥

२४६ नंगत बेरा जानुन जनक, सीता चो बलाव करला।
चतुर सुंदर सखी मान ले, सीता के धरुन हिंडला॥ ६५॥

सीता सोभा के सांगुक नीहोय, असन सुंदर सोभा।
सवँसार के जनम देउ चो, कोन सांगेया सोभा॥ ६६॥

चौ०– सिय सोभा नहिं जाइ बखानी। जगदंबिका रूप गुन खानी॥
उपमा सकल मोहि लघु लागीं। प्राकृत नारि अंग अनुरागीं॥ १॥

सिय बरनिअ तेइ उपमा देई। कुकबि कहाइ अजसु को लेई॥
जौं पटतरिअ तीय सम सीया। जग असि जुबति कहाँ कमनीया॥ २॥

गिरा मुखर तन अरध भवानी। रति अति दुखित अतनु पति जानी॥
बिष बारुनी बंधु प्रिय जेही। कहिअ रमासम किमि बैदेही॥ ३॥

जौं छबि सुधा पयोनिधि होई। परम रूपमय कच्छप सोई॥
सोभा रजु मंदरु सिंगारू। मथै पानि पंकज निज मारू॥ ४॥

दो०– एहि बिधि उपजै लच्छि जब सुंदरता सुख मूल।
तदपि सकोच समेत कबि कहहिं सीय समतूल॥ २४७॥

चौ०– चलीं संग लै सखीं सयानी। गावत गीत मनोहर बानी॥
सोह नवल तनु सुंदर सारी। जगत जननि अतुलित छबि भारी॥ १॥

भूषन सकल सुदेस सुहाए। अंग अंग रचि सखिन्ह बनाए॥
रंगभूमि जब सिय पगु धारी। देखि रूप मोहे नर नारी॥ २॥

हरषि सुरन्ह दुंदुभीं बजाईं। बरषि प्रसून अपछरा गाईं॥
पानि सरोज सोह जयमाला। अवचट चितए सकल भुआला॥ ३॥

सीय चकित चित रामहि चाहा। भए मोहबस सब नरनाहा॥
मुनि समीप देखे दोउ भाई। लगे ललकि लोचन निधि पाई॥ ४॥

दो०– गुरजन लाज समाजु बड़ देखि सीय सकुचानि।
लागि बिलोकन सखिन्ह तन रघुबीरहि उर आनि॥ २४८॥

सपाय गोठ सोभा पुरे, फोकहा एकेदाँय लागे।
सवँसार चो मेहरार अंग ले, गोठ गढ़लोर आसे॥ ६७॥
सीता सोभा के सांगतो काजे, हुनी गोठ के धरुन।
कोन अडरा कबी होएदे, अपजस के धरुन॥ ६८॥
सीता चो कोनी मेहरार संगे, जोड़ पाडुन जे गाएँदे।
जाले सवँसार ने असन सुंदर, मेहरारकोन लग पाएँदे॥ ६९॥
पारबती आधा अंग ने आसोत, सरसती चो खुबे गोठ।
काम चो वायले मुनीसे नाहलो, दुखी होउन खोट॥ ७०॥
लछमी चो मंद मोहरा, भाई आसोत असन।
सवँसार चो माता संगे, जोड़ पाड़ेंदे कसन॥ ७१॥
लोभ माहा अमरित चो, समुंद जे होती।
सुंदर रुप कचीम चो, पाठ चो जे होती॥ ७२॥
सिंगार-रस चो पहाड़ ले, हुन सोभा समुंद के।
कामदेव आपलो हाते मथतो, अमरित चो समुंद के॥ ७३॥

२४७ सुख चो मूर लछमो जनमती, असन जोग ले।
तेबे कबी सीता माहा, बलता लाज ले॥ ७४॥

सीता बाबी के सियान सखी, संगे धरुन भाती।
सुंदर बोली ले गीत गावते, रेंगला धरुन भाती॥ ७५॥
सीता चो जोड़ नाहलो देह, सुंदर लुगा सोहे।
छबि सवँसार चो माता चो, अपरम्पार रहे॥ ७६॥
सपा गाहना आपलो आपलो, ठान ने सोभा पाओत।
जेके अंग अंग ने सखी, बरन पिंधाउन रहोत॥ ७७॥
जसने सीता रंगभूमि ने, पायँ मंडाली आपलो।
मनुख मेहरार दखतो काजे, मन मोहाउन आपलो॥ ७८॥
हरीक देव गोहड़ा बजाओत, नंगारा देउन मान।
गीत गावते अपसरामन, बरसाओत फूल पान॥ ७९॥
जयमाला सोभा बाए, पूड़न जसन हाते।
सपा राजा अकचकाते, दखत तिहँचो बाठे॥ ८०॥
अकचकाते चेत ले सीता, राम बाटे दखत।
हुसने सपाय राजा मन, मोह ने पडुन दखत॥ ८१॥
दुनों भाई के मुनी लगे, बसलोर दखुन भाती।
हांडा पावलो माहा आइँख, थेबला ललचुन भाती॥ ८२॥

२४८ गुरु आरु बड़े समाज के, दखुन लजाली सीता।
राम के हिरदे ने अनुन दखे, सखीमन बाट सीता॥ ८३॥

चौ०– राम रूपु अरु सिय छबि देखें। नर नारिन्ह परिहरीं निमेषें॥
सोचहिं सकल कहत सकुचाहीं। बिधि सन बिनय करहिं मन माहीं॥ १॥

हरु बिधि बेगि जनक जड़ताई। मति हमारि असि देहि सुहाई॥
बिनु बिचार पनु तजि नरनाहू। सीय राम कर करै बिबाहू॥ २॥

जगु भल कहिहि भाव सब काहू। हठ कीन्हें अंतहुँ उर दाहू॥
एहिं लालसाँ मगन सब लोगू। बरु साँवरो जानकी जोगू॥ ३॥

तब बंदीजन जनक बोलाए। बिरिदावली कहत चलि आए॥
कह नृपु जाइ कहहु पन मोरा। चले भाट हियँ हरषु न थोरा॥ ४॥

दो०– बोले बंदी बचन बर सुनहु सकल महिपाल।
पन बिदेह कर कहहिं हम भुजा उठाइ बिसाल॥ २४९॥

चौ०– नृप भुजबल बिधु सिवधनु राहू। गरुअ कठोर बिदित सब काहू॥
रावनु बानु महाभट भारे। देखि सरासन गवँहिं सिधारे॥ १॥

सोइ पुरारि कोदंडु कठोरा। राज समाज आजु जोइ तोरा॥
त्रिभुवन जय समेत बैदेही। बिनहिं बिचार बरइ हठि तेही॥ २॥

सुनि पन सकल भूप अभिलाषे। भटमानी अतिसय मन माखे॥
परिकर बाँधि उठे अकुलाई। चले इष्टदेवन्ह सिर नाई॥ ३॥

तमकि ताकि तकि सिवधनु धरहीं। उठइ न कोटि भाँति बलु करहीं॥
जिन्ह के कछु बिचारु मन माहीं। चाप समीप महीप न जाहीं॥ ४॥

राम चो रूप सीता चो सोभा, दखुन सपाय लोग।
मिलकी मारूक छांडुन दिला, टकटकी मारत लोग॥ ८४॥
आपलो मन ने बिचार करते, बलुक लाज होत।
मन मन ने भगवान के, बिनाते जाओत लोग॥ ८५॥
हे भगवान जनक चो मूरख, बुध के हरा तुमी।
आमचोय माहा सुध के देहा, राजा के एदाँय तुमी॥ ८६॥
जेमे बिगर बिचार करलोर, टेक के छांडोत राजा।
सीता चो बिहा राम संगे, करून देओत राजा॥ ८७॥
सपा के एइ नंगत लागेसे, सवँसार नंगत बलदे।
टेक उपरे सरासरी ने, जरेदे सपा चो हिरदे॥ ८८॥
सपा लोग एइ लोभ ने, मगन होउन जासोत।
जानकी काजे लाइक बर, साँवर लाल आसोत॥ ८९॥
तेबे राजा भाटमन चो, उथा बलाव करला।
राजा बस चो गीत गावते, भाट अमरून गेला॥ ९०॥
बलला तुमी मोचो परन के, सपा चो पुरे बला।
कम हरीक नी रहे मन ने, भाट उथा ले गेला॥ ९१॥

२४९ बलला भाट पिरथी के पोसू, सपा राजा सुना।
आपलो बाहाँ के उठाउन बलूंसे, राजा परन के सुना॥ ९२॥

राजामन चो बाहाँ बल, जोन माहा आय।
सिव भगबान चो ए धनउ, राहू माहा आय॥ ९३॥
बोझ जसन कठोर बले, सपा जानसोत एके।
रावन बानासुर बड़े बीर, दखुन ओगाय एके॥ ९४॥
हुनी सिव चो बजर धनउ के, जे बल राजा आज।
राजा समाज चो पुरे एउन, टुटाउन देएदे आज॥ ९५॥
तीनों लोक के जीतू चो, मान पाएदे एथा।
बिगर बिचारलोर बरपेला, बर बनाएदे सीता॥ ९६॥
इतरो परन के सुनते सपा, राजा ललचुन गेला।
बल चो घमडाहा मने-मन, भारी तमकुन गेला॥ ९७॥
कन्हेया बांधुन भांभरी होते, उठला तमकते ते।
कुल देव के मुंड लवाँते, हिंडला धमकते ते॥ ९८॥
सिव धनउ बाट भारी रोस ले, दखोत घमडी राजा।
नंगत नेत करून भाती, धरोत घमडी राजा॥ ९९॥
उठे नाई कोटी रकम ले, जोर देउन दखोत।
बुध बिता धनउ लग ले, जाउक बल नी दखोत॥ १००॥

दो०– तमकि धरहिं धनु मूढ़ नृप उठइ न चलहिं लजाइ।
मनहुँ पाइ भट बाहुबलु अधिकु अधिकु गरुआइ॥ २५०॥

चौ०– भूप सहस दस एकहि बारा। लगे उठावन टरइ न टारा॥
डगइ न संभु सरासनु कैसें। कामी बचन सती मनु जैसें॥ १॥

सब नृप भए जोगु उपहासी। जैसें बिनु बिराग संन्यासी॥
कीरति बिजय बीरता भारी। चले चाप कर बरबस हारी॥ २॥

श्रीहत भए हारि हियँ राजा। बैठे निज निज जाइ समाजा॥
नृपन्ह बिलोकि जनकु अकुलाने। बोले बचन रोष जनु साने॥ ३॥

दीप दीप के भूपति नाना। आए सुनि हम जो पनु ठाना॥
देव दनुज धरि मनुज सरीरा। बिपुल बीर आए रनधीरा॥ ४॥

दो०– कुअँरि मनोहर बिजय बड़ि कीरति अति कमनीय।
पावनिहार बिरंचि जनु रचेउ न धनु दमनीय॥ २५१॥

चौ०– कहहु काहि यहु लाभु न भावा। काहुँ न संकर चाप चढ़ावा॥
रहउ चढ़ाउब तोरब भाई। तिलु भरि भूमि न सके छड़ाई॥ १॥

अब जनि कोउ माखै भट मानी। बीर बिहीन मही मैं जानी॥
तजहु आस निज निज गृह जाहू। लिखा न बिधि बैदेहि बिबाहू॥ २॥

सुकृतु जाइ जौं पनु परिहरऊँ। कुअँरि कुआरि रहउ का करऊँ॥
जौं जनतेउँ बिनु भट भुबि भाई। तौ पनु करि होतेउँ न हँसाई॥ ३॥

२५० मूरुख राजामन तमकुन तमकुन, कटकटाउन धरोत।
बलेबल धनउ नी उसकले, लाज होउन फिरोत॥ १०१॥

बीरमन चो बाहाँ सकत, पाउन धनउ लागे।
अउर बले जुगे बोझ, होते जाएसे लागे॥ १०२॥
दस हजार राजा गोटकी हार, उसकाउन तेके दखोत।
बलेबल सिव धनउ के, हलाउक बल नी सकोत॥ १०३॥
सिव चो धनउ नी हालेसे, जान पड़ेसे असन।
कामी मनुख चो गोठ पुरे, सती चो मन जसन॥ १०४॥
सपा राजा हाँसी लाइक, होउन गेला उथा।
बिगर बैराग सन्यासी चो, हांसी होएसे एथा॥ १०५॥
नावँ सकत जस सपा के, धनउ पुरे होउन।
राजा सपा जाते गेला, बरपेला ने होउन॥ १०६॥
हिरदे ले हारुन राजा गोहड़ा, जस ले सरुन गेला।
आपलो लोग समाज ने, जाउन बसुन दिला॥ १०७॥
राजामन चो गत के दखुन, जनक रीस होला।
उबा होउन रीसे रीस, भारी रोस ले बलला॥ १०८॥
मयँ जे टेक धरुम रहें, तेके सुनुन राजा।
राज राज ले एउन रहोत, बीर गुनी राजा॥ १०९॥
देव रक्सा बल मनुख देंह, धरुन इलासोत।
तेमे बले रन ने बड़े, बीरबल इलासोत॥ ११०॥

२५१ सुन्दर कनया संगे जस नावँ, भारी कीरत पाऊ।
लागेसे ब्रह्मा नी गढ़लो, ये धनउ टुटाऊ॥ १११॥

सांगा ये लाभ काके नीभाय, मान्तर कोनी नीआत।
संकर भगवान चो धनउ के, चेघाउ लोग नीआत॥ ११२॥
टुटातो चेघातो के कोन बलो, पुरे जे होलोर आय।
तिल भर भूमि छंडाला नाईं, ए बीर चो सकत आय॥ ११३॥
कोनी सकत बिता घमडी, रीस नी होआ एदाँय।
पिरथी ले बीर सरून गेला, जानले मयँ एदाँय॥ ११४॥
एदाँय आपलो घरे जाहा, भरोस छांडुन आपलो।
सीता बाबी चो बिहा कायतो, ब्रह्मा बल नी लिखलो॥ ११५॥
टेक छांडलो ने पुन जाएसे, मय बल करें काय।
कनया कुआँरी रले रहो, एदाँय सत एई आय॥ ११६॥
जे मयँ जानते पिरथी एकेदाँय, बीर नाहलो आसे।
जाले असन परन धरुन, हाँसी लाइक नी होते॥ ११७॥

जनक बचन सुनि सब नर नारी। देखि जानकिहि भए दुखारी॥
माखे लखनु कुटिल भइँ भौंहें। रदपट फरकत नयन रिसौंहें॥ ४॥

दो०– कहि न सकत रघुबीर डर लगे बचन जनु बान।
नाइ राम पद कमल सिरु बोले गिरा प्रमान॥ २५२॥

चौ०– रघुबंसिन्ह महुँ जहँ कोउ होई। तेहिं समाज अस कहइ न कोई॥
कही जनक जसि अनुचित बानी। बिद्यमान रघुकुल मनि जानी॥ १॥

सुनहु भानुकुल पंकज भानू। कहउँ सुभाउ न कछु अभिमानू॥
जौं तुम्हारि अनुसासन पावौं। कंदुक इव ब्रह्मांड उठावौं॥ २॥

काचे घट जिमि डारौं फोरी। सकउँ मेरु मूलक जिमि तोरी॥
तव प्रताप महिमा भगवाना। को बापुरो पिनाक पुराना॥ ३॥

नाथ जानि अस आयसु होऊ। कौतुकु करौं बिलोकिअ सोऊ॥
कमल नाल जिमि चाप चढ़ावौं। जोजन सत प्रमान लै धावौं॥ ४॥

दो०– तोरौं छत्रक दंड जिमि तव प्रताप बल नाथ।
जौं न करौं प्रभु पद सपथ कर न धरौं धनु भाथ॥ २५३॥

चौ०– लखन सकोप बचन जे बोले। डगमगानि महि दिग्गज डोले॥
सकल लोग सब भूप डेराने। सिय हियँ हरषु जनकु सकुचाने॥ १॥

गुर रघुपति सब मुनि मन माहीं। मुदित भए पुनि पुनि पुलकाहीं॥
सयनहिं रघुपति लखनु नेवारे। प्रेम समेत निकट बैठारे॥ २॥

बिस्वामित्र समय सुभ जानी। बोले अति सनेहमय बानी॥
उठहु राम भंजहु भवचापा। मेटहु तात जनक परितापा॥ ३॥

सुनि गुरु बचन चरन सिरु नावा। हरषु बिषादु न कछु उर आवा॥
ठाढ़े भए उठि सहज सुभाएँ। ठवनि जुबा मृगराजु लजाएँ॥ ४॥

दो०– उदित उदयगिरि मंच पर रघुबर बालपतंग।
बिकसे संत सरोज सब हरषे लोचन भृंग॥ २५४॥

जनक राजा चो असन गोठ, मेहरार मनुख सुनुन।
जानकी के दखुन दुखी होआत,गोठ राजा चो सुनुन॥ ११८॥
मान्तर लछमन तमतमावला, भँव टेड़गा होली।
ओंठ फड़कुक धरला रीस ने, आइँख रगरगा होली॥ ११९॥

२५२ राम डर ले बलुक नी सकोत, सुनुन बिंधलो गोठ।
राम पायँ ने मुंड लवाउन, बलला उथा गोठ॥ १२०॥

रघुबंस चो कोनी बले, जे ठाने बल रहेसे।
हुन समाज ने असन गोठ, कोनी नी बलेसे॥ १२१॥
रघुकुल मनी राम चो रहत ले, असन सबद बलला।
नी बलतो सबद के बल, राजा जनक बलला॥ १२२॥
सुरुज कुल चो पूड़न चो सुरुज, सुना टकर ले बलेंसे।
कोनी रकम चो घमंड धरुन, एथा मयँ नी बलेंसे॥ १२३॥
जे तुमचो हुकुम मिरुन जाओ, ब्रह्मांड के गेंद माहा।
उठाउन भाती मय कुटाएंदे, काचा हांडी माहा॥ १२४॥
सुमेरु पहाड़ के मूरा माहा, टुटाउक सकें मयँ।
महेमा पाउन जूना धनउ के, समझें काय मयँ॥ १२५॥
असन जानुन ए मालिक, जे हुकुम होले।
जाले मयँ खेल करते, दखतास तेके बले॥ १२६॥
धनउ के पूड़न डांडी माहा, चेघाउन भाती मयँ।
सौ जोजन धरुन भाती, पराउन जाते मयँ॥ १२७॥

२५३ फुटु माह टुटाएँदे धनउ के, तुमचो परताप ले।
पायँ किरिया धनउ नी धरें, जे नी सकलो ने॥ १२८॥

थरथरला खूट चो हाथी, जसने रीस ले बलला।
राजामन डरला सीता हरीक, जनक लजाउन गेला॥ १२९॥
रघुपति गुरु मुनी मन ने हरीक, देहें सीतकाटा लागे।
राम नेतुन लछमन के, मया ले बसाला लगे॥ १३०॥
बिस्वामित्र सुभ बेरा दखुन, खुबे मया ले बलला।
राम उठुन धनउ दुटाव, जनक दुख मेट बलला॥ १३१॥
पाएँ मुंड लँवाला राम, गुरु चो गोठ सुगुन।
मन ने हरीक कि दुख, काई नी होली सुनुन॥ १३२॥
सोभा माहा उबा होते, सिंघ के पड़ाते लाज।
सहज टकर ले उबा होला, धनयु उठातो काज॥ १३३॥

२५४ उदिया माहा माचा बाटे, रघुनाथ बाल सुरूज।
जसने उदली सभा भीतरे, सुन्दर साँवर मूरुत॥ १३४॥

चौ०– नृपन्ह केरि आसा निसि नासी। बचन नखत अवली न प्रकासी॥
मानी महिप कुमुद सकुचाने। कपटी भूप उलूक लुकाने॥ १॥

भए बिसोक कोक मुनि देवा। बरिसहिं सुमन जनावहिं सेवा॥
गुर पद बंदि सहित अनुरागा। राम मुनिन्ह सन आयसु मागा॥ २॥

सहजहिं चले सकल जग स्वामी। मत्त मंजु बर कुंजर गामी॥
चलत राम सब पुर नर नारी। पुलक पूरि तन भए सुखारी॥ ३॥

बंदि पितर सुर सुकृत सँभारे। जौं कछु पुन्य प्रभाउ हमारे॥
तौ सिवधनु मृनाल की नाईं। तोरहुँ रामु गनेस गोसाईं॥ ४॥

दो०– रामहि प्रेम समेत लखि सखिन्ह समीप बोलाइ।
सीता मातु सनेह बस बचन कहइ बिलखाइ॥ २५५॥

चौ०– सखि सब कौतुक देखनिहारे। जेठ कहावत हितू हमारे॥
कोउ न बुझाइ कहइ गुर पाहीं। ए बालक असि हठ भलि नाहीं॥ १॥

रावन बान छुआ नहिं चापा। हारे सकल भूप करि दापा॥
सो धनु राजकुअँर कर देहीं। बाल मराल कि मंदर लेहीं॥ २॥

भूप सयानप सकल सिरानी। सखि बिधि गति कछु जाति न जानी॥
बोली चतुर सखी मृदु बानी। तेजवंत लघु गनिअ न रानी॥ ३॥

कहँ कुंभज कहँ सिंधु अपारा। सोषेउ सुजसु सकल संसारा॥
रबि मंडल देखत लघु लागा। उदयँ तासु तिभुवन तम भागा॥ ४॥

दो०– मंत्र परम लघु जासु बस बिधि हरि हर सुर सर्ब।
महामत्त गजराज कहुँ बस कर अंकुस खर्ब॥ २५६॥

पूड़न संत बिगसुन गेला, आइँख भँवरा हरीक होत।
अधार राजाभन चो भरोस गेली, तारा चो गेली जोन॥ १३४॥
बोंडेंदा राजा लाज होला, कुरवाँ राजा लुकला।
देव मुनीमन चकइ माहा, दुख ले गुचुन गेला॥ १३६॥
हरीक ले देव फूल देओत, गुरू के बिनाला राम।
सपा मुनी बाट मया ले दखते, हुकुम माँगला राम॥ १३७॥
बरकस हाथी चो रेंगा माहा, टकर ले हिंडला राम।
नंगर चो मनुख मेहरार हरीक, सीतकाटा दखते राम॥ १३८॥
देव पितर के सुमरना करते, सुमरत आपलो पुन।
मने-मन बलत सपाय लोग, जे आसे खिंडिक बल पुन॥ १३९॥
हे गनेस भगवान राम, सिव चो धनउ के।
पूड़न डांडी माहा टुटाओत, मंडालो धनउ के॥ १४०॥

२५५ पिला चो मया ले राम के दखते, बलाउन सखीमन के लगे।
सीता आया मया ले कलपते, बलली सखीमन लगे॥ १४१॥

सखी आमचो हितू होउन, एथा जे लोग आसोत।
सपाय झन बसुन भाती, तमासा दखेया आसोत॥ १४२॥
कोनी वले गुरू लग जाउन, समझाउन बले नी बलत।
तिहँके असन चो टेक नी फबे, राम पिला आत बलत॥ १४३॥
बानासुर रावन जे धनउ के, छिउक बले नी सकला।
सपा राजामन घमंड धरुन, पुरूक बल नी सकला॥ १४४॥
सुखवार लाल पिला चो हाते, कसन देउन देसोत।
काय मंदराचल के हाँसा, पिला उठाउक सकसोत॥ १४५॥
राजा चो सियापन चो सकत, सरून गेली सपा।
बिधाता चो गुन के बले, जानुक नी होएसे एथा॥ १४६॥
तेबे गोटोक चतुर सखी, सुसार गोठ ले बलनी।
रानी दखलो के नानी दख ते, नानी नी जाना बलली॥ १४७॥
कहाँ कुंडरा ने जनम पावलो, अगस्त मुनी के दखा।
सुखाउन दिला अपार समुँद, सवँसारे जस के दखा॥ १४८॥
सुरुज मंडल के दखा तेबल, दखले नानी लागे।
उदते खान तीनों लोक ले, अँधार उठुन भागे॥ १४९॥

२५६ ब्रह्मा बिस्नू सपाय देव, जेचो हात ने आसे।
हुन मन्तर के बिचारून दखा, जे खुबे नानी आसे॥ १५०॥

खुबे मस्तालो हाथी के दखा, जेचो सकत भारी।
गोटकी अंकुस नानी माहा, आकुस करेसे भारी॥ १५१॥

चौ०– काम कुसुम धनु सायक लीन्हे। सकल भुवन अपनें बस कीन्हे॥
देबि तजिअ संसउ अस जानी। भंजब धनुषु राम सुनु रानी॥ १॥

सखी बचन सुनि भै परतीती। मिटा बिषादु बढ़ी अति प्रीती॥
तब रामहि बिलोकि बैदेही। सभय हृदयँ बिनवति जेहि तेही॥ २॥

मनहीं मन मनाव अकुलानी। होहु प्रसन्न महेस भवानी॥
करहु सफल आपनि सेवकाई। करि हितु हरहु चाप गरुआई॥ ३॥

गननायक बरदायक देवा। आजु लगें कीन्हिउँ तुअ सेवा॥
बार बार बिनती सुनि मोरी। करहु चाप गुरुता अति थोरी॥ ४॥

दो०– देखि देखि रघुबीर तन सुर मनाव धरि धीर।
भरे बिलोचन प्रेम जल पुलकावली सरीर॥ २५७॥

चौ०– नीकें निरखि नयन भरि सोभा। पितु पनु सुमिरि बहुरि मनु छोभा॥
अहह तात दारुनि हठ ठानी। समुझत नहिं कछु लाभु न हानी॥ १॥

सचिव सभय सिख देइ न कोई। बुध समाज बड़ अनुचित होई॥
कहँ धनु कुलिसहु चाहि कठोरा। कहँ स्यामल मृदुगात किसोरा॥ २॥

बिधि केहि भाँति धरौं उर धीरा। सिरस सुमन कन बेधिअ हीरा॥
सकल सभा कै मति भै भोरी। अब मोहि संभुचाप गति तोरी॥ ३॥

निज जड़ता लोगन्ह पर डारी। होहि हरुअ रघुपतिहि निहारी॥
अति परिताप सीय मन माहीं। लव निमेष जुग सय सम जाहीं॥ ४॥

कामदेव हाते फूल चो सुँदर, धनउ-कांड धरून।
राखेसे हाते सपा लोक के, आपलो मन ले करून॥ १५२॥
असन जानुन भरम के छांडा, देवी सुना मोचो।
राम धनउ के अवस टुटादे, माना रानो मोचो॥ १५३॥
सखी गोठ सुनुन रानी चो, मन ने भरोस होली।
दुख सरली मया बाढ़ली, भरोस राम ले होली॥ १५४॥
हुदलदाँय सीता बाबी, राम बाट दखते जाए।
हिरदे ले डरून भाती, मन ने बिनाते जाए॥ १५५॥
मन भीतर डाहल बिकल, बिन्ती करते जाए।
दया करा मोचो उपरे, भवानी महेस एदाँय॥ १५६॥
तुमचो करलेसे जे मय सेवा, जाले सुफल करा।
मोचो उपरे मया करून, धनउ बोझ हरा॥ १५७॥
देवमन चो मुखिया गनेस, बर देउ मन चो।
आज चो असन दिन काजो करलेसे सेवा तुमचो॥ १५८॥
मोचो बिन्ती के घनघड़ी, सुनुन गनेस भगवान।
धनउ बोझ के घाट करा, दया करा भगवान॥ १५९॥

२५७ रघुनाथ के दखते धीरज धरून, देवमन के बिनाय।
आइँख ने पानी देहें सीतकाटा, मया चो मारे आय॥ १६०॥

नंगत करुन आइँख भर, राम सोभा के दखुन।
दँदरुन गेली सीता बाप चो, टेक सुरता करुन॥ १६१॥
मन मन ने बलते जाए, बाबा चो भारी टेक।
हानी लाभ के जानुक नी होय, दखुन असन टेक॥ १६२॥
देवान डरसोत एइ काजे, सिखाओत नाईं कोनी।
गियानी दरबार चो गलती के, बलेया नीआत कोनी॥ १६३॥
कहाँ बजर ले बरकस धनउ, कहाँ मे सुखवारी देंह।
साँवर सुन्दर आसे हुसने, पिला उमर चो देंह॥ १६४॥
असन सपा के दखते दखते, धीरज धरें कसन।
सिरीस फूल ले हीरा ने, भेदा होएदे कसन॥ १६५॥
गुलाय सभा चो बुध बले, बैहा होली एदाँय।
मोके अबगो भरोसा तुमचो, सिव धनउ एदाँय॥ १६६॥
आपलो बोझ के लोग उपरे, डारुन भाती तुमी।
रघुनाथ बाटे दखुन ओगाय, हरु होवा तुमी॥ १६७॥
असन सीता मन मन ने, लुबे दुखी होए।
डंडिक बेरा चो भाग बल, सौ जुग माहा होए॥ १६८॥

दो०– प्रभुहि चितइ पुनि चितव महि राजत लोचन लोल।
खेलत मनसिज मीन जुग जनु बिधु मंडल डोल॥ २५८॥

चौ०– गिरा अलिनि मुख पंकज रोकी। प्रगट न लाज निसा अवलोकी॥
लोचन जलु रह लोचन कोना। जैसें परम कृपन कर सोना॥ १॥

सकुची ब्याकुलता बड़ि जानी। धरि धीरजु प्रतीति उर आनी॥
तन मन बचन मोर पनु साचा। रघुपति पद सरोज चितु राचा॥ २॥

तौ भगवानु सकल उर बासी। करिहि मोहि रघुबर कै दासी॥
जेहि कें जेहि पर सत्य सनेहू। सो तेहि मिलइ न कछु संदेहू॥ ३॥

प्रभु तन चितइ प्रेम तन ठाना। कृपानिधान राम सबु जाना॥
सियहि बिलोकि तकेउ धनु कैसें। चितव गरुरु लघु ब्यालहि जैसें॥ ४॥

दो०– लखन लखेउ रघुबंसमनि ताकेउ हर कोदंडु।
पुलकि गात बोले बचन चरन चापि ब्रह्मांडु॥ २५९॥

चौ०– दिसिकुंजरहु कमठ अहि कोला। धरहु धरनि धरि धीर न डोला॥
रामु चहहिं संकर धनु तोरा। होहु सजग सुनि आयसु मोरा॥ १॥

चाप सपीप रामु जब आए। नर नारिन्ह सुर सुकृत मनाए॥
सब कर संसउ अरु अग्यानू। मंद महीपन्ह कर अभिमानू॥ २॥

भृगुपति केरि गरब गरुआई। सुर मुनिबरन्ह केरि कदराई॥
सिय कर सोचु जनक पछितावा। रानिन्ह कर दारुन दुख दावा॥ ३॥

२५८ भगवान बाटे दखते फेर, पिरथी बाटे दखते।
सीता चो आइँख सोभा पाए, हुदलदाँय दखते॥ १६९॥

जसन जोन मंडल माहा, डोली भीतर ने।
कामदेव चो दुइ ठन मछरी, खेलसोत भीतर ने॥ १७०॥
भँवर गोठ के सीता चो, मुँह पूड़न माहा।
थेबाउन भाती राखलो आसे, लाज रात माहा॥ १७१॥
आइँख चो पानी रेठ रेठ ने, जाउन भाती आसे।
जसन सूम चो सोना धन, कोंटा ने गड़लो आसे॥ १७२॥
मन भीतर चो भाँभरी ले, लाज पावली सीता।
धीरज धरुन भरोस करली, हिरदे भीतर सीता॥ १७३॥
मोचो तन मन बोली ले जे, टेक ने सत आसे।
रघुनाथ पायँ ने मोचो चेत, सते रकम जे आसे॥ १७४॥
जाले सपा चो हिरदे भीतर, रहू भगवान अवस।
रघुनाथ चो दासी मोके, बनाउन देइ अवस॥ १७५॥
जेके जेचो उपरे सते रकम ले, मया जे होएसे।
एमें नीआय काईं भरम, हुनी हुनके मिरेसे॥ १७६॥
भगवान बाटे दखते सीता, मया के पक्की करली।
किरपा चो धाम सपा जानला, सीता जे टेक धरली॥ १७७॥
सीता बाटे दखते राम, धनउ के दखत असन।
नानी नानी साँपमन के, गरुड़ दखेसे जसन॥ १७८॥

२५९ जसने हुनबाट लछमन दखला, रघुकुलमनी राम।
सिव चो धनउ बाटे दखसोत, भगवान सिरीराम॥ १७९॥

ब्रह्मांड के पाएँ चेपाउन, देंह ले हरीक होउन।
बंलला लछमन सपाय सुना, नंगत चेत देउन॥ १८०॥
हाथी कचीम सेस बरहा, तुमी चारों खूट।
धीरज धरुन ए पिरथी के, चोपावा चारों खूट॥ १८१॥
सिव चो धनउ टुटातो काजे, आसोत राम तियार।
मोचो हुकुम सुनुन तुमी, रहा हुसियार॥ १८२॥
लोग देव के मनाउक धरला, राम धनउ लग गेला।
सपा चो भरम अग्यान, नीच राजा जे घमंड करला॥ १८३॥
फरसूराम चो घमंड चो मान, बड़े मुनीमन चो डर।
राजा जनक चो कंदरइ संगे, सीता चो बाढ़लो फिकर॥ १८४॥
रानीमन चो दुख आइग, सिव जहाज के पाउन।
सपाय-झन चेधुन दिला, बिनाते सगा बनाउन॥ १८५॥

संभुचाप बड़ बोहितु पाई। चढ़े जाइ सब संगु बनाई॥
राम बाहुबल सिंधु अपारू। चहत पारु नहिं कोउ कड़हारू॥ ४॥

दो०— राम बिलोके लोग सब चित्र लिखे से देखि।
चितई सीय कृपायतन जानी बिकल बिसेषि॥ २६०॥

चौ०— देखी बिपुल बिकल बैदेही। निमिष बिहात कलप सम तेही॥
तृषित बारि बिनु जो तनु त्यागा। मुएँ करइ का सुधा तड़ागा॥ १॥

का बरषा सब कृषी सुखानें। समय चुकें पुनि का पछितानें॥
अस जियँ जानि जानकी देखी। प्रभु पुलके लखि प्रीति बिसेषी॥ २॥

गुरहि प्रनामु मनहिं मन कीन्हा। अति लाघवँ उठाइ धनु लीन्हा॥
दमकेउ दामिनि जिमि जब लयऊ। पुनि नभ धनु मंडल सम भयऊ॥ ३॥

लेत चढ़ावत खैंचत गाढ़ें। काहुँ न लखा देख सबु ठाढ़ें॥
तेहि छन राम मध्य धनु तोरा। भरे भुवन धुनि घोर कठोरा॥ ४॥

छं०— भरे भुवन घोर कठोर रव रबि बाजि तजि मारगु चले।
चिक्करहिं दिग्गज डोल महि अहि कोल कूरुम कलमले॥
सुर असुर मुनि कर कान दीन्हें सकल बिकल बिचारहीं।
कोदंड खंडेउ राम तुलसी जयति बचन उचारहीं॥

सो०— संकर चापु जहाजु सागरु रघुबर बाहुबलु।
बूड़ सो सकल समाजु चढ़ा जो प्रथमहिं मोह बस॥ २६१॥

चौ०— प्रभु दोउ चापखंड महि डारे। देखि लोग सब भए सुखारे॥
कौसिकरूप पयोनिधि पावन। प्रेम बारि अवगाहु सुहावन॥ १॥

रामरूप राकेसु निहारी। बढ़त बीचि पुलकावलि भारी॥
बाजे नभ गहगहे निसाना। देवबधू नाचहिं करि गाना॥ २॥

ब्रह्मादिक सुर सिद्ध मुनीसा। प्रभुहि प्रसंसहिं देहिं असीसा॥
बरिसहिं सुमन रंग बहु माला। गावहिं किंनर गीत रसाला॥ ३॥

राम चो सपा बाहाँ सकत ले, समुंद नाहकुक दखसोत।
मान्तर कोनी घटवारी नीआय, ओगाय होउन दखसोत॥ १८६॥

२६० राम सपा लोग के उथा, छापा माहा दखला।
किरपा चो धाम सीता के, भारी बिकल दखला॥ १८७॥

दुख चो मारे जानकी चो, बेरा डंडिक माहा।
हुदलदाँय नाहकते रहे, कलप सरलो माहा॥ १८८॥
बिगर पानी पियास मनुख, देंह छांडलो पाछे।
काय काम चो अमरित तरई, मनुख मरलो पाछे॥ १८९॥
सपा फसल सूखलो पाछे, बरसा ले लाभ काय।
बेरा चुकाउन बसुन भाती, पाछे पछताले काय॥ १९०॥
असन समझुन भाती राम, जानकी बाट दखला।
देह हरीक ले भरून गेली, जसने मया दखला॥ १९१॥
मनेमन गुरू के बिनाउन, तड़ाकनाँय धरला धनउ।
बिजली माहा अकास ने, मंडल होली धनउ॥ १९२॥
धरते चेघाते झीकते तेके, कोनी दखुक नी सकला।
हुदलदांय धनउ झीकुन, उबा राम के दखला॥ १९३॥
तुरते धनउ के मंजगत ले, राम टुटाउन दिला।
घोर गरजना ले सूरुज-घोड़ा, बाट छांडुन चलला॥ १९४॥
हाथी चिचयात भुंई डोले, सपा कलबलुन गेला।
सेस बरहा कचीम सपा, धरी दंदरून गेला॥ १९५॥
देव रक्सा मुनी आपलो, कान के हाते तोपुन।
बायबिकाल होउन गेला, गरजना के सुनुन॥ १९६॥
जसने राम धनउ के, उथा टुटाउन दिला।
रामचंद चो जय तुलसी, सपा बलुक धरला॥ १९७॥

२६१ राम बाहाँ बल समुंद, जहाज सिव धनउ रहे।
सपा बसु लोग बुड़ुन गेला, ने मोह जे चेधु रहोत॥ १९८॥

परभू धनउ चो दुनों गोंदा, भुँइ ने डारुन दिला।
ये सपा के दखुन भाती, लोग हरीक होला॥ १९९॥
कौसिक पबितर समुंद ने, मया चो अथाह पानी।
राम पुनी जोन दखुन भाती, हलका मारे पानी॥ २००॥
अकास गुलाय नगाड़ा बाजे, देव बहू नाचसोत गासोत।
ब्रह्मा आरु सपा देव सिद्ध, परभू चो गुन गासोत॥ २०१॥
रंग रंग चो फूल बरसाते, आसीस देते गासोत।
किन्नर गोहड़ा बरन राग ले, सुंदर गीत गासोत॥ २०२॥

रही भुवन भरि जय जय बानी। धनुषभंग धुनि जात न जानी॥
मुदित कहहिं जहँ तहँ नर नारी। भंजेउ राम संभुधनु भारी॥ ४॥

दो०— बंदी मागध सूतगन बिरुद बदहिं मतिधीर।
करहिं निछावरि लोग सब हय गय धन मनि चीर॥ २६२॥

चौ०— झाँझि मृदंग संख सहनाई। भेरि ढोल दुंदुभी सुहाई॥
बाजहिं बहु बाजने सुहाए। जहँ तहँ जुबतिन्ह मंगल गाए॥ १॥

सखिन्ह सहित हरषी अति रानी। सूखत धान परा जनु पानी॥
जनक लहेउ सुखु सोचु बिहाई। पैरत थकें थाह जनु पाई॥ २॥

श्रीहत भए भूप धनु टूटे। जैसें दिवस दीप छबि छूटे॥
सीय सुखहि बरनिअ केहि भाँती। जनु चातकी पाइ जलु स्वाती॥ ३॥

रामहि लखनु बिलोकत कैसें। ससिहि चकोर किसोरकु जैसें॥
सतानंद तब आयसु दीन्हा। सीताँ गमनु राम पहिं कीन्हा॥ ४॥

दो०— संग सखीं सुदंर चतुर गावहिं मंगलचार।
गवनी बाल मराल गति सुषमा अंग अपार॥ २६३॥

चौ०— सखिन्ह मध्य सिय सोहति कैसें। छबिगन मध्य महाछबि जैसें॥
कर सरोज जयमाल सुहाई। बिस्व बिजय सोभा जेहिं छाई॥ १॥

तन सकोचु मन परम उछाहू। गूढ़ प्रेमु लखि परइ न काहू॥
जाइ समीप राम छबि देखी। रहि जनु कुँअरि चित्र अवरेखी॥ २॥

चतुर सखीं लखि कहा बुझाई। पहिरावहु जयमाल सुहाई॥
सुनत जुगल कर माल उठाई। प्रेम बिबस पहिराइ न जाई॥ ३॥

सोहत जनु जुग जलज सनाला। ससिहि सभीत देत जयमाला॥
गावहिं छबि अवलोकि सहेली। सियँ जयमाल राम उर मेली॥ ४॥

गुलींय ब्रह्मांड जय जय कोल्हार, गरजना जाननी पड़ली।
जत-खत मनुख मेहरार बलसोत, सिव चो धनउ टूटली॥ २०३॥

२६२ धीरज बुध चो भाट पड़ेहार, कीरत बलते जासोत।
हाथी घोड़ा धन मनी कपड़ा, लोग निछावर करसोत॥ २०४॥

झांझ मादर संख मोहरी, नंगारा ढोल बरन।
रकम बाजा बजाउक धरला, सुँदरी गावत वरन॥ २०५॥
सपा सखी संगे रानी, खुबे हरीक होली।
जसन सूखलो धान बेड़ा ने, बरसा पानी पड़ली॥ २०६॥
जनक राजा चो फिकर गेली, सुख मिरली मन ने।
पवँरते थाकलो के थाहा मिरली, लागली राजाचो मन ने॥ २०७॥
धनउ टूटते सपा राजा, तेज नाहलो होला।
मँझन ने दिया चो अंजोर माहा, उथा फेकवा होला॥ २०८॥
कसन गढ़न ले सांगेंदे एदाँय, सीता माता चो सुख।
जसन चातक सोज पानी के, खाउन होएसे सुख॥ २०९॥
राम बाट लखन दखसोत असन, जोन के चकोर पिला।
सतानन्द गुरू चो हुकुम ले, सीता राम बाट पिला॥ २१०॥

२६३ सुभ गीत गाते सखीमन, हींडसोत सीता संगे।
पिला हांसा हिंडा ने सीता, अपार सोभा संगे॥ २११॥

सीता बाबी मंजगत ने, दखा देसोत असन।
खुबे छबी मंजगत ने, महाछबी जसन॥ २१२॥
पूड़न माहा हात ने सुन्दर जयमाला सोभा पाएसे।
जे सवँसार के जीतलो चो, सुन्दर सोभा पाएसे॥ २१३॥
सीता देह ने लाज आसे, खुबे हरीक मन ने।
उथा काकेय जान नी पड़े, जे आसे तिहँचो मन ने॥ २१४॥
लगे जाउन राम चो सोभा, दखुन भाती सीता।
छापा लिखलो माहा होली, लगे जाउन सीता॥ २१५॥
चतुर सखीमन गत के दखुन, समझाउन बलला।
जयमाला पिंधावा सुन्दरी, असन सखी बलला॥ २१६॥
ढोंढामाल के उचावली सीता, सुंदर दुनों हाते।
मान्तर मया चो मारे हुन, पिंधाउक नी सके॥ २१७॥
आगे डांडी संगे दुइठन, पूड़न ढूँढा आसोत।
जे जोन के जयमाल देउक, डरते डरते जासोत॥ २१८॥
ए छबि के दखुन सखी, गीत गाउक धरला।
तेबे सीता राम टोडरा ने, जयमाल पिंधाउन दिला॥ २१९॥

सो०– रघुबर उर जयमाल देखि देव बरिसहिं सुमन।
सकुचे सकल भुआल जनु बिलोकि रबि कुमुदगन॥ २६४॥

चौ०– पुर अरु ब्योम बाजने बाजे। खल भए मलिन साधु सब राजे॥
सुर किंनर नर नाग मुनीसा। जय जय जय कहि देहिं असीसा॥ १॥

नाचहिं गावहिं बिबुध बधूटीं। बार बार कुसुमांजलि छूटीं॥
जहँ तहँ बिप्र बेदधुनि करहीं। बंदी बिरदावलि उच्चरहीं॥ २॥

महि पाताल नाक जसु ब्यापा। राम बरी सिय भंजेउ चापा॥
करहिं आरती पुर नर नारी। देहिं निछावरि बित्त बिसारी॥ ३॥

सोहति सीय राम कै जोरी। छबि सिंगारु मनहुँ एक ठोरी॥
सखीं कहहिं प्रभुपद गहु सीता। करति न चरन परस अति भीता॥ ४॥

दो०– गौतम तिय गति सुरति करि नहिं परसति पग पानि।
मन बिहसे रघुबंसमनि प्रीति अलौकिक जानि॥ २६५॥

चौ०– तब सिय देखि भूप अभिलाषे। कूर कपूत मूढ़ मन माखे॥
उठि उठि पहिरि सनाह अभागे। जहँ तहँ गाल बजावन लागे॥ १॥

लेहु छड़ाइ सीय कह कोऊ। धरि बाँधहु नृप बालक दोऊ॥
तोरें धनुषु चाड़ नहिं सरई। जीवत हमहि कुअँरि को बरई॥ २॥

जौं बिदेहु कछु करै सहाई। जीतहु समर सहित दोउ भाई॥
साधु भूप बोले सुनि बानी। राजसमाजहि लाज लजानी॥ ३॥

२६४ रघुनाथ चो छाती उपरे, जयमाल के दखुन।
देव गोहड़ा फूल बरसा, करूक धरला उमडुन॥ २२०॥

सपा राजा कोमजुन गेला, राम बाटे दखुन।
जसन बोड़ेंदा कोमजुन जाएसे, सुरूज तरास दखुन॥ २२१॥
सहर आरू अकास ने, बाजा बाजेसे गुलाय।
दुसट लोग उदास होला, सजन हरीक गुलाय॥ २२२॥
देव किन्नर नांग मुनी, मनुख हरीक होसोत।
जय जय बलते हरीक होते, आसीस देते जासोत॥ २२३॥
देवमन चो मेहरारमन, नाचसोत आरू गासोत।
घनघड़ी अँजरा भर भर, फूल चो बरसा करसोत॥ २२४॥
जत-खत गुलाय बाम्हनमन, बेद चो गीत गासोत।
भाट पड़ेहार मिसुन कुल चो, जस गीत के गासोत॥ २२५॥
जस महेमा पिरथी पताल, सरगपुर ने छावली।
सीता राम के बर बनाली, सिव चो धनउ टूटली॥ २२६॥
सहर चो सपा मनुख मेहरार, आरती करते जासोत।
आपलो धन के लेख नी करते, निछावर करते जासोत॥ २२७॥
सखी बलला सीता बाबी के, बर चो छीव पायँ।
मान्तर डर चो मारे सीता, नी छिएसे पायँ॥ २२८॥

२६५ गौतम रिसी चो बायले के, सुरता करून सीता।
राम पायँ के हात ले आपलो, नी छिते रहत सीता॥ २२९॥

सीता माता चो अदभुत मया, जानुन भाती राम।
मन मन ने हाँसते जाओत, रघुकुल मनी राम॥ २३०॥
हुदलदाँय सीता के दखुन, थोड़े लोभी राजा।
ललचाउन गेला दुसट कुपूत, तमकत मूरुख राजा॥ २३१॥
अभागामन उठुन भाती, कवच पिंधुक धरला।
एथा - उथा बुलुन बुलुन, टोड करुक धरला॥ २३२॥
कोनी बलेसे झीका काय, एदाँय सीता के।
धरून भाती बांधुन दिया, दुनों पिला के॥ २३३॥
धनउ टुटाले सरदा नी जाय, आमके बिगर जीतलो।
बाबीधनी संगे बिहा एदाँय, कोन आय करेया इतरो॥ २३४॥
जनक राजा जे साहा होले, जुद्ध ने दुनों के संगे।
हुनके बले जीता एदाँय, सपाय होउन संगे॥ २३५॥
सुनुन साधू राजा बलला, ए निलजमन के दखा।
असन राजामन के दखुन, लाज लजाएसे दखा॥ २३६॥

बलु प्रतापु बीरता बड़ाई। नाक पिनाकहि संग सिधाई॥
सोइ सूरता कि अब कहुँ पाई। असि बुधि तौ बिधि मुहँ मसि लाई॥ ४॥

दो०– देखहु रामहि नयन भरि तजि इरिषा मदु कोहु।
लखन रोषु पावकु प्रबल जानि सलभ जनि होहु॥ २६६॥

चौ०– बैनतेय बलि जिमि चह कागू। जिमि ससु चहै नाग अरि भागू॥
जिमि चह कुसल अकारन कोही। सब संपदा चहै सिवद्रोही॥ १॥

लोभी लोलुप कल कीरति चहई। अकलंकता कि कामी लहई॥
हरि पद बिमुख परम गति चाहा। तस तुम्हार लालचु नरनाहा॥ २॥

कोलाहलु सुनि सीय सकानी। सखीं लवाइ गईं जहँ रानी॥
रामु सुभायँ चले गुरु पाहीं। सिय सनेहु बरनत मन माहीं॥ ३॥

रानिन्ह सहित सोच बस सीया। अब धौं बिधिहि काह करनीया॥
भूप बचन सुनि इत उत तकहीं। लखनु राम डर बोलि न सकहीं॥ ४॥

दो०– अरुन नयन भृकुटी कुटिल चितवत नृपन्ह सकोप।
मनहुँ मत्त गजगन निरखि सिंघकिसोरहि चोप॥ २६७॥

चौ०– खरभरु देखि बिकल पुर नारीं। सब मिलि देहिं महीपन्ह गारीं॥
तेहिं अवसर सुनि सिवधनु भंगा। आयउ भृगुकुल कमल पतंगा॥ १॥

तुमचो बले ढोंग सकत, नाक संगे सपा।
धनउ संगे उठुन भाती, जाते गेली सपा॥ २३७॥
हुनी सकत आय कि कहाँय, अउर मिरलोर आसे।
असनेय दुसट बुध उपरे कि, मस थोपलोर आसे॥ २३८॥

२६६ इरखा रीस घमंड छांडुन, आइँख भर तुमी।
राम छबि के संगत करुन, दखुन रहा तुमी॥ २३९॥

लछमन चो रीस के, आइग माहा जानुन।
बतर कीड़ी नी होआ, तुमी सपा मानुन॥ २४०॥
जसन गरुड़ चो भाग के, काँवरा खाउक दखे।
सिंघ-बाघ चो भाग पुरे, लमहा अमरुक दखे॥ २४१॥
बिगर किरता रीस करु, आपलो भलइ दखे।
सिव संगे बइर करु, धन हाँडा के दखे॥ २४२॥
लोभी लालची मनुख जसन, सुंदर कीरत दखे।
काय सवँसार ने कलंक ले, कामी बाचुक सके॥ २४३॥
हरी पायँ ले मुंह अल्टुन, मुक्ती कहाँ ले पाए।
हुसने सीता काजे राजामन, लोभ फोकहा आए॥ २४४॥
कोल्हार के सुनुन भाती, सीता के होली भरम।
रानी लगे सीता के निला, दखुन सीता चो भरम॥ २४५॥
राम मने-मन सीता चो, मया के बिचार कते।
टकर रेंगा ले गुरू बाटे, हिंडला बिचार करते॥ २४६॥
रानी संगे-संगे सीता बले, फिकर ने पड़ला।
कोन जाने बिधाता एदाँय, काय करूक धरला॥ २४७॥
राजामन चो गोठ सुनुन, आका बाका लछमन।
राम चो डर ले बलत नाई, तमासा दखोत लछमन॥ २४८॥

२६७ आइँखमन लाल होला, भँव होली टेड़गा।
रीस चो मारे राजामन के, दखोत टेडगा टेड़गा॥ २४९॥

सिंध-बाघ चो पिला असन, हाथी कूढ़ा के दखुन।
खुबे रीस होउन रहोत, पुरे तिहँके दखुन॥ २५०॥

* राम लछमन आरू फरसुराम चो गोठ *

कोल्हार सुनुन पुर चो मेहरार, बायबिकल होउन।
राजामन के सरापुक धरला, सपाय संगे होउन॥ १॥
हुदलोयदाँय सिव धनउ चो, टूटलो गरजना सुनुन।
भिरगुकुल पूड़न चो सुरूज, उथा अमरला सुनुन॥ २॥

देखि महीप सकल सकुचाने। बाज झपट जनु लवा लुकाने॥
गौरि सरीर भूति भल भ्राजा। भाल बिसाल त्रिपुंड बिराजा॥ २॥

सीस जटा ससिबदनु सुहावा। रिस बस कछुक अरुन होइ आवा॥
भृकुटी कुटिल नयन रिस राते। सहजहुँ चितवत मनहुँ रिसाते॥ ३॥

बृषभ कंध उर बाहु बिसाला। चारु जनेउ माल मृगछाला॥
कटि मुनिबसन तून दुइ बाँधें। धनु सर कर कुठारु कल काँधें॥ ४॥

दो०– सांत बेषु करनी कठिन बरनि न जाइ सरूप।
धरि मुनितनु जनु बीर रसु आयउ जहँ सब भूप॥ २६८॥

चौ०– देखत भृगुपति बेषु कराला। उठे सकल भय बिकल भुआला॥
पितु समेत कहि कहि निज नामा। लगे करन सब दंड प्रनामा॥ १॥

जेहि सुभायँ चितवहिं हितु जानी। सो जानइ जनु आइ खुटानी॥
जनक बहोरि आइ सिरु नावा। सीय बोलाइ प्रनामु करावा॥ २॥

आसिष दीन्हि सखीं हरषानीं। निज समाज लै गईं सयानीं॥
बिस्वामित्रु मिले पुनि आई। पद सरोज मेले दोउ भाई॥ ३॥

रामु लखनु दसरथ के ढोटा। दीन्हि असीस देखि भल जोटा॥
रामहि चितइ रहे थकि लोचन। रूप अपार मार मद मोचन॥ ४॥

दो०– बहुरि बिलोकि बिदेह सन कहहु काह अति भीर।
पूछत जानि अजान जिमि ब्यापेउ कोपु सरीर॥ २६९॥

दखते सपा राजा जे रहत, लुकला होउन ओगाय।
जसन छचान मारूक धरले, लकसोत लावा ओगाय॥ ३॥
लाखड़ी चुपड़लो पंडरा देह, खुबे सोभा पाए।
ओसार माथा तिरपुंड, अलग लै सोभा पाए॥ ४॥
मुंड ऊपरे सुंदर लट, जोन माहा मुंह।
रीस किरता होलोर आसे, रगरगा रंग मुंह॥ ५॥
भँव टेड़गा आइँख लाल, सहजे असन आसोत।
बलेबल असन लागेसे, खुबे रीस ने आसोत॥ ६॥
बयला माहा बरकस खांद, जनइ माला पिंघलोर।
छाती बाहाँ बरकस आसे चीतर खाला धरलोर॥ ७॥
मुनी माहा कराहने कपड़ा, दुइठान ठोंगी बांघलोर।
हाते सुंदर धनउ-कांड, खांदे फरसा धरलोर॥ ८॥

२६८ दखले भेस. एकेदाँय साँत, करनी कठिन आय।
रूप सोभा सुबे, जे बलुक नो होए॥ ९॥

लागे बीर बाना आपन, देह धरून भाती।
राजामन आसोत ते लग, इलोसे सम्हरुन भाती॥ १०॥
फरसुराम चो बिकट भेस, दखुन सपाय राजा।
डर-भय ले घबरुन गेला, उबा होला राजा॥ ११॥
बूबा संगे आपलो आपलो, नावँ के धरते बाओत।
नावँ सांगुन डंडासरन, पायँ पड़ते जाओत॥ १२॥
नंगत मानुन सहज बल, परभू जेके दखोत।
हुन समझे मोचो दिन, पुरली माहा दखोत॥ १३॥
जनक राजा एउन भाती, मुंड लवाँला पुरे।
फेर सीता के आनुन भाती, पायँ पड़ाला पुरे॥ १४॥
फरसू सीता के आसीस दिला', सखी हरीक होला।
सखीमन मंजगते करून, सीता के संगे नीला॥ १५॥
फेर कौसिक मुनी भेटला, फरसू संगे एउन।
दुनों भाई भेट करला, तिहँचो पायँ छिउन॥ १६॥
राजा दसरथ चो बेटा आत, रोम लछमन दुनों।
फरसू दखुन आसीस दिला, जोड़ी सुंदर दुनों॥ १७॥

२६९ फेर सपा दखते जानते, अनजान माहा पूछला।
देहें रीस बियापुन रहे, लोग कसन जुहला॥ १८॥

जे काजे राजा आसोत, जनक सांगला पुरे।
सुनते उलटुन फरसू दखला, धनउ गोंदा के पुरे॥ १९॥

चौ०– समाचार कहि जनक सुनाए। जेहि कारन महीप सब आए॥
सुनत बचन फिरि अनत निहारे। देखे चापखंड महि डारे॥ १॥

अति रिस बोले बचन कठोरा। कहु जड़ जनक धनुष कै तोरा॥
बेगि देखाउ मूढ़ न त आजू। उलटउँ महि जहँ लहि तव राजू॥ २॥

अति डरु उतरु देत नृपु नाहीं। कुटिल भूप हरषे मन माहीं॥
सुर मुनि नाग नगर नर नारी॥ सोचहिं सकल त्रास उर भारी॥ ३॥

मन पछिताति सीय महतारी। बिधि अब सँवरी बात बिगारी॥
भृगुपति कर सुभाउ सुनि सीता। अरध निमेष कलप सम बीता॥ ४॥

दो०– सभय बिलोके लोग सब जानि जानकी भीरु।
हृदयँ न हरषु बिषादु कछु बोले श्रीरघुबीरु॥ २७०॥

मासपारायण, नवाँ विश्राम

चौ०– नाथ संभुधनु भंजनिहारा। होइहि केउ एक दास तुम्हारा॥
आयसु काह कहिअ किन मोही। सुनि रिसाइ बोले मुनि कोही॥ १॥

सेवकु सो जो करै सेवकाई। अरि करनी करि करिअ लराई॥
सुनहु राम जेहिं सिवधनु तोरा। सहसबाहु सम सो रिपु मोरा॥ २॥

सो बिलगाउ बिहाइ समाजा। न त मारे जैहहिं सब राजा॥
सुनि मुनि बचन लखन मुसुकाने। बोले परसुधरहि अपमाने॥ ३॥

बहु धनुहीं तोरीं लरिकाईं। कबहुँ न असि रिस कीन्हि गोसाईं॥
एहि धनु पर ममता केहि हेतू। सुनि रिसाइ कह भृगुकुलकेतू॥ ४॥

दो०– रे नृप बालक कालबस बोलत तोहि न सँभार।
धनुही सम तिपुरारि धनु बिदित सकल संसार॥ २७१॥

चौ०– लखन कहा हँसि हमरें जाना। सुनहु देव सब धनुष समाना॥
का छति लाभु जून धनु तोरें। देखा राम नयन के भोरें॥ १॥

खुबे रीस कड़क गोठ, बलला मूरूख जनक।
ए धनउ के टुटाउ कोन, सांग मोके जनक॥ २०॥
झटके दखाव अरे मूरूख, नाहले सते जान।
जे लगले तुचो राज, भूमी उलटलो मान॥ २१॥
जनक राजा डरून गेला, काईं जवाब नी देओत।
दखुन बदमास राजामन, हरीक खुबे होओत॥ २२॥
देव नांग मुनी आरू, नंगर चो सपा लोग।
हिरदे ने डरून भाती, करूक धरला सोच॥ २३॥
सीता चो आया खुबे पछताय, मने-मन ने आपलो।
नसाउन दिलो विधाता सपा, रहे जे बल बनलो॥ २४॥
सीता काजे आधा पल बल, फरसू टकर सुनुन।
कलप गेलो माहा लागे, उथा चो गोठ सुनुन॥ २५॥

२७० सपा लोग के डरलो दखुन, सीता के डरलोर जानुन।
मन ने हरीक रीस नहीं, बलला राम गुनुन॥ २६॥

परभू सिव धनउ दुटाउ, होएदे सेउक तुमचो।
मोके कायकाजे नी बलास, जे आय हुकुम तुमचो॥ २७॥
इतरो सुनते रिसहा मुनी, रीस होउन बलला।
सेउक हुन जे सेवा करे, ये बयरी करम करला॥ २८॥
बयरी करम करून भाती, लड़इ करतोर आय।
राम सिव धनउ टुटाउ, सहसबाहू आय॥ २९॥
अलगुन जाओ लोगमन के, छांडुन भाती हुन।
नाहले सपा राजा मरदे, सते गोठ के सुन॥ ३०॥
मुनी गोठ उपरे लछमन, मुचकुन भाती बलला।
फरसराम चो हतक करते, हाँसते हाँसते बलला॥ ३१॥
पिला बेरा कितरो आमी, धनउ टुटाउन दिलू।
मान्तर असन रीस होतोर, तुमके नी दखलू॥ ३२॥
ए धनउ उपरे कसन ने, आसे मया इतरो।
भिरगू - बसेया भारी रीसले, बलला सुगुन इतरो॥ ३३॥

२७१ काल पुरती होलो किरता, अरे राजा चो पिला।
गोठयातो चो चेत नीआय, बले बलसीस पिला॥ ३४॥

गुलाय सवँसार जो जस, सिव धनउ आय।
पिला खेलतो बिती काय, ये धनइ आय॥ ३५॥
हाँसते हाँसते लछमन बलला, सुना तुमी देव।
आमचो काजे सपाय धनउ, समान आसोत देव॥ ३६॥

छुअत टूट रघुपतिहु न दोसू। मुनि बिनु काज करिअ कत रोसू॥
बोले चितइ परसु की ओरा। रे सठ सुनेहि सुभाउ न मोरा॥ २॥

बालकु बोलि बधउँ नहिं तोही। केवल मुनि जड़ जानहि मोही॥
बाल ब्रह्मचारी अति कोही। बिस्व बिदित छत्रियकुल द्रोही॥ ३॥

भुजबल भूमि भूप बिनु कीन्ही। बिपुल बार महिदेवन्ह दीन्ही॥
सहसबाहु भुज छेदनिहारा। परसु बिलोकु महीपकुमारा॥ ४॥

दो०– मातु पितहि जनि सोचबस करसि महीसकिसोर।
गर्भन्ह के अर्भक दलन परसु मोर अति घोर॥ २७२॥

चौ०– बिहसि लखनु बोले मृदु बानी। अहो मुनीसु महा भटमानी॥
पुनि पुनि मोहि देखाव कुठारू। चहत उड़ावन फूँकि पहारू॥ १॥

इहाँ कुम्हड़बतिया कोउ नाहीं। जे तरजनी देखि मरि जाहीं॥
देखि कुठारु सरासन बाना। मैं कछु कहा सहित अभिमाना॥ २॥

भृगुसुत समुझि जनेउ बिलोकी। जो कछु कहहु सहउँ रिस रोकी॥
सुर महिसुर हरिजन अरु गाई। हमरें कुल इन्ह पर न सुराई॥ ३॥

बधें पापु अपकीरति हारें। मारतहूँ पा परिअ तुम्हारें॥
कोटि कुलिस सम बचनु तुम्हारा। ब्यर्थ धरहु धनु बान कुठारा॥ ४॥

दो०– जो बिलोकि अनुचित कहेउँ छमहु महामुनि धीर।
सुनि सरोष भृगुबंसमनि बोले गिरा गभीर॥ २७३॥

जूना धनउ टुटावलो, हानी लाभ काय।
राम जाले नवाँ जानुन, एके दखला काय॥ ३७॥
छिवते धनउ टुटुन गेली, छिवतो होली मिस।
बिगर किरता मुनी तुमी, कायकाज इतरो रीस॥ ३८॥
सुनते फरसू फरसा बाटे, नेतून भाती बलला।
दुसट तुइ मोचो टकर के, नी सुनलीसीस बलला॥ ३९॥
पिला जानुन नी मारेंसे, गुने मूरुख तुई।
मोके अबगो मुनी बलुन, जानसीस एबे तुई॥ ४०॥
पिला बेरा ले बरमचारी, रीस बल आसे हुसने।
सवँसार ने छतरी कुल चो, बयरी मानसोत हुसने॥ ४१॥
ए पिरथी के राजामन ले, आपलो बाहाँ बल ले।
सूना करुन कई हार ले, बाम्हन मन के दिले॥ ४२॥
ए राजा चो पिला आगे, फरसा बाटे दख।
सहसबाहू चो बाहाँ गोंदू, मोचो फरसा के दख॥ ४३॥

२७२ आया बूबा के फिकर ने, नी पाड़ राजा पिला।
फरसा बिकट नास करू, गरभ भीतर चो पिला॥ ४४॥

लछमन सुसार गोठ ले, हाँसते बलला पुरे।
आहा-हा मुनी समझासीस, आपने के बीर पुरे॥ ४५॥
घनघड़ी मोके फरसा के, दखाते जहासीस।
फुकुन भाती पहाड़ के, उड़ाउक दखासीस॥ ४६॥
एथा कोनी कुमडा कसी, नीआत जाना तुमी।
अंडखी दखाते - खान जे, कुहुन जाएदे मुनी॥ ४७॥
हाते फरसी धनउ कांड के, मयँ दखुन भाती।
थोडे घमंड ले बलुन दिले, आपन बिचारून भाती॥ ४८॥
भिरगुबंसी तुमके जानुन, खांदे जनइ दखुन।
रीस थामुन सुनेंसे मयँ, तुमचो गोठ सहुन॥ ४९॥
देव बाम्हन भगत गउ, एमनमन पुरे मुनी।
आपलो सकत आमचो कुल, नी दखाओत मुनी॥ ५०॥
मारले पाप लागेसे फेर, हारते कीरित जाय।
मारलोने वले आमके, धरतो आय पायँ॥ ५१॥
तुमचो गोटोक गोटोक सबद, बजर ले आगर आसे।
धनउ कांड फरसा जाले, फोकहा धरलोर आसे॥ ५२॥

२७३ हाते धनड कांड दखुन, गलत बलले जे मुनी।
तुमी मोके माफी करा, ए धीरजाहा मुनी॥ ५३॥

चौ०– कौसिक सुनहु मंद यहु बालकु। कुटिल कालबस निज कुल घालकु॥
भानु बंस राकेस कलंकू। निपट निरंकुस अबुध असंकू॥ १॥

काल कवलु होइहि छन माहीं। कहउँ पुकारि खोरि मोहि नाहीं॥
तुम्ह हटकउ जौं चहहु उबारा। कहि प्रतापु बलु रोषु हमारा॥ २॥

लखन कहेउ मुनि सुजसु तुम्हारा। तुम्हहि अछत को बरनै पारा॥
अपने मुँह तुम्ह आपनि करनी। बार अनेक भाँति बहु बरनी॥ ३॥

नहिं संतोषु त पुनि कछु कहहू। जनि रिस रोकि दुसह दुख सहहू॥
बीरब्रती तुम्ह धीर अछोभा। गारी देत न पावहु सोभा॥ ४॥

दो०– सूर समर करनी करहिं कहि न जनावहिं आपु।
बिद्यमान रन पाइ रिपु कायर कथहिं प्रतापु॥ २७४॥

चौ०– तुम्ह तौ कालु हाँक जनु लावा। बार बार मोहि लागि बोलावा॥
सुनत लखन के बचन कठोरा। परसु सुधारि धरेउ कर घोरा॥ १॥

अब जनि देइ दोसु मोहि लोगू। कटुबादी बालकु बधजोगू॥
बाल बिलोकि बहुत मैं बाँचा। अब यहु मरनिहार भा साँचा॥ २॥

कौसिक कहा छमिअ अपराधू। बाल दोष गुन गनहिं न साधू॥
खर कुठार मैं अकरुन कोही। आगें अपराधी गुरुद्रोही॥ ३॥

सुनते खान भिरगु - बंसमनी, परसुराम मुनी।
खुबे रीस होउन भाती, गोठ बलला सुनी॥५४॥
कौसिक सुना ये दुरबुधिया, खुबे टेड़गा आय।
कुल काजे घातक होएसे, काल ने पड़लो आय॥५५॥
सुरुज बंस भरलो जोन चो, ए कलंक आय।
खुबे बदमास निडर मूरख, राजा पिला आय॥५६॥
डंडिक ने होएदे काल गरास, हाका पाड़ुन बलें।
पाछे मोके दोस नी पड़ो, सते के मय बलें॥५७॥
तुइ जे एके बचाउक दखसीस, जाले साँग एके।
मोचो महेमा सकत रीस, सांगुन मनाव एके॥५८॥
लछमन बलला मुनी तुमचो, जस गुन के सपा।
तुमचो रते कोन सांगेया, तुमचो पुरे एथा॥५९॥
आपलो करनी आपलोय मुंहे, खुद सांगासीस सुमी।
कई हार ले गढ़ुन भाती, सांगुन दिलास तुमी॥६०॥
इतरो ने बल मन नी भरले, फेर बल बला काईं।
रीस के मन ने थेबाउन भाती, दुख नी सहा काईं॥६१॥
तुमी बीर बाना धरु, धीरजाहा लोग आहास।
गारी देतोर नी फबेसे, डर नाहलो आहास॥६२॥
वीर जाले जुद्ध ने जूझून, आपलो करनी करसोत।
आपलो जस के बलुन भाती, भुलकुन बल नी करोत॥६३॥

२७४ जुद्ध ने रलोर बयरी के, दखुन डरहा लोग।
आपलो जस सकत चो ढोंग, मारते रसोत लोग॥६४॥

सपा ले बड़े काल के बले, गोहारून भाती तुमी।
मोचो काजे हाग दिआसीस, घनघड़ी तुमी॥६५॥
लछमन चो कड़क गोठ के, सुनुन भाती फरसू।
आपलो घोर फरसा के, सुधराउन धरला फरसू॥६६॥
बलला कोनी मोके दोस, नी देहासे एदाँय।
पिता गोठ गोठयाउ पिला, मारतो लाइक आय॥६७॥
पिला दखुन मयँ एके, खुबे बचाउन राखले।
मान्तर एचो मरतो बेरा, होली एदाँय जानले॥६८॥
कौसिक बलला पिला दोस के, माफी देहा परभू।
पिला चो गुन दोस के साधू, नी गनत परभू॥६९॥
नीछलो फरसा के दखाते फरमू, बलला तुमी सुना।
दया नाहलो रिसहा आँय, तेके आगे गुना॥७०॥

उतर देत छोड़उँ बिनु मारें। केवल कौसिक सील तुम्हारें॥
न त एहि काटि कुठार कठोरें। गुरहि उरिन होतेउँ श्रम थोरें॥ ४॥

दो०– गाधिसूनु कह हृदयँ हँसि मुनिहि हरिअरइ सूझ।
अयमय खाँड़ न ऊखमय अजहुँ न बूझ अबूझ॥ २७५॥

चौ०– कहेउ लखन मुनि सीलु तुम्हारा। को नहिं जान बिदित संसारा॥
माता पितहि उरिन भए नीकें। गुर रिनु रहा सोचु बड़ जीकें॥ १॥

सो जनु हमरेहि माथे काढ़ा। दिन चलि गए ब्याज बड़ बाढ़ा॥
अब आनिअ ब्यवहरिआ बोली। तुरत देउँ मैं थैली खोली॥ २॥

सुनि कटु बचन कुठार सुधारा। हाय हाय सब सभा पुकारा॥
भृगुबर परसु देखावहु मोही। बिप्र बिचारि बचउँ नृपद्रोही॥ ३॥

मिले न कबहुँ सुभट रन गाढ़े। द्विज देवता घरहि के बाढ़े॥
अनुचित कहि सब लोग पुकारे। रघुपति सयनहिं लखनु नेवारे॥ ४॥

दो०– लखन उतर आहुति सरिस भृगुबर कोपु कृसानु।
बढ़त देखि जल सम बचन बोले रघुकुलभानु॥ २७६॥

चौ०– नाथ करहु बालक पर छोहू। सूध दूधमुख करिअ न कोहू॥
जौं पै प्रभु प्रभाउ कछु जाना। तौ कि बराबरि करत अयाना॥ १॥

गुरु चो बयरी अपराध करू, जबाब देएसे मोके।
इतरो ने बल छाडेंसें मयँ, मारलो बिगर एके॥ ७१॥
कौसिक तुमचो मया किरता, नाहले बजर फरसा ले।
गुरु उधार के छूटून देते, खिंडिक मेहनत ले॥ ७२॥

२७५ गाधी चो बेटा मन ने हाँसोत, बलत - मन-मन ने।
गुलाय पतरंगेया दखा देएसे, फरसू आइँख ने॥ ७३॥

लोहो पानी चो तरवार आय, डांडा गुड़ नोआय।
जे मुँह ने मंडाते खान, आपनेय घुरु आय॥ ७४॥
दुख मोके एइकाज होएसे, इतरोने बले मुनी।
एमन चो महेमा नी समझला, बेसमझ होउन मुनी॥ ७५॥
लछमन बलला मुनी तुमचो, महेमा कोन नी जाने।
तुमचो महेमा बड़े भारी, सवँसार एके माने॥ ७६॥
आया बूबा चो लागा के, नंगत छूटलास तुमी।
गुरु लागा काजे एदाँय, दंदरलासाहास तुमी॥ ७७॥
हुन लागा जाले आमचो, भागने आसे होएदे।
खुबे दिन गेली कंतर बले, आगर होली होएदे॥ ७८॥
नंगत कोनी हिसाब करू के, ए ठान ने बलाबा।
थयली उघड़ाउन देंएसे मयँ, तुरते तेंके देआवा॥ ७९॥
पिता गोठ लछमन चो सुनुन, फरसू फरसा नेतलो।
सपा लोग हाय हाय बलत, लछमन फेर बललो॥ ८०॥
फरसा दखावासीस भिरगू ने बड़े, अउर दखेंसे मयँ।
राजा चो बयरी बाम्हन जानुन, छांडते जाएँसे मयँ॥ ८१॥
केबेइ नंगत रन ने जुझू, बली बीर नी दखलास।
बाम्हन देवता घरेय तुमी, नंगत बड़े आहास॥ ८२॥
इतरो सुनुन सपाय लोग, नंगत नोआय बलला।
तेबेय राम आइँख नेतुन, लछमन के मना करला॥ ८३॥

२७६ लछमन जवाब होम ने, डारलो आहुति माहा।
फरसू रीस के बढ़ाते जाए, होम चो आइग माहा॥ ८४॥

आइग के भड़कलो दखुन, रघुकुल सूरज राम।
पानी डारलो माहा बलला, सांती करूक राम॥ ८५॥
नाथ नानी पीला उपरे, किरपा करुन दिआ।
गोरस खाउ पीला उपरे, तुमी रीस नी होआ॥ ८६॥
जे ये परभू चो महेमा के, जानतो लाइक होतो।
जाले ये बेसमझ काय, तुमचो बराबरी करतो॥ ८७॥

जौं लरिका कछु अचगरि करहीं। गुर पितु मातु मोद मन भरहीं॥
करिअ कृपा सिसु सेवक जानी। तुम्ह सम सील धीर मुनि ग्यानी॥ २॥

राम बचन सुनि कछुक जुड़ाने। कहि कछु लखनु बहुरि मुसकाने॥
हँसत देखि नख सिख रिस ब्यापी। राम तोर भ्राता बड़ पापी॥ ३॥

गौर सरीर स्याम मन माहीं। कालकूटमुख पयमुख नाहीं॥
सहज टेढ़ अनुहरइ न तोही। नीचु मीचु सम देख न मोही॥ ४॥

दो०— लखन कहेउ हँसि सुनहु मुनि क्रोधु पाप कर मूल।
जेहि बस जन अनुचित करहिं चरहिं बिस्व प्रतिकूल॥ २७७॥

चौ०— मैं तुम्हार अनुचर मुनिराया। परिहरि कोपु करिअ अब दाया॥
टूट चाप नहिं जुरिहि रिसाने। बैठिअ होइहिं पाय पिराने॥ १॥

जौं अति प्रिय तौ करिअ उपाई। जोरिअ कोउ बड़ गुनी बोलाई॥
बोलत लखनहिं जनकु डेराहीं। मष्ट करहु अनुचित भल नाहीं॥ २॥

थर थर कापहिं पुर नर नारी। छोट कुमार खोट बड़ भारी॥
भृगुपति सुनि सुनि निरभय बानी। रिस तन जरइ होइ बल हानी॥ ३॥

बोले रामहि देइ निहोरा। बचउँ बिचारि बंधु लघु तोरा॥
मनु मलीन तनु सुंदर कैसें। बिष रस भरा कनक घटु जैसें॥ ४॥

दो०— सुनि लछिमन बिहसे बहुरि नयन तरेरे राम।
गुर समीप गवने सकुचि परिहरि बानी बाम॥ २७८॥

पिला काईं उपद्रो करले, बले गुरू माय बाप।
हरीक ले आपने भरून जासोत, करून देसोत माफ॥ ८८॥
नानी पीला के सेउक जानुन, किरपा करा परभू।
तुमी गियानी धीरजाहा नंगत, टकर चो आहास परभू॥ ८९॥
राम गोठ के सुनुन फरसू, खिडिंक सीतर होला।
उतरो ने काईं बलते फेर, लछमन मुचकुन दिला॥ ९०॥
दखले नख टीप-चुंदी लगले, बियापली फरसू के रीस।
बलला राम तुचो नानी भाई, पापी दखेसे मीस॥ ९१॥
देह ले पडरा मन ले करिया, बिस मुंह चो आसे।
गोरस खाउ पीला नोआय, टकर ले टेड़गा आसे॥ ९२॥
तुचो माहा ए नी लागे, ए नीच जाले मोके।
काल माहा नी दखेसे, जानुन बले मोके॥ ९३॥

२७७ लछमन फेर हाँसुन बलला, ए मुनी तुमी सुना।
पाप चो जड़ रीस आय, नंगत एके गुना॥ ९४॥

रीस फांदा ने पड़ुन मनुख, गलत करुन देसोत।
सवँसार भर चो मारग ले, उल्टा हींडुन देसोत॥ ९५॥
टूटलो धनउ नी जोड़ाएदे, माना रीस छांडुन।
उबा रते पायँ दुखेसे होएदे, बिचार सांगा बसुन॥ ९६॥
ए धनउ उपरे जे इतरो मया, उपाय सांगा तुमी।
कोनी गुनी के जोड़तो काजे, सांगुन देउंदे आमी॥ ९७॥
लछमन बललो ने जनक राजा, बलला खुबे डरून।
असन बलतोर नंगत नोआय, रहा ओगाय होउन॥ ९८॥
जनकपुर चो मनुख मेहरार, थर थर काँपुन जाओत।
नानी बिता ने खुबे खोट, मने-मन बलते जाओत॥ ९९॥
लछमन चो निडर गोठ सुनुन, फरसू चो देंह जरे।
रीस किरता देंह चो सकत, अपने अपन सरे॥ १००॥
राम बाटे दया दखाते, फरसूराम बलला।
तुचो नानी भाई जानुन, छांडेसे बलला॥ १०१॥
मन ने मइल देंह ले सुन्दर, दिखतो ने ए कसन।
बिस भरलोर सोन घघरी, मंडालो आसे जसन॥ १०२॥

२७८ सुनते लछमन फेर हांसला, राम नेतुन दखला।
उल्टा बलुक छांडुन भाती, ओगाय गुरु लग गेला॥ १०३॥

हात जोड़ुन राम बिन्ती करते, सीतर बोली बलला।
सुना देव तुमी टकर ले, सजन सियान बलला॥ १०४॥

चौ०– अति बिनीत मृदु सीतल बानी। बोले रामु जोरि जुग पानी॥
सुनहु नाथ तुम्ह सहज सुजाना। बालक बचनु करिअ नहिं काना॥ १॥

बररै बालकु एकु सुभाऊ। इन्हहि न संत बिदूषहिं काऊ॥
तेहिं नाहीं कछु काज बिगारा। अपराधी मैं नाथ तुम्हारा॥ २॥

कृपा कोपु बधु बँधब गोसाईं। मो पर करिअ दास की नाईं॥
कहिअ बेगि जेहि बिधि रिस जाई। मुनिनायक सोइ करौं उपाई॥ ३॥

कह मुनि राम जाइ रिस कैसें। अजहुँ अनुज तव चितव अनैसें॥
एहि के कंठ कुठारु न दीन्हा। तौ मैं काह कोपु करि कीन्हा॥ ४॥

दो०– गर्भ स्त्रवहिं अवनिप रवनि सुनि कुठार गति घोर।
परसु अछत देखउँ जिअत बैरी भूपकिसोर॥ २७९॥

चौ०– बहइ न हाथु दहइ रिस छाती। भा कुठारु कुंठित नृपघाती॥
भयउ बाम बिधि फिरेउ सुभाऊ। मोरे हृदयँ कृपा कसि काऊ॥ १॥

आजु दया दुखु दुसह सहावा। सुनि सौमित्रि बिहसि सिरु नावा॥
बाउ कृपा मूरति अनुकूला। बोलत बचन झरत जनु फूला॥ २॥

जौं पै कृपाँ जरिहिं मुनि गाता। क्रोध भएँ तनु राख बिधाता॥
देखु जनक हठि बालक एहू। कीन्ह चहत जड़ जमपुर गेहू॥ ३॥

बेगि करहु किन आँखिन्ह ओटा। देखत छोट खोट नृपु ढोटा॥
बिहसे लखनु कहा मन माहीं। मूदें आँखि कतहुँ कोउ नाहीं॥ ४॥

दो०– परसुरामु तब राम प्रति बोले उर अति क्रोधु।
संभु सरासनु तोरि सठ करसि हमार प्रबोधु॥ २८०॥

पीला गोठ उपरे तुमी, कान नी देहा परभू।
ठेकार पिला टकर गोटकी, रीस नी होआ परभू॥ १०५॥
संत एमन के दोस नी देओत, फेर हुन नी नसाय।
हे परभू तुमचो जाले मयँ, अपन दोसी आँय॥ १०६॥
किरपा रीस कि बांधुन राखा, नाहले मरते मारा।
आपलो सेउक जानुन तुमी, मोचोय उपरे करा॥ १०७॥
जसन ने बल झटके जाएदे, रीस तुमचो मुनी।
हुनी उपाय के मय करेंदे, झटके सांगा मुनी॥ १०८॥
मुनी बलला राम ए रीस, जाएदे मोचो कसन।
एबे बले तुचो भाई, टेड़गा दखेसे कसन॥ १०९॥
एचो टोडरी नै मोचो फरसी, जे नी दिले जाले।
असन रीस करून भाती, मयँ काय करले आले॥ ११०॥

२७९ गरभ घसरेसे रानी मन चो, फरसी करनी के सुनुन।
राजा पिला के जीअत दखेंसे, फरसी हाते रहुन॥ १११॥

हात नी धाएसे रीस चो मारे, छाती डाहा मारे।
बोथड़ुन गेलीसे ए फरसी, जे राजामन के मारे॥ ११२॥
भगवान बल उल्टा होले, टकर उल्टा होली।
नाहले हिरदे भीतर मोचो, दया कसन ने होती॥ ११३॥
नी सहतो लाइक ए दया, दुख सहाते जाएसे।
सुनुन लछमन मुंड लँवाउन, मुचकुन भाती बलेसे॥ ११४॥
दया माहा लेहरा बले, तुमचो मूरित ले उल्टा।
गोठ बलासीस लागेसे असन, फूल बरसेसे एथा॥ ११५॥
दया करलो ने जे मुनी, देंह जरेसे तुमचो।
जाले रीस होलोने भगवान, साहा होदे तुमचो॥ ११६॥
फरसू बलला ए जनक, दख ए मूरूख पिला।
टेक करून रहुक दखेसे, जमपुर ने पिला॥ ११७॥
कायकाजे आइँख आड़े, नी करासीस एके।
अटपट खोट आसे एये, दखलोने नानी जेके॥ ११८॥
लछमन आपलो मन ने हाँसते, बलला इतरो जे होले।
कोनी दखानी देओत, आइँख के लिमटुन दिले॥ ११९॥

२८० फरसू हिरदे ने रीस भरून, तेबे राम के बलला।
मूरूख सिव घनउ टुटाउन, गियान सिखासीस बलला॥ १२०॥

तुचो भाई तुचोय बुध ले, बलेसे उराठील गोठ।
हात जोड़ुन बिन्ती करसीस, छलबाज तुचोय ने खोट॥ १२१॥

चौ०– बंधु कहइ कटु संमत तोरें। तू छल बिनय करसि कर जोरें॥
करु परितोषु मोर संग्रामा। नाहिं त छाड़ कहाउब रामा॥ १॥

छलु तजि करहि समरु सिवद्रोही। बंधु सहित न त मारउँ तोही॥
भृगुपति बकहिं कुठार उठाएँ। मन मुसुकाहिं रामु सिर नाएँ॥ २॥

गुनह लखन कर हम पर रोषू। कतहुँ सुधाइहु ते बड़ दोषू॥
टेढ़ जानि सब बंदइ काहू। बक्र चंद्रमहि ग्रसइ न राहू॥ ३॥

राम कहेउ रिस तजिअ मुनीसा। कर कुठारु आगें यह सीसा॥
जेहिं रिस जाइ करिअ सोइ स्वामी। मोहि जानिअ आपन अनुगामी॥ ४॥

दो०– प्रभुहि सेवकहि समरु कस तजहु बिप्रबर रोसु।
बेषु बिलोकें कहेसि कछु बालकहू नहिं दोसु॥ २८१॥

चौ०– देखि कुठार बान धनु धारी। भै लरिकहि रिस बीरु बिचारी॥
नामु जान पै तुम्हहि न चीन्हा। बंस सुभायँ उतरु तेहिं दीन्हा॥ १॥

जौं तुम्ह औतेहु मुनि की नाईं। पद रज सिर सिसु धरत गोसाईं॥
छमहु चूक अनजानत केरी। चहिअ बिप्र उर कृपा घनेरी॥ २॥

हमहि तुम्हहि सरिबरि कसि नाथा। कहहु न कहाँ चरन कहँ माथा॥
राम मात्र लघु नाम हमारा। परसु सहित बड़ नाम तोहारा॥ ३॥

देव एकु गुनु धनुष हमारें। नव गुन परम पुनीत तुम्हारें॥
सब प्रकार हम तुम्ह सन हारे। छमहु बिप्र अपराध हमारे॥ ४॥

गोटोक तो तुई हतेयार धरून, जुद्ध कर मोचो ले।
नाहले राम कहाउक छांड, आरु गुच एथा ले॥ १२२॥
अरे सिव चो बयरी आले, जुद्ध कर तुइ एथा।
नाहले भाई संगे तुक्रे मारून, फिंगुन देएंदे एथा॥ १२३॥
असन फरसू फरसी उचाउन, गोठ करते जासोत।
राम मुंड लवाँउन भाती, मने मुचकते जासोत॥ १२४॥
मने बलसोत लछमन चो दोस, रीस मोचो उपरे।
कहाँय कहाँय दोस पड़ेसे, सीधा लोग उपरे॥ १२५॥
काचोय बल बिन्ती करसोत, टेड़गा दखुन सपाय।
टेड़गा जोन के राहू बले, केबइ बल नी खाय॥ १२६॥
राम बलला रीस के, छांडुन देहा मुनी।
मोचो मुंड उपरे आसे, तुमचो फरसी मुनी॥ १२७॥
जसन ने बल रीस जाओ मालिक हुनी करा।
मोके आपलो सेउक जानुन, मन चो तुमी करा॥ १२८॥

२८१ मालिक सेउक मंजगत ने, जुद्ध कहन होएदे।
ए बाम्हनमन ने बर्ष, रीस के छांडुक पड़ेदे॥ १२९॥

बीर भेस के दखुन पिला जे, बलुन दिलोसे काईं।
सत एइ आय हुनचो दोस, एमें नीआय काईं॥ १३०॥
तुमचो फरसी धनउ कांड, धरलोर के दखुन।
पिला बुध ने रीस होलो, तुमके बीर जानुन॥ १३१॥
तुमचो नावँ के सुनुन रहे, चिताते नी रहे।
बंस टकर ले जवाब करलो, हुनचो दोस नी रहे॥ १३२॥
मुनी माहा जे तुमी मालिक, एउन रतास एथा।
पायँ धुरला के एइ पिला, चेघातो आपलो माथा॥ १३३॥
नी जानलो किरता गलती के, माफी देउन दिआ।
बाम्हन हिरदे ने खुबे असन, रतोर आय दया॥ १३४॥
ए मालिक आमचो तुमचो, जोड़ होएदे कसन।
सांगा कहाँ पायँ तुमचो, मोचो माथा असन॥ १३५॥
कोन तो लगचो राम मोचो, नानी नावँ आय।
कहाँ तुमचो फरसू संगे, नावँ बड़े आय॥ १३६॥
देव अबगो गोटकी गुन, धनउ आमचो आसे।
तुमचो जाले भारी पबितर, नव ठन गुन आसे॥ १३७॥
सपा बाट ले हारून भाती, आसूँ देव आमी।
महराज आमचो अपराध के, माफी करा तुमी॥ १३८॥

दो०– बार बार मुनि बिप्रबर कहा राम सन राम।
बोले भृगुपति सरुष हसि तहूँ बंधु सम बाम॥ २८२॥

चौ०– निपटहिं द्विज करि जानहि मोही। मैं जस बिप्र सुनावउँ तोही॥
चाप स्रुवा सर आहुति जानू। कोपु मोर अति घोर कृसानू॥ १॥

समिधि सेन चतुरंग सुहाई। महा महीप भए पसु आई॥
मैं एहिं परसु काटि बलि दीन्हे। समर जग्य जप कोटिन्ह कीन्हे॥ २॥

मोर प्रभाउ बिदित नहिं तोरें। बोलसि निदरि बिप्र के भोरें॥
भंजेउ चापु दापु बड़ बाढ़ा। अहमिति मनहुँ जीति जगु ठाढ़ा॥ ३॥

राम कहा मुनि कहहु बिचारी। रिस अति बड़ि लघु चूक हमारी॥
छुअतहिं टूट पिनाक पुराना। मैं कहि हेतु करौं अभिमाना॥ ४॥

दो०– जौं हम निदरहिं बिप्र बदि सत्य सुनहु भृगुनाथ।
तौ अस को जग सुभटु जेहि भय बस नावहिं माथ॥ २८३॥

चौ०– देव दनुज भूपति भट नाना। समबल अधिक होउ बलवाना॥
जौं रन हमहि पचारै कोऊ। लरहिं सुखेन कालु किन होऊ॥ १॥

छत्रिय तनु धरि समर सकाना। कुल कलंकु तेहिं पावँर आना॥
कहउँ सुभाउ न कुलहि प्रसंसी। कालहु डरहिं न रन रघुबंसी॥ २॥

बिप्रबंस कै असि प्रभुताई। अभय होइ जो तुम्हहि डेराई॥
सुनि मृदु गूढ़ बचन रघुपति के। उघरे पटल परसुधर मति के॥ ३॥

२८२ घनघड़ी मुनी ले बाम्हन, बलला राम के राम।
बललो भिरगूपति भाई माहा, तुइ बल आसीस बाम॥ १३९॥

मोके अबगो बाम्हन जानुन, बाम्हन बाम्हन बलसीस।
कसन बाम्हन मयँ आँय, सुन जे नंगत सुनसीस॥ १४०॥
धनउ चाटू कांड के होम, तुई एथा जान।
मोचो रीस के भयंकार, अगिन माहा मान॥ १४१॥
चारों बरन चो फउद के, दारू माहा जान।
बड़े बड़े राजामन के, जतरा चो फउद मान॥ १४२॥
जेमन के एइ फरसी ले, पूजुन चेघाउन दिले।
असन करोड़ जग्यँ के, मयँ सारून दिले॥ १४३॥
महेमा के नी जानीस तुई, एई ने धोका-खाते।
पुरे होउन गोठ करसीस, मोचो निरादर करते॥ १४४॥
धनउ के टुटालीस गुने, घमंड बाढ़ली भारी।
असन टेडम कि सवँसार के, जीतुन आसीस भारी॥ १४५॥
राम बलला मुनी तुमी, बिचार करुन बला।
तुमचो रीस बड़े आसे, गोठ के नानी बला॥ १४६॥
जूना धनउ रहे ए, छिवते टुटुन गेली।
काय के मयँ घमंड करें, आपने टुटुन गेली॥ १४७॥

२८३ हे भिरगूनाथ आमी सते जे, बाम्हन बलुन भाती।
तुमचो हतक करूँसे आमी, एथा बलुन भाती॥ १४८॥

सवँसारे असन कोन बीर, सत के सुना तुमी।
जेचो डर ले केबइ बले, माथा लँवाउँसे आमी॥ १४९॥
देव असुर राजाफउद सकत ले, कितरोय बराबर होओत।
रन ने बलाले सुख ले लड़ूँसे, काल बले काय होओत॥ १५०॥
छतरी देंह धरून भाती जे, जुद्ध ले डरून जाय।
हुन नीच आपलो कुल उपरे, कलंक लगावलो आय॥ १५१॥
टकर ले मय गोठ बलेंसे, कुल चो गुन नी बलें।
रघुबंसया रन भाटा ने, काल ले बल नी डरे॥ १५२॥
बाम्हन बंस चो असन महेमा, जे तुमचो ले डरे।
हुन सपाले बेफिकरा होउन, निडर जिवना करे॥ १५३॥
राम चो सुसार भेद गोठ के, सुनुन पाछे नंगत।
फरसा धरु चो बुध चो परदा, खुलली तेबे नंगत॥ १५४॥
बलला हे राम लछमीपती, धनउ के हाते धरा।
धनउ के पुरे चेघाउन भाती, अबूझ बुध के हरा॥ १५५॥

राम रमापति कर धनु लेहू। खैंचहु मिटै मोर संदेहू॥
देत चापु आपुहिं चलि गयऊ। परसुराम मन बिसमय भयऊ॥ ४॥

दो०– जाना राम प्रभाउ तब पुलक प्रफुल्लित गात।
जोरि पानि बोले बचन हृदयँ न प्रेमु अमात॥ २८४॥

चौ०– जय रघुबंस बनज बन भानू। गहन दनुज कुल दहन कृसानू॥
जय सुर बिप्र धेनु हितकारी। जय मद मोह कोह भ्रम हारी॥ १॥

बिनय सील करुना गुन सागर। जयति बचन रचना अति नागर॥
सेवक सुखद सुभग सब अंगा। जय सरीर छबि कोटि अनंगा॥ २॥

करौं काह मुख एक प्रसंसा। जय महेस मन मानस हंसा॥
अनुचित बहुत कहेउँ अग्याता। छमहु छमामंदिर दोउ भ्राता॥ ३॥

कहि जय जय जय रघुकुलकेतू। भृगुपति गए बनहि तप हेतू॥
अपभयँ कुटिल महीप डेराने। जहँ तहँ कायर गवँहिं पराने॥ ४॥

दो०– देवन्ह दीन्हीं दुंदुभीं प्रभु पर बरषहिं फूल।
हरषे पुर नर नारि सब मिटी मोहमय सूल॥ २८५॥

चौ०– अति गहगहे बाजने बाजे। सबहिं मनोहर मंगल साजे॥
जूथ जूथ मिलि सुमुखि सुनयनीं। करहिं गान कल कोकिलबयनीं॥ १॥

सुखु बिदेह कर बरनि न जाई। जन्मदरिद्र मनहुँ निधि पाई॥
गत त्रास भइ सीय सुखारी। जनु बिधु उदयँ चकोरकुमारी॥ २॥

जनक कीन्ह कौसिकहि प्रनामा। प्रभु प्रसाद धनु भंजेउ रामा॥
मोहि कृतकृत्य कीन्ह दुहुँ भाईं। अब जो उचित सो कहिअ गोसाईं॥ ३॥

फरसू धनउ देउक दखत, धनउ आपने गेली।
असन सपा दखुन फरसू के, खुबे अचरित होली॥ १५६॥

२८४ महेमा जानते देहे सीतकाटा, हात जोड़न बलला।
हिरदे ने मया समाते नी रहे, बिन्ती मान ले करला॥ १५७॥

हे रघुकुल चो पूड़न बन चो सुरुज तुमचो जय हो जय हो॥
हे रक्सा कुल बियाबान बन के जराउ आइग जय हो।
हे बाम्हन गउ चो हितू तुमचो जय हो जय हो॥
हे घमंड रीस माहा भरम के सारु जय हो जय हो जय हो।
हे किरपा गुन बिन्ती मनचो गुनी जय हो जय हो जय हो॥
हे गोठ गढ़तो ने भारी चतुर चो जय हो जय हो।
हे सेवक के सुखदेउ सपा अगले सुंदर जय हो जय हो जय हो॥
हे कोटी काम चो छबी के राखू तुमचो जय हो जय हो।
गोटकी मुंह ले गुन काय करें मयँ जय हो जय हो जय हो॥
हे संकर चो मान सरोवर चो हांसा जय हो जय हो।
अनजान किरतामयँ गलत बललेसे जय हो जय हो जय हो॥
हे माफी करु गुड़ी माहा मन चो दुनों जय हो जय हो।
हे रघुकुल चो बैरख राम तुमचो जय हो जय हो जय हो॥
असन बिन्ती करते फरसू, गेला बन तप काज।
दुसट राजा पराला डरुन, लुकला पाउन लाज॥ १५८॥

२८५ नंगारा बजाते फूल बरसात, राम उपरे देव।
पुर चो मनुख मेहरार हरीक, गेली डंड दुख मोह॥ १५९॥

* राजा जनक चो बिहा जोड़ा *

खुबे रोस ले बाजा बाजत, सुभ जोड़ा करसोत।
सुंदर आइँख मुँह बिनीमन, बरन सिंगार करसोत॥ १॥
कोयकी माहा गीतगाउ, मेहरार कूढ़ा कूढ़ा।
सुंदर गीत संगे-संग होउन, गासोत कूढ़ा कूढ़ा॥ २॥
जनक सुख के सांगुक नीहोय दारदिर हांडा पावलों।
डर ले सुखी सिया चकोरी दखुन पुनी जोन उदलो॥ ३॥
मुनी चो पायँ के जनक पड़ुन, बलला हरीक ले।
राम धनउ टुटावला आज, तुमचो किरपा ले॥ ४॥
दुनोंय मोके धन करलासोत, एदाँय सांगा तुमी।
परभू जे सुभ नंगत आय, हुनी के सांगा तुमी॥ ५॥

कह मुनि सुनु नरनाथ प्रबीना। रहा बिबाहु चाप आधीना॥
टूटतहीं धनु भयउ बिबाहू। सुर नर नाग बिदित सब काहू॥ ४॥

दो०– तदपि जाइ तुम्ह करहु अब जथा बंस ब्यवहारु।
बूझि बिप्र कुलबृद्ध गुर बेद बिदित आचारु॥ २८६॥

चौ०– दूत अवधपुर पठवहु जाई। आनहिं नृप दसरथहि बोलाई॥
मुदित राउ कहि भलेहिं कृपाला। पठए दूत बोलि तेहि काला॥ १॥

बहुरि महाजन सकल बोलाए। आइ सबन्हि सादर सिर नाए॥
हाट बाट मंदिर सुरबासा। नगरु सँवारहु चारिहुँ पासा॥ २॥

हरषि चले निज निज गृह आए। पुनि परिचारक बोलि पठाए॥
रचहु बिचित्र बितान बनाई। सिर धरि बचन चले सचु पाई॥ ३॥

पठए बोलि गुनी तिन्ह नाना। जे बितान बिधि कुसल सुजाना॥
बिधिहि बंदि तिन्ह कीन्ह अरंभा। बिरचे कनक कदलि के खंभा॥ ४॥

दो०– हरित मनिन्ह के पत्र फल पदुमराग के फूल।
रचना देखि बिचित्र अति मनु बिरंचि कर भूल॥ २८७॥

चौ०– बेनु हरित मनिमय सब कीन्हे। सरल सपरब परहिं नहिं चीन्हे॥
कनक कलित अहिबेलि बनाई। लखि नहिं परइ सपरन सुहाई॥ १॥

तेहि के रचि पचि बंध बनाए। बिच बिच मुकता दाम सुहाए॥
मानिक मरकत कुलिस पिरोजा। चीरि कोरि पचि रचे सरोजा॥ २॥

किए भृंग बहुरंग बिहंगा। गुंजहिं कूजहिं पवन प्रसंगा॥
सुर प्रतिमा खंभन गढ़ी काढ़ीं। मंगल द्रब्य लिएँ सब ठाढ़ीं॥ ३॥

चौकें भाँति अनेक पुराईं। सिंधुर मनिमय सहज सुहाईं॥ ४॥

दो०– सौरभ पल्लव सुभग सुठि किए नीलमनि कोरि।
हेम बौर मरकत घवरि लसत पाटमय डोरि॥ २८८॥

चौ०– रचे रुचिर बर बंदनिवारे। मनहुँ मनोभवँ फंद सँवारे॥
मंगल कलस अनेक बनाए। ध्वज पताक पट चमर सुहाए॥ १॥

दीप मनोहर मनिमय नाना। जाइ न बरनि बिचित्र बिताना॥
जेहिं मंडप दुलहिनि बैदेही। सो बरनै असि मति कबि केही॥ २॥

मुनी बलला चतुर राजा, धनउ ने रहे बिहा।
देव मनुख नांग जानला टूटते, होउन गेलीसे बिहा॥ ६॥

२८६ बले-बल कुल चो नेम करा, बाम्हन मन के पूछुत।
कुल चो सियान गुरु बेद चो, टकर नगत धरुन॥ ७॥

अवध राजा चो बलाव करावा, अवध पठाउन दूत।
हरीक राजा बलला आले, बलाउन पठाला दूत॥ ८॥
सवकार-मन चो बलाव कराला, मुंड लवाँला एउन।
बलला बजार घर बाट गुड़ी, सुंदर बनावा सजाउन॥ ९॥
हरीक मन ले धनी गेला, आपलो आपलो घरे।
फेर नवकर चाकर के बलाउन, हुकुम दिला पुरे॥ १०॥
अटपट सुंदर मांडो बनाउन, तियार करा बलला।
राजा हुकुम के मुंडे चेघाउन, सुख हरीक ले चलला॥ ११॥
कारीगीर बलाला बड़े बड़े, जे मांडो ने चतुर रहोत।
ब्रह्मा के सुमरुन मूर धरला, बुता झटकाउन करोत॥ १२॥

२८७ सोन चो सुंदर केरा-खाम, पान फर पन्ना मनी।
ब्रह्म मन बल मोहाऊन गेली, फूल ने मानिक मनी॥ १३॥

पतरंगया मनी चौ बाँवस, सोज गठमन रहे।
इतरो सुंदर गढ़लो रहे जे, चिताउक नी होते रहें॥ १४॥
सोन चो सुंदर बेल धरला, पाना सुंदर रहोत।
नीछुन छोलुन सोन डोरी, लाहा बाँधुन रहोत॥ १५॥
मँजगत मँजगत मोती झालर, हीरा मनी पन्ना चीरुन।
कोरून नंगत लटकाउन बनाला, पूड़न फूल बरन॥ १६॥
रंग रंग चो चड़ई भँवरा, जे लेहरा ने झूलत।
डेरीमन ने देव मूरित मन, सुभ जोड़ा धरून रहोत॥ १७॥

२८८ आमा पान नील मनी चो, कोरून रहोत सुंदर।
सोन डोरी ने पन्ना चो फर, धराला झोता सुंदर॥ १८॥

सुंदर झंडी चो तोरन रहे, काम सजावलो माहा।
सुभ कलंसा बैरख झंडी, परदा चंवर आहा॥ १९॥
मांडो सोभा सांगुक नी होय, मनी चो दिया आसोत।
कोन कबी पुरेदे जे मांडो चो, कनया बैदेही आसोत॥ २०॥
जे मांडो ने रुप गुन चो समुंद, रघुनाथ बर होदे।
मांडो तीनोंपुर ने उजागर, अवस करून होएदे॥ २१॥

दूलहु रामु रूप गुन सागर। सो बितानु तिहुँ लोक उजागर॥
जनक भवन कै सोभा जैसी। गृह गृह प्रति पुर देखिअ तैसी॥ ३॥

जेहिं तेरहुति तेहि समय निहारी। तेहि लघु लगहिं भुवन दस चारी॥
जो संपदा नीच गृह सोहा। सो बिलोकि सुरनायक मोहा॥ ४॥

दो०– बसइ नगर जेहिं लच्छि करि कपट नारि बर बेषु।
तेहि पुर कै सोभा कहत सकुचहिं सारद सेषु॥ २८९॥

चौ०– पहुँचे दूत राम पुर पावन। हरषे नगर बिलोकि सुहावन॥
भूप द्वार तिन्ह खबरि जनाई। दसरथ नृप सुनि लिए बोलाई॥ १॥

करि प्रनामु तिन्ह पाती दीन्ही। मुदित महीप आपु उठि लीन्ही॥
बारि बिलोचन बाँचत पाँती। पुलक गात आई भरि छाती॥ २॥

रामु लखनु उर कर बर चीठी। रहि गए कहत न खाटी मीठी॥
पुनि धरि धीर पत्रिका बाँची। हरषी सभा बात सुनि साँची॥ ३॥

खेलत रहे तहाँ सुधि पाई। आए भरतु सहित हित भाई॥
पूछत अति सनेहँ सकुचाई। तात कहाँ तें पाती आई॥ ४॥

दो०– कुसल प्रानप्रिय बंधु दोउ अहहिं कहहु केहिं देस।
सुनि सनेह साने बचन बाची बहुरि नरेस॥ २९०॥

चौ०– सुनि पाती पुलके दोउ भ्राता। अधिक सनेहु समात न गाता॥
प्रीति पुनीत भरत कै देखी। सकल सभाँ सुखु लहेउ बिसेषी॥ १॥

तब नृप दूत निकट बैठारे। मधुर मनोहर बचन उचारे॥
भैया कहहु कुसल दोउ बारे। तुम्ह नीकें निज नयन निहारे॥ २॥

स्यामल गौर धरें धनु भाथा। बय किसोर कौसिक मुनि साथा॥
पहिचानहु तुम्ह कहहु सुभाऊ। प्रेम बिबस पुनि पुनि कह राऊ॥ ३॥

जनक राजा चो महल सोभा, जे रकम चो आसे।
हुनी रकम ले गुलाय सहर, सपा चो घर आसे॥ २२॥
हुदलदाँय जे पुर के दखला, चौदा लोक नानी दिखे।
नीच घर बल हुसनेय सोभा, इंदर मोहाउन दखे॥ २३॥

२८९ कपट ले मेहरार भेस धरून, साच्छात लछमी आसोत।
सरसती सेस बल सोभा सांगुक, लाज होउन जासोत॥ २४॥

* अवधपुर चो जोड़ा *

जनक राजा चो पठालोर दूत, राम पुरी अमरला।
सुंदर अवध नगर के दखुन, खुबे हरीक होला॥ १॥
सिंगदेवड़ी पुरे जाउन भाती, राजा के खबर दिला।
खबर पाउन राजा दसरथ, भीतर बलाव करला॥ २॥
दूत जोहारून कागद दिला, हरीक राजा आपन।
दिलोर कागत के बेचुन भाती, पढ़ुक धरला आपन॥ ३॥
पढ़तो दाँय मया चो आँसू, आँइख ने भरते जाए।
देहें सीतकाटा मारे गुलाय, छाती भरते जाए॥ ४॥
हिरदे ने राम लछमन आसोत, हाते कागद धरुन।
आमट-मीठ बलुक नी सकसोत, आसोत ओगाय होउन॥ ५॥
फेर मन ने धीरज धरुन, कागद पढ़ला राजा।
सुनुन दरबारी हरीक होला, सपा के सांगला राजा॥ ६॥
भरत सतरूघन खबर सुनते, इला दुनोंय उथाय।
मया ले झझकते पूछला, कागद कहाँ चो आय॥ ७॥

२९० जीव माहा भाई मन नंगत, कोन राज ने आसोत।
मया चो गोठ सुनते राजा, कागद पढ़ते जासोत॥ ८॥

कागद सुनुन दुनों हरीक, मया भरत चो बाढ़ली।
देहें नी समाते रहे नया, दरबार के हरीक लागली॥ ९॥
तेके राजा खबरया-मन के, बलाउन भाती लगे।
भारी मया मीठा बोली ले, पूछसोत बसाउन लगे॥ १०॥
सांगा भाई दुनोंय पिला, आसोत तो नंगत।
तुमी आपलो आइँख ले, दखलासास काय नंगत॥ ११॥
साँवर पंडरा देह चो दुनों, घनउ ठोंगी धरलोर।
किसोर उमर चो कौसिक संगे, आसोत ते निकरलोर॥ १२॥
चितावासीस जाले तुमन, टकर तिहँचो सांगा।
मया ले दंदरून घनघड़ी, पूछत बलत सांगा॥ १३॥

जा दिन तें मुनि गए लवाई। तब तें आजु साँचि सुधि पाई॥
कहहु बिदेह कवन बिधि जाने। सुनि प्रिय बचन दूत मुसकाने॥ ४॥

दो०– सुनहु महीपति मुकुट मनि तुम्ह सम धन्य न कोउ।
रामु लखनु जिन्ह के तनय बिस्व बिभूषन दोउ॥ २९१॥

चौ०– पूछन जोगु न तनय तुम्हारे। पुरुषसिंघ तिहु पुर उजिआरे॥
जिन्ह के जस प्रताप कें आगे। ससि मलीन रबि सीतल लागे॥ १॥

तिन्ह कहँ कहिअ नाथ किमि चीन्हे। देखिअ रबि कि दीप कर लीन्हे॥
सीय स्वयंबर भूप अनेका। समिटे सुभट एक तें एका॥ २॥

संभु सरासनु काहुँ न टारा। हारे सकल बीर बरिआरा॥
तीनि लोक महँ जे भटमानी। सभ कै सकति संभु धनु भानी॥ ३॥

सकइ उठाइ सरासुर मेरू। सोउ हियँ हारि गयउ करि फेरू॥
जेहिं कौतुक सिवसैलु उठावा। सोउ तेहि सभाँ पराभउ पावा॥ ४॥

दो०– तहाँ राम रघुबंसमनि सुनिअ महा महिपाल।
भंजेउ चाप प्रयास बिनु जिमि गज पंकज नाल॥ २९२॥

चौ०– सुनि सरोष भृगुनायकु आए। बहुत भाँति तिन्ह आँखि देखाए॥
देखि राम बलु निज धनु दीन्हा। करि बहु बिनय गवनु बन कीन्हा॥ १॥

राजन रामु अतुलबल जैसें। तेज निधान लखनु पुनि तैसें॥
कंपहिं भूप बिलोकत जाकें। जिमि गज हरि किसोर के ताकें॥ २॥

ले दिन ले मुनी तिहँके, एथा ले धरून निल।
खबर असल आज पावले, जब ले तेमन गेला॥ १४॥
सांगा जनक महराज तिहँके, चिताला उथा कसन।
मया गोठ ने मुचकुन दिला, दूत सुनला जसन॥ १५॥

२९१ तुमचो माहा धन नीआत कोनी, राजा मुकुट मनी सुना।
राम लछमन माहा गाहना जे, जग चो आत गाहना॥ १६॥

पूछतो लाइक नोआत तुमचो, दुनोय बेटा राजा।
मनुख सिंघ माहा अंजोर, तीनों पुर चो राजा॥ १७॥
जेमन चो जस चो पुरे, जोन फेकवा पड़ेसे।
सकत महेमा पुरे पड़ुन, सूरुज सीतर पड़ेसे॥ १८॥
तिहँके मलिक तुमी पूछलास, चितालासोत कसन।
सूरुज के दिया धरुन काय, दखुक होएदे असन॥ १९॥
स्वयंबर ने कितरोय राजा, एक ले आगर एक।
जुहा होउन रहोत महराज, बीर एक ले एक॥ २०॥
सिव धनउ के कोनी बले, सरकाउक नी सकला।
सपा बीर हारुन गेला, लगे जाउक नी सकला॥ २१॥
तीनों लोक चो घमण्ड धरुन, कितरोय बीर रहोत।
सिव धनउ पुरे सरली, जे सकत दखाते रहोत॥ २२॥
बाणासुर जे सुमेरु के, हाते उचाउक सकलो।
हिरदे ले हारुन किंजरुन, उथा ले जाते गेलो॥ २३॥
खेल खेल ने कैलास के, जे हाते उचाउन रहे।
हुन रावन बल हार मानलो, जे सभा ने बसुन रहे॥ २४॥
सुना महराज बड़े बड़े वीर, जे सपा हारुन रहोत।
हुताय रघुबंस चो मनी, राम बल एउन रहोत॥ २५॥

२९२ सिय धनउ के बिगर मेहनत, टुटाउन दिला असन।
ढेंस कांदा के धरुन हाथी, टुटाउन देएसे जसन॥ २६॥

रीसे-रीस भिरगूनाथ इला, धनउ टूटलो के सुनुन।
कई रकम ले आइँख दखाला, खुबे रीस होउन॥ २७॥
राम सकत के दखुन भाती, आपलो धनउ देउन।
बन बाटे जाते गेला, बरन बिन्ती करुन॥ २८॥
जसन महराज राम भारी, बल ले भरपूर आसोत।
हुसनेय लछमन तेज चो, भारी धनी आसोत॥ २९॥
जिहँके दखते सपा राजा, थरथराला असन।
सिंघ पिला के दखते हाथी, थरथरेसे जसन॥ ३०॥

देव देखि तव बालक दोऊ। अब न आँखि तर आवत कोऊ॥
दूत बचन रचना प्रिय लागी। प्रेम प्रताप बीर रस पागी॥ ३॥

सभा समेत राउ अनुरागे। दूतन्ह देन निछावरि लागे॥
कहि अनीति ते मूदहिं काना। धरमु बिचारि सबहिं सुख माना॥ ४॥

दो०– तब उठि भूप बसिष्ठ कहुँ दीन्हि पत्रिका जाइ।
कथा सुनाई गुरहि सब सादर दूत बोलाइ॥ २९३॥

चौ०– सुनि बोले गुर अति सुखु पाई। पुन्य पुरुष कहुँ महि सुख छाई॥
जिमि सरिता सागर महुँ जाहीं। जद्यपि ताहि कामना नाहीं॥ १॥

तिमि सुख संपति बिनहिं बोलाएँ। धरमसील पहिं जाहिं सुभाएँ॥
तुम्ह गुर बिप्र धेनु सुर सेबी। तसि पुनीत कौसल्या देबी॥ २॥

सुकृती तुम्ह समान जग माहीं। भयउ न है कोउ होनेउ नाहीं॥
तुम्ह ते अधिक पुन्य बड़ काकें। राजन राम सरिस सुत जाकें॥ ३॥

बीर बिनीत धरम ब्रत धारी। गुन सागर बर बालक चारी॥
तुम्ह कहुँ सर्ब काल कल्याना। सजहु बरात बजाइ निसाना॥ ४॥

दो०– चलहु बेगि सुनि गुर बचन भलेहिं नाथ सिरु नाइ।
भूपति गवने भवन तब दूतन्ह बासु देवाइ॥ २९४॥

चौ०– राजा सबु रनिवास बोलाई। जनक पत्रिका बाचि सुनाई॥
सुनि संदेसु सकल हरषानीं। अपर कथा सब भूप बखानीं॥ १॥

प्रेम प्रफुल्लित राजहिं रानी। मनहुँ सिखिनि सुनि बारिद बानी॥
मुदित असीस देहिं गुर नारीं। अति आनंद मगन महतारीं॥ २॥

लेहिं परस्पर अति प्रिय पाती। हृदयँ लगाइ जुड़ावहिं छाती॥
राम लखन कै कीरति करनी। बारहिं बार भूपबर बरनी॥ ३॥

दुनों पिला के दखलो पाछे, देव नंगत सुना।
कोनी अउर आइँख खाले, नी एसोत गुना॥ ३१॥
मया सकत बल रस चो, दूत गोठ के सुनुन।
सपाय लोग के हरीक लागली, मिसालो गोठ सुनुन॥ ३२॥
दरबार संगे राजा महराज, नया ने मंगन होला।
दूतमन के बरन बानी, निछावर देउक धरला॥ ३३॥
कान तोपुन दूत बलला, उल्टा नीति ले आय।
सपाय लोग के खुबे भावली, धरम चो गोठ आय॥ ३४॥

२९३ तेबे राजा उठुन भाती, गुरु के कागद दिला।
दूत मन के मान ले बलाउन, कथा सांगुन दिला॥ ३५॥

सुनुन गुरु बलला उथा, खुबे हरीक होउन।
पुनी काजे पिरथी ने सुख, आसे छाई होउन॥ ३६॥
जसन नंदी समुंद बाटे, भारी रोस ले जासोत।
समुंद के नी लागले बले, आपने नंदी एसोत॥ ३७॥
धन सुख बले-हुसनेय, धरमी लोग लगे।
बिन बलावलो बरते एसोत, तुमचो असन लगे॥ ३८॥
तुमी जसन गुरु बाम्हन गउ, देव चो सेवा करू।
तुमचोय माहा कौसिंल्या बले, खुबे दान पुन करू॥ ३९॥
नी होला तुमन माहा पुनवान, होदे न एबे आसोत।
तुमचो ले आगर कोन पुनी, जेचो बेटा राम आसोत॥ ४०॥
बीर धरमी गुन चो समुंद, चारों आसोत तुमचो।
डंका पेटुन बरात जोड़ा, सुभदिन सपा तुमचो॥ ४१॥

२९४ झपके जाऊँ बलला गुरु, हुकुम सुनुन राजा।
देव नंगत आय बलुन, मुंड लवाला राजा॥ ४२॥

दूतमन, के डेरा देउन, रनवास गेला राजा।
जनक चो कागद पढ़ुन भाती, सपा के सांगला राजा॥ ४३॥
खबर सुनते सपाय रानी, हरीक ले भरुन गेला।
राजा फेर दूसर सपाय, गोठ सांगते गेला॥ ४४॥
मया ने भरलोर सपा रानी, जान पड़सोत असन।
बादरी धड़लले माई मंजूर, हरीक होएसे जसन॥ ४५॥
आसीस देसोत सियान मेहरार, हरीक मंगन होउन।
छाती के आपलो सीतर करसोत, इलो कागद के धरुन॥ ४६॥
राजा राम लछमन चो, करनी गढ़ुन सांगला।
मुनी चो परसाद आय बलते, फेर बाहिर गेला॥ ४७॥

मुनि प्रसादु कहि द्वार सिधाए। रानिन्ह तब महिदेव बोलाए॥
दिए दान आनंद समेता। चले बिप्रबर आसिष देता॥ ४॥

सो०– जाचक लिए हँकारि दीन्हि निछावरि कोटि बिधि।
चिरु जीवहुँ सुत चारि चक्रबर्ति दसरत्थ के॥ २९५॥

चौ०– कहत चले पहिरें पट नाना। हरषि हने गहगहे निसाना॥
समाचार सब लोगन्ह पाए। लागे घर घर होन बधाए॥ १॥

भुवन चारिदस भरा उछाहू। जनकसुता रघुबीर बिआहू॥
सुनि सुभ कथा लोग अनुरागे। मग गृह गलीं सँवारन लागे॥ २॥

जद्यपि अवध सदैव सुहावनि। राम पुरी मंगलमय पावनि॥
तदपि प्रीति कै प्रीति सुहाई। मंगल रचना रची बनाई॥ ३॥

ध्वज पताक पट चामर चारू। छावा परम बिचित्र बजारू॥
कनक कलस तोरन मनि जाला। हरद दूब दधि अच्छत माला॥ ४॥

दो०– मंगलमय निज निज भवन लोगन्ह रचे बनाइ।
बीथीं सींचीं चतुरसम चौकें चारु पुराइ॥ २९६॥

चौ०– जहँ तहँ जूथ जूथ मिलि भामिनि। सजि नव सप्त सकल दुति दामिनि॥
बिधुबदनीं मृग सावक लोचनि। निज सरूप रति मानु बिमोचनि॥ १॥

गावहिं मंगल मंजुल बानीं। सुनि कल रव कलकंठि लजानीं॥
भूप भवन किमि जाइ बखाना। बिस्व बिमोहन रचेउ बिताना॥ २॥

मंगल द्रब्य मनोहर नाना। राजत बाजत बिपुल निसाना॥
कतहुँ बिरिद बंदी उच्चरहीं। कतहुँ बेद धुनि भूसुर करहीं॥ ३॥

गावहिं सुंदरि मंगल गीता। लै लै नामु रामु अरु सीता॥
बहुत उछाहु भवनु अति थोरा। मानहुँ उमगि चला चहु ओरा॥ ४॥

दो०– सोभा दसरथ भवन कइ को कबि बरनै पार।
जहाँ सकल सुर सीस मनि राम लीन्ह अवतार॥ २९७॥

सपा रानी बाम्हनमन के, बलाउन दान दिला।
नंगत बाम्हन दान पाउन, आसीस देउन गेला॥ ४८॥

२९५ भीख माँगूमन के बलाउन, निछावर करते जाओत।
चकरबरती दसरथ चो चारों, अमर होउन जाओत॥ ४९॥

असन बलते बरन सुंदर, कपड़ा पिंधुन चलला।
हरीक नंगारची भारी रोस ले, नंगारा पेटुक धरला॥ ५०॥
सपाय लोग खबर पावला, घर घर होए हरीक।
राम सीता चो बिहा होएदे, चवदा लोक ने हरीक॥ ५१॥
सुभ खबर के पाउन लोग, मया ने भरुन गेला।
घर घाट सपाय बाटे, सुंदर सजाते गेला॥ ५२॥
असन अबध बरहमेस सुंदर, राम पुरी सुभ आए।
मया उपरे मया किरता, शुभ चो जोड़ा आए॥ ५३॥
झंडी बैरख परदा चंवर, सुंदर बजार गुलाय।
सोन कलसा तोरन सुंदर, मोती झालर गुलाय॥ ५४॥
हरदी दूबी दही चाउर, माला ले सजावला।
आपलो आपलो घर सम्हराउन, सुभ चो बनावला॥ ५५॥

२९६ गुलाय चंदन केसर कपूर, कस्तूरी छिचावला।
डेवना मन ने मोती चो, सुंदर चउँक पुरावला॥ ५६॥

बिजली माहा जोत देंह चो, सुंदर मुंह जोन माहा।
सुंदर आइँख बितीमन आसोत, चीतर पिला माहा॥ ५७॥
रती चो घमंड सारतो लाइक, रूप ले आपलो सुंदर।
सुहागिन सोरा सिंगार करून, आसोत खुबे सुंदर॥ ५८॥
सुंदर बोली ले कूढ़ा कूढ़ा, सुभ चो गीत गासोत।
जे मन चो राग के सुनुन, कोयकी लजाउन जासोत॥ ५९॥
राजमहल चो सोभा के, सांगुक बल नी होए।
जग के मोहाउ मांडो सुंदर, जगमग जगमग होए॥ ६०॥
बरन सुभ चो जिनिस गुलाय, नंगारा पेटते जासोत।
भाट पड़ेहार कीरत गुन, बाम्हन बेद गासोत॥ ६१॥
सुंदरीमन रामसीता चो, नावँ धरून गासोत।
महल नानी हरीक बड़े, उमडुन गुलाय जासोत॥ ६२॥

२९७ दसरथ महल चो सोभा के, कोन कबी सांगू आय।
जहाँ देवमन चो मनी राम, अवतारी होलोर आय॥ ६३॥

घोड़ा रथ हाथी सम्हराउक, भरत के बलला राजा।
राम चो बरात जावाँ बलुन, बलला दसरथ राजा॥ ६४॥

चौ०– भूप भरत पुनि लिए बोलाई। हय गय स्यंदन साजहु जाई॥
चलहु बेगि रघुबीर बराता। सुनत पुलक पूरे दोउ भ्राता॥ १॥

भरत सकल साहनी बोलाए। आयसु दीन्ह मुदित उठि धाए॥
रचि रुचि जीन तुरग तिन्ह साजे। बरन बरन बर बाजि बिराजे॥ २॥

सुभग सकल सुठि चंचल करनी। अय इव जरत धरत पग धरनी॥
नाना जाति न जाहिं बखाने। निदरि पवनु जनु चहत उड़ाने॥ ३॥

तिन्ह सब छयल भए असवारा। भरत सरिस बय राजकुमारा॥
सब सुंदर सब भूषनधारी। कर सर चाप तून कटि भारी॥ ४॥

दो०– छरे छबीले छयल सब सूर सुजान नबीन।
जुग पदचर असवार प्रति जे असिकला प्रबीन॥ २९८॥

चौ०– बाँधे बिरद बीर रन गाढ़े। निकसि भए पुर बाहेर ठाढ़े॥
फेरहिं चतुर तुरग गति नाना। हरषहिं सुनि सुनि पनव निसाना॥ १॥

रथ सारथिन्ह बिचित्र बनाए। ध्वज पताक मनि भूषन लाए॥
चवँर चारु किंकिनि धुनि करहीं। भानु जान सोभा अपहरहीं॥ २॥

सावँकरन अगनित हय होते। ते तिन्ह रथन्ह सारथिन्ह जोते॥
सुंदर सकल अलंकृत सोहे। जिन्हहि बिलोकत मुनि मन मोहे॥ ३॥

जे जल चलहिं थलहि की नाईं। टाप न बूड़ बेग अधिकाईं॥
अस्त्र सस्त्र सबु साजु बनाई। रथी सारथिन्ह लिए बोलाई॥ ४॥

दो०– चढ़ि चढ़ि रथ बाहेर नगर लागी जुरन बरात।
होत सगुन सुन्दर सबहि ज़ो जेहि कारज जात॥ २९९॥

चौ०– कलित करिबरन्हि परीं अँबारीं। कँहि न जाहिं जेहि भाँति सँवारीं॥
चले मत्त गज घंट बिराजी। मनहुँ सुभग सावन घन राजी॥ १॥

सुनतेय दुनों भाई हरीक ले, एकेदाँय भरून गेला।
सईस मुखिया मन के बलाउन, तिहँके हुकुम दिला॥ ६५॥
हुकुम सुनते हरीक होउन, पराते बुता करसोत।
मन मन चो काठी देउन, घोड़ा तियार करसोत॥ ६६॥
सपाय घोड़ा खुबे सुंदर, रेंगा आसे असन।
भुंइ ने पायँ के मंडासोत, तपालो लोहो ने जसन॥ ६७॥
बरन जात चो घोड़ा जेके, सांगुक बल नीहोए।
असन हिंडा कि लेहरा ने, उड़तो काजे होए॥ ६८॥
हुनमन ने गोटकी उमर चो, भरत जँवरेया मन।
असवारी होला छैला माहा, लाल पीलामन॥ ६९॥
सपा सुंदर गाहना पिंधलोर, हाते धनउ कांड धरून।
सपा सुंदर दखा देसोत, करहाने ठोंगी बांधुन॥ ७०॥

२९८ चतुर बीर बाँचलो माहा, नवजवान मन आसोत।
तरवार धरुन दुइ दुइ पाइक, धाउ संगे आसोत॥ ७१॥

बीरमन चो बाना बाँधुन, जवान जितरो आसोत।
सहर बाहिर एउन थेबला, जे रन ने चतुर आसोत॥ ७२॥
बरन बरन रेंगा ने, घोड़ा रेंगाउन दखसोत।
मोहरी नंगारा सुनुन भाती, खुबे हरीक होसोत॥ ७३॥
बैरख झंडी ले सपा रथ के, सारथी सम्हराउन भाती।
खुबे सुंदर सम्हराउन दिला, गाहना धराउन भाती॥ ७४॥
सुंदर चंवर घंटी गरजना रथ लागसोत असन।
सुरुज रथ चो सोभा के, नाहकुन जाई जसन॥ ७५॥
अनगिनत बरकस करिया घोड़ा, रथ ने फांदुन दिला।
मुनीमन चो मन के मोहाए, असन सम्हराउन दिला॥ ७६॥
पानी उपरे भुंइ माहा, जे घोड़ामन हिंडसोत।
खुर बल पानी ने नी वुड़त, असन चांड हिंडसोत॥ ७७॥
बरन हतेयार ले सम्हराउन, आपलो आपलो रथ के।
पाछे हाग-देउक गेला, जे बसेया रहोत रथ ने॥ ७८॥

२९९ रथ ने बसुन बसुन बरतेया, सहर बाहिर जुहला।
जे बल कारज ने जे जाओत, सुभ सगुन दखला॥ ७९॥

नंगत हाथी-मन के सम्हाउन, घंटा घंटी बांधला।
मस्तालो हाथी भारी गरजते, बादरी माहा निसकला॥ ८०॥
सुंदर डोला सुख चो लाइक, बरन बाहन आसोत।
नंगत बाम्हन चेघुन चेघुन, बरात निसकते जासोत॥ ८१॥

बाहन अपर अनेक बिधाना। सिबिका सुभग सुखासन जाना॥
तिन्ह चढ़ि चले बिप्रबर बृन्दा। जनु तनु धरें सकल श्रुति छंदा॥ २॥

मागध सूत बंदि गुनगायक। चले जान चढ़ि जो जेहि लायक॥
बेसर ऊँट बृषभ बहु जाती। चले बस्तु भरि अगनित भाँती॥ ३॥

कोटिन्ह काँवरि चले कहारा। बिबिध बस्तु को बरनै पारा॥
चले सकल सेवक समुदाई। निज निज साजु समाजु बनाई॥ ४॥

दो०– सब कें उर निर्भर हरषु पूरित पुलक सरीर।
कबहिं देखिबे नयन भरि रामु लखनु दोउ बीर॥ ३००॥

चौ०– गरजहिं गज घंटा धुनि घोरा। रथ रव बाजि हिंस चहु ओरा॥
निदरि घनहि घुर्म्मरहिं निसाना। निज पराइ कछु सुनिअ न काना॥ १॥

महा भीर भूपति के द्वारें। रज होइ जाइ पषान पबारें॥
चढ़ी अटारिन्ह देखहिं नारीं। लिएँ आरती मंगल थारीं॥ २॥

गावहिं गीत मनोहर नाना। अति आनंदु न जाइ बखाना॥
तब सुमंत्र दुइ स्यंदन साजी। जोते रबि हय निंदक बाजी॥ ३॥

दोउ रथ रुचिर भूप पहिं आने। नहिं सारद पहिं जाहिं बखाने॥
राज समाजु एक रथ साजा। दूसर तेज पुंज अति भ्राजा॥ ४॥

दो०– तेहिं रथ रुचिर बसिष्ठ कहुँ हरषि चढ़ाइ नरेसु।
आपु चढ़ेउ स्यंदन सुमिरि हर गुर गौरि गनेसु॥ ३०१॥

चौ०– सहित बसिष्ठ सोह नृप कैसें। सुर गुर संग पुरंदर जैसें॥
करि कुल रीति बेद बिधि राऊ। देखि सबहि सब भाँति बनाऊ॥ १॥

सुमिरि रामु गुर आयसु पाई। चले महीपति संख बजाई॥
हरषे बिबुध बिलोकि बराता। बरषहिं सुमन सुमंगल दाता॥ २॥

भयउ कोलाहल हय गय गाजे। ब्योम बरात बाजने बाजे॥
सुर नर नारि सुमंगल गाईं। सरस राग बाजहिं सहनाईं॥ ३॥

वेद चो पद आपने भेस, धरलो माहा आसोत।
मागध सूत भाट भजनाहा, जे जे लाइक आसोत॥८२॥
हुसन वाहन ने चेघुन भाती, निसकते जासोत सपा।
ऊँट गधा वयला बरन, जिनिस संगे सपा॥८३॥
कहार कँवडिया कई रकम चो, जिनिस मन के धरून।
सेउक सपा साज जाक के, आपलो आपलो धरून॥८४॥

३०० सपा चो हिरदे ने भारी हरीक, देह भरून जाए।
राम लछमन बीर-मन के, केबे आइँख पाए॥८५॥

हाथी गरजना घंटा गरजना, खुबे कोल्हार होएसे।
रथ सीली चो कोल्हार संगे, घोड़ा कोल्हार होएसे॥८६॥
बादरी के बले निंदरुन देएसे, नंगारा गरजना।
आपन पर चो सुना नी देय, असन गरजना॥८७॥
राज दुआर लोग बूढ़ा, आसोत असन होउन।
पखना के फिंगुन दिले, जाएसे धुरला होउन॥८८॥
ढाबा ढाबा मेहरार मन, सुभ चो जोड़ा धरून।
आरती उतराते जासोत सपा, बरन गीत गाउन॥८९॥
तिहँचो हरीक सांगुक नी होए, असन हरीक होसोत।
बरन बरन गीत सुभ चो, मेहरार गाते जासोत॥९०॥
सुमंत दुई रथ सम्हराउन, फांदला बरकस घोड़ा।
दखलो ने लागे सूरुज चो, लाज पावसोत घोड़ा॥९१॥
सरसती बल सांगुक नी सके, रथ चो असन सोभा।
गोटोक रथ ने राजा साज, पुरेदे कोन सोभा॥९२॥

३०१ बसिष्ठ गुरु के हरीक ले, हुन रथ ने बसाउन।
आपन बसला गौरी गनेस, सिव गुरु के बिनाउन॥९३॥

बसिष्ठ संगे राजा महराज, सोभा पासोत असन।
देव-गुरु बिरिस्पती सगे, इंदर आसोत जसन॥९४॥
बेद सांगलो माहा कुल चो, रीती-मन के करून।
फेर सपाय के सुंदर नंगत, सम्हरलो के दखुन॥९५॥
राम के सुमरुन गुरु हकुम ले, निसकला संख फूकुन।
हरीक देवता सुभ बेरा ने, फूल चो बरसा करुन॥९६॥
हाथी घोड़ा चो कोल्हार हुसने, गरजना होते जाए।
अकास पिरथी दुनाँय बाटे, बाजा बाजते जाए॥९७॥
देव कनया मेहरार मन, सुभ गीत के गासोत।
राग वरुन बजनेया मोहरी, रोस ले बजाते जासोत॥९८॥

घंट घंटि धुनि बरनि न जाहीं। सरव करहिं पाइक फहराहीं॥
करहिं बिदूषक कौतुक नाना। हास कुसल कल गान सुजाना॥ ४॥

दो०– तुरग नचावहिं कुअँर बर अकनि मृदंग निसान।
नागर नट चितवहिं चकित डगहिं न ताल बँधान॥ ३०२॥

चौ०– बनइ न बरनत बनी बराता। होहिं सगुन सुंदर सुभदाता॥
चारा चाषु बाम दिसि लेई। मनहुँ सकल मंगल कहि देई॥ १॥

दाहिन काग सुखेत सुहावा। नकुल दरसु सब काहूँ पावा॥
सानुकूल बह त्रिबिध बयारी। सघट सबाल आव बर नारी॥ २॥

लोवा फिरि फिरि दरसु देखावा। सुरभी सनमुख सिसुहि पिआवा॥
मृगमाला फिरि दाहिनि आई। मंगल गन जनु दीन्हि देखाई॥ ३॥

छेमकरी कह छेम बिसेषी। स्यामा बाम सुतरु पर देखी॥
सनमुख आयउ दधि अरु मीना। कर पुस्तक दुइ बिप्र प्रबीना॥ ४॥

दो०– मंगलमय कल्यानमय अभिमत फल दातार।
जनु सब साचे होन हित भए सगुन एक बार॥ ३०३॥

चौ०– मंगल सगुन सुगम सब ताकें। सगुन ब्रह्म सुंदर सुत जाकें॥
राम सरिस बरु दुलहिनि सीता। समधी दसरथु जनकु पुनीता॥ १॥

सुनि अस ब्याहु सगुन सब नाचे। अब कीन्हे बिरंचि हम साँचे॥
एहि बिधि कीन्ह बरात पयाना। हय गय गाजहिं हने निसाना॥ २॥

आवत जानि भानुकुल केतू। सरितन्हि जनक बँधाए सेतू॥
बीच बीच बर बास बनाए। सुरपुर सरिस संपदा छाए॥ ३॥

घंटा घंटी गरजना के, सांगुक नी होएसे।
हिंडतो लोग काजे बाटे, खेल कसरत होएसे॥ ९९॥
हांसी-नकलाहा लोग आसोत, चतुर आपलो गुन ले।
गुलाय बाट ने खेल तमासा, करते जासोत धुन ले॥ १००॥

३०२ बाजा माहा लाल पिलामन, घोड़ा नचाते जासोत।
नचकारी मन दखुन दखुन, काबा होउन जासोत॥ १०१॥

बरात असन बनुन आसे, जेके सांगुक नी बने।
सुंदर सुभ चो सकुन होएसे, सपा आपने सुभ बने॥ १०१॥
टेंवसा चड़ई डेबरी बाटे, चारा धरते जाएसे।
जसन सपा सुभ चो खबर, एऊन देते जाएसे॥ १०३॥
उजा काँवरा बेड़ा ने आसोत, नेवरा दरस देसोत।
तीनों रकम चो सुंदर लेहरा, लोग के हरीक करसोत॥ १०४॥
भरलो हांडी बोहुन मेहरार, पिला के कोरा धरुन।
कोलया पुरे ले सपा लोग के, दखते जाएसे उल्टुन॥ १०५॥
बुछरा के गोरस खोआएसे, गाय ऊबा होउन।
चीतर गोहड़ी उजा पड़ली, सुभ चो गोठ सांगुन॥ १०६॥
चील उमडुन भाती पुरे, करेसे सपा के सुभ।
कोयली डेबरी रूख उपरे, सांगते जाएसे सुभ॥ १०७॥
पुरे पड़ला दही मछरी, दुइ झन गियानी बाम्हन।
हाते किताब धरुन भाती, पुरे उबा बाम्हन॥ १०८॥

३०३ सपा सुभ चो मन-मन चो, फल देऊ सगुन।
संगे होउन इलासोते एबे, सांगुक सपा सगुन॥ १०९॥

सगुन ब्रह्म आपने जेचो, बेटा होउन आसोत।
राम आपन बर आसोत, सीता कनया आसोत॥ ११०॥
दसरथ जनक असन दुनों, समधी सियान आसोत।
तिहँचो काजे सपाय सुभ, सगुन पुरे आसोत॥ १११॥
असन विएना के सुनुन भाती, सगुन नाचुक धरला।
ब्रह्मा आमके सत करला, असन बलुक धरला॥ ११२॥
असन रकम ले बरात निसकला, भारी गरजते जासोत।
नंगारा बले भारी रोस ले, गुलाय घुमडुन जासोत॥ ११३॥
सुरुज कुल चो बैरख चो, निसकलो के जानुन।
नंदी-मन ने पुलया बनाला, राजा जनक मानुन॥ ११४॥
ठान ठान थेबतो काजे, पड़ाव दिला सुंदर।
जे ठान ने देबलोक माहा, जोड़ा आसे सुंदर॥ ११५॥

असन सयन बर बसन सुहाए। पावहिं सब निज निज मन भाए॥
नित नूतन सुख लखि अनुकूले। सकल बरातिन्ह मंदिर भूले॥ ४॥

दो०– आवत जानि बरात बर सुनि गहगहे निसान।
सजि गज रथ पदचर तुरग लेन चले अगवान॥ ३०४॥

मासपारायण, दसवाँ विश्राम

चौ०– कनक कलस भरि कोपर थारा। भाजन ललित अनेक प्रकारा॥
भरे सुधा सम सब पकवाने। नाना भाँति न जाहिं बखाने॥ १॥

फल अनेक बर बस्तु सुहाईं। हरषि भेंट हित भूप पठाईं॥
भूषन बसन महामनि नाना। खग मृग हय गय बहुबिधि जाना॥ २॥

मंगल सगुन सुगंध सुहाए। बहुत भाँति महिपाल पठाए॥
दधि चिउरा उपहार अपारा। भरि भरि काँवरि चले कहारा॥ ३॥

अगवानन्ह जब दीखि बराता। उर आनंदु पुलक भर गाता॥
देखि बनाव सहित अगवाना। मुदित बरातिन्ह हने निसाना॥ ४॥

दो०– हरषि परसपर मिलन हित कछुक चले बगमेल।
जनु आनंद समुद्र दुइ मिलत बिहाइ सुबेल॥ ३०५॥

चौ०– बरषि सुमन सुर सुंदरि गावहिं। मुदित देव दुंदुभीं बजावहिं॥
बस्तु सकल राखीं नृप आगें। बिनय कीन्हि तिन्ह अति अनुरागें॥ १॥

प्रेम समेत रायँ सबु लीन्हा। भै बकसीस जाचकन्हि दीन्हा॥
करि पूजा मान्यता बड़ाई। जनवासे कहुँ चले लवाई॥ २॥

बसन बिचित्र पाँवड़े परहीं। देखि धनदु धन मदु परिहरहीं॥
अति सुंदर दीन्हेउ जनवासा। जहँ सब कहुँ सब भाँति सुपासा॥ ३॥

जानी सियँ बरात पुर आई। कछु निज महिमा प्रगटि जनाई॥
हृदयँ सुमिरि सब सिद्धि बोलाईं। भूप पहुनई करन पठाईं॥ ४॥

दो०– सिधि सब सिय आयसु अकनि गईं जहाँ जनवास।
लिएँ संपदा सकल सुख सुरपुर भोग बिलास॥ ३०६॥

मन मन चो खाउक सोउक, कपड़ा बरतेया पासोत।
भुलकुन गेला सुख पाउन, जेबरात ने आसोत॥ ११६॥

३०४ बरात अमरलो के जानला, नंगारा गरजना सुगुन।
परधाउक निकरला सपा, हाथी घोड़ा रथ धरुन॥ ११७॥

* बरात परधानी *

गोरस पानी सरबत भरुन, सोन कलसा ने धरुन।
रोटी मिठई अमरित माहा, परात मन ने जोड़ुन॥ १॥
पाक फर सुंदर हरीक ले, भेट काजे दिला।
गाहना कपड़ा मनी पसू चड़ई, बरन बाहन दिला॥ २॥
सुबास सुभ सगुन जिनीस, जोड़ुन पठाला राजा।
दही चिवड़ा काँवड़ भर भर, जोंड़ा पठाला राजा॥ ३॥
परघाउ लोग के जसने बरात, पुरे दखा पडली।
हिरदे ने हरीक भरून गेली देहँ सीतकाटा मारली॥ ४॥
सलुन सम्हरुन परधाउमन के, पुरे उबा दखुन।
नंगारा पेटुक धरला बरतेया, खुबे हरीक होउन॥ ५॥

३०५ थोड़े लोग हरीक चो मारे, पराते जाउन भेटसोत।
लागे जसन मरजाद छांडुन, दुई समुंद भेटसोत॥ ६॥

देव सुंदरी फूल बरसाउन, सुभ गीत गासोत।
देव गोहड़ा हरीक होउन, नंगारा पेटते जासोत॥ ७॥
सपा जोड़ा के दसरथ पुरे, मंडला परघाउ लोग।
राजा के सपा बिन्ती करसोत, रहे मया चो जोग॥ ८॥
दान पुन करूक धरला, माँगू लोग के दिला।
पूजा मान-गुन करते, जनवास ठान ने निला॥ ९॥
सुंदर सोभा पाँवड़ा पड़ेसे, कुबेर चो घमंड सरे।
सुंदर जनबास सपा सुबिस्ता, जे सपा ले उरें॥ १०॥
जनकपुर ने बरात इलो के, जानुन भाती सीता।
आपलो बले महेमा दखाला, परगट करून सीता॥ ११॥
सपा सिद्धि के बलावला सीता, हिरदे ले सुमरुन।
राजा दसरथ चो सेवा काजे, पठाला मान देउन॥ १२॥

३०६ सीता माता चो हुकुम सुनुन, जनवास बाटे सिद्धी।
इंदरपुर माहा सुख भोग, धरून अमरला सिद्धी॥ १३॥

चौ०– निज निज बास बिलोकि बराती। सुर सुख सकल सुलभ सब भाँती॥
बिभव भेद कछु कोउ न जाना। सकल जनक कर करहिं बखाना॥ १॥

सिय महिमा रघुनायक जानी। हरषे हृदयँ हेतु पहिचानी॥
पितु आगमनु सुनत दोउ भाई। हृदयँ न अति आनंदु अमाई॥ २॥

सकुचन्ह कहि न सकत गुरु पाहीं। पितु दरसन लालचु मन माहीं॥
बिस्वामित्र बिनय बड़ि देखी। उपजा उर संतोषु बिसेषी॥ ३॥

हरषि बंधु दोउ हृदयँ लगाए। पुलक अंग अंबक जल छाए॥
चले जहाँ दसरथु जनवासे। मनहुँ सरोबर तकेउ पिआसे॥ ४॥

दो०– भूप बिलोके जबहिं मुनि आवत सुतन्ह समेत।
उठे हरषि सुखसिंधु महुँ चले थाह सी लेत॥ ३०७॥

चौ०– मुनिहि दंडवत कीन्ह महीसा। बार बार पद रज धरि सीसा॥
कौसिक राउ लिए उर लाई। कहि असीस पूछी कुसलाई॥ १॥

पुनि दंडवत करत दोउ भाई। देखि नृपति उर सुखु न समाई॥
सुत हियँ लाइ दुसह दुख मेटे। मृतक सरीर प्रान जनु भेंटे॥ २॥

पुनि बसिष्ठ पद सिर तिन्ह नाए। प्रेम मुदित मुनिबर उर लाए॥
बिप्र बृंद बंदे दुहुँ भाईं। मनभावती असीसें पाईं॥ ३॥

भरत सहानुज कीन्ह प्रनामा। लिए उठाइ लाइ उर रामा॥
हरषे लखन देखि दोउ भ्राता। मिले प्रेम परिपूरित गाता॥ ४॥

दो०– पुरजन परिजन जातिजन जाचक मंत्री मीत।
मिले जथाबिधि सबहि प्रभु परम कृपाल बिनीत॥ ३०८॥

चौ०– रामहि देखि बरात जुड़ानी। प्रीति कि रीति न जाति बखानी॥
नृप समीप सोहहिं सुत चारी। जनु धन धरमादिक तनुधारी॥ १॥

सुतन्ह समेत दसरथहि देखी। मुदित नगर नर नारि बिसेषी॥
सुमन बरिसि सुर हनहिं निसाना। नाकनटीं नाचहिं करि गाना॥ २॥

आपलो थेबतो ठान के दखुन, बरतेया सुखी होला।
जनक राजा के सहराते जासोत, भेद जानुक नी सकला॥ १४॥
हरीक मया के दखुन राम, सीता महेमा जानला।
बाबा चो इलो के सुनुन, दुनोंय हरीक होला॥ १५॥
झझक किरता गुरू पुरे, काईं बलुक नी सकसोत।
मान्तर मन ने दरसन चो, लोभ खुबे करसोत॥ १६॥
मन ने संतोस करला मुनी, राम चो नीती दखुन।
दुनों छाती ने लेपटाव ला, खुबे हरीक होउन॥ १७॥
देहें सीतकाटा आइँख ने पानी, चलला जनवास बाट।
लागे तरइ नेतुन जाएसे, आपन पियास बाट॥ १८॥

३०७ मुनी संगे बेटा-मन के, जसने राजा दखला।
हरीक होते सुख समुंद चो, थाहा धरते चलला॥ १९॥

पिरथीपती मुनी पायँ ने, डंडासरन पड़ला।
पायँ धुरला के घनघड़ी, माथा उपरे धरला॥ २०॥
राजा के छाती संगे लेपटाउन, कौसिक उठाउन भाती।
हाल समाचार पूछला फेर, आसीस देउन भाती॥ २१॥
डंडासरन पड़ुन दुनों भाई, राजा चो पायँ पड़ला।
सुख हिरदे ने नी समाए, असन गत ने होला॥ २२॥
दुनों के छाती संगे पोटारुन दुख मेटला राजा।
मरलो देह के जीव मिरली, असन होला राजा॥ २३॥
बसिस्ठ पायँ ने दुनों पड़ला, मया ने मगन मुनी।
छाती संगे लेपटावला, हरीक होउन मुनी॥ २४॥
आसीस पावला बाम्हनमन ले, सपा चो पायँ पड़ुन।
नानी भाई संगे भरत, पायँ पड़ला एउन॥ २५॥
राम तिहुँके उठाउन भाती, हिरदे संगे धरला।
लछमन दुनों भाई के दखुन, भारी हरीक ले भेटला॥ २६॥

३०८ किरपा करू नीती बिता, पुर लोग संग भेटला।
जात कुटुम नौकर मंत्री, मीत मन संग भेटला॥ २७॥

राम के दखन सपा चो जीव सीतर होउन गेली।
मया रीती के सांगुक नीहोय, असन हरीक होली॥ २८॥
राजा लगे चारों बेटा, असन दखा देसोत।
अरथ धरम काम मोच्छू, देह धरलो आसोत॥ २९॥
बेटामन संग राजा के दखुन, हरीक पुर चो लोग।
फूल देवता बरसा करसोत, नाचसोत अपसरा लोग॥ ३०॥

सतानंद अरु बिप्र सचिव गन। मागध सूत बिदुष बंदीजन॥
सहित बरात राउ सनमाना। आयसु मागि फिरे अगवाना॥ ३॥

प्रथम बरात लगन तें आई। तातें पुर प्रमोदु अधिकाई॥
ब्रह्मानंदु लोग सब लहहीं। बढ़हुँ दिवस निसि बिधि सन कहहीं॥ ४॥

दो०– रामु सीय सोभा अवधि सुकृत अवधि दोउ राज।
जहँ जहँ पुरजन कहहिं अस मिलि नर नारि समाज॥ ३०९॥

चौ०– जनक सुकृत मूरति बैदेही। दसरथ सुकृत रामु धरें देही॥
इन्ह सम काहुँ न सिव अवराधे। काहुँ न इन्ह समान फल लाधे॥ १॥

इन्ह सम कोउ न भयउ जग माहीं। है नहिं कतहूँ होनेउ नाहीं॥
हम सब सकल सुकृत कै रासी। भए जग जनमि जनकपुर बासी॥ २॥

जिन्ह जानकी राम छबि देखी। को सुकृती हम सरिस बिसेषी॥
पुनि देखब रघुबीर बिआहू। लेब भली बिधि लोचन लाहू॥ ३॥

कहहिं परसपर कोकिलबयनीं। एहि बिआहँ बड़ लाभु सुनयनीं॥
बड़ें भाग बिधि बात बनाई। नयन अतिथि होइहहिं दोउ भाई॥ ४॥

दो०– बारहिं बार सनेह बस जनक बोलाउब सीय।
लेन आइहहिं बंधु दोउ कोटि काम कमनीय॥ ३१०॥

चौ०– बिबिध भाँति होइहि पहुनाई। प्रिय न काहि अस सासुर माई॥
तब तब राम लखनहि निहारी। होइहहिं सब पुर लोग सुखारी॥ १॥

सखि जस राम लखन कर जोटा। तैसेइ भूप संग दुइ ढोटा॥
स्याम गौर सब अंग सुहाए। ते सब कहहिं देखि जे आए॥ २॥

जोहारूक इला सतानंद संग, देवान भाट सपा।
बरात संगे राजा ले भेटुन, हुकुम ले फिरला सपा॥ ३१॥
लगीन ले आगे अमरला, बरतेया लोग पुर ने।
एइ ने खुबे हरीक होएसे, गुलाय जनकपुर ने॥ ३२॥
विधाता के मनावते लोग, ब्रह्मसुख पावसोत।
रात-दिन बाढ़ुन जाओ, असन बिन्ती करसोत॥ ३३॥

३०९ राम सीता सुंदर भारी, राजामन पुनी भारी।
गोठयावसोत पुर चो लोग, एथा उथा भारी॥ ३४॥

जनक चो पुन चो मूरित, बैदेही माता आसोत।
दसरथ चो पुन चो देह, राम धरलोर आसोत॥ ३५॥
दुनों असन सिव भगवान के, नी बिनावला कोनी।
अउर एमनमन माहा, फल नी पावला कोनी॥ ३६॥
एमन माहा ए सवँसारे, नी होलासोत कोनी।
एबे बले आसोत नही, अउर नी होदे कोनी॥ ३७॥
आमी सपा पुन चो कूढ़ा, सवँसारे जनम धरून।
जनकपुर ने जनम पावलू, पुन भाग के धरून॥ ३८॥
जे जानकी राम चो छबी, दखुन भाती आसोत।
आमचो माहा पुनी जीव, बिरले कोनी आसोत॥ ३९॥
फेर एदाँय रघुनाथ चो, बिहा दखवाँ आमी।
नंगत करून आँइख के, लाभ देउदे आमी॥ ४०॥
कोयली माहा गोठयाऊ, मेहरार आपन बलसोत।
ए सुंदर आइँख बितीमन, बिहा ने लाभ दखसोत॥ ४१॥
बड़े भाग ले भगवान बल, सपा बनाउन दिला।
दुनोय आमचो आइँख चो, सगा होउन गेला॥ ४२॥

३१० जनक बरहमेस मया ले, सीता चो बलाव करदे।
कोटी काम माहा दुनों सुंदर, सीता के नेउक एदे॥ ४३॥

बरन मान होएदे सखी, ससुराल नी भाय काके।
तेबे आमी पुरेया दखवाँ, राम लछमन के आगे॥ ४४॥
ए सखी राम लछमन चो, जसन जोड़ी आसे।
हुसनेय जोड़ी लालमन चो, राजा संगे आसे॥ ४५॥
साँवर पंडरा सपाय अंग, आसे तेमन चो सुंदर।
दखलो इतरो गोठयासोत, आसोत ते बल सुन्दर॥ ४६॥
गोटोक बलली आज दखले, ब्रह्मा बनालोर आसोत।
भरत राम गोटकी मुहरन, दखलोने गोटकी आसोत॥ ४७॥

कहा एक मैं आजु निहारे। जनु बिरंचि निज हाथ सँवारे॥
भरतु रामही की अनुहारी। सहसा लखि न सकहिं नर नारी॥ ३॥

लखनु सत्रुसूदनु एकरूपा। नख सिख ते सब अंग अनूपा॥
मन भावहिं मुख बरनि न जाहीं। उपमा कहुँ त्रिभुवन कोउ नाहीं॥ ४॥

छं०– उपमा न कोउ कह दास तुलसी कतहुँ कबि कोबिद कहैं।
बल बिनय बिद्या सील सोभा सिंधु इन्ह से एइ अहैं॥
पुर नारि सकल पसारि अंचल बिधिहि बचन सुनावहीं।
ब्याहिअहुँ चारिउ भाइ एहिं पुर हम सुमंगल गावहीं॥

सो०– कहहिं परस्पर नारि बारि बिलोचन पुलक तन।
सखि सबु करब पुरारि पुन्य पयोनिधि भूप दोउ॥ ३११॥

चौ०– एहि बिधि सकल मनोरथ करहीं। आनँद उमगि उमगि उर भरहीं॥
जे नृप सीय स्वयंबर आए। देखि बंधु सब तिन्ह सुख पाए॥ १॥

कहत राम जसु बिसद बिसाला। निज निज भवन गए महिपाला॥
गए बीति कछु दिन एहि भाँती। प्रमुदित पुरजन सकल बराती॥ २॥

मंगल मूल लगन दिनु आवा। हिम रितु अगहनु मासु सुहावा॥
ग्रह तिथि नखतु जोगु बर बारू। लगन सोधि बिधि कीन्ह बिचारू॥ ३॥

पठै दीन्हि नारद सन सोई। गनी जनक के गनकन्ह जोई॥
सुनी सकल लोगन्ह यह बाता। कहहिं जोतिषी आहिं बिधाता॥ ४॥

दो०– धेनुधूरि बेला बिमल सकल सुमंगल मूल।
बिप्रन्ह कहेउ बिदेह सन जानि सगुन अनुकूल॥ ३१२॥

चौ०– उपरोहितहि कहेउ नरनाहा। अब बिलंब कर कारनु काहा॥
सतानंद तब सचिव बोलाए। मंगल सकल साजि सब ल्याए॥ १॥

संख निसान पनव बहु बाजे। मंगल कलस सगुन सुभ साजे॥
सुभग सुआसिनि गावहिं गीता। करहिं बेद धुनि बिप्र पुनीता॥ २॥

लछमन सत्रुधन के दखलोने, गोटकी रूप चो आसोत।
एके मुहरन समान सोभा, कोनी जानुक नी सकसोत॥ ४८॥
नख ले टीप चुंदी अमरत ले, सपा अंग सुन्दर।
मन भाउ दुनों जोड़ी, सपा के भासत सुन्दर॥ ४९॥
मुंह ले सोभा सांगुक नीहोय, छबी तिहँचो असन।
तीनोंपुर ने डगराले बले, नीआत सुन्दर असन॥ ५०॥
दास तुलसी बलसोत कबी, गियानी जोड़ नी पुरत।
बरन नीती बिदिया गुन के, कोनी बल नी पुरत॥ ५१॥
एमन माहा सोभा चो समुन्द, एइ मन आपन आसोन।
पुर चो मेहरार ओटी लमाउन, भगवान के बलते जासोत॥ ५२॥
चारों भाई चो सुभ बिहा, एइ नंगर ले होओ।
गाउंदे मया ले सुभ चो गीत, असन दया होओ॥ ५३॥

३११ आइँख ने मया चो पानी, देह ले हरीक होउन।
मेहरार आपन एक दूसर ले, बलसोत हरीक होउन॥ ५४॥

दुनोंय राजा पुन चो समुन्द, पूरा सपा करदे।
असन मंसा करसोत मेहरार, मन के हरीक करते॥ ५५॥
जे जे राजा स्वयम्बर ने, एउन थेबुन रला।
हुनमन बल चारों भाई के, दखुन सुखी होला॥ ५६॥
राम चो सफा भारी जस के, गेला राजा दखते।
थोड़े दिन असने नाहकली, पुरिया हरीक होते॥ ५७॥
सुभ चो जड़ लगिन दिन, अगहन महेना रहे।
गरह तिथी नछतर जोग, दिन वार सुभ रहे॥ ५८॥
लगन घराउन ब्रह्मा जी, नंगत बिचार करला।
नारद हाते हुन कागद के, राजा लग पठाउन दिला॥ ५९॥
जनक बाट बल हुनी लगन, आगतले दखु रहोत।
सुनुन ब्रह्मा माहा तिहँके, सच बलते रहोत॥ ६०॥

३१२ फूलसुन्दरी बेरा पबितर, सफा सुभ दखला।
बाम्हनमन जनक राजा के, सगुन दखुन बलला॥ ६१॥

कुल पुरोहित के राजा बलला, बेर कसन होएसे।
सुभ जोड़ा धरुन देवान अमरला, सतानन्द हुकुम होएसे॥ ६२॥
संख नंगारा ढोल बाजत, सुभ कलसा धरला।
सुभ सगुन चो जिनिस के, साज करून धरला॥ ६३॥
सुन्दर सुहागिन मेहरार मन, गीत गाते जासोत।
बाम्हन पबितर बेद मन्तर, गुलाय बलते जासोत॥ ६४॥

लेन चले सादर एहि भाँती। गए जहाँ जनवास बराती॥
कोसलपति कर देखि समाजू। अति लघु लाग तिन्हहि सुरराजू॥ ३॥

भयउ समउ अब धारिअ पाऊ। यह सुनि परा निसानहिं घाऊ॥
गुरहि पूछि करि कुल बिधि राजा। चले संग मुनि साधु समाजा॥ ४॥

दो०– भाग्य बिभव अवधेस कर देखि देव ब्रह्मादि।
लगे सराहन सहस मुख जानि जनम निज बादि॥ ३१३॥

चौ०– सुरन्ह सुमंगल अवसरु जाना। बरषहिं सुमन बजाइ निसाना॥
सिव ब्रह्मादिक बिबुध बरूथा। चढ़े बिमानन्हि नाना जूथा॥ १॥

प्रेम पुलक तन हृदयँ उछाहू। चले बिलोकन राम बिआहू॥
देखि जनकपुरु सुर अनुरागे। निज निज लोक सबहिं लघु लागे॥ २॥

चितवहिं चकित बिचित्र बिताना। रचना सकल अलौकिक नाना॥
नगर नारि नर रूप निधाना। सुघर सुधरम सुसील सुजाना॥ ३॥

तिन्हहि देखि सब सुर सुरनारीं। भए नखत जनु बिधु उजिआरीं॥
बिधिहि भयह आचरजु बिसेषी। निज करनी कछु कतहुँ न देखी॥ ४॥

दो०– सिवँ समुझाए देव सब जनि आचरज भुलाहु।
हृदयँ बिचारहु धीर धरि सिय रघुबीर बिआहु॥ ३१४॥

चौ०– जिन्ह कर नामु लेत जग माहीं। सकल अमंगल मूल नसाहीं॥
करतल होहिं पदारथ चारी। तेइ सिय रामु कहेउ कामारी॥ १॥

एहि बिधि संभु सुरन्ह समुझावा। पुनि आगें बर बसह चलावा॥
देवन्ह देखे दसरथु जाता। महामोद मन पुलकित गाता॥ २॥

भारी मान ले बरात परघाउक, जनवास बाट गेला।
कोसलपति चो लोग दखुन, इंदर बल नानी दिखला॥ ६५॥
लगीन बेरा होली एदाँय, मंडप ने एदाँय जाऊँ।
सुनुन नंगारा पेटुक धरला, बरतया हरीक होउन॥ ६६॥
गुरु के पूछून कुल रीती के, करून भाती राजा।
मुनी साधू सगा के धरून, निसकला अवध राजा॥ ६७॥

३१३ अवधेस चो धन भाग दखुन, ब्रह्मा आरु देवमन।
आपलो जनम फोकहा मानुन, सहरावत देव मन॥ ६८॥

देव सुभ बेरा जानुन, नंगारा बजाते जासोत।
सिव ब्रह्मा देव कूढ़ा कूढ़ा, बिमान बसुन जासोत॥ ६९॥
मया ले सीतकाटा मारे, हिरदे ने हरीक भरुन।
राम बिहा दखुक चलला, आपन तियार होउन॥ ७०॥
जनकपुर के दखुन देवमन, आपने मोहाउन गेला।
आपलो आपलो लोक के ते, नानी बलुक धरला॥ ७१॥
चारों खूट मांडोय - मांडो, बरन सोभा दखसोत।
चेत-भाँभरी होउन भाती, मांडो-मन के दखसोत॥ ७२॥
पुर सोभा हुसने मनुख मेहरार, रुप चो भंडार आसोत।
चलाक धरमी नंगत टकर चो, सजन लोग आसोत॥ ७३॥
तेमन के दखुन भाती, देव देबी सपाय।
जोन उजर ले तारा फेकवा, हुसने, होला सपाय॥ ७४॥
ब्रह्मा भगवान अचरित होला, सीता चो करनी दचुन।
आपलो करलो माहा काईं, हुता चो नी दखुन॥ ७५॥

३१४ सपा देव के सिव भगवान, बलला समझाउन।
नी भुरलासे तुमन काय, भारी अचरित होउन॥ ७६॥

हिरदे ने धीरज धरुन तुमी, आगे बिचार करा।
सीताराम चो बिहा आय, एके बिचार करा॥ ७७॥
रोमन चो नावँ धरलो ने, सवँसार चो असुभ कटे।
हुनी सीता राम आत ये, चारों मुठा ने करे॥ ७८॥
समझावला सपाय देव के, काम चो बयरी असन।
नांदिया के पुरे हिंडाला, बसुन भाती अपन॥ ७९॥
देव दखला दसरथ चो मन, हरीक ने आसे भरलोर।
देहँ के बले हुसने जीतसोत, सीतकाटा आसे मारलोर॥ ८०॥
तिहचो संगे साधु बाम्हन, असन सोभा देसोत।
सपा सुख देंह धरुन जसन, सेवा करते जासोत॥ ८१॥

साधु समाज संग महिदेवा। जनु तनु धरें करहिं सुख सेवा॥
सोहत साथ सुभग सुत चारी। जनु अपबरग सकल तनुधारी॥ ३॥

मरकत कनक बरन बर जोरी। देखि सुरन्ह भै प्रीति न थोरी॥
पुनि रामहि बिलोकि हियँ हरषे। नृपहि सराहि सुमन तिन्ह बरषे॥ ४॥

दो०– राम रूपु नख सिख सुभग बारहिं बार निहारि।
पुलक गात लोचन सजल उमा समेत पुरारि॥ ३१५॥

चौ०– केकि कंठ दुति स्यामल अंगा। तड़ित बिनिंदक बसन सुरंगा॥
ब्याह बिभूषन बिबिध बनाए। मंगल सब सब भाँति सुहाए॥ १॥

सरद बिमल बिधु बदनु सुहावन। नयन नवल राजीव लजावन॥
सकल अलौकिक सुंदरताई। कहि न जाइ मनहीं मन भाई॥ २॥

बंधु मनोहर सोहहिं संगा। जात नचावत चपल तुरंगा॥
राजकुअँर बर बाजि देखावहिं। बंस प्रसंसक बिरिद सुनावहिं॥ ३॥

जेहि तुरंग पर रामु बिराजे। गति बिलोकि खगनायकु लाजे॥
कहि न जाइ सब भाँति सुहावा। बाजि बेषु जनु काम बनावा॥ ४॥

छं०– जनु बाजि बेषु बनाइ मनसिजु राम हित अति सोहई।
आपनें बय बल रूप गुन गति सकल भुवन बिमोहई॥
जगमगत जीनु जराव जोति सुमोति मनि मानिक लगे।
किंकिनि ललाम लगामु ललित बिलोकि सुर नर मुनि ठगे॥

दो०– प्रभु मनसहिं लयलीन मनु चलत बाजि छबि पाव।
भूषित उड़गन तड़ित घनु जनु बर बरहि नचाव॥ ३१६॥

चौ०– जेहिं बर बाजि रामु असवारा। तेहि सारदउ न बरनै पारा॥
संकरु राम रूप अनुरागे। नयन पंचदस अति प्रिय लागे॥ १॥

हरि हित सहित रामु जब जोहे। रमा समेत रमापति मोहे॥
निरखि राम छबि बिधि हरषाने। आठइ नयन जानि पछिताने॥ २॥

चारों बेटा चो सोभा असन, मोच्छ आसोत चारों।
जसन देह धरुन आसोत, चारों-खूट ने चारों॥ ८२॥
मकरत मनी आरु सोना रंग चो, सुंदर जोड़ी दखुन।
देवमन चो मया घाट नी होए, आपलो आइँख ले दखुन॥ ८३॥
फेर राम के दखुन हिरदे ले, हरीक होउन जासोत।
राजा महराज के सहराते, फूल बरसाते जासोत॥ ८४॥

३१५ नख-टीप ले रामरूप के दखुन, सिव उमा हरीक होसोत।
देहें सीतकाटा मारे गुलाय, आइँख भरून जासोत॥ ८५॥

मंजूर टोडरी माहा स्याम, देंह ची सोभा आसे।
बिजली के बल लाज पड़ाउ, कपड़ा अंजोर आसे॥
मया मंगल रुप आरु, सपा रकम ले सुंदर।
बिहा दाँय चो सपा गाहना, देहें सजलोर आसे॥
कुआँर पुनी जोन माहा, मुंह सोभा सुंदर।
आइँख नवा पूड़न के बल, लाज पड़ाऊ आसे॥
घोड़ा नचाते भाई जासोत, संगे संग सुंदर।
बंस रीती ले भाट पड़ेहार, जस गीत के भासे॥
जे घोड़ा ने राम आसोत, तेचो रेंगा सुंदर।
गरुड़ बले लाज पाएसे, असन रेंगा आसे॥
हुनी काजे बलुक नी होए, सपा रकम ले सुंदर।
लागे कामदेव घोड़ा भेस, धरुन भाती आसे॥
घोड़ा भेस कामदेव धरुन, सोभा पाएसे सुंदर।
उमर गुन बल रूप रेंगा, लोक के मोहाउन आसे॥
घुँघरू दिलो रगरगा लगाम, खवालो आसे सुंदर।
मनुख देव मुनी ठगी होसोत, असन सोभा आसे॥

३१६ भगवान मन ले मन करून, घोड़ा हिंड़ा सुंदर।
तारा बिजली सवँराउन बादरी, मंजूर नचाउन आसे॥

असन नंगत घोड़ा जेमे, राम असवारी आसोत।
हुनचो गुन के सरसती बल, सांगुक नी सकसोत॥ ८६॥
राम चो रूप ने संकर बले, असन मोहाउन गेला।
पन्दरा आइँख ए बेरा ने, खुबे भाउक धरला॥ ८७॥
मया ले हरी जसने राम के, लछमी संगे दखला।
लछमी संगे लछमी पती, मूरित ने मोहाउन गेला॥ ८८॥
राम चो रूप दखुन ब्रह्मा, खुबे हरीक होला।
आठ आइँख जानुन भाती, खुबे पछताउन गेला॥ ८९॥

सुर सेनप उर बहुत उछाहू। बिधि ते डेवढ़ लोचन लाहू॥
रामहि चितव सुरेस सुजाना। गौतम श्रापु परम हित माना॥ ३॥

देव सकल सुरपतिहि सिहाहीं। आजु पुरंदर सम कोउ नाहीं॥
मुदित देवगन रामहि देखी। नृपसमाज दुहुँ हरषु बिसेषी॥ ४॥

छं०— अति हरषु राजसमाज दुहु दिसि दुंदुभीं बाजहिं घनी।
बरषहिं सुमन सुर हरषि कहि जय जयति जय रघुकुलमनी॥
एहि भाँति जानि बरात आवत बाजने बहु बाजहीं।
रानि सुआसिनि बोलि परिछनि हेतु मंगल साजहीं॥

दो०— सजि आरती अनेक बिधि मंगल सकल सँवारि।
चलीं मुदित परिछनि करन गजगामिनि बर नारि॥ ३१७॥

चौ०— बिधुबदनीं सब सब मृगलोचनि। सब निज तन छबि रति मदु मोचनि॥
पहिरें बरन बरन बर चीरा। सकल बिभूषन सजें सरीरा॥ १॥

सकल सुमंगल अंग बनाएँ। करहिं गान कलकंठि लजाएँ॥
कंकन किंकिनि नूपुर बाजहिं। चालि बिलोकि काम गज लाजहिं॥ २॥

बाजहिं बाजने बिबिध प्रकारा। नभ अरु नगर सुमंगलचारा॥
सची सारदा रमा भवानी। जे सुरतिय सुचि सहज सयानी॥ ३॥

कपट नारि बर बेष बनाई। मिलीं सकल रनिवासहिं जाई॥
करहिं गान कल मंगल बानीं। हरष बिबस सब काहुँ न जानीं॥ ४॥

छं०— को जान केहि आनंद बस सब ब्रह्मु बर परिछन चली।
कल गान मधुर निसान बरषहिं सुमन सुर सोभा भली॥
आनंदकंदु बिलोकि दूलहु सकल हियँ हरषित भई।
अंभोज अंबक अंबु उमगि सुअंग पुलकावलि छई॥

दो०— जो सुखु भा सिय मातु मन देखि राम बर बेषु।
सो न सकहिं कहि कलप सत सहस सारदा सेषु॥ ३१८॥

चौ०— नयन नीरु हटि मंगल जानी। परिछनि करहिं मुदित मन रानी॥
बेद बिहित अरु कुल आचारू। कीन्ह भली बिधि सब ब्यवहारू॥ १॥

देव मुखिया कार्तिक देव, खुबे हरीक होसोत।
ब्रह्मा ले आगर बारा आइँख, राम दरसन करसोत॥ ९०॥
चतुर इंदर हजार आइँख ले, राम जी के दखसोत।
गौतम सराप के हित ने जामुन, लुबे हरीक होसोत॥ ९१॥
सपाय देव देवराज ले, इरखा करते जासोत।
इन्दर माहा भागवान आज, नीआत बलते जासोत॥ ९२॥
राम के दखुन देव राजामन, सपाय हरीक होसोत।
नंगारा पेटते फूल बरसाते, जय जय बलते जासोत॥ ९३॥
बरात एतो के जामुन भाती, बाजा बाजेसे बरन।
मुहागिन जोड़ा परछन काजे, करसोत बरन बरन॥ ९४॥

३१७ कइ रकम चो आरती सजाउन, सुभ जोड़ा के धरून।
हाथी हिंडा बिती मेहरार मन, निसकला हरीक होउन॥ ९५॥

जोन महा मुंह मेहरारमन चो, चीतर आइँख चो आसोत।
देह सोभा ने रती चो, घमंड टुटाऊ आसोत॥ ९६॥
रंग रंग चो लूगा पिंधलोर, बरन गाहना ले सजून।
आपलो देंह के सुभ जिनीस ले, सिंगार तेमन करून॥ ९७॥
कोयकी के बले लाज पड़ाते, गीत गाते जासोत।
गाहना गरजना पुरे तेमन, हाथी के लजाउन आसोत॥ ९८॥
दुनोंय बाट बरन बाजा, सहर अकास गीत।
सची इंदरानी लछमी पारबती, पबितर देबी चो रीत॥ ९९॥
मेहरार चो कपट भेस ने, रनवास ने मिसुन गेला।
नंगत बोली ले सुभ गीत, उथा गाउक धरला॥ १००॥
कोनी चिताउक नी सकला, हरीक ने दंदरुन रहोत।
हरीक होते ब्रह्म दुलहा चो, परछन सपा करोत॥ १०१॥
मन के भाउ नंगारा बाजत, फूल बरसाते जासोत।
हरीक देऊ दुलहा के दखुन, मेहरार सुखी होसोत॥ १०२॥
पूड़न माहा आइँखमन ने, मया चो आँसू भरली।
सुन्दर सुन्दर देंह-मन ने, सीताकाटा मारली॥ १०३॥

३१८ आया सुनयना रानी राम के, दुलहा भेस ने दखुन।
मन ने खुबे हरीक होसोत बर भेस ने दखुन॥ १०४॥

हुन सुख के हजार सरसती, सेंस बलुक नी सकत।
सौ कलप ने बले तेमन, सांगुक नी सकत॥ १०५॥
सुभ बेरा के जानुन रानी, थेबाउन आइँख चो पानी।
हरीक मन ले परछन करसोत, जनकपुर चो रानी॥ १०६॥

पंच सबद धुनि मंगल गाना। पट पाँवड़े परहिं बिधि नाना॥
करि आरती अरघु तिन्ह दीन्हा। राम गमनु मंडप तब कीन्हा॥ २॥

दसरथु सहित समाज बिराजे। बिभव बिलोकि लोकपति लाजे॥
समयँ समयँ सुर बरषहिं फूला। सांति पढ़हिं महिसुर अनुकूला॥ ३॥

नभ अरु नगर कोलाहल होई। आपनि पर कछु सुनइ न कोई॥
एहि बिधि रामु मंडपहिं आए। अरघु देइ आसन बैठाए॥ ४॥

छं०– बैठारि आसन आरती करि निरखि बरु सुखु पावहीं।
मनि बसन भूषन भूरि वारहिं नारि मंगल गावहीं॥
ब्रह्मादि सुरबर बिप्र बेष बनाइ कौतुक देखहीं।
अवलोकि रघुकुल कमल रबि छबि सुफल जीवन लेखहीं॥

दो०– नाऊ बारी भाट नट राम निछावरि पाइ।
मुदित असीसहिं नाइ सिर हरषु न हृदयँ समाइ॥ ३१९॥

चौ०– मिले जनकु दसरथु अति प्रीतीं। करि बैदिक लौकिक सब रीतीं॥
मिलत महा दोउ राज बिराजे। उपमा खोजि खोजि कबि लाजे॥ १॥

लही न कतहुँ हारि हियँ मानी। इन्ह सम एइ उपमा उर आनी॥
सामध देखि देव अनुरागे। सुमन बरषि जसु गावन लागे॥ २॥

जगु बिरंचि उपजावा जब तें। देखे सुने ब्याह बहु तब तें॥
सकल भाँति सम साजु समाजू। सम समधी देखे हम आजू॥ ३॥

देव गिरा सुनि सुंदर साँची। प्रीति अलौकिक दुहु दिसि माची॥
देत पाँवड़े अरघु सुहाए। सादर जनकु मंडपहिं ल्याए॥ ४॥

छं०– मंडपु बिलोकि बिचित्र रचनाँ रुचिरताँ मुनि मन हरे।
निज पानि जनक सुजान सब कहुँ आनि सिंघासन धरे॥

बेद ने सांगलों माहा सपा, कुल चो टकर असन।
सपाय नेम के करते गेली, रानी नेंग जसन॥ १०७॥
पाँचो सबद पाँचो गरजना, मंगल गीत होए।
आरती करत पाँवड़ा देओत, मांडो, ने राम जाए॥ १०८॥
दसरथ बिराजला लोग संगे, राजा चो जस दखुन।
लोकपाल बल लाज पावला, हुदलदाँय चो दखुन॥ १०९॥
बेरा बेरा ने सपा देव मन, फूल बरसा करसोत।
भुँइ चो देवता बेरा दखुन, सांती पाठ करसोत॥ ११०॥
अकास सहर कोल्हार होएसे, आपन पर नी सुनत।
मांडो भीतर राम के नेउन, आयँछुन मान करत॥ १११॥
दुलहा के दखुन मेहरा रमन, खुबे सुख पासोत।
कूढ़ा कूढ़ा मनी कपड़ा, निछावर करते जासोत॥ ११२॥
बाम्हन भेस ने सपाय देव, बसुन तमासा दखसोत।
रघुकुल पूड़न चो छबी दखुन, जिवना सुफल करसोत॥ ११३॥

३१९ नाउ अठपहरेया पड़ेहार नचकारी, राम चो निछावर पाउन।
हरीक नी समाए आसीस देसोत, पुरे मुंड के लवाँउन॥ ११४॥

लोक बेद चो रीती करून, जनक दसरथ दुनों।
बड़े मया ले समधी भेटला, राजा महराज दुनों॥ ११५॥
भेटतो पहार जे सोभा होली, कबी थाकुन गेला।
तेमन काजे जोड़ डगराते, लाज हौउन गेला॥ ११६॥
काईं जोड़ नी पावलो पाछे, हिरदे ले हार मानुन।
दुनोंय समान आसोत बलुन, तेमन दिला जोड़ुन॥ ११७॥
समधी भेट दखुन देवमन, आ पन सामुन गेला।
फूल बरसा करून करून, जस गीत गाते गेला॥ ११८॥
ब्रह्मा चो सवँसार ने आनी, खुबे बिहा दखलू।
असन साज समान बरोबरी, समधी आज दखलू॥ ११९॥
देवमन चो सुंदर सत गोठ, सुनुन दुनोंय बाटे।
अद्भूत मया छाउन गेली, गुलाय सपा बाटे॥ १२०॥
सुंदर कपड़ा चो पाँवड़ा देते, पानी ओंयछते जनक।
समधी दसरथ के मांडो भीतर, धरून इला जनक॥ १२१॥
मांडो सोभा के दखुन दखुन, मुनी मोहाउन गेला।
सुजान जनक आपलोय हाते, गादी आनुन दिला॥ १२२॥
कुल-देव माहा बसिष्ठ गुरू चो, पूजा करला राजा।
बिन्ती करून मन चो आसीस, पावला जनक राजा॥ १२३॥

कुल इष्ट सरिस बसिष्ट पूजे बिनय करि आसिष लही।
कौसिकहि पूजत परम प्रीति कि रीति तौ न परै कही॥

दो०– बामदेव आदिक रिषय पूजे मुदित महीस।
दिए दिब्य आसन सबहि सब सन लही असीस॥ ३२०॥

चौ०– बहुरि कीन्हि कोसलपति पूजा। जानि ईस सम भाउ न दूजा॥
कीन्हि जोरि कर बिनय बड़ाई। कहि निज भाग्य बिभव बहुताई॥ १॥

पूजे भूपति सकल बराती। समधी सम सादर सब भाँती॥
आसन उचित दिए सब काहू। कहौं काह मुख एक उछाहू॥ २॥

सकल बरात जनक सनमानी। दान मान बिनती बर बानी॥
बिधि हरि हरु दिसिपति दिनराऊ। जे जानहिं रघुबीर प्रभाऊ॥ ३॥

कपट बिप्र बर बेष बनाएँ। कौतुक देखहिं अति सचु पाएँ॥
पूजे जनक देव सम जानें। दिए सुआसन बिनु पहिचानें॥ ४॥

छं०– पहिचान को केहि जान सबहिं अपान सुधि भोरी भई।
आनंद कंदु बिलोकि दूलहु उभय दिसि आनँदमई॥
सुर लखे राम सुजान पूजे मानसिक आसन दए।
अवलोकि सीलु सुभाउ प्रभु को बिबुध मन प्रमुदित भए॥

दो०– रामचंद्र मुख चंद्र छबि लोचन चारु चकोर।
करत पान सादर सकल प्रेमु प्रमोदु न थोर॥ ३२१॥

चौ०– समउ बिलोकि बसिष्ठ बोलाए। सादर सतानंदु सुनि आए॥
बेगि कुअँरि अब आनहु जाई। चले मुदित मुनि आयसु पाई॥ १॥

रानी सुनि उपरोहित बानी। प्रमुदित सखिन्ह समेत सयानी॥
बिप्र बधू कुल बृद्ध बोलाईं। करि कुल रीति सुमंगल गाईं॥ २॥

बिस्वामित्र चो पूजा करला, जेके सांगुक नी होए।
असन मया चो रीती के, बलुक बल नी होए॥ १२४॥

३२० बामदेव रिसीमन चो, हरीक ले पूजा करला।
आसीरबाद पावला मन चो, गादी बसुक दिला॥ १२५॥

कोसलराजा चो पूजा करला, महादेव माहा जानुन।
राजा जनक मान करला, दूसर काईं नी मानुन॥ १२६॥
हात जोड़ुन भाग जस के, लमाउन सहराते बलला।
समधी माहा सपा बरतेया के, राजा मान करला॥ १२७॥
पूजा करून गादी देउन, जनक राजा बलला।
गोटकी मुँह ले ए हरीक के, कसन सांगे बलला॥ १२८॥
बरात ने इलोर लोगमन चो, खुबे मान करला।
बिन्ती करते नंगत गोठ ले, सपा चो मान करला॥ १२९॥
ब्रह्मा बिस्नू सिव भगवान, सुरूज दिगपाल सपा।
रघुनाथ चो महेमा के, जानते रहोत सपा॥ १३०॥
कपट ले सुंदर भेस धरून, खुबे सुखी होओत।
हरीक होते सपा लीला के, देव दखते जाओत॥ १३१॥
जनक तिहँके देव जानुन, मान ले पूजा करला।
बिगर चितालो बले तिहँके, आसन सुंदर दिला॥ १३२॥
कोन काके जाने चिताए, सपाय भुरलुन आसोत।
हरीक देउ दुलहा के दखुन, गुलाय हरीक होसोत॥ १३३॥
देवमन के चिताउन राम, मन ले पूजा करला।
मने-मन ने सुमरून भाती, मन ने आसन दिला॥ १३४॥
परभू चो सहज टकर के, सपाय देव दखुन।
मन ने खुबे हरीक होला, राम चो टकर दखुन॥ १३५॥

३२१ रामचंद सोभा जोन माहा, सपा चो आइँख सुन्दर।
चकोरी माहा मान मया ले, पान करेसे सुन्दर॥ १३६॥

* सीताराम लगिन *

बेरा दखुन बसिष्ठ गुरू, मान ले बलाव करला।
हुसनेय मान ले सतानंद, हरीक मन ले इला॥ १॥
बलला बाबीधनी दुलहिन के, एदाँय मांडो ने आना।
मुनी हुकुम सुनुन भाती, हरीक होउन गेला॥ २॥
सियान रानी सखीमन संग, पुरोहित गोठ सुनुन।
मन मन ने हरीक होसोत, बाम्हन गोठ सुनुन॥ ३॥

नारि बेष जे सुर बर बामा। सकल सुभायँ सुंदरी स्यामा॥
तिन्हहि देखि सुखु पावहिं नारीं। बिनु पहिचानि प्रानहु ते प्यारीं॥ ३॥

बार बार सनमानहिं रानी। उमा रमा सारद सम जानी॥
सीय सँवारि समाजु बनाई। मुदित मंडपहिं चलीं लवाई॥ ४॥

छं०– चलि ल्याइ सीतहि सखीं सादर सजि सुमंगल भामिनीं।
नवसप्त साजें सुंदरीं सब मत्त कुंजर गामिनीं॥
कल गान सुनि मुनि ध्यान त्यागहिं काम कोकिल लाजहीं।
मंजीर नूपुर कलित कंकन ताल गति बर बाजहीं॥

दो०– सोहति बनिता बृंद महुँ सहज सुहावनि सीय।
छबि ललना गन मध्य जनु सुषमा तिय कमनीय॥ ३२२॥

चौ०– सिय सुंदरता बरनि न जाई। लघु मति बहुत मनोहरताई॥
आवत दीखि बरातिन्ह सीता। रूप रासि सब भाँति पुनीता॥ १॥

सबहि मनहिं मन किए प्रनामा। देखि राम भए पूरनकामा॥
हरषे दसरथ सुतन्ह समेता। कहि न जाइ उर आनँदु जेता॥ २॥

सुर प्रनामु करि बरिसहिं फूला। मुनि असीस धुनि मंगल मूला॥
गान निसान कोलाहलु भारी। प्रेम प्रमोद मगन नर नारी॥ ३॥

एहि बिधि सीय मंडपहिं आई। प्रमुदित सांति पढ़हिं मुनिराई॥
तेहि अवसर कर बिधि ब्यवहारू। दुहुँ कुलगुर सब कीन्ह अचारू॥ ४॥

छं०– आचारु करि गुर गौरि गनपति मुदित बिप्र पुजावहीं।
सुर प्रगटि पूजा लेहिं देहिं असीस अति सुखु पावहीं॥
मधुपर्क मंगल द्रब्य जो जेहि समय मुनि मन महुँ चहैं।
भरे कनक कोपर कलस सो सब लिएहिं परिचारक रहैं॥ १॥

कुल रीति प्रीति समेत रबि कहि देत सबु सादर कियो।
एहि भाँति देव पुजाइ सीतहि सुभग सिंघासनु दियो॥
सिय राम अवलोकनि परसपर प्रेमु काहुँ न लखि परै।
मन बुद्धि बर बानी अगोचर प्रगट कबि कैसें करै॥ २॥

दो०– होम समय तनु धरि अनलु अति सुख आहुति लेहिं।
बिप्र बेष धरि बेद सब कहि बिबाह बिधि देहिं॥ ३२३॥

बाम्हन कुल चो सियान मेहरार कुल चो रीती असन।
सुभ चो गीत गाते जासोत, सुभ चो बेरा असन॥ ४॥
नंगत देवीमन मेहरार भेसने, टक्कर ले सुंदरी आसोत।
सोरा बरस चो उमर धरुन, मिसुन भाती आसोत॥ ५॥
रनवास चो मेहरार तिहँके दखुन, सुख पाते जासोत।
बिगर चितालो चो होले बले, जीव माहा ते आसोत॥ ६॥
पारबती लछमी सरसती जानुन, मान करत सपा।
मांडो बाटे सीता के नीला, सिंगार करून सपा॥ ७॥
सुंदर सुभ जोड़ा सजाउन, मेहरार सखी सपा।
सोरा सिगार ने हाथी हिंडा, सुंदरी रहोत सपा॥ ८॥
तिहँचो राग गीत के सुनुन, मुनी धियान छांडसोत।
कामदेव चो कोयली बले, लाज पड़ुन जासोत॥ ९॥

३२२ सहज सुंदरी सीता सोहे, मेहरार मन ने असन।
छबी कूढ़ा मंजगत सोभा, मेहरार रूप ने जसन॥ १०॥

सोभा बड़े सांगुक नीहोय, बुद्धी नानी आसे।
सीता एतोर के बरतेया दखला, रूप रासी पबितर आसे॥ ११॥
सपा मने-मन परनाम करला, राम के दखुन धन होला।
बेटामन संगे राजा हरीक, नी सांगतो लाइक होला॥ १२॥
फूल बरसा करसोत देव, मुनी सुभ आसीस देसोत।
गीत नंगारा चो कोल्हार, लोग मया ने होसोत॥ १३॥
सोता मांडो ने इली जसने, मुनी पाठ करसोत।
हुदलदाँय चो नीती रीती, दुनों गुरु करसोत॥ १४॥
गवरी गनेस पूजा करासोत, कुल चो रीती सारुन।
दिलो पूजा के झोकते जासोत, देव परगट होउन॥ १५॥
सुभ चो जे जिनिस मांगले, सेउक घरून आसोत।
सोन परात सो न कलसा ने, जोड़ुन उबा आसोत॥ १६॥
सुरुज कुल चो रीती के आपने, पुरे सांगते जासोत।
हुनी रीती ले सपा कारज, तुरते करते जासोत॥ १७॥
देवमन चो पूजा सारून, सीता के गादी दिला।
सीताराम दखा-दखी मया, काकेय अमरूक नी दिला॥ १८॥
मन बुद्धि गियान ले अलगुन, जे बल गोठ आय।
हुनके कबी कायकाज आपन, परगट करू आय॥ १९॥

३२३ देह धरून अगिन हवन पहार, सुख ले होम धरसोत।
बाम्हन भेस के धरून बेद, बिहा रीती करसोत॥ २०॥

चौ०— जनक पाटमहिषी जग जानी। सीय मातु किमि जाइ बखानी॥
सुजसु सुकृत सुख सुंदरताई। सब समेटि बिधि रची बनाई॥ १॥

समउ जानि मुनिबरन्ह बोलाईं। सुनत सुआसिनि सादर ल्याईं॥
जनक बाम दिसि सोह सुनयना। हिमगिरि संग बनी जनु मयना॥ २॥

कनक कलस मनि कोपर रूरे। सुचि सुगंध मंगल जल पूरे॥
निज कर मुदित रायँ अरु रानी। धरे राम के आगें आनी॥ ३॥

पढ़हिं बेद मुनि मंगल बानी। गगन सुमन झरि अवसरु जानी॥
बरु बिलोकि दंपति अनुरागे। पाय पुनीत पखारन लागे॥ ४॥

छं०— लागे पखारन पाय पंकज प्रेम तन पुलकावली।
नभ नगर गान निसान जय धुनि उमगि जनु चहुँ दिसि चली॥
जे पद सरोज मनोज अरि उर सर सदैव बिराजहीं।
जे सकृत सुमिरत बिमलता मन सकल कलि मल भाजहीं॥ १॥

जे परसि मुनिबनिता लही गति रही जो पातकमई।
मकरंदु जिन्ह को संभु सिर सुचिता अवधि सुर बरनई॥
करि मधुप मन मुनि जोगिजन जे सेइ अभिमत गति लहैं।
ते पद पखारत भाग्यभाजनु जनकु जय जय सब कहैं॥ २॥

बर कुअँरि करतल जोरि साखोचारु दोउ कुलगुर करैं।
भयो पानिगहनु बिलोकि बिधि सुर मनुज मुनि आनँद भरैं॥
सुखमूल दूलहु देखि दंपति पुलक तन हुलस्यो हियो।
करि लोक बेद बिधानु कन्यादानु नृपभूषन कियो॥ ३॥

हिमवंत जिमि गिरिजा महेसहि हरिहि श्री सागर दई।
तिमि जनक रामहि सिय समरपी बिस्व कल कीरति नई॥

सीता चो आया पाटरानी, मेहरार मांदी ने बड़े।
तिहँचो गोठ बलुक नी होय, असन नावँ बड़े॥ २१॥
पुन जस रूप सुख सोभा, सपा ले भरपूर आसोत।
ओंडयाउन भाती सपा के भगवान, तियार करलोर आसोत॥ २२॥
नंगत बेरा ने मुनी बलाला, सुहागिन संगे इला।
हिम मयना माहा सोभा लागे, राजा चो डेबरी बसला॥ २३॥
पबितर गंध जस पानी के, सोभा कलसा भरून।
बरन मनी चो सोना परात, मंडाला नंगत धरून॥ २४॥
राजा रानी हरीक मन ले, आपलो हाते धरून।
राम चो पुरे मंडाउन दिला, दुनों संगे धरून॥ २५॥
तिहँचो देंह ने मया परेम ले, सीतकाटा मारे।
सहर अकास गीत गोबिंद, नंगारा जोर मारे॥ २६॥
जय जय चो तीनों पुर ने, गरजना होते जाएसे।
चारों खूट कोनेया गुलाय, कोल्हार होते जाएसे॥ २७॥
कामदेव बयरी सिव चो, हिरदे तरई ने।
पूड़न ढूंडा पायँ रहेसे, बरहमेस मन ने॥ २८॥
हारक सुरता जेमन चो करले, मन सफा होएसे।
महा-कलीकाल चो पाप, हिटते पराउन जाएसे॥ २९॥
पाप ले पूरन गौतम बायले, छिवते गती पावली।
मकरंद माहा सिव माथा ने, गंगा रूप पावली॥ ३०॥
मुनी जोगी भँवरा होउन, पबितर ठान बलसोत।
पूड़न पायँ चो सेवा करून, मन चो गती पावसोत॥ ३१॥
बड़े भाग चो जनक बसुन, हुनी पायँ के धोबसोत।
असन के दखुन सपाय-झन, जय-जय जय-जय बलसोत॥ ३२॥
बर कनया चो हात जोड़ुन, दुनों कुल चो गुरू।
बंस चो नावँ घरते जासोत, सतानंद बसिस्ठ गुरू॥ ३३॥
हात-लगीन होलो के दखुन, देव मनुख हरीक होला।
सुख चो जड़ दुलहा के दखुन, दुनोंय हरीक होला॥ ३४॥
राजामन चो गाहना जनक, लोक बेद रीती धरून।
कनया-दान करला राजा, मन ले हरीक होउन॥ ३५॥
जसन हिमवान पारबती के, सिव भगवान के दिला।
महालछमी के महासमुंद, बिस्नू भगवान के दिला॥ ३६॥
हुसनेय जनक राजा सीता के, राम भगवान के दिला।
साँवर मूरीत दखुन जनक, देंह बिगर चो होला॥ ३७॥

क्यों करै बिनय बिदेहु कियो बिदेहु मूरति सावँरीं।
करि होम बिधिवत गाँठि जोरी होन लागीं भावँरीं॥ ४॥

दो०– जय धुनि बंदी बेद धुनि मंगल गान निसान।
सुनि हरषहिं बरषहिं बिबुध सुरतरु सुमन सुजान॥ ३२४॥

चौ०– कुअँरु कुअँरि कल भावँरि देहीं। नयन लाभु सब सादर लेहीं॥
जाइ न बरनि मनोहर जोरी। जो उपमा कछु कहौं सो थोरी॥ १॥

राम सीय सुंदर प्रतिछाहीं। जगमगात मनि खंभन माहीं॥
मनहुँ मदन रति धरि बहु रूपा। देखत राम बिआहु अनूपा॥ २॥

दरस लालसा सकुच न थोरी। प्रगटत दुरत बहोरि बहोरी॥
भए मगन सब देखनिहारे। जनक समान अपान बिसारे॥ ३॥

प्रमुदित मुनिन्ह भावँरीं फेरीं। नेगसहित सब रीति निबेरीं॥
राम सीय सिर सेंदुर देहीं। सोभा कहि न जाति बिधि केहीं॥ ४॥

अरुन पराग जलजु भरि नीकें। ससिहि भूष अहि लोभ अमी कें॥
बहुरि बसिष्ठ दीन्हि अनुसासन। बरु दुलहिनि बैठे एक आसन॥ ५॥

छं०– बैठे बरासन रामु जानकि मुदित मन दसरथु भए।
तनु पुलक पुनि पुनि देखि अपनें सुकृत सुरतरु फल नए॥
भरि भुवन रहा उछाहु राम बिबाहु भा सबहीं कहा।
केहि भाँति बरनि सिरात रसना एक यहु मंगलु महा॥ १॥

तब जनक पाइ बसिष्ठ आयसु ब्याह साज सँवारि कै।
माँडवी श्रुतिकीरति उरमिला कुअँरि लईं हँकारि कै॥
कुसकेतु कन्या प्रथम जो गुन सील सुख सोभामई।
सब रीति प्रीति समेत करि सो ब्याहि नृप भरतहि दई॥ २॥

गठ जोड़ुन विधी ले हवन, पूजा पाठ करून।
भाँवर होएसे सीताराम चो, मांडो ने हरीक धरून॥ ३८॥

३२४ जय कोल्हार भाट कोल्हार, बेद कोल्हार होएसे।
नगारा गरजना सुभ चो गीत, तीनोंपुर ने होएसे॥ ३९॥

सुनुन चतुर देव गोहड़ा, खुबे हरीक होसोत।
कलपरूख चो फूल आनुन, गुलाय बरसा करसोत॥ ४०॥
वर-कनया मांडो भीतर, सुंदर भांवर देसोत।
लोगमन चो आइँखमन के, हुसनैय लाभ देसोत॥ ४१॥
मन भाऊ जोड़ी सोभा, बलुक नी होएसे।
जे बले जोड़ुन बलदे, सपाय घाट रहेसे॥ ४२॥
राम सीता चो सुंदर छाँय, मनी ने जगमगुन जासोत।
लागे कामदेव रती खुबे, बिहा दखुक आसोत॥ ४३॥
तिहँके दरस चो लोभ लाज, दुनोंय समान आसे।
एइ ने घनघड़ी लुकते दिखते, तेमन चो छाँय आसे॥ ४४॥
दखेया इतरो सपा हरीक ले, मगन होउन गेला।
जनक माहा सपाय-झन, सुध मुलकुन गेला॥ ४५॥
भाँवर किंजराउन मुनीमन, हरीक होते सारला।
नेग संगे सपा रोती के, पूरा करून सारला॥ ४६॥
सीता भांग ने रामचन्द, सिंदूर भरून देसोत।
ये सोभा के कसने बले, बलुक नी सकसोत॥ ४७॥
पुड़न फूलचो लाल पराग, नंगत भरते जाएसे।
अमरित लोभ ने जोन के सांप, जसन सवँराउन देएसे॥ ४८॥
तहाँले बसिष्ठ हुकुम दिला, दुलहा दुलहिन दुनों।
गोटकी गादी ने संगे लगे, बसला तेबे दुनों॥ ४९॥
गोटकी गादी ने बसलो दखुन, राजा चो मन हरीक।
आपलो पुन चो रूख ने नवा, फर के दखुन हरीक॥ ५०॥
चवदा भुवन ने हरीक भरली, सपाय बलते जाओत।
रामचंद चो बिहा होली, बलते गोठयाते जाओत॥ ५१॥
जीभ गोटकी सुभ खुबे, कसन सांगुक होएदे।
सांगुन भाती इतरो गोठ के, कसन सारूक होएदे॥ ५२॥
गुरू चो हुकुम ले जनक, बिहा जोड़ा आनला।
मांडवी उरमिला श्रुतिकीर्ती, बाबीमन के आनला॥ ५३॥
कुसध्वज चो बड़े बेटी रूपबती, मांडवी के आनला।
मया ले जनक सपा रीति ले, भरत संग बिहा सारला॥ ५४॥

जानकी लघु भगिनी सकल सुंदरि सिरोमनि जानि कै।
सो तनय दीन्ही ब्याहि लखनहि सकल बिधि सनमानि कै॥
जेहि नामु श्रुतकीरति सुलोचनि सुमुखि सब गुन आगरी।
सो दई रिपुसूदनहि भूपति रूप सील उजागरी॥ ३॥

अनुरूप बर दुलहिनि परस्पर लखि सकुच हियँ हरषहीं।
सब मुदित सुंदरता सराहहिं सुमन सुर गन बरषहीं॥
सुंदरीं सुंदर बरन्ह सह सब एक मंडप राजहीं।
जनु जीव उर चारिउ अवस्था बिभुन सहित बिराजहीं॥ ४॥

दो०– मुदित अवधपति सकल सुत बधुन्ह समेत निहारि।
जनु पार महिपाल मनि क्रियन्ह सहित फल चारि॥ ३२५॥

चौ०– जसि रघुबीर ब्याह बिधि बरनी। सकल कुअँर ब्याहे तेहिं करनी॥
कहि न जाइ कछु दाइज भूरी। रहा कनक मनि मंडपु पूरी॥ १॥

कंबल बसन बिचित्र पटोरे। भाँति भाँति बहु मोल न थोरे॥
गज रथ तुरग दास अरु दासी। धेनु अलंकृत कामदुहा सी॥ २॥

बस्तु अनेक करिअ किमि लेखा। कहि न जाइ जानहिं जिन्ह देखा॥
लोकपाल अवलोकि सिहाने। लीन्ह अवधपति सबु सुखु माने॥ ३॥

दीन्ह जाचकन्हि जो जेहि भावा। उबरा सो जनवासेहिं आवा॥
तब कर जोरि जनकु मृदु बानी। बोले सब बरात सनमानी॥ ४॥

छं०– सनमानि सकल बरात आदर दान बिनय बड़ाइ कै।
प्रमुदित महामुनि बृंद बंदे पूजि प्रेम लड़ाइ कै॥
सिरु नाइ देव मनाइ सब सन कहत कर संपुट किएँ।
सुर साधु चाहत भाउ सिंधु कि तोष जल अंजलि दिएँ॥ १॥

कर जोरि जनकु बहोरि बंधु समेत कोसलराय सों।
बोले मनोहर बयन सानि सनेह सील सुभाय सों॥
संबंध राजन रावरें हम बड़े अब सब बिधि भए।
एहि राज साज समेत सेवक जानिबे बिनु गथ लए॥ २॥

सीता चो नानी बहिन उरमिला, जे आसोत खुबे सुन्दर।
मान करते लछमन संगे, बिहा करला सुन्दर॥ ५५॥
श्रुतिकीर्ति सुन्दर आइँख मुँह, रूपबती के आनला।
जनक राजा हुनचो बिहा, सतरुघन संग सारला॥ ५६॥
दुलहा दुलहिन एक दूसर के, आपलो जोड़ चो दखुन।
लाज होओत मन ले हरीक, सुन्दर जोड़ी दखुन॥ ५७॥
हरीक ले सुन्दर सोभा चो, गुन गाते जासोत।
देव गोहड़ा अकास उपर ले, फूल बरसाते जासोत॥ ५८॥
सपा दुलहा दुलहिन उथा, सोभा पावसोत असन।
जीव हिरदे ले चारों बरन, मालिक संगे जसन॥ ५९॥

३२५ वहूमन संगे बेटामन के, दखुन राजा हरीक।
चारों करम संगे चारों फल, पावलों माहा हरीक॥ ६०॥

जसन राम चो बिहा होली, हुसनेय चारों चो होली।
दाइज इतरो कि मांडो गुलाय, सोन मनी ले भरली॥ ६१॥
कमरा कपड़ा बरन बरन, केकती सुपेती रहोत।
भारी भारी मोल चो ते, जिनीसमन रहोत॥ ६२॥
हाथी रथ घोड़ा दास दासी, कामधेनू सजालो।
गनुक नी होय जिनिसमन के, रहे जे दाइज पड़लो॥ ६३॥
दखलोय जानसोत सांगुक नीहोय, लोकपाल इरखा होओत।
मान करते सपा के धरला, दसरथ हरीक होओत॥ ६४॥
जेके जे नंगत भावली उथा, मांगाखया के दीला।
बाचलो-इतरो के धरुन भाती, जनवासा ने नीला॥ ६५॥
तेबे जनक राजा सपा के, बलला हात जोड़ुन।
बरात चो मान-दान महेमा, बलला मान करून॥ ६६॥
हरीक मया ले मुनीमन चो, पूजा बिन्ती करला।
माथा लवाउन देव के बिनाउन, हाथ जोड़ुन बलला॥ ६७॥
देव साधू जाले भाव उपरे, होउन जासोत संतोस।
काय अँजराएक पानी दीले, समुंद होएदे संतोस॥ ६८॥
भाई संगे राजा जनक, हात जोडुन बलला।
मया-परेम मान मिसाउन, दसरथ पुरे बलला॥ ६९॥
तुमचो संगे नाता जोडुन, बड़े होलू आमी।
राज-पाट संगे दुनोंय सेउक, बिगर मोल चो आमी॥ ७०॥
टाहला काजे लेकीमन के, मानुन भाती तुमी।
नवा नवा दया करते, पोसते रहासे तुमी॥ ७१॥

ए दारिका परिचारिका करि पालिबीं करुना नई।
अपराधु छमिबो बोलि पठए बहुत हौं ढीट्यो कई॥
पुनि भानुकुलभूषन सकल सनमान निधि समधी किए।
कहि जाति नहिं बिनती परस्पर प्रेम परिपूरन हिए॥ ३॥

बृंदारका गन सुमन बरिसहिं राउ जनवासेहि चले।
दुंदुभी जय धुनि बेद धुनि नभ नगर कौतूहल भले॥
तब सखीं मंगल गान करत मुनीस आयसु पाइ कै।
दूलह दुलहिनिन्ह सहित सुंदरि चलीं कोहबर ल्याइ कै॥ ४॥

दो०– पुनि पुनि रामहि चितव सिय सकुचति मनु सकुचै न।
हरत मनोहर मीन छबि प्रेम पिआसे नैन॥ ३२६॥

मासपारायण, ग्यारहवाँ विश्राम

चौ०– स्याम सरीरु सुभायँ सुहावन। सोभा कोटि मनोज लजावन॥
जावक जुत पद कमल सुहाए। मुनि मन मधुप रहत जिन्ह छाए॥ १॥

पीत पुनीत मनोहर धोती। हरति बाल रबि दामिनि जोती॥
कल किंकिनि कटि सूत्र मनोहर। बाहु बिसाल बिभूषन सुंदर॥ २॥

पीत जनेउ महाछबि देई। कर मुद्रिका चोरि चितु लेई॥
सोहत ब्याह साज सब साजे। उर आयत उरभूषन राजे॥ ३॥

पिअर उपरना काखासोती। दुहुँ आँचरन्हि लगे मनि मोती॥
नयन कमल कल कुंडल काना। बदनु सकल सौंदर्ज निधाना॥ ४॥

सुंदर भृकुटि मनोहर नासा। भाल तिलकु रुचिरता निवासा॥
सोहत मौरु मनोहर माथे। मंगलमय मुकुता मनि गाथे॥ ५॥

छं०– गाथे महामनि मौर मंजुल अंग सब चित चोरहीं।
पुर नारि सुर सुंदरीं बरहि बिलोकि सब तिन तोरहीं॥
मनि बसन भूषन वारि आरति करहिं मंगल गावहीं।
सुर सुमन बरिसहिं सूत मागध बंदि सुजसु सुनावहीं॥ १॥

कोहबरहिं आने कुअँर कुअँरि सुआसिनिन्ह सुख पाइ कै।
अति प्रीति लौकिक रीति लागीं करन मंगल गाइ कै॥
लहकौरि गौरि सिखाव रामहि सीय सन सारद कहैं।
रनिवासु हास बिलास रस बस जन्म को फलु सब लहैं॥ २॥

तुमके बलाउक पठाउन भाती, भारी गलती करले।
मोचो दोस के माफी करा, जे दोस मयँ करले॥ ७२॥
सूरुज-कुल चो गहना फेर, मान ले धनी करला।
राजा जनक चो सपा मान के, पूरा मान दिला॥ ७३॥
तेमन एक दूसर ले बिन्ती, मान सम्मान करोत।
बलुक नी होए असन मान, हिरदे ले ते करोत॥ ७४॥
देव फूल बरसा करसोत, राजा जनवास चलला।
बाजा बाजे जय जय बलत, बेद कोल्हार करला॥ ७५॥
अकास नगर ने खुबे हरीक, मुनी हुकुम ले सुन्दरी।
गीत गावते दुलहिन संगे, दुलहा के नेवत सुन्दरी॥ ७६॥

३२६ घनघड़ी सीता राम के दखत, लाज होओत दखुन।
मन नी लजाय मया पियास ले, आइँख ले छबी हरून॥ ७७॥

निको देह करोड़ काम के, लाज पड़ाते जाएसे।
माहुर दिलो पायँ पूड़न, मुनी मन भंवरा होएसे॥ ७८॥
सुन्दर पबितर पीयँर धोती, बिहान चो जोत माहा।
करहाने सुन्दर करधन डोरी, गाहना निको बाँहा॥ ७९॥
पींयर जनेई अंधखी ने मूंदी, चेत चोराउन देएसे।
बिहा जोड़ा ले सम्हरालो सोभा, गाहना छाती सोहसे॥ ८०॥
पींयर अगोंछी मनी-मोती गुथलो, आइँख पूड़न माहा।
कान ने सुंदर कुंडल झूलेसे, मुह चो सोभा आहा॥ ८१॥
सुंदर भँव नाक चो सोभा, माथा तिलक सोहे।
मनी मोती गुथलो मउड़, माथा उपरे सोहे॥ ८२॥
मउड़ ने भारी मोल चो मनी, गाथुन दिलासोत सुंदर।
सपा अंग-अंग मन चोंराएसे, सोभा असन सुंदर॥ ८३॥
देवी मेहरार दुलहा के दखुन, किटका टुटाते जासोत।
मनो मोती निछावर करते, आरती उतारते जासोत॥ ८४॥
देव फूल चो बरसा करसोत, पड़ेहार जस गुन गासोत।
भाट भजनाहा हरीक होते, रूप जस के गासोत॥ ८५॥
सुहागिन सुख पाउन कुँअर, बाबी मन के नीला।
कुल देव पुरे मया ले सुभ, गीत नेंग के करला॥ ८६॥
पारबती राम के कँवरा धरूक, सरसती सीता के सिखाय।
रनवास हरीक ले मंगन आसे, सपा जनम फल पाय॥ ८७॥
हुदलदाँय चो हाँसी खेल, मया जे होते रहे।
सखीमन जानसत सांगुक नीहोय, उथा जे होते रहे॥ ८८॥

निज पानि मनि महुँ देखिअति मूरति सुरूपनिधान की।
चालति न भुजबल्ली बिलोकनि बिरह भय बस जानकी॥
कौतुक बिनोद प्रमोदु प्रेमु न जाइ कहि जानहिं अलीं।
बर कुअँरि सुंदर सकल सखीं लवाइ जनवासेहि चलीं॥ ३॥

तेहि समय सुनिअ असीस जहँ तहँ नगर नभ आनँदु महा।
चिरु जिअहुँ जोरीं चारु चार्‌यो मुदित मन सबहीं कहा॥
जोगींद्र सिद्ध मुनीस देव बिलोकि प्रभु दुंदुभि हनी।
चले हरषि बरषि प्रसून निज निज लोक जय जय जय भनी॥ ४॥

दो०– सहित बधूटिन्ह कुअँर सब तब आए पितु पास।
सोभा मंगल मोद भरि उमगेउ जनु जनवास॥ ३२७॥

चौ०– पुनि जेवनार भई बहु भाँती। पठए जनक बोलाइ बराती॥
परत पाँवड़े बसन अनूपा। सुतन्ह समेत गवन कियो भूपा॥ १॥

सादर सब के पाय पखारे। जथाजोगु पीढ़न्ह बैठारे॥
धोए जनक अवधपति चरना। सीलु सनेहु जाइ नहिं बरना॥ २॥

बहुरि राम पद पंकज धोए। जे हर हृदय कमल महुँ गोए॥
तीनिउ भाइ राम सम जानी। धोए चरन जनक निज पानी॥ ३॥

आसन उचित सबहि नृप दीन्हे। बोलि सूपकारी सब लीन्हे॥
सादर लगे परन पनवारे। कनक कील मनि पान सँवारे॥ ४॥

दो०– सूपोदन सुरभी सरपि सुंदर स्वादु पुनीत।
छन महुँ सब कें परुसि गे चतुर सुआर बिनीत॥ ३२८॥

चौ०– पंच कवल करि जेवन लागे। गारि गान सुनि अति अनुरागे॥
भाँति अनेक परे पकवाने। सुधा सरिस नहिं जाहिं बखाने॥ १॥

फेर बर - कनया के सपा, सुंदर सखीमन।
जनवास बाटे, धरून निला, संगे सखीमन॥ ८९ ॥
हुदलदाँय अकास सहर, आसीस गरजना होए।
सपाय बाटे हरीक होसोत, गुलाय सुना देए॥ ९० ॥
सपा हरीक मन ले बलला, चारों जोड़ी सुंदर।
जुग-जुग जीवत हरीक मन ले, चारों जोड़ी सुंदर॥ ९१ ॥
जोगी सिध मुनी देव, परभू राम के दखुन।
फूल बरसाते फिरून गेला जय जय जय जय बलुन॥ ९२ ॥

३२७ तेबे चारों बेटा बहू, बाबा लगे इला।
लागे सोभा सुभ हरीक, सपा उमहुन इला॥ ९३ ॥

बरतेया के बलाला फेर, बरन राँधा करून।
दसरथ खातो ठान ने अमरला, बेटामन के धरून॥ ९४ ॥
सुंदर-सुंदर कपड़ा-मन चो, पाँवड़ा देते जाओत।
मान करते राजा सपा चो, पायँ धोआते जाओत॥ ९५ ॥
लाइक माहा सपा के पीढ़ा, देउन बसाते गेला।
फेर जनक अवधपती चो, पायँ आपन धोवला॥ ९६ ॥
तिहँचो मान आरू मया के, नी होरसे बलुक।
फेर राम चो पायँ धोवला, जे हिरदे ने आसे लुकुन॥ ९६ ॥
तीनों भाई चो पायँ के, बले, राम माहा जानुन।
जनक आपलो हाते धोवला, हिरदे ने नंगत मानुन॥ ९८ ॥
सपाझन के राजा नंगत, बसुक आसन दिला।
परसतो लोग के जनक राजा, उथा बलाव करला॥ ९९ ॥
मान ले पतरी पड़ते जाए, सोभा बरन रहे।
मनी चो पान सोन चो सिलिक, देउन बनालो रहे॥ १०० ॥

३२८ दार-भात गाय घीव पबितर, सुवाद जिनिस सपा।
चतुर धरमी सुवार गोहड़ा, डंडिक ने परसला सपा॥ १०१ ॥

पाँच कवरा के करून फेर, जेवन करूक धरला।
खातो पाहार भाड़तो सुनसोत, मया ने मगन होला॥ १०२ ॥
बरन अमरित माहा राँधा, परसुन रहत उथा।
जेचो रकम गुन सुवाद, सांगुक नीहोय एथा॥ १०३ ॥
चतुर सुआर बरन बानी, पकवान परसते जासोत।
जेचो नावँ के सांगुक नीहोय, असन के देते जासोत॥ १०४ ॥

परुसन लगे सुआर सुजाना। बिंजन बिबिध नाम को जाना॥
चारि भाँति भोजन बिधि गाई। एक एक बिधि बरनि न जाई॥ २॥

छरस रुचिर बिंजन बहु जाती। एक एक रस अगनित भाँती॥
जेवँत देहिं मधुर धुनि गारी। लै लै नाम पुरुष अरु नारी॥ ३॥

समय सुहावनि गारि बिराजा। हँसत राउ सुनि सहित समाजा॥
एहि बिधि सबहीं भोजनु कीन्हा। आदर सहित आचमनु दीन्हा॥ ४॥

दो०– देइ पान पूजे जनक दसरथु सहित समाज।
जनवासेहि गवने मुदित सकल भूप सिरताज॥ ३२९॥

चौ०– नित नूतन मंगल पुर माहीं। निमिष सरिस दिन जामिनि जाहीं॥
बड़े भोर भूपतिमनि जागे। जाचक गुन गन गावन लागे॥ १॥

देखि कुअँर बर बधुन्ह समेता। किमि कहि जात मोदु मन जेता॥
प्रातक्रिया करि गे गुरु पाहीं। महाप्रमोदु प्रेमु मन माहीं॥ २॥

करि प्रनामु पूजा कर जोरी। बोले गिरा अमिअँ जनु बोरी॥
तुम्हरी कृपाँ सुनहु मुनिराजा। भयउँ आजु मैं पूरन काजा॥ ३॥

अब सब बिप्र बोलाइ गोसाईं। देहु धेनु सब भाँति बनाईं॥
सुनि गुर करि महिपाल बड़ाई। पुनि पठए मुनिबृंद बोलाई॥ ४॥

दो०– बामदेउ अरु देवरिषि बालमीकि जाबालि।
आए मुनिबर निकर तब कौसिकादि तपसालि॥ ३३०॥

चौ०– दंड प्रनाम सबहि नृप कीन्हे। पूजि सप्रेम बरासन दीन्हे॥
चारि लच्छ बर धेनु मगाईं। काम सुरभि सम सील सुहाईं॥ १॥

[१]चार रकम चो जिनिस जे, रांधा ने सागलो आसे।
गोटोक गोटोक के सांगुक नीहोय, इतरो जिनिस आसे॥ १०५॥
[२]छय रस खुबे रकम ले, नंगत सुआद चो आसोत।
गोटोक गोटोक रस उपरे, अनगिनत रकम आसोत॥ १०६॥
खातो-दाँय मनुख मनचो, नावँ धरून-धरून।
मेहरारमन भाड़ते जासोत, बरन राग थरून॥ १०७॥
बेरा दखुन नंगत लागेसे, निको सोभा चो गारी।
समाज संगे राजा हाँससोत, सुनुन तिहँचो गारी॥ १०८॥
असन रीती ले सपा-झन, सारला जेवन करून।
मान करते हात-मुँह धोउक, सारला पानी देऊन॥ १०९॥

३२९ बीड़ापान सुपारी देऊन, राजा चो पूजा करला।
चकरबरती हरीक होऊन, जनवास बाट चलला॥ ११०॥

जनकपुर ने रोजे सुभ चो, नवा उच्छब होए।
डंडिक बेरा दिनरात माहा, रोजे नाहकुन जाए॥ १११॥
राजामन चो मुकुट-मनी, बिहान पहाते चेतला।
भाटपड़ेहार तिहँचो गुन चो, गीत गाउक धरला॥ ११२॥
चारों बेटा के बहूमन संगे, मन ने आपलो दखुन।
जितरो हरीक होते जासोत, सांगुक नीहोय बलुन॥ ११३॥
बिहान चो सपा करम सारून, गुरू महराज लग गेला।
मन ने तिहँचो हरीक खुबे, जिदलदाँय गेला॥ ११४॥
पायँ पड़ुन पूजा करून, बलला जोड़ुन हात।
होली एदाँय पूरनकाम, तुमचो किरपाले आज॥ ११५॥
स्वामी सपा बाम्हनमन के, बलाउन भाती तुमी।
गाहना कपड़ा सजलो गायके, देते जाहा तुमी॥ ११६॥
सुनुन गुरू हरीकमन ले, राजा चो बड़ई करला।
फेर सपा रिसी मुनी चो, उथा बलाव करला॥ ११७॥

३३० बामदेव नारद बालमिकी, जाबिल कौसिक मुनी।
कूढ़ा-कूढ़ा अमरून गेला, नंगत तपसी मुनी॥ ११८॥

मुनीमन चो डंडासरन, पायँ पड़ला राजा।
मया ले पूजा करून भाती, आसन दिला राजा॥ ११९॥
नंगत टकर चो सम्हरालो, चार लाख सुंदर गाय।
गाहना कपड़ा ले सिंगार करून, कामधेनू माहा गाय॥ १२०॥

---

१. चार रकम चो खातों जिनिसः–चाबुन खातोर, कुहकुन खातोर, चातुन खातोर आरू पीउन खातोर।
२. छय रकम चो रस–(१) पीता (२) चुरपुर (३) आमट (४) मीठ (५) कसा (६) नोनहा।

सब बिधि सकल अलंकृत कीन्हीं। मुदित महिप महिदेवन्ह दीन्हीं॥
करत बिनय बहु बिधि नरनाहू। लहेउँ आजु जग जीवन लाहू॥ २॥

पाइ असीस महीसु अनंदा। लिए बोलि पुनि जाचक बृंदा॥
कनक बसन मनि हय गय स्यंदन। दिए बूझि रुचि रबिकुलनंदन॥ ३॥

चले पढ़त गावत गुन गाथा। जय जय जय दिनकर कुल नाथा॥
एहि बिधि राम बिआह उछाहू। सकइ न बरनि सहस मुख जाहू॥ ४॥

दो०– बार बार कौसिक चरन सीसु नाइ कह राउ।
यह सबु सुखु मुनिराज तव कृपा कटाच्छ पसाउ॥ ३३१॥

चौ०– जनक सनेहु सीलु करतूती। नृपु सब भाँति सराह बिभूती॥
दिन उठि बिदा अवधपति मागा। राखहिं जनकु सहित अनुरागा॥ १॥

नित नूतन आदरु अधिकाई। दिन प्रति सहस भाँति पहुनाई॥
नित नव नगर अनंद उछाहू। दसरथ गवनु सोहाइ न काहू॥ २॥

बहुत दिवस बीते एहि भाँती। जनु सनेह रजु बँधे बराती॥
कौसिक सतानंद तब जाई। कहा बिदेह नृपहि समुझाई॥ ३॥

अब दसरथ कहँ आयसु देहू। जद्यपि छाड़ि न सकहु सनेहू॥
भलेहिं नाथ कहि सचिव बोलाए। कहि जय जीव सीस तिन्ह नाए॥ ४॥

दो०– अवधनाथु चाहत चलन भीतर करहु जनाउ।
भए प्रेमबस सचिव सुनि बिप्र सभासद राउ॥ ३३२॥

चौ०– पुरबासी सुनि चलिहि बराता। बूझत बिकल परस्पर बाता॥
सत्य गवनु सुनि सब बिलखाने। मनहुँ साँझ सरसिज सकुचाने॥ १॥

जहँ जहँ आवत बसे बराती। तहँ तहँ सिद्ध चला बहु भाँती॥
बिबिध भाँति मेवा पकवाना। भोजन साजु न जाइ बखाना॥ २॥

भरि भरि बसहँ अपार कहारा। पठईं जनक अनेक सुसारा॥
तुरग लाख रथ सहस पचीसा। सकल सँवारे नख अरु सीसा॥ ३॥

मंजपुर चो देव-मन के दिला, हरीक मन ले राजा।
जीवतो लाभ के आज पावले, बिनाते बलत राजा॥ १२१॥
आसीरबाद पाउन भाती, हरीक होला राजा।
माँगाखया मन चो फेर, बलाव करला राजा॥ १२२॥
तिहँचो मन चो पूछून-पूछून, राजा देते जाओत।
सोन, कपड़ा, घोड़ा, हाथी, मनी रथ देते जाओत॥ १२३॥
सपा गुन कथा बलते गाते, जय जय बलते जासोत।
रधुकुल चो मालिक चो सपा, जय जय बलते जासोत॥ १२४॥
असन रकम ले राम चो बिहा, सुंदर हरीक होली।
हजार मुँह चो सेस सांगुन, नी पुरदे जसन होली॥ १२५॥

३३१ बिस्वामित्र पायँ ने घनघड़ी, राजा माथा टेकुन।
तुम चो किरपा ले सुख परसाद, पाव ले हरीक होउन॥ १२६॥

* बरात विदाई *

जनक चो मया करनी मान के, राजा बलसोत सहराउन।
बिदा माँगासोत दसरथ राजा, रोजे बिहाने उठुन॥ १॥
जनक थेबाते जासोन मया ले, हुसनेय मान बाढ़े।
हजारों रकम ले मान-दान, नवा हरीक बाढ़े॥ २॥
दसरथ जातोर काकेय नी भाय, गेली खुब दिन नाहुकुन।
लागे बरतया मया डोर ने, आसोत, बाँधी होउन॥ ३॥
कौसिक सतानंद समझाबला, जनक राजा के जाउन।
मया नी छांडुक सकास बले, देहा राजा के हुकुम॥ ४॥
देवानमन चो बलाव करला, जनक आले बलते।
अमरून देवान माथा लवाँला, जय-जीव बलते॥ ५॥

३३२ परभू अवध जाउक दखसोत, रनवास देहा खबर।
बाम्हन देवान दरबारी मया ने, पड़ला सुनते खबर॥ ६॥

बरात जातो खबर सुनुन, सहरेया बोमरून पूछत।
सते आय जातोर सुनते, उदास होउन पूछत॥ ७॥
जसन सांझे पुड़न कोमजेसे, सुनतेय सपा होला।
बरतेया-मन बाट सीधा जोड़ुन, सपा पठाते गेला॥ ८॥
बरन मेवा पकवान रांधा, जेके सांगुक नी होए।
अनगिनत बैला कहार ने जोड़ुन, उथा अमतोर होए॥ ९॥
सुंदर डसना पलंग जोड़ला, घोड़ा रहोत लाख।
पचीस हजार रथ सम्हराउन, पठाला बरतिया बाट॥ १०॥

मत्त सहस दस सिंधुर साजे। जिन्हहि देखि दिसिकुंजर लाजे॥
कनक बसन मनि भरि भरि जाना। महिषीं धेनु बस्तु बिधि नाना॥ ४॥

दो०– दाइज अमित न सकिअ कहि दीन्ह बिदेहँ बहोरि।
जो अवलोकत लोकपति लोक संपदा थोरि॥ ३३३॥

चौ०– सबु समाजु एहि भाँति बनाई। जनक अवधपुर दीन्ह पठाई॥
चलिहि बरात सुनत सब रानीं। बिकल मीनगन जनु लघु पानीं॥ १॥

पुनि पुनि सीय गोद करि लेहीं। देइ असीस सिखावनु देहीं॥
होएहु संतत पियहि पिआरी। चिरु अहिबात असीस हमारी॥ २॥

सासु ससुर गुर सेवा करेहू। पति रुख लखि आयसु अनुसरेहू॥
अति सनेह बस सखीं सयानी। नारि धरम सिखवहिं मृदु बानी॥ ३॥

सादर सकल कुअँरि समुझाईं। रानिन्ह बार बार उर लाईं॥
बहुरि बहुरि भेटहिं महतारीं। कहहिं बिरंचि रचीं कत नारीं॥ ४॥

दो०– तेहि अवसर भाइन्ह सहित रामु भानु कुल केतु।
चले जनक मंदिर मुदित बिदा करावन हेतु॥ ३३४॥

चौ०– चारिउ भाइ सुभायँ सुहाए। नगर नारि नर देखन धाए॥
कोउ कह चलन चहत हहिं आजू। कीन्ह बिदेह बिदा कर साजू॥ १॥

लेहु नयन भरि रूप निहारी। प्रिय पाहुने भूप सुत चारी॥
को जानै केहिं सुकृत सयानी। नयन अतिथि कीन्हे बिधि आनी॥ २॥

मरनसीलु जिमि पाव पिऊषा। सुरतरु लहै जनम कर भूखा॥
पाव नारकी हरिपदु जैसें। इन्ह कर दरसनु हम कहँ तैसें॥ ३॥

निरखि राम सोभा उर धरहू। निज मन फनि मूरति मनि करहू॥
एहि बिधि सबहि नयन फलु देता। गए कुअँर सब राज निकेता॥ ४॥

दो०– रूप सिंधु सब बंधु लखि हरषि उठा रनिवासु।
करहिं निछावरि आरती महा मुदित मन सासु॥ ३३५॥

दस हजार हाथी सम्हरालोर, दखले कोनिया लजात।
सोना कपड़ा रतन गाड़ी, भइँस गाय धरून जात॥ ११॥

३३३ अपार दाइज फेर जोड़ला, जेंके बलुक नीहोय।
धन दखुन लोकपालमन के, नानी जानुक होय॥ १२॥

अवधपुर पठाउन दिला, सपा जोड़ा जोड़ुन।
रानी रनवास बिकल होला, असन खबर सुनुन॥ १३॥
जसन खिंडिक पानी ने मछरी, छटपटाउन जासोत।
कोरा ने सीता के धरून भाती, गियान सिखाते जासोत॥ १४॥
बरहमेस मुनीस चो मयादार, होउन भाती रसे।
आमचो आसीस इतरोय आय, सुहाग ले भरपूर रसे॥ १५॥
सास ससुर गुरु जो सेवा, हमेस करसे तुई।
मुनीस चो टकर हुकुम ऊपर, रहुन मानसे तुई॥ १६॥
सियान-सखी मया ने होउन, सिखासोत मेहरार धरम।
मान-मया ले बेटीमन के, घनघड़ी सांगत धरम॥ १७॥
मायमन घनघड़ी भेटते जासोत, सिखासोत बलसोत।
ब्रह्मा कायकाज मेहरार जात, सवँसारे गढ़लो बलसोत॥ १८॥

३३४ सूरुज कुल चो बैरख राम, भाइमन संग हरीक।
बिदा माँगुक रनवास बाटे, चलला हरीक-हरीक॥ १९॥

टकर ले सुंदर चारों भाई के, मनुख मेहरार दखुक।
आज जादे बलते बलते, पराते जासोत दखुक॥ २०॥
जनक बिदई चो जोड़ा जोड़ला, एदाँय जादे सगा।
आइँख भरतले दरसन करा, चारों लाल आत सगा॥ २१॥
सखी कोन जाने कोन पुन ले, भगवान आनुन भाती।
जनकपुर ले सगा जोड़ला, एमन के मानुन भाती॥ २२॥
मरू जसन अमरित पाएसे, कलपरूख भुकेला पाए।
नरक ने पड़लो जीव जसन, भगवान पद पाए॥ २३॥
अस ने राम चो दरसन होली, सोभा के हिरदे धरा।
मन के साँप बनाउन भाती, मनी माहा धरा॥ २४॥
असन सपा चो आइँख के, फल देते जासोत।
महल भीतरे चारों गेला, जे नंगत फल दे सोत॥ २५॥

३३५ रूप ले सुंदर चारों भाई के, दखुन रनवास हरीक।
नछावर करसोत आरती करसोत, सतरीमन हरीक॥ २६॥

मगन होला राम छबि के, दखुन-दखुन सपा।
मया ले घनघड़ी पायँ के, पोटारते जासोत सपा॥ २७॥

चौ०– देखि राम छबि अति अनुरागीं। प्रेमबिबस पुनि पुनि पद लागीं॥
रही न लाज प्रीति उर छाई। सहज सनेहु बरनि किमि जाई॥ १॥

भाइन्ह सहित उबटि अन्हवाए। छरस असन अति हेतु जेवाँए॥
बोले रामु सुअवसरु जानी। सील सनेह सकुचमय बानी॥ २॥

राउ अवधपुर चहत सिधाए। बिदा होन हम इहाँ पठाए॥
मातु मुदित मन आयसु देहू। बालक जानि करब नित नेहू॥ ३॥

सुनत बचन बिलखेउ रनिवासू। बोलि न सकहिं प्रेमबस सासू॥
हृदयँ लगाइ कुअँरि सब लीन्ही। पतिन्ह सौंपि बिनती अति कीन्ही॥ ४॥

छं०– करि बिनय सिय रामहि समरपी जोरि कर पुनि पुनि कहै।
बलि जाउँ तात सुजान तुम्ह कहुँ बिदित गति सब की अहै॥

परिवार पुरजन मोहि राजहि प्रानप्रिय सिय जानिबी।
तुलसीस सीलु सनेहु लखि निज किंकरी करि मानिबी॥

सो०– तुम्ह परिपूरन काम जान सिरोमनि भावप्रिय।
जन गुन गाहक राम दोष दलन करुनायतन॥ ३३६॥

चौ०– अस कहि रही चरन गहि रानी। प्रेम पंक जनु गिरा समानी॥
सुनि सनेहसानी बर बानी। बहुबिधि राम सासु सनमानी॥ १॥

राम बिदा मागत कर जोरी। कीन्ह प्रनामु बहोरि बहोरी॥
पाइ असीस बहुरि सिरु नाई। भाइन्ह सहित चले रघुराई॥ २॥

मंजु मधुर मूरति उर आनी। भईं सनेह सिथिल सब रानी॥
पुनि धीरजु धरि कुअँरि हँकारीं। बार बार भेटहिं महतारीं॥ ३॥

पहुँचावहिं फिरि मिलहिं बहोरी। बढ़ी परस्पर प्रीति न थोरी॥
पुनि पुनि मिलत सखिन्ह बिलगाई। बाल बच्छ जिमि धेनु लवाई॥ ४॥

हिरदे ने असन मया भरली, लाज बल उठुन गेली।
टकर चो मया के कसन सांगो, रनवास भुरलुन गेली॥ २८॥
चिकसा करून चारों भाई के, नहाला नंगत करून।
भारी मया ले छयरस चो, खवाला रांधा करून॥ २९॥
नंगत बेरा के दखुन भाती, राम झझकते बलला।
सतरीमन के मया गोठ ले, हरीक होते बलला॥ ३०॥
बाबा अवध जाउक दखसोत, मांगुन भाती बिदा।
आमके पठालासोत एइकाजे, इलूसे मांगुक बिदा॥ ३१॥
सपा आया हरीक मन ले, हुकुम दिआ तुमी।
पिला जानुन बनाउन राखासे, हमेस मया तुमी॥ ३२॥
ए गोठ के सुनते रनवास, उदास होउन गेली।
मया चो मारे सतरी मन चो, निकरे नाईं बोली॥ ३३॥
बेटीमन के छाती संगे, लेपटाउन भाती धरला।
तिहँचो दुलहामन के सोपुन, खुबे बिन्ती केरला॥ ३४॥
सीता के राम लगे सोपुन, हात जोडुन बलली।
बेटा सुजान बलिहारी जायँ, सपा के जानास बलली॥ ३५॥
कुटुम राज चो लोगमन काजे, जीव माहा एके जाना।
आमचो काजे बले सीता के, जीव ले आगर माना॥ ३६॥
तुलसी चो भगवान सीता चो, गुन टकर के दखुन।
आपलो टाहला करु माहा, राखासे तुमी मानुन॥ ३७॥

३३६ तुमी पूरन-काम सुजान, मुकुट चो मनी राम।
भगत के मानू दोस के सारु, आहास दया चो धाम॥ ३८॥

असन बलते पायँ के धरुन, रानी ओगाय होली।
जसन आपलो मया चिखला ने, एकेदाँय सामुन गेली॥ ३९॥
मया मिसालो नंगत गोठ के, सुनुन भगवान राम।
सतरी चो लुबे मान करला, हात जोहुन राम॥ ४०॥
बिदई मांगतो-दाँय घनघड़ी, परनाम करला राम।
आसीस धरुन मुंड लवाँउन, भाई सग चलला राम॥ ४१॥
मया ले मूरित हिरदे धरुन, ओगाय होला सपा।
धीरज करते बाबीमन संग, भेटला आया सपा॥ ४२॥
बेटीमन के छांडुन फिरसोत, फेर उल्टुन भेटसोत।
एक-दूसर ले मया बाढ़े, जसने फेर भेटसोत॥ ४३॥
घनघड़ी भेटू आयामन के, सखी अलगाउन दिला।
तुरते पकालो गाय ले पिला के, जसन अलगाउन दिला॥ ४४॥

दो०– प्रेमबिबस नर नारि सब सखिन्ह सहित रनिवासु।
मानहुँ कीन्ह बिदेहपुर करुनाँ बिरहँ निवासु॥ ३३७॥

चौ०– सुक सारिका जानकी ज्याए। कनक पिंजरन्हि राखि पढ़ाए॥
ब्याकुल कहहिं कहाँ बैदेही। सुनि धीरजु परिहरइ न केही॥ १॥

भए बिकल खग मृग एहि भाँती। मनुज दसा कैसें कहि जाती॥
बंधु समेत जनकु तब आए। प्रेम उमगि लोचन जल छाए॥ २॥

सीय बिलोकि धीरता भागी। रहे कहावत परम बिरागी॥
लीन्हि रायँ उर लाइ जानकी। मिटी महामरजाद ग्यान की॥ ३॥

समुझावत सब सचिव सयाने। कीन्ह बिचारु न अवसर जाने॥
बारहिं बार सुता उर लाईं। सजि सुंदर पालकीं मगाईं॥ ४॥

दो०– प्रेमबिबस परिवारु सबु जानि सुलगन नरेस।
कुअँरि चढ़ाईं पालकिन्ह सुमिरे सिद्धि गनेस॥ ३३८॥

चौ०– बहुबिधि भूप सुता समुझाईं। नारिधरमु कुलरीति सिखाईं॥
दासीं दास दिए बहुतेरे। सुचि सेवक जे प्रिय सिय केरे॥ १॥

सीय चलत ब्याकुल पुरबासी। होहिं सगुन सुभ मंगल रासी॥
भूसुर सचिव समेत समाजा। संग चले पहुँचावन राजा॥ २॥

समय बिलोकि बाजने बाजे। रथ गज बाजि बरातिन्ह साजे॥
दसरथ बिप्र बोलि सब लीन्हे। दान मान परिपूरन कीन्हे॥ ३॥

चरन सरोज धूरि धरि सीसा। मुदित महीपति पाइ असीसा॥
सुमिरि गजाननु कीन्ह पयाना। मंगल मूल सगुन भए नाना॥ ४॥

दो०– सुर प्रसून बरषहिं हरषि करहिं अपछरा गान।
चले अवधपति अवधपुर मुदित बजाइ निसान॥ ३३९॥

चौ०– नृप करि बिनय महाजन फेरे। सादर सकल मागने टेरे॥
भूषन बसन बाजि गज दीन्हे। प्रेम पोषि ठाढ़े सब कीन्हे॥ १॥

३३७ मेहरार मनुख सखीमन संगे, रनवास असन होएसे।
जसन मया छांडी होलोर दुख, डेरा धरून आसे॥ ४५॥

सीताजी चो खोआलो पढ़ालो, मयना रूपू जे रहोत।
वैदेही कहाँ आसे गोठ, बिकल होउन बलोत॥ ४६॥
असन गोठ के सुनुन धीरज, काके नी छांडुन देएदे।
पसु चड़ई जे असन बिकल, मनुख चो कोन बलेदे॥ ४७॥
आपलो भाई संगे जनक राजा, हुनी ठान ने इला।
मया चो मारे उमडुन भाती, आइँख भरुन गेला॥ ४८॥
बड़े बैरागी जीव कहाऊ राजा, सीता बेटी के दखुन।
तिहँचो बले धीर न गेली, पुरे बेटी के दखुन॥ ४९॥
जानकी के आपलो छाती संगे, लेपटाउन भाती धरला।
गियान मरजाद उठुन गेली, देवान समझाउक धरला॥ ५०॥
तेबे राजा दुख करतो चो, बेरा नोआय जानुन।
घनघड़ी हिरदे ले पोटारुन, डोली मंगावला बलुन॥ ५१॥

३३८ सपा कुटुम मया चो हाते, मुहरूत जानुन राजा।
सिध्दि गनेस के सुमरुन भाती, डोली बसावला राजा॥ ५२॥

समझाला राजा बेटीमन के, कइ रकम ले नीती।
मेहरार जात चो धरम संगे, सांगत कुल चो रीती॥ ५३॥
दास दासी खुबे दिला, मयादार जे रहोत।
सीता संगे भरोसा चो, लाइक जेमन रहोत॥ ५४॥
बाम्हन देवान-मन संगे, राजा जनक आपन।
अमरातो काजे संगे जाओत, लोगमन संग आपन॥ ५५॥
बाजा बजाउक हुकुम दिला, बरतेया लोग सजते।
हाथी, रथ, घोड़ा सम्हरावत, जातो काजे हिटते॥ ५६॥
दसरथ राजा बाम्हनमन के, बलाउन दान करला।
दान मान ले सपायझन के, पूरन करून दिला॥ ५७॥
पायँ धुरला के माथा चेधाउन, आसीस पाउन राजा।
हरीक होते गनेस के बिनाउन, निसकला अवध राजा॥ ५८॥

३३९ फूल बरसासोत हरीक ले देव, अपसरा गीत गासोत।
राजा दसरथ नंगारा पेटाते, अवधपुरी जासोत॥ ५९॥

मान चो लाइक लोगमन के, फिरला बिन्ती करून।
मांगाखायामन के मया ले, गाहना कपड़ा देऊन॥ ६०॥

बार बार बिरिदावलि भाषी। फिरे सकल रामहि उर राखी॥
बहुरि बहुरि कोसलपति कहहीं। जनकु प्रेमबस फिरै न चहहीं॥ २॥

पुनि कह भूपति बचन सुहाए। फिरिअ महीस दूरि बड़ि आए॥
राउ बहोरि उतरि भए ठाढ़े। प्रेम प्रबाह बिलोचन बाढ़े॥ ३॥

तब बिदेह बोले कर जोरी। बचन सनेह सुधाँ जनु बोरी॥
करौं कवन बिधि बिनय बनाई। महाराज मोहि दीन्हि बड़ाई॥ ४॥

दो०– कोसलपति समधी सजन सनमाने सब भाँति।
मिलनि परसपर बिनय अति प्रीति न हृदयँ समाति॥ ३४०॥

चौ०– मुनि मंडलिहि जनक सिरु नावा। आसिरबादु सबहि सन पावा॥
सादर पुनि भेंटे जामाता। रूप सील गुन निधि सब भ्राता॥ १॥

जोरि पंकरुह पानि सुहाए। बोले बचन प्रेम जनु जाए॥
राम करौं केहि भाँति प्रसंसा। मुनि महेस मन मानस हंसा॥ २॥

करहिं जोग जोगी जेहि लागी। कोहु मोहु ममता मदु त्यागी॥
ब्यापकु ब्रह्मु अलखु अबिनासी। चिदानंदु निरगुन गुनरासी॥ ३॥

मन समेत जेहि जान न बानी। तरकि न सकहिं सकल अनुमानी॥
महिमा निगमु नेति कहि कहई। जो तिहुँ काल एकरस रहई॥ ४॥

दो०– नयन बिषय मो कहुँ भयउ सो समस्त सुख मूल।
सबइ लाभु जग जीव कहँ भएँ ईसु अनुकूल॥ ३४१॥

चौ०– सबहि भाँति मोहि दीन्हि बड़ाई। निज जन जानि लीन्ह अपनाई॥
होहिं सहस दस सारद सेषा। करहिं कलप कोटिक भरि लेखा॥ १॥

मोर भाग्य राउर गुन गाथा। कहि न सिराहिं सुनहु रघुनाथा॥
मैं कछु कहउँ एक बल मोरें। तुम्ह रीझहु सनेह सुठि थोरें॥ २॥

राम के आपलो हिरदे धरून, कीरति गावते फिरला।
दसरथ घनघड़ी बललोने बल, जनक नी फिरला॥ ६१॥
मन भावतो गोठ के दसरथ, जनक राजा के बलला।
राजा खुबे लाफी इलास, फिरा एदाँय बलला॥ ६२॥
रथ ले उतरून उबा होला, दसरथ राजा पुरे।
जनक आइँख ले मया फूटुन, इली सपा चो पूरे॥ ६३॥
अमरित बुड़ालो माहा गोठ, जनक राजा बलला।
कसन करुन बिन्ती करें, हात जोड़ुन बलला॥ ६४॥
कसन गोठ के बनाउन भाती, बिनती करें देव।
तुमी मोके खुबे बड़े बनाउन दिलास देव॥ ६५॥

३४० सपा रकम समधी चो, राजा मान करला।
हिरदे ने मया नी सामे, असन रीती करला॥ ६६॥

पायँ पड़ला मुनोमन चो, आसीस पावला जनक।
रूप गुन टकर चो धाम, चारों ले भेटला जनक॥ ६७॥
पूड़न माहा हात के जोड़ुन, दमांद मन के बलला।
जसन मया ले जनमलो आसे, असन गोठ के बलला॥ ६८॥
कोन रकम ले मयँ गुन के बलें, राम एदाँय तुमचो।
महेस मुनी मानसरोवर ने, हाँसा आहास मन चो॥ ६९॥
जोगी-मन हमेस जेचो काजे, रसोत जोग ने मांडुन।
रीस मोह माया घमंड, सपा अवगुन छांडुन॥ ७०॥
गुलाय बियापू गियान चो भंडार, जेचो नीआय नास।
गोठ नाहलो ब्रह्म निरगुन, गुन चो भंडार आहास॥ ७१॥
मन संगे जेके गोठ नी जाने, अबगो धोकुन रसोत।
जेचो काईं जोड़ नीआय, बेद नेती बलसोत॥ ७२॥

३४१ तीनो काल ने सपा रकम ले, बिकार नाहलोहमेस तुमी।
हुनी मोचो आइँख लाभ काजे, सदा सुख चो जड़ तुमी॥ ७३॥

भगवान साहा रलो ने जीव के, लाभे-लाभ आय सपा।
आपलो भगत मानुन धरलास, मान दिलास सापा॥ ७४॥
दस हजार सेस सरसती होउन, कोटी कलप हिसाबते रदे।
तुमचो गुन आरू मोचो भाग के, बलुन सारुक नी सकदे॥ ७५॥
मय जे काई बल बलते जाएँसे, हुन गोटकी सकत आय।
रघुनाथ तुमी खिंडिक मया ले, हरीक होऊ आहास॥ ७६॥
धनघड़ी हात जोड़ुन मांगेसे, बिन्ती सुना राम मोचो।
भुलकुन बले तुमचो पायँ के, नी छांड़ो मन मोचो॥ ७७॥

बार बार मागउँ कर जोरें। मनु परिहरै चरन जनि भोरें॥
सुनि बर बचन प्रेम जनु पोषे। पूरनकाम रामु परितोषे॥ ३॥

करि बर बिनय ससुर सनमाने। पितु कौसिक बसिष्ठ सम जाने॥
बिनती बहुरि भरत सन कीन्ही। मिलि सप्रेमु पुनि आसिष दीन्ही॥ ४॥

दो०– मिले लखन रिपुसूदनहि दीन्हि असीस महीस।
भए परसपर प्रेमबस फिरि फिरि नावहिं सीस॥ ३४२॥

चौ०– बार बार करि बिनय बड़ाई। रघुपति चले संग सब भाई॥
जनक गहे कौसिक पद जाई। चरन रेनु सिर नयनन्ह लाई॥ १॥

सुनु मुनीस बर दरसन तोरें। अगमु न कछु प्रतीति मन मोरें॥
जो सुखु सुजसु लोकपति चहहीं। करत मनोरथ सकुचत अहहीं॥ २॥

सो सुखु सुजसु सुलभ मोहि स्वामी। सब सिधि तव दरसन अनुगामी॥
कीन्हि बिनय पुनि पुनि सिरु नाई। फिरे महीसु आसिषा पाई॥ ३॥

चली बरात निसान बजाई। मुदित छोट बड़ सब समुदाई॥
रामहि निरखि ग्राम नर नारी। पाइ नयन फलु होहिं सुखारी॥ ४॥

दो०– बीच बीच बर बास करि मग लोगन्ह सुख देत।
अवध समीप पुनीत दिन पहुँची आइ जनेत॥ ३४३॥

चौ०– हने निसान पनव बर बाजे। भेरि संख धुनि हय गय गाजे॥
झाँझि बिरव डिंडिमीं सुहाई। सरस राग बाजहिं सहनाई॥ १॥

पुर जन आवत अकनि बराता। मुदित सकल पुलकावलि गाता॥
निज निज सुंदर सदन सँवारे। हाट बाट चौहट पुर द्वारे॥ २॥

गलीं सकल अरगजाँ सिंचाईं। जहँ तहँ चौकें चारु पुराईं॥
बना बजारु न जाइ बखाना। तोरन केतु पताक बिताना॥ ३॥

मया ले पक्की बरकस रहे जे, जनक चो गोठ सुनुन।
हरीक होला पूरनकाम राम, नंगत गोठ के सुनुन॥ ७८॥
कौसिक बसिष्ठ माहा जानुन, बाबा दसरथ माहा मानुन।
राम आपलो सतरा जनक के, मान-करला नंगत मानुन॥ ७९॥
भरत लाल के भेटुन भाती, बिन्ती करला राजा।
हरीक मन ले मया ने होउन, आसीस दिला राजा॥ ८०॥

३४२ लछमन सतरुघन ले भेटुन, राजा आसीस दिला।
एक-दूसर के माथा लवाँउन, मया ने भरुन गेला॥ ८१॥

बिनाते मान-करते राम, भाइमन संग चलला।
कौसिक पायँ के धरुन जनक, धुरला आइँख ने दिला॥ ८२॥
बलला मुनी सुना तुमचो, दरसन ले सपा मिरे।
मन ने पूरा बिस्वास आसे, सुंदर लाभ मिरे॥ ८६॥
जे सुख जस लोकपाल-मन, मन ले डगराते रसोत।
मान्तर नी मिरेदे समझुन, लजाउन भाती रसोत॥ ८४॥
परभू हुनी जस सुख, मोके मिरली सहज।
तुमचो पाठ हिंडया आसोत, आठों सिद्धि सहज॥ ८५॥
असन घनघड़ी बिनाउन, मुँड लवाँउन भाती।
राजा जनक फिरला फेर, आसीस पाउन भाती॥ ८६॥
डंका पेटते बरात चलली, सपाय हरीक रहोत।
राम के दखुन गाँव-गाँव चो, लोग सुखी होओत॥ ८७॥

३४३ ठान-ठान के बाट गुलाय, लोग सुख देते।
पबितर दिन ने अवध लगे, अमरला पड़ाव करते॥ ८८॥

अयोधिया ने परघाव

नंगारा के मार पड़े रोस ले, ढोल सुँदर बाजत।
तोडी संख चो गरजना भारी, हाथी घोड़ा गरजत॥ १॥
मोहरी ढपड़ा झांझ बजाओत, सुंदर राग धरून।
बरात अमरतोर के जानला लोग, हरीक होसत सुनुन॥ २॥
देहें सीतकाटा मारे सपा चो, घर हाट सजाउन दिला।
जोड़ान-बाट खोर सपा के, सुंदर बनाउन दिला॥ ३॥
बरन गंध चो छड़ा छिचाउन, चउँक दिला गुलाय।
तोरन, झंडी, बैरख, मांडो, सोहे सहर गुलाय॥ ४॥
मौलसिरी कदम आमा सुपारी, केरा बरूण रूख।
पाक संगे-सग सजालासोत, भुँइ के छीसोत रूख॥ ५॥

सफल पूगफल कदलि रसाला। रोपे बकुल कदंब तमाला॥
लगे सुभग तरु परसत धरनी। मनिमय आलबाल कल करनी॥ ४॥

दो०– बिबिध भाँति मंगल कलस गृह गृह रचे सँवारि।
सुर ब्रह्मादि सिहाहिं सब रघुबर पुरी निहारि॥ ३४४॥

चौ०– भूप भवन तेहि अवसर सोहा। रचना देखि मदन मनु मोहा॥
मंगल सगुन मनोहरताई। रिधि सिधि सुख संपदा सुहाई॥ १॥

जनु उछाह सब सहज सुहाए। तनु धरि धरि दसरथ गृहँ छाए॥
देखन हेतु राम बैदेही। कहहु लालसा होहि न केही॥ २॥

जुथ जूथ मिलि चलीं सुआसिनि। निज छबि निदरहिं मदन बिलासिनि॥
सकल सुमंगल सजें आरती। गावहिं जनु बहु बेष भारती॥ ३॥

भूपति भवन कोलाहलु होई। जाइ न बरनि समउ सुखु सोई॥
कौसल्यादि राम महतारीं। प्रेमबिबस तन दसा बिसारीं॥ ४॥

दो०– दिए दान बिप्रन्ह बिपुल पूजि गनेस पुरारि।
प्रमुदित परम दरिद्र जनु पाइ पदारथ चारि॥ ३४५॥

चौ०– मोद प्रमोद बिबस सब माता। चलहिं न चरन सिथिल भए गाता॥
राम दरस हित अति अनुरागीं। परिछनि साजु सजन सब लागीं॥ १॥

बिबिध बिधान बाजने बाजे। मंगल मुदित सुमित्राँ साजे॥
हरद दूब दधि पल्लव फूला। पान पूगफल मंगल मूला॥ २॥

अच्छत अंकुर लोचन लाजा। मंजुल मंजरि तुलसि बिराजा॥
छुहे पुरट घट सहज सुहाए। मदन सकुन जनु नीड़ बनाए॥ ३॥

सगुन सुगंध न जाहिं बखानी। मंगल सकल सजहिं सब रानी॥
रचीं आरतीं बहुत बिधाना। मुदित करहिं कल मंगल गाना॥ ४॥

दो०– कनक थार भरि मंगलन्हि कमल करन्हि लिएँ मात।
चलीं मुदित परिछनि करन पुलक पल्लवित गात॥ ३४६॥

सुंदर मनी-मोती चो डेंग, चँवरा बनालासोत।
बरन सुभ चो कलसा-मन के, घर-घर मंडालासोत॥ ६॥

३४४ रघुनाध चो पुरी अवध के, दखुन सपाय देव।
ब्रह्मा संगे दखुन-दखुन, इरखा होसोत देव॥ ७॥

राममहल चो सोभा तेबे, खुबे निको रहे।
कामदेव हुन सोभा दखुन, मोहाउन जाते रहे॥ ८॥
सुभ सगुन सोभा हरीक, धन सुख जितरो रहत।
छाई होलो माहा रिद्धि-सिद्धि, देंह घरुन रहत॥ ९॥
राम-सीता चो दरसन करूक, काके नी होएदे लोभ।
कूढ़ा-कूढ़ा होउन जासोत, सुहागिन मेहरार लोग॥ १०॥
कामदेव चो बायले रती, जेचो बड़े सोभा।
हुन बले लाज पाएसे, दखुन तिहँचो सोभा॥ ११॥
सुन्दर सुभ जिनिस आरती, धरुन गीत गासोत।
लागे सरसती कई भेस ने, उथा एउन आसोत॥ १२॥
हरीक चो मारे राजमहल ने, गुलाय कोल्हार होए।
सुभ सोभा सांगुक नीहोय, हुदलदाँय जे होए॥ १३॥
रामचंद चो सपाय आया, मया ने पड़ुन भाती।
देंह चेत के भुलकुन गेला, हरीक होउन भाती॥ १४॥

३४५ गनेस-सिव चो पूजा करून, दान बाम्हन के दिला।
दारदिर चारों जिनिस पाएसे, असन हरीक होला॥ १५॥

सपा चो देह सुन मारेसे, भारी हरीक होउन।
राम दरस काज मया ले तियार, परछन जोड़ा धरून॥ १६॥
बरन बानी सुभ चो जोड़ा, सुमित्रा सजाउन धरली।
दही दूबी पान सुपरी फूल, हरदी गोरोस धरली॥ १७॥
दही चाउर गउलोचन लाई, तुलसीदत्त-मन सुंदर।
बरन बानी चो सोन कलसा, सोभा जेचो सुंदर॥ १८॥
दखले लागेसे काम चो चड़ई, गुड़ा बनालोर आसे।
सांगुक नीहोय असन गंध, जे शुभ चो जोड़ा आसे॥ १९॥
सुभ जोड़ा संगे सपाय रानी, सज धज होउन भाती।
सुभ गीत के हरीक ले गासोत, आरती धरून भाती॥ २०॥

३४६ पूडनमाहा हात-मन ने, सोना थारी के धरून।
देह मन ले हरीक होउन, आयामन परछन करून॥ २१॥

घूप-धूंवा ले अध्यास रंग, होलीसे करेया असन।
उमडुन घुमडुन छाइ होली से, सावन बादरी असन॥ २२॥

चौ०– धूप धूम नभु मेचक भयऊ। सावन घन घमंडु जनु ठयऊ॥
सुरतरु सुमन माल सुर बरषहिं। मनहुँ बलाक अवलि मनु करषहिं॥ १॥

मंजुल मनिमय बंदनिवारे। मनहुँ पाकरिपु चाप सँवारे॥
प्रगटहिं दुरहिं अटन्ह पर भामिनि। चारु चपल जनु दमकहिं दामिनि॥ २॥

दुंदुभि धुनि घन गरजनि घोरा। जाचक चातक दादुर मोरा॥
सुर सुगन्ध सुचि बरषहिं बारी। सुखी सकल ससि पुर नर नारी॥ ३॥

समउ जानि गुर आयसु दीन्हा। पुर प्रबेसु रघुकुलमनि कीन्हा॥
सुमिरि संभु गिरिजा गनराजा। मुदित महीपति सहित समाजा॥ ४॥

दो०– होहिं सगुन बरषहिं सुमन सुर दुंदुभीं बजाइ।
बिबुध बधू नाचहिं मुदित मंजुल मंगल गाइ॥ ३४७॥

चौ०– मागध सूत बंदि नट नागर। गावहिं जसु तिहु लोक उजागर॥
जय धुनि बिमल बेद बर बानी। दस दिसि सुनिअ सुमंगल सानी॥ १॥

बिपुल बाजने बाजन लागे। नभ सुर नगर लोग अनुरागे॥
बने बराती बरनि न जाहीं। महा मुदित मन सुख न समाहीं॥ २॥

पुरबासिन्ह तब राय जोहारे। देखत रामहि भए सुखारे॥
करहिं निछावरि मनिगन चीरा। बारि बिलोचन पुलक सरीरा॥ ३॥

आरति करहिं मुदित पुर नारी। हरषहिं निरखि कुँअर बर चारी॥
सिबिका सुभग ओहार उघारी। देखि दुलहिनिन्ह होहिं सुखारी॥ ४॥

दो०– एहि बिधि सबही देत सुखु आए राजदुआर।
मुदित मातु परिछनि करहिं बधुन्ह समेत कुमार॥ ३४८॥

चौ०– करहिं आरती बारहिं बारा। प्रेमु प्रमोदु कहै को पारा॥
भूषन मनि पट नाना जाती। करहिं निछावरि अगनित भाँती॥ १॥

देव कलपरूख चो फूल गुथुन, माला बरसा करसोत।
लागे कोकोड़ा डांडमन के, आपलो बाटे करसोत॥ २३॥
सुन्दर मनी चो झंडी तोरन, इंदर चो धनउ माहा।
ढाबा-ढाबा झकमकसोत, मेहरार बिजली माहा॥ २४॥
नंगारा बादरी घड़ललो माहा, जाचक चो जस लागे।
मेंडका उसी मंजूर गागतो, सावन माहा लागे॥ २५॥
देव गंध चो बरसा करसोत, खेती माहा लोग।
हरीक होसोत मनुख मेहुरार, सहर-पुर चो लोग॥ २६॥
सहर भीतर जातो काजे, सुभ बेरा दखुन गुरु।
रघुकुलमनी के हुकुम दिला, हरीक बसिष्ठ गुरु॥ २७॥
सिव पारबती गनेस देव के, सुमरुन भाती राजा।
हरीक मन ले सहर भीतरे, गेला दसरथ राजा॥ २८॥

३४७ गुलाय सगुन फूल चो बरसा, देव नंगारा बजासोत।
देबी हरीक ले सुभ चो गीत, गाते नाचते जासोत॥ २९॥

भाट पड़ेहार नकलाहा लोग, राम चो जस गासोत।
जय-जय कोल्हार बेद बोली, तीनों लोक करसोत॥ ३०॥
दसों-खूट सुनइ पड़ेसे बाजा, जे बरन बजाते जासोत।
अकास ने देव नंगर ने लोग, मया ले मगन होसोत॥ ३१॥
बरतेया मन चो असन ठाठ, सांगुक नीहोय जेके।
मन ने लुबे हुरीक सुख, सांगुक बल नी सकें॥ ३२॥
पुर चो लोग राजा महराज के, जोहार करते जासोत।
रामचंद के दखुन भाती, हरीक होउन जासोत॥ ३३॥
मनी मोती सोन कपड़ा चो, निछावर करते जासोत।
आइँखमन ने मया चो पानी, देह ले हरीक होसोत॥ ३४॥
पुर चो मेहरार हरीक होउन, आरती करते जासोत।
सुंदर चारों लालमन के, दखुन हरीक होसोत॥ ३५॥
सुंदर डोलामन ने दखसोत कपड़ा के गुचाउन।
खूबे सुखी होउन जासोत, दुलहिनमन के दखुन॥ ३६॥

३४८ सिंगदेवड़ी लग अमरून गेला, सपा के हरीक करते।
परछन करसोत बेटा बहू चो, आया हरीक होते॥ ३७॥

मयँ हरीक के बलेया कोन, असन हरीक ने आसोत।
घनघड़ी इलो सपायझन, आरती करते जासोत॥ ३८॥
बरन, गाहना, कपड़ा, रतन, अनगिनत रकम जिनीस।
निछावर करते जासोत उथा, बरन अनमोल जिनीस॥ ३९॥

बधुन्ह समेत देखि सुत चारी। परमानंद मगन महतारी॥
पुनि पुनि सीय राम छबि देखी। मुदित सफल जग जीवन लेखी॥ २॥

सखीं सीय मुख पुनि पुनि चाही। गान करहिं निज सुकृत सराही॥
बरषहिं सुमन छनहिं छन देवा। नाचहिं गावहिं लावहिं सेवा॥ ३॥

देखि मनोहर चारिउ जोरीं। सारद उपमा सकल ढँढोरीं॥
देत न बनहिं निपट लघु लागीं। एकटक रहीं रूप अनुरागीं॥ ४॥

दो०– निगम नीति कुल रीति करि अरघ पाँवड़े देत।
बधुन्ह सहित सुत परिछि सब चलीं लवाइ निकेत॥ ३४९॥

चौ०– चारि सिंघासन सहज सुहाए। जनु मनोज निज हाथ बनाए॥
तिन्ह पर कुअँरि कुअँर बैठारे। सादर पाय पुनीत पखारे॥ १॥

धूप दीप नैबेद बेद बिधि। पूजे बर दुलहिनि मंगल निधि॥
बारहिं बार आरती करहीं। ब्यजन चारु चामर सिर ढरहीं॥ २॥

बस्तु अनेक निछावर होहीं। भरीं प्रमोद मातु सब सोहीं॥
पावा परम तत्त्व जनु जोगीं। अमृत लहेउ जनु संतत रोगीं॥ ३॥

जनम रंक जनु पारस पावा। अंधहि लोचन लाभु सुहावा॥
मूक बदन जनु सारद छाई। मानहुँ समर सूर जय पाई॥ ४॥

दो०– एहि सुख ते सत कोटि गुन पावहिं मातु अनंदु।
भाइन्ह सहित बिआहि घर आए रघुकुलचंदु॥ ३५० (क)॥

लोक रीत जननी करहिं बर दुलहिनि सकुचाहिं।
मोदु बिनोदु बिलोकि बड़ रामु मनहिं मुसकाहिं॥ ३५० (ख)॥

चौ०– देव पितर पूजे बिधि नीकी। पूजीं सकल बासना जी की॥
सबहिं बंदि मागहिं बरदाना। भाइन्ह सहित राम कल्याना॥ १॥

बहूमन संगे चारों बेटा के, दखुन आयामन।
खुबे हरीक ने सामुन गेला, सपाय आयामन॥ ४०॥
घनघड़ी सीताराम चो, छवि के दखुन-दखुन।
खुबे हरीक होते जासोत, जिवना सुफल मानुन॥ ४१॥
सीता मुँह के सपा सखीमन, घनघड़ी दखुन भाती।
आपलो पुन के सहरावसोत, गीत गाउन भाती॥ ४२॥
डंडिक-डंडिक ने फूल चो बरसा, देव करते जासोत।
सेवा करते नाचते गाते, हरीक होते जासोत॥ ४३॥
मनभाउ चारों जोड़ी के, दखन सरसती माता।
जोड़ चो गोठ बलुकलाय सबद नी पावली माता॥ ४४॥
जोड़ ने काई पुराउक नी सके, सपा नानी जान पड़त।
हारुन राम रूप ने सामते, एकटक होउन दखत॥ ४५॥

३४९ बेद रीती कुल रीती ले, ओंयछते पाँवड़ा देते।
बहूमन संगे बेटामन के, नीला परछन करते॥ ४६॥

चार ठान सुन्दर गादी रहोत, जेचो सोभा असन।
गादी सोभा के कामदेव, हाते बनालोसे जसन॥ ४७॥
तेंमें दुलहा-दुलहिनमन के, मायमन बसाउन दिला।
मान ले तिहँचो पबितर, पायँ पखारते गेला॥ ४८॥
सुख चो धाम दुलहा दुलहिन, मायमन पूजा करला।
दूप-दीप परसाद धरुन, बेद बिधी ले करला॥ ४९॥
घनघड़ी आरती करसोत, चँवर डोलाते जासोत।
हरीक मन ने भरुन भाती, बरन निछावर करसोत॥ ५०॥
कोंदा जसन सारद पावलो, काना के आइँख लाभ।
बीर जसन जुद्ध ने जाउन, पावलो जीत चो लाभ॥ ५१॥
लागे जोगी असल सार के, पाउन गेलोसे एदांय।
रोगी अमरित दारदिर धन, पाउन गेला एदाँय॥ ५२॥

३५० (क) एचोले सौ कोटी आगर, आया हरीक होसोत।
बिहा करून भाइमन संगे, रघुकुल जोन इलासोत॥ ५३॥

३५० (ख) लोक रीती करसोत आया, बर कनया लाज होसोत।
भारी हरीक हांसी दखुन, राम मुचकुन देसोत॥ ५४॥

देव पितर चो नंगत ले, पूजा करुन भाती।
सपा आया बर मांगला, बिन्ती करुन भाती॥ ५५॥
भाइमन संगे राम चो, बढ़ती होते रहो।
लुकुन, देव आसीस देसोत, मन चो होते रहो॥ ५६॥

अंतरहित सुर आसिष देहीं। मुदित मातु अंचल भरि लेहीं॥
भूपति बोलि बराती लीन्हे। जान बसन मनि भूषन दीन्हे॥ २॥

आयसु पाइ राखि उर रामहि। मुदित गए सब निज निज धामहि॥
पुर नर नारि सकल पहिराए। घर घर बाजन लगे बधाए॥ ३॥

जाचक जन जाचहिं जोइ जोई। प्रमुदित राउ देहिं सोइ सोई॥
सेवक सकल बजनिआ नाना। पूरन किए दान सनमाना॥ ४॥

दो०– देहिं असीस जोहारि सब गावहिं गुन गन गाथ।
तब गुर भूसुर सहित गृहँ गवनु कीन्ह नरनाथ॥ ३५१॥

चौ०– जो बसिष्ट अनुसासन दीन्ही। लोक बेद बिधि सादर कीन्ही॥
भूसुर भीर देखि सब रानी। सादर उठीं भाग्य बड़ जानी॥ १॥

पाय पखारि सकल अन्हवाए। पूजि भली बिधि भूप जेवाँए॥
आदर दान प्रेम परिपोषे। देत असीस चले मन तोषे॥ २॥

बहु बिधि कीन्हि गाधिसुत पूजा। नाथ मोहि सम धन्य न दूजा॥
कीन्हि प्रसंसा भूपति भूरी। रानिन्ह सहित लीन्हि पग धूरी॥ ३॥

भीतर भवन दीन्ह बर बासू। मन जोगवत रह नृपु रनिवासू॥
पूजे गुर पद कमल बहोरी। कीन्हि बिनय उर प्रीति न थोरी॥ ४॥

दो०– बधुन्ह समेत कुमार सब रानिन्ह सहित महीसु।
पुनि पुनि बंदत गुर चरन देत असीस मुनीसु॥ ३५२॥

चौ०– बिनय कीन्हि उर अति अनुरागें। सुत संपदा राखि सब आगें॥
नेगु मागि मुनिनायक लीन्हा। आसिरबादु बहुत बिधि दीन्हा॥ १॥

उर धरि रामहि सीय समेता। हरषि कीन्ह गुर गवनु निकेता॥
बिप्रबधू सब भूप बोलाई। चैल चारु भूषन पहिराई॥ २॥

हरीक आयामन ओटी लमाउन, भरुन भाती धरसोत।
राजा मनी कपड़ा, बाहन, बरतेया के देते जासोत॥ ५७॥
हुकुम पाउन राम भगवान के, आपलो हिरदे ने धरून।
आपलो आपलो घर फिरला, सपाय हरीक होंउन॥ ५८॥
गाहना कपड़ा मेहरारमन के, देते जासोत राजा।
घर-घर ने हरीक होएसे, बाजेसे गुलाय बाजा॥ ५९॥
मांगाखया जे काईं बल, हुदलदाँय बलुन देसोत।
हरीक होउन राजा बले, तेकेय तेइ देसोत॥ ६०॥
सपा सेउक बजनेयामन के, बरन दान देउन।
राजा महराज संतोस करला, मन जो मान देउन॥ ६१॥

३५१ जोहारते आसीस देते जासोत, गुन कथा गाते गेला।
गुरू-बाम्हनमन संगे राजा, महल भीतर गेला॥ ६२॥

बसिष्ठ जसन हुकुम देओत, राजा करला सपा।
बाम्हनमन चो एतो के दखुन, रानी उठला सपा॥ ६३॥
पायँ पखारून नवहाला फेर, तिहँचो पूजा करून।
भरपेट खाउक तिहँके दिला, राजामान करून॥ ६४॥
मान-दान मया ले भरपूर, होउन भाती बाम्हन।
संतोष होते आसीस देते, घरे जाओत बाम्हन॥ ६५॥
कईं रकम ले बिस्वामित्र जो, थूजा करला राजा।
धन नीआत कोनी मोचो माहा, बलला दसरथ राजा॥ ६६॥
खुबे रकम ले गुन गावते, पाये धुरला धरुन।
रानी संगे मुंडे चेघाला खुबे मान करून॥ ६७॥
महल भीतरे थेबतो काजे, तिहँके ठान दिला।
रनवास मान करोत असन, बिचारून राजा दिला॥ ६८॥
राजा गुरू बसिष्ठ चो, पूजा करला मानुन।
हिरदे ने मया घाट नी रहे, बिनावत खुबे मानून॥ ६९॥

३५२ सपा लाल राजा रानी, पायँ चो बिन्ती करसोत।
हरीकमन ले मुनी देवता, आसीस देते जासोत॥ ७०॥

बेटा धन के पूरे मंडाउन, हिरदे ले बिन्ती करला।
अबगो आपलो नेंग धरून, मुनी आसीस दिला॥ ७१॥
फिरला गुरू सीताराम के, आपलो हिरदे धरून।
गाहना कपड़ा बाम्हनीन-मन के, दिला बलाय करून॥ ७२॥
सुआसिनमन के बलाउन राजा, तिहँचो मन चो देऊन।
बिदा करला नेंगकारीमन के, मन भावलो के देऊन॥ ७३॥

बहुरि बोलाइ सुआसिनि लीन्हीं। रुचि बिचारि पहिरावनि दीन्हीं॥
नेगी नेग जोग सब लेहीं। रुचि अनुरूप भूपमनि देहीं॥ ३॥

प्रिय पाहुने पूज्य जे जाने। भूपति भली भाँति सनमाने॥
देव देखि रघुबीर बिबाहू। बरषि प्रसून प्रसंसि उछाहू॥ ४॥

दो०– चले निसान बजाइ सुर निज निज पुर सुख पाइ।
कहत परसपर राम जसु प्रेम न हृदयँ समाइ॥ ३५३॥

चौ०– सब बिधि सबहि समदि नरनाहू। रहा हृदयँ भरि पूरि उछाहू॥
जहँ रनिवासु तहाँ पगु धारे। सहित बहूटिन्ह कुअँर निहारे॥ १॥

लिए गोद करि मोद समेता। को कहि सकइ भयउ सुखु जेता॥
बधू सप्रेम गोद बैठारीं। बार बार हियँ हरषि दुलारीं॥ २॥

देखि समाजु मुदित रनिवासू। सब कें उर अनंद कियो बासू॥
कहेउ भूप जिमि भयउ बिबाहू। सुनि सुनि हरषु होत सब काहू॥ ३॥

जनक राज गुन सीलु बड़ाई। प्रीति रीति संपदा सुहाई॥
बहुबिधि भूप भाट जिमि बरनी। रानीं सब प्रमुदित सुनि करनी॥ ४॥

दो०– सुतन्ह समेत नहाइ नृप बोलि बिप्र गुर ग्याति।
भोजन कीन्ह अनेक बिधि घरी पंच गइ राति॥ ३५४॥

चौ०– मंगलगान करहिं बर भामिनि। भै सुखमूल मनोहर जामिनि॥
अँचइ पान सब काहूँ पाए। स्त्रग सुगंध भूषित छबि छाए॥ १॥

रामहि देखि रजायसु पाई। निज निज भवन चले सिर नाई॥
प्रेम प्रमोदु बिनोदु बड़ाई। समउ समाजु मनोहरताई॥ २॥

कहि न सकहिं सत सारद सेसू। बेद बिरंचि महेस गनेसू॥
सो मैं कहौं कवन बिधि बरनी। भूमिनागु सिर धरइ कि धरनी॥ ३॥

नृप सब भाँति सबहि सनमानी। कहि मृदु बचन बोलाईं रानी॥
बधू लरिकनीं पर घर आईं। राखेहु नयन पलक की नाईं॥ ४॥

मानतो लाइक सगामन के, राजा मान करते गेला।
हरीक मन ले बिदा मांगुन, सगामन फिरते गेला॥ ७४॥
देवगन राम चो बिहा के सहराते, फूल चो बरसा करला।
नगारा बजाते हरीक मन ले, आपलो धाम फिरला॥ ७५॥

३५३ रघुनाथ चो जस गुन गाओत, मया मन ने समाते नी रहे।
सुख हरीक गुन कुड़ा चो गुन, गावलो ने पुरते नी रहे॥ ७६॥

लोग चो मान-दान भरपूर करून, हरीक होओत राजा।
फेर रनवास बाटे जाउन, बेटा बहू के दखला राजा॥ ७७॥
खुबे हरीक ले बेटामन के, आपलो कोरा ने धरला।
तेबे राजा के जे हरीक होए, कोनी सांगुक नी सकला॥ ७८॥
पाछे बोहारीमन के मया ले, राजा कोरा ने बसाउन।
मया ले लाड़-दुलार करला, हिरदे ले हरीक होउन॥ ७९॥
ये हरीक के दखुन रनवास, हरीक ले भरून गेला।
सपा चो हिरदे ने हरीक समाली, राजा महराज बलला॥ ८०॥
जे-जे रकम ले बिहा होली, नेंग जोग जे करू रहोत।
राजा लमाउन सांगते-सांगते, मन ने हरीक होओत॥ ८१॥
जनक राजा चो गुन महेमा, नया चो रीती के।
धन खजाना चो गुन के बलत, भाट माहा हरीक ले॥ ८२॥
जनक चो करनी के सुनुन भाती, सपा रानी हरीक होला।
बिहा गोठ के बलते सुनते, हरीक ने भरून गेला॥ ८३॥

३५४ बेटामन संगे आग धोउन राजा, गुरू बाम्हन के नेवतला।
खाऊ-खाऊ अघरात होली, बेरा नी जानुक पावला॥ ८४॥

मेहरारमन सुंदर गीत गाओत, मोहाऊ रात होली।
हात धोउन बीड़ापान खादला, फूल गंध सुबास होली॥ ८५॥
राम के दखुन मुंड लँवाउन, हुकुम पाउन सपा।
आपलो-आपलो घरे फिरला, कुटुम सगा सपा॥ ८६॥
मया हरीक हाँसी बड़ई बेरा, समाज सोभा के दखुन।
सेस, सारदा, ब्रह्मा, सिव, बेद, गनेस नी सकला बलुक॥ ८७॥
फेर एके मय कसन रकम ले, गढ़ुन भाती बलेंदे।
केंचवा काय पिरथी के, मुंड ने बोहुक सकेदे॥ ८८॥
सपा चो मान सपा रकम ले, करुन भाती राजा।
सुसार गोठ ले रानीमन के, बलाउन बलला राजा॥ ८९॥
बहू इलासोत पर घर ले, उमर बल पिला असन।
आइँख के जसन टोपा राखेसे, तुमी राखासे हुसन॥ ९०॥

दो०– लरिका श्रमित उनीद बस सयन करावहु जाइ।
अस कहि गे बिश्रामगृहँ राम चरन चितु लाइ॥ ३५५॥

चौ०– भूप बचन सुनि सहज सुहाए। जरित कनक मनि पलँग डसाए॥
सुभग सुरभि पय फेन समाना। कोमल कलित सुपेतीं नाना॥ १॥

उपबरहन बर बरनि न जाहीं। स्त्रग सुगंध मनिमंदिर माहीं॥
रतनदीप सुठि चारु चँदोवा। कहत न बनइ जान जेहिं जोवा॥ २॥

सेज रुचिर रचि रामु उठाए। प्रेम समेत पलँग पौढ़ाए॥
अग्या पुनि पुनि भाइन्ह दीन्ही। निज निज सेज सयन तिन्ह कीन्ही॥ ३॥

देखि स्याम मृदु मंजुल गाता। कहहिं सप्रेम बचन सब माता॥
मारग जात भयावनि भारी। केहि बिधि तात ताड़का मारी॥ ४॥

दो०– घोर निसाचर बिकट भट समर गनहिं नहिं काहु।
मारे सहित सहाय किमि खल मारीच सुबाहु॥ ३५६॥

चौ०– मुनि प्रसाद बलि तात तुम्हारी। ईस अनेक करवरें टारी॥
मख रखवारी करि दुहुँ भाईं। गुरु प्रसाद सब बिद्या पाईं॥ १॥

मुनितिय तरी लगत पग धूरी। कीरति रही भुवन भरि पूरी॥
कमठ पीठि पबि कूट कठोरा। नृप समाज महुँ सिव धनु तोरा॥ २॥

बिस्व बिजय जसु जानकि पाई। आए भवन ब्याहि सब भाई॥
सकल अमानुष करम तुम्हारे। केवल कौसिक कृपाँ सुधारे॥ ३॥

आजु सुफल जग जनमु हमारा। देखि तात बिधुबदन तुम्हारा॥
जे दिन गए तुम्हहि बिनु देखें। ते बिरंचि जनि पारहिं लेखें॥ ४॥

दो०– राम प्रतोषीं मातु सब कहि बिनीत बर बैन।
सुमिरि संभु गुर बिप्र पद किए नीदबस नैन॥ ३५७॥

चौ०– नीदउँ बदन सोह सुठि लोना। मनहुँ साँझ सरसीरुह सोना॥
घर घर करहिं जागरन नारीं। देहिं परसपर मंगल गारीं॥ १॥

पुरी बिराजति राजति रजनी। रानीं कहहिं बिलोकहु सजनी॥
सुंदर बधुन्ह सासु लै सोईं। फनिकन्ह जनु सिरमनि उर गोईं॥ २॥

३५५ झूमा होसोत लेकामन थाकुन, सोवाआ तुमी नेउन।
सोवतो बाखरा ने गेला राजा, राम पाएँ मन देउन॥ ९१॥

सोनमनी चो पलंग डसाला, सहज गोठ के सुनुन।
सुपेती चदर गोरोस फेन माहा, डसाला बरन बरन॥ ९२॥
मुंडेसा-मन के सांगुक नीहोय, असन सुंदर आसोत।
मनी गुड़ी ने फूल माला, गंध ले सजालोर आसोत॥ ९३॥
रतन दिया सुंदर चंदोबा, जेके बलुक नीहोए।
दखलो लोग जानुक सकदे, जसन सोभा होए॥ ९४॥
सुन्दर डसाउन राम के, हुनने पोहड़ाउन दिला।
घनघड़ी राम बलला तेबे, भाइमन डसना ने गेला॥ ९५॥
राम चो सुंदर साँवर देह के, आयामन हरीक दखोत।
बाट ने बेटा ताड़का के, कसन मारलीस बलोत॥ ९६॥

३५६ अटपट रक्सा बिकट बीर, लड़ई ने काकेय नी गनत।
दुसट मारीच सुबाहु के कसन, मारलीस बलुन पूछत॥ ९७॥

मुनी परसाद ले बेटा तुचो, एऊ डंड बल सरली।
जग्यँ चो राखा करुन दिलीस, बिदिया सपा मिरली॥ ९८॥
पायँ धुरला पावते-खान, अहिल्या तरुन गेली।
ये कीरत सवँसार भर ने, गुलाय उड़ुन गेली॥ ९९॥
कचीम पाठ बजर पहाड़ ले, बले जे बजर रहे।
राज-समाज ने टुटाउन दिलीस, जे सिव चो धनउ रहे॥ १००॥
मनुख सकत ले बाहिर रहे, तुमन चो सपा करम।
कौसिक मुनी सपा सुधराला, किरपा चो करुन करम॥ १०१॥
जोन माहा मुह दखुन बेटा, जिनवा सुफल होली।
गनती ने ब्रह्मा नी धरत, जे दिन नी दखुन गेली॥ १०२॥

३५७ नीती चो गोठ बलुन राम, मायमन के संतोस करला।
सिव, गुरु, ब्रह्मन पाय सुमरुन, झूमा के आपन करला॥ १०३॥

सोवतो दायँ बले राम चो सोभा, सुंदर दिखे असन।
सांझ पहार लाल पूड़न चो, सोभा रहेसे जसन॥ १०४॥
घर-घर मेहरार चेता रहून, गीत गाते जासोत।
एक-दूसर के सुभ ले भरलो, गारी देते जासोत॥ १०५॥
रानी बलसोत सखी दखा, राती चो कसन सोभा।
जेचो ले अवधपुरी सिरजुन, पाएसे खुबे सोभा॥ १०६॥
सतरी बहु-मन के धरुन, जाउन-सोउन दिला।
सापँ जसन मुंड चो मनी के, हिरदे ने लुकाउन धरला॥ १०७॥

प्रात पुनीत काल प्रभु जागे। अरुनचूड़ बर बोलन लागे॥
बंदि मागधन्हि गुनगन गाए। पुरजन द्वार जोहारन आए॥ ३॥

बंदि बिप्र सुर गुर पितु माता। पाइ असीस मुदित सब भ्राता॥
जननिन्ह सादर बदन निहारे। भूपति संग द्वार पगु धारे॥ ४॥

दो०– कीन्ह सौच सब सहज सुचि सरित पुनीत नहाइ।
प्रातक्रिया करि तात पहिं आए चारिउ भाइ॥ ३५८॥

नवाह्नपारायण, तीसरा विश्राम

चौ०– भूप बिलोकि लिए उर लाई। बैठे हरषि रजायसु पाई॥
देखि रामु सब सभा जुड़ानी। लोचन लाभ अवधि अनुमानी॥ १॥

पुनि बसिष्टु मुनि कौसिक आए। सुभग आसनन्हि मुनि बैठाए॥
सुतन्ह समेत पूजि पद लागे। निरखि रामु दोउ गुर अनुरागे॥ २॥

कहहिं बसिष्टु धरम इतिहासा। सुनहिं महीसु सहित रनिवासा॥
मुनि मन अगम गाधिसुत करनी। मुदित बसिष्ट बिपुल बिधि बरनी॥ ३॥

बोले बामदेउ सब साँची। कीरति कलित लोक तिहुँ माची॥
सुनि आनंदु भयउ सब काहू। राम लखन उर अधिक उछाहू॥ ४॥

दो०– मंगल मोद उछाह नित जाहिं दिवस एहि भाँति।
उमगी अवध अनंद भरि अधिक अधिक अधिकाति॥ ३५९॥

चौ०– सुदिन सोधि कल कंकन छोरे। मंगल मोद बिनोद न थोरे॥
नित नव सुखु सुर देखि सिहाहीं। अवध जन्म जाचहिं बिधि पाहीं॥ १॥

बिस्वामित्रु चलन नित चहहीं। राम सप्रेम बिनय बस रहहीं॥
दिन दिन सयगुन भूपति भाऊ। देखि सराह महामुनिराऊ॥ २॥

मागत बिदा राउ अनुरागे। सुतन्ह समेत ठाढ़ भे आगे॥
नाथ सकल संपदा तुम्हारी। मैं सेवकु समेत सुत नारी॥ ३॥

पहाते-खान भगवान चेतला, कुकड़ा बासोत सुंदर।
रुरेया जोहारुक देवड़ी अमरला, भाट गुन गासोत सुंदर॥ १०८॥
बाम्हन देव गुरु माय-बाप चो, बिन्ती कहन भाती।
सपा भाई हरीक होला, आसीस पाउन भाती॥ १०९॥

३५८ मायमन मया ले मुँह दखला, राजा संग बाहिर इला।
टकर माहा चारों भाई, रोज चो कारज करला॥ ११०॥

पबितर सरजू नंदी नहाला, पूजा पाठ करला।
सपा करम के सारुन भाती, बाबा लगे अमरला॥ १११॥
हिरदे संग लेपटाउन भाती, राजा सपा के धरला।
हुकुम ऊपरे सपाय-झन, हरीक होते बसला॥ ११२॥
राम चो दरस करतो आमचो, आइँख के लाभ होओ।
अंताजुन दरबारी सीतर पड़ला, इतरोय खुबे होओ॥ ११३॥
बसिस्ठ कौसिक मुनी इला, गादी दिला राजा।
बेटामन संग पूजा करुन, पायँ पड़ला राज॥ ११४॥
दुनों गुरु राम के दखुन, होउन गेला मंगन।
बसिष्ठ धरम कथा साँगसोत, सपाय सुनसोत मंगन॥ ११५॥
मुनीमन काज बल जे अथाह, असन कौसिक करनी।
बसिष्ठ गुरु हरीक ले बलसोत, लमाउन तिहँचो करनी॥ ११६॥
बामदेव बलला सपा सत आय, सुनुन सपा हरीक।
कीरत तीनों लोक ने होली, राम लछमन बल हरीक॥ ११७॥

३५९ रोजे हरीक उदीम होएसे, दिन नाहकते जाएसे।
हरीक उमडुन अवधपुर ने, जुगे बाढ़ते जाएसे॥ ११८॥

सुभ दिन दखुन कंकन टुटाला, सुभ हरीक घाट नी होए।
असन राज चो उदीम दखुन, देवमन के इरखा होए॥ ११९॥
अवधपुर ने जनम धरुक, ब्रह्मा के बिनाते जासोत।
बिस्वामित्र रोजे जाउक दखसत, थेबाले थेबुन जासोत॥ १२०॥
सौगुन दिनोंदिन बाढ़तोर, राजा चो मया दखुन।
महामुनी कौसिक सहरासोत, राजा चो मया दखुन॥ १२१॥
सरासरी ने बिदा मांगला, राजा मंगन होला।
बेटामन के संगे धरुन, पुरे उबा होला॥ १२२॥
मालिक सपा धन तुमचोय आय, बायले बेटा संगे।
तुमचो सेउक मय आँय मुनी, ये सपाय संगे॥ १२३॥
बरहमेस मुनी पिलामन ऊपरे, करते रहासे दया।
बेरा-बेरा ने मोके बले, देहा दरसन मया॥ १२४॥

करब सदा लरिकन्ह पर छोहू। दरसनु देत रहब मुनि मोहू॥
अस कहि राउ सहित सुत रानी। परेउ चरन मुख आव न बानी॥ ४॥

दीन्हि असीस बिप्र बहु भाँती। चले न प्रीति रीति कहि जाती॥
रामु सप्रेम संग सब भाई। आयसु पाइ फिरे पहुँचाई॥ ५॥

दो०– राम रूपु भूपति भगति ब्याहु उछाहु अनंदु।
जात सराहत मनहिं मन मुदित गाधिकुलचंदु॥ ३६०॥

चौ०– बामदेव रघुकुल गुर ग्यानी। बहुरि गाधिसुत कथा बखानी॥
सुनि मुनि सुजसु मनहिं मन राऊ। बरनत आपन पुन्य प्रभाऊ॥ १॥

बहुरे लोग रजायसु भयऊ। सुतन्ह समेत नृपति गृहँ गयऊ॥
जहँ तहँ राम ब्याहु सबु गावा। सुजसु पुनीत लोक तिहुँ छावा॥ २॥

आए ब्याहि रामु घर जब तें। बसइ अनंद अवध सब तब तें॥
प्रभु बिबाहँ जस भयउ उछाहू। सकहिं न बरनि गिरा अहिनाहू॥ ३॥

कबिकुल जीवनु पावन जानी। राम सीय जसु मंगल खानी॥
तेहि ते मैं कछु कहा बखानी। करन पुनीत हेतु निज बानी॥ ४॥

छं०– निज गिरा पावनि करन कारन राम जसु तुलसी कह्यो।
रघुबीर चरित अपार बारिधि पारु कबि कौनें लह्यो॥
उपबीत ब्याह उछाह मंगल सुनि जे सादर गावहीं।
बैदेहि राम प्रसाद ते जन सर्बदा सुखु पावहीं॥

सो०– सिय रघुबीर बिबाहु जे सप्रेम गावहिं सुनहिं।
तिन्ह कहुँ सदा उछाहु मंगलायतन राम जसु॥ ३६१॥

मासपारायण, बारहवाँ विश्राम

इति श्रीमद्रामचरितमानसे सकलकलिकलुषविध्वंसने
प्रथमः सोपानः समाप्तः।

कलियुग के सम्पूर्ण पापों को विध्वंस करनेवाले
श्रीरामचरितमानस का यह पहला सोपान समाप्त हुआ।

(बालकाण्ड समाप्त)

बलते राजा बेटा रानी संगे, पायँ ने पड़ुन न दिला।
मया चो मारे गोठ नी फूटे, बाम्हन आसीस दिला॥ १२५॥
आसीस देउन चलला मुनी, सांगुक नीहोय मया।
भाइमन संगे राम अमराउन, हुकुम पाउन फिरला॥ १२६॥

३६० राम रूप राजा चो भक्ती, सपा के बिचारते मुनी।
बिहा चो हरीक उदीम के, सहराते जासोत मुनी॥ १२७॥

बामदेव आरु बसिष्ठ गुरु, कौसिक कथा के बलला।
जस के सुनुन राजा मने-मन, पुन चो गुन करला॥ १२८॥
हुकुम होलो पाछे सपा, आपलो चरे फिरला।
दसरथ बेटामन संगे, आपलो घरे गेला॥ १२९॥
जहाँ-तहाँ रघुनाथ बिहा कथा, गासोत सुनसोत लोग।
राम चो पबितर जस गुन, छावली तीनों लोक॥ १३०॥
जबले राम धरे इलासोत, आपन बिहा करून।
अवध ने एउन बसुन दिलासोत, हरीक सपा एऊन॥ १३१॥
राम दिहा चो हरीक उदीम, सरसती माता बले।
बलुन सांगुक नी सकसोत, साँप राजा बले॥ १३२॥
सीताराम जस कबी कुल चो, जिवना के करु पबितर।
एड़ ने खिडिक ने सांगुन दिले, बोली के करुक पबितर॥ १३३॥
आपलो गोठ के पबितर करुक, तुलसी रामगुन गावला।
नाहले रघुनाथ चो अपार चरितर, कोन कबी पार पावला॥ १३४॥
जनेई बिहा सुभ दिन चो, उच्छब के सुनुन गावदे।
वैदेहीं राम परसाद ले ते, बरहमेस सुख पाबदे॥ १३५॥

३६१ सीता-रघुबीर दिहा गोठ के, जे मया ले सुनदे गादे।
जस सुभ चो धाम राम आत, हुनमन हरीक सुभ पादे॥ १३६॥

कलजुग चो सपा पाप के नास करू श्रीरामचरितमानस

चो ए एक खण्ड सरली

॥ श्री गणेशाय नमः ॥

श्रीजानकीवल्लभो विजयते

श्रीरामचरितमानस

द्वितीय सोपान

अयोध्याकाण्ड

श्लोक

यस्याङ्के च विभाति भूधरसुता देवापगा मस्तके
भाले बालविधुर्गले च गरलं यस्योरसि व्यालराट्।
सोऽयं भूतिविभूषणः सुरवरः सर्वाधिपः सर्वदा
शर्वः सर्वगतः शिवः शशिनिभः श्रीशङ्करः पातु माम्॥ १॥

प्रसन्नतां या न गताभिषेकतस्तथा न मम्ले वनवासदुःखतः।
मुखाम्बुजश्री रघुनन्दनस्य मे सदास्तु सा मञ्जुलमङ्गलप्रदा॥ २॥

नीलाम्बुजश्यामलकोमलाङ्गं सीतासमारोपितवामभागम्।
पाणौ महासायकचारुचापं नमामि रामं रघुवंशनाथम्॥ ३॥

दो०– श्रीगुरु चरन सरोज रज निज मनु मुकुरु सुधारि।
बरनउँ रघुबर बिमल जसु जो दायकु फल चारि॥

चौ०– जब तें रामु ब्याहि घर आए। नित नव मंगल मोद बधाए॥
भुवन चारिदस भूधर भारी। सुकृत मेघ बरषहिं सुख बारी॥ १॥

॥ श्री गणेशाय नमः॥

श्रीजानकीवल्लभो विजयते

श्रीरामचरितमानस

भाग-दो

अयोध्याकाण्ड

(हल्बी)

कोरा ने आसोत पारबती मुंड उपरे गंगा सुंदर।
माथा जोन टोडरी ने दिस सेस छाती उपरे सुंदर॥

लाखड़ी चुपड़लो देव ने नंगत सपा चो देव सुंदर।
भगत चो सपा पाप के सारू गुलाय रहू देव सुंदर।
उजर देह चो सपा बाटे नंगत करया सुंदर।
हुनी सिव भगवान हमेस मोचो साहा होते रहोत सुंदर॥ १॥

रघुकुल के हरीक देउ राम मुंह चो सोभा सुंदर।
गादी मिरतो खबर सुनुन हरीक नी होला जे सुंदर।
बन जातो हुकुम सुनुन बले दुख नी होली सुंदर।
सुंदर सुभ देउ होओत मोचो काजे राम सोभा सुंदर॥ २॥

नीयर मूड़न माहा जेमन चो देह गुलगुला सुंदर।
सीता माता आसोत विराजमान डेबरी बाटे सुंदर।
हात ने जेमन चो आसे अचूक धनउ-कांड सुंदर।
रघुबंस चो राम जोहारेंसे मय तुमके हात जोडुन सुंदर॥ ३॥

* राज गादी चो जोड़ा *

गुरू पायँ जो घुरला ले, मन दरपन के धोउन।
चारों फल देऊ रघुनाथ चो, जस करेंसे सुमरुन॥ १॥
राम बिहा करुन इला, रोजे नवा हरीक।
अवधपुर ने घर-घर बाजे, सुभ चो बाजा हरीक॥ २॥

रिधि सिधि संपति नदीं सुहाई। उमगि अवध अंबुधि कहुँ आई॥
मनिगन पुर नर नारि सुजाती। सुचि अमोल सुंदर सब भाँती॥ २॥

कहि न जाइ कछु नगर बिभूती। जनु एतनिअ बिरंचि करतूती॥
सब बिधि सब पुर लोग सुखारी। रामचंद मुख चंदु निहारी॥ ३॥

मुदित मातु सब सखीं सहेली। फलित बिलोकि मनोरथ बेली॥
राम रूपु गुन सीलु सुभाऊ। प्रमुदित होइ देखि सुनि राऊ॥ ४॥

दो०– सब कें उर अभिलाषु अस कहहिं मनाइ महेसु।
आप अछत जुबराज पद रामहि देउ नरेसु॥ १॥

चौ०– एक समय सब सहित समाजा। राजसभाँ रघुराजु बिराजा॥
सकल सुकृत मूरति नरनाहू। राम सुजसु सुनि अतिहि उछाहू॥ १॥

नृप सब रहहिं कृपा अभिलाषें। लोकप करहिं प्रीति रुख राखें॥
तिभुवन तीनि काल जग माहीं। भूरिभाग दसरथ सम नाहीं॥ २॥

मंगलमूल रामु सुत जासू। जो कछु कहिअ थोर सबु तासू॥
रायँ सुभायँ मुकुरु कर लीन्हा। बदनु बिलोकि मुकुट सम कीन्हा॥ ३॥

श्रवन समीप भए सित केसा। मनहुँ जरठपनु अस उपदेसा॥
नृप जुबराजु राम कहुँ देहू। जीवन जनम लाहु किन लेहू॥ ४॥

दो०– यह बिचारु उर आनि नृप सुदिनु सुअवसरु पाइ।
प्रेम पुलकि तन मुदित मन गुरहि सुनायउ जाइ॥ २॥

चौ०– कहइ भुआलु सुनिअ मुनिनायक। भए राम सब बिधि सब लायक॥
सेवक सचिव सकल पुरबासी। जे हमारे अरि मित्र उदासी॥ १॥

सबहि रामु प्रिय जेहि बिधि मोही। प्रभु असीस जनु तनु धरि सोही॥
बिप्र सहित परिवार गोसाईं। करहिं छोहु सब रौरिहि नाईं॥ २॥

चवदा लोक बड़े पहाड़ ने, सुख बरसा करसोत।
पुन माहा बादरी ले, हरीक बरसा करसोत॥ ३॥
सुख धन सुंदर नंदी, सामेसे उमडुन भाती।
अवधपुर समुंद भीतर, मिससोत उमडुन भाती॥ ४॥
सहर चो मान सोभा के, बलुक बले नी होय।
लागे ब्रह्मा चो कारीगरी, अबगो इतरोय आय॥ ५॥
सपा सहेरया राम मुंह के, दखुन सुखी आसोत।
माय सखी मंसा बेल के, फरलो हरीक दखसोत॥ ६॥
राम चो रूप गुन टकर नीती, दखुन सुनुन राजा।
खुबे हरीक होते जासोत, अवधपुर चो राजा॥ ७॥
सपा चो हिरदे ने असन, मंसा आसे खुबे।
महादेव के मान्ता करते, बलते जासोत खुबे॥ ८॥

१ राजा आपलो जीव रहत ले, राम के गादी देओत।
असन बलते पुर चो लोग, बिन्ती करते जाओत॥ ९॥

हारक राजा राज दरबार ने, लोग-बाग संगे रहोत।
पुन चो मूरित राम गुन सुनुन, हरीक होते रहोत॥ १०॥
सपा राजा चो किरपा दखसोत, लोकपाल नेत दखसोत।
हुसनेय सपा राजा संगे, आपन मया करसोत॥ ११॥
तीनों काल ने दसरथ माहा, भागवान कोनी नीआत।
सुभ चो बूंद बेटा आसे, गोठयातोर घाट आय॥ १२॥
टकर असन राजा हारक, दरपन, हाते धरला।
मुंह दखते किरीट के, हाते सोज करला॥ १३॥
कान ऊपर चो सपा केस, पंडरा दखा देएसे।
लागे राजा के सियानपन, सिखानी असन देएसे॥ १४॥
सूरुजबंस चो राजा राम के, गादी देउन तुमी।
जिवना-जनम चो लाभ के, कसन नी धरास तुमी॥ १५॥

२ हिरदे ने असन बिचार करून, सुभ दिन बेरा पाउन।
मया हरीक ले गुरू पुरे, सपा के सांगला जाउन॥ १६॥

राजा बलला गुरू महराज, मोचो गोठ के सुना।
राम सपा लाइक होला, सपा रकम ले गुना॥ १७॥
सेउक मंतरी पुर चो लोग, आमचो बयरी मीत।
बयरागीमन ले मया, जसन मोचो रीत॥ १८॥
तुमचो किरपा देंह धरुन, लागे सोभा पाएसे।
तुमचोय माहा मया बले, बाम्हन कुटुम के भाएसे॥ १९॥

जे गुर चरन रेनु सिर धरहीं। ते जनु सकल बिभव बस करहीं॥
मोहि सम यहु अनुभयउ न दूजें। सबु पायउँ रज पावनि पूजें॥ ३॥

अब अभिलाषु एकु मन मोरें। पूजिहि नाथ अनुग्रह तोरें॥
मुनि प्रसन्न लखि सहज सनेहू। कहेउ नरेस रजायसु देहू॥ ४॥

दो०– राजन राउर नामु जसु सब अभिमत दातार।
फल अनुगामी महिप मनि मन अभिलाषु तुम्हार॥ ३॥

चौ०– सब बिधि गुरु प्रसन्न जियँ जानी। बोलेउ राउ रहँसि मृदु बानी॥
नाथ रामु करिअहिं जुबराजू। कहिअ कृपा करि करिअ समाजू॥ १॥

मोहि अछत यहु होइ उछाहू। लहहिं लोग सब लोचन लाहू॥
प्रभु प्रसाद सिव सबइ निबाहीं। यह लालसा एक मन माहीं॥ २॥

पुनि न सोच तनु रहउ कि जाऊ। जेहिं न होइ पाछें पछिताऊ॥
सुनि मुनि दसरथ बचन सुहाए। मंगल मोद मूल मन भाए॥ ३॥

सुनु नृप जासु बिमुख पछिताहीं। जासु भजन बिनु जरनि न जाहीं॥
भयउ तुम्हार तनय सोइ स्वामी। रामु पुनीत प्रेम अनुगामी॥ ४॥

दो०– बेगि बिलंबु न करिअ नृप साजिअ सबुइ समाजु।
सुदिन सुमंगलु तबहिं जब रामु होहिं जुबराजु॥ ४॥

चौ०– मुदित महिपति मंदिर आए। सेवक सचिव सुमंत्रु बोलाए॥
कहि जयजीव सीस तिन्ह नाए। भूप सुमंगल बचन सुनाए॥ १॥

जौं पाँचहि मत लागै नीका। करहु हरषि हियँ रामहि टीका॥
मंत्री मुदित सुनत प्रिय बानी। अभिमत बिरवँ परेउ जनु पानी॥ २॥

जे गुरू चो पायँ धुरला, माथा चेघाउन आसोत।
सपा जस के हुन आपलो, हाते करलोर आसोत॥ २०॥
मोचो इतरो दूसर कोनी, नी सकला जानुन।
सुभ पबितर पायँ धुरला ले, पावले सपा मानुन॥ २१॥
एदाँय मन ने मोचो गोटोक, मंसा बड़े आसे।
हुन बले तुमचो किरपा ले, पूरा होतोर आसे॥ २२॥
राजा चो मया के दखुन मुनी, हरीक होउन बला।
हुकुम करा अवध राजा, मन चो तुमी बला॥ २३॥

३ राजा तुमचो नावँ जस, मन चो देऊ आय।
राजामन चो मुकुट मनी, मंसा उपरे फल आय॥ २४॥

सपा रकम ले गुरू के हरीक, जानुन भाती राजा।
सुसार गोठ ले बलला परभू, बनावा राम के राजा॥ २५॥
किरपा करून हुकुम देहा, जोड़ा करतो होओ।
जीव रहत ले हरीक उदीम, आइँख ले दखतो होओ॥ २६॥
परभू परसाद ले सिव बले, पूरन करला सपा।
अबगो एइ गोटकी मंसा, मन ने बाचली सफा॥ २७॥
फेर काईं बिचार नीआय, देह बल चले जाओ।
उआट असन करा जमे, पछतात ले नी होओ॥ २८॥
दसरथ ले सुभ हरीक चो, सुंदर गोठ सुनुन।
मुनी मन ले हरीक होउन, बलला नंगत गुनुन॥ २९॥
जेचो ले पाठ करून लोग, पछताते रहुन जासोत।
जेचो भजन बिगर जीव, जलस ले नी बाचोत॥ ३०॥
हुनी राम तुमचो बेटा, होउन आसोत राजा।
जे पबितर मया चो पाछे, रेंगया आसोत राजा॥ ३१॥

४ बेर नी बनावा झपके करा, जोड़ा बनावा एबेय।
सुभ सगुन सुन्दर तेबेय, राम राजा होदे तेबेय॥ ३२॥

सेउक देवान के बलला राजा, हरीक महल इला।
लोग मुंड लँवाते पुरे, जय जीव बलते इला॥ ३३॥
राजा महराज सपा के सुनाला, सुन्दर सगुन गोठ।
जे पंच के नंगत लागेसे, जाले सुना ए गोठ॥ ३४॥
राम चो गादी करा तुमी, हिरदे ले हरीक होउन।
सपा खुबे हरीक होला, मनभाउ गोठ सुनुन॥ ३५॥
मन माहा बूटा ने जसन, पानी पड़ुन गेली।
जग चो मालिक जुग-जुग जिआ, असन बलला बोली॥ ३६॥

बिनती सचिव करहिं कर जोरी। जिअहु जगतपति बरिस करोरी॥
जग मंगल भल काजु बिचारा। बेगिअ नाथ न लाइअ बारा॥ ३॥

नृपहि मोदु सुनि सचिव सुभाषा। बढ़त बौंड़ जनु लही सुसाखा॥ ४॥

दो०– कहेउ भूप मुनिराज कर जोइ जोइ आयसु होइ।
राम राज अभिषेक हित बेगि करहु सोइ सोइ॥ ५॥

चौ०– हरषि मुनीस कहेउ मृदु बानी। आनहु सकल सुतीरथ पानी॥
औषध मूल फूल फल पाना। कहे नाम गनि मंगल नाना॥ १॥

चामर चरम बसन बहु भाँती। रोम पाट पट अगनित जाती॥
मनिगन मंगल बस्तु अनेका। जो जग जोगु भूप अभिषेका॥ २॥

बेद बिदित कहि सकल बिधाना। कहेउ रचहु पुर बिबिध बिताना॥
सफल रसाल पूगफल केरा। रोपहु बीथिन्ह पुर चहुँ फेरा॥ ३॥

रचहु मंजु मनि चौकें चारू। कहहु बनावन बेगि बजारू॥
पूजहु गनपति गुर कुलदेवा। सब बिधि करहु भूमिसुर सेवा॥ ४॥

दो०– ध्वज पताक तोरन कलस सजहु तुरग रथ नाग।
सिर धरि मुनिबर बचन सबु निज निज काजहिं लाग॥ ६॥

चौ०– जो मुनीस जेहि आयसु दीन्हा। सो तेहिं काजु प्रथम जनु कीन्हा॥
बिप्र साधु सुर पूजत राजा। करत राम हित मंगल काजा॥ १॥

सुनत राम अभिषेक सुहावा। बाज गहागह अवध बधावा॥
राम सीय तन सगुन जनाए। फरकहिं मंगल अंग सुहाए॥ २॥

जग चो भलई करू गोठ के, करलासाहास बिचार।
झपके करा मालिक नी होओ, बेर करते बिचार॥ ३७॥
राजा हरीक देवानमन चो, सुमुन सुभ चो बोली।
जसन बाढ़तो डीरा काजे, खेंदा ओधा होली॥ ३८॥

५ राजा बलला गादी काजे, जोड़ा करा तुमी।
गुरुचो जे-जे हुकुम होएसे, तुरते करा तुमी॥ ३९॥

सुसार गोठ ले हरीक होते, गुरु महराज बलला।
सपा नंगत तीरथमन चो, पानी आना बलला॥ ४०॥
पान, फूल, पाक, दवा, जड़ी, बग सुभ चो जिनीस।
नावँ गनुन सांगते जासोत, सपा जुहातो जिनीस॥ ४१॥
चीतर खाला चंवर आरु, बरन बरन कपड़ा।
अनगिनत ऊन रेसम चो, जोड़ुक बलला कपड़ा॥ ४२॥
मनी रतन बरन खुबे, सुभ चो जिनीस इतरो।
राजा-गादी चो लाइक होसोत, सवँसारे जितरो॥ ४३॥
बेद सांगलो माहा सपा, बिधान सांगुन मुनी।
नगर गुलाय मांडो रावटी, सजावा बलत मुनी॥ ४४॥
पाक संगे आमा सुपारी, केरा रूख के रोपा।
गुलाय सहर बाट खोर, चारों सूट ने रोपा॥ ४५॥
सुंदर मनी चो मन के भाऊ, चउंक पुरावा गुलाय।
जाउन जाउन सांगते जाहा, हाट सिंगारुक गुलाय॥ ४६॥
गनेस गुरु कुलदेव चो, पूजा करा सपा।
भुंई-देव बाम्हनमन चो, सेवा करा सपा॥ ४७॥

६ झंडी, बैरख, तोरन, कलसा, हाथी, रथ, घोड़ा।
मुनी हुकुम के मुंडे चेघाउन, सपा होला जोड़ा॥ ४८॥

मुनी जेके जे बल बुता, हुकुम सुनाउन देय।
आगत ले करलो माहा हुन, असन सारुन देय॥ ४९॥
राजा, बाम्हन, साधू, देवता, पूजा करते जासोत।
रामचंद चो सुभ काजे, कारज करते जासोत॥ ५०॥
राम गादी बसतो खबर, अवध के भाय गुलाय।
सपा रकम चो बाजा बाजे, हरीक सहर गुलाय॥ ५१॥
राम-सीता चो देहें गुलाय, सगुन सांगुक धरला।
हुनमन चो सुंदर सुभ, अंग फड़कुक धरला॥ ५२॥
आपन एक-दूसर ले हरीक, होउन भाती बलत।
भरत चो एतो खबर के, सांगेसे असन वलत॥ ५३॥

पुलकि सप्रेम परसपर कहहीं। भरत आगमनु सूचक अहहीं॥
भए बहुत दिन अति अवसेरी। सगुन प्रतीति भेंट प्रिय केरी॥ ३॥

भरत सरिस प्रिय को जग माहीं। इहइ सगुन फलु दूसर नाहीं॥
रामहि बंधु सोच दिन राती। अंडन्हि कमठ हृदउ जेहि भाँती॥ ४॥

दो०– एहि अवसर मंगलु परम सुनि रहँसेउ रनिवासु।
सोभत लखि बिधु बढ़त जनु बारिधि बीचि बिलासु॥ ७॥

चौ०– प्रथम जाइ जिन्ह बचन सुनाए। भूषन बसन भूरि तिन्ह पाए॥
प्रेम पुलकि तन मन अनुरागीं। मंगल कलस सजन सब लागीं॥ १॥

चौकें चारु सुमित्राँ पूरी। मनिमय बिबिध भाँति अति रूरी॥
आनँद मगन राम महतारी। दिए दान बहु बिप्र हँकारी॥ २॥

पूजीं ग्रामदेबि सुर नागा। कहेउ बहोरि देन बलिभागा॥
जेहि बिधि होइ राम कल्यानू। देहु दया करि सो बरदानू॥ ३॥

गावहिं मंगल कोकिलबयनीं। बिधुबदनीं मृगसावकनयनीं॥ ४॥

दो०– राम राज अभिषेकु सुनि हियँ हरषे नर नारि।
लगे सुमंगल सजन सब बिधि अनुकूल बिचारि॥ ८॥

चौ०– तब नरनाहँ बसिष्ठु बोलाए। रामधाम सिख देन पठाए॥
गुर आगमनु सुनत रघुनाथा। द्वार आइ पद नायउ माथा॥ १॥

सादर अरघ देइ घर आने। सोरह भाँति पूजि सनमाने॥
गहे चरन सिय सहित बहोरी। बोले रामु कमल कर जोरी॥ २॥

सेवक सदन स्वामि आगमनू। मंगल मूल अमंगल दमनू॥
तदपि उचित जनु बोलि सप्रीती। पठइअ काज नाथ असि नीती॥ ३॥

दिन नाहकली भेटतो काजे, मंसा होएसे खुबे।
भरत संगे भेट होएदे, बिसवास होएसे खुबे॥ ५४॥
भरत माहा सवँसार ने, मयादार कोन आय।
अउर काईं दूसर नीआय एइऽच सगुन आय॥ ५५॥
राम के आपलो भाई भरत चो, दिन-रात फिकर असन।
आपलो गार उपरे कचीम चो, हिरदे रहेसे जसन॥ ५६॥

७ एइ बेरा ने सुभ खबर, रनवास हरीक सुनुन।
समुंद हलका मारेसे असन, जोन बाढ़तो के दखुन॥ ५७॥

आगे सुनावला जाउन जे ये, खबर रनवास ने।
पावला खुबे गाहना कपड़ा, रानीमन ले ते॥ ५८॥
मन देह मया ले मंगन, सपाय रानी होला।
हरीक होते मंगल कलसा, साज करुक धरला॥ ५९॥
सुमितरा मनी रतन चो सुंदर, गुलाय चँउक दिला।
हरीक ले मंगन राम आया, बाम्हन के दान दिला॥ ६०॥
गांव देबी देव नांग चो, पूजा करला हुसने।
फेर बरन मान्ता करला, कारज होले जसने॥ ६१॥
बिन्ती करला जसन जे बल, राम चो नंगत होओ।
दया करुन हुनी बरदान, देहा जे नंगत होओ॥ ६२॥
कोयकी माहा मीठा बोली, जोन माहा मुँह बितीमन।
सुभ गीत के गाउक धरला, चीतर आइँख बितीमन॥ ६३॥

८ राम गादी के मेहरार मनुख, सुनुन हरीक होला।
भगवान के आपलो बाठे जानुन, सुभ जोड़ा करूक धरला॥ ६४॥

गुरु बसिस्ठ चो बलाव करला, महल ने तेबे राजा।
राम महल बाट पठावला, गियान सांगुक राजा॥ ६५॥
गुरू महराज चो इलो सुनुन, डेबना लग राम एऊन।
गुरू पायँ ने मुंड लँवाला, भरपूर मान देऊन॥ ६६॥
पानी ओयँछुन धरे आनला, छय रकम पूजा करून।
सीता संगे पायँ पड़ला, बलला हास जोड़ुन॥ ६७॥
सेउक घरे मालीक एतोर, भारी सुभ होएसे।
हुसने सपा दोस असुभ, नास होउन जाएसे॥ ६८॥
बले परभू नंगत जाले, एइ होउन रती।
बलाउन रतास सेउक के, जसन आय नीती॥ ६९॥
मान्तर भगवान पन छांडुन, दया करलास जे।
एइ ने ए घर पबितर होली, एथा इलास जे॥ ७०॥

प्रभुता तजि प्रभु कीन्ह सनेहू। भयउ पुनीत आजु यहु गेहू॥
आयसु होइ सो करौं गोसाईं। सेवकु लइह स्वामि सेवकाईं॥ ४॥

दो०– सुनि सनेह साने बचन मुनि रघुबरहि प्रसंस।
राम कस न तुम्ह कहहु अस हंस बंस अवतंस॥ ९॥

चौ०– बरनि राम गुन सीलु सुभाऊ। बोले प्रेम पुलकि मुनिराऊ॥
भूप सजेउ अभिषेक समाजू। चाहत देन तुम्हहि जुबराजू॥ १॥

राम करहु सब संजम आजू। जौं बिधि कुसल निबाहै काजू॥
गुरु सिख देइ राय पहिं गयऊ। राम हृदयँ अस बिसमउ भयऊ॥ २॥

जनमे एक संग सब भाई। भोजन सयन केलि लरिकाई॥
करनबेध उपबीत बिआहा। संग संग सब भए उछाहा॥ ३॥

बिमल बंस यहु अनुचित एकू। बंधु बिहाइ बड़ेहि अभिषेकू॥
प्रभु सप्रेम पछितानि सुहाई। हरउ भगत मन कै कुटिलाई॥ ४॥

दो०– तेहि अवसर आए लखन मगन प्रेम आनंद।
सनमाने प्रिय बचन कहि रघुकुल कैरव चंद॥ १०॥

चौ०– बाजहिं बाजने बिबिध बिधाना। पुर प्रमोदु नहिं जाइ बखाना॥
भरत आगमनु सकल मनावहिं। आवहुँ बेगि नयन फलु पावहिं॥ १॥

हाट बाट घर गलीं अथाईं। कहहिं परसपर लोग लोगाईं॥
कालि लगन भलि केतिक बारा। पूजिहि बिधि अभिलाषु हमारा॥ २॥

कनक सिंघासन सीय समेता। बैठहिं रामु होइ चित चेता॥
सकल कहहिं कब होइहि काली। बिघन मनावहिं देव कुचाली॥ ३॥

तिन्हहि सोहाइ न अवध बधावा। चोरहि चंदिनि राति न भावा॥
सारद बोलि बिनय सुर करहीं। बारहिं बार पाय लै परहीं॥ ४॥

बले मालिक हुकुम करा, हुनी सेवा के करें।
सेउक के लाभ सेवा ने, जे मालिक चो करु॥ ७१॥

९ मया गोठ के सुनुन बलला, गुन करते मुनी।
असन कसन नी बलासे राम, सूरुज कुल चो तुमी॥ ७२॥

राम गुन महेमा टकर के बलला मया ले मुनी।
राज-गादी चो सज होली से, तुमके दे-दे गुनी॥ ७३॥
राम सपा नेम के करा, भगवान सुफल करत।
सिखाउन राजा बाट गेला, राम मने दुख करत॥ ७४॥
सपा भाई संगे जनमलू, खदलू खेललू संगे।
कनछेदन जनेइ बिहा उच्छब, सपाय संगे-संगे॥ ७५॥
सफा बस ने गोटकी एइ, नंगत नीहोएसे गोठ।
सपा के छांडुन बड़े काजे, गादी चो होएसे गोठ॥ ७६॥
परभू राम चो दोस के हरा, जे मन ने हमेस आसे।
भगतमन चो दोस के हरा, जे मन ने हमेस आसे॥ ७७॥

१० हुदलोयदाँय मया ने मँगन, लछमन उथा इला।
रघुकुल बोड़ेंदा के बिगसाउ जोन, मान मया ले बलला॥ ७८॥

बाजेसे बरन बरन बाजा, सहर गुलाय हरीक।
जेंके काईं सांगुक नीहोय, असन होसोत हरीक॥ ७९॥
भरत एओत असन मनासोत, आरू गुलाय बलसोत।
झपके एओत आरू आइँख के, सुफल देओत बलसोत॥ ८०॥
सहर बाट धर हाट गुलाय, मेहारार मनुख सपा।
हरीक ले गोठ करते जासोत, एक-दूसर ले सग॥ ८१॥
काली के हुन सुभ घड़ी, किदलदाँय आय।
जिदलदाँय भगवान पुरदे, मन ने जे जे आय॥ ८२॥
सोन सिंघासन सीता संगे, बसदे राम जेबे।
आमचो मन चो सफा पूरा, होउन जाएदे तेबे॥ ८३॥
इसू सपाय जाले असन, बलुन गोठ करसोत।
हेवँ कुचाली देव गोहड़ा, बिघन उआट करसोत॥ ८४॥
अवध चो सुभ बाजा तिहँके, नावँ-काजे नी भाए।
जसन चोर के जोनी उजड़, केबई नी भाए॥ ८५॥

* देवमन चो कंदरई, मंथरा-कैकई गोठ *

सारद माता चो देव गोहड़ा, बिन्ती सेवा करसोत।
घनघड़ी पायँ धरुन फेर, लुड-लुड नाँय पड़सोत॥ १॥

दो०– बिपति हमारि बिलोकि बड़ि मातु करिअ सोइ आजु।
रामु जाहिं बन राजु तजि होइ सकल सुरकाजु॥ ११॥

चौ०– सुनि सुर बिनय ठाढ़ि पछिताती। भइउँ सरोज बिपिन हिमराती॥
देखि देव पुनि कहहिं निहोरी। मातु तोहि नहिं थोरिउ खोरी॥ १॥

बिसमय हरष रहित रघुराऊ। तुम्ह जानहु सब राम प्रभाऊ॥
जीव करम बस सुख दुख भागी। जाइअ अवध देव हित लागी॥ २॥

बार बार गहि चरन सँकोची। चली बिचारि बिबुध मति पोची॥
ऊँच निवासु नीचि करतूती। देखि न सकहिं पराइ बिभूती॥ ३॥

आगिल काजु बिचारि बहोरी। करहहिं चाह कुसल कबि मोरी॥
हरषि हृदयँ दसरथ पुर आई। जनु ग्रह दसा दुसह दुखदाई॥ ४॥

दो०– नामु मंथरा मंदमति चेरी कैकइ केरि।
अजस पेटारी ताहि करि गई गिरा मति फेरि॥ १२॥

चौ०– दीख मंथरा नगरु बनावा। मंजुल मंगल बाज बधावा॥
पूछेसि लोगन्ह काह उछाहू। राम तिलकु सुनि भा उर दाहू॥ १॥

करइ बिचारु कुबुद्धि कुजाती। होइ अकाजु कवनि बिधि राती॥
देखि लागि मधु कुटिल किराती। जिमि गवँ तकइ लेउँ केहि भाँती॥ २॥

भरत मातु पहिं गइ बिलखानी। का अनमनि हसि कह हँसि रानी॥
ऊतरु देइ न लेइ उसासू। नारि चरित करि ढारइ आँसू॥ ३॥

११ बलसोत आया आमचो बिपती, दखुन करा आज।
कारज होओ बन जाओत राम, तियागुन भाती राज॥ २॥

बिन्ती सुनुन सारद माता, उबा पछताते जाय।
पूड़न बन काज सीतकार रात, मयँ होलेसे हाय॥ ३॥
दखुन देव फेर बिनासोत, माता माना आमचो।
दोस नी होएदे एमें काईं, सते बसुसे तुमचो॥ ४॥
हरीक दुख ले हमेस रघुनाथ, आसोत अलगुन भाती।
तुमी बले महेमा के जानास, नंगत करून भाती॥ ५॥
जीव आपलो करनी असन, सुख-दुख के भागे।
देव हित काज अवध जाहा, तुमी एदाँय आगे॥ ६॥
सांदी ने पाडु न दिला देव, घनघड़ी पायँ घरून।
नानी बुध चो बलते हिंडली, नंगत बिचार करून॥ ७॥
रतो ठान जाले ऊँच आसे, करनी नीच आय।
दूसर चो भल दखुक बले, नी सकसोत काय॥ ८॥
पुरे चो बुता विचार करुन, जेमें सुखी सपा होदे।
चरितर गाउक कबी मोके, मन करून धरदे॥ ९॥
असन बिचारते दसरथ पुर ने, हरीक होते इली।
लागे जसन भारी दुख देऊ, गरह-दसा इली॥ १०॥

१२ कयकई चो दासी बुध नाहलो, मंथरा नाँव चो हुन।
अपजस कूढ़ा हुनके बनाउन, फिरली बुध उलटुन॥ ११॥

दखली मंथरा नंगर सोभा, बाजेसे सुभ बाजा।
लोग के पूछे कसन काजे, बाजेसे उदीम बाजा॥ १२॥
सुनली राम चो गादी आय, जीव जरली हुनचो।
बिचारूक धरली दुरबुधीन, जे नीच जात चो॥ १३॥
कसन गढ़न ले ए काम, सपाय नसुन जाओ।
रातो-रात हरीक-उदीम, सपाय नठुन जाओ॥ १४॥
जसन दुसट कोनी भीलनी, ओंडार पोरी दखुन।
नेत पाड़ेसे कसने बले, नेएँ एके उखनुन॥ १५॥
कयकई लगे मुँह के ओरमाउन, आगे गेली हुन।
कसन ओरमाउन आसीस सांग, रानी पूछे हाँसुन॥ १६॥
नी सांगे काईं आबगो, लाम निनास धरते जाए।
तिरिया-चरितर करूक हुन, आए बोहाते जाए॥ १७॥
रानी हाँसते बलली तुइ जाले, टोंडकहीन आस खुबे।
मन बलेसे लछमन आज, सिखालो तुके खुबे॥ १८॥

हँसि कह रानि गालु बड़ तोरें। दीन्ह लखन सिख अस मन मोरें॥
तबहुँ न बोल चेरि बड़ि पापिनि। छाड़इ स्वास कारि जनु साँपिनि॥ ४॥

दो०– सभय रानि कह कहसि किन कुसल रामु महिपालु।
लखनु भरतु रिपुदमनु सुनि भा कुबरी उर सालु॥ १३॥

चौ०– कत सिख देइ हमहि कोउ माई। गालु करब केहि कर बलु पाई॥
रामहि छाड़ि कुसल केहि आजू। जेहि जनेसु देइ जुबराजू॥ १॥

भयउ कौसिलहि बिधि अति दाहिन। देखत गरब रहत उर नाहिन॥
देखहु कस न जाइ सब सोभा। जो अवलोकि मोर मनु छोभा॥ २॥

पूतु बिदेस न सोचु तुम्हारें। जानति हहु बस नाहु हमारें॥
नीद बहुत प्रिय सेज तुराई। लखहु न भूप कपट चतुराई॥ ३॥

सुनि प्रिय बचन मलिन मनु जानी। झुकी रानि अब रहु अरगानी॥
पुनि अस कबहुँ कहसि घरफोरी। तब धरि जीभ कढ़ावउँ तोरी॥ ४॥

दो०– काने खोरे कूबरे कुटिल कुचाली जानि।
तिय बिसेषि पुनि चेरि कहि भरतमातु मुसुकानि॥ १४॥

चौ०– प्रियबादिनि सिख दीन्हिउँ तोही। सपनेहुँ तो पर कोपु न मोही॥
सुदिनु सुमंगल दायकु सोई। तोर कहा फुर जेहि दिन होई॥ १॥

जेठ स्वामि सेवक लघु भाई। यह दिनकर कुल रीति सुहाई॥
राम तिलकु जौं साँचेहुँ काली। देउँ मागु मन भावत आली॥ २॥

कौसल्या सम सब महतारी। रामहि सहज सुभायँ पिआरी॥
मो पर करहिं सनेहु बिसेषी। मैं करि प्रीति परीछा देखी॥ ३॥

जौं बिधि जनमु देइ करि छोहू। होहुँ राम सिय पूत पुतोहू॥
प्रान तें अधिक रामु प्रिय मोरें। तिन्ह कें तिलक छोभु कस तोरें॥ ४॥

बले बल माहापापिन दासी, काई नी बले हुन।
करेया नांगिन माहा छांडेसे, निनास धरून हुन॥ १९॥

१३ तेबे रानी डरून बलली, बलीस काय-काज नहीं।
राम लछमन भरत सतरूधन, आसोत तो सही॥ २०॥

सुनते कुबडी चो मन भीतर, डाहा दुखा खुबे।
बलली माई कोन काय-काज, सीख देएदे एबे॥ २१॥
काचो बल उपरे मयँ, टोड करेंदे एदाँय।
राम के छांडुन कोन नंगत, जे राजा होयदे एदाँय॥ २२॥
कौसिल्या के भगवान जाले, आसोत साहा होउन।
घमंड हिरदे ने नी समाएसे, यै सपा के दखुन॥ २३॥
तुमी बले सोभा के कायकाज, नी दखासीस जाउन।
मोचो मन ने खुबे दुख, होएसे जेके दखुन॥ २४॥
परदेस ने बेटा तुमचो, काईं फिकर नी आय।
आपलो मुनीस के जानासाहास, अबगो मोचो आय॥ २५॥
भरम डसना ने तुमचो जाले, सोउक भाएसे खुबे।
राम चतुर चो गुन के दखा, कपट मिसालो खुबे॥ २६॥
मयादार गोठ सुनुन मन ने, मइल जानुन रानी।
रीस होते हबडाउन भाती, कुबड़ी के बलली रानी॥ २७॥
घर टुटाऊ खुबे होली, ओगाय रा एदाँय।
जीभ झिकाउन देएँदे जे, बललो ने असन एदाँय॥ २८॥

१४ काना-खोड़या-कुबड़ा दुसट, कुचालया भारी आत।
मुचकते रानी बलली नेमे, नवकरीन मेहरार जात॥ २९॥

मया गोठ के बलू मंथरा, तुके सिखानी दिले।
केबइ सपना ने बले तुके, मयँ रीस नी करले॥ ३०॥
सुभ दिन नंगत दिन हुनी, सते करून होएदे।
जे दिन तुचो बललो गोठ, सत होउन जाएदे॥ ३१॥
बड़े मालिक नानी सेउक, नीती सुरजबंस चो।
सते काली जे गादी होएसे, जाले मांग मन-चो॥ ३२॥
राम काज मयादार मायमन, कौसिल्या मांहा सपा।
मोचो ले सिरजुन मया करेसे, जनाउन दखलेसे सपा॥ ३३॥
भगवान किरपा ले जनम दिले, बेटा राम माहा होओ।
संगे-संग ए बल होओ, बोहारी सीता माहा होओ॥ ३४॥
जीव ले आगर मया लागेसे, मोके राम काजे।
तिलक गादी चो गोठ सुनुन, दुख कसन काजे॥ ३५॥

दो०– भरत सपथ तोहि सत्य कहु परिहरि कपट दुराउ।
हरष समय बिसमउ करसि कारन मोहि सुनाउ॥ १५ ॥

चौ०– एकहिं बार आस सब पूजी। अब कछु कहब जीभ करि दूजी॥
फोरै जोगु कपारु अभागा। भलेउ कहत दुख रउरेहि लागा॥ १ ॥

कहहिं झूठि फुरि बात बनाई। ते प्रिय तुम्हहि करुइ मैं माई॥
हमहुँ कहबि अब ठकुरसोहाती। नाहिं त मौन रहब दिनु राती॥ २ ॥

करि कुरूप बिधि परबस कीन्हा। बवा सो लुनिअ लहिअ जो दीन्हा॥
कोउ नृप होउ हमहि का हानी। चेरि छाड़ि अब होब कि रानी॥ ३ ॥

जारै जोगु सुभाउ हमारा। अनभल देखि न जाइ तुम्हारा॥
तातें कछुक बात अनुसारी। छमिअ देबि बड़ि चूक हमारी॥ ४ ॥

दो०– गूढ़ कपट प्रिय बचन सुनि तीय अधरबुधि रानि।
सुरमाया बस बैरिनिहि सुहृद जानि पतिआनि॥ १६ ॥

चौ०– सादर पुनि पुनि पूँछति ओही। सबरी गान मृगी जनु मोही॥
तसि मति फिरी अहइ जसि भाबी। रहसी चेरि घात जनु फाबी॥ १ ॥

तुम्ह पूँछहु मैं कहत डेराऊँ। धरेउ मोर घरफोरी नाऊँ॥
सजि प्रतीति बहुबिधि गढ़ि छोली। अवध साढ़साती तब बोली॥ २ ॥

प्रिय सिय रामु कहा तुम्ह रानी। रामहि तुम्ह प्रिय सो फुरि बानी॥
रहा प्रथम अब ते दिन बीते। समउ फिरें रिपु होहिं पिरीते॥ ३ ॥

१५ भरत चो किरिया आय तु के, छल-कपट छाँडुन सांग।
हरीक पहार दुख करसीस, राचो किरता के सांग॥ ३६॥

हारक बलतेय सपा मंसा, पूरा होलीसे मोचो।
एदाँय दूसर जीभ धराउन, बलेंदे मय मोचो॥ ३७॥
मोचो अभागिन कपार जाले, चोपतो लाइक आय।
नंगत गोठ बललोने बले, तुमके दुखाते जाय॥ ३८॥
सत फंद गढ़ न बलया, माई तुमके भाय।
पिता मुंह चो मयँ दखुन बलले, नाहले रते ओगाय॥ ३९॥
भगवान कुरुप बनाउन मोके पर - हाते दिलो करुन।
दिलो बुनलो माहा पाएँसे, जोड़ेंसे नंगत काटन॥ ४०॥
कोनी होओत राजा-रानी, मोचो हानी काय।
सेउकिन छांडुन एदाँय मय, रानी होएंदे काय॥ ४१॥
जरातो लाइक सोजे रकम ले, टकर आय मोचो।
बले नी होय मोके दखुक, काईं बिगाड़ तुमचो॥ ४२॥
एइ काज खिडिक ने बलले, तुमचो पुरे रानी।
मान्तर देबी गलती होली, माफी देहा रानी॥ ४३॥

१६ नी मांडू मेहरार बुध, देव माया चो जोर।
कपट भेद भरलो गोठ, संगे मया चो सोर॥ ४४॥

रानी कयकइ बैरिन के, आपलो हितू जानुन।
घनघड़ी मया ले पूछे, खुबे भरोस करुन॥ ४५॥
लागे भीलनी चो गीत ले, हिरनी मोहाउन गेली।
होनी माहा बुध बले, दुसनेय उल्टुन गेली॥ ४६॥
दासी आपलो दाँव दखुन, खुबे हरीक होली।
तुमचो पूछलोने मय डरेंसे, असन बलुक धरली॥ ४७॥
आगे तो मोचो नाँव के, घर टुटाउ धरलास।
मोचो गोठ के तुमी, रीस होउन बललास॥ ४८॥
नंगत गढ़ुन छोलुन खुबे, भरोस धरून बलली।
अयोधिया चो साढ़े-साती, -सनी होउन बलली॥ ४९॥
तुमी जे वललास सीताराम, मोचो मयादार आत।
तुमी बले सते राम काजे, हुसने सयादार आहास॥ ५०॥
मान्तर ये आगे चो रहे, हुन दिन गेली सरून।
मीत बले बयरी होसोत, दिन गेलोने छांडुन॥ ५१॥
सुरुज पूड़न कुल के पोसू, बिगर पानी चो हुनी।
लाखड़ी करेसे जराउन तेके, पोसू मारू हुनी॥ ५२॥

भानु कमल कुल पोषनिहारा। बिनु जल जारि करइ सोइ छारा॥
जरि तुम्हारि चह सवति उखारी। रूँधहु करि उपाउ बर बारी॥ ४॥

दो०– तुम्हहि न सोचु सोहाग बल निज बस जानहु राउ।
मन मलीन मुह मीठ नृपु राउर सरल सुभाउ॥ १७॥

चौ०– चतुर गँभीर राम महतारी। बीचु पाइ निज बात सँवारी॥
पठए भरतु भूप ननिअउरें। राम मातु मत जानब रउरें॥ १॥

सेवहिं सकल सवति मोहि नीकें। गरबित भरत मातु बल पी कें॥
सालु तुम्हार कौसिलहि माई। कपट चतुर नहिं होइ जनाई॥ २॥

राजहि तुम्ह पर प्रेमु बिसेषी। सवति सुभाउ सकइ नहिं देखी॥
रची प्रपंचु भूपहि अपनाई। राम तिलक हित लगन धराई॥ ३॥

यह कुल उचित राम कहुँ टीका। सबहि सोहाइ मोहि सुठि नीका॥
आगिलि बात समुझि डरु मोही। देउ दैउ फिरि सो फलु ओही॥ ४॥

दो०– रचि पचि कोटिक कुटिलपन कीन्हेसि कपट प्रबोधु।
कहिसि कथा सत सवति कै जेहि बिधि बाढ़ बिरोधु॥ १८॥

चौ०– भावी बस प्रतीति उर आई। पूँछ रानि पुनि सपथ देवाई॥
का पूछहुँ तुम्ह अबहुँ न जाना। निज हित अनहित पसु पहिचाना॥ १॥

भयउ पाखु दिन सजत समाजू। तुम्ह पाई सुधि मोहि सन आजू॥
खाइअ पहिरिअ राज तुम्हारें। सत्य कहें नहिं दोषु हमारें॥ २॥

जौं असत्य कछु कहब बनाई। तौ बिधि देइहि हमहि सजाई॥
रामहि तिलक कालि जौं भयऊ। तुम्ह कहुँ बिपति बीजु बिधि बयऊ॥ ३॥

रेख खँचाइ कहउँ बलु भाषी। भामिनि भइहु दूध कइ माखी॥
जौं सुत सहित करहु सेवकाई। तौ घर रहहु न आन उपाई॥ ४॥

दो०– कद्रूँ बिनतहि दीन्ह दुखु तुम्हहि कौसिलाँ देब।
भरतु बंदिगृह सेइहहिं लखनु राम के नेब॥ १९॥

सउत तुमचो बूंद उदकाउक, दखेसे नंगत करून।
एइ-काजे रूंधन रहा, बाड़ी बरकस देऊन॥ ५३॥

१७ सुहाग चो जोर ले तुमके, काईं फिकर नीआय।
आपलो हाते जानासाहास, तुमी राजा के काय॥ ५४॥

मन ने मइल लुबे मान्तर, मुंह ले आसोत मीठा।
सइज सोज टकर तुमचो, जानासाहास मीठा॥ ५५॥
राम चो आया जुगे चतुर, थाहा पाउक नीहोय।
बनाली बेरा दखुन मन चो, जेके जानुक नीहोय॥ ५६॥
राजा भरत के आजा घरे, पठाउन दिलो के जाना।
राम आया चो खेल आय, नंगत समझुन माना॥ ५७॥
समझेसे सपा सउत मोचो, सेवा करसोत नंगत।
भरत चो आया मुनीस उपरे, घमंड करेसे नंगत॥ ५८॥
कौसिल्या के तुमी एइने, जुगे खटका साहास।
चतुर मन भीतर चो के, जानुक नी पाहासाहास॥ ५९॥
राजा चो जुगे मया दखुन, सउत नी दावक सके।
जाल ओछाउन हाते करून, तिलक करून दखे॥ ६०॥
राम चो गादी कुल रीती ले, भले नंगत आय।
ये गोठ सया - झन के, हुसनेय खुबे भास॥ ६१॥
सते बलेंसे मोके बले, नंगत लागली सुनुन।
बले उल्टा बलते जाएँसे, पुरे चो के दखुन॥ ६२॥

१८ असन कोटी कइर गोठ के गढून छोलुन कुबड़ी।
सउत कहनी बलुन वइर, कराउक धरली कुबड़ी॥ ६३॥

रानी भरोस करून होनी लै, किरिया पाडुन पूछे।
मीत बयरी के पसु जानेसे, उल्टा कुबड़ी पुछे॥ ६४॥
जोन नाहकली बेले तुमके, खबर नी आय काईं।
राज ने खाएँसे पिंघेंसे गुने, दोस नी आय काईं॥ ६५॥
जे मयँ फंद गहुन बलेंसे, जाले देव डंड देएदे।
राम चो गादी होली जाले, देव बिपति बुनदे॥ ६६॥
बरपेला डांड पाडुन बलेंसे, बहिन सत तुई मान।
गोरोस ने पड़लो माछी माहा, तुई आपन के जान॥ ६७॥
बेटा संगे नवकरीन होउन, सेवा करून रसे।
अउर काईं उआट नीआय, जेमे एथा रसे॥ ६८॥

१९ कदरू बिनाता के डंड दिली, तुमके कवँसिला देएदे।
जहेल भीतरे भरत रदे, लछमन देवान होएदे॥ ६९॥

चौ०– कैकयसुता सुनत कटु बानी। कहि न सकइ कछु सहमि सुखानी॥
तन पसेउ कदली जिमि काँपी। कुबरीं दसन जीभ तब चाँपी॥ १॥

कहि कहि कोटिक कपट कहानी। धीरजु धरहु प्रबोधिसि रानी॥
फिरा करमु प्रिय लागि कुचाली। बकिहि सराहइ मानि मराली॥ २॥

सुनु मंथरा बात फुरि तोरी। दहिनि आँखि नित फरकइ मोरी॥
दिन प्रति देखउँ राति कुसपने। कहउँ न तोहि मोह बस अपने॥ ३॥

काह करौं सखि सूध सुभाऊ। दाहिन बाम न जानउँ काऊ॥ ४॥

दो०– अपनें चलत न आजु लगि अनभल काहुक कीन्ह।
केहिं अघ एकहि बार मोहि दैअँ दुसह दुखु दीन्ह॥ २०॥

चौ०– नैहर जनमु भरब बरु जाई। जिअत न करबि सवति सेवकाई॥
अरि बस दैउ जिआवत जाही। मरनु नीक तेहि जीवन चाही॥ १॥

दीन बचन कह बहुबिधि रानी। सुनि कुबरीं तियमाया ठानी॥
अस कस कहहु मानि मन ऊना। सुखु सोहागु तुम्ह कहुँ दिन दूना॥ २॥

जेहिं राउर अति अनभल ताका। सोइ पाइहि यहु फलु परिपाका॥
जब तें कुमत सुना मैं स्वामिनि। भूख न बासर नीद न जामिनि॥ ३॥

पूँछेउँ गुनिन्ह रेख तिन्ह खाँची। भरत भुआल होहिं यह साँची॥
भामिनि करहु त कहौं उपाऊ। है तुम्हरीं सेवा बस राऊ॥ ४॥

दो०– परउँ कूप तुअ बचन पर सकउँ पूत पति त्यागि।
कहसि मोर दुखु देखि बड़ कस न करब हित लागि॥ २१॥

चौ०– कुबरीं करि कबुली कैकेई। कपट छुरी उर पाहन टेई॥
लखइ न रानि निकट दुखु कैसें। चरइ हरित तिन बलिपसु जैसें॥ १॥

सुनत बात मृदु अंत कठोरी। देति मनहुँ मधु माहुर घोरी॥
कहइ चेरि सुधि अहइ कि नाहीं। स्वामिनि कहिहु कथा मोहि पाहीं॥ २॥

दुइ बरदान भूप सन थाती। मागहु आजु जुड़ावहु छाती॥
सुतहि राजु रामहि बनबासू। देहु लेहु सब सवति हुलासू॥ ३॥

मंथरा चो पीता गोठ सुनुन, कसकई डरली भारी।
टोडरा सूखली, पसना फूटली, थरथरुन गेली भारी॥ ७०॥
दखुन कुबड़ी दांत साले, जीभ चेपाउन धरली।
कपट चो कोटी कहनी गढ़ुन, समझाउन भाती बलली॥ ७१॥
कयकई भाग उल्टुन गेली, कुचाल भावली तेके।
कोकोड़ा के हाँसा मानुन, सहराउक धरली तेके॥ ७२॥
सुन मंथरा तुचो गोठ, एकेदाँय आय सते।
फड़केसे रोजे जेवनी आइँख, अडरा सपना एए॥ ७३॥
बुध नाहलो काजे नी बलें, टकर ले सोज आँय।
आपलो हानी लाभ काजे, मय नी जानूँ आयँ॥ ७४॥

२० आपलो चलत ते काचोइ बले, काईं बिगाड़ नी करले।
देव कसन ने डंड देएसे, मयँ काय पाप करले॥ ७५॥

जीव रहत ले सउत सेवा, मयँ नी करेंदे।
असन होले मायके जाउन, जीवना काटुन देएंदे॥ ७६॥
बयरी हाते पाडुन जे देव, बलेदे जीवना चलाउक।
हुनचो ले नंगत एइ आय, अस्तीरले मरेंदे जाउन॥ ७७॥
रानी कंदरुन गोठ बले, कुबड़ी चरितर सुना।
बलली काय-काज कंदरसीस, सुहाग तुमचो दूना॥ ७८॥
जसन बिगाड़ दखलीसे हुसने, होएदे हुनचो हाल।
दिन भूख न राती झूमा, सुनले जसने काल॥ ७९॥
पंजयार के पूछले हुन सांगलो, भरत होएदे राजा।
काई बल तुमी उआट करा, तुमचो हाते राजा॥ ८०॥

२१ रानी बलली तुचो गोठ ने, घसरेदे चुआँ ने जाउन।
मुनीस बेटा के छांडुन देएँदे, तुचो गोठ के मानुन॥ ८१॥

हितू बनुन बलसीस तुई, मोचो नसतो के दखुन।
आपलो हित काजे मयँ, नी करेंदे कसन सुनुन॥ ८२॥
कुबड़ी कयकई के कुबूल कराउन, गोठ बरकस करे।
जसन जतरा ने बोकड़ी पूजुक, फरसी धार करे॥ ८३॥
आपलो डंड दुख के रानी, लगे ले नी दखे।
जसन बोकड़ी चारा चरेसे, आपलो मउत नी दखे॥ ८४॥
सुसार गोठ फल ने खोट, मदरस ने मोहरा पिआय।
बलली गोटोक गोठ जे आसे, सुरता आसे कि नीआय॥ ८५॥
दुई बरदान राजा लगे, मांगुन छाती जुड़ाव।
बेटा के गादी राम के बन, सउत हरीक के पाव॥ ८६॥

भूपति राम सपथ जब करई। तब मागेहु जेहिं बचनु न टरई॥
होइ अकाजु आजु निसि बीतें। बचनु मोर प्रिय मानेहु जी तें॥ ४॥

दो०– बड़ कुघातु करि पातकिनि कहेसि कोपगृहँ जाहु।
काजु सँवारेहु सजग सबु सहसा जनि पतिआहु॥ २२॥

चौ०– कुबरिहि रानि प्रानप्रिय जानी। बार बार बड़ि बुद्धि बखानी॥
तोहि सम हित न मोर संसारा। बहे जात कइ भइसि अधारा॥ १॥

जौं बिधि पुरब मनोरथु काली। करौं तोहि चख पूतरि आली॥
बहुबिधि चेरिहि आदरु देई। कोपभवन गवनी कैकेई॥ २॥

बिपति बीजु बरषा रितु चेरी। भुइँ भइ कुमति कैकई केरी॥
पाइ कपट जलु अंकुर जामा। बर दोउ दल दुख फल परिनामा॥ ३॥

कोप समाजु साजि सबु सोई। राजु करत निज कुमति बिगोई॥
राउर नगर कोलाहलु होई। यह कुचालि कछु जान न कोई॥ ४॥

दो०– प्रमुदित पुर नर नारि सब सजहिं सुमंगलचार।
एक प्रबिसहिं एक निर्गमहिं भीर भूप दरबार॥ २३॥

चौ०– बाल सखा सुनि हियँ हरषाहीं। मिलि दस पाँच राम पहिं जाहीं॥
प्रभु आदरहिं प्रेमु पहिचानी। पूँछहिं कुसल खेम मृदु बानी॥ १॥

फिरहिं भवन प्रिय आयसु पाई। करत परसपर राम बड़ाई॥
को रघुबीर सरिस संसारा। सीलु सनेहु निबाहनिहारा॥ २॥

जेहिं जेहिं जोनि करम बस भ्रमहीं। तहँ तहँ ईसु देउ यह हमहीं॥
सेवक हम स्वामी सियनाहू। होउ नात यह ओर निबाहू॥ ३॥

अस अभिलाषु नगर सब काहू। कैकयसुता हृदयँ अति दाहू॥
को न कुसंगति पाइ नसाई। रहइ न नीच मतें चतुराई॥ ४॥

दो०– साँझ समय सानंद नृपु गयउ कैकई गेहँ।
गवनु निठुरता निकट किय जनु धरि देह सनेहँ॥ २४॥

चौ०– कोपभवन सुनि सकुचेउ राऊ। भय बस अगहुड़ परइ न पाऊ॥
सुरपति बसइ बाहँबल जाकें। नरपति सकल रहहिं रुख ताकें॥ १॥

राजा राम चो किरिया पाड़ले, मांगा बिचारुन बरदान।
रात पहाते नसेदे सपा, सत ये गोठ के मान॥ ८७॥

२२ पापिन गढ़ुन घाई पाड़ुन, बलली रीस-सार जाव।
समझुन काम करसे उथा, उधापड़े गोठ ने नी आव॥ ८८॥

कुबड़ी के जीव माहा मानुन, बुध के सहराते बलली।
हितू सवँसारे नीआत कोनी, तुचो नाहा बलली॥ ८९॥
बोहू काजे साहा होलीस, संग दिलीस पूरा।
तुके आइँख चो डीमा बनाएँदे, जे भगवान करदे पूरा॥ ९०॥
दासी के खुबे मान देऊन, रीस सार ने गेली।
बिपती बीज दासी बरसा, कुबुध चो बुनतोर होली॥ ९१॥
कपट पानी ने गाजा होली, बरदान दुइ ठन पाना।
दुख फर सरासरी ने, होएदे एके जाना॥ ९२॥
रीस सज ले कयकइ जाउन, रीस सार ने सोवली।
राज करते दुसट बुध ले, सपाय नास करली॥ ९३॥

* कयकई राजा गोठ *

महल सहर हरीक गुलाय, सपा साज करसोत।
भीतर चो कुचाल कोनी नी जानत, सपा हरीक होसोत॥ १॥

२३ सुभ जोड़ा हरीक ले करसोत, राज जो मनुख मेहरार।
एहार-जाहार होसोत लोग, देवड़ी पड़ेसे गोहार॥ २॥

राम चो संगवारी गादी के सुनुन, दस पाँच मिसुन एसोत।
तिहँचो मान करते राम, हाल पूछते जासोत॥ ३॥
हरीक ने संगी हुकुम पाउन, गुन गावते फिरसोत।
मयादार गुनी राम माहा, नीआत चारचा करसोत॥ ४॥
भगवान आमके जनम-जनम, तिहँचो सेउक राखो।
राम आमचो मालिक होओत, असन दया राखो॥ ५॥
सहरे सपा चो असन मन्सा, कयकई जीव जरे।
नीच चो गुन ने चतुर भटुन, अवगुन चाल धरे॥ ६॥

२४ बेर बसते राजा हरीक ले, गेला कयकई लगे।
लागे मया देह धरून, गेलोसे निठुरू लगे॥ ७॥

रीस सार चो नावँ सुनते, झझकुन पुरे नी जाओत।
इन्दर जेचो बाहाँ सकत ने, सपा राजा मानसोत॥ ८॥

सो सुनि तिय रिस गयउ सुखाई। देखहु काम प्रताप बड़ाई॥
सूल कुलिस असि अँगवनिहारे। ते रतिनाथ सुमन सर मारे॥ २॥

सभय नरेसु प्रिया पहिं गयऊ। देखि दसा दुखु दारुन भयऊ॥
भूमि सयन पटु मोट पुराना। दिए डारि तन भूषन नाना॥ ३॥

कुमतिहि कसि कुबेषता फाबी। अनअहिवातु सूच जनु भाबी॥
जाइ निकट नृपु कह मृदु बानी। प्रानप्रिया केहि हेतु रिसानी॥ ४॥

छं०— केहि हेतु रानि रिसानि परसत पानि पतिहि नेवारई।
मानहुँ सरोष भुअंग भामिनि बिषम भाँति निहारई॥
दोउ बासना रसना दसन बर मरम ठाहरु देखई।
तुलसी नृपति भवतब्यता बस काम कौतुक लेखई॥

सो०— बार बार कह राउ सुमुखि सुलोचनि पिकबचनि।
कारन मोहि सुनाउ गजगामिनि निज कोप कर॥ २५॥

चौ०— अनहित तोर प्रिया केइँ कीन्हा। केहि दुइ सिर केहि जमु चह लीन्हा॥
कहु केहि रंकहि करौं नरेसू। कहु केहि नृपहि निकासौं देसू॥ १॥

सकउँ तोर अरि अमरउ मारी। काह कीट बपुरे नर नारी॥
जानसि मोर सुभाउ बरोरू। मनु तव आनन चंद चकोरू॥ २॥

प्रिया प्रान सुत सरबसु मोरें। परिजन प्रजा सकल बस तोरें॥
जौं कछु कहौं कपटु करि तोही। भामिनि राम सपथ सत मोही॥ ३॥

बिहसि मागु मनभावति बाता। भूषन सजहि मनोहर गाता॥
घरी कुघरी समुझि जियँ देखू। बेगि प्रिया परिहरहि कुबेषू॥ ४॥

दो०— यह सुनि मन गुनि सपथ बड़ि बिहसि उठी मतिमंद।
भूषन सजति बिलोकि मृगु मनहुँ किराततिनि फंद॥ २६॥

चौ०— पुनि कह राउ सुहृद जियँ जानी। प्रेम पुलकि मृदु मंजुल बानी॥
भामिनि भयउ तोर मनभावा। घर घर नगर अनंद बधावा॥ १॥

रामहि देउँ कालि जुबराजू। सजहि सुलोचनि मंगल साजू॥
दलकि उठेउ सुनि हृदउ कठोरू। जनु छुइ गयउ पाक बरतोरू॥ २॥

हुनी बायले चो रीस सुनुन, सुखून ओगाय होला।
बजर तरवार के आंग ने झेलू, काम कांडे मरला॥ ९॥
डरते कयकई लगे जाउन, दूखी दखला तेके।
गाहना फींगुन मोट कपडा ने, मुएँ दखला तके॥ १०॥
अडरा भेस दुरदुधीन के, कसन फबते रहे।
जसन पुरे रांडी होतोचो, खबर देते रहे॥ ११॥
कसन रिसालीस सांग रानी, बलुन छीओत राजा।
झटकारून देय छिवते-खान, फेर मनात राजा॥ १२॥
नागिन माहा रीस ले दखे, गुन असन लागे।
दुइ लोभ नागिन जीभ, बरदान दाँत लागे॥ १३॥
चावतो काजे ठान नेते, राजा होनी ने पड़ुन।
तुलसी बलसोत एके राजा, काम चो खेल समझुन॥ १४॥

२५ घनघड़ी रानी के वलोत, सुन्दरी मोचो सुन।
सांग कसन ने रीस होलीस, मोचो गोठ गुन॥ १५॥

कोन तुचो काय नसालो, काचो दुइ मूंड होली।
जमराज काके नेउक दखेसे, दिन काचो पुरली॥ १६॥
कोन राजा चो निकारा करें, काके कंगाल करें।
अमर बले जे तुचो बयरी, हुनचो बल नास करें॥ १७॥
कीड़ा-मकोड़ा माहा आसोत, मनुख मेहरार जे आत।
तुचो मया चो पुरे ये, काय जिनीस आत॥ १८॥
सपा टकर के तुइ जानसीस, बरहमेस मन मोचो।
चकोरी माहा होउन रहेसे, जोन माहा मुँह तुचो॥ १९॥
रानी रैयत धन कुटुम बेटा, संगे मोचो जीव बले।
सपा तुचो आय राम किरिया, कपट ने जे बलें॥ २०॥
हाँसुन मांग तुइ मन चो आपलो, गाहना पिंधुन सज।
बेरा कुबेरा के मने बिचारून, कुबेस तुरते तज॥ २१॥

२६ सुनुन रानी राम चो किरिया, हाँसते उतुन पिंधे।
जसन भीलनी चीतर के, फांदा ने पाडु क दखे॥ २२॥

कयकई के मानली जानुन, बलला सुसार गोठ।
तुचो मन चो सपाय होली, सांगेंसे हरीक गोठ॥ २३॥
काली गादी राम के देएंदे, हरीक राज ने सपा।
सुंदर आइँख बिती रानी, गाहना के पिंध सपा॥ २४॥
सुनते जीव ने आइग बरली, केंसटूटी छिवलो असन।
हाँसते दुखा के ओगाय सहे, राजा बले जसन॥ २५॥

ऐसिउ पीर बिहसि तेहिं गोई। चोर नारि जिमि प्रगटि न रोई॥
लखहिं न भूप कपट चतुराई। कोटि कुटिल मनि गुरू पढ़ाई॥ ३॥

जद्यपि नीति निपुन नरनाहू। नारिचरित जलनिधि अवगाहू॥
कपट सनेहु बढ़ाइ बहोरी। बोली बिहसि नयन मुहु मोरी॥ ४॥

दो०– मागु मागु पै कहहु पिय कबहुँ न देहु न लेहु।
देन कहेहु बरदान दुइ तेउ पावत संदेहु॥ २७॥

चौ०– जानेउँ मरमु राउ हँसि कहई। तुम्हहि कोहाब परम प्रिय अहई॥
थाती राखि न मागिहु काऊ। बिसरि गयउ मोहि भोर सुभाऊ॥ १॥

झूठेहुँ हमहि दोषु जनि देहू। दुइ कै चारि मागि मकु लेहू॥
रघुकुल रीति सदा चलि आई। प्रान जाहुँ बरु बचनु न जाई॥ २॥

नहिं असत्य सम पातक पुंजा। गिरि सम होहिं कि कोटिक गुंजा॥
सत्यमूल सब सुकृत सुहाए। बेद पुरान बिदित मनु गाए॥ ३॥

तेहि पर राम सपथ करि आई। सुकृत सनेह अवधि रघुराई॥
बात दृढ़ाइ कुमति हँसि बोली। कुमत कुबिहग कुलह जनु खोली॥ ४॥

दो०– भूप मनोरथ सुभग बनु सुख सुबिहंग समाजु।
भिल्लिनि जिमि छाड़न चहति बचनु भयंकरु बाजु॥ २८॥

मासपारायण, तेरहवाँ विश्राम

चौ०– सुनहु प्रानप्रिय भावत जी का। देहु एक बर भरतहि टीका॥
मागउँ दूसर बर कर जोरी। पुरवहु नाथ मनोरथ मोरी॥ १॥

तापस बेष बिसेषि उदासी। चौदह बरिस रामु बनबासी॥
सुनि मृदु बचन भूप हियँ सोकू। ससि कर छुअत बिकल जिमि कोकू॥ २॥

गयउ सहमि नहिं कछु कहि आवा। जनु सचान बन झपटेउ लावा॥
बिबरन भयउ निपट नरपालू। दामिनि हनेउ मनहुँ तरु तालू॥ ३॥

माथें हाथ मूदि दोउ लोचन। तनु धरि सोचु लाग जनु सोचन॥
मोर मनोरथु सुरतरु फूला। फरत करिनि जिमि हतेउ समूला॥ ४॥

अवध उजारि कीन्हि कैकेईं। दीन्हिसि अचल बिपति कै नेईं॥ ५॥

चोर चो बायले परगट नी गागे, हुसने हाँसते रानी।
हुनचो चलाकी चो थाहा नी पीओत, कुबड़ी पढ़ालोर रानी॥ २६॥
खोल समुंद आय तिरिया चरितर, कितरोय नीती जाने।
आइँख टोंड के अलटुन बलली, राजा मया माने॥ २७॥

२७ मांग मांग बलते कई हार, बलला‌स, देहास धरास नहीं।
देउक बललास दुइ ठन बरदान, मिरतो भरोस नहीं॥ २८॥

हाँसते बलला भरम जानले, मान करतोर मया तुके।
दुनों बरदान संगाउन रहीस, काई नी मांगुन मोके॥ २९॥
भुलकाहा टकर चो मय रानी, सुरता नी रहे मोके।
फोकहा दोस छांडुन दुइ चो, चार ठन मांग मोके॥ ३०॥
रघुकुल चो टकर आय आरू, असने होते इली।
जीव गेलो ने जाओ मान्तर, गोठ केबई नी गेली॥ ३१॥
असत माहा पाय नीआय, पुन चो बूंद आय सत।
घोंघी पहाड़ होउक नी सकत, मनु बेद बलालासोत॥ ३२॥
तेमे बले राम चो किरिया, मुंह ले निसकुन गेली।
पुन मया चो रघुनाथ सरहद, हुनचोय किरिया होली॥ ३३॥
गोठ के पक्की करुन भाती, दुरबुधीन हाँसते बलली।
कुमत छछान के ढीलतो काजे, गुड़ा उघडाउन दिली॥ ३४॥

२८ राजा बिचार सुन्दर रान, सुख आत सपा चड़ई।
तेचो उपरे छांडुक दखेसे, गोठ छछान चड़ई॥ ३५॥

सोचो जीव गोटोक मागेंसे, भरत चो गादी करा।
दूसर मांगेंसे हाथ जोड़ुन, मन चो पूरा करा॥ ३६॥
चवदा बरख जोगी भेस ने, जाओ राम रान।
सपा सुख कुटुम के छाड़ुन, एकलोय जाओ राम॥ ३७॥
कयकइ चो कँवल बोली सुनुन, राजा के लागली असन।
जोन तरास छिवते चकवा, बिकल होएसे जसन॥ ३८॥
सुनते ओगाय राजा जसन, छछान लावा के घरलो।
मुंह चो रंग उड़ुन दिखे, ताड़ के गाज मारलो॥ ३९॥
आइँख मूंदून माथा थापुन, बिचार करोत असन।
दखले लागे विचार देह ले, विचार करेसे जसन॥ ४०॥
कलपरुख फरतो पाहार उखनली, हथनी माहा रानी।
बिपती चो एदाँय नेवँ खोदली, उजड़ावली अवध के रानी॥ ४१॥

दो०– कवनें अवसर का भयउ गयउँ नारि बिस्वास।
जोग सिद्धि फल समय जिमि जतिहि अबिद्या नास॥ २९॥

चौ०– एहि बिधि राउ मनहिं मन झाँखा। देखि कुभाँति कुमति मन माखा॥
भरतु कि राउर पूत न होंही। आनेहु मोल बेसाहि कि मोही॥ १॥

जो सुनि सरु अस लाग तुम्हारें। काहे न बोलहु बचनु सँभारें॥
देहु उतरु अनु करहु कि नाहीं। सत्यसंध तुम्ह रघुकुल माहीं॥ २॥

देन कहेहु अब जनि बरु देहू। तजहु सत्य जग अपजसु लेहू॥
सत्य सराहि कहेहु बरु देना। जानेहु लेइहि मागि चबेना॥ ३॥

सिबि दधीचि बलि जो कछु भाषा। तनु धनु तजेउ बचन पनु राखा॥
अति कटु बचन कहति कैकेई। मानहुँ लोन जरे पर देई॥ ४॥

दो०– धरम धुरंधर धीर धरि नयन उघारे रायँ।
सिरु धुनि लीन्हि उसास असि मारेसि मोहि कुठायँ॥ ३०॥

चौ०– आगें दीखि जरत रिस भारी। मनहुँ रोष तरवारि उघारी॥
मूठि कुबुद्धि धार निठुराई। धरी कूबरीं सान बनाई॥ १॥

लखी महीप कराल कठोरा। सत्य कि जीवनु लेइहि मोरा॥
बोले राउ कठिन करि छाती। बानी सबिनय तासु सोहाती॥ २॥

प्रिया बचन कस कहसि कुभाँती। भीर प्रतीति प्रीति करि हाँती॥
मोरें भरतु रामु दुइ आँखी। सत्य कहउँ करि संकरु साखी॥ ३॥

अवसि दूतु मैं पठइब प्राता। ऐहहिं बेगि सुनत दोउ भ्राता॥
सुदिन सोधि सबु साजु सजाई। देउँ भरत कहुँ राजु बजाई॥ ४॥

दो०– लोभु न रामहि राजु कर बहुत भरत पर प्रीति।
मैं बड़ छोट बिचारि जियँ करत रहेउँ नृपनीति॥ ३१॥

चौ०– राम सपथ सत कहउँ सुभाऊ। राममातु कछु कहेउ न काऊ॥
मैं सबु कीन्ह तोहि बिनु पूँछें। तेहि तें परेउ मनोरथु छूछें॥ १॥

२९ कसन बेरा ये काय होली, मेहरार के भरोस करुन।
जोगी के सिद्धी मिरतोर बेरा, खाय बिदिया नसुन॥ ४२॥

मने-मन राजा तड़फते जासोत, दुरबुधीन सपा दखुन।
राजा चो गत के बिचारुन, बलली रीस होउन॥ ४३॥
भरत तुमचो बेटा नोआय, कि घेनुन आनलीस मोके।
मोचो बललो के सुनते-खान, काय कांड पावली तुमके॥ ४४॥
गोठ के समझुन कसन नी बलास, मोके जबाब दिया।
रघुबंसी सतवादी हां बला, नाहले नाई बलुन दिआ॥ ४५॥
देउक बलुन बर भले नी दिआ, सत के छांडुन दिआ।
सवँसारे जस के मेटावा तुमी, मनचो सांगुन दिओ॥ ४६॥
सत के सहराउन बर देउक, तुमी बलुन रहास।
लाइ चना मांगेदे कायतो, एइ समझुन रहास॥ ४७॥
सबी दधीच बली जे बलला, गोठ के पूरा करला।
जीव धन के होमुन बले, बललो पूरा करला॥ ४८॥
असन पीता गोठ ले रानी, जरलो ने नोन डारे।
निनास धरते आइँख उघड़ालो, राजा दुख चो मारे॥ ४९॥

३० धरम मामू राजा चो मन, कंदरे गोठ सुनुन।
बलला अटपट ठान ने आनुन, मारलीस नी गुनुन॥ ५०॥

रीस ने चुड़ते कयकई लागे, जसन उघड़ा तरवार।
अग्यान तेचो मूठ होली, निठुर होलीं धार॥ ५१॥
कुबड़ी साहान ने धार करलोर, कठोर के राजा दखला।
काय मोचो जीव धरेदे, बिनाते राजा बलला॥ ५२॥
मया भरोस के छाँडुन रानी, अडरा कसन बलसीस।
राम भरत दुनों आइँख मोचो, भरोस कसननी करसीस॥ ५३॥
संकर भगवान चो किरिया मयँ, सते बलेंसे सुन।
पहाते खान - दूत पठाएँदे, मोचो मानुन गुन॥ ५४॥
दुनों भाई खबर सुनते, तुरते एथा एदे।
दिन दखाउन डंका पेटुन, भरत के गादी देएंदे॥ ५५॥

३१ राम के राज चो लोभ नीआय, भरत ले मया भारी।
नानी बड़े के बिचारुन करले राजा नीती भारी।

सौ हार राम चो किरिया पाड़ते, टकर असन बलें।
राम चो आया काईं नी बलली, सत के मय बलें॥ ५६॥

रिस परिहरु अब मंगल साजू। कछु दिन गएँ भरत जुबराजू॥
एकहि बात मोहि दुखु लागा। बर दूसर असमंजस मागा॥ २॥

अजहूँ हृदउ जरत तेहि आँचा। रिस परिहास कि साँचेहुँ साँचा॥
कहु तजि रोषु राम अपराधू। सबु कोउ कहइ रामु सुठि साधू॥ ३॥

तुहूँ सराहसि करसि सनेहू। अब सुनि मोहि भयउ संदेहू॥
जासु सुभाउ अरिहि अनुकूला। सो किमि करिहि मातु प्रतिकूला॥ ४॥

दो०– प्रिया हास रिस परिहरहि मागु बिचारि बिबेकु।
जेहिं देखौं अब नयन भरि भरत राज अभिषेकु॥ ३२॥

चौ०– जिऐ मीन बरु बारि बिहीना। मनि बिनु फनिकु जिऐ दुख दीना॥
कहउँ सुभाउ न छलु मन माहीं। जीवनु मोर राम बिनु नाहीं॥ १॥

समुझि देखु जियँ प्रिया प्रबीना। जीवनु राम दरस आधीना॥
सुनि मृदु बचन कुमति अति जरई। मनहुँ अनल आहुति घृत परई॥ २॥

कहइ करहु किन कोटि उपाया। इहाँ न लागिहि राउरि माया॥
देहु कि लेहु अजसु करि नाहीं। मोहि न बहुत प्रपंच सोहाहीं॥ ३॥

रामु साधु तुम्ह साधु सयाने। राममातु भलि सब पहिचाने॥
जस कौसिलाँ मोर भल ताका। तस फलु उन्हहि देउँ करि साका॥ ४॥

दो०– होत प्रातु मुनिबेष धरि जौं न रामु बन जाहिं।
मोर मरनु राउर अजस नृप समुझिअ मन माहिं॥ ३३॥

चौ०– अस कहि कुटिल भई उठि ठाढ़ी। मानहुँ रोष तरंगिनि बाढ़ी॥
पाप पहार प्रगट भइ सोई। भरी क्रोध जल जाइ न जोई॥ १॥

दोउ बर कूल कठिन हठ धारा। भवँर कूबरी बचन प्रचारा॥
ढाहत भूपरूप तरु मूला। चली बिपति बारिधि अनुकूला॥ २॥

लखी नरेस बात फुरि साँची। तिय मिस मीचु सीस पर नाची॥
गहि पद बिनय कीन्ह बैठारी। जनि दिनकर कुल होसि कुठारी॥ ३॥

इतरोय आय तुके नी पूछले, एइ ने मन चो गेली।
रीस छाँडुन सिंगार कर तुई, तुचोय मन चो होली॥ ५७॥
दुसर बरदान जे अड़चन लागे, हुनचोय दुख आसे।
हाँसी रीस कि सते आय, जीव जरलो माहा लगे॥ ५८॥
राम दोस के रीस छांगुन सांग, साधू बलसोत सपा।
तुई बल सहराते मया करीस, भरम सुनुन सपा॥ ५९॥
बयरी के भाएसे जेचो टकर, माय उलटली कसन।
जेके खुबे मया करीस बिचार पलटली कसन॥ ६०॥

३२ हांसी छांगुन बिचारुन भाती, मन चो बर माँग।
जेमे भरत चो गादी दखें, आईख भर असन सांग॥ ६१॥

बिगर पानी मछरी जियो, सांप मनी बिगर।
छल छाँडुन सत बलेंसे, नी जिएँ राम बिगर॥ ६२॥
चतुर समझ मोचो जिवना, राम दरस ले आसे।
कँवल बोली रानी जीव के, जरालो माहा लागे॥ ६३॥
जसन घीव आइग ने पड़ली, बलली काईं करा।
तुमचो चाल चलुक नी सके, काईं उआट करा॥ ६४॥
देऊ आहास जाले मांगलो के दिआ, नाहले नी बला।
परपंच सुनुक नी भाय मोके, अपजस धरून रहा॥ ६५॥
राम साधू तुमी सियान साधू, गुनवन्तीन राम चो माय।
एदाँय सपा के मयँ चितएँसे, काचो मन ने काय॥ ६६॥
जलन कोसिल्या मोके दखली, मय बल तेके दखे।
हुसने फल मय देएँदे, जसन दखली मोके॥ ६७॥

३३ बिहान पहाते जोगी होउन जे, राम रान नी गेले।
मोचो मरना तुमचो अपजस, पावासे बिहान होले॥ ६८॥

बलुन कपटीन उबा होली, नंदी चो भाड़ी माहा।
पाप पहाड़ ले निकरलो आसे, रीस चो पानी माहा॥ ६९॥
खंड माहा दुइ बर आसे, मझधार टेक होली।
कुबड़ी गोठ गोंडरा माहा, बिपती समुंद पड़ली॥ ७०॥
भड़लाते बोहाते रूख-राइ माहा, राजा के धरून नेएसे।
बायले ओखी ने मउत नाचते, मुंड उपरे होएसे॥ ७१॥
रानी चो पायँ धरुन बसलो राजा, किती हारून करे।
सूरजबंस रूख काजे टंगया, नी बन सारूक पुरे॥ ७२॥
मुँड के मोचो मांग तुई, एबेय तुके देएंदे।
राम ले छंडाउन नी मार, सपा तुके देएंदे॥ ७३॥

मागु माथ अबहीं देउँ तोही। राम बिरहँ जनि मारसि मोही॥
राखु राम कहुँ जेहि तेहि भाँती। नाहिं त जरिहि जनम भरि छाती॥ ४॥

दो०– देखी ब्याधि असाध नृपु परेउ धरनि धुनि माथ।
कहत परम आरत बचन राम राम रघुनाथ॥ ३४॥

चौ०– ब्याकुल राउ सिथिल सब गाता। करिनि कलपतरु मनहुँ निपाता॥
कंठु सूख मुख आव न बानी। जनु पाठीनु दीन बिनु पानी॥ १॥

पुनि कह कटु कठोर कैकेई। मनहुँ घाय महुँ माहुर देई॥
जौं अंतहुँ अस करतबु रहेऊ। मागु मागु तुम्ह केहिं बल कहेऊ॥ २॥

दुइ कि होइ एक समय भुआला। हँसब ठठाइ फुलाउब गाला॥
दानि कहाउब अरु कृपनाई। होइ कि खेम कुसल रौताई॥ ३॥

छाड़हु बचनु कि धीरजु धरहू। जनि अबला जिमि करुना करहू॥
तनु तिय तनय धामु धनु धरनी। सत्यसंध कहुँ तृन सम बरनी॥ ४॥

दो०– मरम बचन सुनि राउ कह कहु कछु दोषु न तोर।
लागेउ तोहि पिसाच जिमि कालु कहावत मोर॥ ३५॥

चौ०– चहत न भरत भूपतहि भोरें। बिधि बस कुमति बसी जिय तोरें॥
सो सबु मोर पाप परिनामू। भयउ कुठाहर जेहिं बिधि बामू॥ १॥

सुबस बसिहि फिरि अवध सुहाई। सब गुन धाम राम प्रभुताई॥
करिहहिं भाइ सकल सेवकाई। होइहि तिहुँ पुर राम बड़ाई॥ २॥

तोर कलंकु मोर पछिताऊ। मुएहुँ न मिटहि न जाइहि काऊ॥
अब तोहि नीक लाग करु सोई। लोचन ओट बैठु मुहु गोई॥ ३॥

जब लगि जिऔं कहउँ कर जोरी। तब लगि जनि कछु कहसि बहोरी॥
फिरि पछितैहसि अंत अभागी। मारसि गाइ नहारू लागी॥ ४॥

दो०– परेउ राउ कहि कोटि बिधि काहे करसि निदानु।
कपट सयानि न कहति कछु जागति मनहुँ मसानु॥ ३६॥

चौ०– राम राम रट बिकल भुआलू। जनु बिनु पंख बिहंग बेहालू॥
हृदयँ मनाव भोरु जनि होई। रामहि जाइ कहै जनि कोई॥ १॥

उदउ करहु जनि रबि रघुकुल गुर। अवध बिलोकि सूल होइहि उर॥
भूप प्रीति कैकइ कठिनाई। उभय अवधि बिधि रची बनाई॥ २॥

राम के एथाय राख तुई, जसन तसन करून।
नाहले छाती लाखड़ी होएदे, गुलाय जिवना जरून॥ ७४॥

३४ राजा दखला अजार आय ये, मुंड पीटते बसला।
हाय राम, हाय राम बलते राजा, उथाय भुएँ पड़ला॥ ७५॥

जसन हथनी कलपरूख के, उखनुन पकाउन दिली।
हुसने राजा चो देह बियाकुल, सीतर पड़ुन गेली॥ ७६॥
टोडरा सूखली बोली नी कुटे, बिन पानी मछरी तड़फे।
लागे घाव ने मोहरा भरेसे, हुसने रानी तड़के॥ ७७॥
मांग बलुन कसन बललास, जे असन करतोर रहे।
फकफकाउन हाँसतो गाल फूलातो, काजे एकेसंग होउक सके॥ ७८॥
सूम होउन दानी बनतोर, रन ने छतरी चो बाजा।
गोठ छांडा कि धीरज धरा, रांडी माहा नी गागा॥ ७९॥
देह बेटा बायले धन चो, सतवान लोभ नी करे।
राजा बललो सुनुन भाती, जे मरम भेद गोठ करे॥ ८०॥

३५ मोचो काल डूमा होउन, तुके धरलोर आले।
हुनी सपा ए रकम चो, गोठ लमाउन आसे॥ ८१॥

भरत गादी भुलकन नी दखे, तुचोय बुध आय सपा।
मोचो पाप चो फल मिरेसे, बेरा ने उलटला सपा॥ ८२॥
ए पुर नंगत गढ़न ले होएदे, राम चो राज होएदे।
सपा भाई सेवा करदे, तीनोंपुर गुन होएदे॥ ८३॥
मोचो कँदरतो तुचो कलंक, मरले बल नी सरे।
नंगत लागे हुनी, के कर, नीरव आइँख पुरे॥ ८४॥
हात जोड़ न बलेंसे तुके, जीयत ले काईं नी बल।
सरासरी पछतासे अभागिन, जितरों करसीस छल॥ ८५॥

३६ गाय के नाड़ी काजे मारसीसा सत्यानास करसीस पुरे।
असन समझाते भुएँ पड़लो, कपटी रानी चो पुरे॥ ८६॥

काईं नी गोठयाय रानी, मसान जोगालो माहा।
राम-राम रटत बिगर पटका चो, चड़ई कंदरलो माहा॥ ८७॥
मने मनासोत बिहान नी पहाओ, राम के कोनीनी सांगोत।
रघुकुल गुरू सूरूज भगवान, नी उदो असन बलोत॥ ८८॥
नंगत नी लागेदे जीव के तिहँचो, पुर चो गत दखुन।
राजा चो मया कयकई टेक ब्रह्मा रचलोसे दखुन॥ ८९॥

बिलपत नृपहि भयउ भिनुसारा। बीना बेनु संख धुनि द्वारा॥
पढ़हिं भाट गुन गावहिं गायक। सुनत नृपहि जनु लागहिं सायक॥ ३॥

मंगल सकल सोहाहिं न कैसें। सहगामिनिहि बिभूषन जैसें॥
तेहिं निसि नीद परी नहिं काहू। राम दरस लालसा उछाहू॥ ४॥

दो०– द्वार भीर सेवक सचिव कहहिं उदित रबि देखि।
जागेउ अजहुँ न अवधपति कारनु कवनु बिसेषि॥ ३७॥

चौ०– पछिले पहर भूपु नित जागा। आजु हमहि बड़ अचरजु लागा॥
जाहु सुमंत्र जगावहु जाई। कीजिअ काजु रजायसु पाई॥ १॥

गए सुमंत्रु तब राउर माहीं। देखि भयावन जात डेराहीं॥
धाइ खाइ जनु जाइ न हेरा। मानहुँ बिपति बिषाद बसेरा॥ २॥

पूछें कोउ न ऊतरु देई। गए जेहिं भवन भूप कैकेई॥
कहि जयजीव बैठ सिरु नाई। देखि भूप गति गयउ सुखाई॥ ३॥

सोच बिकल बिबरन महि परेऊ। मानहुँ कमल मूलु परिहरेऊ॥
सचिउ सभीत सकइ नहिं पूँछी। बोली असुभ भरी सुभ छूछी॥ ४॥

दो०– परी न राजहि नीद निसि हेतु जान जगदीसु।
रामु रामु रटि भोरु किय कहइ न मरमु महीसु॥ ३८॥

चौ०– आनहु रामहि बेगि बोलाई। समाचार तब पूँछेहु आई॥
चलेउ सुमंत्रु राय रुख जानी। लखी कुचालि कीन्हि कछु रानी॥ १॥

सोच बिकल मग परइ न पाऊ। रामहि बोलि कहिहि का राऊ॥
उर धरि धीरजु गयउ दुआरें। पूछँहिं सकल देखि मनु मारें॥ २॥

समाधानु करि सो सबही का। गयउ जहाँ दिनकर कुल टीका॥
राम सुमंत्रहि आवत देखा। आदरु कीन्ह पिता सम लेखा॥ ३॥

निरखि बदनु कहि भूप रजाई। रघुकुलदीपहि चलेउ लेवाई॥
रामु कुभाँति सचिव सँग जाहीं। देखि लोग जहँ तहँ बिलखाहीं॥ ४॥

दो०– जाइ दीख रघुबंसमनि नरपति निपट कुसाजु।
सहमि परेउ लखि सिंघिनिहि मनहुँ बृद्ध गजराजु॥ ३९॥

चौ०– सूखहिं अधर जरइ सबु अंगू। मनहुँ दीन मनिहीन भुअंगू॥
सरुष समीप दीखि कैकेई। मानहुँ मीचु घरीं गनि लेई॥ १॥

करुनामय मृदु राम सुभाऊ। प्रथम दीख दुखु सुना न काऊ॥
तदपि धीर धरि समउ बिचारी। पूँछी मधुर बचन महतारी॥ २॥

बिहान पहाली राजा चो कलपते, सेउक देवड़ी इला।
तमूरा संख बांवसरी बजाओत, भाट गुन करूक धरला॥ ९०॥
सुनुन राजा के कांड माहा लागे, सुभ जोड़ा लागे आसन।
मुनीस लहास संगे बायले के, पिंधलोर गाहना जसन॥ ९१॥

३७ देवान सेउक कूढ़ा-कूढ़ा, गोठयासोत आरू बलोत।
आज कसन ने राजा नी चेतला, बेर बाट दखुन बलोत॥ ९२॥

रोजे चेतुआत कुकड़ा-बासते, आज ए अचरित होए।
देवान जाउन तुमी चेतावा, हुकुम ले कारज होए॥ ९३॥
सुमन्त महल भीतर गेला, चोपाएसे महल लागे।
दुख बिपती चो डेरा होलीसे, खाएसे तिहँके लागे॥ ९४॥
पूछलोने कोनी सांगया नीआत, कयकई महल गेला।
जो हरून राजा चो गत दखुन, देवान सुखून गेला॥ ९५॥
बियाकुल मुह करेया धाएँ, भुँए पड़लासोत असन।
बूंद उदकलो पूड़न आसे, दिखोत सूखलो जसन॥ ९६॥
देवान डर काजे नी पूछोत, मान्तर फिकर होली।
सुभ छांडुन रानी असुभ बलुक, पुरे उबा होली॥ ९७॥

३८ भगवान जाने कसन नी सोवला, गुलाय रात राजा।
राम-राम बड़मते पहाउन दिला, भेद नी सांगोत राजा॥ ९८॥

राम के बलाउन झपके आना, पाछे पूछासे हाल।
देवान मन चो के जानुन गेला, धोकते रानी चाल॥ ९९॥
फिकर ने पायँ बाटे नी पड़त, राम के काय बलदे।
ढाड़ुस करते देवड़ी अमरला, सुसार गोठ बलते॥ १००॥
समझाउन राम बाटे गेला, दखते राम उठला।
सुमन्त के राम बाप माहा, मानुन मान करला॥ १०१॥
मुंह बाट दखते हुकुम सुनाउन, चलली राम के धरुन।
जसन चो हुसन राम निसकला, लोग दुखी दखुन॥ १०२॥

३९ राम दखला राज चो राजा, पड़लासोत अवगत होउन।
बुड़गा हाथी सिंघनी के दखुन, आसे उमथाड़ा होउन॥ १०३॥

मुंह सुखेसे देह जरे से, मनी बिगर साँप जसन।
कयकई रीस ने पुरे उबा, मउत आसे जसन॥ १०४॥
मया सहज टकर चो राम, दुख नी जानते रहोत।
बेरा दखुन धीरज धरून, गोठ पूछला सहज॥ १०५॥

मोहि कहु मातु तात दुख कारन। करिअ जतन जेहिं होइ निवारन॥
सुनहु राम सबु कारन एहू। राजहि तुम पर बहुत सनेहू॥ ३॥

देन कहेन्हि मोहि दुइ बरदाना। मागेउँ जो कछु मोहि सोहाना॥
सो सुनि भयउ भूप उर सोचू। छाड़ि न सकहिं तुम्हार सँकोचू॥ ४॥

दो०– सुत सनेहु इत बचनु उत संकट परेउ नरेसु।
सकहु त आयसु धरहु सिर मेटहु कठिन कलेसु॥ ४०॥

चौ०– निधरक बैठि कहइ कटु बानी। सुनत कठिनता अति अकुलानी॥
जीभ कमान बचन सर नाना। मनहुँ महिप मृदु लच्छ समाना॥ १॥

जनु कठोरपनु धरें सरीरू। सिखइ धनुषबिद्या बर बीरू॥
सबु प्रसंगु रघुपतिहि सुनाई। बैठि मनहुँ तनु धरि निठुराई॥ २॥

मन मुसुकाइ भानुकुल भानू। रामु सहज आनंद निधानू॥
बोले बचन बिगत सब दूषन। मृदु मंजुल जनु बाग बिभूषन॥ ३॥

सुनु जननी सोइ सुतु बड़भागी। जो पितु मातु बचन अनुरागी॥
तनय मातु पितु तोषनिहारा। दुर्लभ जननि सकल संसारा॥ ४॥

दो०– मुनिगन मिलनु बिसेषि बन सबहि भाँति हित मोर।
तेहि महँ पितु आयसु बहुरि संमत जननी तोर॥ ४१॥

चौ०– भरतु प्रानप्रिय पावहिं राजू। बिधि सब बिधि मोहि सनमुख आजू॥
जौं न जाउँ बन ऐसेहु काजा। प्रथम गनिअ मोहि मूढ़ समाजा॥ १॥

सेवहिं अरँडु कलपतरु त्यागी। परिहरि अमृत लेहिं बिषु मागी॥
तेउ न पाइ अस समउ चुकाहीं। देखु बिचारि मातु मन माहीं॥ २॥

अंब एक दुखु मोहि बिसेषी। निपट बिकल नरनायकु देखी॥
थोरिहिं बात पितहि दुख भारी। होति प्रतीति न मोहि महतारी॥ ३॥

राउ धीर गुन उदधि अगाधू। भा मोहि तें कछु बड़ अपराधू॥
जातें मोहि न कहत कछु राऊ। मोरि सपथ तोहि कहु सतिभाऊ॥ ४॥

दो०– सहज सरल रघुबर बचन कुमति कुटिल करि जान।
चलइ जोंक जल बक्रगति जद्यपि सलिलु समान॥ ४२॥

चौ०– रहसी रानि राम रुख पाई। बोली कपट सनेहु जनाई॥
सपथ तुम्हार भरत कै आना। हेतु न दूसर मैं कछु जाना॥ १॥

राम - कयकइ गोठ

बाबा दुखी कसन ने सांगा, सारूक होओ जेके।
तुचो ले मया किरता आय, सुन जे बलला मोके॥ १॥
दुइ बर देउक बलू रहोत, मांगले आपलो मन चो।
सुनुन राजा बिचार करसोत, मया लाज ले तुमचो॥ २॥

४० बेटा चो मया आरू दिलो वर, धरम सांदी ने पड़ला।
दुख के टारूक सकीस जाले, मान जे गोठ करला॥ ३॥

धनउ माहा जीभ ने खुबे, बोली चो कांड आसे।
लागेसे कँवरी देह ने नेतुन, पाड़ुन भाती आसे॥ ४॥
कठोर बीर होउन सीखेसे, धनउ बिदिया जसन।
निठुर देंह धरून बसलीसे, सांगुन राम के असन॥ ५॥
मने मुचकला कुल चो सुरूज, बलला सुसार गोठ।
असन गोठ जेके सुनले, नी रहे काईं खोट॥ ६॥
भागवान बेटा हुनी आय, जे बेरा ने गोठ धरे।
माय बाप के संतोस करू, बिरलेय जनम धरे॥ ७॥

४१ सने मुनीमन संग भेट होएदे, सपा बाट नंगत मोचो।
तेमें बाबा हुकुम आय आया, मन बल आसे तुमचो॥ ८॥

जीव माहा भाई गादी पाएदे, भगवान होलोसे साहा।
असन ने बन नी गेलोने, मूरूख गिना कहा॥ ९॥
करसोत जाड़ा बूटा चो सेवा, कलपतरू के छांडसोत।
अमरित के छांडुन भाती, मोहरा के हाते मांगसोत॥ १०॥
आया नगत बिचारुन दख, कोन भूरूख चुकेदे।
दुख मोके इतरोय आय, बाबा के जे दुखेसे॥ ११॥
नानी गोठ काजे बाबा के, असन दुख कसन।
मोके भरोसा नीआय आया, होएदे दुख असन॥ १२॥
बाबा धीरजाहा गुनी आत, मोचो अवगुन दखला।
एइने मोके काईं नी बलत, मोचो किरिया सत बला॥ १३॥

४२ सहज सरल रघुबर गोठ, समझे अवगुनी टेड़गा।
जसन सोज समान पानी ने, हिंडेसे जरू टेड़गा॥ १४॥

राम गोठ सुनुन हरीक बलली, कपटीन मया दखाउन।
दूसर गोठ काईं नी जाने, भरत राम किरिया पाड़ुन॥ १५॥

तुम्ह अपराध जोगु नहिं ताता। जननी जनक बंधु सुखदाता॥
राम सत्य सबु जो कछु कहहू। तुम्ह पितु मातु बचन रत अहहू॥ २॥

पितहि बुझाइ कहहु बलि सोई। चौथेंपन जेहिं अजसु न होई॥
तुम्ह सम सुअन सुकृत जेहिं दीन्हे। उचित न तासु निरादरु कीन्हे॥ ३॥

लागहिं कुमुख बचन सुभ कैसे। मगहँ गयादिक तीरथ जैसे॥
रामहि मातु बचन सब भाए। जिमि सुरसरि गत सलिल सुहाए॥ ४॥

दो०– गइ मुरुछा रामहि सुमिरि नृप फिरि करवट लीन्ह।
सचिव राम आगमन कहि बिनय समय सम कीन्ह॥ ४३॥

चौ०– अवनिप अकनि रामु पगु धारे। धरि धीरजु तब नयन उघारे॥
सचिवँ सँभारि राउ बैठारे। चरन परत नृप रामु निहारे॥ १॥

लिए सनेह बिकल उर लाई। गै मनि मनहुँ फनिक फिरि पाई॥
रामहि चितइ रहेउ नरनाहू। चला बिलोचन बारि प्रबाहू॥ २॥

सोक बिबस कछु कहै न पारा। हृदयँ लगावत बारहिं बारा॥
बिधिहि मनाव राउ मन माहीं। जेहिं रघुनाथ न कानन जाहीं॥ ३॥

सुमिरि महेसहि कहइ निहोरी। बिनती सुनहु सदासिव मोरी॥
आसुतोष तुम्ह अवढर दानी। आरति हरहु दीन जनु जानी॥ ४॥

दो०– तुम्ह प्रेरक सब के हृदयँ सो मति रामहि देहु।
बचनु मोर तजि रहहिं घर परिहरि सीलु सनेहु॥ ४४॥

चौ०– अजसु होउ जग सुजसु नसाऊ। नरक परौं बरु सुरपुरु जाऊ॥
सब दुख दुसह सहावहु मोही। लोचन ओट रामु जनि होंही॥ १॥

अस मन गुनइ राउ नहिं बोला। पीपर पात सरिस मनु डोला॥
रघुपति पितहि प्रेमबस जानी। पुनि कछु कहिहि मातु अनुमानी॥ २॥

देस काल अवसर अनुसारी। बोले बचन बिनीत बिचारी॥
तात कहउँ कछु करउँ ढिठाई। अनुचितु छमब जानि लरिकाई॥ ३॥

अति लघु बात लागि दुखु पावा। काहुँ न मोहि कहि प्रथम जनावा॥
देखि गोसाइँहि पूँछिउँ माता। सुनि प्रसंगु भए सीतल गाता॥ ४॥

माय-बाप, भाई के सुख देसीस, दोस लाइक नोआस तुई।
माय बाप गोठ उपरे रसीस, सत बलसीस सपा तुई॥ १६॥
असन समझाव सियानपन ने, राजा बदी नी होओत।
जेचो बेटा आसे राम माहा, पुन चो नास नी करोत॥ १७॥
सुभ गोठ कपटी टोंड ले लागे, मगध चो तीरिथ माहा।
कयकइ चो गोठ राम के लागे, गंगा चो फूहड़ माहा॥ १८॥

४३ राजा चेतला राम राम बलते, मूरछा गेली तिहँचो।
देवान राम चो इलोर के सांगुन, बिन्ती करलो तिहँचो॥ १९॥

राम इलोके जानुन राजा, उघड़ाला आइँख धीरे।
देवान बसाला राजा दखला, पायँ के राम धरे॥ २०॥
आपलो हाजलोर मनी के साँप, जसन फेर पावलो।
हुसने मया ने दंदरुन राजा, राम के पोटारुन दिलो॥ २१॥
दसरथ राजा राम बाटे, दखते रहुन गेला।
आइँख बाट ले आँसू चो, धार बोहुक धरला॥ २२॥
दुख ने राजा काईं नी बलला, राम के पोटारते जाओत।
ब्रह्मा के मनात राजा दसरथ, राम बन नी जाओत॥ २३॥
सिव के सुमरुन भाती बलला, बिन्ती सुना मोचो।
मुंह मांगलो के तुमी देहासीस, दुख के टारा मोचो॥ २४॥

४४ सपा चो हिरदे के साहा तुमी, राम के बुध दिआ।
गोठ मया चाल के छांडुन, घरे रहुक दिआ॥ २५॥

सवँसार ने भले अपजस होओ, जस सरून जाओ।
भले मयँ नरक ने पडें, सरग सुख नी एओ॥ २६॥
सपा दुख मोके दिआ, सपा के सहुक बला।
राम आइँख ले आड़नी होओ, असन रीती करा॥ २७॥
मने-मन राजा असन विचारत, टोंड ले काईं नी बलत।
पीकड़ पान माहा मन डोले, मन चो काय बलत॥ २८॥
बूबा के रघुपति नया ने दखुन, असत अंताज करता।
फेर काईं काय आया बलो, दुख चो अंताज करला॥ २९॥
देस-काल आरु बेरा के, उल्टा दखुन राम।
बिन्ती गोठ के धरून भाती, बलला तेबे राम॥ ३०॥
माफी दिआ मयँ टोंड करेंसे, बाबा पीला जानुन।
तुमके कसन दुख होएसे, नानी गोठ के सुमुन॥ ३१॥
आगतले कोनी नी सांगला, गत दखुन पुछले।
मया ले देह सीतर होली, जसने गोठ बुझले॥ ३२॥

दो०– मंगल समय सनेह बस सोच परिहरिअ तात।
आयसु देइअ हरषि हियँ कहि पुलके प्रभु गात॥ ४५॥

चौ०– धन्य जनमु जगतीतल तासू। पितहि प्रमोदु चरित सुनि जासू॥
चारि पदारथ करतल ताकें। प्रिय पितु मातु प्रान सम जाकें॥ १॥

आयसु पालि जनम फलु पाई। ऐहउँ बेगिहिं होउ रजाई॥
बिदा मातु सन आवउँ मागी। चलिहउँ बनहि बहुरि पग लागी॥ २॥

अस कहि राम गवनु तब कीन्हा। भूप सोक बस उतरु न दीन्हा॥
नगर ब्यापि गइ बात सुतीछी। छुअत चढ़ी जनु सब तन बीछी॥ ३॥

सुनि भए बिकल सकल नर नारी। बेलि बिटप जिमि देखि दवारी॥
जो जहँ सुनइ धुनइ सिरु सोई। बड़ बिषादु नहिं धीरजु होई॥ ४॥

दो०– मुख सुखाहिं लोचन स्त्रवहिं सोकु न हृदयँ समाइ।
मनहुँ करुन रस कटकई उतरी अवध बजाइ॥ ४६॥

चौ०– मिलेहि माझ बिधि बात बेगारी। जहँ तहँ देहिं कैकइहि गारी॥
एहि पापिनिहि बूझि का परेऊ। छाइ भवन पर पावकु धरेऊ॥ १॥

निज कर नयन काढ़ि चह दीखा। डारि सुधा बिषु चाहत चीखा॥
कुटिल कठोर कुबुद्धि अभागी। भइ रघुबंस बेनु बन आगी॥ २॥

पालव बैठि पेड़ु एहिं काटा। सुख महुँ सोक ठाटु धरि ठाटा॥
सदा रामु एहि प्रान समाना। कारन कवन कुटिलपनु ठाना॥ ३॥

सत्य कहहिं कबि नारि सुभाऊ। सब बिधि अगहु अगाध दुराऊ॥
निज प्रतिबिंबु बरुकु गहि जाई। जानि न जाइ नारि गति भाई॥ ४॥

दो०– काह न पावकु जारि सक का न समुद्र समाइ।
का न करै अबला प्रबल केहि जग कालु न खाइ॥ ४७॥

चौ०– का सुनाइ बिधि काह सुनावा। का देखाइ चह काह देखावा॥
एक कहहिं भल भूप न कीन्हा। बरु बिचारि नहिं कुमतिहि दीन्हा॥ १॥

जो हठि भयउ सकल दुख भाजनु। अबला बिबस ग्यानु गुनु गा जनु॥
एक धरम परमिति पहिचाने। नृपहि दोसु नहिं देहिं सयाने॥ २॥

सिबि दधीचि हरिचंद कहानी। एक एक सन कहहिं बखानी॥
एक भरत कर संमत कहहीं। एक उदास भायँ सुनि रहहीं॥ ३॥

४५ सुख बेरा नया ने पडुन, बिचार छांडुन देहा।
बलते देंह हरीक ने भरती, तुमी हुकुम देहा॥ ३३॥

जेचो गुन ले बाप हरीक, जनम धन आय तेचो।
मुठा ने रहेसे चारों पदारथ, जीव माय बाप जेचो॥ ३४॥
हुकुम ले जिवना चो फल पाउन, एएँदे मयँ उल्टुन।
आया ले बिदा मांगुन बन, जाएँदे पायँ छीउन॥ ३५॥
दुख ने राजा काईं नी बलला, राम गेला बलुन।
खबर उड़ली गुलाय सहर, मांगत लोग सुनुन॥ ३६॥
वोमरुन गेला लोग सुनुन, चेत काकेय नाई।
जे सुने माथा के पेटे, मनाऊ कोनी नाई॥ ३७॥

४६ मुंह सूखेसे आँइख भरेसे, जीव दुख नी सहे।
दुख फउद अवध उतरला, राज चो जीव सहे॥ ३८॥

सपा बनलो-दाँय भगवान, गोठ नसाउन दिलो।
गारी देसो त कयकई के सपा, पचारत तेचो करलो॥ ३९॥
छावलो घर के डसातो काजे पापिन के भावली काय।
आपलो आँइख के हाते निसकाउन, दखुक तेके भाय॥ ४०॥
अमरित के फिंगुन दिली, हुनचो बुध के दखा।
मोहरा के खाउक दखेसे, अबूझ चाल के दखा॥ ४१॥
अग्यानी कपटो कटर जीव चो, अभागीन गतर के दखा।
रघुबंस बावँस बन काज, आइग होलो के दखा॥ ४२॥
पाना ने बसून रूख गोंदली, सुख ने दुख गढ़ली।
राम के हमेस मया करे, फेर कसन कपट गढ़ली॥ ४३॥
सते बलसोत मेहरार चाल, काकेइ धरा नी देय।
भेद आरू भारी गहर जे, होएसे जानुक नी-देय॥ ४४॥
आपलो छाँय के धरूक होएदे, मेहरार चाल असन।
जेके केबइ जानुक नीहोय, गुन करसोत जसन॥ ४५॥

४७ आइग काय के जराउन नी सके, नी सामे समुंद ने काय।
मेहरार सवँसारे काय नी करे, काल काय नी खाय॥ ४६॥

भगवान काय चो काय सुनालो, काय दखायदे पुरे।
बलसोत राजा नंगत नी करलो, कयकइ टकर पुरे॥ ४७॥
टेक ने सपा दुख सहसोत, बायले हाते पड़ुन।
गुन गियान सपाय गेली, रीती पुरे अड़ुन॥ ४८॥
धरमी गियानी दोस नी देसोत, कहनी बंस चो सांगोत।
कोन तो भरत चोमन आय बले, कोन तो ओगाय सुनोत॥ ४९॥

कान मूदि कर रद गहि जीहा। एक कहहिं यह बात अलीहा॥
सुकृत जाहिं अस कहत तुम्हारे। रामु भरत कहुँ प्रानपिआरे॥ ४॥

दो०– चंदु चवै बरु अनल कन सुधा होइ बिषतूल।
सपनेहुँ कबहुँ न करहिं किछु भरतु राम प्रतिकूल॥ ४८॥

चौ०– एक बिधातहि दूषनु देहीं। सुधा देखाइ दीन्ह बिषु जेहीं॥
खरभरु नगर सोचु सब काहू। दुसह दाहु उर मिटा उछाहू॥ १॥

बिप्रबधू कुलमान्य जठेरी। जे प्रिय परम कैकई केरी॥
लगीं देन सिख सीलु सराही। बचन बानसम लागहिं ताही॥ २॥

भरतु न मोहि प्रिय राम समाना। सदा कहहु यहु सबु जगु जाना॥
करहु राम पर सहज सनेहू। केहिं अपराध आजु बनु देहू॥ ३॥

कबहुँ न कियहु सवति आरेसू। प्रीति प्रतीति जान सबु देसू॥
कौसल्याँ अब काह बिगारा। तुम्ह जेहि लागि बज्र पुर पारा॥ ४॥

दो०– सीय कि पिय सँगु परिहरिहि लखनु कि रहिहहिं धाम।
राजु कि भूँजब भरत पुर नृपु कि जिइहि बिनु राम॥ ४९॥

चौ०– अस बिचारि उर छाड़हु कोहू। सोक कलंक कोठि जनि होहू॥
भरतहि अवसि देहु जुबराजू। कानन काह राम कर काजू॥ १॥

नाहिन रामु राज के भूखे। धरम धुरीन बिषय रस रूखे॥
गुर गृह बसहुँ रामु तजि गेहू। नृप सन अस बरु दूसर लेहू॥ २॥

जौं नहिं लगिहहु कहें हमारे। नहिं लागिहि कछु हाथ तुम्हारे॥
जौं परिहास कीन्हि कछु होई। तौ कहि प्रगट जनावहु सोई॥ ३॥

राम सरिस सुत कानन जोगू। काह कहिहि सुनि तुम्ह कहुँ लोगू॥
उठहु बेगि सोइ करहु उपाई। जेहि बिधि सोकु कलंकु नसाई॥ ४॥

छं०– जेहि भाँति सोकु कलंकु जाइ उपाय करि कुल पालही।
हठि फेरु रामहि जात बन जनि बात दूसरि चालही॥

कान मुँदुन जीभ चाबुन कोनी, बलत फंद जाना।
पुन नसेदे बललोने तुमचो, राम भरत मया के माना॥ ५०॥

४८ जोन आइग चो बरसा करो, अमरित बिस होओ।
सपना ने भरत राम नी अलगत, कितरोय काईं होओ॥ ५१॥

कोनी भगवान के दोस देसोत, बिस दिलो अमरित पलटा।
राज गुलाय दंदरुन गेला, बिचार बाढ़े उलटा॥ ५२॥
सियान मेहरारमन बाम्हन कुलचो, जेमन के कयकई माने।
तेचो गुन के सहराते सिखात, कांड माहा तेके लागे॥ ५३॥
सवँसार गोठ के जानेसे रानी, जे तुमी बललास आगे।
भरत ले आगर राम मोके, जीव ले नंगत लागे॥ ५४॥
मन ले राम के मया करू, बन कसन दिलास।
काय अपराध राम ले होली, जे असन करून दिलास॥ ५५॥
सउत संगे इरखा करतोर, नी सुनलूसे तुमचो।
मया परेम के गुलाय देस, जानसोत रानी तुमचो॥ ५६॥
कौसिल्या जाले एदाँय असन, काय दिली नसाउन।
जेचो किरता गुलाय पुर ने, दिलीस गाज घसराउन॥ ५७॥

४९ सीता मुनीस छाँडुन रहेदे, कि लछमन घरे रदे।
राम बिगर अवध चो गादी काय भरत बसुन करदे॥ ५८॥

राम बिगर काय राजा महराज, जीव के राखुक सकदे।
असन बिचारुन रीस के छांड, तुमकेय बदी करदे॥ ५९॥
दुख बदी चो घर नी होआ, भरत के गादी बसाव।
रान ने राम चो काय काम, राज चो लाज बचाव॥ ६०॥
राम के राज चो भूख नीआय, धरम के मानू हुन।
भोग लोभ तिहुँके छिए नाई, तिहँचो धरमी गुन॥ ६१॥
दूसर दर तुइ असन मांग, गुरु घर रहोत राम।
आमचो गोठ ने नी चललोने, कोनी नी पड़दे काम॥ ६२॥
बललीसीस जे हाँसी ने जाले, सोजे सांगुन देस।
असन बेटा काय बन चो लाइक, सते सांगुन देस॥ ६३॥
सुनया तुके काय बलदे, उठ आरु असन कर।
दुख वदी चो नास होओ, हुसन उआट कर॥ ६४॥
राज चो दुख जसन ने जाओ, कलंक ले बाच तुई।
कुल चो लाज जसन ने बाचो, उआट असन तुई॥ ६५॥
रान जातोदाँय राम के फिराव, अउर गोठ नी कर।
मन ने आमचो गोठ समझुन, सत मारग के धर॥ ६६॥

जिमि भानु बिनु दिनु प्रान बिनु तनु चंद बिनु जिमि जामिनी।
तिमि अवध तुलसीदास प्रभु बिनु समुझि धौं जियँ भामिनी॥

सो०– सखिन्ह सिखावनु दीन्ह सुनत मधुर परिनाम हित।
तेइँ कछु कान न कीन्ह कुटिल प्रबोधी कूबरी॥ ५०॥

चौ०– उतरु न देइ दुसह रिस रूखी। मृगिन्ह चितव जनु बाघिनि भूखी॥
ब्याधि असाधि जानि तिन्ह त्यागी। चलीं कहत मतिमंद अभागी॥ १॥

राजु करत यह दैअँ बिगोई। कीन्हेसि अस जस करइ न कोई॥
एहि बिधि बिलपहिं पुर नर नारीं। देहिं कुचालिहि कोटिक गारीं॥ २॥

जरहिं बिषम जर लेहिं उसासा। कवनि राम बिनु जीवन आसा॥
बिपुल बियोग प्रजा अकुलानी। जनु जलचर गन सूखत पानी॥ ३॥

अति बिषाद बस लोग लोगाईं। गए मातु पहिं रामु गोसाईं॥
मुख प्रसन्न चित चौगुन चाऊ। मिटा सोचु जनि राखै राऊ॥ ४॥

दो०– नव गयंदु रघुबीर मनु राजु अलान समान।
छूट जानि बन गवनु सुनि उर अनंदु अधिकान॥ ५१॥

चौ०– रघुकुलतिलक जोरि दोउ हाथा। मुदित मातु पद नायउ माथा॥
दीन्हि असीस लाइ उर लीन्हे। भूषन बसन निछावरि कीन्हे॥ १॥

बार बार मुख चुंबति माता। नयन नेह जलु पुलकित गाता॥
गोद राखि पुनि हृदयँ लगाए। स्त्रवत प्रेमरस पयद सुहाए॥ २॥

प्रेमु प्रमोदु न कछु कहि जाई। रंक धनद पदबी जनु पाई॥
सादर सुंदर बदनु निहारी। बोली मधुर बचन महतारी॥ ३॥

कहहु तात जननी बलिहारी। कबहिं लगन मुद मंगलकारी॥
सुकृत सील सुख सीवँ सुहाई। जनम लाभ कइ अवधि अघाई॥ ४॥

दो०– जेहि चाहत नर नारि सब अति आरत एहि भाँति।
जिमि चातक चातकि तृषित बृष्टि सरद रितु स्वाति॥ ५२॥

बेर बिगर दिन जीव बिगर देंह, जोन बिगर रात नी सोहे।
तुलसी मान राम चो बिगर, राज ने काईं नी सोहे॥ ६७॥

५० सखी असन बसुन सिखाओत, सुनले हित चो लागे।
कुबड़ी कपटिन चो सिखालो उपरे, काँई नंगत नी लागे॥ ६८॥

जवाब नी देय रीस होय लुबे, समझाऊ के दखे असन।
भूख ने बघनी चीतरमन के, तबलाउन दखेसे जसन॥ ६९॥
रोग के अजार जानुन भाती, सखी छांडुन दिला।
अभागिन अग्यानी बलते, उठुन-उठुन गेला॥ ७०॥
राज करू के देव नसाला, असन सग बलसोत।
जसन करली कोनी नी करदे, गारी देते बलसोत॥ ७१॥
भारी दूख चो आइग ने, लोग जरते जासोत।
राम बिगर जीव चो काय भरोस, बलते निनासते जासोत॥ ७२॥
छांडी होतो चो भारी दुख, रय्यत लोग के।
जसन पानी जीव कलपडाहा, पानी सूखलो ने॥ ७३॥

* कौसिल्या राम गोठ *

मनुख मेहरार दुग्व ने होला, आया लग राम गेला।
मुँह दखलोने खुबे हरीक, मन ले हुसनेय रला॥ १॥
मन ले संसो उठुन गेली, बाबा थेबादे काय।
सपा बाट ले जोग बनली, राजी बाप माय॥ २॥

५१ नवा हाथो माहा राम चो मन, गादी सकरा असन।
रान जातो काज फुसकते जानुन, मन ने हरीक असन॥ ३॥

हात जोड़ुन रघुकुल चो राम, आया चो बिन्ती करला।
आसीस देते पोटारुन दीली, धन निछावर करला॥ ४॥
घनघड़ी माय मुँह के चूमे, आइँख पानी ले भरे।
पोटारून राम के कोरा बसाली, थन ले दूद झरे॥ ५॥
कंगाल धन पावलो माहा, आया चो मया हरीक।
राम मुँह बाट मया ले दखते, बलली हरीक हरीक॥ ६॥
किदलदाँय आय सुन्दर लगन, मोचो पुन चो जोग।
सुन्दर सुख हरीक ले भरपूर जनम चो मिरे भोग॥ ७॥

५२ मनुख मेहरार बियाकुल होते, बाट दखसोत असन।
सरद चो बरसा स्वाती पानी के, चातक चातकी जसन॥ ८॥

चौ०– तात जाउँ बलि बेगि नहाहू। जो मन भाव मधुर कछु खाहू॥
पितु समीप तब जाएहु भैआ। भइ बड़ि बार जाइ बलि मैआ॥ १॥

मातु बचन सुनि अति अनुकूला। जनु सनेह सुरतरु के फूला॥
सुख मकरंद भरे श्रियमूला। निरखि राम मनु भवँरु न भूला॥ २॥

धरम धुरीन धरम गति जानी। कहेउ मातु सन अति मृदु बानी॥
पिताँ दीन्ह मोहि कानन राजू। जहँ सब भाँति मोर बड़ काजू॥ ३॥

आयसु देहि मुदित मन माता। जेहिं मुद मंगल कानन जाता॥
जनि सनेह बस डरपसि भोरें। आनँदु अंब अनुग्रह तोरें॥ ४॥

दो०– बरष चारिदस बिपिन बसि करि पितु बचन प्रमान।
आइ पाय पुनि देखिहउँ मनु जनि करसि मलान॥ ५३॥

चौ०– बचन बिनीत मधुर रघुबर के। सर सम लगे मातु उर करके॥
सहमि सूखि सुनि सीतलि बानी। जिमि जवास परें पावस पानी॥ १॥

कहि न जाइ कछु हृदय बिषादू। मनहुँ मृगी सुनि केहरि नादू॥
नयन सजल तन थर थर काँपी। माजहि खाइ मीन जनु मापी॥ २॥

धरि धीरजु सुत बदनु निहारी। गदगद बचन कहति महतारी॥
तात पितहि तुम्ह प्रानपिआरे। देखि मुदित नित चरित तुम्हारे॥ ३॥

राजु देन कहुँ सुभ दिन साधा। कहेउ जान बन केहिं अपराधा॥
तात सुनावहु मोहि निदानू। को दिनकर कुल भयउ कृसानू॥ ४॥

दो०– निरखि राम रुख सचिवसुत कारनु कहेउ बुझाइ।
सुनि प्रसंगु रहि मूक जिमि दसा बरनि नहिं जाइ॥ ५४॥

चौ०– राखि न सकइ न कहि सक जाहू। दुहूँ भाँति उर दारुन दाहू॥
लिखत सुधाकर गा लिखि राहू। बिधि गति बाम सदा सब काहू॥ १॥

धरम सनेह उभयँ मति घेरी। भइ गति साँप छुछुंदरि केरी॥
राखउँ सुतहि करउँ अनुरोधू। धरमु जाइ अरु बंधु बिरोधू॥ २॥

कहउँ जान बन तौ बड़ि हानी। संकट सोच बिबस भइ रानी॥
बहुरि समुझि तिय धरमु सयानी। रामु भरतु दोउ सुत सम जानी॥ ३॥

सरल सुभाउ राम महतारी। बोली बचन धीर धरि भारी॥
तात जाउँ बलि कीन्हेहु नीका। पितु आयसु सब धरमक टीका॥ ४॥

दो०– राजु देन कहि दीन्ह बनु मोहि न सो दुख लेसु।
तुम्ह बिनु भरतहि भूपतिहि प्रजहि प्रचंड कलेसु॥ ५५॥

नहाउन तियार हो बेटा तुइ, मन चो खाउन भाती।
बेर होली खुबे बाबा लग जा, तियार होउन भाती॥ ९॥
आया चो सुसार गोठ सुनलोने, कलपतरू ने फूल दिखे।
सुख रस ले भरली आसे जे, मया चो धन दिखे॥ १०॥
राम मन भवँरा नी अटेसे, गोठ ने पड़ुन सुन्दर।
धरमी धरम चो रीती जानत, बलला गोठ सुन्दर॥ ११॥
बन चो राज बाबा दिला, सपा काम बनेदे।
हरीक मन ले हुकुम देस, हरीक बाट बनेदे॥ १२॥

५३ मया ने दंदरून काईं नी डर, किरपा ले हरीक होएदे।
चवदा बरख रहुन फिरेदे, तेबे पायँ दरस होएदे॥ १३॥

सुन्दर सुसार गोठ सुनुन, लागली कांड माहा।
सीतर गोठ ने कौसिल्या सूखलो, बरसा ने जवासा माहा॥ १४॥
सिंघ गरजलो ने चीतर जसन, दुख ने ओगाय हुसने।
आइँरव ने आंसू देंह थरथरे, गोठ के सुनली जसने॥ १५॥
मछरी बरसा चो फेस खाउन, जासोत जसन दंदरुन।
हुसेने माय चो चरितर सुनाते, गेली हात पायँ बसुन॥ १६॥
ढाड़ुस करून मुँह के दखते, आया हरीक ले बलली।
बाप काजे तुइ जीव माहा, मयादार आस बलली॥ १७॥
दिन-बार दखाला राज देउक, फेर डंड देसोत कसन।
कोन जराएसे आइग होउन, गोठ होली कसन असन॥ १८॥

५४ राम चो मन दखुन देवान चो बेटा, साग गोठ दिलो सांगुन।
दसा कोन सांगे कोंदी उलटली, सपा गोठ के सुगुन॥ १९॥

राखुक बने न छांडुक बने, दुनोंय दुख भारी।
लिखतोदाँय जोन राहू होली, भगवान महेमा भारी॥ २०॥
साँप छुछु चो गती होली, अकल के धरम किंजराय।
भाइमन ने बइर होएदे, थेबाले धरम जाय॥ २१॥
बन जाउक बलले जाले, होएसे भारी हानी।
राम भरत गोटकी जानुन, धरम समझली रानी॥ २२॥
सहज टकर चो राम चो आया, बलली धीरज धरून।
मोके हरीक बेंटा बाप हुकुम, मानसीस धरम जानुन॥ २३॥

५५ गादी देउक बलुन बन दिला, मोके दुख नी होएदे।
तुचो बिगर भरत राजा आरू, रैयत के दुख होएदे॥ २४॥

चौ०– जौं केवल पितु आयसु ताता। तौ जनि जाहु जानि बड़ि माता॥
जौं पितु मातु कहेउ बन जाना। तौ कानन सत अवध समाना॥ १॥

पितु बनदेव मातु बनदेवी। खग मृग चरन सरोरुह सेवी॥
अंतहुँ उचित नृपहि बनबासू। बय बिलोकि हियँ होइ हराँसू॥ २॥

बड़भागी बनु अवध अभागी। जो रघुबंसतिलक तुम्ह त्यागी॥
जौं सुत कहौं संग मोहि लेहू। तुम्हरे हृदयँ होइ संदेहू॥ ३॥

पूत परम प्रिय तुम्ह सबही के। प्रान प्रान के जीवन जी के॥
ते तुम्ह कहहु मातु बन जाऊँ। मैं सुनि बचन बैठि पछिताऊँ॥ ४॥

दो०– यह बिचारि नहिं करउँ हठ झूठ सनेहु बढ़ाइ।
मानि मातु कर नात बलि सुरति बिसरि जनि जाइ॥ ५६॥

चौ०– देव पितर सब तुम्हहि गोसाईं। राखहुँ पलक नयन की नाईं॥
अवधि अंबु प्रिय परिजन मीना। तुम्ह करुनाकर धरम धुरीना॥ १॥

अस बिचारि सोइ करहु उपाई। सबहि जिअत जेहिं भेंटहु आई॥
जाहु सुखेन बनहि बलि जाऊँ। करि अनाथ जन परिजन गाऊँ॥ २॥

सब कर आजु सुकृत फल बीता। भयउ कराल कालु बिपरीता॥
बहुबिधि बिलपि चरन लपटानी। परम अभागिनि आपुहि जानी॥ ३॥

दारुन दुसह दाहु उर ब्यापा। बरनि न जाहिं बिलाप कलापा॥
राम उठाइ मातु उर लाई। कहि मृदु बचन बहुरि समुझाई॥ ४॥

दो०– समाचार तेहि समय सुनि सीय उठी अकुलाइ।
जाइ सासु पद कमल जुग बंदि बैठि सिरु नाइ॥ ५७॥

चौ०– दीन्हि असीस सासु मृदु बानी। अति सुकुमारि देखि अकुलानी॥
बैठि नमितमुख सोचति सीता। रूप रासि पति प्रेम पुनीता॥ १॥

चलन चहत बन जीवननाथू। केहि सुकृती सन होइहि साथू॥
की तनु प्रान कि केवल प्राना। बिधि करतबु कछु जाइ न जाना॥ २॥

चारु चरन नख लेखति धरनी। नूपुर मुखर मधुर कबि बरनी॥
मनहुँ प्रेम बस बिनती करहीं। हमहि सीय पद जनि परिहरहीं॥ ३॥

मंजु बिलोचन मोचति बारी। बोली देखि राम महतारी॥
तात सुनहु सिय अति सुकुमारी। सासु ससुर परिजनहि पिआरी॥ ४॥

अबगो बूबा चो हुकुम आय, बननी जाव तुई।
बूबा ले बड़े आया के मानुन, मोचो के मान तुई॥ २५॥
जे माय बाप दुनों बलसोत, जाले हरीक ले जाव।
रान सौ अयोधिया ले बड़े, धरम चो मान पाव॥ २६॥
बन देव बूबा देवी आया, जीव चड़ई सेउक होदे।
सरासरी राजा बन जाएसे, उमर दखुन दुख होएसे॥ २७॥
बन भागवान अवध अभागा, राम छांडेसे जेके।
भरम होएदे मन ने तुचो, जे बलेंदे तुई ने मोके॥ २८॥
जीव चो जीव मन चो जीवना, मया सपा काजे।
तुई बलसीस बन जाएँसे, पछताएँसे तुचो काजे॥ २९॥

५६ असन बिचारते फंद मया काज, काईं टैक नो करेंसे।
आया नाता जानुन नी भुलक, इतरोय अरजी करेंसे॥ ३०॥

देव पीतर साहा होसोत, डीमा के टोपा जसन।
दया करा मछरी कुटुम के, दिन होओ पानी जसन॥ ३१॥
असन बिचारुन उआट करसे, जीव चो रते आव।
कुटम रैयत के अनाथ करून, हरीक बन बाट जाव॥ ३२॥
सपा चो पुन चो दिन पुरली, दिन उलटली आमचो।
भारी कलपते अभागिन जानुन, पोटारली पायँ राम चो॥ ३३॥
मन ने भारी दुख बियापली, कलपना सांगुक नीहोय।
आया के पोटारलो राम उठाउन, मया ले समझाउक होय॥ ३४॥

५७ सीता खबर सुनते उठली, उथाय तुरते गेली।
दुनों पायँ चो बिन्ती करून, मुंड लवाँउन बसली॥ ३५॥

मया ले सतरी आसीस दिली, बियाकुल होली दखुन।
मुंड के लवाँउन दखते रहे, हारे सतरी दखुन॥ ३६॥
जीवना संगवारी बन जाएसे, कोन संगे होएसे।
देह जाओ कि जीव जाओ संगे, भगवान मन काय होएसे॥ ३७॥
पाँय अंडखा ले भुँइ के कोदाय, गरजे पैजन पायँ चो।
कबी असन गोठ बलसोत, संग रहो हमेस पाँय चो॥ ३८॥
सीता पाँय केबइ नी छांडो, पैजन असन बलसोत।
आइँख ले पानी बोहते जाए, दखुन सतरी बलसोत॥ ३९॥
सुखवारिन सीता मया बिती, कुटुम मया जुगे।
राजामन चो मुखिया बूबा, सूरुजकुल सतरा लागे॥ ४०॥

दो०– पिता जनक भूपाल मनि ससुर भानुकुल भानु।
पति रबिकुल कैरव बिपिन बिधु गुन रूप निधानु॥ ५८॥

चौ०– मैं पुनि पुत्रबधू प्रिय पाई। रूप रासि गुन सील सुहाई॥
नयन पुतरि करि प्रीति बढ़ाई। राखेउँ प्रान जानिकिहिं लाई॥ १॥

कलपबेलि जिमि बहुबिधि लाली। सींचि सनेह सलिल प्रतिपाली॥
फूलत फलत भयउ बिधि बामा। जानि न जाइ काह परिनामा॥ २॥

पलँग पीठ तजि गोद हिंडोरा। सियँ न दीन्ह पगु अवनि कठोरा॥
जिअनमूरि जिमि जोगवत रहऊँ। दीप बाति नहिं टारन कहऊँ॥ ३॥

सोइ सिय चलन चहति बन साथा। आयसु काह होइ रघुनाथा॥
चंद किरन रस रसिक चकोरी। रबि रुख नयन सकइ किमि जोरी॥ ४॥

दो०– करि केहरि निसिचर चरहिं दुष्ट जंतु बन भूरि।
बिष बाटिकाँ कि सोह सुत सुभग सजीवनि मूरि॥ ५९॥

चौ०– बन हित कोल किरात किसोरी। रचीं बिरंचि बिषय सुख भोरी॥
पाइन कृमि जिमि कठिन सुभाऊ। तिन्हहि कलेसु न कानन काऊ॥ १॥

कै तापस तिय कानन जोगू। जिन्ह तप हेतु तजा सब भोगू॥
सिय बन बसिहि तात केहि भाँती। चित्रलिखित कपि देखि डेराती॥ २॥

सुरसर सुभग बनज बन चारी। डाबर जोगु कि हंसकुमारी॥
अस बिचारि जस आयसु होई। मैं सिख देउँ जानकिहि सोई॥ ३॥

जौं सिय भवन रहै कह अंबा। मोहि कहँ होइ बहुत अवलंबा॥
सुनि रघुबीर मातु प्रिय बानी। सील सनेह सुधाँ जनु सानी॥ ४॥

दो०– कहि प्रिय बचन बिबेकमय कीन्हि मातु परितोष।
लगे प्रबोधन जानकिहि प्रगटि बिपिन गुन दोष॥ ६०॥

मासपारायण, चौदहवाँ विश्राम

चौ०– मातु समीप कहत सकुचाहीं। बोले समउ समुझि मन माहीं॥
राजकुमारि सिखावनु सुनहू। आन भाँति जियँ जनि कछु गुनहू॥ १॥

आपन मोर नीक जौं चहहू। बचनु हमार मानि गृह रहहू॥
आयसु मोर सासु सेवकाई। सब बिधि भामिनि भवन भलाई॥ २॥

एहि ते अधिक धरमु नहिं दूजा। सादर सासु ससुर पद पूजा॥
जब जब मातु करिहि सुधि मोरी। होइहि प्रेम बिकल मति भोरी॥ ३॥

तब तब तुम्ह कहि कथा पुरानी। सुंदरि समुझाएहु मृदु बानी॥
कहउँ सुभायँ सपथ सत मोही। सुमुखि मातु हित राखउँ तोही॥ ४॥

५८ बोड़ेंदा बन माहा कुल काजे, जोन होउन जे आसे।
गुन रूप चो भंडार जे आय, मुनीस सीता चो आसे॥ ४१॥

भारी रूप गुन चाल बिती, बोहारी पावलेसे मयँ।
आइँख चो डीमा माहा राखुन, मया बढ़ावलेसे मयँ॥ ४२॥
कलप-डीरा माहा लाड़ करते, टेंडले से मया चो पानी।
फूलतो फरतो दाँय भगवान नसाएसे, काय होएदे बले रानी॥ ४३॥
पलंग कोरा झुलना छांडुन, भुंए पायँ देउक नी दिले।
संजीवनी जड़ी माहा राखा करले, बाती गुचाउक नी बलले॥ ४४॥
हुनी संगे बन जाउक दखेसे, काय हुकुम होएदे।
जोनी उजर रस पीऊ चकोरी, बेर पुरे कसन होएदे॥ ४५॥

५९ हाथी, बाघ, रक्सा बन ने, गुलाय काँटा खूटा।
बिस चो बगेचा ने सोहदे, काय संजीवनी बूटा॥ ४६॥

भगवान बनालासोत बन काजे, सुख नी जानू लोग।
माड़िया मुरिया चो लेकीमन आसोत, जे नी जानत भोग॥ ४७॥
नाहले तपसी मेहरार आसोत, जे छांडला भोग।
बेंदरा छापा के दखुन डरू, सीता चो कसन जोग॥ ४८॥
पूड़नबन ने रहू देव मुंडा चो, हाँसा असन चाल।
कसन रहेदे डोबरा ने जाउन, होएदे काय हाल॥ ४९॥
सिखाएंदे मयँ बिचारून जसन हुकुम देसे।
घरे थेबलोने साहा रहेदे, हुसने सांग मोके॥ ५०॥

६० आया के समझाला मया ले, सुनुन भाती राम।
गुन दोस बन चो समझाओत, सुसार बोली ले राम॥ ५१॥

* राम-सीता गोठ *

आया पुरे लाज होते राम, बेरा दखुन बलला।
गलती नी मान गोठ सुनुन, मया ले राम बलला॥ १॥
जे आपलो भलइ दखसीस, जाले मनुन रव।
सास सेवा ने भलइ होएदे, हुकुम मानुन रव॥ २॥
सतरी-सतरा चो पायँ पूजा ले, आगर धरम नीआय।
गियान ददरेदे सुरता करून, मया चो मूरित आय॥ ३॥
मीठा गोठ ले कहनी सांगुन, समझासे रहुन घरे।
सत बलेंसे सौ किरिया पाड़ुन, आया काज थेब घरे॥ ४॥

दो०– गुर श्रुति संमत धरम फलु पाइअ बिनहिं कलेस।
हठ बस सब संकट सहे गालव नहुष नरेस॥ ६१॥

चौ०– मैं पुनि करि प्रवान पितु बानी। बेगि फिरब सुनु सुमुखि सयानी॥
दिवस जात नहिं लागिहि बारा। सुंदरि सिखवनु सुनहु हमारा॥ १॥

जौ हठ करहु प्रेम बस बामा। तौ तुम्ह दुखु पाउब परिनामा॥
काननु कठिन भयंकरु भारी। घोर घामु हिम बारि बयारी॥ २॥

कुस कंटक मग काँकर नाना। चलब पयादेहिं बिनु पदत्राना॥
चरन कमल मृदु मंजु तुम्हारे। मारग अगम भूमिधर भारे॥ ३॥

कंदर खोह नदीं नद नारे। अगम अगाध न जाहिं निहारे॥
भालु बाघ बृक केहरि नागा। करहिं नाद सुनि धीरजु भागा॥ ४॥

दो०– भूमि सयन बलकल बसन असनु कंद फल मूल।
ते कि सदा सब दिन मिलहिं सबुइ समय अनुकूल॥ ६२॥

चौ०– नर अहार रजनीचर चरहीं। कपट बेष बिधि कोटिक करहीं॥
लागइ अति पहार कर पानी। बिपिन बिपति नहिं जाइ बखानी॥ १॥

ब्याल कराल बिहग बन घोरा। निसिचर निकर नारि नर चोरा॥
डरपहिं धीर गहन सुधि आएँ। मृगलोचनि तुम्ह भीरु सुभाएँ॥ २॥

हंसगवनि तुम्ह नहिं बन जोगू। सुनि अपजसु मोहि देइहि लोगू॥
मानस सलिल सुधाँ प्रतिपाली। जिअइ कि लवन पयोधि मराली॥ ३॥

नव रसाल बन बिहरनसीला। सोह कि कोकिल बिपिन करीला॥
रहहु भवन अस हृदयँ बिचारी। चंदबदनि दुखु कानन भारी॥ ४॥

दो०– सहज सुहृद गुर स्वामि सिख जो न करइ सिर मानि।
सो पछिताइ अघाइ उर अवसि होइ हित हानि॥ ६३॥

चौ०– सुनि मृदु बचन मनोहर पिय के। लोचन ललित भरे जल सिय के॥
सीतल सिख दाहक भइ कैसें। चकइहि सरद चंद निसि जैसें॥ १॥

उतरु न आव बिकल बैदेही। तजन चहत सुचि स्वामि सनेही॥
बरबस रोकि बिलोचन बारी। धरि धीरजु उर अवनिकुमारी॥ २॥

लागि सासु पग कह कर जोरी। छमबि देबि बड़ि अबिनय मोरी॥
दीन्हि प्रानपति मोहि सिख सोई। जेहि बिधि मोर परम हित होई॥ ३॥

मैं पुनि समुझि दीखि मन माहीं। पिय बियोग सम दुखु जग नाहीं॥ ४॥

दो०– प्राननाथ करुनायतन सुंदर सुखद सुजान।
तुम्ह बिनु रघुकुल कुमुद बिधु सुरपुर नरक समान॥ ६४॥

६१ बेद गुरू बललो धरम फल, मिरेसे बिगर डंड।
टेक धरून गालब नहुस, पावला सहला डंड॥ ५॥

बूबा चो गोठ पूरा करून, झटके फिरेंदे घरे।
बेर नी लागेदे दिन नाहकते, मानुन थेब धरे॥ ६॥
डंड पावसे टेक करून, बन चो डंड भारी।
सीत धाम बरसा लेहरा, काँटा-खूटा भारी॥ ७॥
पन्हई नाहलो बाट हींडतोर, सुखवारी तु चो पायँ।
डोंगरी पहाड़ आसोत गुलाय, एऊन करसे काय॥ ८॥
खोह करपन नंदी नाला, टेड़गा, खोदरा, बाट।
बाघ भालू हाथी चिचयावले, धीरज नी पाय बाट॥ ९॥

६२ भुँए सोवतोर छाली पिंघतोर, कांदा कसा ले जिवना।
रोज नी मिरें केबड़-केबड़, बेरा ने कटे जिवना॥ १०॥

मनुख खाया रक्सा बुलसोत, भेस नी जानुक होए।
पहाड़ ने पानी खुबे लागे, बिपती जानुक नीहोए॥ ११॥
मनुख मेहरार चोरू रक्सा, साँप चड़इ भारी।
सुरता करले बीर डरसोत, तुई डरही भारी॥ १२॥
लोग निदंरदे जातो के सुनुन, नोआस बन लाइक।
मानसरोबर पानी पीऊ हाँसा, नीहोय समुँद लाइक॥ १३॥
आमा बगेचा ने रहू कोयली, काय बन ने सोभा पाएसे।
असन समझुन भाती थेब, रान ने डंड पावसे॥ १४॥

६३ टकर ले हितू गुरू मालिक चो, सिखानी के नी धरे।
हित चो हानी अवस होएसे, भरपेट पछताउक धरे॥ १५॥

मुनीस चो सुसार गोठ सुनुन, आँसू ले आइँख भरली।
सीतर सीख चकोरी के जराउक, कुआँर पुनी जोन होली॥ १६॥
जवाब देउक नी सकली बिचारून, भारी कंदरून जाए।
मोचो सुंदर पबितर मुनीस, छांडुन जाउक होए॥ १७॥
आइँख चो पानी के बरपेला थेबाउन, मुँह के दखे सीता।
सतरी पायँ के छिउन बलली, माफी दिआस माता॥ १८॥
मुनीस हुनी सीख दिलासोत, जेमें भलई आसे।
दखेंसे छांडी होतो ले बड़े, काईं दुख नी आसे॥ १९॥

६४ देव मोचो जीव गियानी सुँदर, सुख देऊ दयावान।
तुमचो बिगर सरन बल नरक, जाना किरपा निधान॥ २०॥

चौ०— मातु पिता भगिनी प्रिय भाई। प्रिय परिवारु सुहृद समुदाई॥
सासु ससुर गुर सजन सहाई। सुत सुंदर सुसील सुखदाई॥ १॥

जहँ लगि नाथ नेह अरु नाते। पिय बिनु तियहि तरनिहु ते ताते॥
तनु धनु धामु धरनि पुर राजू। पति बिहीन सबु सोक समाजू॥ २॥

भोग रोगसम भूषन भारू। जम जातना सरिस संसारू॥
प्राननाथ तुम्ह बिनु जग माहीं। मो कहुँ सुखद कतहुँ कछु नाहीं॥ ३॥

जिय बिनु देह नदी बिनु बारी। तैसिअ नाथ पुरुष बिनु नारी॥
नाथ सकल सुख साथ तुम्हारें। सरद बिमल बिधु बदनु निहारें॥ ४॥

दो०— खग मृग परिजन नगरु बनु बलकल बिमल दुकूल।
नाथ साथ सुरसदन सम परनसाल सुख मूल॥ ६५॥

चौ०— बनदेबीं बनदेव उदारा। करिहहिं सासु ससुर सम सारा॥
कुस किसलय साथरी सुहाई। प्रभु सँग मंजु मनोज तुराई॥ १॥

कंद मूल फल अमिअ अहारू। अवध सौध सत सरिस पहारू॥
छिनु छिनु प्रभु पद कमल बिलोकी। रहिहउँ मुदित दिवस जिमि कोकी॥ २॥

बन दुख नाथ कहे बहुतेरे। भय बिषाद परिताप घनेरे॥
प्रभु बियोग लवलेस समाना। सब मिलि होहिं न कृपानिधाना॥ ३॥

अस जियँ जानि सुजान सिरोमनि। लेइअ संग मोहि छाड़िअ जनि॥
बिनती बहुत करौं का स्वामी। करुनामय उर अंतरजामी॥ ४॥

दो०— राखिअ अवध जो अवधि लगि रहत न जनिअहिं प्रान।
दीनबंधु संदर सुखद सील सनेह निधान॥ ६६॥

चौ०— मोहि मग चलत न होइहि हारी। छिनु छिनु चरन सरोज निहारी॥
सबहि भाँति पिय सेवा करिहौं। मारग जनित सकल श्रम हरिहौं॥ १॥

पाय पखारि बैठि तरु छाहीं। करिहउँ बाउ मुदित मन माहीं॥
श्रम कन सहित स्याम तनु देखें। कहँ दुख समउ प्रानपति पेखें॥ २॥

माय-बाप-भाई-बहिन कुटुम, सास-ससुर संगी सपा।
गुरू-सजन सुख देऊ बेटा, आसत जितरो सपा॥ २१॥
मया नाता मुनीस तपाएसे, सुरुज ले आगर होउन।
देह भुईं घर धन राज सहर, बियापेसे दुख धन होउन॥ २२॥
भोग-रोग होएसे गाहना बोझ, सवँसार नरक असन।
काईं नी भाए तुमचो बिगर, जीव चो सुख असन॥ २३॥
बिन जीव जसन देंह चो गती, बिगर पानी चो नंदी।
हुसने बायले मुनीस चो बिगर, कहाँय नीपाय गती॥ २४॥
संगे रहुन कुआँर जोन असन, तुमचो दरस पाएँदे।
हुसनेय सीतर अकास असन, सुख हरीक पाएँदे॥ २५॥

६५ पसु चड़ई सपा तुमचो संगे, मोचो कुटुम होदे।
रान सहर छाला कपड़ा, कुड़िया महल होएदे॥ २६॥

रान चो देवी-देवता सपा, ससुर सतरी असन।
मोचो देखा-लेखा करदे, आपलोय लोग जसन॥ २७॥
खड़ पान चो डसना बंले, भगवान संगे रले।
काम चो डसना ने आगर होदे, मुनीस संगे रले॥ २८॥
कांदा-कसा पाक फर जड़, अमरित माहा होदे।
डोंगरी-पहाड़ अयोधिया चो, महल ले आगर होदे॥ २९॥
पायँ के डंडिक-डंडिक ने दखुन, हरीक होएंदे असन।
दिन मंझने हरीक रहेसे, चकवी रोजे जसन॥ ३०॥
वन चो डंड दुख डर जितरो, बललास भगवान तुमी।
सपा होउन बल पुरूक नी सकदे, छांडुन गेलोने तुमी॥ ३१॥
असन जानुन चतुर भगवान, संगे निआ मोके।
जुगे काय मय बिन्ती करें, छांडुन नी जाहा मोके॥ ३२॥

६६ मन भीतर चो सपा के जानू, सुंदर सुख देउ तुमी।
इतरो दिन ले छांडुन गेलोने, जीअत नी पावासे तुमी॥ ३३॥

पायँ दरसन करते रहेंदे, नी होएदे थाकतो जानुक।
सपा रकम चो सेवा करेंदे, तुमके थाकलोर जानुन॥ ३४॥
रुख छायँ ने हरीक मन ले, धोएँदे पायँ तुमचो।
पंखा डोलाएँदे लगे बसुन, दरसन करते तुमचो॥ ३५॥
साँवर देंह ने पसेना दखुन, केबइ डंड नी पायँ।
समान भुँइ ने खड़-पान ओछाउन, चेपाउक पाएंदे पायँ॥ ३६॥
घनघड़ी सीतर मूरित दखुन, गरम लेहरा नी पाएदे।
संगे रले कोन दखेया मोके, काके मउत भएदे॥ ३७॥

सम महि तृन तरुपल्लव डासी। पाय पलोटिहि सब निसि दासी॥
बार बार मृदु मूरति जोही। लागिहि तात बयारि न मोही॥ ३॥

को प्रभु सँग मोहि चितवनिहारा। सिंघबधुहि जिमि ससक सिआरा॥
मैं सुकुमारि नाथ बन जोगू। तुम्हहि उचित तप मो कहुँ भोगू॥ ४॥

दो०– ऐसेउ बचन कठोर सुनि जौं न हृदउ बिलगान।
तौ प्रभु बिषम बियोग दुख सहिहहिं पावँर प्रान॥ ६७॥

चौ०– अस कहि सीय बिकल भइ भारी। बचन बियोगु न सकी सँभारी॥
देखि दसा रघुपति जियँ जाना। हठि राखें नहिं राखिहि प्राना॥ १॥

कहेउ कृपाल भानुकुलनाथा। परिहरि सोचु चलहु बन साथा॥
नहिं बिषाद कर अवसरु आजू। बेगि करहु बन गवन समाजू॥ २॥

कहि प्रिय बचन प्रिया समुझाई। लगे मातु पद आसिष पाई॥
बेगि प्रजा दुख मेटब आई। जननी निठुर बिसरि जनि जाई॥ ३॥

फिरिहि दसा बिधि बहुरि कि मोरी। देखिहउँ नयन मनोहर जोरी॥
सुदिन सुघरी तात कब होइहि। जननी जिअत बदन बिधु जोइहि॥ ४॥

दो०– बहुरि बच्छ कहि लालु कहि रघुपति रघुबर तात।
कबहिं बोलाइ लगाइ हियँ हरषि निरखिहउँ गात॥ ६८॥

चौ०– लखि सनेह कातरि महतारी। बचनु न आव बिकल भइ भारी॥
राम प्रबोधु कीन्ह बिधि नाना। समउ सनेहु न जाइ बखाना॥ १॥

तब जानकी सासु पग लागी। सुनिअ माय मैं परम अभागी॥
सेवा समय दैअँ बनु दीन्हा। मोर मनोरथु सफल न कीन्हा॥ २॥

तजब छोभु जनि छाड़िअ छोहू। करमु कठिन कछु दोसु न मोहू॥
सुनि सिय बचन सासु अकुलानी। दसा कवनि बिधि कहौं बखानी॥ ३॥

बारहिं बार लाइ उर लीन्ही। धरि धीरजु सिख आसिष दीन्ही॥
अचल होउ अहिवातु तुम्हारा। जब लगि गंग जमुन जल धारा॥ ४॥

दो०– सीतहि सासु असीस सिख दीन्हि अनेक प्रकार।
चली नाइ पद पदुम सिरु अति हित बारहिं बार॥ ६९॥

सिंघ चो मेहरार के कोलया लमहा, केबइ नी दखुक सकोते।
मयँ होएंदे सुखवारी देंह चो, मुनीस रान के सकोत॥ ३८॥
तुमके तप नंगत भाएदे, मोके राज चो भोग।
इतरो सुनुन छाती नी फाटली, कसन आय ये जोग॥ ३९॥

६७ अलगुन रतो डंड के काय, सहेदे पापी जीव।
असन बलते बोमरून गेली, सीता माता चो जीव॥ ४०॥

गोठ ने छांडतो नी सहेसे, राम दखला गती।
मने जानला बरपेला छांडले, जीव नी राखे सती॥ ४१॥
किरपा करु सुरुज-कुल चो, राम बलला सुन।
फिकर छांडुन जोंव संगे, बेरा के नंगत गुन॥ ४२॥
कलपतो दिन आज नोआय, जातो जोड़ा के कर।
मया ले समझाउन भाती बलल्लो, झपके सपा कर॥ ४३॥
लगे जाउन आसीस पाबला, आया चो पायँ पडुन।
बलली बेटा झपके फिरसे, रैयत डंड दखुन॥ ४४॥
निठुर माय काय भुलको नहीं, भगवान होदे असन।
सुन्दर जोड़ी के दखुक पाएँदे, उल्टुन एदे जसन॥ ४५॥
सुन्दर दिन सुभ घड़ी, केबे होएदे जाले।
आया मुंह के दखेदे फेर, जीयत रली जाले॥ ४६॥

६८ बेटा धना लाल राम, रघुपति रघुनाथ बलुन।
केबे बलाएँदे छाती ने लेपटाउक, आइँख भर तुके दखुन॥ ४७॥

मया चो भारे आया दंदरली, मुंह ले गोठ नाईं।
राम दखला दुखी होलोके, चेत काईं नाईं॥ ४८॥
बेरा मया के सांगुक नीहोय, खुबे समझाला राम।
पायँ लागते सीता बलली, अभागिन नी पड़ली काम॥ ४९॥
सेवा पहार भगवान बले, बन निसकाउन दिलो।
मन चो करुक नी पावले, आगे घुचाउन दिलो॥ ५०॥
दुख के छांडा दया रखा, मोचो दोस नोआय।
सुनते सतरी बियाकुल होली, गोठ सांगुक नीहोय॥ ५१॥
घनघड़ी सीता के लेपटाते जाए, सीख हुसने देए।
मन ने धीरज धरुन भातो, सतरी आसीस देए॥ ५२॥
गंगा जमना ने जब लग ले, बोहते रहेदे पानी।
तेबलगले सुहाग तुचो, बनुन रहेदे रानी॥ ५३॥

६९ सतरी सीता के आसीस देते, गियान सांगते गेली।
बड़े मया ले पायँ पडुन, सीता जाते गेली॥ ५४॥

चौ०– समाचार जब लछिमन पाए। ब्याकुल बिलख बदन उठि धाए॥
कंप पुलक तन नयन सनीरा। गहे चरन अति प्रेम अधीरा॥ १॥

कहि न सकत कछु चितवत ठाढ़े। मीनु दीन जनु जल तें काढ़े॥
सोचु हृदयँ बिधि का होनिहारा। सबु सुखु सुकृतु सिरान हमारा॥ २॥

मो कहुँ काह कहब रघुनाथा। रखिहहिं भवन कि लेहहिं साथा॥
राम बिलोकि बंधु कर जोरें। देह गेह सब सन तृनु तोरें॥ ३॥

बोले बचनु राम नय नागर। सील सनेह सरल सुख सागर॥
तात प्रेम बस जनि कदराहू। समुझि हृदयँ परिनाम उछाहू॥ ४॥

दो०– मातु पिता गुरु स्वामि सिख सिर धरि करहिं सुभायँ।
लहेउ लाभु तिन्ह जनम कर नतरु जनमु जग जायँ॥ ७०॥

चौ०– अस जियँ जानि सुनहु सिख भाई। करहु मातु पितु पद सेवकाई॥
भवन भरतु रिपुसूदनु नाहीं। राउ बृद्ध मम दुखु मन माहीं॥ १॥

मैं बन जाउँ तुम्हहि लेइ साथा। होइ सबहि बिधि अवध अनाथा॥
गुरु पितु मातु प्रजा परिवारू। सब कहुँ परइ दुसह दुख भारू॥ २॥

रहहु करहु सब कर परितोषू। नतरु तात होइहि बड़ दोषू॥
जासु राज प्रिय प्रजा दुखारी। सो नृपु अवसि नरक अधिकारी॥ ३॥

रहहु तात असि नीति बिचारी। सुनत लखनु भए ब्याकुल भारी॥
सिअरें बचन सूखि गए कैसें। परसत तुहिन तामरसु जैसें॥ ४॥

दो०– उतरु न आवत प्रेम बस गहे चरन अकुलाइ।
नाथ दासु मैं स्वामि तुम्ह तजहु त काह बसाइ॥ ७१॥

चौ०– दीन्हि मोहि सिख नीकि गोसाईं। लागि अगम अपनी कदराईं॥
नरबर धीर धरम धुर धारी। निगम नीति कहुँ ते अधिकारी॥ १॥

मैं सिसु प्रभु सनेहँ प्रतिपाला। मंदरु मेरु कि लेहिं मराला॥
गुर पितु मातु न जानउँ काहू। कहउँ सुभाउ नाथ पतिआहू॥ २॥

* लछमन जोड़ा *

सुनते पराउन इलो लछमन, देंह कँपे भारी।
राम चो पायँ के धरलो बसुन, आँसू बोहे भारी॥ १॥
जसन मछरी पानी बिगर, दखे नी सके बलुक।
मन ने फिकर काय होएदे, नी दखे हालुक॥ २॥
सुख पुन चो दिन पुरली, राम काय बलदे।
घरे छांडदे कि संगे नेदे, दखेंदे काय करदे॥ ३॥
घर देह ले नाता टुटाउन, हात जोड़लोर दखला।
नीती ने गुनी मया टकर चो, राम तेबे बलला॥ ४॥
अधीर नी हो मया ने पड़ुन, मन ने समझुन दख।
खुबे हरीक चो फल मिरेदे, नंगत जानुन दख॥ ५॥

७० आया बूबा गुरू गियान के जे, ठेट ले मानते जाय।
हुनी लाभ पाएसे नाहले, जनम फोकहा जाय॥ ६॥

मन ने असन जानुन भाई, मोचो गोठ के मान।
आया बूबा चो पायँ सेवा के, सपाले बड़े जान॥ ७॥
भरत-सतरुघन नीआत घरे, बाबा सियान होला।
तिहँचो मन ने मोचो दुख, थाकलो आहे चोला॥ ८॥
राज अदनतारा होउन जाएदे, तु के बन जे नीले।
गुरू, माय, बाप, रैयत दुख, बाढ़ेदे संगे नीले॥ ९॥
रहुन सपा के धीरज देते, नाहले होएदे दोस।
जेचो राज चो रैयत दुखी, हुनचो नरक भोग॥ १०॥
असन नीती बिचारून भाती, थेबू भाई घरे।
सुगुन लछमन डाहलबिकल, बोपड़ा काय करे॥ ११॥
सीतर गोठ ले हुनचो गती, असन होउन जाय।
जसन पूड़न के ओस छिवले, आपने कोमजुन जाय॥ १२॥

७१ जवाब नीकरे मया चो मारे, पायँ धरून बले।
मयँ तुमचो दास भगवान, मोचो काय चले॥ १३॥

तुमी मालिक तुमचो मन, छांडा कि निआ संगे।
समँझ गोठ सांगलास तुमी, सुनले नंगत लागे॥ १४॥
मोके आपलो डरहा चाल ने, सपाय बड़े लागे।
धीरजाहा बड़े सास्तर ने जेके, धरम नंगत लागे॥ १५॥
मया ले पोसलो आँय मयँ पिला, टकर ले सत बले।
काकेय नी जाने तुमके छांडुन, गुरु माय बाप बले॥ १६॥

जहँ लगि जगत सनेह सगाई। प्रीति प्रतीति निगम निजु गाई॥
मोरें सबइ एक तुम्ह स्वामी। दीनबंधु उर अंतरजामी॥ ३॥

धरम नीति उपदेसिअ ताही। कीरति भूति सुगति प्रिय जाही॥
मन क्रम बचन चरन रत होई। कृपासिंधु परिहरिअ कि सोई॥ ४॥

दो०– करुनासिंधु सुबंधु के सुनि मृदु बचन बिनीत।
समुझाए उर लाइ प्रभु जानि सनेहँ सभीत॥ ७२॥

चौ०– मागहु बिदा मातु सन जाई। आवहु बेगि चलहु बन भाई॥
मुदित भए सुनि रघुबर बानी। भयउ लाभ बड़ गइ बड़ि हानी॥ १॥

हरषित ह्रदयँ मातु पहिं आए। मनहुँ अंध फिरि लोचन पाए॥
जाइ जननि पग नायउ माथा। मनु रघुनंदन जानकि साथा॥ २॥

पूँछे मातु मलिन मन देखी। लखन कही सब कथा बिसेषी॥
गई सहमि सुनि बचन कठोरा। मृगी देखि दव जनु चहु ओरा॥ ३॥

लखन लखेउ भा अनरथ आजू। एहिं सनेह बस करब अकाजू॥
मागत बिदा सभय सकुचाहीं। जाइ संग बिधि कहिहि कि नाहीं॥ ४॥

दो०– समुझि सुमित्राँ राम सिय रूपु सुसीलु सुभाउ।
नृप सनेहु लखि धुनेउ सिरु पापिनि दीन्ह कुदाउ॥ ७३॥

चौ०– धीरजु धरेउ कुअवसर जानी। सहज सुह्रद बोली मृदु बानी॥
तात तुम्हारि मातु बैदेही। पिता रामु सब भाँति सनेही॥ १॥

अवध तहाँ जहँ राम निवासू। तहँइँ दिवसु जहँ भानु प्रकासू॥
जौं पै सीय रामु बन जाहीं। अवध तुम्हार काजु कछु नाहीं॥ २॥

गुर पितु मातु बंधु सुर साईं। सेइअहिं सकल प्रान की नाईं॥
रामु प्रानप्रिय जीवन जी के। स्वारथ रहित सखा सबही के॥ ३॥

पूजनीय प्रिय परम जहाँ तें। सब मानिअहिं राम के नातें॥
अस जियँ जानि संग बन जाहू। लेहु तात जग जीवन लाहू॥ ४॥

सवँसारे आसोत जे मया उपरे, जेके बेद सांगे।
सपा चो मन चो तुमी जानू, तुमकेय मय जाने॥ १७॥
तिहँके सांगा धरम नीती, जे बडुई उपरे जाय।
मोचो मन तुमचो पायँ ने, छांडतो लाइक काय॥ १८॥

७२ दयावान सुनला भाई चो गोठ, सुसार सरस बोली।
डरलो जानुन पोटारुन समझाला, बलते मया चो बोली॥ १९॥

जोंव बिदा मांगुन आव, आया लग ले भाई।
सुनते मया चो गोठ ले हरीक, होलो लछमन भाई॥ २०॥
हानी गेली बड़े लाभ होली, अमरलो माय लग असन।
जाउन माथा के पायँ छिआलो, काना के आंइँख जसन॥ २१॥

* सुमीतरा आरु लछमन गोफ *

मन रहे राम सीता संगे, माय दखुन पूछे।
सांगलो लछमन सपा गोठ, जसन आया बूझे॥ १॥
सुनुन डरली चीतर माहा, रान ने आइग धरले।
दखलो लछमन सपा नसली, ये मयँ काय करले॥ २॥
मया ने सपा नसाव काय नाईं, बिदा मांगुक डरे।
हव बलेदे कि नाई आया, मन ने विचार करे॥ ३॥

७३ सीता-राम चो रूप गुन टकर के, जानते जानते रानी।
राजा वो मया के दखते पापिन, कसन होली कानी॥ ४॥

बलली घातक होली पापिन, मुँड के हाते पेटे।
कुबेरा दखुन धीरज धरुन, टकर ले सरस बले॥ ५॥
राम के बूबा माहा जानते, सीता के आया मान।
जेठाने राम हुनी अयोधिया, उजर ले दिन जान॥ ६॥
अयोधिया ने तुचो काम नीआय, जे सीताराम जासोत।
गुरु आया बूबा देव भाई, मालिक हुनी आसोत॥ ७॥
जीव माहा तिहँचो सेवा करतोर, फेर राम जीव ले आगर।
जीव चो जीवना सखा सपा चो, मन जीव ले आगर॥ ८॥
सवँसारे जितरो पूजा मान चो, लाइक लोग जे आसोत।
राम चो नाता ले मानतो लाइक, सपा जे असन आसोत॥ ९॥
असन मन ने जानुन भाती, तुइ बल संगे जाव।
सवँसार ने जीवतो चो, सपा लाभ पाव॥ १०॥

दो०– भूरि भाग भाजनु भयहु मोहि समेत बलि जाउँ।
जौं तुम्हरें मन छाड़ि छलु कीन्ह राम पद ठाउँ॥ ७४॥

चौ०– पुत्रवती जुबती जग सोई। रघुपति भगतु जासु सुतु होई॥
नतरु बाँझ भलि बादि बिआनी। राम बिमुख सुत तें हित जानी॥ १॥

तुम्हरेहिं भाग रामु बन जाहीं। दूसर हेतु तात कछु नाहीं॥
सकल सुकृत कर बड़ फलु एहू। राम सीय पद सहज सनेहू॥ २॥

रागु रोषु इरिषा मदु मोहू। जनि सपनेहुँ इन्ह के बस होहू॥
सकल प्रकार बिकार बिहाई। मन क्रम बचन करेहु सेवकाई॥ ३॥

तुम्ह कहुँ बन सब भाँति सुपासू। सँग पितु मातु रामु सिय जासू॥
जेहिं न रामु बन लहहिं कलेसू। सुत सोइ करेहु इहइ उपदेसू॥ ४॥

छं०– उपदेसु यहु जेहिं तात तुम्हरे राम सिय सुख पावहीं।
पितु मातु प्रिय परिवार पुर सुख सुरति बन बिसरावहीं॥
तुलसी प्रभुहि सिख देइ आयसु दीन्ह पुनि आसिष दई।
रति होउ अबिरल अमल सिय रघुबीर पद नित नित नई॥

सो०– मातु चरन सिरु नाइ चले तुरत संकित हृदयँ।
बागुर बिषम तोराइ मनहुँ भाग मृगु भाग बस॥ ७५॥

चौ०– गए लखनु जहँ जानकिनाथू। भे मन मुदित पाइ प्रिय साथू॥
बंदि राम सिय चरन सुहाए। चले संग नृपमंदिर आए॥ १॥

कहहिं परसपर पुर नर नारी। भलि बनाइ बिधि बात बिगारी॥
तन कृस मन दुखु बदन मलीने। बिकल मनहुँ माखी मधु छीने॥ २॥

कर मीजहिं सिरु धुनि पछिताहीं। जनु बिनु पंख बिहग अकुलाहीं॥
भइ बड़ि भीर भूप दरबारा। बरनि न जाइ बिषादु अपारा॥ ३॥

सचिवँ उठाइ राउ बैठारे। कहि प्रिय बचन रामु पगु धारे॥
सिय समेत दोउ तनय निहारी। ब्याकुल भयउ भूमिपति भारी॥ ४॥

दो०– सीय सहित सुत सुभग दोउ देखि देखि अकुलाइ।
बारहिं बार सनेह बस राउ लेइ उर लाइ॥ ७६॥

चौ०– सकइ न बोलि बिकल नरनाहू। सोक जनित उर दारुन दाहू॥
नाइ सीसु पद अति अनुरागा। उठि रघुबीर बिदा तब मागा॥ १॥

७४ मोचा संगे तुई बल बेटा, भगवान लाइक होलीस।
निछावर जाँय छल छांडुन, राम पाँय चो होलीस॥ ११ ॥

सवँसार ने हुनी जवान मेहरार, बेटा बीती होएसे।
जेचो बेटा राम चो भगत, जनमुन एथा होएसे॥ १२ ॥
राम ले भिने बेटा जनमाउन, जे आपलो हित जाने।
बांझिन जिवना आय नंगत, जे मेहरार असन माने॥ १३ ॥
तुचोय भाग ले राम जासोत, दूसर काईं नाईं।
राम पायँ ले मया ले आगर, पुन काई नाईं॥ १४ ॥
रीस इरखा दुख घमंड फांदा ने, सपना ने नी होसे।
अवगुन छांडुन मन बोली ले, सीताराम सेउक रसे॥ १५ ॥
सीताराम आया बूबा संगे, रान ने अराम आसे।
रान ने राम के डंड नी होओ, इतरोय बलतोर आसे॥ १६ ॥
मोचो एइ सीख जेमें सीताराम, रान ने सुख पाओत।
माय-बाप सगा कुटुम सुख के, सेवा ले भुलकुन जाओत॥ १७ ॥
तुलसी भगवान लछमन के सिखाउन, जाउक हुकुम दिली।
राम सीता पायँ ले मया बाढ़ो, असन आसीस दिली॥ १८ ॥

७५ आया चो पायँ पड़ुन डरते, तुरते गेलो असन।
भाग ले फाँदा टुटाउन पराएसे, हरजलो चीतर जसन॥ १९ ॥

सीताराम लगे लछमन गेलो, हरोक मन चो पाउन।
राजा महल ने संगे अमरला, राम-सीता के बिनाउन॥ २० ॥

* बन निसकतोर *

राज चो लोग गोठयात गुलाय, नसालो भगवान सपा।
देंह मन दुखी उदास मुँह कान, बियाकुल लोग सपा॥ १ ॥
हात रमजत मुँड के ठेचत, पछतातोर गुलाय होए।
रूँडा होला लोग सिगदेवड़ी, दुख-सांगुक नी होए॥ २ ॥
राम इला बलते देवान बसालो, राजा के उठाउन भाती।
सीता संगे दुनों के दखुन, बियाकुल राजा भारी॥ ३ ॥

७६ जातो काजे जोड़ा ने दखन, राजा घबराते जाओत।
मया चो मारे छाती संग धरून, घनघड़ी लेपटाते जाओत॥ ४ ॥

बियाकुल राजा बलुक नी सकत, मन ने दुख भारी।
पायँ पड़ुन राम बिदा मांगला, उबा होउन भाती॥ ५ ॥

पितु असीस आयसु मोहि दीजै। हरष समय बिसमउ कत कीजै॥
तात किएँ प्रिय प्रेम प्रमादू। जसु जग जाइ होइ अपबादू॥ २॥

सुनि सनेह बस उठि नरनाहाँ। बैठारे रघुपति गहि बाहाँ॥
सुनहु तात तुम्ह कहुँ मुनि कहहीं। रामु चराचर नायक अहहीं॥ ३॥

सुभ अरु असुभ करम अनुहारी। ईस देइ फलु हृदयँ बिचारी॥
करइ जो करम पाव फल सोई। निगम नीति असि कह सबु कोई॥ ४॥

दो०– औरु करै अपराधु कोउ और पाव फल भोगु।
अति बिचित्र भगवंत गति को जग जानै जोगु॥ ७७॥

चौ०– रायँ राम राखन हित लागी। बहुत उपाय किए छलु त्यागी॥
लखी राम रुख रहत न जाने। धरम धुरंधर धीर सयाने॥ १॥

तब नृप सीय लाइ उर लीन्ही। अति हित बहुत भाँति सिख दीन्ही॥
कहि बन के दुख दुसह सुनाए। सासु ससुर पितु सुख समुझाए॥ २॥

सिय मनु राम चरन अनुरागा। घरु न सुगमु बनु बिषमु न लागा॥
औरउ सबहिं सीय समुझाई। कहि कहि बिपिन बिपति अधिकाई॥ ३॥

सचिव नारि गुर नारि सयानी। सहित सनेह कहहिं मृदु बानी॥
तुम्ह कहुँ तौ न दीन्ह बनबासू। करहु जो कहहिं ससुर गुर सासू॥ ४॥

दो०– सिख सीतलि हित मधुर मृदु सुनि सीतहि न सोहानि।
सरद चंद चंदिनि लगत जनु चकई अकुलानि॥ ७८॥

चौ०– सीय सकुच बस उतरु न देई। सो सुनि तमकि उठी कैकेई॥
मुनि पट भूषन भाजन आनी। आगें धरि बोली मृदु बानी॥ १॥

नृपहि प्रानप्रिय तुम्ह रघुबीरा। सील सनेह न छाड़िहि भीरा॥
सुकृतु सुजसु परलोकु नसाऊ। तुम्हहि जान बन कहिहि न काऊ॥ २॥

अस बिचारि सोइ करहु जो भावा। राम जननि सिख सुनि सुखु पावा॥
भूपहि बचन बानसम लागे। करहिं न प्रान पयान अभागे॥ ३॥

लोग बिकल मुरुछित नरनाहू। काह करिअ कछु सूझ न काहू॥
रामु तुरत मुनि बेषु बनाई। चले जनक जननिहि सिरु नाई॥ ४॥

दो०– सजि बन साजु समाजु सबु बनिता बंधु समेत।
बंदि बिप्र गुर चरन प्रभु चले करि सबहि अचेत॥ ७९॥

चौ०– निकसि बसिष्ठ द्वार भए ठाढ़े। देखे लोग बिरह दव दाढ़े॥
कहि प्रिय बचन सकल समुझाए। बिप्र बृंद रघुबीर बोलाए॥ १॥

बाबा तुमी हुकुम संगे, आसीरबाद बल दिआ।
दुखी कसन हरीक पाहार, बदी के नी पावा॥ ६॥
मया ने पड़ुन भाती बाबा, करम ले नी गुचा।
असन ले जस उठुन जाएदे, निंदरदे लोग कुचा॥ ७॥
सुनुन राजा मया ले उठुन, बसाला बाहाँ धरून।
बलला मुनी बलसोत तुके, भगवान नावँ धरून॥ ८॥
सुभ असुभ करनी जसन, फल देएसे भगवान।
करनी ज सन पाएसे गुनी, बेद बलसोत गियान॥ ९॥

७७ अपराध काचोय सजा काकेय, कसन उल्टा जोग।
भगवान लीला अटपट आय, जानू नीआत लोग॥ १०॥

छल छांडुन राजा ओखी करत, राम के थेबातो काजे।
धरमी चतुर दखला नीहोय, कसने थेबातो काजे॥ ११॥
सीता के छाती संगे लेपटाउन, मया ले गियान दिला।
रान चो डंड-दुख के सांगते, सुख चो गोठ बलला॥ १२॥
सतरी सतरा बूबा संगे, सुख पावसे सपा।
राम पायँ ने मन के राखुन, दुख ठंड भुलकसे सप॥ १३॥
रलो लोग डंड के सांगत, देवान गुरु बायले।
तुके बनबास नी दिलासोत, सतरा चो मान आले॥ १४॥

७८ सीतर सुसार हितू गोठ, सीता के नी भावली।
कुआँर पुनी जोन ले जसन, चकई बियाकुल होली॥ १५॥

लाज काजे ओगाय रली, कयकई तमकुन उठली।
जोगी कपड़ा भंडवा देते, सुसार गोठ बलली॥ १६॥
राजा चो जीव तुई आस राम, नी छांडे मया राजा।
जस पुन परलोक नसले बले, नी बले जाउक राजा॥ १७॥
बिचारुन जे नंगत लागे कर, राम हरीक सुनुन।
जीव काय काज नी जाए बिचारत, राजा गोठ सुनुन॥ १८॥
मूरछा मारली राजा के तेबे, लोग बोमरुन गेला।
जोगी भेस धरुन पाँय पड़ुन, राम निकरुन गेला॥ १९॥

७९ रान चो जाक-जोड़ा धरुन, सीता लछमन संगे।
बाम्हन गुरु चो पायँ बिना ते, राम निसकला संगे॥ २०॥

निसकुन गुरु घरे गेला, कलपत सपा लोग।
बाम्हनमन चो बलाव करुन, दिला बरन भोग॥ २१॥

गुर सन कहि बरषासन दीन्हे। आदर दान बिनय बस कीन्हे॥
जाचक दान मान संतोषे। मीत पुनीत प्रेम परितोषे॥ २॥

दासीं दास बोलाइ बहोरी। गुरहि सौंपि बोले कर जोरी॥
सब कै सार सँभार गोसाईं। करबि जनक जननी की नाईं॥ ३॥

बारहिं बार जोरि जुग पानी। कहत रामु सब सन मृदु बानी॥
सोइ सब भाँति मोर हितकारी। जेहि तें रहै भुआल सुखारी॥ ४॥

दो०– मातु सकल मोरे बिरहँ जेहिं न होहिं दुख दीन।
सोइ उपाउ तुम्ह करेहु सब पुर जन परम प्रबीन॥ ८०॥

चौ०– एहि बिधि राम सबहि समुझावा। गुर पद पदुम हरषि सिरु नावा॥
गनपति गौरि गिरीसु मनाई। चले असीस पाइ रघुराई॥ १॥

राम चलत अति भयउ बिषादू। सुनि न जाइ पुर आरत नादू॥
कुसगुन लंक अवध अति सोकू। हरष बिषाद बिबस सुरलोकू॥ २॥

गइ मुरुछा तब भूपति जागे। बोलि सुमंत्रु कहन अस लागे॥
रामु चले बन प्रान न जाहीं। केहि सुख लागि रहत तन माहीं॥ ३॥

एहि तें कवन ब्यथा बलवाना। जो दुखु पाइ तजहिं तनु प्राना॥
पुनि धरि धीर कहइ नरनाहू। लै रथु संग सखा तुम्ह जाहू॥ ४॥

दो०– सुठि सुकुमार कुमार दोउ जनकसुता सुकुमारि।
रथ चढ़ाइ देखराइ बनु फिरेहु गएँ दिन चारि॥ ८१॥

चौ०– जौ नहिं फिरहिं धीर दोउ भाई। सत्यसंध दृढ़ब्रत रघुराई॥
तौ तुम्ह बिनय करेहु कर जोरी। फेरिअ प्रभु मिथिलेसकिसोरी॥ १॥

जब सिय कानन देखि डेराई। कहेहु मोरि सिख अवसरु पाई॥
सासु ससुर अस कहेउ सँदेसू। पुत्रि फिरिअ बन बहुत कलेसू॥ २॥

पितुगृह कबहुँ कबहुँ ससुरारी। रहेहु जहाँ रुचि होइ तुम्हारी॥
एहि बिधि करेहु उपाय कदंबा। फिरइ त होइ प्रान अवलंबा॥ ३॥

नाहिं त मोर मरनु परिनामा। कछु न बसाइ भएँ बिधि बामा॥
अस कहि मुरुछि परा महि राऊ। रामु लखनु सिय आनि देखाऊ॥ ४॥

दो०– पाइ रजायसु नाइ सिरु रथु अति बेग बनाइ।
गयउ जहाँ बाहेर नगर सीय सहित दोउ भाइ॥ ८२॥

बरख पुरो माहा जोड़ा देउन, मान ले बिन्ती करला।
भारी दान मान ले तिहँके, आपलो बस ने करला॥ २२॥
मांगा-खाया मन के हुसने, मया ले देते गेला।
संगी-संगवारी संग भेट करुन, हरीक करते गेला॥ २३॥
हात जोड़ुन गुरु के सोंपला, नवकर नवकरीन-मन के।
माय-बाप असन होउन दखासे, ये सपाय झन के॥ २४॥
हाथ जोड़ुन सपा के बलला, हितू संगी हुनी।
जेचो ले राजा अस्तीर होदे, सब बाट हितू हुनी॥ २५॥

८० मोचो ले अलगुन सपा आया, दुखी नीहोत केबई।
असन उपाय करते रहासे, डंड नी पाओत केबई॥ २६॥

असन समझाउन हरीक मन ले, गुरू चो पायँ पड़ला।
गौरी गनेस सिव के बिनाउन, असीस पाउन चलला॥ २७॥
राम निकरतेय सपाय दुखी, कोल्हार सुनुक नी होए।
राज ने गुलाय दुख छावली, लंका असगुन होए॥ २८॥
देवलोक ने सपा हरीक दुखी, राजा चेतला तेबे।
सुमन्त देवान के बलला राजा, जीव नी जाए एबे॥ २९॥
राम निकरून राने गेलो, जीव कसन ने आसे।
देंह ने जीव काय सुख दखेसे, आउर काय दुख आसे॥ ३०॥
दुख सहुन ये जीव निकरेदे, ये देह के छांडुन।
फेर धीरज धरुन बलला, जाहा रथ के फांदुन॥ ३१॥

८१ सुखवार सीता संगे दुनों के, रथ ने बसाउन निआ।
चार दिन बन दखाउन भाती, फिराउन संगे इआ॥ ३२॥

राम टेक ने सतवान पक्का, नेम मानया आय।
सीता के फिराव दुनों नी मानले, बिन्ती करुन जाव॥ ३३॥
रान दखुन जे सीता डरले, मोचो गोठ सांगा।
सतरी सतरा बललासोत बेटी, दुख के तुमी छांडा॥ ३४॥
खूबे डंड आय फिरुन जाँव, बेरा दखुन बला।
केबई मायके केबई भरे, रहासे असन बला॥ ३५॥
जहां मन होले उथा रहासे, बलुन समझावा तेके।
हुन जे फिरुन एयदे एथा, जीउक होएदे मोके॥ ३६॥
भगवान उलटले काई नीहोए, मरना आसे बला।
राम लछमन सीता के दखावा, बलते मूरछा खदला॥ ३७॥

८२ हुकुम पाउन पायँ पड़ुन, रथ फांदलो तुरते।
सहर बाहिर जेलग रहोत, देवान अमरलो तुरते॥ ३८॥

चौ०– तब सुमंत्र नृप बचन सुनाए। करि बिनती रथ रामु चढ़ाए॥
चढ़ि रथ सीय सहित दोउ भाई। चले हृदयँ अवधहि सिरु नाई॥ १॥

चलत रामु लखि अवध अनाथा। बिकल लोग सब लागे साथा॥
कृपासिंधु बहुबिधि समुझावहिं। फिरहिं प्रेम बस पुनि फिरि आवहिं॥ २॥

लागति अवध भयावनि भारी। मानहुँ कालराति अँधिआरी॥
घोर जंतु सम पुर नर नारी। डरपहिं एकहि एक निहारी॥ ३॥

घर मसान परिजन जनु भूता। सुत हित मीत मनहुँ जमदूता॥
बागन्ह बिटप बेलि कुम्हिलाहीं। सरित सरोवर देखि न जाहीं॥ ४॥

दो०– हय गय कोटिन्ह केलिमृग पुरपसु चातक मोर।
पिक रथांग सुक सारिका सारस हंस चकोर॥ ८३॥

चौ०– राम बियोग बिकल सब ठाढ़े। जहँ तहँ मनहुँ चित्र लिखि काढ़े॥
नगरु सफल बनु गहबर भारी। खग मृग बिपुल सकल नर नारी॥ १॥

बिधि कैकई किराततिनि कीन्ही। जेंहि दव दुसह दसहुँ दिसि दीन्ही॥
सहि न सके रघुबर बिरहागी। चले लोग सब ब्याकुल भागी॥ २॥

सबहिं बिचारु कीन्ह मन माहीं। राम लखन सिय बिनु सुखु नाहीं॥
जहाँ रामु तहँ सबुइ समाजू। बिनु रघुबीर अवध नहिं काजू॥ ३॥

चले साथ अस मंत्रु दृढ़ाई। सुर दुर्लभ सुख सदन बिहाई॥
राम चरन पंकज प्रिय जिन्हही। बिषय भोग बस करहिं कि तिन्हही॥ ४॥

दो०– बालक बृद्ध बिहाइ गृहँ लगे लोग सब साथ।
तमसा तीर निवासु किय प्रथम दिवस रघुनाथ॥ ८४॥

चौ०– रघुपति प्रजा प्रेमबस देखी। सदय हृदयँ दुखु भयउ बिसेषी॥
करुनामय रघुनाथ गोसाँई। बेगि पाइअहिं पीर पराई॥ १॥

कहि सप्रेम मृदु बचन सुहाए। बहुबिधि राम लोग समुझाए॥
किए धरम उपदेस घनेरे। लोग प्रेम बस फिरहिं न फेरे॥ २॥

सीलु सनेहु छाड़ि नहिं जाई। असमंजस बस भे रघुराई॥
लोग सोग श्रम बस गए सोई। कछुक देवमायाँ मति मोई॥ ३॥

जबहिं जाम जुग जामिनि बीती। राम सचिव सन कहेउ सप्रीती॥
खोज मारि रथु हाँकहु ताता। आन उपायँ बनिहि नहिं बाता॥ ४॥

दो०– राम लखन सिय जान चढ़ि संभु चरन सिरु नाइ।
सचिवँ चलायउ तुरत रथु इत उत खोज दुराइ॥ ८५॥

अमरुन राजा चो गोठ सांगुन, रथ ने बसाला तिंहके।
सीता संगे तीनों रथ बसला, अयोधिया के पायँ पड़ते॥ ३९॥
अयोधिया अनाथ राम निकरते, बियाकुल लोग संगे।
राम समझाले मानुन फिरत, फेर फिरत संगे॥ ४०॥
जसन काल चो रात पुर के, एकेदाँय खाउक दखे।
डर चो गोठ गुलाय होली, लोग एक दूसर ले डरे॥ ४१॥
घर लागत मड़ाभाटा माहा, कुटुम परेत भूत।
बेटा-बंधु असन लागत, जसन जमचो द्रुत॥ ४२॥
बगेचा चो रुख लाहा सपा, एकेदाँय कोमजुन जासोत।
नंदी तरई बाट दखुक नीहोय, दखेया डरुन जासोत॥ ४३॥

८३ कोटी-चीतर, ढोर-ढांगर, पोसलो हाथी घोड़ा।
कोयली, मंजूर, रुपू, मयना, हाँसा, सारस, कोकोड़ा॥ ४४॥

राम अलगते दुखी होओत, जसन छापा लिखलो।
एथा-उथा उबा रहत, बियाकुल जीव जितरो॥ ४५॥
सहर पाक फर चो बन जसन, लोग चड़ई जीव उथा।
कयकई के भगवान भिलनी बनालो, जे डसाली एथा॥ ४६॥
अलगतो दुख सहुक नी सकुन, बियाकुल परात लोग।
मन ने बिचारला राम बिगर, फोकहा सपा भोग॥ ४७॥
बिन राम अवध ने काम नीआय, रहुन करवाँ काय।
जे लगे राम आपन रदे, सपाय रवाँ उथाय॥ ४८॥
असन पक्की विचार करुन, पुर चो सकू लोग।
देवधामी घर के छांडुन, हिंडला राम बाट लोग॥ ४९॥

८४ पिला-सियान सपा घर छांडुन, राम चो संगे होला।
राम निसकुन पहिल दिन ने, तमसा रेठे थेबला॥ ५०॥

दयावान मन ने रैयत चो मया, दखुन लागली दुख।
दयावान बिचार चो राम आत, मन ने धोकत खूब॥ ५१॥
सुन्दर मया ले समझावत, लोग नी मानत गोठ।
फिरालोने बल कोनी नी फिरत, सांगत धरम गोठ॥ ५२॥
मया परेम छांडतोर नी बने, राम दंदरुन गेला।
थाकलो दुख ने सोवला सपा, देव मोहाउन दिला॥ ५३॥
अधरात नाहकलो पाछे राम, देवान सुमंत के बलला।
खोज मारुन रथ के निआ, उआट नीआय बलला॥ ५४॥

८५ संकर चो बिन्ती करुन चेघला, लछमन-सीता-राम।
देवान रवोज मारुन हिंडाय, जीतला पुरे राम॥ ५५॥

चौ०– जागे सकल लोग भएँ भोरू। गे रघुनाथ भयउ अति सोरू॥
रथ कर खोज कतहुँ नहिं पावहिं। राम राम कहि चहुँ दिसि धावहिं॥ १॥

मनहुँ बारिनिधि बूड़ जहाजू। भयउ बिकल बड़ बनिक समाजू॥
एकहि एक देहिं उपदेसू। तजे राम हम जानि कलेसू॥ २॥

निंदहिं आपु सराहहिं मीना। धिग जीवनु रघुबीर बिहीना॥
जौं पै प्रिय बियोगु बिधि कीन्हा। तौ कस मरनु न मागें दीन्हा॥ ३॥

एहि बिधि करत प्रलाप कलापा। आए अवध भरे परितापा॥
बिषम बियोगु न जाइ बखाना। अवधि आस सब राखहिं प्राना॥ ४॥

दो०– राम दरस हित नेम ब्रत लगे करन नर नारि।
मनहुँ कोक कोकी कमल दीन बिहीन तमारि॥ ८६॥

चौ०– सीता सचिव सहित दोउ भाई। सृंगबेरपुर पहुँचे जाई॥
उतरे राम देवसरि देखी। कीन्ह दंडवत हरषु बिसेषी॥ १॥

लखन सचिवँ सियँ किए प्रनामा। सबहि सहित सुखु पायउ रामा॥
गंग सकल मुद मंगल मूला। सब सुख करनि हरनि सब सूला॥ २॥

कहि कहि कोटिक कथा प्रसंगा। रामु बिलोकहिं गंग तरंगा॥
सचिवहि अनुजहि प्रियहि सुनाई। बिबुध नदी महिमा अधिकाई॥ ३॥

मज्जनु कीन्ह पंथ श्रम गयऊ। सुचि जलु पिअत मुदित मन भयऊ॥
सुमिरत जाहि मिटइ श्रम भारू। तेहि श्रम यह लौकिक ब्यवहारू॥ ४॥

दो०– सुद्ध सच्चिदानंदमय कंद भानुकुल केतु।
चरित करत नर अनुहरत संसृति सागर सेतु॥ ८७॥

चौ०– यह सुधि गुहँ निषाद जब पाई। मुदित लिए प्रिय बंधु बोलाई॥
लिए फल मूल भेंट भरि भारा। मिलन चलेउ हियँ हरषु अपारा॥ १॥

करि दंडवत भेंट धरि आगें। प्रभुहि बिलोकत अति अनुरागें॥
सहज सनेह बिबस रघुराई। पूँछी कुसल निकट बैठाई॥ २॥

नाथ कुसल पद पंकज देखें। भयउँ भागभाजन जन लेखें॥
देव धरनि धनु धामु तुम्हारा। मैं जनु नीचु सहित परिवारा॥ ३॥

जसने चेतला कोल्हार होली, राम नीआत गेला।
राम राम बलते खोज नी पाओत, रैयत दंदरुन गेला॥ ५६॥
लागे समुंद ने जहाज बूड़ली, बेपारी बियाकुत होसोत।
एक दूसर के उपदेस देते, लोग बलते जासोत॥ ५७॥
आमके डंड होएदे बलुन, राम छाँडुन दिला।
आपन आपने निंदरना करते, मछरी के सहराउक धरला॥ ५८॥
राम चो बिगर आमचो जिवना, धिकारतो लाइक आय।
मांगलोने मउत कसन नी देए, छांडी होउन जीतोर आय॥ ५९॥
असन कलपते दुख ने भरून, अयोधिया फिरून इला।
सांगुक नीहोय बिसम दुख, छांडी होलोर करला॥ ६०॥
चवदा बरख चो बेरा काजे, भरोस करून भाती।
आपलो जीव के राखुक होला, दुख सहुन भाती॥ ६१॥

८६ राम दरस काज नेम तप करत, होला असन दुखी।
जसन चकवा चकवी पूड़न, सूरुज काजे दुखी॥ ६२॥

देवान सीता सगे दुनो भाई, सिंगबेरपुर-अमरला।
गंगा माता के दखुन उतरला, जाउन पायँ पड़ला॥ ६३॥
लछमन देवान सीता बले, गंगा चो पायँ पड़ला।
सपा हरीक चो जड़ गंगा, रामचन्द हरीक होला॥ ६४॥
दुख काटेसे सुख देएसे, कहनी सांगते राम।
गंगा चो महेमा गुन बलला, लहरा के दखते राम॥ ६५॥
नाहाला सपा थाकी गेली, पीवतो के हरीक मन।
सुरता करले थाकी जाएसे, थाकी लीला धन॥ ६६॥

८७ सुद्ध सच्चिदानन्द सूरुज कुल चो, राम लीला करसोत।
सवँसार नंदी नाहकुक जे पुलिया, असन चरितर करसोत॥ ६७॥

* गुह संगे भेट *

राजा गुह जसने सुनलो, अमरलो हरीक होउन।
सगा कुटुम भाई बन्द संगे, इलो पाक-फर धरून॥ १॥
डंडासरन होउन भेंट दिलो, मया ले परभू के दखत।
रघुनाथ मया ने पड़ुन लगे, बसाउन हाल पूछत॥ २॥
पायँ चो दरसन पावले परभू, एइ आय मोचो हरीक।
भागवान गनती ने एदाँय इले, अउर काय दखें हरीक॥ ३॥
भुँई धन घर तुमचो आय देव, मयँ कुटुमसंग नीच सेउक।
किरपा करा आरू राज ने इआ, सेउक के मान देउक॥ ४॥

कृपा करिअ पुर धारिअ पाऊ। थापिय जनु सबु लोगु सिहाऊ॥
कहेहु सत्य सबु सखा सुजाना। मोहि दीन्ह पितु आयसु आना॥ ४॥

दो०– बरष चारिदस बासु बन मुनि ब्रत बेषु अहारु।
ग्राम बासु नहिं उचित सुनि गुहहि भयउ दुखु भारु॥ ८८॥

चौ०– राम लखन सिय रूप निहारी। कहहिं सप्रेम ग्राम नर नारी॥
ते पितु मातु कहहु सखि कैसे। जिन्ह पठए बन बालक ऐसे॥ १॥

एक कहहिं भल भूपति कीन्हा। लोयन लाहु हमहि बिधि दीन्हा॥
तब निषादपति उर अनुमाना। तरु सिंसुपा मनोहर जाना॥ २॥

लै रघुनाथहि ठाउँ देखावा। कहेउ राम सब भाँति सुहावा॥
पुरजन करि जोहारु घर आए। रघुबर संध्या करन सिधाए॥ ३॥

गुहँ सँवारि साँथरी डसाई। कुस किसलयमय मृदुल सुहाई॥
सुचि फल मूल मधुर मृदु जानी। दोना भरि भरि राखेसि पानी॥ ४॥

दो०– सिय सुमंत्र भ्राता सहित कंद मूल फल खाइ।
सयन कीन्ह रघुबंसमनि पाय पलोटत भाइ॥ ८९॥

चौ०– उठे लखनु प्रभु सोवत जानी। कहि सचिवहि सोवन मृदु बानी॥
कछुक दूरि सजि बान सरासन। जागन लगे बैठि बीरासन॥ १॥

गुँह बोलाइ पाहरू प्रतीती। ठावँ ठावँ राखे अति प्रीती॥
आपु लखन पहिं बैठेउ जाई। कटि भाथी सर चाप चढ़ाई॥ २॥

सोवत प्रभुहि निहारि निषादू। भयउ प्रेम बस हृदयँ बिषादू॥
तनु पुलकित जलु लोचन बहई। बचन सप्रेम लखन सन कहई॥ ३॥

भूपति भवन सुभायँ सुहावा। सुरपति सदनु न पटतर पावा॥
मनिमय रचित चारु चौबारे। जनु रतिपति निज हाथ सँवारे॥ ४॥

दो०– सुचि सुबिचित्र सुभोगमय सुमन सुगंध सुबास।
पलँग मंजु मनिदीप जहँ सब बिधि सकल सुपास॥ ९०॥

चौ०– बिबिध बसन उपधान तुराईं। छीर फेन मृदु बिसद सुहाईं॥
तहँ सिय रामु सयन निसि करहीं। निज छबि रति मनोज मदु हरहीं॥ १॥

मोचो भाग चो गुन लोग बलदे, सुनुनु बलला राम।
सुमी सत बलासीस सखा, बूबा हुकुम उपरे काम॥ ५॥

८८ चवदा बरख जोगी भेस ने, मुनी माहा आहार करते।
बन ने रहेंदे गाँव नी जाँय, दुखी होलो गुह सुनते॥ ६॥

राम लखमन सीता रुप ने, लोग बलत मोहाउन।
हुन माय बाप कसन आत जे, रान ने दिला पठाउन॥ ७॥
कोनी गोटोक बलली उथा, राजा नंगत करला।
एइ ओखी ने बरमा भगवान, आइँख के लाभ दिला॥ ८॥
तेबे केंवटा राजा रारह, मन ने बिचार करलो।
असोक गच खाले थेबाउक, ठान चो नेत करलो॥ ९॥
राम के नेउन ठान दखालो, सुन्दर बलला राम।
लोग फिरला जोहार करून, संध्या करूक गेला राम॥ १०॥
खड़ आरू कँवरी पान डसना, गुह ओछाउन दिलो।
मीठ सफा कँवल पाक-कर, पानी संग मंडाउन दिलो॥ ११॥

८९ सीता सुमन्त लछमन संग राम, कांदा, जड़, फर खदला।
खाउन राम डसना ने पड़ला, पायँ चेपाउक भाई बसला॥ १२॥

भगवान के सोवलो जानुन उठला, देवान के बलला सोउक।
धनउ कांड धरून बीरासन ने, बसला राखा करूक॥ १३॥
भरोसा लोग के हाग देउन गुह ठान-ठान ने बसाउन दिलो।
आपन कन्हेया ने ठोंगी बांधुन, लछमन मै न राखा करलो॥ १४॥
भुएँ भगवान के सोवते दखुन, मन ने दुखी होए।
देंहे सीतकाटा मारे तेचो, आइँख ले आँसू बोहे॥ १५॥
मया ले लछमन के बललो गुह, राजा चो महल सुन्दर।
इंदर भवन बल पार नी पाए, असन आसे सुन्दर॥ १६॥
मनी रचुन बनालो बंगला, ढाबा छानी सपा।
रती मुनीस चो बनालो माहा, दखले लागेसे सपा॥ १७॥

९० पबितर फूल गंध ले भरपूर, अदभुत भोग जिनीस।
सुंदर पलंग मनी चो दिया, सपा सुख चो जिनीस॥ १८॥

रकम-रकम चो डसना ओढ़ना, छुकछुका गोरोस असन।
सीताराम उथाय पोहड़त जे, आसोत आज कसन॥ १९॥
हुनी सीता-राम सोउन दिलासोत, कपड़ा बिगर थाकुन।
खड़-पान चो डसना ने आसोत, नी भाएसे दखुन॥ २०॥

ते सिय रामु साथरीं सोए। श्रमित बसन बिनु जाहिं न जोए॥
मातु पिता परिजन पुरबासी। सखा सुसील दास अरु दासी॥ २॥

जोगवहिं जिन्हहि प्रान की नाईं। महि सोवत तेइ राम गोसाईं॥
पिता जनक जग बिदित प्रभाऊ। ससुर सुरेस सखा रघुराऊ॥ ३॥

रामचंदु पति सो बैदेही। सोवत महि बिधि बाम न केही॥
सिय रघुबीर कि कानन जोगू। करम प्रधान सत्य कह लोगू॥ ४॥

दो०– कैकयनंदिनि मंदमति कठिन कुटिलपनु कीन्ह।
जेहिं रघुनंदन जानकिहि सुख अवसर दुखु दीन्ह॥ ९१॥

चौ०– भइ दिनकर कुल बिटप कुठारी। कुमति कीन्ह सब बिस्व दुखारी॥
भयउ बिषादु निषादहि भारी। राम सीय महि सयन निहारी॥ १॥

बोले लखन मधुर मृदु बानी। ग्यान बिराग भगति रस सानी॥
काहु न कोउ सुख दुख कर दाता। निज कृत करम भोग सबु भ्राता॥ २॥

जोग बियोग भोग भल मंदा। हित अनहित मध्यम भ्रम फंदा॥
जनमु मरनु जहँ लगि जग जालू। संपति बिपति करमु अरु कालू॥ ३॥

धरनि धामु धनु पुर परिवारू। सरगु नरकु जहँ लगि ब्यवहारू॥
देखिअ सुनिअ गुनिअ मन माहीं। मोह मूल परमारथु नाहीं॥ ४॥

दो०– सपनें होइ भिखारि नृपु रंकु नाकपति होइ।
जागें लाभु न हानि कछु तिमि प्रपंच जियँ जोइ॥ ९२॥

चौ०– अस बिचारि नहिं कीजिअ रोसू। काहुहि बादि न देइअ दोसू॥
मोह निसाँ सबु सोवनिहारा। देखिअ सपन अनेक प्रकारा॥ १॥

एहिं जग जामिनि जागहिं जोगी। परमारथी प्रपंच बियोगी॥
जानिअ तबहिं जीव जग जागा। जब सब बिषय बिलास बिरागा॥ २॥

होइ बिबेकु मोह भ्रम भागा। तब रघुनाथ चरन अनुरागा॥
सखा परम परमारथु एहू। मन क्रम बचन राम पद नेहू॥ ३॥

राम ब्रह्म परमारथ रूपा। अबिगत अलख अनादि अनूपा॥
सकल बिकार रहित गतभेदा। कहि नित नेति निरूपहिं बेदा॥ ४॥

माय-बाप, कुटुम, रैयत, संगी, दासी दास जीव असन।
तिहँचो हातो-हात सेवा करत, सोवलासोत हुनी असन॥ २१॥
सवँसार ने नावँ हुन जनक बाबा, राम आत मुनीस जेचो।
भुएँ सोवलीसे इन्दर चो संगी, दसरथ सतरा जेचो॥ २२॥
मुनीस जेचो रामचंद आत, हुनी जानकी के दखा।
आज भुँइ ने सोउन दिला, भगवान माया के दखा॥ २३॥
भगवान काचोय खिलाप नोहोत, कसन चो आय जोग।
राम सीता काय बन चो लाइक, सत आय करम भोग॥ २४॥

९१ कयकई नीच बुध बिती ले, असन कइर करली।
राम जानकी चो सुख दिन ने, बिपती ने पाड़ुन दिली॥ २५॥

सुरूजकुल रूख काजे टंगेया, सवँसार के दुख दिली।
गुह जीव भुँए सोवलो दखुन, भारी दुखी होली॥ २६॥
गियान, बैराग, भक्ती, गोठ, गुह के लछमन बललो।
काकेय कोनी दुख देउक नी सके, करम फल आय करलो॥ २७॥
भेटतीर छांडतोर नंगत अडरा, बैरी संगी भरम।
जनम मउत भोग काल, जग-जंजाल करम॥ २८॥
भुँइ धन घर नगर कुसुम, सरग-नरक गुन।
दखलो-सुनलो-बिचारलो ने, अग्यान चो जड़ गुन॥ २९॥

९२ सपना दखते कोनी राजा, मांगा - खया होएसे।
सरगपुर चो राजा इंदर, जनम कंगाल होएसे॥ ३०॥

चेतले हानी लाभ काईं, नी रहेसे उथा।
मन भीतर ले परपंच के, दखतोर आए एथ॥ ३१॥
रीस करतोर नो आय बिचारुन, दोस देतोर नो आय।
मोह रात ने बाराबानी, सोऊ के सपना आय॥ ३२॥
सवँसार रात ने जोगी चेता, परपंच ले अलगुन आसोत।
जीव के तेबे चेतलोर जाना, जे भोग ले छुटुन जासोत॥ ३३॥
बिबेक होउन गेलोने मोह, भरम उठुन जाएसे।
तेबे रघुनाथ पायें ले पक्की, मया होउसे जाएसे॥ ३४॥
सपा ले निको परमारथ, राम पायँ आय।
मन बोली करम ले जेमे, मया होतोर आय॥ ३५॥
राम परमारथ चो ब्रह्म रूप, जानुक जेके नी होय।
आइँख ने जे दखा नी पड़े, जेचो सरतोर नी होय॥ ३६॥
जेचो काईं रुप न नावँ, सपा विकार ले अलग।
वेद नेति - नेति गावसोत, भेद ले आसोत अलग॥ ३७॥

दो०– भगत भूमि भूसुर सुरभि सुर हित लागि कृपाल।
करत चरित धरि मनुज तनु सुनत मिटहिं जग जाल॥ ९३॥

मासपारायण, पंद्रहवाँ विश्राम

चौ०– सखा समुझि अस परिहरि मोहू। सिय रघुबीर चरन रत होहू॥
कहत राम गुन भा भिनुसारा। जागे जग मंगल सुखदारा॥ १॥

सकल सौच करि राम नहावा। सुचि सुजान बट छीर मगावा॥
अनुज सहित सिर जटा बनाए। देखि सुमंत्र नयन जल छाए॥ २॥

हृदयँ दाहु अति बदन मलीना। कह कर जोरि बचन अति दीना॥
नाथ कहेउ अस कोसलनाथा। लै रथु जाहु राम कें साथा॥ ३॥

बनु देखाइ सुरसरि अन्हवाई। आनेहु फेरि बेगि दोउ भाई॥
लखनु रामु सिय आनेहु फेरी। संसय सकल सँकोच निबेरी॥ ४॥

दो०– नृप अस कहेउ गोसाइँ जस कहइ करौं बलि सोइ।
करि बिनती पायन्ह परेउ दीन्ह बाल जिमि रोइ॥ ९४॥

चौ०– तात कृपा करि कीजिअ सोई। जातें अवध अनाथ न होई॥
मंत्रिहि राम उठाइ प्रबोधा। तात धरम मतु तुम्ह सबु सोधा॥ १॥

सिबि दधीचि हरिचंद नरेसा। सहे धरम हित कोटि कलेसा॥
रंतिदेव बलि भूप सुजाना। धरमु धरेउ सहि संकट नाना॥ २॥

धरमु न दूसर सत्य समाना। आगम निगम पुरान बखाना॥
मैं सोइ धरमु सुलभ करि पावा। तजें तिहूँ पुर अपजसु छावा॥ ३॥

संभावित कहुँ अपजस लाहू। मरन कोटि सम दारुन दाहू॥
तुम्ह सन तात बहुत का कहऊँ। दिएँ उतरु फिरि पातकु लहऊँ॥ ४॥

९३ किरपालु मनुख चोला धरुन, बाम्हन, भुंइ, गउ देव काजे।
सुनले जरा-जाल कटुन जाएसे, लीला करसोत भगत काजे॥ ३८॥

राम पायँ ले मया करा संगी, समझुन मोह छांडुन।
गुन गावते बिहान पहाली, सुखदेऊ उठला सोउन॥ ३९॥
रोजे दिन चो बुता सारून, नाहा-धोवा करला।
बड़ दूद मंगाउन भाती, चूंदी के लट करल॥ ४०॥
सुमंत आइँख ने पानी भरली, जीव जरे भारी।
हात जोड़ुन बलला देवान, भारी कंदरुन भाती॥ ४१॥

* राम सीता संगे सुमन्त गोठ *

हुकुम दिलासोत मोके राजा, रथ धरुन जाव।
दुइ-चार दिन राने बुलाउन, संगे धरुन आव॥ १॥
रान दखाउन गंगा नवहाउन, झपके फिराउन आन।
मन चो संसो छांडुन भाती, तीनों के संगे आन॥ २॥
बलु रहत राजा असन, बला तुमी जसन।
तुमचो हाते मयँ आसें, करेंदे मय हुसन॥ ३॥

९४ असन बिन्ती करते देवान, पायँ ने जाउन पड़लो।
पिलामन माहा सियान देवान, गागलो आरु बललो॥ ४॥

भगवान तुमी किरपा करून, हुनी गुन करा।
आयोधिया अदनतारा नी-होओ, असन उआट करा॥ ५॥
राम उठाउन भाती समझला, धरम चो गुन के।
जानलो आहास सपा धरम, जानास करम के॥ ६॥
सबि दधीच हरीचंद राजा, दुख सहला कितरो।
धरम काजे डंड पावला, सहत मिरे जितरो॥ ७॥
बुध, बिता रन्ति देव, बली, खुबे डंड सहला।
धरम चाल के छांडला नाई, असन धरमी रला॥ ८॥
बेद-सास्तर पुरान बलसोत, सत माहा धरम नीआय।
जेके सहज मयँ पावालेसे, छांडलोने जस नीआय॥ ९॥
मान पावलो लोग जितरो के, अपजस मिरले बियापे।
कोटि मरलोर ले आगर, दुख मन ने बियापे॥ १०॥
आगर तुमके काय बलें मयँ, धरम के मान दिले।
पाप चो भागी होएँसे जे, उल्टुन जवाब दिले॥ ११॥

दो०– पितु पद गहि कहि कोटि नति बिनय करब कर जोरि।
चिंता कवनिहु बात कै तात करिअ जनि मोरि॥ ९५॥

चौ०– तुम्ह पुनि पितु सम अति हित मोरें। बिनती करउँ तात कर जोरें॥
सब बिधि सोइ करतब्य तुम्हारें। दुख न पाव पितु सोच हमारें॥ १॥

सुनि रघुनाथ सचिव संबादू। भयउ सपरिजन बिकल निषादू॥
पुनि कछु लखन कही कटु बानी। प्रभु बरजे बड़ अनुचित जानी॥ २॥

सकुचि राम निज सपथ देवाई। लखन सँदेसु कहिअ जनि जाई॥
कह सुमंत्रु पुनि भूप सँदेसू। सहि न सकिहि सिय बिपिन कलेसू॥ ३॥

जेहि बिधि अवध आव फिरि सीया। सोइ रघुबरहि तुम्हहि करनीया॥
नतरु निपट अवलंब बिहीना। मैं न जिअब जिमि जल बिनु मीना॥ ४॥

दो०– मइकें ससुरें सकल सुख जबहिं जहाँ मनु मान।
तँह तब रहिहि सुखेन सिय जब लगि बिपति बिहान॥ ९६॥

बिनती भूप कीन्ह जेहि भाँती। आरति प्रीति न सो कहि जाती॥
पितु सँदेसु सुनि कृपानिधाना। सियहि दीन्ह सिख कोटि बिधाना॥ १॥

सासु ससुर गुर प्रिय परिवारू। फिरहु त सब कर मिटै खभारू॥
सुनि पति बचन कहति बैदेही। सुनहु प्रानपति परम सनेही॥ २॥

प्रभु करुनामय परम बिबेकी। तनु तजि रहति छाँह किमि छेंकी॥
प्रभा जाइ कहँ भानु बिहाई। कहँ चंद्रिका चंदु तजि जाई॥ ३॥

पतिहि प्रेममय बिनय सुनाई। कहति सचिव सन गिरा सुहाई॥
तुम्ह पितु ससुर सरिस हितकारी। उतरु देउँ फिरि अनुचित भारी॥ ४॥

दो०– आरति बस सनमुख भइउँ बिलगु न मानब तात।
आरजसुत पद कमल बिनु बादि जहाँ लगि नात॥ ९७॥

चौ०– पितु बैभव बिलास मैं डीठा। नृप मनि मुकुट मिलित पद पीठा॥
सुखनिधान अस पितु गृह मोरें। पिय बिहीन मन भाव न भोरें॥ १॥

ससुर चक्कवइ कोसलराऊ। भुवन चारिदस प्रगट प्रभाऊ॥
आगें होइ जेहि सुरपति लेई। अरध सिंघासन आसनु देई॥ २॥

ससुरु एतादृस अवध निवासू। प्रिय परिवारु मातु सम सासू॥
बिनु रघुपति पद पदुम परागा। मोहि केउ सपनेहुँ सुखद न लागा॥ ३॥

९५ जाउन बाबा चो पायँ धरुन, करोड़ बिन्ती करा।
मोचो काजे तु मी काईं, फिकर नी करा॥ १२॥

तुमी बले बाप माहा, हितू आहास मोचो।
मान करते बिन्ती करेंसे, कारज इतरोय तुमचो॥ १३॥
बाबा आमचो फिकर करते, काईं डंड नी पाओत।
राम देवान गोठ सुनुन, बियाकुल केंवटा होओत॥ १४॥
लछमन खिंडिंक चरकुन बलला, राम अडरा मानला।
आपलो किरिया पाड़ुन भाती, गोठ नी सांगुक बलला॥ १५॥
सुमन्त बलला राजा बललासोत, सीता के फिराउन आना।
राम आरु तुमी, डंड ले गुचाउन, बिचार करून आना॥ १६॥
नाहले बिगर सहारा होउन, नी जीएंदे असन।
मछरी पानी नाहलो रहुन, जीउक नी सके जसन॥ १७॥

९६ मायके-ससुराल सपाय सुख, बिपती टरत ले।
जहाँ मन लागेदे सुखी रदे, बिपती सरत ले॥ १८॥

जसन बिन्ती करु रहोत राजा, मया सांगुक नीहोय।
राम बूबा चो खबर सुनुन, सिखाओत जितरो होय॥ १९॥
सास, ससुर, गुरु, कुटुम, तुइ जे फिरुन गेले।
चिन्ता सपा सरुन जाएदे, गोठ मानुन रले॥ २०॥
मुनिस चो सुनुन सीता बलली, देव मोचो सुना।
देह के छांडुन छाँय तेचो, रहेदे कसन गुना॥ २१॥
बेर उजर सुरुज के छांडुन, सकेदे केंव जाउक।
सरन चो तारा जोन के छांडुन, सकेदे केंव रहुक॥ २२॥

९७ मुनिस चो असन बिन्ती करुन, बलली देवान पुरे।
ससुर बूबा माहा हितू तुमी, जवाब करेंसे पुरे॥ २३॥

नंगत नोआय बले दुखी होउन, तुमचो पुरे होले।
नाता-पंता फोकहा पड़सोत, मुनीस चो पुरे होले॥ २४॥
बाबा दखलेसे धन चो रुप, पायँ मंडाले जेचो।
बड़े बड़े राजा पायँ ने पड़सोत, बाप आसोत मोचो॥ २५॥
सुख चो भंडार मुनीस बिगर, काईं मोके नी भाए।
ससुर चकरबरती समराट आसोत, चवदा लोक जस गाए॥ २६॥
पुरे एउन इंदर मान देसोत, गादी बसाउआत संगे।
असन सतरा अयोधिया राजा, सतरी कुटुम संगे॥ २७॥
भगवान पायँ धुरला पुरे, सपना ने सुखनी दिखे।
रान चो डंड मुनीस संगे, काईं असन नी दिखे॥ २८॥

अगम पंथ बनभूमि पहारा। करि केहरि सर सरित अपारा॥
कोल किरात कुरंग बिहंगा। मोहि सब सुखद प्रानपति संगा॥ ४॥

दो०– सासु ससुर सन मोरि हुँति बिनय करबि परि पायँ।
मोर सोचु जनि करिअ कछु मैं बन सुखी सुभायँ॥ ९८॥

चौ०– प्राननाथ प्रिय देवर साथा। बीर धुरीन धरें धनु भाथा॥
नहिं मग श्रमु भ्रमु दुख मन मोरें। मोहि लगि सोचु करिअ जनि भोरें॥ १॥

सुनि सुमंत्रु सिय सीतलि बानी। भयउ बिकल जनु फनि मनि हानी॥
नयन सूझ नहिं सुनइ न काना। कहि न सकइ कछु अति अकुलाना॥ २॥

राम प्रबोधु कीन्ह बहु भाँती। तदपि होति नहिं सीतलि छाती॥
जतन अनेक साथ हित कीन्हे। उचित उतर रघुनंदन दीन्हे॥ ३॥

मेटि जाइ नहिं राम रजाई। कठिन करम गति कछु न बसाई॥
राम लखन सिय पद सिरु नाई। फिरेउ बनिक जिमि मूर गवाँई॥ ४॥

दो०– रथु हाँकेउ हय राम तन हेरि हेरि हिहिनाहिं।
देखि निषाद बिषादबस धुनहिं सीस पछिताहिं॥ ९९॥

चौ०– जासु बियोग बिकल पसु ऐसें। प्रजा मातु पितु जिइहहिं कैसें॥
बरबस राम सुमंत्रु पठाए। सुरसरि तीर आपु तब आए॥ १॥

मागी नाव न केवटु आना। कहइ तुम्हार मरमु मैं जाना॥
चरन कमल रज कहुँ सबु कहई। मानुष करनि मूरि कछु अहई॥ २॥

छुअत सिला भइ नारि सुहाई। पाहन तें न काठ कठिनाई॥
तरनिउ मुनि घरिनी होइ जाई। बाट परइ मोरि नाव उड़ाई॥ ३॥

एहिं प्रतिपालउँ सबु परिवारू। नहिं जानउँ कछु अउर कबारू॥
जौं प्रभु पार अवसि गा चहहू। मोहि पद पदुम पखारन कहहू॥ ४॥

अटपट बाट रान चो भुईं, बाग भालु सपा।
तरइ, नंदी, नाला, डोंगरी, सुखने साहा सपा॥ २९॥

९८ पायँ पड़ुन मोचो बाटले, बिन्ती करासे तुमी।
मोची काजे बिचार नी करत, टकर ले बन ने सुखी॥ ३०॥

बीर ने बड़े धनउ कांड धरुन, देवर मुनीस सगे।
बाट थाकलो न भरम आसे, भगवान रले संगे॥ ३१॥
भुलकुन बले बिचार नी करत, बोमरलो देवान असन।
मनी हाजलो ने साँप चो जीव, बोमरुन जाएसे जसन॥ ३२॥
आइँख के नी सूझे कान नी सुने, टोंड बलुक नी सके।
राम खुबे समझावला बले, छाती के मनाउक नी सके॥ ३३॥
संगे जाउक उआट करलो, समझात हुनके राम।
राम हुकुम के मेटुक नी सके, बुध नी करे काम॥ ३४॥
कपार लेखा अटपट आय, काईं नी चले जोर।
तीनों चो पायँ पड़ुन फिरलो, जेबे नी पड़ली सोर॥ ३५॥

९९ रथ ने चेधुन घोड़ा के खेदे, घोड़ा नी हींडत पुरे।
हिनहिनाओत राम बाटे दखते, दखेया के दुख उरे॥ ३६॥

केंवटामन गत के दखुन भाती, मुंड पेटते जाओत।
जिहँके छांडते पसु बोमरेसे, तेमन काके नी भाओत॥ ३७॥
रैयत माय-बाप कुटुम सपा, जीयत रदे कसन।
बरपेला फिराला सुमंत के राम, रेठे अमरला जसन॥ ३८॥

* गंगा पार होतोर *

डोंगी मंगाले केंवटा नी आने, बललो जानेंसे भेद।
सपा बलसोत पायँ धुरला ने, आसे भारी भेद॥ १॥
मनुख बनाऊ जड़ी जेमें, पखना मेहरार होली।
मुनी चो बायले होउन भाती, उथा ले उड़द न गेली॥ २॥
रुख चो आय मोचो डोंगी, बजर नी होय ये।
भूखे मरदे मोचो कुटुम, मेहरार होलो ने ये॥ ३॥
कुटुम के पोसें से एइ डोंगा ले, दूसर बेभार नीआय।
जे तुमके नाहक तोर आसे, सुना सत जे आय॥ ४॥
हुकुम देहा तुमी मोके, पायँ पखारेंदे मयँ।
पायँ धोवलो पाछे भगवान, डोंगा बसाएंदे मयँ॥ ५॥

छं०– पद कमल धोइ चढ़ाइ नाव न नाथ उतराई चहौं।
मोहि राम राउरि आन दसरथ सपथ सब साची कहौं॥
बरु तीर मारहुँ लखनु पै जब लगि न पाय पखारिहौं।
तब लगि न तुलसीदास नाथ कृपाल पारु उतारिहौं॥

सो०– सुनि केबट के बैन प्रेम लपेटे अटपटे।
बिहसे करुनाऐन चितइ जानकी लखन तन॥ १००॥

चौ०– कृपासिंधु बोले मुसुकाई। सोइ करु जेहिं तव नाव न जाई॥
बेगि आनु जल पाय पखारू। होत बिलंबु उतारहि पारू॥ १॥

जासु नाम सुमिरत एक बारा। उतरहिं नर भवसिंधु अपारा॥
सोइ कृपालु केवटहि निहोरा। जेहिं जगु किय तिहु पगहु ते थोरा॥ २॥

पद नख निरखि देवसरि हरषी। सुनि प्रभु बचन मोहँ मति करषी॥
केवट राम रजायसु पावा। पानि कठवता भरि लेइ आवा॥ ३॥

अति आनंद उमगि अनुरागा। चरन सरोज पखारन लागा॥
बरषि सुमन सुर सकल सिहाहीं। एहि सम पुन्यपुंज कोउ नाहीं॥ ४॥

दो०– पद पखारि जलु पान करि आपु सहित परिवार।
पितर पारु करि प्रभुहि पुनि मुदित गयउ लेइ पार॥ १०१॥

चौ०– उतरि ठाढ़ भए सुरसरि रेता। सीय रामु गुह लखन समेता॥
केवट उतरि दंडवत कीन्हा। प्रभुहि सकुच एहि नहिं कछु दीन्हा॥ १॥

पिय हिय की सिय जाननिहारी। मनि मुदरी मन मुदित उतारी॥
कहेउ कृपाल लेहि उतराई। केवट चरन गहे अकुलाई॥ २॥

नाथ आजु मैं काह न पावा। मिटे दोष दुख दारिद दावा॥
बहुत काल मैं कीन्हि मजूरी। आजु दीन्ह बिधि बनि भलि भूरी॥ ३॥

अब कछु नाथ न चाहिअ मोरें। दीनदयाल अनुग्रह तोरें॥
फिरती बार मोहि जो देबा। सो प्रसादु मैं सिर धरि लेबा॥ ४॥

दो०– बहुत कीन्ह प्रभु लखन सियँ नहिं कछु केवटु लेइ।
बिदा कीन्ह करुनायतन भगति बिमल बरु देइ॥ १०२॥

नहकातो काईं भूती नीं धरें, तुमचो किरिया बलें।
दसरथ राजा चो किरिया पाड़ुन, सत गोठ मयँ बलें॥ ६॥
तुलसी चो भगवान सुना तुमी, जब लगले पायँ नी धोएँ।
लछमन कांड ले बींधले बले, नंदी पार नी नेएँ॥ ७॥

१०० मया मिसालो अटपट गोठ, राम भगवान सुनला।
लछमन सीता बाटे दखते, मुचकुन भाती बलला॥ ८॥

भाई चांडे हुसने कर, डोंग नी जाओ तुचो।
बेर जाएसे पार उतराव, पायँ के धोउन मोचो॥ ९॥
जेचो नावँ सुमरते मनुख, सवँसार नाहकुन जासोत।
हुनी राम आज केंवटा ले, बिन्ती करते जासोत॥ १०॥
गंगा चो बुध गोठ के सुनुन, भरम ने पड़ुन गेली।
पायँ नख के दखते खान, खुबे हरीक होली॥ ११॥
रूख डोंगी ने पानी भरुन, केंवटा धरून इलो।
मया हरीक ले भगवान पायँ के, धोउक पुरे बसलो॥ १२॥
सपा देव सरग ऊपर ले, फूल बरसा करोत।
पायँ धोवलो केंवटा राम चो, देव सहराते बलोत॥ १३॥
असन पुनवान नीआत कोनी, जे पायँ धोउक पावला।
हरीक कुटुम संगे केंवटा, हुन पानी के पीवला॥ १४॥

१०१ पाछे आपलो पितर के, भवसागर पार करालो।
फेर हुनमन के डोंगा बसाउन, गंगा पार निलो॥ १५॥

गुह, लछमन, सीता, राम उतरून, दारू ने उबा होला।
केंवटा उतरून डंडासरन, भगवान बिचार ने होला॥ १६॥
नहकालो भूती नी दिलू बलते, सीता मन चो जानली।
तुरते मनी मुंदरी निसकाउन, राम बाटे दिली॥ १७॥
राम बलला केंवटा के भाई, धर नहकालो भूती।
बियाकुल केवटा पायँ के धरलो, काय के धरे भूती॥ १८॥
मोचो दोस दुख दारदिर, सपाय छूटली आज।
जिवना भर मयँ करले भूती, भगवान दिला आज॥ १९॥
सुना भगवान तुमचो किरपा ले, काई नी लागे मोके।
फिरतो दाँव जे परसाद देहासे, हुनी मिरेदे मोके॥ २०॥

१०२ सीता, राम, लछमन हुनके, धरूक लुबे बलला।
काई नी धरलो भक्ती देउन, राम बिदा करला॥ २१॥

चौ०– तब मज्जनु करि रघुकुलनाथा। पूजि पारथिव नायउ माथा॥
सियँ सुरसरिहि कहेउ कर जोरी। मातु मनोरथ पुरउबि मोरी॥ १॥

पति देवर सँग कुसल बहोरी। आइ करौं जेहिं पूजा तोरी॥
सुनि सिय बिनय प्रेम रस सानी। भइ तब बिमल बारि बर बानी॥ २॥

सुनु रघुबीर प्रिया बैदेही। तव प्रभाउ जग बिदित न केही॥
लोकप होहिं बिलोकत तोरें। तोहि सेवहिं सब सिधि कर जोरें॥ ३॥

तुम्ह जो हमहि बड़ि बिनय सुनाई। कृपा कीन्हि मोहि दीन्हि बड़ाई॥
तदपि देबि मैं देबि असीसा। सफल होन हित निज बागीसा॥ ४॥

दो०– प्राननाथ देवर सहित कुसल कोसला आइ।
पूजिहि सब मनकामना सुजसु रहिहि जग छाइ॥ १०३॥

चौ०– गंग बचन सुनि मंगल मूला। मुदित सीय सुरसरि अनुकूला॥
तब प्रभु गुहहि कहेउ घर जाहू। सुनत सूख मुखु भा उर दाहू॥ १॥

दीन बचन गुह कह कर जोरी। बिनय सुनहु रघुकुलमनि मोरी॥
नाथ साथ रहि पंथु देखाई। करि दिन चारि चरन सेवकाई॥ २॥

जेहिं बन जाइ रहब रघुराई। परनकुटी मैं करबि सुहाई॥
तब मोहि कहँ जसि देब रजाई। सोइ करिहउँ रघुबीर दोहाई॥ ३॥

सहज सनेह राम लखि तासू। संग लीन्ह गुह हृदयँ हुलासू॥
पुनि गुहँ ग्याति बोलि सब लीन्हे। करि परितोषु बिदा तब कीन्हे॥ ४॥

दो०– तब गनपति सिव सुमिरि प्रभु नाइ सुरसरिहि माथ।
सखा अनुज सिय सहित बन गवनु कीन्ह रघुनाथ॥ १०४॥

चौ०– तेहि दिन भयउ बिटप तर बासू। लखन सखाँ सब कीन्ह सुपासू॥
प्रात प्रातकृत करि रघुराई। तीरथराजु दीख प्रभु जाई॥ १॥

सचिव सत्य श्रद्धा प्रिय नारी। माधव सरिस मीतु हितकारी॥
चारि पदारथ भरा भँडारू। पुन्य प्रदेस देस अति चारू॥ २॥

छेत्रु अगम गढ़ु गाढ़ सुहावा। सपनेहुँ नहिं प्रतिपच्छिन्ह पावा॥
सेन सकल तीरथ बर बीरा। कलुष अनीक दलन रनधीरा॥ ३॥

* भरद्वाज मुनी संगे भेट *

गंगा ने राम नहाउन भाती, सिव पूजा करला।
सीता गंगा चो पूजा करुन, मन चो देहा बलला॥ १॥
मुनीस देवर संगे बोहड़ुन, पूजा करेंदे एऊन।
मया दखुन गंगा बलली, सीता चो बिन्ती सुनुन॥ २॥
राम चो मयादार सीता तुमचो, महेमा सवँसार नी जाने।
दखलोने लोग देव होसोत, हात जोड़ दन सिधी माने॥ ३॥
जे तुमी बिन्ती करलास, मोके दिलास बड़ई।
बले देवी आसीस देएँसे, बोली चो होओ बढ़ई॥ ४॥

१०३ मुनीस देवर संगे हरीक, अयोधिया फिरूक होएदे।
मन चो सपा बगुन जाएदे, सवँसारे जस होएदे॥ ५॥

गंगा चो सुभ गोठ सुनुन, देव नंदी चो किरपा जानुन।
हरीक होली सीता माता, नंदी चो गोठ सुनुन॥ ६॥
निसाद के राम बलला भाई, तुमी घरे जाहा।
सुनते मुँह सूखली हुनचो, मन ने उठे डाहा॥ ७॥
हात जोड़ुन बललो भगवान, सुना बिन्ती मोचो।
बाट दखाउन सेवा करुन, संगे रहुन तुमचो॥ ८॥
जे बन ने रहासे तुमी, पाना - कुड़िया बनाएँदे।
फेर जसन हुकुम करासे, हुसने मयँ करेंदे॥ ९॥
राम सहज मया दखुन, संगे धरला हुनके।
राम हुकुम सुनुन भाती, हरीक लागली हुनके॥ १०॥
आपलो सगा मनके बलाउन, गुह संतोस करलो।
हरीक मन ले निसाद राजा, तिहुँके बिदा करलो॥ ११॥

१०४ भगवान गनेस सिव के बिनाउन, गंगा के पायँ पड़ुन।
बन-बाट चलला सीता संगे, नानी भाई के धरून॥ १२॥

लछमन गुह संगे ठान बनाउन, रुख खाले डेरा पड़ला।
बिहान चो सपा काम सारून, परयाग दरसन करला॥ १३॥
जे राजा चो देवान सत, श्रद्धा मेहरार आय।
बेनी माधव माहा हितू, संगवारी जे आय॥ १४॥
चारों रकम चो भरपूर भंडार, हमेस भरून रहेसे।
हुन राजा चो सुंदर देस, पुनवान होउन रहेसे॥ १५॥
अटपट बरकस सुंदर गढ़, सपना ने बैरी नी पाए।
सपा तीरिथ फउद आत, जे हिटते पाप के खाए॥ १६॥

संगमु सिंहासनु सुठि सोहा। छत्रु अखयबटु मुनि मनु मोहा॥
चवँर जमुन अरु गंग तरंगा। देखि होहिं दुख दारिद भंगा॥ ४॥

दो०– सेवहिं सुकृती साधु सुचि पावहिं सब मनकाम।
बंदी बेद पुरान गन कहहिं बिमल गुन ग्राम॥ १०५॥

चौ०– को कहि सकइ प्रयाग प्रभाऊ। कलुष पुंज कुंजर मृगराऊ॥
अस तीरथपति देखि सुहावा। सुख सागर रघुबर सुखु पावा॥ १॥

कहि सिय लखनहि सखहि सुनाई। श्रीमुख तीरथराज बड़ाई॥
करि प्रनामु देखत बन बागा। कहत महातम अति अनुरागा॥ २॥

एहि बिधि आइ बिलोकी बेनी। सुमिरत सकल सुमंगल देनी॥
मुदित नहाइ कीन्हि सिव सेवा। पुजि जथाबिधि तीरथ देवा॥ ३॥

तब प्रभु भरद्वाज पहिं आए। करत दंडवत मुनि उर लाए॥
मुनि मन मोद न कछु कहि जाई। ब्रह्मानंद रासि जनु पाई॥ ४॥

दो०– दीन्हि असीस मुनीस उर अति अनंदु अस जानि।
लोचन गोचर सुकृत फल मनहुँ किए बिधि आनि॥ १०६॥

चौ०– कुसल प्रस्न करि आसन दीन्हे। पूजि प्रेम परिपूरन कीन्हे॥
कंद मूल फल अंकुर नीके। दिए आनि मुनि मनहुँ अमी के॥ १॥

सीय लखन जन सहित सुहाए। अति रुचि राम मूल फल खाए॥
भए बिगतश्रम रामु सुखारे। भरद्वाज मृदु बचन उचारे॥ २॥

आजु सुफल तपु तीरथ त्यागू। आजु सुफल जप जोग बिरागू॥
सफल सकल सुभ साधन साजू। राम तुम्हहि अवलोकत आजू॥ ३॥

लाभ अवधि सुख अवधि न दूजी। तुम्हरें दरस आस सब पूजी॥
अब करि कृपा देहु बर एहू। निज पद सरसिज सहज सनेहू॥ ४॥

दो०– करम बचन मन छाड़ि छलु जब लगि जनु न तुम्हार।
तब लगि सुखु सपनेहुँ नहीं किएँ कोटि उपचार॥ १०७॥

चौ०– सुनि मुनि बचन रामु सकुचाने। भाव भगति आनंद अघाने॥
तब रघुबर मुनि सुजसु सुहावा। कोटि भाँति कहि सबहि सुनावा॥ १॥

जोड़ान हुनचो सुंदर गादी, अच्छयबड़ छत्तर आय।
मुनीमन के मोहाउन देएसे, हलका चवँर आय॥ १७॥

१०५ दखले दारदिर दुख सरेसे, साधू सेवा करसोत।
पुनी जीव बल सेवा करून, सपा फल पासोत॥ १८॥

बेद-पुरान पड़ेहार होउन, गुन महेमा गासोत।
पाप हाथी के मारतो काजे, परयाग बाघ आसोत॥ १९॥
सुख पावला सुख चो समुंद, तीरिथ दरसन करून।
सीता-लछमन पुरे सांगला, महेमा के राम बलुन॥ २०॥
पायँ पड़ुन बाग-बगेचा दखते, नया ले महेमा बलते।
तिरबेनी चो दरसन करला, गुन मिरेसे सुरता करते॥ २१॥
हरीक ले नहाउन सपा देव संगे, सिव चो पूजा करला।
सपा बिधी सारुन भाती, भरद्वाज लगे इला॥ २२॥
डंडासरन दखुन लेपटावला, छाती संगे मुनी।
ब्रह्मानंद धन पावलो माहा, हरीक होला मुनी॥ २३॥

१०६ भरद्वाज मुनी आसीस दिला, जीव के लागली असन।
सपा पुन फल आइँख पुरे, भगवान करला जसन॥ २४॥

हाल पूछते आसन दिला, मया ले पूजा करला।
अमरित माहा कांदा जड़, गाजा पाक फर दिला॥ २५॥
सीता-लछमन-गुह संगे राम, बड़े मया ले खदला।
थाकी सरलो ने हरीक होला, मुनी सुसार बलला॥ २६॥
दरसन ले तप तीरिथ करलोर, सुफल होउन गेली।
जप, जोग, बैराग सपा करम, आज सुफल होली॥ २७॥
सपा सिद्धिमन बले मोचो, सुफल होउन गेली।
लाभ आरू सुख भिने नोहाय, जे दरसन ले पूरा होली॥ २८॥
एदाँय राम तुमी बरदान दिआ, किरपा करुन भाती।
तुमचोय पायँ ने मया रहो, असन बलुन भाती॥ २९॥

१०७ जब लगले मन बोली करम ले, मनुख सेउक नीहोए।
कोटी उपाय करलोने बले, सपना ने सुख नी पाए॥ ३०॥

भाव भक्ती ले हरीक होते, मुनी चो गोठ सुनुन।
राम भगवान लाज होला, गोठ के नंगत गुनुन॥ ३१॥
तहाँले मुनी भरद्वाज चो, जस के गढ़ुन-गढ़ुन।
सपा लोग के सुनाते गेला, राम आपन ले बलुन॥ ३२॥

सो बड़ सो सब गुन गन गेहू। जेहि मुनीस तुम्ह आदर देहू॥
मुनि रघुबीर परसपर नवहीं। बचन अगोचर सुखु अनुभवहीं॥ २॥

यह सुधि पाइ प्रयाग निवासी। बटु तापस मुनि सिद्ध उदासी॥
भरद्वाज आश्रम सब आए। देखन दसरथ सुअन सुहाए॥ ३॥

राम प्रनाम कीन्ह सब काहू। मुदित भए लहि लोयन लाहू॥
देहिं असीस परम सुखु पाई। फिरे सराहत सुंदरताई॥ ४॥

दो०– राम कीन्ह बिश्राम निसि प्रात प्रयाग नहाइ।
चले सहित सिय लखन जन मुदित मुनिहि सिरु नाइ॥ १०८॥

चौ०– राम सप्रेम कहेउ मुनि पाहीं। नाथ कहिअ हम केहि मग जाहीं॥
मुनि मन बिहसि राम सन कहहीं। सुगम सकल मग तुम्ह कहुँ अहहीं॥ १॥

साथ लागि मुनि सिष्य बोलाए। सुनि मन मुदित पचासक आए॥
सबन्हि राम पर प्रेम अपारा। सकल कहहिं मगु दीख हमारा॥ २॥

मुनि बटु चारि संग तब दीन्हे। जिन्ह बहु जनम सुकृत सब कीन्हे॥
करि प्रनामु रिषि आयसु पाई। प्रमुदित हृदयँ चले रघुराई॥ ३॥

ग्राम निकट जब निकसहिं जाई। देखहिं दरसु नारि नर धाई॥
होहिं सनाथ जनम फलु पाई। फिरहिं दुखित मनु संग पठाई॥ ४॥

दो०– बिदा किए बटु बिनय करि फिरे पाइ मन काम।
उतरि नहाए जमुन जल जो सरीर सम स्याम॥ १०९॥

चौ०– सुनत तीरबासी नर नारी। धाए निज निज काज बिसारी॥
लखन राम सिय सुंदरताई। देखि करहिं निज भाग्य बड़ाई॥ १॥

अति लालसा बसहिं मन माहीं। नाउँ गाउँ बूझत सकुचाहीं॥
जे तिन्ह महुँ बयबिरिध सयाने। तिन्ह करि जुगुति रामु पहिचाने॥ २॥

सकल कथा तिन्ह सबहि सुनाई। बनहि चले पितु आयसु पाई॥
सुनि सबिषाद सकल पछिताहीं। रानी रायँ कीन्ह भल नाहीं॥ ३॥

तेहि अवसर एक तापसु आवा। तेजपुंज लघुबयस सुहावा॥
कबि अलखित गति बेषु बिरागी। मन क्रम बचन राम अनुरागी॥ ४॥

दो०– सजल नयन तन पुलकि निज इष्टदेउ पहिचानि।
परेउ दंड जिमि धरनितल दसा न जाइ बखानि॥ ११०॥

भरद्वाज के बलला राम, तुमी जेके दिआसे मान।
सवँसार ने हुनी आय बड़े, गुन कुढ़ा ले पाए मान॥ ३३॥
राम-भरद्वाज एक-दूसर ले, आपन ले लवँते जासोत।
नी सांगतो लाइक सुख ले, आपने भरुन जासोत॥ ३४॥
बरमचारी, मुनी, तपी जोगी, खबर जे सुनते गेला।
दसरथ चो बेटामन के दखुक, भरद्वाज आसरम इला॥ ३५॥
राम पायँ ने पड़ते गेला, आइँख चो लाभ पाउन।
आसीस देते सहराते बलते, फिरत हरीक होउन॥ ३६॥

१०८ उथाय रानी सुस्ताउन राम, बिहाने परयाग नहाला।
मुनी चो पायँ पड़ुन हरीक, सपा संगे चलला॥ ३७॥

जातो पहार मुनी के पूछला, धरूँ आमी कोन बाट।
मुनी मन ने हांसुन बलला, तुमके सहज सपा बाट॥ ३८॥
बलाते पचास चेला अमरला, संग काज सपा हरीक।
सपा बलत दखलो बाट आय, मया ने सपा हरीक॥ ३९॥
जनम जनम ले चार चेला, पुनवान रहत जे।
राम संग काजे मुनी दिला, पुरे अमरत ले॥ ४०॥
राम मुनी लें बिदा मांगुन, निसकला हात जोड़ुन।
जे गाँब लग ले राम निसकत, लोग अमरत खबर सुनुन॥ ४१॥
तिहँचो रुप के दखत सपा, जनम चो फल पाउन।
मन के संगे पठाउन भाती, उलटत दुखी होउन॥ ४२॥

१०९ बिन्ती करुन चारो चेला के, बिदा करुन दिला।
देंह रग चो जमना जाउन, राम स्नान करला॥ ४३॥

खंड ने रहु मनुख मेहरार, बुता भुलकुन एसोत।
लछमन, राम, सीता के दखुन, भाग चो वड़इ करसोत॥ ४४॥
नावँ गाँव जानुक मन ने लोभ, पूछुक लाज होओत।
चतुर सियानमन राम के चितात, जसने ते दखोत॥ ४५॥
बाप हुकुम ने बन जाऊंसे, पूछले कहनी सांगत।
राजा रानी नंगत नी करला, सुनुन लोग पछतात॥ ४६॥
हुता गोटोक तपसी इलो, तेजवान हुन रहे।
दखले उमर ने नानी हुन, खुबे सुंदर रहे॥ ४७॥
हुनचो गत कबी नी जानत, बयरागी भेस ने रहे।
मन बोली करम ले रामचो, मयादार हुन रहे॥ ४८॥

११० आप लो इष्टदेव के चिताते, आइँख भरुन गेली।
भुएँ डंडासरन पड़लो, सीतकाटा देहें होली॥ ४९॥

चौ०– राम सप्रेम पुलकि उर लावा। परम रंक जनु पारसु पावा॥
मनहुँ प्रेमु परमारथु दोऊ। मिलत धरें तन कह सबु कोऊ॥ १॥

बहुरि लखन पायन्ह सोइ लागा। लीन्ह उठाइ उमगि अनुरागा॥
पुनि सिय चरन धूरि धरि सीसा। जननि जानि सिसु दीन्हि असीसा॥ २॥

कीन्ह निषाद दंडवत तेही। मिलेउ मुदित लखि राम सनेही॥
पिअत नयन पुट रूपु पियूषा। मुदित सुअसनु पाइ जिमि भूखा॥ ३॥

ते पितु मातु कहहु सखि कैसे। जिन्ह पठए बन बालक ऐसे॥
राम लखन सिय रूपु निहारी। होहिं सनेह बिकल नर नारी॥ ४॥

दो०– तब रघुबीर अनेक बिधि सखहि सिखावनु दीन्ह।
राम रजायसु सीस धरि भवन गवनु तेइँ कीन्ह॥ १११॥

चौ०– पुनि सियँ राम लखन कर जोरी। जमुनहि कीन्ह प्रनामु बहोरी॥
चले ससीय मुदित दोउ भाई। रबितनुजा कइ करत बड़ाई॥ १॥

पथिक अनेक मिलहिं मग जाता। कहहिं सप्रेम देखि दोउ भ्राता॥
राज लखन सब अंग तुम्हारें। देखि सोचु अति हृदय हमारें॥ २॥

मारग चलहु पयादेहि पाएँ। ज्योतिषु झूठ हमारें भाएँ॥
अगमु पंथ गिरि कानन भारी। तेहि महँ साथ नारि सुकुमारी॥ ३॥

करि केहरि बन जाइ न जोई। हम सँग चलहिं जो आयसु होई॥
जाब जहाँ लगि तहँ पहुँचाई। फिरब बहोरि तुम्हहि सिरु नाई॥ ४॥

दो०– एहि बिधि पूँछहिं प्रेम बस पुलक गात जलु नैन।
कृपासिंधु फेरहि तिन्हहि कहि बिनीत मृदु बैन॥ ११२॥

चौ०– जे पुर गाँव बसहिं मग माहीं। तिन्हहि नाग सुर नगर सिहाहीं॥
केहि सुकृतीं केहि घरीं बसाए। धन्य पुन्यमय परम सुहाए॥ १॥

पोटारून दिला छाती संगे, राम मया ने भरून।
हरीक जसन दारदिर होएसे, हाते पारस पाउन॥ ५० ॥
दखेया लोग बलुन दिल, मया गियान आत।
दुनों देंह धरून भेटसोत, दुनों गोटकी आत॥ ५१ ॥
मया ले उठाला लछमन हुनके, जसने पायें, छिवलो।
सीता आसीस दिला जसने, पायँ धुरला मुंडे दिलो॥ ५२ ॥
निसाद राजा पायँ पड़ला, हुन भेटलो जानुन।
राम चो सेउक जानुन भाती, भेटलो हरीक मानुन॥ ५३ ॥
सुन्दर दुनो आइँख ले तपसी, रूप रस के पीए।
जसन भुकेला भात दखुन, मन ने हरीक होए॥ ५४ ॥
मेहरार गोठयात दखा रे सखी, कसन आत माय बाप।
इतरो सुन्दर सुखवार मन के, राने पठालो बाप॥ ५५ ॥
राम, लछमन, सीता रूप के, दखत मनुख मेहरार।
बोमरून जावत सीता के दखुन, सपा मनुख मेहरार॥ ५६ ॥

१११ गुह के राम कइ रकम ले, समझाउन फिरूक बलला।
राम हुकुम मुंडे चेघाउन, निसाद फिरून गेला॥ ५७ ॥

* राम बाट चो गाँवकारीमन संग भेट *

तीनोझन हात के जोड़ुन, जमना चो पायँ पड़ला।
सूरूज चो बेटी चो जस बलते, हरीक पुरे हिंडला॥ १ ॥
बाट हिंडेया जे बल भेटत, तीनों के दखुन बलत।
राज चिन्हा देंहें तुमचो, भरम होएसे बलत॥ २ ॥
राजा गुन रहत ले कसन, हींडासीस तुमी बाट।
जोतिस सास्तर फंद आय काय, समझ नी पड़े बात॥ ३ ॥
रान डोंगरी चो अटपट बाट, सुन्दर मेहरार संगे।
हाथी बाघ बन जे दखुक नी होय, हुकुम होवाँ संगे॥ ४ ॥
जेलगले तुमके जातोर आसे, हुनलगले अमराउन भाती।
फिरवाँ उथाले आमी तुरते, पायँ पड़ुन भाती॥ ५ ॥

११२ बाट चो लोग मया ने पड़ुन, आइँख भरून पूछसोत।
किरपा चो समुँद मया करून, तिहँके बोहड़ाउन देसोत॥ ६ ॥

जे गाँव पुर बाटे रहत, नाग देव चो पुर।
सहरात इरखा ने लालच करत, धनआत ते पुर॥ ७ ॥
बलत कोन पुनवान कोन घड़ी ने, ये पुर बसाउन रहोत।
धन जे आज इतरो पुनी, सुँदर होउन आसोत॥ ८ ॥

जहँ जहँ राम चरन चलि जाहीं। तिन्ह समान अमरावति नाहीं॥
पुन्यपुंज मग निकट निवासी। तिन्हहि सराहहिं सुरपुरबासी॥ २॥

जे भरि नयन बिलोकहिं रामहि। सीता लखन सहित घनस्यामहि॥
जे सर सरित राम अवगाहहिं। तिन्हहि देव सर सरित सराहहिं॥ ३॥

जेहि तरु तर प्रभु बैठहिं जाई। करहिं कलपतरु तासु बड़ाई॥
परसि राम पद पदुम परागा। मानति भूमि भूरि निज भागा॥ ४॥

दो०– छाँह करहिं घन बिबुधगन बरषहिं सुमन सिहाहिं।
देखत गिरि बन बिहग मृग रामु चले मग जाहिं॥ ११३॥

चौ०– सीता लखन सहित रघुराई। गाँव निकट जब निकसहिं जाई॥
सुनि सब बाल बृद्ध नर नारी। चलहिं तुरत गृह काजु बिसारी॥ १॥

राम लखन सिय रूप निहारी। पाइ नयन फलु होहिं सुखारी॥
सजल बिलोचन पुलक सरीरा। सब भए मगन देखि दोउ बीरा॥ २॥

बरनि न जाइ दसा तिन्ह केरी। लहि जनु रंकन्ह सुरमनि ढेरी॥
एकन्ह एक बोलि सिख देहीं। लोचन लाहु लेहु छन एहीं॥ ३॥

रामहि देखि एक अनुरागे। चितवत चले जाहिं सँग लागे॥
एक नयन मग छबि उर आनी। होहिं सिथिल तन मन बर बानी॥ ४॥

दो०– एक देखि बट छाँह भलि डासि मृदुल तृन पात।
कहहिं गवाँइअ छिनुकु श्रमु गवनब अबहिं कि प्रात॥ ११४॥

चौ०– एक कलस भरि आनहिं पानी। अँचइअ नाथ कहहिं मृदु बानी॥
सुनि प्रिय बचन प्रीति अति देखी। राम कृपाल सुसील बिसेषी॥ १॥

जानी श्रमित सीय मन माहीं। घरिक बिलंबु कीन्ह बट छाहीं॥
मुदित नारि नर देखहिं सोभा। रूप अनूप नयन मनु लोभा॥ २॥

एकटक सब सोहहिं चहुँ ओरा। रामचंद्र मुख चंद चकोरा॥
तरुन तमाल बरन तनु सोहा। देखत कोटि मदन मनु मोहा॥ ३॥

दामिनि बरन लखन सुठि नीके। नख सिख सुभग भावते जी के॥
मुनिपट कटिन्ह कसें तूनीरा। सोहहिं कर कमलनि धनु तीरा॥ ४॥

दो०– जटा मुकुट सीसनि सुभग उर भुज नयन बिसाल।
सरद परब बिधु बदन बर लसत स्वेद कन जाल॥ ११५॥

जे पुर राम पायँ जाए, इंदरलोक नी पुरे।
बाट कठा रहू सपा पुनवान, सरन रहेया गुन करे॥ ९॥
आइँख भर जे सीता लछमन संग, राम दरस करसोत।
जे तरई नंदी राम नहासोत, देव नंदी महेमा बलसोत॥ १०॥
जे गच खाले राम बससोत, कलपरुख महेमा करे।
राम पायँ, धुरला छिउन पिरथी, भोग बड़ई करे॥ ११॥

११३ बादरी बाट ने छाय करसोत, देव फूल बरसाते जासोत।
ड़ोंगरी रान पसु चड़ई के, राम दखते जासोत॥ १२॥

सीता, लछमन संगे राम, जे गाँव लगले जासोत।
सियान, पिला, मनुख, मेहरार, घर बुता छांडुन एसोत॥ १३॥
राम-लछमन आरू सीता रूप के, दखुन सुखी हो सोत।
दुनों भाई के दखुन लोगमन, मया ने हरीक होसोत॥ १४॥
सीतकाटा देहें मारेसे गुलाय, आइँख भरेसे तिहँचो।
गत मया चो सांगुक नीहोय, दखसोत सपा मनचो॥ १५॥
दारदिर जसन मनी कूढ़ा, गोटकी लगे पायसे।
आइँख जुड़ावा एबेय जाउन, एक दूसर के सिखाते जाएसे॥ १६॥
दखुन कोनी मया ने भरला, कोन तो संगे जाएसे।
मन बोली ले जुड़ाउन कोनी, आइँख लाभ पाएसे॥ १७॥

११४ बड़ छाँय दखुन रोंडा पाना के, ओछाउन भाती बलसोत।
सुस्तावा डंडिक बसुन एथा, पाछे जाहासे बलसोत॥ १८॥

कोनी पानी आनुन बलसोत, खाहा खिंडिक भगवान।
तिहँचो गोठ सुमुन भाती, बिचारत दयावान॥ १९॥
मन ने सीता के थाकलो जानुन, छाएँ सुस्ताउक बसला।
हरीक ने सपा सोभा दखसोत, रूप के मन ने निला॥ २०॥
चकोर माहा राम चो सोभा, दखसोत टकटकी मारून।
कामदेव मन बल मोहाउन जाएसे, साँवर सोभा दखुन॥ २१॥
बिजली माहा लछमन दिखसोत, मुंड पायँ ले सुन्दर आसोत।
मुनी माहा कपड़ा पिंघलोर, हाते धनउ सोभा पासोत॥ २२॥

११५ लट मुकुट मुंडे सुन्दर, बाहाँ छाती सुंदर।
कुआँर पुनीजोन मुँह, सोभा भारी सुन्दर॥ २३॥

सागुक नी होय सुन्दर जोड़ी, सोभा आगर आसे।
सोभा इतरो कि सांगतो काजे, बुध घाट आसे॥ २४॥

चौ०– बरनि न जाइ मनोहर जोरी। सोभा बहुत थोरि मति मोरी॥
राम लखन सिय सुंदरताई। सब चितवहिं चित मन मति लाई॥ १॥

थके नारि नर प्रेम पिआसे। मनहुँ मृगी मृग देखि दिआ से॥
सीय समीप ग्रामतिय जाहीं। पूँछत अति सनेहँ सकुचाहीं॥ २॥

बार बार सब लागहिं पाएँ। कहहिं बचन मृदु सरल सुभाएँ॥
राजकुमारि बिनय हम करहीं। तिय सुभायँ कछु पूँछत डरहीं॥ ३॥

स्वामिनि अबिनय छमबि हमारी। बिलगु न मानब जानि गवाँरी॥
राजकुअँर दोउ सहज सलोने। इन्ह तें लही दुति मरकत सोने॥ ४॥

दो०– स्यामल गौर किसोर बर सुंदर सुषमा ऐन।
सरद सर्बरीनाथ मुखु सरद सरोरुह नैन॥ ११६॥

मासपारायण, सोलहवाँ विश्राम
नवाह्नपारायण, चौथा विश्राम

चौ०– कोटि मनोज लजावनिहारे। सुमुखि कहहु को आहिं तुम्हारे॥
सुनि सनेहमय मंजुल बानी। सकुची सिय मन महुँ मुसुकानी॥ १॥

तिन्हहि बिलोकि बिलोकति धरनी। दुहुँ सकोच सकुचित बरबरनी॥
सकुचि सप्रेम बाल मृग नयनी। बोली मधुर बचन पिकबयनी॥ २॥

सहज सुभाय सुभग तन गोरे। नामु लखनु लघु देवर मोरे॥
बहुरि बदनु बिधु अंचल ढाँकी। पिय तन चितइ भौंह करि बाँकी॥ ३॥

खंजन मंजु तिरीछे नयननि। निज पति कहेउ तिन्हहि सियँ सयननि॥
भईं मुदित सब ग्रामबधूटीं। रंकन्ह राय रासि जनु लूटीं॥ ४॥

दो०– अति सप्रेम सिय पायँ परि बहुबिधि देहिं असीस।
सदा सोहागिनि होहु तुम्ह जब लगि महि अहि सीस॥ ११७॥

चौ०– पारबती सम पतिप्रिय होहू। देबि न हम पर छाड़ब छोहू॥
पुनि पुनि बिनय करिअ कर जोरी। जौं एहि मारग फिरिअ बहोरी॥ १॥

दरसनु देब जानि निज दासी। लखीं सीयँ सब प्रेम पिआसी॥
मधुर बचन कहि कहि परितोषीं। जनु कुमुदिनीं कौमुदीं पोषीं॥ २॥

तीनों चो सुन्दर सोभा ने लोभाउन, दखसोत सपा लोग।
मन चेत बुध तीनों पाड़ुन, दखसोत सपा लोग॥ २५॥
मया पियास ने मनुख मेहरार, गेला असन हारून।
जहन हिरन दिया जोत ने, ओगाय होएसे धेबुन॥ २६॥
गाँव चो मेहरार सीता लगे, हरीक होउन जासोत।
मया चो मारे पूछतो काजे, लाज होउन जासोत॥ २७॥
घनघड़ी पायँ पड़ते सपा, बलसोत बोली सहज।
धनीबाबा बिनाउँसे बले, डरुंसे मेहरार सहज॥ २८॥
मालकिन माफी दिआ तुमी, गवाँर आमी आँव।
पूछूँसे आमी तुमके एदाँय, पड़ुन तुमचो पावँ॥ २९॥
दुनों लाल टकर ले आपलो, खुबे सुन्दर आसोत।
पन्ना सोना एइमन लगले, रूप पावलो आसोत॥ ३०॥

११६ साँवर-पँडरा जवान उमर, दुनोंय उतरोय सुन्दर।
कुंआर पुनी जोन मुंह, पूड़न आइँख सुन्दर॥ ३१॥

सांगा सुन्दरी कोन आत ए, कामदेव के लजाउन आतोत।
लाज होते मुचकली सीता, सुनुन गोठ जे करसोत॥ ३२॥
पंडरी देंह चो सीता लजाउन, तिहँके भुंइ के दखत।
दुनों बांट ले फाँदा ने पड़ली, लजाउन तिहँके दखत॥ ३३॥
चीतर पिला चो आइंख माहा, आइँख बिती सीता।
कोयकी माहा मीठा बोली, बलली तिहँके सीता॥ ३४॥
सहज टकर पंडरा देह, लछमन देवर आत।
पाछे जोन माहा मुंह के, अँचरा ले तोपते जात॥ ३५॥
अंचरा मंजी ले झाँकुन भाती, भँव के टेड़गा करून।
बैलाबिकू चड़ई डीमा के, इसू हेंव करून॥ ३६॥
बलली मोचो मुनीस आत, सुनुन हरीक असन।
कंगाल भारी धन ठगुन, हेरोक होएसे जसन॥ ३७॥

११७ आसीस देते पायँ पडते, मेहरार मया ले बलत।
सेस मुंड ने पिरथी रहत ले, सुहागिन रसे बलत॥ ३८॥

पारबती माहा मुनीस चो मया, पाउन रहा तुमी।
हात जोड़ुन बिन्ती करुंसे, एइबाट फिरासे तुमी॥ ३९॥
आपलो सेउकिन जानुन तुमी, दरसन दिआसे आमके।
सपा के मया पियास ने दखुन, सीता बलली तिहुँके॥ ४०॥
नंगत सुसार गोठ बलुन, तिहँके संतोस करली।
लागे बोड़ेंदा के जोनी डजर, पड़ुन अस्तीर करली॥ ४१॥

तबहिं लखन रघुबर रुख जानी। पूँछेउ मगु लोगन्हि मृदु बानी॥
सुनत नारि नर भए दुखारी। पुलकित गात बिलोचन बारी॥ ३॥

मिटा मोदु मन भए मलीने। बिधि निधि दीन्ह लेत जनु छीने॥
समुझि करम गति धीरजु कीन्हा। सोधि सुगम मगु तिन्ह कहि दीन्हा॥ ४॥

दो०– लखन जानकी सहित तब गवनु कीन्ह रघुनाथ।
फेरे सब प्रिय बचन कहि लिए लाइ मन साथ॥ ११८॥

चौ०– फिरत नारि नर अति पछिताहीं। दैअहिं दोषु देहिं मन माहीं॥
सहित बिषाद परसपर कहहीं। बिधि करतब उलटे सब अहहीं॥ १॥

निपट निरंकुस निठुर निसंकू। जेहिं ससि कीन्ह सरुज सकलंकू॥
रूख कलपतरु सागरु खारा। तेहिं पठए बन राजकुमारा॥ २॥

जौं पै इन्हहि दीन्ह बनबासू। कीन्ह बादि बिधि भोग बिलासू॥
ए बिचरहिं मग बिनु पदत्राना। रचे बादि बिधि बाहन नाना॥ ३॥

ए महि परहिं डासि कुस पाता। सुभग सेज कत सृजत बिधाता॥
तरुबर बास इन्हहि बिधि दीन्हा। धवल धाम रचि रचि श्रमु कीन्हा॥ ४॥

दो०– जौं ए मुनि पट धर जटिल सुंदर सुठि सुकुमार।
बिबिध भाँति भूषन बसन बादि किए करतार॥ ११९॥

चौ०– जौं ए कंद मूल फल खाहीं। बादि सुधादि असन जग माहीं॥
एक कहहिं ए सहज सुहाए। आपु प्रगट भए बिधि न बनाए॥ १॥

जहँ लगि बेद कही बिधि करनी। श्रवन नयन मन गोचर बरनी॥
देखहु खोजि भुअन दस चारी। कहँ अस पुरुष कहाँ असि नारी॥ २॥

इन्हहि देखि बिधि मनु अनुरागा। पटतर जोग बनावै लागा॥
कीन्ह बहुत श्रम ऐक न आए। तेहिं इरिषा बन आनि दुराए॥ ३॥

एक कहहिं हम बहुत न जानहिं। आपुहि परम धन्य करि मानहिं॥
ते पुनि पुन्यपुंज हम लेखे। जे देखहिं देखिहहिं जिन्ह देखे॥ ४॥

राम लेख ले लछमन लोग के, पुरे चो बाट पूछला।
सुनते मनुख मेहरार सपा, भारी दुख ने भरला॥ ४२॥
तिहँचो देहे सीतकाटा मारे, आइँख भरुन गेली।
उदास होली सपा चो मन, हरीक उठुन गेली॥ ४३॥
लागे जसन भगवान दिलो के, कोनी नेसोत झीकुन।
करमगती जानुन धीरज धरते, बाट दिला सांगुन॥ ४४॥

११८ लछमन जानकी संगे राम, सपा जाउक निकरला।
लोग के मया ले फिराउन भाती सपा चो मनके नीला॥ ४५॥

मनुख मेहरार फिरतो बेरा, मन ले पछताते जात।
मने-मन देवमन के, दोस देते जात॥ ४६॥
एक-दूसर ले गोठयात, उल्टा आय भगवान।
दया डर नावँ नीआय, एकेदायँ सुतंत भगवान॥ ४७॥
जोन के कलंकी रोगी बनालो, कलपतरु के रुख।
समुंद के नोनहा एमन के बन, पठालोसे देउक दुख॥ ४८॥
असन-मन के बन पठालो, भोग जिनिस आय फोकहा।
बिगर पन्हई बाट हींडसोत, बाहन रचलो फोकहा॥ ४९॥
जे ये पान खड़ के ओछाउन, भुएँ पड़ुन रसोत।
फेर ये पलंग तेज सुपेती, कायकाज बनलासोत॥ ५०॥
ये मन के भगवान रुख खाले, डेरा रहुक दिलो।
सुन्दर महल बनाउन भाती, मेहनत फोकहा करलो॥ ५१॥

११९ सुंदर सुखवार मुनी भेस ने, लट के बांधलासोत।
कर ये गाहना कपड़ा बरन, फोकहा बनलासोत॥ ५२॥

कांदा-कसा आहार होलीसे, अमरित फोकहा आय।
कोनी बले सुंदर ब्रह्मा चो, हाते बनालोर आय॥ ५३॥
आमचो कान, नाक, आइँख ले, जनालोर आसे जितरो।
भगवान चो करना महेमा सपा, बेद सांगसोत ज़ितरो॥ ५४॥
चउदा लोक ने डगराउन दखा, मिरेदे असन कहाँ।
असन सुंदर मनुख गेहरार, दखुक मिरेदे कहाँ॥ ५५॥
एम न के दखुन भगवान चो मन, एकोदाँय मोहाली तेबे।
असने मनुख मेहरार सुंदर, गढ़ुक दखलो एबे॥ ५६॥
मेहनत खुबे करलो मान्तर, तिहँके पुरुक नी सकलो।
तेबे इरखा काज राने आनुन, एमनके लुकाउन दिलो॥ ५७॥
गोटक बले जुगे नी जानूँ, धन भाग आय आमचो।
हुनी भगवान जे दखला दखसोत, दखले रुप तिहँचो॥ ५८॥

दो०– एहि बिधि कहि कहि बचन प्रिय लेहिं नयन भरि नीर।
किमि चलिहहिं मारग अगम सुठि सुकुमार सरीर॥ १२०॥

चौ०– नारि सनेह बिकल बस होहीं। चकईं साँझ समय जनु सोहीं॥
मृदु पद कमल कठिन मगु जानी। गहबरि हृदयँ कहहिं बर बानी॥ १॥

परसत मृदुल चरन अरुनारे। सकुचति महि जिमि हृदय हमारे॥
जौं जगदीस इन्हहि बनु दीन्हा। कस न सुमनमय मारगु कीन्हा॥ २॥

जौं मागा पाइअ बिधि पाहीं। ए रखिअहिं सखि आँखिन्ह माहीं॥
जे नर नारि न अवसर आए। तिन्ह सिय रामु न देखन पाए॥ ३॥

सुनि सुरूपु बूझहिं अकुलाई। अब लगि गए कहाँ लगि भाई॥
समरथ धाइ बिलोकहिं जाई। प्रमुदित फिरहिं जनमफलु पाई॥ ४॥

दो०– अबला बालक बृद्ध जन कर मीजहिं पछिताहिं।
होहिं प्रेमबस लोग इमि रामु जहाँ जहँ जाहिं॥ १२१॥

चौ०– गावँ गावँ अस होइ अनंदू। देखि भानुकुल कैरव चंदू॥
जे कछु समाचार सुनि पावहिं। ते नृप रानिहि दोसु लगावहिं॥ १॥

कहहिं एक अति भल नरनाहू। दीन्ह हमहि जोइ लोचन लाहू॥
कहहिं परस्पर लोग लोगाईं। बातें सरल सनेह सुहाईं॥ २॥

ते पितु मातु धन्य जिन्ह जाए। धन्य सो नगरु जहाँ तें आए॥
धन्य सो देसु सैलु बन गाऊँ। जहँ जहँ जाहिं धन्य सोइ ठाऊँ॥ ३॥

सुखु पायउ बिरंचि रचि तेही। ए जेहि के सब भाँति सनेही॥
राम लखन पथि कथा सुहाई। रही सकल मग कानन छाई॥ ४॥

दो०– एहि बिधि रघुकुल कमल रबि मग लोगन्ह सुख देत।
जाहिं चले देखत बिपिन सिय सौमित्रि समेत॥ १२२॥

चौ०– आगें रामु लखनु बने पाछें। तापस बेष बिराजत काछें॥
उभय बीच सिय सोहति कैसें। ब्रह्म जीव बिच माया जैसें॥ १॥

१२० असन मया चो गोठ बलते, आइँख ने पानी भरत।
सुखवार मन कसन हिंडदे, आपन ले चारचा करत॥ ५९॥

सांझे चकोरी माहा मेहरार, मया ने तड़फुन जासोत।
कंवल पायँ बजर बाट दखुन, जीव ले दुखी होसोत॥ ६०॥
एमन चो रगरगा पायँ के छिवते, पिरथी बल होएसे असन।
लाज होएसे आमचो मन, हुन बल होएसे हुसन॥ ६१॥
भगवान फूल माहा कुँवल, बाट जे बनाउन रतो।
फेर एमन के बन ने, मया ले पठाउन रतो॥ ६२॥
भगवान के मांगलो ने जे, मिरून जाती सखी।
जाले आइँख ने राखतू आमी, एमनमन के सखी॥ ६३॥
जे उथा अमरला नाईं, सीताराम के नी दखला।
रूप चारचा सुनते बोमरुन, पराते जाउन दखला॥ ६४॥
दरसन करून जनम चो फल, पाउन हरीक फिरत।
तिहँचो सोभा रूप गुन चो, गुलाय चारचा करत॥ ६५॥

१२१ नी सकतो लाइक मेहरार सियान, पिलामन जे रहत।
हात रमँजते पछताते जात, जे लगे नी अमरुन रहत॥ ६६॥

असन रकम ले जे-जे बाट, राम भगवान जाओत।
उथा चो लोग दरसन करून, मया हाते होओत॥ ६७॥
सुरुजकुल चो बोड़ेंदा के, हरीक करू जोन आत।
गाँव-गाँव के हरीक करते, राम भगवान जात॥ ६८॥
जे बल तिहचों गोठ सुनसोत, माय-बाप बन दिला।
राजा-रानी के दोस देसोत, कसन ने बन दिला॥ ६९॥
कोनी बलसोत राजा नंगत आता आइँख के दिला लाभ।
मनुख मेहरार मया ने पडुन, गोठयासोत सुन्दर बात॥ ७०॥
माय-बाप धन जे जनम दिला, राज धन जहाँ ले एसोत।
देस, डोंगरी, गाँव बन ठान, धन जहाँ ए जासोत॥ ७१॥
ब्रह्मा गढ़ुन सुख पाएसे, जे राम के मया करसोत।
बाट हिंडू राम लछमन कथा, गाँव-बन गुलाव करसोत॥ ७२॥

१२२ रघुकुल पूड़न के बिगसाउ सूरुज, राम सुख देते।
सीता-लछमन संगे बाट हिंडसोत, रान बन के दखते॥ ७३॥

पुरे राम पाछे लछमन, तपसी भेस ने दुनों।
भारी सोभा लागे दखले, पुरे पाछे दुनों॥ ७४॥

सीता माता असन हिंडत, दुनों मँझगते दिखत।
जसन ब्रह्म आरु जीव चो, मझगत माया दिखसत॥ ७५॥

बहुरि कहउँ छबि जसि मन बसई। जनु मधु मदन मध्य रति लसई॥
उपमा बहुरि कहउँ जियँ जोही। जनु बुध बिधु बिच रोहिनि सोही॥ २॥

प्रभु पद रेख बीच बिच सीता। धरति चरन मग चलति सभीता॥
सीय राम पद अंक बराएँ। लखन चलहिं मगु दाहिन लाएँ॥ ३॥

राम लखन सिय प्रीति सुहाई। बचन अगोचर किमि कहि जाई॥
खग मृग मगन देखि छबि होहीं। लिए चोरि चित राम बटोहीं॥ ४॥

दो०– जिन्ह जिन्ह देखे पथिक प्रिय सिय समेत दोउ भाइ।
भव मगु अगमु अनंदु तेइ बिनु श्रम रहे सिराइ॥ १२३॥

चौ०– अजहुँ जासु उर सपनेहुँ काऊ। बसहुँ लखनु सिय रामु बटाऊ॥
राम धाम पथ पाइहि सोई। जो पथ पाव कबहुँ मुनि कोई॥ १॥

तब रघुबीर श्रमित सिय जानी। देखि निकट बटु सीतल पानी॥
तहँ बसि कंद मूल फल खाई। प्रात नहाइ चले रघुराई॥ २॥

देखत बन सर सैल सुहाए। बालमीकि आश्रम प्रभु आए॥
राम दीख मुनि बासु सुहावन। सुंदर गिरि काननु जलु पावन॥ ३॥

सरनि सरोज बिटप बन फूले। गुंजत मंजु मधुप रस भूले॥
खग मृग बिपुल कोलाहल करहीं। बिरहित बैर मुदित मन चरहीं॥ ४॥

दो०– सुचि सुंदर आश्रमु निरखि हरषे राजिवनेन।
सुनि रघुबर आगमनु मुनि आगें आयउ लेन॥ १२४॥

चौ०– मुनि कहुँ राम दंडवत कीन्हा। आसिरबादु बिप्रबर दीन्हा॥
देखि राम छबि नयन जुड़ाने। करि सनमानु आश्रमहिं आने॥ १॥

मुनिबर अतिथि प्रानप्रिय पाए। कंद मूल फल मधुर मगाए॥
सिय सौमित्रि राम फल खाए। तब मुनि आश्रम दिए सुहाए॥ २॥

बालमीकि मन आनँदु भारी। मंगल मूरति नयन निहारी॥
तब कर कमल जोरि रघुराई। बोले बचन श्रवन सुखदाई॥ ३॥

जसन सोभा मोके दिखेसे, हुसन के सांगेंसे।
बसन्त कामदेव चो मंझगते, सुन्दर रती दिखेसे॥ ७६॥
फेर मन ले रूप डगराउन, अउर बलेंसे मयँ।
जसन बुध चंदा मझगते, रोहनी दखा देय॥ ७७॥
खोज बचाते पायँ मंडाते, सीता डरते हिंडसोत।
लछमन दुनों चो खोज छांडून, जेवनी पड़ुन हिंडसोत॥ ७८॥
राम, लछमन, सीता चो मया, गोठयातो गोठ नोआय।
असम रकम चो मया के भला, कसन सांगुक होउआय॥ ७९॥
पसु चड़इ बल सोभा दखुन, मया ने भरुन जासोत।
बाट हिंडया होउन राम सीता, मन के चोराते जासोत॥ ८०॥

१२३ हिंडया सीता संगे दुनों के, जे बल दखुन जासोत।
ते सवँसार चो अगम मारग के, सहज नाहकते जासोत॥ ८१॥

आज बल जेचो मन सपना ने, तीनों एउन बसले।
राम चो धाम सहज पाएसे, मुनी पासोत बिरले॥ ८२॥
राम सीता के थाकली जानुन, लगे गच पानी दखुन।
हुन दिन उथाय थेबला तीनों, पाक फर के खाउन॥ ८३॥
बिहान पहाते नहाउन निसकला, रान तरइ दखते।
बालमीकी आसरम अमरला, तीनों संगे हिंडते॥ ८४॥
मुनी चो रतोर ठान के दखला, जे खुबे सुंदर आसे।
सुंदर पहाड़ सुंदर बन, पवितर पानी आसे॥ ८५॥
तरईमन ने पूड़न बन, भबँरा रस पीसोत।
हरीक पमु चड़ई रहुन, भारी कोल्हार करसोत॥ ८६॥

१२४ पबितर सुंदर आसरम दखुन, राम हरीक होला।
राम इलोके सुनुन मुनी, तिहँके आनुक इला॥ ८७॥

* बालमीकी संगे भेट *

मुनी के दखते राम डंडासरन, मुनी आसीस दिला।
राम भगवान चो छबी दखुन, आइँख सीतर करला॥ १॥
जीव मिरलो माहा मान करते, आनला आपलो घर।
तेमनचो खातो काजे मंगाला, सुवाद पाक फर॥ २॥
राम लछमन सीता खदला, पाक फर के तीनों।
सुस्तातो काजे ठान दखाला, सुस्ताउक गेला तीनों॥ ३॥
भगवान मूरित आइँखने दखुन, बालमिकी हरीक होसोत।
पूड़नमाहा हात जोड़ुन राम, तिहँके बलुक होसोत॥ ४॥

तुम्ह त्रिकाल दरसी मुनिनाथा। बिस्व बदर जिमि तुम्हरें हाथा॥
अस कहि प्रभु सब कथा बखानी। जेहि जेहि भाँति दीन्ह बनु रानी॥ ४॥

दो०– तात बचन पुनि मातु हित भाइ भरत अस राउ।
मो कहुँ दरस तुम्हार प्रभु सबु मम पुन्य प्रभाउ॥ १२५॥

चौ०– देखि पाय मुनिराय तुम्हारे। भए सुकृत सब सुफल हमारे॥
अब जहँ राउर आयसु होई। मुनि उदबेगु न पावै कोई॥ १॥

मुनि तापस जिन्ह तें दुखु लहहीं। ते नरेस बिनु पावक दहहीं॥
मंगल मूल बिप्र परितोषू। दहइ कोटि कुल भूसुर रोषू॥ २॥

अस जियँ जानि कहिअ सोइ ठाऊँ। सिय सौमित्रि सहित जहँ जाऊँ॥
तहँ रचि रुचिर परन तृन साला। बासु करौं कछु काल कृपाला॥ ३॥

सहज सरल सुनि रघुबर बानी। साधु साधु बोले मुनि ग्यानी॥
कस न कहहु अस रघुकुलकेतू। तुम्ह पालक संतत श्रुति सेतू॥ ४॥

छं०– श्रुति सेतु पालक राम तुम्ह जगदीस माया जानकी।
जो सृजति जगु पालति हरति रुख पाइ कृपानिधान की॥
जो सहससीसु अहीसु महिधरु लखनु सचराचर धनी।
सुर काज धरि नरराज तनु चले दलन खल निसिचर अनी॥

सो०– राम सरूप तुम्हार बचन अगोचर बुद्धिपर।
अबिगत अकथ अपार नेति नेति नित निगम कह॥ १२६॥

चौ०– जगु पेखन तुम्ह देखनिहारे। बिधि हरि संभु नचावनिहारे॥
तेउ न जानहिं मरमु तुम्हारा। औरु तुम्हहि को जाननिहारा॥ १॥

सोइ जानइ जेहि देहु जनाई। जानत तुम्हहि तुम्हइ होइ जाई॥
तुम्हरिहि कृपाँ तुम्हहि रघुनंदन। जानहिं भगत भगत उर चंदन॥ २॥

चिदानंदमय देह तुम्हारी। बिगत बिकार जान अधिकारी॥
नर तनु धरेहु संत सुर काजा। कहहु करहु जस प्राकृत राजा॥ ३॥

राम देखि सुनि चरित तुम्हारे। जड़ मोहहिं बुध होहिं सुखारे॥
तुम्ह जो कहहु करहु सबु साँचा। जस काछिअ तस चाहिअ नाचा॥ ४॥

दो०– पूँछेहु मोहि कि रहौं कहँ मैं पूँछत सकुचाउँ।
जहँ न होहु तहँ देहु कहि तुम्हहि देखावौं ठाउँ॥ १२७॥

चौ०– सुनि मुनि बचन प्रेम रस साने। सकुचि राम मन महुँ मुसुकाने॥
बालमीकि हँसि कहहिं बहोरी। बानी मधुर अमिअ रस बोरी॥ १॥

बोइर माहा तुमचोहाते सवँसार, तीनों कालके जानू तुमी।
राम सांगसोत बन इलोर कथा, सुनते जासोत मुनी॥ ५॥

१२५ बाप हुकुम माय चो भलइ, भाई चो राजा होतोर।
सपा मोचो पुन ले मिरली, तुमचो दरसन करतोर॥ ६॥

सुफल होली मोचो पुन, पायँ चो दरसन करून।
एदाँय तुमी हुकुम करा, नंगत बिचार करून॥ ७॥
जे राजा किरता मुनी तपी, काईं डंड पासोत।
हुन राजा बिगर आइग, जरुन खपुन जासोत॥ ८॥
बाम्हनमन चो संतोस होतोर, सुभ चो जड़ आय।
भूमि देव चो रीस कुल के, भसम करू आय॥ ९॥
मन ने असन बिचारून तुमी, मोके ठान सांगा।
सीता लछमन संगे रहुक होओ, कुड़िया लाइक सांगा॥ १०॥
सहज गोठ राम चो सुनुन, मुनी बलला सुनुन।
धन रघुकुल चो बैरख तुमी, कसन नी बलासे गुनुन॥ ११॥
बेद चो मान राखू भगवान, संग माया आसे।
बनाए पोसे सारे सवँसार के, तुमचो नेत ने आसे॥ १२॥
हजार मुँडया सेस संगे, जे पिरथी बोहुन आसे।
देव कारज सिध करूक, मनुख चोला धरून आसे॥ १३॥

१२६ अगम तुमचो रूप अकल नी पुरे, बलुक सांगुक नी होय।
असन अटपट के बेद बले, नेती नेती बलुक होय॥ १४॥

सवँसार सोभा तुमी दखेया, तीनों के तुमी नचाऊ।
तुमचो भरम नी जानत ते, कोन आह भेद पाऊ॥ १५॥
हुनी जानेसे जेके जनावासीस, जानते तुमचो होएसे।
भगत मन के सीतर करु चन्दन, किरपा ले जानुक होएसे॥ १६॥
तुमचो देंह गियान हरीक ले भरपुर, अवगुन ले लाफी आसे।
ये भेद हुनी जानुक सकेसे, जे तुमचो अधिकारी आसे॥ १७॥
संत देव चो कारज करुक, मनुख चोला धरून।
राजा माहा लीला करासीस, सपा मन के मोहाउन॥ १८॥
तुमचो चरितर के दखुन मूरुख, भरम ने पड़ुन जासोत।
जसन सवांग चो नाच दखुन, अग्यानी हरीक होसोत॥ १९॥

१२७ मोके पूछासीस कहाँ रहेंदे, लाज होएँसे मयँ।
जेलग नी आहास ठान दखाले, ठान दखाएँदे मयँ॥ २०॥

मया मिसालो गोठ सुनुन राम, मनेमन मुचकुन जाओत।
बालमिकी अमरीत मिसालो गोठ, हांसते बलते जाओत॥ २१॥

सुनहु राम अब कहउँ निकेता। जहाँ बसहु सिय लखन समेता॥
जिन्ह के श्रवन समुद्र समाना। कथा तुम्हारि सुभग सरि नाना॥ २॥

भरहिं निरंतर होहिं न पूरे। तिन्ह के हिय तुम्ह कहुँ गृह रूरे॥
लोचन चातक जिन्ह करि राखे। रहहिं दरस जलधर अभिलाषे॥ ३॥

निदरहिं सरित सिंधु सर भारी। रूप बिंदु जल होहिं सुखारी॥
तिन्ह कें हृदय सदन सुखदायक। बसहु बंधु सिय सह रघुनायक॥ ४॥

दो०– जसु तुम्हार मानस बिमल हंसिनि जीहा जासु।
मुकुताहल गुन गन चुनइ राम बसहु हियँ तासु॥ १२८॥

चौ०– प्रभु प्रसाद सुचि सुभग सुबासा। सादर जासु लहइ नित नासा॥
तुम्हहि निबेदित भोजन करहीं। प्रभु प्रसाद पट भूषन धरहीं॥ १॥

सीस नवहिं सुर गुरु द्विज देखी। प्रीति सहित करि बिनय बिसेषी॥
कर नित करहिं राम पद पूजा। राम भरोस हृदयँ नहिं दूजा॥ २॥

चरन राम तीरथ चलि जाहीं। राम बसहु तिन्ह के मन माहीं॥
मंत्रराजु नित जपहिं तुम्हारा। पूजहिं तुम्हहि सहित परिवारा॥ ३॥

तरपन होम करहिं बिधि नाना। बिप्र जेवाँइ देहिं बहु दाना॥
तुम्ह तें अधिक गुरहि जियँ जानी। सकल भायँ सेवहिं सनमानी॥ ४॥

दो०– सबु करि मागहिं एक फलु राम चरन रति होउ।
तिन्ह कें मन मंदिर बसहु सिय रघुनंदन दोउ॥ १२९॥

चौ०– काम कोह मद मान न मोहा। लोभ न छोभ न राग न द्रोहा॥
जिन्ह कें कपट दंभ नहिं माया। तिन्ह कें हृदय बसहु रघुराया॥ १॥

सब के प्रिय सब के हितकारी। दुख सुख सरिस प्रसंसा गारी॥
कहहिं सत्य प्रिय बचन बिचारी। जागत सोवत सरन तुम्हारी॥ २॥

तुम्हहि छाड़ि गति दूसरि नाहीं। राम बसहु तिन्ह के मन माहीं॥
जननी सम जानहिं परनारी। धनु पराव बिष तें बिष भारी॥ ३॥

जे हरषहिं पर संपति देखी। दुखित होहिं पर बिपति बिसेषी॥
जिन्हहि राम तुम्ह प्रानपिआरे। तिन्ह के मन सुभ सदन तुम्हारे॥ ४॥

दो०– स्वामि सखा पितु मातु गुर जिन्ह के सब तुम्ह तात।
मन मंदिर तिन्ह कें बसहु सीय सहित दोउ भ्रात॥ १३०॥

चौ०– अवगुन तजि सब के गुन गहहीं। बिप्र धेनु हित संकट सहहीं॥
नीति निपुन जिन्ह कइ जग लीका। घर तुम्हार तिन्ह कर मनु नीका॥ १॥

गुन तुम्हार समुझइ निज दोसा। जेहि सब भाँति तुम्हार भरोसा॥
राम भगत प्रिय लागहिं जेही। तेहि उर बसहु सहित बैदेही॥ २॥

सुना राम मयँ हुन ठान सांगेसे, जहाँ रहासे तुमी।
लछमन सीता संगे रहासे, जाउन भाती तुमी॥ २२॥
जेचो कान समुंद माहा, तुमचो कथा नंदी ले।
हमेस भरते रहेसे बले, नी अघाय कथा ले॥ २३॥
चातक जेचो आइँख तरसे, दरसन बरसा काजे।
जे नंदी झोड़ी समुन्द के छांडे, एक बूंद दरसन काजे॥ २४॥
हे भगवान हुनी मन चो मन सुन्दर घर ने।
लछमन सीता संगे रहा, जाउन हुसन घर ने॥ २५॥

१२८ तुमचो मान सरोवर जस काजे, जीभ हाँसा होउन।
गुन के मोती जानुन खाएसे, हुनी हिरदे ने जाउन॥ २६॥

जेचो नाक भगवान गंध सूंघेसे, तुमके देउन खाएसे।
कपड़ा गाहना तुमके मानुन, परसाद माहा पाएसे॥ २७॥
माथा देव गुरु बाम्हन पुरे, मान ले लवँते जाएसे।
तुमके छांडुन दूसर भरोसा नी करू, हात पाँय छिवते जाएसे॥ २८॥
जेचो पाँय तीरिथ मन्दिर जाएसे, जाउन रहा उथा।
जाप करे, पूजा करे तुमचो, कुदुम संगे एथा॥ २९॥
कई रकम ले तरपन होम करते, करेसे बाम्हन के दान मान।
तुमचो ले बड़े गुरु के मानुन, सेवा करेसे देऊन मान॥ ३०॥

१२९ ये सपा करम करून मांगसोत, तुमचो पाँय ले नया।
तिहँचो मन मंदिर ने रहुक, तुमी तीनों करा दया॥ ३१॥

इरखा किबर रीस काम लोभ, जेके केबइ नी भाए।
कपट, घमंड, माया नी छिए, उथा तुमचो रतोर होए॥ ३२॥
जे मया करसोत सपा चो हितू, सुख दुख जेके समान।
सहरातोर के सुनत न गारी के मानत, जे आत मन ले समान॥ ३३॥
सत आरु सुसार गोठ गोठयासोत, चेतते सोवते तुमचो सरन।
तुमके छांडुन काचोय भरोसा नी करत, तिहँके धरा सरन॥ ३४॥
दूसर चो मेहरार के माय मानसोत, परधन विस लागे।
दूसर चो धन दखुन हरीक होसोत, बिपती ले दुख लागे॥ ३५॥

१३० जीव महा भाएसे तुमचो दरसन, हुनी मन ने जाउन रहा।
जेचो मालिक माय, बाप, गुरु, संगी, उथा जाउन तीनों रहा॥ ३६॥

अवगुन छांडुन जे गुन धरसोत, गउ बाम्हन के जे साहा।
नीती ने चतुर जेके सवँसार माने, हुनी मन ने जाउन रहा॥ ३७॥
गुन तुमचो दोस आपलो जाने, जे भरोसा करेसे तुमचो।
राम भगत जेके नंगत लागसोत, उथा रतोर होओ तुमचो॥ ३८॥

जाति पाँति धनु धरमु बड़ाई। प्रिय परिवार सदन सुखदाई॥
सब तजि तुम्हहि रहइ उर लाई। तेहि के हृदयँ रहहु रघुराई॥ ३॥

सरगु नरकु अपबरगु समाना। जहँ तहँ देख धरें धनु बाना॥
करम बचन मन राउर चेरा। राम करहु तेहि कें उर डेरा॥ ४॥

दो०— जाहि न चाहिअ कबहुँ कछु तुम्ह सन सहज सनेहु।
बसहु निरंतर तासु मन सो राउर निज गेहु॥ १३१॥

चौ०— एहि बिधि मुनिबर भवन देखाए। बचन सप्रेम राम मन भाए॥
कह मुनि सुनहु भानुकुलनायक। आश्रम कहउँ समय सुखदायक॥ १॥

चित्रकूट गिरि करहु निवासू। तहँ तुम्हार सब भाँति सुपासू॥
सैलु सुहावन कानन चारू। करि केहरि मृग बिहग बिहारू॥ २॥

नदी पुनीत पुरान बखानी। अत्रिप्रिया निज तप बल आनी॥
सुरसरि धार नाउँ मंदाकिनि। जो सब पातक पोतक डाकिनि॥ ३॥

अत्रि आदि मुनिबर बहु बसहीं। करहिं जोग जप तप तन कसहीं॥
चलहु सफल श्रम सब कर करहू। राम देहु गौरव गिरिबरहू॥ ४॥

दो०— चित्रकूट महिमा अमित कही महामुनि गाइ।
आए नहाए सरित बर सिय समेत दोउ भाइ॥ १३२॥

चौ०— रघुबर कहेउ लखन भल घाटू। करहु कतहुँ अब ठाहर ठाटू॥
लखन दीख पय उतर करारा। चहुँ दिसि फिरेउ धनुष जिमि नारा॥ १॥

नदी पनच सर सम दम दाना। सकल कलुष कलि साउज नाना॥
चित्रकूट जनु अचल अहेरी। चुकइ न घात मार मुठभेरी॥ २॥

अस कहि लखन ठाउँ देखरावा। थलु बिलोकि रघुबर सुखु पावा॥
रमेउ राम मनु देवन्ह जाना। चले सहित सुर थपति प्रधाना॥ ३॥

कोल किरात बेष सब आए। रचे परन तृन सदन सुहाए॥
बरनि न जाहिं मंजु दुइ साला। एक ललित लघु एक बिसाला॥ ४॥

जात, पात, धन, धरम बड़ई, कुसुम सुख देऊ घर।
सपाके छांडु जे तुमके धरेसे, हुनी आय तुमचो घर॥ ३९॥
सरन-नरक मोच्छ समान मानू, धनऊ-कांड संगे दखे।
बोली करम मन ले जे सेउक, हुनी तुमचो काजे दिखे॥ ४०॥

१३१ तुमके मया करते काहीं नी डगराय, हुनी मन ने रहा।
हुनी के आपलो घर मानुन, जाउन तींनो झन रहा॥ ४१॥

राम के असन घर दखाला, रकम बलते मुनी।
मया चो गोठ राम के भावली, फेर बलला मुनी॥ ४२॥
सुरुजकुल चो मालिक सुना, एदाँय सांगेसे ठान।
सुख सुबिस्ता चो लाइक जे, आसरम काजे ठान॥ ४३॥
चितरकूट जाउन रहा तुमी, सपा सुबिस्ता आसे।
पसु चड़ई हरीक चो ठान, सुन्दर डोंगरी आसे॥ ४४॥
पुरान सहरासोत पबितर नंदी, गंगा बोहते जाएसे।
अनुसूइया तप ले आनली जे, मंदाकिनी उथाय बोहसे॥ ४५॥
पिला पाप के खावतो काजे, चुड़लहीन माहा आसे।
अतरी संगे खुबे मुनी चो, डेर उथाय आसे॥ ४६॥
जप-तप जे देंह कसुन रसोत, उथ जाहा तुमी।
चितरकूट डोंगरी के मान देउन, सुफल करासे तुमी॥ ४७॥

१३२ बालमिकी चितरकूट महेमा के, खुबे लमाउन बलला।
सीता संगे दुनों भाई जाउन, मंदाकिनी आंग धोबला॥ ४८॥

* चितरकूट ने डेरा *

नंगत घाट आसे बलला राम, कोनी लग थेबूँ एथाय।
लछमन नंदी उपर खंड ने, डेंग ठान मनयाय॥ १॥
धनऊ माहा चारों खूट ले, गोटोक नाला बोहेसे।
मंदाकिनी धनऊ डोर माहा, दखने सुंदर सोहसे॥ २॥
धीरज दान इंद्री मारतोर, कांड असन सोहे से।
कली पाप बिकराल पसु, चितरकूट पारदेया होएसे॥ ३॥
केबइ नी चुके जेचो नेत, पुरे ले जे मारेसे।
अस न बलते ठान दखाल, जे राम के भाएसे॥ ४॥
राम चो मन एथाय आसे, बलते जानला देव।
चितरकूट आनला धरून, बिसकरमा के देव॥ ५॥
मुरिया माड़िया भेस ने बनाला, रबड़-पान चो कुड़िया।
गोटक नानी गोटोक बड़े, बनाला सुंदर कुड़िया॥ ६॥

दो०– लखन जानकी सहित प्रभु राजत रुचिर निकेत।
सोह मदनु मुनि बेष जनु रति रितुराज समेत॥ १३३॥

मासपारायण, सत्रहवाँ विश्राम

चौ०– अमर नाग किंनर दिसिपाला। चित्रकूट आए तेहि काला॥
राम प्रनामु कीन्ह सब काहू। मुदित देव लहि लोचन लाहू॥ १॥

बरषि सुमन कह देव समाजू। नाथ सनाथ भए हम आजू॥
करि बिनती दुख दुसह सुनाए। हरषित निज निज सदन सिधाए॥ २॥

चित्रकूट रघुनंदनु छाए। समाचार सुनि सुनि मुनि आए॥
आवत देखि मुदित मुनिबृंदा। कीन्ह दंडवत रघुकुल चंदा॥ ३॥

मुनि रघुबरहि लाइ उर लेहीं। सुफल होन हित आसिष देहीं॥
सिय सौमित्रि राम छबि देखहिं। साधन सकल सफल करि लेखहिं॥ ४॥

दो०– जथाजोग सनमानि प्रभु बिदा किए मुनिबृंद।
करहि जोग जप जाग तप निज आश्रमन्हि सुछंद॥ १३४॥

चौ०– यह सुधि कोल किरातन्ह पाई। हरषे जनु नव निधि घर आई॥
कंद मूल फल भरि भरि दोना। चले रंक जनु लूटन सोना॥ १॥

तिन्ह महँ जिन्ह देखे दोउ भ्राता। अपर तिन्हहि पूँछहिं मगु जाता॥
कहत सुनत रघुबीर निकाई। आइ सबन्हि देखे रघुराई॥ २॥

करहिं जोहारु भेंट धरि आगे। प्रभुहि बिलोकहिं अति अनुरागे॥
चित्र लिखे जनु जहँ तहँ ठाढ़े। पुलक सरीर नयन जल बाढ़े॥ ३॥

राम सनेह मगन सब जाने। कहि प्रिय बचन सकल सनमाने॥
प्रभुहि जोहारि बहोरि बहोरी। बचन बिनीत कहहिं कर जोरी॥ ४॥

दो०– अब हम नाथ सनाथ सब भए देखि प्रभु पाय।
भाग हमारें आगमनु राउर कोसलराय॥ १३५॥

चौ०– धन्य भूमि बन पंथ पहारा। जहँ जहँ नाथ पाउ तुम्ह धारा॥
धन्य बिहग मृग काननचारी। सफल जनम भए तुम्हहि निहारी॥ १॥

हम सब धन्य सहित परिवारा। दीख दरसु भरि नयन तुम्हारा॥
कीन्ह बासु भल ठाउँ बिचारी। इहाँ सकल रितु रहब सुखारी॥ २॥

हम सब भाँति करब सेवकाई। करि केहरि अहि बाघ बराई॥
बन बेहड़ गिरि कंदर खोहा। सब हमार प्रभु पग पग जोहा॥ ३॥

तहँ तहँ तुम्हहि अहेर खेलाउब। सर निरझर जलठाउँ देखाउब॥
हम सेवक परिवार समेता। नाथ न सकुचब आयसु देता॥ ४॥

१३३ लछमन-सीता संगे राम, कुड़िया ने सोभा देसोत।
जसन काम रति बसंत संगे, उथ एऊन रसोत॥ ७॥

देव, नाग, किन्नर चितरकूट इला, राम चो पायँ पड़ला।
आइँख लाभ पाउन देव, फूल बरसाउन बलला॥ ८॥
तुमचो दरसन पाउन परभू, पावलू आसरा लाभ।
बिन्ती करते दुख सांगते, मांगते अवतार लाभ॥ ९॥
चितरकूट राम डेरा करला, मुनी मन सुनुन इला।
हरीक ले मुनीमन के दखुन, डंडासरन राम होला॥ १०॥
राम के छाती संगे पोटारत, सुफल आसीस देओत।
आपलो तप के सुफल मानते, राम चो दरसन करोत॥ ११॥

१३४ जसन के हुसन मान करते, मुनीमन के बिदा करला।
सुतन्त होउन जप-जोग करते, आसरम ने जाउन रला॥ १२॥

गाँव-गँवई खबर सुनला, असन हरीक होला।
जसन नव निधि घरे इली, इतरो हरीक होला॥ १३॥
कांदा-जड़ पाक कर धरून, एओत सुनलो लोग।
सोना उड़ मुक दारदिर जाएसे, हुसने जाओत लोग॥ १४॥
उथा दुनों के जे आगे दखला, तिहँके लोग पूछसोत।
राम चो सोभा के बलते सुनते, लोग दरसन करसोत॥ १५॥
भेट आनलोके पुरे मंडाउन, पायँ पड़ ते जासोत।
भारी मया ले भगवान के दखुन, हरीक होते जासोत॥ १६॥
एथा-उथा लोग छापा माहा, देह भर मया रहे।
आइँख ले तिहँचो पानी बोहे, इतरो मया रहे॥ १७॥
राम दखला मया ने आसोत, मान करत बलुन।
घनघड़ी जोहार करते बलत, दुनों हात जोडुन॥ १८॥

१३५ तुमचो पायँ चो दरसन पाउन, मालिक बिता होलू।
आमचो भाग काज तुमी इलास, दरस ले हरीक होलू॥ १९॥

धन भुँइ जहाँ पायँ मांडली, डोंगरी रान बल धन।
दखुन जनम सुफल होली, रान चो पसु चड़ई धन॥ २०॥
कुटुम संगे धन होलू, आइँख भर दरसन करून।
नंगत ठान दखुन डेरा करलास, राहा मन के हरीक करुन॥ २१॥
हाथी, बाघ, सांप ले बचाते आमी, सेवा करवाँ तुमचो।
एथा चो रान पहाड़ खोह, दखलो आसे आमचो॥ २२॥
एथा - उथा पारद खेलाते, तरई कुंड दखावाँ।
बलुक तुमी नी झझकासे, कुटुम संग सेवा करवा॥ २३॥

दो०— बेद बचन मुनि मन अगम ते प्रभु करुना ऐन।
बचन किरातन्ह के सुनत जिमि पितु बालक बैन॥ १३६॥

चौ०— रामहि केवल प्रेमु पिआरा। जानि लेउ जो जाननिहारा॥
राम सकल बनचर तब तोषे। कहि मृदु बचन प्रेम परिपोषे॥ १॥

बिदा किए सिर नाइ सिधाए। प्रभु गुन कहत सुनत घर आए॥
एहि बिधि सिय समेत दोउ भाई। बसहिं बिपिन सुर मुनि सुखदाई॥ २॥

जब तें आइ रहे रघुनायकु। तब तें भयउ बनु मंगलदायकु॥
फूलहिं फलहिं बिटप बिधि नाना। मंजु बलित बर बेलि बिताना॥ ३॥

सुरतरु सरिस सुभायँ सुहाए। मनहुँ बिबुध बन परिहरि आए॥
गंज मंजुतर मधुकर श्रेनी। त्रिबिध बयारि बहइ सुख देनी॥ ४॥

दो०— नीलकंठ कलकंठ सुक चातक चक्क चकोर।
भाँति भाँति बोलहिं बिहग श्रवन सुखद चित चोर॥ १३७॥

चौ०— केरि केहरि कपि कोल कुरंगा। बिगतबैर बिचरहिं सब संगा॥
फिरत अहेर राम छबि देखी। होहिं मुदित मृगबृंद बिसेषी॥ १॥

बिबुध बिपिन जहँ लगि जग माहीं। देखि रामबनु सकल सिहाहीं॥
सुरसरि सरसइ दिनकर कन्या। मेकलसुता गोदावरि धन्या॥ २॥

सब सर सिंधु नदीं नद नाना। मंदाकिनि कर करहिं बखाना॥
उदय अस्त गिरि अरु कैलासू। मंदर मेरु सकल सुरबासू॥ ३॥

सैल हिमाचल आदिक जेते। चित्रकूट जसु गावहिं तेते॥
बिंधि मुदित मन सुखु न समाई। श्रम बिनु बिपुल बड़ाई पाई॥ ४॥

दो०— चित्रकूट के बिहग मृग बेलि बिटप तृन जाति।
पुन्य पुंज सब धन्य अस कहहिं देव दिन राति॥ १३८॥

चौ०— नयनवंत रघुबरहि बिलोकी। पाइ जनम फल होहिं बिसोकी॥
परसि चरन रज अचर सुखारी। भए परम पद के अधिकारी॥ १॥

सो बनु सैलु सुभायँ सुहावन। मंगलमय अति पावन पावन॥
महिमा कहिअ कवनि बिधि तासू। सुखसागर जहँ कीन्ह निवासू॥ २॥

पय पयोधि तजि अवध बिहाई। जहँ सिय लखनु रामु रहे आई॥
कहि न सकहिं सुषमा जसि कानन। जौं सत सहस होहिं सहसानन॥ ३॥

सो मैं बरनि कहौं बिधि केहीं। डाबर कमठ कि मंदर लेहीं॥
सेवहिं लखनु करम मन बानी। जाइ न सीलु सनेहु बखानी॥ ४॥

१३६ बेद बोली मुनीमन के अगम, हरीक चो धाम राम।
बाप-बेटा चो गोठ सुनेसे, हुसने सुनसोत राम॥ २४॥

राम के अबगो मया भाएसे, जानेया एके जाना।
मया ले तिहुँके बिदा करला, राम मया के माना॥ २५॥
राम गुन गावते सुनते लोग, बिदा होउन गेला।
असन देव मुनि के सुख देऊ, चितरकूट थेबुन गेला॥ २६॥
जबले राम चितरकूट थेबला, रान सुभ देउ होला।
बाराबानी रूख-राई फूलत-फरत, लाहा मांडो होला॥ २७॥
कलपतरु माहा सुन्दर आसोत, लागे इलासोत देव बन ले।
डांड ने सुन्दर भंवरा गरजना, लेहरा सुबास बन ने॥ २८॥

१३७ कोयली, टेंवसा, सुवा, मयना, चकवा चकोर सपा।
मन झीकसोत कान के सुख देऊ, बोली ने आपलो सपा॥ २९॥

हाथी, बाघ, बेंदरा, चीतर, बइर छांडुन जीवसोत।
पारद ने बुलतोदाँय राम के दखुन, सपा हरीक होसोत॥ ३०॥
सहरासोत सवँसार चो देव बन, दखुन राम चो बन।
मंदाकिनी गुन करसोत सपा, पुन चो नंदीमन॥ ३१॥
गंगा-सरसती, सुरुज बेटी जमना, गोदावरी, नरबदा।
तरई समुँद, नंदी, नाला जितरो, सहरासोत नंदी के सपा॥ ३२॥
उदयाचल मदराचल कैलास सुमेरु, जे लग ले देव आसोत।
पहाड़ राजा हिमालय बले, चितरकूट के सहराते जासोत॥ ३३॥
बिन्धीयाचल खुबे हरीक, सुख नी समाय मन ने।
कसन कि आपलो करनी फल, पाएसे एई पन ने॥ ३४॥

१३८ चितरकूट चो चड़ई पसू लाहा, रूख रोंडा जड़ी सपा।
भारी पुन ले भरलो आसोत, बलसोत दिनरात देव सपा॥ ३५॥

जीव दुख के जीतुन हरीक, आइँख भर राम के दखुन।
अचर सपा सुखी होसोत भारी, राम पाये धुरला छिउन॥ ३६॥
पबितर के पबितर करू डोंगरी, टकर ले खुबे सुन्दर।
हुनचो महेमा के कसन सांगो, जेठाने राम सुन्दर॥ ३७॥
छीर समुंद अयोधिया के छांडुन, हुन बन चो सोभा।
राम-लछमन-सीता जहाँ रसोत, कोन सके सांगुक सोभा॥ ३८॥
हजार मुंह बिता सेस नी सके, मयँ सकेंदे कसन सांगुक।
मन बोली करमले लछमन सेवा, नी सकें मया के सांगुक॥ ३९॥

दो०– छिनु छिनु लखि सिय राम पद जानि आपु पर नेहु।
करत न सपनेहुँ लखनु चितु बंधु मातु पितु गेहु॥ १३९॥

चौ०– राम संग सिय रहति सुखारी। पुर परिजन गृह सुरति बिसारी॥
छिनु छिनु पिय बिधु बदनु निहारी। प्रमुदित मनहुँ चकोर कुमारी॥ १॥

नाह नेहु नित बढ़त बिलोकी। हरषित रहति दिवस जिमि कोकी॥
सिय मनु राम चरन अनुरागा। अवध सहस सम बनु प्रिय लागा॥ २॥

परनकुटी प्रिय प्रियतम संगा। प्रिय परिवारु कुरंग बिहंगा॥
सासु ससुर सम मुनितिय मुनिबर। असनु अमिअ सम कंद मूल फर॥ ३॥

नाथ साथ साँथरी सुहाई। मयन सयन सय सम सुखदाई॥
लोकप होहिं बिलोकत जासू। तेहि कि मोहि सक बिषय बिलासू॥ ४॥

दो०– सुमिरत रामहि तजहिं जन तृन सम बिषय बिलासु।
रामप्रिया जग जननि सिय कछु न आचरजु तासु॥ १४०॥

चौ०– सीय लखन जेहि बिधि सुखु लहहीं। सोइ रघुनाथ करहिं सोइ कहहीं॥
कहहिं पुरातन कथा कहानी। सुनहिं लखनु सिय अति सुखु मानी॥ १॥

जब जब रामु अवध सुधि करहीं। तब तब बारि बिलोचन भरहीं॥
सुमिरि मातु पितु परिजन भाई। भरत सनेहु सीलु सेवकाई॥ २॥

कृपासिंधु प्रभु होहिं दुखारी। धीरजु धरहिं कुसमउ बिचारी॥
लखि सिय लखनु बिकल होइ जाहीं। जिमि पुरुषहि अनुसर परिछाहीं॥ ३॥

प्रिया बंधु गति लखि रघुनंदनु। धीर कृपाल भगत उर चंदनु॥
लगे कहन कछु कथा पुनीता। सुनि सुखु लहहिं लखनु अरु सीता॥ ४॥

दो०– रामु लखन सीता सहित सोहत परन निकेत।
जिमि बासव बस अमरपुर सची जयंत समेत॥ १४१॥

चौ०– जोगवहिं प्रभु सिय लखनहि कैसें। पलक बिलोचन गोलक जैसें॥
सेवहिं लखनु सीय रघुबीरहि। जिमि अबिबेकी पुरुष सरीरहि॥ १॥

एहि बिधि प्रभु बन बसहिं सुखारी। खग मृग सुर तापस हितकारी॥
कहेउँ राम बन गवनु सुहावा। सुनहु सुमंत्र अवध जिमि आवा॥ २॥

१३९ सीता-राम पायँ के हमेस दखते आपलो उपरे मया दखुन।
निरबान भुलकला माय बाप के, मया ने संगे रहुन॥ ४०॥

राम संगे सीता राज कुटुम के, भुलकुन सुखी रसोत।
छन-छन राम चो जोन मुँह दखते, चकोरी हरीक आसोत॥ ४१॥
मुनीस मया के बाढ़लो दखुन, दिन चो चकवी हरीक।
राम पायँ ने हमेस मन देऊन, अवधपुर असन हरीक॥ ४२॥
निको लागेसे मुनीस संगे कुड़िया, पसु चड़ई कुटुम असन।
सतरा मुनी तिहँचो मेहरार सतरी, कांदा कसा अमरित॥ ४३॥
मुनिस संगे रहुन सुख देएसे, पान चो डसना असन।
सौ काम चो सेज सुपेती डसना, सुख देएसे जसन॥ ४४॥
जेमन चो दखुन दिलो ने जीव, लोक चो देव हो सोत।
भोग जो जिनिस काय मोहाएदे, मुनास पुरे रसोत॥ ४५॥
जे राम चो सुमरना करते, भगत लोग सपाय।
भोग के किटका माहा जानुन, छांडुन देसोत सपाय॥ ४६॥

१४० राम चो मयादार बायले सीता जग चो माता आय।
तिहँचो भोग के छांडतो गोठ, अचरित गोठ नोआय॥ ४७॥

सीता लछमन के सुख मिरो, हुसन राम बलत करत।
जुना जुना कथा कहनी सांगत, सुख ले दुनोंय सुनत॥ ४८॥
राम अयोधिया के सुरता करलोने, आइँख भरून जाएसे।
आया बूबा-भाई-कुटुम लोग, घनघड़ी सुरता एएसे॥ ४९॥
भरत चो मया नंगत टकर सेवा, मन ने सुरता करून।
किरपासिंधु भगवान दुखी रसोत, कुबेरा ने ढाडुस करून॥ ५०॥
सीता लछमन बोमरुन जासोत, राम चो गत दखुन।
जसन मनुख चो छाँय करेसे, मनुख चो करलो दखुन॥ ५१॥
सीत लछमन चो गत दखुन, दयाकरू धीरजाहा राम।
सुखी होओत सुगुन दुनों, कथा के सांगसोत राम॥ ५२॥

१४१ लछमन सीता संगे पान कुडिया ने, सोहसोत राम असन।
अमरावती ने सची जयंत संगे, इंदर दिखेसे जसन॥ ५३॥

दुनों चो लेख राम असन करसोत, डीमा के टोपा जसन।
सीता लछमन बल सेवा करसोत, अग्यानी देह चो जसन॥ ५४॥
पसु चड़ई देव तपी चो हितू, बन ने असन रसोत।
राम रान जा तो के सांगले एथा, सुन अयोधियाने जेक रसोत॥ ५५॥

फिरेउ निषादु प्रभुहि पहुँचाई। सचिव सहित रथ देखेसि आई॥
मंत्री बिकल बिलोकि निषादू। कहि न जाइ जस भयउ बिषादू॥ ३॥

राम राम सिय लखन पुकारी। परेउ धरनितल ब्याकुल भारी॥
देखि दखिन दिसि हय हिहिनाहीं। जनु बिनु पंख बिहग अकुलाहीं॥ ४॥

दो०– नहिं तृन चरहिं पिअहिं जलु मोचहिं लोचन बारि।
ब्याकुल भए निषाद सब रघुबर बाजि निहारि॥ १४२॥

चौ०– धरि धीरजु तब कहइ निषादू। अब सुमंत्र परिहरहु बिषादू॥
तुम्ह पंडित परमारथ ग्याता। धरहु धीर लखि बिमुख बिधाता॥ १॥

बिबिध कथा कहि कहि मृदु बानी। रथ बैठारेउ बरबस आनी॥
सोक सिथिल रथ सकइ न हाँकी। रघुबर बिरह पीर उर बाँकी॥ २॥

चरफराहिं मग चलहिं न घोरे। बन मृग मनहुँ आनि रथ जोरे॥
अढ़ुकि परहिं फिरि हेरहिं पीछें। राम बियोगि बिकल दुख तीछें॥ ३॥

जो कह रामु लखनु बैदेही। हिंकरि हिंकरि हित हेरहिं तेही॥
बाजि बिरह गति कहि किमि जाती। बिनु मनि फनिक बिकल जेहि भाँती॥ ४॥

दो०– भयउ निषादु बिषादबस देखत सचिव तुरंग।
बोलि सुसेवक चारि तब दिए सारथी संग॥ १४३॥

चौ०– गुह सारथिहि फिरेउ पहुँचाई। बिरहु बिषादु बरनि नहिं जाई॥
चले अवध लेइ रथहि निषादा। होहिं छनहिं छन मगन बिषादा॥ १॥

सोच सुमंत्र बिकल दुख दीना। धिग जीवन रघुबीर बिहीना॥
रहिहि न अंतहुँ अधम सरीरू। जसु न लहेउ बिछुरत रघुबीरू॥ २॥

भए अजस अघ भाजन प्राना। कवन हेतु नहिं करत पयाना॥
अहह मंद मनु अवसर चूका। अजहुँ न हृदय होत दुइ टूका॥ ३॥

मीजि हाथ सिरु धुनि पछिताई। मनहुँ कृपन धन रासि गवाँई॥
बिरिद बाँधि बर बीरु कहाई। चलेउ समर जनु सुभट पराई॥ ४॥

* सुमन्त फिरतोर दसरथ देवलोक होतोर *

निसाद फिरलो रामके अमराउन, सुमंतके रथ संग दखलो।
सुमंत चो गत बलुक नी होय, बोमरी होलोर दखलो॥ १॥
हाय राम, सीता, लछमन बलते, सुमंत भुँए पड़लो।
रामगेलोबाट दखतेघोड़ा हिनहिनात, बिनपटका चड़ईदखलो॥ २॥

१४२ चारा चरत न पानी पीअत, आइँख ले पानी खरे।
घोड़ामन चो गती दखुन निसाद, भारी दुख करे॥ ३॥

धीरज धरून सुमंत के बललो, दुख के छांडा तुमी।
पंडित गियानी परमारथ के जानू, धीरज धरा तुमी॥ ४॥
ढाडुस करा तुमी भगवान चो, जाल के उल्टा जानुन।
सुसा र बोली ले बलते जाएसे, बरन कथा गढ़ुन॥ ५॥
निसाद सुमंत के बरपेला करून, रथ ने बसा उन दिलो।
मान्तर घोड़ा खेदुक नी सकत, दुख ले जुड़ाउन गेलो॥ ६॥
मन ने राम ले छांडी होलोर, भारी दुख ने रहत।
घोड़ा तड़फत बाट नी हीं त, भटाते हिंडते रहत॥ ७॥
लागे बन चो पसु के आनुन, रथ ने फांदलो आसोत।
हपटुन पड़त उल्टुन दखत, दुख ने बोमरून जासोत॥ ८॥
राम लखन जानकी चो कोनी, नावँ के धरलो ने।
हिनहिनते तेमन बाटे दखत, सुरता क रलो ने॥ ९॥
छांडलो दुख घोड़ामन चो, बलुक होए कसन।
बियाकुल मनी बिगर सांप, होउन जाएसे जसन॥ १०॥

१४३ देवान घोड़ा चो गत दखुन, निसाद दुखी होए।
चारझन सेउक सम काज दिलो, जे अमरातो संग होए॥ ११॥

निसाद फिरलो देवान के छांडुन, दुख के कोन सांगे।
चारों रथ के निला अवध, गत के कौन सांगे॥ १२॥
सुमंत घोडा के दखुन हुनमन, दुख ने बुड़ुन जाओत।
राम चो बिगर धिकार जिवना, सुमंत बिचारते जाओत॥ १३॥
सरासरी देंह छुटुन जाएदे, संगे तो नी रहे।
राम संगे संग छुटुन भाती, काय काज जस नी धरे॥ १४॥
पाप अपजस चो घर जीव, एकेदाँय नकलाहा होली।
काय काजे ये छूटे नहीं, असन बेरा चुकुन गेली॥ १५॥
करेजा टूटून गोंदा नीहोय, ये मन नीच आय।
हात रमजे माथा के पेटे, खुबे पछताते जाय॥ १६॥
जसन सूम आपलो धन चो, खजाना हजाउन दिलो।
नंगत बीर बाना पिंधुन, लड़ई ले पराउन इलो॥ १७॥

दो०– बिप्र बिबेकी बेदबिद संमत साधु सुजाति।
जिमि धोखें मदपान कर सचिव सोच तेहि भाँति॥ १४४॥

चौ०– जिमि कुलीन तिय साधु सयानी। पतिदेवता करम मन बानी॥
रहै करम बस परिहरि नाहू। सचिव हृदयँ तिमि दारुन दाहू॥ १॥

लोचन सजल डीठि भइ थोरी। सुनइ न श्रवन बिकल मति भोरी॥
सूखहिं अधर लागि मुहँ लाटी। जिउ न जाइ उर अवधि कपाटी॥ २॥

बिबरन भयउ न जाइ निहारी। मारेसि मनहुँ पिता महतारी॥
हानि गलानि बिपुल मन ब्यापी। जमपुर पंथ सोच जिमि पापी॥ ३॥

बचनु न आव हृदयँ पछिताई। अवध काह मैं देखब जाई॥
राम रहित रथ देखिहि जोई। सकुचिहि मोहि बिलोकत सोई॥ ४॥

दो०– धाइ पूँछिहहिं मोहि जब बिकल नगर नर नारि।
उतरु देब मैं सबहि तब हृदयँ बज्रु बैठारि॥ १४५॥

चौ०– पुछिहहिं दीन दुखित सब माता। कहब काह मैं तिन्हहि बिधाता॥
पूछिहि जबहिं लखन महतारी। कहिहउँ कवन सँदेस सुखारी॥ १॥

राम जननि जब आइहि धाई। सुमिरि बच्छु जिमि धेनु लवाई॥
पूँछत उतरु देब मैं तेही। गे बनु राम लखनु बैदेही॥ २॥

जोइ पूँछिहि तेहि ऊतरु देबा। जाइ अवध अब यहु सुखु लेबा॥
पूँछिहि जबहिं राउ दुख दीना। जिवनु जासु रघुनाथ अधीना॥ ३॥

देहउँ उतरु कौनु मुहु लाई। आयउँ कुसल कुअँर पहुँचाई॥
सुनत लखन सिय राम सँदेसू। तृन जिमि तनु परिहरिहि नरेसू॥ ४॥

दो०– हृदउ न बिदरेउ पंक जिमि बिछुरत प्रीतमु नीरु।
जानत हौं मोहि दीन्ह बिधि यहु जातना सरीरु॥ १४६॥

चौ०– एहि बिधि करत पंथ पछितावा। तमसा तीर तुरत रथु आवा॥
बिदा किए करि बिनय निषादा। फिरे पायँ परि बिकल बिषादा॥ १॥

पैठत नगर सचिव सकुचाई। जनु मारेसि गुर बाँभन गाई॥
बैठि बिटप तर दिवसु गवाँवा। साँझ समय तब अवसरु पावा॥ २॥

१४४ जसन कोनी गुनी धरमी, बेद के जानू बिता।
बड़े कुल चो बाम्हन पंडित, साह गुन बिता॥ १८॥

पछताएसे धोका ले मंद खाउन, हुसने सुमंत होएसे।
पछताते बिचारते बसुन रहे, खुबे दुखी होएसे॥ १९॥
जसन नंगत कुल चो मेहरार, धरम के खुबे मानू।
मन बोली करम ले आपलो, मुनीस के देव जानू॥ २०॥
भाग उपरे मुनीस के छांडुन, जीवना काटुक होएसे।
देवान हिरदे ने हुसने दुख, अंतस भीतरे होएसे॥ २१॥
आइँख ने पानी अधार लागे, काने सुना नी पड़े।
बुध दंदरली ओंठ सूखली, मुंह ने लाटा पड़े॥ २२॥
इतरोने बले जीव नी जाय, बेरा कपाट आसे।
रंग बदलली मुँह चो तिहँचो, दुरगत होउन आसे॥ २३॥
लागे जसन आया बूबा के, मरते मारलो से।
राम छांडलोर दुख जसन, मनुख मारलोसे॥ २४॥
बिचार करे अयोधिया जाउन, मयँ काय सांगेंदे।
मोके घिनयादे राम चो बिगर, जे रथ के दखेदे॥ २५॥

१४५ राज चो मनुख मेहरार पराते, एउन पूछला जाले।
जीव ने पखना देउन सागेंदे, जे बल पूछला जाले॥ २६॥

दुख ने सपा आया पूछदे, काय मय सागेंदे।
लछमन चो आया एउन पूछले, काय सुख सांगेंदे॥ २७॥
राम आया पराउन एदे जसन, बुछरा काजे गाय।
राम, लछमन, सीता गेला, असन बलेंदे काय॥ २८॥
जेबल पूछले असने सांगेदे, हाई सुख पाएंदे।
दुख ने पड़लो राजा पूछदे, मय जसने जाएंदे॥ २९॥
काय मुँह ने सांगेंदे तिंहके, हरीक ने छांडले तिहँके।
लछ्मन, सीता, राम चो खबर सुनते, जीउक नी भाएदे तिहँके॥ ३०॥

१४६ मयादार पानी चो छांडते खान, चिखला मन नी फाटे।
एचोइ काजे भगवान मोचो, पापी देंह के घाटे॥ ३१॥

बाट ने असन पछताते सुमन्त, तमसा अमरून गेलो।
चारों निसाद के बिन्ती करून, देवान फिराउन दिलो॥ ३२॥
सहरे ओयलुक देवान सियान, असन घबरते रहोत।
जसन गुरू आया बूबा के, मारुन फिरू रहोत॥ ३३॥
गोटोक रुख खाले गुलाय दिन, काटुन दिला बसुन।
बेर बसतो के सहरे गेला, अंधयार होलो दखुन॥ ३४॥

अवध प्रबेसु कीन्ह अँधिआरें। पैठ भवन रथु राखि दुआरें॥
जिन्ह जिन्ह समाचार सुनि पाए। भूप द्वार रथु देखन आए॥ ३॥

रथु पहिचानि बिकल लखि घोरे। गरहिं गात जिमि आतप ओरे॥
नगर नारि नर ब्याकुल कैसें। निघटत नीर मीनगन जैसें॥ ४॥

दो०– सचिव आगमनु सुनत सबु बिकल भयउ रनिवासु।
भवन भयंकरु लाग तेहि मानहुँ प्रेत निवासु॥ १४७॥

चौ०– अति आरति सब पूँछहिं रानी। उतरु न आव बिकल भइ बानी॥
सुनइ न श्रवन नयन नहिं सूझा। कहहु कहाँ नृपु तेहि तेहि बूझा॥ १॥

दासिन्ह दीख सचिव बिकलाई। कौसल्या गृहँ गईं लवाई॥
जाइ सुमंत्र दीख कस राजा। अमिअ रहित जनु चंदु बिराजा॥ २॥

आसन सयन बिभूषन हीना। परेउ भूमितल निपट मलीना॥
लेइ उसासु सोच एहि भाँती। सुरपुर तें जनु खँसेउ जजाती॥ ३॥

लेत सोच भरि छिनु छिनु छाती। जनु जरि पंख परेउ संपाती॥
राम राम कह राम सनेही। पुनि कह राम लखन बैदेही॥ ४॥

दो०– देखि सचिवँ जय जीव कहि कीन्हेउ दंड प्रनामु।
सुनत उठेउ ब्याकुल नृपति कहु सुमंत्र कहँ रामु॥ १४८॥

चौ०– भूप सुमंत्रु लीन्ह उर लाई। बूड़त कछु अधार जनु पाई॥
सहित सनेह निकट बैठारी। पूँछत राउ नयन भरि बारी॥ १॥

राम कुसल कहु सखा सनेही। कहँ रघुनाथु लखनु बैदेही॥
आने फेरि कि बनहि सिधाए। सुनत सचिव लोचन जल छाए॥ २॥

सोक बिकल पुनि पूँछ नरेसू। कहु सिय राम लखन संदेसू॥
राम रूप गुन सील सुभाऊ। सुमिरि सुमिरि उर सोचत राऊ॥ ३॥

राउ सुनाइ दीन्ह बनबासू। सुनि मन भयउ न हरषु हराँसू॥
सो सुत बिछुरत गए न प्राना। को पापी बड़ मोहि समाना॥ ४॥

बाटे रथ के थेबाउन भाती, ओगाय महल ने गेला।
जे बल खबर पावला सहरे, पराते अमरुन गेला॥ ३५॥
रथ के चितात घोड़ा के दखत, बियाकुल लागत असन।
घाम पाउन करा बुरेसे, घोड़ा घुरसोत असन॥ ३६॥
सहर चो मनुख मेहरार सपा, बियाकुल होसोत असन।
पानी आँटले मुंडा चो मछरी, बोमरुन जासोत जसन॥ ३७॥

१४७ देवान के एकलो इलो जानुन, रनवास बियाकुल होली।
राजमहल असन चेपाय जसन, भूत चो डेरा होली॥ ३८॥

दुखी रानी दंदरून पूछसोत, देवान काईं नो सुने।
गोठ नी फूटे कान नी सुने, आइँख काई नो दखे॥ ३९॥
जे पुरे एय तेकेइ पूछत, राजा केंव आसोत।
कौसिल्या महल दासो निला, दखला बोमरलो आसोत॥ ४०॥
सुमन्त अमरुन राजा के दखला, राजा दिखत असन।
अमरित नाहलो उदुन भाती, जोन दिखेसे जसन॥ ४१॥
डसना चाप गाहना बिगर, बियाकुल धुएँ पड़लोर।
बिचारत जसन ययाती सरग ले, मुएँ एउन पड़लो॥ ४२॥
डंडिक-डडिक ने बिचारते राजा, छाती भरते जासोत।
हाय राम, हाय राम, लछमन, सीता, राजा बलते जासोत॥ ४३॥

१४८ जयजीव बलते डंडासरन, देवान के दखुन भाती।
सांगा सुमन्त कोन लगे राम, बलला उठुन भाती॥ ४४॥

बुड़ू के सहारा मिरलो माहा, लेपटाला छाती संग राजा।
आइँख भरून लगे बसाउन, मया ले पूछत राजा॥ ४५॥
सांगा सखा राम चो हाल, केंव आसत ते।
फिराउन हुनमनके आनलास कि, बन बाट गेला ते॥ ४६॥
सुनुन देवान चो आइँख भरली, बियाकुल राजा पूछसोत।
सीता, राम, लछमन चो खबर, दंदरून राजा पूछसोत॥ ४७॥
राम चो गुन चाल मया के, राजा बिचार करसोत।
राजा बनातो गोठ बलुन, काय करले धोकसोत॥ ४८॥
मोचो माहा कोन पापी होदे, पठाले बेटा के बन।
हुकुम सुनुन हरीक न दुख, असन बेटा चो मन॥ ४९॥
असन बेटा ले छांडी होले, बले जीव नी जाय।
मोचो माहा कोन पापी होदे, जे जीव राखलोर आँय॥ ५०॥

दो०– सखा रामु सिय लखनु जहँ तहाँ मोहि पहुँचाउ।
नाहिं त चाहत चलन अब प्रान कहउँ सतिभाउ॥ १४९॥

चौ०– पुनि पुनि पूँछत मंत्रिहि राऊ। प्रियतम सुअन सँदेस सुनाऊ॥
करहि सखा सोइ बेगि उपाऊ। रामु लखनु सिय नयन देखाऊ॥ १॥

सचिव धीर धरि कह मृदु बानी। महाराज तुम्ह पंडित ग्यानी॥
बीर सुधीर धुरंधर देवा। साधु समाजु सदा तुम्ह सेवा॥ २॥

जनम मरन सब दुख सुख भोगा। हानि लाभु प्रिय मिलन बियोगा॥
काल करम बस होहिं गोसाईं। बरबस राति दिवस की नाईं॥ ३॥

सुख हरषहिं जड़ दुख बिलखाहीं। दोउ सम धीर धरहिं मन माहीं॥
धीरज धरहु बिबेकु बिचारी। छाड़िअ सोच सकल हितकारी॥ ४॥

दो०– प्रथम बासु तमसा भयउ दूसर सुरसरि तीर।
न्हाइ रहे जलपानु करि सिय समेत दोउ बीर॥ १५०॥

चौ०– केवट कीन्हि बहुत सेवकाई। सो जामिनि सिंगरौर गवाँई॥
होत प्रात बट छीरु मगावा। जटा मुकुट निज सीस बनावा॥ १॥

राम सखाँ तब नाव मगाई। प्रिया चढ़ाइ चढ़े रघुराई॥
लखन बान धनु धरे बनाई। आपु चढ़े प्रभु आयसु पाई॥ २॥

बिकल बिलोकि मोहि रघुबीरा। बोले मधुर बचन धरि धीरा॥
तात प्रनामु तात सन कहेहू। बार बार पद पंकज गहेहू॥ ३॥

करबि पायँ परि बिनय बहोरी। तात करिअ जनि चिंता मोरी॥
बन मग मंगल कुसल हमारें। कृपा अनुग्रह पुन्य तुम्हारें॥ ४॥

छं०– तुम्हरें अनुग्रह तात कानन जात सब सुखु पाइहौं।
प्रतिपालि आयसु कुसल देखन पाय पुनि फिरि आइहौं॥
जननीं सकल परितोषि परि परि पायँ करि बिनती घनी।
तुलसी करहु सोइ जतनु जेहिं कुसली रहहिं कोसलधनी॥

सो०– गुर सन कहब सँदेसु बार बार पद पदुम गहि।
करब सोइ उपदेसु जेहिं न सोच मोहि अवधपति॥ १५१॥

चौ०– पुरजन परिजन सकल निहोरी। तात सुनाएहु बिनती मोरी॥
सोइ सब भाँति मोर हितकारी। जातें रह नरनाहु सुखारी॥ १॥

कहब सँदेसु भरत के आएँ। नीति न तजिअ राजपदु पाएँ॥
पालेहु प्रजहि करम मन बानी। सेएहु मातु सकल सम जानी॥ २॥

१४९ राम, लछमन, सीता जेलग, अमराउन दिआ मोके।
नाहले सते साँगसे मयँ, जीव जाउक दखे॥ ५१॥

घनघड़ी देवान के राजा पूछसोत, बेटा चो खबर सांगा।
राम, लछमन, सोता दखा देओत, असन उआट सांगा॥ ५२॥
धीरज धरून देवान बलला, पंडित गियानी तुमी।
धीरजाहा बीर सपा ले आगर, साधू सेउक तुमी॥ ५३॥
जिवना, मरना, सुख, दुख भोग, हानी लाभ जितरो।
मया ले भेट छांडा छांडी, होएसे एथा जितरो॥ ५४॥
बेग करम चो हाते आसे, रात दिन असन होसोत।
सुख ने हरीक होसोत मूरुख, दुख ने बसुन गागसोत॥ ५५॥
धीरजाहा तुमी दुनों गत के, समान जानुन रहा।
बिबेक ले बिचारुन धीरज धरते, दुख छांडते जाहा॥ ५६॥

१५० पहिल डेरा तमसा होली, दूसर गंगा रेठे।
पानी खाउन नहाउन भाती, तीनों थेवला रेठे॥ ५७॥

केंवटा खुबे सेवा करलो, राती थेबला उथा।
बिहाने बड़ दूद मंगाउन, लट बनावला उथा॥ ५८॥
तेबे राम चो सखा निसाद, दिलो डोंगा मंगाउन।
सीता के आगे चेघाउन भाती, आपन राम चेघुन॥ ५९॥
पाछे धनद कांड सम्हराउन, राम हुकुम पाउन।
लछमन चेघला डोंगा उपरे, राम आसीस पाउन॥ ६०॥
मोके बियाकुल दखुन राम, सुसार गोठ बलला।
बाबा के जोहार बलते तुमी, पायँ के धरुक बलला॥ ६१॥
फेर बिन्ती करुन बलला, फिकर नी करत बाबा।
रान बाट ने हरीक होयदे, सुभ चो साहा बाबा॥ ६२॥
तुमचो दया मया पुरे, हरीक रहेदे सपाय।
हुकुम पूरा करुन फिरेंदे, हरीक रहुन गुलाय॥ ६३॥
सपा आया चो पाँय धरुन, बलासे समझुन रहोत।
तुलसी असन उआट करासे, जेंमें बाबा हरीक रहोत॥ ६४॥

१५१ घनघड़ी गुरु पायँ धरून, खबर सांगासे मोचो।
बाबा के असन सीख देओत, फिकर नी करत मोचो॥ ६५॥

राजकुटुम चो लोगमन के, बिन्ती सांगासे मोचो।
राजा महाराज सुख ने रहोत, हितू करदे मोचो॥ ६६॥
मोचो खबर सांगासे तुमी, भरत फिरुन इलोने।
नीती के छांडुन नी देसे, राजा पद पालोने॥ ६७॥

ओर निबाहेहु भायप भाई। करि पितु मातु सुजन सेवकाई॥
तात भाँति तेहि राखब राऊ। सोच मोर जेहिं करै न काऊ॥ ३॥

लखन कहे कछु बचन कठोरा। बरजि राम पुनि मोहि निहोरा॥
बार बार निज सपथ देवाई। कहबि न तात लखन लरिकाई॥ ४॥

दो०— कहि प्रनामु कछु कहन लिय सिय भइ सिथिल सनेह।
थकित बचन लोचन सजल पुलक पल्लवित देह॥ १५२॥

चौ०— तेहि अवसर रघुबर रुख पाई। केवट पारहि नाव चलाई॥
रघुकुलतिलक चले एहि भाँती। देखउँ ठाढ़ कुलिस धरि छाती॥ १॥

मैं आपन किमि कहौं कलेसू। जिअत फिरेउँ लेइ राम सँदेसू॥
अस कहि सचिव बचन रहि गयऊ। हानि गलानि सोच बस भयऊ॥ २॥

सुत बचन सुनतहिं नरनाहू। परेउ धरनि उर दारुन दाहू॥
तलफत बिषम मोह मन मापा। माजा मनहुँ मीन कहुँ ब्यापा॥ ३॥

करि बिलाप सब रोवहिं रानी। महा बिपति किमि जाइ बखानी॥
सुनि बिलाप दुखहू दुखु लागा। धीरजहू कर धीरजु भागा॥ ४॥

दो०— भयउ कोलाहलु अवध अति सुनि नृप राउर सोरु।
बिपुल बिहग बन परेउ निसि मानहुँ कुलिस कठोरु॥ १५३॥

चौ०— प्रान कंठगत भयउ भुआलू। मनि बिहीन जनु ब्याकुल ब्यालू॥
इंद्रीं सकल बिकल भइँ भारी। जनु सर सरसिज बनु बिनु बारी॥ १॥

कौसल्याँ नृपु दीख मलाना। रबिकुल रबि अँथयउ जियँ जाना॥
उर धरि धीर राम महतारी। बोली बचन समय अनुसारी॥ २॥

नाथ समुझि मन करिअ बिचारू। राम बियोग पयोधि अपारू॥
करनधार तुम्ह अवध जहाजू। चढ़ेउ सकल प्रिय पथिक समाजू॥ ३॥

धीरजु धरिअ त पाइअ पारू। नाहिं त बूड़िहि सबु परिवारू॥
जौं जियँ धरिअ बिनय पिय मोरी। रामु लखनु सिय मिलहिं बहोरी॥ ४॥

दो०— प्रिया बचन मृदु सुनत नृपु चितयउ आँखि उघारि।
तलफत मीन मलीन जनु सींचत सीतल बारि॥ १५४॥

चौ०— धरि धीरजु उठि बैठ भुआलू। कहु सुमंत्र कहँ राम कृपालू॥
कहाँ लखनु कहँ रामु सनेही। कहँ प्रिय पुत्रबधू बैदेही॥ १॥

रैयत चो मन करम बोली ले, सेवा करते रसे।
सपा आया के समान मानुन, भरपुर मान करसे॥ ६८॥
आया बूबा सजन सेवा ने, भाई चो बानी राखते।
मोचो सुरता नी करो बाबा, असन तिंहके राखसे॥ ६९॥
लछमन खिंडिक रोस बलतोके, राम थेवाउन दिला।
किरिया पाड़ुन नी सांगासे एके, पिला गोठ बलला॥ ७०॥

१५२ पायँ पड़ते सीता बलुक होय, लाज किरता नी बलली।
गुलाय देह ने सीतकाटा मारे, ओगाय आइँख भरली॥ ७१॥

नंदी नहकातो काज केंवटा, राम चो नेत पाउन।
गंगा चो सुन्दर धार काटते, डोंगा दिलो चलाउन॥ ७२॥
असन रघुबंस चो तिलक, निकरून गेला उथा।
छाती के बजर बनाउन भाती, दखते रहें उबा॥ ७३॥
आपलो गत मय काय सांगे, खबर आनलेसे एथा।
बलते देवान चो बोली बल, कंदरई होली उथा॥ ७४॥
सारथी-सुमंत चो गोठ सुनते, मुएँ पड़ला राजा।
तिहँचो हिरदे जरूक धरली, तड़फुक धरला राजा॥ ७५॥
अटपट मोह ले मन बियाकुल, तड़फुन जाओत असन।
बरसा पानी के मछरी खाउन, मातुन गेलीसे जसन॥ ७६॥
कलपुत गागसोत सपाय रानी, बिपती कोन सांगे।
कलपना दखुन दुख के दुख, धीरज चो धीरज भागे॥ ७७॥

१५३ राजा रनवास चो गागतो सुनुन, राज कोल्हार होली।
चड़ई बन ने राती जसन, गाज पडुन गेली॥ ७८॥

राजा चो जीव टोडरा ने इली, मनी बिगर सांप असन।
इंद्री सपा अवचेत होला, बिगर पानी पूड़न जसन॥ ७९॥
कौसिल्या राजा के दुखी दखुन, समझुन पूरे होली।
राम चो आया धीरज धरून, बेरा असन बलली॥ ८०॥
मन के समझाउन बिचार करा, दुख समुँद आत।
अयोधिया जहाज तुमी घटवार, कुटुम नाहकू लोग आत॥ ८१॥
धीरज धरले सपा नाहकदे, नाहले बूड़दे सपा।
राम, सीता, लछमन बल मिरदे, बिचारा तुमी सपा॥ ८२॥

१५४ आइँख उघड़ाउन राजा दखला, बायले चो गोठ सुनुन।
जसन फटफटू मछरी के चेताए, सीतर पानी छीचुन॥ ८३॥

धीरज धरुन बसु न बलला, राम केवँ आसे।
लछमन केवँ मोचो राम केवँ, बोहारी केबँ आसे॥ ८४॥

बिलपत राउ बिकल बहु भाँती। भइ जुग सरिस सिराति न राती॥
तापस अंध साप सुधि आई। कौसल्यहि सब कथा सुनाई॥ २॥

भयउ बिकल बरनत इतिहासा। राम रहित धिग जीवन आसा॥
सो तनु राखि करब मैं काहा। जेंहि न प्रेम पनु मोर निबाहा॥ ३॥

हा रघुनंदन प्रान पिरीते। तुम्ह बिनु जिअत बहुत दिन बीते॥
हा जानकी लखन हा रघुबर। हा पितु हित चित चातक जलधर॥ ४॥

दो०— राम राम कहि राम कहि राम राम कहि राम।
तनु परिहरि रघुबर बिरहँ राउ गयउ सुरधाम॥ १५५॥

चौ०— जिअन मरन फलु दसरथ पावा। अंड अनेक अमल जसु छावा॥
जिअत राम बिधु बदनु निहारा। राम बिरह करि मरनु सँवारा॥ १॥

सोक बिकल सब रोवहिं रानी। रूपु सील बलु तेजु बखानी॥
करहिं बिलाप अनेक प्रकारा। परहिं भूमितल बारहिं बारा॥ २॥

बिलपहिं बिकल दास अरु दासी। घर घर रुदनु करहिं पुरबासी॥
अँथयउ आजु भानुकुल भानू। धरम अवधि गुन रूप निधानू॥ ३॥

गारीं सकल कैकइहि देहीं। नयन बिहीन कीन्ह जग जेहीं॥
एहि बिधि बिलपत रैनि बिहानी। आए सकल महामुनि ग्यानी॥ ४॥

दो०— तब बसिष्ठ मुनि समय सम कहि अनेक इतिहास।
सोक नेवारेउ सबहि कर निज बिग्यान प्रकास॥ १५६॥

चौ०— तेल नाँव भरि नृप तनु राखा। दूत बोलाइ बहुरि अस भाषा॥
धावहु बेगि भरत पहिं जाहू। नृप सुधि कतहुँ कहहु जनि काहू॥ १॥

एतनेइ कहेहु भरत सन जाई। गुर बोलाइ पठयउ दोउ भाई॥
सुनि मुनि आयसु धावन धाए। चले बेग बर बाजि लजाए॥ २॥

अनरथु अवध अरंभेउ जब तें। कुसगुन होहिं भरत कहुँ तब तें॥
देखहिं राति भयानक सपना। जागि करहिं कटु कोटि कलपना॥ ३॥

बिप्र जेवाँइ देहिं दिन दाना। सिव अभिषेक करहिं बिधि नाना॥
मागहिं हृदयँ महेस मनाई। कुसल मातु पितु परिजन भाई॥ ४॥

दो०— एहि बिधि सोचत भरत मन धावन पहुँचे आइ।
गुर अनुसासन श्रवन सुनि चले गनेसु मनाइ॥ १५७॥

चौ०— चले समीर बेग हय हाँके। नाघत सरित सैल बन बाँके॥
हृदयँ सोचु बड़ कछु न सोहाई। अस जानहिं जियँ जाउँ उड़ाई॥ १॥

राजा बोमरते कलपत असने, रात जुग माहा गेली।
काना तपसी चो दिलो सराप, राजा के सुरता इली॥ ८५॥
कौसिल्या के कहनी सांगला, बियाकुल होउन गेला।
राम बिगर जिवना के धिकार, मया चो कोनी नी होला॥ ८६॥
रघुकुल के हरीक देउ राम, मोचो जीव राम।
तुचो बिगर खुबे दिन गेली, केंव आसीस राम॥ ८७॥

१५५ राम-राम बलते फेर राम बलते, फेर राम-राम बलला।
आरू राम बलुन राम दुख ने, देवलोक होउन गेला॥ ८८॥

जीवलो मरलो फल दसरथ पावला, जस ब्रह्मांड ने होली।
राम मुँह दखते जीवना काटला, छांडतेय मरना होली॥ ८९॥
सपाय रानी गागुक धरला, राजा चो गुन गाउन।
घनघड़ी भुएँ कचाड़ी होसोत, कलपुन कलपुन गागुन॥ ९०॥
नवकर, चाकर, सपा गागसोत, राज ने घर-घर गागसोत।
सूरुजकुल चो सुरुज बुड़लो गागते लोग बलसोत॥ ९१॥
आइँख नाहलो बनाली बलुन, कयकई के गारी देसोत।
एई रकम ले बिहान पहाली, गुलाय कलपते गागसोत॥ ९२॥

१५६ पहाते बड़े-बड़े गियानी मुनी, राजा महल ने इला।
बेरा दखुन बसिष्ठ कहनी बलुन, सपा चो दुख हरला॥ ९३॥

तेल डोंगा ने लाहास के राखुन, दूत के बलाउन बलला।
झपके तुमी भरत बाट जाहू, मरनी नी सांगुक बलाला॥ ९४॥
इतरोय बलासे दुनों भाई के, बलालासोत गुरु तुमके।
खबरेया पराला हुसनेय रोस ले, हुकुम गुरु चो सुनते॥ ९५॥
अयोधिया ने जबले विपती पड़ली, भरत के असगुन जनाय।
राती अटपट सपना दिखत, चेतले हुनके नी भाय॥ ९६॥
रोजे बाम्हनमन के खवात, दान-पुन करते जाओत।
आया बूबा कुटुम भाइमन काजे, सिव के बिनाते जाओत॥ ९७॥

१५७ असन फिकर भरत करते रहोत, दूत अमरून गेला।
हुकुम सुनते गनेस के बिनाते, दुनों निकरुन चलला॥ ९८॥

* भरत फिरतोर आरू काम *

लेहरा माहा पराउ घोड़ा के, रोस ले खेदते जाओत।
दिकट डोंगरी नंदी रान के नाहकते पराते जाओत॥ १॥
घड़ी भर देर बरस लागे, सहर रेठे अमरला।
ओयलतो पहार काँबरा कटरे, असगुन भारी दखला॥ २॥

एक निमेष बरस सम जाई। एहि बिधि भरत नगर निअराई॥
असगुन होहिं नगर पैठारा। रटहिं कुभाँति कुखेत करारा॥ २॥

खर सिआर बोलहिं प्रतिकूला। सुनि सुनि होइ भरत मन सूला॥
श्रीहत सर सरिता बन बागा। नगरु बिसेषि भयावनु लागा॥ ३॥

खग मृग हय गय जाहिं न जोए। राम बियोग कुरोग बिगोए॥
नगर नारि नर निपट दुखारी। मनहुँ सबन्हि सब संपति हारी॥ ४॥

दो०– पुरजन मिलहिं न कहहिं कछु गवँहिं जोहारहिं जाहिं।
भरत कुसल पूँछि न सकहिं भय बिषाद मन माहिं॥ १५८॥

चौ०– हाट बाट नहिं जाइ निहारी। जनु पुर दहँ दिसि लागि दवारी॥
आवत सुत सुनि कैकयनंदिनि। हरषी रबिकुल जलरुह चंदिनि॥ १॥

सजि आरती मुदित उठि धाई। द्वारेहिं भेंटि भवन लेइ आई॥
भरत दुखित परिवारु निहारा। मानहुँ तुहिन बनज बनु मारा॥ २॥

कैकेई हरषित एहि भाँती। मनहुँ मुदित दव लाइ किराती॥
सुतहि ससोच देखि मनु मारें। पूँछति नैहर कुसल हमारें॥ ३॥

सकल कुसल कहि भरत सुनाई। पूँछी निज कुल कुसल भलाई॥
कहु कहँ तात कहाँ सब माता। कहँ सिय राम लखन प्रिय भ्राता॥ ४॥

दो०– सुनि सुत बचन सनेहमय कपट नीर भरि नैन।
भरत श्रवन मन सूल सम पापिनि बोली बैन॥ १५९॥

चौ०– तात बात मैं सकल सँवारी। भै मंथरा सहाय बिचारी॥
कछुक काज बिधि बीच बिगारेउ। भूपति सुरपति पुर पगु धारेउ॥ १॥

सुनत भरतु भए बिबस बिषादा। जनु सहमेउ करि केहरि नादा॥
तात तात हा तात पुकारी। परे भूमितल ब्याकुल भारी॥ २॥

चलत न देखन पायउँ तोही। तात न रामहि सौंपेहु मोही॥
बहुरि धीर धरि उठे सँभारी। कहु पितु मरन हेतु महतारी॥ ३॥

सुनि सुत बचन कहति कैकेई। मरमु पाँछि जनु माहुर देई॥
आदिहु तें सब आपनि करनी। कुटिल कठोर मुदित मन बरनी॥ ४॥

गदहा, कोलया कहरत हुसने, भरत के दुख होय।
भयावान दिखे नंदी तरई, दखुन दुखी होय॥ ३॥
राम ले छांडी होलोर रोग ले, बिटई होते आसोत।
पसु चड़ई हाथी घोड़ा जीव, दुख ने कंदरते आसोत॥ ४॥
नंगर चो मनुख मेहरार सपा, लुबे दुखी होसोत।
जसन आपलो सपा धन के, हारून बसलो आसोत॥ ५॥
राम छांडलो ने असन गत होली, दुख ने रहोत तपा।
लागे जतन रोग बियापली, इतरो दुखी सपा॥ ६॥

१५८ भेटलो लोग काई नी बलत, जोहारून अलगुन जासोत।
भरत काईं पूछुक नी सकसोत, दुख ने सपा आसोत॥ ७॥

हाट-बाट काईं दखुक नीहोय, चारों खूट दुख रहे।
बेटा एतोर के सुनुन कयकई, भारी हरीक रहे॥ ८॥
आरती सजारुन हरीक पराली, दुनों के बाट ले आनली।
कुटुम के दखे दुखी भरत जसन, पूड़न के ओस मारली॥ ९॥
एकलो कयकई हरीक दिखेसे, भीलनी जसन लागेसे।
रान ने आइग धराउन भाती, हरकि आगे होएसे॥ १०॥
मुरुसनाय बेटा के दखुन, कयकई पूछुक धरली।
मायके तो सपा नंगत आसोत, हरीक होते पूछली॥ ११॥
आपलो हाल के भरत सागलों, कुल चो हाल पूछे।
सांग बाबा आया केंव आसीत, सीता, राम, लखन के पूछे॥ १२॥

१५९ मया चो गोठ बेटा चो सुनुन, कपट ले आइँख भरली।
पापिन भरत चो कानमन ने, भाला मारते बलली॥ १३॥

सपा गोठ बेटा सम्हराउन रहें, मंथरा साहा रहे।
राजा जाते गेला सरगपुर, भगवान चो नसातोर रहे॥ १४॥
सुनते भरत दुखी होलो, असन गती होली।
जसन सिंघ गरजना सुनुन, हथनी दबकुन गेली॥ १५॥
बाबा बाबा बेलते बोमरते, सुएँ पड़लो जाउन।
दखुक नी सकले बाबा तुमके, तुमचो बेटा होउन॥ १६॥
राम हाते नी सोंपलास मोके, फेर धीरज धरून उठलो।
कसन ने बाबा मरला सांग, सम्हरून भरत पूछलो॥ १७॥
बेरा चो गोठ ने रानी बलली, सुनले लागे असन।
मरम ठान ने छुरी मारून, मोहरा भरेसे जसन॥ १८॥
कपटी कठोर कयकई आपलो, करनी सांगते गेली।
मूर ले धरून सरत ले गोठ के, हरीक सांगुन दिली॥ १९॥

दो०– भरतहि बिसरेउ पितु मरन सुनत राम बन गौनु।
हेतु अपनपउ जानि जियँ थकित रहे धरि मौनु॥ १६०॥

चौ०– बिकल बिलोकि सुतहि समुझावति। मनहुँ जरे पर लोनु लगावति॥
तात राउ नहिं सोचै जोगू। बिढ़इ सुकृत जसु कीन्हेउ भोगू॥ १॥

जीवत सकल जनम फल पाए। अंत अमरपति सदन सिधाए॥
अस अनुमानि सोच परिहरहू। सहित समाज राज पुर करहू॥ २॥

सुनि सुठि सहमेउ राजकुमारू। पाकें छत जनु लाग अँगारू॥
धीरज धरि भरि लेहिं उसासा। पापिनि सबहि भाँति कुल नासा॥ ३॥

जौं पै कुरुचि रही अति तोही। जनमत काहे न मारे मोही॥
पेड़ काटि तैं पालउ सींचा। मीन जिअन निति बारि उलीचा॥ ४॥

दो०– हंसबंसु दसरथु जनकु राम लखन से भाइ।
जननी तूँ जननी भई बिधि सन कछु न बसाइ॥ १६१॥

चौ०– जब तैं कुमति कुमत जियँ ठयऊ। खंड खंड होइ हृदउ न गयऊ॥
बर मागत मन भइ नहिं पीरा। गरि न जीह मुहँ परेउ न कीरा॥ १॥

भूपँ प्रतीत तोरि किमि कीन्ही। मरन काल बिधि मति हरि लीन्ही॥
बिधिहुँ न नारि हृदय गति जानी। सकल कपट अघ अवगुन खानी॥ २॥

सरल सुसील धरम रत राऊ। सो किमि जानै तीय सुभाऊ॥
अस को जीव जंतु जग माहीं। जेहि रघुनाथ प्रानप्रिय नाहीं॥ ३॥

भे अति अहित रामु तेउ तोही। को तू अहसि सत्य कहु मोही॥
जो हसि सो हसि मुहँ मसि लाई। आँखि ओट उठि बैठहि जाई॥ ४॥

दो०– राम बिरोधी हृदय तें प्रगट कीन्ह बिधि मोहि।
मो समान को पातकी बादि कहउँ कछु तोहि॥ १६२॥

चौ०– सुनि सत्रुघुन मातु कुटिलाई। जरहिं गात रिस कछु न बसाई॥
तेहि अवसर कुबरी तहँ आई। बसन बिभूषन बिबिध बनाई॥ १॥

लखि रिस भरेउ लखन लघु भाई। बरत अनल घृत आहुति पाई॥
हुमगि लात तकि कूबर मारा। परि मुह भर महि करत पुकारा॥ २॥

१६० राम चो रान गेलो के सुनुन, भुलकलो बूबा मरलोर।
दुरदसा चो मूर आपनेय के, बियाकुल ओगाय दखलो॥ २०॥

आपलो बेटा के बियाकुल दखुन, रानी समझाउक दखे।
जसन जरलो उपरे रानी, लोन रोकाउक दखे॥ २१॥
राजा बिचारतो लाइक नोआत, पुन-जस कमाउन गेला।
जिवना चो सपा भोग भोगुन, इंदरलोक गेला॥ २२॥
असन बिचारून सपा संगे, राज कर बिचार छांडुन।
घाव के जसन इंगरा छिवली, ओगाय भरत सुमुन॥ २३॥
धीरज धरून निनासते बललो, पापिन आस तुई।
कुल के सतयानास करलीस, सपा बाट ले तुई॥ २४॥
जनमते मोके मारून रतीस, मंसा जे रहे असन।
रूख गोंदुन पान के टेंडसीस, गुन आय तुचो असन॥ २५॥

१६१ सूरुजबंस बंस आय, बाबा दसरथ असन।
राम, लछमन भाई मोचो जनम देऊ माय असन॥ २६॥

कसन मोचो बुरई दखलीस, छाती नी फाटली तुचो।
बर माँगतोदाँय दुख नी होली, जीभ नी गलली तुचो॥ २७॥
तुचो मुंह ने कीड़ा नी पड़ली, भरोस कसन करला।
मरतो बेरा के जानुन भगवान, बुध के तिहँचो हरला॥ २८॥
मेहरार जात चो हिरदे चाल के, नी सकला जानुक भगवान।
सपा पाप कपट ले भरपूर, आत अवगुन खदान॥ २९॥
धरमी गुन चो सोज राजा, मेहरार चाल के काय जानत।
सवँसारे असन कोन जेके राम, जीव माहा नी लागत॥ ३०॥
सते सांग तुइ कोन आस एदाँय, जे राम बयरी तुचो।
जे आस ते आस मुहें मस थोपुन, आड़े जा आइँख ले मोचो॥ ३१॥

१६२ राम ले बइर धरु हिरदे ले भगवान, जनम करालोसे मोचो।
मोच माहा पापी कोन आसे, फोकहा दोस बलेंसे तुचो॥ ३२॥

आया चो कपट सुनुन सतरुघन चो, रीस ले देंह जरे।
गाहना पिंधुन कुबड़ी अमरली, दखते रीस ने भरे॥ ३६॥
बरतो आइग ने घीव पड़लो माहा, रीस बाढ़ली हुसने।
रीसे-रीसे कन्हेया ने लात दिलो, मुंहभरसा पड़ली हुसने॥ ३४॥
कन्हेया टूटली कपार, फूटली, दाँत टुटुन गेली।
मुंह बाट ले लहू दोहे, उठुन कुबड़ी बसली॥ ३५॥
हाय देव मयँ काम नसावले, भलइ चो फल पाएँसे।
एमनमन चो काम बनाले, गुने फल मयँ पाएँसे॥ ३६॥

कूबर टूटेउ फूट कपारू। दलित दसन मुख रुधिर प्रचारू॥
आह दइअ मैं काह नसावा। करत नीक फलु अनइस पावा॥ ३॥

सुनि रिपुहन लखि नख सिख खोटी। लगे घसीटन धरि धरि झोंटी॥
भरत दयानिधि दीन्हि छड़ाई। कौसल्या पहिं गे दोउ भाई॥ ४॥

दो०– मलिन बसन बिबरन बिकल कृस सरीर दुख भार।
कनक कलप बर बेलि बन मानहुँ हनी तुसार॥ १६३॥

चौ०– भरतहि देखि मातु उठि धाई। मुरुछित अवनि परी झइँ आई॥
देखत भरतु बिकल भए भारी। परे चरन तन दसा बिसारी॥ १॥

मातु तात कहँ देहि देखाई। कहँ सिय रामु लखनु दोउ भाई॥
कैकइ कत जनमी जग माझा। जौं जनमि त भइ काहे न बाँझा॥ २॥

कुल कलंकु जेहिं जनमेउ मोही। अपजस भाजन प्रियजन द्रोही॥
को तिभुवन मोहि सरिस अभागी। गति असि तोरि मातु जेहि लागी॥ ३॥

पितु सुरपुर बन रघुबर केतू। मैं केवल सब अनरथ हेतू॥
धिग मोहि भयउँ बेनु बन आगी। दुसह दाह दुख दूषन भागी॥ ४॥

दो०– मातु भरत के बचन मृदु सुनि पुनि उठी सँभारि।
लिए उठाइ लगाइ उर लोचन मोचति बारि॥ १६४॥

चौ०– सरल सुभाय मायँ हियँ लाए। अति हित मनहुँ राम फिरि आए॥
भेंटेउ बहुरि लखन लघु भाई। सोकु सनेहु न हृदयँ समाई॥ १॥

देखि सुभाउ कहत सबु कोई। राम मातु अस काहे न होई॥
माताँ भरतु गोद बैठारे। आँसु पोंछि मृदु बचन उचारे॥ २॥

अजहुँ बच्छ बलि धीरज धरहू। कुसमउ समुझि सोक परिहरहू॥
जनि मानहु हियँ हानि गलानी। काल करम गति अघटित जानी॥ ३॥

काहुहि दोसु देहु जनि ताता। भा मोहि सब बिधि बाम बिधाता॥
जो एतेहुँ दुख मोहि जिआवा। अजहुँ को जानइ का तेहि भावा॥ ४॥

दो०– पितु आयस भूषन बसन तात तजे रघुबीर।
बिसमउ हरषु न हृदयँ कछु पहिरे बलकल चीर॥ १६५॥

चौ०– मुख प्रसन्न मन रंग न रोषू। सब कर सब बिधि करि परितोषू॥
चले बिपिन सुनि सिय सँग लागी। रहइ न राम चरन अनुरागी॥ १॥

सुमुन सतरुघन मुंड-पायँ ले, तेके दुसट जानुन।
ओड़गोडुक मुरियालो चूंदी के धरुन, कपटी तेके जानुन॥ ३७॥
भरत दयावान छंडाउन दिला, गेला कौसिल्या लगे।
मयलाहा लुगा पिंधुन रहोत, रंग बदललो लागे॥ ३८॥

१६३ दुख ले देह सुखुन रहे, दखा देओत असन।
सोना चो कलपडीरा बन के, तुसार मारलीसे जसन॥ ३९॥

आया पराली भरत के दखुन, मूरछा खाउन पड़ली।
देह चो चेत भरत भुलकुन, पाएँ जाउन पड़ली॥ ४०॥
आया मोके बाबा के दखाव, कोनलग आसोत ते।
राम, सीता, लछमन के दखाव, केंव गेलासोत ते॥ ४१॥
सवँसारे कयकई जनम धरुन, काय काज इली।
भले हुन जनमाली आया, बांझिन कसन नी होली॥ ४२॥
जे कुल के कलंक लगाली, अपजस किरता होली।
मयादारमन चो बयरी हुन, मोके जनम दिली॥ ४३॥
तीनोंपुर ने मोचो माहा आभागा, नीआत आया कोनी।
जेचो किरता तेचो बले, असन गती होली॥ ४४॥
बाबा सरग ने भाई बन ने, केतू असन मयँ।
सपा दुरगती चो किरता होउन, दोसी बनलेसे मयँ॥ ४५॥

१६४ भरत गोठ सुनुन कौसिल्या उठली, आपन सम्हारुन भाती।
छाती संगे लेपटावली रानी, आसूँ भरुन भाती॥ ४६॥

असन पोटारली जसन राम, उल्टुन इलासोत बन ले।
सतरुघन के बले पोटारली, दुख मया खुबे मन ने॥ ४७॥
सपा लोग बलसोत दखुन, कौसिल्या चो टकर।
कसन ने नी होएदे असन, राम आया चो टकर॥ ४८॥
भरत के कोरा ने बसाउन भाती, मया ले बललीमाय।
धीरज धर कुबेरा दखुन, दुख के छांड काय॥ ४९॥
करम लिखा नी मेटे जानुन, दुख हानी नी मान।
भगवान सपा बाट ले उलटलो, असन तुई जान॥ ५०॥
काकेय दोस नी देस बेटा, जिएँसे इतरो ने बले।
कोन जानेसे इतरो ले आगर, अउर काय भाएदे बले॥ ५१॥

१६५ बाय हुकुम ने राम राज चो सपा, गाहन छांडुन दिलो।
गेरु कपड़ा पिंधुन दुख न हरीक, मन ले निकरुन गेलो॥ ५२॥

मुंह ने हरीक मने दुख नी रहे, गेलो ढाडुस करून।
पाँय चो सेउक सीता गेली, तिहँचो संग धरून॥ ५३॥

सुनतहिं लखनु चले उठि साथा। रहहिं न जतन किए रघुनाथा॥
तब रघुपति सबही सिरु नाई। चले संग सिय अरु लघु भाई॥ २॥

रामु लखनु सिय बनहि सिधाए। गइउँ न संग न प्रान पठाए॥
यहु सबु भा इन्ह आँखिन्ह आगें। तउ न तजा तनु जीव अभागें॥ ३॥

मोहि न लाज निज नेहु निहारी। राम सरिस सुत मैं महतारी॥
जिऐ मरै भल भूपति जाना। मोर हृदय सत कुलिस समाना॥ ४॥

दो०– कौसल्या के बचन सुनि भरत सहित रनिवासु।
ब्याकुल बिलपत राजगृह मानहुँ सोक नेवासु॥ १६६॥

चौ०– बिलपहिं बिकल भरत दोउ भाई। कौसल्याँ लिए हृदयँ लगाई॥
भाँति अनेक भरतु समुझाए। कहि बिबेकमय बचन सुनाए॥ १॥

भरतहुँ मातु सकल समुझाईं। कहि पुरान श्रुति कथा सुहाईं॥
छल बिहीन सुचि सरल सुबानी। बोले भरत जोरि जुग पानी॥ २॥

जे अघ मातु पिता सुत मारें। गाइ गोठ महिसुर पुर जारें॥
जे अघ तिय बालक बध कीन्हें। मीत महीपति माहुर दीन्हें॥ ३॥

जे पातक उपपातक अहहीं। करम बचन मन भव कबि कहहीं॥
ते पातक मोहि होहुँ बिधाता। जौं यहु होइ मोर मत माता॥ ४॥

दो०– जे परिहरि हरि हर चरन भजहिं भूतगन घोर।
तेहि कइ गति मोहि देउ बिधि जौं जननी मत मोर॥ १६७॥

चौ०– बेचहिं बेदु धरमु दुहि लेहीं। पिसुन पराय पाप कहि देहीं॥
कपटी कुटिल कलहप्रिय क्रोधी। बेद बिदूषक बिस्व बिरोधी॥ १॥

लोभी लंपट लोलुपचारा। जे ताकहिं परधनु परदारा॥
पावौं मैं तिन्ह कै गति घोरा। जौं जननी यहु संमत मोरा॥ २॥

जे नहिं साधुसंग अनुरागे। परमारथ पथ बिमुख अभागे॥
जे न भजहिं हरि नर तनु पाई। जिन्हहि न हरि हर सुजसु सोहाई॥ ३॥

तजि श्रुतिपंथु बाम पथ चलहीं। बंचक बिरचि बेष जगु छलहीं॥
तिन्ह कै गति मोहि संकर देऊ। जननी जौं यहु जानौं भेऊ॥ ४॥

सुनते लछमन निकरलो तुरते, खुबे थेबाए राम।
सपा चो पायँ पड़ुन निकरला, लछमन, सीता, राम॥ ५४॥
जीव पठाउक बल नी सकले, सपा के आइँख दखे।
इतरो ने बले जीव नी गेली, जीवत सपा के दखें॥ ५५॥
आपली मया काज लाज नीलागे, मयँ आँय राम चो आया।
जीवतो मरतो राजा खुबे जानला, होली पखना हिरदे काया॥ ५६॥

१६६ भरत संगे रनवास बोमरत, कौसिल्या गोठ के सुनुन।
दुख काज महल गागुक बसला, कलपना गोठ सुनुन॥ ५७॥

कलपुन गागत दुनों भाई, आया पोटारे तिहँके।
कई रकम ले समझाने जाए, गुन चो गोठ तिहँके॥ ५८॥
आयामन के समझातो काजे, आपन बलते जाए।
वेद-पुरान चो कहनीमन के, तिहँके सांगुन समझाए॥ ५९॥
हात जोड़ुन छल-छांडुन बललो, माय बाप बेटा के मारले।
बाम्हन गांव गाय कोठा के, होए जे आइग धराले॥ ६०॥
जे पाप होएसे बायले के मारले, मित के मोहरा दिले।
मन बोली करम के जितरो, नानी बड़े पाप करले॥ ६१॥
जितरो पाप कबीमन सांगसोत, हुन सपा मोके लागे।
जे ये मोचो सोर ने आया, ये गत करलोर लागे॥ ६२॥

१६७ जे संकर बिस्नू के छांडुन, भूत परेत के मानसोत।
हुनी गत मोचो होओ आया, जे आया संग मानसोत॥ ६३॥

लोग बेद के बेचुन खासोत, धरम के सारून देसोत।
दूसर चो चारी करेया लोग, दूसर के पापी बलसोत॥ ६४॥
कपटी कयराहा रिसहा आत, बेद के निंदरू लोग।
सवँसार ले जे बइर धरेसे, ललचाहा जीव लोग॥ ६५॥
पर चो बावले के टाकुन रसोत, मोचो जे हाथ एमें।
हुनमन माहा मयँ गती पाँय, जे काई जानें एमें॥ ६६॥
जेंके सतसंग ले मया नीआय, पर भलई ने नी आसोत।
मनुख देह पाउन भाती जे, भगवान के नी मानसोत॥ ६७॥
जेमन के भगवान चो कथा-कहनी, सुनुक बले नी भाएसे।
बेदरीती छांडुन उलटा जासोत, ठग जे छलते जाएसे॥ ६८॥
आया मयँ जे भेद जानेसे, संकर देओत मोके।
जे गती आया मयँ जे भेद जानेंसे, संकर देओत मोके॥ ६९॥

दो०– मातु भरत के बचन सुनि साँचे सरल सुभायँ।
कहति राम प्रिय तात तुम्ह सदा बचन मन कायँ॥ १६८॥

चौ०– राम प्रानहु तें प्रान तुम्हारे। तुम्ह रघुपतिहि प्रानहु तें प्यारे॥
बिधु बिष चवै स्त्रवै हिमु आगी। होइ बारिचर बारि बिरागी॥ १॥

भएँ ग्यानु बरु मिटै न मोहू। तुम्ह रामहि प्रतिकूल न होहू॥
मत तुम्हार यहु जो जग कहहीं। सो सपनेहुँ सुख सुगति न लहहीं॥ २॥

अस कहि मातु भरतु हिएँ लाए। थन पय स्त्रवहिं नयन जल छाए॥
करत बिलाप बहुत एहि भाँती। बैठेहिं बीति गइ सब राती॥ ३॥

बामदेउ बसिष्ठ तब आए। सचिव महाजन सकल बोलाए॥
मुनि बहु भाँति भरत उपदेसे। कहि परमारथ बचन सुदेसे॥ ४॥

दो०– तात हृदयँ धीरजु धरहु करहु जो अवसर आजु।
उठे भरत गुर बचन सुनि करन कहेउ सबु साजु॥ १६९॥

चौ०– नृपतनु बेद बिदित अन्हवावा। परम बिचित्र बिमानु बनावा॥
गहि पद भरत मातु सब राखी। रहीं रानि दरसन अभिलाषी॥ १॥

चंदन अगर भार बहु आए। अमित अनेक सुगंध सुहाए॥
सरजु तीर रचि चिता बनाई। जनु सुरपुर सोपान सुहाई॥ २॥

एहि बिधि दाह क्रिया सब कीन्ही। बिधिवत न्हाइ तिलांजुलि दीन्ही॥
सोधि सुमृति सब बेद पुराना। कीन्ह भरत दसगात बिधाना॥ ३॥

जहँ जस मुनिबर आयसु दीन्हा। तहँ तस सहस भाँति सबु कीन्हा॥
भए बिसुद्ध दिए सब दाना। धेनु बाजि गज बाहन नाना॥ ४॥

दो०– सिंघासन भूषन बसन अन्न धरनि धन धाम।
दिए भरत लहि भूमिसुर भे परिपूरन काम॥ १७०॥

चौ०– पितु हित भरत कीन्हि जसि करनी। सो मुख लाख जाइ नहिं बरनी॥
सुदिनु सोधि मुनिबर तब आए। सचिव महाजन सकल बोलाए॥ १॥

बैठे राजसभाँ सब जाई। पठए बोलि भरत दोउ भाई॥
भरतु बसिष्ठ निकट बैठारे। नीति धरममय बचन उचारे॥ २॥

प्रथम कथा सब मुनिबर बरनी। कैकइ कुटिल कीन्हि जसि करनी॥
भूप धरमब्रतु सत्य सराहा। जेहिं तनु परिहरि प्रेमु निबाहा॥ ३॥

१६८ सहज सत गोठ सुनुन कौसिल्या, भरत के बलली तुई।
मन करम बोली देइ ले, राम मया ने आसीस तुई॥ ७०॥

जीव ले आनर राम जीव आत, तुचो काजे बेटा।
हुसने राम काजे तुइ बले, जीव माहा आस बेटा॥ ७१॥
जोन बिस चुहालोंने बले, ओस आइग होले।
पानी ने रहू जीवमन बल, पानी के छांडलो ने बले॥ ७२॥
अउर गियान मिरलो ने बले, भले मोह नी जाए।
मान्तर न राम ले अलगुन भाती, तुचो बिचार नी जाए॥ ७३॥
एमें तुचो बल सोर आसे, सवँसारे जे बलेदे।
सपना ने बल सुख सुभगती, हुन पाउक नी सकेदे॥ ७४॥
भरत के पोटारली असन बलते, थन ले दूद बोहे।
रात गुलाय बसुन नहकाला, आइँख ले पानी बोहे॥ ७५॥
बसिष्ठ बामदेव उथा एउन, देवानमन के बलला।
बेरा दखुन सुंदर गोठ ले, भरत के समझाते बलला॥ ७६॥

१६९ आज जे काम करतोर आसे, कर तुई धीरुज धरून।
भरत जोड़ा करूक बललो, गुरु हुकुम सुनुन॥ ७७॥

बेद रीती ले राजा चो देह के, नवहाउन तियार करला।
लहास के नेतो काजे सुंदर, बिमान तियार करला॥ ७८॥
भरत थेबालो माय-मन के, तिहँचो पायँ धरुन।
सपा रानी दरसन लोभ ने, थेबला गोठ धरुन॥ ७९॥
चन्दन, धूप बारा-बानी चो, गंध चो दारु करला।
सरजू रेठे सरग निसेनी माहा, चिता तियार करला॥ ८०॥
जेलग जसन गुरु हुकुम होए, हुसने हजार करलो।
सुद्ध होउन भाती पाछे भरत, भारी दान-पुन करलो॥ ८१॥

१७० गाय, हाथी, घोड़ा, गादी, कपड़ा, भुँइ धन।
घर अनाज बाम्हन के दिला, हरीक तिहँचो मन॥ ८२॥

लाख मुँह बले सांगुक नी सके, भरत जे करनी करलो।
सुभ दिन देवान, महाजन चो, बसिष्ठ बलाव करलो॥ ८३॥
दुनों भाई के बलाउन भाती, राज दरबार बसला।
भरत के बसिष्ठ लगे बसाउन, धरम गोठ बलला॥ ८४॥
कयकई जे-जे करनी करली, गुरु सांगला सपा।
सहराला पाछे धरमी राजा चो, सत गुन के सपा॥ ८५॥
देंह के छांडुन दिला राज, राम मया उपरे।
राम चो गुन नया के बलला, जे रहे धरम उपरे॥ ८६॥

कहत राम गुन सील सुभाऊ। सजल नयन पुलकेउ मुनिराऊ॥
बहुरि लखन सिय प्रीति बखानी। सोक सनेह मगन मुनि ग्यानी॥ ४॥

दो०– सुनहु भरत भावी प्रबल बिलखि कहेउ मुनिनाथ।
हानि लाभु जीवनु मरनु जसु अपजसु बिधि हाथ॥ १७१॥

चौ०– अस बिचारि केहि देइअ दोसू। ब्यरथ काहि पर कीजिअ रोसू॥
तात बिचारु करहु मन माहीं। सोच जोगु दसरथु नृपु नाहीं॥ १॥

सोचिअ बिप्र जो बेद बिहीना। तजि निज धरमु बिषय लयलीना॥
सोचिअ नृपति जो नीति न जाना। जेहि न प्रजा प्रिय प्रान समाना॥ २॥

सोचिअ बयसु कृपन धनवानू। जो न अतिथि सिव भगति सुजानू॥
सोचिअ सूद्रु बिप्र अवमानी। मुखर मानप्रिय ग्यान गुमानी॥ ३॥

सोचिअ पुनि पति बंचक नारी। कुटिल कलहप्रिय इच्छाचारी॥
सोचिअ बटु निज ब्रतु परिहरई। जो नहिं गुर आयसु अनुसरई॥ ४॥

दो०– सोचिअ गृही जो मोह बस करइ करम पथ त्याग।
सोचिअ जती प्रंपच रत बिगत बिबेक बिराग॥ १७२॥

चौ०– बैखानस सोइ सोचै जोगू। तपु बिहाइ जेहि भावइ भोगू॥
सोचिअ पिसुन अकारन क्रोधी। जननि जनक गुर बंधु बिरोधी॥ १॥

सब बिधि सोचिअ पर अपकारी। निज तनु पोषक निरदय भारी॥
सोचनीय सबहीं बिधि सोई। जो न छाड़ि छलु हरि जन होई॥ २॥

सोचनीय नहिं कोसलराऊ। भुवन चारिदस प्रगट प्रभाऊ॥
भयउ न अहइ न अब होनिहारा। भूप भरत जस पिता तुम्हारा॥ ३॥

सांगते-सांगते मुनी आइँख, आँसू ले भरुन गेली।
लछमन सीता चो मया सांगते, मन मंगन होली॥ ८७॥
दुखी होउन बसिष्ठ मुनी, बलला भरत सुन।
होनी भगवान हाते आसे, नंगत जेके गुन॥ ८८॥

१७१ हानी-लाभ, जिवना-मरना, जस अपजस सपा।
जेके भगवान जसन देएसे, पासोत लोग सपा॥ ८९॥

काके दोस देओ बिचारुन, फोकह आय रीस होतोर।
बिचारतो लाइक दसरथ नोआत, असन बिचार करतोर॥ ९०॥
हुन बाम्हन चो बिचार करा, जे बेद गुन नी जाने।
धरम छांडुन भोग ने पड़ुन, करम के नी जाने॥ ९१॥
हुन राजा चो फिकर करा, जे नीती नी जाने।
आपलो रैयत के जीवमाहा, केबइ नी माने॥ ९२॥
हुनी धनी बनेया के बिचारा, जे जनम सूम आय।
सगा सहोदर के नी माने, संकर भक्ती नी भाय॥ ९३॥
हुन नीच काज बिचार करा, जे बाम्हन के नी माने।
गोठ बिता धमंडी मनुख, जे मान कराउक जाने॥ ९४॥
हुन मेहरार चो बिचार करा, जे मुनीस के छलते जाएसे।
झगड़ा कइर हमेस करेसे, झगड़ा जेके भाएसे॥ ९५॥
हुन बरमचारी चो बिचार करा, जे बरत छांडुन देएसे।
नी मानेसे गुरु हुकुम के, मन चो करुन देएसे॥ ९६॥

१७२ बिचारा असन कुटुम बिता के, जे करम छांडुन देएसे।
सन्यासी चो विचार करा जे, सबँसार ने पड़ुन देएसे॥ ९७॥

वानप्रस्थ हुनी बिचारतो लाइक, जे तप छांडुन देसोत।
सवँसारी लोग होउन भाती, भोग ने पड़ुन जासोत॥ ९८॥
परनिंदा करू के बिचारा, जे फोकहा रीस करेसे।
सपा रकम ले बिचारलो लाइक, जे दूसर चो बिगाड़ करेसे॥ ९९॥
माय, बाप, गुरु, भाइ, बंधु, संग, बइर हमेस करेसे।
आपलो देंह के पोसू लोग जे, काकेय दया नी करेसे॥ १००॥
हुन के सपा बाट ले बिचारा, जे छत्र के छांडुन भाती।
भगवान चो भक्ती नी करे, धरम ने रहुन भाती॥ १०१॥
अवध राजा दसरथ नोआत, बिचार करतो लाइक।
चवदा लोक ने मान तिहँचो, रहत हुसने लाइक॥ १०२॥
तुचो बूबा माहा कोनी नीआत, ए सवँसारे राजा।
आगे नी रहत अउर नी होदे, असन धरमी राजा॥ १०३॥

बिधि हरि हरु सुरपति दिसिनाथा। बरनहिं सब दसरथ गुन गाथा॥ ४॥

दो०– कहहु तात केहि भाँति कोउ करिहि बड़ाई तासु।
राम लखन तुम्ह सत्रुहन सरिस सुअन सुचि जासु॥ १७३॥

चौ०– सब प्रकार भूपति बड़भागी। बादि बिषादु करिअ तेहि लागी॥
यहु सुनि समुझि सोचु परिहरहू। सिर धरि राज रजायसु करहू॥ १॥

राँय राजपदु तुम्ह कहुँ दीन्हा। पिता बचनु फुर चाहिअ कीन्हा॥
तजे रामु जेहिं बचनहि लागी। तनु परिहरेउ राम बिरहागी॥ २॥

नृपहि बचन प्रिय नहिं प्रिय प्राना। करहु तात पितु बचन प्रवाना॥
करहु सीस धरि भूप रजाई। हइ तुम्ह कहँ सब भाँति भलाई॥ ३॥

परसुराम पितु अग्या राखी। मारी मातु लोक सब साखी॥
तनय जजातिहि जौबनु दयऊ। पितु अग्याँ अघ अजसु न भयऊ॥ ४॥

दो०– अनुचित उचित बिचारु तजि जे पालहिं पितु बैन।
ते भाजन सुख सुजस के बसहिं अमरपति ऐन॥ १७४॥

चौ०– अवसि नरेस बचन फुर करहू। पालहु प्रजा सोकु परिहरहू॥
सुरपुर नृपु पाइहि परितोषू। तुम्ह कहुँ सुकृतु सुजसु नहिं दोषू॥ १॥

बेद बिदित संमत सबही का। जेहि पितु देइ सो पावइ टीका॥
करहु राजु परिहरहु गलानी। मानहु मोर बचन हित जानी॥ २॥

सुनि सुखु लहब राम बैदेहीं। अनुचित कहब न पंडित केहीं॥
कौसल्यादि सकल महतारीं। तेउ प्रजा सुख होहिं सुखारीं॥ ३॥

परम तुम्हार राम कर जानिहि। सो सब बिधि तुम्ह सन भल मानिहि॥
सौंपेहु राजु राम के आएँ। सेवा करेहु सनेह सुहाएँ॥ ४॥

दो०– कीजिअ गुर आयसु अवसि कहहिं सचिव कर जोरि।
रघुपति आएँ उचित जस तस तब करब बहोरि॥ १७५॥

चौ०– कौसल्या धरि धीरजु कहई। पूत पथ्य गुर आयसु अहई॥
सो आदरिअ करिअ हित मानी। तजिअ बिषादु काल गति जानी॥ १॥

बन रघुपति सुरपति नरनाहू। तुम्ह एहि भाँति तात कदराहू॥
परिजन प्रजा सचिव सब अंबा। तुम्हही सुत सब कहँ अवलंबा॥ २॥

ब्रह्मा, बिस्नू, संकर, इंदर, दिगपाल जितरो आसोत।
दसरथ चो सपा गुन गावसोत, देव जितरो आसोत॥ १०४॥

१७३ सांग बेटा तिहँचो गुन के, कोन करे कसन।
जेचो बेटा राम, लछमन, भरत, सतरूघन जसन॥ १०५॥

सपा बाटले भागवान रहत, फोकहा दुख करतोर।
बिचार छांडुन हुकुम मानुन, तुके आसे करतोर॥ १०६॥
राजा गादी तुके दिलासोत, तेके सत तुई कर।
गोठ उपरे राम के छांडुन मरला, एकेय बिचार कर॥ १०७॥
जीव ले आगर गोठ के मानत, तुई बल सत कर।
सपा रकम ले भलइ आसे, हुकुम के मानुन कर॥ १०८॥
फरसू बाप चो हुकुम मानुन, माय के पुजून रहे।
सपा लोक साखी आसोत, जे हुन करून रहे॥ १०९॥
राजा ययाति चो बेटा के दख, जवानी देउन दिलो।
बाप हुकुम के मानुन हुन, काईं पाप नी करलो॥ ११०॥

१७४ निको-अडरा के नी बिचारून, जे बाप चो गोठ मानेसे।
सुख पाउन जस कमाउन, सरन दुआर जाएसे॥ १११॥

राजा चो गोठ के सत करूक, दुख के छांडुन देस।
रैयत के नंगत पोसुन भाती, सरग ने सुख देस॥ ११२॥
तुके बल सुंदर पुन मिरेदे, दोस नी लागेदे काईं।
बेद सास्तर ने बललोर आसे, संसो नोआय काईं॥ ११३॥
हुनचोय राजतिलक होएसे, बाप देएसे जेके।
दुख छांडुन गोठ के मान, हितू जानुन एके॥ ११४॥
राम-सीता बल सुनुन भाती, खुबे हरीक होदे।
रैयत मायमन बले भरत, खुबे हरीक होदे॥ ११५॥
राम संगे तुचो मया के जानुन, हुन बल नगद बलदे।
राज के सोपुन सेवा करसे, जसने फिरून एदे॥ ११६॥

१७५ हात जोड़ुन देवान बलला, गुरू हुकुम माना।
राम इलोने जे नंगत लागेदे, करासे एबे माना॥ ११७॥

कौसिल्या धीरज धरून बलली, गुरु हुकुम नंगत आय।
मान करतोर आय हित जानुन, हुकुम मानतोर आय॥ ११८॥
बेरा दखुन सपा दुख के, छांडुन देतोर आय।
राम बने राजा सरगपुर, दंदरई कसन आय॥ ११९॥
कुटुम रैयत राम मायमन चो, एकलो आसीस तुई।
भगवान चो कठोर उलटलो बेरा, धीरज धर तुई॥ १२०॥

लखि बिधि बाम कालु कठिनाई। धीरजु धरहु मातु बलि जाई॥
सिर धरि गुर आयसु अनुसरहू। प्रजा पालि परिजन दुखु हरहू॥ ३॥

गुर के बचन सचिव अभिनंदनु। सुने भरत हिय हित जनु चंदनु॥
सुनी बहोरि मातु मृदु बानी। सील सनेह सरल रस सानी॥ ४॥

छं०– सानी सरल रस मातु बानी सुनि भरत ब्याकुल भए।
लोचन सरोरुह स्रवत सींचत बिरह उर अंकुर नए॥
सो दसा देखत समय तेहि बिसरी सबहि सुधि देह की।
तुलसी सराहत सकल सादर सीवँ सहज सनेह की॥

सो०– भरतु कमल कर जोरि धीर धुरंधर धीर धरि।
बचन अमिअँ जनु बोरि देत उचित उत्तर सबहि॥ १७६॥

मासपारायण, अठारहवाँ विश्राम

चौ०– मोहि उपदेसु दीन्ह गुर नीका। प्रजा सचिव संमत सबही का॥
मातु उचित धरि आयसु दीन्हा। अवसि सीस धरि चाहउँ कीन्हा॥ १॥

गुर पितु मातु स्वामि हित बानी। सुनि मन मुदित करिअ भलि जानी॥
उचित कि अनुचित किएँ बिचारू। धरमु जाइ सिर पातक भारू॥ २॥

तुम्ह तौ देहु सरल सिख सोई। जो आचरत मोर भल होई॥
जद्यपि यह समुझत हउँ नीकें। तदपि होत परितोषु न जी कें॥ ३॥

अब तुम्ह बिनय मोरि सुनि लेहू। मोहि अनुहरत सिखावनु देहू॥
ऊतरु देउँ छमब अपराधू। दुखित दोष गुन गनहिं न साधू॥ ४॥

दो०– पितु सुरपुर सिय रामु बन करन कहहु मोहि राजु।
एहि तें जानहु मोर हित कै आपन बड़ काजु॥ १७७॥

चौ०– हित हमार सियपति सेवकाई। सो हरि लीन्ह मातु कुटिलाई॥
मैं अनुमानि दीख मन माहीं। आन उपायँ मोर हित नाहीं॥ १॥

गुरु हुकुम के माथा चेघाउन, हुसने कारज कर।
रैयत के साहा होउन भाती, कुटुम दुख के हर॥ १२१॥
गुरु हुकुम देवान चो गोठ, भरत सपा सुनलो।
सपा संगे चंदन माहा सीतर, कौसिल्या चो सुनलो॥ १२२॥
सहज सुसार गोठ माय के सुनुन, बियाकुल होलो भरत।
आइँख ले पानी बोहाउन टेंडे, मन चो गाजा के भरत॥ १२३॥
हुनचो गत के दखुन लोग, देह के भुलकुल गेला।
तुलसी टकर आरु मया के, सपा सहराते गेला॥ १२४॥

१७६ पूड़न माहा हात जोड़ुन भाती, धरम के मानू भरत।
गोठ के अमरित ने बुड़ाउन, बलुक होलो भरत॥ १२५॥

गुरु नंगत सीख दिला, रैयत-देवान मानसोत।
आया हुकुम दिली नंगत, जसन सपा जानसोत॥ १२६॥
सपा गोठ नंगत जानुन, मुंडे चेघाउक दखेंसे।
जितरो बले तुमी बलासीस, अवस करूक दखेंसे॥ १२७॥
कायकाज कि गुरू माय-बाप, मालिक संगी चो गोठ।
सुनुन-जानुन समझुन हरीक, मान्तोर आय गोठ॥ १२८॥
निको-अउरा चो बिचार करले, धरम उठुन जाएसे।
ऊपर ले मुंड ऊपरे भारी, पाप पड़ते जाएसे॥ १२९॥
तुमी हुनी सहज गुन के, मोके सांगासीस।
जेके करलोने भलई होएदे, असन बलासीस॥ १३०॥
असन मयँ बल सपा गोठ के, नंगत समझेंसे।
मान्तर मोचो ए मन के, बिचार नी एएसे॥ १३१॥
एदाँय तुमी बिन्ती सुनुन, लाइक गुन के दिआ।
जवाब बसुन मयँ करेंसे, दोस के माफी दिआ॥ १३२॥
गुन दोस काईं नी दखत साधू, दुख ने पड़लो चो।
पिला जामुन माफी दिआसे, मोचो बललो चो॥ १३३॥

१७७ बाबा सरग ने राम बन ने, बला सीस राज करुक।
आपलो काईं बड़े काम कि, मोचो भलई दखुक॥ १३४॥

मोचो भलई सीता चो मालिक, राम सेवा ने आसे।
आया चो कपट ले जेके, मोचोले झीकलोर आसे॥ १३५॥
मयँ आपलो मन ने बिचारून, सपा के दखलेसे।
भलइ नीआय काईं ने बले, उपाय दखलेसे॥ १३६॥
सीता, राम, लछमन चो पायँ के, ये आइँख दखलो बिगर।
दुख ने बुड़लोर राज सपा, कोन गिनो तिहँचो बिगर॥ १३७॥

सोक समाजु राजु केहि लेखें। लखन राम सिय बिनु पद देखें॥
बादि बसन बिनु भूषन भारू। बादि बिरति बिनु ब्रह्मबिचारू॥ २॥

सरुज सरीर बादि बहु भोगा। बिनु हरिभगति जायँ जप जोगा॥
जायँ जीव बिनु देह सुहाई। बादि मोर सबु बिनु रघुराई॥ ३॥

जाउँ राम पहिं आयसु देहू। एकहिं आँक मोर हित एहू॥
मोहि नृप करि भल आपन चहहू। सोउ सनेह जड़ता बस कहहू॥ ४॥

दो०– कैकेई सुअ कुटिलमति राम बिमुख गतलाज।
तुम्ह चाहत सुखु मोहबस मोहि से अधम कें राज॥ १७८॥

चौ०– कहउँ साँचु सब सुनि पतिआहू। चाहिअ धरमसील नरनाहू॥
मोहि राजु हठि देइहहु जबहीं। रसा रसातल जाइहि तबहीं॥ १॥

मोहि समान को पाप निवासू। जेहि लगि सीय राम बनबासू॥
रायँ राम कहुँ काननु दीन्हा। बिछुरत गमनु अमरपुर कीन्हा॥ २॥

मैं सठु सब अनरथ कर हेतू। बैठ बात सब सुनउँ सचेतू॥
बिनु रघुबीर बिलोकि अबासू। रहे प्रान सहि जग उपहासू॥ ३॥

राम पुनीत बिषय रस रूखे। लोलुप भूमि भोग के भूखे॥
कहँ लगि कहौं हृदय कठिनाई। निदरि कुलिसु जेहिं लही बड़ाई॥ ४॥

दो०– कारन तें कारजु कठिन होइ दोसु नहिं मोर।
कुलिस अस्थि तें उपल तें लोह कराल कठोर॥ १७९॥

चौ०– कैकेई भव तनु अनुरागे। पावँर प्रान अघाइ अभागे॥
जौं प्रिय बिरहँ प्रान प्रिय लागे। देखब सुनब बहुत अब आगे॥ १॥

लखन राम सिय कहुँ बनु दीन्हा। पठइ अमरपुर पति हित कीन्हा॥
लीन्ह बिधवपन अपजसु आपू। दीन्हेउ प्रजहि सोकु संतापू॥ २॥

मोहि दीन्ह सुखु सुजसु सुराजू। कीन्ह कैकईं सब कर काजू॥
एहि तें मोर काह अब नीका। तेहि पर देन कहहु तुम्ह टीका॥ ३॥

जसन कपड़ा बिगर गाहना बोझ, एकेदाँय फोकहा आय।
ब्रह्म चो बिचार बैराग बिगर, सपा फोकहा आय॥ १३८॥
रोगी काजे सपा भोग जसन, फोकहा होउन जाएसे।
भगवान चो भक्ती बिगर, जपतप फोकहा होएसे॥ १३९॥
जीव नी रले जसन देंह, एकेदाँय फोकहा लागे।
हुसने मोके रघुनाथ बिगर, सपा फोकहा लागे॥ १४०॥
हुकुम दिआ मयँ बलेसे एबे, राम लगे जाएँदे।
पक्की सांगेसे एइ ने मोचो, जीव ने लाभ पाएँदे॥ १४१॥
जे आपलो भलइ दखासीस, राज चो राजा बनाउन।
मया मोह ने पडुन बलासीस, तुमन सपा होउन॥ १४२॥

१७८ कयकइ बेटा कपटी बुध चो, नीलज अलग राम ले।
मोह ने सुख तुमी दखासीस, मो चो नीच राज ले॥ १४३॥

बिसवास करा मय सत बलेंसे, होतोर आय धरमी राजा।
पिरथी पताल ने धसुन जाएदे, जे मोके बनावासे राजा॥ १४४॥
मोचो माहा कोन पापी होएदे, जेचो काजे असन होली।
जेचो किरता सीता-राम के, बन जातोर होली॥ १४५॥
राजा राम के बन दिला, ते बल छांडते-खान।
सरगपुर आपन उठुन गेला, राम के छांडले-खान॥ १४६॥
दुसर अनरथ किरता मयँ आँय, चेत ले सुनेंसे सपा।
सवँसारे निंदरना सहुन बिगर, रघुबीर दखेंसे सपा॥ १४७॥
बले ये जीव देह ने आसे, राम रस ने सामुन नी आय।
भूमी भोग भूख चो बिसम, रस ने सामलो आय॥ १४८॥
आपलो हिरदे चो कटरपन के, कितरो सांगेंदे एथा।
जे बजर के निंदरुन भाती, मान पाएसे एथा॥ १४९॥

१७९ किरता ले कारज कठिन होए से, मोच दोस नोआय।
हाड़ा ले बजर पखनाले लोहा, अटपट कठोर आय॥ १५०॥

कयकई ले जनमलो देह ले मया करु, भरपेट अभागा आय।
मयादार ले छांडी होउन बले, जीव मया के भाय॥ १५१॥
दखेंदे-सुनेंदे खुदे काई अउर, तीनों के बन दिली।
मुनीस के सरगपुर पठाउन भाती, मुनीस चो भलई करली॥ १५२॥
रांडीपन चो अपजस धरुन, रैयत के दुख दी ली।
मोचो काजे नंगत जस सुख संगे, नंगत राज के दिली॥ १५३॥
कयकई सपा चो काम बनाली, फेर अउर काय नंगत।
मोचो काज गादी देउक बलासीस, जे आय सही नंगत॥ १५४॥

कैकइ जठर जनमि जग माहीं। यह मोहि कहँ कछु अनुचित नाहीं॥
मोरि बात सब बिधिहिं बनाई। प्रजा पाँच कत करहु सहाई॥ ४॥

दो०– ग्रह ग्रहीत पुनि बात बस तेहि पुनि बीछी मार।
तेहि पिआइअ बारुनी कहहु काह उपचार॥ १८०॥

चौ०– कैकइ सुअन जोगु जग जोई। चतुर बिरंचि दीन्ह मोहि सोई॥
दसरथ तनय राम लघु भाई। दीन्हि मोहि बिधि बादि बड़ाई॥ १॥

तुम्ह सब कहहु कढ़ावन टीका। राय रजायसु सब कहँ नीका॥
उतरु देउँ केहि बिधि केहि केही। कहहु सुखेन जथा रुचि जेही॥ २॥

मोहि कुमातु समेत बिहाई। कहहु कहिहि के कीन्ह भलाई॥
मो बिनु को सचराचर माहीं। जेहि सिय रामु प्रानप्रिय नाहीं॥ ३॥

परम हानि सब कहँ बड़ लाहू। अदिनु मोर नहिं दूषन काहू॥
संसय सील प्रेम बस अहहू। सबुइ उचित सब जो कछु कहहू॥ ४॥

दो०– राम मातु सुठि सरलचित मो पर प्रेमु बिसेषि।
कहइ सुभाय सनेह बस मोरि दीनता देखि॥ १८१॥

चौ०– गुर बिबेक सागर जगु जाना। जिन्हहि बिस्व कर बदर समाना॥
मो कहँ तिलक साज सज सोऊ। भएँ बिधि बिमुख बिमुख सबु कोऊ॥ १॥

परिहरि रामु सीय जग माहीं। कोउ न कहिहि मोर मत नाहीं॥
सो मैं सुनब सहब सुखु मानी। अंतहुँ कीच तहाँ जहँ पानी॥ २॥

डरु न मोहि जग कहिहि कि पोचू। परलोकहु कर नाहिन सोचू॥
एकइ उर बस दुसह दवारी। मोहि लगि भे सिय रामु दुखारी॥ ३॥

जीवन लाहु लखन भल पावा। सबु तजि राम चरन मनु लावा॥
मोर जनम रघुबर बन लागी। झूठ काह पछिताउँ अभागी॥ ४॥

कयकई पेट ले जनमू काजे, काईं अडरा नो धाय।
सपा गोठ जे मोचो आसे, भगवान बनालो आय॥ १५५॥
कायकाजे साहा होवासीस, रैयत पंच मोके।
कुगरह लागलीसे उपरे बाय चो, रोग धरली से जेके॥ १५६॥

१८० बिछू मारले के काय मंद पिआतोर, उपाय करतोर रहे।
कयकई बेटा काज सवँसारे, काई बल लाइक रहे॥ १५७॥

नंगत बिचारुन भाती चतुर, भगवान मोके दिलो।
दसरथ बेटा राम भाई होतोर, जस फोकहा दिलो॥ १५८॥
बलासीस मोके टीका कराउक, राजा हुकुम नंगत आय।
कसन रकम चो काके काके, जवाब करु आयँ॥ १५९॥
जेचो जसन मंसा हुसन, सुख ले करा तुमी।
मोके कयकई के छांडुन कोन, बलेदे नंगत नी होली॥ १६०॥
सवँसारे मोके छांड़ुन को न, जड़ जीव अउर आसे।
जेके सीताराम जीव माहा, हमेस मया नी लागे॥ १६१॥
जेमें हानी सपा के लाभ दिखे, मोचो दिन नसलो के जाना।
एमें काचोइ दोस नोआय, एके तुमी सत माना॥ १६२॥
जेबल बलासीस तुमन एथा, सपाय नंगत आय।
मया टकर सरन हाते, तुमन पड़लो आहास॥ १६३॥

१८१ सहज हिरदे चो राम आया, मया करसोत हुन।
मया टकर ने पड़ुन बलसोत, मोचो गत दखुन॥ १६४॥

गुरु गियान चो समुंद आत, सवँसार जानेसे एके।
बोइर माहा सवँसार के हाते, राखुन भाती दखे॥ १६५॥
गादी जोड़ा तेमन बले, उमडुन करते जासोत।
सत आय जेके भगवान छांडेसें, सपा छांडते जासोत॥ १६६॥
राम सीता के छांडुन सवँसारे, अस न कोनी नी बलदे।
ये अनरथ ने मोचो हात नी आय, असन जानुन बलदे॥ १६७॥
सुख ले सुनुन मयँ सहेंदे, कायकाज कि असन होएसे।
जेलग पानी भरलोर आसे, उथाय चिखला होएसे॥ १६८॥
मोके काईं फिकर नीआय, सवँसार अडरा बलदे।
मोके फिकर परलोक चो, जे नसुन जाएदे॥ १६९॥
हिरदे ने अवगो नी सहतो लाइक, आइग भड़केसे।
सीताराम के मोचोय किरता, दुख सहुक पड़ेसे॥ १७०॥
जिवना लाभ लछमन पावलो, जे राम पायँ ने आसे।
मोचो जनम काज पछतायँ, जे राम बन काज आसे॥ १७१॥

दो०– आपनि दारुन दीनता कहउँ सबहि सिरु नाइ।
देखें बिनु रघुनाथ पद जिय कै जरनि न जाइ॥ १८२॥

चौ०– आन उपाउ मोहि नहिं सूझा। को जिय कै रघुबर बिनु बूझा॥
एकहिं आँक इहइ मन माहीं। प्रातकाल चलिहउँ प्रभु पाहीं॥ १॥

जद्यपि मैं अनभल अपराधी। भै मोहि कारन सकल उपाधी॥
तदपि सरन सनमुख मोहि देखी। छमि सब करिहहिं कृपा बिसेषी॥ २॥

सील सकुच सुठि सरल सुभाऊ। कृपा सनेह सदन रघुराऊ॥
अरिहुक अनभल कीन्ह न रामा। मैं सिसु सेवक जद्यपि बामा॥ ३॥

तुम्ह पै पाँच मोर भल मानी। आयसु आसिष देहु सुबानी॥
जेहिं सुनि बिनय मोहि जनु जानी। आवहिं बहुरि रामु रजधानी॥ ४॥

दो०– जद्यपि जनमु कुमातु तें मैं सठु सदा सदोस।
आपन जानि न त्यागिहहिं मोहि रघुबीर भरोस॥ १८३॥

चौ०– भरत बचन सब कहँ प्रिय लागे। राम सनेह सुधाँ जनु पागे॥
लोग बियोग बिषम बिष दागे। मंत्र सबीज सुनत जनु जागे॥ १॥

मातु सचिव गुर पुर नर नारी। सकल सनेहँ बिकल भए भारी॥
भरतहि कहहिं सराहि सराही। राम प्रेम मूरति तनु आही॥ २॥

तात भरत अस काहे न कहहू। प्रान समान राम प्रिय अहहू॥
जो पावँरु अपनी जड़ताईं। तुम्हहि सुगाइ मातु कुटिलाईं॥ ३॥

सो सठु कोटिक पुरुष समेता। बसिहि कलप सत नरक निकेता॥
अहि अघ अवगुन नहिं मनि गहई। हरइ गरल दुख दारिद दहई॥ ४॥

दो०– अवसि चलिअ बन रामु जहँ भरत मंत्रु भल कीन्ह।
सोक सिंधु बूड़त सबहि तुम्ह अवलंबनु दीन्ह॥ १८४॥

१८२ सपा के मुंड लवाँउन भाती, दारदिर होउन बलेंसे।
राम पायँ दरस बिगर जीवचो, डाहा सारूक नी सकेंसे॥ १७२॥

मोके कोनी बाट दखानी देए, कोन जानेदे मन चो।
बिगर राम चो नी जानदे, जे आसे मोचो मन चो॥ १७३॥
मोचो मन ने गोटकी टेक, उमडुन भाती आसे।
बिहान पहाते राम बाटे, उठुन जातोर आसे॥ १७४॥
भले अडरा आँय अपराध करले, होली मोचोय काजे।
किरपा करदे राम माफी देऊन, सरन पड़लोने आगे॥ १७५॥
दया मया सहज टकर चो, किरपा चो धाम आत।
बयरी चो बल बिगाड़ नी करत, दयावान राम आत॥ १७६॥
भले कितरो बाकटा होले बल, जानसोत राम मोके।
तिहँचो पायँ चो सेउक मयँ, पिला मानसोत मोके॥ १७७॥
तुमी पंच मोचो भलइ काज, सुसार बोली बलुन।
आसीरबाद आरु हुकुम दिआ, मोचो बिन्ती सुनुन॥ १७८॥

१८३ आपलो सेउक जानुन मोके, राम फिरुन एओत।
कुमाता ले मोचो जनम होलीसे, बलुन चेत नी देओत॥ १७९॥

मयँ दोसी दुसट बले बल, राम चो भरोसा आसे।
केबईं नी तियागदे मानुन, मोके भरोसा आसे॥ १८०॥
सपा के नंगत लागली सुनुन, गोठ भरत चो।
राम मया माहा मिसालो रहें, गोठ अमरित चो॥ १८१॥
राम छांडलो बिसम बिस ले, सपा जरून रहोत।
बीज मंतर कान ने पड़ते, चेतला जे सोउन रहोत॥ १८२॥
देवान, माय, गुरू, रैयत सपा, बियाकुल मया ने होला।
राम मया चो मूरित जानुन, सहराते चारचा करला॥ १८३॥
राम चो जीव तुमी आहास, असन नी बलासे कसन।
नीच मूरुख तुमके माय गुन उपरे, भरम करदे असन॥ १८४॥
हुन दुसट कोटि पुरखा संगे, सौ कलप लगले।
नरक ने पड़ुन बास करेदे, भरम सरत ले॥ १८५॥
साँप के पाप अवगुन के मनी, केबई नी धरे।
दुख दारदिर भसम करेसे, बिस के बल हरे॥ १८६॥

१८४ राम लगे आमी सपा जावाँ, नंगत के दि चारलीस।
दुख समुंद ने बूड़तो लोग के, साहा तुईं होलीस॥ १८७॥

चौ०– भा सब कें मन मोदु न थोरा। जनु घन धुनि सुनि चातक मोरा॥
चलत प्रात लखि निरनउ नीके। भरतु प्रानप्रिय भे सबही के॥ १॥

मुनिहि बंदि भरतहि सिरु नाई। चले सकल घर बिदा कराई॥
धन्य भरत जीवनु जग माहीं। सीलु सनेहु सराहत जाहीं॥ २॥

कहहिं परसपर भा बड़ काजू। सकल चलै कर साजहिं साजू॥
जेहि राखहिं रहु घर रखवारी। सो जानइ जनु गरदनि मारी॥ ३॥

कोउ कह रहन कहिअ नहिं काहू। को न चहइ जग जीवन लाहू॥ ४॥

दो०– जरउ सो संपति सदन सुखु सुहृद मातु पितु भाइ।
सनमुख होत जो राम पद करै न सहस सहाइ॥ १८५॥

चौ०– घर घर साजहिं बाहन नाना। हरषु हृदयँ परभात पयाना॥
भरत जाइ घर कीन्ह बिचारू। नगरु बाजि गज भवन भँडारू॥ १॥

संपति सब रघुपति कै आही। जौं बिनु जतन चलौं तजि ताही॥
तौ परिनाम न मोरि भलाई। पाप सिरोमनि साइँ दोहाई॥ २॥

करइ स्वामि हित सेवकु सोई। दूषन कोटि देइ किन कोई॥
अस बिचारि सुचि सेवक बोले। जे सपनेहुँ निज धरम न डोले॥ ३॥

कहि सबु मरमु धरमु भल भाषा। जो जेहि लायक सो तेहिं राखा॥
करि सबु जतनु राखि रखवारे। राम मातु पहिं भरतु सिधारे॥ ४॥

दो०– आरत जननी जानि सब भरत सनेह सुजान।
कहेउ बनावन पालकीं सजन सुखासन जान॥ १८६॥

चौ०– चक्क चक्कि जिमि पुर नर नारी। चहत प्रात उर आरत भारी॥
जागत सब निसि भयउ बिहाना। भरत बोलाए सचिव सुजाना॥ १॥

* भरत चो रैयत संगे बन जातोर *

सपा चो मन हरीक होली, दखले लागे असन।
बादरी गरजना के सुनुन होसोत, चातक मंजूर जसन॥ १॥
बिहाने जातो चो गोठ सुनुन, पुर चो सपाय लोग।
जीव ले आगर भरत के, बनाला सपाय लोग॥ २॥
मुनी बसिष्ठ चो बिली करून, भरत पायँ लागुन।
घरे गेला सपा आपलो, उथा ले बिदा मांगुन॥ ३॥
सवँसारे भरत चो जिवना धन, लो न जासोत बलते।
हुनचो गुन मया टकर के, नी थाकत सहराते॥ ४॥
बड़े काम मन चो होली, आपलो लोग ने बलत।
दंदरून भाती राग जातो काज, घर-घर जोड़ा करत॥ ५॥
राखा काजे जेके बलत, मन ने हुन जाने।
मोचो टोडरी के मारला बलते, मनेमन माने॥ ६॥
काकेय नी बला थेबतो काजे, कोनी-कोनी बलत।
जीवना लाभ काके नी भाए, सपा संगे चलत॥ ७॥

१८५ हुन घर सुख बाप, माय, भाई, जरून जाओ सपाय।
जे हाँसते राम चो पुरे, साहा होउक नी जाय॥ ८॥

हरीक मन ले घर-घर लोग, बाहन जोड़ा करसोत।
सपा चो मन हरीक होएसे, बिहाने जाऊँदे बलसोत॥ ९॥
भरत आपन विचार करलो, महल खजाना सपाय।
रघुपति चो आय ये धन, रखा करतोर आय॥ १०॥
जाहला छांडुन जाते गेले, भलई नी आय मोचो।
पाप ने बड़े पाप होएदे, बरबाद होलो ने एचो॥ ११॥
सेउक हुनी जे मालिक चो, हित ने करेसे सेवा।
दोस कितरोय दिलोने बले, सेवा ले मिरेसे मेवा॥ १२॥
सपना ने बले जे आपलो धरम, नी नसाउन रहोत।
हुसने लाइक लोग के दखुन, बुतामन के सोंपत॥ १३॥
सपा लगे रखवार राखुन, नंगत सम्हराउन भाती।
कौसिल्या आया लगे गेला, सपा समझाउन भाती॥ १४॥

१८६ आयामन के दुखी दखुन, डोला सम्हराउक बललो।
सुख आसन पालकी जातो-काजे, तियार करुक बललो॥ १५॥

चकोर-चकोरी माहा लोग, बिहान पहातो के दखत।
चेता रते बिहान पहाली, देवान के बललो भरत॥ १६॥

कहेउ लेहु सबु तिलक समाजू। बनहिं देब मुनि रामहि राजू॥
बेगि चलहु सुनि सचिव जोहारे। तुरत तुरग रथ नाग सँवारे॥ २॥

अरुंधती अरु अगिनि समाऊ। रथ चढ़ि चले प्रथम मुनिराऊ॥
बिप्र बृंद चढ़ि बाहन नाना। चले सकल तप तेज निधाना॥ ३॥

नगर लोग सब सजि सजि जाना। चित्रकूट कहँ कीन्ह पयाना॥
सिबिका सुभग न जाहिं बखानी। चढ़ि चढ़ि चलत भईं सब रानी॥ ४॥

दो०– सौंपि नगर सुचि सेवकनि सादर सकल चलाइ।
सुमिरि राम सिय चरन तब चले भरत दोउ भाइ॥ १८७॥

चौ०– राम दरस बस सब नर नारी। जनु करि करिनि चले तकि बारी॥
बन सिय रामु समुझि मन माहीं। सानुज भरत पयादेहिं जाहीं॥ १॥

देखि सनेहु लोग अनुरागे। उतरि चले हय गय रथ त्यागे॥
जाइ समीप राखि निज डोली। राम मातु मृदु बानी बोली॥ २॥

तात चढ़हु रथ बलि महतारी। होइहि प्रिय परिवारु दुखारी॥
तुम्हरें चलत चलिहि सबु लोगू। सकल सोक कृस नहिं मग जोगू॥ ३॥

सिर धरि बचन चरन सिरु नाई। रथ चढ़ि चलत भए दोउ भाई॥
तमसा प्रथम दिवस करि बासू। दूसर गोमति तीर निवासू॥ ४॥

दो०– पय अहार फल असन एक निसि भोजन एक लोग।
करत राम हित नेम ब्रत परिहरि भूषन भोग॥ १८८॥

चौ०– सई तीर बसि चले बिहाने। सृंगबेरपुर सब निअराने॥
समाचार सब सुने निषादा। हृदयँ बिचार करइ सबिषादा॥ १॥

कारन कवन भरतु बन जाहीं। है कछु कपट भाउ मन माहीं॥
जौं पै जियँ न होति कुटिलाई। तौ कत लीन्ह संग कटकाई॥ २॥

राम चो तिलक करतो काजे, जोड़ा संगे धरा।
गुरु महराज तिलक करदे, असन उआट करा॥ १७॥
हाथी रथ सजाते गेला, देवान बन्ती करुन।
तियार होला बन जाउक, देव के बिन्ती करुन॥ १०॥
गुरु गुरुमाय सपा जोड़ा संग, रथ ने सवार होला।
पाछे बाम्हन तपसी लोग, असवार होउन चलला॥ १९॥
चितरकूट बाट निकरला लोग, राज चो रथ सजाउन।
सांगुक नी होय असन डोला ने, रानी निसकला बसुन॥ २०॥

१८७ भरोसा चो लोग के राज सोपुन, सपा लोग के बिनाउन।
निकरला भरत सतरुधन, राम पायँ के सुमरुन॥ २१॥

राम दरसन लालच ने पड़ुन, मनुख मेहरार असन।
पियास हाथी हथनी पानी के, दखुन जासोत जसन॥ २२॥
सीताराम बन हिंडते गेला, सप सुख के छांड़ुन।
सतरुधन संगे हिंडते जासोत, भरत मया ने पड़ुन॥ २३॥
भरत चो मया के दखुन लोग, मया ने मंगन होला।
सपाय हुसने हिंडुक धरला, बाहन छांडुन दिला॥ २४॥
राम आया भरत लगे, पालकी उबा कराउन।
मया ले सुसार गोठ बलली, भरत के समझाउन॥ २५॥
बेटा मयँ तुचो दुख के धरें, रथ ने बस मानुन।
नाहले कुटुम लोग दुखी होदे, मान मोचो जानुन॥ २६॥
दुख ने सपा चो सकत गेलीसे, तुचो हिंडलो ने लोग।
हिंडतो लाइक नीआत बलेबल, हिंडते रदे लोग॥ २७॥
आया हुकुम मुंडे चेघाउन, पायँ पड़ला दुनों।
फेर आपलो रथ ने बसुन, चलला संगे दुनों॥ २८॥
पहिल तमसा डेरा करला, दूसर गोमती रेठे।
पाक फर कोनी खाउन आसोत, कोनी गोरस पीते॥ २९॥

१८८ गाहना-कपड़ा छांड़ुन भाती, राम काज नेम करत।
कोनी-कोनी ऐके पहार, खाउन उपास रहत॥ ३०॥

सई नंदी रेठे थेबुन बिहाने, उथा ले निकरुन गेला।
सपा लोग संगे सिंगबेरपुर, भरत अमरुन गेला॥ ३१॥
हाल के जसने निसाद सुनलो, दुखी बिचार करे।
कसन ने भरत बन जाएसे, फेर ये काय करे॥ ३२॥
मने काईं बल कपट होएदे, नाहले असन-कसन।
जे काईं कपट नी रलोने, फउद संगे कसन॥ ३३॥

जानहिं सानुज रामहि मारी। करउँ अकंटक राजु सुखारी॥
भरत न राजनीति उर आनी। तब कलंकु अब जीवन हानी॥ ३॥

सकल सुरासुर जुरहिं जुझारा। रामहि समर न जीतनिहारा॥
का आचरजु भरतु अस करहीं। नहिं बिष बेलि अमिअ फल फरहीं॥ ४॥

दो०– अस बिचारि गुहँ ग्याति सन कहेउ सजग सब होहु।
हथवाँसहु बोरहु तरनि कीजिअ घाटारोहु॥ १८९॥

चौ०– होहु सँजोइल रोकहु घाटा। ठाटहु सकल मरै के ठाटा॥
सनमुख लोह भरत सन लेऊँ। जिअत न सुरसरि उतरन देऊँ॥ १॥

समर मरनु पुनि सुरसरि तीरा। राम काजु छनभंगु सरीरा॥
भरत भाइ नृपु मैं जन नीचू। बड़ें भाग असि पाइअ मीचू॥ २॥

स्वामि काज करिहउँ रन रारी। जस धवलिहउँ भुवन दस चारी॥
तजउँ प्रान रघुनाथ निहोरें। दुहूँ हाथ मुद मोदक मोरें॥ ३॥

साधु समाज न जाकर लेखा। राम भगत महुँ जासु न रेखा॥
जायँ जिअत जग सो महि भारू। जननी जौबन बिटप कुठारू॥ ४॥

दो०– बिगत बिषाद निषादपति सबहि बढ़ाइ उछाहु।
सुमिरि राम मागेउ तुरत तरकस धनुष सनाहु॥ १९०॥

चौ०– बेगहु भाइहु सजहु सँजोऊ। सुनि रजाइ कदराइ न कोऊ॥
भलेहिं नाथ सब कहहिं सहरषा। एकहिं एक बढ़ावइ करषा॥ १॥

चले निषाद जोहारि जोहारी। सूर सकल रन रूचइ रारी॥
सुमिरि राम पद पंकज पनहीं। भाथीं बाँधि चढ़ाइन्हि धनहीं॥ २॥

अँगरी पहिरि कूँड़ि सिर धरहीं। फरसा बाँस सेल सम करहीं॥
एक कुसल अति ओड़न खाँड़े। कूदहि गगन मनहुँ छिति छाँड़े॥ ३॥

निज निज साजु समाजु बनाई। गुह राउतहि जोहारे जाई॥
देखि सुभट सब लायक जाने। लै लै नाम सकल सनमाने॥ ४॥

दो०– भाइहु लावहु धोख जनि आजु काज बड़ मोहि।
सुनि सरोष बोले सुभट बीर अधीर न होहि॥ १९१॥

चौ०– राम प्रताप नाथ बल तोरे। करहिं कटकु बिनु भट बिनु घोरे॥
जीवत पाउ न पाछें धरहीं। रुंड मुंडमय मेदिनि करहीं॥ १॥

दीख निषादनाथ भल टोलू। कहेउ बजाउ जुझाऊ ढोलू॥
एतना कहत छींक भइ बाँए। कहेउ सगुनिअन्ह खेत सुहाए॥ २॥

बिचारेसे नानी भाई संगे, राज करेंदे मारुन।
राजनीती के ठान नी दिलो, असन बिचार करुन॥ ३४॥
तेबे अबगो दोस रहे, एदाँय जीव जाएदे।
सपा देव रक्सा जुहुन बले, जीतुक नी पावदे॥ ३५॥
अचरित एमें काय आसे कि, भरत नी करेदे असन।
बिस लाहा ने अमरित पाक, फरुन दिलीसे कसन॥ ३६॥

१८९ सगामन के बललो बिचारून, सपा हुसियार होआ।
डोंगामन के बुड़ाउन भाती, घाट थेबाउन दिआ॥ ३७॥

हाथ हथेयार बांधुन घाट थेबाना, होआ मरुक तियार।
जीव रहत ले नाहकुक नी देय, मरुक आसें तियार॥ ३८॥
लड़इ ने मरतोर गंगा रेठे, तेबल राम. काजे।
राम भाई हुन मयँ नीच सेउक, मिरे मउत भाग काजे॥ ३९॥
जस होएदे चवदा लोक ने, मालिक काजे लड़ेंदे।
लाड़ू दुनोंय हाते मोचो, राम काज जीव देएँदे॥ ४०॥
साधू समाज ने मान नीआय, राम भक्ती ने नीआय।
फोकह्ला बोझ पिरथी काजे, माय रुख काज टंगया आय॥ ४१॥

१९० निसाद दुख ले अलगुन गेलो, सबके उसकाउन दि्लो।
राम के बिनाउन ठोंगी धनउ कांड, बांधुन तियार होलो॥ ४२॥

बललो भाई सपा साज करा, मन ने भय नी आना।
एक-दुसर के उसकावत लोग, बलला भय नी माना॥ ४३॥
रेंगला केंवटा जोहार करते, सपा लड़ुक मनयावत।
राम पायँ पन्ईई के सुमरुन, ठोंगी बांधुन धनऊ चेघावता॥ ४४॥
कवच पिंधुन लोहो, टोपा, पिंधुन, भाला-फरसा सोजयात।
हरीक असन सरग के छीसोत, तरवार कोनी धाँवत॥ ४५॥
आपलो सज के सपा करून, गुह के जोहार करला।
वीर फउद के निसाद दखुन, नावँ धरते माना करला॥ ४६॥

१९१ बललो भाई धोका नी आना, ये मोचो बड़े काम।
बलला सपा अवधीरजा नीहोव, ये आय आमचो काम॥ ४७॥

राम किरपा उपरे तुमचो वल, भरत फउद के दखुंदे।
फउद के घोड़ा बीर नाहलो, आमी करुन देऊंदे॥ ४८॥
जीव रहत ले पाँय के आमी, पाछे नी करवाँ।
पिरथी गुलाय मुंड धड़ के, आमी ओछाउन देवाँ॥ ४९॥
निसाद वीर फउद के दखुन, ढोल बजाउक बललो।
इतरो ने डेबरी छोक पडली, सगुन बिचारू बललो॥ ५०॥

बूढ़ु एकु कह सगुन बिचारी। भरतहि मिलिअ न होइहि रारी॥
रामहि भरतु मनावन जाहीं। सगुन कहइ अस बिग्रहु नाहीं॥ ३॥

सुनि गुह कहइ नीक कह बूढ़ा। सहसा करि पछिताहिं बिमूढ़ा॥
भरत सुभाउ सीलु बिनु बूझें। बड़ि हित हानि जानि बिनु जूझें॥ ४॥

दो०– गहहु घाट भट समिटि सब लेउँ मरम मिलि जाइ।
बूझि मित्र अरि मध्य गति तस तब करिहउँ आइ॥ १९२॥

चौ०– लखब सनेहु सुभायँ सुहाएँ। बैरु प्रीति नहिं दुरइँ दुराएँ॥
अस कहि भेंट सँजोवन लागे। कंद मूल फल खग मृग मागे॥ १॥

मीन पीन पाठीन पुराने। भरि भरि भार कहारन्ह आने॥
मिलन साजु सजि मिलन सिधाए। मंगल मूल सगुन सुभ पाए॥ २॥

देखि दूरि तें कहि निज नामू। कीन्ह मुनीसहि दंड प्रनामू॥
जानि रामप्रिय दीन्हि असीसा। भरतहि कहेउ बुझाइ मुनीसा॥ ३॥

राम सखा सुनि संदनु त्यागा। चले उतरि उमगत अनुरागा॥
गाउँ जाति गुहँ नाउँ सुनाई। कीन्ह जोहारु माथ महि लाई॥ ४॥

दो०– करत दंडवत देखि तेहि भरत लीन्ह उर लाइ।
मनहुँ लखन सन भेंट भइ प्रेमु न हृदयँ समाइ॥ १९३॥

चौ०– भेंटत भरतु ताहि अति प्रीती। लोग सिहाहिं प्रेम कै रीती॥
धन्य धन्य धुनि मंगल मूला। सुर सराहि तेहि बरिसहिं फूला॥ १॥

लोक बेद सब भाँतिहिं नीचा। जासु छाँह छुइ लेइअ सींचा॥
तेहि भरि अंक राम लघु भ्राता। मिलत पुलक परिपूरित गाता॥ २॥

राम राम कहि जे जमुहाहीं। तिन्हहि न पाप पुंज समुहाहीं॥
यह तौ राम लाइ उर लीन्हा। कुल समेत जगु पावन कीन्हा॥ ३॥

करमनास जलु सुरसरि परई। तेहि को कहहु सीस नहिं धरई॥
उलटा नामु जपत जगु जाना। बालमीकि भए ब्रह्म समाना॥ ४॥

दो०– स्वपच सबर खस जमन जड़ पावँर कोल किरात।
रामु कहत पावन परम होत भुवन बिख्यात॥ १९४॥

चौ०– नहिं अचिरिजु जुग जुग चलि आई। केहि न दीन्हि रघुबीर बड़ाई॥
राम नाम महिमा सुर कहहीं। सुनि सुनि अवध लोग सुखु लहहीं॥ १॥

रामसखहि मिलि भरत सप्रेमा। पूँछी कुसल सुमंगल खेमा॥
देखि भरत कर सील सनेहू। भा निषाद तेहि समय बिदेहू॥ २॥

भरत संगे तुमी भेट करा, हुन संग लड़ई नी होय।
भरत राम के मनाउक जासोत, बइर केबई नी होय॥ ५१॥
सियान सत बलेसे बललो, निसाद राजा सुनुन।
मूरूख पछतासोत बिन समझलोर, कहाँय चांड करून॥ ५२॥
भरत चो गुन टकर नी जानुन, बिन समझुन करतोर।
खूबे बड़े हानी आह, जुद्ध जाउन करतोर॥ ५३॥

१९२ तुमन सपा घाट थेवावा, मयँ दखेंदे भेटुन।
मित आय कि बयरी हुन, एएँसे जोड़ा दखुन॥ ५४॥

टकर ऊपर मय चिताएँदे मया लुकाले नी लुके।
बलुन भेट काज जोड़ा जोड़ुक, निसाद राजा दखे॥ ५५॥
कांदा-कसा फर-चड़ई, हिरना मंगाउन धरला।
कहारमन जुना पहिना मछरी, काँवड़-काँवड़ धरला॥ ५६॥
सुंदर सगुन जसने निसकला, भेट जोड़ा के धरुन।
बसिस्ठ के दखते जोहर करलो, निसाद नांव सांगुन॥ ५७॥
राम चो मयादार हुनके जानुन, गुरु आसीस दिला।
राम चो मीत आय बलुन, भरत के सांगुन दिला॥ ५८॥
रथ छांडुन भरत मया ले, निसाद बाटे गेलो।
गुह नावँ जात गाँव सांगुन, माथा टेकुन दिलो॥ ५९॥

१९३ डंडासरन दखुन भरत उठाउन, लेपटाला छाती संगे।
मन चो मया मने नी समाय, जसन भेटलो लछमन संगे॥ ६०॥

भरत गुह के घनघड़ी भेटत, इरखा होत लोग दखुन।
धन बलते देव फूल बरसात, तेमनचो मया दखुन॥ ६१॥
लोक बेद ले जे आय नीच, छिवले नहाउक होएसे।
हुनी के भरत बाहाँ भर भेटते, देहे सीतकारा होएसे॥ ६२॥
राम-राम बलते जम्हाऊ लोग चो, पुरे पाप नी एए।
गुह के राम पोटारून भेटला, कुल पबितर आए॥ ६३॥
करमनासा गंगा ने पड़ले, कोन मुंडे नी चेघाए।
बाल्मीकी ब्रह्म होउन गेला, जे राम के उल्टा गाए॥ ६४॥

१९४ मूरुख डोम घसिया चमरा, मुरिया माडिया गावँ चो।
सवँसारे पबितर होसोत सपा, धरून नाव राम चो॥ ६५॥

अचरित एमे काईं नीआय, जुग जुग आय ए रीत।
राम काके बड़ई नी दिला, काचो नी होला मीत॥ ६६॥
देव राम चो गुन गावसोत सुनुन हरीक लोग।
मया ले भेटुन गुह के भरत, जानला सुख जोग॥ ६७॥

सकुच सनेहु मोदु मन बाढ़ा। भरतहि चितवत एकटक ठाढ़ा॥
धरि धीरजु पद बंदि बहोरी। बिनय सप्रेम करत कर जोरी॥ ३॥

कुसल मूल पद पंकज पेखी। मैं तिहुँ काल कुसल निज लेखी॥
अब प्रभु परम अनुग्रह तोरें। सहित कोटि कुल मंगल मोरें॥ ४॥

दो०– समुझि मोरि करतूति कुलु प्रभु महिमा जियँ जोइ।
जो न भजइ रघुबीर पद जग बिधि बंचित सोइ॥ १९५॥

चौ०– कपटी कायर कुमति कुजाती। लोक बेद बाहेर सब भाँती॥
राम कीन्ह आपन जबही तें। भयउँ भुवन भूषन तबही तें॥ १॥

देखि प्रीति सुनि बिनय सुहाई। मिलेउ बहोरि भरत लघु भाई॥
कहि निषाद निज नाम सुबानीं। सादर सकल जोहारीं रानीं॥ २॥

जानि लखन सम देहिं असीसा। जिअहु सुखी सय लाख बरीसा॥
निरखि निषादु नगर नर नारी। भए सुखी जनु लखनु निहारी॥ ३॥

कहहिं लहेउ एहिं जीवन लाहू। भेंटेउ रामभद्र भरि बाहू॥
सुनि निषादु निज भाग बड़ाई। प्रमुदित मन लइ चलेउ लेवाई॥ ४॥

दो०– सनकारे सेवक सकल चले स्वामि रुख पाइ।
घर तरु तर सर बाग बन बास बनाएन्हि जाइ॥ १९६॥

चौ०– सृंगबेरपुर भरत दीख जब। भे सनेहँ सब अंग सिथिल तब॥
सोहत दिएँ निषादहि लागू। जनु तनु धरें बिनय अनुरागू॥ १॥

एहि बिधि भरत सेनु सबु संगा। दीखि जाइ जग पावनि गंगा॥
रामघाट कहँ कीन्ह प्रनामू। भा मनु मगनु मिले जनु रामू॥ २॥

करहिं प्रनाम नगर नर नारी। मुदित ब्रह्ममय बारि निहारी॥
करि मज्जनु मागहिं कर जोरी। रामचंद्र पद प्रीति न थोरी॥ ३॥

भरत कहेउ सुरसरि तव रेनू। सकल सुखद सेवक सुरधेनू॥
जोरि पानि बर मागउँ एहू। सीय राम पद सहज सनेहू॥ ४॥

दो०– एहि बिधि मज्जनु भरतु करि गुर अनुसासन पाइ।
मातु नहानीं जानि सब डेरा चले लवाइ॥ १९७॥

चौ०– जहँ तहँ लोगन्ह डेरा कीन्हा। भरत सोधु सबही कर लीन्हा॥
सुर सेवा करि आयसु पाई। राम मातु पहिं गे दोउ भाई॥ १॥

चरन चाँपि कहि कहि मृदु बानी। जननीं सकल भरत सनमानी॥
भाइहि सौंपि मातु सेवकाई। आपु निषादहि लीन्ह बोलाई॥ २॥

भरत चो मया गुन दखुन, गुह देह के भुलकलो।
मने लाज मया हरीक बाढ़े, गत के भुलकुन गेलो॥ ६८॥
उबा टकटकी भरत के दखे, धीरज धरुन भाती।
बिन्ती करुक मुरियालो गुह, पायँ लागुन भाती॥ ६९॥
तुमचो पायँ चो दरसन करून, तीनों काल ने हरीक मयँ।
तुमचो किरपा ले कोटि पीढ़ी संग, सुभ आरु हरीक मयँ॥ ७०॥

१९५ मोचो कुल करनी के जानुन, राम महेमा के दखुन।
रघुबीर पायँ के नी भजू के जाना, भगवान दिलो से सगुन॥ ७१॥

कपटी, नीच, डरहा अग्यानी, लोक बेद ले बाहिर मयँ।
जेबेले राम आपन बनाला, सवँसारे गाहना होले मयँ॥ ७२॥
निसाद चो मया बिन्ती सुनुन, सतरुघन बल भेटलो।
नावँ सांगते सुसार वोली ले, सपा रानी के जोहार करते॥ ७३॥
आयामन लखन माहा जामुन, आसीस देते जासोत।
लछमन माहा दखुन लोग, हरीक होउन जासोत॥ ७४॥
बलसोत जीवना लाभ पावलो, राम संग भेट करलो।
भाग चो बड़ई सुनुन गुह, साग संगे निसकलो॥ ७५॥

१९६ अँखयाउन दिलो सेउकमन के, सपा जानुन गेला।
रूखखाले घर तरई बगेचा ने, ठान बनाउन दिला॥ ७६॥

सिंगबेरपुर के भरत दखला, मया ले हात पावँ वसली।
खांद थापुन हिंडत भरत, मया बिन्ती लागली॥ ७७॥
फउद अउर लोगमन संगे, गंगा दरसन करला।
मन के लागे राम के भेटले, घाट के पाँय पड़ला॥ ७८॥
हरीक लोग गंगा माता चो, पायँ पड़ते जासोत।
गंगा पानी के मया ने पड़ुन, ब्रह्म दखते जासोत॥ ७९॥
राम संग मया बाढ़ो बलते, मागसोत बर नहाउन।
भरत बलला भगत सुख पासोत, तुमचो धुरला पाउन॥ ८०॥
कामधेनु असन आसे गुन, हात जोड़ुन बर मांगेंसे।
सीता राम पाँय ले मया रहो, असन बर मांगेंसे॥ ८१॥

१९७ सपा नहाउन तियार होला, गुरू ते हुकुम पाउन।
हुता ले सपा निसकते गेला, आपलो डेरा उठाउन॥ ८२॥

भरत सपा चो लेख राखत, लोग डेरा पड़ते गेला।
देव पूजा करून हुकुम पाउन, दुनों भाई माँय लग गेला॥ ८३॥
पांय चेपाउन नंगत गोठ बलते, आया चो सेवा करून।
निसाद के बलाउक पठाला, भाई के सेवा सोपुन॥ ८४॥

चले सखा कर सों कर जोरें। सिथिल सरीरु सनेह न थोरें॥
पूँछत सखहि सो ठाउँ देखाऊ। नेकु नयन मन जरनि जुड़ाऊ॥ ३॥

जहँ सिय रामु लखनु निसि सोए। कहत भरे जल लोचन कोए॥
भरत बचन सुनि भयउ बिषादू। तुरत तहाँ लइ गयउ निषादू॥ ४॥

दो०– जहँ सिंसुपा पुनीत तर रघुबर किय बिश्रामु।
अति सनेहँ सादर भरत कीन्हेउ दंड प्रनामु॥ १९८॥

चौ०– कुस साँथरी निहारि सुहाई। कीन्ह प्रनामु प्रदच्छिन जाई॥
चरन रेख रज आँखिन्ह लाई। बनइ न कहत प्रीति अधिकाई॥ १॥

कनक बिंदु दुइ चारिक देखे। राखे सीस सीय सम लेखे॥
सजल बिलोचन हृदयँ गलानी। कहत सखा सन बचन सुबानी॥ २॥

श्रीहत सीय बिरहँ दुतिहीना। जथा अवध नर नारि बिलीना॥
पिता जनक देउँ पटतर केही। करतल भोगु जोगु जग जेही॥ ३॥

ससुर भानुकुल भानु भुआलू। जेहि सिहात अमरावतिपालू॥
प्राननाथु रघुनाथ गोसाईं। जो बड़ होत सो राम बड़ाईं॥ ४॥

दो०– पति देवता सुतीय मनि सीय साँथरी देखि।
बिहरत हृदउ न हहरि हर पबि तें कठिन बिसेषि॥ १९९॥

चौ०– लालन जोगु लखन लघु लोने। भे न भाइ अस अहहिं न होने॥
पुरजन प्रिय पितु मातु दुलारे। सिय रघुबीरहि प्रानपिआरे॥ १॥

मृदु मूरति सुकुमार सुभाऊ। तात बाउ तन लाग न काऊ॥
ते बन सहहिं बिपति सब भाँती। निदरे कोटि कुलिस एहिं छाती॥ २॥

राम जनमि जगु कीन्ह उजागर। रूप सील सुख सब गुन सागर॥
पुरजन परिजन गुर पितु माता। राम सुभाउ सबहि सुखदाता॥ ३॥

हात ने हात धरून निसाद, भरत संग हिंडते जासोत।
लुबे मया तिहँचो आसे, देंह पायँ बसते जासोत॥ ८५॥
निसाद के बलत ठान दखाव, मन के अस्तीर करें।
सीताराम जे लग थेबू रहत, हुन ठान चो दरसन करें॥ ८६॥
असन बलतो दाँय आइँखमन ने, पानी भरुन जाए।
तुरते धरून निसाद चललो, गोठ जीव के पाए॥ ८७॥

१९८ असोक गच खाले जे लग रला, पबितर ठान दखालो।
बड़े मया ले भरत जाउन, उथा पायँ पड़लो॥ ८८॥

खड़ डसना के दखुन भरत, उथा भाँवर करलो।
पायँ पड़ुन आइँखमन ने, पाय धुरला छिआलो॥ ८९॥
दुइ-चार ठन सोन तारा दखुन, सीता मात चो जानुन।
भरत आपलो मुंडे चेघालो, सीता माता मानुन॥ ९०॥
आइँख पानी ले भरते जाए, दुख ले भरे जीव।
संगवारी के सुंदर गोठ बलला, धन रे मोचो जीव॥ ९१॥
सोना चो तारा सीता बिगर, जसन फेंकवा लागेसे।
हुसने अवध चो मनुख मेहरार के, जीवना सूना लागेसे॥ ९२॥
सीता चो बूबा जनक राजा, जेचो हाते सपा भोग।
हुन जनक के काचो संग जोड़ें, धन भाग चो भोग॥ ९३॥
सूरुजकुल चो सूरज राजा, दसरथ ससुर जेचो।
इंदर बल इरखा करेसे, अमरावती आय जेचो॥ ९४॥
राम भगवान जे चो मुनीस, जे इतरो बड़े आसोत।
जेके आमी बड़े बलूंसे, हुनी गुन ने आसोत॥ ९५॥

१९९ पतिबरतामन ने जे आत बड़े, तिहँचो डसना दखुन।
बजर ले बजर ये छाती, नी फाटसे दखुन॥ ९६॥

लछमन भाई जे खुबे सुंदर, मया चो लाइक आत।
असन भाई होला न होदे, अउर न कहाँय आत॥ ९७॥
राज चो लोग माय बाप चो, लाड़ला सुखवारी आय।
जे चो कँवल सुंदर पंडरा देंह, सीताराम चो जीव आय॥ ९८॥
हुनी आज रान ने एऊन, बिपती सहेसे कसन।
केबइ देह के लेहरा नी पावली, घाम सहेसे कसन॥ ९९॥
ये छाती कोटी बजर के, पाछे करुन दिलो।
राम जनम धरुन भाती जग के, सिंगार करुन दिलो॥ १००॥
रुप गुन सुख चो समुंद, सपा के सुख देसोत।
गुरु, माय, बाप, रैयत, कुटुम, सपा के सुख देसोत॥ १०१॥

बैरिउ राम बड़ाई करहीं। बोलनि मिलनि बिनय मन हरहीं॥
सारद कोटि कोटि सत सेषा। करि न सकहिं प्रभु गुन गन लेखा॥ ४॥

दो०– सुखस्वरूप रघुबंसमनि मंगल मोद निधान।
ते सोवत कुस डासि महि बिधि गति अति बलवान॥ २००॥

चौ०– राम सुना दुखु कान न काऊ। जीवनतरु जिमि जोगवइ राऊ॥
पलक नयन फनि मनि जेहि भाँती। जोगवहिं जननि सकल दिन राती॥ १॥

ते अब फिरत बिपिन पदचारी। कंद मूल फल फूल अहारी॥
धिग कैकई अमंगल मूला। भइसि प्रान प्रियतम प्रतिकूला॥ २॥

मैं धिग धिग अघ उदधि अभागी। सबु उतपातु भयउ जेहि लागी॥
कुल कलंकु करि सृजेउ बिधाताँ। साइँदोह मोहि कीन्ह कुमाताँ॥ ३॥

सुनि सप्रेम समुझाव निषादू। नाथ करिअ कत बादि बिषादू॥
राम तुम्हहि प्रिय तुम्ह प्रिय रामहि। यह निरजोसु दोसु बिधि बामहि॥ ४॥

छं०– बिधि बाम की करनी कठिन जेहिं मातु कीन्ही बावरी।
तेहि राति पुनि पुनि करहिं प्रभु सादर सरहना रावरी॥
तुलसी न तुम्ह सो राम प्रीतमु कहतु हौं सौंहें किएँ।
परिनाम मंगल जानि अपने आनिए धीरजु हिएँ॥

सो०– अंतरजामी रामु सकुच सप्रेम कृपायतन।
चलिअ करिअ बिश्रामु यह बिचारि दृढ़ आनि मन॥ २०१॥

चौ०– सखा बचन सुनि उर धरि धीरा। बास चले सुमिरत रघुबीरा॥
यह सुधि पाइ नगर नर नारी। चले बिलोकन आरत भारी॥ १॥

परदखिना करि करहिं प्रनामा। देहिं कैकइहि खोरि निकामा॥
भरी भरि बारि बिलोचन लेहीं। बाम बिधातहि दूषन देहीं॥ २॥

एक सराहहिं भरत सनेहू। कोउ कह नृपति निबाहेउ नेहू॥
निंदहिं आपु सराहि निषादहि। को कहि सकइ बिमोह बिषादहि॥ ३॥

एहि बिधि राति लोगु सबु जागा। भा भिनुसार गुदारा लागा॥
गुरहि सुनावँ चढ़ाइ सुहाईं। नईं नाव सब मातु चढ़ाईं॥ ४॥

दंड चारि महँ भा सबु पारा। उतरि भरत तब सबहि सँभारा॥ ५॥

बयरी बले राम गुन गाएसे, मन के झीकेसे टकर।
करोड़ सरसती सेस नी सकत, सांगुक गुन चो टकर॥ १०२॥

२०० जे सुख माहा आत राम, सुभ हरीक ने भारी।
भुएँ खड़ ओछाउन सोवसोत, भगवान महेमा भारी॥ १०३॥

कान ने केबई बले राम, दुख नावँ नी सुनला।
महराज जीवना रुख माहा, जतन करते राखला॥ १०४॥
आयामन बले दिन-रात तिहँक, जतन करत असन।
जसन डीमा के टोपा राखे से, मनी के साँप जसन॥ १०५॥
हुनीमन राने हिंडते जासोत, कांदा पाक फूल खाउन।
धिकार कयकई केजे जिएसे मुनीस खिलाफ जाउन॥ १०६॥
मोचो असन पाप समुंद के, धिकार आय एथा।
जेचो किरता ये गती होली, उतपाती होली कथा॥ १०७॥
भगवान मोके जनम दिला, कुल कलंकी बनाउन।
अडरा आया जनमाउन दिली राम बयरी बनाउन॥ १०८॥
दुख काय काज करासीस बलते, निसाद समझाते जाय।
राम तुमके मया करसोत, तुमके बल राम भाय॥ १०९॥
असल गोठ तो एइ आय एथा, भगवान दो सी आय।
कयकइ मती के उल्टुन दिलो, करनी बिसम आय॥ ११०॥
हुन राती तुम के राम मया ले, खुबे सहराते रहोत।
तुलसी निसाद पुरे राम, घनघड़ी सहराते जाओत॥ १११॥
काचोय ले माया नीआय राम के, तुमचो ले आगर एबे।
धीरजधरा किरिया पड़ुन बलेंसे, नंगत होएदे एबे॥ ११२॥

२०१ अंतरजामी राम दया मया ले, किरपा चो धाम आत।
असन बचारुन सुस्तावा तुमी, राम तुमचोय आत॥ ११३॥

संगी गोठ ले धीरज करून, राम के सुरता करते।
मरत आपलो डेरा गेला, सपा बिचार करते॥ ११४॥
राज चो मनुख मेहरार सुनुन, ठान दखुक गेला।
कयकई के सरापते भाँवर करुन, पायँ पड़ुन फिरला॥ ११५॥
आइँख ने पानी भरून आपलो, भगवान के दोस देओत।
कोनी बलत राजा निभालो, भरत के सहराते जाओत॥ ११६॥
असने लोग रात चेता रला, बिहाने डोंगा आनला।
सुंदर डोंगा ने गुरू के बसाउन, मायमन के बसाला॥ ११७॥
चार घड़ी ने सपा नाहकला, गंगा नंदी चो पार।
भरत उतरुन सम्हराते जाओत, जे बल उतरे पार॥ ११८॥

दो०– प्रातक्रिया करि मातु पद बंदि गुरहि सिरु नाइ।
आगें किए निषाद गन दीन्हेउ कटकु चलाइ॥ २०२॥

चौ०– कियउ निषादनाथु अगुआईं। मातु पालकीं सकल चलाईं॥
साथ बोलाइ भाइ लघु दीन्हा। बिप्रन्ह सहित गवनु गुर कीन्हा॥ १॥

आपु सुरसरिहि कीन्ह प्रनामू। सुमिरे लखन सहित सिय रामू॥
गवने भरत पयादेहिं पाए। कोतल संग जाहिं डोरिआए॥ २॥

कहहिं सुसेवक बारहिं बारा। होइअ नाथ अस्व असवारा॥
रामु पयोदेहि पायँ सिधाए। हम कहँ रथ गज बाजि बनाए॥ ३॥

सिर भर जाउँ उचित अस मोरा। सब तें सेवक धरमु कठोरा॥
देखि भरत गति सुनि मृदु बानी। सब सेवक गन गरहिं गलानी॥ ४॥

दो०– भरत तीसरे पहर कहँ कीन्ह प्रबेसु प्रयाग।
कहत राम सिय राम सिय उमगि उमगि अनुराग॥ २०३॥

चौ०– झलका झलकत पायन्ह कैसें। पंकज कोस ओस कन जैसें॥
भरत पयादेहिं आए आजू। भयउ दुखित सुनि सकल समाजू॥ १॥

खबरि लीन्ह सब लोग नहाए। कीन्ह प्रनामु त्रिबेनिहिं आए॥
सबिधि सितासित नीर नहाने। दिए दान महिसुर सनमाने॥ २॥

देखत स्यामल धवल हलोरे। पुलकि सरीर भरत कर जोरे॥
सकल काम प्रद तीरथराऊ। बेद बिदित जग प्रगट प्रभाऊ॥ ३॥

मागउँ भीख त्यागि निज धरमू। आरत काह न करइ कुकरमू॥
अस जियँ जानि सुजान सुदानी। सफल करहिं जग जाचक बानी॥ ४॥

दो०– अरथ न धरम न काम रुचि गति न चहउँ निरबान।
जनम जनम रति राम पद यह बरदानु न आन॥ २०४॥

चौ०– जानहुँ रामु कुटिल करि मोही। लोग कहउ गुर साहिब द्रोही॥
सीता राम चरन रति मोरें। अनुदिन बढ़उ अनुग्रह तोरें॥ १॥

जलदु जनम भरि सुरति बिसारउ। जाचत जलु पबि पाहन डारउ॥
चातकु रटनि घटें घटि जाई। बढ़े प्रेमु सब भाँति भलाई॥ २॥

कनकहिं बान चढ़इ जिमि दाहें। तिमि प्रियतम पद नेम निबाहें॥
भरत बचन सुनि माझ त्रिबेनी। भइ मृदु बानि सुमंगल देनी॥ ३॥

२०२ बिहान बुता के सारुन भाती, माय पायँ के बिनालो।
गुरू के बिनाउन निसाद संगे, पुरे फउद चलालो॥ ११९॥

गुह के पुरे पाछे मायमन चो, डोला रेंगाउन दिलो।
छोटे भाई सतरूघन के, तिहँचो संगे दिलो॥ १२०॥
बाम्हन-मन संग गुरू निसकला, गंगा चो बिन्ती करलो।
लछमन संगे सीताराम के सुमरुन, भुएँ हिंडते चललो॥ १२१॥
सेउक बलसोत घोड़ा ने बसा, भरत बलसत सुनुन।
रथ घोड़ा आय काचो काजे, जे राम गेलासोत हिंडुन॥ १२२॥
नंगत होती जे मुंड भार ने, हिंडुन मयँ जाते।
सेउक धरम चो भरपूर फल, सेवा करून पाते॥ १२३॥
भरत गोठ सुनुन सेउक, दुख ने होउन गेला।
भरत चो गत के दखुन दखुन, सेउक ओगाय होला॥ १२४॥

२०३ मया ने पड़ुन भरत संगे, साग फउद चलला।
अढ़ऊ पहार परयाग राज सपा अमरुन गेला॥ १२५॥

पाएँ गुलाय फोटकी होली, तेमन दिखत असन॥
पूड़न ढूँढा उपरे चमकेसे, ओस टपका जसन॥ १२६॥
भरत हिंडते इला सुनुन, लोग दुखी भारी।
जे बल सुनत कंदरुन जाओत बिचार करत भारी॥ १२७॥
सपा लोग तिरबेनी नहाला, भरत पायँ पड़ला।
नेम-धरुन इसनान करून, बाम्हन के दान दिला॥ १२८॥
करेया-पंडरा पानी दखुन, भरत चो भरली मन।
हात जोड़ुन बिन्ती करला, पुरासीस सपा चो मन॥ १२९॥
तुमचो महेमा बेद ने आसे, एके सवँसार जाने।
आपलो धरम छांडुन भाती, तुमके भीख मांगे॥ १३०॥
दुखी जीव कोन कुकरम नी करे, असन मन ने मानुन।
दानी-गुनी रुरुन देसोत, मांगू लोग चो जानून॥ १३१॥

२०४ धन मांगें न धरम मांगें, न काम मुक्ती मांगेंसे।
जनम-जनम राम पायँ ले मया, मयँ इतरोय मांगेंसे॥ १३२॥

राम भले मोके कपटी बलत, लोग बल असने बलत।
मान्तर राम चो पायँ ले मोचो, मया रोजे बाढ़त॥ १३३॥
भले बादरी पानी मांगलोने, भुलकुन गाज पड़ाय।
मान्तर चातक चो गागुक छांडतोर, गोठ सरून जाए॥ १३४॥
जसन सोन तपालोने चमकेसे, सेउक नेम ने हुसने।
भरत गोठ सुनुन तिरबेनी ले, सुंदर गोठ होली हुसने॥ १३५॥

तात भरत तुम्ह सब बिधि साधू। राम चरन अनुराग अगाधू॥
बादि गलानि करहु मन माहीं। तुम्ह सम रामहि कोउ प्रिय नाहीं॥ ४॥

दो०– तनु पुलकेउ हियँ हरषु सुनि बेनि बचन अनुकूल।
भरत धन्य कहि धन्य सुर हरषित बरषहिं फूल॥ २०५॥

चौ०– प्रमुदित तीरथराज निवासी। बैखानस बटु गृही उदासी॥
कहहिं परसपर मिलि दस पाँचा। भरत सनेहु सीलु सुचि साँचा॥ १॥

सुनत राम गुन ग्राम सुहाए। भरद्वाज मुनिबर पहिं आए॥
दंड प्रनामु करत मुनि देखे। मूरतिमंत भाग्य निज लेखे॥ २॥

धाइ उठाइ लाइ उर लीन्हे। दीन्हि असीस कृतारथ कीन्हे॥
आसनु दीन्ह नाइ सिरु बैठे। चहत सकुच गृहँ जनु भजि पैठे॥ ३॥

मुनि पूँछब कछु यह बड़ सोचू। बोले रिषि लखि सीलु सँकोचू॥
सुनहु भरत हम सब सुधि पाई। बिधि करतब पर किछु न बसाई॥ ४॥

दो०– तुम्ह गलानि जियँ जनि करहु समुझि मातु करतूति।
तात कैकइहि दोसु नहिं गई गिरा मति धूति॥ २०६॥

चौ०– यहउ कहत भल कहिहि न कोऊ। लोकु बेदु बुध संमत दोऊ॥
तात तुम्हार बिमल जसु गाई। पाइहि लोकउ बेदु बड़ाई॥ १॥

लोक बेद संमत सबु कहई। जेहि पितु देइ राजु सो लहई॥
राउ सत्यब्रत तुम्हहि बोलाई। देत राजु सुखु धरमु बड़ाई॥ २॥

राम गवनु बन अनरथ मूला। जो सुनि सकल बिस्व भइ सूला॥
सो भावी बस रानि अयानी। करि कुचालि अंतहुँ पछितानी॥ ३॥

तहँउँ तुम्हार अलप अपराधू। कहै सो अधम अयान असाधू॥
करतेहु राजु त तुम्हहि न दोषू। रामहि होत सुनत संतोषू॥ ४॥

दो०– अब अति कीन्हेहु भरत भल तुम्हहि उचित मत एहु।
सकल सुमंगल मूल जग रघुबर चरन सनेहु॥ २०७॥

चौ०– सो तुम्हार धनु जीवनु प्राना। भूरिभाग को तुम्हहि समाना॥
यह तम्हार आचरजु न ताता। दसरथ सुअन राम प्रिय भ्राता॥ १॥

सुनहु भरत रघुबर मन माहीं। पेम पात्रु तुम्ह सम कोउ नाहीं॥
लखन राम सीतहि अति प्रीती। निसि सब तुम्हहि सराहत बीती॥ २॥

राम पायँ ले तुमके मया, आहास साधू मनुख।
तुमचो माहा राम काजे नीआत, फोकहा नी मान दुख॥ १३६॥

२०५ तिरबेनी गोठ सुनुन भरत चो, देह भर हरीक होली।
धन धन बलते देवपुर ले, फूल बरसा होली॥ १३७॥

* भरतद्वाज मुनी-भरत भेट *

परयाग रहू लोग रहीक, जोगी बरमचारी सपा।
पबितर परेम आय बलत, दस-पाँच लोग सपा॥ १॥
राम गुन चारचा सुनते हुनमन, भरद्वाज लग इला।
भरत के डंडासस दखुन, भाग के बड़े समझला॥ २॥
पराते उठाउन लेपटाउन मुनी, आसीस ले संतोस करला।
लाज ने मुंड गाड़ुन दिलो, आसन ने बसला॥ ३॥
मुनी सपा के पूछदे बिचरुन, भरत लजाते जाय।
बलला भरत के बिधाता पुरे, काय चलू आय॥ ४॥

२०६ आमी सपा सुनलूंसे भरत, दुख मन ने नी कर।
सरसती बुध नसाउन दिली, कयकई के दोसी नी बल॥ ५॥

लोक-बेद गुनी सपा जानसोत, एके नंगत नी बलदे।
लोक-बेद तुचो सुन्दर जस के, गाउन जस पादे॥ ६॥
लोक-बेद ने असने आसे, पाए जेके बाप देय गादी।
सुख होती धरम बाचती जे, बलाउन देता गादी॥ ७॥
सपा गड़बड़ी राम बन जातोर, सुनुन सवँसार दुखी।
भाग उपरे राम चो जातोर, कुचाल ले रानी दुखी॥ ८॥
तुमके एमें काईं दोस देतोर, नीच अग्यानी चो काम।
राज करलोने काईं दोस नी होती, सुनुन हरीक होता राम॥ ९॥

२०७ एदाँय तुई निको करलीस, एइ नंगत तुचो काजे।
राम पाँय ले मया होतोर, सुख चो जड़ काजे॥ १०॥

राम पायँ ले मया तुचो जिवना, धन आरू जीव आय।
तुचो माहा कोन भागवान जेके, राम जीव माहा भाय॥ ११॥
काबा होलो लाइक तुमचो काजे, ये सपा गोठ नोआय।
कायकाज कि तुई दसरथ बेटा, राम चो भाई आस॥ १२॥
राम मन ने तुचो माहा, मयादार कोनी नीआत।
राम-सीता-लछमन गुलाय रात, तुके सहराते जात॥ १३॥

जाना मरमु नहात प्रयागा। मगन होहिं तुम्हरें अनुरागा॥
तुम्ह पर अस सनेहु रघुबर कें। सुख जीवन जग जस जड़ नर कें॥ ३॥

यह न अधिक रघुबीर बड़ाई। प्रनत कुटुंब पाल रघुराई॥
तुम्ह तौ भरत मोर मत एहू। धरें देह जनु राम सनेहू॥ ४॥

दो०– तुम्ह कहँ भरत कलंक यह हम सब कहँ उपदेसु।
राम भगति रस सिद्धि हित भा यह समउ गनेसु॥ २०८॥

चौ०– नव बिधु बिमल तात जसु तोरा। रघुबर किंकर कुमुद चकोरा॥
उदित सदा अँथइहि कबहूँ ना। घटिहि न जग नभ दिन दिन दूना॥ १॥

कोक तिलोक प्रीति अति करिही। प्रभु प्रताप रबि छबिहि न हरिही॥
निसि दिन सुखद सदा सब काहू। ग्रसिहि न कैकइ करतबु राहू॥ २॥

पूरन राम सुपेम पियूषा। गुर अवमान दोष नहिं दूषा॥
राम भगत अब अमिअँ अघाहूँ। कीन्हेहु सुलभ सुधा बसुधाहूँ॥ ३॥

भूप भगीरथ सुरसरि आनी। सुमिरत सकल सुंमगल खानी॥
दसरथ गुन गन बरनि न जाहीं। अधिकु कहा जेहि सम जग नाहीं॥ ४॥

दो०– जासु सनेह सकोच बस राम प्रगट भए आइ।
जे हर हिय नयननि कबहुँ निरखे नहीं अघाइ॥ २०९॥

चौ०– कीरति बिधु तुम्ह कीन्ह अनूपा। जहँ बस राम पेम मृगरूपा॥
तात गलानि करहु जियँ जाएँ। डरहु दरिद्रहि पारसु पाएँ॥ १॥

सुनहु भरत हम झूठ न कहहीं। उदासीन तापस बन रहहीं॥
सब साधन कर सुफल सुहावा। लखन राम सिय दरसनु पावा॥ २॥

तेहि फल कर फलु दरस तुम्हारा। सहित पयाग सुभाग हमारा॥
भरत धन्य तुम्ह जसु जगु जयऊ। कहि अस पेम मगन पुनि भयऊ॥ ३॥

सुनि मुनि बचन सभासद हरषे। साधु सराहि सुमन सुर बरषे॥
धन्य धन्य धुनि गगन पयागा। सुनि सुनि भरतु मगन अनुरागा॥ ४॥

दो०– पुलक गात हियँ रामु सिय सजल सरोरुह नैन।
करि प्रनामु मुनि मंडलिहि बोले गदगद बैन॥ २१०॥

परयाग नहातो पहार भेद जानले, तुचोय मया ने रहत।
जसन सवँसारे सुख जिवन काज, मुरुख मया करसत॥ १४॥
सरनाहा कुटुम के पोसू राम, तिहँचो बडुई नोआय।
मन बलेसे तुईं देह धरून, राम चो मया आस॥ १५॥

२०८ तुचो काजे भले कलंक होएदे, आमचो काज गियान आय।
राम भक्ती चो रस सिध करूक, ए बेरा मूर चो आय॥ १६॥

तुमचो जस नवा जोन माहा, बोड़ेदा चकोर राम दास।
तुमचो जस जोन हमेसे रहेदे, उदे न होएदे नास॥ १७॥
चकवा माहा तीनों लोक जस चो, जोन ले मया करेदे।
राम चो परताप सूरूज माहा, केबई बले नी हरेदे॥ १८॥
रात-दिन जोन हमेस सपा के, सुख देऊ होएदे।
राहू माहा कयकइ करनी, केबई गोबुक नी सकेदे॥ १९॥
ते जोन राम मया अमरित ले, भरपूर भरलोर आसे।
गुरु अनादर दोस ले बल, अडरा ये नी आसे॥ २०॥
पिरथी के अमरित दिलीस भरत, ये जोन बनाउन भाती।
एदाँय राम चो भगत अमरित, पाओत जीऊन भाती॥ २१॥
राजा भगीरथ गंगा आनला, सुमरले सुभ होएसे।
दसरथ गुन सांगुक नी होए, तेचो समान कोन होएसे॥ २२॥

२०९ जिहँचो मया गुन ने हरजुन, राम परगट होला।
जेमन चो दरसन सिव आइँख, अघात ले नी पावला॥ २३॥

तिहँचो बड़े कीरत जोन के, जनम तुई दिलीस।
पारस पाउन दारदिर के डरते, फोकहा दुख करसीस॥ २४॥
फंद नोआय काचोय बाट नी होऊँ, मुँह दखुन नी बलूँसे।
राने रहुन सीता-राम-लछमन चो, दरसन आमी करलूँसे॥ २५॥
हुनचो ले आगर तुमचो दरसन, पाउन फल पावलू।
परयाग संगे आमचो भाग चो, सपा जस के पावलू॥ २६॥
धन आहास भरत आपलो जसले, सवँसार के जीतुन दिलास।
असन बलते मुनी मया ने, मगन होउ न दिला॥ २७॥
सपा बसलो मुनी गोठ ने, हरीक होउत गेला।
साधु-साधु बल ते देवमन, फूल बरसा करला॥ २८॥
सरग आरु परयाग राज ने, धन-धन सुनुन भाती।
मने-मन भरत हरीक होओत, मगन होउन भाती॥ २९॥

२१० मन ने राम आइँख ने पानी, देहें सीतकाटा मारे।
मुनीमन के हात जोड़ुन भाती, बलला हरीक चो मारे॥ ३०॥

चौ०– मुनि समाजु अरु तीरथराजू। साँचिहुँ सपथ अघाइ अकाजू॥
एहिं थल जौं किछु कहिअ बनाई। एहि सम अधिक न अघ अधमाई॥ १॥

तुम्ह सर्बग्य कहउँ सतिभाऊ। उर अंतरजामी रघुराऊ॥
मोहि न मातु करतब कर सोचू। नहिं दुखु जियँ जगु जानिहि पोचू॥ २॥

नाहिन डरु बिगरिहि परलोकू। पितहु मरन कर मोहि न सोकू॥
सुकृत सुजस भरि भुअन सुहाए। लछिमन राम सरिस सुत पाए॥ ३॥

राम बिरहँ तजि तनु छनभंगू। भूप सोच कर कवन प्रसंगू॥
राम लखन सिय बिनु पग पनहीं। करि मुनि बेष फिरहिं बन बनहीं॥ ४॥

दो०– अजिन बसन फल असन महि सयन डासि कुस पात।
बसि तरु तर नित सहत हिम आतप बरषा बात॥ २११॥

चौ०– एहि दुख दाहँ दहइ दिन छाती। भूख न बासर नीद न राती॥
एहि कुरोग कर औषधु नाहीं। सोधेउँ सकल बिस्व मन माहीं॥ १॥

मातु कुमत बढ़ई अघ मूला। तेहिं हमार हित कीन्ह बँसूला॥
कलि कुकाठ कर कीन्ह कुजंत्रू। गाड़ि अवधि पढ़ि कठिन कुमंत्रू॥ २॥

मोहि लगि यहु कुठाटु तेहिं ठाटा। घालेसि सब जगु बारहबाटा॥
मिटइ कुजोगु राम फिरि आएँ। बसइ अवध नहिं आन उपाएँ॥ ३॥

भरत बचन सुनि मुनि सुखु पाई। सबहिं कीन्ह बहु भाँति बड़ाई॥
तात करहु जनि सोचु बिसेषी। सब दुखु मिटिहि राम पग देखी॥ ४॥

दो०– करि प्रबोधु मुनिबर कहेउ अतिथि पेमप्रिय होहु।
कंद मूल फल फूल हम देहिं लेहु करि छोहु॥ २१२॥

चौ०– सुनि मुनि बचन भरत हियँ सोचू। भयउ कुअवसर कठिन सँकोचू॥
जानि गरुइ गुर गिरा बहोरी। चरन बंदि बोले कर जोरी॥ १॥

मुनी समाज आत तीरथपुर ने, किरिया ले हानी होए।
काईं गोठ जे गढ़ुन बललोने नीच आरू पापी होएँ॥ ३१॥
सपा ठान ने तुमी आहास, सत-सत बलेंसे मयँ।
राम चो मन चो जानू तुमी, काय आउर सांगे मयँ॥ ३२॥
आया कयकई चो करनी उपरे, बिचार मोचो नी आय।
सवँसार मोके नीच बलदे, एचो बल डर नी आय॥ ३३॥
परलोक मोचो नसुन जाएदे, डर मोके नीआय।
बाबा मरला तेचो काज बल, मोके दुख नीआय॥ ३४॥
तिहँचो सुन्दर जस आरू पुन, सवँसार गुलाय आसे।
राम-लछमन असन बेटा, तेमन चो जे आसे॥ ३५॥
फेर राम चो छांडते- खान, छांदलो देंह के जीव।
असन ने राजा काजे फिकर, करेदे कोन जीव॥ ३६॥
राम, लछमन, सीता संगे, रान ने बुलसोत गुलाय।
जोगी बैरागी भेस ने आसोत, पाएँ पन्हई नीआय॥ ३७॥

२११ गेरुआ पिंधसोत पाकफर, खासोत, खड़पान डसाउन सोसोत।
सीत-घाम सहते रूख खाले रते, पानी लेहरा सहसोत॥ ३८॥

एड़ दुख ने मोचो छाती जरेसे, झूमा न भूख लागे।
मने मन सवँसारे खोजुक बुलले, रोग के दवा नी लागे॥ ३९॥
आया चो कुमत पाप चो जड़, बढ़ई माहा होली।
हुन आमचो हित के धरून, बारसी असन करली॥ ४०॥
झगड़ा कुठाट चो जंतर बनाउन, चौदा बरख मंतर पढ़ली।
पाछे हुन जंतर के गाड़ुन, अदनतारा करली॥ ४१॥
मोजो काचे ठाट बनाउन, सत्यानास करली।
बारा बाटे सवँसार के गुलाय, सत्यानास करली॥ ४२॥
ये जाले तेबेइ सरूक सकेदे, जे राम फिरून इले।
तेबई अबध बसुक सकेदे अउर, काहीं नी पड़े करेले॥ ४३॥
गोठ सुनुन मुनी सुखी होला, सपा सहराला उथा।
फिकर नीकर राम दरसन ले, दुख सरेदे उथा॥ ४४॥

२१२ असन गोठ सारते मुनी बलला, आज मोचो सगा होआ।
कांदा-कसा पाक फर जे होओ, खाउन एथाय सोआ॥ ४५॥

मुनी गोठ सुनुन भरत के, भारी फिकर होली।
कुबेरा ने कसन आमचो संगे, लाज चो गोठ होली॥ ४६॥
गुरू गोठ के मान देऊन, समझुन भाती भरत।
पायँ के बिनाउन हात जोड़ुन, बलला उथा भरत॥ ४७॥

सिर धरि आयसु करिअ तुम्हारा। परम धरम यहु नाथ हमारा॥
भरत बचन मुनिबर मन भाए। सुचि सेवक सिष निकट बोलाए॥ २॥

चाहिअ कीन्हि भरत पहुनाई। कंद मूल फल आनहु जाई॥
भलेहिं नाथ कहि तिन्ह सिर नाए। प्रमुदित निज निज काज सिधाए॥ ३॥

मुनिहि सोच पाहुन बड़ नेवता। तसि पूजा चाहिअ जस देवता॥
सुनि रिधि सिधि अनिमादिक आईं। आयसु होइ सो करहिं गोसाईं॥ ४॥

दो०– राम बिरह ब्याकुल भरतु सानुज सहित समाज।
पहुनाई करि हरहु श्रम कहा मुदित मुनिराज॥ २१३॥

चौ०– रिधि सिधि सिर धरि मुनिबर बानी। बड़भागिनि आपुहि अनुमानी॥
कहहिं परसपर सिधि समुदाई। अतुलित अतिथि राम लघु भाई॥ १॥

मुनि पद बंदि करिअ सोइ आजू। होइ सुखी सब राज समाजू॥
अस कहि रचेउ रुचिर गृह नाना। जेहि बिलोकि बिलखाहिं बिमाना॥ २॥

भोग बिभूति भूरि भरि राखे। देखत जिन्हहि अमर अभिलाषे॥
दासीं दास साजु सब लीन्हें। जोगवत रहहिं मनहि मनु दीन्हें॥ ३॥

सब समाजु सजि सिधि पल माहीं। जे सुख सुरपुर सपनेहुँ नाहीं॥
प्रथमहिं बास दिए सब केही। सुंदर सुखद जथा रुचि जेही॥ ४॥

दो०– बहुरि सपरिजन भरत कहुँ रिषि अस आयसु दीन्ह।
बिधि बिसमय दायकु बिभव मुनिबर तपबल कीन्ह॥ २१४॥

चौ०– मुनि प्रभाउ जब भरत बिलोका। सब लघु लगे लोकपति लोका॥
सुख समाजु नहिं जाइ बखानी। देखत बिरति बिसारहीं ग्यानी॥ १॥

आसन सयन सुबसन बिताना। बन बाटिका बिहग मृग नाना॥
सुरभि फूल फल अमिअ समाना। बिमल जलासय बिबिध बिधाना॥ २॥

असन पान सुच अमिअ अमी से। देखि लोग सकुचात जमी से॥
सुर सुरभी सुरतरु सबही कें। लखि अभिलाषु सुरेस सची कें॥ ३॥

रितु बसंत बह त्रिबिध बयारी। सब कहँ सुलभ पदारथ चारी॥
स्रक चंदन बनितादिक भोगा। देखि हरष बिसमय बस लोगा॥ ४॥

तुमचो हुकुम के मुंडे चेधाउन, मानतो धरम आय।
सेउक चेला के बलाउन बलला, सगा के मानतो आय॥ ४८॥
जाउन कांदा पाक फर आना, सुनते आले बलुन।
हरीक चेलामन उथा ले गेला, गुरु चो पायँ पड़ुन॥ ४९॥
मुनी के फिकर आमी जाले, नेवतलूसे बड़े लोंग।
देव जसन आय हुसने तिहँचो, लागेसे पूजा भोग॥ ५०॥
सुनुन सिद्धि अणि मादिक-मन, उथा अमरुन बलला।
गोसईं आमके हुकुम होलोने, जोड़ा करवाँ बलला॥ ५१॥
मुनी बलला राम ले अलगुन, भरत आमचो सगा।
तिहँचो संगे रैयत कुटुम, आसोत आमचो सगा॥ ५२॥

२१३ राम ले अलगुन भरत जाले, खुबे कलपते आसोत।
तिहँचो थाकी के सारा तुमी, जे आमचो सगा आसोत॥ ५३॥

हुकुम मुंडे चेधाउन भाती, भागवान समझला ते।
बलत जेचो मान करवाँ, राम चो भाई ये॥ ५४॥
एमन माहा कोनी नी एदे, बिनाउन करवाँ असन।
जे सपा लोग सुखी होओत, गुन करवाँ असन॥ ५५॥
सुंदर गुलाय घर बनावला, बिमान पाओत लाज।
सपा भोग जिनिस भरून, गढ़न करला साज॥ ५६॥
देवमन सपा ललचाउन गेला, असन सजाउन रहोत।
नवकर-नवकरीन लोग मन माहा, बुता तुरते करोत॥ ५७॥
जे सुख सरन चो सपना ने नीआय, डंडिक ने सजाउन दिला।
उथा जेके जसन-जसन भाए, हुसन ठान दिला॥ ५८॥

२१४ पाछे कुटुम संगे भरत के, हुकुम असन ठान दिला।
ब्रह्मा काबा होओत असन मुनी बडुई दिला॥ ५९॥

मुनी तप चो सकत के दखुन, भरत के असन लागली।
जम, कुबेर, बरुण लोक बल, नानी माहा लागली॥ ६०॥
सुख जिनिस के सांगुक नीहोय, गियानी बैराग भुलकसोत।
मान काजे सपा असन बनाला, दुख सपा भुलकसोत॥ ६१॥
आसन, सेज, सुपेती, कपड़ा, बाग, बगेचा बरन।
चड़ई, पसु, फूल, पाक फर, तरई बरन बरन॥ ६२॥
अमरित माहा खातो जिनिस, दखुन ललचासोत मुनी।
सपा डेरा ने कामधेनु कलपतरू, ललचात इंदर-इंदरानी॥ ६३॥
माघ लेहरा तीन रकम होएसे, सपा जिनीस आसोत।
दुख हरीक होय दखुन-दखुन, माला चंदन मेहरार आसोत॥ ६४॥

दो०— संपति चकई भरतु चक मुनि आयस खेलवार।
तेहि निसि आश्रम पिंजराँ राखे भा भिनुसार॥ २१५॥

मासपारायण, उन्नीसवाँ विश्राम

चौ०— कीन्ह निमज्जनु तीरथराजा। नाइ मुनिहि सिरु सहित समाजा॥
रिषि आयसु असीस सिर राखी। करि दंडवत बिनय बहु भाषी॥ १॥

पथ गति कुसल साथ सब लीन्हें। चले चित्रकूटहिं चितु दीन्हें॥
रामसखा कर दीन्हें लागू। चलत देह धरि जनु अनुरागू॥ २॥

नहिं पद त्रान सीस नहिं छाया। पेमु नेमु ब्रतु धरमु अमाया॥
लखन राम सिय पंथ कहानी। पूँछत सखहि कहत मृदु बानी॥ ३॥

राम बास थल बिटप बिलोकें। उर अनुराग रहत नहिं रोकें॥
देखि दसा सुर बरिसहिं फूला। भइ मृदु महि मगु मंगल मूला॥ ४॥

दो०— किएँ जाहिं छाया जलद सुखद बहइ बर बात।
तस मगु भयउ न राम कहँ जस भा भरतहि जात॥ २१६॥

चौ०— जड़ चेतन मग जीव घनेरे। जे चितए प्रभु जिन्ह प्रभु हेरे॥
ते सब भए परम पद जोगू। भरत दरस मेटा भव रोगू॥ १॥

यह बड़ि बात भरत कइ नाहीं। सुमिरत जिनहि रामु मन माहीं॥
बारक राम कहत जग जेऊ। होत तरन तारन नर तेऊ॥ २॥

भरतु राम प्रिय पुनि लघु भ्राता। कस न होइ मगु मंगलदाता॥
सिद्ध साधु मुनिबर अस कहहीं। भरतहि निरखि हरषु हियँ लहहीं॥ ३॥

देखि प्रभाउ सुरेसहि सोचू। जगु भल भलेहि पोच कहुँ पोचू॥
गुर सन कहेउ करिअ प्रभु सोई। रामहि भरतहि भेट न होई॥ ४॥

दो०— रामु सँकोची प्रेम बस भरत सपेम पयोधि।
बनी बात बेगरन चहति करिअ जतनु छलु सोधि॥ २१७॥

चौ०— बचन सुनत सुरगुरु मुसुकाने। सहसनयन बिनु लोचन जाने॥
मायापति सेवक सन माया। करइ त उलटि परइ सुरराया॥ १॥

तब किछु कीन्ह राम रुख जानी। अब कुचालि करि होइहि हानी॥
सुनु सुरेस रघुनाथ सुभाऊ। निज अपराध रिसाहिं न काऊ॥ २॥

जो अपराधु भगत कर करई। राम रोष पावक सो जरई॥
लोकहुँ बेद बिदित इतिहासा। यह महिमा जानहिं दुरबासा॥ ३॥

भरत सरिस को राम सनेही। जगु जप राम रामु जप जेही॥ ४॥

२१५ धन-मान चकवी भरत चकवा, मुनी हुकुम खेल असन।
हुन रात दुनी चो पहाली, ढुटा ने ढापलो जसन॥ ६५॥

बिहाने तीरिथ नहाउन भरत, मुनी चो पायँ पड़ुन।
हुकुम आसीस मुंडे चेघाउन, डंडासरन बिन्ती करून॥ ६६॥
निसकाला बाट जाह के धरून, चितरकूट मन ने राखुन।
हिंडत जसन मना देह आय, गुह चो हात धरुन॥ ६७॥
पाएँ पन्हई न मुंडे छाँय, मया नेम-धरम पक्की।
राम, लछमन, सीता चो गोठ पूछत, गुह बल सांगे पक्की॥ ६८॥
राम बिसालो रुख ठान दखुन, मया थेबाते नी थेबे।
भुँइ कँवल बाट सीतर होली, देव फूल बरसात तेबे॥ ६९॥

२१६ बादरी छाँय करते जासोत, सुन्दर लेहरा एए।
भरत बाट ने जितरो सुख, राम दाँव उतरो नी रहे॥ ७०॥

बाटे जे जीव राम के दखला, राम पद चो होला।
हुनी भरत चो दरसन करुन, भवसागर ले तरला॥ ७१॥
भरत काजे बड़े गोठ नो हाय, जेके मन ने राखसोत।
सवँसारे हारक जे राम बलसोत, हुन बल तरुन तारसोत॥ ७२॥
भरत तो राम चो नानी भाई, सुख नी होती कसन।
दखुन भरत के जे हरीक होसोत, मुनी बलसोत असन॥ ७३॥
भरत गुन चो सकत दखुन, इंदर के फिकर होए।
सवँसारे भले काज भलई आय, बुरई के बुरई होए॥ ७४॥
गुरु बृहस्पति के इन्दर बललो, काईं उपाय करा।
राम-भरत चो भेट नी होओ, असन उआट करा॥ ७५॥

२१७ राम मान आरु मया ने होसोत, भरत समुंद मया काज।
बनलो गोठ बल नसुक दखेसे, छल डगरावा एथा काज॥ ७६॥

देवगुरु हांसला गोठ सुनुन, तिहँके मूरुख जानलो।
हजार आइँख बिता के तेबे, आइँख नाहलो मानलो॥ ७७॥
समझाउन बलला माया राजा, राम सेउक संगे।
माया छल कपट करेया काजे, होएदे हुनचोय संगे॥ ७८॥
तेबे राम चो मन जानुन, खिंडिक करून दिले।
हानी ने पड़क होएदे एदाँय, काई कुचाल करले॥ ७९॥
केबइ रीस नीं होत राम टकर आय, आपलो उपर काजे।
रीस ले जरूक होएदे जाना, नसालोने भगत काजे॥ ८०॥
लोक बेद जानसोत दुरबासा मानसोत, सवँसार जेके जपेसे।
हुनचोले आगर कोन मयादार, जेके राम भजेसे॥ ८१॥

दो०– मनहुँ न आनिअ अमरपति रघुबर भगत अकाजु।
अजसु लोक परलोक दुख दिन दिन सोक समाजु॥ २१८॥

चौ०– सुनु सुरेस उपदेसु हमारा। रामहि सेवकु परम पिआरा॥
मानत सुखु सेवक सेवकाईं। सेवक बैर बैरु अधिकाईं॥ १॥

जद्यपि सम नहिं राग न रोषू। गहहिं न पाप पूनु गुन दोषू॥
करम प्रधान बिस्व करि राखा। जो जस करइ सो तस फलु चाखा॥ २॥

तदपि करहिं सम बिषम बिहारा। भगत अभगत हृदय अनुसारा॥
अगुन अलेप अमान एकरस। रामु सगुन भए भगत पेम बस॥ ३॥

राम सदा सेवक रुचि राखी। बेद पुरान साधु सुर साखी॥
अस जियँ जानि तजहु कुटिलाई। करहु भरत पद प्रीति सुहाई॥ ४॥

दो०– राम भगत परहित निरत पर दुख दुखी दयाल।
भगत सिरोमनि भरत तें जनि डरपहु सुरपाल॥ २१९॥

चौ०– सत्यसंध प्रभु सुर हितकारी। भरत राम आयस अनुसारी॥
स्वारथ बिबस बिकल तुम्ह होहू। भरत दोसु नहिं राउर मोहू॥ १॥

सुनि सुरबर सुरगुर बर बानी। भा प्रमोदु मन मिटी गलानी॥
बरषि प्रसून हरषि सुरराऊ। लगे सराहन भरत सुभाऊ॥ २॥

एहि बिधि भरत चले मग जाहीं। दसा देखि मुनि सिद्ध सिहाहीं॥
जबहिं रामु कहि लेहिं उसासा। उमगत पेमु मनहुँ चहु पासा॥ ३॥

द्रवहिं बचन सुनि कुलिस पषाना। पुरजन पेमु न जाइ बखाना॥
बीच बास करि जमुनहिं आए। निरखि नीरु लोचन जल छाए॥ ४॥

दो०– रघुबर बरन बिलोकि बर बारि समेत समाज।
होत मगन बारिधि बिरह चढ़े बिबेक जहाज॥ २२०॥

चौ०– जमुन तीर तेहि दिन करि बासू। भयउ समय सम सबहि सुपासू॥
रातिहिं घाट घाट की तरनी। आईं अगनित जाहिं न बरनी॥ १॥

प्रात पार भए एकहि खेवाँ। तोषे रामसखा की सेवाँ॥
चले नहाइ नदिहि सिर नाई। साथ निषादनाथ दोउ भाई॥ २॥

२१८ भगत चो नसातो गोठ के राजा, मन ने केबइ नी आना।
एधा अपजस परलोक दुख, दुरदिन बाढ़ेदे माना॥ ८२॥

आमचो गोठ सुन राम सेउक के, लुबे मया करसोत।
सेउक चो सेवा ले हरीक होसोत, बइर ले रीस होसोत॥ ८३॥
भले राम सम होउन आसोत, रोस राग काईं नीआय।
काचोइ ने पाप पुन आरू, गुन दोस मानू नोआत॥ ८४॥
करम के सवँसार ने बड़े, मान देउन आसोत।
जे जे जसन करनी करसोत, हुन हुसन फल पासोत॥ ८५॥
भगत अवभगत चो हिरदे असन, सम बिसम करसोत।
गुन नाहलो जे भोग नी जानत, मान छांडुन आसोत॥ ८६॥
फेर हमेस एकरस राम, भगत काज सगुन होला।
हुसने आपलो सेउकमन चो, मन के राखते गेला॥ ८७॥
वेद पुरान साधू सपा देव, साखी आसोत एचो।
असन मानुन कुचाल छांडुन, पायँ ले मयाकर तिहँचो॥ ८८॥

२१९ राम भगत हमेस दूसर चो, भलई ने लागुन रसोत।
भगतमन चो मुकुट भगत, नी डरा जे करसोत॥ ८९॥

सत देव देवमन चो हितू राम, भरत राम नेत ने आसोत।
फोकहा सुवारथने बोमरासीस, भरत दोस नाहलो आसोत॥ ९०॥
देवगुरू चो सिखानी गोठ सुनुन, इंदर हरीक होलो।
फिकर गेली सहराते भरत के, फूल बरसाते गेलो॥ ९१॥

* राम-भरत भेट *

भरत हिंडते जासोत असन, देव मुनी होसोत।
राम बलुन जसने निनाससोत, मया उमडुन जासोत॥ १॥
गोठ सुनते पखना गलसोत, बाटे डेरा पड़ला।
जमना नंदी रे ठे पानी के दखते, आइँख भरून गेला॥ २॥

२२० साँवर रंग चो जमना पानी के, दखुन सपा लोग।
मया ने सपा छाँडलो दुख ले, बुड़ुक दखसोत लोग॥ ३॥

मान्तर बिबेक मया जहाज ने, सपा लोग बसला।
लागे अमरून दसरन करवाँ, बिचारून हरीक होला॥ ४॥
हुन दिन जमना रेठे थेबला, बेरा ने जोड़ा होली।
रातों-रात घाट-घाट ने, डोंगी-डोंगा इली॥ ५॥
गोटकी हार ने नाहकला सपा, सेवा ले गुह हरीक।
नहाउन नंदी के पायँ पड़ुन, निसकला हरीक हरीक॥ ६॥

आगें मुनिबर बाहन आछें। राजसमाज जाइ सबु पाछें॥
तेहि पाछें दोउ बंधु पयादें। भूषन बसन बेष सुठि सादें॥ ३॥

सेवक सुहृद सचिवसुत साथा। सुमिरत लखनु सीय रघुनाथा॥
जहँ जहँ राम बास बिश्रामा। तहँ तहँ करहिं सप्रेम प्रनामा॥ ४॥

दो०– मगबासी नर नारि सुनि धाम काम तजि धाइ।
देखि सरूप सनेह सब मुदित जनम फलु पाइ॥ २२१॥

चौ०– कहहिं सपेम एक एक पाहीं। रामु लखनु सखि होहिं कि नाहीं॥
बय बपु बरन रूप सोइ आली। सीलु सनेहु सरिस सम चाली॥ १॥

बेषु न सो सखि सीय न संगा। आगें अनी चली चतुरंगा॥
नहिं प्रसन्न मुख मानस खेदा। सखि संदेहु होइ एहिं भेदा॥ २॥

तासु तरक तियगन मन मानी। कहहिं सकल तेहि सम न सयानी॥
तेहि सराहि बानी फुरि पूजी। बोली मधुर बचन तिय दूजी॥ ३॥

कहि सपेम सब कथाप्रसंगू। जेहि बिधि राम राज रस भंगू॥
भरतहि बहुरि सराहन लागी। सील सनेह सुभाय सुभागी॥ ४॥

दो०– चलत पयादें खात फल पिता दीन्ह तजि राजु।
जात मनावन रघुबरहि भरत सरिस को आजु॥ २२२॥

चौ०– भायप भगति भरत आचरनू। कहत सुनत दुख दूषन हरनू॥
जो कछु कहब थोर सखि सोई। राम बंधु अस काहे न होई॥ १॥

हम सब सानुज भरतहि देखें। भइन्ह धन्य जुबती जन लेखें॥
सुनि गुन देखि दसा पछिताहीं। कैकइ जननि जोगु सुतु नाहीं॥ २॥

कोउ कह दूषनु रानिहि नाहिन। बिधि सबु कीन्ह हमहि जो दाहिन॥
कहँ हम लोक बेद बिधि हीनी। लघु तिय कुल करतूति मलीनी॥ ३॥

बसहिं कुदेस कुगाँव कुबामा। कहँ यह दरसु पुन्य परिनामा॥
अस अनंदु अचिरिजु प्रति ग्रामा। जनु मरुभूमि कलपतरु जामा॥ ४॥

दो०– भरत दरसु देखत खुलेउ मग लोगन्ह कर भागु।
जनु सिंघलबासिन्ह भयउ बिधि बस सुलभ प्रयागु॥ २२३॥

चौ०– निज गुन सहित राम गुन गाथा। सुनत जाहिं सुमिरत रघुनाथा॥
तीरथ मुनि आश्रम सुरधामा। निरखि निमज्जहिं करहिं प्रनामा॥ १॥

मनहीं मन मागहिं बरु एहू। सीय राम पद पदुम सनेहू॥
मिलहिं किरात कोल बनबासी। बैखानस बटु जती उदासी॥ २॥

पुरे नंगत वाहन ने मुनी मन, पाछे राज समाज।
हींडसोत दुनों तिहँचो पाछे, पिंधुन सादा-साज॥ ७॥
सेउक संगी मन संगे भरत, तीनों के सुमरते जासोत।
जे-जे ठाने राम थेबू रहोत, परनाम करते जासोत॥ ८॥

२२१ गाँव-बाट चो लोग सुनुन, बुता छांडुन एसोत।
तिहँचो मया रूप के दखते, हरीक होते जासोत॥ ९॥

गांव चो मेहरार गोठयासोत, तिहँचो रूप दखुन।
राम लछमन आत कि नो आत, गोटकी रूप दखुन॥ १०॥
उमर देह रंग रूप मया, गुन बल तिहँचो असन।
दखा देतो ने बरन तिहँचो असन, रूप बल तिहँचो असन॥ ११॥
भेस मान्तर हुसन नीआय, नीआत सीता संगे।
मुँह ने हरीक निरबान नीआय, फउद आसोत संगे॥ १२॥
मन ने काईं बिचार लागेसे, भेद ले भरम होएसे।
तिहँचो गोठ सियाबमन के, सुनलोने नंगत भाएसे॥ १३॥
बलसोत एमन माहा चतुर नीआत, गोठ बल सते होओ।
सपा मिसुन गोठयासोत असल, तिहँचो नंगत होओ॥ १४॥
राम गादी हरीक जसन नसली, सपा गोठयाते जाओत।
भरत चो मया गुन भाग के, सपा सहराते जाओत॥ १५॥

२२२ भाई मनाउक जाएसे बूबाचो, गादी दिलो के छाँडुन।
एमन माहा आज कोन आसोत जे, जाएसे पाक फर खाउन॥ १६॥

भरत चो भाई पन भक्ती चाल, दुख दोस के हरेसे।
घाट होएसे सपा बलले सुनले, राम भाई जे करेसे॥ १७॥
आमी बल भागवान मेहरार होलू, तिहँचो दरसन करून।
पछतात भरत चो गुन-गत दखुन, कयकई चो खुद करून॥ १८॥
कोनी बलसोत दोस गोआय रानी चो, आमचो काजे आय।
भगवान साहा होलासोत एदाँय, जे आमचो भाग ने आय॥ १९॥
कहाँ आमी लोक बेद ने नानी, कुल करनी ले नीच।
अडरा गांव देस ने जीऊँसे, मेहरार ने आमो नीच॥ २०॥
कहाँ असन पुनवान चो दरसन, सपा के अचरित होएसे।
जसन कुधुर ने कलपतरु होली, गांव गांव हुसने होएसे॥ २१॥

२२३ भरत रूप दखते बाट गांव चो, लोग चो भाग खुलली।
सिंहलद्वीप रहू के देव दया ले, परयाग दरसन होली॥ २२॥

आपलो गुन संग राम गुन सुनते, भरत जीतते जासोत।
देव गुड़ी ने दरसन करते, तीरथ नहाते जासोत॥ २३॥

करि प्रनामु पूँछहिं जेहि तेही। केहि बन लखनु रामु बैदेही॥
ते प्रभु समाचार सब कहहीं। भरतहि देखि जनम फलु लहहीं॥ ३॥

जे जन कहहिं कुसल हम देखे। ते प्रिय राम लखन सम लेखे॥
एहि बिधि बूझत सबहि सुबानी। सुनत राम बनबास कहानी॥ ४॥

दो०– तेहि बासर बसि प्रातहीं चले सुमिरि रघुनाथ।
राम दरस की लालसा भरत सरिस सब साथ॥ २२४॥

चौ०– मंगल सगुन होहिं सब काहू। फरकहिं सुखद बिलोचन बाहू॥
भरतहि सहित समाज उछाहू। मिलिहहिं रामु मिटिहि दुख दाहू॥ १॥

करत मनोरथ जस जियँ जाके। जाहिं सनेह सुराँ सब छाके॥
सिथिल अंग पग मग डगि डोलहिं। बिहबल बचन पेम बस बोलहिं॥ २॥

रामसखाँ तेहि समय देखावा। सैल सिरोमनि सहज सुहावा॥
जासु समीप सरित पय तीरा। सीय समेत बसहिं दोउ बीरा॥ ३॥

देखि करहिं सब दंड प्रनामा। कहि जय जानकि जीवन रामा॥
प्रेम मगन अस राज समाजू। जनु फिरि अवध चले रघुराजू॥ ४॥

दो०– भरत प्रेमु तेहि समय जस तस कहि सकइ न सेषु।
कबिहि अगम जिमि ब्रह्मसुखु अह मम मलिन जनेषु॥ २२५॥

चौ०– सकल सनेह सिथिल रघुबर कें। गए कोस दुइ दिनकर ढरकें॥
जलु थलु देखि बसे निसि बीतें। कीन्ह गवन रघुनाथ पिरीतें॥ १॥

उहाँ रामु रजनी अवसेषा। जागे सीयँ सपन अस देखा॥
सहित समाज भरत जनु आए। नाथ बियोग ताप तन ताए॥ २॥

सकल मलिन मन दीन दुखारी। देखीं सासु आन अनुहारी॥
सुनि सिय सपन भरे जल लोचन। भए सोचबस सोच बिमोचन॥ ३॥

लखन सपन यह नीक न होई। कठिन कुचाह सुनाइहि कोई॥
अस कहि बंधु समेत नहाने। पूजि पुरारि साधु सनमाने॥ ४॥

छं०– सनमानि सुर मुनि बंदि बैठे उत्तर दिसि देखत भए।
नभ धूरि खग मृग भूरि भागे बिकल प्रभु आश्रम गए॥
तुलसी उठे अवलोकि कारनु काह चित सचकित रहे।
सब समाचार किरात कोलन्हि आइ तेहि अवसर कहे॥

सो०– सुनत सुमंगल बैन मन प्रमोद तन पुलक भर।
सरद सरोरुह नैन तुलसी भरे सनेह जल॥ २२६॥

चौ०– बहुरि सोचबस भे सियरवनू। कारन कवन भरत आगवनू॥
एक आइ अस कहा बहोरी। सेन संग चतुरंग न थोरी॥ १॥

सीता-राम पायँ ने मया रहो, मन ने बर मांगसोत।
भील-कोल, बरमचारी, सन्यासीमन के, बाटे भेटते जासोत॥ २४॥
पूछते जासोत राम लछमन सीता, कोन बन ने आसोत।
सोर सांगते दरसन करून लोग, जनम चो फल पासोत॥ २५॥
जे सांगत नंगत दखलुसे, तिहँके राम लछमन मानत।
सुन्दर बोली ले तिहँके पूछते, बनवास कहनी सुनत॥ २६॥

२२४ हुन दिन बिसाउन बिहान पहाते, राम के सुमरते रेंगला।
राम दरसन चो लाभ मन ने, लोग भरत संगे निकरला॥ २७॥

सुन्दर सगुन सपा के होएसे, फड़केसे आइँख बाहाँ।
सपा संग भरत के हरीक लागेसे, भेटले जाएदे डाहा॥ २८॥
जेचो मन जसन दखेसे हुसन, मया मंद ने मातुन आसोत।
देह जुड़ाय हात-पाँव थरथरे, मया ले गोठ करसोत॥ २९॥
कामदगिरी डोंगरी के निसाद राजा, दरवालो सांगुन नावँ।
पयस्वनी नंदी रेठे सीता-लछमन, संगे रसोत राम॥ ३०॥
डोंगरी के दखुन पाँय पड़ुन, राम चो जय बलला।
मया ने समाज मगन होला, जसन राम उल्टुन चलला॥ ३१॥

२२५ सेस सांगुक नी सके हुदलदाँय, जसन भरत मया रहे।
घमंड माया ने पड़लो लोग काज, ब्रह्मानंद माहा रहे॥ ३२॥

बेर बसत ले दुइ कोस हिंडला, मया ले देह पायँ बसे।
सुन्दर ठान दखुन डेरा करला, निसकला कुकड़ा बासे॥ ३ ३॥
हेंव राम पहिल कुकड़ा चेतला, सपना दखू रहे सीता।
राज-दल संगे भरत इलासोत, देह चो नीआय चिंता॥ ३४॥
सपा लोग उदास दुखी आसोत, सतरीमन चो गती दूसर।
सुनुन आइँख भरती राम चो जे दूसर चो हरू फिकर॥ ३५॥
बलला लछमन नीको नोआय, अडरा खबर आने।
भाई संग नहाउन पुजा करला, बलते सिव सपा जाने॥ ३६॥
देवमन चो पूजा करून भाती, मुनीमन के मानला।
बसुन भण्डार बाटे दखसोत, धुरला उड़तो के जानला॥ ३७॥
पसु चड़ई घबरुन भाती, आसरम बाटे एसोत।
तुलसी परभू उठुन दखसोत, कसन ये पराउन एसोत॥ ३८॥

२२६ हुतरोयदाँय कोल-भील एउन, सपा खबर सांगला।
तुलसी चो भगवान सुभ के सुनुन, मन ने हरीक मानला॥ ३९॥

पूड़न माहा आइँख ने पानी भरली, देहें सीतकाटा गुलाय।
बिचारसोत कसन भरत एएसे, फउद के धरून गुलाय॥ ४०॥

सो सुनि रामहि भा अति सोचू। इत पितु बच इत बंधु सकोचू॥
भरत सुभाउ समुझि मन माहीं। प्रभु चित हित थिति पावत नाहीं॥ २॥

समाधान तब भा यह जाने। भरतु कहे महुँ साधु सयाने॥
लखन लखेउ प्रभु हृदयँ खभारू। कहत समय सम नीति बिचारू॥ ३॥

बिनु पूछें कछु कहउँ गोसाईं। सेवकु समयँ न ढीठ ढिठाईं॥
तुम्ह सर्बग्य सिरोमनि स्वामी। आपनि समुझि कहउँ अनुगामी॥ ४॥

दो०— नाथ सुहृद सुठि सरल चित सील सनेह निधान।
सब पर प्रीति प्रतीति जियँ जानिअ आपु समान॥ २२७॥

चौ०— बिषई जीव पाइ प्रभुताई। मूढ़ मोह बस होहिं जनाई॥
भरतु नीति रत साधु सुजाना। प्रभु पद प्रेमु सकल जगु जाना॥ १॥

तेऊ आजु राम पदु पाई। चले धरम मरजाद मेटाई॥
कुटिल कुबंध कुअवसरु ताकी। जानि राम बनवास एकाकी॥ २॥

करि कुमंत्रु मन साजि समाजू। आए करै अकंटक राजू॥
कोटि प्रकार कलपि कुटलाई। आए दल बटोरि दोउ भाई॥ ३॥

जौं जियँ होति न कपट कुचाली। केहि सोहाति रथ बाजि गजाली॥
भरतहि दोसु देइ को जाएँ। जग बौराइ राज पदु पाएँ॥ ४॥

दो०— ससि गुर तिय गामी नघुषु चढ़ेउ भूमिसुर जान।
लोक बेद तें बिमुख भा अधम न बेन समान॥ २२८॥

चौ०— सहसबाहु सुरनाथु त्रिसंकू। केहि न राजमद दीन्ह कलंकू॥
भरत कीन्ह यह उचित उपाऊ। रिपु रिन रंच न राखब काऊ॥ १॥

एक कीन्हि नहिं भरत भलाई। निदरे रामु जानि असहाई॥
समुझि परिहि सोउ आजु बिसेषी। समर सरोष राम मुखु पेखी॥ २॥

एतना कहत नीति रस भूला। रन रस बिटपु पुलक मिस फूला॥
प्रभु पद बंदि सीस रज राखी। बोले सत्य सहज बलु भाषी॥ ३॥

अनुचित नाथ न मानब मोरा। भरत हमहि उपचार न थोरा॥
कहँ लगि सहिअ रहिअ मनु मारें। नाथ साथ धनु हाथ हमारें॥ ४॥

दो०— छत्रि जाति रघुकुल जनमु राम अनुग जगु जान।
लातहुँ मारें चढ़ति सिर नीच को धूरि समान॥ २२९॥

चौ०— उठि कर जोरि रजायसु मागा। मनहुँ बीर रस सोवत जागा॥
बाँधि जटा सिर कसि कटि भाथा। साजि सरासनु सायकु हाथा॥ १॥

आजु राम सेवक जसु लेऊँ। भरतहि समर सिखावन देऊँ॥
राम निरादर कर फलु पाई। सोवहुँ समर सेज दोउ भाई॥ २॥

गोटोक बाटे बाप चो गोठ, दूसर भरत चो मया टकर।
राम थाहा पाउक नी सकसोत, मया बोली चो फिकर॥ ४१॥
बिचारसोत भरत साह सियान, मोचो टकर ने आसे।
लछमन बललो नीती दखुन, जे राम फिकर ने आसे॥ ४२॥
बेरा दखुन बरपेला बलेंसे, बिगर पूछलो जाना।
असन सपा के जानासीस बले, मोचो गोटोक माना॥ ४३॥

२२७ तुमी हितू सहज मन चो, गुन चो भण्डार आहास।
सपा उपरे मया भरोसा करते, आपलोय असन जानास॥ ४४॥

मूरुख बिसयी जीव पद पाउन, मोहले असल दखासोत।
भरत नीती उपर सासू चतुर सेउक, एके सवँसार जानसोत॥ ४५॥
हुन आज राम चो पद पाउन, धरम मरजाद मेटुन।
राम के राने एकलो जानुन कपटी, भाई कुबेरा दखुन॥ ४६॥
मने रई धरून समाज जोडुन, राज बाधा गुचाउक।
दुनोंय एसोत फउद संगे, करोड़ो कपट जुहाउन॥ ४७॥
कपट कइर जे नी रती जाले, फउद आनतो कसन।
भरत के कोन दोस देएदे, राज पद बैहा असन॥ ४८॥

२२८ चन्द्रमा गुरू बायले लग गेलो, नहुस बाम्हन पालकी चेघलो।
राजा बेन माहा नीच नी होई, जे लोक बेद सपा ले गेलो॥ ४९॥

सहसबाहू, इंदर, त्रिसुंक, राजा, सपा कलंक ने पड़ला।
भरत बयरी रिन नी बचाउक, नंगत बिचार करला॥ ५०॥
गोटकी भरत अडरा करेसे, निंदरुन एकलो जानुन।
रन भाटा ने राम रीस मुंह के, समझेदे नंगत दखुन॥ ५१॥
इतरो ले लछमन बीर गोठ धरलो, नीतीगोठ के छांडुन।
राम पायँ के बिनाउन भाती, टकर ले बल धरुन॥ ५२॥
मोचो गोठ के अडरा नी माना, खुबे बिटाएसे आमके।
धनऊ-कांड संगाउन कितरो, सहूंदे मारु दे मनके॥ ५३॥

२२९ छतरी जात रघुकुल ने जनम, ऊपर ले सेऊक तुमचो।
नीच धुरला के लात मारलोने, चेघेसे उपरे मुंड चो॥ ५४॥

लागे बीर रस सोवलो ले चेतुन, हात जोडुन हुकूम मांगलो।
लट बांधुन ठोंगी के कसुन, धनऊ कांड के धरलो॥ ५५॥
भरत के लड़ई ने सिखाऊन राम चो, सेउक जस पाएँदे।
राम निरादर करतो फल के, भाटा ने सोआएँदे॥ ५६॥
नंगत होली सपा समाज, जुहलासोत एथा एउन।
सगर दिन चो रीस निकराएंदे, तेमन चो पुरे जाउन॥ ५७॥

आइ बना भल सकल समाजू। प्रगट करउँ रिस पाछिल आजू॥
जिमि करि निकर दलइ मृगराजू। लेइ लपेटि लवा जिमि बाजू॥ ३॥

तैसेहिं भरतहि सेन समेता। सानुज निदरि निपातउँ खेता॥
जौं सहाय कर संकरु आई। तौ मारउँ रन राम दोहाई॥ ४॥

दो०– अति सरोष माखे लखनु लखि सुनि सपथ प्रवान।
सभय लोक सब लोकपति चाहत भभरि भगान॥ २३०॥

चौ०– जगु भय मगन गगन भइ बानी। लखन बाहुबलु बिपुल बखानी॥
तात प्रताप प्रभाउ तुम्हारा। को कहि सकइ को जाननिहारा॥ १॥

अनुचित उचित काजु किछु होऊ। समुझि करिअ भल कह सबु कोऊ॥
सहसा करि पाछें पछिताहीं। कहहिं बेद बुध ते बुध नाहीं॥ २॥

सुनि सुर बचन लखन सकुचाने। राम सीयँ सादर सनमाने॥
कही तात तुम्ह नीति सुहाई। सब तें कठिन राजमदु भाई॥ ३॥

जो अचवँत नृप मातहिं तेई। नाहिन साधुसभा जेहिं सेई॥
सुनहु लखन भल भरत सरीसा। बिधि प्रपंच महँ सुना न दीसा॥ ४॥

दो०– भरतहि होइ न राजमदु बिधि हरि हर पद पाइ।
कबहुँ कि काँजी सीकरनि छीरसिंधु बिनसाइ॥ २३१॥

चौ०– तिमिरु तरुन तरनिहि मकु गिलई। गगनु मगन मकु मेघहिं मिलई॥
गोपद जल बूड़हिं घटजोनी। सहज छमा बरु छाड़ै छोनी॥ १॥

मसक फूँक मकु मेरु उड़ाई। होइ न नृपमदु भरतहि भाई॥
लखन तुम्हार सपथ पितु आना। सुचि सुबंधु नहिं भरत समाना॥ २॥

सगुनु खीरु अवगुन जलु ताता। मिलइ रचइ परपंचु बिधाता॥
भरतु हंस रबिबंस तड़ागा। जनमि कीन्ह गुन दोष बिभागा॥ ३॥

गहि गुन पय तजि अवगुन बारी। निज जस जगत कीन्हि उजिआरी॥
कहत भरत गुन सीलु सुभाऊ। पेम पयोधि मगन रघुराऊ॥ ४॥

दो०– सुनि रघुबर बानी बिबुध देखि भरत पर हेतु।
सकल सराहत राम सो प्रभु को कृपानिकेतु॥ २३२॥

जसन सिंघ-हाथी गोहड़ी के, सतयानास करेसे।
गिदहा जसन लावा के आपलो, पाएँ चेपाउन उड़ेसे॥ ५८॥
हुसने भरत के फउद संगे, भाई संग बलाएंदे।
संकर साहा हालोने बले, सपा के घसराएंदे॥ ५९॥

२३० लछमन चो तमकलोके दखुन, किरिया सुनुन डरला।
सपा लोक चो लोकपाल मन, डरुन पराउक दखला॥ ६०॥

सवँसार डर ने बुड़न गेला, लछमन बल के सहराते।
अकासबानी होलो तुरते, बाहाँ चो गुन बलते॥ ६१॥
तुमचो गुन परताप कोन नी जाने, फेर कोन बलुक सके।
फेर बले कोनी कारज जाले, नीको-अडरा होउक सके॥ ६२॥
खुबे सोचुन बिचारुन समझुन, करलोने नंगत बलसोत।
बिगर बिचारलोर जे बल करसोत, पाछे बसुन पछतासोत॥ ६३॥
देवबानी सुनुन लछमन ओगाय, सीताराम मान करला।
सुन्दर नीती के बलसीस तुई, राज मोह ले आय बलला॥ ६४॥
जे साधू सभा ने बसलोसे, राज मद ने पड़ेसे।
भरत माहा नंगत मनुख, कबेई दखा नी पड़ेसे॥ ६५॥

२३१ ब्रह्मा, बिस्नू, संकर पद पाउन, भरत के धमंड नी होएदे।
छीर सागर ने आमट टपकाले काय, नठतो गोठ होएदे॥ ६६॥

अंधार मंझन चो सुरुज के लीलो, सामो बदरी ने सरग।
गाय खुर डोबरी ने अगस्त बूड़ो, छांडो पिरथी सक॥ ६७॥
माछी फूकुन डोंगरी के उड़ाले बल, केबइ असन नीहोए।
भरत जसन भाई के केबई, राज चो घमंड नोहोए॥ ६८॥
तुचो आरू बाबा चो मयँ, किरिया पाड़ुन बलेंसे।
सवँसार ने नंगत पबितर भाई, कहाँय बल नी मिरेदे॥ ६९॥
गुन गोरस के अवगुन पानी ने, भगवान मिसाउन भाती।
ये देखादेऊ परपंच गढ़ेसे, सपा मिसाउन भाती॥ ७०॥
मान्तर सूरुजबंस तरई ने, हांसा भरत जनमुन।
गुन अवगुन के अलगाउन दिलो, सवँसारे भरत जनमुन॥ ७१॥
गुन माहा गोरस के खाते, अवगुन पानी के छांडते।
सवँसारे भरत आपलो जसके, उजर करलो मानते॥ ७२॥
गुन मया टकर चाल, भरत चो सांगते राम।
मय समुंद ने मगन होला, टकर सांगते राम॥ ७३॥

२३२ भरत उपरे मया दखुन-सुनुन, देव सहराते जासोत।
किरपा चो धाम असन के, देव बलते जासोत॥ ७४॥

चौ०– जौं न होत जग जनम भरत को। सकल धरम धुर धरनि धरत को॥
कबि कुल अगम भरत गुन गाथा। को जानइ तुम्ह बिनु रघुनाथा॥ १॥

लखन राम सियँ सुनि सुर बानी। अति सुखु लहेउ न जाइ बखानी॥
इहाँ भरतु सब सहित सहाए। मंदाकिनीं पुनीत नहाए॥ २॥

सरित समीप राखि सब लोगा। मागि मातु गुर सचिव नियोगा॥
चले भरतु जहँ सिय रघुराई। साथ निषादनाथु लघु भाई॥ ३॥

समुझि मातु करतब सकुचाहीं। करत कुतरक कोटि मन माहीं॥
रामु लखनु सिय सुनि मम नाऊँ। उठि जनि अनत जाहिं तजि ठाऊँ॥ ४॥

दो०– मातु मते महुँ मानि मोहि जो कछु करहिं सो थोर।
अघ अवगुन छमि आदरहिं समुझि आपनी ओर॥ २३३॥

चौ०– जौं परिहरहिं मलिन मनु जानी। जौं सनमानहिं सेवकु मानी॥
मोरें सरन रामहि की पनही। राम सुस्वामि दोसु सब जनही॥ १॥

जग जस भाजन चातक मीना। नेम पेम निज निपुन नबीना॥
अस मन गुनत चले मग जाता। सकुच सनेहँ सिथिल सब गाता॥ २॥

फेरति मनहुँ मातु कृत खोरी। चलत भगति बल धीरज धोरी॥
जब समुझत रघुनाथ सुभाऊ। तब पथ परत उताइल पाऊ॥ ३॥

भरत दसा तेहि अवसर कैसी। जल प्रबाहँ जल अलि गति जैसी॥
देखि भरत कर सोचु सनेहू। भा निषाद तेहि समयँ बिदेहू॥ ४॥

दो०– लगे होन मंगल सगुन सुनि गुनि कहत निषादु।
मिटिहि सोचु होइहि हरषु पुनि परिनाम बिषादु॥ २३४॥

चौ०– सेवक बचन सत्य सब जाने। आश्रम निकट जाइ निअराने॥
भरत दीख बन सैल समाजू। मुदित छुधित जनु पाइ सुनाजू॥ १॥

ईति भीति जनु प्रजा दुखारी। त्रिबिध ताप पीड़ित ग्रह मारी॥
जाइ सुराज सुदेस सुखारी। होहिं भरत गति तेहि अनुहारी॥ २॥

पिरथी चो सपा धरम के, कोन मान देतो।
ये सवँसार ने भरत माहा, जे जनम नी होतो॥ ७५॥
भरत गुन चो कथा अगम, कबी कुल काजे।
तुमके छांडुन कोन जानेदे राम, भरत गुन काजे॥ ७६॥
लछमन, सीता, राम गोठ सुनुन, खुबे हरीक होला।
एबाट भरत लोग संगे, मंदाकिनी आंग धोवला॥ ७७॥
नंदी धड़ी थेबाला माय देवान, गुरु ले हुकुम धरुन।
सीताराम बाट भरत निकरला, गुह भाई के धरुन॥ ७८॥
आया करनी उपरे लजाते, खुबे हलोहाल भरत।
मोचो नावँ सुनते परभू काय, ठान छांडुन नी जाओत॥ ७९॥

२३३ आया चाल ने मोके बल मानुन, जे करदे घाट करदे।
मोचो अवगुन के माफी करते, आपलो जामुन मान करदे॥ ८०॥

छांडोत भले मोके पापी जानुन, मान देओत सेउक मानुन।
पायँ पन्हई चो मयँ आसें सरन, राम के मालिक जानुन॥ ८१॥
सवँसार ने जस पातो लाइक, चातक मछरी आत।
जे हमेस नेम मया के, नवा बनाऊ आत॥ ८२॥
असन मन ने बिचारते भरत, बाट हिंडते जासोत।
मयाँ लाज ने देंह हात-गोड़, एकेदाँय बसते जासोत॥ ८३॥
आया करनी फिराउक दखेसे, भक्ती पुरे नेएसे।
राम चो टकर जानुन मानुन, पायँ चाड चाड जाएसे॥ ८४॥
पानी ने जसन भंबरी कीड़ा, हुसने भरत चो मन।
गुह भरत चो गत के दखुन, देंह भुलकलो अपन॥ ८५॥

२३४ सुंदर सगुन दखुन सुनुन, निसादराजा बलल्लो।
फिकर जाएदे हरीक होएदे, पाछे दुख बलल्लो॥ ८६॥

सेउक गोठ के सत मानुन, आसरम अमरुन गेला।
डोंगरी रान दखुन हरीक, भुखहा खाउक पावला॥ ८७॥
ईती[१] भय ले दुखी उपरे, तीनों ताप[२] ले कंदरुन।
अडरा गरह माहामारी ले, रैयत दुखी होउन॥ ८८॥
नंगत राज देस ने जाउन, सुखी होसोत जसन।
भरत चो मन बल लगे अमरून, हरीक होएसे हुसन॥ ८९॥
राम डेरा पाउन भाती, रान धन असन होएसे।
जसन नंगत राजा के पाउन, रैयत सुखी होएसे॥ ९०॥

१. अधिक जल बरसना, न बरसना, चूहों का उत्पात टिड्डियाँ, तोते, राजा की चढ़ाई (छः बाधाएँ)
२. (त्रिताप) आध्यात्मिक, आधिदैविक और आधिभौतिक

राम बास बन संपति भ्राजा। सुखी प्रजा जनु पाइ सुराजा॥
सचिव बिरागु बिबेकु नरेसू। बिपिन सुहावन पावन देसू॥ ३॥

भट जम नियम सैल रजधानी। सांति सुमति सुचि सुंदर रानी॥
सकल अंग संपन्न सुराऊ। राम चरन आश्रित चित चाऊ॥ ४॥

दो०– जीति मोह महिपालु दल सहित बिबेक भुआलु।
करत अकंटक राजु पुरँ सुख संपदा सुकालु॥ २३५॥

चौ०– बन प्रदेस मुनि बास घनेरे। जनु पुर नगर गाउँ गन खेरे॥
बिपुल बिचित्र बिहग मृग नाना। प्रजा समाजु न जाइ बखाना॥ १॥

खगहा करि हरि बाघ बराहा। देखि महिष बृष साजु सराहा॥
बयरु बिहाइ चरहिं एक संगा। जहँ तहँ मनहुँ सेन चतुरंगा॥ २॥

झरना झरहिं मत्त गज गाजहिं। मनहुँ निसान बिबिधि बिधि बाजहिं॥
चक चकोर चातक सुक पिक गन। कूजत मंजु मराल मुदित मन॥ ३॥

अलिगन गावत नाचत मोरा। जनु सुराज मंगल चहु ओरा॥
बेलि बिटप तृन सफल सफूला। सब समाजु मुद मंगल मूला॥ ४॥

दो०– राम सैल सोभा निरखि भरत हृदयँ अति पेमु।
तापस तप फलु पाइ जिमि सुखी सिरानें नेमु॥ २३६॥

मासपारायण, बीसवाँ विश्राम
नवाह्नपारायण, पाँचवाँ विश्राम

चौ०– तब केवट ऊँचें चढ़ि धाई। कहेउ भरत सन भुजा उठाई॥
नाथ देखिअहिं बिटप बिसाला। पाकरि जंबु रसाल तमाला॥ १॥

जिन्ह तरुबरन्ह मध्य बटु सोहा। मंजु बिसाल देखि मनु मोहा॥
नील सघन पल्लव फल लाला। अबिरल छाहँ सुखद सब काला॥ २॥

सुंदर राम-बन पबितर, सुंदर देस आय।
बिबेक होएसे हुनचो राजा, बैराग देवान आय॥ ९१॥
टकर[1] नेम[2] फउद आत, डोंगरी राजा दुआर।
धीरज गियान बायले तिहँचो, पबितर आसे दुलार॥ ९२॥
नंगत राजा सपा रकम ले, भरपूर होउन आसे।
राम पायँ चो भरोसा ने रहून, हरीक उदीम आसे॥ ९३॥

२३५ मोह राजा के फउद संग जीतुन, बिबेक राज करेसे।
राज ने सपा धन सुख गुलाय, नंगत बेरा ने आसे॥ ९४॥

राम राज ने मुनीमन चो, रतो कुड़िया आसोत।
हुनी सहर पुर गांव-खेड़ा चो, कुढ़ा मन आसोत॥ ९५॥
रंग-रंग चो चड़ई पसु, रैयत माह आसोत।
काईं गोठ बलुक नीहोय, जसन एमन आसोत॥ ९६॥
गेंडा, हाथी, सिंघ, बाघ, बरहा, भयँसा बयला दखते।
राजा साज सहराउक होएसे, तिहँचो मया दखते॥ ९७॥
बइर छांडुन मिलुन मिसुन, संगे-संगे रसोत।
दखले हुनमन चार रकम चो, फउद माहा दिखसोत॥ ९८॥
पानी उपजन एथा उथा, हाथी चिचियासोत असन।
सुनलोने उथा असन लांगेसे, निसान बाजसोत जसन॥ ९९॥
चकवा, चकोर, पपीहा रूपू, कुहकेसे कोयकी गुलाय।
सुन्दर-सुन्दर हाँसा बुलसोत, हरीक ले उथा गुलाय॥ १००॥
भंवरा, गोहड़ा, कोल्हार, करसोत, मंजूर नाचसोत सुन्दर।
चारों खूट सुभ होएसे, ए राज ने सुंदर॥ १०१॥
लाहा रूख रोंडा बूटा, फूललो फरलो आसोत।
सपा लोग काज हरीक उदीम, सुभ जो मूर होसोत॥ १०२॥

२३६ राम डोंगरी सोभा ले भरत, मन ले हरीक होसोत।
जसन तपसी तप फल पाउन, भारी हरीक होसोत॥ १०३॥

केवँटा पराते डोंगरी ने चेघुन, बाहाँ उचाउन बललो।
पाकड़, जाम, आमा, तमाल, दखा देसोत बललो॥ १०४॥
हुन मंजगत बड़ गच सुंदर, मन झीकुन नेएसे।
करेया घन पाना रगरगा पाक, छाँय सुख दोएसे॥ १०५॥
लागेसे ब्रह्मा सपा सोभा कुढ़ाउन, अंधयारे ललहुट रचलो।
ए गच नंदी रेठे जेलग, राम कुड़िया आसे छावलो॥ १०६॥

१. अहिंसा, सत्य, अस्तेय, ब्रह्मचर्य और अपरिग्रह.
२. शौच, संतोष, ताप, स्वाध्याय और ईश्वर प्रणिधान.

मानहुँ तिमिर अरुनमय रासी। बिरची बिधि सँकेलि सुषमा सी॥
ए तरु सरित समीप गोसाँई। रघुबर परनकुटी जहँ छाई॥ ३॥

तुलसीं तरुबर बिबिध सुहाए। कहुँ कहुँ सियँ कहुँ लखन लगाए॥
बट छायाँ बेदिका बनाई। सियँ निज पानि सरोज सुहाई॥ ४॥

दो०– जहाँ बैठि मुनिगन सहित नित सिय रामु सुजान।
सुनहिं कथा इतिहास सब आगम निगम पुरान॥ २३७॥

चौ०– सखा बचन सुनि बिटप निहारी। उमगे भरत बिलोचन बारी॥
करत प्रनाम चले दोउ भाई। कहत प्रीति सारद सकुचाई॥ १॥

हरषहिं निरखि राम पद अंका। मानहुँ पारसु पायउ रंका॥
रज सिर धरि हियँ नयनन्हि लावहिं। रघुबर मिलन सरिस सुख पावहिं॥ २॥

देखि भरत गति अकथ अतीवा। प्रेम मगन मृग खग जड़ जीवा॥
सखहि सनेह बिबस मग भूला। कहि सुपंथ सुर बरषहिं फूला॥ ३॥

निरखि सिद्ध साधक अनुरागे। सहज सनेहु सराहन लागे॥
होत न भूतल भाउ भरत को। अचर सचर चर अचर करत को॥ ४॥

दो०– पेम अमिअ मंदरु बिरहु भरतु पयोधि गँभीर।
मथि प्रगटेउ सुर साधु हित कृपासिंधु रघुबीर॥ २३८॥

चौ०– सखा समेत मनोहर जोटा। लखेउ न लखन सघन बन ओटा॥
भरत दीख प्रभु आश्रमु पावन। सकल सुमंगल सदनु सुहावन॥ १॥

करत प्रबेस मिटे दुख दावा। जनु जोगीं परमारथु पावा॥
देखे भरत लखन प्रभु आगे। पूँछे बचन कहत अनुरागे॥ २॥

सीस जटा कटि मुनि पट बाँधें। तून कसें कर सरु धनु काँधें॥
बेदी पर मुनि साधु समाजू। सीय सहित राजत रघुराजू॥ ३॥

बलकल बसन जटिल तनु स्यामा। जनु मुनिबेष कीन्ह रति कामा॥
कर कमलनि धनु सायकु फेरत। जिय की जरनि हरत हँसि हेरत॥ ४॥

सीता-लछमन चो रोपलो तुलसी, बुटामन सुंदर आसोत।
गच खाले सुंदर चवँरा के सीता, हाते बनालासोत॥ १०७॥

२३७ जेमे चतुर राम सीता बसुन, रूसी-मुनीमन संगे।
बेद सास्तर पुरान कथा, सुनसोत बसुन संगे॥ १०८॥

संगी गोठ के सुनुन भरत, रूख-बूटा के दखुन।
आइँख - मन ने पानी भरली, मयाचो मारे उमडुन॥ १०९॥
निसकला दुनों पायँ पड़ुन, मया ने अस न होओत।
जेके सांगुन पुराउक सरसती, भारी लाज होसोत॥ ११०॥
राम पायँ खोज के दखते, दुनों भाई हरीक असन।
दारदिर पारस पाउन भाती, हरीक होएसे जसन॥ १११॥
पायँ धुरला के माथा आइँख, छाती ने छिआते जासोत।
राम संगे भेट होलो माहा, मन ने सुख पासोत॥ ११२॥
सांगुक नीहोय भरत गत, रान-जीव मगन होओत।
मया ने गुह बाट भुटकलो, देव सांगते फूल बरसाओ॥ ११३॥
भरत मया चो गत के दखुन, सिद्धि साधक सपा।
सपा मया ने दंदरुन गेला, जड़ जीव इतरो सपा॥ ११४॥
तिहुँचो, टकर ने मया के दखुन, सहराते ते बलला।
भरत नी होले जड़ के चेतन, चेतन के जड़ कोन बलता॥ ११५॥

२३८ मया अमरित अलगतो मंदराचल, भरत खोल समुँद।
राम देव साधू मन काजे, निकराला अमरित मथुन॥ ११६॥

निसाद राजा संगे संग जे, सुन्दर जोड़ी जे रहे।
लछमन दखुक नी पावला, रान हुन लग रहे॥ ११७॥
भरत भगवान राम जी चो, आसरम के दखला।
जे सपा सुभ सगुन ले भरपूर, लाफी रहुन दखला॥ ११८॥
आसरम बाड़ी ने ओयलते-खन, भरत चो दुख गेली।
जसन जोगी के जोग पलटा, परमारथ मिरुन गेली॥ ११९॥
भरत दखसोत लछमन भाई राम पुरे उबा आसे।
राम पूछलो गोठ के मया ले, सुसार सांगते जाएसे॥ १२०॥
मुँडे जटा कन्हेया गेरू कपड़ा, ठोंगा तेई ने कसलोर।
हाते धनऊ कांड पुरे साधू मुनी, सीता संग राम बसलोर॥ १२१॥
गेरू कपड़ा जटा बांधुन राम, साँवर देह सुंदर।
जसन रती काम मुनी भेस ने, दिखसोत पुरे सुंदर॥ १२२॥
हाते धनउ के किंजरावसोत, हाँसतौर दखलोने लागे।
जीव जो जलन जितरो आसे, दखुन उठुन भागे॥ १२३॥

दो०– लसत मंजु मुनि मंडली मध्य सीय रघुचंदु।
ग्यान सभाँ जनु तनु धरें भगति सच्चिदानंदु॥ २३९॥

चौ०– सानुज सखा समेत मगन मन। बिसरे हरष सोक सुख दुख गन॥
पाहि नाथ कहि पाहि गोसाईं। भूतल परे लकुट की नाईं॥ १॥

बचन सपेम लखन पहिचाने। करत प्रनामु भरत जियँ जाने॥
बंधु सनेह सरस एहि ओरा। उत साहिब सेवा बस जोरा॥ २॥

मिलि न जाइ नहिं गुदरत बनई। सुकबि लखन मन की गति भनई॥
रहे राखि सेवा पर भारू। चढ़ी चंग जनु खैंच खेलारू॥ ३॥

कहत सप्रेम नाइ महि माथा। भरत प्रनाम करत रघुनाथा॥
उठे रामु सुनि पेम अधीरा। कहुँ पट कहुँ निषंग धनु तीरा॥ ४॥

दो०– बरबस लिए उठाइ उर लाए कृपानिधान।
भरत राम की मिलनि लखि बिसरे सबहि अपान॥ २४०॥

चौ०– मिलनि प्रीति किमि जाइ बखानी। कबिकुल अगम करम मन बानी॥
परम पेम पूरन दोउ भाई। मन बुधि चित अहमिति बिसराई॥ १॥

कहहु सुपेम प्रगट को करई। केहि छाया कबि मति अनुसरई॥
कबिहि अरथ आखर बलु साँचा। अनुहरि ताल गतिहि नटु नाचा॥ २॥

अगम सनेह भरत रघुबर को। जहँ न जाइ मनु बिधि हरि हर को॥
सो मैं कुमति कहौं केहि भाँती। बाज सुराग कि गाँडर ताँती॥ ३॥

मिलनि बिलोकि भरत रघुबर की। सुरगन सभय धकधकी धरकी॥
समुझाए सुरगुरु जड़ जागे। बरषि प्रसून प्रसंसन लागे॥ ४॥

दो०– मिलि सपेम रिपुसूदनहि केवटु भेंटेउ राम।
भूरि भायँ भेंटे भरत लछिमन करत प्रनाम॥ २४१॥

चौ०– भेंटेउ लखन ललकि लघु भाई। बहुरि निषादु लीन्ह उर लाई॥
पुनि मुनिगन दुहुँ भाइन्ह बंदे। अभिमत आसिष पाइ अनंदे॥ १॥

सानुज भरत उमगि अनुरागा। धरि सिर सिय पद पदुम परागा॥
पुनि पुनि करत प्रनाम उठाए। सिर कर कमल परसि बैठाए॥ २॥

२३९ मुनीमन मंजगत दिखसात असन, बसलोर सीताराम।
गियान सभा ने साच्छात दिखसोत, भक्ती संगे भगवान॥ १२४॥

भाई सखा संगे मगन होलो, सुख-दुख भुलकुन गेलो।
हे राम साहा होआ बलते, डंडासरन पड़ुन दिलो॥ १२५॥
मया गोठ ले लछमन चिताउन, सांगला भरत आत।
इसू भरत चो सरस मया, घुचले सेवा जाय॥ १२६॥
लछमन मन दंदरुन गेली, छांडुक होय न भेटुक सके।
कोनी बड़े कबी नंगतले, एके सांगुक सके॥ १२७॥
सेवा के बड़े जानुन भाती, सेवा ने ऊबा आसे।
जसन पतंग खेल चो हाते, सूत हरजुन आसे॥ १२८॥
माथा लवाँउन बलली लछमन, भरत डंडासरन भगवान।
सुनते अधीर होउन उठला राम, कपड़ा केंव धनऊ कांड़॥ १२९॥

२४० बरपेला उठाउन पोटारी होला, छाती संगे तिहँचो।
देह सुध सपा भुलकुन गेला, भेट दखुन तिहँचो॥ १३०॥

मन बोली करम ले कबी, अगम आसोत एथा।
भेंट मया के कसन सांगत, गोठ ले आसोत छूचा॥ १३१॥
राम आरू भरत दुनों भाई, असन होउन जासोत।
मन चेत बुध घमंड छांडुन, मया ने भरून जासोत॥ १३२॥
सांगा कोन ए भारी मया के, गढ़ुन सांगुक सके।
कवि चो बुध काचो छाँय के, गोठ मानुन करे॥ १३३॥
कबी अच्छर अरथ चो बल ने, सत रूप ने आसोत।
मांदर गरजना उपरे नाटकारी, नाचतो दींय नाचसोत॥ १३४॥
भरत आरू राम चो मया, भारी अगम आय।
ब्रह्मा, बिस्नू, संकर बले, मन के केबई नी पाय॥ १३५॥
हुन मया के मयँ कुबुध जीव, कसन करून सांगे।
काय कास रोंडा के बजाले, राग सुन्दर लागे॥ १३७॥
भरत राम चो भेट दखुन, डरून गेला देव।
फूल बरसाते गुन गावला जसने, समझाला गुरु देव॥ १३७॥

२४१ सतरूघन संग राम भेटुन, निसाद राजा के भेटला।
पाय पड़ुन लछमन भरत, भारी मया ले भेटला॥ १३८॥

नानी भाई संग भेटला लछमन, निसाद संगे भेटला।
मुनीमन चो पाँय पड़ते पाउन, आसीस हरीक होला॥ १३९॥
धुरला मुंडे चेघला भाई संग, सीता चो पायँ छिउन।
आपलो लगे बसाला सीता, दुनों चो मुँड छिउन॥ १४०॥

सीयँ असीस दीन्हि मन माहीं। मगन सनेहँ देह सुधि नाहीं॥
सब बिधि सानुकूल लखि सीता। भे निसोच उर अपडर बीता॥ ३॥

कोउ किछु कहइ न कोउ किछु पूँछा। प्रेम भरा मन निज गति छूँछा॥
तेहि अवसर केवटु धीरजु धरि। जोरि पानि बिनवत प्रनामु करि॥ ४॥

दो०– नाथ साथ मुनिनाथ के मातु सकल पुर लोग।
सेवक सेनप सचिव सब आए बिकल बियोग॥ २४२॥

चौ०– सीलसिंधु सुनि गुर आगवनू। सिय समीप राखे रिपुदवनू॥
चले सबेग रामु तेहि काला। धीर धरम धुर दीनदयाला॥ १॥

गुरहि देखि सानुज अनुरागे। दंड प्रनाम करन प्रभु लागे॥
मुनिबर धाइ लिए उर लाई। प्रेम उमगि भेंटे दोउ भाई॥ २॥

प्रेम पुलकि केवट कहि नामू। कीन्ह दूरि तें दंड प्रनामू॥
रामसखा रिषि बरबस भेंटा। जनु महि लुठत सनेह समेटा॥ ३॥

रघुपति भगति सुमंगल मूला। नभ सराहि सुर बरिसहिं फूला॥
एहि सम निपट नीच कोउ नाहीं। बड़ बसिष्ठ सम को जग माहीं॥ ४॥

दो०– जेहि लखि लखनहु तें अधिक मिले मुदित मुनिराउ।
सो सीतापति भजन को प्रगट प्रताप प्रभाउ॥ २४३॥

चौ०– आरत लोग राम सबु जाना। करुनाकर सुजान भगवाना॥
जो जेहि भायँ रहा अभिलाषी। तेहि तेहि कै तसि तसि रुख राखी॥ १॥

सानुज मिलि पल महुँ सब काहू। कीन्ह दूरि दुखु दारुन दाहू॥
यह बड़ि बात राम कै नाहीं। जिमि घट कोटि एक रबि छाहीं॥ २॥

मिलि केवटहि उमगि अनुरागा। पुरजन सकल सराहहिं भागा॥
देखीं राम दुखित महतारीं। जनु सुबेलि अवलीं हिम मारीं॥ ३॥

प्रथम राम भेंटी कैकेई। सरल सुभायँ भगति मति भेई॥
पग परि कीन्ह प्रबोधु बहोरी। काल करम बिधि सिर धरि खोरी॥ ४॥

दो०– भेटीं रघुबर मातु सब करि प्रबोधु परितोषु।
अंब ईस आधीन जगु काहु न देइअ दोषु॥ २४४॥

चौ०– गुरतिय पद बंदे दुहु भाईं। सहित बिप्रतिय जे सँग आईं॥
गंग गौरि सम सब सनमानीं। देहिं असीस मुदित मृदु बानीं॥ १॥

गहि पद लगे सुमित्रा अंका। जनु भेंटी संपति अति रंका॥
पुनि जननी चरननि दोउ भ्राता। परे पेम ब्याकुल सब गाता॥ २॥

मया ले देह चो चेत नी रहे, मने-मन आसीस दिली।
सीता के आपलो बाटे दखुन, भरत चा डर गेली॥ १४१॥
कोनी बलत न कोनी पूछत, मया ले सूना पड़ला।
हुदलोदाँय केवँटा राजा, धीर-पत्र धरुन बलला॥ १४२॥

२४२ परभू संगे गुरु मायमन, रैयत, देवान सपा।
तुमचो काजे बियाकुल हो उन, इला सोत एथा सपा॥ १४३॥

गुरु इलोर सुनुन सीता लगे, सतरूघन के छांडुन।
चांडे-चांड धरमी दयावान, निसकला तिहँके भेटुक॥ १४४॥
डंडासन पायँ पड़ला दुनों, गुरु चो दरसन करुन।
गुरू मया ले दुनों के भेटला, छाती संगे धरुन॥ १४५॥
निसाद लाफी ले नाँव सानते, डंडासरन पड़लो।
राम सखा जानुन बरपेला उठाला, जसन भुएँ मया पड़लो॥ १४६॥
राम भक्ती मंगल चो जड़, सहराते देव फूल बरसात।
एचो ले को नी नीच नीआत, बसिस्ठ ले बड़े कोन आत॥ १४७॥

२४३ जेके दखुन लछमन ले आगर, हरीक सुनी भेटला।
सीता मुनीस राम भजन चो, परताप ले मेटल॥ १४८॥

दया मया बिता रघुनाथ जी, सपा के जानला दुखी।
जे जसन भेटुक मन करे, करसोत हुसने सुखी॥ १४९॥
नानी भाई लछमन संगे, सपा के हुसने भेटते।
डंडिक ने सपा लोग चो दुख के, सारला राम भेटते॥ १५०॥
राम काजे बड़े गोठ नोआय, जे सपा के दिखेसे।
कोटी घघरी ने सुरूज छांय, भिने संग दिखेसे॥ १५१॥
केवँटा चो भाग के सहराते, पुर ने चो लोग भेटसोत।
आयामन के दुखी दखला जसन, पूड़न के ओस मारसोत॥ १५२॥
सपा ले आगे कयकई के भेटला, भक्ती ले भरून दिला।
काल करम भगवान के दोस देते, तिहँके समझाते गेला॥ १५३॥

२४४ सपा आया संगे राम भेटते, समझाउन धीरज करला।
सवँसार भगवान हाते आसे, दोस नी देउक बलला॥ १५४॥

बाम्हन मेहरारमन जे एउ रहत, गुरु माय संगे।
गंगा-गौरी माहा मान देते, पायँ पड़ला भाई संगे॥ १५५॥
हरीक ने सपा सुसार गोठ ले, आसीस देते जासोत।
पायँ पड़ुन सुमितरा कोरा बसला, जसन दारदिर धन पासोत॥ १५६॥
कौसिल्या पायँ के पड़ला दुनों, जुड़ाला देह मया ने।
आंसू ले नहवाते पोटारून दिली, आया तिहँके मया ले॥ १५७॥

अति अनुराग अंब उर लाए। नयन सनेह सलिल अन्हवाए॥
तेहि अवसर कर हरष बिषादू। किमि कबि कहै मूक जिमि स्वादू॥ ३॥

मिलि जननिहि सानुज रघुराऊ। गुर सन कहेउ कि धारिअ पाऊ॥
पुरजन पाइ मुनीस नियोगू। जल थल तकि तकि उतरेउ लोगू॥ ४॥

दो०– महिसुर मंत्री मातु गुर गने लोग लिए साथ।
पावन आश्रम गवनु किय भरत लखन रघुनाथ॥ २४५॥

चौ०– सीय आइ मुनिबर पग लागी। उचित असीस लही मन मागी॥
गुरपतिनिहि मुनितियन्ह समेता। मिली पेमु कहि जाइ न जेता॥ १॥

बंदि बंदि पग सिय सबही के। आसिरबचन लहे प्रिय जी के॥
सासु सकल जब सीयँ निहारीं। मूदे नयन सहमि सुकुमारीं॥ २॥

परीं बधिक बस मनहुँ मरालीं। काह कीन्ह करतार कुचालीं॥
तिन्ह सिय निरखि निपट दुखु पावा। सो सबु सहिअ जो दैउ सहावा॥ ३॥

जनकसुता तब उर धरि धीरा। नील नलिन लोयन भरि नीरा॥
मिली सकल सासुन्ह सिय जाई। तेहि अवसर करुना महि छाई॥ ४॥

दो०– लागि लागि पग सबनि सिय भेंटति अति अनुराग।
हृदयँ असीसहिं पेम बस रहिअहु भरी सोहाग॥ २४६॥

चौ०– बिकल सनेहँ सीय सब रानीं। बैठन सबहि कहेउ गुर ग्यानीं॥
कहि जग गति मायिक मुनिनाथा। कहे कछुक परमारथ गाथा॥ १॥

नृप कर सुरपुर गवनु सुनावा। सुनि रघुनाथ दुसह दुखु पावा॥
मरन हेतु निज नेहु बिचारी। भे अति बिकल धीर धुर धारी॥ २॥

कुलिस कठोर सुनत कटु बानी। बिलपत लखन सीय सब रानी॥
सोक बिकल अति सकल समाजू। मानहुँ राजु अकाजेउ आजू॥ ३॥

मुनिबर बहुरि राम समुझाए। सहित समाज सुसरित नहाए॥
ब्रतु निरंबु तेहि दिन प्रभु कीन्हा। मुनिहु कहें जलु काहुँ न लीन्हा॥ ४॥

दो०– भोरु भएँ रघुनंदनहि जो मुनि आयसु दीन्ह।
श्रद्धा भगति समेत प्रभु सो सबु सादरु कीन्ह॥ २४७॥

चौ०– करि पितु क्रिया बेद जसि बरनी। भे पुनीत पातक तम तरनी॥
जासु नाम पावक अघ तूला। सुमिरत सकल सुमंगल मूला॥ १॥

सुद्ध सो भयउ साधु संमत अस। तीरथ आवाहन सुरसरि जस॥
सुद्ध भएँ दुइ बासर बीते। बोले गुर सन राम पिरीते॥ २॥

उथा चो हरीक दुख के कबी, कसन करुन सांगेदे।
जसन कोंदा खादलो जिनिस चो, सुवाद कसन सांगेदे॥ १५८॥
गुरू के आसरम पधारुक बलला, सपा संग दुनों भेटुन।
ठान दखुन उतरला लोग, गुरु हुकुम सुनुन॥ १५९॥

२४५ बाम्हन, देवान माय गुरु के, गनलो जानलो लोग के।
भरत-लछमन-राम आसरम निला, मानतो इतरो लोग के॥ १६०॥

सीता मुनी चो पायँ लागली, मन चो आसीस पावली।
सपा मेहरार संगे गुरु माय चो, जाउन पायँ लागली॥ १६१॥
अलग-अलग सपा चो पायँ पड़ुन, मन चो आसीस पाए।
सतरीमन बाटे जसने दखली, सीता के दखुक नी भाए॥ १६२॥
लागे राज चो माई-हाँसामन, कसई हाते पड़ुन गेला।
दुख सीता के दखुन कुचाली, देव काय करुन दिला॥ १६३॥
धीरज धरे आइँख भरते जाए, सतरीमन के भेटली।
गुलाय पिरथी दुख ने पड़ली, गागते-गागते भेटली॥ १६४॥

२४६ सपा चो पायँ सीता लागत, सतरी आसीस देओत।
सुहाग ले भरपूर रसे हमेस, बलुन आसीस देओत॥ १६५॥

सीता रानीमन कलपसोत मया ने, गुरु बसुक बलला।
सवँसारो काज आय माया चो चाल, कथा-कहनी बलला॥ १६६॥
राजा चो देवलोक होलो के सांगला, राम सुनुन दुखी होला।
मोचो काजे देह तियागला, जानुन बोमरून गेला॥ १६७॥
गाज पड़लो माहा रानीमन, सीता लछमन गागत।
समाज दुख ने बियाकुल सजन, आज मरलो माहा लागत॥ १६८॥
गुरु राम के समझा मुन फेर, मंदाकिनी जाउन नहाला।
निरजला उपास राम करला, पानी बल नी खदला॥ १६९॥

२४७ दूसर दिन बिहाने गुरु राम के, जसन हुकुम दिला।
सरधा-भक्ती आदर ले राम, सपा काम करते गेला॥ १७०॥

बेद रीती ले काम सारून, सुद्ध होला पाप सारू।
जेके सुमरले सपा सुभ होए, नावँ पाप के जारु॥ १७१॥
साधु बिचार ले राम सुद्ध होला, गंगा चो सुद्ध होलो असन।
तीरथमन के बलाउन सुद्ध होएसे, गंगा माता जसन॥ १७२॥
दुई दिन पाछे राम बलला, गुरु लगे जाउन।
सपा लोग एथा दुखी होसोत, कांदा-कसा खाउन॥ १७३॥

नाथ लोग सब निपट दुखारी। कंद मूल फल अंबु अहारी॥
सानुज भरतु सचिव सब माता। देखि मोहि पल जिमि जुग जाता॥ ३॥

सब समेत पुर धारिअ पाऊ। आपु इहाँ अमरावति राऊ॥
बहुत कहेउँ सब कियउँ ढिठाई। उचित होइ तस करिअ गोसाँई॥ ४॥

दो०— धर्म सेतु करुनायतन कस न कहहु अस राम।
लोग दुखित दिन दुइ दरस देखि लहहुँ बिश्राम॥ २४८॥

चौ०— राम बचन सुनि सभय समाजू। जनु जलनिधि महुँ बिकल जहाजू॥
सुनि गुर गिरा सुमंगल मूला। भयउ मनहुँ मारुत अनुकूला॥ १॥

पावन पयँ तिहुँ काल नहाहीं। जो बिलोकि अघ ओघ नसाहीं॥
मंगलमूरति लोचन भरि भरि। निरखहिं हरषि दंडवत करि करि॥ २॥

राम सैल बन देखन जाहीं। जहँ सुख सकल सकल दुख नाहीं॥
झरना झरिहिं सुधासम बारी। त्रिबिध तापहर त्रिबिध बयारी॥ ३॥

बिटप बेलि तृन अगनित जाती। फल प्रसून पल्लव बहु भाँती॥
सुंदर सिला सुखद तरु छाहीं। जाइ बरनि बन छबि केहि पाहीं॥ ४॥

दो०— सरनि सरोरुह जल बिहग कूजत गुंजत भृंग।
बैर बिगत बिहरत बिपिन मृग बिहंग बहुरंग॥ २४९॥

चौ०— कोल किरात भिल्ल बनबासी। मधु सुचि सुंदर स्वादु सुधा सी॥
भरि भरि परन पुटीं रचि रूरी। कंद मूल फल अंकुर जूरी॥ १॥

सबहि देहिं करि बिनय प्रनामा। कहि कहि स्वाद भेद गुन नामा॥
देहिं लोग बहु मोल न लेहीं। फेरत राम दोहाई देहीं॥ २॥

कहहिं सनेह मगन मृदु बानी। मानत साधु पेम पहिचानी॥
तुम्ह सुकृती हम नीच निषादा। पावा दरसनु राम प्रसादा॥ ३॥

हमहि अगम अति दरसु तुम्हारा। जस मरु धरनि देवधुनि धारा॥
राम कृपाल निषाद नेवाजा। परिजन प्रजउ चहिअ जस राजा॥ ४॥

दो०— यह जियँ जानि सँकोचु तजि करिअ छोहु लखि नेहु।
हमहि कृतारथ करन लगि फल तृन अंकुर लेहु॥ २५०॥

चौ०— तुम्ह प्रिय पाहुने बन पगु धारे। सेवा जोगु न भाग हमारे॥
देब काह हम तुम्हहि गोसाँई। ईंधनु पात किरात मिताई॥ १॥

यह हमारि अति बड़ि सेवकाई। लेहिं न बासन बसन चोराई॥
हम जड़ जीव जीव गन घाती। कुटिल कुचाली कुमति कुजाती॥ २॥

सतरुघन भाई, भरत देवान, आयामन के दखुन।
एक एक घड़ी जुग माहा, नाहकेसे एमन के दखुन॥ १७४॥
राजा सरगपुर तुमन एथा, असन दाँय अवध फिरा।
बलुन मयँ बड़े दोस करे से, तुमी मन माहा करा॥ १७५॥

२४८ गुरु बतला धरम चो पुलिया, दया चो धाम तुमी।
लोग चो मन ने आसे दुइ दिन, दरसन करवाँ आमी॥ १७६॥

राम गोठ के सुनुन सपालोग, डरुन गेला असन।
समुंद मंजगते जहाज डोलले, जीव के लागेसे जहन॥ १७७॥
गुरू चो गोठ के सुनला जे, भारी मंगल चो रहे।
हुन जहाज काज लेहरा जे, नंगत मन चो रहे॥ १७८॥
तीनों पहार पबितर नंदी नहात, जेके दखले पाप कटसोत।
राम चो पायँ पडुन आइँख भर, लोग दरसन करसोत॥ १७९॥
डोंगरी रान के दखुक जाओत, जे ठाने सुख रहे।
उपजनकुंड अमरित पानी देसोत, तीन रकम लेहरा करे॥ १८०॥
अनगिनत जात चो रुख लाहा, रकम पाक फूल आसोत।
सुन्दर पखना सुख देऊ छाँए, सोभा बलुक नी सकसोत॥ १८१॥

२४९ तरई ने पूड़न चड़ई बरन, भवेरा कोल्हार करसोत।
चड़ई पसू गुलाय बन बरन, बइर छांडुन जीसोत॥ १८२॥

कोल, किरात, भील, बनबासी, ओंडारतेल धरून।
कांदा पाक फर फूल गाजा के, ओटी ने धरून-भरून॥ १८३॥
बिन्ती करते पायँ पड़ुन देसोत, सांगते सुवाद गुन नावँ।
फिराले राम चो किरिया पाड़सोत, नी धरत दिलोने दाम॥ १८४॥
मया ले सुसार गोठ बलसोत, साधू देसोत मान।
आमी नीच तुमी पुनवान पावा, दरसन देउन मान॥ १८५॥
आमके तुमचो कहां दरसन मिरती, बारु भुइँ काज गंगा।
राम कसन किरपा करलासोत, होतो आय रैयत गंगा॥ १८६॥

२५० मन ने जानुन बिचार छांडुन, मया दखुन किरपा करा।
आमके धन करुक पाक फर, कांदा रोंडा के धरा॥ १८७॥

तुमी सगा जे राने इलासीस, लाइक सेवा नी आय।
आमी भील करु से मितान, दारूपान ले आय॥ १८८॥
कपड़ा भंडवा के नी चोरूँसे, एकेय सेवा जाना।
मूरुख आँव जीव मारुन खाऊँसे, कपटी कुचाली माना॥ १८९॥

पाप करत निसि बासर जाहीं। नहिं पट कटि नहिं पेट अघाहीं॥
सपनेहुँ धरमबुद्धि कस काऊ। यह रघुनंदन दरस प्रभाऊ॥ ३॥

जब तें प्रभु पद पदुम निहारे। मिटे दुसह दुख दोष हमारे॥
बचन सुनत पुरजन अनुरागे। तिन्ह के भाग सराहन लागे॥ ४॥

छं०– लागे सराहन भाग सब अनुराग बचन सुनावहीं।
बोलनि मिलनि सिय राम चरन सनेहु लखि सुखु पावहीं॥
नर नारि निदरहिं नेहु निज सुनि कोल भिल्लनि की गिरा।
तुलसी कृपा रघुबंसमनि की लोह लै लौका तिरा॥

सो०– बिहरहिं बन चहु ओर प्रतिदिन प्रमुदित लोग सब।
जल ज्यों दादुर मोर भए पीन पावस प्रथम॥ २५१॥

चौ०– पुर जन नारि मगन अति प्रीती। बासर जाहिं पलक सम बीती॥
सीय सासु प्रति बेष बनाई। सादर करइ सरिस सेवकाई॥ १॥

लखा न मरमु राम बिनु काहूँ। माया सब सिय माया माहूँ॥
सीयँ सासु सेवा बस कीन्हीं। तिन्ह लहि सुख सिख आसिष दीन्हीं॥ २॥

लखि सिय सहित सरल दोउ भाई। कुटिल रानि पछितानि अघाई॥
अवनि जमहि जाचति कैकेई। महि न बीचु बिधि मीचु न देई॥ ३॥

लोकहुँ बेद बिदित कबि कहहीं। राम बिमुख थलु नरक न लहहीं॥
यहु संसउ सब के मन माहीं। राम गवनु बिधि अवध कि नाहीं॥ ४॥

दो०– निसि न नीद नहिं भूख दिन भरतु बिकल सुचि सोच।
नीच कीच बिच मगन जस मीनहि सलिल सँकोच॥ २५२॥

चौ०– कीन्ही मातु मिस काल कुचाली। ईति भीति जस पाकत साली॥
केहि बिधि होइ राम अभिषेकू। मोहि अवकलत उपाउ न एकू॥ १॥

अवसि फिरहिं गुर आयसु मानी। मुनि पुनि कहब राम रुचि जानी॥
मातु कहेहुँ बहुरहिं रघुराऊ। राम जननि हठ करबि कि काऊ॥ २॥

आमचो दिन-रात पाप ने कटेसे, तेबेय तो कपड़ा न खाउक।
सपना ने कहाँ धरम गियान, आय राम दरसन पाउन॥ १८०॥
जेदिनले भगवान पायँ के दखलू, दुख दोस सपा सरली।
सुपुन तिहँचो भाग के सहरासोत, मन मया ने भरली॥ १९१॥
भाग के सहरासोत मया ले बलसोत, दखुन तिहँचो चाला।
सीताराम पायँ ने मया दखुन, पासोत सुख माला॥ ११२॥
कोल, भील मया के दखुन लोग, धिकारत मया के आपलो।
तुलसीदास राम किरपा ले, लोहों डोंगी धरुन पँवरलो॥ १९३॥

२५१ रोजे दिन हरीक बने बुलत, चारों खूट ने लोग।
जसन पहिल बरसा पाउन, मेंडका होएसे मोट॥ १९४॥

पुर चो लोग मया ने मगन, दिन घड़ी असन जाए।
सतरी इतरो भेस धरुन सीता, सेवा करते जाए॥ १९५॥
एकलोय राम भेद के जानत, अउर कोनी नी जानत।
सपा माया एकलों सीता चो, माया ने पड़ुन आसोत॥ १९६॥
सतरीमन चो सेवा करुन, आपलो हाते करली।
सुख पाउन आसीस दिला, असन सेवा करली॥ १९७॥
सीता संगे दुनों भाई चो, मया टकर के दखुन।
कपटीन कयकई पछताउन जाए, सेवा मया के दखुन॥ १९८॥
जम ले मांगे पिरथी ले मांगे, मउत तेके भाय।
भगवान बले नी सुने, खुबे पछताउन जाय॥ १९९॥
लोक बेद कबी बलसोत, जे राम के पाठ करे।
नरक ने बले ठान नी मिरे, जेबे हुन मरे॥ २००॥
सपाचो मन ने भरम रहे, राम फिरदे कि नहीं।
भरत के राती झूमा नी एए, दिन ने भूख नहीं॥ २०१॥

२५२ पबितर बिचार ने हलोहाल, जसन चिखला खाले।
मछरी छटपटाएसे पानी काजे, जेंके नीपाएसे खाले॥ २०२॥

जसन बरसा पानी नसाएसे, धान पाकतो दायँ।
भरत बिचारे आया ओखी ने, काल सपा नसाय॥ २०३॥
राम चो तिलक-गादी एथा, होवो कसने करुन।
अवस राम अवध फिरदे, गुरु हुकुम मानुन॥ २०४॥
मान्तर गुरु राम के जानुन, काईं बल बलदे।
कौसिल्या आया बलली जाले, राम अवस फिरदे॥ २०५॥
राम के जनम देऊ आया, काय टेक करदे।
मोचो असन सेउक चो गोठ, सुनुन काय धरदे॥ २०६॥

मोहि अनुचर कर केतिक बाता। तेहि महँ कुसमउ बाम बिधाता॥
जौं हठ करउँ त निपट कुकरमू। हरगिरि तें गुरु सेवक धरमू॥ ३॥

एकउ जुगुति न मन ठहरानी। सोचत भरतहि रैनि बिहानी॥
प्रात नहाइ प्रभुहि सिर नाई। बैठत पठए रिषयँ बोलाई॥ ४॥

दो०– गुर पद कमल प्रनामु करि बैठे आयसु पाइ।
बिप्र महाजन सचिव सब जुरे सभासद आइ॥ २५३॥

चौ०– बोले मुनिबरु समय समाना। सुनहु सभासद भरत सुजाना॥
धरम धुरीन भानुकुल भानू। राजा रामु स्वबस भगवानू॥ १॥

सत्यसंध पालक श्रुति सेतू। राम जनमु जग मंगल हेतू॥
गुर पितु मातु बचन अनुसारी। खल दलु दलन देव हितकारी॥ २॥

नीति प्रीति परमारथ स्वारथु। कोउ न राम सम जान जथारथु॥
बिधि हरि हरु ससि रबि दिसिपाला। माया जीव करम कुलि काला॥ ३॥

अहिप महिप जहँ लगि प्रभुताई। जोग सिद्धि निगमागम गाई॥
करि बिचार जियँ देखहु नीकें। राम रजाइ सीस सबही कें॥ ४॥

दो०– राखें राम रजाइ रुख हम सब कर हित होइ।
समुझि सयाने करहु अब सब मिलि संमत सोइ॥ २५४॥

चौ०– सब कहुँ सुखद राम अभिषेकू। मंगल मोद मूल मग एकू॥
केहि बिधि अवध चलहिं रघुराऊ। कहहु समुझि सोइ करिअ उपाऊ॥ १॥

सब सादर सुनि मुनिबर बानी। नय परमारथ स्वारथ सानी॥
उतरु न आव लोग भए भोरे। तब सिरु नाइ भरत कर जोरे॥ २॥

भानुबंस भए भूप घनेरे। अधिक एक तें एक बड़ेरे॥
जनमु हेतु सब कहँ पितु माता। करम सुभासुभ देइ बिधाता॥ ३॥

दलि दुख सजइ सकल कल्याना। अस असीस राउरि जगु जाना॥
सो गोसाइँ बिधि गति जेहिं छेंकी। सकइ को टारि टेक जो टेकी॥ ४॥

दो०– बूझिअ मोहि उपाउ अब सो सब मोर अभागु।
सुनि सनेहमय बचन गुर उर उमगा अनुरागु॥ २५५॥

एक तो भगवान उल्टा आसोत, बेरा नंगत नीआय।
मोचो एथा टेक करतोर, भारी अधरम आय॥ २०७॥
सेउक चो धरम सिव चो पहाड़, कैलास ले बड़े होएसे।
जेके थाहा पावतो काजे, भारी कठीन होएसे॥ २०८॥
काईं उपाय मने नी मांडली, बिचारते पहाली रात।
बिहान पहाते गुरु बलाला, गोठयाउक सपा बात॥ २०९॥

२५३ गुरु पाँय चो बिन्ती करून, हुकुम पाउन बसला।
उथाय देवान बाम्हन सियान, दरबारी एउन बसला॥ २१०॥

बेरा असन गोठ गुरु बलला, सुना भरत दरबारी।
सूरुज कुल चो राजा राम, आत धरमकारी॥ २११॥
सवँसार चो भलइ काजे, जे धरलासोत जनम।
सतबारी बेद चो मान, राखतोर तिहँचो करम॥ २१२॥
गुरु आया बूबा चो जे, गोठ धरून रसोत।
देव हित काज दुसटमन चो, नास करून देसोत॥ २१३॥
राम इतरो कोनी नी जाने नीती, परभारथ सुवारथ मया।
ब्रह्मा, बिस्नु, संकर, चंदा, सुरुज दिगपाल माया॥ २१४॥
सपा करम जीव काल सेस, पिरथी पताल चो राजा।
जोग ले सिद्धि बेद सास्तर गोठ, हिरदे ने बिचारुन दखा॥ २१५॥

२५४ सपा राम चो हुकुम ने आसोत, हित होएदे मानले आमचो।
सपा सियान असन बिचार करा, जेमे हित होओ आमचो॥ २१६॥

राम चो तिलक सपा काजे सुख, हरीक सुभ गोठ।
रघुबीर कसन अयोध्या फिरदे, बिचारूँ हुनी गोठ॥ २१७॥
नीती परमारथ चो गोठ सपा, मान देते सुनला।
कोनी जबाव देओत नाईं, सपा होला भोला॥ २१८॥
भरत बललो सूरुज बंस ने राजा, एक ले एक होला।
करम चो फल भगवान देसोत, माय बाप जनमले होला॥ २१९॥
सवँसार जानेंसे तुमचो आसीस, दुख टारून हित करे।
तुमी भगवान चो गति टारू, तुमचो गोठ कोन टारे॥ २२०॥

२५५ तुमी मोचो ले बाट पूछासीस, भाग नोआय मोचो।
भरत चो नया गोठ सुनते, मया उठली गुरु चो॥ २२१॥

बलला राम चो किरपा ले ये, गोठ सपा सत आय।
राम के छांडू के सिद्धी नी मिरे, खचित ए सत आय॥ २२२॥

चौ०– तात बात फुरि राम कृपाहीं। राम बिमुख सिधि सपनेहुँ नाहीं॥
सकुचउँ तात कहत एक बाता। अरध तजहिं बुध सरबस जाता॥ १॥

तुम्ह कानन गवनहु दोउ भाई। फेरिअहिं लखन सीय रघुराई॥
सुनि सुबचन हरषे दोउ भ्राता। भे प्रमोद परिपूरन गाता॥ २॥

मन प्रसन्न तन तेजु बिराजा। जनु जिय राउ रामु भए राजा॥
बहुत लाभ लोगन्ह लघु हानी। सम दुख सुख सब रोवहिं रानी॥ ३॥

कहहिं भरतु मुनि कहा सो कीन्हे। फलु जग जीवन्ह अभिमत दीन्हे॥
कानन करउँ जनम भरि बासू। एहि तें अधिक न मोर सुपासू॥ ४॥

दो०– अंतरजामी रामु सिय तुम्ह सरबग्य सुजान।
जौं फुर कहहु त नाथ निज कीजिअ बचनु प्रवान॥ २५६॥

चौ०– भरत बचन सुनि देखि सनेहू। सभा सहित मुनि भए बिदेहू॥
भरत महा महिमा जलरासी। मुनि मति ठाढ़ि तीर अबला सी॥ १॥

गा चह पार जतनु हियँ हेरा। पावति नाव न बोहितु बेरा॥
औरु करिहि को भरत बड़ाई। सरसी सीपि कि सिंधु समाई॥ २॥

भरतु मुनिहि मन भीतर भाए। सहित समाज राम पहिं आए॥
प्रभु प्रनामु करि दीन्ह सुआसनु। बैठे सब सुनि मुनि अनुसासनु॥ ३॥

बोले मुनिबरु बचन बिचारी। देस काल अवसर अनुहारी॥
सुनहु राम सरबग्य सुजाना। धरम नीति गुन ग्यान निधाना॥ ४॥

दो०– सब के उर अंतर बसहु जानहु भाउ कुभाउ।
पुरजन जननी भरत हित होइ सो कहिअ उपाउ॥ २५७॥

भारी अटपट लागेसे मोके, गोटोक गोठ बलुक।
बिचारेसे आगे गियानी असन, सपा जातो के दखुन॥ २२३॥
सपा के छांडुन भाती नंगत, आधा के बचाउक दखें।
जे मोके नंगत लागेसे, बलेंसे तुमन लगे॥ २२४॥
लछमन सीता संगे राम के, एथा ले फिराऊँ आमी।
राने जाहा सतरूघन संगे, दुनों भाई तुमी॥ २२५॥
गुरु चो गोठ के सुमुन एथा, दुनों हरीक होला।
गुलाय देह हरीक चो मारे, सम्पूरन होउन गेला॥ २२६॥
लागली दसरथ जीउन उठलो, राम राजा होला।
लोगमन काज हानी घाट, आगर लाभ ने होला॥ २२७॥
मान्तर रानीमन काजे, सुख-दुख समान रहे।
असन धोकुन गागुक बसला, सुनुन गोठ जे रहे॥ २२८॥
भरत बलला मुनी चो बललो, माहा करलोने।
सवँसार चो जीव मन चो पाबदे, गुरु चो मानलोने॥ २२९॥
चवदा बरख कितरो होएसे, जनम भर काजे जायँ।
एचो ले आगर सुख नीआय, जेके हरीक ले पाँव॥ २३०॥

२५६ अंतरजामी आत राम-सीता, तुमी बड़े गियानी।
जे तुमी सत बलासीस जाले, बोली सत करा गियानी॥ २३१॥

भरत ची बललो गोठ सुनुन, दरबारी मया दखुन।
गुरु महराज देह के भुलकला, भरत महेमा दखुन॥ २३२॥
अपार सागर माहा महेमा, जे मया पानी भरलोर।
मुनी बुध रांडी मेहरार जे, खण्ड ने आसे उबलोर॥ २३३॥
हुन समुंद पार नाहकुअ दखे, उपाय बल डगराय।
डोंगी जहाज काईं बाले, नाहकुक नी पाय॥ २३४॥
भरत चो महेमा गुन के, कोन करूक सकेदे।
तरई चो सुतई ने काय केबई, समुंद सामुक सकेदे॥ २३५॥
मन भीतर चो आतमा के जाले, भरत नंगत लागला।
सपा समाज के जोड़ुद न भाती, राम लगे आनला॥ २३६॥
गुरु चो पायँ पड़ुन परभू, नंगत आसन दिला।
सपा लोग हुकुम सुनुन, ठान ने बसुन दिला॥ २३७॥
देस बेरा के बिचारुन भाती, गुरु बलला सुना।
सपाठान ने रहू चतुर गुनी नंगत, गियान भंडार सुना॥ २३८॥

२५७ सपा मन ने तु मी आहास, नंगत अउर के जानास।
लोग माय भरत हित काजे, उपाय सांगा जे जानास॥ २३९॥

चौ०– आरत कहहिं बिचारि न काऊ। सूझ जूआरिहि आपन दाऊ॥
सुनि मुनि बचन कहत रघुराऊ। नाथ तुम्हारेहि हाथ उपाऊ॥ १॥

सब कर हित रुख राउरि राखें। आयसु किएँ मुदित फुर भाषें॥
प्रथम जो आयसु मो कहुँ होई। माथें मानि करौं सिख सोई॥ २॥

पुनि जेहि कहँ जस कहब गोसाईं। सो सब भाँति घटिहि सेवकाईं॥
कह मुनि राम सत्य तुम्ह भाषा। भरत सनेहँ बिचारु न राखा॥ ३॥

तेहि तें कहउँ बहोरि बहोरी। भरत भगति बस भइ मति मोरी॥
मोरें जान भरत रुचि राखी। जो कीजिअ सो सुभ सिव साखी॥ ४॥

दो०– भरत बिनय सादर सुनिअ करिअ बिचारु बहोरि।
करब साधुमत लोकमत नृपनय निगम निचोरि॥ २५८॥

चौ०– गुर अनुरागु भरत पर देखी। राम हृदयँ आनंदु बिसेषी॥
भरतहि धरम धुरंधर जानी। निज सेवक तन मानस बानी॥ १॥

बोले गुर आयस अनुकूला। बचन मंजु मृदु मंगलमूला॥
नाथ सपथ पितु चरन दोहाई। भयउ न भुअन भरत सम भाई॥ २॥

जे गुर पद अंबुज अनुरागी। ते लोकहुँ बेदहुँ बड़भागी॥
राउर जा पर अस अनुरागू। को कहि सकइ भरत कर भागू॥ ३॥

लखि लघु बंधु बुद्धि सकुचाई। करत बदन पर भरत बड़ाई॥
भरतु कहहिं सोइ किएँ भलाई। अस कहि राम रहे अरगाई॥ ४॥

दो०– तब मुनि बोले भरत सन सब सँकोचु तजि तात।
कृपासिंधु प्रिय बंधु सन कहहु हृदय कै बात॥ २५९॥

चौ०– सुनि मुनि बचन राम रुख पाई। गुरु साहिब अनुकूल अघाई॥
लखि अपनें सिर सबु छरु भारू। कहि न सकहिं कछु करहिं बिचारू॥ १॥

पुलकि सरीर सभाँ भए ठाढ़े। नीरज नयन नेह जल बाढ़े॥
कहब मोर मुनिनाथ निबाहा। एहि तें अधिक कहौं मैं काहा॥ २॥

मैं जानउँ निज नाथ सुभाऊ। अपराधिहु पर कोह न काऊ॥
मो पर कृपा सनेहु बिसेषी। खेलत खुनिस न कबहूँ देखी॥ ३॥

सिसुपन तें परिहरेउँ न संगू। कबहुँ न कीन्ह मोर मन भंगू॥
मैं प्रभु कृपा रीति जियँ जोही। हारेहुँ खेल जितावहिं मोही॥ ४॥

दो०– महूँ सनेह सकोच बस सनमुख कही न बैन।
दरसन तृपित न आजु लगि पेम पिआसे नैन॥ २६०॥

दुखी केबई बिचारुन नी बले, जुआड़ी के आपलो दिखे।
मुनी गोठ ने रघुनाथ बलला, बिचार तु मचोय दिखे॥ ३४०॥
गुरु जी एथा जेके जसन, तुमी हुकुम दिआसे।
हुन तुरते हुसने करूक, सपा रकम ले आसे॥ २४१॥
गुरु बलला ए तो सतआय, जे बललास राम।
मान्तर भरत चो मया के दखले, बिचार नी मांडे राम॥ २४२॥
मोचो बुध एथा भरत चो, भक्ती चो हाते होली।
सिव साहा आसोत नंगत होएदे, भरत चो सुना बोली॥ २४३॥

२५८ आगे भरत चो बिन्ती सुना, पाछे बिचार करा।
बेद लोक राज साधू चो, नीती बिचारून करा॥ २४४॥

गुरु मया भरत उपरे दखुन, राम हरीक होला।
भरत के देह बोली मन ले, सेउक जानुन बलला॥ २४५॥
देव तुमचो किरया पाड़ुन, सते गोठ मय बलेंसे।
सवँसार ने भरत माहा भाई, केबई नी होलोसे॥ २४६॥
गुरु पायँ बिनाउन भाती, मानुन जेबल रसोत।
लोक बेद सवँसार ने ते, मान पाउन रसोत॥ २४७॥
भरत चो भाग के कोन बलेया, जे सपा पाएसे।
तुमचो माहा गुरु ले जे, भारी मया पाएसे॥ २४८॥

२५९ मुनी बसिस्ठ भरत के बलला, सपा लाज के छांड।
किरपा सागर राम भगवान के, मन चो सपा सांग॥ २४९॥

गुरु चो गोठ राम चो मन, गुरु स्वामी के आपलो जानुन।
बिचारत सपा बोझा एदाँय, आपलो ऊपरे मानुन॥ २५०॥
देहें सीतकाटा उबा होला, आइँख दुनोंए भरे।
मोचो बलतो के गुरु सांगला, अउर जुगे काय बलें॥ २५१॥
खेलतोदाँय बल रीस नी करला, राम चो टकर जाने।
तिहँचो मया खुबे आसे, मोचो ऊपरे मानें॥ २५२॥
पिलापन ले संग नी छांडले, ते बल हुसनेय जानत।
किरपा चो रकम बले मानेसे, हारले जीतलो मानत॥ २५३॥

२६० मया मान काजे बलमयँ, केबई मुंह नी करले।
तिहँचो दरसन केबई बले, आइँख भर नी करले॥ २५४॥

मान्तर मोचो मया लाड़ के, भगवान सहुक नी सकलो।
नीच आया चो ओखी धरुन, मजगते ठान करलो॥ २५५॥

चौ०– बिधि न सकेउ सहि मोर दुलारा। नीच बीचु जननी मिस पारा॥
यहउ कहत मोहि आजु न सोभा। अपनीं समुझि साधु सुचि को भा॥ १॥

मातु मंदि मैं साधु सुचाली। उर अस आनत कोटि कुचाली॥
फरइ कि कोदव बालि सुसाली। मुकता प्रसव कि संबुक काली॥ २॥

सपनेहुँ दोसक लेसु न काहू। मोर अभाग उदधि अवगाहू॥
बिनु समुझें निज अघ परिपाकू। जारिउँ जायँ जननि कहि काकू॥ ३॥

हृदयँ हेरि हारेउँ सब ओरा। एकहि भाँति भलेहिं भल मोरा॥
गुर गोसाइँ साहिब सिय रामू। लागत मोहि नीक परिनामू॥ ४॥

दो०– साधु सभाँ गुर प्रभु निकट कहउँ सुथल सतिभाउ।
प्रेम प्रपंचु कि झूठ फुर जानहिं मुनि रघुराउ॥ २६१॥

चौ०– भूपति मरन पेम पनु राखी। जननी कुमति जगतु सबु साखी॥
देखि न जाहिं बिकल महतारीं। जरहिं दुसह जर पुर नर नारीं॥ १॥

महीं सकल अनरथ कर मूला। सो सुनि समुझि सहिउँ सब सूला॥
सुनि बन गवनु कीन्ह रघुनाथा। करि मुनि बेष लखन सिय साथा॥ २॥

बिनु पानहिन्ह पयादेहि पाएँ। संकरु साखि रहेउँ एहि घाएँ॥
बहुरि निहार निषाद सनेहू। कुलिस कठिन उर भयउ न बेहू॥ ३॥

अब सबु आँखिन्ह देखेउँ आई। जिअत जीव जड़ सबइ सहाई॥
जिन्हहि निरखि मग साँपिनि बीछी। तजहिं बिषम बिषु तामस तीछी॥ ४॥

दो०– तेइ रघुनंदनु लखनु सिय अनहित लागे जाहि।
तासु तनय तजि दुसह दुख दैउ सहावइ काहि॥ २६२॥

चौ०– सुनि अति बिकल भरत बर बानी। आरति प्रीति बिनय नय सानी॥
सोक मगन सब सभाँ खभारू। मनहुँ कमल बन परेउ तुसारू॥ १॥

कहि अनेक बिधि कथा पुरानी। भरत प्रबोधु कीन्ह मुनि ग्यानी॥
बोले उचित बचन रघुनंदू। दिनकर कुल कैरव बन चंदू॥ २॥

असन गोठ बल बलतो आज, सोभा नी देएसे।
आपलो समंझ ले कोन साधू, कोन पबितर होएसे॥ २५६॥
माय नीच मय धरमी बलले, करोड़ दोस होए।
कोदो बाड़ी ने धान होएदे कि, घोंघी ने मोती होए॥ २५७॥
सपना ने बल दोस चिन्हा, काचोय ने नी आय।
मोचो अभागा जिवना मान्तर, खोल समुंद आय॥ २५८॥
पाप भुगतान नी जानलोर, आया के दोस देएँसे।
खोजुन थाकले मने-मन गुलाय, गोटोक ने भलई आसे॥ २५९॥
राज गुरू सपा ले हुसियार, सीताराम मालिक आत।
एई ने नंगत जान पड़ेसे, एई आय सते बात॥ २६०॥

२६१ गुरू मालिक पूरे बसुन, साधू सभा ने।
सत गोठ के मय बलेंसे, तीरीथ ठान ने॥ २६१॥

मया आय कि परपंच ये, झूठ बलेंसे कि सत।
गुरू महराज आरू राम, सपा के जानसोत॥ २६२॥
मया टेक के पुरुन भाती, राजा चो मउत होतोर।
सपा सवँसार साखी आसोत, आया दुरबुध होतोर॥ २६३॥
बिकल आसोत आयामन, जेके दखुक नीहोय।
अवध जो मनुख मेहरार चो, दुख दखुक नीहोय॥ २६४॥
सपा दुरगति चो मयँ दोसी, समझुन दुख सहेसे।
रघुनाथ चो सीता लछमन संगे, बन निसकलो के सहेसे॥ २६५॥
जोगी भेस बिन पन्हई, पायँ ले हिडँते असन।
संकर साखी आसोत ए घाव ले, जीवत बाचलेसे कसन॥ २६६॥
निसाद राजा चो मया दखुन, धन रे ये पखना छाती।
सुनते दखते बले नी फाटली, असन ये बजर छाती॥ २६७॥
एथा एऊन आइँख ले दखले, सहाएदे मूरख जीव।
जेके दखुन बिस रीस छांडसोत, साँप-बिच्छु जीव॥ २६८॥

२६२ हुनी रघुनंदन लछमन-सीता, बयरी लागला जेके।
हुनचो बेटा के छांहुन दिआ, देव दुख सहायदे काके॥ २६९॥

भारो दुख ले मया बिन्ती, नीती गोठ सुनुन।
दुख ले लोग भरून गेला, भरत चो गोठ सुनुन॥ २७०॥
गुलाय सभा ने दुख होए, दखले लागे असन।
पुड़न बन के कोमजाउन दिलोसे, ओस पड़ुन जसन॥ २७१॥
कई रकम ले गिनायी मुनी, समझाला कथा सांगुन।
बोड़ेंदा के हरीक करू जोन, बलला नंगत बिचारून॥ २७२॥

तात जायँ जियँ करहु गलानी। ईस अधीन जीव गति जानी॥
तीनि काल तिभुअन मत मोरें। पुन्यसिलोक तात तर तोरें॥ ३॥

उर आनत तुम्ह पर कुटिलाई। जाइ लोकु परलोकु नसाई॥
दोसु देहिं जननिहि जड़ तेई। जिन्ह गुर साधु सभा नहिं सेई॥ ४॥

दो०– मिटिहहिं पाप प्रपंच सब अखिल अमंगल भार।
लोक सुजसु परलोक सुखु सुमिरत नामु तुम्हार॥ २६३॥

चौ०– कहउँ सुभाउ सत्य सिव साखी। भरत भूमि रह राउरि राखी॥
तात कुतरक करहु जनि जाएँ। बैर पेम नहिं दुरइ दुराएँ॥ १॥

मुनिगन निकट बिहग मृग जाहीं। बाधक बधिक बिलोकि पराहीं॥
हित अनहित पसु पच्छिउ जाना। मानुष तनु गुन ग्यान निधाना॥ २॥

तात तुम्हहि मैं जानउँ नीकें। करौं काह असमंजस जीकें॥
राखेउ रायँ सत्य मोहि त्यागी। तनु परिहरेउ पेम पन लागी॥ ३॥

तासु बचन मेटत मन सोचू। तेहि तें अधिक तुम्हार सँकोचू॥
ता पर गुर मोहि आयसु दीन्हा। अवसि जो कहहु चहउँ सोइ कीन्हा॥ ४॥

दो०– मनु प्रसन्न करि सकुच तजि कहहु करौं सोइ आजु।
सत्यसंध रघुबर बचन सुनि भा सुखी समाजु॥ २६४॥

चौ०– सुर गन सहित सभय सुरराजू। सोचहिं चाहत होन अकाजू॥
बनत उपाउ करत कछु नाहीं। राम सरन सब गे मन माहीं॥ १॥

बहुरि बिचारि परस्पर कहहीं। रघुपति भगत भगति बस अहहीं॥
सुधि करि अंबरीष दुरबासा। भे सुर सुरपति निपट निरासा॥ २॥

सहे सुरन्ह बहु काल बिषादा। नरहरि किए प्रगट प्रहलादा॥
लगि लगि कान कहहिं धुनि माथा। अब सुर काज भरत के हाथा॥ ३॥

आन उपाउ न देखिअ देवा। मानत रामु सुसेवक सेवा॥
हियँ सपेम सुमिरहु सब भरतहि। निज गुन सील राम बस करतहि॥ ४॥

फोकहा मन ने दुख करसीस जीव, भगवान हाते जान।
तीनों काल लोक ने पुनवान, आपन ले खाले मान॥ २७३॥
जे कोनी बल मन ले तुके, कपटी चो दोस दिले।
लोक परलोक सपा नसेदे, गती तेके नी मिरे॥ २७४॥
कयकई आया के जे दोस देसोत, सपा मूरख आत।
गुरु साधू चो सेवा नी करला, असन लोग आत॥ २७५॥

२६३ तु चो नावँ सुमरलो ने सपा, पाय अग्यान कटेदे।
परलोक ने सुख जस पाएदे, दुरदिन सपा सरेदे॥ २७६॥

बड़र मया लकाले नी लुके, सते मयँ बलेंसे।
फोकहा गोठ नीकर भाई, पिरथी तुचोय ने आसे॥ २७७॥
चड़ई पसु मुनीमन लगे, निडर होउन जासोत।
मान्तर मारू लोग के दखुन, तुरते पराउन जासोत॥ २७८॥
मीत आरु बयरी के दखुन, जानसोत पसु बले।
मनुख गियान ले भरपूर जे, आसोत गुनी बले॥ २७९॥
तुके मयँ नंगत ले जाने, मंझी पड़लेसे मयँ।
छांडुन राजा सत के राखला, मया टेक ने देह॥ २८०॥
तिहँचो गोठ के छांडुक मनने, बिचार करूक पड़ेसे।
तेचो उपरे तुचो मया, जे छांहुक नी होएसे॥ २८१॥
उपरले गुरु हुकुम होलीसे, जे एदाँय तुइ बल।
हुसनेय मय करूक दखेंसे, बिचारून भाती बल॥ २८२॥

२६४ जे तुइ बलसे मयँ करेंदे, बल डर के छाडुन।
सपा लोग हरीक होला, राम गोठ के सुनुन॥ २८३॥

बनलो गोठ नसेसे बलुन, देव संग इदर डरून।
काईं बिचार पड़ते नी रहे, गेला राम सरन॥ २८४॥
फेर बिचारत राम जाले, आसोत भगत हाते।
अंबरीस दुरवासा के सुरता करून, बसला ओगाय हारते॥ २८५॥
आगे खूबदिन ले सपा देव, डंड सहुन रला।
तेबे हुनदाँय भगत प्रहलाद, नरसिंग भगवान आनला॥ २८६॥
कान-कान ने देव गोठयात, मुंड धरुन बलत।
देवमन चो कारज एदाँय, भरत हात ने बलत॥ २८७॥
काईं उपाय दखा नी देय, भगवान राम के जाना।
सेउक हाते आसोत एइकाज, भरत के माना॥ २८८॥
तुमन सपा भरत के सुमरा, गुन आरू मया ले।
जेमन हाते राम आसोत, आपलो टकर ले॥ २८९॥

दो०– सुनि सुर मत सुरगुर कहेउ भल तुम्हार बड़ भागु।
सकल सुमंगल मूल जग भरत चरन अनुरागु॥ २६५॥

चौ०– सीतापति सेवक सेवकाई। कामधेनु सय सरिस सुहाई॥
भरत भगति तुम्हरें मन आई। तजहु सोचु बिधि बात बनाई॥ १॥

देखु देवपति भरत प्रभाऊ। सहज सुभायँ बिबस रघुराऊ॥
मन थिर करहु देव डरु नाहीं। भरतहि जानि राम परिछाहीं॥ २॥

सुनो सुरगुर सुर संमत सोचू। अंतरजामी प्रभुहि सकोचू॥
निज सिर भारु भरत जियँ जाना। करत कोटि बिधि उर अनुमाना॥ ३॥

करि बिचारु मन दीन्ही ठीका। राम रजायस आपन नीका॥
निज पन तजि राखेउ पनु मोरा। छोहु सनेहु कीन्ह नहिं थोरा॥ ४॥

दो०– कीन्ह अनुग्रह अमित अति सब बिधि सीतानाथ।
करि प्रनामु बोले भरतु जोरि जलज जुग हाथ॥ २६६॥

चौ०– कहौं कहावौं का अब स्वामी। कृपा अंबुनिधि अंतरजामी॥
गुर प्रसन्न साहिब अनुकूला। मिटी मलिन मन कलपित सूला॥ १॥

अपडर डरेउँ न सोच समूलें। रबिहि न दोसु देव दिसि भूलें॥
मोर अभागु मातु कुटिलाई। बिधि गति बिषम काल कठिनाई॥ २॥

पाउ रोपि सब मिलि मोहि घाला। प्रनतपाल पन आपन पाला॥
यह नइ रीति न राउरि होई। लोकहुँ बेद बिदित नहिं गोई॥ ३॥

जगु अनभल भल एकु गोसाईं। कहिअ होइ भल कासु भलाईं॥
देउ देवतरु सरिस सुभाऊ। सनमुख बिमुख न काहुहि काऊ॥ ४॥

दो०– जाइ निकट पहिचानि तरु छाहँ समनि सब सोच।
मागत अभिमत पाव जग राउ रंकु भल पोच॥ २६७॥

चौ०– लखि सब बिधि गुर स्वामि सनेहू। मिटेउ छोभु नहिं मन संदेहू॥
अब करुनाकर कीजिअ सोई। जन हित प्रभु चित छोभु न होई॥ १॥

२६५ उआट सुनुन देवगुरु बलला, बिचारलास तुमन नंगत।
भरत पायँ ले मया सवँसारे, सुभ कराएसे नंयत॥ २९०॥

राम सेउक चो सेवा जाले, करोड़ कामधेनु आय।
भरत काजे जे मया इलीसे, भगवान बनालो आय॥ २९१॥
भरत महेमा के दखा इंदर, तिहँचो हाते राम आसोत।
नीडरा तुमी भरत-राम चो, छाँय माहा आसोत॥ २९२॥
देवगुरु आस देवमन चो बिचार, राम बिचारने पड़ला।
गोठ आपलो ऊपरे जानुन भरत, करोड़ बिचार ने पड़ला॥ २९३॥
राम हुकुम ने भलई आसे, सरासरी पक्का करला।
आपलो छांडुन मोचो टेक राखुन, मया किरपा करला॥ २९४॥

२६६ सीतानाथ सपा रकम ले, अपार दया करला।
तहाँले दुनों हात जोड़ुन, जोहारुन भरत बलला॥ २९५॥

अंतरजामी किरपा चो समुंद, मालिक मयँ काय बलें।
दयावान तुमी भगवान, मयँ काय बलुक बलें॥ २९६॥
गुरु महाराज के हरीक जानुन, तुमके आपलो जानुन।
उदास मन के हरीक लागली, इलोर दुख गेली दखुन॥ २९७॥
फोकहा डर ले डरुन रहें,ि बचारतो मूर नी रहे।
दिसा भुलकुन गेले देव, सूरुज चो दोस नी रहे॥ २९८॥
मोचो दुरभाग आया चो कपट, भगवान चो टेड़गा चाल।
एकेसंग सपा पायँ मंडाउन, करला मोचो ए हाल॥ २९९॥
सरन एऊ के साहा होऊ, आपलो पन के राखलास।
कोनी नवा गोठ तुमचो नोआय, बेद रीती के धरलास॥ ३००॥
नसाउक सवँसार टेकलोने बले, एकलो तुमी साहा होले।
सांगा फेर काचो भलईले, भलई तुमचो रले॥ ३०१॥
तुमचो टकर कलपतरु आय, जे काचोई पुरे न पाछे।
जे चिताउन हुन रुख खाले जायसे, हुनचोय भलई आसे॥ ३०२॥

२६७ छांय ले हुनचो फिकर कटेसे, राजा रंक कोनी बले।
सवँसारे सपा के मन चो देएसे, निको अडरा होले॥ ३०३॥

गुरू मालिक चो किरपा दखुन, सपा दुख मेटुन गेली।
मन ने काईं संसो नी आय, सपाय उठुन गेली॥ ३०४॥
हुनी करा ये से उक काजे, दयावान भगवान तुमी।
मन ने काईं दुख नी होओ, असन उआटा तुमी॥ ३०५॥
सेउक मालिक के फिकर ने पाड़ुन, आपलो भलई दखे।
हुनचो बुध गियान सपा, नीच माहा दिखे॥ ३०६॥

जो सेवकु साहिबहि सँकोची। निज हित चहइ तासु मति पोची॥
सेवक हित साहिब सेवकाई। करै सकल सुख लोभ बिहाई॥ २॥

स्वारथु नाथ फिरें सबही का। किएँ रजाइ कोटि बिधि नीका॥
यह स्वारथ परमारथ सारू। सकल सुकृत फल सुगति सिंगारू॥ ३॥

देव एक बिनती सुनि मोरी। उचित होइ तस करब बहोरी॥
तिलक समाजु साजि सबु आना। करिअ सुफल प्रभु जौं मनु माना॥ ४॥

दो०– सानुज पठइअ मोहि बन कीजिअ सबहि सनाथ।
नतरु फेरिअहिं बंधु दोउ नाथ चलौं मैं साथ॥ २६८॥

चौ०– नतरु जाहिं बन तीनिउ भाई। बहुरिअ सीय सहित रघुराई॥
जेहि बिधि प्रभु प्रसन्न मन होई। करुना सागर कीजिअ सोई॥ १॥

देवँ दीन्ह सबु मोहि अभारू। मोरें नीति न धरम बिचारू॥
कहउँ बचन सब स्वारथ हेतू। रहत न आरत कें चित चेतू॥ २॥

उतरु देइ सुनि स्वामि रजाई। सो सेवकु लखि लाज लजाई॥
अस मैं अवगुन उदधि अगाधू। स्वामि सनेहँ सराहत साधू॥ ३॥

अब कृपाल मोहि सो मत भावा। सकुच स्वामि मन जाइँ न पावा॥
प्रभु पद सपथ कहउँ सति भाऊ। जग मंगल हित एक उपाऊ॥ ४॥

दो०– प्रभु प्रसन्न मन सकुच तजि जो जेहि आयसु देब।
सो सिर धरि धरि करिहि सबु मिटिहि अनट अवरेब॥ २६९॥

चौ०– भरत बचन सुचि सुनि सुर हरषे। साधु सराहि सुमन सुर बरषे॥
असमंजस बस अवध नेवासी। प्रमुदित मन तापस बनबासी॥ १॥

चुपहिं रहे रघुनाथ सँकोची। प्रभु गति देखि सभा सब सोची॥
जनक दूत तेहि अवसर आए। मुनि बसिष्ठँ सुनि बेगि बोलाए॥ २॥

करि प्रनाम तिन्ह रामु निहारे। बेषु देखि भए निपट दुखारे॥
दूतन्ह मुनिबर बूझी बाता। कहहु बिदेह भूप कुसलाता॥ ३॥

सुनि सकुचाइ नाइ महि माथा। बोले चरबर जोरें हाथा॥
बूझब राउर सादर साईं। कुसल हेतु सो भयउ गोसाईं॥ ४॥

दो०– नाहिं त कोसलनाथ कें साथ कुसल गइ नाथ।
मिथिला अवध बिसेष तें जगु सब भयउ अनाथ॥ २७०॥

सेउक चो भलई इतरोय ने आसे, सुख लोभ के छांडुन।
मालिक चो हुन सेवा करो, मनने भगवान मानुन॥ ३०७॥
तुमचो किरपा ले सपा लोग चो, सुवारथ बनुन जाय।
तुमचो हुकुम मानलोने परभू, करोड़ों हरीक आय॥ ३०८॥
परभू तुमचो फिरलोने सपा चो, भारी सुवारथ आसे।
तुमचो हुकुम के मानलोय ने, कोटी लाभ आसे॥ ३०९॥
एइ सुवारथ परमारथ चो सार, सपा पुन चो फल आय।
सपा करम चो सिंगार, तुमचो फिरलो ने आय॥ ३१०॥
देव गोटोक बिनती सुना, जसन भाए हुसन करा।
तिलक जोड़ा आनलोर आसे, मन सगवलो ने सुफल करा॥ ३११॥

२६८ नानी भाई संगे बन मोके पठाउन, सपा चो हित करा।
नाहले दुनों भाई के फिराउन, मोके संगे धरा॥ ३१२॥

नाहले जाउंदे तीनों भाई, सीता संग तुमी फिरा।
दया चो धाम जसन ने हरीक, हुनी एदाँय करा॥ ३१३॥
सपा बोझ मोचो उपरे दिलास, नीती धरम नी जाने।
आपलो सुवारथ काजे बलेंसे, दुखी विबेक काय माने॥ ३१४॥
मालिक हुकुम सुनुन सेउक उलटे, लाज लजाएसे दखुन।
अवगुन चो अथाह समुन्द के मालिक, सहरासोत साधू बलून॥ ३१५॥
हुनी बिचार भाएसे मोके, मालिक मन नी गुचो जेमें।
पायँ किरिया मयँ सत बलेंसे, जग चो हित आसे एमें॥ ३१६॥

२६९ हरीक मन ले फिकर छांडुन, परभू जेके जे हुकुम देदे।
झंझट खटखट जाएदे सपा, मुँडे धरुन सपा करेदे॥ ३१७॥

भरत चो पबितर गोठ सुनुन, सहराओत देव हरीक होउन।
अवधपुरिया अटपट ने पड़ला, हरीक तपसी सुनुन॥ ३१८॥
बिचारवान रघुनाथ ओगाय रला, दरबारी बिचार ने पड़ला।
हुदलदाँयू जनक दूत अमरला, मुनी बलाउक बलला॥ ३१९॥
पायँ पड़ते राम के दखला दूत, दुखी भेस दखुन।
गुरु राजा चो खबर पूछला, तिहँके इलो दखुन॥ ३२०॥
भुएँ माथा टेकुन दूत, हात जोडुन बलला।
तुमचो मान ले पूछतोर देव, नंगत किरता होली बलला॥ ३२१॥

२७० नाहले अवध राजा संगे देव, हरीक उदीम गेली।
असन तो सवँसार अनाथ होली, मिथला अवध जुगे होली॥ ३२२॥

चौ०– कोसलपति गति सुनि जनकौरा। भे सब लोक सोकबस बौरा॥
जेहिं देखे तेहि समय बिदेहू। नामु सत्य अस लाग न केहू॥ १॥

रानि कुचालि सुनत नरपालहि। सूझ न कछु जस मनि बिनु ब्यालहि॥
भरत राज रघुबर बनबासू। भा मिथिलेसहि हृदयँ हराँसू॥ २॥

नृप बूझे बुध सचिव समाजू। कहहु बिचारि उचित का आजू॥
समुझि अवध असमंजस दोऊ। चलिअ कि रहिअ न कह कछु कोऊ॥ ३॥

नृपहि धीर धरि हृदयँ बिचारी। पठए अवध चतुर चर चारी॥
बूझि भरत सति भाउ कुभाऊ। आएहु बेगि न होइ लखाऊ॥ ४॥

दो०– गए अवध चर भरत गति बूझि देखि करतूति।
चले चित्रकूटहि भरतु चार चले तेरहूति॥ २७१॥

चौ०– दूतन्ह आइ भरत कइ करनी। जनक समाज जथामति बरनी॥
सुनि गुर परिजन सचिव महीपति। भे सब सोच सनेहँ बिकल अति॥ १॥

धरि धीरजु करि भरत बड़ाई। लिए सुभट साहनी बोलाई॥
घर पुर देस राखि रखवारे। हय गय रथ बहु जान सँवारे॥ २॥

दुघरी साधि चले ततकाला। किए बिश्रामु न मग महिपाला॥
भोरहिं आजु नहाइ प्रयागा। चले जमुन उतरन सबु लागा॥ ३॥

खबरि लेन हम पठए नाथा। तिन्ह कहि अस महि नायउ माथा॥
साथ किरात छ सातक दीन्हे। मुनिबर तुरत बिदा चर कीन्हे॥ ४॥

दो०– सुनत जनक आगवनु सबु हरषेउ अवध समाजु।
रघुनंदनहि सकोचु बड़ सोच बिबस सुरराजु॥ २७२॥

चौ०– गरइ गलानि कुटिल कैकेई। काहि कहै केहि दूषनु देई॥
अस मन आनि मुदित नर नारी। भयउ बहोरि रहब दिन चारी॥ १॥

एहि प्रकार गत बासर सोऊ। प्रात नहान लाग सबु कोऊ॥
करि मज्जनु पूजहिं नर नारी। गनप गौरि तिपुरारि तमारी॥ २॥

रमा रमन पद बंदि बहोरी। बिनवहिं अंजुलि अंचल जोरी॥
राजा रामु जानकी रानी। आनँद अवधि अवध रजधानी॥ ३॥

सुबस बसउ फिरि सहित समाजा। भरतहि रामु करहुँ जुबराजा॥
एहि सुख सुधाँ सींची सब काहू। देव देहु जग जीवन लाहू॥ ४॥

दो०– गुर समाज भाइन्ह सहित राम राजु पुर होउ।
अछत राम राजा अवध मरिअ माग सबु कोउ॥ २७३॥

चौ०– सुनि सनेहमय पुरजन बानी। निंदहिं जोग बिरति मुनि ग्यानी॥
एहि बिधि नित्यकरम करि पुरजन। रामहि करहिं प्रनाम पुलकि तन॥ १॥

* राजा जनक एतोर-भेट-गोठ *

जनकपुरिया दसरथ मरनी सुमुन, वैहा होउन गेला।
जनक चो गत जे बल दखला, बिदेह नावँ सत करला॥ १॥
रानी कुचाल सुनुन राजा के, काईं समझ नी पड़ली।
भरत के गादी राम के बन, सुनन खुबे दुख होली॥ २॥
ग्यानी देवानमन के राजा पूछला, काय करूँ सांगा तुमी।
अवध गत के समझुन दंदरला, काईं नी बलला कोनी॥ ३॥
चारझन भेदिया पठाला राजा, धीरज धरते बिचारून।
तुरते जाउन एउक बलला, भरत मन चो के जानुन॥ ४॥

२७१ अवध जाउन नंगत दखुन, भरत निकरलोर जानुन।
हुनमन तुरते मिथला फिरला, सपा भेद धरून॥ ५॥

भरत चो सपा करनी सांगला, आपलो बुध असन।
गुरु, कुटुम, देवान संगे राजा, बोमरला सुनला जसन॥ ६॥
धीरज धरते भरत गुन बलला, नंगत वीर फउद सकलुन।
हाथी, रथ, घोड़ा सम्हरावला, घर-राज देस सोपुन॥ ७॥
दुइ घड़ी मुहुरुत दखुन निकरला, नी सुस्तावत कहाँय बाटे।
बिहाने परयाग नहाउन पठालासोत, जमना उतरला जेबे॥ ८॥
आमके खबर काजे पठालासोत, बलुन पायँ पड़ला।
छय-सात झन भील संग गुरू, दूतमन के पठाला॥ ९॥

२७२ जनक एतोर खबर सुनुन, अवधेया हरीक होओत।
भारी बिचार राम के धरली, इंदर फिकर ने होसोत॥ १०॥

काके बले काके दोस देंय, कयकई लजाते पछताए।
सपा लोग मने-मन हरीक, चार दिन रहुक होए॥ ११॥
असने हुन दिन चो दिन गेली, नहाओत बिहाने लोग।
संकर, गौरी, गनेस, सूरुज चो, पूजा करोत लोग॥ १२॥
बिस्नु भगवान चो पायँ पडते, हात जोड़ुन बिन्ती करोत।
राम राजा, रानी जानकी हो उन, अवध के हरीक करोत॥ १३॥
समाज संग सुखी राखुन भरत के, लाल बनाउन देओत।
सुख अमरित टेंडुन सँवसार के, जीवतो लाभ देओत॥ १४॥

२७३ गुरु भाईमन संगे राम चो, राज अवध ने होओ।
तिहँचो राजा रते अवध ने मरुँ, असन किरपा होओ॥ १५॥

तिहँचो बिन्ती सुनुन मुनीमन, बैराग के निंदरून देसोत।
अवधपुरिया रोजे असन करते, राम के जोहार करसोत॥ १६॥

ऊँच नीच मध्यम नर नारी। लहहिं दरसु निज निज अनुहारी॥
सावधान सबही सनमानहिं। सकल सराहत कृपानिधानहिं॥ २॥

लरिकाइहि ते रघुबर बानी। पालत नीति प्रीति पहिचानी॥
सील सकोच सिंधु रघुराऊ। सुमुख सुलोचन सरल सुभाऊ॥ ३॥

कहत राम गुन गन अनुरागे। सब निज भाग सराहन लागे॥
हम सम पुन्य पुंज जग थोरे। जिन्हहि रामु जानत करि मोरे॥ ४॥

दो०– प्रेम मगन तेहि समय सब सुनि आवत मिथिलेसु।
सहित सभा संभ्रम उठेउ रबिकुल कमल दिनेसु॥ २७४॥

चौ०– भाइ सचिव गुर पुरजन साथा। आगें गवनु कीन्ह रघुनाथा॥
गिरिबरु दीख जनकपति जबहीं। करि प्रनामु रथ त्यागेउ तबहीं॥ १॥

राम दरस लालसा उछाहू। पथ श्रम लेसु कलेसु न काहू॥
मन तहँ जहँ रघुबर बैदेही। बिनु मन तन दुख सुख सुधि केही॥ २॥

आवत जनकु चले एहि भाँती। सहित समाज प्रेम मति माती॥
आए निकट देखि अनुरागे। सादर मिलन परसपर लागे॥ ३॥

लगे जनक मुनिजन पद बंदन। रिषिन्ह प्रनामु कीन्ह रघुनंदन॥
भाइन्ह सहित रामु मिलि राजहि। चले लवाइ समेत समाजहि॥ ४॥

दो०– आश्रम सागर सांत रस पूरन पावन पाथु।
सेन मनहुँ करुना सरित लिएँ जाहिं रघुनाथु॥ २७५॥

चौ०– बोरति ग्यान बिराग करारे। बचन ससोक मिलत नद नारे॥
सोच उसास समीर तरंगा। धीरज तट तरुबर कर भंगा॥ १॥

बिषम बिषाद तोरावति धारा। भय भ्रम भवँर अबर्त अपारा॥
केवट बुध बिद्या बड़ि नावा। सकहिं न खेइ ऐक नहिं आवा॥ २॥

बनचर कोल किरात बिचारे। थके बिलोकि पथिक हियँ हारे॥
आश्रम उदधि मिली जब जाई। मनहुँ उठेउ अंबुधि अकुलाई॥ ३॥

सोक बिकल दोउ राज समाजा। रहा न ग्यानु न धीरजु लाजा॥
भूप रूप गुन सील सराही। रोवहिं सोक सिंधु अवगाही॥ ४॥

छं०– अवगाहि सोक समुद्र सोचहिं नारि नर ब्याकुल महा।
दै दोष सकल सरोष बोलहिं बाम बिधि कीन्हो कहा॥
सुर सिद्ध तापस जोगिजन मुनि देखि दसा बिदेह की।
तुलसी न समरथु कोउ जो तरि सकै सरित सनेह की॥

सो०– किए अमित उपदेस जहँ तहँ लोगन्ह मुनिबरन्ह।
धीरजु धरिअ नरेस कहेउ बसिष्ठ बिदेह सन॥ २७६॥

ऊँच-नीच मंजगत सपा लोग, मन ले दरसन पासोत।
लोग राम के सहराते रसोत, राम बल मान देसोत॥ १७॥
पिलापन ले राम चो ये टकर, मया दखुन मान देसोत।
मया लाज चो समुँद रघुनाथ, नंगत बलते दखते रसोत॥ १८॥
राम गुन बसुन मया ले भरते, सहरासोत भाग के आपलो।
पुन चो पूंजी लोग घाट, जानसोत राम आपलो॥ १९॥

२७४ सपा मया ने मगन रहोत, जनक एतोर सुनला।
सुरूजकुल पूड़न चो सुरुज राम, दरबारी संगे उठला॥ २०॥

भाई देवान, गुरु, रैयत के धरुन, परघाउक राम निकरला।
जसने कामदनाथ के जनक दखला, रथ छांडुन हिंडला॥ २१॥
राम दरसन काजे मन हरीक, थाकलो नी जान पड़े।
मन रघुबर बैदेही लगे, देह सुध नी पड़ें॥ २२॥
मया समाज संगे बुध ले दंदरुन, जनक असन एते रहत।
लगे पड़ते मया ने भेटसोत, जनक मुनी पायँ ने रहत॥ २३॥
सपा इलो मुनी रैयत के राम, परनाम करते गेला।
फेर भाई मन संगे राम जनक के, आसरम भीतरे निला॥ २४॥

२७५ आसरम सांत रस पबितर पानी, भरलोर समुंद आय।
जनक फउद दया रस चो नंदी, रघुनाथ ले भेटुक जाय॥ २५॥

दया चो नंदी गियान बैराग, खंड के बोरते जाएसे।
दुख बोली नाला ढोड़गा, ये नंदी ने मिसते जाएसे॥ २६॥
लाम निनासतोर लेहरा असन, जेचोले लाहरा मारेसे।
धीरज माहा कठा चो नंगत, मच के उखनुन फेकेसे॥ २७॥
भारी दुख नंदी चो मंझधार, डर-भरम भवँरी अनगिनत।
विद्या डोंगा बिद्वान घटवार, घाटुक तेके नी सकसत॥ २८॥
बन ने रहू कोल-किरात मन ने, हारला नंदी दखुन।
जसने नदी आसरम ने मिसली, समुंद उठेसे लकबकुन॥ २९॥
दुनों समाज दुख ने बियाकुल, गियान धीरज लाज नीआय।
दसरथ चो रुप गुन के सहराते, गागुन समुंद ने बुड़ते जात॥ ३०॥
दुख समुंद ने बुड़ुन मनुख मेहरार, बोमरते बिचार करोत।
भगवान के दोस देत काय करलो, रीस हुसने होओत॥ ३१॥
देवसिद्ध तपी जोगी तुलसी, काचोय सकत नीआय।
हुदलदाँय जनक गत के दखुन, नंदी नाहकतो सकत नीआय॥ ३२॥

२७६ इसू-हेंव गियानी मुनीमन, गियान उपदेस दिला।
बसिष्ठ मुनी राजा जनक के, धीरज धरुक बलला॥ ३३॥

चौ०– जासु ग्यानु रबि भव निसि नासा। बचन किरन मुनि कमल बिकासा॥
तेहि कि मोह ममता निअराई। यह सिय राम सनेह बड़ाई॥ १॥

बिषई साधक सिद्ध सयाने। त्रिबिध जीव जग बेद बखाने॥
राम सनेह सरस मन जासू। साधु सभाँ बड़ आदर तासू॥ २॥

सोह न राम पेम बिनु ग्यानू। करनधार बिनु जिमि जलजानू॥
मुनि बहुबिधि बिदेहु समुझाए। राम घाट सब लोग नहाए॥ ३॥

सकल सोक संकुल नर नारी। सो बासरु बीतेउ बिनु बारी॥
पसु खग मृगन्ह न कीन्ह अहारू। प्रिय परिजन कर कौन बिचारू॥ ४॥

दो०– दोउ समाज निमिराजु रघुराजु नहाने प्रात।
बैठे सब बट बिटप तर मन मलीन कृस गात॥ २७७॥

चौ०– जे महिसुर दसरथ पुर बासी। जे मिथिलापति नगर निवासी॥
हंस बंस गुर जनक पुरोधा। जिन्ह जग मगु परमारथु सोधा॥ १॥

लगे कहन उपदेस अनेका। सहित धरम नय बिरति बिबेका॥
कौसिक कहि कहि कथा पुरानीं। समुझाई सब सभा सुबानीं॥ २॥

तब रघुनाथ कोसिकहि कहेऊ। नाथ कालि जल बिनु सबु रहेऊ॥
मुनि कह उचित कहत रघुराई। गयउ बीति दिन पहर अढ़ाई॥ ३॥

रिषि रुख लखि कह तेरहुतिराजू। इहाँ उचित नहिं असन अनाजू॥
कहा भूप भल सबहि सोहाना। पाइ रजायसु चले नहाना॥ ४॥

दो०– तेहि अवसर फल फूल दल मूल अनेक प्रकार।
लइ आए बनचर बिपुल भरि भरि काँवरि भार॥ २७८॥

चौ०– कामद भे गिरि राम प्रसादा। अवलोकत अपहरत बिषादा॥
सर सरिता बन भूमि बिभागा। जनु उमगत आनँद अनुरागा॥ १॥

बेलि बिटप सब सफल सफूला। बोलत खग मृग अलि अनुकूला॥
तेहि अवसर बन अधिक उछाहू। त्रिबिध समीर सुखद सब काहू॥ २॥

जे राजा गियान चो सुरुज, भव रात के खाएसे।
जेचो बोली अंजोर पुनी माहा, पूड़न के बिगसाएसे॥ ३४॥
माया मोह काम तिहँके अमरेदे, बलेबल ए गती होली।
ए आय सीताराम चो मया, महेमा ले असन होली॥ ३५॥
बिसय ने पड़लो गियानी मनुख, सपा सिद्धि जे पासोत।
सवँसारे असन तीनों रकम जीव, बेद जेके गासोत॥ ३६॥
ये तीनों चेत राम मया ने, भरुन भाती रहेसे।
साधू लोग चो सभा ने ये, तीनों चो मान होएसे॥ ३७॥
राम मया नाहलो सवँसारे, गियान सोभा नी देए।
जसन जहाज घटवार नाहलो, केबई सोभा नी देए॥ ३८॥
वसिष्ठ मुनी बिदेह राजा के, खुबे समझाला बसुन।
तेबे सपा लोग रामघाट ने, आग धोबल जाउन॥ ३९॥
मनुख मेहरार सपा लोग, दुख ने भरुन रहोत।
हुनदिन असने कटुन गेली, पानी खाउन रहोत॥ ४०॥
पसु, चड़ई, चीतर, सामर, सपा नी खाओत काई।
कुटुम मयादार लोग चो तेबे, बिचार नीहोय काईं॥ ४१॥

२७७ निमिराज रघुराज आरु समाज, बिहाने नहाउन बसला।
दुख ने देह सुखुन रहे, बड़गच खाले बसला॥ ४२॥

अवध मिथला चो बाम्हन रहत, सुरुजकुल चो गुरु रहत।
जनक गुरु चो परमारथ गियान, सिद्धि ले भरपूर रहत॥ ४३॥
धरम, नीतो, बैराग, बिबेक चो, गियान सांगुक मुरियाला।
बिस्वामितर जुना कथा सांगते, सुंदर सभा के समझाला॥ ४४॥
कौसिक के राम सांगला सपा, काली खाउन रहत।
मनी बलला राम नंगत बलसोत, अढ़ऊ दिन जाउन रहे॥ ४५॥
अन्न खातोर निको नी मानला, कौसिक मन चो दखुन।
नहाउक गेला जनक गोठ भावली, सपा के हुकुम सुनुन॥ ४६॥

२७८ पाक फर पाना कांदा फूल, काँवड़ काँवड़ धरुन।
बनबासी लोग आनुन दिला, बोझा भरपूर भरून॥ ४७॥

राम किरपा ले डोंगरी बले, मन-मन चो पाक फर देए।
जेचो अबगो दखुन दिलोने, सपा दुख के धरुन नेए॥ ४८॥
हुता चो रान तरई नंदी, पिरथी सपा बाटे।
हरकि-उदीम मया उठे, गुलाय बाटे घाटे॥ ४९॥
लाहा रुख सपा फरू रहत, चड़ई पसु नंगत बलत।
रान ने सपा हरीक रहे, सुख लेहरा बोहत॥ ५०॥

जाइ न बरनि मनोहरताई। जनु महि करति जनक पहुनाई॥
तब सब लोग नहाइ नहाई। राम जनक मुनि आयसु पाई॥ ३॥

देखि देखि तरुबर अनुरागे। जहँ तहँ पुरजन उतरन लागे॥
दल फल मूल कंद बिधि नाना। पावन सुंदर सुधा समाना॥ ४॥

दो०– सादर सब कहँ रामगुर पठए भरि भरि भार।
पूजि पितर सुर अतिथि गुर लगे करन फरहार॥ २७९॥

चौ०– एहि बिधि बासर बीते चारी। रामु निरखि नर नारि सुखारी॥
दुहु समाज असि रुचि मन माहीं। बिनु सिय राम फिरब भल नाहीं॥ १॥

सीता राम संग बनबासू। कोटि अमरपुर सरिस सुपासू॥
परिहरि लखन रामु बैदेही। जेहि घरु भाव बाम बिधि तेही॥ २॥

दाहिन दइउ होइ जब सबही। राम समीप बसिअ बन तबही॥
मंदाकिनि मज्जनु तिहु काला। राम दरसु मुद मंगल माला॥ ३॥

अटनु राम गिरि बन तापस थल। असनु अमिअ सम कंद मूल फल॥
सुख समेत संबत दुइ साता। पल सम होहिं न जनिअहिं जाता॥ ४॥

दो०– एहि सुख जोग न लोग सब कहहिं कहाँ अस भागु।
सहज सुभायँ समाज दुहु राम चरन अनुरागु॥ २८०॥

चौ०– एहि बिधि सकल मनोरथ करहीं। बचन सप्रेम सुनत मन हरहीं॥
सीय मातु तेहि समय पठाईं। दासीं देखि सुअवसरु आईं॥ १॥

सावकास सुनि सब सिय सासू। आयउ जनकराज रनिवासू॥
कौसल्याँ सादर सनमानी। आसन दिए समय सम आनी॥ २॥

सीलु सनेहु सकल दुहु ओरा। द्रवहिं देखि सुनि कुलिस कठोरा॥
पुलक सिथिल तन बारि बिलोचन। महि नख लिखन लगीं सब सोचन॥ ३॥

सब सिय राम प्रीति कि सि मूरति। जनु करुना बहु बेष बिसूरति॥
सीय मातु कह बिधि बुधि बाँकी। जो पय फेनु फोर पबि टाँकी॥ ४॥

बन सोभा के सांगुक नीहोय, असन सुँदर रहे।
जनक राजा चो पिरथी आपन ले, मान करते रहे॥ ५१॥
जनकपुरिया नहाउन भाती, पड़ाव ने एते गेला।
जनक राम गुरू हुकुमले, उथा ले उठुन गेला॥ ५२॥
सुंदर रुख रवाले ठान दखुन, डेरा पड़ते जाओत।
अमरित माहा रकम रकम चो, पाक फर खाउक पाओत॥ ५३॥

२७९ राम गुरू काँवड़ भर भर, तिहँचो लग पठाते जाओत।
देव, पितर, गुरु के मानुन, फलहार करते जाओत॥ ५४॥

करोड़ देवपुर ले बले नंगत, सीता राम संगे रतोर।
भगवान उलटलो जाना जेके, नंगत लागे घरे रतोर॥ ५५॥
असने चार दिन नाहकुन गेली, दखत सुखी आसोत सपा।
दुनों दल बिचारत नंगत नो आय फिरतोर, बिगर राम-सीता॥ ५६॥
देव साहा तेबे राने सग के, राम लगे रहुक होओ।
मंदाकिनी तीनों पहार नहाउन, राम दरसन होओ॥ ५७॥
राम डोंगरी बन तपसी कुड़िया, बुलुन-बुलुन रतोर।
अमरित माहा कांदा पाक फर, खाउन खाउन बुलतोर॥ ५८॥
चवदा बरख सुख ने रहुन, घड़ीभर असन जाएदे।
बेरा नाहकतोर काकेय बले, गम जानुक नी होएदे॥ ५९॥

२८० सपा वलसोत असन सुख, कहाँ आमचो भाग ने।
दुनों समाज ने टकर चो मया, सहज राम चो पायँ ने॥ ६०॥

गोठ तिहँचो मन के मोहाएसे, सपा चो मसा असन।
सुनयना चो दासी कौसिल्या लगे, इली भेटलो असन॥ ६१॥
हुनचो ले जानुन सुनयना रानी, सीता चो सतरीमन एबे।
फाबलो आसोत जानुन भाती, निसकली भेटुक तेबे॥ ६२॥
कौसिल्या मान करते जाय, रान ने होओ जसन।
बेरा दखुन बसुक दिला, ठान रहे जसन॥ ६३॥
दुनों बाट चो मया चाल दखुन, पखना गलुन जाए।
सुन पड़ुन देहें सीतकाटा मारे, आँसू बोहते जाए॥ ६४॥
पायँ नख ले भुँइ के कोदाते, सपा बिचार करसोत।
राम मया चो मूरित माहा, सपाय होउन आसोत॥ ६५॥
जसन कई भेस दुख धरुन, गुलाय दुख करेसे।
सीता आया सुनयना बलली, भगवान ये काय करेसे॥ ६६॥
भगवान चो बुध टेड़गा आसे, तेबई तो असन करेसे।
दूध फेन कवँल जिनिस के, पखना धरून गोंदेसे॥ ६७॥

दो०– सुनिअ सुधा देखिअहिं गरल सब करतूति कराल।
जहँ तहँ काक उलूक बक मानस सकृत मराल॥ २८१॥

चौ०– सुनि ससोच कह देबि सुमित्रा। बिधि गति बड़ि बिपरीत बिचित्रा॥
जो सृजि पालइ हरइ बहोरी। बालकेलि सम बिधि मति भोरी॥ १॥

कौसल्या कह दोसु न काहू। करम बिबस दुख सुख छति लाहू॥
कठिन करम गति जान बिधाता। जो सुभ असुभ सकल फल दाता॥ २॥

ईस रजाइ सीस सबही कें। उतपति थिति लय बिषहु अमी कें॥
देबि मोह बस सोचिअ बादी। बिधि प्रपंचु अस अचल अनादी॥ ३॥

भूपति जिअब मरब उर आनी। सोचिअ सखि लखि निज हित हानी॥
सीय मातु कह सत्य सुबानी। सुकृती अवधि अवधपति रानी॥ ४॥

दो०– लखनु रामु सिय जाहुँ बन भल परिनाम न पोचु।
गहबरि हियँ कह कौसिला मोहि भरत कर सोचु॥ २८२॥

चौ०– ईस प्रसाद असीस तुम्हारी। सुत सुतबधू देवसरि बारी॥
राम सपथ मैं कीन्हि न काऊ। सो करि कहउँ सखी सति भाऊ॥ १॥

भरत सील गुन बिनय बड़ाई। भायप भगति भरोस भलाई॥
कहत सारदहु कर मति हीचे। सागर सीप कि जाहिं उलीचे॥ २॥

जानउँ सदा भरत कुलदीपा। बार बार मोहि कहेउ महीपा॥
कसें कनकु मनि पारिखि पाएँ। पुरुष परिखिअहिं समयँ सुभाएँ॥ ३॥

अनुचित आजु कहब अस मोरा। सोक सनेहँ सयानप थोरा॥
सुनि सुरसरि सम पावनि बानी। भईं सनेह बिकल सब रानी॥ ४॥

दो०– कौसल्या कह धीर धरि सुनहु देबि मिथिलेसि।
को बिबेकनिधि बल्लभहि तुम्हहि सकइ उपदेसि॥ २८३॥

२८१ अमरित सुनुक विस दखुक होएसे, भयंकार करनी तेचो।
काँवरा कोकोड़ा गुलाय दिखसोत, हांसा मानसरोवर चो॥ ६८॥

सुमितरा रानी बिचारुन नंगत, दुखी होते बलली।
भगवान करनी अटपट उल्टा, काईं समझ नी पडली॥ ६९॥
जे सवँसार के जनमाउन पोसेंसे, अउर नास करेसे।
जनम भोला भगवान बुध, पिला खेल करेसे॥ ७०॥
कौसिल्या बलली मोचो समझ ले, काचोय दोस नोआयु।
सुख-दुख, लाभ-हानी तपा, करम उपरे आय॥ ७१॥
करम गती कठिन होएसे, भगवान तेंके जानेसे।
जे सुभ असुभ फल देएसे, हुनी सपाके जानेसे॥ ७२॥
भगवान हुकुम सपालोग चो, मुंड ऊपरे आसे।
जनम जिवना मरना अमरित बिस, हुनचोय हाते आसे॥ ७३॥
राजा चो जीवलो मरलो गोठ के, मन ने सुरता करुन।
फिकर जे आमी करुँसे समदिन, हित हानी के दखुन॥ ७४॥
सुनयना बलली गोठ सत आय, कसन तुमी नी बलासे।
पुनवान ने बड़े अवध राजा चो, रानी कसन नी बलासे॥ ७५॥

२८२ राम, लछमन, सीता बन गेले, फल नंगत होएदे।
कौसिल्या बलली भरत चो फिकर, हुन कसन होएदे॥ ७६॥

भगवान किरपा तुमनचो आसीस, सपा नंगत आसोत।
गंगा पानी माहा पवितर, चारों बेटा बोहारी आसोत॥ ७७॥
सुना समदिन मयँ जाले केबई, रामचो किरिया नी करेंसे।
मान्तर आज किरिया पाड़ुन, सत गोठ के बलेंसे॥ ७७॥
भरत चो चाल मया भक्ती, भरोसा दया आरु गुन।
सरसती बुध बल सांगुक नी सके, असन पबितर गुन॥ ७८॥
बरहमेस कुल चो दिया जाना, राजा बल बलत असने।
कसुन सोन के चिताउक होएसे, जानू बलसोत असने॥ ७९॥
हुसनेय मनुख के चिताउक होएसे, बेरा पड़लोर दायँ।
गुन चरितर ले जानुक होएसे, परछो करतो दायँ॥ ८०॥
मोचो असन बलतोर आज, ए बल नंगत नोआय।
दुख आरु मया ने पड़ुन, सियानपन जाऊ आय॥ ८१॥
पबितर करु गंगा माहा, कौसिल्या रानी चो गोठ।
सपा रानीमन हड़बड़ुन गेला, सुनुन रानी चो गोठ॥ ८२॥

२८३ धीरज धरुन कोसिल्या बलली, सुना मिथला चो रानी।
गियान भंडार जनक चो रानीके, कोन सांगे उपदेस बानी॥ ८३॥

चौ०– रानि राय सन अवसरु पाई। अपनी भाँति कहब समुझाई॥
रखिअहिं लखनु भरतु गवनहिं बन। जौं यह मत मानै महीप मन॥ १॥

तौ भल जतनु करब सुबिचारी। मोरें सोचु भरत कर भारी॥
गूढ़ सनेह भरत मन माहीं। रहें नीक मोहि लागत नाहीं॥ २॥

लखि सुभाउ सुनि सरल सुबानी। सब भइ मगन करुन रस रानी॥
नभ प्रसून झरि धन्य धन्य धुनि। सिथिल सनेहँ सिद्ध जोगी मुनि॥ ३॥

सबु रनिवासु बिथकि लखि रहेऊ। तब धरि धीर सुमित्राँ कहेऊ॥
देबि दंड जुग जामिनि बीती। राम मातु सुनि उठी सप्रीती॥ ४॥

दो०– बेगि पाउ धारिअ थलहि कह सनेहँ सतिभाय।
हमरें तौ अब ईस गति कै मिथिलेस सहाय॥ २८४॥

चौ०– लखि सनेह सुनि बचन बिनीता। जनकप्रिया गह पाय पुनीता॥
देबि उचित असि बिनय तुम्हारी। दसरथ घरिनि राम महतारी॥ १॥

प्रभु अपने नीचहु आदरहीं। अगिनि धूम गिरि सिर तिनु धरहीं॥
सेवकु राउ करम मन बानी। सदा सहाय महेसु भवानी॥ २॥

रउरे अंग जोगु जग को है। दीप सहाय कि दिनकर सोहै॥
रामु जाइ बनु करि सुर काजू। अचल अवधपुर करिहहिं राजू॥ ३॥

अमर नाग नर राम बाहुबल। सुख बसिहहिं अपनें अपनें थल॥
यह सब जागबलिक कहि राखा। देबि न होइ मुधा मुनि भाषा॥ ४॥

दो०– अस कहि पग परि पेम अति सिय हित बिनय सुनाइ।
सिय समेत सियमातु तब चली सुआयसु पाइ॥ २८५॥

चौ०– प्रिय परिजनहि मिली बैदेही। जो जेहि जोगु भाँति तेहि तेही॥
तापस बेष जानकी देखी। भा सबु बिकल बिषाद बिसेषी॥ १॥

जनक राम गुर आयसु पाई। चले थलहि सिय देखी आई॥
लीन्हि लाइ उर जनक जानकी। पाहुनि पावन पेम प्रान की॥ २॥

बेरा दखुन आपलो बाट ले, राजा के समझाउन बला।
लछमन के थेबाउन भरत के पठात, भाओ असन बला॥ ८४॥
नंगत बिचारुन भाती तुमी, असन उआट करा।
मोके भरत चो फिकर आसे मया चो बिचार करा॥ ८५॥
हुनचो रतोर भलई नी दिखे, सुनुन सरस गोठ।
दुख ने सपा रानी होला, जानुन मया चो गोठ॥ ८६॥
सरग ले फूल चो झड़ी, धन-घन गरजना होत।
सिद्धि जोगी मुनी सपा, मया ने बेसुध होत॥ ८७॥
रनवास सपा दखुन थाकला, धीरज ले सुमितरा बलली।
दुइ घड़ी रात पहाली रानी, सुनुन राम आया उठली॥ ८८॥

२८४ मया ले बलली डेरा ने जाहा, आमचो भगवान आसोत।
दूसर आमचो भगवान माहा, जनकराजा आसोत॥ ८९॥

कौसिल्या चो मया गोठ सुनुन, सुनयना पायँ के धरली।
दसरथ चो रानी राम चो आया, गोठ नंगत आय बलली॥ ९०॥
आपलो नीच भगत चो भगवान, मान हमेस करसोत।
आइग धुआँ के पहाड़ रोंडा के, आपलो मुंडे धरसोत॥ ९१॥
आमचो राजा मन करम बोली ले, तुमचो सेऊक आसोत।
फेर बरहमेस साहा-करया, सिब-पारबती आसोत॥ ९२॥
तुमनचो साहा होतो लाइक, सवँसौर कोन आसे।
सुरुज के दिया साहा होतोर, काय सोभा लाइक आसे॥ ९३॥
रधुनाथ बन जाउन भाती, देव कारज करुन।
अवधपुरी चो राज करदे, बन-बाटले फिरुन॥ ९४॥
सुख पावते बसदे देव, नाग, मनुख, राम बाहाँ सकत ले।
बललासोत जगबालिफ आगतले, जे फंद नी होउक सकेदे॥ ९५॥

२८५ मया ले पायँ पड़ुन सुनयना, सीता काज बिन्ती करुन।
हुकुम पाउन डेराबाट गेली, सीता के संगे धरुन॥ ९६॥

मायके कुटुम लोग संगे सीता, भेटली जसन के तसन।
दुखी होला लोग सीता के, तपसीन भेस ने दखुन॥ ९७॥
राम गुरु ले हुकुम पाउन, जनक डेरा ने फिरला।
डेरा ने एऊन जनक राजा, बेटी सीता के दखला॥ ९८॥
आपलो भारी पबितर मया ले, जीव चो अधार के।
छाती संगे लेपटावला राजा, आपलो बेटी के॥ ९९॥
राजा मन ने मया चो समुंद, खुबे उठते जाय।
जसन हुन मया समुंद, परयाग होते जाय॥ १००॥

उर उमगेउ अंबुधि अनुरागू। भयउ भूप मनु मनहुँ पयागू॥
सिय सनेह बटु बाढ़त जोहा। ता पर राम पेम सिसु सोहा॥ ३॥

चिरजीवी मुनि ग्यान बिकल जनु। बूड़त लहेउ बाल अवलंबनु॥
मोह मगन मति नहिं बिदेह की। महिमा सिय रघुबर सनेह की॥ ४॥

दो०– सिय पितु मातु सनेह बस बिकल न सकी सँभारि।
धरनिसुताँ धीरजु धरेउ समउ सुधरमु बिचारि॥ २८६॥

चौ०– तापस बेष जनक सिय देखी। भयउ पेमु परितोषु बिसेषी॥
पुत्रि पबित्र किए कुल दोऊ। सुजस धवल जगु कह सबु कोऊ॥ १॥

जिति सुरसरि कीरति सरि तोरी। गवनु कीन्ह बिधि अंड करोरी॥
गंग अवनि थल तीनि बड़ेरे। एहिं किए साधु समाज घनेरे॥ २॥

पितु कह सत्य सनेहँ सुबानी। सीय सकुच महुँ मनहुँ समानी॥
पुनि पितु मातु लीन्हि उर लाई। सिख आसिष हित दीन्हि सुहाई॥ ३॥

कहति न सीय सकुचि मन माहीं। इहाँ बसब रजनीं भल नाहीं॥
लखि रुख रानि जनायउ राऊ। हृदयँ सराहत सीलु सुभाऊ॥ ४॥

दो०– बार बार मिलि भेंट सिय बिदा कीन्हि सनमानि।
कही समय सिर भरत गति रानि सुबानि सयानि॥ २८७॥

चौ०– सुनि भूपाल भरत ब्यवहारू। सोन सुगंध सुधा ससि सारू॥
मूदे सजल नयन पुलके तन। सुजसु सराहन लगे मुदित मन॥ १॥

सावधान सुनु सुमुखि सुलोचनि। भरत कथा भव बंध बिमोचनि॥
धरम राजनय ब्रह्मबिचारू। इहाँ जथामति मोर प्रचारू॥ २॥

हुन समुन्द ने सीतामाता चो, आदिशक्ती रूप दखला।
अदभुत मया चो अच्छबट के, उथा बाढ़ते दखला॥ १०१॥
हुन रूख ने पिला रुप, राम भगवान चो दिखे।
राजा जनक चो गियान बियाकुल, मार्कण्डेय मुनी दिखे॥ १०२॥
जे बूढ़तो दांय बाचुन गेलो, पिला रुप चो ओधा पाउन।
सते बला कि जनक राजा, नी रहे मगन होउन॥ १०३॥
ये तो राम चो महेमा आय, जे हुसन गियानी के।
बियाकुल करून दिला भगवान, तिहँचो गियान के॥ १०४॥
आया बूबा चो मया ले सीता, असन बोमरुन गेली।
आपने के सम्हारुक नी सकली, असन मया ने होली॥ १०५॥

२८६ पिरथी चो बेटी सीतामाता, बेरा के जानुन भाती।
सुन्दर धरम चो बिचार करली, धीरज धरुन भाती॥ १०६॥

तपसीन भेस ने सीता के दखुन, अस्तीर होउन बलला।
दुनों कुल के पबितर करलीस, राजा जनक बलला॥ १०७॥
तुचो सुन्दर जस ने सवँसार, उजर होउन गेली।
तुचो कीरत गंगा के जीतुन, ब्रह्मांड ने बोहुन गेली॥ १०८॥
गंगा पिरथी ने एउन भाती, तीन बनाली तीरथ।
तुचो कीरत नंदी जाले, बनाली संत के तीरथ॥ १०९॥
सत गोठ के मया ले बलला, आपलो बड़ई सुमुन।
सीता लाज ने भरुन गेली, बूबा मुंह ले सुनुन॥ ११०॥
आया बूबा नंगत सिखाउन, आसीरबाद दिला।
काईं बल सीता बले नहीं, मनेमन लाज होला॥ १११॥
राती सास चो सेवा छांडुन, थेबतो नंगत नी जानुन।
राजा के जनावली हुकुम दिला, सीता मन चो जानुन॥ ११२॥

२८७ घनघड़ी रानी भेटुन लेपटाय, सीता के बिदा करली।
बेरा दखुन भरत चो चारचा, राजा लगे करली॥ ११३॥

सोन ने गंध जोन ने रस, अमरित माहा जानुन।
भरत चो चाल आरु मया ले, हरीक होला सुनुन॥ ११४॥
आइँख भर तिहँचो पानी भरली, देहें सीतकाटा मारे।
भरत जस के सहरासोत राजा, खुबे हरीक चो मारे॥ ११५॥
सुन्दर मुंह आरु आइँख बिती, ओगाय होउन सुन।
भरत कथा सवँसार बाँधन ले, छंडाएसे एके गुन॥ ११६॥
धरम राजनीती ब्रह्मबिचार खिंडिक, तीनों के जाने।
मोचो गियान भरत महेमा के, पुरुन बले नी जाने॥ ११७॥

सो मति मोरि भरत महिमाही। कहै काह छलि छुअति न छाँही॥
बिधि गनपति अहिपति सिव सारद। कबि कोबिद बुध बुद्धि बिसारद॥ ३॥

भरत चरित कीरति करतूती। धरम सील गुन बिमल बिभूती॥
समुझत सुनत सुखद सब काहू। सुचि सुरसरि रुचि निदर सुधाहू॥ ४॥

दो०– निरवधि गुन निरुपम पुरुषु भरतु भरत सम जानि।
कहिअ सुमेरु कि सेर सम कबिकुल मति सकुचानि॥ २८८॥

चौ०– अगम सबहि बरनत बरबरनी। जिमि जलहीन मीन गमु धरनी॥
भरत अमित महिमा सुनु रानी। जानहिं रामु न सकहिं बखानी॥ १॥

बरनि सप्रेम भरत अनुभाऊ। तिय जिय की रुचि लखि कह राऊ॥
बहुरहिं लखनु भरतु बन जाहीं। सब कर भल सब के मन माहीं॥ २॥

देबि परंतु भरत रघुबर की। प्रीति प्रतीति जाइ नहिं तरकी॥
भरतु अवधि सनेह ममता की। जद्यपि रामु सीम समता की॥ ३॥

परमारथ स्वारथ सुख सारे। भरत न सपनेहुँ मनहुँ निहारे॥
साधन सिद्धि राम पग नेहू। मोहि लखि परत भरत मत एहू॥ ४॥

दो०– भोरेहुँ भरत न पेलिहहिं मनसहुँ राम रजाइ।
करिअ न सोचु सनेह बस कहेउ भूप बिलखाइ॥ २८९॥

चौ०– राम भरत गुन गनत सप्रीती। निसि दंपतिहि पलक सम बीती॥
राज समाज प्रात जुग जागे। न्हाइ न्हाइ सुर पूजन लागे॥ १॥

गे नहाइ गुर पहिं रघुराई। बंदि चरन बोले रुख पाई॥
नाथ भरतु पुरजन महतारी। सोक बिकल बनबास दुखारी॥ २॥

सहित समाज राउ मिथिलेसू। बहुत दिवस भए सहत कलेसू॥
उचित होइ सोइ कीजिअ नाथा। हित सबही कर रौरें हाथा॥ ३॥

अस कहि अति सकुचे रघुराऊ। मुनि पुलके लखि सीलु सुभाऊ॥
तुम्ह बिनु राम सकल सुख साजा। नरक सरिस दुहु राज समाजा॥ ४॥

छल करुन बल तेचो छाँय के, छिउक बले नी पाएँ।
मय तिहँचो महेमा के बसुन, काय बुध ने गाएँ॥ ११८॥
ब्रह्मा, गनेस, सेस, सारद, संकर, कबी, गियानी।
पंडित असन मने समझुन, कीरीत बलसोत रानी॥ ११९॥
हुनचो चरितर कीरत-करनी, धरम-करम जस गुन।
गंगा चो अमरित के छांडेसे, समझले सुनले गुन॥ १२०॥
भरत भारी गुनवान आ सोत, बलतो लाइक नोआय।
भरत माहा भरत भर आसे, काय अउर सागुं आँय॥ १२१॥

२८८ सुमेरु पहाड़ के काय आमी, सेर जितरो वलुक सकूंदे।
एई ने कबी ओगाय होला, आमी काय पुरूक सकूँदे॥ १२२॥

भरत महेमा के सांगतो गोठ, भारी अगम आय।
पानी बिगर मुंई ने केवई, मछरी रेंगदे काय॥ १२३॥
भरत चो अपरम्पार महेमा के, राम एकलो जानसोत।
मान्तर राम सांगुक नी सकत, आपन ले तिहँके मानसोत॥ १२४॥
राजा-रानी के सांगला सपा, भरत चो असन गुन।
लछमन फिरुन जाओत एइ, आसे सपा चो मन॥ १२५॥
मान्तर भरत-राम चो मया, एक-दूसर चो बिचार।
बिसवास बुध चो हद नी पाय, पुरे चो करत बिचार॥ १२६॥
असन राम संग राखेया आत, भरत परेम मया बिता।
परमारथ सुवारथ के केबई, सपना ने नी दखू बिता॥ १२७॥
अबगो राम पायँ ले मया, सिद्धि साधन के जानेंसे।
मयँ भरत चो अबगो एकेय, सिद्धि साधन मानेंसे॥ १२८॥

२८९ भरत भुलकुन बल राम हुकुम, नी छांडेदे आपलो मन ले।
असन ने मया ने पड़ुन आमी, फिकर छांडू मनले॥ १२९॥

राम-भरत चो मया चारचाने, दुनों रात पहाला।
बिहाने नहाउन धोउन भाती, पूजा करुन बिनाला॥ १३०॥
राम नहाउन गुरू लग गेला, बलला पायँ पड़ुन।
भरत रैयत आयामन दुख ने, राने आसोत बोमरुन॥ १३१॥
मिथला राजा रैयतमन चो, दुख सहते दिन जाएसे।
असन ने भगवान हुनी करा जे, सपा चो मन भाएसे॥ १३२॥
असन बलते राम भगवान, आपन ले ओगाय होला।
तिहँचो मान के दखुन गुरू, देह भर हरीक होला॥ १३३॥
खुलुन गुरू बलला राम, सपा सुख तुचो बिगर।
दुनों राज समाज के लागेसे, नरक तुचो बिगर॥ १३४॥

दो०– प्रान प्रान के जीव के जिव सुख के सुख राम।
तुम्ह तजि तात सोहात गृह जिन्हहि तिन्हहि बिधि बाम॥ २९०॥

चौ०– सो सुखु करमु धरमु जरि जाऊ। जहँ न राम पद पंकज भाऊ॥
जोगु कुजोगु ग्यानु अग्यानू। जहँ नहिं राम पेम परधानू॥ १॥

तुम्ह बिनु दुखी सुखी तुम्ह तेहीं। तुम्ह जानहु जिय जो जेहि केहीं॥
राउर आयसु सिर सबही कें। बिदित कृपालहि गति सब नीकें॥ २॥

आपु आश्रमहि धारिअ पाऊ। भयउ सनेह सिथिल मुनिराऊ॥
करि प्रनाम तब रामु सिधाए। रिषि धरि धीर जनक पहिं आए॥ ३॥

राम बचन गुरु नृपहि सुनाए। सील सनेह सुभायँ सुहाए॥
महाराज अब कीजिअ सोई। सब कर धरम सहित हित होई॥ ४॥

दो०– ग्यान निधान सुजान सुचि धरम धीर नरपाल।
तुम्ह बिनु असमंजस समन को समरथ एहि काल॥ २९१॥

चौ०– सुनि मुनि बचन जनक अनुरागे। लखि गति ग्यानु बिरागु बिरागे॥
सिथिल सनेहँ गुनत मन माहीं। आए इहाँ कीन्ह भल नाहीं॥ १॥

रामहि रायँ कहेउ बन जाना। कीन्ह आपु प्रिय प्रेम प्रवाना॥
हम अब बन तें बनहि पठाई। प्रमुदित फिरब बिबेक बड़ाई॥ २॥

तापस मुनि महिसुर सुनि देखी। भए प्रेम बस बिकल बिसेषी॥
समउ समुझि धरि धीरजु राजा। चले भरत पहिं सहित समाजा॥ ३॥

भरत आइ आगें भइ लीन्हे। अवसर सरिस सुआसन दीन्हे॥
तात भरत कह तेरहुति राऊ। तुम्हहि बिदित रघुबीर सुभाऊ॥ ४॥

दो०– राम सत्यब्रत धरम रत सब कर सीलु सनेहु।
संकट सहत सकोच बस कहिअ जो आयसु देहु॥ २९२॥

चौ०– सुनि तन पुलकि नयन भरि बारी। बोले भरतु धीर धरि भारी॥
प्रभु प्रिय पूज्य पिता सम आपू। कुलगुरु सम हित माय न बापू॥ १॥

कौसिकादि मुनि सचिव समाजू। ग्यान अंबुनिधि आपुनु आजू॥
सिसु सेवकु आयसु अनुगामी। जानि मोहि सिख देइअ स्वामी॥ २॥

२९० तुमी तो जीव चो जीव आहास, आतमा चो आतमा तुमी।
भगवान उलटलो काईं नीभाय, सुख चो सुख तुमी॥ १३५॥

राम पायँ ले मया नीआय हुन, सुख धरम जरुन जाओ।
हुन जोग कुजोग गियान अग्यान, जे राम मया नी पाओ॥ १३६॥
जे सुखी दिखसोत तुमचोले सुखी, दुखी तुमचो बिगर।
जेचो मन ने जे बल आसे, जानास मोचो ले आगर॥ १३७॥
तुमी सपा के नंगत जानास, हुकुम सपा मानसोत।
तुमी आसरम जाहा एदाँय, तुमकेय सपा मानसोत॥ १३८॥
गुरू ओ गाय होला बलुन, फिरला राम जोहार करुन।
जनक लगे गुरु गेला, मन ने धोरज धरुन॥ १३९॥
राम चो सुन्दर मया टकर के, राजा लगे बलला।
धरम बाचो असन करा, गुरु राजा के बलला॥ १४०॥

२९१ तुमी गियानी पबितर धरमी, चतुर गुनी एथा।
कोन दुबिधा के रोके जे, आसोत एबे एथा॥ १४१॥

गुरु गोठ सुमुन जनक राजा, मया ने मगन होला।
राजा के दखुन बैराग बले, बैराग होउन गेला॥ १४२॥
मया ने एकेदाँय ओगाय होला, मने बिचार करसोत।
एथा एऊन आमी नंगत नी करलू, असन मने धोकसोत॥ १४३॥
राजा राम के बन देउन गेला, मया के सुबूत करुन।
आमी एमन के बन ने पठाउन, फिरवाँ हरीक होउन॥ १४४॥
मुनी, तपसी, बाम्हन सुनुन, मया ने भरुन गेला।
बेरा दखुन समाज संगे राजा, भरत बाटै गेला॥ १४५॥
पुरे एउन भरत मान देते, बेरा माहा आसन दिला।
राम टकर के जानासीस भरत, गोठ चो मूर करला॥ १४६॥

२९२ धरमी सतवान टकर मया के, जासू राम हमेस आसोत।
जसन तुमी बलले बलूंदे, राम डंड सहते जासोत॥ १४७॥

सुनते भरत देह ने सीताकाटा, आइँख ने पानी भरुन।
बलला तुमी बूबा माहा आहास, मानूं से पूजा करुन॥ १४८॥
तुमचो माहा आमचो हितू, नीआत माय बाप बले।
बिस्बामित्र मुनीमन संगे आसोत, देवान समाज बले॥ १४९॥
आज असन दिन गियान समुंद, तुमी बले आहास।
सेउक पिला जानुन तुमी, मोके गि यान दिआस॥ १५०॥
ए समाज आरु पुन ठान ने, तुमचो असन पूछतोर।
बैहा माहा जानदे सभा, ओगाय मोचो रतोर॥ १५१॥

एहिं समाज थल बूझब राउर। मौन मलिन मैं बोलब बाउर॥
छोटे बदन कहउँ बड़ि बाता। छमब तात लखि बाम बिधाता॥ ३॥

आगम निगम प्रसिद्ध पुराना। सेवाधरमु कठिन जगु जाना॥
स्वामि धरम स्वारथहि बिरोधू। बैरु अंध प्रेमहि न प्रबोधू॥ ४॥

दो०– राखि राम रुख धरमु ब्रतु पराधीन मोहि जानि।
सब कें संमत सर्ब हित करिअ पेमु पहिचानि॥ २९३॥

चौ०– भरत बचन सुनि देखि सुभाऊ। सहित समाज सराहत राऊ॥
सुगम अगम मृदु मंजु कठोरे। अरथु अमित अति आखर थोरे॥ १॥

ज्यों मुखु मुकुर मुकुरु निज पानी। गहि न जाइ अस अदभुत बानी॥
भूप भरतु मुनि सहित समाजू। गे जहँ बिबुध कुमुद द्विजराजू॥ २॥

सुनि सुधि सोच बिकल सब लोगा। मनहुँ मीनगन नव जल जोगा॥
देवँ प्रथम कुलगुर गति देखी। निरखि बिदेह सनेह बिसेषी॥ ३॥

राम भगतिमय भरतु निहारे। सुर स्वारथी हहरि हियँ हारे॥
सब कोउ राम पेममय पेखा। भए अलेख सोच बस लेखा॥ ४॥

दो०– रामु सनेह सकोच बस कह ससोच सुरराजु।
रचहु प्रपंचहि पंच मिलि नाहिं त भयउ अकाजु॥ २९४॥

चौ०– सुरन्ह सुमिरि सारदा सराही। देबि देव सरनागत पाही॥
फेरि भरत मति करि निज माया। पालु बिबुध कुल करि छल छाया॥ १॥

बिबुध बिनय सुनि देबि सयानी। बोली सुर स्वारथ जड़ जानी॥
मो सन कहहु भरत मति फेरू। लोचन सहस न सूझ सुमेरू॥ २॥

बिधि हरि हर माया बड़ि भारी। सोउ न भरत मति सकइ निहारी॥
सो मति मोहि कहत करु भोरी। चंदिनि कर कि चंडकर चोरी॥ ३॥

भरत हृदयँ सिय राम निवासू। तहँ कि तिमिर जहँ तरनि प्रकासू॥
अस कहि सारद गइ बिधि लोका। बिबुध बिकल निसि मानहुँ कोका॥ ४॥

नानी मुँह ले टोड करेंसे, भगवान के उल्टा जानुन।
माफी दिआसे सपाय मोके, आपलो पिला मानुन॥ १५२॥
बेद सास्तर पुरान सवँसार जानेसे, सेवा धरम कठिन आय।
मालिक सेवा धरम सुवारथ, दुनों ने बइर आय॥ १५३॥
बइर सोजे काना होहसे, माया नी जाने गियान।
मोके दूसर चो हाते जानुन, सपा दिआसे धियान॥ १५४॥

२९३ राम चो मन बरत नेम के, दखते सपा चो मन ले।
हितू होआ मया के जानुन, करा हरीक मन ले॥ १५५॥

भरत चो सुनन टकर दखुन, जनक सहरात तेके।
सुंदर अगम सुगुम सुसार, गोठ कठिन दिखे॥ १५६॥
सबद खिंडिक मान्तर हुनचो, अरथ खुबे रहे।
जसन मुँह दरपन ने दिखे, हाते दरपन रहे॥ १५७॥
बलेबल तके धरुक नीहोय, भरत गोठ असन।
कोनी जवाब करुक नी सकत, गोठ रहे असन॥ १५८॥
भरत जनक गुरु समाज, संगे-संग उथा गेला।
देव बोड़ेंदा के सुख देऊ जोन, राम भगवान रला॥ १५९॥
नवा पानी ने जसन मछरी, हुसने लोग होला।
गुरु बसिष्ठ के ताड़ुन देव, जनक मया के दखला॥ १६०॥
राम भक्ती ने भरत के दखून, सुवारथी देव डरला।
सपा के राम चो मया ने दखुन, देव विचार ने पड़ला॥ १६१॥

२९४ राम तो मया मान चो होसोत, ईंदर बिचारून बले।
मिरुन मिसुन नसावा एथा, नाहले सरली सपा बले॥ १६२॥

सरसती के सुमरुन सहरात, देव तुमचो सरन।
भरत बुध के उल्ठुन दिआ, देव के साहा करून॥ १६३॥
सुवारथ ने पड़लोर बिन्ती सुमुन, बलली मूरुख जानुन।
हजार आँइख ने सुमेरू नी दिखे, जे बलसीस मानुन॥ १६४॥
ब्रह्मा, बिस्नु, संकर चो माया, जे इतरो बड़े आसे।
हुनमन बल दखुक नी सकत भरत चो बुध आगे॥ १६५॥
जे बुध ले मोके बलासीस, भुलकाउन देस बलते।
सरग चो तारा काय चोरुक सकेदे, आइग सुरूज ले॥ १६६॥
भरत मन ने सीताराम आसोत, तिहँके कोन पूरे।
सुरुज अंजोर जेलग आसे, काय अंधयार एउक सके॥ १६७॥
असन बलते सरसती गेली, ब्रह्मलोक बाट उठुन।
जसन चकबा राती बोमरेसे, देव गेला बोमरून॥ १६८॥

दो०– सुर स्वारथी मलीन मन कीन्ह कुमंत्र कुठाटु।
रचि प्रपंच माया प्रबल भय भ्रम अरति उचाटु॥ २९५॥

चौ०– करि कुचालि सोचत सुरराजू। भरत हाथ सबु काजु अकाजू॥
गए जनकु रघुनाथ समीपा। सनमाने सब रबिकुल दीपा॥ १॥

समय समाज धरम अबिरोधा। बोले तब रघुबंस पुरोधा॥
जनक भरत संबादु सुनाई। भरत कहाउति कही सुहाई॥ २॥

तात राम जस आयसु देहू। सो सबु करै मोर मत एहू॥
सुनि रघुनाथ जोरि जुग पानी। बोले सत्य सरल मृदु बानी॥ ३॥

बिद्यमान आपुनि मिथिलेसू। मोर कहब सब भाँति भदेसू॥
राउर राय रजायसु होई। राउरि सपथ सही सिर सोई॥ ४॥

दो०– राम सपथ सुनि मुनि जनकु सकुचे सभा समेत।
सकल बिलोकत भरत मुखु बनइ न ऊतरु देत॥ २९६॥

चौ०– सभा सकुच बस भरत निहारी। राम बंधु धरि धीरजु भारी॥
कुसमउ देखि सनेहु सँभारा। बढ़त बिंधि जिमि घटज निवारा॥ १॥

सोक कनकलोचन मति छोनी। हरी बिमल गुन गन जगजोनी॥
भरत बिबेक बराहँ बिसाला। अनायास उधरी तेहि काला॥ २॥

करि प्रनामु सब कहँ कर जोरे। रामु राउ गुर साधु निहोरे॥
छमब आजु अति अनुचित मोरा। कहउँ बदन मृदु बचन कठोरा॥ ३॥

हियँ सुमिरी सारदा सुहाई। मानस तें मुख पंकज आई॥
बिमल बिबेक धरम नय साली। भरत भारती मंजु मराली॥ ४॥

दो०– निरखि बिबेक बिलोचनन्हि सिथिल सनेहँ समाजु।
करि प्रनामु बोले भरतु सुमिरि सीय रघुराजु॥ २९७॥

चौ०– प्रभु पितु मातु सुहृद गुर स्वामी। पूज्य परम हित अंतरजामी॥
सरल सुसाहिबु सील निधानू। प्रनतपाल सर्बग्य सुजानू॥ १॥

समरथ सरनागत हितकारी। गुनगाहकु अवगुन अघ हारी॥
स्वामि गोसाँइहि सरिस गोसाईं। मोहि समान मैं साइँ दोहाईं॥ २॥

प्रभु पितु बचन मोह बस पेली। आयउँ इहाँ समाजु सकेली॥
जग भल पोच ऊँच अरु नीचू। अमिअ अमरपद माहुरु मीचू॥ ३॥

राम रजाइ मेट मन माहीं। देखा सुना कतहुँ कोउ नाहीं॥
सो मैं सब बिधि कीन्हि ढिठाई। प्रभु मानी सनेह सेवकाई॥ ४॥

२९५ कपटी मन चो देवमन सपा, सुतुर होउन करला।
माया रचुन डर भरम बढ़ाते, सपा के उजड़ाउक दखला॥ १६९॥

नसतो बनतो भरत हाते, विचारला देव राजा।
कुल दिया राम मान करला, जसने अमरला राजा॥ १७०॥
रघुकुल पुरोहित बेरा समाज, धरम दखते बलला।
जनक भरत चो खबर देऊन, भरत बिचार के बलला॥ १७१॥
जसन हुकुम करासे राम, आमी हुसने करूँ।
सुनुन राम हात जोड़ुन बलला, मोचो बल सुना गुरु॥ १७२॥
मिथलाराजा चो रहे बलतोर, मोके सोभा नी देय।
किरिया पाड़ुन सत-सत बलेंसे, मानेंदे जे हुकुम होय॥ १७३॥

२९६ राम चो किरिया सुनुन सपा, सभा ओगाय होला।
कोनी काकेय काईं नी बले, भरत मुँह के दखला॥ १७४॥

भरत सभा के ओगाय दखुन, धीरज धरुन भाती।
अडरा बेरा ने मया के सम्हुराला, नंगत बिचारुन भाती॥ १७५॥
बिंधियाचलचो बाढ़तो पहार, जसन अगस्त थेबाउन रहत।
दुख हिरणाक्ष बुधपिरथी के नीलो, गुन कूढ़ा बिमल रहत॥ १७६॥
भरत विबेक भारी बरहाहोउन, बिगर मेहनत तारुन दिलो।
राम जनक गुरु संतमन के, हात जोड़ुन बललो॥ १७७॥
नी फबतो मोचो गोठ सुनुन, माफी करासे तुमी।
नानी टोड लें गोठ करेंसे, बिचार करासे तुमी॥ १७८॥
मन ने सरसती के सुमरला भरत, मुहें बिराजमान होली।
सीतर बिबेक धरम नीती गोठ ने, माई हांसा होली॥ १७९॥

२९७ बिबेक आइँख ले सया समाज के, भरत अस्तीर दखलो।
पायँपड़ुन सीताराम के सुमरुन, सपा चो पुरे बललो॥ १८०॥

भगवान तुमी माय-बाप-गुरु, मालिक अंतरजामी।
सहज सरल मन नंगत मालिक, गुन भण्डार तुमी॥ १८१॥
सरन एऊ के साहा होऊ, सपा ठान ने चतुर तुमी।
मालिक सगे बइरू धरया मयँ, तुमचो माहा मालिक तुमी॥ १८२॥
मोह ने बूबा चो गोठ काटुन, इलेसे समाज धरुन।
निको अडरा ऊँच-नीच, अमी रत पद के जानुन॥ १८३॥
काकेय कहाँय दखले न सुनले, जे राम हुकुम मेटला।
सपा रकम चो दोस करले, राम मया मानला॥ १८४॥

दो०– कृपाँ भलाईं आपनी नाथ कीन्ह भल मोर।
दूषन भे भूषन सरिस सुजसु चारु चहु ओर॥ २९८॥

चौ०– राउरि रीति सुबानि बड़ाई। जगत बिदित निगमागम गाई॥
कूर कुटिल खल कुमति कलंकी। नीच निसील निरीस निसंकी॥ १॥

तेउ सुनि सरन सामुहें आए। सकृत प्रनामु किहें अपनाए॥
देखि दोष कबहुँ न उर आने। सुनि गुन साधु समाज बखाने॥ २॥

को साहिब सेवकहि नेवाजी। आपु समाज साज सब साजी॥
निज करतूति न समुझिअ सपनें। सेवक सकुच सोचु उर अपनें॥ ३॥

सो गोसाइँ नहिं दूसर कोपी। भुजा उठाइ कहउँ पन रोपी॥
पसु नाचत सुक पाठ प्रबीना। गुन गति नट पाठक आधीना॥ ४॥

दो०– यों सुधारि सनमानि जन किए साधु सिरमोर।
को कृपाल बिनु पालिहै बिरिदावलि बरजोर॥ २९९॥

चौ०– सोक सनेहँ कि बाल सुभाएँ। आयउँ लाइ रजायसु बाएँ॥
तबहुँ कृपाल हेरि निज ओरा। सबहि भाँति भल मानेउ मोरा॥ १॥

देखेउँ पाय सुमंगल मूला। जानेउँ स्वामि सहज अनुकूला॥
बड़ें समाज बिलोकेउँ भागू। बड़ीं चूक साहिब अनुरागू॥ २॥

कृपा अनुग्रहु अंगु अघाई। कीन्हि कृपानिधि सब अधिकाई॥
राखा मोर दुलार गोसाईं। अपनें सील सुभायँ भलाईं॥ ३॥

नाथ निपट मैं कीन्हि ढिठाई। स्वामि समाज सकोच बिहाई॥
अबिनय बिनय जथारुचि बानी। छमिहि देउ अति आरति जानी॥ ४॥

दो०– सुहृद सुजान सुसाहिबहि बहुत कहब बड़ि खोरि।
आयसु देइअ देव अब सबइ सुधारी मोरि॥ ३००॥

२९८ किरपा करते भलइ करलास, दोस बल गुन होली।
चारों खूट तीनों पुर ने मोचो, सुंदर जस होली॥ १८५॥

तुमचो रीती सुंदर टकर, गुलाय सवँसार आसे।
बेद-सास्तर जेके बलसत, असन सुंदर आले॥ १८६॥
कपटी, कलंकी, दुसट, कुबुध, निडर, पापी, नीच।
तुमचो पुरे जे बिन्ती करलो, हुनके बनालास ऊँच॥ १८७॥
तिइँचो दोस दखुन केबई, मन ने नी धरलास।
उल्टा साधुमन लगे गुन के, हुनचो चारचा करलास॥ १८८॥
सेउक उपरे किरपा करू, कोन आसे मालिक।
तुमी एके झन पुरलो आहास, सेउक काजे मालिक॥ १८९॥
सपना ने बल करनी नी जानुन, बिचारुन मने रसोत।
सेउक के लाज नी होओ जेमें, मन ने बिचारुन रसोत॥ १९०॥
बाहाँ उचाउन जोर ले बलेंसे, असन मालिक नीआत कोनी।
पसु नाचतोर रुपु पढ़तोर चो, भेद नी जानत कोनी॥ १९१॥
रुपु पढ़तोर बेंदरा नाचतोर, जितरो जे आसे।
सिखाऊ पढ़ाऊ लोग हाते, पढ़तोर नाचतोर आसे॥ १९२॥

२९९ असन सेउक चो बात सुधराउन, देते जाहासीस मान।
कोन बेरपेला असन करेदे, तुम के छांडुन मान॥ १९३॥

दुख ले होओ कि मया ले होओ, पिला बुध चो आँय।
हुकुम के नी मानुन मयँ, पुरे इलोर आँय॥ १९४॥
बलेबल दयाबान आम न के दखुन, मानासीस भलइ मोचो।
सुंदर मंगल पायँ चो दरसन, पावले मयँ तुमचो॥ १९५॥
जानले मालिक मोचो टकर के, खुबे मनयासोत।
समाज पुरे भाग के दखले, मलिक जे दखासोत॥ १९६॥
किरपा चो धाम मोचो अघात ले, करलास किरपा तुमी।
आपलो करम टकर भलई ले, दुलारुन राखलास तुमी॥ १९७॥
मालिक आरु समाज ले मयँ, लाज भय छांडुन भाती।
मन ले गलत हिम्मत करले, पुरे बलुन भाती॥ १९८॥
मोचो मन चो जानुन भाती, माफी दिआसे तुमी।
बिन हित चो भलइ करू, भगवान राम तुमी॥ १९९॥
अपराध आय गियानी बड़े पुरे, जुगे बलतोर गोठ।
सुधरालास एदाँय हुकुम करा, जसन ने पड़ो गोठ॥ २००॥

३०० सत पुन आरू सुखमिरेदे, तुमचो पायँ धुरला ने।
सोते चेता सपनते रहुन, बलेंसे मय गोठ के॥ २०१॥

चौ०– प्रभु पद पदुम पराग दोहाई। सत्य सुकृत सुख सीवँ सुहाई॥
सो करि कहउँ हिए अपने की। रुचि जागत सोवत सपने की॥ १॥

सहज सनेहँ स्वामि सेवकाई। स्वारथ छल फल चारि बिहाई॥
अग्या सम न सुसाहिब सेवा। सो प्रसादु जन पावै देवा॥ २॥

अस कहि प्रेम बिबस भए भारी। पुलक सरीर बिलोचन बारी॥
प्रभु पद कमल गहे अकुलाई। समउ सनेहु न सो कहि जाई॥ ३॥

कृपासिंधु सनमानि सुबानी। बैठाए समीप गहि पानी॥
भरत बिनय सुनि देखि सुभाऊ। सिथिल सनेहँ सभा रघुराऊ॥ ४॥

छं०– रघुराउ सिथिल सनेहँ साधु समाज मुनि मिथिला धनी।
मन महुँ सराहत भरत भायप भगति की महिमा घनी॥
भरतहि प्रसंसत बिबुध बरषत सुमन मानस मलिन से।
तुलसी बिकल सब लोग सुनि सकुचे निसागम नलिन से॥

सो०– देखि दुखारी दीन दुहु समाज नर नारि सब।
मघवा महा मलीन मुए मारि मंगल चहत॥ ३०१॥

चौ०– कपट कुचालि सीवँ सुरराजू। पर अकाज प्रिय आपन काजू॥
काक समान पाकरिपु रीती। छली मलीन कतहुँ न प्रतीती॥ १॥

प्रथम कुमत करि कपटु सँकेला। सो उचाटु सब कें सिर मेला॥
सुरमायाँ सब लोग बिमोहे। राम प्रेम अतिसय न बिछोहे॥ २॥

भय उचाट बस मन थिर नाहीं। छन बन रुचि छन सदन सोहाहीं॥
दुबिध मनोगति प्रजा दुखारी। सरित सिंधु संगम जनु बारी॥ ३॥

दुचित कतहुँ परितोषु न लहहीं। एक एक सन मरमु न कहहीं॥
लखि हियँ हँसि कह कृपानिधानू। सरिस स्वान मघवान जुबानू॥ ४॥

दो०– भरतु जनकु मुनिजन सचिव साधु सचेत बिहाइ।
लागि देवमाया सबहि जथाजोगु जनु पाइ॥ ३०२॥

चौ०– कृपासिंधु लखि लोग दुखारे। निज सनेहँ सुरपति छल भारे॥
सभा राउ गुर महिसुर मंत्री। भरत भगति सब कै मति जंत्री॥ १॥

रामहि चितवत चित्र लिखे से। सकुचत बोलत बचन सिखे से॥
भरत प्रीति नति बिनय बड़ाई। सुनत सुखद बरनत कठिनाई॥ २॥

एइ भाएसे कपट सुआरथ, चारों फल के छांडुन।
टकर ले मयँ मालिक चो, सेवा करें मांडुन॥ २०२॥
हुकुम मानतो ले नंगत मालिक चो, काईं सेवा नीआय।
हुनी परसाद के एदाँय मालिक, तुमी सेउक के देहा॥ २०३॥
असन बलते मया ने होला, देहें सीतकाटा मारे।
आइँख ने आँसू भरून गेली, बियाकुल पायँ धरे॥ २०४॥
हात के धरुन लगे बसाला, गोठ के सुनते राम।
भरत चो टकर बिन्ती मया, दखुन ओगाय राम॥ २०५॥
राम संगे जनक गुरु सभा, ओगाय होउन गेला।
भाई मया भक्ती के मन ने, सपा सहराउक धरला॥ २०६॥
उदास देव भरत गुन गाते, फूल बरसा करोत।
तुलसी बियाकुल गोठ ने जसन, राती पूड़न होसोत॥ २०७॥

३०१ दुनोंय बाट चो लोगमन के, थाकलोर दुखी दखुन।
अडरा मन इंदर भलई दखे, मरलो लोग के मारून॥ २०८॥

इन्दर असन जे दूसर चो, हानी ले लाभ दखु।
कपट अवचाल ले भरपूर हुन, आपलो भलई दखू॥ २०९॥
काँवरा माहा मयलाहा मन चो, छलबाज बल हुन।
कहाय कोनी भरोसा नी करत, दखुन तिहँचो गुन॥ २१०॥
आगे कुमत ले कपट सकललो, पाछे बुध उचटाउक दखे।
राम दया ले काईं नी पड़ली, देवमाया ले मोहाउन दखे॥ २११॥
भय उचटलो ले काचोइ मन, उथा नी आय थेबुन।
डडिक मन घर बाट होएसे, डडिक संगे रहुन॥ २१२॥
मन चो असन दुबधा दखुन, रैयत दुखी होसोत।
जसन समुँद नंदी मेटले, एकेदाँय बियाकुल होसोत॥ २१३॥
चेत दुइबाट मने संतोस नीआय, मरम के नी सांगत।
गत के दखुन किरपा धाम राम, मनेमन ने हाँसोत॥ २१४॥
हाँसते बलला कुकुर इंदर, जवान मन गोटकी आय।
तेमन चो टकर गत के दखले, सपाय गोटकी आय॥ २१५॥

३०२ भरत जनक मुनी देवान, गियानी सँत के छांडुन।
देव माया हुसने लागली, गत टकर के जानुन॥ २१६॥

राम लोग के मया ने आरू, इंदर के छलते दखला।
सभा ने सपाय चो बुध के भरत, भक्ती बांधुन दिला॥ २१७॥
सिखालो माहा लोग लाज होते, बलत छापा माहा दखते।
भरत चो मया मान बिन्ती, सुख देय तिहँके सुनते॥ २१८॥

जासु बिलोकि भगति लवलेसू। प्रेम मगन मुनिगन मिथिलेसू॥
महिमा तासु कहै किमि तुलसी। भगति सुभायँ सुमति हियँ हुलसी॥ ३॥

आपु छोटि महिमा बड़ि जानी। कबिकुल कानि मानि सकुचानी॥
कहि न सकति गुन रुचि अधिकाई। मति गति बाल बचन की नाई॥ ४॥

दो०– भरत बिमल जसु बिमल बिधु सुमति चकोरकुमारि।
उदित बिमल जन हृदय नभ एकटक रही निहारि॥ ३०३॥

चौ०– भरत सुभाउ न सुगम निगमहूँ। लघु मति चापलता कबि छमहूँ॥
कहत सुनत सति भाउ भरत को। सीय राम पद होइ न रत को॥ १॥

सुमिरत भरतहि प्रेमु राम को। जेहि न सुलभु तेहि सरिस बाम को॥
देखि दयाल दसा सबही की। राम सुजान जानि जन जी की॥ २॥

धरम धुरीन धीर नय नागर। सत्य सनेह सील सुख सागर॥
देसु काल लखि समउ समाजू। नीति प्रीति पालक रघुराजू॥ ३॥

बोले बचन बानि सरबसु से। हित परिनाम सुनत ससि रसु से॥
तात भरत तुम्ह धरम धुरीना। लोक बेद बिद प्रेम प्रबीना॥ ४॥

दो०– करम बचन मानस बिमल तुम्ह समान तुम्ह तात।
गुर समाज लघु बंधु गुन कुसमयँ किमि कहि जात॥ ३०४॥

चौ०– जानहु तात तरनि कुल रीती। सत्यसंध पितु कीरति प्रीती॥
समउ समाजु लाज गुरुजन की। उदासीन हित अनहित मन की॥ १॥

तुम्हहि बिदित सबही कर करमू। आपन मोर परम हित धरमू॥
मोहि सब भाँति भरोस तुम्हारा। तदपि कहउँ अवसर अनुसारा॥ २॥

तात तात बिनु बात हमारी। केवल गुरकुल कृपाँ सँभारी॥
नतरु प्रजा परिजन परिवारू। हमहि सहित सबु होत खुआरू॥ ३॥

जौं बिनु अवसर अथवँ दिनेसू। जग केहि कहहु न होइ कलेसू॥
तस उतपातु तात बिधि कीन्हा। मुनि मिथिलेस राखि सबु लीन्हा॥ ४॥

दो०– राज काज सब लाज पति धरम धरनि धन धाम।
गुर प्रभाउ पालिहि सबहि भल होइहि परिनाम॥ ३०५॥

जेचो भक्ती खिंडिक दखते, राजा मुनी मगन होला।
तुलसी भक्ती के कसन बलेंदे भक्ती ने हरीक होला॥ २१९॥
बुध के नानी महेमा बड़े जानुन, कबी मन सांगुक लजाय।
पिला गोठ माहा बुध होएसे, गुन रले बलुक नी पाय॥ २२०॥

३०३ भरत जस सुदर जोन आय, चकोरी कबी चो सुध।
भगत हिरदे सफा सरग ने उदलो, दखुन गुपेसे बुध॥ २२१॥

बेद नी सकत भरत बुध के, मोचो नानी बुध आय।
ए दंदरना के कबी माफी देओत, कसन गियान पुरु आय॥ २२२॥
भरत चो नंगत भाव भक्ती के, सुनते बलते लोग।
सीताराम पायँ ले मया नी बाढ़ेदे, कसन कोन होदे लोग॥ २२३॥
भरत के सुमरुन सुरता करले, जेके राम चो मया नी मिरे।
हुनचो माहा अभागा कोने, गियान ने जस नी मिरे॥ २२४॥
दयावान चतुर राम भगवान, सपा चो गत दखुन।
भरत मन चो सपा उआट, बिचार मन के गुनुन॥ २२५॥
धरमकारी धीरजाहा मयादार, नीती ने चतुर जे।
सतवान सुख ची समुंद गुनी, मया के जानू जे॥ २२६॥
देस बेरा समाज के दखन, रघुराज असन बलला।
जे गोठ आपने सपा आय, फल ने हितू बलला॥ २२७॥
सुनलोने जोन चो अमरित माहा, भरत धरम के मानू।
मया ने तुई गुनी चतुर, लोक बेद के जानू॥ २२८॥

३०४ करम बोली मन ले तुचो माहा, एकलोय तुई आपन।
गुरु मन पुरे कुबेरा बलें, नानी चो गुन कसन॥ २२९॥

सतवान बाप चो कीरत मया, सूरुज कुल चो रीत।
बेरा समाज गुरु चो मान, जानीस बैरी मीत॥ २३०॥
सपा चो करम मोचो आपलो धरम, जानसीस तुई पूरा।
असन ने बलेंसे बेरा दखुन, भरोसा आसे पूरा॥ २३१॥
गुरुबंस सम्हारुन राखलासोत, बाबा बिगर सपा।
नाहले बरोबाद होउन जाता, कुटुम रैयत सपा॥ २३२॥
बेरा नाहलो बेर बसलोने, सवँसार कसन डंड नी पाए।
हुसने उत्पात भगवान करलोसे, जेके गुरू राजा बचाय॥ २३३॥

३०५ राज काम लाज धरम मान, पिरथी धन घर सपा।
गुरु महेमा सपा के करेदे, सुभ फल होएदे सपा॥ २३४॥

समाज संग तुचो आमचो, गुरु परसाद राखा।
आया बूबा गुरु मालिक हुकुम, धरम सेंस माहा साखा॥ २३५॥

चौ०– सहित समाज तुम्हार हमारा। घर बन गुर प्रसाद रखवारा॥
मातु पिता गुर स्वामि निदेसू। सकल धरम धरनीधर सेसू॥ १॥

सो तुम्ह करहु करावहु मोहू। तात तरनिकुल पालक होहू॥
साधक एक सकल सिधि देनी। कीरति सुगति भूतिमय बेनी॥ २॥

सो बिचारि सहि संकटु भारी। करहु प्रजा परिवारु सुखारी॥
बाँटी बिपति सबहिं मोहि भाई। तुम्हहि अवधि भरि बड़ि कठिनाई॥ ३॥

जानि तुम्हहि मृदु कहउँ कठोरा। कुसमयँ तात न अनुचित मोरा॥
होहिं कुठायँ सुबंधु सुहाए। ओड़िअहिं हाथ असनिहु के घाए॥ ४॥

दो०– सेवक कर पद नयन से मुख सो साहिबु होइ।
तुलसी प्रीति कि रीति सुनि सुकबि सराहहिं सोइ॥ ३०६॥

चौ०– सभा सकल सुनि रघुबर बानी। प्रेम पयोधि अमिअँ जनु सानी॥
सिथिल समाज सनेह समाधी। देखि दसा चुप सारद साधी॥ १॥

भरतहि भयउ परम संतोषू। सनमुख स्वामि बिमुख दुख दोषू॥
मुख प्रसन्न मन मिटा बिषादू। भा जनु गूँगेहि गिरा प्रसादू॥ २॥

कीन्ह सप्रेम प्रनामु बहोरी। बोले पानि पंकरुह जोरी॥
नाथ भयउ सुखु साथ गए को। लहेउँ लाहु जग जनमु भए को॥ ३॥

अब कृपाल जस आयसु होई। करौं सीस धरि सादर सोई॥
सो अवलंब देव मोहि देई। अवधि पारु पावौं जेहि सेई॥ ४॥

दो०– देव देव अभिषेक हित गुर अनुसासनु पाइ।
आनेउँ सब तीरथ सलिलु तेहि कहँ काह रजाइ॥ ३०७॥

चौ०– एकु मनोरथु बड़ मन माहीं। सभयँ सकोच जात कहि नाहीं॥
कहहु तात प्रभु आयसु पाई। बोले बानि सनेह सुहाई॥ १॥

चित्रकूट सुचि थल तीरथ बन। खग मृग सर सरि निर्झर गिरिगन॥
प्रभु पद अंकित अवनि बिसेषी। आयसु होइ त आवौं देखी॥ २॥

अवसि अत्रि आयसु सिर धरहू। तात बिगतभय कानन चरहू॥
मुनि प्रसाद बनु मंगल दाता। पावन परम सुहावन भ्राता॥ ३॥

एदाँय भाई असन काम कर, मोचोले वल कराव।
सुरुज कुल के साहा होउन, सपा गोठ निपटाव॥ २३६॥
साधक के एकलो सपा सिध देय, कीरत गत मान देय।
बिचारुन डंड सहुन कर जे, रैयत कुल के सुख देय॥ २३७॥
बेरा जातले तुके डंड होएदे, मोचे के सपा बाटला।
कँवल दखुन कड़क बलेसे, एके बल सपा जानला॥ २३८॥
अडरा बेरा के दखुन भाई-भाई के साहा होसोत।
बजर चो भारी मार के वले, हाते थेबाउक होसोत॥ २३९॥
हात पायँ आइँख माहा, सेउक के होतोर आय।
मालिक के बले सेउक गुन ने, मुँह माहा होतोर आय॥ २४०॥

३०६ तुलसी सेउक मालिक चो, असन रीती सुनुन।
नंगत कबी सहराते रसत, गुन नंगत गुनुन॥ २४१॥

राम गोठ सुनुन मय लागली, समुंद अमरित असन।
सरसती बल ओगाय होली, समाज मया ने जसन॥ २४२॥
भारी संतोष भरत के लागली, मालिक के आपलो जानुन।
दुख दोस मुँह अलटुन गेली, हरीक होए हरीक मानुन॥ २४३॥
मया ले हात जोड़ुन बलली, जनम चो फल पावले।
तुमचो संगे जातो सपा सुख, लाभ के मय पावले॥ २४४॥
हुकुम होओ मुंडे चेघाएँ, काई बल सहारा दिआ।
जेमे दिन के पार नहकाएँ, असन मया दिआ॥ २४५॥

३०७ तीरथ पानी गुरु हुकुम ले, आनलेसे तिलक काजे।
काय हुकुम दिआसीस देव, आनलो जिनिस काजे॥ २४६॥

लाज भय किरता नी बलेंसे, जे मने भारी आसे।
भरत मया मान ले बलला, जसने पूछला काय आसे॥ २४७॥
हुकुम होलोने चितरकूट चो, पवितर ठान मन के।
तीरथ रान पसु चड़ई, डोंगरी मन आसोत जे॥ २४८॥
सिरजुन परभू पायँ चिन्हा, जे भुएँ मांहुन आसे।
सपा ठान दखुन एएँदे, जे गुलाय एथा आसे॥ २४९॥
अतरी हुकुम के मुँडे धरुन, बलला अवस जाव।
निडर वन ने बुलुन-बुलुन, भाई दखुन आव॥ २५०॥
अतरी मुनी चो परसाद ले, सुभ देएसे बन।
भारी पबितर सुन्दर बन, अस्तीर होएसे मन॥ २५१॥
अतरी मुनी आरू रूसीमन, जहाँ ते हुकुम दे दे।
तीरथ पानी के थापना करसे, जहाँ ते सांगुन दे दे॥ २५२॥

रिषिनायकु जहँ आयसु देहीं। राखेहु तीरथ जलु थल तेहीं॥
सुनि प्रभु बचन भरत सुखु पावा। मुनि पद कमल मुदित सिरु नावा॥ ४॥

दो०– भरत राम संबादु सुनि सकल सुमंगल मूल।
सुर स्वारथी सराहि कुल बरषत सुरतरु फूल॥ ३०८॥

चौ०– धन्य भरत जय राम गोसाईं। कहत देव हरषत बरिआईं॥
मुनि मिथिलेस सभाँ सब काहू। भरत बचन सुनि भयउ उछाहू॥ १॥

भरत राम गुन ग्राम सनेहू। पुलकि प्रसंसत राउ बिदेहू॥
सेवक स्वामि सुभाउ सुहावन। नेमु पेमु अति पावन पावन॥ २॥

मति अनुसार सराहन लागे। सचिव सभासद सब अनुरागे॥
सुनि सुनि राम भरत संबादू। दुहु समाज हियँ हरषु बिषादू॥ ३॥

राम मातु दुखु सुखु सम जानी। कहि गुन राम प्रबोधीं रानी॥
एक कहहिं रघुबीर बड़ाई। एक सराहत भरत भलाई॥ ४॥

दो०– अत्रि कहेउ तब भरत सन सैल समीप सुकूप।
राखिअ तीरथ तोय तहँ पावन अमिअ अनूप॥ ३०९॥

चौ०– भरत अत्रि अनुसासन पाई। जल भाजन सब दिए चलाई॥
सानुज आपु अत्रि मुनि साधू। सहित गए जहँ कूप अगाधू॥ १॥

पावन पाथ पुन्यथल राखा। प्रमुदित प्रेम अत्रि अस भाषा॥
तात अनादि सिद्ध थल एहू। लोपेउ काल बिदित नहिं केहू॥ २॥

तब सेवकन्ह सरस थलु देखा। कीन्ह सुजल हित कूप बिसेषा॥
बिधि बस भयउ बिस्व उपकारू। सुगम अगम अति धरम बिचारू॥ ३॥

भरतकूप अब कहिहहिं लोगा। अति पावन तीरथ जल जोगा॥
प्रेम सनेम निमज्जत प्रानी। होइहहिं बिमल करम मन बानी॥ ४॥

दो०– कहत कूप महिमा सकल गए जहाँ रघुराउ।
अत्रि सुनायउ रघुबरहि तीरथ पुन्य प्रभाउ॥ ३१०॥

भगवान गोठ सुनुन भरत, मनले हरीक होला।
हरीक होते अतरी मुनी लग, जाउन पाँय पड़ला॥ २५३॥

३०८ तपा सुदर मंगल चो जड़, भरत राम गोठ सुनुन।
सुवारथी देव फूल बरसात, गोठ ने हरीक होउन॥ २५४॥

धन भरत-राम चो जय, बलते हरीक होओत।
भरत गोठ ले जनक गुरू, सभा हरीक होओत॥ २५५॥
राम-भरत चो गुन मया के, बिदेह राजा दखुन।
हरीक होते सहराते जासोत, सपा पुरे बसुन॥ २५६॥
सेउक मालिक चो सुंदर टकर, मया नेम जे आय।
हुनी मया पबितर गुन के, पबितर करू आय॥ २५७॥
देवान दरबार मया ने भरला, सहरात बुध असन।
दुनों समाज के हरीक दुख, सुनला गोठ जसन॥ २५८॥
राम आया दुख सुख के, एके समान जानुन।
दूसर रानीमन के समझात, राम चो गुन बलुन॥ २५९॥
कोनी राम बड़ई गोठ चो, चारचा करते रहत।
कोनी भरत चो नंगत पन के, सहराते जाते रहत॥ २६०॥
अतरी बलला डोंगरी धड़ी, गोटोक चुआँ आसे।
पबितर सुन्दर अमरित पानी के, हुताय थापतोर आसे॥ २६१॥
मुनी हुकुम पाउन भरत, कलसामन के धरून।
मुनी साधू छोटेभाई के, नीला संगे धरून॥ २६२॥
खोल चुआँ जे लग रहे, पबितर पानी के निला।
पुन ठान ने हरीक मन ले, उथा मडाउन दिला॥ २६३॥

३०९ अतरी सांगला ए सरे नाईं, सिद्धि ठान आय।
काकेय एचो पता नी रहे, काल ले लुकलो आय॥ २६४॥

सेउक पानी भरलो चुआँ के, जाउन भाती दखला।
हुनीके सुदर पानी काजे, तुरते निमडाउन दिला॥ २६५॥
देवकिरपा ले सवँसार काजे, भारी उपकार होली।
धरम बिचार-जे अगम रहे, भारी सुगम होली॥ २६६॥
भरत कूप एके बलदे लोग, तीरथ पानी मिसलोने।
ये भारी पबितर होली, तीरथ पानी ले॥ २६७॥
एमें जे नेम आरु मया ले, एऊन भाती नहाए।
दुन जीव मन बोली करम ले, सफा होउन जाए॥ २६८॥

३१० चुआँ महेमा बलते सपा लोग, रघुनाथ बाट गेला।
अतरी परभू के ए तीरथ चो, पुन परभाव बलला॥ २६९॥

चौ०– कहत धरम इतिहास सप्रीती। भयउ भोरु निसि सो सुख बीती॥
नित्य निबाहि भरत दोउ भाई। राम अत्रि गुर आयसु पाई॥ १॥

सहित समाज साज सब सादें। चले राम बन अटन पयादें॥
कोमल चरन चलत बिनु पनहीं। भइ मृदु भूमि सकुचि मन मनहीं॥ २॥

कुस कंटक काँकरीं कुराईं। कटुक कठोर कुबस्तु दुराईं॥
महि मंजुल मृदु मारग कीन्हे। बहत समीर त्रिबिध सुख लीन्हे॥ ३॥

सुमन बरषि सुर घन करि छाहीं। बिटप फूलि फलि तृन मृदुताहीं॥
मृग बिलोकि खग बोलि सुबानी। सेवहिं सकल राम प्रिय जानी॥ ४॥

दो०– सुलभ सिद्धि सब प्राकृतहु राम कहत जमुहात।
राम प्रानप्रिय भरत कहुँ यह न होइ बड़ि बात॥ ३११॥

चौ०– एहि बिधि भरतु फिरत बन माहीं। नेमु प्रेमु लखि मुनि सकुचाहीं॥
पुन्य जलाश्रय भूमि बिभागा। खग मृग तरु तृन गिरि बन बागा॥ १॥

चारु बिचित्र पबित्र बिसेषी। बूझत भरतु दिब्य सब देखी॥
सुनि मन मुदित कहत रिषिराऊ। हेतु नाम गुन पुन्य प्रभाऊ॥ २॥

कतहुँ निमज्जन कतहुँ प्रनामा। कतहुँ बिलोकत मन अभिरामा॥
कतहुँ बैठि मुनि आयसु पाई। सुमिरत सीय सहित दोउ भाई॥ ३॥

देखि सुभाउ सनेहु सुसेवा। देहिं असीस मुदित बनदेवा॥
फिरहिं गएँ दिनु पहर अढ़ाई। प्रभु पद कमल बिलोकहिं आई॥ ४॥

दो०– देखे थल तीरथ सकल भरत पाँच दिन माझ।
कहत सुनत हरि हर सुजसु गयउ दिवसु भइ साँझ॥ ३१२॥

चौ०– भोर न्हाइ सबु जुरा समाजू। भरत भूमिसुर तेरहुति राजू॥
भल दिन आजु जानि मन माहीं। रामु कृपाल कहत सकुचाहीं॥ १॥

गुर नृप भरत सभा अवलोकी। सकुचि राम फिरि अवनि बिलोकी॥
सील सराहि सभा सब सोची। कहुँ न राम सम स्वामि सँकोची॥ २॥

भरत सुजान राम रुख देखी। उठि सप्रेम धरि धीर बिसेषी॥
करि दंडवत कहत कर जोरी। राखीं नाथ सकल रुचि मोरी॥ ३॥

मोहि लगि सहेउ सबहिं संतापू। बहुत भाँति दुखु पावा आपू॥
अब गोसाइँ मोहि देउ रजाई। सेवौं अवध अवधि भरि जाई॥ ४॥

रात पहाली भारी सुख ले, धरम कहनी बलते।
भरत सतरूघन दुनोंय इला, रोज चो बूता सरते॥ २७०॥
निकरला राम गुरू अतरी चो, हुकुम पाउन भाती।
बन ने बुलसत सादा भेस ने, पाएँ हिंडुन भाती॥ २७१॥
कँवल पायँ कांटा खूंटा, पिरथी लाज पाउन।
कँवल बनाली काँटा खूंटा के, आपन भीतर लुकाउन॥ २७२॥
सुँदर कँवल बाट होली, सुख के संगे थरून।
भरत के सुखी करतो काजे, तीनों लेहरा बोहुन॥ २७३॥
बाटे देव सरग ऊपर ले, फूल बरसाते जाओत।
बादरी गुलाय छाँय करते, भरत के सुख देओत॥ २७४॥
पसु चड़ई सुंदर गोठयात, रूख फुलुन रहत।
रोंडा बूटा कँवल होउन, सपा सेवा करत॥ २७५॥

३११ मनुख के जम्हाते राम बलल्लोने, सिद्धि मिरुन जाएसे।
हुनचो जीव माहा भाई भरत, सांगा काय नी पाएसे॥ २७६॥

भरत चो नेम मया दखुन, मुनीमन लाज होओत।
मय ले गुलाय रान ने, हरीक होते बुलत॥ २७७॥
पबितर पानी ठान भुंइ, सपा बाटे दखत।
चडई चिड़ंगुड़ पसु जीव, सपा के बुलुन दखत॥ २७८॥
रूख, रोंडा, बूटा, डोंगरी, बगेचा, गुलाय दखते।
नंगत सुन्दर पबितर ठान के, भरत पूछत दखते॥ २७९॥
तिहँचो सवाल अतरी सुनुन, हुसने सांगते जाओत।
नाँव गुन संग सक्ती के, मुनी सांगते जाओत॥ २८०॥
भरत चो टकर सेवा दखुन, देवमन हरीक होओत।
बुलते अढ़ऊ पहर फिरत, राम पायँ दरसन करोत॥ २८१॥

३१२ असने पाँच दिन सपा तीरथ चो, भरत दरसन करला।
बिस्नू, सिव जस सुनते बलते, सांझ पहार फिरला॥ २८२॥

बिहाने राजा गुरु समाज संग, बिदई दिन के दखुन।
लाज होत राम बलुक उथा, भरत इलो के जानुन॥ २८३॥
सपा बाटे राम दखला फेर, भुँइ बाटे दखत।
सपा तिहँचो चाल के सहरात, नीआत कोनी बलत॥ २८४॥
चतुर भरत-राम मन जानुन, मया ने उठुन भाती।
भारी धीरज करुन बलल्लो, हात जोड़ुन भाती॥ २८५॥
सपा मोचो मन राखलास, दुख सहलास हुसन।
चवदा बरख कटुन जाओ, हुकुम दिआ असन॥ २८६॥

दो०– जेहिं उपाय पुनि पाय जनु देखै दीनदयाल।
सो सिख देइअ अवधि लगि कोसलपाल कृपाल॥ ३१३॥

चौ०– पुरजन परिजन प्रजा गोसाईं। सब सुचि सरस सनेहँ सगाईं॥
राउर बदि भल भव दुख दाहू। प्रभु बिनु बादि परम पद लाहू॥ १॥

स्वामि सुजानु जानि सब ही की। रुचि लालसा रहनि जन जी की॥
प्रनतपालु पालिहि सब काहू। देउ दुहू दिसि ओर निबाहू॥ २॥

अस मोहि सब बिधि भूरि भरोसो। किएँ बिचारु न सोचु खरो सो॥
आरति मोर नाथ कर छोहू। दुहुँ मिलि कीन्ह ढीठु हठि मोहू॥ ३॥

यह बड़ दोषु दूरि करि स्वामी। तजि सकोच सिखइअ अनुगामी॥
भरत बिनय सुनि सबहिं प्रसंसी। खीर नीर बिबरन गति हंसी॥ ४॥

दो०– दीनबंधु सुनि बंधु के बचन दीन छलहीन।
देस काल अवसर सरिस बोले रामु प्रबीन॥ ३१४॥

चौ०– तात तुम्हारि मोरि परिजन की। चिंता गुरहि नृपहि घर बन की॥
माथे पर गुर मुनि मिथिलेसू। हमहि तुम्हहि सपनेहुँ न कलेसू॥ १॥

मोर तुम्हार परम पुरुषारथु। स्वारथु सुजसु धरमु परमारथु॥
पितु आयसु पालिहिं दुहु भाईं। लोक बेद भल भूप भलाईं॥ २॥

गुर पितु मातु स्वामि सिख पालें। चलेहुँ कुमग पग परहिं न खालें॥
अस बिचारि सब सोच बिहाई। पालहु अवंध अवधि भरि जाई॥ ३॥

देसु कोसु परिजन परिवारू। गुर पद रजहिं लाग छरुभारू॥
तुम्ह मुनि मातु सचिव सिख मानी। पालेहु पुहुमि प्रजा रजधानी॥ ४॥

दो०– मुखिआ मुखु सो चाहिऐ खान पान कहुँ एक।
पालइ पोषइ सकल अँग तुलसी सहित बिबेक॥ ३१५॥

चौ०– राजधरम सरबसु एतनोई। जिमि मन माहँ मनोरथ गोई॥
बंधु प्रबोधु कीन्ह बहु भाँती। बिनु अधार मन तोषु न साँती॥ १॥

३१३ दीनदयालु असन उआट करा, फेर पाँय दरसन करें।
किरपा चो धाम असन सिखावा, जेमे दिन के पार करें॥ २८६॥

तुमचो मया आरु नाता ले, अवध चो लोग सपा।
कुटुम रैयत सवँसार दुख के, सहरासत बसुन सपा॥ २८७॥
तुमचो नाहलो अमरपद चो, लाभ बल फोकहा आय।
जीवना मरना चो डंड भाएसे, ये सपा चो बलतोर आय॥ २८८॥
सेउक मन चो रुची लोभ, आरु मया के जानुन।
तुमी चतुर दुनों के दखा, सपा चो मन के जानुन॥ २८९॥
सपा बाट ले भरोसा आसे, बिचारले बिचार नी रहे।
मोचो गत मालिक मया पाउन, बरपेला टेक ने रहे॥ २९०॥
मोचो बड़े भारी ये दोस के, टारुन दिआ तुमी।
मन नी झीकते सेउक के एदाँय गियान दिआ तुमी॥ २९१॥
गोरस ले पानी अलगालो माहा, हाँसा टकर दखुन।
भरत बिन्ती ले सपा हरीक, लोग सपा सुनुन॥ २९२॥

३१४ छल नाहलो गोठ के सुनुन, भारी चतुर राम।
बेरा दखुन देस काल जानुन, विचारते बलला राम॥ २९३॥

तुचो, मोचो, कुदुम, चो घर, चो, बन चो, सदा फिकर।
गुरु जनक क आस भाई, आमचो ले बल आगर॥ २९४॥
गुरु मुनी जनक राजा, आसोत आमचो ऊपरे।
आमके तुमके सपना ने बले, दुखनी एए ऊपरे॥ २९५॥
मोचो तुचो धरम एई, परमारथ सकत जस।
दनो बूबा चो हुकुम मानूँ, लोक बेद सांगलोर जस॥ २९६॥
गुरू माय बाप मालिक चो, रलोने हुकुम मानुन।
कुमारग ने बल हानी नी आय, असन एके बिचारुन॥ २९७॥
बिचार छांडुन अवध जाउन, दिन सरत ले मान।
देस खजाना कुटुम सगा, गुरू पायँ के जान॥ २९८॥
आयामन संगे गुरु देवान चो, गोठ मानुन भाती।
पिरथी रैयत राज के राखसे, साहा होउन भाती॥ २९९॥

३१५ मुखिया मुँह माहा एकलो जे, खाउक पीउक आहे।
तुलसी बिबेक ले सपा आंग के, पोसुन भाती आसे॥ ३००॥

राज धरम चो छार इतरोय, मन ने मंसा जसन।
भाई के रकम रकम रघुनाथ, समझाते जात असन॥ ३०१॥
इतरो ने बले आसरा नाहलो, मन संतोस नी होए।
भरत मया गुरु समाज के दखुन, रघुनाथ लाज होए॥ ३०२॥

भरत सील गुर सचिव समाजू। सकुच सनेह बिबस रघुराजू॥
प्रभु करि कृपा पाँवरीं दीन्हीं। सादर भरत सीस धरि लीन्हीं॥ २॥

चरनपीठ करुनानिधान के। जनु जुग जामिक प्रजा प्रान के॥
संपुट भरत सनेह रतन के। आखर जुग जनु जीव जतन के॥ ३॥

कुल कपाट कर कुसल करम के। बिमल नयन सेवा सुधरम के॥
भरत मुदित अवलंब लहे तें। अस सुख जस सिय रामु रहे तें॥ ४॥

दो०– मागेउ बिदा प्रनामु करि राम लिए उर लाइ।
लोग उचाटे अमरपति कुटिल कुअवसरु पाइ॥ ३१६॥

चौ०– सो कुचालि सब कहँ भइ नीकी। अवधि आस सम जीवनि जी की॥
नतरु लखन सिय राम बियोगा। हहरि मरत सब लोग कुरोगा॥ १॥

रामकृपाँ अवरेब सुधारी। बिबुध धारि भइ गुनद गोहारी॥
भेंटत भुज भरि भाइ भरत सो। राम प्रेम रसु कहि न परत सो॥ २॥

तन मन बचन उमग अनुरागा। धीर धुरंधर धीरजु त्यागा॥
बारिज लोचन मोचत बारी। देखि दसा सुर सभा दुखारी॥ ३॥

मुनिगन गुर धुर धीर जनक से। ग्यान अनल मन कसें कनक से॥
जे बिरंचि निरलेप उपाए। पदुम पत्र जिमि जग जल जाए॥ ४॥

दो०– तेउ बिलोकि रघुबर भरत प्रीति अनूप अपार।
भए मगन मन तन बचन सहित बिराग बिचार॥ ३१७॥

चौ०– जहाँ जनक गुर गति मति भोरी। प्राकृत प्रीति कहत बड़ि खोरी॥
बरनत रघुबर भरत बियोगू। सुनि कठोर कबि जानिहि लोगू॥ १॥

सो सकोच रसु अकथ सुबानी। समउ सनेहु सुमिरि सकुचानी॥
भेंटि भरतु रघुबर समुझाए। पुनि रिपुदवनु हरषि हियँ लाए॥ २॥

सेवक सचिव भरत रुख पाई। निज निज काज लगे सब जाई॥
सुनि दारुन दुखु दुहूँ समाजा। लगे चलन के साजन साजा॥ ३॥

प्रभु पद पदुम बंदि दोउ भाई। चले सीस धरि राम रजाई॥
मुनि तापस बनदेव निहोरी। सब सनमानि बहोरि बहोरी॥ ४॥

मया हाते पड़ुन सरासरी के, खड़ऊ देऊन दिला।
भारी मान ले भरत तेके, मुंड उपरे धरला॥ ३०३॥
किरपा चो धाम चो खड़ऊ लागे, रैयत काजे असन।
दुइ झन पहरा बिता आसोत, साहा होउक जसन॥ ३०४॥
भरत मया चो रतन काजे, उबा आसे लागे।
जीवके संग देतो काजे जे, राम नावँ अक्षर लागे॥ ३०५॥
रघुकुल काजे दुइ ठन ए, कपाट असन होली।
नंगत बुता करतो काजे, दुइ ठन हात होली॥ ३०६॥
सेवा धरम के करतो काजे, दुइ ठन आइँख असन।
आसरा मिरलो ने हरीक भरत, पावलो सीताराम जसन॥ ३०७॥

३१६ छाती संगे लेपटाला राम, बिदा माँगे पायँ पड़ुन।
इंदर लोग चो मती दंदरालो, बेरा ने तिहुँके रहुन॥ ३०८॥

दिन नहकाउक संजीवनी माहा, नंगत होली सपा।
सीताराम लछमन काजो दंदरून मरता सपा॥ ३०९॥
राम किरपा ले सपा सुधरली, बाहाँ भर भेटत भाई।
राम मया रस सांगुक नहोय, असन भेटत भाई॥ ३१०॥
मुनी गुरु जनक असनमन, जे गियानी गुनी रहत।
नियान आइग ने सोन उताउन, कसुन भाती रहत॥ ३११॥
ब्रह्मा जेमन के गढ़तो पहार, काईं नी मिसाउन रहत।
हुनमन सवँसार पानी ने सुन्दर, पूड़न पाना रहत॥ ३१२॥

३१७ गोठ नाहलो मया दखुन, हुन बल मंगन होला।
बैराग-बिबेक देह मन ले, मया ने भरुन गेला॥ ३१३॥

जनक गुरु चो बुध के गुपाली, ये अपार मया आय।
असन मया के सांगतो बले, भारी दोस आय॥ ३१४॥
राम-भरत चो छांडा-छांडी, गोठ के जे बलेदे।
सुनया लोग कबीमन के, कटर जीब चो बलदे॥ ३१५॥
दुख रस बलत लाइक नो आय, जानुन कबी बसुन।
पातर पड़ला तिहँचो मया के, कबी सुरता करून॥ ३१६॥
सपा समझाला राम भगवान, भरत भाई ले भेटुन।
सतरूधन के छाती संगे, हरीक मन ले धरुन॥ ३१७॥
सेउक देवान भरत मन चो, जानुन बुता ने भिड़ला।
सुनुन दुनों बाट दुख बियापली, सप जोड़ुक धरला॥ ३१८॥
भगवान पायँ के बिना उन भाती, राम हुकुम मुंडे धरून।
भरत सतरुधन दुनों निकरला, देव के बिन्ती करून॥ ३१९॥

दो०– लखनहि भेंटि प्रनामु करि सिर धरि सिय पद धूरि।
चले सप्रेम असीस सुनि सकल सुमंगल मूरि॥ ३१८॥

चौ०– सानुज राम नृपहि सिर नाई। कीन्हि बहुत बिधि बिनय बड़ाई॥
देव दया बस बड़ दुखु पायउ। सहित समाज काननहिं आयउ॥ १॥

पुर पगु धारिअ देइ असीसा। कीन्ह धीर धरि गवनु महीसा॥
मुनि महिदेव साधु सनमाने। बिदा किए हरि हर सम जाने॥ २॥

सासु समीप गए दोउ भाई। फिरे बंदि पग आसिष पाई॥
कौसिक बामदेव जाबाली। पुरजन परिजन सचिव सुचाली॥ ३॥

जथा जोगु करि बिनय प्रनामा। बिदा किए सब सानुज रामा॥
नारि पुरुष लघु मध्य बड़ेरे। सब सनमानि कृपानिधि फेरे॥ ४॥

दो०– भरत मातु पद बंदि प्रभु सुचि सनेहँ मिलि भेंटि।
बिदा कीन्ह सजि पालकी सकुच सोच सब मेटि॥ ३१९॥

चौ०– परिजन मातु पितहि मिलि सीता। फिरी प्रानप्रिय प्रेम पुनीता॥
करि प्रनामु भेंटी सब सासू। प्रीति कहत कबि हियँ न हुलासू॥ १॥

सुनि सिख अभिमत आसिष पाई। रही सीय दुहु प्रीति समाई॥
रघुपति पटु पालकीं मगाईं। करि प्रबोधु सब मातु चढ़ाईं॥ २॥

बार बार हिलि मिलि दुहु भाईं। सम सनेहँ जननी पहुँचाईं॥
साजि बाजि गज बाहन नाना। भरत भूप दल कीन्ह पयाना॥ ३॥

हृदयँ रामु सिय लखन समेता। चले जाहिं सब लोग अचेता॥
बसह बाजि गज पसु हियँ हारें। चले जाहिं परबस मन मारें॥ ४॥

दो०– गुर गुरतिय पद बंदि प्रभु सीता लखन समेत।
फिरे हरष बिसमय सहित आए परन निकेत॥ ३२०॥

चौ०– बिदा कीन्ह सनमानि निषादू। चलेउ हृदयँ बड़ बिरह बिषादू॥
कोल किरात भिल्ल बनचारी। फेरे फिरे जोहारि जोहारी॥ १॥

प्रभु सिय लखन बैठि बट छाहीं। प्रिय परिजन बियोग बिलखाहीं॥
भरत सनेह सुभाउ सुबानी। प्रिया अनुज सन कहत बखानी॥ २॥

प्रीति प्रतीति बचन मन करनी। श्रीमुख राम प्रेम बस बरनी॥
तेहि अवसर खग मृग जल मीना। चित्रकूट चर अचर मलीना॥ ३॥

३१८ लछमन के भेटुन पायँ पड़ुन, सीता चो पायँ पड़ला।
नंगत बनती चो आसीस पाउन, मया ने भरुन चलला॥ ३२०॥

लछमन संगे राम जनक के, मुंड लबाउन बिन्ती करला।
दया ने तुमी डंड पावलास, मान देते राम बलला॥ ३२१॥
आसीस देउन राज ने पधारा, निकरला धीरज धरुन।
बिदा करला मुनी बाम्हन के, बिस्नू सिव माहा मानुन॥ ३२२॥
राम लछमन सतरी लग जाउन, पायँ पड़ुन फिरला।
बिस्वामित्र, बामदेव, जाबिल रैयत, सपा के बिन्ती करला॥ ३२३॥
नानी बड़े मंजगत लोग के, लोग दखुन जानुन।
मनुख मेहरार सपा के राम, बिदा करला मानुन॥ ३२४॥

३१९ भरत आया कयकई चो पायँ के, बिनाउन भाती राम।
फिकर गुचाते मया ले भेटुन, पालकी बसाला राम॥ ३२५॥

मुनीस के जीव माहा मया करू, सीता बेरा के दखुन।
माय-बाप मायके लोगमन संगे, फिरली भेट करुन॥ ३२६॥
सपा सतरी चो पायँ छिउन, भेटली खांद देउन।
असन मया ले भेटते जाओत, कबी दंदरेसे बलुन॥ ३२७॥
सिखानी सुनुन आसीस पाउन, सीता मया ने रहे।
सतरी आया बूबा चो मया, मन ने समाउन रहे॥ ३२८॥
सुँदर डोला मंगाउन राम, आया के चेघाते गेला।
सपा के मान भरोसा देते, अवध बाट बिदा करला॥ ३२९॥
दुनों मायमन के बाट लगले, अमराला घन-घन भेटुन।
भरत जनक दल सपा चलला, हाथी घोड़ा ने चेघुन॥ ३३०॥
सीता, लछमन, राम के मनने, धरून बेसुध होउन।
बैला, घोड़ा, हाथी, पसु, रेंगत मन मारून॥ ३३१॥

३२० गुरु गुरुमाय चो पायँ बिनाउन, सीता, लछमन संग राम।
परनकुटी ने फिरून इला, लछमन, सीता, राम॥ ३३२॥

निसाद राजा चो मान करते, राम बिदा करला।
असन तो हुन निकरलो बले, मन ले दुखी होला॥ ३३३॥
कोल, किरात, बनवासी मन के, राम मयाले फिरात।
हुनमन सपा हात जोड़ुन, बिन्ती करते जात॥ ३३४॥
लछमन, सीता, राम तीनों, बड गच छांव खाले।
कुटुम लोग काजे दुखी होओत, बसुन तीनों खाले॥ ३३५॥
सुँदर गोठ मया टकर, भरत चो के सांगत।
मया ने पड़ुन राम' भगवान, आपलो मुँह ले सांगत॥ ३३६॥

बिबुध बिलोकि दसा रघुबर की। बरषि सुमन कहि गति घर घर की॥
प्रभु प्रनामु करि दीन्ह भरोसो। चले मुदित मन डर न खरो सो॥ ४॥

दो०– सानुज सीय समेत प्रभु राजत परन कुटीर।
भगति ग्यानु बैराग्य जनु सोहत धरें सरीर॥ ३२१॥

चौ०– मुनि महिसुर गुर भरत भुआलू। राम बिरहँ सबु साजु बिहालू॥
प्रभु गुन ग्राम गनत मन माहीं। सब चुपचाप चले मग जाहीं॥ १॥

जमुना उतरि पार सबु भयऊ। सो बासरु बिनु भोजन गयऊ॥
उतरि देवसरि दूसर बासू। रामसखाँ सब कीन्ह सुपासू॥ २॥

सई उतरि गोमतीं नहाए। चौथें दिवस अवधपुर आए॥
जनकु रहे पुर बासर चारी। राज काज सब साज सँभारी॥ ३॥

सौंपि सचिव गुर भरतहि राजू। तेरहुति चले साजि सबु साजू॥
नगर नारि नर गुर सिख मानी। बसे सुखेन राम रजधानी॥ ४॥

दो०– राम दरस लगि लोग सब करत नेम उपबास।
तजि तजि भूषन भोग सुख जिअत अवधि कीं आस॥ ३२२॥

चौ०– सचिव सुसेवक भरत प्रबोधे। निज निज काज पाइ सिख ओधे॥
पुनि सिख दीन्हि बोलि लघु भाई। सौंपी सकल मातु सेवकाई॥ १॥

भूसुर बोलि भरत कर जोरे। करि प्रनाम बय बिनय निहोरे॥
ऊँच नीच कारजु भल पोचू। आयसु देब न करब सँकोचू॥ २॥

परिजन पुरजन प्रजा बोलाए। समाधानु करि सुबस बसाए॥
सानुज गे गुर गेहँ बहोरी। करि दंडवत कहत कर जोरी॥ ३॥

आयसु होइ त रहौं सनेमा। बोले मुनि तन पुलकि सपेमा॥
समुझव कहब करब तुम्ह जोई। धरम सारु जग होइहि सोई॥ ४॥

दो०– सुनि सिख पाइ असीस बड़ि गनक बोलि दिनु साधि।
सिंघासन प्रभु पादुका बैठारे निरुपाधि॥ ३२३॥

उथा हुदलदाँय जीव पसु, मछरी पानी चो जीव।
चितरकूट के अवचेत करते, उदास जड़ आरू जीव॥ ३३७॥

३२१ भाई सीता संगे भगवान, परनकुटी ने दिखसोत।
जसन बैराग पक्ती गियान, देह धरून दिखसोत॥ ३३८॥

गुरु बाम्हन राजा भरत, समाज संगे सपा।
राम के छांडुन बेहाल होते, जीतते जाओत सपा॥ ३३९॥
सपा राम चो सपा मून के, सुरता करते जाओत।
सपा लोग मारग ने चुपे, हिंडते सुमरते जाओत॥ ३४०॥
जमना नहाकला पहिल दिन, सपा भूखे संगे।
दूसर दिन नहाकला गंगा नंदी, निसाद राजा संगे॥ ३४१॥
निसाद राजा जोड़ा करलो, सपा काजे खाउक।
सई नाहकुन गोमती नहाला, अवधपुरी जाऊक॥ ३४२॥
जनक चार दिन अवध थेबुन, राज काज दखला।
साज समान राज रैयत के, पूरा सम्हाल करला॥ ३४३॥
देवान गुरु आरू भरत के, राज के सोपुन भाती।
जनक राजा तिरहुल चलला, सपा समझाउन भाती॥ ३४४॥

३२२ नेम उपास मुरियाला सपा, राम चो दरसन करूक।
गाहना भोग सुख छोडुन, जीओत बेरा नहकाउक॥ ३४५॥

बिस्वासी देवानमन के, भरत तियार करला।
जेमन हमेस सीखुन समझुन, काम ने सपा लगला॥ ३४६॥
सतरूघन के बलाउन भाती, नंगत सीख दिला।
आयामन चो सेवा करतो चोर भार सोपुन दिला॥ ३४७॥
बाम्हनमन के भरत बलाउन, हात जोड़ुन भाती।
जसन के हुसन मान करते, बिन्ती करून भाती॥ ३४८॥
बलला तुमी ऊँच-नीच, निको अडरा सपा।
सुता सांगा विचार नी करून, तु मनमन सपा॥ ३४९॥
फेर कुटुम आरू राज चो, लोगमन के बलाउन।
सुख ने तिहँके ठान दिला, समझते नंगत करून॥ ३५०॥
नानी भाई संग गुरु पुरे, बलला हात जोडुन।
हुकुम होलोने नेम ने रहेंदे, बलला गुरु सुनुन॥ ३५१॥
जे काईं बल समझासे करासे, बलासे एथा भरत।
हुनी सवँसार काज धरम होएदे, धरमी तुमी भरत॥ ३५२॥

३२३ असन सुनुन समझुन, बिदिया आसीस पाउन।
खटऊ के सिंघासन ने मंडाला, नंगत मुहुरुत दखाउन॥ ३५३॥

चौ०– राम मातु गुर पद सिरु नाई। प्रभु पद पीठ रजायसु पाई॥
नंदिगावँ करि परन कुटीरा। कीन्ह निवासु धरम धुर धीरा॥ १॥

जटाजूट सिर मुनिपट धारी। महि खनि कुस साँथरी सँवारी॥
असन बसन बासन ब्रत नेमा। करत कठिन रिषिधरम सप्रेमा॥ २॥

भूषन बसन भोग सुख भूरी। मन तन बचन तजे तिन तूरी॥
अवध राजु सुर राजु सिहाई। दसरथ धनु सुनि धनदु लजाई॥ ३॥

तेहिं पुर बसत भरत बिनु रागा। चंचरीक जिमि चंपक बागा॥
रमा बिलासु राम अनुरागी। तजत बमन जिमि जन बड़भागी॥ ४॥

दो०– राम पेम भाजन भरतु बड़े न एहिं करतूति।
चातक हंस सराहिअत टेंक बिबेक बिभूति॥ ३२४॥

चौ०– देह दिनहुँ दिन दूबरि होई। घटइ तेजु बलु मुखछबि सोई॥
नित नव राम प्रेम पनु पीना। बढ़त धरम दलु मनु न मलीना॥ १॥

जिमि जलु निघटत सरद प्रकासे। बिलसत बेतस बनज बिकासे॥
सम दम संजम नियम उपासा। नखत भरत हिय बिमल अकासा॥ २॥

ध्रुव बिस्वासु अवधि राका सी। स्वामि सुरति सुरबीथि बिकासी॥
राम पेम बिधु अचल अदोषा। सहित समाज सोह नित चोखा॥ ३॥

भरत रहनि समुझनि करतूती। भगति बिरति गुन बिमल बिभूती॥
बरनत सकल सुकबि सकुचाहीं। सेस गनेस गिरा गमु नाहीं॥ ४॥

दो०– नित पूजत प्रभु पाँवरी प्रीति न हृदयँ समाति।
मागि मागि आयसु करत राज काज बहु भाँति॥ ३२५॥

चौ०– पुलक गात हियँ सिय रघुबीरू। जीह नामु जप लोचन नीरू॥
लखन राम सिय कानन बसहीं। भरतु भवन बसि तप तनु कसहीं॥ १॥

राम आया गुरु पायँ के बिनाते, खटऊ ले हुकुम धरुन।
डेरा पड़ला नदीगाँव ने भरत, उथाय कुडिया बनाउन॥ ३५४॥
मुंड ने जटा देहें गेरु कपड़ा, उथा भुँईं के खोदुन।
नेम करते रहत भरत, खड़ डसना ओछाउन॥ ३५५॥
खान, पान, कपड़ा, बरतन, बरत, नेम सपाय ने।
रिमीमन माहा कठिन धरम, मानत मया ले॥ ३५६॥
मन देह बोली ले गाहना कपड़ा, सुख चो सपा बानी के।
टेक करुन छांडुन दिला भरत, सपा सुख भोग के॥ ३५७॥
अवध राज के दखुन इंदर लजाय, धन के कुबेर दखुन।
हुनी अवध ने भरत रहेसे, सपा भोग के छांडुन॥ ३५८॥
चम्पा बगेचा ने भँवरा माहा, भरत अवध ने रहोत।
उपात असन तियागुन भाती, भोग के छांडुन रहोत॥ ३५९॥

३२४ भरत राम चो असल मयादार, करनी ले बड़े नी होला।
बिबेक ले हाँसा दूध ले पानी, चातक टेक ले नामी होला॥ ३६०॥

दिन-दिन देंह सुखते जाए, तेज बल घटे हुसने।
सकत छबि हुसनेय दखा देय, जसन रहे हुसने॥ ३६१॥
राम मन ले रोज टेक बाढ़े, धरम चो बल बाढ़े।
जसन सीतकार ने पानी घटे, बेत रोजेदिन बाढ़े॥ ३६२॥
सम-दम नेम बरत सपाय, भरत चो मनचो।
तारा असन सुन्दर चमकत, छुकछुका सरग चो॥ ३६३॥
मन ने भरोसा धुरु तारा माहा, चउदा बरख पुनी असन।
राम चो सुरता उजर होए, गंगाढड़स असन॥ ३६४॥
मया बरहमेस बिगर कलंक चो, जोन असन रहे।
सपा समाज ने सुन्दर छाउन, नछतर असन रहे॥ ३६५॥
भरत चो रतोर करतोर समझतोर, असन होउन गेली।
भक्ति-बैराग गुन मान मया, गुलाय छाउन गेली॥ ३६६॥
बड़े बड़े नंगत कबी बले, एके नी सकत सांगुक।
सेस, गनेस, सरसती बल, जेके नी सकत अमरुक॥ ३६७॥

३२५ रोजेदिन खटऊ चो पूजा करत, मया समाते नी रहे।
खटऊ ले हुकुम धरुन भाती, राज काम करते रहे॥ ३६८॥

देह ने मया मने सीताराम, जीभ नाँव ने रहे।
आइँखमन ले बरहमेस जेचो, पानी भरून रहे॥ ३६९॥
राम-सीता-लछमन तीनों, बन ने रहत जाउन।
देह के आपलो कसते रहे, भरत घर ने रहुन॥ ३७०॥

दोउ दिसि समुझि कहत सबु लोगू। सब बिधि भरत सराहन जोगू॥
सुनि ब्रत नेम साधु सकुचाहीं। देखि दसा मुनिराज लजाहीं॥ २॥

परम पुनीत भरत आचरनू। मधुर मंजु मुद मंगल करनू॥
हरन कठिन कलि कलुष कलेसू। महामोह निसि दलन दिनेसू॥ ३॥

पाप पुंज कुंजर मृगराजू। समन सकल संताप समाजू॥
जन रंजन भंजन भव भारू। राम सनेह सुधाकर सारू॥ ४॥

छं०— सिय राम प्रेम पियूष पूरन होत जनमु न भरत को।
मुनि मन अगम जम नियम सम दम बिषम ब्रत आचरत को॥
दुख दाह दारिद दंभ दूषन सुजस मिस अपहरत को।
कलिकाल तुलसी से सठन्हि हठि राम सनमुख करत को॥

सो०— भरत चरित करि नेमु तुलसी जो सादर सुनहिं।
सीय राम पद पेमु अवसि होइ भव रस बिरति॥ ३२६॥

मासपारायण, इक्कीसवाँ विश्राम

इति श्रीमद्रामचरितमानसे सकलकलिकलुषविध्वंसने
द्वितीयः सोपानः समाप्तः।

कलियुग के सम्पूर्ण पापों को विध्वंस करनेवाले
श्रीरामचरितमानस का यह दूसरा सोपान समाप्त हुआ।

(अयोध्याकाण्ड समाप्त)

दुनों बाट चो गत के दखुन, बलसोत समझुन लोग।
सहरातो लाइक आत सपा बाट ले, बलसोत बिचारुन लोग॥ ३७१ ॥
भरत चो नेम उपास के सुनुन, साधु सत लाज होवत।
मुनीमन बल गत गे दखुन, लाज होउन जावत॥ ३७२ ॥
भरत चो सुन्दर पबितर टकर, हरीक के सुन्दर करू।
कली चो भारी पाप दुख के, एकेदाँय आय हरू॥ ३७३ ॥
मोह अंधयार रात के काटुक, सुरुज असन आय।
पाप हाथीमन के मारूकलाय, सिंघ-बाघ आय॥ ३७४॥
सपा डंड के नास करेसे, भगत के सुखा देएसे।
सवँसार चो सपा दुख हरुन, मया अमरित होएसे॥ ३७५ ॥
मया अमरित ले भरुन जे, नी होती भरत जनम।
कोन करातो मुरीमन के, सम-दम-जप नेम अगम॥ ३७६ ॥
उपोस टकर करममन ने, कसन करुन होती।
दुख दारदिर दोस कपट कोन, जस आड़ ले सरती॥ ३७७ ॥
फेर कलीकाल माहा काल ने, धरम ले कोन होतो।
तुलसी मूरुख के बरपेला, राम पुरे कोन करतो॥ ३७८ ॥

३२६ भरत महेमा जस के तुलसी, नेम मया ले सुनदे।
सीताराम पायँ ले मया पाउन, सवँसार ले बैराग होदे॥ ३७९ ॥

कलजुग चो सपा पाप के नाल करू श्रीरामचरितमानस

चो ए खण्ड दुई सरली

॥ श्री गणेशाय नमः॥
श्रीजानकीवल्लभो विजयते

श्रीरामचरितमानस

तृतीय सोपान

अरण्यकाण्ड

श्लोक

मूलं धर्मतरोर्विवेकजलधेः पूर्णेन्दुमानन्ददं
वैराग्याम्बुजभास्करं ह्यघघनध्वान्तापहं तापहम्।
मोहाम्भोधरपूगपाटनविधौ स्वःसम्भवं शङ्करं
वन्दे ब्रह्मकुलं कलङ्कशमनं श्रीरामभूपप्रियम्॥ १॥

सान्द्रानन्दपयोदसौभगतनुं पीताम्बरं सुन्दरं
पाणौ बाणशरासनं कटिलसत्तूणीरभारं वरम्।
राजीवायतलोचनं धृतजटाजूटेन संशोभितं
सीतालक्ष्मणसंयुतं पथिगतं रामाभिरामं भजे॥ २॥

सो०– उमा राम गुन गूढ़ पंडित मुनि पावहिं बिरति।
पावहिं मोह बिमूढ़ जे हरि बिमुख न धर्म रति॥

चौ०– पुर नर भरत प्रीति मैं गाई। मति अनुरूप अनूप सुहाई॥
अब प्रभु चरित सुनहु अति पावन। करत जे बन सुर नर मुनि भावन॥ १॥

एक बार चुनि कुसुम सुहाए। निज कर भूषन राम बनाए॥
सीतहि पहिराए प्रभु सादर। बैठे फटिक सिला पर सुंदर॥ २॥

॥ श्री गणेशाय नमः॥
श्रीजानकीवल्लभो विजयते

श्रीरामचरितमानस

भाग-तीन

अरण्यकाण्ड

(हल्बी)

धरम रूख चो बूँद
बिबेक समुंद के हरीक करू
पुनी जोन,
बैराग पूड़न के बिगसाऊ
पाप अंधयार के सारू
तीनों डंड के नास करू
मोह बादरी कुढ़ा के तस-नस करू
अकास चो पवन,
रामचंद महराज चो मया दार
ब्रह्मा चो बैस कलंक के सारू
भगवान संकर
मयँ तुमचो बिन्ती करेंसे॥

जेमन चो देंह पानी बादरो माहा सुंदर
हरीक चो धाम आसोत
पीयँर रंग चो कपड़ा धोती
देहें सुन्हर पिंधलोर आसोत
हाते धनऊ कांड कन्हेया ने ठोंगी
बड़े-बड़े पूड़न आइँख चो आसोत
माथा ने जटा सुंदर सोभा
सीता-लछमन संगे बाट हिंडते जासोत
असन हरीक देऊ श्रीराम जी चो
मयँ बिन्ती करेंसे॥

सुरपति सुत धरि बायस बेषा। सठ चाहत रघुपति बल देखा॥
जिमि पिपीलिका सागर थाहा। महा मंदमति पावन चाहा॥ ३॥

सीता चरन चोंच हति भागा। मूढ़ मंदमति कारन कागा॥
चला रुधिर रघुनायक जाना। सींक धनुष सायक संधाना॥ ४॥

दो०– अति कृपाल रघुनायक सदा दीन पर नेह॥
ता सन आइ कीन्ह छलु मूरख अवगुन गेह॥ १॥

चौ०– प्रेरित मंत्र ब्रह्मसर धावा। चला भाजि बायस भय पावा॥
धरि निज रूप गयउ पितु पाहीं। राम बिमुख राखा तेहि नाहीं॥ १॥

भा निरास उपजी मन त्रासा। जथा चक्र भय रिषि दुर्बासा॥
ब्रह्मधाम सिवपुर सब लोका। फिरा श्रमित ब्याकुल भय सोका॥ २॥

काहूँ बैठन कहा न ओही। राखि को सकइ राम कर द्रोही॥
मातु मृत्यु पितु समन समाना। सुधा होइ बिष सुनु हरिजाना॥ ३॥

मित्र करइ सत रिपु कै करनी। ता कहँ बिबुधनदी बैतरनी॥
सब जगु ताहि अनलहु ते ताता। जो रघुबीर बिमुख सुनु भ्राता॥ ४॥

नारद देखा बिकल जयंता। लागि दया कोमल चित संता॥
पठवा तुरत राम पहिं ताही। कहेसि पुकारि प्रनत हित पाही॥ ५॥

आतुर सभय गहेसि पद जाई। त्राहि त्राहि दयाल रघुराई॥
अतुलित बल अतुलित प्रभुताई। मैं मतिमंद जानि नहिं पाई॥ ६॥

निज कृत कर्म जनित फल पायउँ। अब प्रभु पाहि सरन तकि आयउँ॥
सुनि कृपाल अति आरत बानी। एकनयन करि तजा भवानी॥ ७॥

सो०– कीन्ह मोह बस द्रोह जद्यपि तेहि कर बध उचित।
प्रभु छाड़ेउ करि छोह को कृपाल रघुबीर सम॥ २॥

चौ०– रघुपति चित्रकूट बसि नाना। चरित किए श्रुति सुधा समाना॥
बहुरि राम अस मन अनुमाना। होइहि भीर सबहिं मोहि जाना॥ १॥

सकल मुनिन्ह सन बिदा कराई। सीता सहित चले द्वौ भाई॥
अत्रि के आश्रम जब प्रभु गयऊ। सुनत महामुनि हरषित भयऊ॥ २॥

* अतरी मुनी आरू सती अनुसुइया संगे भेंट *

पारबती राम चो भारी गन के, गियानी मुनी जानुन।
बैराग धन के पावसोत ते, नंगत तेके मानुन॥ १॥
भगवान के पाठ जे करसोत, धरम ले मया नीआय।
हुन महामुरुख जीव सुनुन भाती, मोह ने पड़ू आय॥ २॥
पुरेया लोग आरू भरत मया के, गावले बुध इतरो।
सपा के भाऊ कथा सुना, करसोत बन ने जितरो॥ ३॥
हारक सुंदरु फूलमन के बेचुन, नाहना बनाला राम।
सुंदर पखना ने बसुन हुनी के, पिंधाला सीता के राम॥ ४॥
देवराजा चो बेटा काँवरा होउन, रघुनाथ चो बल दखुक।
जसन दखेसे बेअकल चाटी, समुद थाहा के पाउक॥ ५॥
सीता पायँ ने चोंडी मारुन परालो, मूरूख मती चो काँवरा।
लोहू बोहतो के राम दखला, सिलिक कांड ले नेतला॥ ६॥

१ भारी दयावान रघुनाथ हमेस रसोत, गरीब के मया करुन।
अवगुन घर मूरुख छल करलो, तिहँचो सग बल एऊन॥ ७॥

मंतर जोर ले ब्रह्मकांड चलली, पराएसे काँवरा डरून।
राम बयरी जानुन बाप नी राखखो, येलो जसने असल होउन॥ ८॥
दुरबासा चो चकर ले जे गत होली, हुसने मन डरलो।
ब्रह्मलोक सिवलोक सपा लोक ने, डरते भागते बुलली॥ ९॥
राम बयरी के कोन थेबाता, कोनी बसुक नी देसोत।
माय मउत बाप जम तेके, अमरित बिस होसोत॥ १०॥
सौ बयरी माहा मीत होसोत, गंगा बैतरनी होएसे।
राम के पाठ करून रह के, सवँसार आइग होएसे॥ ११॥
नारद जयंत के बिकल दखलो, दया लागली तिहँके।
संत हिरदे भारी दयावान, राम लग पठाला तेके॥ १२॥
हे परभू तुमी साहा होआ, बलते पायँ के धरलो।
तुमचो भारी महेमा सकत के, नी जानते रहे बललो॥ १३॥
आपलो करनी चो फल पावले, एदाँय सरन भगवान।
गोटक आइँख के काना करून, छांडला दयालु भगवान॥ १४॥

२ मरते मारतोर रहे जे बइर, करलो अग्यान ने पडुन।
असन दयावान कोन आसोत जे, छांडला दया करून॥ १५॥

चितरकुट ने राम चरितर करसोत, सुनलोने अमरित असन।
लोग जुहदे सपा जानलासोत, बिचार करला असन॥ १६॥

पुलकित गात अत्रि उठि धाए। देखि रामु आतुर चलि आए॥
करत दंडवत मुनि उर लाए। प्रेम बारि द्वौ जन अन्हवाए॥ ३॥

देखि राम छबि नयन जुड़ाने। सादर निज आश्रम तब आने॥
करि पूजा कहि बचन सुहाए। दिए मूल फल प्रभु मन भाए॥ ४॥

सो०– प्रभु आसन आसीन भरि लोचन सोभा निरखि।
मुनिबर परम प्रबीन जोरि पानि अस्तुति करत॥ ३॥

छं०– नमामि भक्त वत्सलं। कृपालु शील कोमलं॥
भजामि ते पदांबुजं। अकामिनां स्वधामदं॥ १॥
निकाम श्याम सुंदरं। भवांबुनाथ मंदरं॥
प्रफुल्ल कंज लोचनं। मदादि दोष मोचनं॥ २॥
प्रलंब बाहु विक्रमं। प्रभोऽप्रमेय वैभवं॥
निषंग चाप सायकं। धरं त्रिलोक नायकं॥ ३॥
दिनेश वंश मंडनं। महेश चाप खंडनं॥
मुनींद्र संत रंजनं। सुरारि वृंद भंजनं॥ ४॥
मनोज वैरि वंदितं। अजादि देव सेवितं॥
विशुद्ध बोध विग्रहं। समस्त दूषणापहं॥ ५॥
नमामि इंदिरा पतिं। सुखाकरं सतां गतिं॥
भजे सशक्ति सानुजं। शची पतिं प्रियानुजं॥ ६॥
त्वदंघ्रि मूल ये नराः। भजंति हीन मत्सराः॥
पतंति नो भवार्णवे। वितर्क वीचि संकुले॥ ७॥
विविक्त वासिनः सदा। भजंति मुक्तये मुदा॥
निरस्य इंद्रियादिकं। प्रयांति ते गतिं स्वकं॥ ८॥
तमेकमद्‌भुतं प्रभुं। निरीहमीश्वरं विभुं॥
जगद्‌गुरुं च शाश्वतं। तुरीयमेव केवलं॥ ९॥
भजामि भाव वल्लभं। कुयोगिनां सुदुर्लभं॥
स्वभक्त कल्प पादपं। समं सुसेव्यमन्वहं॥ १०॥
अनूप रूप भूपतिं। नतोऽहमुर्विजा पतिं॥
प्रसीद मे नमामि ते। पदाब्ज भक्ति देहि मे॥ ११॥
पठंति ये स्तवं इदं। नरादरेण ते पदं॥
व्रजंति नात्र संशयं। त्वदीय भक्ति संयुताः॥ १२॥

दो०– बिनती करि मुनि नाइ सिरु कह कर जोरि बहोरि।
चरन सरोरुह नाथ जनि कबहुँ तजै मति मोरि॥ ४॥

सपा मुनी ले बिदा मागुन, सीता संग दुनों हिंडला।
अतरी आसरम जसने अमरला, मुनी हरीक होला॥ १७॥
सीतकाटा देहें मुनी उठुन पराला, दखुन चांड राम इला।
पाँय पड़ते मुनी पोटारून, आँसु ले नवहाउन दिला॥ १८॥
आइँख जुड़ाली राम सोभा दखते, आसरम ने आनला।
पूजा करून भाती खातो काजे, पाक फर के मंडाला॥ १९॥

३ भगवान आसन ने बिराजुन आसोत, आइँख भर सोभा दखुन।
गियानी मुनी सुमरना करसोत, दुनों हात के जोड़ुन॥ २०॥

हे भगत चो भगवान किरपा करू, करेंसे तुमचो बिन्ती।
नी मागू के तुमी परमधाम देऊ, करेंसे पायँ चो बिन्ती॥ २१॥
सुंदर साँवर देह चो मंदराचल, सवँसार समुन्द काजे।
बिगसलो पूड़न माहा आइँख, सपा दोस छंडातो काजे॥ २२॥
लाम बाहाँ बल आसे भरपुर, सकत नी जाँनू मालिक।
ठोंगी धनऊ-कांड धरेया तुमी, तोनों लोक चो मालिक॥ २३॥
सुरूज बंस चो सोन महादेव चो, धनऊ तुमी दुटाऊ।
संत मुनी के हुरीक करेया तुमी, देव बयरी चो नास करू॥ २४॥
काम चो बयरी तुमके बिनासोत, ब्रह्मा देव मेउक तुमचो।
सतवान गियानी सपा दोस सारू, सरन आसें मयँ तुमचो॥ २५॥
लछमीपती सुख भंडार सत गती, तुमचो बिन्ती करेंसे।
इन्दर चो नानी भाई सीता लछमन संग, तुमचो सेवा करेंसे॥ २६॥
रीस कपट छांड़ुन तुमचो पाँय चो, जे बल सेवा करसत।
सवँसार चो भरम समुन्द ने ते, केबई नी घसरत॥ २७॥
एकला रहू मनुख मुक्ती काजे, इंदरी के मारून रहेसे।
हरीक मन ले तुमके भजते, आपलो गती ने तरेसे॥ २८॥
तुमके अदभुत परभू बिगर मनचो, जगतगुरु सनातन बलेसे।
तीनों गुन ले अलग समझुन, आपलोय रूप ने चलेसे॥ २९॥
माया बिसय ने पड़ू के नी मिरे, भगत काज कलपतरू आसे।
बरहमेस सुख ले पाबतो लाइक चो, मय हमेस भलुन आसें॥ ३०॥
खुबे सुन्दर पिरथी चो मालिक, जानकीनाथ बिन्ती करेंसे।
पाँय चो भक्ती देहा हरीक होउन, मयँ तमचो बिन्ती करेंसे॥ ३१॥
जे स्तुति के हरीक मन ले, पढुन गुन गाएसे।
हुन भक्ती ने होउन तुमचो, अमरपद पाएसे॥ ३२॥

४ बिन्ती करुन मुँड लवाँउन, हात जोड़ुन बललो।
मोचो गियान तुमचो पावँ के, केबईनी छांडो बललो॥ ३३॥

चौ०– अनुसुइया के पद गहि सीता। मिली बहोरि सुसील बिनीता॥
रिषिपतिनी मन सुख अधिकाई। आसिष देइ निकट बैठाई॥ १॥

दिब्य बसन भूषन पहिराए। जे नित नूतन अमल सुहाए॥
कह रिषिबधू सरस मृदु बानी। नारिधर्म कछु ब्याज बखानी॥ २॥

मातु पिता भ्राता हितकारी। मितप्रद सब सुनु राजकुमारी॥
अमित दानि भर्ता बयदेही। अधम सो नारि जो सेव न तेही॥ ३॥

धीरज धर्म मित्र अरु नारी। आपद काल परिखिअहिं चारी॥
बृद्ध रोगबस जड़ धनहीना। अधं बधिर क्रोधी अति दीना॥ ४॥

ऐसेहु पति कर किएँ अपमाना। नारि पाव जमपुर दुख नाना॥
एकइ धर्म एक ब्रत नेमा। कायँ बचन मन पति पद प्रेमा॥ ५॥

जग पतिब्रता चारि बिधि अहहीं। बेद पुरान संत सब कहहीं॥
उत्तम के अस बस मन माहीं। सपनेहुँ आन पुरुष जग नाहीं॥ ६॥

मध्यम परपति देखइ कैसें। भ्राता पिता पुत्र निज जैसें॥
धर्म बिचारि समुझि कुल रहई। सो निकिष्ट त्रिय श्रुति अस कहई॥ ७॥

बिनु अवसर भय तें रह जोई। जानेहु अधम नारि जग सोई॥
पति बंचक परपति रति करई। रौरव नरक कल्प सत परई॥ ८॥

छन सुख लागि जनम सत कोटी। दुख न समुझ तेहि सम को खोटी॥
बिनु श्रम नारि परम गति लहई। पतिब्रत धर्म छाड़ि छल गहई॥ ९॥

पति प्रतिकूल जनम जहँ जाई। बिधवा होइ पाइ तरुनाई॥ १०॥

सो०– सहज अपावनि नारि पति सेवत सुभ गति लहइ।
जसु गावत श्रुति चारि अजहुँ तुलसिका हरिहि प्रिय॥ ५ (क)॥

सनु सीता तव नाम सुमिरि नारि पतिब्रत करहिं।
तोहि प्रानप्रिय राम कहिउँ कथा संसार हित॥ ५ (ख)॥

चौ०– सुनि जानकीं परम सुखु पावा। सादर तासु चरन सिरु नावा॥
तब मुनि सन कह कृपानिधाना। आयसु होइ जाउँ बन आना॥ १॥

संतत मो पर कृपा करेहू। सेवक जानि तजेहु जनि नेहू॥
धर्म धुरंधर प्रभु कै बानी। सुनि सप्रेम बोले मुनि ग्यानी॥ २॥

जासु कृपा अज सिव सनकादी। चहत सकल परमारथ बादी॥
ते तुम्ह राम अकाम पिआरे। दीन बंधु मृदु बचन उचारे॥ ३॥

गुनवंतीन सीता भेटली मया ले, अनसुईया पायँ पो धरुन।
रिसी बायले हरीक मन ले, बसाली आसीस देऊन॥ ३४॥
बरहमेस नवा सुद्ध सोभादेऊ, कपड़ा, गाहना पिधाली।
एई ओखी ने सुसार गोठ ले, मेहरार धरम बलली॥ ३५॥
बाबीधनी सुना माय बाप भाई, सपा हितूलोग आत।
बलेबल एमन चो दिलो सुख, गोटोक लग अमरु आय॥ ३६॥
मातर मुनीस जाले जानकी आय भारी सुख देऊ।
हुन मेहरार महा-पापिन जे, मुनिस सेवा ने नी रहूं॥ ३७॥
धीरज, धर्म, मीत बायले के, बिपती ने जानुक होएसे।
डोकरा, रोगहा, मूरुख, गरीब, काना भयरा जे होएसे॥ ३८॥
जमपुर डंड पासोत असन चो, बायले अपमान करले।
मुनीस पायँ ले मया करतोर आय, हमेस देंह बोली मनले॥ ३९॥
मेहरारमन काजे हमेस इतरोय, गोटकी धरम आय।
गोटकी बरत गोटकी नेम, मेहरारमन काज आय॥ ४०॥
मंजपुर चार रकम चो पतिबरता, बेद, संत, पुरान बलसोत।
नंगत पतिबरता सपना ने बले, दूसर मुनीस नी पसोत॥ ४१॥
मंजगत पतिवरता पर मनुख के, भाई बेटा बाप दखसोत।
धरम बिचारुन कुल मरजाद बचाऊ के, बेद नानी बलसोत॥ ४२॥
बाटनी मिरलो ने डरून रहू के, पापिन माहा जाना।
मुनीस के छलुन पर लग जाऊके, रौरव नरक चो माना॥ ४३॥
डंडिक सुख काज सौ करोड़ जनम, दुसट जे दुखनी जाने।
छल छांड़ुन पतिबरता जे रहेसे, परमगती चो माने॥ ४४॥
जे मुनीम ले उल्टुन रहेसे, हुन हुताय जनम धरून।
जवानी पाउन भर जीवना ने, जीएसे रांडी होउन॥ ४५॥

५ (क) मेहरार जनम असने अपबितर, सुभगती सेवा ले पाए।
भगवान के तुलसी एबे बल भासोत, बेद हुनचो गुन गाए॥ ४६॥

५ (ख) सीता तुमचो नावँ धरून भाती, मेहरार पबितर होदे।
जीव ले आगर राम के मया करू, बलले सपा हित होएदे॥ ४७॥

जानकी सुनुन सुख पावली, मान ले पड़ली पायँ।
राम बलला हुकुम होले परभू, दूसर बन ने जायँ॥ ४८॥
बरहमेस सेउक के मया करा, किरपा करते रहा।
धरम भंडार राम चो गोठ सुनुन, गियानी मुनी बलला॥ ४९॥
ब्रह्मा, सिव, सनकादी गियानी, तुमचो किरपा दखसोत।
हुनी चो काईं नीभाय, गरीब चो भगवान बलसोत॥ ५०॥

अब जानी मैं श्री चतुराई। भजी तुम्हहि सब देव बिहाई॥
जेहि समान अतिसय नहिं कोई। ता कर सील कस न अस होई॥ ४॥

केहि बिधि कहौं जाहु अब स्वामी। कहहु नाथ तुम्ह अंतरजामी॥
अस कहि प्रभु बिलोकि मुनि धीरा। लोचन जल बह पुलक सरीरा॥ ५॥

छं०– तन पुलक निर्भर प्रेम पूरन नयन मुख पंकज दिए।
मन ग्यान गुन गोतीत प्रभु मैं दीख जप तप का किए॥
जप जोग धर्म समूह तें नर भगति अनुपम पावई।
रघुबीर चरित पुनीत निसि दिन दास तुलसी गावई॥

दो०– कलिमल समन दमन मन राम सुजस सुखमूल।
सादर सुनहिं जे तिन्ह पर राम रहहिं अनुकूल॥ ६ (क)॥

सो०– कठिन काल मल कोस धर्म न ग्यान न जोग जप।
परिहरि सकल भरोस रामहि भजहिं ते चतुर नर॥ ६ (ख)॥

चौ०– मुनि पद कमल नाइ करि सीसा। चले बनहि सुर नर मुनि ईसा॥
आगें राम अनुज पुनि पाछें। मुनि बर बेष बने अति काछें॥ १॥

उभय बीच श्री सोहइ कैसी। ब्रह्म जीव बिच माया जैसी॥
सरिता बन गिरि अवघट घाटा। पति पहिचानि देहिं बर बाटा॥ २॥

जहँ जहँ जाहिं देव रघुराया। करहिं मेघ तहँ तहँ नभ छाया॥
मिला असुर बिराध मग जाता। आवतहीं रघुबीर निपाता॥ ३॥

तुरतहिं रुचिर रूप तेहिं पावा। देखि दुखी निज धाम पठावा॥
पुनि आए जहँ मुनि सरभंगा। सुंदर अनुज जानकी संगा॥ ४॥

दो०– देखि राम मुख पंकज मुनिबर लोचन भृंग।
सादर पान करत अति धन्य जन्म सरभंग॥ ७॥

चौ०– कह मुनि सुनु रघुबीर कृपाला। संकर मानस राजमराला॥
जात रहेउँ बिरंचि के धामा। सुनेउँ श्रवन बन ऐहहिं रामा॥ १॥

चितवत पंथ रहेउँ दिन राती। अब प्रभु देखि जुड़ानी छाती॥
नाथ सकल साधन मैं हीना। कीन्ही कृपा जानि जन दीना॥ २॥

सो कछु देव न मोहि निहोरा। निज पन राखेउ जन मन चोरा॥
तब लगि रहहु दीन हित लागी। जब लगि मिलौं तुम्हहि तनु त्यागी॥ ३॥

जोग जग्य जप तप ब्रत कीन्हा। प्रभु कहँ देइ भगति बर लीन्हा॥
एहि बिधि सर रचि मुनि सरभंगा। बैठे हृदयँ छाड़ि सब संगा॥ ४॥

लछमी चाल के एदाँय जानले, भजली सपा देव के छांडुन।
तिहँचो चाला कसन नी होएदे, जेचो ले बड़े नीहोए जानुक॥ ५१॥
कसन बले मयँ जाहा भगवान, अंतरजामी बला तुमी।
असन बलते आइँख भरला, भगवान के दखे मुनी॥ ५२॥
देहें सीत काटा आइँख दरसन करे, बिचारे काय जप-तप करले।
जेमें मन गियान गुन इंद्री छांडलो, भगवान दरसन करले॥ ५३॥
जप-जोग धरम ने मनुखजीव, भारी सकत पाएसे।
राम भगवान चरितर तुलसी, दिन रात बसुन गाएसे॥ ५४॥

६ (क) कली चो पाप के नास करू, मन के मारू सुख चो धाम।
जे मान देऊन सुनसोत एके, तिहँचोले हरीक राम॥ ५५॥

६ (ख) रह पाप चो खजाना आयकलीकाल, धरम जपजोग न गियान।
चतुर हुनी सपा भरोसा छांडुन, भजेसे हमेस राम नावँ॥ ५६॥

देव मनुख मुनी चो मालिक राम, मुनी चो पायँ पड़ुन।
पुरे राम पाछे लछमन निकरला, सुंदर मुनी भेस धरून॥ ५७॥
जसन ब्रह्म जीव मंजगत माया, सीता सोहत असन।
नंदी रान डोंगरी-घाटी सपा, बाट देसोत चिताते जसन॥ ५८॥
जे जे बाट ने राम जासोत, बादरी छाँय करत।
बाटे बिराध रक्सा के भेटला, दिला तेके मरत॥ ५९॥
सुंदर भेस ने दुखी दखुन राम, आपलो धाम दिला।
सीता भाई संग सरभंग घरे, राम भगवान इला॥ ६०॥

* सरभंग मुनी भेंट *

७ भँवरा माहा मुनी आइँख मन, पूड़न मुँह के दखुन।
धन जनम मकरंद रस पीएसे, आइँख भर दरसन करून॥ १॥

संकर मन सरोवर चो हाँसा, सुना राम भगवान।
ब्रह्म-लोक जातो दाँय सुनुन रहें, बन ने एसोत राम॥ २॥
रात-दिन मयँ बाट दखेंसे, छाती जुड़ाली एदाँय।
सपा गुन ले मयँ गरीब आसें, किरपा करलास एदाँय॥ ३॥
भगत मन चोरू टेक राखलास, नोआय किरपा ये।
देह छांडुन तुमचो ले भेटें, थेबा गरीब हित ने॥ ४॥
जोग-जग, जप-तप, उपास, मुनी जे करुन रहत।
सपा चो पल्टा भक्ती मांगला, जे-जे करुन रहत॥ ५॥
असन गुन ले मुनी सरभंग, चिता बनाउन उथा।
सपा भोग के छांडुन भाती, जाउन बसलो उथा॥ ६॥

दो०– सीता अनुज समेत प्रभु नील जलद तनु स्याम।
मम हियँ बसहु निरंतर सगुनरूप श्रीराम॥ ८॥

चौ०– अस कहि जोग अगिनि तनु जारा। राम कृपाँ बैकुंठ सिधारा॥
ताते मुनि हरि लीन न भयऊ। प्रथमहिं भेद भगति बर लयऊ॥ १॥

रिषि निकाय मुनिबर गति देखी। सुखी भए निज हृदयँ बिसेषी॥
अस्तुति करहिं सकल मुनि बृंदा। जयति प्रनत हित करुना कंदा॥ २॥

पुनि रघुनाथ चले बन आगे। मुनिबर बृंद बिपुल सँग लागे॥
अस्थि समूह देखि रघुराया। पूछी मुनिन्ह लागि अति दाया॥ ३॥

जानतहुँ पूछिअ कस स्वामी। सबदरसी तुम्ह अंतरजामी॥
निसिचर निकर सकल मुनि खाए। सुनि रघुबीर नयन जल छाए॥ ४॥

दो०– निसिचर हीन करउँ महि भुज उठाइ पन कीन्ह।
सकल मुनिन्ह के आश्रमन्हि जाइ जाइ सुख दीन्ह॥ ९॥

चौ०– मुनि अगस्ति कर सिष्य सुजाना। नाम सुतीछन रति भगवाना॥
मन क्रम बचन राम पद सेवक। सपनेहुँ आन भरोस न देवक॥ १॥

प्रभु आगवनु श्रवन सुनि पावा। करत मनोरथ आतुर धावा॥
हे बिधि दीनबंधु रघुराया। मो से सठ पर करिहहिं दाया॥ २॥

सहित अनुज मोहि राम गोसाईं। मिलिहहिं निज सेवक की नाईं॥
मोरे जियँ भरोस दृढ़ नाहीं। भगति बिरति न ग्यान मन माहीं॥ ३॥

नहिं सतसंग जोग जप जागा। नहिं दृढ़ चरन कमल अनुरागा॥
एक बानि करुनानिधान की। सो प्रिय जाकें गति न आन की॥ ४॥

होइहैं सुफल आजु मम लोचन। देखि बदन पंकज भव मोचन॥
निर्भर प्रेम मगन मुनि ग्यानी। कहि न जाइ सो दसा भवानी॥ ५॥

दिसि अरु बिदिसि पंथ नहिं सूझा। को मैं चलेउँ कहाँ नहिं बूझा॥
कबहुँक फिरि पाछें पुनि जाई। कबहुँक नृत्य करइ गुन गाई॥ ६॥

८ नीयर पानी बादरी माहा देंह, सगुन रुप चो राम।
सीता लछमन संगे मन ने, बसुन राहा राम॥ ७॥

असन बलते जोग आइग ने, आपलो देंह जराला।
राम किरपा ने सरभंग मुनी, बैकुंठ धाम गेला॥ ८॥
बरदान पाउन रहे भेद भक्ती चो, गुने भक्ती ने नी पड़ला।
रुसी गोहड़ा सरभंग गत के, दखुन हरीक होला॥ ९॥
सपा मुनी राम चो स्तुति करत, बलत जय-जय राम।
सरन एऊ के साहा होऊ तुमी, सुख चो धाम राम॥ १०॥
मुनीमन संगे राम पुरे जीतला, दखला हाड़ा कूढ़ा।
दया चो धाम राम पूछला, कसन चो ए हाड़ा कूढ़ा॥ ११॥
बलला भगवान तुमी अंतरजामी। साग के जानू तुमी।
सपा के जानते बल कसनकाजे, पूछा साहस तुमी॥ १२॥
राक्सा गोहड़ा सपा मुनी के, एउन खादलासोत।
सुनुन राम चो आइँख भरली, जानुन काय करलासोत॥ १३॥

९ पिरथी ले रक्सा सा रेंदे बलते, बाहाँ उचाउन बलला।
मुनीमन चो आसरम ने जाउन, तिहँके सुखी करला॥ १४॥

* सुतीछन मुनी संग भेंट *

अगस्त मुनी चो सुतीछन चेला, भगवान के मया करे।
मन-बोली-करम ले राम सेउक, दूसर चो भरोसानी करे॥ १॥
भगवान एतोर के काने सुनुन, परालो मया धरुन।
कई रकम चो आपलों मन ने, हरीक ले मंसा धरुन॥ २॥
हे भगवान काय गरीब चो भगवान, मोके दया करदे।
काय नानी भाई संग सेउक जानुन, मोचोले भेट करदे॥ ३॥
मोचो मन ने एदाँय जाले, कसन भरोसा नीआय।
कसन कि मने भक्ती, बैराग, गियान बुध नीआय॥ ४॥
संतसंग धरले न जोग जप करले, इतरोय के मयँ जाने।
भगवान पायँ ले मया आसे, इतरोय के मयँ माने॥ ५॥
इतरोय दया चो भंडार राम चो, बान बले आय।
दूसर आसरा जे नी करत तिहँके मया करु आत॥ ६॥
आहा सवँसार बाँधन ले छंडाऊ, भगवान मुंह के दखुन।
आइँख मोचो सुफल होएदे, तिहँचो दरसन करुन॥ ७॥
उमा सुना गियानी मुनी चो मन, मया ले सम्पूरन आसे।
तिहँचो गत के बलुक नीहोय, असन गत ने आसे॥ ८॥

अबिरल प्रेम भगति मुनि पाई। प्रभु देखैं तरु ओट लुकाई॥
अतिसय प्रीति देखि रघुबीरा। प्रगटे हृदयँ हरन भव भीरा॥ ७॥

मुनि मग माझ अचल होइ बैसा। पुलक सरीर पनस फल जैसा॥
तब रघुनाथ निकट चलि आए। देखि दसा निज जन मन भाए॥ ८॥

मुनिहि राम बहु भाँति जगावा। जाग न ध्यान जनित सुख पावा॥
भूप रूप तब राम दुरावा। हृदयँ चतुर्भुज रूप देखावा॥ ९॥

मुनि अकुलाइ उठा तब कैसें। बिकल हीन मनि फनिबर जैसें॥
आगें देखि राम तन स्यामा। सीता अनुज सहित सुख धामा॥ १०॥

परेउ लकुट इव चरनन्हि लागी। प्रेम मगन मुनिबर बड़भागी॥
भुज बिसाल गहि लिए उठाई। परम प्रीति राखे उर लाई॥ ११॥

मुनिहि मिलत अस सोह कृपाला। कनक तरुहि जनु भेंट तमाला॥
राम बदनु बिलोक मुनि ठाढ़ा। मानहुँ चित्र माझ लिखि काढ़ा॥ १२॥

दो०– तब मुनि हृदयँ धीर धरि गहि पद बारहिं बार।
निज आश्रम प्रभु आनि करि पूजा बिबिध प्रकार॥ १०॥

चौ०– कह मुनि प्रभु सुनु बिनती मोरी। अस्तुति करौं कवन बिधि तोरी॥
महिमा अमित मोरि मति थोरी। रबि सन्मुख खद्योत अँजोरी॥ १॥

श्याम तामरस दाम शरीरं। जटा मुकुट परिधन मुनिचीरं॥
पाणि चाप शर कटि तूणीरं। नौमि निरंतर श्रीरघुवीरं॥ २॥

मोह विपिन घन दहन कृशानुः। संत सरोरुह कानन भानुः॥
निसिचर करि वरूथ मृगराजः। त्रातु सदा नो भव खग बाजः॥ ३॥

अरुण नयन राजीव सुवेशं। सीता नयन चकोर निशेशं॥
हर हृदि मानस बाल मरालं। नौमि राम उर बाहु विशालं॥ ४॥

तिहँके दिसा कोनेया बाट, दखा नी देएसे काईं।
कोन आय आरु केंव जाएसे, नी जानेसे काईं॥ ९॥
पुरे केबई पाछे, केबई, जाएसे बाट हिंडते।
जाएसे केबेई केबई भगवान चो, गन के गाउन नाचते॥ १०॥
मुनी चो भारी मया के दखुन, भव भय हरु राम।
मुनी हिरदे ने परगट होला, दरसन देउन राम॥ ११॥
मुनी मंजगत बाटे बसला, सीतकाटा देहें होली।
फनस माहा गुलाय देंह दिखेसे, असन गती होली॥ १२॥
तहाँले राम लगे जाउन, तिहँचो दखला गत।
मने-मन खुबे हरीक होला, दखला असन गत॥ १३॥
मुनी के राम चेताओत खुबे, मुनी नी चेतते रहे।
हुनके तो भगवान धियान ने, भारी सुख मिरते रहे॥ १४॥
राम आपलो राजरूप के, हिरदे ले लुकाउन दिला।
चतुरभुज रूप तिहँचो हिरदे ने, राम दखाउन दिला॥ १५॥
जसन मनी बिगर साँप होएसे, हुसने बियाकुल उठलो।
साँवर सुख चो धाम राम संग, सीता लछमन के दखलो॥ १६॥
मया ने ठेंगा माहा राम पायँ ने, जाउन मुनी पड़ला।
भारी बाहाँ ले उठाउन राम, छाती संगे धरला॥ १७॥
जसन सोन सग तमाल भेटेसे, हुसने दुनों दिखसोत।
मुनी आगेय छापा माहा होउन, मुँह-मुँह के दखसोत॥ १८॥

१० मन ने धीरज धरुन मुनी, घन-घन पायँ पड़लो।
आसरम ने आनुन भगवान राम चो, रकम पूजा करलो॥ १९॥

मुनी बललो हे महापरभू, मोचो बिन्ती के सुना।
कसन करुन मयँ स्तुति करेंदे, मन ने आपलो गुना॥ २०॥
बुध नानी मोचो अपार महेमा, कसन ने पार पाएँ।
सुरूज पुरे जोगनी अंजोर, काय पुरुक पाए॥ २१॥
नीलकमल माहा साँवर देह, जटा चो मुकुट सुन्दर।
मुनीमन माहा देंह ने कपड़ा, कन्हेया ने ठोंगी सुन्दर॥ २२॥
हात ने बरकस धनऊ-कांड, बिन्ती करेंसे तुमचो।
मोह बियाबानबन के जराउक, आइग जस तुमचो॥ २३॥
संत पूड़न के हरीक करू, तुमी सुरूज आहास।
रक्सा हाथी के मारतो काजे, सिंघ-बाघ आहास॥ २४॥
मरतो-जीवतो चड़ई के मारु, गिदहा तुमके जानू।
हमेस साहा होआ भगवान, आमी तुमकेय मानू॥ २५॥
सीता चो चकोरी आइँख काजे, जोन आहास तुमी।
सिव मन चो मानसरोवर ने, बाल हाँसा तुमी॥ २६॥

संशय सर्प ग्रसन उरगादः। शमन सुकर्कश तर्क विषादः॥
भव भंजन रंजन सुर यूथः। त्रातु सदा नो कृपा वरूथः॥ ५॥

निर्गुण सगुण विषम सम रूपं। ज्ञान गिरा गोतीतमनूपं॥
अमलमखिलमनवद्यमपारं। नौमि राम भंजन महि भारं॥ ६॥

भक्त कल्पपादप आरामः। तर्जन क्रोध लोभ मद कामः॥
अति नागर भव सागर सेतुः। त्रातु सदा दिनकर कुल केतुः॥ ७॥

अतुलित भुज प्रताप बल धामः। कलि मल विपुल विभंजन नामः॥
धर्म वर्म नर्मद गुण ग्रामः। संतत शं तनोतु मम रामः॥ ८॥

जदपि बिरज ब्यापक अबिनासी। सब के हृदयँ निरंतर बासी॥
तदपि अनुज श्री सहित खरारी। बसतु मनसि मम काननचारी॥ ९॥

जे जानहिं ते जानहुँ स्वामी। सगुन अगुन उर अंतरजामी॥
जो कोसलपति राजिव नयना। करउ सो राम हृदय मम अयना॥ १०॥

अस अभिमान जाइ जनि भोरे। मैं सेवक रघुपति पति मोरे॥
सुनि मुनि बचन राम मन भाए। बहुरि हरषि मुनिबर उर लाए॥ ११॥

परम प्रसन्न जानु मुनि मोही। जो बर मागहु देउँ सो तोही॥
मुनि कह मैं बर कबहुँ न जाचा। समुझि न परइ झूठ का साचा॥ १२॥

तुम्हहि नीक लागै रघुराई। सो मोहि देहु दास सुखदाई॥
अबिरल भगति बिरति बिग्याना। होहु सकल गुन ग्यान निधाना॥ १३॥

प्रभु जो दीन्ह सो बरु मैं पावा। अब सो देहु मोहि जो भावा॥ १४॥

दो०– अनुज जानकी सहित प्रभु चाप बान धर राम।
मम हिय गगन इंदु इव बसहु सदा निहकाम॥ ११॥

चौ०– एवमस्तु करि रमानिवासा। हरषि चले कुभंज रिषि पासा॥
बहुत दिवस गुर दरसन पाएँ। भए मोहि एहिं आश्रम आएँ॥ १॥

बरकस छाती बाहाँ तुमचो, पायँ पड़ेसे तुमके।
संसो सांप के खातो काजे, गरुड़ जानूंसे तुमके॥ २७॥
कड़क गोठ चो भारी डंड के, नास करु तुमी।
सवँसारे एतो जातो फांदा ले, छंडाऊ आहास तुमी॥ २८॥
देवमन के हरीक करून, आहास भगवान तुमी।
किरपा चो धाम राम आमचो, साहा होआ तुमी॥ २९॥
निरगुन सगुन बिसम समरुप, गियानी तुमी भगवान।
इन्द्री के जीतुन गोठ ने सुन्दर, आहास तुमी भगवान॥ ३०॥
सफा सपा दोस ले अलगुन, पिरथी भार उतारु।
राम भगवान मयँ पायँ पड़ेसे, सरनाहा के तारु॥ ३१॥
कलपतरु भगत बगेचा काजे, रीस-लोभ के सारु।
घमंड काम के डराउन राखू, अवगुन के मारु॥ ३२॥
चतुर सवँसार ले तरुक सेतु सूरुजकुल चो राम।
बाहाँ परताप जेचो भारी, सपा सकत चो धाम॥ ३३॥
कली चो सपा पाप के मारु, धरम काज साहा तुमी।
जेचो सपा गुन हरीक देएसे, राम साहा होआ तुमी॥ ३४॥
सफा मन ले सपा ठान ने, बरहमेस रहू तुमी।
सीता लछमन संग बन ने बुलू, मन ने रहा तुमी॥ ३५॥
अंतरजामी सगुन निरगुन जानास, जे जानसोत जसन।
आपलो डेरा धरुन हिरदे बसा, पूड़न माहा आइँख असन॥ ३६॥
मन ले घमंड नी छूटो, मयँ तुमचोय सेउक आँय।
मोचो मालिक तुमी आहास, मयँ तमचो सेउक आँय॥ ३७॥
गोठ के सुनुन राम भगवान, मन ले हरीक होला।
राम भगवान हरीक ले हुनके, संगे लेपटाउन धरला॥ ३८॥
हरीक जानुन मोके मांग मुनी, आपलो मन चो बर।
बललो सत फंद जान नी पड़े, केबई नी माँगले वर॥ ३९॥
सेउक के सुख देऊ जे नंगत लागे, हुनी मोके देहा।
बलला भक्ती- बैराग, गियान चो, पक्की गुनी होआ॥ ४०॥
मुनी बललो भगवान तुमी, जेबल मोके दिलास।
एदाँय मोची मन चो दिआ, पावले जे तुमी दिलास॥ ४१॥

११ धनऊ कांड धरुन लछमन-सीता संग, मन ने पोचो राहा।
हिरदे अकास ने जोन माहा, बरहमेस उदुन राहा॥ ४२॥

असने होओ बलते हरीक मन, राम भगवान निकरला।
हुता ले राम बन नाहकते बुलते, अगस्त मुनी बाट चलला॥ ४३॥

अब प्रभु संग जाउँ गुर पाहीं। तुम्ह कहँ नाथ निहोरा नाहीं॥
देखि कृपानिधि मुनि चतुराई। लिए संग बिहसे द्वौ भाई॥ २॥

पंथ कहत निज भगति अनूपा। मुनि आश्रम पहुँचे सुरभूपा॥
तुरत सुतीछन गुर पहिं गयऊ। करि दंडवत कहत अस भयऊ॥ ३॥

नाथ कोसलाधीस कुमारा। आए मिलन जगत आधारा॥
राम अनुज समेत बैदेही। निसि दिनु देव जपत हहु जेही॥ ४॥

सुनत अगस्ति तुरत उठि धाए। हरि बिलोकि लोचन जल छाए॥
मुनि पद कमल परे द्वौ भाई। रिषि अति प्रीति लिए उर लाई॥ ५॥

सादर कुसल पूछि मुनि ग्यानी। आसन बर बैठारे आनी॥
पुनि करि बहु प्रकार प्रभु पूजा। मोहि सम भाग्यवंत नहिं दूजा॥ ६॥

जहँ लगि रहे अपर मुनि बृंदा। हरषे सब बिलोकि सुखकंदा॥ ७॥

दो०– मुनि समूह महँ बैठे सन्मुख सब की ओर।
सरद इंदु तन चितवत मानहुँ निकर चकोर॥ १२॥

चौ०– तब रघुबीर कहा मुनि पाहीं। तुम्ह सन प्रभु दुराव कछु नाहीं॥
तुम्ह जानहु जेहि कारन आयउँ। ताते तात न कहि समुझायउँ॥ १॥

अब सो मंत्र देहु प्रभु मोही। जेहि प्रकार मारौं मुनिद्रोही॥
मुनि मुसुकाने सुनि प्रभु बानी। पूछेहु नाथ मोहि का जानी॥ २॥

तुम्हरेइँ भजन प्रभाव अघारी। जानउँ महिमा कछुक तुम्हारी॥
ऊमरि तरु बिसाल तव माया। फल ब्रह्मांड अनेक निकाया॥ ३॥

जीव चराचर जंतु समाना। भीतर बसहिं न जानहिं आना॥
ते फल भच्छक कठिन कराला। तव भयँ डरत सदा सोउ काला॥ ४॥

ते तुम्ह सकल लोकपति साईं। पूँछेहु मोहि मनुज की नाईं॥
यह बर मागउँ कृपानिकेता। बसहु हृदयँ श्री अनुज समेता॥ ५॥

अबिरल भगति बिरति सतसंगा। चरन सरोरुह प्रीति अभंगा॥
जद्यपि ब्रह्म अखंड अनंता। अनुभव गम्य भजहिं जेहि संता॥ ६॥

सुतीछान बललो गुरु अगस्तचो, दरसन करलोर मोचो।
खुबे दिन गेलीसे हे भगवान, ये आसरम ने मोचो॥ ४४॥
एदाँय गुरु लग भगवान संगे, मय बल एएँदे।
एमें काईं उपकार नोआय, संगे-संग एएँदे॥ ४५॥
किरपा चो भंडार राम मुनी चो, चलाकी के दखुन।
संगे धरला मुनी के बले, दुनी भाई हाँसुन॥ ४६॥
बाटे भक्ती चो गोठ सांगते, देव चो राजा राम।
अगस्त आसरम लगे अमरला, सपाय संगे राम॥ ४७॥

* अगस्त मुनी संगे भेंट *

सुतीछन गुरू अगस्त लग जाउन, डंडासरन पडलो।
पाय पड़ न सुतीछन मुनी, गुरू पुरे बललो॥ १॥
अवध राजा दसरथ चो लाल, सवँसार चो अधार राम।
नानी भाई आरू सीता संगे, भेटुक इलासोत राम॥ २॥
तुरते अगस्त उठुन पराला, दखुन आइँख भरला।
टनों भाई पायँ ने पड़ला, मुनी छाती संग धरला॥ ३॥
गियानी मुनी हाल चाल पूछते, नेऊन आसन दिला।
मोचो माहा भागमान नीआत, पूजा करून बलला॥ ४॥
उथा जितरो रिसी मुनी रहत, हरीक होउन आसोत।
सपा हरीक चो मुखिया राम के, दरसन करते जासोत॥ ५॥

१२ पूर करून बसला मुनीमन बाट, दखलोने लागेसे असन।
चकोरी गोहड़ा कुआँर पुनी चो, जोन के दखसोत जसन॥ ६॥

राम मुनी लग बलला भगवान, तुमचो ले लुकलो नीआय।
कसन इलेसे जानास तुमी, समझाउक काईं नीआय॥ ७॥
मुनी बयरीमन के मारून सारें, मंतर देहा असन।
मुचकते मुनी बलला भगवान, मोके पूछासीस कसन॥ ८॥
पाप के सारू तुमचोय भजन ले, खिंडिक महेमा के जानें।
तुमचो माया हमर गच पाक, कितरोय ब्रह्मांड मानें॥ ९॥
रेंगू-नीरेंगू जीवमन सपा, कीड़ामन माहा आसोत।
हुन पाक के खाऊ कठिन काल, जे तुमचोले डरलोर आसोत॥ १०॥
मनुख असन पूछासीस तुमी, सपा लोक चो मालिक।
बर मांगेंसे सीता लछमन संगे, हिरदे ने राहा मालिक॥ ११॥
भक्ती बैराग सतसंग खुबे, मोके करूक मिरो।
तुमचो पायँ ले नी गुचू मया, बरहमेस मोके मिरो॥ १२॥

अस तव रूप बखानउँ जानउँ। फिरि फिरि सगुन ब्रह्म रति मानउँ॥
संतत दासन्ह देहु बड़ाई। तातें मोहि पूँछेहु रघुराई॥ ७॥

है प्रभु परम मनोहर ठाऊँ। पावन पंचबटी तेहि नाऊँ॥
दंडक बन पुनीत प्रभु करहू। उग्र साप मुनिबर कर हरहू॥ ८॥

बास करहु तहँ रघुकुल राया। कीजे सकल मुनिन्ह पर दाया॥
चले राम मुनि आयसु पाई। तुरतहिं पंचबटी निअराई॥ ९॥

दो०– गीधराज सैं भेंट भइ बहु बिधि प्रीति बढ़ाइ।
गोदावरी निकट प्रभु रहे परन गृह छाइ॥ १३॥

चौ०– जब ते राम कीन्ह तहँ बासा। सुखी भए मुनि बीती त्रासा॥
गिरि बन नदीं ताल छबि छाए। दिन दिन प्रति अति होहिं सुहाए॥ १॥

खग मृग बृंद अनंदित रहहीं। मधुप मधुर गुंजत छबि लहहीं॥
सो बन बरनि न सक अहिराजा। जहाँ प्रगट रघुबीर बिराजा॥ २॥

एक बार प्रभु सुख आसीना। लछिमन बचन कहे छलहीना॥
सुर नर मुनि सचराचर साईं। मैं पूछउँ निज प्रभु की नाईं॥ ३॥

मोहि समुझाइ कहहु सोइ देवा। सब तजि करौं चरन रज सेवा॥
कहहु ग्यान बिराग अरु माया। कहहु सो भगति करहु जेहिं दाया॥ ४॥

दो०– ईस्वर जीव भेद प्रभु सकल कहौ समुझाइ।
जातें होइ चरन रति सोक मोह भ्रम जाइ॥ १४॥

चौ०– थोरेहि महँ सब कहउँ बुझाई। सुनहु तात मति मन चित लाई॥
मैं अरु मोर तोर तैं माया। जेहिं बस कीन्हे जीव निकाया॥ १॥

गो गोचर जहँ लगि मन जाई। सो सब माया जानेहु भाई॥
तेहि कर भेद सुनहु तुम्ह सोऊ। बिद्या अपर अबिद्या दोऊ॥ २॥

एक दुष्ट अतिसय दुखरूपा। जा बस जीव परा भवकूपा॥
एक रचइ जग गुन बस जाकें। प्रभु प्रेरित नहिं निज बल ताकें॥ ३॥

ग्यान मान जहँ एकउ नाहीं। देख ब्रह्म समान सब माहीं॥
कहिअ तात सो परम बिरागी। तृन सम सिद्धि तीनि गुन त्यागी॥ ४॥

दो०– माया ईस न आपु कहुँ जान कहिअ सो जीव।
बंध मोच्छ प्रद सर्बपर माया प्रेरक सीव॥ १५॥

तुमी अखंड ब्रह्म जेके, गियान ले जानुक होएसे।
संत जेचो भजन गासोत हुन, परब्रह्म परमेसर होएसे॥ १३॥
असन हुन रूप के जानेंसे, तेंके सकें सांगुक।
बले उल्टुन सगुन ब्रह्म के, मया ले होएँसे मानुक॥ १४॥
भारी मान देते रहासीस, हमैस सेउक के तुमी।
एइ ने मोचो ले पूछासीस, रघुनाथ भगवान तुमी॥ १५॥
सुंदर ठान आसे भगवान, पंचवटी आय नावँ।
गौतम सराप के हरतो काजे, दंडक करा घाम॥ १६॥
मुनीमन ऊपरे दया करून, जाउन राहा उथा।
सुनुन राम निकरून भाती, अमरुन गेला उथा॥ १७॥

१३ गिदहा संगे भेट करला, खुबे मया बढ़ाउन।
गोदावरी रेठे थे बला भगवान, पाना कुड़िया बनाउन॥ १८॥

* पंचवटी डेर *

राम डेरा करते सपा डंड, उथा ले उहुन गेली।
रान डोंगरीतरई नंदी, सोभा ले भरपुर होली॥ १॥
भँवरा गरजसोत सुँदर गुलाय, पसु चड़ई हरीक हो सोत।
सेस सोभा के सांगुक नी सके, जेठाने राम आसोत॥ २॥
हारक राम सुख ले बसला, लछमन मुरियालो गोठ।
देव मनुख सँवसार चो मालिक, मान ले पूछे से गोठ॥ ३॥
समझाउन मोके एकेई सांगा, जे पायँ चो सेवा करें।
गियान बैराग माया भक्ती, सांगा जे सवाल करें॥ ४॥

१४ भागवान जीव चो भेद समझाउन, सांगा गुन जे पाँएँ।
तुमचो पायँ ले मया बाढ़ो, दुख-मोह-भरम जाए॥ ५॥

खिंडिक ने समझाउन सागेंसे, सुन नंगत चेत देऊन।
मय मोचो तुई तुचो आय माया, जीव के बांधेसे नेऊन॥ ६॥
इंदरीमन ने जितरो मन जाएसे, ते सपा के माया जान।
हुनचो बल-बिदिया-अबिदिया आसे, दुनों चो भेद के सुन॥ ७॥
अबिदिया दुसट गुन ने पड़ुन जीव, सवँसार चुआँ ने आसे।
बिदिया गन ले सवँसार बनाएसे, आपलो बल नी आसे॥ ८॥
गियान ने मान दोस नीआय, सपा के ब्रह्म दखेसे।
तीनों गुन सिद्धि छांड लो लोग, भारी बैरागी दिखेसे॥ ९॥

१५ जीव हुनी जे माया भगवान, आपलो रूप नी जाने।
सपा ले अलग करम बांधन ले तारु, हुन के भगवान माने॥ १०॥

चौ०– धर्म तें बिरति जोग तें ग्याना। ग्यान मोच्छप्रद बेद बखाना॥
जातें बेगि द्रवउँ मैं भाई। सो मम भगति भगत सुखदाई॥ १॥

सो सुतंत्र अवलंब न आना। तेहि आधीन ग्यान बिग्याना॥
भगति तात अनुपम सुखमूला। मिलइ जो संत होइँ अनुकूला॥ २॥

भगति कि साधन कहउँ बखानी। सुगम पंथ मोहि पावहिं प्रानी॥
प्रथमहिं बिप्र चरन अति प्रीती। निज निज कर्म निरत श्रुति रीती॥ ३॥

एहि कर फल पुनि बिषय बिरागा। तब मम धर्म उपज अनुरागा॥
श्रवनादिक नव भक्ति दृढ़ाहीं। मम लीला रति अति मन माहीं॥ ४॥

संत चरन पंकज अति प्रेमा। मन क्रम बचन भजन दृढ़ नेमा॥
गुरु पितु मातु बंधु पति देवा। सब मोहि कहँ जानै दृढ़ सेवा॥ ५॥

मम गुन गावत पुलक सरीरा। गदगद गिरा नयन बह नीरा॥
काम आदि मद दंभ न जाकें। तात निरंतर बस मैं ताकें॥ ६॥

दो०– बचन कर्म मन मोरि गति भजनु करहिं निःकाम।
तिन्ह के हृदय कमल महुँ करउँ सदा बिश्राम॥ १६॥

चौ०– भगति जोग सुनि अति सुख पावा। लछिमन प्रभु चरनन्हि सिरु नावा॥
एहि बिधि गए कछुक दिन बीती। कहत बिराग ग्यान गुन नीती॥ १॥

सूपनखा रावन कै बहिनी। दुष्ट हृदय दारुन जस अहिनी॥
पंचबटी सो गइ एक बारा। देखि बिकल भइ जुगल कुमारा॥ २॥

भ्राता पिता पुत्र उरगारी। पुरुष मनोहर निरखत नारी॥
होइ बिकल सक मनहि न रोकी। जिमि रबिमनि द्रव रबिहि बिलोकी॥ ३॥

रुचिर रूप धरि प्रभु पहिं जाई। बोली बचन बहुत मुसुकाई॥
तुम्ह सम पुरुष न मो सम नारी। यह सँजोग बिधि रचा बिचारी॥ ४॥

मम अनुरूप पुरुष जग माहीं। देखेउँ खोजि लोक तिहु नाहीं॥
तातें अब लगि रहिउँ कुमारी। मनु माना कछु तुम्हहि निहारी॥ ५॥

सीतहि चितइ कही प्रभु बाता। अहइ कुआर मोर लघु भ्राता॥
गइ लछिमन रिपु भगिनी जानी। प्रभु बिलोकि बोले मृदु बानी॥ ६॥

सुंदरि सुनु मैं उन्ह कर दासा। पराधीन नहिं तोर सुपासा॥
प्रभु समर्थ कोसलपुर राजा। जो कछु करहिं उनहि सब छाजा॥ ७॥

धरम ले बैराम जोग ले गियान, गियान मुक्ती देएँसे।
भक्ती ले झटके हरीक होएँसे, भगत के सुख देएँसे॥ ११॥
भक्ती सुतंत जेके साधन नी लागे, गियान बिग्यान हाते।
सुन्दर सुख चो जड़ मिरेसे जेबे, संत हरीक आसे॥ १२॥
भक्ती साधन के लमाउन सांगेंसे, ये सहज बाट आय।
सहज ने जीव मोके पावसोत, जे इतरो सहज आय॥ १३॥
बाम्हन पायँ ले मया होओ, बेद रीती के धरुन।
नेम-धरम ले आपलो-आपलो, करम ने रहो लागुन॥ १४॥
एचो फल फेर बिसय ले बैराग, धरम ले मया बाढ़ेसे।
नव रकम भक्ती ले मोचो, लीला ले मया बाढ़ेसे॥ १५॥
मन, बानी, करम ले भजन नेम, संत पायँ ले मया होओ।
गुरु, माय, बाप, भाई मुनीस देव मोके, जानुन सेवा ने रहो॥ १६॥
मोचो गुन गाते देंह भरुन जाएसे, बानी हरीक ले भरुन जाओ।
आइँख पानी ले भरो जे काम, घमंड इरखा ने नी जाओ॥ १७॥

१६ करम-मन-गोठ ले मोचोय गती, जे बिगर लोभ भजन करो।
हुसनमन चो मन गुड़ी ने मयँ, बरहमेस बास करें॥ १८॥

सुख पावलो लछमन पायँ पड़लो, भक्ती गोठ सुमुन।
थोड़े दिन कटली ग्यान गुन नीती, बेराग गोठ सुमुन॥ १९॥
सुपनखा नावँ चो रावन चो बहिन, जे नागिन माह रहे।
पंचबटी ने दुनों भाई के दखुन, कलपडाहा होते रहे॥ २०॥
सुना गरुड़ मेहरार जात जे आत, सुन्दर मनुख के दखुन।
भले बाप, भाई, बेटा होओ, होएसे कलपडाहा दखुन॥ २१॥
आपलो मन के थेवाउक नी सके, सूरजकांत मनी असन।
सुरुज के दखले गलुन जाएसे, मेहरार जीव आय हुसन॥ २२॥
सुन्दरी भेस ने राम लग जाउन, मुचकुन करली गोठ।
तुचो माहा मनुख न मोचो माहा मेहरार, राम धरला जोग॥ २३॥
लाइक बर सवँसार ने नीआय, तीनोंपुर डगरा उन दखले।
एइ काजे एबत ले कुआँरी आसें, मन मानली जबले दखले॥ २४॥
सीता बाट दखते राम बलला, मोचो भाई कुआँरा आय।
लछमन लग गेली बिचार करला, ये बयरी चो बहिन आय॥ २५॥
सुन्दरी मयँ आयँ तिहँचो सेउक, परहाते सुख नीहोय।
भगवान समरथ कोसल राजा, तिहँकेय फबती होय॥ २६॥
सेउक सुख मांगाखाया मान, अवचली धन डगराय।
कामी, सुभ गति, लोभी जस, घमंडी [1]चारों डगराय॥ २७॥

१. अर्थ, धर्म, काम, मोक्ष।

सेवक सुख चह मान भिखारी। ब्यसनी धन सुभ गति बिभिचारी॥
लोभी जसु चह चार गुमानी। नभ दुहि दूध चहत ए प्रानी॥ ८॥

पुनि फिरि राम निकट सो आई। प्रभु लछिमन पहिं बहुरि पठाई॥
लछिमन कहा तोहि सो बरई। जो तृन तोरि लाज परिहरई॥ ९॥

तब खिसिआनि राम पहिं गई। रूप भयंकर प्रगटत भई॥
सीतहि सभय देखि रघुराई। कहा अनुज सन सयन बुझाई॥ १०॥

दो०– लछिमन अति लाघवँ सो नाक कान बिनु कीन्हि।
ताके कर रावन कहँ मनौ चुनौती दीन्हि॥ १७॥

चौ०– नाक कान बिनु भइ बिकरारा। जनु स्त्रव सैल गेरु कै धारा॥
खर दूषन पहिं गइ बिलपाता। धिग धिग तव पौरुष बल भ्राता॥ १॥

तेहि पूछा सब कहेसि बुझाई। जातुधान सुनि सेन बनाई॥
धाए निसिचर निकर बरूथा। जनु सपच्छ कज्जल गिरि जूथा॥ २॥

नाना बाहन नानाकारा। नानायुध धर घोर अपारा॥
सुपनखा आगें करि लीनी। असुभ रूप श्रुति नासा हीनी॥ ३॥

असगुन अमित होहिं भयकारी। गनहिं न मृत्यु बिबस सब झारी॥
गर्जहिं तर्जहिं गगन उड़ाहीं। देखि कटकु भट अति हरषाहीं॥ ४॥

कोउ कह जिअत धरहु द्वौ भाई। धरि मारहु तिय लेहु छड़ाई॥
धूरि पूरि नभ मंडल रहा। राम बोलाइ अनुज सन कहा॥ ५॥

लै जानकिहि जाहु गिरि कंदर। आवा निसिचर कटकु भयंकर॥
रहेहु सजग सुनि प्रभु कै बानी। चले सहित श्री सर धनु पानी॥ ६॥

देखि राम रिपुदल चलि आवा। बिहसि कठिन कोदंड चढ़ावा॥ ७॥

छं०– कोदंड कठिन चढ़ाइ सिर जट जूट बाँधत सोह क्यों।
मरकत सयल पर लरत दामिनि कोटि सों जुग भुजग ज्यों॥
कटि कसि निषंग बिसाल भुज गहि चाप बिसिख सुधारि कै।
चितवत मनहुँ मृगराज प्रभु गजराज घटा निहारि कै॥

सो०– आइ गए बगमेल धरहु धरहु धावत सुभट।
जथा बिलोकि अकेल बाल रबिहि घेरत दनुज॥ १८॥

चौ०– प्रभु बिलोकि सर सकहिं न डारी। थकित भई रजनीचर धारी॥
सचिव बोलि बोले खर दूषन। यह कोउ नृपबालक नर भूषन॥ १॥

जाने जाना रन सरग कें टनन, गोरस डगराएसे।
उल्टुन हुन फेर राम बाट गेली, वरन छलते जाएसे॥ २८॥
फेर लछमन लग राम पाठाला, लछमन दखुन बललो।
लाज के किटका टोडुन छांडेदे, हुनी मनयायदे बललो॥ २९॥
खिसयाउन रीसे-रीस राम बाटगेली, भयंकार रूपदखाली।
भाई के राम इसारा ले बलला, सीता दखुन डरली॥ ३०॥

१७ लछमन तुरते चांडे-चांड धरुन, नाक कान बिगर करलो।
लागे हुनचोय हाते रावन के, एदाँय बलाव दिलो॥ ३१॥

बिकराल दिखे नाक-कान बिन, लागे -डोगरी ले गेरु बोहे।
खर-दूसन लग जाउन सरापे, चिचयाउन कलपुन रोए॥ ३२॥
पूछतो के तिहुँके समझाउन सांगली, रक्सा फउद जोड़ला।
पटका बिती डोंगरी माहा कूढ़ा कूढ़ा, रक्सा तुरते जुहला॥ ३३॥
रकम-रकम चो बाहन भेस, खुबे हतेयार धरुन।
बिगर नाक कान चो सूपनखा के, साग ले पुरे करुन॥ ३४॥

* खर दूसन संग लड़ई *

अनगिनत असगुन होते जाए, बले कोनों नी मानसोत।
गरजत-चिचयात सरग ने उड़त, फउद दखुन हरीक होसोत॥ १॥
कोनी बलेसे जियन दुनों के धरा, कोनी मरते मारा।
कोनी बलेसे बायले के झीका, कोनी बलेसे सारा॥ २॥
धुरला ले अकास भरुन गेली, लछमन के बलला राम।
राकस फउद भारी इलासोत, चलाकी ले करसे काम॥ ३॥
सीता के धरुन खोह ने जाव, सुनुन धनउ कांड धरुन।
लछमन उथा ले तुरते गुचला, सीता माता के धरुन॥ ४॥
बयरी फउद लगे अमरला, हांसुन धनु चेघाला राम।
मुंड लट के सम्हराउन बांधला, उथा दिखत असन राम॥ ५॥
जसन मरकत मनी डोंगरी ने, कोटी साँप लड़सोत।
धनउ सुधराउन दखत जसन, हाथी के बाघ दखसोत॥ ६॥

१८ धरा-धरा बलते रक्सा इला, राम के गोंडरून दिला।
जसन मन्देह गोंडरा मारेसे, सुरुज के दखुन पिला॥ ७॥

राम के दखते हारुन गेला, कांड छांडुक नी सकला।
ये लाल मनुख ने सोना आय, देवान के बलाउन बलला॥ ८॥

नाग असुर सुर नर मुनि जेते। देखे जिते हते हम केते॥
हम भरि जन्म सुनहु सब भाई। देखी नहिं असि सुंदरताई॥ २॥

जद्यपि भगिनी कीन्हि कुरूपा। बध लायक नहिं पुरुष अनूपा॥
देहु तुरत निज नारि दुराई। जीअत भवन जाहु द्वौ भाई॥ ३॥

मोर कहा तुम्ह ताहि सुनावहु। तासु बचन सुनि आतुर आवहु॥
दूतन्ह कहा राम सन जाई। सुनत राम बोले मुसुकाई॥ ४॥

हम छत्री मृगया बन करहीं। तुम्ह से खल मृग खोजत फिरहीं॥
रिपु बलवंत देखि नहिं डरहीं। एक बार कालहु सन लरहीं॥ ५॥

जद्यपि मनुज दनुज कुल घालक। मुनि पालक खल सालक बालक॥
जौं न होइ बल घर फिरि जाहू। समर बिमुख मैं हतउँ न काहू॥ ६॥

रन चढ़ि करिअ कपट चतुराई। रिपु पर कृपा परम कदराई॥
दूतन्ह जाइ तुरत सब कहेऊ। सुनि खर दूषन उर अति दहेऊ॥ ७॥

छं०– उर दहेउ कहेउ कि धरहु धाए बिकट भट रजनीचरा।
सर चाप तोमर सक्ति सूल कृपान परिघ परसु धरा॥
प्रभु कीन्हि धनुष टकोर प्रथम कठोर घोर भयावहा।
भए बधिर ब्याकुल जातुधान न ग्यान तेहि अवसर रहा॥

दो०– सावधान होइ धाए जानि सबल आराति।
लागे बरषन राम पर अस्त्र सस्त्र बहुभाँति॥ १९ (क)॥

तिन्ह के आयुध तिल सम करि काटे रघुबीर।
तानि सरासन श्रवन लगि पुनि छाँड़े निज तीर॥ १९ (ख)॥

छं०– तब चले बान कराल। फुंकरत जनु बहु ब्याल॥
कोपेउ समर श्रीराम। चले बिसिख निसित निकाम॥ १॥

अवलोकि खरतर तीर। मुरि चले निसिचर बीर॥
भए क्रुद्ध तीनिउ भाइ। जो भागि रन ते जाइ॥ २॥

तेहि बधब हम निज पानि। फिरे मरन मन महुँ ठानि॥
आयुध अनेक प्रकार। सनमुख ते करहिं प्रहार॥ ३॥

रिपु परम कोपे जानि। प्रभु धनुष सर संधानि॥
छाँड़े बिपुल नाराच। लगे कटन बिकट पिसाच॥ ४॥

जितरो नाग, असुर, देव, मनुख, मुनी जे आमी दखलू।
जीतलू मारलू बले ये जीवना ने, असन सुंदर नी दखलू॥ ९॥
मारतो लाइक नोआय भले, बहिन चो दुरगती करलो।
भाई संग फिरो आमके देऊन, लुकालोर बायले आपलो॥ १०॥
मोचो गोठ के हुनके सांगुन, तुरते फिर जवाब धरुन।
दूत जाउन खबर सुनावला, राम हाँसते बलला सुनुन॥ ११॥
आमी छतरी आँव ये बन ने, इलूसे पारद खेलुक।
तुमन असन पसु डगराउँसे, एथा पारद खेलुक॥ १२॥
बली बयरी के दखुन आमी, डरतो लोग नोआँव।
एक हार काजे काल संगे बल, आमी लड़ू आँव॥ १३॥
राकसमन चो नास करेया, भले आमी मनुख आँव।
मान्तर दुसट के सजा देऊ, आमी पिला आँव॥ १४॥
तुमचो ने जे बल नीआय जाले, फिरुन जाहा घरे।
भाठा ने पाठ दखाऊ लोग के, मयँ काकेय नी मारें॥ १५॥
रन ने कपट चलाकी करुन, बयरी के दया करतोर।
डरपोकहा चाल आय ये, भाठा ने गोठ करतोर॥ १६॥
दूतमन फिरुन तुरते गेला, सांगला गोठ सपा।
खरदूसन चो जीव जरली, गोठ सुनुन सफा॥ १७॥
बलला धरा पराला राकस, धनऊ कांड धरुन।
खांडा, तिरछुल बरछी भाला, फरसा सक्ती धरुन॥ १८॥
राम धनऊ चो गरजना सुनुन, रक्सा भयरा होला।
हुदलदाँय काकेय चेत नी रहे, असन बोमरुन गेला॥ १९॥

१९ (क) बयरी के बली जानुन भाती, चलाक होउन पराला।
बारा बानी हात-हतेयार, ते पकाउक मुरियाला॥ २०॥

१९ (ख) तिहँचो हतेयार के तिल माहा काटे, राम कांड तुरते।
पाछे कांड छांडुक धनऊ के, झीकत कान पुरते॥ २१॥

निसकलो कांड असन लागेसे, साँप उड़ेसे जसन।
रन ने राम रीस होला, कांड फिंगत साँप जसन॥ २२॥
धार काँड के दरघुन रक्सा, परासोत पाठ करून।
रन ले परादे जे कोनी, तीनों बलला रीस होउन॥ २३॥
आमी हाते तिहुँके मारवाँ, फिरला मरूक बिचारुन।
पुरे पड़ुन फिंगते जासोत, रकम हतेयार मारून॥ २४॥
बयरी दल के रीस ने दखुन, झीकला राम धनऊ।
कांड छांडते रक्सा मरत, जसने कांड छांडे धनऊ॥ २५॥

उर सीस भुज कर चरन। जहँ तहँ लगे महि परन॥
चिक्करत लागत बान। धर परत कुधर समान॥ ५॥

भट कटत तन सत खंड। पुनि उठत करि पाषंड॥
नभ उड़त बहु भुज मुंड। बिनु मौलि धावत रुंड॥ ६॥

खग कंक काक सृगाल। कटकटहिं कठिन कराल॥ ७॥

छं०– कटकटहिं जंबुक भूत प्रेत पिसाच खर्पर संचहीं।
बेताल बीर कपाल ताल बजाइ जोगिनि नंचहीं॥
रघुबीर बान प्रचंड खंडहिं भटन्ह के उर भुज सिरा।
जहँ तहँ परहिं उठि लरहिं धर धरु धरु करहिं भयकर गिरा॥ १॥

अंतावरीं गहि उड़त गीध पिसाच कर गहि धावहीं।
संग्राम पुर बासी मनहुँ बहु बाल गुड़ी उड़ावहीं॥
मारे पछारे उर बिदारे बिपुल भट कहँरत परे।
अवलोकि निज दल बिकल भट तिसिरादि खर दूषन फिरे॥ २॥

सर सक्ति तोमर परसु सूल कृपान एकहि बारहीं।
करि कोप श्रीरघुबीर पर अगनित निसाचर डारहीं॥
प्रभु निमिष महुँ रिपु सर निवारि पचारि डारे सायका।
दस दस बिसिख उर माझ मारे सकल निसिचर नायका॥ ३॥

महि परत उठि भट भिरत मरत न करत माया अति घनी।
सुर डरत चौदह सहस प्रेत बिलोकि एक अवध धनी॥
सुर मुनि सभय प्रभु देखि मायानाथ अति कौतुक कर्‌यो।
देखहि परसपर राम करि संग्राम रिपु दल लरि मर्‌यो॥ ४॥

दो०– राम राम कहि तनु तजहिं पावहिं पद निर्बान।
करि उपाय रिपु मारे छन महुँ कृपानिधान॥ २० (क)॥

हरषित बरषहिं सुमन सुर बाजहिं गगन निसान।
अस्तुति करि करि सब चले सोभित बिबिध बिमान॥ २० (ख)॥

चौ०– जब रघुनाथ समर रिपु जीते। सुर नर मुनि सब के भय बीते॥
तब लछिमन सीतहि लै आए। प्रभु पद परत हरषि उर लाए॥ १॥

सीता चितव स्याम मृदु गाता। परम प्रेम लोचन न अघाता॥
पंचबटीं बसि श्रीरघुनायक। करत चरित सुर मुनि सुखदायक॥ २॥

मुंड, बाहाँ, छाती, पाँय गुलाय, पिरथी ने पड़ते जासोत।
चिचयाते जासोत हाथी माहा, धड़ कटुन पड़ते जासोत॥ २६॥
बीरमन चो देंह गोंदा होउन, भुएँ पड़ते जासोत।
माया जोर ले तिहँचो देह, फेर उबा होउन जासोत॥ २७॥
अकासे उड़सोत मुंड बाहाँ, धड़ मुंड भुएँ परासोत।
काँवरा, गिदहा, चड़ई, कोलिया, भाटा ने कटरते जासोत॥ २८॥
भूत, परेत, डूमा, मसान, मुंडमन के सकलते जासोत।
डूमा मुंड के पांडु बजासोत, जोगनी नाचते जासोत॥ २९॥
बीरमन चो छाती बाहाँ के, राम कांड काटते जाएसे।
एथा-उथा धड़ पड़ुन उठुन, फेर लड़ते जाएसे॥ ३०॥
गिदहा पोटा के धरून उड़सोत, पिसाच धरुन परासोत।
लागे लड़ई भाटा ने पिला, पतंग उडाते जासोत॥ ३१॥
कई जोधा मरला सरला, कितरोय चो छाती फांटे।
तिरसिरा खर दूसन राम बाटे, दखुन सपा फउद बाटे॥ ३२॥
अनगिनत रक्सा रीस करू, कांड तिरछुल फिंगसोत।
सकती फरसा कटार खांडा राम बाटे फिंगसोत॥ ३३॥
डंडिक ने तिहचो सपा हतेयार, राम काटुन दिला।
रक्सा मुखियामन चो छाती ने, दस-दस कांड बिंधला॥ ३४॥
भुँए पड़सोत उठन लड़सोत, मारले नी मरसोत।
उठुन-उठुन, रकम-रकम चो, माया करते जासोत॥ ३५॥
हुनमन के दखुन देव डरसोत, चउदा हजार आसोत।
एबाट अवध चो राम भगवान, एकलोय उथा आसोत॥ ३६॥
देव मुनी के डरलो जानुन राम, गोटोक हांसी करला।
बयरी एक-दूसर के राम दखुन, काटी होउन मरला॥ ३७॥

२० (क) राम-राम बलते देंह छाँडलोने, मुक्ती पाउन जाओत।
किरपा चो धाम सपा के मारला, जितसे उथा रहोत॥ ३८॥

२० (ख) सरगपुर ते नगारा घुमड़ली, देव फूल बरसा करसोत।
स्तुति करते बिमान बसुन, आपलो धाम जासोत॥ ३९॥

सपा बयरी के भाटा ने मारला, जीतला भगवान राम।
सीता के धरून लछमन अमरला, जेलग रहोत राम॥ ४०॥
पाँय पड़तो के दखुन भगवान, लेपटाला उठाउन भाती।
सीता आइँख अघाय नाईं, राम रूप दखुन भाती॥ ४१॥
असन पंचवटी ने रहुन राम, लीला करते जाओत।
रिसी मुनी के हरीक करूक, चरितर करते जाओत॥ ४२॥

धुआँ देखि खरदूषन केरा। जाइ सुपनखाँ रावन प्रेरा॥
बोली बचन क्रोध करि भारी। देस कोस कै सुरति बिसारी॥ ३॥

करसि पान सोवसि दिनु राती। सुधि नहिं तव सिर पर आराती॥
राज नीति बिनु धन बिनु धर्मा। हरिहि समर्पे बिनु सतकर्मा॥ ४॥

बिद्या बिनु बिबेक उपजाएँ। श्रम फल पढ़ें किएँ अरु पाएँ॥
संग तें जती कुमंत्र ते राजा। मान ते ग्यान पान तें लाजा॥ ५॥

प्रीति प्रनय बिनु मद ते गुनी। नासहिं बेगि नीति अस सुनी॥ ६॥

सो०– रिपु रुज पावक पाप प्रभु अहि गनिअ न छोट करि।
अस कहि बिबिध बिलाप करि लागी रोदन करन॥ २१ (क)॥

दो०– सभा माझ परि ब्याकुल बहु प्रकार कह रोइ।
तोहि जिअत दसकंधर मोरि कि असि गति होइ॥ २१ (ख)॥

चौ०– सुनत सभासद उठे अकुलाई। समुझाई गहि बाहँ उठाई॥
कह लंकेस कहसि निज बाता। केइँ तव नासा कान निपाता॥ १॥

अवध नृपति दसरथ के जाए। पुरुष सिंघ बन खेलन आए॥
समुझि परी मोहि उन्ह कै करनी। रहित निसाचर करिहहिं धरनी॥ २॥

जिन्ह कर भुजबल पाइ दसानन। अभय भए बिचरत मुनि कानन॥
देखत बालक काल समाना। परम धीर धन्वी गुन नाना॥ ३॥

अतुलित बल प्रताप द्वौ भ्राता। खल बध रत सुर मुनि सुखदाता॥
सोभा धाम राम अस नामा। तिन्ह के संग नारि एक स्यामा॥ ४॥

रूप रासि बिधि नारि सँवारी। रति सत कोटि तासु बलिहारी॥
तासु अनुज काटे श्रुति नासा। सुनि तव भगिनि करहिं परिहासा॥ ५॥

खर दूषन सुनि लगे पुकारा। छन महुँ सकल कटक उन्ह मारा॥
खर दूषन तिसिरा कर घाता। सुनि दससीस जरे सब गाता॥ ६॥

* सुपनखा रावण गोठ *

खर-दूसन चो नास दखुन, रावन बाटे गेली।
देस खजाना चो चेत नीआय, सुपनखा रीस ने बलली॥ १॥
मंद खाउन सोउन आसीस, बयरी चो चेत नी आय।
नीती नाहलो राज, धरम नाहलो धन, पावले भलई नी आय॥ २॥
काईं नंगत बुता करतो आगे, भगवान के चेघालो बिगर।
फोकहा मेहनत बिदिया पढ़तोर, बिबेक मन चो बिगर॥ ३॥
बद मास संगे सन्यासी नसेसे बदावनीती ने जाएसे राजा।
मान ले गियान मद ले लाज, सरून जाएसे राजा॥ ४॥
मान बिगर मया घमंड गुन, तुरते सरुन जाएसे।
असन रकम चो गोठ जानेंसे, तेकेय एथ गाएँसे॥ ५॥

२१ (क) सांप बयरी, रोग, आइग पाप, नानी नी जान एके।
असन सुपनखा गागते बलली, पुरे होउन भाती तेके॥ ६॥

२१ (ख) मंझ दरबार ने डाहल - बिकल, गागुन गागुन बले।
अरे दसमुंउया मोचो गत के, दख तुचो रहत ले॥ ७॥

सुपनखा गोठ सुनुन दरबारी, एकेदांय दंदरुन गेला।
चेचा धरून उठाउन भाती, लोग समझाते गेला॥ ८॥
तुचो नाक-कान कोन आय काटू, बलुन रावन पूछे।
अयोधिया राजा दसरथ चो बेटा, मनुख ने सिंघ दिखे॥ ९॥
रान ने पारद खेलुक इला सोत, तिहँचो आय करनी असन।
रक्सा बंस पिरथी ले तेमन, लागेसे सारदे जसन॥ १०॥
जेमन चो बाहां सकत उपरे, मुनीमन निडर होला।
दखलोने हुनमन पीला लागसोत मान्तर कालमाहा होला॥ ११॥
भारी गुनी धीरजाहा टकर, दुनोय धनऊ कांड धरून।
बल सकत बल हुसने तिहँचों, बुलसोत संगे रहुन॥ १२॥
देव आरु मुनीमन के सुख देते, दुसट के मारते बुलसोत।
सोभा चो धाम राम नावँ आय, बायले संगे बुलसोत॥ १३॥
हुनचो जुआन मेहरार असन सुंदरी, नी पुरेदे रती।
तुचो बहिन जानुन हुनचोय भाई, मोचो ये करलो गती॥ १४॥
गोहार सुनुन खर दूसन तिसरा, साहा होउक इला।
डंडिक ने एकलोय सपा फउद के, ठाने मरत ले दिला॥ १५॥
खर दूसन आरु तिसरा चोर मरलोर हारलोर सुनुन।
रावन देंह ने आइग बरली, भाई के मरलो जानुन॥ १६॥

दो०– सूपनखहि समुझाइ करि बल बोलेसि बहु भाँति।
गयउ भवन अति सोचबस नीद परइ नहिं राति॥ २२॥

चौ०– सुर नर असुर नाग खग माहीं। मोरे अनुचर कहँ कोउ नाहीं॥
खर दूषन मोहि सम बलवंता। तिन्हहि को मारइ बिनु भगवंता॥ १॥

सुर रंजन भंजन महि भारा। जौं भगवंत लीन्ह अवतारा॥
तौ मैं जाइ बैरु हठि करऊँ। प्रभु सर प्रान तजें भव तरऊँ॥ २॥

होइहि भजनु न तामस देहा। मन क्रम बचन मंत्र दृढ़ एहा॥
जौं नररूप भूपसुत कोऊ। हरिहउँ नारि जीति रन दोऊ॥ ३॥

चला अकेल जान चढ़ि तहवाँ। बस मारीच सिंधु तट जहवाँ॥
इहाँ राम जसि जुगुति बनाई। सुनहु उमा सो कथा सुहाई॥ ४॥

दो०– लछिमन गए बनहिं जब लेन मूल फल कंद।
जनकसुता सन बोले बिहसि कृपा सुख बृंद॥ २३॥

चौ०– सुनहु प्रिया ब्रत रुचिर सुसीला। मैं कछु करबि ललित नरलीला॥
तुम्ह पावक महुँ करहु निवासा। जौ लगि करौं निसाचर नासा॥ १॥

जबहिं राम सब कहा बखानी। प्रभु पद धरि हियँ अनल समानी॥
निज प्रतिबिंब राखि तहँ सीता। तैसइ सील रूप सुबिनीता॥ २॥

लछिमनहूँ यह मरमु न जाना। जो कछु चरित रचा भगवाना॥
दसमुख गयउ जहाँ मारीचा। नाइ माथ स्वारथ रत नीचा॥ ३॥

नवनि नीच कै अति दुखदाई। जिमि अंकुस धनु उरग बिलाई॥
भयदायक खल कै प्रिय बानी। जिमि अकाल के कुसुम भवानी॥ ४॥

दो०– करि पूजा मारीच तब सादर पूछी बात।
कवन हेतु मन ब्यग्र अति अकसर आयहु तात॥ २४॥

चौ०– दसमुख सकल कथा तेहि आगें। कही सहित अभिमान अभागें॥
होहु कपट मृग तुम्ह छलकारी। जेहि बिधि हरि आनौं नृपनारी॥ १॥

तेहिं पुनि कहा सुनहु दससीसा। ते नररूप चराचर ईसा॥
तासों तात बयरु नहिं कीजै। मारें मरिअ जिआएँ जीजै॥ २॥

२२ सूपनखा के नंगत समझाते, आपलो बनके सांगे।
फिकर ने आपलो महल जाउन, गुलाय राती जागे॥ १७॥

देव मनुख असुर नाग चड़ई, नीआत असन कोनी।
मोचो माहा सकत बिता के मारू, भगवान छांडुन कोनी॥ १८॥
देव मुनीमन के हरीक करून, पिरथी भार हरूक।
जे भगवान अवतार धरलासोत, जाएँदे बइर करूक॥ १९॥
भवसागर ले तरून जाएँदे, तिहँचो कांड ले मरून।
राकस जनम ने भाव भजन नाईं,असन बिचार करून॥ २०॥
आरू जे ते मनुख जनम चो, राजा पिलामन आत।
दुनों के रन ने जीतुन भाती, बायले के आनू आय॥ २१॥
एकलो रथ ने चेधुन गेलो, समुंद रेठे रावन।
मारीच रक्सा सेउक रहे, उथा अमरलो रावन॥ २२॥

* रावन-मारीच गोठ *

सुन पारवती एदाँय सांगेसे, राम जे उआट करला।
हुन सुन्दर कहनी सांगेसे, जसन राम जे करला॥ १॥

२३ कांदा पाक फर काजे लछमन, रहोत रान बाट जाउन।
राम भगवान सीता माता के, बलला एकलो जानुन॥ २॥

पतिबरता तुइ मुनीस के मातू, करेंदे मनुख लीला।
रक्सा बस के सारतले तुई, आइगॅ ने रा सीता॥ ३॥
जसने समझाला तिहँके राम, पायँमन ने धरुन।
आइग ने जाउन समाउन गेली, छाँय के उथा छांडुन॥ ४॥
भगवान लीला करलोर के लछमन, काईं थाहा नी पावलो।
सुवारथी रावन मारीच लगे, जाउन बिन्ती करलो॥ ५॥
अंकुस, साँप, धनऊ बिलई, जसन लँउन रहेसे।
नीच चो लँउन गोठ करतोर, हुसनेय दुख देएसे॥ ६॥
दुसट लोग चो गोठ बले, डराउन देएसे हुसन।
बिगर दिन-बार ने जे, फूल फूलसे जसन॥ ७॥

२४ पूजा करुन मारीच पूछलो, कसन इलास मालिक।
कसन घबराउन भाती तुमी, एकलोय इलास मालिक॥ ८॥

अभागा रावन सपा के सांगलो, भारी घमंड करते।
बललो कपट ले चीतर होव, आपलो छल करते॥ ९॥
राजा चो बायले के चोरुन आनेंदे, असन उपाय कर।
बललो मारीच दसमुंडया सुन, तुइ भले काईं कर॥ १०॥

मुनि मख राखन गयउ कुमारा। बिनु फर सर रघुपति मोहि मारा॥
सत जोजन आयउँ छन माहीं। तिन्ह सन बयरु किएँ भल नाहीं॥ ३॥

भइ मम कीट भृंग की नाई। जहँ तहँ मैं देखउँ दोउ भाई॥
जौं नर तात तदपि अति सूरा। तिन्हहि बिरोधि न आइहि पूरा॥ ४॥

दो०– जेहिं ताड़का सुबाहु हति खंडेउ हर कोदंड।
खर दूषन तिसिरा बधेउ मनुज कि अस बरिबंड॥ २५॥

चौ०– जाहु भवन कुल कुसल बिचारी। सुनत जरा दीन्हिसि बहु गारी॥
गुरु जिमि मूढ़ करसि मम बोधा। कहु जग मोहि समान को जोधा॥ १॥

तब मारीच हृदयँ अनुमाना। नवहि बिरोधें नहिं कल्याना॥
सस्त्री मर्मी प्रभु सठ धनी। बैद बंदि कबि भानस गुनी॥ २॥

उभय भाँति देखा निज मरना। तब ताकिसि रघुनायक सरना॥
उतरु देत मोहि बधब अभागें। कस न मरौं रघुपति सर लागें॥ ३॥

अस जियँ जानि दसानन संगा। चला राम पद प्रेम अभंगा॥
मन अति हरष जनाव न तेही। आजु देखिहउँ परम सनेही॥ ४॥

छं०– निज परम प्रीतम देखि लोचन सुफल करि सुख पाइहौं।
श्रीसहित अनुज समेत कृपानिकेत पद मन लाइहौं॥
निर्बान दायक क्रोध जा कर भगति अबसहि बसकरी।
निज पानि सर संधानि सो मोहि बधिहि सुखसागर हरी॥

दो०– मम पाछें धर धावत धरें सरासन बान।
फिरि फिरि प्रभुहि बिलोकिहउँ धन्य न मो सम आन॥ २६॥

चौ०– तेहि बन निकट दसानन गयऊ। तब मारीच कपटमृग भयऊ॥
अति बिचित्र कछु बरनि न जाई। कनक देह मनि रचित बनाई॥ १॥

सीता परम रुचिर मृग देखा। अंग अंग सुमनोहर बेषा॥
सुनहु देव रघुबीर कृपाला। एहि मृग कर अति सुंदर छाला॥ २॥

तीनों पुर चो भगवान ले तुई, फोकहा बइर नी धर।
तिहँचोय मारलोर जियालोर ने आसूं, फोकहा भरम नी कर॥ ११ ॥
मुनी जग्यँ ने एइ राखा करते, ढोकेना ने मोके मारला।
डंडिक ने मोके सौ जोजन लाफी, एथा फिंगुन दिला॥ १२ ॥
भँवरी कीड़ा माहा गत होली, इसू-हेंव मयँ दखें।
राम लछमन दुनों भाई के, गुलाय ठान ने दखें॥ १३ ॥
जे मालिक तेइ मनुख आत, जाले सूरबीर आत।
तिहँचो संगे बइर धरतोर, भलई चो नोआय बात॥ १४ ॥

२५ ताड़का-सुबाहु के मारून दिला, सिव धनऊ टुटाला जे।
मनुख ते काय होउक सकदे, खर दूसन के मारला जे॥ १५ ॥

कुल भलई के बिचारुन तुमी, आपलो घरे जाहा।
सुनुन जरुन गारी दिलो, मुरुख तुई गुरू माहा॥ १६ ॥
गियान सिखासीख तुई मोके, सांग तुई आगे एके।
मोचो माहा कोन सूरबीर, बिचारुन सांग एके॥ १७॥
मारीच आपलो मने बिचारलो, नव ले बइर नी बने।
मूरख धनी भाट भेदिया, हात-हतेयार जे गने॥ १८ ॥
नंगत मालिक बइद कबी, पधारी मनुख संगे।
बइर धरले नास होएसे, ए नव लोग संगे॥ १९ ॥
दुनोंय बाटे मरना दखुन, राम सरन गेलो।
बलले जाले मारेदे मोके, बिचार मने करलो॥ २० ॥
कायकाज राम कांडे नी मरें, समझुन संगे होलो।
राम पायँ ने भारी मया, रावन संगे गेलो॥ २१ ॥
मन ने हरीक दरसन काजे, नी जाने रावन भेद।
आइँख सुफल करेंदे मय, भले आसे एथा भेद॥ २२ ॥
राम, लछमन, सीता दरसन करून, पायँ ने मन के देय।
रीस बल तिहँचो मुक्ती देऊ, भक्ती पायँ ने नेय॥ २३ ॥
हरीक चो समुंद हाते धनऊ धरुन, कांड ले नेतुन मारदे।
मोचो पाछे भुँइ ने परादे, उल्टुन दरस पाएँदे॥ २४॥

२६ मोचो माहा भागवान कोन, जे राम चो दरसन करेंदे।
उल्टुन-पल्टुन दरसन पाते, अउर मयँ दरसन करेंदे॥ २५ ॥

हुन बन रेठे रावन अमरलो, मारीच मिरगा बनलो।
भारी अदभुत सांगुक नीहोए, सोन मनी चो बनलो॥ २६ ॥
सीता सुंदर मिरगा के दखली, जे सपा बाट ले सुन्दर।
बललो सुना हे भगवान, मिरगा चामड़ी सुन्दर॥ २७॥

सत्यसंध प्रभु बधि करि एही। आनहु चर्म कहति बैदेही॥
तब रघुपति जानत सब कारन। उठे हरषि सुर काजु सँवारन॥ ३॥

मृग बिलोकि कटि परिकर बाँधा। करतल चाप रुचिर सर साँधा॥
प्रभु लछिमनहि कहा समुझाई। फिरत बिपिन निसिचर बहु भाई॥ ४॥

सीता केरि करेहु रखवारी। बुधि बिबेक बल समय बिचारी॥
प्रभुहि बिलोकि चला मृग भाजी। धाए रामु सरासन साजी॥ ५॥

निगम नेति सिव ध्यान न पावा। मायामृग पाछें सो धावा॥
कबहुँ निकट पुनि दूरि पराई। कबहुँक प्रगटइ कबहुँ छपाई॥ ६॥

प्रगटत दुरत करत छल भूरी। एहि बिधि प्रभुहि गयउ लै दूरी॥
तब तकि राम कठिन सर मारा। धरनि परेउ करि घोर पुकारा॥ ७॥

लछिमन कर प्रथमहिं लै नामा। पाछें सुमिरेसि मन महुँ रामा॥
प्रान तजत प्रगटेसि निज देहा। सुमिरेसि रामु समेत सनेहा॥ ८॥

अंतर प्रेम तासु पहिचाना। मुनि दुर्लभ गति दीन्हि सुजाना॥ ९॥

दो०– बिपुल सुमन सुर बरषहिं गावहिं प्रभु गुन गाथ।
निज पद दीन्ह असुर कहुँ दीनबंधु रघुनाथ॥ २७॥

चौ०– खल बधि तुरत फिरे रघुबीरा। सोह चाप कर कटि तूनीरा॥
आरत गिरा सुनी जब सीता। कह लछिमन सन परम सभीता॥ १॥

जाहु बेगि संकट अति भ्राता। लछिमन बिहसि कहा सुनु माता॥
भृकुटि बिलास सृष्टि लय होई। सपनेहुँ संकट परइ कि सोई॥ २॥

मरम बचन जब सीता बोला। हरि प्रेरित लछिमन मन डोला॥
बन दिसि देव सौंपि सब काहू। चले जहाँ रावन ससि राहू॥ ३॥

सून बीच दसकंधर देखा। आवा निकट जती कें बेषा॥
जाकें डर सुर असुर डेराहीं। निसि न नीद दिन अन्न न खाहीं॥ ४॥

सो दससीस स्वान की नाईं। इत उत चितइ चला भड़िहाईं॥
इमि कुपंथ पग देत खगेसा। रह न तेज तन बुधि बल लेसा॥ ५॥

नाना बिधि करि कथा सुहाई। राजनीति भय प्रीति देखाई॥
कह सीता सुनु जती गोसाईं। बोलेहु बचन दुष्ट की नाईं॥ ६॥

सतवान तुमी चामड़ी के आना एके मारुन बले।
देव कारज सिध करुक उठला, सपा के जानते बले॥ २८॥
मिरगा के दखुन कन्हेया बांधला, धनऊ ने कांड चेघाउन।
लछमन के बलला रक्सा बुलसोत, गुलाय बन ने एउन॥ २९॥
बुद्धि-बिबेक ले बेरा दखुन, करसे सीता चो राखा।
परभू गे दखते मिरगा परालो, दखते आका-बाका॥ ३०॥
हुनचो पाठसरलगा राम पराला, जेके बेद नेती बलसोत।
सिव गियान ले जेके नी पाओत, ते असन लीला करसोत॥ ३१॥
छल ले बनलो मिरगा पाछे, राम पराते जासोत।
लगे लाफी लुकते दिखते, मिरगा पाछे जासोत॥ ३२॥
छल करते भगवान के हुन, खुबे लाफी निलो।
नेतुन राम कांड ले बींधला, किरकिरते भुएँ पड़लो॥ ३३॥
लछमन नाव के आगे धरुन, राम सुमरना करलो।
मरतो दाँय असल देह ने एउन, मया ले राम के सुमरलो॥ ३४॥
सपा जानू राम मन चो जानुन, हुनके गती दिला।
बड़े-बड़े रिसो मुनी नो पाओत, असन धाम दिला॥ ३५॥

२७ फूल बरसाते देव गुने गासोत, राम आत दयावान।
असुर के आपलो धाम दिला, गुनी भगवान राम॥ ३६॥

* रावन चो सीता चोरून नेतोर *

दुसट के मारून तुरते फिरला, धनऊकांड हाते सोहे।
गोहार सुनुन सीता-लछमन के बले, भारी डर ने होए॥ १॥
तुमचो दादा के बिपती पड़ली, झटके जाहा तुमी।
लछमन सुनुन बलला माता, भय नी माना तुमी॥ २॥
जेमन चो अबगो आइँख नेतलोने, सवँसारे परलय होएसे।
सपना ने बल असन भगवान के, काय बिपती होएसे॥ ३॥
सुनुन सीता भेद गोठ बलला, ऊपर भगवान चो माया।
लछमन मन के डोलाउन दिली, असन करली माया॥ ४॥
सीता के देव-माटी के सोपुन, सुमरुन लछमन गेलो।
रावन जोन काजे राहू राम, रहत हुनलग गेलो॥ ५॥
सूना दखुन जोगी भेस ने रावन, सीता लगे इलो।
जेचो डर ले देव असुर डरसोत, हुनी कुकुर माहा गेलो॥ ६॥
गरुड़ कुमारग ने पायँ मंडाते, सपा गुन सरून जाएसे।
देह चो तेज गियान सकत, काईं रहुक नी पाएसे॥ ७॥

तब रावन निज रूप देखावा। भई सभय जब नाम सुनावा॥
कह सीता धरि धीरजु गाढ़ा। आइ गयउ प्रभु रहु खल ठाढ़ा॥ ७॥

जिमि हरिबधुहि छुद्र सस चाहा। भएसि कालबस निसिचर नाहा॥
सुनत बचन दससीस रिसाना। मन महुँ चरन बंदि सुख माना॥ ८॥

दो०– क्रोधवंत तब रावन लीन्हिसि रथ बैठाइ।
चला गगनपथ आतुर भयँ रथ हाँकि न जाइ॥ २८॥

चौ०– हा जग एक बीर रघुराया। केहिं अपराध बिसारेहु दाया॥
आरति हरन सरन सुखदायक। हा रघुकुल सरोज दिननायक॥ १॥

हा लछिमन तुम्हार नहिं दोसा। सो फलु पायउँ कीन्हेउँ रोसा॥
बिबिध बिलाप करति बैदेही। भूरि कृपा प्रभु दूरि सनेही॥ २॥

बिपति मोरि को प्रभुहि सुनावा। पुरोडास चह रासभ खावा॥
सीता कै बिलाप सुनि भारी। भए चराचर जीव दुखारी॥ ३॥

गीधराज सुनि आरत बानी। रघुकुलतिलक नारि पहिचानी॥
अधम निसाचर लीन्हें जाई। जिमि मलेछ बस कपिला गाई॥ ४॥

सीते पुत्रि करसि जनि त्रासा। करिहउँ जातुधान कर नासा॥
धावा क्रोधवंत खग कैसें। छूटइ पबि परबत कहुँ जैसें॥ ५॥

रे रे दुष्ट ठाढ़ किन होही। निर्भय चलेसि न जानेहि मोही॥
आवत देखि कृतांत समाना। फिरि दसकंधर कर अनुमाना॥ ६॥

की मैनाक कि खगपति होई। मम बल जान सहित पति सोई॥
जाना जरठ जटायू एहा। मम कर तीरथ छाँड़िहि देहा॥ ७॥

सुनत गीध क्रोधातुर धावा। कह सुनु रावन मोर सिखावा॥
तजि जानकिहि कुसल गृह जाहू। नाहिं त अस होइहि बहुबाहू॥ ८॥

राम रोष पावक अति घोरा। होइहि सकल सलभ कुल तोरा॥
उतरु न देत दसानन जोधा। तबहिं गीध धावा करि क्रोधा॥ ९॥

धरि कच बिरथ कीन्ह महि गिरा। सीतहि राखि गीध पुनि फिरा॥
चोचन्ह मारि बिदारेसि देही। दंड एक भइ मुरुछा तेही॥ १०॥

कई रकम चो कथा सांगते, नीती मया डर दखाय।
सीता बलली जोगी बलसीस, दुसट होउन काय॥ ८॥
इतरो ने असल रूप दखालो, डरली नावँ सुनुन।
दुसट उबा रा डंडिक एबे, बललो धीरज धरुन॥ ९॥
भगवान अमरते तुके दखदे, काय समंझसीस एऊन।
लमहा जसन सिंघ बायले के, एथा दखेसे नेउक॥ १०॥
काल हाते पड़लीसीस हुसने, रीस होलो सुनुन।
मन ने खुबे हरीक होलो, पायँ के बिनाउन॥ ११॥

२८ पाछे रीस होते तुरते, रथ ने बसाउन दिलो।
डर चो मारे रेंगाउक नी सके, अकास बाट धरलो॥ १२॥

सीता गागते कलपते जाए, हे सवँसार चो बीर राम।
काय दोस ने भुलकलास मोके, दुख के हरू राम॥ १३॥
सरन एऊ के दया करू, हर रकम चो सुख देऊ।
रघुकुल पूड़न चो सुरूज तुमी, सवँसार के सुख देऊ॥ १४॥
लछमन तुमचो दोस नी रहे, रीस चो फल पाएँसे।
किरपा खुबे बले परभू लाफी, बलुन कलपते जाएसे॥ १५॥
कोन सांगेदे भगवान के बिपति, सुनलो जीव होओत दुखी।
जग्यँ अरन गधा खाउक दखेसे, जड़ जीव सपा दुखी॥ १६॥
गिदहा राजा कलपना सुनुन, हुन राग के चितालो।
रघुकुल चो राम बायले चो, जटायु राग चितालो॥ १७॥
नीच रक्सा धरून नेएसे, दखलोने लागेसे असन।
कसई हाते कपिला पड़ली, बललो दखलो जसन॥ १८॥
फिकर नी कर सीता बेटी, करेंदे रक्सा चो नास।
चड़ई रीस करून परालो, डोंगरी ने पड़ली गाज॥ ११॥
थेबीस कसन नाईं जाते जासीस, काय नी जानीस मोके।
जम माहा पुरे एतो के दखुन, रावन बिचारुन दखे॥ २०॥
मैनाक होओ कि गरूड़ होओ, ते जानसोत बल मोचो।
चिताउन बललो डोकरा जटायु, मरेदे ये हाते मोचो॥ २१॥
सुनते गिदहा रीसेरीस बललो, मोचो सिखानी सुन।
जानकी के छांनुन सोजे घर जा, नाहले तुइ ये गुन॥ २२॥
खुबे बाँहाबिता राम रीस आइगने, बंस कीड़ी होई तुचो।
दस मुंडया काईं जवाब नी देउन, रीस ने उपरे हुनचो॥ २३॥
चूँदी धरून रथ खाले उतरालो, रावन भुएँ पड़लो।
सीता के बसाउन फिरून भाती, चोंडी ले देते दिलो॥ २४॥

तब सक्रोध निसिचर खिसिआना। काढ़ेसि परम कराल कृपाना॥
काटेसि पंख परा खग धरनी। सुमिरि राम करि अदभुत करनी॥ ११॥

सीतहि जान चढ़ाइ बहोरी। चला उताइल त्रास न थोरी॥
करति बिलाप जाति नभ सीता। ब्याध बिबस जनु मृगी सभीता॥ १२॥

गिरि पर बैठे कपिन्ह निहारी। कहि हरि नाम दीन्ह पट डारी॥
एहि बिधि सीतहि सो लै गयऊ। बन असोक महँ राखत भयऊ॥ १३॥

दो०– हारि परा खल बहु बिधि भय अरु प्रीति देखाइ।
तब असोक पादप तर राखिसि जतन कराइ॥ २९ (क)॥

नवाह्नपारायण, छठा विश्राम

जेहि बिधि कपट कुरंग सँग धाइ चले श्रीराम।
सो छबि सीता राखि उर रटति रहति हरिनाम॥ २९ (ख)॥

चौ०– रघुपति अनुजहि आवत देखी। बाहिज चिंता कीन्हि बिसेषी॥
जनकसुता परिहरिहु अकेली। आयहु तात बचन मम पेली॥ १॥

निसिचर निकर फिरहिं बन माहीं। मम मन सीता आश्रम नाहीं॥
गहि पद कमल अनुज कर जोरी। कहेउ नाथ कछु मोहि न खोरी॥ २॥

अनुज समेत गए प्रभु तहवाँ। गोदावरि तट आश्रम जहवाँ॥
आश्रम देखि जानकी हीना। भए बिकल जस प्राकृत दीना॥ ३॥

हा गुन खानि जानकी सीता। रूप सील ब्रत नेम पुनीता॥
लछिमन समुझाए बहु भाँती। पूछत चले लता तरु पाँती॥ ४॥

हे खग मृग हे मधुकर श्रेनी। तुम्ह देखी सीता मृगनैनी॥
खंजन सुक कपोत मृग मीना। मधुप निकर कोकिला प्रबीना॥ ५॥

कुंद कली दाड़िम दामिनी। कमल सरद ससि अहिभामिनी॥
बरुन पास मनोज धनु हंसा। गज केहरि निज सुनत प्रसंसा॥ ६॥

श्रीफल कनक कदलि हरषाहीं। नेकु न संक सकुच मन माहीं॥
सुनु जानकी तोहि बिनु आजू। हरषे सकल पाइ जनु राजू॥ ७॥

किमि सहि जात अनख तोहि पाहीं। प्रिया बेगि प्रगटसि कस नाहीं॥
एहि बिधि खोजत बिलपत स्वामी। मनहुँ महा बिरही अति कामी॥ ८॥

पूरनकाम राम सुख रासी। मनुजचरित कर अज अबिनासी॥
आगें परा गीधपति देखा। सुमिरत राम चरन जिन्ह रेखा॥ ९॥

रावन देंह चो अवगतान करते, मूरछा एतले दिलो।
रावन रीस ने कटार निकराउन, पटका के काटुन दिलो॥ २५॥
राम लीला के सुरता करून, जटायु भुएँ पड़लो।
सीता के रावन रथे बसाउन, डरते हरीक चललो॥ २६॥
डोंगरी ने बेंदरामन के दखुन, कपड़ा फिंगुन दिली।
कलपते सीता अकास मारग ले, हरीनाम धरते गेली॥ २७॥
असन रकम ले सीता माता के, धरून जाते गेलो।
आपलो राज चो असोक बन ने, सीता के ठोउन दिलो॥ २८॥

२९ (क) कई रकम डर मया दखाउन, दुसट हारुन गेलो।
असोक गच खाले जतन करून, छाँडुन जाते गेलो॥ २९॥

२९ (ख) जसन कपट मिरगा पाछे पराते, जाउन रहत राम।
हुनी छली मने राखुन सीता, जपे बसुन हरी राम॥ ३०॥

रघुपती भाई चो एतोके दखुन, बाहिर ले फिकर करला।
जानकी के एकलो छांडुन, कसन इलीस बलला॥ ३१॥
मोचो गोठ के पेलुन इलीस, रक्सा गोहड़ा गुलाय।
आसरम ने सीता नीआय लागेसे, मोचो मन ने एदाँय॥ ३२॥
पायँ धरुन लछमन बललो, मोचो दोस नो आय।
भाई संगे आसरम गेला राम, दखला सीता नीआय॥ ३३॥
सादा मनुख माहा कलपुन भति, होओत खुबे दुखी।
गुनवन्तीन जानकी रूपबती तुई, नंगत टकर बिती॥ ३४॥
नेम बरत ले पबितर सीता, राम बलते जासोत।
राम कंदरई के दखुन लछमन, तिहँके समझाते जासोत॥ ३५॥
लाहा-डीरा रुख-राई के पूछसोत, ये चड़ई पसु सांगा।
भवँरा चो डांड सीत के काय, खलास तुमी सांगा॥ ३६॥
रूपु परेयाँ चीतर मछरी, बैलाबिकू कोयली।
कुन्दई दाड़िम बिजली पूड़न, जोन चो दिन इली॥ ३७॥
नांगिन काम धनऊ हाँसा, हाथी सिंघ बाघ जितरो।
बरून फाँदा सुनते जासोत, आपलो बड़ई इतरो॥ ३८॥
बेल कदली सोन हरीक, लाज बिचार नीआय।
तुचो बिगर हरीक होसोत, पावलासोत राज आज॥ ३९॥
तुई कसन झंझट सहसीस, झपके नी एईस कसन।
सीता के असन कलपते डगरात, कामी लोग जसन॥ ४०॥
पूरनकाम हरीक कूढ़ा अबिनासी, असन चरितर करते।
पुरे गिदहा के पड़लो दखला, पायँ सुमरना करते॥ ४१॥

दो०– कर सरोज सिर परसेउ कृपासिंधु रघुबीर।।
निरखि राम छबि धाम मुख बिगत भई सब पीर।। ३०।।

चौ०– तब कह गीध बचन धरि धीरा। सुनहु राम भंजन भव भीरा।।
नाथ दसानन यह गति कीन्ही। तेहिं खल जनकसुता हरि लीन्ही।। १।।

लै दच्छिन दिसि गयउ गोसाईं। बिलपति अति कुररी की नाईं।।
दरस लागि प्रभु राखेउँ प्राना। चलन चहत अब कृपानिधाना।। २।।

राम कहा तनु राखहु ताता। मुख मुसकाइ कही तेहिं बाता।।
जाकर नाम मरत मुख आवा। अधमउ मुकुत होइ श्रुति गावा।। ३।।

सो मम लोचन गोचर आगें। राखौं देह नाथ केहि खाँगें।।
जल भरि नयन कहहिं रघुराई। तात कर्म निज तें गति पाई।। ४।।

परहित बस जिन्ह के मन माहीं। तिन्ह कहुँ जग दुर्लभ कछु नाहीं।।
तनु तजि तात जाहु मम धामा। देउँ काह तुम्ह पूरनकामा।। ५।।

दो०– सीता हरन तात जनि कहहु पिता सन जाइ।
जौं मैं राम त कुल सहित कहिहि दसानन आइ।। ३१।।

गीध देह तजि धरि हरि रूपा। भूषन बहु पट पीत अनूपा।।
स्याम गात बिसाल भुज चारी। अस्तुति करत नयन भरि बारी।। १।।

छं०– जय राम रूप अनूप निर्गुन सगुन गुन प्रेरक सही।
दससीस बाहु प्रचंड खंडन चंड सर मंडन मही।।
पाथोद गात सरोज मुख राजीव आयत लोचनं।
नित नौमि रामु कृपाल बाहु बिसाल भव भय मोचनं।। १।।

बलमप्रमेयमनादिमजमब्यक्तमेकमगोचरं।
गोबिंद गोपर द्वंद्वहर बिग्यानघन धरनीधरं।।
जे राम मंत्र जपंत संत अनंत जन मन रंजनं।
नित नौमि राम अकाम प्रिय कामादि खल दल गंजनं।। २।।

३० किरपा चो समुंद हुनचो मुंड के, हात ले छिउन दिला।
सोभा धाम चो मुँह के दखते, सपा दुखा सरून गेला ॥ ४२ ॥

धीरज धरुन गिदहा बललो, भय नास करु सुना।
रावन असन गत करलोसे, सीता के नीलो से जाना ॥ ४३ ॥
रक्सउ बाटे धरुन गेलोसे, कलपेसे सीता राम।
तुमचो दरसन काजे जीव आसे, ए जाउक दखेसे राम ॥ ४४ ॥
राम बलला देंह राखा तुमी, सुनुन हांसुन बलला।
मरतो दाँय नाँव ले मुखी मिरेसे, बेद जे असन बलला ॥ ४५ ॥
हुनी मोचो आइँख पुरे आसोत, फेर ये देंह के काय करें।
आइँख भरते राम बलला सियान, करम ले गति भरे ॥ ४६ ॥
मोचो मन दूसर चो भलई आसे, तेके नीहोय काईं घाट।
देंह छांडुन मोचो धाम जाहा, तुमके काईं नीआय घाट ॥ ४७ ॥

३१ सीता चोरले के बाबा के नी सांगा, जे मयँ आँय राम।
दसमुंडेया आपने सपा के सांगेदे, कुटुम संग एउन धाम ॥ ४८ ॥

देंह छांडुन हरी रुप धरलो, गाहना कपड़ा ले सुंदर।
चार डेना साँवर देंह चो होउन, बिन्ती करलो सुंदर ॥ ४९ ॥

॥ हे राम तुमचो जय हो ॥

तुमचो रुप खुबे सुन्दर आसे, सगुन निरगुन आहास।
हमेस आपलो सतगुन के, बढ़ाउन भाती आहास ॥ १ ॥
दस मुँडेया चो भारी बाहाँमन के, गोंदा-गोंदा करु आहास।
भारी धनऊ कांड हाते धरुन, पिरथी चो सोभा आहास ॥ २ ॥
पानी बादरी माहा साँवर देंह, पूड़न माहा मुँह चो आहास।
लाल पूड़न माहा बड़े आइँख चो, बरकस डेना चो आहास ॥ ३ ॥
सवँसार समुंद चो बांधन छंडाऊ, तुमी अगमजानी आहास।
बरहमेस मयँ जोहार करेंसे, तुमी भय ले तारु आहास ॥ ४ ॥
तुमी अपरम्पार बल बिता, अनादी अजन्मा आहास।
बेद ले जानतो लाइक अगोचर, गोटकी रूप चो आहास ॥ ५ ॥
इंद्रीमन ले अलग रहुन भाती, बिग्यान चो मूरित आहास।
झगड़ा किबर सपा के सारू, पिरथी चो अधार आहास ॥ ६ ॥
संतमन जे राम मंतर जपसोत, सेउक काजे हरीक आहास।
मनुख जेचो काईं मंसा नीआय, हुनचो मन ने तुमी आहास ॥ ७ ॥
दुसट काम चो दलमन के, सपा के मारु आहास।
बरहमेस मयँ जोहार करेंसे, भगत के तारु आहास ॥ ८ ॥

जेहि श्रुति निरंजन ब्रह्म ब्यापक बिरज अज कहि गावहीं।
करि ध्यान ग्यान बिराग जोग अनेक मुनि जेहि पावहीं॥
सो प्रगट करुना कंद सोभा बृंद अग जग मोहई।
मम हृदय पंकज भृंग अंग अनंग बहु छबि सोहई॥ ३॥

जो अगम सुगम सुभाव निर्मल असम सम सीतल सदा।
पस्यंति जं जोगी जतन करि करत मन गो बस सदा॥
सो राम रमा निवास संतत दास बस त्रिभुवन धनी।
मम उर बसउ सो समन संसृति जासु कीरति पावनी॥ ४॥

दो०– अबिरल भगति मागि बर गीध गयउ हरिधाम।
तेहि की क्रिया जथोचित निज कर कीन्ही राम॥ ३२॥

चौ०– कोमल चित अति दीनदयाला। कारन बिनु रघुनाथ कृपाला॥
गीध अधम खग आमिष भोगी। गति दीन्हि जो जाचत जोगी॥ १॥

सुनहु उमा ते लोग अभागी। हरि तजि होहिं बिषय अनुरागी॥
पुनि सीतहि खोजत द्वौ भाई। चले बिलोकत बन बहुताई॥ २॥

संकुल लता बिटप घन कानन। बहु खग मृग तहँ गज पंचानन॥
आवत पंथ कबंध निपाता। तेहिं सब कही साप कै बाता॥ ३॥

दुरबासा मोहि दीन्ही सापा। प्रभु पद पेखि मिटा सो पापा॥
सुनु गंधर्ब कहउँ मैं तोही। मोहि न सोहाइ ब्रह्मकुल द्रोही॥ ४॥

दो०– मन क्रम बचन कपट तजि जो कर भूसुर सेव।
मोहि समेत बिरंचि सिव बस ताकें सब देव॥ ३३॥

चौ०– सापत ताड़त परुष कहंता। बिप्र पूज्य अस गावहिं संता॥
पूजिअ बिप्र सील गुन हीना। सूद्र न गुन गन ग्यान प्रबीना॥ १॥

कहि निज धर्म ताहि समुझावा। निज पद प्रीति देखि मन भावा॥
रघुपति चरन कमल सिरु नाई। गयउ गगन आपनि गति पाई॥ २॥

ताहि देइ गति राम उदारा। सबरी कें आश्रम पगु धारा॥
सबरी देखि राम गृहँ आए। मुनि के बचन समुझि जियँ भाए॥ ३॥

सरसिज लोचन बाहु बिसाला। जटा मुकुट सिर उर बनमाला॥
स्यामं गौर सुंदर दोउ भाई। सबरी परी चरन लपटाई॥ ४॥

ब्रह्म जेके बेद माया ले अलगासोत, गुलाय छाई होउन आसोत।
जेमन के काईं दोस नीआय आरु, बिगर जनम चो होसोत॥ ९॥
मुनीमन जेमन के गियान बैराग, जोग साधन करून पासोत।
दुख ले तारु सीमा कूढ़ा परगट, जीव जड़सपा के मोहासोत॥ १०॥
मोचो पूड़न नाहा मन ने भवँरा, देहें करोड़ काम सोभा सोहसोत।
जे अगम सहज सुंदर टकर चो, बिकट आरु समान आसोत॥ ११॥
बरहमेस सांत मन इंद्री के हमेस, आपलो हाते राखुन आसोत।
जोगीमन भारी साधन करुन भाती, दरसन करुक पासोत॥ १२॥
तीनों पुर चो मालिक लछमी संग रहूँ, हमेस सेउक हाते आहास।
तुमचो पबितर कीरीत, जीवना मरना ले छंडाऊ आहास॥ १३॥

३२ भारी भक्ती चो बर मांगुन, गिदहा गेलो हरी धाम।
तिहँचो सपा मरनी काम के, हाते करला राम॥ ५०॥

गरीब-दुखी के साहा होऊ, फोकहा बले दया करू।
मांस खाऊ गिदहा के धाम दिला, असन राम दया करू॥ ५१॥

* सबरी संगे भेंट *

उमा हुन अभागा जे हरी के छांडुन, माया मोह ने रसोत।
दुनों भाई सीता चो डगर करते, पुरे जीतते जासोत॥ १॥
लाहा रुख ने भरलो बन, चड़ई पसु रहत सपा।
बाटे एऊ कबंध के मारला, सराप गोठ सांगलो सपा॥ २॥
दुरबासा सराप देऊ रहत भगवान, दरसन ले पाप गेली।
बाम्हन बयरी नी भाए जान, बलला मीठा बोली॥ ३॥

३३ मन, बानी, करम ले कपट छांडुन, बाम्हन सेवा जे करेसे।
मोचो संगे ब्रह्मा सिव सपा के, आपलो बस ने राखेसे॥ ४॥

सरापो मारो रीसकरो बल बाम्हन, पूजा लाइक आत।
करम गुन ले नसलो चो बल, पूजा करतोर आय॥ ५॥
गुनी रले बल नीच केबई, नीहोत पूजा लाइक।
आपलो धरम समझाउन भाती, दखला तेके लाइक॥ ६॥
राम पायँ ने मुंड लवाँउन, गेलो गती पाउन।
भाई संग राम सबरी घर गेला, कबंध के गती देउन॥ ७॥
सबरी दखली राम इलासोत, मुनी गोठ सुरता करुन।
मने मन हरीक होएसे सबरी, राम चो दरसन करुन॥ ८॥
जटा चो मुकुट पूड़न माहा आइँख, भारी डेना तिहँचो।
बनमाला पिंधलोर साँवर पंडरा, पायँ पोटारली तिहँचो॥ ९॥

प्रेम मगन मुख बचन न आवा। पुनि पुनि पद सरोज सिर नावा॥
सादर जल लै चरन पखारे। पुनि सुंदर आसन बैठारे॥ ५॥

दो०— कंद मूल फल सुरस अति दिए राम कहुँ आनि।
प्रेम सहित प्रभु खाए बारंबार बखानि॥ ३४॥

चौ०— पानि जोरि आगें भइ ठाढ़ी। प्रभुहि बिलोकि प्रीति अति बाढ़ी॥
केहि बिधि अस्तुति करौं तुम्हारी। अधम जाति मैं जड़मति भारी॥ १॥

अधम ते अधम अधम अति नारी। तिन्ह महँ मैं मतिमंद अघारी॥
कह रघुपति सुनु भामिनि बाता। मानउँ एक भगति कर नाता॥ २॥

जाति पाँति कुल धर्म बड़ाई। धन बल परिजन गुन चतुराई॥
भगति हीन नर सोहइ कैसा। बिनु जल बारिद देखिअ जैसा॥ ३॥

नवधा भगति कहउँ तोहि पाहीं। सावधान सुनु धरु मन माहीं॥
प्रथम भगति संतन्ह कर संगा। दूसरि रति मम कथा प्रसंगा॥ ४॥

दो०— गुर पद पंकज सेवा तीसरि भगति अमान।
चौथि भगति मम गुन गन करइ कपट तजि गान॥ ३५॥

चौ०— मंत्र जाप मम दृढ़ बिस्वासा। पंचम भजन सो बेद प्रकासा॥
छठ दम सील बिरति बहु करमा। निरत निरंतर सज्जन धरमा॥ १॥

सातवँ सम मोहि मय जग देखा। मोतें संत अधिक करि लेखा॥
आठवँ जथालाभ संतोषा। सपनेहुँ नहिं देखइ परदोषा॥ २॥

नवम सरल सब सन छलहीना। मम भरोस हियँ हरष न दीना॥
नव महुँ एकउ जिन्ह कें होई। नारि पुरुष सचराचर कोई॥ ३॥

सोइ अतिसय प्रिय भामिनि मोरें। सकल प्रकार भगति दृढ़ तोरें॥
जोगि बृंद दुरलभ गति जोई। तो कहुँ आजु सुलभ भइ सोई॥ ४॥

मम दरसन फल परम अनूपा। जीव पाव निज सहज सरूपा॥
जनकसुता कइ सुधि भामिनी। जानहि कहु करिबरगामिनी॥ ५॥

पंपा सरहि जाहु रघुराई। तहँ होइहि सुग्रीव मिताई॥
सो सब कहिहि देव रघुबीरा। जानतहूँ पूछहु मतिधीरा॥ ६॥

बार बार प्रभु पद सिरु नाई। प्रेम सहित सब कथा सुनाई॥ ७॥

छं०— कहि कथा सकल बिलोकि हरि मुख हृदयँ पद पंकज धरे।
तजि जोग पावक देह हरि पद लीन भइ जहँ नहिं फिरे॥

मगन होली गोठ फूटते नी रहे, धोवली दुनों चो पायँ।
दुनों के आनुन आसन दिली, घनघड़ी पड़े पायँ॥ १०॥

३४ रस सुवाद बिती कांदा फर आनुन, राम पुरे मंडाली।
मया ले सहराते राम खदला, हात जोड़ुन उबा होली॥ ११॥

भगवान के दखुन मया बाढ़ेसे, बले कसन बिन्ती करे।
नीच जात चो अग्यानी जीव, मेहरार जीवना सरे॥ १२॥
राम बलला बहिन गोठ सुन, अबगो भक्ती के मानें।
जात पात कुल धरम धन बल, कुटुम गुन चलाक ठाने॥ १३॥
बिगर भक्ती मनुख लागेसे असन, जसन पानी बिगर बादरी।
नव भक्ती मयँ तुके सांगेंसे, समझुन सुन सबरी॥ १४॥
पहिल भक्ती संत संग करतोर, मोचो कथा कहनी दूसर।
गुरु चो सेवा गुन ले करतोर, भक्ती के जान तीसर॥ १५॥

३५ चउथ भक्ती आय कपट छांडुन, मोचो गुन गीत करतोर।
पाँच ने मोचो नावँ के जपुन, बेद चो मान राखतोर॥ १६॥

छय ने आपलो इंद्री के जीतुन, नंगत चाला ने रतोर।
सपा ले बैराग संतधरम ने, बरहसेस आय रतोर॥ १७॥
सात ने सवँसार के समभाव दखते, मोचो माहा दखतोर।
मोचो ले आगर जानुन संत के, तिहँचो मान करतोर॥ १८॥
आठ ने जे बल मिरो हुनी ने, संतोस जीव के करतोर।
सपना ने जे बल दूसर चो दोस के, केबई बल नी दखतोर॥ १९॥
नव ने कपट छांड़ुन सपा जीव संग, सहज बेभार करतोर।
केबई मन ने दुख हरीक नी होउन, मोचोंले भरोस राखतोर॥ २०॥
ये नव ने जे गोटोक बल होले, भले हुन कोनी होओ।
मनुख होओ कि मेहरार होओ, जड़ होओ कि जीव होओ॥ २१॥
मोके हुन नंगत लागेसे बहिन, तुचो लग भक्ती आसे।
जोगी मुनी के जे गती मिरेसे, हुनी गती तुचो आसे॥ २२॥
मोचो दरस ले एइ पक्की आय, जीव सहज फल पाए।
जानकी चो सोर के तुई, सांग जे जानीस काय॥ २३॥
पंपा उपजन ने तुमी जाहा, सुगरीव संग भेट होएदे।
हुनी सपा हाल सांगदे देव, जानास ये सवाल होएसे॥ २४॥
घनघड़ी मया ले पायँ पड़ुन, सपा कहनी सांगली।
भगवान मुँह चो दरसन करुन, पायँ के मने धरली॥ २५॥
जोग आइग ने देह छांड़ुन हुन, नी पातो गती पावली।
जेठान ले केबई उल्टुक नीहोय, असन गती पावली॥ २६॥

नर बिबिध कर्म अधर्म बहु मत सोकप्रद सब त्यागहू।
बिस्वास करि कह दास तुलसी राम पद अनुरागहू॥

दो०— जाति हीन अघ जन्म महि मुक्त कीन्हि असि नारि।
महामंद मन सुख चहसि ऐसे प्रभुहि बिसारि॥ ३६॥

चौ०— चले राम त्यागा बन सोऊ। अतुलित बल नर केहरि दोऊ॥
बिरही इव प्रभु करत बिषादा। कहत कथा अनेक संबादा॥ १॥

लछिमन देखु बिपिन कइ सोभा। देखत केहि कर मन नहिं छोभा॥
नारि सहित सब खग मृग बृंदा। मानहुँ मोरि करत हहिं निंदा॥ २॥

हमहि देखि मृग निकर पराहीं। मृगीं कहहिं तुम्ह कहँ भय नाहीं॥
तुम्ह आनंद करहु मृग जाए। कंचन मृग खोजन ए आए॥ ३॥

संग लाइ करिनीं करि लेहीं। मानहुँ मोहि सिखावनु देहीं॥
सास्त्र सुचिंतित पुनि पुनि देखिअ। भूप सुसेवित बस नहिं लेखिअ॥ ४॥

राखिअ नारि जदपि उर माहीं। जुबती सास्त्र नृपति बस नाहीं॥
देखहु तात बसंत सुहावा। प्रिया हीन मोहि भय उपजावा॥ ५॥

दो०— बिरह बिकल बलहीन मोहि जानेसि निपट अकेल।
सहित बिपिन मधुकर खग मदन कीन्ह बगमेल॥ ३७ (क)॥

देखि गयउ भ्राता सहित तासु दूत सुनि बात।
डेरा कीन्हेउ मनहुँ तब कटकु हटकि मनजात॥ ३७ (ख)॥

चौ०— बिटप बिसाल लता अरुझानी। बिबिध बितान दिए जनु तानी॥
कदलि ताल बर धुजा पताका। देखि न मोह धीर मन जाका॥ १॥

बिबिध भाँति फूले तरु नाना। जनु बानैत बने बहु बाना॥
कहुँ कहुँ सुन्दर बिटप सुहाए। जनु भट बिलग बिलग होइ छाए॥ २॥

कूजत पिक मानहुँ गज माते। ढेक महोख ऊँट बिसराते॥
मोर चकोर कीर बर बाजी। पारावत मराल सब ताजी॥ ३॥

तुलसी सपा करम अधरम, दुख गती ने नेए।
एके छांडुन मनुख भरोसा करते, राम पायँ ने मन देय॥ २७॥

३६ नीच जात चो पाप चो जनम, असन मेहरार के दखा।
भगवान मुक्ती करुन दिला, मनुख बिचारुन दखा॥ २८॥

अरे दुरबुध मन सुख दखसोस, असन भगवान के छांड़ुन।
उथा ले पुरे जीतला दुनोंय, हुन बन के छांड़ुन॥ २९॥

* राम चो कल्पना *

दुनो भाई के दखलोने बीर, मनुख ने सिंध असन।
दुख चो कहनी गोठ बलत, छांडरा होलो जसन॥ १॥
काचो मन के नी मोहाय लछमन, बन सोभा के दख।
चड़ई पसु सपा बायले संगे, मोके निंदरसोत दख॥ २॥
आमके दखुन चीतर परालोने, माई चीतर बलसोत।
डरा नाईं हरीक ने रहा, ये सोन चीतर दखसोत॥ ३॥
हतनी के संगे राखुन हाथी, मोके सिखानी देसोत।
बायले के एकलो छांडतोर नोआय, बलते गियान देसोत॥ ४॥
कितरोय जानलोने बल सास्तर के, घनघड़ी दखतोर आय।
राजा चो कितरोय संग करलोने बल, आपलो मानतोर नोआय॥ ५॥
मेहरार के कितरोय मन ने राखा, बले बल ते नी रहे।
जवान मेहरार सास्तर राजा, काचोय होउन नी रहे॥ ६॥
बसंत के दख बायले बिगर, कसन डराते जाएसे।
छांडरा जानुन बोमरलो दखुन, सकत उपरे एएसे॥ ७॥

३७(क) काम आपलो फउद धरुन, मोके एकलो जानुन।
भँवरा चड़ई के संग धरुन भिड़लो, मोचो गत दखुन॥ ८॥

३७(ख) भाई संग एकलो आसें दखुन, हुनचो दूत गेलो।
फउद के धरुन काम एथा, डेरा मांडुन दिलो॥ ९॥

गच के डीरा पोटारुन दीलासोत, जसन रावटी पड़ाव होली।
केरा ताड़ी सुन्दर बैरख असन, गुलाय रान ने होली॥ १०॥
धीरजाहा जीव दखुन नी मोहात, फूल फूललीसे कसन।
अलग-अलग बाना पिंधुन, धनुकांडेया आसोत जसन॥ ११॥
केव-केंव सुन्दर रूख सोभा, पल्टन पड़ाव असन।
कीयकी गागेसे हाथी चिचयासोत, डर लागेसे कसन॥ १२॥

तीतिर लावक पदचर जूथा। बरनि न जाइ मनोज बरूथा॥
रथ गिरि सिला दुंदुभीं झरना। चातक बंदी गुन गन बरना॥ ४॥

मधुकर मुखर भेरि सहनाई। त्रिबिध बयारि बसीठीं आई॥
चतुरंगिनी सेन सँग लीन्हें। बिचरत सबहि चुनौती दीन्हें॥ ५॥

लछिमन देखत काम अनीका। रहहिं धीर तिन्ह कै जग लीका॥
एहि कें एक परम बल नारी। तेहि तें उबर सुभट सोइ भारी॥ ६॥

दो०– तात तीनि अति प्रबल खल काम क्रोध अरु लोभ।
मुनि बिग्यान धाम मन करहिं निमिष महुँ छोभ॥ ३८ (क)॥

लोभ कें इच्छा दंभ बल काम कें केवल नारि।
क्रोध कें परुष बचन बल मुनिबर कहहिं बिचारि॥ ३८ (ख)॥

चौ०– गुनातीत सचराचर स्वामी। राम उमा सब अंतरजामी॥
कामिन्ह कै दीनता देखाई। धीरन्ह कें मन बिरति दृढ़ाई॥ १॥

क्रोध मनोज लोभ मद माया। छूटहिं सकल राम कीं दाया॥
सो नर इंद्रजाल नहिं भूला। जा पर होइ सो नट अनुकूला॥ २॥

उमा कहउँ मैं अनुभव अपना। सत हरि भजनु जगत सब सपना॥
पुनि प्रभु गए सरोबर तीरा। पंपा नाम सुभग गंभीरा॥ ३॥

संत हृदय जस निर्मल बारी। बाँधे घाट मनोहर चारी॥
जहँ तहँ पिअहिं बिबिध मृग नीरा। जनु उदार गृह जाचक भीरा॥ ४॥

दो०– पुरइनि सघन ओट जल बेगि न पाइअ मर्म।
मायाछन्न न देखिऐ जैसें निर्गुन ब्रह्म॥ ३९ (क)॥

सुखि मीन सब एकरस अति अगाध जल माहिं।
जथा धर्मसीलन्ह के दिन सुख संजुत जाहिं॥ ३९ (ख)॥

चौ०– बिकसे सरसिज नाना रंगा। मधुर मुखर गुंजत बहु भृंगा॥
बोलत जलकुक्कुट कलहंसा। प्रभु बिलोकि जनु करत प्रसंसा॥ १॥

चक्रबाक बक खग समुदाई। देखत बनइ बरनि नहिं जाई॥
सुन्दर खग गन गिरा सुहाई। जात पथिक जनु लेत बोलाई॥ २॥

ताल समीप मुनिन्ह गृह छाए। चहु दिसि कानन बिटप सुहाए॥
चंपक बकुल कदंब तमाला। पाटल पनस परास रसाला॥ ३॥

नव पल्लव कुसुमित तरु नाना। चंचरीक पटली कर गाना॥
सीतल मंद सुगंध सुभाऊ। संतत बहइ मनोहर बाऊ॥ ४॥

मंजूर चकोर हाँसा रुपू पेंरया, दिखसोत घोड़ा असन।
ढेंक, महोख चड़ई दिखसोत, ऊँट घोड़ा जसन॥ १३॥
तीतुर, लावा पायँ रेंगू फउद, काम फउद कोन सांगे।
डोंगरी पखना रथ घूमर नंगारा, पपीहा भाट सांगे॥ १४॥
भँवरा होल्हार मोहरी माहा, तीन रकम लेहरा इत।
चार रकम फउद काम धरलोसे, करेसे बैहा-भूत॥ १५॥
सवँसार ने हुनचोय मान आसे, जे काम चाल के जीते।
मेहरार माहा हुनचो चाल आय, बाचेसे हुनी बीर जीते॥ १६॥

३८ (क) रीस काम लोभ तीनो बली दुसट, सपा के नसाते जासोत।
गियानी मुनी बल दंदरुन जासोत, डंडिक काजे एसोत॥ १७॥

३८ (ख) लोभ चो मान घमंड चो बल, काम मेहरार चो छल।
बड़े मुनी बिचारुन बललासोत, रीस के टोंड चो बल॥ १८॥

राम तीनों अवगुन ले अलगुन उमा, सपा मन चो के जानू।
कामी माहा कलपडाहा दखाते, गियानी के सिखाला जानू॥ १९॥
रीस, काम, लोभ कइर गाया, राम दया ले छूटेसे।
जेचो उपरे राम हरीक होसोत, हुन फांदा ने नी भटेसे॥ २०॥
आपलो जानलो के सांगेसे उमा, हरी भजन सत आय।
गुलाय सवँसार फंद माया, सपना माहा जे आय॥ २१॥
पंपा नावँ चो सुन्दर उपजन लग, भगवान अमरुन गेला।
संत मन माहा सफा पानी, चारो खुट दखते गेला॥ २२॥
रकम-रकम पसु पानी खासोत, दखले लागेसे असन।
दानी घरे मांगाखयामन, जुहुन गेलासोत जसन॥ २३॥

३९ (क) पूड़न पाना आड़ ने पानी, नी दखा देएसे असन।
माया फांदा ने निरगुन ब्रह्म, जान नी पड़ुआय जसन॥ २४॥

३९ (ख) दरहा ने मछरी एके समान, हरीक रसोत असन।
धरमी मनुख सपा दिन के, सुख ले काटेसे जसन॥ २५॥

रंग-रंग चो पूड़न फूललोर आसोत, भेंवरा गरजसोत हुसने।
पानी - कुकड़ी राजहाँसा कोल्हार, होते रहेसे हुसने॥ २६॥
कोकोड़ा ऐड़ी गोहड़ा फबसोत, सांगुक नीहोय देंके।
सुन्दर चड़ई बोली लागेसे, रेंगया के बलाउक दखे॥ २७॥
मुनीमन चो कुड़िया उपजन रेठे, चारो खुट बन सुंदर।
चम्पा चमेली कदम तमाल, आमा फनस रुख सुन्दर॥ २८॥
बास बिती नवा पाना फूल, उपरे भँवरा गुलाय।
टकर तीनो रकम चो लेहरा, बोहेसे हमेस गुलाय॥ २९॥

कुहू कुहू कोकिल धुनि करहीं। सुनि रव सरस ध्यान मुनि टरहीं॥ ५॥

दो०– फल भारन नमि बिटप सब रहे भूमि निअराइ।
पर उपकारी पुरुष जिमि नवहिं सुसंपति पाइ॥ ४०॥

चौ०– देखि राम अति रुचिर तलावा। मज्जनु कीन्ह परम सुख पावा॥
देखी सुंदर तरुबर छाया। बैठे अनुज सहित रघुराया॥ १॥

तहँ पुनि सकल देव मुनि आए। अस्तुति करि निज धाम सिधाए॥
बैठे परम प्रसन्न कृपाला। कहत अनुज सन कथा रसाला॥ २॥

बिरहवंत भगवंतहि देखी। नारद मन भा सोच बिसेषी॥
मोर साप करि अंगीकारा। सहत राम नाना दुख भारा॥ ३॥

ऐसे प्रभुहि बिलोकउँ जाई। पुनि न बनिहि अस अवसरु आई॥
यह बिचारि नारद कर बीना। गए जहाँ प्रभु सुख आसीना॥ ४॥

गावत राम चरित मृदु बानी। प्रेम सहित बहु भाँति बखानी॥
करत दंडवत लिए उठाई। राखे बहुत बार उर लाई॥ ५॥

स्वागत पूँछि निकट बैठारे। लछिमन सादर चरन पखारे॥ ६॥

दो०– नाना बिधि बिनती करि प्रभु प्रसन्न जियँ जानि।
नारद बोले बचन तब जोरि सरोरुह पानि॥ ४१॥

चौ०– सुनहु उदार सहज रघुनायक। सुंदर अगम सुगम बर दायक॥
देहु एक बर मागउँ स्वामी। जद्यपि जानत अंतरजामी॥ १॥

जानहु मुनि तुम्ह मोर सुभाऊ। जन सन कबहुँ कि करउँ दुराऊ॥
कवन बस्तु असि प्रिय मोहि लागी। जो मुनिबर न सकहु तुम्ह मागी॥ २॥

जन कहुँ कछु अदेय नहिं मोरें। अस बिस्वास तजहु जनि भोरें॥
तब नारद बोले हरषाई। अस बर मागउँ करउँ ढिठाई॥ ३॥

जद्यपि प्रभु के नाम अनेका। श्रुति कह अधिक एक तें एका॥
राम सकल नामन्ह ते अधिका। होउ नाथ अघ खग गन बधिका॥ ४॥

दो०– राका रजनी भगति तव राम नाम सोइ सोम।
अपर नाम उडगन बिमल बसुहुँ भगत उर ब्योम॥ ४२ (क)॥

कुहु-कुहु कोल्हार कोयकी चो, रस भरलो माहा लागेसे।
सुनुन मुनीमन चो धियान टूटेसे, असन सरस लागेसे॥ ३०॥

४० पाक बोझ ले रुखमन लँउन, भुँइ लग एसोत असन।
पर भलई करू धन पाउन, लउन जासोत जसन॥ ३१॥

सुन्दर तरई ने नहाउन भाती, सुख पावला राम।
नंगत रूख चो छाँय दखुन, भाई संग बसला राम॥ ३२॥
देव मुनी सपा उथा एऊन, बिन्ती करून जासोत।
हरीक मन ले भाई संग बसुन, कहनी सांगते जासोत॥ ३३॥

* नारद संगे भेंट *

नारद के भारी विचार धरली, राम के छांडरा दखुन।
मोचो सराप ले डंड पावसोत, कई रकम ले थाकुन॥ १॥
असन दाँय जाउन दखेंदे मयँ, फेर ये बेरा नीएए।
रामबाजा धरुन अमरलो नारद, राम जे लग रहे॥ २॥
सुदंर राग ले रामचरितर के, नारद सांगते गाओत।
खुबे रकम ले गढुन गढुन, राम महेमा के गाओत॥ ३॥
राम पुरे डंडसरन पड़लो, लेपटाला राम उठाउन।
पाँय पखारला लछमन बसाला, राम लगे मान देऊन॥ ४॥

४१ कई रकम ले बिन्ती करुन, राम के हरीक जानुन।
भारी मान ले बलला तेबे, दुनों हात के जोड़ुन॥ ५॥

टकर ले सुन्दर अगम सुगम, वर देऊ भगवान तुमी।
बर मांगेसे हरीक ले देहा, मन चो जानू तुमी॥ ६॥
मोचो टकर के जानास मुनी, भगत ले लुकालेसे काय।
असन काय जे मांगुक नी सकास, भाएसे तुमके काय॥ ७॥
भगत काजे मोचोलग काईंबल, नी देतो लाइक नीआय।
असन भरोसा केबइ नीधरा, जे मयँ बलेंदे नीआय॥ ८॥
हरीक ले नारद बललो भगवान, गोटोक बर मांगेसे।
एक-ले-एक नावँ तुमचो आसे, वेद बल एके सांगेसे॥ ९॥
तुमचो जितरो नावँ आसे सपाले, राम नावँ बड़े होओ।
पाप चड़ई के मारतो काजे, चड़ई-मारु माहा होओ॥ १०॥

४२ (क) तुमचो भक्ती पुनी रात आय, राम नावँ जोन होउन।
अकासमाहा भगत मन ने रहो, सपा नावँ तारा होउन॥ ११॥

एवमस्तु मुनि सन कहेउ कृपासिंधु रघुनाथ।
तब नारद मन हरष अति प्रभु पद नायउ माथ॥ ४२ (ख)॥

चौ०– अति प्रसन्न रघुनाथहि जानी। पुनि नारद बोले मृदु बानी॥
राम जबहिं प्रेरेउ निज माया। मोहेहु मोहि सुनहु रघुराया॥ १॥

तब बिबाह मैं चाहउँ कीन्हा। प्रभु केहि कारन करै न दीन्हा॥
सुनु मुनि तोहि कहउँ सहरोसा। भजहिं जे मोहि तजि सकल भरोसा॥ २॥

करउँ सदा तिन्ह कै रखवारी। जिमि बालक राखइ महतारी॥
गह सिसु बच्छ अनल अहि धाई। तहँ राखइ जननी अरगाई॥ ३॥

प्रौढ़ भएँ तेहि सुत पर माता। प्रीति करइ नहिं पाछिलि बाता॥
मोरें प्रौढ़ तनय सम ग्यानी। बालक सुत सम दास अमानी॥ ४॥

जनहि मोर बल निज बल ताही। दुहु कहँ काम क्रोध रिपु आही॥
यह बिचारि पंडित मोहि भजहीं। पाएहुँ ग्यान भगति नहिं तजहीं॥ ५॥

दो०– काम क्रोध लोभादि मद प्रबल मोह कै धारि।
तिन्ह महँ अति दारुन दुखद मायारूपी नारि॥ ४३॥

चौ०– सुनु मुनि कह पुरान श्रुति संता। मोह बिपिन कहुँ नारि बसंता॥
जप तप नेम जलाश्रय झारी। होइ ग्रीषम सोषइ सब नारी॥ १॥

काम क्रोध मद मत्सर भेका। इन्हहि हरषप्रद बरषा एका॥
दुर्बासना कुमुद समुदाई। तिन्ह कहँ सरद सदा सुखदाई॥ २॥

धर्म सकल सरसीरुह बृंदा। होइ हिम तिन्हहि दहइ सुख मंदा॥
पुनि ममता जवास बहुताई। पलुहइ नारि सिसिर रितु पाई॥ ३॥

पाप उलूक निकर सुखकारी। नारि निबिड़ रजनी अँधिआरी॥
बुधि बल सील सत्य सब मीना। बनसी सम त्रिय कहहिं प्रबीना॥ ४॥

दो०– अवगुन मूल सूलप्रद प्रमदा सब दुख खानि।
ताते कीन्ह निवारन मुनि मैं यह जियँ जानि॥ ४४॥

चौ०– सुनि रघुपति के बचन सुहाए। मुनि तन पुलक नयन भरि आए॥
कहहु कवन प्रभु कै असि रीती। सेवक पर ममता अरु प्रीती॥ १॥

जे न भजहिं अस प्रभु भ्रम त्यागी। ग्यान रंक नर मंद अभागी॥
पुनि सादर बोले मुनि नारद। सुनहु राम बिग्यान बिसारद॥ २॥

४२ (ख) किरपाधाम असने होओ बलला, हरीक होलो नारद।
भगवान पायँ ने मुँड लवाँलो, भारी हरीक ले नारद॥ १२॥

भगवान के खुबे हरीक दखुन, नारद बललो राम।
माया जोर ने मोहाउन तुमी, लीला जे करलास राम॥ १३॥
तेबे बिहा होउक मयँ दखें, अटकालास कसन तेके।
बलला मुनी सुना हरीक बलेंसे, जेबल भजेसे मोके॥ १४॥
हुनमन चो राखा हमेस करेंसे, जसन पिला के आया।
साँप आइग के पिला धरुक दखले, हात ले छंडायसे आया॥ १५॥
सियान पिला के आया मया करेसे, पाछे चो गोठ नीरहे।
गियानी सियान बेटा घमंड नाहलो, हुन मोचो पिला आए॥ १६॥
मोचो सेउक मोचो सकतले, गियान बल रहेसे।
काम रीस दुनों चो बयरी आत, जे सपा बाट रहेसे॥ १७॥
असन बिचारुन पंडितमन, मोकेय सुमरुन रसोत।
गियान पावले बलेवल तेमन, भक्ती नी छांडुन रसोत॥ १८॥

४३ काम, रीस, लोभ, घमंड, अग्यान चो, बरकस फउद आत।
जेमे माया माहा मेहरार जात, भारी डंड देऊ आत॥ १९॥

सुना मुनी बेद पुरान संत बलसोत, अग्यान बढ़ातो काजे।
बसंत माहा मेहरार जात होसोत, गियान नसातो काजे॥ २०॥
मेहरार धाम होउन अँटाएसे, जप-तप नेम चो पानी।
काम रीस इरखा मेडका आत, हरीक करु बरसा पानी॥ २१॥
अडरा मन बोड़ेंदा माहा होएसे, सुख देएसे सीत होउन।
धरम कूढ़ा पूड़न वन के, जराएसे ओस होउन॥ २२॥
मेहरार रुप माहा जवास बन, सीत पाऊन बाड़े से।
पाप कुरवाँ के सुख देतो काज, मेहरार अंधयारी बाढ़े से॥ २३॥
बुध बस करम सत मछरी आत, मेहरार गरी लाठ होएसे।
चतुर मनुख सपा जानसोत, छाँय ले दुख होएसे॥ २४॥

४४ जवान मेहरार अवगुन जड़, दुख डंड कूढ़ा आय।
एई जानुन मुनी तुमके थेबाले, बिहा होतो के काय॥ २५॥

राम गोठ सुनुन मुनी हरीक होला, देहें सीतकाटा मारे।
आइँख भरली बिचारे सेउक उपरे, मया-दया कसन करे॥ २६॥
कंगाल अग्यानी भरम बुधिया जे, असन परभू के नी भजत।
मान ले बलला गियान भण्डार, कोन पुरेदे तुमचो सकत॥ २७॥
जनमतो मरतो बांधन काटू भगवान, संत गुन मांगा तुमी।
हाते रहेसे जे किरता तिहँचो, सांगेंसे सुना मुनी॥ २८॥

संतन्ह के लच्छन रघुबीरा। कहहु नाथ भव भंजन भीरा॥
सुनु मुनि संतन्ह के गुन कहऊँ। जिन्ह ते मैं उन्ह कें बस रहऊँ॥ ३॥

षट बिकार जित अनघ अकामा। अचल अकिंचन सुचि सुखधामा॥
अमित बोध अनीह मितभोगी। सत्यसार कबि कोबिद जोगी॥ ४॥

सावधान मानद मदहीना। धीर धर्म गति परम प्रबीना॥ ५॥

दो०— गुनागार संसार दुख रहित बिगत संदेह।
तजि मम चरन सरोज प्रिय तिन्ह कहुँ देह न गेह॥ ४५॥

चौ०— निज गुन श्रवन सुनत सकुचाहीं। पर गुन सुनत अधिक हरषाहीं॥
सम सीतल नहिं त्यागहिं नीती। सरल सुभाउ सबहिं सन प्रीती॥ १॥

जप तप ब्रत दम संजम नेमा। गुरु गोबिंद बिप्र पद प्रेमा॥
श्रद्धा छमा मयत्री दाया। मुदिता मम पद प्रीति अमाया॥ २॥

बिरति बिबेक बिनय बिग्याना। बोध जथारथ बेद पुराना॥
दंभ मान मद करहिं न काऊ। भूलि न देहिं कुमारग पाऊ॥ ३॥

गावहिं सुनहिं सदा मम लीला। हेतु रहित परहित रत सीला॥
मुनि सुनु साधुन्ह के गुन जेते। कहि न सकहिं सारद श्रुति तेते॥ ४॥

छं०— कहि सक न सारद सेष नारद सुनत पद पंकज गहे।
अस दीनबंधु कृपाल अपने भगत गुन निज मुख कहे॥
सिरु नाह बारहिं बार चरनन्हि ब्रह्मपुर नारद गए।
ते धन्य तुलसीदास आस बिहाइ जे हरि रँग रँए॥

दो०— रावनारि जसु पावन गावहिं सुनहिं जे लोग।
राम भगति दृढ़ पावहिं बिनु बिराग जप जोग॥ ४६ (क)॥

दीप सिखा सम जुबति तन मन जनि होसि पतंग।
भजहि राम तजि काम मद करहि सदा सतसंग॥ ४६ (ख)॥

मासपारायण, बाईसवाँ विश्राम

इति श्रीमद्रामचरितमानसे सकलकलिकलुषविध्वंसने
तृतीयः सोपानः समाप्तः।

कलियुग के सम्पूर्ण पापों को विध्वंस करनेवाले
श्रीरामचरितमानस का यह तीसरा सोपान समाप्त हुआ।

(अरण्यकाण्ड समाप्त)

छय दोस के जीतुन रसोत, पाप ले गुचुन भाती।
काईं लोभ काम मनने नाई, एकचित होउन भाती॥ २९॥
सपा छांडुन बाहिर भीतर पबितर, भारी गियानी सुखी।
कबी पंडित संतवान रहेसे, होएसे भारी जोगी॥ ३०॥
चलाक मान देऊ बिगर घमंड, धीरजाहा धरम जानू।
टकर ले रहेसे बरहमेस सुंदर, सत गोठ के जे मानू॥ ३१॥

४५ गुन चो घर सवँसार डंड ले, भरम ले गुचुन रसोत।
मोचो पायँ छांडुन देह घर ले, मया करुन नी रसोत॥ ३२॥

लजासोत आपलो गुन सुनुक, दूसर चो गुन ले हरीक।
समान सीतर नियाव नी छांडत, सहज मया ले हरीक॥ ३३॥
जप-तप, उपास-नेम धरम ले, हमेस भागुन जे रसोत।
गुरु भगवान बाम्हन पायँ ले, मया करुन रसोत॥ ३४॥
चेत दया मितान हरीक संगे, पायँ ले मया करेसे।
बैराग बिबेक भगवान बिन्ती, गुन के जानुन करेसे॥ ३५॥
बेद-पुरान चो गियानले भरपूर, घमंड निसा नेनी जाओत।
भुलकुन बले अडरा बाट ने ते, आपलो पायँ नी देओत॥ ३६॥
गावसोत सुनसोत मोचोय महेमा, दूसरचोहित ने रसोत।
संत गुन इतरो आसे जाना, सरसती बेद नी सकोत॥ ३७॥
सुनुन नारद पायँ के धरला, असन गुन परभू बलला।
भगवान चो पायँ के बिनाउन, नारद ब्रह्मलोक चलला॥ ३८॥
तुलसी धन हुन मनुख सपा, जे सपा भरोसा छांडुन।
भगवान रंग ने रंगुन आसोत, भगवान पायँ ने मांडुन॥ ३९॥

४६ (क) रावन चो बयरी राम चो जस, जे सुनेसे गाएसे।
जप जोग बैराग बिगर हुन, राम भक्ती पाएसे॥ ४०॥

४६ (ख) जवान मेहरार देह दियाचो आइग, हुता कीड़ी नी बन।
काम घमंड छांड़ुन राम के भजते, संत चो संगी बन॥ ४१॥

कलीकाल चो सपा पाप सारु ये रामचरितमानस

चो खण्ड तीन सरली

॥ श्री गणेशाय नमः॥

श्रीजानकीवल्लभो विजयते

श्रीरामचरितमानस

चतुर्थ सोपान

किष्किन्धाकाण्ड

श्लोक

कुन्देन्दीवरसुन्दरावतिबलौ विज्ञानधामावुभौ
शोभाढ्यौ वरधन्विनौ श्रुतिनुतौ गोविप्रवृन्दप्रियौ।
मायामानुषरूपिणौ रघुवरौ सद्धर्मवर्मौ हितौ
सीतान्वेषणतत्परौ पथिगतौ भक्तिप्रदौ तौ हि नः॥ १॥

ब्रह्माम्भोधिसमुद्भवं कलिमलप्रध्वंसनं चाव्ययं
श्रीमच्छम्भुमुखेन्दुसुन्दरवरे संशोभितं सर्वदा।
संसारामयभेषजं सुखकरं श्रीजानकीजीवनं
धन्यास्ते कृतिनः पिबन्ति सततं श्रीरामनामामृतम्॥ २॥

सो०– मुक्ति जन्म महि जानि ग्यान खानि अघ हानि कर।
जहँ बस संभु भवानि सो कासी सेइअ कस न॥
जरत सकल सुर बृंद बिषम गरल जेहिं पान किय।
तेहि न भजसि मन मंद को कृपाल संकर सरिस॥

चौ०– आगें चले बहुरि रघुराया। रिष्यमूक पर्बत निअराया॥
तहँ रह सचिव सहित सुग्रीवा। आवत देखि अतुल बल सींवा॥ १॥

॥ श्री गणेशाय नमः॥
श्रीजानकीवल्लभो विजयते

श्रीरामचरितमानस

भाग-चार

किष्किन्धाकाण्ड

(हल्बी)

* बिन्ती *

कुंदई फूल नीयर पूड़न माहा सुंदर पंडरा साँवर आसोत।
बली बिग्यान धाम सोभा ले भरपूर भारी धनऊ कांड धरुन आसोत।
गउ बाम्हन कूढ़ा काजे जे मयादार बेद बोली ले बिन्ती करसोत॥

माया ले मनुख रूप धरुन भाती जे नंगत धरम के साहा होसोत।
कवच माहा सपा चो हित करते सीता माता के डगराते जासोत॥

बाट हिंडू रघुकुल चो राम लछभन आमके भक्ती लाभ देऊन जाओत।
हुन पुनबान धन आत जे बेद समुंद ले जनम धरसोत॥

कलीकाल चो सपा मइल के सगर दिन काजे जे नास करसोत।
भगवान संकर चो सुंदर नंगत मुंह जोन ने हमेस सोभा देसोत॥

जनम-मउत-रोग चो ओखत सपा के सुख देऊ जे आसोत।
जानकी जिवना राम नाँव अमरीत के हमेस खाउन आसोत॥

सिव पारबती जहाँ बससोत हुन, मुक्ती चो भूमी आय।
पाप सारते गियान बढ़ाएसे कासी, मान कसन नी देतोर आय॥

खदला संकर बिस जेमें देव जरत, तिहँके नी भजीस कसन।
तिहँचो माहा कोन आसोत दयावान, किरपा चो धाम जसन॥

अति सभीत कह सुनु हनुमाना। पुरुष जुगल बल रूप निधाना॥
धरि बटु रूप देखु तैं जाई। कहेसु जानि जियँ सयन बुझाई॥ २॥

पठए बालि होहिं मन मैला। भागौं तुरत तजौं यह सैला॥
बिप्र रूप धरि कपि तहँ गयऊ। माथ नाइ पूछत अस भयऊ॥ ३॥

को तुम्ह स्यामल गौर सरीरा। छत्री रूप फिरहु बन बीरा॥
कठिन भूमि कोमल पद गामी। कवन हेतु बिचरहु बन स्वामी॥ ४॥

मृदुल मनोहर सुंदर गाता। सहत दुसह बन आतप बाता॥
की तुम्ह तीनि देव महँ कोऊ। नर नारायन की तुम्ह दोऊ॥ ५॥

दो०– जग कारन तारन भव भंजन धरनी भार।
की तुम्ह अखिल भुवन पति लीन्ह मनुज अवतार॥ १॥

कोसलेस दसरथ के जाए। हम पितु बचन मानि बन आए॥
नाम राम लछिमन दोउ भाई। संग नारि सुकुमारि सुहाई॥ १॥

इहाँ हरी निसिचर बैदेही। बिप्र फिरहिं हम खोजत तेही॥
आपन चरित कहा हम गाई। कहहु बिप्र निज कथा बुझाई॥ २॥

प्रभु पहिचानि परेउ गहि चरना। सो सुख उमा जाइ नहिं बरना॥
पुलकित तन मुख आव न बचना। देखत रुचिर बेष कै रचना॥ ३॥

पुनि धीरजु धरि अस्तुति कीन्ही। हरष हृदयँ निज नाथहि चीन्ही॥
मोर न्याउ मैं पूछा साईं। तुम्ह पूछहु कस नर की नाईं॥ ४॥

तव माया बस फिरउँ भुलाना। ताते मैं नहिं प्रभु पहिचाना॥ ५॥

दो०– एकु मैं मंद मोहबस कुटिल हृदय अग्यान।
पुनि प्रभु मोहि बिसारेउ दीनबंधु भगवान॥ २॥

जदपि नाथ बहु अवगुन मोरें। सेवक प्रभुहि परै जनि भोरें॥
नाथ जीव तव मायाँ मोहा। सो निस्तरइ तुम्हारेहिं छोहा॥ १॥

ता पर मैं रघुबीर दोहाई। जानउँ नहिं कछु भजन उपाई॥
सेवक सुत पति मातु भरोसें। रहइ असोच बनइ प्रभु पोसें॥ २॥

अस कहि परेउ चरन अकुलाई। निज तनु प्रगटि प्रीति उर छाई॥
तब रघुपति उठाइ उर लावा। निज लोचन जल सींचि जुड़ावा॥ ३॥

सुनु कपि जियँ मानसि जनि ऊना। तैं मम प्रिय लछिमन ते दूना॥
समदरसी मोहि कह सब कोऊ। सेवक प्रिय अनन्य गति सोऊ॥ ४॥

* राम-हनुमान भेंट *

रिसमूक पहाड़ लग अमरला राम, सुगरीव देवान संगे रहे।
भारी बली राम लछमन के दखुन, डरून हनुमान के कहे॥ १॥
दुनों सोभा बल चो धनी, बाम्हन भेस ने जाउन दखा।
मन ने असल भेद के जानुन, मोके तूमी इसारा करा॥ २॥
मन चो अडरा बाली चो पठालो, जे तेमनमन आसोत।
डोंगरी के छांडुन परांएदे मयँ, जे हुनमन एथा एसोत॥ ३॥
बाम्हन भेस ने हनुमान जाउन, पूछलो जोहार करुन।
बीर तुमी साँवर पंडरा देह ने, कोन आहास सांगा बलुन॥ ४॥
छतरी भेस ने रान ने बुलासीस, कवँल पायँ चो तुमी।
बजर भूमी ने काय किरता ने, इलासाहास तुमी॥ ५॥
मन के जीतू सुंदर देह तुमचो, घाम लेहरा सहते दुनों।
तीन देव ने कोनी आहास तुमी, कि नर नारायन दुनों॥ ६॥

१ कि सपा लोक चो तुमी मालिक, सवँसार के तारतो काजे।
मनुख जनम धरुन इलासीस, पिरथी भार सारतो काजे॥ ७॥

आमी राजा दसरथ चो बेटा, बाप बललोने इलूसे राने।
राम लखमन आय नावँ दुनों भाई, बायले बल रहे संगे॥ ८॥
एठाने रक्सा चोरलो बैदेही के, आमी डगराऊंसे हुनके।
आपलो तो आमी सांगलू महराज, आपलो सांगा आमके॥ ९॥
हनु चिताउन पाएँ पड़लो उमा, सुख सांगुक नीहोए।
देहें सीतकाटा गोठ नो फूटे, सोभा के दखुक होए॥ १०॥
धीरज धरते चिताउन हरीक ले, तिहँचो स्तुती करलो।
मोचो पूछतोर सत आय मान्तर, तुमी कसन पूछलास बललो॥ ११॥

२ माया जोर ने भुलकुन भटेंसे, एइने चिताउक नी सकले।
अबूझ मोह ने पड़लो जीव आय, मन चो खोट ने भटले॥ १२॥

गरीब साहा होऊ मोके भुलकलास, मोचो ने खुबे अवगुन।
सेउक मलिक चो सुरता ले गुचो, असन नीहोय गुन॥ १३॥
तुमचोय मया ले मोहुन जीव, किरपा ले जीवना पाए।
तुमचो किरिया मयँ सत बलेसें, भजन गुन काई नीआए॥ १४॥
सेउक मालिक चो बेटा माय चो, भरोस ने बे फिकर रहे।
भगवान के सेउक के पोसुक पड़ेसे, बलुन पायँ ने पड़े॥ १५॥
असल रूप ने इलो हनुमान, मन ने मया समाली।
उठाउन छाती संग लेपटाला राम, आइँख ने पानी समाली॥ १६॥

दो०– सो अनन्य जाकें असि मति न टरइ हनुमंत।
मैं सेवक सचराचर रूप स्वामि भगवंत॥ ३॥

चौ०– देखि पवनसुत पति अनुकूला। हृदयँ हरष बीती सब सूला॥
नाथ सैल पर कपिपति रहई। सो सुग्रीव दास तव अहई॥ १॥

तेहि सन नाथ मयत्री कीजे। दीन जानि तेहि अभय करीजे॥
सो सीता कर खोज कराइहि। जहँ तहँ मरकट कोटि पठाइहि॥ २॥

एहि बिधि सकल कथा समुझाई। लिए दुऔ जन पीठि चढ़ाई॥
जब सुग्रीवँ राम कहुँ देखा। अतिसय जन्म धन्य करि लेखा॥ ३॥

सादर मिलेउ नाइ पद माथा। भेंटेउ अनुज सहित रघुनाथा॥
कपि कर मन बिचार एहि रीती। करिहहिं बिधि मो सन ए प्रीती॥ ४॥

दो०– तब हनुमंत उभय दिसि की सब कथा सुनाइ।
पावक साखी देइ करि जोरी प्रीति दृढ़ाइ॥ ४॥

चौ०– कीन्हि प्रीति कछु बीच न राखा। लछिमन राम चरित सब भाषा॥
कह सुग्रीव नयन भरि बारी। मिलिहि नाथ मिथिलेसकुमारी॥ १॥

मंत्रिन्ह सहित इहाँ एक बारा। बैठ रहेउँ मैं करत बिचारा॥
गगन पंथ देखी मैं जाता। परबस परी बहुत बिलपाता॥ २॥

राम राम हा राम पुकारी। हमहि देखि दीन्हेउ पट डारी॥
मागा राम तुरत तेहिं दीन्हा। पट उर लाइ सोच अति कीन्हा॥ ३॥

कह सुग्रीव सुनहु रघुबीरा। तजहु सोच मन आनहु धीरा॥
सब प्रकार करिहउँ सेवकाई। जेहि बिधि मिलिहि जानकी आई॥ ४॥

दो०– सखा बचन सुनि हरषे कृपासिंधु बलसींव।
कारन कवन बसहु बन मोहि कहहु सुग्रीव॥ ५॥

चौ०– नात बालि अरु मैं द्वौ भाई। प्रीति रही कछु बरनि न जाई॥
मयसुत मायावी तेहि नाऊँ। आवा सो प्रभु हमरें गाऊँ॥ १॥

अर्ध राति पुर द्वार पुकारा। बाली रिपु बल सहै न पारा॥
धावा बालि देखि सो भागा। मैं पुनि गयउँ बंधु सँग लागा॥ २॥

गिरिबर गुहाँ पैठ सो जाई। तब बालीं मोहि कहा बुझाई॥
परिखेसु मोहि एक पखवारा। नहिं आवौं तब जानेसु मारा॥ ३॥

मास दिवस तहँ रहेउँ खरारी। निसरी रुधिर धार तहँ भारी॥
बालि हतेसि मोहि मारिहि आई। सिला देइ तहँ चलेउँ पराई॥ ४॥

सुन हनुमन ने दुख नी कर, लछमन ले दून मानेंसे।
सपा समान मोके बलसोत मान्तर, सेउक के मयं मानेंसे॥ १७॥

३ सेउक आँय बलते जेचो मन, नीआय, असन आय हुन।
गुलाय सवँसार ने मालिक के दखेसे, आपलो जानुन हुन॥ १८॥

भगबान के हरीक जानलो हनु, दुख गेली सुख होए।
सांगलो डोंगरी ने सुगरीव रहेसे, तुमचो दास होउक दखे॥ १९॥
हुनचो संग भगवान मितान करा, गरीब जानुन भय हरा।
बेंदरा पठाउन सीता डगराएदे, तिहँके तुमी दया करा॥ २०॥
सपा कहनी सांगुन दुनों के हनु, पाठे चेघालो आपलो।
जसने सुगरीव राम के दखलो, जनम के धन मानलो॥ २१॥
पायँ पड़ न सुगरीब भेटलो तेबे, भेटचा दुनोभाई संगे।
सुगरीव बिचारे काय मया करदे, भगवान मोचो संगे॥ २२॥

४ हनु दुनों बाट चो कथा सांगते, आइग के साखी करून।
लो बाट ले मया जोड़लो, गोठ के पक्की करून॥ २३॥

मया ने काईं भेद नी राखते, लछमन कहनी सांगलो।
जानकी मिरेदे भगवान आँसू भरते, सुगरीब उथा बललो॥ २४॥
गोटोक दिन दखले देवान मन संग, काईं बिचार करते।
अकास ले पर-हाते पड़ुन जाए, सीता गोहार करते॥ २५॥
राम-राम, हाय राम बलते हुन, फटई पकाली दखुन।
राम मांगतो के तुरते दिला, बिचारत छाती नें धरुन॥ २६॥
सुगरीत बललो राम बिचार छांडा, मन ने धीरज धरा।
सीता मिरत ले मयँ सेवा करेंदे, पूरा भरोसा करा॥ २७॥

५ किरपा समुंद बल ने पुरलोर राम, सुनुन हरीक होला।
सांगा कसन तुमी बने रहासीस, भगवान राम बलला॥ २८॥

बाली आरू मयँ दुइ भाई भगवान, मया सांगुक नीहोय।
गाँव ने इलो हारक मायावी रक्सा, जे मय चो बेटा होय॥ २९॥
अधरात पुर डेवना ले बलालो, बाली बयरी बल नी सहे।
दखुन परालो मायावी बल परालो, मयँ बल सरो रहें॥ ३०॥
डोंगरी खोह ने जाउन ओयललो, बाली समझाउन बललो।
पन्दरा दिन ने जे नी इलो ने, मरलो जानसे बललो॥ ३१॥
खोह बाट ने मयँ बसुन भाती, महेना भर दिन काटले।
पाछे दखेंसे लोहू निकरेसे, खोह चो भीतर बाटले॥ ३२॥
मयँ समझले दादा के मारलो, मारेदे मोके बल एऊन।
पराले उथा ले बाट ने गोटोक, पखना के नंगत देऊन॥ ३३॥

मंत्रिन्ह पुर देखा बिनु साईं। दीन्हेउ मोहि राज बरिआईं॥
बाली ताहि मारि गृह आवा। देखि मोहि जियँ भेद बढ़ावा॥ ५॥

रिपु सम मोहि मारेसि अति भारी। हरि लीन्हेसि सर्बसु अरु नारी॥
ताकें भय रघुबीर कृपाला। सकल भुवन मैं फिरेउँ बिहाला॥ ६॥

इहाँ साप बस आवत नाहीं। तदपि सभीत रहउँ मन माहीं॥
सुनि सेवक दुख दीनदयाला। फरकि उठीं द्वै भुजा बिसाला॥ ७॥

दो०– सुनु सुग्रीव मारिहउँ बालिहि एकहिं बान।
ब्रह्म रुद्र सरनागत गएँ न उबरिहिं प्रान॥ ६॥

चौ०– जे न मित्र दुख होहिं दुखारी। तिन्हहि बिलोकत पातक भारी॥
निज दुख गिरि सम रज करि जाना। मित्रक दुख रज मेरु समाना॥ १॥

जिन्ह कें असि मति सहज न आई। ते सठ कत हठि करत मिताई॥
कुपथ निवारि सुपंथ चलावा। गुन प्रगटै अवगुनन्हि दुरावा॥ २॥

देत लेत मन संक न धरई। बल अनुमान सदा हित करई॥
बिपति काल कर सतगुन नेहा। श्रुति कह संत मित्र गुन एहा॥ ३॥

आगें कह मृदु बचन बनाई। पाछें अनहित मन कुटिलाई॥
जा कर चित अहि गति सम भाई। अस कुमित्र परिहरेहिं भलाई॥ ४॥

सेवक सठ नृप कृपन कुनारी। कपटी मित्र सूल सम चारी॥
सखा सोच त्यागहु बल मोरें। सब बिधि घटब काज मैं तोरें॥ ५॥

कह सुग्रीव सुनहु रघुबीरा। बालि महाबल अति रनधीरा॥
दुंदुभी अस्थि ताल देखराए। बिनु प्रयास रघुनाथ ढहाए॥ ६॥

देखि अमित बल बाढ़ी प्रीती। बालि बधब इन्ह भइ परतीती॥
बार बार नावइ पद सीसा। प्रभुहि जानि मन हरष कपीसा॥ ७॥

उपजा ग्यान बचन तब बोला। नाथ कृपाँ मन भयउ अलोला॥
सुख संपति परिवार बड़ाई। सब परिहरि करिहउँ सेवकाई॥ ८॥

ए सब राम भगति के बाधक। कहहिं संत तव पद अवराधक॥
सत्रु मित्र सुख दुख जग माहीं। मायाकृत परमारथ नाहीं॥ ९॥

बालि परम हित जासु प्रसादा। मिलेहु राम तुम्ह समन बिषादा॥
सपनें जेहि सन होइ लराई। जागें समुझत मन सकुचाई॥ १०॥

राज चो देवान देखला जेबे, राजा नाहलो राज।
सोर होउन सोपुन दिला, पंपापुर चो राज॥ ३४॥
हुनके मारुन बाली इलो, मोचो ले भेद बढ़ालो।
समझलो राज लोभ काजे ये, बाट चूटुन परालो॥ ३५॥
बयरी माहा मोके खुबे मारुन, झिकलो बायले सपा।
हुनचोय डर काजे बुलते रहेंसे, गुलाय एथा उथा॥ ३६॥
एथा नी एए बले डरेंसे, सराप किरता हुन।
राम बाहाँ फड़कुक धरला, सेउक दुख सुनुन॥ ३७॥

६ सुना सुगरीव गोटकी कांड ले बाली के मारेंदे मरते।
ब्रह्मा रुद्र साहा होले नी बाचे, काईं बल ते करले॥ ३८॥

मीत दुख ले जे दुखी नीहोए, तिहँके पाप लागेसे।
आपलो दुख धुरला मितान दुख, पहाड़ जसन लागेसे॥ ३९॥
टकर ले असन जेके बुध नी मिरे, कायकाज मितान करेसे।
अडरा थेबाउन नंगत ने रेंग तोर, अवगुन लुकाउन करेसे॥ ४०॥
देतो धरतो ने मन ने आपलो, भरम के नी राखो।
सकत इकरो हित ने हमेस, मन के आपलो राखो॥ ४१॥
बिपती पाहार तो सौगुन मया, हमेस राखतोर आय।
बेद बलसोत संत मीत चो, असने टकर आय॥ ४२॥
पुरे गढ़ुन नंगत गोठयाऊ जे, पाठ पड़ले निंदरते जाएसे।
असन मीत के छाँडले भलई आय, जे सांप माहा टेड़गा जाएसे॥ ४३॥
मूरुख सेउक आरु सूम राजा, बायले अवचाल चो होएसे।
कपटी मीत ये चारो ले, संगत ने दुख होएसे॥ ४४॥
मोचो सकत उपरे फिकर छांड, मय साहा होएँदे तुचो।
बलला भारी बली आय भगवान, बल नी जानास तेचो॥ ४५॥
दुंदुभी हाड़ा ताड़ रुख के, सुगरीब राम के दखालो।
बिन मेहनत सपा के गिराला, दखुन सुगरीव मानलो॥ ४६॥
मारदे बाली के भरोसा होली, मया मन ने बाढ़ली।
भगवान के चिताउन पाएँ पड़लो, हरीक मन ने बाढ़ली॥ ४७॥
तुमचो किरपा ले गियान होली, भरोसा होली मने।
सुख धन कुटुम मान छांडुन, सेवा करेंदे बिचारे मने॥ ४८॥
संत बलसोत राम भक्ती काजे, ए सपा आड़खी होसोत।
बैरी मीत सुख-दुख सवँसार ने, सपा माया सही नी होसोत॥ ४९॥
हितू आय बाली जेचो परसाद ले, मयँ भेटले तुमके।
सपना ने बले लड़ई होलो ने, दुख होएदे मोके॥ ५०॥

अब प्रभु कृपा करहु एहि भाँती। सब तजि भजनु करौं दिन राती॥
सुनि बिराग संजुत कपि बानी। बोले बिहँसि रामु धनुपानी॥ ११॥

जो कछु कहेहु सत्य सब सोई। सखा बचन मम मृषा न होई॥
नट मरकट इव सबहि नचावत। रामु खगेस बेद अस गावत॥ १२॥

लै सुग्रीव संग रघुनाथा। चले चाप सायक गहि हाथा॥
तब रघुपति सुग्रीव पठावा। गर्जेसि जाइ निकट बल पावा॥ १३॥

सुनत बालि क्रोधातुर धावा। गहि कर चरन नारि समुझावा॥
सुनु पति जिन्हहि मिलेउ सुग्रीवा। ते द्वौ बंधु तेज बल सींवा॥ १४॥

कोसलेस सुत लछिमन रामा। कालहु जीति सकहिं संग्रामा॥ १५॥

दो०— कह बाली सुनु भीरु प्रिय समदरसी रघुनाथ।
जौं कदाचि मोहि मारहिं तौ पुनि होउँ सनाथ॥ ७॥

चौ०— अस कहि चला महा अभिमानी। तृन समान सुग्रीवहि जानी॥
भिरे उभौ बाली अति तर्जा। मुठिका मारि महाधुनि गर्जा॥ १॥

तब सुग्रीव बिकल होइ भागा। मुष्टि प्रहार बज्र सम लागा॥
मैं जो कहा रघुबीर कृपाला। बंधु न होइ मोर यह काला॥ २॥

एकरूप तुम्ह भ्राता दोऊ। तेहि भ्रम तें नहिं मारेउँ सोऊ॥
कर परसा सुग्रीव सरीरा। तनु भा कुलिस गई सब पीरा॥ ३॥

मेली कंठ सुमन कै माला। पठवा पुनि बल देइ बिसाला॥
पुनि नाना बिधि भई लराई। बिटप ओट देखहिं रघुराई॥ ४॥

दो०— बहु छल बल सुग्रीव कर हियँ हारा भय मानि।
मारा बालि राम तब हृदय माझ सर तानि॥ ८॥

चौ०— परा बिकल महि सर के लागें। पुनि उठि बैठ देखि प्रभु आगें॥
स्याम गात सिर जटा बनाएँ। अरुन नयन सर चाप चढ़ाएँ॥ १॥

पुनि पुनि चितइ चरन चित दीन्हा। सुफल जन्म माना प्रभु चीन्हा॥
हृदयँ प्रीति मुख बचन कठोरा। बोला चितइ राम की ओरा॥ २॥

धर्म हेतु अवतरेहु गोसाईं। मारेहु मोहि ब्याध की नाईं॥
मैं बैरी सुग्रीव पिआरा। अवगुन कवन नाथ मोहि मारा॥ ३॥

अनुज बधू भगिनी सुत नारी। सुनु सठ कन्या सम ए चारी॥
इन्हहि कुदृष्टि बिलोकइ जोई। ताहि बधें कछु पाप न होई॥ ४॥

मुढ़ तोहि अतिसय अभिमाना। नारि सिखावन करसि न काना॥
मम भुज बल आश्रित तेहि जानी। मारा चहसि अधम अभिमानी॥ ५॥

दया करा परभू सपा छांडुन, तुमचोय भजन करें।
बेरा गोठ सुनुन बलला राम, धनऊ जे हाते धरे॥ ५१॥
तुमचो बललोर सपा सत होओ, मोचो गोठ फोकहा नी होए।
सुना गरुड़ राम सपा के नचासोत, जेबे जसन मन होए॥ ५२॥

* बाली वध *

सुगरीव संगे धनऊ कांड धरुन, चलला भगवान राम।
बाली लग पठाला गरजलो जाउन, सकत देऊ रहत राम॥ १॥
सुनते बाली रीस ने उठलो, बायले समझाय पायँ धरुन।
भारी तेज बली आत हनुमान, इलोसे जेमन के धरुन॥ २॥
अवध राजा चो बेटामन, राम लछमन आय नावँ।
काल के बले ते जीतुक सकसोत, भाटा ने हुनमनचो दाँव॥ ३॥

७ बललो डरही रानी सुन तुई, राम सारा जानू आत।
जे मोके राम मारला जाले, मय अमर होऊ आयँ॥ ४॥

असन बलते घमंडी निसकलो, किटका असन जानुन।
धमकाते जोर ले गरजलो बाली, सुगरीव के मुटका देउन॥ ५॥
बजर माहा पावली हड़बड़ते परालो, बललो भगवान सुना।
आगतले सांगले हुन भाई नोआय, मोचो काल आय गुना॥ ६॥
बलला गोटकी रूप चो तुमी, भरम ने पड़ुन नो मारें।
हात ले छिवला देँह बजर होली, दुखा सपा के सारे॥ ७॥
टोडरा ने राम माला पिंधाउन, बल देऊन पठाला।
राम आड़ ले तेमन के दखत, जे भारी लड़ई दखाला॥ ८॥

८ खुबे छल बल सुगरीव करलो, मन ले डरलो हारुन।
तेबे राम झीकुन बाली छाती के, कांड ले दिला बिंधुन॥ ९॥

कांड पावतेखन भुएँ पड़लो, राम के दखुन उठलो।
सावँर देँह लाल लाल आँइख, धनऊ कांड धरलोर॥ १०॥
चिताउन जनम के सुफल मानते, चेत के निलो पाएँ।
गोठ ने कड़क मन ने मया, बललो ये कसन आए॥ ११॥
धरम काजे तुमी अवतारी होलास, मारलास पारदेया असन।
काय दोस ने बयरी मानलास, सुगरीव मीत कसन॥ १२॥
भाई बोहारी बहिन बेटी बोहारी, ये चारों गोटकी आत।
एमन के पाप मन ले दखू के, मारतोर नोआय पाप॥ १३॥
इतरो घमंड बायले गोठ के, पेलुन तुइ एथा इलीस।
मोचो बाहाँ आसरा ने जानुन, सुगरीव के मारुक दखलीस॥ १४॥

दो०— सुनहु राम स्वामी सन चल न चातुरी मोरि।
प्रभु अजहूँ मैं पापी अंतकाल गति तोरि॥ ९॥

चौ०— सुनत राम अति कोमल बानी। बालि सीस परसेउ निज पानी॥
अचल करौं तनु राखहु प्राना। बालि कहा सुनु कृपानिधाना॥ १॥

जन्म जन्म मुनि जतनु कराहीं। अंत राम कहि आवत नाहीं॥
जासु नाम बल संकर कासी। देत सबहि सम गति अविनासी॥ २॥

मम लोचन गोचर सोइ आवा। बहुरि कि प्रभु अस बनिहि बनावा॥ ३॥

छं०— सो नयन गोचर जासु गुन नित नेति कहि श्रुति गावहीं।
जिति पवन मन गो निरस करि मुनि ध्यान कबहुँक पावहीं॥
मोहि जानि अति अभिमान बस प्रभु कहेउ राखु सरीरही।
अस कवन सठ हठि काटि सुरतरु बारि करिहि बबूरही॥ १॥

अब नाथ करि करुना बिलोकहु देहु जो बर मागऊँ।
जेहिं जोनि जन्मौं कर्म बस तहँ राम पद अनुरागऊँ॥
यह तनय मम सम बिनय बल कल्यानप्रद प्रभु लीजिऐ।
गहि बाहँ सुर नर नाह आपन दास अंगद कीजिऐ॥ २॥

दो०— राम चरन दृढ़ प्रीति करि बालि कीन्ह तनु त्याग।
सुमन माल जिमि कंठ ते गिरत न जानइ नाग॥ १०॥

चौ०— राम बालि निज धाम पठावा। नगर लोग सब ब्याकुल धावा॥
नाना बिधि बिलाप कर तारा। छूटे केस न देह सँभारा॥ १॥

तारा बिकल देखि रघुराया। दीन्ह ग्यान हरि लीन्ही माया॥
छिति जल पावक गगन समीरा। पंच रचित अति अधम सरीरा॥ २॥

प्रगट सो तनु तव आगें सोवा। जीव नित्य केहि लगि तुम्ह रोवा॥
उपजा ग्यान चरन तब लागी। लीन्हेसि परम भगति बर मागी॥ ३॥

उमा दारु जोषित की नाईं। सबहि नचावत रामु गोसाईं॥
तब सुग्रीवहि आयसु दीन्हा। मृतक कर्म बिधिबत सब कीन्हा॥ ४॥

राम कहा अनुजहि समुझाई। राज देहु सुग्रीवहि जाई॥
रघुपति चरन नाइ करि माथा। चले सकल प्रेरित रघुनाथा॥ ५॥

दो०— लछिमन तुरत बोलाए पुरजन बिप्र समाज।
राजु दीन्ह सुग्रीव कहँ अंगद कहँ जुबराज॥ ११॥

चौ०— उमा राम सम हित जग माहीं। गुरु पितु मातु बंधु प्रभु नाहीं॥
सुर नर मुनि सब कै यह रीती। स्वारथ लागि करहिं सब प्रीती॥ १॥

बालि त्रास ब्याकुल दिन राती। तन बहु ब्रन चिंताँ जर छाती॥
सोइ सुग्रीव कीन्ह कपि राऊ। अति कृपाल रघुबीर सुभाऊ॥ २॥

९ बललो बाली भगवान सुना, चलाकी नी चले मोचो।
सरासरी दरसन पाउन काय, पाप नी कटेदे मोचो॥ १५॥

सहज गोठ सुनुन राम भगवान, मुड के छिवला तेचो।
बलला जीव के राख तुई बाली, अमर करेंदे देह तुचो॥ १६॥
बललो मुनी जनम जनम, कितरोय नेम करसोत।
बलेबल राम नावँ मरतो दाँय, बलुक ते नी सकसोत॥ १७॥
जेचो नाँव चो सकत ले संकर, कासी ने मुक्ती देसोत।
असन जोग फेर कहाँ मिरेदे, हुनी आइँख पुरे आसोत॥ १८॥
आइँख पुरे हुन जिहँके बेद, नेती-नेती बलुन गासोत।
मन इन्दरी के जीतुन रिसी मुनीमन, लटपट दरसन पासोत॥ १९॥
घमंड ने जानुन मोके भगवान, बलसोत देंह राखुक।
कोन मूरुख कलपतरु गोंदुन, दखेदे बंबूर रोपुक॥ २०॥
दया करा एदाँय तुमी भगवान, बर जे मांगेसे देहा।
जेबल जोनी ने जनम धरेंदे, आपलो भक्ती देहा॥ २१॥
मोचो बेटा के तुमी भगवान, आपलो सरन राखा।
देव मनुख चो भगवान तुमी, बाहाँ धरुन राखा॥ २२॥

१० राम पायँ ले मया करते बाली, देँह के छांडलो असन।
टोडरा चो ढोंढामाल हाथी, गिरलोर नी जाने जसन॥ २३॥

बाली के राम आपलो धाम दिला, लोग कलपते इला।
कई रकम ले गागे रोए तारा, देहँ के भुलकुन गेला॥ २४॥
बियाकुल दखुन राम भगवान, गियान ले माया झीकला।
पिरथी आइग पानी अकास लेहरा, पाँचो चो देह सांगला॥ २५॥
हुन देंह सपा चो पुरे आसे, जीव तो हमेस आसे।
फेर कसन काजे गागतो रोवतो, एई गियान गोठ आसे॥ २६॥
गियान उपजली पाएँ भक्ती मांगली, सुन उमा परभू राम।
पुतरी माहा जे सपा के नचासोत, बाली चो करला काम॥ २७॥
भाई के बलला समझाउन राम, सुगरीव के राज दे जाउन।
राम हुकुम ले सपा निसकला, पायँ ने माथा लवाँउन॥ २८॥

११ लछमन रैयत बाम्हन बलाउन, सुगरीव के राज दिला।
अंगद जे रहे बाली चो बेटा, तेके लाल पदवी दिला॥ २९॥

उमा राम माहा हितू माय वाप, गुरु मालिक नीहोत।
देव मनुख मुनी सपा चो रीती, मया सुवारथ नेहोय॥ ३०॥
बालि डर ले डरुन दिन-रात, छाती फिकर ने जरे।
राम किरपा ले हुनी सुगरीव, बेंदरा चो राज करे॥ ३१॥

जानतहुँ अस प्रभु परिहरहीं। काहे न बिपति जाल नर परहीं॥
पुनि सुग्रीवहि लीन्ह बोलाई। बहु प्रकार नृपनीति सिखाई॥ ३॥

कह प्रभु सुनु सुग्रीव हरीसा। पुर न जाउँ दस चारि बरीसा॥
गत ग्रीषम बरषा रितु आई। रहिहउँ निकट सैल पर छाई॥ ४॥

अंगद सहित करहु तुम्ह राजू। संतत हृदयँ धरेहु मम काजू॥
जब सुग्रीव भवन फिरि आए। रामु प्रबरषन गिरि पर छाए॥ ५॥

दो०– प्रथमहिं देवन्ह गिरि गुहा राखेउ रुचिर बनाइ।
राम कृपानिधि कछु दिन बास करहिंगे आइ॥ १२॥

चौ०– सुंदर बन कुसुमित अति सोभा। गुंजत मधुप निकर मधु लोभा॥
कंद मूल फल पत्र सुहाए। भए बहुत जब ते प्रभु आए॥ १॥

देखि मनोहर सैल अनूपा। रहे तहँ अनुज सहित सुरभूपा॥
मधुकर खग मृग तनु धरि देवा। करहिं सिद्ध मुनि प्रभु कै सेवा॥ २॥

मंगलरूप भयउ बन तब ते। कीन्ह निवास रमापति जब ते॥
फटिक सिला अति सुभ्र सुहाई। सुख आसीन तहाँ द्वौ भाई॥ ३॥

कहत अनुज सन कथा अनेका। भगति बिरति नृपनीति बिबेका॥
बरषा काल मेघ नभ छाए। गरजत लागत परम सुहाए॥ ४॥

दो०– लछिमन देखु मोर गन नाचत बारिद पेखि।
गृही बिरति रत हरष जस बिष्नुभगत कहुँ देखि॥ १३॥

चौ०– घन घमंड नभ गरजत घोरा। प्रिया हीन डरपत मन मोरा॥
दामिनि दमक रह न घन माहीं। खल कै प्रीति जथा थिर नाहीं॥ १॥

बरषहिं जलद भूमि निअराएँ। जथा नवहिं बुध बिद्या पाएँ॥
बूँद अघात सहहिं गिरि कैसें। खल के बचन संत सह जैसें॥ २॥

छुद्र नदीं भरि चलीं तोराई। जस थोरेहुँ धन खल इतराई॥
भूमि परत भा ढाबर पानी। जनु जीवहि माया लपटानी॥ ३॥

समिटि समिटि जल भरहिं तलावा। जिमि सदगुन सज्जन पहिं आवा॥
सरिता जल जलनिधि महुँ जाई। होइ अचल जिमि जिव हरि पाई॥ ४॥

दो०– हरित भूमि तृन संकुल समुझि परहिं नहिं पंथ।
जिमि पाखंड बाद तें गुप्त होहिं सदग्रंथ॥ १४॥

चौ०– दादुर धुनि चहु दिसा सुहाई। बेद पढ़हिं जनु बटु समुदाई॥
नव पल्लव भए बिटप अनेका। साधक मन जस मिलें बिबेका॥ १॥

बिपती ने कसन नी पड़दे लोग, असन भगवान के छांड़ुन।
सुगरीव के राम राजनीती सिखाला, आपलो लग हान देऊन॥ ३२॥
बलला सुन चऊदा बरख पुरतले, राज सहर नी जायँ।
घाम जाउन बरसा दिन इली, लगे डोंगरी ने रहू आयँ॥ ३३॥
अंगद संगे नंगत राज करा, नी भूलका मोचो काम।
सुगरीव आपलो घरे फिरलो, परबरसन गेला राम॥ ३४॥

१२ आगतले देव हुन डोंगरी ने, बनाउन रहत करपन।
बिचारुन किरपा चो धाम राम, थेबदे एथा थोड़े दिन॥ ३५॥

* बरसा गोठ *

बन सुंदर फुलुन फरुन सोहसोत, भँवरा मातुन बुलसोत।
जब ले भगवान उथा अमरला, कांदा पाक फर झुलसोत॥ १॥
सुंदर डोंगरी दखुन देवमन चो राजा, भाई संग थेबुन गेला।
देव सिद्ध मुनी चड़ई पसु भेसने, सेवा काज अमरुन गेला॥ २॥
सपा ठान सुंदर होलीसे जबले, डेरा करला राम।
कांच माहा सुंदर पखना दिखसोत, बसला भाई संग राम॥ ३॥
भाई लग भक्ती बैराग चो कथा, नीती गियान बलसोत।
बरसा दादरी गजरते घुमड़ते, खुबे सुंदर लागसोत॥ ४॥

१३ लछमन दख मंजूर गोहड़ा, नाचसोत दखुन कसन।
बयरागी जीव बिस्नू भगत के दखुन, हरीक होसोत जसन॥ ५॥

सरग ने बादरी घुमडुन गरजेसे, बिन सीता जीव डरेसे।
बिजली चमकुन नी थेबेसे जसन, दुसट चो मया नी रहेसे॥ ६॥
बादरी भुंइ बाट एउन बसेसे, गुन पाउन गुनी जसन।
दुसट गोठ के संत सहसोत, टपका मार के डोंगरी जसन॥ ७॥
नालामन पानी ले भरुन भाती, खंड के भड़लाते जासोत।
दुसट थोड़े धन के पाउन, खुबे इतराउन जासोत॥ ८॥
पानी भुंइ ने पड़तेय जसन, चिखला उलटुन जाएसे।
नगत सुद्ध जीव माया ने पड़ुन, हुसने भटुन जाएसे॥ ९॥
कूढ़ा होउन पानी तरई के भरेसे, सदगुन सजन लग जाएसे।
नंदी चो पानी समुन्द ने थेबेसे, जसन जीव हरीके पाएसे॥ १०॥

१४ रोंडा ले पिरथी हरिअर होली, बाट नी दिखेसे असन।
पाखंडी बिचार चो पुरे गरंथ, लुकुन जासोत जसन॥ ११॥

मेडका कोल्हार सुनलो ने लागेसे, पिलामन बेद पढ़सोत।
रूख-राई ने पान पिलकाली, जसन साधक गियान पासोत॥ १२॥

अर्क जवास पात बिनु भयऊ। जस सुराज खल उद्यम गयऊ॥
खोजत कतहुँ मिलइ नहिं धूरी। करइ क्रोध जिमि धरमहि दूरी॥ २॥

ससि संपन्न सोह महि कैसी। उपकारी कै संपति जैसी॥
निसि तम घन खद्योत बिराजा। जनु दंभिन्ह कर मिला समाजा॥ ३॥

महाबृष्टि चलि फूटि किआरीं। जिमि सुतंत्र भएँ बिगरहिं नारीं॥
कृषी निरावहिं चतुर किसाना। जिमि बुध तजहिं मोह मद माना॥ ४॥

देखिअत चक्रबाक खग नाहीं। कलिहि पाइ जिमि धर्म पराहीं॥
ऊषर बरषइ तृन नहिं जामा। जिमि हरिजन हियँ उपज न कामा॥ ५॥

बिबिध जंतु संकुल महि भ्राजा। प्रजा बाढ़ जिमि पाइ सुराजा॥
जहँ तहँ रहे पथिक थकि नाना। जिमि इंद्रिय गन उपजें ग्याना॥ ६॥

दो०— कबहुँ प्रबल बह मारुत जहँ तहँ मेघ बिलाहिं।
जिमि कपूत के उपजें कुल सद्धर्म नसाहिं॥ १५ (क)॥

कबहुँ दिवस महँ निबिड़ तम कबहुँक प्रगट पतंग।
बिनसइ उपजइ ग्यान जिमि पाइ कुसंग सुसंग॥ १५ (ख)॥

चौ०— बरषा बिगत सरद रितु आई। लछिमन देखहु परम सुहाई॥
फूलें कास सकल महि छाई। जनु बरषाँ कृत प्रगट बुढ़ाई॥ १॥

उदित अगस्ति पंथ जल सोषा। जिमि लोभहि सोषइ संतोषा॥
सरिता सर निर्मल जल सोहा। संत हृदय जस गत मद मोहा॥ २॥

रस रस सूख सरित सर पानी। ममता त्याग करहिं जिमि ग्यानी॥
जानि सरद रितु खंजन आए। पाइ समय जिमि सुकृत सुहाए॥ ३॥

पंक न रेनु सोह असि धरनी। नीति निपुन नृप कै जसि करनी॥
जल संकोच बिकल भइँ मीना। अबुध कुटुंबी जिमि धनहीना॥ ४॥

बिनु घन निर्मल सोह अकासा। हरिजन इव परिहरि सब आसा॥
कहुँ कहुँ बृष्टि सारदी थोरी। कोउ एक पाव भगति जिमि मोरी॥ ५॥

दो०— चले हरषि तजि नगर नृप तापस बनिक भिखारि।
जिमि हरिभगति पाइ श्रम तजहिं आश्रमी चारि॥ १६॥

फुँडेर जवासा चो पानी झड़ली, दखलोने लागेसे असन।
नंगत राज ले दुसट उधम, उठुन गेलीसे जसन॥ १३॥
डगरालोने धुरला कहाँय नी मिरे, भुँइ ने गुलाय असन।
रीस गुन ले धरम करम, उठुन जाएसे जसन॥ १४॥
धान-पान गुलाय बेड़ा दिखसोत, उपकारी धन माहा।
जुगनू दिखसोत चिमचिमा राती, पाखंडी दल माहा॥ १५॥
पार के पानी नेसोत असन, अजाद मेहरार नसेसे।
चतुर बेड़ा नींदते जासोत, पंडित अवगुन छांडेसे॥ १६॥
चक्रवाक चड़ई के डगरालोने, नीआत लुकला असन।
कलजुग छाँय पड़ते खन, धरम लुकेसे जसन॥ १७॥
खरेया मुँइ मे पानी बरसले, रोंडा नी जामत असन।
भगवान भगतमन ने केबई, काम नी बियापे जसन॥ १८॥
पिरथी जीवमन ले भरून गेली, सुराज ने रैयत जसन।
एथा उथा लोग थेबले जासोत, गियान ले इंदरी जसन॥ १९॥

१५ (क) केबई लेहरा रोस ले मारले, बादरी गुचेसे असन।
कपूत पाउन कुल चो धरम, नसुन जाएसे जसन॥ २०॥

१५ (ख) केबइ घाम केबई छाँय, बादरी गुचलोने होएसे।
सुसंग ले गियान बाढ़ते जाएसे, कुसंग ले सरुन जाएसे॥ २१॥

बरसा जाउन सीतकार इली, कसा फूल दिखसत असन।
बरसा चो सियानपन इली, पाकलो चूँदी जसन॥ २२॥
सुकुल उठुन पानी के सुखाली, लोभ के संतोरा जसन।
नंदी तरई पानी छुकछुका होली, मोह लोभ ले संत जसन॥ २३॥
नंदी तरई पानी धीरे सुखेसे, जसन गियानी मोह के छाँडे।
सीत पाउन बैलाबिकू अमरला, जसन बेरा ने पुन माँडे॥ २४॥
धुरला चिखला नाहलो भुँइ, सोभा देसोत असन।
नीती जानू मानू नंगत राजा चो, करनी लागेसे जसन॥ २५॥
पानी घाट होलोने मछरी, जतन तड़फुन जासोत।
मूरुख कुटुम धन घटलोने, हुसने बोमरुन जासोत॥ २६॥
सोभा देएसे छुकछुका अकास, बिन बादरी चो असन।
लोभ छांडुन भगवान भगत, सोभा पासोत जसन॥ २७॥
कहाँय कहाँय सीतकार बरसा, बरसते जाएसे असन।
बिरलेय कोनी कीनी मोचो, भक्ती पावसोत जसन॥ २८॥

१६ मांगाखया तपसी राजा बेभारी, हरीक निकरसोत सपा।
भगवान भगत भक्ती पाउन, छांडुन देसोत सपा॥ २९॥

चौ०– सुखी मीन जे नीर अगाधा। जिमि हरि सरन न एकउ बाधा॥
फूलें कमल सोह सर कैसा। निर्गुन ब्रह्म सगुन भएँ जैसा॥ १॥

गुंजत मधुकर मुखर अनूपा। सुंदर खग रव नाना रूपा॥
चक्रबाक मन दुख निसि पेखी। जिमि दुर्जन पर संपति देखी॥ २॥

चातक रटत तृषा अति ओही। जिमि सुख लहइ न संकर द्रोही॥
सरदातप निसि ससि अपहरई। संत दरस जिमि पातक टरई॥ ३॥

देखि इंदु चकोर समुदाई। चितवहिं जिमि हरिजन हरि पाई॥
मसक दंस बीते हिम त्रासा। जिमि द्विज द्रोह किएँ कुल नासा॥ ४॥

दो०– भूमि जीव संकुल रहे गए सरद रितु पाइ।
सदगुर मिलें जाहिं जिमि संसय भ्रम समुदाइ॥ १७॥

चौ०– बरषा गत निर्मल रितु आई। सुधि न तात सीता कै पाई॥
एक बार कैसेहुँ सुधि जानौं। कालहु जीति निमिष महुँ आनौं॥ १॥

कतहुँ रहउ जौं जीवति होई। तात जतन करि आनेउँ सोई॥
सुग्रीवहुँ सुधि मोरि बिसारी। पावा राज कोस पुर नारी॥ २॥

जेहिं सायक मारा मैं बाली। तेहिं सर हतौं मूढ़ कहँ काली॥
जासु कृपाँ छूटहिं मद मोहा। ता कहुँ उमा कि सपनेहुँ कोहा॥ ३॥

जानहिं यह चरित्र मुनि ग्यानी। जिन्ह रघुबीर चरन रति मानी॥
लछिमन क्रोधवंत प्रभु जाना। धनुष चढ़ाइ गहे कर बाना॥ ४॥

दो०– तब अनुजहि समुझावा रघुपति करुना सींव।
भय देखाइ लै आवहु तात सखा सुग्रीव॥ १८॥

चौ०– इहाँ पवनसुत हृदयँ बिचारा। राम काजु सुग्रीवँ बिसारा॥
निकट जाइ चरनन्हि सिरु नावा। चारिहु बिधि तेहि कहि समुझावा॥ १॥

सुनि सुग्रीवँ परम भय माना। बिषयँ मोर हरि लीन्हेउ ग्याना॥
अब मारुतसुत दूत समूहा। पठवहु जहँ तहँ बानर जूहा॥ २॥

कहहु पाख महुँ आव न जोई। मोरें कर ता कर बध होई॥
तब हनुमंत बोलाए दूता। सब कर करि सनमान बहूता॥ ३॥

खोल पानी ने मछरी जाउन, हरीक होसोत असन।
भगवान सरन गेलोने पाछे, डंड नीहोय जसन॥ ३०॥
फूललो पूड़न के सोभा देसोत, तरई झोड़ी असन।
निरगुन ब्रह्म सगुन होलोने, सोभा पाएसे जसन॥ ३१॥
रकम चड़ई भँवरा कोल्हार, चकोरी जरेसे असन।
परधन दखुन कयराहा जीव, जरून जाएसे जसन॥ ३२॥
पपीहा पानी पियास काजे, तड़पुन गागेसे असन।
भगवान संकर चो बयरी केबई, सुख नी पाएसे जसन॥ ३३॥
मन चो तपन सीतकार राती, जोन सारेसे असन।
संत लोग चो दरसन करलोने, पाप कटेसे जसन॥ ३४॥
जसन भगवान के पाउन भगत, दरसन लाभ पासोत।
हुसने राती चकोर चड़ाई, जोन के दखते, होसोत॥ ३५॥
बाम्हन संग बइर करलोने, बस बुडुन जाएसे।
हुसने किलनी माछी कीड़ा के, सति मारते जाएसे॥ ३६॥

१७ बरसा चो कोड़ा मीत पाउन, मरते जासोत असन।
सतगुरु मिरलोने सपा भरम, कटुन जाएसे जसन॥ ३७॥

इतरो सुंदर सीतकार इली, बरसा चो दिन जाउन।
सीता खबर कहाँय नी पाएँसे, इतरो लाफी एऊन॥ ३८॥
खबर पावलोने हारक काजे, काल के जीतुन आनते।
कहाँय बले जीवत रलोने, उआट करून आनते॥ ३९॥
राज खजाना बायले के पाउन, सुगरीव भुलकलो मोके।
जे कांड ने बाली के मारले, हुनीने मारेंदे हुनके॥ ४०॥
उमा नाँव ने मोह माया छूटेसे, तिहँइ रीस कसन।
हुनी राम मनुख चोला ने, लीला करसोत असन॥ ४१॥
राम पाँय चो सेउक गियानी मुनी, रसोत लीला के मानुन।
धनउ कांड हाते धरलो लछमन, राम के रीस ने जानुन॥ ४२॥

१८ दयावान राम समझाला भाई के, रीस दखाउन आन।
तिहँके मारतो गोठ नोआय, सत गोठ के जान॥ ४३॥

हनुमान बिचारलो सुगरीव जाले, भुलकलो राम चो काम।
पायँ पड़ुन चारों नीती समझाते, सांगलो तिहँचो काम॥ ४४॥
सुख ने चेत गेली डरून बललो, दूत पठावा गुलाय।
बेंदरा गोहड़ा जे आसोत, एथा उथा गुलाय॥ ४५॥
सांगा हुनमनके पन्दरही भीतर, एथा जे नी एदे।
मोचो हात ले तिहँचो मउत, असन खबर देएदे॥ ४६॥

भय अरु प्रीति नीति देखराई। चले सकल चरनन्हि सिर नाई॥
एहि अवसर लछिमन पुर आए। क्रोध देखि जहँ तहँ कपि धाए॥ ४॥

दो०– धनुष चढ़ाइ कहा तब जारि करउँ पुर छार।
ब्याकुल नगर देखि तब आयउ बालिकुमार॥ १९॥

चौ०– चरन नाइ सिरु बिनती कीन्ही। लछिमन अभय बाँह तेहि दीन्ही॥
क्रोधवंत लछिमन सुनि काना। कह कपीस अति भयँ अकुलाना॥ १॥

सुनु हनुमंत संग लै तारा। करि बिनती समुझाउ कुमारा॥
तारा सहित जाइ हनुमाना। चरन बंदि प्रभु सुजस बखाना॥ २॥

करि बिनती मंदिर लै आए। चरन पखारि पलँग बैठाए॥
तब कपीस चरनन्हि सिरु नावा। गहि भुज लछिमन कंठ लगावा॥ ३॥

नाथ बिषय सम मद कछु नाहीं। मुनि मन मोह करइ छन माहीं॥
सुनत बिनीत बचन सुख पावा। लछिमन तेहि बहु बिधि समुझावा॥ ४॥

पवन तनय सब कथा सुनाई। जेहि बिधि गए दूत समुदाई॥ ५॥

दो०– हरषि चले सुग्रीव तब अंगदादि कपि साथ।
रामानुज आगें करि आए जहँ रघुनाथ॥ २०॥

चौ०– नाइ चरन सिरु कह कर जोरी। नाथ मोहि कछु नाहिन खोरी॥
अतिसय प्रबल देव तव माया। छूटइ राम करहु जौं दाया॥ १॥

बिषय बस्य सुर नर मुनि स्वामी। मैं पावँर पसु कपि अति कामी॥
नारि नयन सर जाहि न लागा। घोर क्रोध तम निसि जो जागा॥ २॥

लोभ पाँस जेहिं गर न बँधाया। सो नर तुम्ह समान रघुराया॥
यह गुन साधन तें नहिं होई। तुम्हरी कृपाँ पाव कोइ कोई॥ ३॥

तब रघुपति बोले मुसकाई। तुम्ह प्रिय मोहि भरत जिमि भाई॥
अब सोइ जतनु करहु मन लाई। जेहि बिधि सीता कै सुधि पाई॥ ४॥

दो०– एहि बिधि होत बतकही आए बानर जूथ।
नाना बरन सकल दिसि देखिअ कीस बरूथ॥ २१॥

चौ०– बानर कटक उमा मैं देखा। सो मूरुख जो करन चह लेखा॥
आइ राम पद नावहिं माथा। निरखि बदनु सब होहिं सनाथा॥ १॥

अस कपि एक न सेना माहीं। राम कुसल जेहि पूछी नाहीं॥
यह कछु नहिं प्रभु कइ अधिकाई। बिस्वरूप ब्यापक रघुराई॥ २॥

हनुमान हुनमन के हाग देऊन, डर मया दखालो।
खुबे मया करून तिहँके सपा बाटे पठालो॥ ४७॥
लछमन अमरलो हुदलोयदाँय, रीसे रीस हींडते जाओत।
तिहँचो रीस के दखुन बेंदरा, इसू हेंव लुकते जाओत॥ ४८॥

१९ राज के डसाउन लाखड़ी करेंदे, धनऊ चेघाउन बललो।
रीस के दखुन अंगद एऊन, लछमन पुरे होले॥ ४९॥

पायँ पड़ुन बिन्ती करलो, लछमन माफी दिला।
तिहँचो रीस चो गोठ सुनुन, सुगरीव बिचार ने पड़ला॥ ५०॥
हनुमान सुना तारा के धरून, लाल के समझावा जाउन।
तारा संग हनुमान बिन्ती करलो, लछमन लगे जाउन॥ ५१॥
आनुन पायँ पखारुन बसाला, महल ने बिन्ती करते।
लछमन लेपटाला बेंदरा राजा के, दुखुन पायँ पड़ते॥ ५२॥
बिसय माहा काईं नसा नीआय, मुनी के देएसे नसाउन।
बिन्ती के सुनुन लछमन हरीक, सीखासोत नंगत समझाउन॥ ५३॥
पवनसुत सपा कहनी सांगला, जसन करू रहत।
दूतमन के बलाउक सपा बाटे, हुनमन पठाऊ रहत॥ ५४॥

२० हरीक ने लछमन के पुरे करुन, बेंदरामन के धरुन।
सुगरीव रामलग भेटुक इलो, अंगद लाल के घरुन॥ ५५॥

सीता-डगर

पायँ पडुन हात जोड़ते बललो, मोचो दोस नोआय राम।
तुमचोय माया चो सकत बड़े, दया ले छूटेसे राम॥ १॥
बिसय फांदा ने देव मनुख मुनी, मयँ पापी बेंदरा जात।
मेहरार आँइख कांड काके नी पावली, चेत रीस गुलाय रात॥ २॥
लोभ चो फाँसी नेकोन आपलो, टोडरा नी बांधला राम।
रघुनाथ हुन तुमचोय असन आत, गुन साधन ले नी मिरेराम॥ ३॥
तुमचोय किरपा होलोने मिरेसे, सुनुन बलला राम।
भरत माहा तुमी सीता डगर चो, मन देउन करा काम॥ ४॥

२१ असन गोठ उथा होते रहे, बेंदरा चो गोहड़ा इला।
कई रंग चो रकम रकम चो, चारों खूट होउन दिला॥ ५॥

जे गनती करदे हुन मूरुख उमा, इतरो बेंदरा दखले।
राम पायँ ने जाउन पड़त, हरीक होओत दरसन करते॥ ६॥
फउद ने गोटोक बेंदरा नी रहे, नी पूछला हाल जेके।
सवँसार रूप राम सपाय ठाने, गोठ नोआय बड़े तिहँके॥ ७॥

ठाढ़े जहँ तहँ आयसु पाई। कह सुग्रीव सबहि समुझाई॥
राम काजु अरु मोर निहोरा। बानर जूथ जाहु चहुँ ओरा॥ ३॥

जनकसुता कहुँ खोजहु जाई। मास दिवस महँ आएहु भाई॥
अवधि मेटि जो बिनु सुधि पाएँ। आवइ बनिहि सो मोहि मराएँ॥ ४॥

दो०– बचन सुनत सब बानर जहँ तहँ चले तुरंत।
तब सुग्रीवँ बोलाए अंगद नल हनुमंत॥ २२॥

चौ०– सुनहु नील अंगद हनुमाना। जामवंत मतिधीर सुजाना॥
सकल सुभट मिलि दच्छिन जाहू। सीता सुधि पूँछेहु सब काहू॥ १॥

मन क्रम बचन सो जतन बिचारेहु। रामचंद्र कर काजु सँवारेहु॥
भानु पीठि सेइअ उर आगी। स्वामिहि सर्ब भाव छल त्यागी॥ २॥

तजि माया सेइअ परलोका। मिटहिं सकल भवसंभव सोका॥
देह धरे कर यह फलु भाई। भजिअ राम सब काम बिहाई॥ ३॥

सोइ गुनग्य सोई बड़भागी। जो रघुबीर चरन अनुरागी॥
आयसु मागि चरन सिरु नाई। चले हरषि सुमिरत रघुराई॥ ४॥

पाछें पवन तनय सिरु नावा। जानि काज प्रभु निकट बोलावा॥
परसा सीस सरोरुह पानी। करमुद्रिका दीन्हि जन जानी॥ ५॥

बहु प्रकार सीतहि समुझाएहु। कहि बल बिरह बेगि तुम्ह आएहु॥
हनुमत जन्म सुफल करि माना। चलेउ हृदयँ धरि कृपानिधाना॥ ६॥

जद्यपि प्रभु जानत सब बाता। राजनीति राखत सुरत्राता॥ ७॥

दो०– चले सकल बन खोजत सरिता सर गिरि खोह।
राम काज लयलीन मन बिसरा तन कर छोह॥ २३॥

चौ०– कतहुँ होइ निसिचर सैं भेटा। प्रान लेहिं एक एक चपेटा॥
बहु प्रकार गिरि कानन हेरहिं। कोउ मुनि मिलत ताहि सब घेरहिं॥ १॥

लागि तृषा अतिसय अकुलाने। मिलइ न जल घन गहन भुलाने॥
मन हनुमान कीन्ह अनुमाना। मरन चहत सब बिनु जल पाना॥ २॥

चढ़ि गिरि सिखर चहूँ दिसि देखा। भूमि बिबर एक कौतुक पेखा॥
चक्रबाक बक हंस उड़ाहीं। बहुतक खग प्रबिसहिं तेहि माहीं॥ ३॥

गिरि ते उतरि पवनसुत आवा। सब कहुँ लै सोइ बिबर देखावा॥
आगें कै हनुमंतहि लीन्हा। पैठे बिबर बिलंबु न कीन्हा॥ ४॥

दो०– दीख जाइ उपबन बर सर बिगसित बहु कंज।
मंदिर एक रुचिर तहँ बैठि नारि तप पुंज॥ २४॥

हुकुम सुनते खान उबा होला, सुगरीब समझाउन बलला।
राम कारज आय मोचो बिन्ती, चारों खूट जाहा बलला॥ ८॥
महेना भीतरे सीता के खोजा, बिगर डगर इले।
मोचोय हाते मउत जाना, फोकहा उल्टुन इले॥ ९॥

२२ हुकुम सुनते बेंदरा गोहड़ा, चारों खुट उमंडते गेला।
अंगद, नल, हनु मुखियामन के, सुगरीब बलाउन बलला॥ १०॥

घीरबुध चतुर नील, अंगद, हनु, जामबंत तुमी सपा।
रक्सऊ बाटे तुमन जाहा, सोर पूछते सपा॥ ११॥
मन बानी करम ले उआट करून, राम चो कारज करा।
सुरुज के पाठ आइग के पुर ले, जानुन भोग करा॥ १२॥
सपा छल छांडुन मालिक चो, सेवा करतोर आय।
माया छांडुन परलोक चो, भोग करतोर आय॥ १३॥
जेमें जिवना मरना फादा चो, सपा दुख कटुन।
देंह पावलो फल सपा छांडुन, भजन करतोर आय॥ १४॥
बड़भागी राम पायँ ले मया करे, सदगुन जानू आय।
हरीकले निसकला हुकुम मांगुन, पड़ुन राम चो पायँ॥ १५॥
पवनसुत पाछे पायँ ने पड़ला, राम लगे बलाला।
हात ले हुनचो माथा छिउन, मुन्दरी निकराउन दिला॥ १६॥
सीता के नंगत समझाउन भाती, मोचो बल दुख सांग।
हनु जनम सुफल जानुन निकरलो, मन ने दखन राम॥ १७॥
असन देव के साहा होउ राम, सपा के जानते रहत।
तेबे बल राजानीती के राम, साहा होते रहत॥ १८॥

२३ नंदी रान तरई डोंगरी करपन, डगराते बेंदरा जाओत।
राम कारज ने मगन होउन, देह के भुलकुन जाओत॥ १९॥

कोनी रक्सा संगे भेट होलोने, थापड़ ने जीव धरत।
कहांय जे कोनी मुनी के भेटले, छेकुन सोर पूछत॥ २०॥
राने भुलकुन पियास ले बिकल, पानी नी पाओत कहांय।
हनु बिचारला पानी नी मिरलोने, मरदे सपा एदाँय॥ २१॥
डोंगरी टिपे चेघुन दखे, करपन अटपट दखला।
कोकोड़ा, चकवा, हाँसा, उड़सोत, ओयलू चड़ई दखला॥ २२॥
खाले उतरुन पवनसुत एतेखन, सपा के करपन दखाल।
हनु के पुरे करुन सपाइन, करपन भीतर गेला॥ २३॥

२४ भीतरे सुंदर बगेचा तरई, जेमे पूड़न बन रहे।
हुताय गुड़ी ने गोटोक, तपसीन मेहरार बसुन रहे॥ २४॥

चौ०– दूरि ते ताहि सबन्हि सिरु नावा। पूछें निज बृत्तांत सुनावा॥
तेहिं तब कहा करहु जल पाना। खाहु सुरस सुंदर फल नाना॥ १॥

मज्जनु कीन्ह मधुर फल खाए। तासु निकट पुनि सब चलि आए॥
तेहिं सब आपनि कथा सुनाई। मैं अब जाब जहाँ रघुराई॥ २॥

मूदहु नयन बिबर तजि जाहू। पैहहु सीतहि जनि पछिताहू॥
नयन मूदि पुनि देखहिं बीरा। ठाढ़े सकल सिंधु कें तीरा॥ ३॥

सो पुनि गई जहाँ रघुनाथा। जाइ कमल पद नाएसि माथा॥
नाना भाँति बिनय तेहिं कीन्हीं। अनपायनी भगति प्रभु दीन्हीं॥ ४॥

दो०– बदरीबन कहुँ सो गई प्रभु अग्या धरि सीस।
उर धरि राम चरन जुग जे बंदत अज ईस॥ २५॥

चौ०– इहाँ बिचारहिं कपि मन माहीं। बीती अवधि काज कछु नाहीं॥
सब मिलि कहहिं परस्पर बाता। बिनु सुधि लएँ करब का भ्राता॥ १॥

कह अंगद लोचन भरि बारी। दुहुँ प्रकार भइ मृत्यु हमारी॥
इहाँ न सुधि सीता कै पाई। उहाँ गएँ मारिहि कपिराई॥ २॥

पिता बधे पर मारत मोही। राखा राम निहोर न ओही॥
पुनि पुनि अंगद कह सब पाहीं। मरन भयउ कछु संसय नाहीं॥ ३॥

अंगद बचन सुनत कपि बीरा। बोलि न सकहिं नयन बह नीरा॥
छन एक सोच मगन होइ रहे। पुनि अस बचन कहत सब भए॥ ४॥

हम सीता कै सुधि लीन्हें बिना। नहिं जैहैं जुबराज प्रबीना॥
अस कहि लवन सिंधु तट जाई। बैठे कपि सब दर्भ डसाई॥ ५॥

जामवंत अंगद दुख देखी। कहीं कथा उपदेस बिसेषी॥
तात राम कहुँ नर जनि मानहु। निर्गुन ब्रह्म अजित अज जानहु॥ ६॥

हम सब सेवक अति बड़भागी। संतत सगुन ब्रह्म अनुरागी॥ ७॥

दो०– निज इच्छाँ प्रभु अवतरइ सुर महि गो द्विज लागि।
सगुन उपासक संग तहँ रहहिं मोच्छ सब त्यागि॥ २६॥

चौ०– एहि बिधि कथा कहहि बहु भाँती। गिरि कंदराँ सुनी संपाती॥
बाहेर होइ देखि बहु कीसा। मोहि अहार दीन्ह जगदीसा॥ १॥

आजु सबहि कहँ भच्छन करऊँ। दिन बहु चले अहार बिनु मरऊँ॥
कबहुँ न मिल भरि उदर अहारा। आजु दीन्ह बिधि एकहिं बारा॥ २॥

डरपे गीध बचन सुनि काना। अब भा मरन सत्य हम जाना॥
कपि सब उठे गीध कहँ देखी। जामवंत मन सोच बिसेषी॥ ३॥

कह अंगद बिचारि मन माहीं। धन्य जटायू सम कोउ नाहीं॥
राम काज कारन तनु त्यागी। हरि पुर गयउ परम बड़ भागी॥ ४॥

लाफी ले तिहँचो पायँ पड़ला, पूछलोने सांगला सपा।
बलली पानी पिआ पाक खाहा, जाउन भाती सपा॥ २५॥
नहाउन पाक फर खाउन तेमन, इला तिहँचो लगे।
सपा कहनी सांगली बलली, जाएँसे राम लगे॥ २६॥
सीता के पावासे बाहिर जाहा, मूँदन भाती आइँख।
समुंद रेठे दखला बीरमन, ऊघड़ाउन भाती आइँख॥ २७॥
हुन आपन गेली रघुनाथ लगे, पायँ चो बिन्ती करली।
नी मिरतो बिती हुनके दिला, भगवान आपलो भक्ती॥ २८॥

२५ बदरीबन हुन चले गेली, हुकुम मुंडे चेघाउन।
ब्रह्मा-महेस बल बिनासोत, तिहँके मने बिनाउन॥ २९॥

विचार करसोत बेंदरामन एथा, बेरा सरेसे सपा।
गोठयात सीता डगर नी पावलोर जाउन काय बलवाँ॥ ३०॥
आइँख भरुन भाती अंगद बललो, दुनों बाट मरना आमचो।
एबाट सीता चो सोर नी मिरली, उथा होय मरना मोचो॥ ३१॥
राम बचावला नाहले हुन, केबे के मारुन सारतो।
सुगरीव चो काई किरपा नोआय, होली मरना मोचो॥ ३२॥
बेंदरा बीर अंगद गोठ सुनुन, बलेबल काईं नी बलत।
आँइख ले पानी बोहते जाए, बिचारुन सपा बलत॥ ३३॥
सीता चो डगर बिगर करलोर, आमी फिरुन नी जाउँ।
असन बलते नोनहा समुंद रेठे, बसला खड़ ओछाउन॥ ३४॥
गियान कथा सागसोत जामवंत, अंगद चो दुख दखुन।
राम के मनुख नी जाना तुमी, आत ब्रह्म अजन्मा निरगुन॥ ३५॥
आमी सेउक बड़भागी आवँ, सगुन ब्रह्म ले करुँसे मया।
देव, पिरथी, गउ, बाम्हन काजे जे, इलासोत करुन दया॥ ३६॥

२६ उथा सगुन उपास बितामन, तिहँचो सेवा करसोत।
सपा रकम चो मुक्ती तियागुन, हमेस सेवा ने रसोत॥ ३७॥

खोह ले सम्पाती सुने सपा, जाभवन्त कथा सांगे।
निसकुन बललो भगवान दिलोसे, खाउक बिगर मांगे॥ ३८॥
सपा के खाएँदे खुबे दिन होली, भूख ने मरते रहे।
गोटकी हारने खुबे दिलोसे, भरपेट पाते नी रहें॥ ३९॥
गिदहा गोठ सुनुन सपा डरला, बिचारत मरना होली।
गिदहा के दखुन उबा होला, जामवंत के बिचार धरली॥ ४०॥
जटायु असन कोनी धन नीआत, अंगद बिचारुन बललो।
राम कारज ने देंह के छांडुन, भगवान धाम गेलो॥ ४१॥

सुनि खग हरष सोक जुत बानी। आवा निकट कपिन्ह भय मानी॥
तिन्हहि अभय करि पूछेसि जाई। कथा सकल तिन्ह ताहि सुनाई॥ ५॥

सुनि संपाति बंधु कै करनी। रघुपति महिमा बधुबिधि बरनी॥ ६॥

दो०– मोहि लै जाहु सिंधुतट देउँ तिलांजलि ताहि।
बचन सहाइ करबि मैं पैहहु खोजहु जाहि॥ २७॥

चौ०– अनुज क्रिया करि सागर तीरा। कहि निज कथा सुनहु कपि बीरा॥
हम द्वौ बंधु प्रथम तरुनाई। गगन गए रबि निकट उड़ाई॥ १॥

तेज न सहि सक सो फिरि आवा। मैं अभिमानी रबि निअरावा॥
जरे पंख अति तेज अपारा। परेउँ भूमि करि घोर चिकारा॥ २॥

मुनि एक नाम चंद्रमा ओही। लागी दया देखि करि मोही॥
बहु प्रकार तेहिं ग्यान सुनावा। देहजनित अभिमान छड़ावा॥ ३॥

त्रेताँ ब्रह्म मनुज तनु धरिही। तासु नारि निसिचर पति हरिही॥
तासु खोज पठइहि प्रभु दूता। तिन्हहि मिलें तैं होब पुनीता॥ ४॥

जमिहहिं पंख करसि जनि चिंता। तिन्हहि देखाइ देहेसु तैं सीता॥
मुनि कइ गिरा सत्य भइ आजू। सुनि मम बचन करहु प्रभु काजू॥ ५॥

गिरि त्रिकूट ऊपर बस लंका। तहँ रह रावन सहज असंका॥
तहँ असोक उपबन जहँ रहई। सीता बैठि सोच रत अहई॥ ६॥

दो०– मैं देखउँ तुम्ह नाहीं गीधहि दृष्टि अपार।
बूढ़ भयउँ न त करतेउँ कछुक सहाय तुम्हार॥ २८॥

चौ०– जो नाघइ सत जोजन सागर। करइ सो राम काज मति आगर॥
मोहि बिलोकि धरहु मन धीरा। राम कृपाँ कस भयउ सरीरा॥ १॥

पापिउ जा कर नाम सुमिरहीं। अति अपार भवसागर तरहीं॥
तासु दूत तुम्ह तजि कदराई। राम हृदयँ धरि करहु उपाई॥ २॥

अस कहि गरुड़ गीध जब गयऊ। तिन्ह कें मन अति बिसमय भयऊ॥
निज निज बल सब काहूँ भाषा। पार जाइ कर संसय राखा॥ ३॥

जरठ भयउँ अब कहइ रिछेसा। नहिं तन रहा प्रथम बल लेसा॥
जबहिं त्रिबिक्रम भए खरारी। तब मैं तरुन रहेउँ बल भारी॥ ४॥

दो०– बलि बाँधत प्रभु बाढ़ेउ सो तनु बरनि न जाइ।
उभय घरी महँ दीन्हीं सात प्रदच्छिन धाइ॥ २९॥

चौ०– अंगद कहइ जाउँ मैं पारा। जियँ संसय कछु फिरती बारा॥
जामवंत कह तुम्ह सब लायक। पठइअ किमि सबही कर नायक॥ १॥

हरीक दुख गोठ सुनुन चड़ई, बेंदरामन लग इलो।
डरते दखुन भरोसा देते, जटायु चो हाल पूछलो॥ ४२॥
भाई करनी के सुनुन संपाती, रघुनाथ महेमा बललो।
समुंद रेठे निआ मय पानी देएँसे, असन गिदहा बललो॥ ४३॥

२७ गोठ ले तुमचो साहा होएँदे, सोर सांगेदे सपा।
जेचो तुमन डगर करासीस, पावासे तुमी सपा॥ ४४॥

सांगुक मुरियालो आपलो कथा, भाई चो काम करून।
हारक आमी सुरुज बाट गेलू, दुनों सुमता करून॥ ४५॥
तेज नी सहुन हुन फिरुन इलो, घमंडी मयँ लगे गेले।
सुरुज तेज मोचो पटका जराली, भुएँ एऊन पड़ेले॥ ४६॥
चन्दरमा नाँव चो मुनी रहत, दया लागली तिहँके।
कई रकम चो गियान सांगते, घमंड ले गुचाला मोके॥ ४७॥
तेरताजुग ने परब्रह्म आपन, मनुख जनम धरदे।
तिहँचो बायले के रक्सा राजा, चोरुन भाती नेएदे॥ ४८॥
दूत पठावदे डगर करूक, भेटले पबितर होसे।
पटका जामेदे फिकर नीकर, सीता के दखाउन देसे॥ ४९॥
मुनी चो बललो सपा सत होली, परभू कारज करा।
तिरकूट पहाड़ ने लंका आसे, तेके लेख करा॥ ५०॥
टकर ले रावन निडर होउन, राजा करेसे उथा।
असोक बन ने फिकर करते, मगन बसलीसे सीता॥ ५१॥

२८ मयँ दखेंसे तुमी नी सकास, गिदहा नजर भारी आय।
सियान होले नाहले साहा होते, असन ने करेंदे काय॥ ५२॥

जे नाहकेदे सौ जोजन समुंद, करेदे कारज बुध बिता।
मोके दखन तुमी धीरज करा, राम किरपा करेदे सपा॥ ५३॥
मोचो देह कसन ले कसन होली, इतरो ले माना तुसी।
पापी नाँव धरले तरून जासोत, तिहँचो आहास दूत तुमी॥ ५४॥
डर छांडते राम के मन ने धरून, उआटा एदाँय सपा।
गरुड़ असन बलुन गिदहा उडलो, दखुन आका बाका सपा॥ ५५॥
सपा आपलो बल के सांगसोत, भरमसोत जातो काजे।
भालु राजा बललो डोकरा होलेसे, नीसकैं नाहकतो काजे॥ ५६॥

२९ रक्सा चो बयरी बामन होऊरहत, जवान रहें तेबे मयँ।
बली के बांसुक असल दैंह बढ़ाला, सांगुक नी सकेंसे मयँ॥ ५७॥

मान्तर दुइ घड़ी ने सात भांवर, पराते करून रहें।
अंगद बलेसे नाहकेंदे पय, फिरतों ने भरम करैं॥ ५८॥

कहइ रीछपति सुनु हनुमाना। का चुप साधि रहेहु बलवाना॥
पवन तनय बल पवन समाना। बुधि बिबेक बिग्यान निधाना॥ २॥

कवन सो काज कठिन जग माहीं। जो नहिं होइ तात तुम्ह पाहीं॥
राम काज लगि तव अवतारा। सुनतहिं भयउ पर्बताकारा॥ ३॥

कनक बरन तन तेज बिराजा। मानहुँ अपर गिरिन्ह कर राजा॥
सिंहनाद करि बारहिं बारा। लीलहिं नाघउँ जलनिधि खारा॥ ४॥

सहित सहाय रावनहि मारी। आनउँ इहाँ त्रिकूट उपारी॥
जामवंत मैं पूँछउँ तोही। उचित सिखावनु दीजहु मोही॥ ५॥

एतना करहु तात तुम्ह जाई। सीतहि देखि कहहु सुधि आई॥
तब निज भुज बल राजिवनैना। कौतुक लागि संग कपि सेना॥ ६॥

छं०— कपि सेन संग सँघारि निसिचर रामु सीतहि आनिहैं।
त्रैलोक पावन सुजसु सुर मुनि नारदादि बखानिहैं॥
जो सुनत गावत कहत समुझत परमपद नर पावई।
रघुबीर पद पाथोज मधुकर दास तुलसी गावई॥

दो०— भव भेषज रघुनाथ जसु सुनहि जे नर अरु नारि।
तिन्ह कर सकल मनोरथ सिद्ध करहिं त्रिसिरारि॥ ३० (क)॥

सो०— नीलोत्पल तन स्याम काम कोटि सोभा अधिक।
सुनिअ तासु गुन ग्राम जासु नाम अघ खग बधिक॥ ३० (ख)॥

मासपारायण, तेईसवाँ विश्राम

इति श्रीमद्रामचरितमानसे सकलकलिकलुषविध्वंसने
चतुर्थ सोपानः समाप्तः।

कलियुग के समस्त पापों के नाश करनेवाले
श्रीरामचरितमानस का यह चौथा सोपान समाप्त हुआ।

(किष्किन्धाकाण्ड समाप्त)

जामवन्त बलल्लो एथा असल, सपा चो मुखिया तुई।
हनुमान के बलल्लो बली हनु, सुन गोठ मोचो तुई॥ ५९॥
पवन चो बेटा ओगाय कसन, बल ने लेहरा असन।
तुमचो ले नीहोए सवँसार ने, कोन कारज आसे असन॥ ६०॥
राम कारज काजे होलीसे जनम, सुनुन पहाड़ माहा होला।
सोन माहा रंग देँह चो जोत, सुमेरु माहा होला॥ ६१॥
घनघड़ी भारी गरजना करते, खेल ने नाहकेंदे बलत।
साहा होआ रावन के मारुन, डोंगरी के आनेंदे बलत॥ ६२॥
जामवन्त तुमके पूछेंसे मयँ, नंगत सीख दिआ मोके।
बलल्लो सीता के दखुन इआ, खबर के सांगा तिहँके॥ ६३॥
पूड़न आइख बिता बाहाँ बल ले, रक्सा के मारुन भाती।
सीता के आनदे खेलकाजे, बेंदरा संग जाउन भाती॥ ६४॥
बेंदरा फउद संगे धरुन राम, रक्सामन के मारुन।
सीता माता के फिराउन आनदे, बयरीमन के सारुन॥ ६५॥
जस गावदे मुनी देव नारद, तीनोपुर ने पद।
सुनुन गाउन समझुन बलुन, पावसोत अमरपद॥ ६६॥
तीनोपुर के पबितर करु, सुन्दर जस गासोत।
जे मन राम पायँ चो भवँरा, तुलसीदास गासोत॥ ६७॥

३० (क) राम जस जनम मरना चो दवई, मनुख मेहरार सुनदे।
तिरसरा चो बयरी राम सपा चो, मन चो सुफल करदे॥ ६८॥

३० (ख) नीयर पूड़न माहा सावँर देंह, करोड़ काम ले सुंदर।
तिहँचो नावँ पाप के सारु, गुन के सुना सुंदर॥ ६९॥

कलजुग चो सपा पाप के नाल करू श्रीरामचरितमानस

चो ए खण्ड चार सरली

॥ श्री गणेशाय नमः॥

श्रीजानकीवल्लभो विजयते

श्रीरामचरितमानस

पञ्चम सोपान

सुन्दरकाण्ड

श्लोक

शान्तं शाश्वतमप्रमेयमनघं निर्वाणशान्तिप्रदं
ब्रह्माशम्भुफणीन्द्रसेव्यमनिशं वेदान्तवेद्यं विभुम्।
रामाख्यं जगदीश्वरं सुरगुरुं मायामनुष्यं हरिं
वन्देऽहं करुणाकरं रघुवरं भूपालचूड़ामणिम्॥ १॥

नान्या स्पृहा रघुपते हृदयेऽस्मदीये
सत्यं वदामि च भवानखिलान्तरात्मा।
भक्तिं प्रयच्छ रघुपुङ्गव निर्भरां मे
कामादिदोषरहितं कुरु मानसं च॥ २॥

अतुलितबलधामं हेमशैलाभदेहं
दनुजवनकृशानुं ज्ञानिनामग्रगण्यम्।
सकलगुणनिधानं वानराणामधीशं
रघुपतिप्रियभक्तं वातजातं नमामि॥ ३॥

चौ०- जामवंत के बचन सुहाए। सुनि हनुमंत हृदय अति भाए॥
तब लगि मोहि परिखेहु तुम्ह भाई। सहि दुख कंद मूल फल खाई॥ १॥

॥ श्री गणेशाय नमः॥
श्रीजानकीवल्लभो विजयते

श्रीरामचरितमानस

भाग-पाँच

सुन्दरकाण्ड

(हल्बी)

* बिन्ती *

ब्रह्मा, संभू, सेस ले बरहमेस सेवा पाऊ,
बेद गिमान ले जानतो लाइक गुलाय रहू,
सपा देव ने बड़े माया ले मनुख रूप ने दखा देऊ,
सपा हरीक चो कूढ़ा सपा पाप के सारू,
राजामन चो मुखिया रघुकुल ने बड़े राम कहाऊ,
भगवान जगदीस चो मयँ बिन्ती करेंसे॥ १॥

हे भगवान सत् बलेंसे, तुमी, सपा चो मन ने आहास,
मोचो मन ने काई मन्सा नीआय बले,
हे रघुकुल चो मुखिया आपलो सपा भक्ती दिआ,
मोचो मन ले काम असन सपा दोस गुचाउन दिआ॥ २॥

भारी सकत चो धाम देह सोन पहाड़ माहा,
रक्सा बन के जरातो काजे जे आत आइग माहा,
गियानीमन ने सपा ले आगे सपा गुन बिता,
बेंदरामन चो मालिक रघुनाथ चो मयादार भगत,
पवन चो बेटा हनुमान चो मयँ बिन्ती करेंसे॥ ३॥

जब लगि आवौं सीतहि देखी। होइहि काजु मोहि हरष बिसेषी॥
यह कहि नाइ सबन्हि कहुँ माथा। चलेउ हरषि हियँ धरि रघुनाथा॥ २॥

सिंधु तीर एक भूधर सुंदर। कौतुक कूदि चढ़ेउ ता ऊपर॥
बार बार रघुबीर सँभारी। तरकेउ पवनतनय बल भारी॥ ३॥

जेहिं गिरि चरन देइ हनुमंता। चलेउ सो गा पाताल तुरंता॥
जिमि अमोघ रघुपति कर बाना। एही भाँति चलेउ हनुमाना॥ ४॥

जलनिधि रघुपति दूत बिचारी। तैं मैनाक होहि श्रम हारी॥ ५॥

दो०– हनूमान तेहि परसा कर पुनि कीन्ह प्रनाम।
राम काजु कीन्हें बिनु मोहि कहाँ बिश्राम॥ १॥

चौ०– जात पवनसुत देवन्ह देखा। जानैं कहुँ बल बुद्धि बिसेषा॥
सुरसा नाम अहिन्ह कै माता। पठइन्हि आइ कही तेहिं बाता॥ १॥

आजु सुरन्ह मोहि दीन्ह अहारा। सुनत बचन कह पवनकुमारा॥
राम काजु करि फिरि मैं आवौं। सीता कइ सुधि प्रभुहि सुनावौं॥ २॥

तब तव बदन पैठिहउँ आई। सत्य कहउँ मोहि जान दे माई॥
कवनेहुँ जतन देइ नहिं जाना। ग्रससि न मोहि कहेउ हनुमाना॥ ३॥

जोजन भरि तेहिं बदनु पसारा। कपि तनु कीन्ह दुगुन बिस्तारा॥
सोरह जोजन मुख तेहिं ठयऊ। तुरत पवनसुत बत्तिस भयऊ॥ ४॥

जस जस सुरसा बदनु बढ़ावा। तासु दून कपि रूप देखावा॥
सत जोजन तेहिं आनन कीन्हा। अति लघु रूप पवनसुत लीन्हा॥ ५॥

बदन पइठि पुनि बाहेर आवा। मागा बिदा ताहि सिरु नावा॥
मोहि सुरन्ह जेहि लागि पठावा। बुधि बल मरमु तोर मैं पावा॥ ६॥

दो०– राम काजु सबु करिहहु तुम्ह बल बुद्धि निधान।
आसिष देह गई सो हरषि चलेउ हनुमान॥ २॥

चौ०– निसिचरि एक सिंधु महुँ रहई। करि माया नभु के खग गहई॥
जीव जंतु जे गगन उड़ाहीं। जल बिलोकि तिन्ह कै परिछाहीं॥ १॥

* हनुमान चो लंका जातोर *

हनु चो मन के खुबे भावली, जामवंत गोठ सुनुन।
डंड सहुन बाट दखासे बललो, कांदा कसा खाउन॥ १॥
सीता के दखुन फिरून एतले, तुमन रहासे एथाय।
मन ने खुबे हरीक होएसे, कारज होएदे एदाँय॥ २॥
हनुमान असन बलुन भाती, सपा के माथा टेकुन।
उथा ले हरीक होउन चलला, राम के हिरदे धरून॥ ३॥
समुद रेठ चो डोंगरी उपरे, खेल ने चेघलो हनु।
रघुबीर के सुमरून भाती, उथा ले डगालो हनु॥ ४॥
हनु जे डोंगरी ले डगाउन रहत, पताल ने गेली हुन।
रघुनाथ चो अचूक कांड माहा, जसने डगालो हुन॥ ५॥
समुंद राजा बिचार करलो, राम दूत आत आहा।
मैनाक डोंगरी के बललो जाउन, सुस्ताउक होसे साहा॥ ६॥

१ छिउन हनु हात जोड़ न बलला, नी सुस्तायँ एबे।
राम कारज सारलो पाछे, अस्तीर होएँदे तेबे॥ ७॥

हनु चो जातोर दखुन देवमन, गियान दखुक तिहँचो।
साँप आया सुरसा के पठाला, जे पुरे गेली तिहँचो॥ ८॥
पुरे पड़ुन बलली सुरसा, देव दिला आज खाउक।
हनु बलला एबे छांड आया, मोके देस तुई जाउक॥ ९॥
राम खबर के सांगुन फिरून, एएँदे तुचो लग आया।
सत बचन मयँ तुमके बलेंसे, एबे जाउक देस आया॥ १०॥
कसने मे नी मानली हुन, जाले खा तेबे बलला।
जोजन मुंह के ओसार करली, हनू देहँ के दून करला॥ ११॥
हनू चो बाढ़तोर दखुन सुरसा, टोड के लमाते जाए।
सोरा जोजन टोंड के दखुन, बत्तीस होउन जाए॥ १२॥
जसन जनन टोड के बढ़ाय, दून देहँ के करलो।
सों जोजन टोड के बलाली, हनू नानी होलो॥ १३॥
टोड भीतरे ओयलुन हनु, निसकलो बाहिर तुरते।
हात जोड़ुन बिदा मांगुन, चललो उथा ले तुरते॥ १४॥

२ सुरसा बलली धन रे भगत, भारी गियान आसे।
बला तुई राम कारज के, सिध करून एसे॥ १५॥

माया बिती गोटक रक्सीन, अकासचो जीव खाए।
समुंद उपर ले जे जीव उड़त, छाँय ले धरून खाए॥ १६॥

गहइ छाहँ सक सो न उड़ाई। एहि बिधि सदा गगनचर खाई॥
सोइ छल हनूमान कहँ कीन्हा। तासु कपटु कपि तुरतहिं चीन्हा॥ २॥

ताहि मारि मारुतसुत बीरा। बारिधि पार गयउ मतिधीरा॥
तहाँ जाइ देखी बन सोभा। गुंजत चंचरीक मधु लोभा॥ ३॥

नाना तरु फल फूल सुहाए। खग मृग बृंद देखि मन भाए॥
सैल बिसाल देखि एक आगें। ता पर धाइ चढ़ेउ भय त्यागें॥ ४॥

उमा न कछु कपि कै अधिकाई। प्रभु प्रताप जो कालहि खाई॥
गिरि पर चढ़ि लंका तेहिं देखी। कहि न जाइ अति दुर्ग बिसेषी॥ ५॥

अति उतंग जलनिधि चहुँ पासा। कनक कोट कर परम प्रकासा॥ ६॥

छं०— कनक कोट बिचित्र मनि कृत सुंदरायतना घना।
चउहट्ट हट्ट सुबट्ट बीथीं चारु पुर बहु बिधि बना॥
गज बाजि खच्चर निकर पदचर रथ बरूथन्हि को गनै।
बहुरूप निसिचर जूथ अतिबल सेन बरनत नहिं बनै॥ १॥

बन बाग उपबन बाटिका सर कूप बापीं सोहहीं।
नर नाग सुर गंधर्ब कन्या रूप मुनि मन मोहहीं॥
कहुँ माल देह बिसाल सैल समान अतिबल गर्जहीं।
नाना अखारेन्ह भिरहिं बहुबिधि एक एकन्ह तर्जहीं॥ २॥

करि जतन भट कोटिन्ह बिकट तन नगर चहुँ दिसि रच्छहीं।
कहुँ महिष मानषु धेनु खर अज खल निसाचर भच्छहीं॥
एहि लागि तुलसीदास इन्ह की कथा कछु एक है कही।
रघुबीर सर तीरथ सरीरन्हि त्यागि गति पैहहिं सही॥ ३॥

दो०— पुर रखवारे देखि बहु कपि मन कीन्ह बिचार।
अति लघु रूप धरौं निसि नगर करौं पइसार॥ ३॥

चौ०— मसक समान रूप कपि धरी। लंकहि चलेउ सुमिरि नरहरी॥
नाम लंकिनी एक निसिचरी। सो कह चलेसि मोहि निंदरी॥ १॥

जानेहि नहीं मरमु सठ मोरा। मोर अहार जहाँ लगि चोरा॥
मुठिका एक महा कपि हनी। रुधिर बमत धरनीं ढनमनी॥ २॥

पुनि संभारि उठी सो लंका। जोरि पानि कर बिनय संसका॥
जब रावनहि ब्रह्म बर दीन्हा। चलत बिरंचि कहा मोहि चीन्हा॥ ३॥

बिकल होसि तैं कपि कें मारे। तब जानेसु निसिचर संघारे॥
तात मोर अति पुन्य बहूता। देखेउँ नयन राम कर दूता॥ ४॥

हनू संगे बल हुसनेय करली, तुरते समझला चाल।
गोटकी धुमका ले मरते मारून, चलला आपन चाल॥ १७॥
समुंद पार अमरून उतरला, बगेचा सुँदर रहे।
बाराबानी चो फूल उपरे, भँवरा गरजते रहे॥ १८॥
पाक फर आरु जीव चड़ई, खुबे आसोत उथा।
लगे गोटीक डोंगरी दखुन, हनू चेघला उथा॥ १९॥
सिव बलसोत सुना उमा, गुन हनू चो नोआय।
ये आय सपा राम लीला, जे काल के खाऊ आय॥ २०॥
डोंगरी ने चेतुन हनू दखला, रावन चो लंका राज।
भारी बरकस गढ़ आसे, सुंदर सपाय साज॥ २१॥
एकेदाँय डेंग चारोंखूट समुद, सोन तरास मारे।
मनी बसालो सोना भीती, सुंदर घरमन सोहे॥ २२॥
बजार-हाट सड़क घर, सजलो आसोत गुलाय।
हाथी, घोड़ा, गदहा, फउद, रथ आसोत गुलाय॥ २३॥
बन, बगेचा, फुलवारी, तरई, कुआँ बावली गुलाय।
मनुख, नाँग, किन्नर, कनयामन, सोभा देसोत गुलाय॥ २४॥
पहाड़ देहँ चो पहेलवान गरजते, अखाड़ा खेलसोत।
चारों खूट करोड़ बीरमन, जे राखा करसोत॥ २५॥
रक्सा, भैंसा, मनुख, गाय, गदहा, बोकड़ी, खासोत।
मंद सुर ने मातुन उमडुन, अचेत नाचसोत गासोत॥ २६॥
खिंडक ने बलुन तुलसी सांगसोत, एथा गोठ तिहँचो।
राम कांड ले मरून भाती, धाम पादे तिहँचो॥ २७॥

३ पुर रखवार के दखुन हनू, मन ने बिचार करला।
सहर भीतरे ओयलतो काजे, नानी भेस धरला॥ २८॥

मोछी माहा देहँ के करून, सुमरुन मन ने राम।
लंकनी नावँ चो रक्सीन रहे, पाहरा चो करे काम॥ २९॥
बलली निंदरून केवँ जासीस, भेदनी जानीस मोचो।
जेलग जितरो चोर जे आसोत, आहार होसोत मोचो॥ ३०॥
महाबीर उठाउन गुटका दिला, लोहू उछरते पड़ली।
सम्हारून उठुन हात जोडुन, बिन्ती करते बलली॥ ३१॥
रावन के बर देऊन जातोदांय, ब्रह्मा सांगुन रहत।
रक्सा बस चो बूड़तो दाँय चो, गोठ के बलुन रहत॥ ३२॥
बेंदरा मार ले तुई बोमरसे, रक्सा चो नास जान।
पुनवान जीव मयँ राम दूत चो, करुक पावलेसे मान॥ ३३॥

दो०– तात स्वर्ग अपबर्ग सुख धरिअ तुला एक अंग।
तूल न ताहि सकल मिलि जो सुख लव सतसंग॥ ४॥

चौ०– प्रबिसि नगर कीजे सब काजा। हृदयँ राखि कोसलपुर राजा॥
गरल सुधा रिपु करहिं मिताई। गोपद सिंधु अनल सितलाई॥ १॥

गरुड़ सुमेरु रेनू सम ताही। राम कृपा करि चितवा जाही॥
अति लघु रूप धरेउ हनुमाना। पैठा नगर सुमिरि भगवाना॥ २॥

मंदिर मंदिर प्रति करि सोधा। देखे जहँ तहँ अगनित जोधा॥
गयउ दसानन मंदिर माहीं। अति बिचित्र कहि जात सो नाहीं॥ ३॥

सयन किएँ देखा कपि तेही। मंदिर महुँ न दीखि बैदेही॥
भवन एक पुनि दीख सुहावा। हरि मंदिर तहँ भिन्न बनावा॥ ४॥

दो०– रामायुध अंकित गृह सोभा बरनि न जाइ।
नव तुलसिका बृंद तहँ देखि हरषि कपिराइ॥ ५॥

चौ०– लंका निसिचर निकर निवासा। इहाँ कहाँ सज्जन कर बासा॥
मन महुँ तरक करैं कपि लागा। तेहीं समय बिभीषनु जागा॥ १॥

राम राम तेहिं सुमिरन कीन्हा। हृदयँ हरष कपि सज्जन चीन्हा॥
एहि सन हठि करिहउँ पहिचानी। साधु ते होइ न कारज हानी॥ २॥

बिप्र रूप धरि बचन सुनाए। सुनत बिभीषन उठि तहँ आए॥
करि प्रनाम पूँछी कुसलाई। बिप्र कहहु निज कथा बुझाई॥ ३॥

की तुम्ह हरि दासन्ह महँ कोई। मोरें हृदय प्रीति अति होई॥
की तुम्ह रामु दीन अनुरागी। आयहु मोहि करन बड़भागी॥ ४॥

दो०– तब हनुमंत कही सब राम कथा निज नाम।
सुनत जुगल तन पुलक मन मगन सुमिरि गुन ग्राम॥ ६॥

चौ०– सुनहु पवनसुत रहनि हमारी। जिमि दसनन्हि महुँ जीभ बिचारी॥
तात कबहुँ मोहि जानि अनाथा। करिहहिं कृपा भानुकुल नाथा॥ १॥

तामस तनु कछु साधन नाहीं। प्रीति न पद सरोज मन माहीं॥
अब मोहि भा भरोस हनुमंता। बिनु हरिकृपा मिलहिं नहिं संता॥ २॥

जौं रघुबीर अनुग्रह कीन्हा। तौ तुम्ह मोहि दरसु हठि दीन्हा॥
सुनहु बिभीषन प्रभु कै रीती। करहिं सदा सेवक पर प्रीती॥ ३॥

कहहु कवन मैं परम कुलीना। कपि चंचल सबहीं बिधि हीना॥
प्रात लेइ जो नाम हमारा। तेहि दिन ताहि न मिलै अहारा॥ ४॥

४ सरग मुक्ती चो सपा सुख के, तराजू ने तवलुन दखले।
सतसंग ले सुख मिरेसे, जेके तवलाउन दखले॥ ३४॥

नंगर ने जाउन कारज करा, राम के सुमरुन भाती।
बयरी मीत तिहँचो काजे, दिस अमरित होउन भाती॥ ३५॥
समुंद गाय चो खुर इतरो, आइग सीतर होएसे।
गरूड़ सुमेरू जुरला जेंके, राम किरपा होएसे॥ ३६॥
नानी भेस ने भगवान के सुमरून, सहर भीतरे गेला।
सपा महल चो डगर करते, रावन महल गेला॥ ३७॥
अनगिनत रक्सा चो राखा रहे, अदभुत महल रहे।
रावन के सोवलो दखला हनू, सीतामाता नी रहे॥ ३८॥
गोटोक सुंदर महल दखला, सोभा अलग रहे।
उथा मंजगते गोटोक सुंदर, हरी चो मंदिर रहे॥ ३९॥

५ राम धनऊ कांड चिन्हा जेचों, सोभा सांगुक नीहोय।
तुलसी बूटा के दखुन हनू, मने-मन हरीक होए॥ ४०॥

लंका राकस गोहड़ा डेरा, साह रतोर कसन।
हुदलोदाँय बिभीसन चेतलो, बिचारत हतनू जसन॥ ४१॥
राम नाँव चो सुमरना करला, सुनुन हरीक होला।
बिचारला बरपेला चिन्हारी होएँदे, बाम्हन भेस ने गेला॥ ४२॥
बलातो के सुनुन बिभीसन इलो, पांय पडुन पूछलो हाल।
बाम्हन देवता तुमी आपलो, जीवना चो सांगा हाल॥ ४३॥
कि हरी चो भगत तुमी मया बाढ़ेसे दखुन।
कि गरीब के साहा होऊ, इलास बड़भागी करूक॥ ४४॥

६ हनू आपलो कहनी सांगला, फेर सांगला आपलो नाँव।
दुनों चो देह सीतकाटा मारली, दुनों मंगन धरून नावँ॥ ४५॥

दांत मंजी जीभ जीवना, सुना पवनसुत मोचो।
सुरुजकुलया भगवान केबे, दरसन देदे तिहँचो॥ ४६॥
रक्सा जीवना जोग नीपड़े, मन ने पाँय ले मया।
एदांय मोके भरोस होली, राम करदे दया॥ ४७॥
हरी किरपा नाहलो संत नी मिरत, ये राम किरपा आय।
तेबे बरपेला दरसन दिलास, जे तिहँचो दया आय॥ ४८॥
असने रीती भगवान चो बिभीसन, सेउक उपरे होएसे।
मय कोन बड़े बेंदरा जात, सपा बाट नीच होएँसे॥ ४९॥
बिहान पहाने जे कोनी वले, आमचो नावँ धरेसे।
हुनदिन हुनके खाउक नी निरे, भूखे दिन भर रहेसे॥ ५०॥

दो०– अस मैं अधम सखा सुनु मोहू पर रघुबीर।
कीन्ही कृपा सुमिरि गुन भरे बिलोचन नीर॥ ७॥

चौ०– जानतहूँ अस स्वामि बिसारी। फिरहिं ते काहे न होहिं दुखारी॥
एहि बिधि कहत राम गुन ग्रामा। पावा अनिर्बाच्य बिश्रामा॥ १॥

पुनि सब कथा बिभीषन कही। जेहि बिधि जनकसुता तहँ रही॥
तब हनुमंत कहा सुनु भ्राता। देखी चहउँ जानकी माता॥ २॥

जुगुति बिभीषन सकल सुनाई। चलेउ पवनसुत बिदा कराई॥
करि सोइ रूप गयउ पुनि तहवाँ। बन असोक सीता रह जहवाँ॥ ३॥

देखि मनहि महुँ कीन्ह प्रनामा। बैठेहिं बीति जात निसि जामा॥
कृस तनु सीस जटा एक बेनी। जपति हृदयँ रघुपति गुन श्रेनी॥ ४॥

दो०– निज पद नयन दिएँ मन राम पद कमल लीन।
परम दुखी भा पवनसुत देखि जानकी दीन॥ ८॥

चौ०– तरु पल्लव महुँ रहा लुकाई। करइ बिचार करौं का भाई॥
तेहि अवसर रावनु तहँ आवा। संग नारि बहु किएँ बनावा॥ १॥

बहु बिधि खल सीतहि समुझावा। साम दान भय भेद देखावा॥
कह रावनु सुनु सुमुखि सयानी। मंदोदरी आदि सब रानी॥ २॥

तव अनुचरीं करउँ पन मोरा। एक बार बिलोकु मम ओरा॥
तृन धरि ओट कहति बैदेही। सुमिरि अवधपति परम सनेही॥ ३॥

सुनु दसमुख खद्योत प्रकासा। कबहुँ कि नलिनी करइ बिकासा॥
अस मन समुझु कहति जानकी। खल सुधि नहिं रघुबीर बान की॥ ४॥

सठ सूनें हरि आनेहि मोही। अधम निलज्ज लाज नहिं तोही॥ ५॥

दो०– आपुहि सुनि खद्योत सम रामहि भानु समान।
परुष बचन सुनि काढ़ि असि बोला अति खिसिआन॥ ९॥

चौ०– सीता तैं मम कृत अपमाना। कटिहउँ तव सिर कठिन कृपाना॥
नाहिं त सपदि मानु मम बानी। सुमुखि होति न त जीवन हानी॥ १॥

स्याम सरोज दाम सम सुंदर। प्रभु भुज करि कर सम दसकंधर॥
सो भुज कंठ कि तव असि घोरा। सुनु सठ अस प्रवान पन मोरा॥ २॥

चंद्रहास हरु मम परितापं। रघुपति बिरह अनल संजातं॥
सीतल निसित बहसि बर धारा। कह सीता हरु मम दुख भारा॥ ३॥

सुनत बचन पुनि मारन धावा। मयतनयाँ कहि नीति बुझावा॥
कहेसि सकल निसिचरिन्ह बोलाई। सीतहि बहु बिधि त्रासहु जाई॥ ४॥

मास दिवस महुँ कहा न माना। तौ मैं मारबि काढ़ि कृपाना॥ ५॥

७ असन नीच के राम भगवान, राखला मया करून।
आइँख भरली दुनोय चो उथा, राम चो गुन करून॥ ५१॥

जानते असन मालिक के भुलकू, भटुन बुलसोत ते।
राम जो गुन गावते दुनो, सुख पावला ते॥ ५२॥
फेर सपा कहनी बिभीसन सांगलो, सीता कसन रहे।
जानकी माता के भेटुक दखें, हनुमान हुनके कहे॥ ५३॥
सपा उआट बिभीसन सांगला, बिदा मांगुन गेला।
फेर हुसनेय भेस धरून, असोक बन ने गेला॥ ५४॥
मनेमन पायँ पड़ला दखुन, वसुन रात पहाउन देसोत।
मुंड ने लट देह सुखुन गेली, राम के सुमरते जासोत॥ ५५॥

८ नंजर पायँ के दखते जासोत, मन ने राम आसोत।
सीता दुख दखुन पवनसुत, दुखी होउन जासोत॥ ५६॥

पाना आड़ ने लुकुन भाती, बिचारत काय करें।
मेहरामन संग रावन इलो, आपलो नीती करें॥ ५७॥
बदमास सीता के समझाते जाए, नीती डर दखाउन।
सुन्दर मुह बिती चतुर सुन, रावन बले ललकाउन॥ ५८॥
मंदोदरी के नवकरीन राखेंदे, हारक तो दख मोके।
बलली किटका चो आड़ धरून, राम के सुमरते तेके॥ ५९॥
दसमुंडया सुन जोगनी अंजोर ने, पुड़इन फुलुक नी सके।
राम कांड के नी जानीस गुने, चोरलीस लाज नी लागे॥ ६०॥
पापी सूना दखुन आनलीस, चोरून भाती तु ई।
नीच निलजाहा लाज-सरम के, बिकुन खदलीस तुई॥ ६१॥

९ आपन के जोगनी राम के सुरूज, सुनुन रीस होलो।
गोठ उपरे रीस होते रावन, खांडा निकराउन बललो॥ ६२॥

बेइजती करसीस सीता तुई, गोंदेंदे मुंड तुचो।
मान नाहले घाटे पड़से, झपके गोठ मोचो॥ ६३॥
दसमुंडया जान भगवान बाहाँ, साँवर सोंड आसे।
टोडरी ने पड़ो ते नाहले खांडा, ए परन मोचो आसे॥ ६४॥
बलली ये खांडा राम चो बिगर, आइग माध्यम जीव जरेसे।
सीतर धार तुचो लग आसे, तुए मोचो दुख हरसे॥ ६५॥
जसने सीता चो गोठ सुनलो, रावन मारूक होलो।
मय चो बेटी नीती बलली, सुनुन हुन बललो॥ ६६॥

दो०– भवन गयउ दसकंधर इहाँ पिसाचिनि बृंद।
सीतहि त्रास देखावहिं धरहिं रूप बहु मंद॥ १०॥

चौ०– त्रिजटा नाम राच्छसी एका। राम चरन रति निपुन बिबेका॥
सबन्हौ बोलि सुनाएसि सपना। सीतहि सेइ करहु हित अपना॥ १॥

सपनें बानर लंका जारी। जातुधान सेना सब मारी॥
खर आरूढ़ नगन दससीसा। मुंडित सिर खंडित भुज बीसा॥ २॥

एहि बिधि सो दच्छिन दिसि जाई। लंका मनहुँ बिभीषन पाई॥
नगर फिरी रघुबीर दोहाई। तब प्रभु सीता बोलि पठाई॥ ३॥

यह सपना मैं कहउँ पुकारी। होइहि सत्य गएँ दिन चारी॥
तासु बचन सुनि ते सब डरीं। जनकसुता के चरनन्हि परीं॥ ४॥

दो०– जहँ तहँ गईं सकल तब सीता कर मन सोच।
मास दिवस बीतें मोहि मारिहि निसिचर पोच॥ ११॥

चौ०– त्रिजटा सन बोलीं कर जोरी। मातु बिपति संगिनि तैं मोरी॥
तजौं देह करु बेगि उपाई। दुसहु बिरहु अब नहिं सहि जाई॥ १॥

आनि काठ रचु चिता बनाई। मातु अनल पुनि देहि लगाई॥
सत्य करहि मम प्रीति सयानी। सुनै को श्रवन सूल सम बानी॥ २॥

सुनत बचन पद गहि समुझाएसि। प्रभु प्रताप बल सुजसु सुनाएसि॥
निसि न अनल मिल सुनु सुकुमारी। अस कहि सो निज भवन सिधारी॥ ३॥

कह सीता बिधि भा प्रतिकूला। मिलहि न पावक मिटिहि न सूला॥
देखिअत प्रगट गगन अंगारा। अवनि न आवत एकउ तारा॥ ४॥

पावकमय ससि स्रवत न आगी। मानहुँ मोहि जानि हतभागी॥
सुनहि बिनय मम बिटप असोका। सत्य नाम करु हरु मम सोका॥ ५॥

नूतन किसलय अनल समाना। देहि अगिनि जनि करहि निदाना॥
देखि परम बिरहाकुल सीता। सो छन कपिहि कलप सम बीता॥ ६॥

सो०– कपि करि हृदयँ बिचार दीन्हि मुद्रिका डारि तब।
जनु असोक अंगार दीन्ह हरषि उठि कर गहेउ॥ १२॥

चौ०– तब देखी मुद्रिका मनोहर। राम नाम अंकित अति सुंदर॥
चकित चितव मुदरी पहिचानी। हरष बिषाद हृदयँ अकुलानी॥ १॥

१० रक्सीन डर दखाउन तुमी, समझाबा नंगत एके।
महेना पुरते जे नी मानलोने, एइ ने मारेंदे तेके॥ ६७॥

दसमुँडया रावन घरे गेलो, असन बलुन भाती।
रक्सीन गोहड़ा माता के समझात, भारी डराउन भाती॥ ६८॥

* सीता आरू हनुमान भेंट *

तिरजटा नाँव चो रक्सीन गोटोक, राम पायँ ले करे मया।
सपा के आपलो सपना सांगली, सीता चो करा सेवा॥ १॥
बेदरा लंका जरालो दखले, फउद जरून सरला।
गदहा ने रावन नंगड़ा आसे, मुँड बाहाँ कटला॥ २॥
असन रकम ले रक्सउ बाट जाए, बिभीसन गादी बसला।
राज ने राम चो नावँ होली, राम सीता के नीला॥ ३॥
जाना सपना सत होएदे, चार दिन गेलो पाछे।
सपा सीता चो पायँ पड़ला, सुनते डरून पाछे॥ ४॥

११ इसू हेंव सपा उठुन गेला, सीता के बिचार धरली।
मोचो हतया करेदे पापी, जे ये महेना कटली॥ ५॥

हात जोडुन तिरजटा के बलली, बिपती ने साहा तुचो।
झपके काईं उआट कर, जेंमें देह छांडे मोचो॥ ६॥
सहुक नीहोय अलगलो पाछे, दारू चो चिता बनाव।
फेर उथा आइग धराउन, मया चो सत दखाव॥ ७॥
कान के भाला मारलो असन, गोठ के कोन सुने।
पाये धरून तिरजटा समझाय, जस बल महेमा बले॥ ८॥
बाबीधनी सुना राती बेरा, आइग नी मिरेदे।
असन बलुन घर गेली, बोपड़ी काय करेदे॥ ९॥
भगवान उलटलो मन ने ते, आइग मिरे न दुख जाए।
अकास ने आइग परगट आसोत, बले भुएँ नी आए॥ १०॥
अभागिन जामुन आइग नी देय, जोन बल आइग रते।
असोक बिन्ती सुगुन दुख हूर, नावँ के सत करते॥ ११॥
तु चो पिलका आइग माहा आत, देऊन दुख के सार।
सीता दुख के सुनुन हनुमान, मने मन करे बिचार॥ १२॥

१२ बिचारून मुंदरी के छांडला जसन, रूख ले आइग पड़ली।
हरीक मन ले सीता हुनके, हाते उठाउन धरली॥ १३॥

राम नांव लिखलो सुंदर मुंदरी के दखे अकचकाउन भाती।
हरीक दुख ले घबराउन गेली, मुंदरी के दखुन भाती॥ १४॥

जीति को सकइ अजय रघुराई। माया तें असि रचि नहिं जाई॥
सीता मन बिचार कर नाना। मधुर बचन बोलेउ हनुमाना॥ २॥

रामचंद्र गुन बरनैं लागा। सुनतहिं सीता कर दुख भागा॥
लागीं सुनैं श्रवन मन लाई। आदिहु तें सब कथा सुनाई॥ ३॥

श्रवनामृत जेहिं कथा सुहाई। कही सो प्रगट होति किन भाई॥
तब हनुमंत निकट चलि गयऊ। फिरि बैठीं मन बिसमय भयऊ॥ ४॥

राम दूत मैं मातु जानकी। सत्य सपथ करुनानिधान की॥
यह मुद्रिका मातु मैं आनी। दीन्हि राम तुम्ह कहँ सहिदानी॥ ५॥

नर बानरहि संग कहु कैसें। कहि कथा भइ संगति जैसें॥ ६॥

दो०– कपि के बचन सप्रेम सुनि उपजा मन बिस्वास॥
जाना मन क्रम बचन यह कृपासिंधु कर दास॥ १३॥

चौ०– हरिजन जानि प्रीति अति गाढ़ी। सजल नयन पुलकावलि बाढ़ी॥
बूड़त बिरह जलधि हनुमाना। भयउ तात मो कहुँ जलजाना॥ १॥

अब कहु कुसल जाउँ बलिहारी। अनुज सहित सुख भवन खरारी॥
कोमलचित कृपाल रघुराई। कपि केहि हेतु धरी निठुराई॥ २॥

सहज बानि सेवक सुखदायक। कबहुँक सुरति करत रघुनायक॥
कबहुँ नयन मम सीतल ताता। होइहहिं निरखि स्याम मृदु गाता॥ ३॥

बचनु न आव नयन भरे बारी। अहह नाथ हौं निपट बिसारी॥
देखि परम बिरहाकुल सीता। बोला कपि मृदु बचन बिनीता॥ ४॥

मातु कुसल प्रभु अनुज समेता। तव दुख दुखी सुकृपा निकेता॥
जनि जननी मानहु जियँ ऊना। तुम्ह ते प्रेमु राम कें दूना॥ ५॥

दो०– रघुपति कर संदेसु अब सुनु जननी धरि धीर।
अस कहि कपि गदगद भयउ भरे बिलोचन नीर॥ १४॥

चौ०– कहेउ राम बियोग तव सीता। मो कहुँ सकल भए बिपरीता॥
नव तरु किसलय मनहुँ कृसानू। कालनिसा सम निसि ससि भानू॥ १॥

कुबलय बिपिन कुंत बन सरिसा। बारिद तपत तेल जनु बरिसा॥
जे हित रहे करत तेइ पीरा। उरग स्वास सम त्रिबिध समीरा॥ २॥

जीतुक कोन सके अजेय राम के, माया ले नी बने।
सीता बिचार करते रहोत, हनू गुन महेमा बले॥ १५॥
राम गुन सुमुन सी ता चो, सपा दुख जाते गेली।
मूर ले सपा कहनी सांगला, सुनुन सीता हरीक होली॥ १६॥
बलली अमरित कहनी बलेय, पुरे कसम नी एए।
पाठ करली हतू एते खान, मन ने अचरित होए॥ १७॥
सुख चो धाम चो किरया पाड़ुन, बलला राम दूत आँय।
राम देउन रहोत मुंदरी, मोचोय आनलोर आय॥ १८॥
सीता पूछली मनुख बेंदरा, संगवारी कसन होला।
तेबे मिता न चो सपा कथा, हनू सांगुन दिला॥ १९॥

१३ मया परेम चो गोठ सुंनुन, मन ने भरोस होली।
मन बानी करम ले राम सेउक, जानुन भरोस करली॥ २०॥

भगवान सेउक जानुन माता के, खुबे मया होली।
देह ने सीतकाटा मारे तिहँचो, आइँख भर पानी होली॥ २१॥
बलली दुख समुंद ने हनु, बुड़तो पहार तुई।
मोचो काजे जहाज माहा, साहा होलीस तुई॥ २२॥
मयँ निछावर सपा सुख साँग, भाई संग आसोत कसन।
राम तो दयावान किरपा करेया, निठुर होलासोत कसन॥ २३॥
सेउक के सुख देतोर टकर, सुरत करसोत काय।
साँवर सुन्दर देह दखुन केवई, आइँख जुड़ाएदे काय॥ २४॥
भुलकलास भगवान मोके तुमी, बले दुख चो बोली।
दुख ले कलपते दखुन हनू, बलला बिन्ती बोली॥ २५॥
माता किरपा चो धाम भाई संगे, देह ले हरीक आसोत।
पय तुमचो दुख ले दुखी, मन ले होउन आसोत॥ २६॥
जीव के नानी नी करा माता, दुख नी करा जुगे।
राम मन ने दून मया, तुमचो ले बल जुगे॥ २७॥

१४ रघुपति खबर सुनुन माता, धीरज धरा मन ने।
बलते हनुमान हरीक होला, पानी आइँखमन ने॥ २८॥

राम बललासोत तुमचो ले, छांडी होलोर ने।
सपा जिनीस उल्टुन आसोत, एदाँय मोचो ले॥ २९॥
पिलकालो पाना आइग माहा, रात काल होलीसे।
पूड़न बन भाला होलासोत, जोन सुरूज होलीसे॥ ३०॥
लकबू तेल बरसा लागेसे, हितू दुख दे सोत।
तीनो लेहरा साँप फूकलो माहा, छांडरा काजे होसोत॥ ३१॥

कहेहू तें कछु दुख घटि होई। काहि कहौं यह जान न कोई॥
तत्व प्रेम कर मम अरु तोरा। जानत प्रिया एकु मनु मोरा॥ ३॥

सो मनु सदा रहत तोहि पाहीं। जानु प्रीति रसु एतेनहि माहीं॥
प्रभु संदेसु सुनत बैदेही। मगन प्रेम तन सुधि नहिं तेही॥ ४॥

कह कपि हृदयँ धीर धरु माता। सुमिरु राम सेवक सुखदाता॥
उर आनहु रघुपति प्रभुताई। सुनि मम बचन तजहु कदराई॥ ५॥

दो०– निसिचर निकर पतंग सम रघुपति बान कृसानु।
जननी हृदयँ धीर धरु जरे निसाचर जानु॥ १५॥

चौ०– जौं रघुबीर होति सुधि पाई। करते नहिं बिलंबु रघुराई॥
राम बान रबि उएँ जानकी। तम बरूथ कहँ जातुधान की॥ १॥

अबहिं मातु मैं जाउँ लवाई। प्रभु आयसु नहिं राम दोहाई॥
कछुक दिवस जननी धरु धीरा। कपिन्ह सहित अइहहिं रघुबीरा॥ २॥

निसिचर मारि तोहि लै जैहहिं। तिहुँ पुर नारदादि जसु गैहहिं॥
हैं सुत कपि सब तुम्हहि समाना। जातुधान अति भट बलवाना॥ ३॥

मोरें हृदय परम संदेहा। सुनि कपि प्रगट कीन्हि निज देहा॥
कनक भूधराकार सरीरा। समर भयंकर अतिबल बीरा॥ ४॥

सीता मन भरोस तब भयऊ। पुनि लघु रूप पवनसुत लयऊ॥ ५॥

दो०– सुनु माता साखामृग नहिं बल बुद्धि बिसाल।
प्रभु प्रताप तें गरुड़हि खाइ परम लघु ब्याल॥ १६॥

चौ०– मन संतोष सुनत कपि बानी। भगति प्रताप तेज बल सानी॥
आसिष दीन्हि राम प्रिय जाना। होहु तात बल सील निधाना॥ १॥

अजर अमर गुननिधि सुत होहू। करहुँ बहुत रघुनायक छोहू॥
करहुँ कृपा प्रभु अस सुनि काना। निर्भर प्रेम मगन हनुमाना॥ २॥

बार बार नाएसि पद सीसा। बोला बचन जोरि कर कीसा॥
अब कृतकृत्य भयउँ मैं माता। आसिष तव अमोघ बिख्याता॥ ३॥

सुनहु मातु मोहि अतिसय भूखा। लागि देखि सुंदर फल रूखा॥
सुनु सुत करहिं बिपिन रखवारी। परम सुभट रजनीचर भारी॥ ४॥

तिन्ह कर भय माता मोहि नाहीं। जौं तुम्ह सुख मानहु मन माहीं॥ ५॥

बललोने मन चो दुख घटेदे, मान्तर बले मयँ काके।
कोनी ये दुख जानत नाईं, जेके बल सांगा एके॥ ३२॥
आमचो मया भेद के एकलोय, मोचोय मन जानेसे।
हुन बल तुमचोय लगे आसे, जे ए भेद जानेसे॥ ३३॥
भगवान चो खबर सुनतेय सीता, मया ने मगन होली।
देंह चो गत के भुलकुन गेली, जसने सपा सुनली॥ ३४॥
हनू बलला धीरज धरा, राम सुमरना करा।
तिहँचो पन के मन ने आनुन, डर अलगाउन धरा॥ ३५॥

१५ रक्सा दल आत बतर कीड़ा, राम कांड आइग असन।
मन ने धीरज धरून जाना, सपा के जरलोर जसन॥ ३६॥

राम खबर जे पाउन रता, बेर केबई नी करता।
राम कांड सुरुज उदते खान, रक्सा अंधयार रता॥ ३७॥
राम किरया मोके हुकुम नीआय, नाहले एवेय नेते।
दुइ दिन धीरज धरा माता, राम बेंदरा संग एदे॥ ३८॥
रक्सा मारून तुमके नेदे, नारद जस गादे।
बलली बेंदरामन तुचोय माहा, काय तेमन मारुक पादे॥ ३९॥
मन ने भरम होएसे हनु, सुनुन देह दखाला।
सोन पहाड़ माहा देह रहे, भारी रूप दखाला॥ ४०॥
बयरी मन ने भय उठाएसे, रहे भारी बीर बली।
नानी होउन गेला फेर, सीता के भरोस होली॥ ४१॥

१६ बेंदरा जात के बल बुध नाईं, पय नानी साँप बले।
राम परताप ने बड़े गरूड़ के, खाउक सकेसे बले॥ ४२॥

भक्ती बल चो गोठ सुनुन, मन के भरोस होली।
राम भगत जामुन गुन बाढ़ों, बलुन आसीस दिली॥ ४३॥
बेटा तुईं अमर गुनी हो, सियानपन नी एओ।
राम भगवान साहा होओत, तिहँचो किरपा होओ॥ ४४॥
सुनुन घनघड़ी पायँ पड़े मगन, बलला हात जोड़ुन।
तुमचो आसीस नी झुके सत आय, बलेंसे धन होउन॥ ४५॥
सुना सुन्दर पाक फर दखुन, भूक मोके लागेसे।
बलली बेटा बीरमन चो, राखा गुलाय आसे॥ ४६॥
बलला माता हरीक मन ले, जे हुकुम देहासे तुमी।
निरबान तिहँचो भय नीआय, आसीस देहा तुमी॥ ४७॥

दो०– देखि बुद्धि बल निपुन कपि कहेउ जानकीं जाहु।
रघुपति चरन हृदयँ धरि तात मधुर फल खाहु॥ १७॥

चौ०– चलेउ नाइ सिरु पैठेउ बागा। फल खाएसि तरु तोरैं लागा॥
रहे तहाँ बहु भट रखवारे। कछु मारेसि कछु जाइ पुकारे॥ १॥

नाथ एक आवा कपि भारी। तेहिं असोक बाटिका उजारी॥
खाएसि फल अरु बिटप उपारे। रच्छक मर्दि मर्दि महि डारे॥ २॥

सुनि रावन पठए भट नाना। तिन्हहि देखि गर्जेउ हनुमाना॥
सब रजनीचर कपि संघारे। गए पुकारत कछु अधमारे॥ ३॥

पुनि पठयउ तेहिं अच्छकुमारा। चला संग लै सुभट अपारा॥
आवत देखि बिटप गहि तर्जा। ताहि निपाति महाधुनि गर्जा॥ ४॥

दो०– कछु मारेसि कछु मर्देसि कछु मिलएसि धरि धूरि।
कछु पुनि जाइ पुकारे प्रभु मर्कट बल भूरि॥ १८॥

चौ०– सुनि सुत बध लंकेस रिसाना। पठएसि मेघनाद बलवाना॥
मारसि जनि सुत बाँधेसु ताही। देखिअ कपिहि कहाँ कर आही॥ १॥

चला इंद्रजित अतुलित जोधा। बंधु निधन सुनि उपजा क्रोधा॥
कपि देखा दारुन भट आवा। कटकटाइ गर्जा अरु धावा॥ २॥

अति बिसाल तरु एक उपारा। बिरथ कीन्ह लंकेस कुमारा॥
रहे महाभट ताके संगा। गहि गहि कपि मर्दइ निज अंगा॥ ३॥

तिन्हहि निपाति ताहि सन बाजा। भिरे जुगल मानहुँ गजराजा॥
मुठिका मारि चढ़ा तरु जाई। ताहि एक छन मुरुछा आई॥ ४॥
उठि बहोरि कीन्हिसि बहु माया। जीति न जाइ प्रभंजन जाया॥ ५॥

दो०– ब्रह्म अस्त्र तेहिं साँधा कपि मन कीन्ह बिचार।
जौं न ब्रह्मसर मानउँ महिमा मिटइ अपार॥ १९॥

चौ०– ब्रह्मबान कपि कहुँ तेहिं मारा। परतिहुँ बार कटकु संघारा॥
तेहिं देखा कपि मुरुछित भयऊ। नागपास बाँधेसि लै गयऊ॥ १॥

जासु नाम जपि सुनहु भवानी। भव बंधन काटहिं नर ग्यानी॥
तासु दूत कि बँध तरु आवा। प्रभु कारज लगि कपिहिं बँधावा॥ २॥

१७ हनु चो बुध बल के दखुन, बलली बेटा जा।
राम पायँ के मन ने सुमरुन, सुवाद पाकफर खा॥ ४८॥

सीता पायँ ने माथा लवाउन, बगेचा ने गेला हनू।
पाक फर खाए रूख के टुटात, महाबली हनू॥ ४९॥
रखवार बीर खुबे रहोत, तिहँके मरते मारत।
कोनी मरला कोनी पराउन, रावन के गोहार करत॥ ५०॥
असोक बन के उजड़ाएसे मालिक, गोटोक बेंदरा एऊन।
पाक खाएसे रूख उखनेसे, रखवार मन के मारून॥ ५१॥
सुनुन रावन बीर पठालो, गरजला हनू दखुन।
फउद के मारून पकाते जात, पराला गोहारते बाचुन॥ ५२॥
अच्छयकुमार के पठालो फेर, संगे फउद खुबे।
रूख के धरून बलाउन मारला, आरू गरजला खुबे॥ ५३॥

१८ कोनी के मारत कोनी के पिचकत, धुरला ने मिसाउन देत।
कोनी-कोनी पराउन सांगला, बेंदरा नो जीतुक होय॥ ५४॥

बेटा मरलो सुनुन रीसेरीस, मेघनाथ के पठालो।
नी मारसे बांधुन आनसे, दखवाँ कहाँ ले इलो॥ ५५॥
इन्दर के जीतू चललो बीर, भाई चो रीस धरून।
कटकटते गरजुन हनु उठला, भारी बीर दखुन॥ ५६॥
बड़े बड़े रूख के उखनुन मारला, रथ के टुटाउन दिला।
बड़े बीर के देहें रमजुन, सपा के मारून दिला॥ ५७॥
मेंघनाथ संग भिड़ुन दिला, दखलोने लागे असन।
भारी जोर ले लड़ते जासोत, दुईठन हाथी जसन॥ ५८॥
उठाउन मुटका हनू दिला, रूख ऊपरे चेघला।
डंडिक काजे मेघनाथ बीर, उथा मूरछा खदला॥ ५९॥
उमजुन उठुन रक्सा चाला ले, माया करते जाय।
मान्तर पवन चो बेटा के ते, जीतुक नी पाय॥ ६०॥

१९ सरासरी ब्रह्मास नेतलोर दखुन, मन ने बिचार करे।
एके मयँ नी मानेंदे जाले, एचो महेमा सरे॥ ६१॥

ब्रह्म कांड ले हनू के मारलो, हनु पड़ला भुएँ।
खुबे फउद चपई होला, पड़तो दाँय देहें॥ ६२॥
अवचेत दखुन नागफाँस ने, बांधुन दिलो बीर।
उमा जेचे नांव के जपुन, गियानी होओ कि बीर॥ ६३॥
सवँसार बाँधन काटुन देसोत, दूत के बांधेया कोन।
भगवान कारज सिध करुक, बंधई होलों हुन॥ ६४॥

कपि बंधन सुनि निसिचर धाए। कौतुक लागि सभाँ सब आए॥
दसमुख सभा दीखि कपि जाई। कहि न जाइ कछु अति प्रभुताई॥ ३॥

कर जोरें सुर दिसिप बिनीता। भृकुटि बिलोकत सकल सभीता॥
देखि प्रताप न कपि मन संका। जिमि अहिगन महुँ गरुड़ असंका॥ ४॥

दो०– कपिहि बिलोकि दसानन बिहसा कहि दुर्बाद।
सुत बध सुरति कीन्हि पुनि उपजा हृदयँ बिषाद॥ २०॥

चौ०– कह लंकेस कवन तैं कीसा। केहिं के बल घालेहि बन खीसा॥
की धौं श्रवन सुनेहि नहिं मोही। देखउँ अति असंक सठ तोही॥ १॥

मारे निसिचर केहिं अपराधा। कहु सठ तोहि न प्रान कइ बाधा॥
सुनु रावन ब्रह्मांड निकाया। पाइ जासु बल बिरचति माया॥ २॥

जाकें बल बिरंचि हरि ईसा। पालत सृजत हरत दससीसा॥
जा बल सीस धरत सहसानन। अंडकोस समेत गिरि कानन॥ ३॥

धरइ जो बिबिध देह सुरत्राता। तुम्ह से सठन्ह सिखावनु दाता॥
हर कोदंड कठिन जेहि भंजा। तेहि समेत नृप दल मद गंजा॥ ४॥

खर दूषन त्रिसिरा अरु बाली। बधे सकल अतुलित बलसाली॥ ५॥

दो०– जाके बल लवलेस तें जितेहु चराचर झारि।
तासु दूत मैं जा करि हरि आनेहु प्रिय नारि॥ २१॥

चौ०– जानउँ मैं तुम्हारि प्रभुताई। सहसबाहु सन परी लराई॥
समर बालि सन करि जसु पावा। सुनि कपि बचन बिहसि बिहरावा॥ १॥

खायउँ फल प्रभु लागी भूँखा। कपि सुभाव तें तोरेउँ रूखा॥
सब कें देह परम प्रिय स्वामी। मारहिं मोहि कुमारग गामी॥ २॥

जिन्ह मोहि मारा ते मैं मारे। तेहि पर बाँधेउ तनयँ तुम्हारे॥
मोहि न कछु बाँधे कइ लाजा। कीन्ह चहउँ निज प्रभु कर काजा॥ ३॥

बेंदरा बाँधलोके सुनुन रक्खा, तमासा दखुक इला।
दरबार जाउन जस के दखुन, मन ने सहराउन दिला॥ ६५॥
देव दिगपाल हात जोडुन, डरते उबा आसोत।
रावन चो मन के जानुन दखुन, तेचोय मन ने आसोत॥ ६६॥
असन परताप दखुन हनू, बिरबान नी डरे।
निडर उबा आसत जसन, सांप मंजगत गरूड़ रहे॥ ६७॥

२० हनू के दखते खीजते सरापते, सँसलो रावन खुबे।
बेटा मरलोके सुरता करून, दुखी होलो खुबे॥ ६८॥

* रावन हनू चो गोठ *

रावन बललो तुई कोन आस, काचों जोर ने तुई।
सपा बन के उजड़ाउन दीलीस, मोके नी जानीस तुई॥ १॥
मूरूख निडर दखेंसे मयँ, इलोदाँय ले तुके।
काय अपराध ने रक्सा फउद के, मारलीस सांग मोके॥ २॥
सुन रावन जेचो जोर ने माया, ब्रह्मांड के बनाएसे।
ब्रह्मा, बिस्नू, संकर, बल ले, जन्माएसे पोसेंसे मारेसे॥ ३॥
जेचो जोर ले हजार मुँडेया, ब्रह्मांड के मुंडे राखेसे।
देवमन के साहा होउक जे, रकम भेस धरेसे॥ ४॥
तुचो असन मूरूखमन के, सिखाउन देएसे गियान।
सिव चो भारी धनऊ टुटाउन, सवँसारे पावला मान॥ ५॥
राजामन चो घमंड के जे, सपा सारून दिला।
भारी बली खरदूसन तिरसरा, बाली के मारुन दिला॥ ६॥

२१ जेचो खिंडिक बल के पाउन, सवँसार के जीतलीस तुई।
हुनचोय दूत आँय जेचो बायले के, चोरुन आनलीस तुई॥ ७॥

तुचो महेमा के खूबे जानेंसे, सहसबाहू संग लडलीस।
बाली संगे लडुन भाती, खुबे जस पावलीस॥ ८॥
हनू चो भेद गोठ सुनुन, रावन हांसुन गुचाय।
मालिक मोके भूख लागली गुने, पाक फर के खायँ॥ ९॥
बेंदरा टकर ले रुख टुटाले, देह ले मया सबके।
कुमारगी जे मारला मोके, मय बल मारले तेके॥ १०॥
तुचो बेटा बांधलोसे मोके, जेचो नी लागे लाज।
मयँ तो आपलो राम भगवान चो, करुक दखेंसें काज॥ ११॥

बिनती करउँ जोरि कर रावन। सुनहु मान तजि मोर सिखावन॥
देखहु तुम्ह निज कुलहि बिचारी। भ्रम तजि भजहु भगत भय हारी॥ ४॥

जाकें डर अति काल डेराई। जो सुर असुर चराचर खाई॥
तासों बयरु कबहुँ नहिं कीजै। मोरे कहें जानकी दीजै॥ ५॥

दो०– प्रनतपाल रघुनायक करुना सिंधु खरारि।
गएँ सरन प्रभु राखिहैं तव अपराध बिसारि॥ २२॥

चौ०– राम चरन पंकज उर धरहू। लंका अचल राजु तुम्ह करहू॥
रिषि पुलिस्त जसु बिमल मयंका। तेहि ससि महुँ जनि होहु कलंका॥ १॥

राम नाम बिनु गिरा न सोहा। देखु बिचारि त्यागि मद मोहा॥
बसन हीन नहिं सोह सुरारी। सब भूषन भूषित बर नारी॥ २॥

राम बिमुख संपति प्रभुताई। जाइ रही पाई बिनु पाई॥
सजल मूल जिन्ह सरितन्ह नाहीं। बरषि गएँ पुनि तबहिं सुखाहीं॥ ३॥

सुनु दसकंठ कहउँ पन रोपी। बिमुख राम त्राता नहिं कोपी॥
संकर सहस बिष्नु अज तोही। सकहिं न राखि राम कर द्रोही॥ ४॥

दो०– मोहमूल बहु सूल प्रद त्यागहु तम अभिमान।
भजहु राम रघुनायक कृपा सिंधु भगवान॥ २३॥

चौ०– जदपि कही कपि अति हित बानी। भगति बिबेक बिरति नय सानी॥
बोला बिहसि महा अभिमानी। मिला हमहि कपि गुर बड़ ग्यानी॥ १॥

मृत्यु निकट आई खल तोही। लागेसि अधम सिखावन मोही॥
उलटा होइहि कह हनुमाना। मतिभ्रम तोर प्रगट मैं जाना॥ २॥

सुनि कपि बचन बहुत खिसिआना। बेगि न हरहु मूढ़ कर प्राना॥
सुनत निसाचर मारन धाए। सचिवन्ह सहित बिभीषनु आए॥ ३॥

नाइ सीस करि बिनय बहूता। नीति बिरोध न मारिअ दूता॥
आन दंड कछु करिअ गोसाँई। सबहीं कहा मंत्र भल भाई॥ ४॥

सुनत बिहसि बोला दसकंधर। अंग भंग करि पठइअ बंदर॥ ५॥

दो०– कपि कें ममता पूँछ पर सबहि कहउँ समुझाइ।
तेल बोरि पट बाँधि पुनि पावक देहु लगाइ॥ २४॥

हात जोड़ुन मयँ बिन्ती करेंसे, घमंड छांड़ुन मान।
आप लो पबितर कुल के बिचारुन, भगवान के जान॥ १२॥
जे देव रक्सा सपा सवँसार के, खाउन सारते जाएसे।
हुन काल बल हुनचो ले डरते, तिहँके मानते जाएसे॥ १३॥
तिहँचो ले बड़र नीकर केबई, मोचो गोठ के मान।
सीता माता के फिराउन देस, बिचार गोठ के जान॥ १४॥

२२ खर चो बयरी दया चो समुंद, सरनाहा के होऊ साहा।
सरन गेलोने दोस के भुलकुन, राखदे होउन साहा॥ १५॥

राम पायँ के मन ने राखुन, लंका चो राज कर।
पुलस्त चो जस जोन माहा, जेंके बदी नी कर॥ १६॥
राम नावँ बिगर गोठ कहाँय, जस नी पाएसे जान।
मोह निसा के छांड रावन, बिचारुन सत के मान॥ १७॥
गाहना-गूठा पिंधुन मेहरार, कपड़ा बिगर रावन।
केबई सोभा नीपाय कहाँय, देव चो बयरी रावन॥ १८॥
राम के पाठ करू चो धन मान, तपा उठुन जाएसे।
सोत नाहलो नंदी बरसा पाछे, आपने सुखुन जाएसे॥ १९॥
सुन किरिया पाड़ुन बलेंसे, तेचो साहा नीहोत कोनी।
राम के पाठ करुन रहू के, तेचों नीहोत कोनी॥ २०॥
हजार संकर-ब्रह्मा बल, राम चो बयरी तुके।
केबई बल बचाउक नी सकत, सत मान तुई एके॥ २१॥

२३ भारी डंड देएसे मोह, जे जिबना चो जड़ आय।
राम भगवान चो भजन कर, घमंड डंड चो आय॥ २२॥

हनू कितरोय हित चो बलला, गियान नीती गोठ।
बेंदरा आमके गुरु मिरलोसे, बललो ताना गोठ॥ २३॥
अरे दुसट मउत अमरलीसे, नीच सिखनी देसीस।
हनू बलला उल्टा होएदे, जे गोठ नी मानीस॥ २४॥
सुनुन रीस ले बललो मूरुख, कसन नी मारास एके।
सुनते रक्सा मारूक होला, हतयार धरून हुनके॥ २५॥
देवानमन संग बिभीसन इलो, मुड लगाउन बललो।
दूत के नी मारा नीती बलेसे, बिनाउन भाती बललो॥ २६॥
काईं अउर डांड दिआ हुनके, बलला नँगत आय।
हाँसुन बललो अवगत करुन, माकड़ के पठातोर आय॥ २७॥

२४ बेंदरा चो मया लेंगड़ी ने होएसे, समझाउन बलेंसे सुना।
तेल चोबरुन चेंदरी बांधुन, आइग चापा उथा॥ २८॥

चौ०– पूँछहीन बानर तहँ जाइहि। तब सठ निज नाथहि लइ आइहि॥
जिन्ह कै कीन्हिसि बहुत बड़ाई। देखेउँ मैं तिन्ह कै प्रभुताई॥ १॥

बचन सुनत कपि मन मुसुकाना। भइ सहाय सारद मैं जाना॥
जातुधान सुनि रावन बचना। लागे रचैं मूढ़ सोइ रचना॥ २॥

रहा न नगर बसन घृत तेला। बाढ़ी पूँछ कीन्ह कपि खेला॥
कौतुक कहँ आए पुरबासी। मारहिं चरन करहिं बहु हाँसी॥ ३॥

बाजहिं ढोल देहिं सब तारी। नगर फेरि पुनि पूँछ प्रजारी॥
पावक जरत देखि हनुमंता। भयउ परम लघु रूप तुरंता॥ ४॥

निबुकि चढ़ेउ कपि कनक अटारीं। भईं सभीत निसाचर नारीं॥ ५॥

दो०– हरि प्रेरित तेहि अवसर चले मरुत उनचास।
अट्टहास करि गर्जा कपि बढ़ि लाग अकास॥ २५॥

चौ०– देह बिसाल परम हरुआई। मंदिर तें मंदिर चढ़ धाई॥
जरइ नगर भा लोग बिहाला। झपट लपट बहु कोटि कराला॥ १॥

तात मातु हा सुनिअ पुकारा। एहि अवसर को हमहि उबारा॥
हम जो कहा यह कपि नहिं होई। बानर रूप धरें सुर कोई॥ २॥

साधु अवग्या कर फलु ऐसा। जरइ नगर अनाथ कर जैसा॥
जारा नगरु निमिष एक माहीं। एक बिभीषन कर गृह नाहीं॥ ३॥

ताकर दूत अनल जेहिं सिरिजा। जरा न सो तेहि कारन गिरिजा॥
उलटि पलटि लंका सब जारी। कूदि परा पुनि सिंधु मझारी॥ ४॥

दो०– पूँछ बुझाइ खोइ श्रम धरि लघु रूप बहोरि।
जनकसुता के आगें ठाढ़ भयउ कर जोरि॥ २६॥

चौ०– मातु मोहि दीजे कछु चीन्हा। जैसें रघुनायक मोहि दीन्हा॥
चूड़ामनि उतारि तब दयऊ। हरष समेत पवनसुत लयऊ॥ १॥

कहेहु तात अस मोर प्रनामा। सब प्रकार प्रभु पूरनकामा॥
दीन दयाल बिरिदु संभारी। हरहु नाथ मम संकट भारी॥ २॥

तात सक्रसुत कथा सुनाएहु। बान प्रताप प्रभुहि समुझाएहु॥
मास दिवस महुँ नाथु न आवा। तौ पुनि मोहि जिअत नहिं पावा॥ ३॥

कहु कपि केहि बिधि राखौं प्राना। तुम्हहू तात कहत अब जाना॥
तोहि देखि सीतलि भइ छाती। पुनि मो कहुँ सोइ दिनु सो राती॥ ४॥

* लंका राज डसावतो *

बिगर लेंगडा चो जाउन माकड़, आनेदे मालिक आपलो।
हुनचो सकत के दखेंदे मयँ, जेचो ये गुन गावलो॥ १॥
मन ने हरीक सुनुन हनू, सरसती के साहा जानुन।
रक्सा हुकुम सुनुन भाती, जोड़ा करत मानुन॥ २॥
लेंगड़ा ने बांधुक कपड़ा घीव, तेल, सपा सरून गेली।
बढ़ालो असन खेल करूक हनू, लोग काज तमासा होली॥ ३॥
राज चो लोग दखुक इला, लात मारते जात।
ढोल बजात थापड़ी पेटत, हाँसी करते जात॥ ४॥
गुलाय राज ने किंजराउन भाती, लेंगड़ा के डसाउन दिला।
आइग बरतो के दखुन हनू, नानी होउन दिला॥ ५॥
बांधन फुसकाउन ढाबामन ने, डगाउन-डगाउन जात।
रक्सीन मन हनू के दखुन, लुबे डरून जात॥ ६॥

२५ दुइ कोड़ी नव रकम लेहरा, हुलदाँय होते जात।
हनू जोरले हांसते गरजते, अकास के अमरते जात॥ ७॥

भारी देह मान्तर चांड बले, परात महल ले महल।
गुलाय सहर आइग भड़कली, जरे सपा महल॥ ८॥
बाबा आया कोन बचादे एबे, कोल्हार होसोत सपा।
ये बेंदरा नोआय देव होएदे, आमी बलु रहू सपा॥ ९॥
साघू निंदरलो फल आय असन, राज बोपड़ा माहा जरे।
डंडिक ने सपा सहर के जराला, बिभीसन महल नी जरे॥ १०॥
गवरी जे आइग के बनालो हुनचो, हनू दूत आय।
एइ ने हनू आइग ले नी जरत, तिमुंचोय लीला आय॥ ११॥

२६ उल्टाउन पुल्टाउन लंका के जराला, समुंदे डगाला जाउन।
लेंगड़ा बुताउन सुस्ताउन गेला, सीता लग बिनाउन॥ १२॥

माता मोके काईं चिन्हा दिआ, जसन राम देऊन रला।
सीसफूल निकराउन सीता दिली, हनू हरीक धरला॥ १३॥
पायँ पड़ुन बिन्ती करते बलसे, समपूरन आहास तुमी।
दुखी के दया करतोर टकर, डंड के हरा तुमी॥ १४॥
जयंत कथा के सुरता करासे, कांड महेमा सांगसे।
महेना भीतर जे नी इलोने, जीअत मोके नी पावदे॥ १५॥
कसन जीव के राखेंदे हनू, जाउक होसीस तुइ बल।
दखुन छाती जुड़ाउन रहे, फेर हुनी दिनरात बल॥ १६॥

दो०— जनकसुतहि समुझाइ करि बहु बिधि धीरजु दीन्ह।
चरन कमल सिरु नाइ कपि गवनु राम पहिं कीन्ह॥ २७॥

चौ०— चलत महाधुनि गर्जेसि भारी। गर्भ स्त्रवहिं सुनि निसिचर नारी॥
नाघि सिंधु एहि पारहि आवा। सबद किलकिला कपिन्ह सुनावा॥ १॥

हरषे सब बिलोकि हनुमाना। नूतन जन्म कपिन्ह तब जाना॥
मुख प्रसन्न तन तेज बिराजा। कीन्हेसि रामचन्द्र कर काजा॥ २॥

मिले सकल अति भए सुखारी। तलफत मीन पाव जिमि बारी॥
चले हरषि रघुनायक पासा। पूँछत कहत नवल इतिहासा॥ ३॥

तब मधुबन भीतर सब आए। अंगद संमत मधु फल खाए॥
रखवारे जब बरजन लागे। मुष्टि प्रहार हनत सब भागे॥ ४॥

दो०— जाइ पुकारे ते सब बन उजार जुबराज।
सुनि सुग्रीव हरष कपि करि आए प्रभु काज॥ २८॥

चौ०— जौं न होति सीता सुधि पाई। मधुबन के फल सकहिं कि खाई॥
एहि बिधि मन बिचार कर राजा। आइ गए कपि सहित समाजा॥ १॥

आइ सबन्हि नावा पद सीसा। मिलेउ सबन्हि अति प्रेम कपीसा॥
पूँछी कुसल कुसल पद देखी। राम कृपाँ भा काजु बिसेषी॥ २॥

नाथ काजु कीन्हेउ हनुमाना। राखे सकल कपिन्ह के प्राना॥
सुनि सुग्रीव बहुरि तेहि मिलेऊ। कपिन्ह सहित रघुपति पहिं चलेऊ॥ ३॥

राम कपिन्ह जब आवत देखा। किएँ काजु मन हरष बिसेषा॥
फटिक सिला बैठे द्वौ भाई। परे सकल कपि चरनन्हि जाई॥ ४॥

दो०— प्रीति सहित सब भेटे रघुपति करुना पुंज।
पूँछी कुसल नाथ अब कुसल देखि पद कंज॥ २९॥

२७ माता के खुबे समझाउन, धीरज दिलो हनू।
पायँ ने मुंड के लँवाउन, राम बाट चलला हनू॥ १७॥

निसकतो पाहार गरजना करला, गरजना के सुनुन।
रक्सीन मन चो सरते गरभ, गिरुक धरला सुनुन॥ १८॥
समुंद नाहकुन पार इला, किलकिलते गोठ करला।
बेंदरामन काज हरीक खबर, हनू सपाके बलला॥ १९॥
हनू के दखुन हरीक होला, नवाँ जनम समँझला।
मुँह ने हरीक देह ने तेज, भेटुन हरीक होला॥ २०॥
छटपटू मछरी पानी पाएसे, हुसने हरीक होत।
बाट ने सपा कहनी पूछते, भगवान बाट जात॥ २१॥
तहाँले सपा मधुबन जाउन, पुछुन अंगद के ते।
मीठ पाक-फर खदला सपा, हरीक मन ले ते॥ २२॥
रखवार जसने छेका करला, मुटका ने दिला तिहँके।
रखवार सपा उठुन पराला, जसने पड़ली तिहँके॥ २३॥

२८ सपा जाउन गोहार करला, अंगद उजड़ाएसे बन।
जानलो राम चो काम होली, हरीक सुगरीव मन॥ २४॥

* राम संग भेट *

जे सीता चो डगर नी करता, ते नी एउन रता।
मधुबन चो पाक फर के, कसन खाउक सकता॥ १॥
असन बिचार करत राजा, सपा संग-इला तेमन।
सुगरीव चो पांय पड़ला, मया ले भेटला तेबल॥ २॥
सपा हाल के राजा पूछला, बेंदरा सपा सांगला।
तुमचो पायँ चो दरस ले सपा, नंगत आसे बलला॥ ३॥
राम किरपा ले भारी कारज, सपा सिध होली।
हनू मेहनत सपा जीव काज, भारी साहा होली॥ ४॥
फेरले भेटलो हनू संग, सुगरीव सपा सुनुन।
राम बाट भेट करूक निकरला, बेंदरामन के धरुन॥ ५॥
बेंदरामन चो कारज करून, एतोके दखुन राम।
मन ने खुबे हरीक हो ओत, भाई संगे राम॥ ६॥
सुंदर छुकछुका पखना ने दुनों, भाई बसून रहत।
बेंदरामन जाउन राम पायँ के, डंडासरन पड़स॥ ७॥

२९ दया चो धाम मया ले भेटुन, हाल पूछला तिहँके।
सांगला सपा नंगत आसे, पायँ दरस ले आमके॥ ८॥

चौ०– जामवंत कह सुनु रघुराया। जा पर नाथ करहु तुम्ह दाया॥
ताहि सदा सुभ कुसल निरंतर। सुर नर मुनि प्रसन्न ता ऊपर॥ १॥

सोइ बिजई बिनई गुन सागर। तासु सुजसु त्रैलोक उजागर॥
प्रभु कीं कृपा भयउ सबु काजू। जन्म हमार सुफल भा आजू॥ २॥

नाथ पवनसुत कीन्हि जो करनी। सहसहुँ मुख न जाइ सो बरनी॥
पवनतनय के चरित सुहाए। जामवंत रघुपतिहि सुनाए॥ ३॥

सुनत कृपानिधि मन अति भाए। पुनि हनुमान हरषि हियँ लाए॥
कहहु तात केहि भाँति जानकी। रहति करति रच्छा स्वप्रान की॥ ४॥

दो०– नाम पाहरू दिवस निसि ध्यान तुम्हार कपाट।
लोचन निज पद जंत्रित जाहिं प्रान केहिं बाट॥ ३०॥

चौ०– चलत मोहि चूड़ामनि दीन्ही। रघुपति हृदयँ लाइ सोइ लीन्ही॥
नाथ जुगल लोचन भरि बारी। बचन कहे कछु जनककुमारी॥ १॥

अनुज समेत गहेहु प्रभु चरना। दीन बंधु प्रनतारति हरना॥
मन क्रम बचन चरन अनुरागी। केहिं अपराध नाथ हौं त्यागी॥ २॥

अवगुन एक मोर मैं माना। बिछुरत प्रान न कीन्ह पयाना॥
नाथ सो नयनन्हि को अपराधा। निसरत प्रान करहिं हठि बाधा॥ ३॥

बिरह अगिनि तनु तूल समीरा। स्वास जरइ छन माहिं सरीरा॥
नयन स्त्रवहि जलु निज हित लागी। जरैं न पाव देह बिरहागी॥ ४॥

सीता कै अति बिपति बिसाला। बिनहिं कहें भलि दीनदयाला॥ ५॥

दो०– निमिष निमिष करुनानिधि जाहिं कलप सम बीति।
बेगि चलिअ प्रभु आनिअ भुज बल खल दल जीति॥ ३१॥

चौ०– सुनि सीता दुख प्रभु सुख अयना। भरि आए जल राजिव नयना॥
बचन काँय मन मम गति जाही। सपनेहुँ बूझिअ बिपति कि ताही॥ १॥

कह हनुमंत बिपति प्रभु सोई। जब तव सुमिरन भजन न होई॥
केतिक बात प्रभु जातुधान की। रिपुहि जीति आनिबी जानकी॥ २॥

सुनु कपि तोहि समान उपकारी। नहिं कोउ सुर नर मुनि तनुधारी॥
प्रति उपकार करौं का तोरा। सनमुख होइ न सकत मन मोरा॥ ३॥

जामवन्त बललो सुना रघुबीर, करासीस जेके दया।
तिहँचो सपा सिध होएसे, पाउन तु मचो मया॥ ९॥
देव मनुख मुनी तरई किरता, हरीक होउन रसोत।
जीतेसे हुनी जे बिन्ती करेसे, गुन चो समुंद होसोत॥ १०॥
हुनचोय जस तीनों पुर ने, उजर करसोत भगवान।
जीवना कारज सुफल होली, किरपा ले तुमचो भगवान॥ ११॥
भगवान पवन चो बेटा जाले, जसन करनी करला।
हजार मुँह ले बल सांगुक नीहोय, जसन गुन करला॥ १२॥
तहाँले सुन्दर कहनी के जामवंत, राम के सांगला बसुन।
किरपा चो धनी राम के सपा, हरीक लागली सुनुन॥ १३॥
छाती सगे पोटारते हनू के, बलला हनू सांग।
कसन जीव के बचाउन भाती, सीता रहेसे सांग॥ १४॥

३० नावँ रात-दिन पाहरा देएसे, सुरता आसे कपाट।
पायँ ने आइँख तारा आसोत, जीव जाएदे कोन बाट॥ १५॥

एतोदाँय मोके सीसफूल दिला, छाती संग धरला राम।
आइँख ने आँसू भरून गेली, बललासोत माता राम॥ १६॥
भाई संग तिहँचो पायँ धरून, बलसे दीनबंधु ते।
सरनाहा चो दुख के हरू, भगवान आत ते॥ १७॥
मन बानी करम ले तुमचो, पायँ चो सेउक आँय।
कसन भगवान छांडुन दिलासोत, होलीसे दोस काय॥ १८॥
दोस गोटोक मयँ मो चो मानेंसे, अलगते जीव नी गेली।
दोस आइँख चो जे निकरतो दाँय, बरपेला टेकुन दिली॥ १९॥
अलगलो आइग देहँ पोनी, निनास पवन आए।
असन रकम ले ये देहँ, डंडिक ने भसम होए॥ २०॥
आइँख आपलो भलई दखुन, पानी बरसाउन देएसे।
अलगलो आइग देहँ कपसा के, जरूक नी देएसे॥ २१॥

३१ सीता चो बिपती खुबे बड़े आय, सांगतो नंगत नोआय।
सुख चो भंडार तिहँचो घड़ी, जुग माहा होते जाय॥ २२॥

झपके जाउन आपलो बाहाँ चो, बल ले भगवान तुमी।
रक्सा गोहड़ा के हराउन भाती, माता के आनूं आमी॥ २३॥
सुन हनू तुचो माह साहा, देव मुनी बल नीहोत।
एचो पलटा मय काय करेंदे, कोनी तुचो माहा नीहोत॥ २४॥

सुनु सुत तोहि उरिन मैं नाहीं। देखेउँ करि बिचार मन माहीं॥
पुनि पुनि कपिहि चितव सुरत्राता। लोचन नीर पुलक अति गाता॥ ४॥

दो०– सुनि प्रभु बचन बिलोकि मुख गात हरषि हनुमंत।
चरन परेउ प्रेमाकुल त्राहि त्राहि भगवंत॥ ३२॥

चौ०– बार बार प्रभु चहइ उठावा। प्रेम मगन तेहि उठब न भावा॥
प्रभु कर पंकज कपि कें सीसा। सुमिरि सो दसा मगन गौरीसा॥ १॥

सावधान मन करि पुनि संकर। लागे कहन कथा अति सुंदर॥
कपि उठाइ प्रभु हृदयँ लगावा। कर गहि परम निकट बैठावा॥ २॥

कहु कपि रावन पालित लंका। केहि बिधि दहेउ दुर्ग अति बंका॥
प्रभु प्रसन्न जाना हनुमाना। बोला बचन बिगत अभिमाना॥ ३॥

साखामृग कै बड़ि मनुसाई। साखा तें साखा पर जाई॥
नाघि सिंधु हाटकपुर जारा। निसिचर गन बधि बिपिन उजारा॥ ४॥

सो सब तव प्रताप रघुराई। नाथ न कछू मोरि प्रभुताई॥ ५॥

दो०– ता कहुँ प्रभु कछु अगम नहिं जा पर तुम्ह अनुकूल।
तव प्रभावँ बड़वानलहि जारि सकइ खलु तूल॥ ३३॥

चौ०– नाथ भगति अति सुखदायनी। देहु कृपा करि अनपायनी॥
सुनि प्रभु परम सरल कपि बानी। एवमस्तु तब कहेउ भवानी॥ १॥

उमा राम सुभाउ जेहिं जाना। ताहि भजनु तजि भाव न आना॥
यह संबाद जासु उर आवा। रघुपति चरन भगति सोइ पावा॥ २॥

सुनि प्रभु बचन कहहिं कपि बृंदा। जय जय जय कृपाल सुखकंदा॥
तब रघुपति कपिपतिहि बोलावा। कहा चलैं कर करहु बनावा॥ ३॥

अब बिलंबु केहि कारन कीजे। तुरत कपिन्ह कहुँ आयसु दीजे॥
कौतुक देखि सुमन बहु बरषी। नभ तें भवन चले सुर हरषी॥ ४॥

दो०– कपिपति बेगि बोलाए आए जूथप जूथ।
नाना बरन अतुल बल बानर भालु बरूथ॥ ३४॥

खुब बिचारले तुचो लागा के, छूटुक नी सकें केबई।
बलते घनघड़ी हनू के दखत, आइँख भरते जाय तेबई॥ २५॥

३२ भगवान चो सुनुन हरीक दखुन, हनू बल हरीक होए।
मया ने दंदरून साहा होआ बलते, पायँ के धरून सोए॥ २६॥

भगवान तेके उठाउक दखत, मया चो मारे हनू।
मनयाते नी रहत पायँ ले उठुक, महाबली हनू॥ २७॥
भगवान हात हनु मुण्ड उपरे, सुरता करुन सिव।
मगन होला हुदलदाँय आपन, हरीक मन ले सिव॥ २८॥
फेर मन के सम्हराउन भाती, मुरियाला कथा के।
भगवान छाती संग लेपटाला, उठाउन हनू के॥ २९॥
लगे बसाउन पूछला राम, सांग तुई मोके सपा।
इतरो जतनालोर रावन महल के, जरालीस कसन सपा॥ ३०॥
भगवान के हरीक जानुन हनू, घमंड छांडुन बलला।
बेंदरा टकर खेंदा ले खेंदा, जाएसे हनू बलला॥ ३१॥
समुन्द नाइकले राज के जराले, सोन चो जे रहे।
रक्सामन के मारुन भाती, उजड़ाले बन जे रहे॥ ३२॥
रघुनाथ भगवान ए सपा, तुमचोय किरपा आय।
एमें काईं मोचो सकत नोआय, तुमचो दया ले आय॥ ३३॥

३३ जेचो उपरे तुमी हरीक, हुनके ए सपा सहज।
तुमचो जोर ले पोनी बले, बन के जराएसे सहज॥ ३४॥

मालिक किरपा करून सुख देऊ, भक्ती मोके दिआ।
उमा सहज गोठ ले राम, होओ बलुन दिला॥ ३५॥
राम चो टकर जे जानेसे उमा, हुनके भजन भाएसे।
तिहँचो भजन छांडुन हुन, कोनी बाट नी जाएसे॥ ३६॥
मालिक सेउक चो गोठ जेचो, मन ने समाउन गेली।
हुन मन राम पायँ चो भक्ती, सहज ले पाउन गेली॥ ३७॥
भगवान राम चो गोठ सुनुन, सपा बेंदरा बलला।
किरपाकरु हरीक चो भण्डार, राम चो ज जै बलला॥ ३८॥
बेंदरा राजा के बलाउन राम, बलला जोड़ा करा।
कागकाज एदाँय बेर करवाँ, फउद के हुकुम करा॥ ३९॥
असन लीला के दखुन देवमन, कुल बरसाते जाओत।
अकास मारग के धरुन भाती, हरीक धाम जाओत॥ ४०॥

३४ तुरते हुकुम दिला राजा, सपा कपतान इला।
रंग-रंग चो बेंदरा भालू, बली गुनी इला॥ ४१॥

चौ०– प्रभु पद पंकज नावहिं सीसा। गरजहिं भालु महाबल कीसा॥
देखी राम सकल कपि सेना। चितइ कृपा करि राजिव नैना॥ १॥

राम कृपा बल पाइ कपिंदा। भए पच्छजुत मनहुँ गिरिंदा॥
हरषि राम तब कीन्ह पयाना। सगुन भए सुंदर सुभ नाना॥ २॥

जासु सकल मंगलमय कीती। तासु पयान सगुन यह नीती॥
प्रभु पयान जाना बैदेहीं। फरकि बाम अँग जनु कहि देहीं॥ ३॥

जोइ जोइ सगुन जानकिहि होई। असगुन भयउ रावनहि सोई॥
चला कटकु को बरनैं पारा। गर्जहि बानर भालु अपारा॥ ४॥

नख आयुध गिरि पादपधारी। चले गगन महि इच्छाचारी॥
केहरिनाद भालु कपि करहीं। डगमगाहिं दिग्गज चिक्करहीं॥ ५॥

छं०– चिक्करहिं दिग्गज डोल महि गिरि लोल सागर खरभरे।
मन हरष सभ गंधर्ब सुर मुनि नाग किन्नर दुख टरे॥
कटकटहिं मर्कट बिकट भट बहु कोटि कोटिन्ह धावहीं।
जय राम प्रबल प्रताप कोसलनाथ गुन गन गावहीं॥ १॥

सहि सक न भार उदार अहिपति बार बारहिं मोहई।
गह दसन पुनि पुनि कमठ पृष्ट कठोर सो किमि सोहई॥
रघुबीर रुचिर प्रयान प्रस्थिति जानि परम सुहावनी।
जनु कमठ खर्पर सर्पराज सो लिखत अबिचल पावनी॥ २॥

दो०– एहि बिधि जाइ कृपानिधि उतरे सागर तीर।
जहँ तहँ लागे खान फल भालु बिपुल कपि बीर॥ ३५॥

चौ०– उहाँ निसाचर रहहिं ससंका। जब तें जारि गयउ कपि लंका॥
निज निज गृहँ सब करहिं बिचारा। नहिं निसिचर कुल केर उबारा॥ १॥

जासु दूत बल बरनि न जाई। तेहि आएँ पुर कवन भलाई॥
दूतन्हि सन सुनि पुरजन बानी। मंदोदरी अधिक अकुलानी॥ २॥

रहसि जोरि कर पति पग लागी। बोली बचन नीति रस पागी॥
कंत करष हरि सन परिहरहू। मोर कहा अति हित हियँ धरहू॥ ३॥

* लंका बाट निसकतो जोड़ा *

भगवान पायँ पड़ते जासोत, गरजत भालू बेंदरा।
पूड़न आइँख ले दया करते, दखला भालू बेंदरा॥ १॥
राम किरपा ले बिगर पटका चो, निकरला पहाड़ होउन।
हरीक मन ले राम निकरला, सुभ सांगे सगुन होउन॥ २॥
जेमन चो कीरत सगुन होएसे, तिहँचो निसकतो बेरा।
सगुन होतोर नीत आय, राम निसकतो बेरा॥ ३॥
परभू निकरतोर सीता के जनाली, देंह फड़कुन सांगत।
जसन जानकी के सगुन होए, रावन के असगुन सांगत॥ ४॥
फउद हिंडला कोन सकेदे सांगुक, अनगिनत भालू-बेंदरा।
नख डोंगरी रुखमन धरुन, हिंडत भालू बेंदरा॥ ५॥
कोनी अकास ले कोनो पिरथी ले, सिंघ माहा गरजते जासोत।
तिहँचो रेंगलो गरजलो ने गुलाय, हाथी घबराउन जासोत॥ ६॥
पिरथी डोलेसे, डोंगरी हालेसे, समुंद लकबकुन जासोत।
दुख दिन गेली, देव, मुनी, नांग, सपा हरीक होसोत॥ ७॥
कोटी बेंदरा कटरसोत परासोत राम चो जै बलसोत।
चिचायाउन भाती राम जस के, गीत ने जोड़ुन गासोत॥ ८॥
भारी साँप राजा बोझ के, सहुक नी सकसोत।
घनघड़ी घबराउन कचीम पाठ के, दांत ले चाबुन धरसोत॥ ९॥
लागे राम चो निसकतोर कहनी, जानुन भाती सुंदर।
हरीक ले कथा के कचीम पाठ ने, लिखते जाएसे सुंदर॥ १०॥

३५ असन किरपा चो धाम राम, समुंद लगे अमरला।
सपा बँदरा भालू बीरमन, पाक फर खाउक धरला॥ ११॥

* मंदोदरी-रावन गोठ *

जबले हनु जराउन गेला, रक्सा डरून आसोत।
रक्सा कुल चो भलइ नीआय, घर-घर बिचार करसोत॥ १॥
जेचो दूत चो बल सकत के, सांगुक नी होएसे।
हुन राज ने एऊन गेलो ने, काय गती होएदे॥ २॥
राज चो रैयत ले खबर सुनुन, मंदोदरी रानी।
मने-मन डाहलबिकल होओत, लंकापुर चो रानी॥ ३॥
सूना दखुन हात जोहुन, पायँ के धरली रानी।
हरी संग बइर छांडा राजा, नीती के बलली रानी॥ ४॥

समुझत जासु दूत कइ करनी। स्त्रवहीं गर्भ रजनीचर घरनी॥
तासु नारि निज सचिव बोलाई। पठवहु कंत जो चहहु भलाई॥ ४॥

तव कुल कमल बिपिन दुखदाई। सीता सीत निसा सम आई॥
सुनहु नाथ सीता बिनु दीन्हें। हित न तुम्हार संभु अज कीन्हें॥ ५॥

दो०– राम बान अहि गन सरिस निकर निसाचर भेक।
जब लगि ग्रसत न तब लगि जतनु करहु तजि टेक॥ ३६॥

चौ०– श्रवन सुनी सठ ता करि बानी। बिहसा जगत बिदित अभिमानी॥
सभय सुभाउ नारि कर साचा। मंगल महुँ भय मन अति काचा॥ १॥
जौं आवइ मर्कट कटकाई। जिअहिं बिचारे निसिचर खाई॥
कंपहिं लोकप जाकीं त्रासा। तासु नारि सभीत बड़ि हासा॥ २॥
अस कहि बिहसि ताहि उर लाई। चलेउ सभाँ ममता अधिकाई॥
मंदोदरी हृदयँ कर चिंता। भयउ कंत पर बिधि बिपरीता॥ ३॥
बैठेउ सभाँ खबरि असि पाई। सिंधु पार सेना सब आई॥
बूझेसि सचिव उचित मत कहहू। ते सब हँसे मष्ट करि रहहू॥ ४॥
जितेहु सुरासुर तब श्रम नाहीं। नर बानर केहि लेखे माहीं॥ ५॥

दो०– सचिव बैद गुर तीनि जौं प्रिय बोलहिं भय आस।
राज धर्म तन तीनि कर होइ बेगिहीं नास॥ ३७॥

चौ०– सोइ रावन कहुँ बनी सहाई। अस्तुति करहिं सुनाइ सुनाई॥
अवसर जानि बिभीषनु आवा। भ्राता चरन सीसु तेहिं नावा॥ १॥

पुनि सिरु नाइ बैठ निज आसन। बोला बचन पाइ अनुसासन॥
जौ कृपाल पूँछिहु मोहि बाता। मति अनुरूप कहउँ हित ताता॥ २॥

जो आपन चाहै कल्याना। सुजसु सुमति सुभ गति सुख नाना॥
सो परनारि लिलार गोसाईं। तजउ चउथि के चंद कि नाईं॥ ३॥

चौदह भुवन एक पति होई। भूत द्रोह तिष्टइ नहिं सोई॥
गुन सागर नागर नर जोऊ। अलप लोभ भल कहइ न कोऊ॥ ४॥

मोचो गोठ के हित चो जानुन, मन ने समझुन धरा।
तिहँचो दूत चो करनी बिचारुन, नंगत बिचारुन करा॥ ५॥
रक्सीन मन चो पेट उतरेसे, सुरता करलोने जेके।
भलई जानुन देवा न संग जाउन, सीता के दिआ तिहँके॥ ६॥
तुमचो कुल पूड़न बन काजे, सीतकार रात सीता।
भलई नीहोय सिव-ब्रह्मा इलेबल, बिगर फिरालो सीता॥ ७॥

३६ राम कांड सांप माहा आसोत, रक्सा मेंडका असन।
एउन नी खाओत ते सपा के, तलगस उआटा असन॥ ८॥

सुनुन मूरूख लुबे हांसलो, बलला घमंडी जीव।
डरपोकही सुभ बेरा डरसीस, तुचो जनम मेहरार जीव॥ ९॥
बेंदरा फउद जे राज ने इले, रक्सा जीवदे खाउन।
लोक चो देव नावँ ले डरसोत, हुनचो बायले डरेसे जानुन॥ १०॥
असन बलते पोटारते रावन, मया दखाउन गेलो।
मंदोदरी मन ने फिकर करे, भगवान उलटुन गेलो॥ ११॥
बयरी फउद समुंद कठा अमरला, दरबार एऊन सुनलो।
देवानमन के हागदेउन भाती, दसमुँडेया पूछलो॥ १२॥
हाँसुन सपा बलला महराज, तुमी ओगाय रहा मने।
बिन मेहनत देव रक्सा के सारसू, मनुख बेंदरा कोन गने॥ १३॥

३७ देवान गुरू बइद तीनों जे, डरून नंगत बलसोत।
तेबे राज देंह धरम तीनों, झटके नास होसोत॥ १४॥

रावन काजे हुनी जोग बनली, देवान सुनाउन गुन करत।
बेरा दखुन बिभीसन इलो, पायँ पडुन जस करत॥ १५॥

* बिभीसन-रावन गोठ *

फेर मुँड लवाउन आसन ने बसलो, बललो हुकुम पाउन।
सवाल उपरे बुध इतरो बलेंसे, हितू गोठ गुनुन॥ १॥
जे आपलो भलई जस बुध, नंगत गती के दखेसे।
सपा रकम चो सुख भोग, पाउन जीउक दखेसे॥ २॥
पर बायले चो मुँह के हुन, चउथ जोन माहा नी दखे।
जीव ले बइर करुन लोक चो मालिक, हुन बल थेबुक नी सके॥ ३॥
जे मनुख चतुर गियानी आत, गुन चो समुँद आत।
खिडिंक बल हुनके लोम होलोने, नंगत नी बलू आय॥ ४॥

दो०– काम क्रोध मद लोभ सब नाथ नरक के पंथ।
सब परिहरि रघुबीरहि भजहु भजहिं जेहि संत॥ ३८॥

चौ०– तात राम नहिं नर भूपाला। भुवनेस्वर कालहु कर काला॥
ब्रह्म अनामय अज भगवंता। ब्यापक अजित अनादि अनंता॥ १॥

गो द्विज धेनु देव हितकारी। कृपा सिंधु मानुष तनुधारी॥
जन रंजन भंजन खल ब्राता। बेद धर्म रच्छक सुनु भ्राता॥ २॥

ताहि बयरु तजि नाइअ माथा। प्रनतारति भंजन रघुनाथा॥
देहु नाथ प्रभु कहुँ बैदेही। भजहु राम बिनु हेतु सनेही॥ ३॥

सरन गएँ प्रभु ताहु न त्यागा। बिस्व द्रोह कृत अघ जेहि लागा॥
जासु नाम त्रय ताप नसावन। सोइ प्रभु प्रगट समुझु जियँ रावन॥ ४॥

दो०– बार बार पद लागउँ बिनय करउँ दससीस।
परिहरि मान मोह मद भजहु कोसलाधीस॥ ३९ (क)॥

मुनि पुलस्ति निज सिष्य सन कहि पठई यह बात।
तुरत सो मैं प्रभु सन कही पाइ सुअवसरु तात॥ ३९ (ख)॥

चौ०– माल्यवंत अति सचिव सयाना। तासु बचन सुनि अति सुख माना॥
तात अनुज तव नीति बिभूषन। सो उर धरहु जो कहत बिभीषन॥ १॥

रिपु उतकरष कहत सठ दोऊ। दूरि न करहु इहाँ हइ कोऊ॥
माल्यवंत गृह गयउ बहोरी। कहइ बिभीषनु पुनि कर जोरी॥ २॥

सुमति कुमति सब कें उर रहहीं। नाथ पुरान निगम अस कहहीं॥
जहाँ सुमति तहँ संपति नाना। जहाँ कुमति तहँ बिपति निदाना॥ ३॥

तव उर कुमति बसी बिपरीता। हित अनहित मानहु रिपु प्रीता॥
कालराति निसिचर कुल केरी। तेहि सीता पर प्रीति घनेरी॥ ४॥

३८ काम रीस लोभ मोह मालिक, साग नरक चो बाट।
सपा के छांडुन राम के भजा, संत चो एइ आय बात॥ ५॥

नोआत राम मनुख चो राजा, आत सपालोक चो मालिक।
काल काजे महाकाल आत; भगवान सपा चो मालिक॥ ६॥
सपा अवगुन ले अलग बरकस, जेचो जनम नी होए।
कोनी जीतुक नी सकत ब्रह्म, ले सपादिन समान आए॥ ७॥
बाम्हन, गउ, पिरिथी चो हितू, मनुख देंह धरलासोत।
सेउक के तारू दुसट के मारू, बेद धरम के साहा होसोत॥ ८॥
बिन किरता जे मया करसोत, बइर छांडा तिहँचोले।
सरनाहा के जे मान देसोत, फिरावा तिहँचोके॥ ९॥
तिहँचोले बइर तियागुन भाती, माथा लवाँउन राहा।
सरनाहा दुख के सारसोत रघुनाथ, तिहँके मानुन राहा॥ १०॥
बयदेही के परभू भगवान के, तुमी फिराउन दिआ।
फोकहा मया करू रामजी चो, तुमी भजन करा॥ ११॥
सवँसार ले बइर करतो चो, पाप लागलीसे जेके।
परभूराम केबई नी तियागत, सरन गेलोने तेके॥ १२॥
तीनों ताप के नास करेसै नावँ, मनुख चोला ने आसोत।
हिरदे ने नंगत समँझ रावन, जे मनुख लीला करसोत॥ १३॥

३९ (क) दसमुंडेया घनघड़ी बिन्ती करेंसे, तुमचो पायँ पड़ुन।
सत गोठ बलेंसे भजा तिहँके, मान मोह निसा छांडुन॥ १४॥

३९ (ख) पुलस्त मुनी आपलो चेला हाते, पठालासोत ए खबर।
बेरा दखुन सपा के सांगले, जे मयँ पावले खबर॥ १५॥

मालवंत जूना सियान देवान, सुनुन हरीक बललो।
भाई चो निको नीती के मानते, जीव ने धरा बललो॥ १६॥
सुमुन बललो दूनोंय मूरुख, बयरी चो महेमा गासोत।
एमन के पयले गुचावा कोनी, एथा गुन जे करसोत॥ १७॥
सुनुन मालवंत आपलो घरे, उठुन जाते गेलो।
मान्तर बिभीसन हात जोड़ुन, पूरे होउन बललो॥ १८॥
मालिक बेद-पुरान सपाय, असन बलते रसोत।
सुमत कुमत सपा चो मनने, हमेस बसुन रसोत॥ १९॥
सुमत जेलगले आसे उथा, सपा लाभ आसे।
जेलग कुबद्धि उथा जाले, बिपती मांडुन आसे॥ २०॥
तुमचो हिरदे ने उलटा बुध, एउन बसली से।
हित के अहित बयरी के मीत, मानते टेकली से॥ २१॥

दो०– तात चरन गहि मागउँ राखहु मोर दुलार।
सीत देहु राम कहुँ अहित न होइ तुम्हार॥ ४०॥

चौ०– बुध पुरान श्रुति संमत बानी। कही बिभीषन नीति बखानी॥
सुनत दसानन उठा रिसाई। खल तोहि निकट मुत्यु अब आई॥ १॥

जिअसि सदा सठ मोर जिआवा। रिपु कर पच्छ मूढ़ तोहि भावा॥
कहसि न खल अस को जग माहीं। भुज बल जाहि जिता मैं नाहीं॥ २॥

मम पुर बसि तपसिन्ह पर प्रीती। सठ मिलु जाइ तिन्हहि कहु नीती॥
अस कहि कीन्हेसि चरन प्रहारा। अनुज गहे पद बारहिं बारा॥ ३॥

उमा संत कइ इहइ बड़ाई। मंद करत जो करइ भलाई॥
तुम्ह पितु सरिस भलेहिं मोहि मारा। रामु भजें हित नाथ तुम्हारा॥ ४॥

सचिव संग लै नभ पथ गयऊ। सबहि सुनाइ कहत अस भयऊ॥ ५॥

दो०– रामु सत्यसंकल्प प्रभु सभा कालबस तोरि।
मैं रघुबीर सरन अब जाउँ देहु जनि खोरि॥ ४१॥

चौ०– अस कहि चला बिभीषनु जबहीं। आयू हीन भए सब तबहीं॥
साधु अवग्या तुरत भवानी। कर कल्यान अखिल कै हानी॥ १॥

रावन जबहिं बिभीषन त्यागा। भयउ बिभव बिनु तबहिं अभागा॥
चलेउ हरषि रघुनायक पाहीं। करत मनोरथ बहु मन माहीं॥ २॥

देखिहउँ जाइ चरन जलजाता। अरुन मृदुल सेवक सुखदाता॥
जे पद परसि तरी रिषिनारी। दंडक कानन पावनकारी॥ ३॥

जे पद जनकसुताँ उर लाए। कपट कुरंग संग धर धाए॥
हर उर सर सरोज पद जेई। अहोभाग्य मैं देखिहउँ तेई॥ ४॥

दो०– जिन्ह पायन्ह के पादुकन्हि भरतु रहे मन लाइ।
ते पद आजु बिलोकिहउँ इन्ह नयनन्हि अब जाइ॥ ४२॥

चौ०– एहि बिधि करत सप्रेम बिचारा। आयउ सपदि सिंधु एहिं पारा॥
कपिन्ह बिभीषनु आवत देखा। जाना कोउ रिपु दूत बिसेषा॥ १॥

ताहि राखि कपीस पहिं आए। समाचार सब ताहि सुनाए॥
कह सुग्रीव सुनहु रघुराई। आवा मिलन दसानन भाई॥ २॥

४० पायँ धरून भीख मांगेसे दादा, मोचो मया के राखा।
राम के सीता फिराउन दिआ, हित चो गोठ राखा॥ २२॥

बेद, पुरान, पंडित बिचार, नीती गुन के बललो।
तुचो मउत अमरलीसे दुसट, रावन रीस ले बललो॥ २३॥
मूरूख मोचो खाउन गासीस, बगरी गुन के पुरे।
दुसट कोन सवँसार ने आसे, जीतुन मोचो पुरे॥ २४॥
मोचो राज ने जोगी ले मया, जा तुइ तेचोय लगे।
असन बलते लात ले खूँदलो, बिभीसन पायँ लागे॥ २५॥
संत महेमा एइ आय उमा, बेद बलसोत असन।
बिगाड़ा करु चो भलइ करतोर, तिहँचो गुन आय असन॥ २६॥
बललो बाप असन तुमी, मारलास नंगत करलास।
तिहँके मानलोने भलई आसे, एके बिचार नी करलास॥ २७॥
असन बलुन देवानमन संग, अकास उपरे गेलो।
हुता ले सपा के सुनाउन भाती, बिभीसन फेर बललो॥ २८॥

४१ राम सतवान भगवान आत, तुचो दरबार काल चो होली।
एदाँय राम चो सरन जाएँसे, दोस नी देसे होली॥ २९॥

असन बलते बिभीसन गेलो, सपा चो जीवना घाट।
साधु के छललो ने तुरते उमा, घाट सपाय बाट॥ ३०॥
जसने बिभीसन के छांडलो, मान गेली सपाय।
कई रकम चो मन्सा धरून, हुन राम बाट जाय॥ ३१॥

* राम-बिभीसन भेंट *

भगवान चो सुंदर सगरगा पायँ चो, मयँ करेंदे दरसन।
सेउक के सुख देऊ अहिल्या के तारु, पायँ चो पाएँदे दरसन॥ १॥
जनक चो बेटी जे पायँ के, आसोत राखुन मने।
कपटी मिरगा पाछे पराऊ, सिव चो रहेसे मने॥ २॥

४२ बड़े भागवान आयँ तिहँचो मयँ, दरसन करुक पाएंदे।
भरत जेचो खटऊ मन ने धरला, आइँख ले दखुल पाएंदे॥ ३॥

असन मया ले बिचार करते समुंद पयले अमरला।
बयरी चो खास दूत मानला, बेंदरा जसने दखल॥ ४॥
बाटे थेबाउन सुगरीव लग इला, सांगला सपा हाल।
बेंदरा राजा राम लग जाउन, बलला सपा हाल॥ ५॥

कह प्रभु सखा बूझिऐ काहा। कहइ कपीस सुनहु नरनाहा॥
जानि न जाइ निसाचर माया। कामरूप केहि कारन आया॥ ३॥

भेद हमार लेन सठ आवा। राखिअ बाँधि मोहि अस भावा॥
सखा नीति तुम्ह नीकि बिचारी। मम पन सरनागत भयहारी॥ ४॥

सुनि प्रभु बचन हरष हनुमाना। सरनागत बच्छल भगवाना॥ ५॥

दो०— सरनागत कहुँ जे तजहिं निज अनहित अनुमानि।
ते नर पावँर पापमय तिन्हहि बिलोकत हानि॥ ४३॥

चौ०— कोटि बिप्र बध लागहिं जाहू। आएँ सरन तजउँ नहिं ताहू॥
सनमुख होइ जीव मोहि जबहीं। जन्म कोटि अघ नासहिं तबहीं॥ १॥

पापवंत कर सहज सुभाऊ। भजनु मोर तेहि भाव न काऊ॥
जौं पै दुष्ट हृदय सोइ होई। मोरें सनमुख आव कि सोई॥ २॥

निर्मल मन जन सो मोहि पावा। मोहि कपट छल छिद्र न भावा॥
भेद लेन पठवा दससीसा। तबहुँ न कछु भय हानि कपीसा॥ ३॥

जग महुँ सखा निसाचर जेते। लछिमनु हनइ निमिष महुँ तेते॥
जौं सभीत आवा सरनाईं। रखिहउँ ताहि प्रान की नाईं॥ ४॥

दो०— उभय भाँति तेहि आनहु हँसि कह कृपानिकेत।
जय कृपाल कहि कपि चले अंगद हनू समेत॥ ४४॥

चौ०— सादर तेहि आगें करि बानर। चले जहाँ रघुपति करुनाकर॥
दूरिहि ते देखे द्वौ भ्राता। नयनानंद दान के दाता॥ १॥

बहुरि राम छबिधाम बिलोकी। रहेउ ठटुकि एकटक पल रोकी॥
भुज प्रलंब कंजारुन लोचन। स्यामल गात प्रनत भय मोचन॥ २॥

सिंघ कंध आयत उर सोहा। आनन अमित मदन मन मोहा॥
नयन नीर पुलकित अति गाता। मन धरि धीर कही मृदु बाता॥ ३॥

नाथ दसानन कर मैं भ्राता। निसिचर बंस जनम सुरत्राता॥
सहज पापप्रिय तामस देहा। जथा उलूकहि तम पर नेहा॥ ४॥

काय समझलास राम पूछला, सुनुन बललो राजा।
रक्सा माया के जानुक नीहोय, ये भारी छलबाज राजा॥ ६॥
आमचो भेद जक मूरख, इलोसे असन लागे।
मोके जाले एड भाएसे नंगत, बांधुन राखूं आगे॥ ७॥
राम बलला नोती नंगत बललास, पय परन आय मोचो।
सरनाहा के सरन देतोर, साहा रतोर भय चो॥ ८॥

४३ आपलो अहित दखुन सरनाहा के, छांडुन देसोत जे।
हुनके दखलोने पाप लागेसे, पापी नीच आत ते॥ ९॥

कोटी बाम्हन चो हत्यारा आत, नी छांडे सरन इले।
कोटी जनम पीप कटुन जाएसे, मोचो पुरे जे इले॥ १०॥
पापी चो टकर आय तेके मोचो, भाव भजन नी भाय।
मन ले दुसट होलोने, मोचो पुरे एतो काय॥ ११॥
जेचो मन सफा हुनी पाएसे, छल चाल मोके नी भाए।
आमके डर हानी नी आय सुगरीब, जे हुन भेदया आए॥ १२॥
सवँसारे जितरो रक्सा आसोत, सखा तुमी नगत जाना।
डंडिक ने लछमन मारूक सकेसे, एके तुमी सत माना॥ १३॥
अउर जे हुन डरून भाती, इलोसे जे मोचो सरन।
हुनके जीव माहा राखेंदे मय, एइ आय मोचो परन॥ १४॥

४४ दुनोय रकम ले एथा आना, हाँसुन बलला राम।
अंगद हनु संग सुगरीव निकरला, बलते जय-जय राम॥ १५॥

मान ले हुनके पुरे करून गेला, जेलग राम रला।
आइँख के हरीक देऊ के विभीसन, लाफी ले दखला॥ १६॥
सोभा चो धाम के टोपा अटकाउन, टकटकी दखते जाए।
बरकस वाँहा लाल पूड़न आइँख, साँवर देह जे भाए॥ १७॥
सरन इलोर चो डर भय सारू, सिंध माहा खांद आसे।
सोभा देसोत दखलोने जे, छाती ओसार आसे॥ १८॥
अनगिनत काम चो मन के मोहाऊ, सुंदर मुँह तिहँचो।
रूप के दखुन आइँख भरून गेली, सीतकाटा देह तिहँचो॥ १९॥
धीरज धरून बललो बिभीसन, मयँ रावन चो भाई आँय।
देवमन के साहा होऊ तुमी, रक्सा कुल चो आँय॥ २०॥
तामस देहँ चो टकर ले पापी, इलेसे जस के सुनुन।
सवँसार चो जिवना मरना ले तारु, इलेसे गुन सुनुन॥ २१॥

दो०– श्रवन सुजसु सुनि आयउँ प्रभु भंजन भव भीर।
त्राहि त्राहि आरति हरन सरन सुखद रघुबीर॥ ४५॥

चौ०– अस कहि करत दंडवत देखा। तुरत उठे प्रभु हरष बिसेषा॥
दीन बचन सुनि प्रभु मन भावा। भुज बिसाल गहि हृदयँ लगावा॥ १॥

अनुज सहित मिलि ढिग बैठारी। बोले बचन भगत भय हारी॥
कहु लंकेस सहित परिवारा। कुसल कुठाहर बास तुम्हारा॥ २॥

खल मंडली बसहु दिनु राती। सखा धरम निबहइ केहि भाँती॥
मैं जानउँ तुम्हारि सब रीती। अति नय निपुन न भाव अनीती॥ ३॥

बरु भल बास नरक कर ताता। दुष्ट संग जनि देइ बिधाता॥
अब पद देखि कुसल रघुराया। जौं तुम्ह कीन्ह जानि जन दाया॥ ४॥

दो०– तब लगि कुसल न जीव कहुँ सपनेहुँ मन बिश्राम।
जब लगि भजत न राम कहुँ सोक धाम तजि काम॥ ४६॥

चौ०– तब लगि हृदयँ बसत खल नाना। लोभ मोह मच्छर मद माना॥
जब लगि उर न बसत रघुनाथा। धरें चाप सायक कटि भाथा॥ १॥

ममता तरुन तमी अँधिआरी। राग द्वेष उलूक सुखकारी॥
तब लगि बसति जीव मन माहीं। जब लगि प्रभु प्रताप रबि नाहीं॥ २॥

अब मैं कुसल मिटे भय भारे। देखि राम पद कमल तुम्हारे॥
तुम्ह कृपाल जा पर अनुकूला। ताहि न ब्याप त्रिबिध भव सूला॥ ३॥

मैं निसिचर अति अधम सुभाऊ। सुभ आचरनु कीन्ह नहिं काऊ॥
जासु रूप मुनि ध्यान न आवा। तेहिं प्रभु हरषि हृदयँ मोहि लावा॥ ४॥

दो०– अहोभाग्य मम अमित अति राम कृपा सुख पुंज।
देखेउँ नयन बिरंचि सिव सेब्य जुगल पद कंज॥ ४७॥

चौ०– सुनहु सखा निज कहउँ सुभाऊ। जान भुसुंडि संभु गिरिजाऊ॥
जौं नर होइ चराचर द्रोही। आवै सभय सरन तकि मोही॥ १॥

तजि मद मोह कपट छल नाना। करउँ सद्य तेहि साधु समाना॥
जननी जनक बंधु सुत दारा। तनु धनु भवन सुहृद परिवारा॥ २॥

सब कै ममता ताग बटोरी। मम पद मनहि बाँध बरि डोरी॥
समदरसी इच्छा कछु नाहीं। हरष सोक भय नहिं मन माहीं॥ ३॥

४५ दुखी चो डंड के सारू तुमी, सरनाहा के साहा होऊ।
साहा होआ मयँ सरन तुमचो, भगत के सुख देऊ॥ २२॥

तेके डंडासरन पड़लो दखुन, भगवान हरीक उठला।
हुनचो कँदरई गोठ सुनुन, हुनचो लगे गेला॥ २३॥
आपलो भारी बाँहा ले उठाउन, छाती संगे धरला।
नानी भाई संग भेटुन भाती, आपलो लगे बसाला॥ २४॥
बलला लंकापती कुटुम्ब संगे, आपलो हाल सांगा।
इतरो अडरा ठान ने रतोर, चलेसे कसन सांगा॥ २५॥
दिन रात दुसट मन रहुन, धरम चलेसे कसन।
तुमचो रीती नीती जानेंसे, रहासीस उथा कसन॥ २६॥
उथा रहासीस नीती ने चतुर, जेके अनीती नीभाय।
दुसट संग नी देओ भगवान, भले नरक नंगत आय॥ २७॥
बलला रघुनाथ एदाँय जाले, पायँ चो दरसन करून।
हरीक होले दया करलास, आपलो सेउक जानुन॥ २८॥

४६ सपना ने धीरज नीहोए, जीव के हरीक नीहोए।
जब लगले दुख घर छांडुन, राम भजन नीहोए॥ २९॥

लोभ मोह इरखा मान रहत ले, दुसट मन ने रसोत।
जब लग ले राम धनऊ कांड धरून, मन ने एउन नी रसोत॥ ३०॥
इरखा कुरबाँ के सुरख देएसे, मोह अंधयार रात।
तुमचो परताप सुरुज उदलोने जाएसे बियापू रात॥ ३१॥
पायँ के तुमचो दरसन करून, हरीक आसें मयँ।
तुमचो किरपा ले सरून गेली, जीवचो भारी भय॥ ३२॥
जेचो ऊपरे तुमचो किरपा, जे आसे किरपा करू।
सवँसार चो तोनों डंड बल, नी सकत बियापुक परभू॥ ३३॥
नी करलेसे केबइ नंगत टकर, नीच टकर चो रक्सा आयँ।
हरीक हिरदे संग लेपटाला, जे मुनी धियान ने नीआय॥ ३४॥

४७ किरपा सुख चो कूढ़ा राम, मोचोय भाग आय ये।
ब्रह्मा-सिव सेवा करलो पायँ के, दलुक पावले मयँ॥ ३५॥

सुन मोचो टकर के सांगेसे, जेके काकभुसुण्ड जानसोत।
भगवान सिव आरू पारबती, नंगत करुन जानसोत॥ ३६॥
जे मनुख आत सवँसार चो बयरी, डरुन सरन एएसे।
साधू माहा मान देएँसे, जे छल कपट छांडुन देएसे॥ ३७॥
माय, बाप, भाई, बेटा बायले, कुटुम देंह घर बार।
सपा मया के सकलुन भाती, डोर बनाउन एक हार॥ ३८॥

अस सज्जन मम उर बस कैसें। लोभी हृदयँ बसइ धनु जैसें॥
तुम्ह सारिखे संत प्रिय मोरें। धरउँ देह नहिं आन निहोरें॥ ४॥

दो०– सगुन उपासक परहित निरत नीति दृढ़ नेम।
ते नर प्रान समान मम जिन्ह कें द्विज पद प्रेम॥ ४८॥

चौ०– सुनु लंकेस सकल गुन तोरें। तातें तुम्ह अतिसय प्रिय मोरें॥
राम बचन सुनि बानर जूथा। सकल कहहिं जय कृपा बरूथा॥ १॥

सुनत बिभीषनु प्रभु कै बानी। नहिं अघात श्रवनामृत जानी॥
पद अंबुज गहि बारहिं बारा। हृदयँ समात न प्रेमु अपारा॥ २॥

सुनहु देव सचराचर स्वामी। प्रनतपाल उर अंतरजामी॥
उर कछु प्रथम बासना रही। प्रभु पद प्रीति सरित सो बही॥ ३॥

अब कृपाल निज भगति पावनी। देहु सदा सिव मन भावनी॥
एवमस्तु कहि प्रभु रनधीरा। मागा तुरत सिंधु कर नीरा॥ ४॥

जदपि सखा तव इच्छा नाहीं। मोर दरसु अमोघ जग माहीं॥
अस कहि राम तिलक तेहि सारा। सुमन बृष्टि नभ भई अपारा॥ ५॥

दो०– रावन क्रोध अनल निज स्वास समीर प्रचंड।
जरत बिभीषनु राखेउ दीन्हेहु राजु अखंड॥ ४९ (क)॥

जो संपति सिव रावनहि दीन्हि दिएँ दस माथ।
सोइ संपदा बिभीषनहि सकुचि दीन्हि रघुनाथ॥ ४९ (ख)॥

चौ०– अस प्रभु छाड़ि भजहिं जे आना। ते नर पसु बिनु पूँछ बिषाना॥
निज जन जानि ताहि अपनावा। प्रभु सुभाव कपि कुल मन भावा॥ १॥

पुनि सर्बग्य सर्ब उर बासी। सर्बरूप सब रहित उदासी॥
बोले बचन नीति प्रतिपालक। कारन मनुज दनुज कुल घालक॥ २॥

सुनु कपीस लंकापति बीरा। केहि बिधि तरिअ जलधि गंभीरा॥
संकुल मकर उरग झष जाती। अति अगाध दुस्तर सब भाँती॥ ३॥

कह लंकेस सुनहु रघुनायक। कोटि सिंधु सोषक तव सायक॥
जद्यपि तदपि नीति असि गाई। बिनय करिअ सागर सन जाई॥ ४॥

दो०– प्रभु तुम्हार कुलगुर जलधि कहिहि उपाय बिचारि।
बिनु प्रयास सागर तरिहि सकल भालु कपि धारि॥ ५०॥

जे मोचो पायँ ने आनुन बांधेसे, समान दखसोत सबके।
जेचो मन ने केबई हरीक न दुख, अउर नी जानत डरके॥ ३९॥
असन सजन मोचो मन ने बसेसे जसन, लोभी मन ने धन बसेसे।
काचोइ बललोने देंह नी धरें, तुचो माहा संत भाएसे॥ ४०॥

४८ सगुन चो जे उपास करसोत, दूसर चो हितू आसोत।
नेम धरम ले बाम्हन पायँ के मानसोत, हुनी जीव माहा आसोत॥ ४१॥

लंकापती तुमचोने ये सपा गुन, नंगत लागासीस मोके।
किरपा चो धाम राम चो जय हो, बेंदरा बलला सुनुन एके॥ ४२॥
अमरित गोट सुनुन बिभीसन चो, कान अघाते नी रहे।
धनघन राम पायँ के धरसोत, मया समाते नीरहे॥ ४३॥
बललो देव सवँसार चो मालिक, जानू तुमी सपा मन चो।
आगे खिंडिक दोस मन ने रहे, बोहली दोस सपा मन चो॥ ४४॥
किरपाकरु एदाँय हमेस भावतो, सिव भक्ती दिआ।
असने होओ बलते राम बलला, समुन्द पानी दिआ॥ ४५॥
सखा भले तुचो मन नीआय बले, दरस फोकहा नीजाय।
बलुन तिलक करला राम, सरग ले फूल बरसते जाय॥ ४६॥

४९ (क) राम रावन चो रास आइग जे, आपलो निनास ले बाढ़ुन रहे।
अखंड राज दिला बचाउन तिहँके, जे बिभीसन के जराते रहे॥ ४७॥

४९ (ख) जे धन सिव रावन के दिला, दस मुण्ड चेघालो पाछे।
हुनी धन बिभीसन के राम दिला, हरीक ले होउन आगे॥ ४८॥

असन परभू के छांडुन जे मनुख, दूसर के भजसोत।
बिगर लेंगड़ी सीग चो हुन, पसू माहा आसोत॥ ४९॥
आपलो सेउक जानुन भगवान, बिभीसन के दिला ठान।
भगवान टकर गोठ के जानुन, बेंदरामन देओत मान॥ ५०॥
सपा के जानू सपा चो मन ने रहू, सपा चो हित काजे।
सपा रुप ने सपा ले अलग ओगाय, भगतमन काजे॥ ५१॥
मनुख चोला ने जनम धरलासोत, सारुक रक्सा कुल के।
बलला नीती के साहा होऊ राम, रलो इतरो लोग के॥ ५२॥
लंकापती वीर राजा सांगा, समुन्द नाहकवाँ कसन।
अथाह मंगर, साँप, मछरी आसोत, भारी बड़े-बड़े असन॥ ५३॥
लंकापती बललो तुमचो गोटकी कांड, करोड़ के सुखाऊसे तुरते।
मान्तर नीती असन नी बले, बिन्ती ले करूँ सरते॥ ५४॥

५० कुल ने तुमचो बड़े आत समुन्द, बिचारुन उआट सांगदे।
बेदरा भालू फउद बिगर मेहनत, पार उतरुन जादे॥ ५५॥

चौ०– सखा कही तुम्ह नीकि उपाई। करिअ दैव जौं होइ सहाई॥
मंत्र न यह लछिमन मन भावा। राम बचन सुनि अति दुख पावा॥ १॥

नाथ दैव कर कवन भरोसा। सोषिअ सिंधु करिअ मन रोसा॥
कादर मन कहुँ एक अधारा। दैव दैव आलसी पुकारा॥ २॥

सुनत बिहसि बोले रघुबीरा। ऐसेहिं करब धरहु मन धीरा॥
अस कहि प्रभु अनुजहि समुझाई। सिंधु समीप गए रघुराई॥ ३॥

प्रथम प्रनाम कीन्ह सिरु नाई। बैठे पुनि तट दर्भ डसाई॥
जबहिं बिभीषन प्रभु पहिं आए। पाछें रावन दूत पठाए॥ ४॥

दो०– सकल चरित तिन्ह देखे धरें कपट कपि देह।
प्रभु गुन हृदयँ सराहहिं सरनागत पर नेह॥ ५१॥

चौ०– प्रगट बखानहिं राम सुभाऊ। अति सप्रेम गा बिसरि दुराऊ॥
रिपु के दूत कपिन्ह तब जाने। सकल बाँधि कपीस पहिं आने॥ १॥

कह सुग्रीव सुनहु सब बानर। अंग भंग करि पठवहु निसिचर॥
सुनि सुग्रीव बचन कपि धाए। बाँधि कटक चहु पास फिराए॥ २॥

बहु प्रकार मारन कपि लागे। दीन पुकारत तदपि न त्यागे॥
जो हमार हर नासा काना। तेहि कोसलाधीस कै आना॥ ३॥

सुनि लछिमन सब निकट बोलाए। दया लागि हँसि तुरत छोड़ाए॥
रावन कर दीजहु यह पाती। लछिमन बचन बाचु कुलघाती॥ ४॥

दो०– कहेहु मुखागर मूढ़ सन मम संदेसु उदार।
सीता देइ मिलेहु न त आवा कालु तुम्हार॥ ५२॥

चौ०– तुरत नाइ लछिमन पद माथा। चले दूत बरनत गुन गाथा॥
कहत राम जसु लंकाँ आए। रावन चरन सीस तिन्ह नाए॥ १॥

बिहसि दसानन पूँछी बाता। कहसि न सुक आपनि कुसलाता॥
पुनि कहु खबरि बिभीषन केरी। जाहि मृत्यु आई अति नेरी॥ २॥

करत राज लंका सठ त्यागी। होइहि जव कर कीट अभागी॥
पुनि कहु भालु कीस कटकाई। कठिन काल प्रेरित चलि आई॥ ३॥

जिन्ह के जीवन कर रखवारा। भयउ मृदुल चित सिंधु बिचारा॥
कहु तपसिन्ह कै बात बहोरी। जिन्ह के हृदयँ त्रास अति मोरी॥ ४॥

दो०– की भइ भेंट कि फिरि गए श्रवन सुजसु सुनि मोर।
कहसि न रिपु दल तेज बल बहुत चकित चित तोर॥ ५३॥

चौ०– नाथ कृपा करि पूँछेहु जैसें। मानहु कहा क्रोध तजि तैसें॥
मिला जाइ जब अनुज तुम्हारा। जातहिं राम तिलक तेहि सारा॥ १॥

नंगत उआट सांगलास बलला, करूँ जे देव साहा करे।
लछमन के ये नंगत नी लागली, मने-मन दुख करे॥ ५६॥
बललो देव चो काय भरोसा, मन ने रीस आना।
देव डरपोकहा काज साहा होएसे, ठग चो आय ये बाना॥ ५७॥
राम बलला धीरज धर, करवाँ होलोने असने।
असन समझाउन समुंद रेठे, निकरुन गेला हुसने॥ ५८॥
मुंड लवाँउन राम पाँय पड़ला, खड़ डसाउन बसला उथा।
बिभीसन निकरते खान दूतमन के, रावन पठालो एथा॥ ५९॥

५१ कपट ले बेंदरा होउन हुनमन, सपा लीला दखत।
भगवान चो गुन सरनाहा के साहा, गुन सहराते दखत॥ ६०॥

बड़े मया ले राम गुन गाओत, छल भूलकुन गेला।
बेंदरा दखला बयरी चो दूत, सुगरीव लगे निला॥ ६१॥
सुगरीव बलला सुना तुमन मन, पठावा देंह नसाउन।
सुनते पराला बांधुन तिहँके, आनला फउद किंजराउन॥ ६२॥
बेंदरा मारलोने चिचयात बले, पय नी मानत ते।
किरिया पाड़ला राम भगवान चो, नाक कान काटदे जे॥ ६३॥
सुनते लछमन सपा के बलाउन, हांसते छंडाउन दिला।
बलासे रावन के कागद पढ़, बलते लिखुन दिला॥ ६४॥

५२ सीता के फिराओ सांगा मूरख के, भेटो राम संग एऊन।
नाहले हुनचो काल इलीसे, सांगासे तेके जाउन॥ ६५॥

तुरते लछमन चो पड़ुन, राम गुन गाते गेला।
राम गुन गाते लंका अमरुन, रावन दरबार गेला॥ ६६॥
दसमुंडेया हाँसते पूछे, आपलो कसन नी सांगीस।
बिभीसन जेचो मउत अमरलीसे, तेचो खबर नी सांगीस॥ ६७॥
मूरूख लंका चो राज छांड़ुन, जोंदरी कीड़ा होलो।
भालू बेंदरा फउद गत के साँग, जेमन आत जोड़लो॥ ६८॥
जे भारी काल ने पड़ुन, एलग ले एऊन गेला।
जेमन चो साहा होतो काजे, समुंद मंजगत होला॥ ६९॥
फेर हुन जोगी तपसी होउन, आसोत तिहँचो सांग।
जेमन चो मन ने मोचो डर, तेमन चो गत के सांग॥ ७०॥

५३ तेमन ले तुचो भेट बल होली, कि जस सुनुन फिरला।
फउद चो सकत कसन नी सांगीस, काय तेमनमन डरला॥ ७१॥

बललो जसन किरपा ले पूछलास, रीस छांडुन माना।
जसने बिभीसन उथा अमरला, राम तिलक करला जाना॥ ७२॥

रावन दूत हमहि सुनि काना। कपिन्ह बाँधि दीन्हे दुख नाना॥
श्रवन नासिका काटैं लागे। राम सपथ दीन्हें हम त्यागे॥ २॥

पूँछिहु नाथ राम कटकाई। बदन कोटि सत बरनि न जाई॥
नाना बरन भालु कपि धारी। बिकटानन बिसाल भयकारी॥ ३॥

जेहिं पुर दहेउ हतेउ सुत तोरा। सकल कपिन्ह महँ तेहि बलु थोरा॥
अमित नाम भट कठिन कराला। अमित नाग बल बिपुल बिसाला॥ ४॥

दो०– द्विबिद मयंद नील नल अंगद गद बिकटासि।
दधिमुख केहरि निसठ सठ जामवंत बलरासि॥ ५४॥

चौ०– ए कपि सब सुग्रीव समाना। इन्ह सम कोटिन्ह गनइ को नाना॥
राम कृपाँ अतुलित बल तिन्हहीं। तृन समान त्रैलोकहि गनहीं॥ १॥

अस मैं सुना श्रवन दसकंधर। पदुम अठारह जूथप बंदर॥
नाथ कटक महँ सो कपि नाहीं। जो न तुम्हहि जीतै रन माहीं॥ २॥

परम क्रोध मीजहिं सब हाथा। आयसु पै न देहिं रघुनाथा॥
सोषहिं सिंधु सहित झष ब्याला। पूरहिं न त भरि कुधर बिसाला॥ ३॥

मर्दि गर्द मिलवहिं दससीसा। ऐसेइ बचन कहहिं सब कीसा॥
गर्जहिं तर्जहिं सहज असंका। मानहुँ ग्रसन चहत हहिं लंका॥ ४॥

दो०– सहज सूर कपि भालु सब पुनि सिर पर प्रभु राम।
रावन काल कोटि कहुँ जीति सकहिं संग्राम॥ ५५॥

चौ०– राम तेज बल बुधि बिपुलाई। सेष सहस सत सकहिं न गाई॥
सक सर एक सोषि सत सागर। तव भ्रातहि पूँछेउ नय नागर॥ १॥

तासु बचन सुनि सागर पाहीं। मागत पंथ कृपा मन माहीं॥
सुनत बचन बिहसा दससीसा। जौं असि मति सहाय कृत कीसा॥ २॥

सहज भीरु कर बचन दृढ़ाई। सागर सन ठानी मचलाई॥
मूढ़ मृषा का करसि बड़ाई। रिपु बल बुद्धि थाह मैं पाई॥ ३॥

सचिव सभीत बिभीषन जाकें। बिजय बिभूति कहाँ जग ताकें॥
सुनि खल बचन दूत रिस बाढ़ी। समय बिचारि पत्रिका काढ़ी॥ ४॥

रामानुज दीन्ही यह पाती। नाथ बचाइ जुड़ावहु छाती॥
बिहसि बाम कर लीन्ही रावन। सचिव बोलि सठ लाग बचावन॥ ५॥

आमके खबरेया जानुन बांधला, भारी डंड दिला।
नाक कान के काटतो दाँय, किरिया पाड़तो के छांडला॥ ७३॥
मालिक तुमी फउद के पूछलास, सांगुक जेके नी होए।
सौकरोड़ मुँह होलोने बले, अमरुक तेके नी होए॥ ७४॥
रंग रंग चो भालू बेंदरा, बरन मुँह चो आसोत।
अटपट गतर चो बीर कूढ़ा, भारी देह चो आसोत॥ ७५॥
पुर जराऊ तुमचो बेटा के मारू, सपा ले नानी आत।
अनगिनन नावँ चो बड़े बड़े बीर, हाथी सकत चो आत॥ ७६॥

५४ द्विविद, मयंद, नल, नील, अंगद, गद बिकटास भारी।
दधिमुख, केसरी, निसठ, जामवंत, बली आसोत भारी॥ ७७॥

ए सपा बेंदरा सुगरीव माहा, असन करोड़ आसोत।
कोन गनेदे राम किरपाले, भारी बली आसोत॥ ७८॥
अठारा पदम कप्तान बली, मयँ कान ले सुनले।
कोनी असन नी आत जे तुमके, रन ने जीतुक नी सकदे॥ ७९॥
रीस ने सपा हात के रमजसोत, राम हुकुम नी देओत।
मछरी सांप समुंद सुखावाँ, नाहले पाटवाँ बलोत॥ ८०॥
रावन के रमजुन धुरला बनावाँ, सपा निडर आसोत।
गरजुन हबड़ासोत लंका के गीलदे, असन बलते जासोत॥ ८१॥

५५ रामकिरपा उपर सहज बीर, भालू बेंदरा जे आसोत।
रावन भाटा ने करोड़ काल के, जीततो लाइक आसोत॥ ८२॥

राम चो तेज आरु बुध बल के, सेंस बल गाउक नी सके।
गोटकी कांड करोड़ समुंद के, डंडिक ने सुखाउक सके॥ ८३॥
मान्तर नीती मानू बिता राम, तुमचो भाई के पूछत।
तिहँचो के मानुन राम बले, समुंद के बाट मांगत॥ ८४॥
मन ने दया आसे गुने राम, समुंद के नी सुखासोत।
सुनुन हाँसुन बललो रावन, असन बुध बल चो आसोत॥ ८५॥
तेबे बेंदरा चो फउद धरलो, बिभीसन डरहा चो गोठ।
समुंद संग टेक धरलोसे, फोकहा नी कर गोठ॥ ८६॥
इतरोय ने बयरी चो सकत जनाली, जेचो आसे डरहा देवान।
तेके सवँसारे जीत कहांले मिरेदे, जे बिभीसन चो करे मान॥ ८७॥
दुसट गोठ सुनुन दूत रीसे-रीस, कागद निकराउन दिलो।
बललो राम चो नानी भाई, तुमके ये कागद दिलो॥ ८८॥
पढ़ाउन छाती के जुड़वा बललो, डेबरी हाते धरलो।
देवान हाते देऊन भाती, मूरख पढ़ुक बललो॥ ८९॥

दो०– बातन्ह मनहि रिझाइ सठ जनि घालसि कुल खीस।
राम बिरोध न उबरसि सरन बिष्नु अज ईस॥ ५६ (क)॥

की तजि मान अनुज इव प्रभु पद पंकज भृंग।
होहि कि राम सरानल खल कुल सहित पतंग॥ ५६ (ख)॥

चौ०– सुनत सभय मन मुख मुसुकाई। कहत दसानन सबहि सुनाई॥
भूमि परा कर गहत अकासा। लघु तापस कर बाग बिलासा॥ १॥

कह सुक नाथ सत्य सब बानी। समुझहु छाड़ि प्रकृति अभिमानी॥
सुनहु बचन मम परिहरि क्रोधा। नाथ राम सन तजहु बिरोधा॥ २॥

अति कोमल रघुबीर सुभाऊ। जद्यपि अखिल लोक कर राऊ॥
मिलत कृपा तुम्ह पर प्रभु करिही। उर अपराध न एकउ धरिही॥ ३॥

जनकसुता रघुनाथहि दीजे। एतना कहा मोर प्रभु कीजे॥
जब तेहिं कहा देन बैदेही। चरन प्रहार कीन्ह सठ तेही॥ ४॥

नाइ चरन सिरु चला सो तहाँ। कृपासिंधु रघुनायक जहाँ॥
करि प्रनामु निज कथा सुनाई। राम कृपाँ आपनि गति पाई॥ ५॥

रिषि अगस्ति कीं साप भवानी। राछस भयउ रहा मुनि ग्यानी॥
बंदि राम पद बारहिं बारा। मुनि निज आश्रम कहुँ पगु धारा॥ ६॥

दो०– बिनय न मानत जलधि जड़ गए तीनि दिन बीति।
बोले राम सकोप तब भय बिनु होइ न प्रीति॥ ५७॥

चौ०– लछिमन बान सरासन आनू। सोषौं बारिधि बिसिख कृसानू॥
सठ सन बिनय कुटिल सन प्रीती। सहज कृपन सन सुंदर नीती॥ १॥

ममता रत सन ग्यान कहानी। अति लोभी सन बिरति बखानी॥
क्रोधिहि सम कामिहि हरिकथा। ऊसर बीज बएँ फल जथा॥ २॥

अस कहि रघुपति चाप चढ़ावा। यह मत लछिमन के मन भावा॥
संधानेउ प्रभु बिसिख कराला। उठी उदधि उर अंतर ज्वाला॥ ३॥

मकर उरग झष गन अकुलाने। जरत जंतु जलनिधि जब जाने॥
कनक थार भरि मनि गन नाना। बिप्र रूप आयउ तजि माना॥ ४॥

दो०– काटेहिं पइ कदरी फरइ कोटि जतन कोउ सींच।
बिनय न मान खगेस सुनु डाटेहिं पइ नव नीच॥ ५८॥

चौ०– सभय सिंधु गहि पद प्रभु केरे। छमहु नाथ सब अवगुन मेरे॥
गगन समीर अनल जल धरनी। इन्ह कइ नाथ सहज जड़ करनी॥ १॥

तव प्रेरित मायाँ उपजाए। सृष्टि हेतु सब ग्रंथनि गाए॥
प्रभु आयसु जेहि कहँ जस अहई। सो तेहि भाँति रहें सुख लहई॥ २॥

५६ (क) लिखा रहे आपलो कुल चो, नास नी कर रावन।
बइर धरुन देव लोग गेले बल, तुई नी बाचीस रावन॥ ९०॥

५६ (ख) घमंड छांड भाई एऊन भाती, पायँ पूड़न चो भँवरा बन।
नाहले आइग माहा कांड चो पुरे, कुटुम संग कीड़ी बन॥ ९१॥

सुनतेखन रावन मन ने डरलो, ऊपर ले हाँसुन बले।
पिरथी ले सरग के धरुक दखेसे, असन नानी तपसी बले॥ ९२॥
दूत बललो घमंड के छांडुन, सपा के सत जाना।
राम ले बहर छांडुन तुमी मोचो, रीस के छांडुन माना॥ ९३॥
कितरौय ते सपा लोक चो मालिक, बले टकर ले नंगत आत।
भेटतेखान किरपा करदे मालिक, दोस नी दखू आत॥ ९४॥
राम के सीता देऊन भाती, करा तुमी मोचो बललो।
उचाउन लात ने दिलो रावन, जसने सीता फिराउक बललो॥ ९५॥
हुन बल पायँ ने मुँड लवाउन, राम बाट जाते गेलो।
पायँ पड़ुन कहनी सांगुन आपलो, मुनी गती ने इलो॥ ९६॥
रिसी अगस्त चो सराय ले गबरी, रक्सा रहत हुन मुनी।
राम चो पायँ के बिनाउन भाती, आसरम गेलो मुनी॥ ९७॥

५७ तीन दिन होली मूरूख समुँद, बिन्ती ले नीमाने।
राम रीस करून बलला तेबे, रीस बिगर मया नी जाने॥ ९८॥

लछमन धनऊकांड आन भाई, एखे सुखाएंदे एके।
मूरख बिन्ती ले कपटी मया ले, नीती सूमहा जेके॥ ९९॥
माया ने हरुजलो के गियान कथा, लोभी के बैराग वलतोर।
दिसहा के धीरज कामी के कथा, फोकहा जायसे वललोर॥ १००॥
असन बलते धनऊ चेघाला, लछमन के भाबली ये।
अगिन बान नेतुन दिला राम, समुँद हिरदे के पावली जे॥ १०१॥
मगर साँप मछरीडाहलविकल, समुँद जीब जरतो के दखुन।
सोन थारी ने मनी जोड़ुन इलो, बाम्हन भेस धरून॥ १०२॥

५८ कितरोय उपाय करले बले, केरा काटलोने फरेसे।
नीच बिन्ती ले नी माने गरुड़, धमकालोने करेसे॥ १०३॥

डरुन समुँद राम पायँ के धरलो, माफी दिआ बललो।
अकास लेहरा आइग पानी पिरथी, करनी ले मूरूख बललो॥ १०४॥
तुमचोय हुकुम ले माया सवँसार काजे, एमन के जनम दिली।
हुसने हुन सुखी जेके जसन, रतोकाजे हुकुम दिली॥ १०५॥
नंगत करला परभू मोके सिखाला, टकर आय तुमचो दिलोर।
ढोल, गंवार नीच पसू मेहरार, नीमानत बिगर पेटलोर॥ १०६॥

प्रभु भल कीन्ह मोहि सिख दीन्ही। मरजादा पुनि तुम्हरी कीन्ही॥
ढोल गवाँर सूद्र पसु नारी। सकल ताड़ना के अधिकारी॥ ३॥

प्रभु प्रताप मैं जाब सुखाई। उतरिहि कटकु न मोरि बड़ाई॥
प्रभु अग्या अपेल श्रुति गाई। करौं सो बेगि जौ तुम्हहि सोहाई॥ ४॥

दो०— सुनत बिनीत बचन अति कह कृपाल मुसुकाइ।
जेहि बिधि उतरै कपि कटकु तात सो कहहु उपाइ॥ ५९॥

चौ०— नाथ नील नल कपि द्वौ भाई। लरिकाईं रिषि आसिष पाई॥
तिन्ह कें परस किएँ गिरि भारे। तरिहहिं जलधि प्रताप तुम्हारे॥ १॥

मैं पुनि उर धरि प्रभु प्रभुताई। करिहउँ बल अनुमान सहाई॥
एहि बिधि नाथ पयोधि बँधाइअ। जेहिं यह सुजसु लोक तिहुँ गाइअ॥ २॥

एहिं सर मम उत्तर तट बासी। हतहु नाथ खल नर अघ रासी॥
सुनि कृपाल सागर मन पीरा। तुरतहिं हरी राम रनधीरा॥ ३॥

देखि राम बल पौरुष भारी। हरषि पयोनिधि भयउ सुखारी॥
सकल चरित कहि प्रभुहि सुनावा। चरन बंदि पाथोधि सिधावा॥ ४॥

छं०— निज भवन गवनेउ सिंधु श्रीरघुपतिहि यह मत भायऊ।
यह चरित कलि मलहर जथामति दास तुलसी गायऊ॥
सुख भवन संसय समन दवन बिषाद रघुपति गुन गना।
तजि सकल आस भरोस गावहि सुनहि संतत सठ मना॥

दो०— सकल सुमंगल दायक रघुनायक गुन गान।
सादर सुनहिं ते तरहिं भव सिंधु बिना जलजान॥ ६०॥

मासपारायण, चौबीसवाँ विश्राम

इति श्रीमद्रामचरितमानसे सकलकलिकलुषविध्वंसने
पञ्चमः सोपानः समाप्तः।

कलियुग के समस्त पापों का नाश करनेवाले
श्रीरामचरितमानस का यह पाँचवाँ सोपान समाप्त हुआ।

(सुन्दरकाण्ड समाप्त)

परभू परताप ने मयँ सुखुन जाएँदे, फउद बल पार होदे।
एमें काईं मोचो बढ़ई नोआय, हुकुम ले सपा होदे॥ १०७॥
परभू हुकुम के छांडुक नीहोय, बेद बलसोत असन।
जसन नंगत लागे हुकुम दिआ, मयँ करेंदे हुसन॥ १०८॥

५९ बिन्ती के सुनुन हाँसुन राम, बलला सुना तुमी।
जसन ने फउद पार नाहको, हुसन उआटा तुमी॥ १०९॥

नल नील बेंदरा भाई परभू, पिलापन ने दुनों।
रिसी ले आसीस पाउन रहत, भरपूर रकम ले दुनों॥ ११०॥
तिहँचो अबगो छिउन दिलोने, पखाना पवँरुन जादे।
ऊपर ले तुमचो पगताप ले परभू, पानी ने पवँरुन जादे॥ १११॥
फेर मयँ ऊपरले तुमके बिनाउन, साहा होएँदे खाले।
तीनों-पुर जस गादे तुमचो, बांधा समुँद के आले॥ ११२॥
तुमचो ए कांड ले भगवान, मोचो भंडार बाट रहू के।
दुसट पापी मनुखमन के, मारा एइ कांड ले॥ ११३॥
रन ने चतुर राम समुँद मन चो, भारी डंड के सुनुन।
चेघालो कांड ले मारुन दिला, भण्डार बाट नेतुन॥ ११४॥
राम सकत के दखुन समुंद, हरीक होते सुखी होलो।
सपा पापी चो कहनी सांगुन, पायँ पडुन जाते गेलो॥ ११५॥
समुँद आपलो घरे गेलो तुरते, उआट भावली रामके।
कलीजुग ने ये कथा काटेसे, सपा रकम चो पाप के॥ ११६॥
तुलसी राम गुन के गावला, आपलो बुध इतरो।
रघुनाथ गुन सुख चो धाम, सारेसे भरम जितरो॥ ११७॥
सपा दुख चो नास करेसे, अरे मूरुख मन।
सवँसार चो सपा भरोस छांडुन, हमेस भज सुन॥ ११८॥

६० रघुनाथ गुन सपा सुभ के, सम्पूरन देऊ आय।
मान ले सुनू बिगर जहाज, भवसागर ले तरुन जाय॥ ११९॥

कलीकाल चो सपा पाप सारु ये रामचरितमानस

चो खण्ड तीन सरली

॥ श्री गणेशाय नमः ॥
श्रीजानकीवल्लभो विजयते

श्रीरामचरितमानस

षष्ठ सोपान

लंकाकाण्ड

श्लोक

रामं कामारिसेव्यं भवभयहरणं कालमत्तेभसिंहं
योगीन्द्रं ज्ञानगम्यं गुणनिधिमजितं निर्गुणं निर्विकारम्।
मायातीतं सुरेशं खलवधनिरतं ब्रह्मवृन्दैकदेवं
वन्दे कन्दावदातं सरसिजनयनं देवमुर्वीशरूपम्॥ १॥

शङ्खेन्द्वाभमतीवसुन्दरतनुं शार्दूलचर्माम्बरं
कालव्यालकरालभूषणधरं गङ्गाशशाङ्कप्रियम्।
काशीशं कलिकल्मषौघशमनं कल्याणकल्पद्रुमं
नौमीड्यं गिरिजापतिं गुणनिधिं कन्दर्पहं शङ्करम्॥ २॥

यो ददाति सतां शम्भुः कैवल्यमपि दुर्लभम्।
खलानां दण्डकृद्योऽसौ शङ्करः शं तनोतु मे॥ ३॥

दो०– लव निमेष परमानु जुग बरष कलप सर चंड।
भजसि न मन तेहि राम को कालु जासु कोदंड॥

सो०– सिंधु बचन सुनि राम सचिव बोलि प्रभु अस कहेउ।
अब बिलंबु केहि काम करहु सेतु उतरै कटकु॥

सुनहु भानुकुल केतु जामवंत कर जोरि कह।
नाथ नाम तव सेतु नर चढ़ि भव सागर तरिहिं॥

॥ श्री गणेशाय नमः॥
श्रीजानकीवल्लभो विजयते

श्रीरामचरितमानस

भाग-छह

लंकाकाण्ड

(हल्बी)

* बिन्ती *

काम चो बयरी सिव भगवान ले, हमेस सेवा पाऊ।
भगत लोग चो जनम मरना चो, डर के हमेस हरू॥ १॥

काल हाथी काजे सिंघ माहा, मालिक जोगीमन चो।
गियान ले जानतो लाइक जे, आत भंडार गुन चो॥ २॥

नी जीततो लाइक निरगुन, काईं बिकार नीआय।
माया ले अलगुन देव चो मालिक, दुसट के मारू आय॥ ३॥

ब्राम्हनमन चो एकलो देव, पानी बादरी माहा सुन्दर।
राजा रुप चो राम के बिनाएँसे, पूड़न आईंख चो सुंदर॥ ४॥

संख जोन माहा सुंदर देह चो, बाघ खाला के पिंधू।
काल माहा अटपट साँपमन चो, जे आत गाहना पिंधू॥ ५॥

जौन आरु गंगा के मया करु, कलिजुग पाप के मारु।
गुन ले भरपुर आत कासीपती, हरीक चो कलपतरु॥ ६॥

काम के राख करु पायँ पड़तो लाइक, बिन्ती मयँ करेंसे।
पारबती चो मुनीस कैलास रहू, बिन्ती मयँ करेंसे॥ ७॥

सतवादी के बल नी मिरतो लाइक, बिनमेल मुक्ती देसोत।
दुसट के सजा देऊ नंगत करु संभू, भगवान बनती करोत॥ ८॥

चौ०– यह लघु जलधि तरत कति बारा। अस सुनि पुनि कह पवनकुमारा॥
प्रभु प्रताप बड़वानल भारी। सोषेउ प्रथम पयोनिधि बारी॥ १॥

तव रिपु नारि रुदन जल धारा। भरेउ बहोरि भयउ तेहिं खारा॥
सुनि अति उकुति पवनसुत केरी। हरषे कपि रघुपति तन हेरी॥ २॥

जामवंत बोले दोउ भाई। नल नीलहि सब कथा सुनाई॥
राम प्रताप सुमिरि मन माहीं। करहु सेतु प्रयास कछु नाहीं॥ ३॥

बोलि लिए कपि निकर बहोरी। सकल सुनहु बिनती कछु मोरी॥
राम चरन पंकज उर धरहू। कौतुक एक भालु कपि करहू॥ ४॥

धावहु मर्कट बिकट बरूथा। आनहु बिटप गिरिन्ह के जूथा॥
सुनि कपि भालु चले करि हूहा। जय रघुबीर प्रताप समूहा॥ ५॥

दो०– अति उतंग गिरि पादप लीलहिं लेहिं उठाइ।
आनि देहिं नल नीलहि रचहिं ते सेतु बनाइ॥ १॥

चौ०– सैल बिसाल आनि कपि देहीं। कंदुक इव नल नील ते लेहीं॥
देखि सेतु अति सुंदर रचना। बिहसि कृपानिधि बोले बचना॥ १॥

परम रम्य उत्तम यह धरनी। महिमा अमित जाइ नहिं बरनी॥
करिहउँ इहाँ संभु थापना। मोरे हृदयँ परम कलपना॥ २॥

सुनि कपीस बहु दूत पठाए। मुनिबर सकल बोलि लै आए॥
लिंग थापि बिधिवत करि पूजा। सिव समान प्रिय मोहि न दूजा॥ ३॥

सिव द्रोही मम भगत कहावा। सो नर सपनेहुँ मोहि न पावा॥
संकर बिमुख भगति चह मोरी। सो नारकी मूढ़ मति थोरी॥ ४॥

दो०– संकर प्रिय मम द्रोही सिव द्रोही मम दास।
ते नर करहिं कलप भरि घोर नरक महुँ बास॥ २॥

चौ०– जे रामेस्वर दरसनु करिहहिं। ते तनु तजि मम लोक सिधरिहहिं॥
जो गंगाजलु आनि चढ़ाइहि। सो साजुज्य मुक्ति नर पाइहि॥ १॥

होइ अकाम जो छल तजि सेइहि। भगति मोरि तेहि संकर देइहि॥
मम कृत सेतु जो दरसनु करिही। सो बिनु श्रम भवसागर तरिही॥ २॥

* समुंद नाहकुन लंकापुर अमरतोर *

डंडिक खिंडिक बरसजुग, कलप जेचो कांड आत।
कसन तिहँके नी भजीस मन, जेचो धनऊ काल आत॥ १॥
समुंद गोठ सुमुन भाती राम, देवानमन के बलला।
कसन अउर बेर करासीस, तियारी करा बलला॥ २॥
जामवंत बललो हात जोड़ुन, हे सुरुज कुल चो राम।
जेके जपुन मनुख तरुन जासोत, हुन आय तुमचो नावँ॥ ३॥
फेर नानी माहा समुंद नाहकुक, लागेदे बेर कितरो।
हनू बललो तुमचो परताप, आसे[१] बड़वानल जितरो॥ ४॥
जे आगे समुंद के सुखाउन रहे, बयरी चो मेहरार जानुन।
आँसू ले फेर भरुन दिला, पानी के नोनहा करुन॥ ५॥
हनू गोठ सुनुन बेंदरा दखला, राम भगवान बाट।
सपा हरीक होउन गेला, दखुन तिहँचो बाट॥ ६॥
नल-नील के जामवंत बलाउन, सपा कहनी सांगलो।
राम चो महेमा सुरता कराउन, पुलिया बनाउक बललो॥ ७॥
बेन्दरामन के बलाउन बललो, बिन्ती सुनुन तुमी करा।
राम पायँ के मन ने धरुन, गोटोक खेल करा॥ ८॥
सपा दल पराउन भाती आना, डोंगरी रुख उखनुन।
भालू-बेन्दरा सुनतेय निकरला, जय-जय राम बलुन॥ ९॥

१ बड़े-बड़े डोंगरी रुख के उखनत, उचाउन आनुन देओत।
नल-नील तेके गढ़ुन भाती, पुलिया बनाते जाओत॥ १०॥

बड़े-बड़े पहाड़ के आनुन देओत, गेंद माहा झोकत तेके।
हांसते बलला राम दखुन-दखुन, पुलिया बनातो के॥ ११॥
एथा चो मुँड़ सुंदर आसे, महेमा सांगुक नी होय।
सिव भगवान चो थापना करेंदे, मनने संकलप होय॥ १२॥
राम गोठ सुनुन बेंदरा राजा, दूतमन के पठाला।
मुनीमन के हागदेऊन भाती, थापना पूजा कराला॥ १३॥
सिव बयरी होउन मोचो भगत, सपना ने मोके नीपाए।
सिव के पाठ करु मोचो भक्ती डगराऊ, नरक गती पाएँ॥ १४॥

२ संकर के मानुन जे मोचो बयरी, संकर बयरी मोचो दास।
हुन मनुख कलपभर करेदे, भारी नरक चो बास॥ १५॥

जे रामेस्वर दरसन करेदे, मोचो लोक पाएदे।
गंगाजल आनुन जे चेघाएदे, साजुज्य मुक्ती पाएदे॥ १६॥

१. समुंद ने आइग।

राम बचन सब के जिय भाए। मुनिबर निज निज आश्रम आए॥
गिरिजा रघुपति कै यह रीती। संतत करहिं प्रनत पर प्रीती॥ ३॥

बाँधा सेतु नील नल नागर। राम कृपाँ जसु भयउ उजागर॥
बूड़हिं आनहि बोरहिं जेई। भए उपल बोहित सम तेई॥ ४॥

महिमा यह न जलधि कइ बरनी। पाहन गुन न कपिन्ह कइ करनी॥ ५॥

दो०— श्री रघुबीर प्रताप ते सिंधु तरे पाषान।
ते मतिमंद जे राम तजि भजहिं जाइ प्रभु आन॥ ३॥

चौ०— बाँधि सेतु अति सुदृढ़ बनावा। देखि कृपानिधि के मन भावा॥
चली सेन कछु बरनि न जाई। गर्जहिं मर्कट भट समुदाई॥ १॥

सेतुबंध ढिग चढ़ि रघुराई। चितव कृपाल सिंधु बहुताई॥
देखन कहुँ प्रभु करुना कंदा। प्रगट भए सब जलचर बृंदा॥ २॥

मकर नक्र नाना झष ब्याला। सत जोजन तन परम बिसाला॥
अइसेउ एक तिन्हहि जे खाहीं। एकन्ह कें डर तेपि डेराहीं॥ ३॥

प्रभुहि बिलोकहिं टरहिं न टारे। मन हरषित सब भए सुखारे॥
तिन्ह कीं ओट न देखिअ बारी। मगन भए हरि रूप निहारी॥ ४॥

चला कटकु प्रभु आयसु पाई। को कहि सक कपि दल बिपुलाई॥ ५॥

दो०— सेतुबंध भइ भीर अति कपि नभ पंथ उड़ाहिं।
अपर जलचरन्हि ऊपर चढ़ि चढ़ि पारहि जाहिं॥ ४॥

चौ०— अस कौतुक बिलोकि द्वौ भाई। बिहँसि चले कृपाल रघुराई॥
सेन सहित उतरे रघुबीरा। कहि न जाइ कपि जूथप भीरा॥ १॥

सिंधु पार प्रभु डेरा कीन्हा। सकल कपिन्ह कहुँ आयसु दीन्हा॥
खाहु जाइ फल मूल सुहाए। सुनत भालु कपि जहँ तहँ धाए॥ २॥

सब तरु फरे राम हित लागी। रितु अरु कुरितु काल गति त्यागी॥
खाहिं मधुर फल बटप हलावहिं। लंका सन्मुख सिखर चलावहिं॥ ३॥

जहँ कहुँ फिरत निसाचर पावहिं। घेरि सकल बहु नाच नचावहिं॥
दसनन्हि काटि नासिका काना। कहि प्रभु सुजसु देहिं तब जाना॥ ४॥

जिन्ह कर नासा कान निपाता। तिन्ह रावनहि कही सब बाता॥
सुनत श्रवन बारिधि बंधाना। दस मुख बोलि उठा अकुलाना॥ ५॥

छल छांडुन रामेस्वर चो सेवा, संकर भक्ती दे-दे।
मोचो बनालो पुलिया के दखू, बिन मेहनत तरुन जादे॥ १७॥
राम चो गोठ सपा के भावली, मुनीमन फिरुन गेला।
उमा-राम चो आय असने रीती, मया करसोत जे सरन इला॥ १८॥
चतुर नल-नील पुलिया बनाला, राम किरपा ले जस होली।
जे पखना आपन बुड़ुन बुड़ासोत, हुनी डोंगा माहा होली॥ १९॥
ये समुंद चो महेमा नोआय, जाउर न पखना गुन।
बेंदरामन चो कमाल नोआय, नोआय काचोय गुन॥ २०॥

३ राम परताप ले पखना पवँरला, जेअसन के छांडुन देसोत।
दूसर मालिक चो गुन गासोत, जनम बेअकली होसोत॥ २१॥

नल नील बांधुन वरकस बनाला, दखुन राम के भाएसे।
फउद रेंगला जे नीहोए सांगुक, बीर गरजना होते जाएसे॥ २२॥
पुलिया रेठे चेघुन रघुराई, समुंद ओसार के दखत।
परभू दरसन काजे पानी जीव, निसकुन दरसन करत॥ २३॥
रकम रकम चो मगर मछरी सांप, सों सौ जोजन लाम रहोत।
कोनी असन जे कोनी के खाओत, कोनी काचोय ले डरोत॥ २४॥
बइर भुलकुन दरसन करोत, गुचाले नी गुचते रहोत।
सपा चो मन हरीक ले सुखी, गुलाय पाटी होउन रहोत॥ २५॥
भगवान चो रुप दखुन मगन, सांगेदे हरीक के कोन।
राम हुकुम ले फउद हिंडला, फउद के गिनेया कोन॥ २६॥

४ पुलिया उपरे फउद होला, कोनी अकास ले जासोत।
कितरोय पानी चो जीवमन उपरे, मांडते-खूँदते जासोत॥ २७॥

दुनों भाई तमासा के दखुन, हांसते हांसते चलला।
रघुबीर संगे सपा फउद, समुंद के पार होला॥ २८॥
समुंद के नाहकुन भाती परभू, आपलो डेरा करला।
सपा बेंदरा फउद के फेर, हरीक ले हुकुम दिला॥ २९॥
तुमनमन सपा जाउन भाती, पाक फर कांदा खाहा।
हुकुम सुनते बेंदरा फउद, खाउक चलला आहा॥ ३०॥
राम सेवा ने रुख बेरा कुबेरा, पाक फर देते जासोत।
फउद खाओत रुख हलाओत, लंका बाट फिंगुन देओत॥ ३१॥
कोनी रक्सा के भेटलोने तेके, छेकुन नाच नचासोत।
कान-नाक चाबलोने राम गुन बलू के, पाछे छांडुन देसोत॥ ३२॥
जेमन चो नाक कान चाबुन छांडला, हुनमन सांगला जाउन।
समुंद ने पुलिया बनालो के सुनुन, बले दसों मुंह ले चिचयाउन॥ ३३॥

दो०— बाँध्यो बननिधि नीरनिधि जलधि सिंधु बारीस।
सत्य तोयनिधि कंपति उदधि पयोधि नदीस॥ ५॥

चौ०— निज बिकलता बिचारि बहोरी। बिहँसि गयउ गृह करि भय भोरी॥
मंदोदरीं सुन्यो प्रभु आयो। कौतुकहीं पाथोधि बँधायो॥ १॥

कर गहि पतिहि भवन निज आनी। बोली परम मनोहर बानी॥
चरन नाइ सिरु अंचलु रोपा। सुनहु बचन पिय परिहरि कोपा॥ २॥

नाथ बयरु कीजे ताही सों। बुधि बल सकिअ जीति जाही सों॥
तुम्हहि रघुपतिहि अंतर कैसा। खलु खद्योत दिनकरहि जैसा॥ ३॥

अति बल मधु कैटभ जेहिं मारे। महाबीर दितिसुत संघारे॥
जेहिं बलि बाँधि सहज भुज मारा। सोइ अवतरेउ हरन महि भारा॥ ४॥

तासु बिरोध न कीजिअ नाथा। काल करम जिव जाकें हाथा॥ ५॥

दो०— रामहि सौंपि जानकी नाइ कमल पद माथ।
सुत कहुँ राज समर्पि बन जाइ भजिअ रघुनाथ॥ ६॥

चौ०— नाथ दीनदयाल रघुराई। बाघउ सनमुख गएँ न खाई॥
चाहिअ करन सो सब करि बीते। तुम्ह सुर असुर चराचर जीते॥ १॥

संत कहहिं असि नीति दसानन। चौथेंपन जाइहि नृप कानन॥
तासु भजन कीजिअ तहँ भर्ता। जो कर्ता पालक संहर्ता॥ २॥

सोइ रघुबीर प्रनत अनुरागी। भजहु नाथ ममता सब त्यागी॥
मुनिबर जतनु करहिं जेहि लागी। भूप राजु तजि होहिं बिरागी॥ ३॥

सोइ कोसलधीस रघुराया। आयउ करन तोहि पर दाया॥
जौं पिय मानहु मोर सिखावन। सुजसु होइ तिहुँ पुर अति पावन॥ ४॥

दो०— अस कहि नयन नीर भरि गहि पद कंपित गात।
नाथ भजहु रघुनाथहि अचल होइ अहिवात॥ ७॥

चौ०— तब रावन मयसुता उठाई। कहै लाग खल निज प्रभुताई॥
सुनु तै प्रिया बृथा भय माना। जग जोधा को मोहि समाना॥ १॥

बरुन कुबेर पवन जम काला। भुज बल जितेउँ सकल दिगपाला॥
देव दनुज नर सब बस मोरें। कवन हेतु उपजा भय तोरें॥ २॥

नाना बिधि तेहि कहेसि बुझाई। सभाँ बहोरि बैठ सो जाई॥
मंदोदरीं हृदयँ अस जाना। काल बस्य उपजा अभिमाना॥ ३॥

५ बननिधि नीरनिधि जलधि सिंधु, बारीस तोयनिधि के।
सते बांधलो नदीस कंपति उदधि पयोधि के॥ ३४॥

* रावन-मंदोदरी गोठ *

आपलो घबरलो के जानुन हांसते, डर भुलकुन घरे इलो।
मंदोदरी सुनली राम नाहकला, खेल ने समुंद बंधालो॥ १॥
हात धरुन आपलो मुनीस के, महल ने नेऊन बलली।
पायँ पड़ुन ओटी के लमाउन, मोचो के सुना बलली॥ २॥
देवता तुमके हुनचोय ले, बइर करतोर आय।
जेके बल आरु बुध ले र जीतुक होऊ आय॥ ३॥
जसन जोगनी आरु सुरुज ने, भारी फरक आसे।
तुमचो आरु रघुनाथ ने, हुसनेय फरक आसे॥ ४॥
जे बली मधु कैटभ के मारला, दति चो बेटा के बले।
बाली के बांधला सहसबाहू के सारला, हुनी इलासोत एबे॥ ५॥
पिरथी भार हरूक जनम धरलासोत, तिहँचोले बइर नी कार।
जेमन हाते काल करम जीव, गोठ ने भरोसा करा॥ ६॥

६ पायँ पड़ुन सीता के सोपुन दिआ, बेटा के राज देऊन।
राम भगवान चो भजन करा, रान ने तुमी जाउन॥ ७॥

पुरे गेलोने बाघ नी खाए, राम गरीब दया करू।
तुमी जाले मनचो सपा करलास, देव रक्सा के जीतुन धरु॥ ८॥
दसमुँडेया संत नीती बलसोत, सियान होलोने राजा।
रान ने जाउन जप तप करो, गुनी धरमी राजा॥ ९॥
असन ने हे देव तुमी बले, राने जाउन भजन करा।
जे सवँसार के जनमाएसे पोसेसे, तिहँचो मान करा॥ १०॥
बड़े-बड़े मुनी साधु न आसोत, राजा बैरागी होसोत।
दोस मोह छांडुन भगवान के भजा, सरनाहा के साहा होसोत॥ ११॥
कौसल चो राम दया करूक, इलासोत माना तुमी।
तीनोंपुर ने सुँदर पबितर जस, पावासे मानुन तुमी॥ १२॥

७ असन बलते मुनीस पायँ के धरुन, आइँख भरुन बलली।
राम चो भजन भक्ती करा तुमी, अचल सुहाग होओ बलली॥ १३॥

तेबे रावन मंदोदरी के उठाउन, आपलो जस के सांगे।
फोकहा भय करसीस सवँसार ने, कोन पुरेदे मोचो आगे॥ १४॥
बरुन कुबेर पवन जम सपा, आसोत मोचो जीतलो।
देव, मनुख, रक्सा मोचो हाते, डर कसन तुके इतरो॥ १५॥

सभाँ आइ मंत्रिन्ह तेंहि बूझा। करब कवन बिधि रिपु सैं जूझा॥
कहहिं सचिव सुनु निसिचर नाहा। बार बार प्रभु पूछहु काहा॥ ४॥

कहहु कवन भय करिअ बिचारा। नर कपि भालु अहार हमारा॥ ५॥

दो०– सब के बचन श्रवन सुनि कह प्रहस्त कर जोरि।
नीति बिरोध न करिअ प्रभु मंत्रिन्ह मति अति थोरि॥ ८॥

चौ०– कहहिं सचिव सठ ठकुरसोहाती। नाथ न पूर आव एहि भाँती॥
बारिधि नाघि एक कपि आवा। तासु चरित मन महुँ सबु गावा॥ १॥

छुधा न रही तुम्हहि तब काहू। जारत नगरु कस न धरि खाहू॥
सुनत नीक आगें दुख पावा। सचिवन अस मत प्रभुहि सुनावा॥ २॥

जेहिं बारीस बँधायउ हेला। उतरेउ सेन समेत सुबेला॥
सो भनु मनुज खाब हम भाई। बचन कहहिं सब गाल फुलाई॥ ३॥

तात बचन मम सुनु अति आदर। जनि मन गुनहु मोहि करि कादर॥
प्रिय बानी जे सुनहिं जे कहहीं। ऐसे नर निकाय जग अहहीं॥ ४॥

बचन परम हित सुनत कठोरे। सुनहिं जे कहहिं ते नर प्रभु थोरे॥
प्रथम बसीठ पठउ सुनु नीती। सीता देइ करहु पुनि प्रीती॥ ५॥

दो०– नारि पाइ फिरि जाहिं जौं तौ न बढ़ाइअ रारि।
नाहिं त सन्मुख समर महि तात करिअ हठि मारि॥ ९॥

चौ०– यह मत जौं मानहु प्रभु मोरा। उभय प्रकार सुजसु जग तोरा॥
सुत सन कह दसकंठ रिसाई। असि मति सठ केहिं तोहि सिखाई॥ १॥

अबहीं ते उर संसय होई। बेनुमूल सुत भयहु घमोई॥
सुनि पितु गिरा परुष अति घोरा। चला भवन कहि बचन कठोरा॥ २॥

हित मत तोहि न लागत कैसें। काल बिबस कहुँ भेषज जैसें॥
संध्या समय जानि दससीसा। भवन चलेउ निरखत भुज बीसा॥ ३॥

लंका सिखर उपर आगारा। अति बिचित्र तहँ होइ अखारा॥
बैठ जाइ तेहिं मंदिर रावन। लागे किंनर गुन गन गावन॥ ४॥

बाजहिं ताल पखाउज बीना। नृत्य करहिं अपछरा प्रबीना॥ ५॥

दो०– सुनासीर सत सरिस सो संतत करइ बिलास।
परम प्रबल रिपु सीस पर तद्यपि सोच न त्रास॥ १०॥

मंदोदरी तके लुबे समझाए बले, जाउन दरबार बसलो।
हुनचो मन जानली काल ने पड़लो, तेबे इतरो घमंडी होलो॥ १६॥
दरबार ने देवानमन के पूछेसे, कसन लड़वाँ बयरी संगे।
देवान बलसोत हे रक्सा चो भगवान, काय बलासीस आमचो लगे॥ १७॥
सांगा असन काय भय आसे, जेके आमी बिचार करुँ।
मनुख बेंदरा भाबू खातो जिनीस, तिहँके सपा के धरुँ॥ १८॥

८ सुनुन प्रहस्त हात जोड़ुन बललो, नीती छांडुन नी करा।
देवानमन लग बुध घाट आसे, तिहँचों गोठ नी धरा॥ १९॥

ए सपा मूरुख मुंह दखुन बलसोत, नी पुरे एमन चों गोठ।
गोटकी बेंदरा समुंद नाहकुन इलो, तेचो होएसे चारचा गोठ॥ २०॥
हुदलदाँय तुमन के भूख नी रहे, जेबे राज के एउन जरालो।
कसन धरुन नी खादलास तुमी, हुन उलटुन-पुलदुन डसालो॥ २१॥
एमन जे उआट सागसोत बाबा, सुनलोव ने लागेसे नंगत।
मान्तर पुरे जाउन ए सपा उआट, दुख आनेदे मंजगत॥ २२॥
खेल ने समुंद के नाहकलो जे, फउद संगे सुबेल ने आसे।
तेके बलासीस आमी बरुन खाउँदे, सांगा कसन मनुख आसे॥ २३॥
बाबा मोचो गोठ के नंगत सुना, मोके डरहा नी जाना।
सवँसार ने खुबे आसोत गोठयाऊ, नंगत लागतो माहा माना॥ २४॥
सुनले भारी लागे हुन हितू आत, घाट आसोत असन लोग।
दूत पठाउन तुमी सीता के फिरावा, मेल करून करा भोग॥ २५॥

९ बायले पाउन जे फिरून गेलोने, झगड़ा नी लमावा तुमी।
नाहले भाटा ने बरपेला होउन, मारा पेटा करा तुमी॥ २६॥

दुनोय बाट जस होएदे भगवान, मानलोने मोचो गोठ।
रीस ने बललो अरे ए मूरुख बेटा, कोन सिखालो खोट॥ २७॥
बाँवस जड़ने कटींग होलीस तुई, जीव ने इतरो डर तुचो।
रीस ने बलते प्रहस्त उठुन, गेलो घर हुन तेचो॥ २८॥
मरतोदाँय जसन दवई नी लाखे, हुसने हित गोठ नी लागे।
सांझ दखुन आपलो बाहाँ के दखते महल ने गलो आगे॥ २९॥
टीप लंका गोटोक महल रहे, नाच-गीत ठान उथा।
हुनी महल जाउन बसलो रावन, किन्नर गाउक धरला उथा॥ ३०॥

१० करताल मांदर वीना मोहरी, नचकारिन नाचते जासोत।
सौ इन्दर माहा रोजे दिन रावन, भोग करते जासोत॥ ३१॥

बली बयरी मुंड उपरे आसे, बलेबल फिकर नाईं।
घमंडी नाच गीत ने पड़ुन आसे, काचोय तेके डर नाईं॥ ३२॥

चौ०– इहाँ सुबेल सैल रघुबीरा। उतरे सेन सहित अति भीरा॥
सिखर एक उतंग अति देखी। परम रम्य सम सुभ्र बिसेषी॥ १॥

तहँ तरु किसलय सुमन सुहाए। लछिमन रचि निज हाथ डसाए॥
ता पर रुचिर मृदुल मृगछाला। तेहिं आसन आसीन कृपाला॥ २॥

प्रभु कृत सीस कपीस उछंगा। बाम दहिन दिसि चाप निषंगा॥
दुहुँ कर कमल सुधारत बाना। कह लंकेस मंत्र लगि काना॥ ३॥

बड़भागी अंगद हनुमाना। चरन कमल चापत बिधि नाना॥
प्रभु पाछें लछिमन बीरासन। कटि निषंग कर बान सरासन॥ ४॥

दो०– एहि बिधि कृपा रूप गुन धाम रामु आसीन।
धन्य ते नर एहिं ध्यान जे रहत सदा लयलीन॥ ११ (क)॥

पूरब दिसा बिलोकि प्रभु देखा उदित मयंक।
कहत सबहि देखहु ससिहि मृगपति सरिस असंक॥ ११ (ख)॥

चौ०– पूरब दिसि गिरिगुहा निवासी। परम प्रताप तेज बल रासी॥
मत्त नाग तम कुंभ बिदारी। ससि केसरी गगन बन चारी॥ १॥

बिथुरे नभ मुकुताहल तारा। निसि सुंदरी केर सिंगारा॥
कह प्रभु ससि महुँ मेचकताई। कहहु काह निज निज मति भाई॥ २॥

कह सुग्रीव सुनहु रघुराई। ससि महुँ प्रगट भूमि कै झाँई॥
मारेउ राहु ससिहि कह कोई। उर महँ परी स्यामता सोई॥ ३॥

कोउ कह जब बिधि रति मुख कीन्हा। सार भाग ससि कर हरि लीन्हा॥
छिद्र सो प्रगट इंदु उर माहीं। तेहि मग देखिअ नभ परिछाहीं॥ ४॥

प्रभु कह गरल बंधु ससि केरा। अति प्रिय निज उर दीन्ह बसेरा॥
बिष संजुत कर निकर पसारी। जारत बिरहवंत नर नारी॥ ५॥

दो०– कह हनुमंत सुनहु प्रभु ससि तुम्हार प्रिय दास।
तव मूरति बिधु उर बसति सोइ स्यामता अभास॥ १२ (क)॥

नवाह्नपारायण, सातवाँ विश्राम

पवन तनय के बचन सुनि बिहँसे रामु सुजान।
दच्छिन दिसि अवलोकि प्रभु बोले कृपा निधान॥ १२ (ख)॥

चौ०– देखु बिभीषन दच्छिन आसा। घन घमंड दामिनी बिलासा॥
मधुर मधुर गरजइ घन घोरा। होइ बृष्टि जनि उपल कठोरा॥ १॥

इसू सुबेल ने फउद धरून राम, उतरला पहाड़ ऊपर।
समान सुंदर अंजोर ठान दखुन, थेबला उथाय ऊपर॥ ३३॥
कँवरी पानाके लछमन ओछाको, फूल बल ओछालो हाते।
हुनचो उपरे सुंदर मिरगा खाला, जे राम चो आसन आसे॥ ३४॥
सुगरीव कोरा ने मुंड मंडाउन, डेबरी धनऊ राखुन।
दुनों हात ले कांड सोजयासोत, जेवनी ठोंगी मंडाउन॥ ३५॥
बिभीसन कान ने सोर सांगसोत, अंगद हनू पायँ चेपासोत।
राम पाठ बाट बीर आसन ने, लछमन सोभा पासोत॥ ३६॥

११ (क) असन किरपा रूप गुन चो धाम, राम बिराजुन आसोत।
हुनी मनुख धन आय जे हमेस, चेत के देउन आसोत॥ ३७॥

११ (ख) उदानी जोन उदतो के दखुन, बलला सपा के राम।
जोन के दखा कसन निडर होउन, सिंघ माहा करेसे कास॥ ३८॥

उदती डोंगरी खोह ने रहू, तेज बलने बुलेसे।
जोन सिघ हाथी अंधार चो, माथा के चोपुन बुलेसे॥ ३९॥
अकास ने बिगसलोर तारा गाहना, रात माहा मेहरार चो।
मंजगत करेयापन जे दखा देएसे, सांगा आपलो बिचार चो॥ ४०॥
सुगरीव बलाला ये पिरथी छाँय कोनी बलेसे राहू मारलो।
आउर हुन तिहँचो छाती मंजगत, करिया चिन्हा छाँडलो॥ ४१॥
कोनी बलेसे काम चो बायले के, ब्रह्मा जेबे बनाते रहत।
तेबे जोन चो छार के निकराउन, रती ने लगाउन रहत॥ ४२॥
हुनी चिना जोन छाती मंजगते, एबतले दखा देएसे।
उरकास चो करिया छाँव हुताले, सफा दखा देएसे॥ ४३॥

१२ (क) राम बलला आपलो बिस भाई के, छाती ने दिलोसे ठान।
बिस मिसाउन छांडी होलोमन चो, अंजोर जराएसे परान॥ ४४॥

हनु बललो जोन भगवान चो सेउक, हिरदे ने मूरित आसे।
तुमचो एइ सुंदर सांवर रंग, झलकुन भाती आसे॥ ४५॥

१२ (ख) पवन चो बेटा हनुमान गोठ के, सुनुन हांसला राम।
फेर रक्सऊ बाट दखुन बलला, किरपा चो धाम राम॥ ४६॥

बिभीसन खाले बाटे तो दखा, कसन घुमड़ते जाएसे।
हुसनेय गुलाय चारोंखूट ने, बिजली चमकते जाएसे॥ ४७॥
सुन्दर गरजेसे भारी बादरी, लागेसे एदांय असन।
करा चो भारी बरसा होएदे, दिखेसे गुलाय असन॥ ४८॥

कहत बिभीषन सुनहु कृपाला। होइ न तड़ित न बारिद माला॥
लंका सिखर उपर आगारा। तहँ दसकंधर देख अखारा॥ २॥

छत्र मेघडंबर सिर धारी। सोइ जनु जलद घटा अति कारी॥
मंदोदरी श्रवन ताटंका। सोइ प्रभु जनु दामिनी दमंका॥ ३॥

बाजहिं ताल मृदंग अनूपा। सोइ रव मधुर सुनहु सुरभूपा॥
प्रभु मुसुकान समुझि अभिमाना। चाप चढ़ाइ बान संधाना॥ ४॥

दो०– छत्र मुकुट ताटंक तब हते एकहीं बान।
सब कें देखत महि परे मरमु न कोऊ जान॥ १३ (क)॥

अस कौतुक करि राम सर प्रबिसेउ आइ निषंग।
रावन सभा ससंक सब देखि महा रसभंग॥ १३ (ख)॥

चौ०– कंप न भूमि न मरुत बिसेषा। अस्त्र सस्त्र कछु नयन न देखा॥
सोचहिं सब निज हृदय मझारी। असगुन भयउ भयंकर भारी॥ १॥

दसमुख देखि सभा भय पाई। बिहसि बचन कह जुगुति बनाई॥
सिरउ गिरे संतत सुभ जाही। मुकुट परे कस असगुन ताही॥ २॥

सयन करहु निज निज गृह जाई। गवने भवन सकल सिर नाई॥
मंदोदरी सोच उर बसेऊ। जब ते श्रवनपूर महि खसेऊ॥ ३॥

सजल नयन कह जुग कर जोरी। सुनहु प्रानपति बिनती मोरी॥
कंत राम बिरोध परिहरहू। जानि मनुज जनि हठ मन धरहू॥ ४॥

दो०– बिस्वरूप रघुबंस मनि करहु बचन बिस्वासु।
लोक कल्पना बेद कर अंग अंग प्रति जासु॥ १४॥

चौ०– पद पाताल सीस अज धामा। अपर लोक अँग अँग बिश्रामा॥
भृकुटि बिलास भयंकर काला। नयन दिवाकर कच घन माला॥ १॥

जासु घ्रान अस्विनीकुमारा। निसि अरु दिवस निमेष अपारा॥
श्रवन दिसा दस बेद बखानी। मारुत स्वास निगम निज बानी॥ २॥

अधर लोभ जम दसन कराला। माया हास बाहु दिगपाला॥
आनन अनल अंबुपति जीहा। उतपति पालन प्रलय समीहा॥ ३॥

रोम राजि अष्टादस भारा। अस्थि सैल सरिता नस जारा॥
उदर उदधि अधगो जातना। जगमय प्रभु का बहु कलपना॥ ४॥

बिभीसन सांगला ये बिजली नोआय, आउर न बादरी आय।
टीप लका ने गोटोक महल ने बसुन, रावन नाच दखेसे काय॥ ४९॥
रावन ऊपर जे करिआ छतर, लागेसे बादरी माहा।
मंदोदरी करनफूल बिजली जोत ने, लागेसे चमकलो माहा॥ ५०॥
देव चो समराट जे पाड़ बजासोत, हुनी गरजना आय।
जानते धनऊ चेघाल हांसते राम, रावन घमंड आय॥ ५१॥

१३ (क) गोटकी कांड ले छतर मुकुट, करनफूल काटुन दिला।
सपा चो दखते भुएँ पड़ला, भेद नी जानुक दिला॥ ५२॥

१३ (ख) असन अटपट करून राम कांड, फिरुन ठोंगी ने इली।
सपा हरीक चो नसलो के दखुन, दरबार डरुन गेली॥ ५३॥

भुइँ हाले न लेहरा होए, हतेयार नी दखला कोनी।
सपा आपलो मन ने बिचारु, ये भारी असगुन होली॥ ५४॥
दरबार के डरलोर दखुन हांसते, गोठ गढ़ुन बललो।
सुभ मुंड गिरतोर जेचो काजे, असगुन कस न मुकुट गिरतोर॥ ५५॥
आपलो घरे जाउन सोउन राहा, मुंड लवाँते गेला सपा।
जबले करनकूल भुइँ ने पड़ली, फिकर मंदोदरी के सपा॥ ५६॥
आँइख ने पानी दुनों हात जोड़ुन, बलली देव सुना।
बड़र छांडा टेक के छांडा, तिहँके मनुख नी जाना॥ ५७॥

१४ गोठ ने बिस्वास करा, राम सवँसार रूप आत।
बेद लोकमन के देह अन्ताजसोत, रघुकुल मउड़ आत॥ ५८॥

पताल लोक जेमन चो पायँ आय, मुंड ब्रह्मलोक माहा।
मंजगत सपा अलग अलग ने, आसोत सपा लोक माहा॥ ५९॥
भवँ नचालोने भारी काल जेचो, पुरे नाचते जाएसे।
आँइख सुरुज माहा तिहँचो, बादरी माहा केस आसे॥ ६०॥
अस्वनी कुमार जेचो नाक आय, रात दिन सपा दखेसे।
दसों कोनया कान आय तिहँचो, बेद बलुन देएसे॥ ६१॥
जेचो निनासलोने लेहरा उठेसे, लोभ आय तिहँचो ओठ।
जम दांत आरु हांसलोने माया, बेद आय तिहँचो गोठ॥ ६२॥
दिगपाल जेचो बाहाँ आत, आइग मुख ने आसे।
जनमातो पोसतो मारतो आय बुता, जीभ बरून आसे॥ ६३॥
अठारा रकम चो रूख-राई रोआँ, हाड़ा जे पहाड़ आय।
नंदी-मन नस चो जाला माहा, पेट समुंद आय॥ ६४॥
खाले चो इन्दरी नरक आत, असन सवँसार आत।
तिहँके काय जुगे बिचारतोर, जे सपा ठान ने आत॥ ६५॥

दो०– अहंकार सिव बुद्धि अज मन ससि चित्त महान।
मनुज बास सचराचर रूप राम भगवान॥ १५ (क)॥

अस बिचारि सुनु प्रानपति प्रभु सन बयरु बिहाइ।
प्रीति करहु रघुबीर पद मम अहिवात न जाइ॥ १५ (ख)॥

चौ०– बिहँसा नारि बचन सुनि काना। अहो मोह महिमा बलवाना॥
नारि सुभाउ सत्य सब कहहीं। अवगुन आठ सदा उर रहहीं॥ १॥

साहस अनृत चपलता माया। भय अबिबेक असौच अदाया॥
रिपु कर रूप सकल तैं गावा। अति बिसाल भय मोहि सुनावा॥ २॥

सो सब प्रिया सहज बस मोरें। समुझि परा प्रसाद अब तोरें॥
जानिउँ प्रिया तोरि चतुराई। एहि बिधि कहहु मोरि प्रभुताई॥ ३॥

तव बतकही गूढ़ मृगलोचनि। समुझत सुखद सुनत भय मोचनि॥
मंदोदरि मन महुँ अस ठयऊ। पियहि काल बस मति भ्रम भयऊ॥ ४॥

दो०– एहि बिधि करत बिनोद बहु प्रात प्रगट दसकंध।
सहज असंक लंकपति सभाँ गयउ मद अंध॥ १६ (क)॥

सो०– फूलह फरइ न बेत जदपि सुधा बरषहिं जलद।
मूरुख हृदयँ न चेत जौं गुर मिलहिं बिरंचि सम॥ १६ (ख)॥

चौ०– इहाँ प्रात जागे रघुराई। पूछा मत सब सचिव बोलाई॥
कहहु बेगि का करिअ उपाई। जामवंत कह पद सिरु नाई॥ १॥

सुनु सर्बग्य सकल उर बासी। बुधि बल तेज धर्म गुन रासी॥
मंत्र कहउँ निज मति अनुसारा। दूत पठाइअ बालि कुमारा॥ २॥

नीक मंत्र सब के मन माना। अंगद सन कह कृपानिधाना॥
बालितनय बुधि बल गुन धामा। लंका जाहु तात मम कामा॥ ३॥

बहुत बुझाइ तुम्हहि का कहऊँ। परम चतुर मैं जानत अहऊँ॥
काजु हमार तासु हित होई। रिपु सन करेहु बतकही सोई॥ ४॥

सो०– प्रभु अग्या धरि सीस चरन बंदि अंगद उठेउ।
सोइ गुन सागर ईस राम कृपा जा पर करहु॥ १७ (क)॥

स्वयं सिद्ध सब काज नाथ मोहि आदरु दियउ।
अस बिचारि जुबराज तन पुलकित हरषित हियउ॥ १७ (ख)॥

१५ (क) सिव जेमनचो घमंड ब्रह्मा बुध जोन मन ने आसे।
चेत बिस्नू जे सपाठान ने रहू, राम रुप ने मनुख आसे॥ ६६॥

१५ (ख) जीव धन असन विचारुन तुमी, सुहाग बचाउन दिआ।
राम पायँ ले मया करुन तुमी, सुहाग बचाउन दिआ॥ ६७॥

बायले चो गोठ सुनुनहांसते बलल्लो, मोह चो महेमा भारी।
सपा बलसोत मेहरार ने रहेसे, आठ अवगुन भारी॥ ६८॥
हिमत फंद छल परपंच डर, मूरुख छूत निरदयी असन।
डर दखाउन गागुन सांगसीस, बयरी चो रुप असन॥ ६९॥
टकर ले सपा आसे मोचो ने, तुचो किरपा ले समझले।
असन मोचो गुन सांगसीस, तुचो चतुरई समझले॥ ७०॥
चीतर आइँख बिती गोठ ने भेद, समझलोने सुख देय।
नंगत समझुन दखेंसे तेके, सपा डर भय नेय॥ ७१॥
मन्दोदरी मन ने पक्का करली, काल गियान के निली।
असने हाँसी करते रावन चो, बिहान पहाउन गेली॥ ७२॥

१६ (क) टकर ले घमंडी काना लंकापती, दरबार जाउन बसलो।
दरबारी लोग पुरे बसुन, खलखलाउन भाती हांसलो॥ ७३॥

१६ (ख) अमरित चो बरसा होलोने बले, फरे न फूले बेत।
ब्रह्मा गियानी सिखालोने बले, मूरुख के नी एय चेत॥ ७४॥

* अंगद-रावन गोठ *

बिहाने देवान मनके राम बलला, झपके सोर सांगा।
काय उआट करवाँ एदाँय, नगत बिचारुन सांगा॥ १॥
जामवंत मुंड लवाँउन बलल्लो, तुमी मन चो जानू सपा।
अंतरजामी बुधबल धरम, गुन चो मुखिया सपा॥ २॥
आपलो इतरो मयँ उआट सांगेसे, अंगद के पठाऊँ एदायँ।
सपा के सोर नंगत लागली, अंगद के बलाला एदाँय॥ ३॥
बल-बुध ले गुनी बाली चो बेटा, एदाँय लंका ने जाव।
मयँ जानेंसे तुइ चतुर गियानी, अउर समझाँय काय॥ ४॥
बयरी संगे हुनी गोठ करसे, जेमे आमचो काम होओ।
विचारुन नंगत करसे सपा, जेमे तिहँचों भलई होओ॥ ५॥

१७ (क) भगवान हुकुम मुंडे चेधाउन, पायँ चो बिन्ती करुन।
हुनी गुन चो समुंद जेके, दखासीस दया करुन॥ ६॥

१७ (ख) मालिक कारज सारा आपने होएसे, भगवान मान दिला।
असन बिचारते देहें सीताकाटा, मन ले हरीक होला॥ ७॥

चौ०– बंदि चरन उर धरि प्रभुताई। अंगद चलेउ सबहि सिरु नाई॥
प्रभु प्रताप उर सहज असंका। रन बाँकुरा बालिसुत बंका॥ १॥

पुर पैठत रावन कर बेटा। खेलत रहा सो होइ गै भेटा॥
बातहिं बात करष बढ़ि आई। जुगल अतुल बल पुनि तरुनाई॥ २॥

तेहिं अंगद कहुँ लात उठाई। गहि पद पटकेउ भूमि भवाँई॥
निसिचर निकर देखि भट भारी। जहँ तहँ चले न सकहिं पुकारी॥ ३॥

एक एक सन मरमु न कहहीं। समुझि तासु बध चुप करि रहहीं॥
भयउ कोलाहल नगर मझारी। आवा कपि लंका जेहिं जारी॥ ४॥

अब धौं कहा करिहि करतारा। अति सभीत सब करहिं बिचारा॥
बिनु पूछें मगु देहिं दिखाई। जेहि बिलोक सोइ जाइ सुखाई॥ ५॥

दो०– गयउ सभा दरबार तब सुमिरि राम पद कंज।
सिंह ठवनि इत उत चितव धीर बीर बल पुंज॥ १८॥

चौ०– तुरत निसाचर एक पठावा। समाचार रावनहि जनावा॥
सुनत बिहँसि बोला दससीसा। आनहु बोलि कहाँ कर कीसा॥ १॥

आयसु पाइ दूत बहु धाए। कपिकुंजरहि बोलि लै आए॥
अंगद दीख दसानन बैसें। सहित प्रान कज्जलगिरि जैसें॥ २॥

भुजा बिटप सिर सृंग समाना। रोमावली लता जनु नाना॥
मुख नासिका नयन अरु काना। गिरि कंदरा खोह अनुमाना॥ ३॥

गयउ सभाँ मन नेकु न मुरा। बालितनय अतिबल बाँकुरा॥
उठे सभासद कपि कहुँ देखी। रावन उर भा क्रोध बिसेषी॥ ४॥

दो०– जथा मत्त गज जूथ महुँ पंचानन चलि जाइ।
राम प्रताप सुमिरि मन बैठ सभाँ सिरु नाइ॥ १९॥

चौ०– कह दसकंठ कवन तैं बंदर। मैं रघुबीर दूत दसकंधर॥
मम जनकहि तोहि रही मिताई। तव हित कारन आयउँ भाई॥ १॥

उत्तम कुल पुलस्ति कर नाती। सिव बिरंचि पूजेहु बहु भाँती॥
बर पायहु कीन्हेहु सब काजा। जीतेहु लोकपाल सब राजा॥ २॥

नृप अभिमान मोह बस किंबा। हरि आनिहु सीता जगदंबा॥
अब सुभ कहा सुनहु तुम्ह मोरा। सब अपराध छमिहि प्रभु तोरा॥ ३॥

पायँ के बिनाउन भगवान के जानुन, सपा चो पायँ पडुन।
भगवान सकत के मन ने राखुन, निकरलो निडर होउन॥ ८॥
लंका अमरते रावन बेटा संगे, भेट होली तिहँचो।
खेलतोदाँय गोठ गोठ ने, झगड़ा बाढ़ली तिहँचो॥ ९॥
दुनों जवान बली हुसनेय, लात उठालो हुन।
धरुन किंजराउन भुएँ आपटलो, उथाय फटफटलो हुन॥ १०॥
रक्सा गोहड़ा बीर के दखुन, जतखत पराउन गेला।
डर चो मारे चिचयात बल नाई, सपाय पराउन गेला॥ ११॥
एक-दूसर के भेद नी सांगत, ओगाय रहत मरलो जामुन।
सहूर गुलाय कोल्हार होली, फेर इलोकाय मानुन॥ १२॥
डरुन बिचारत एदाँय भगवान, कोन जाने काय करदे।
बिन पूछलो बाट के दखात, पुरे पड़लोने डरते॥ १३॥

१८ राम पाँय के सुमरुन अंगद, रावन दरबार गेलो।
धीरजाहा बीर बली सिंघ माहा, इसू हेंव दखलो॥ १४॥

तुरते रक्सा पठाउन आपलो, इलोचो खबर दिलो।
हांसुन रावन बललो बलावा, केंव ले माकड़ इलो॥ १५॥
हुकुम सुनते दूत पराला, अंगद के धरुन इला।
करिया जीव बिता पहाड़ माहा, रावन के हुन दखला॥ १६॥
बाहाँ रुख मुंड डोंगरी दिखे, रोवाँ लाहा डीरा दिखत।
नाक-कान आइँख मुंह, करपन माहा दिखत॥ १७॥
दरबार ने गेलो बाली चो बेटा, मन ने नी झझकलो।
दखुन दरबारी उबा होला, रावन मने रीस होलो॥ १८॥

१९ मातलो हाथीमन मंजगते जाएसे, सिंघ निडर होउन।
राम परताप्र के मन ले सुमरुन, बसलो मुड लवाँउन॥ १९॥

दस मुंडया बललो कोन आस, अरे बेंदरा सांग।
बललो अंगद राम दुत आय, एकेय सत तुइ जान॥ २०॥
बाबा सग मितान रहे गुने, तुचो भलइ काज इलेसे।
नंगत कुल पुलस्त चो नाती, जानुन एथा इलेसे॥ २१॥
सिव-ब्रह्मा चो खुबे रकम ले, पूजा करुन राहास।
बर पाउन काम बनालास, तीनों पुर जीतलो आहास॥ २२॥
राज चो नसा कि मोह ने पडुन, सीता के चोरुन आनलीस।
एदाँय मोचो गोठ के मान, भले काईं करलीस॥ २३॥

दसन गहहु तृन कंठ कुठारी। परिजन सहित संग निज नारी॥
सादर जनकसुता करि आगें। एहि बिधि चलहु सकल भय त्यागें॥ ४॥

दो०– प्रनतपाल रघुबंसमनि त्राहि त्राहि अब मोहि।
आरत गिरा सुनत प्रभु अभय करैगो तोहि॥ २०॥

चौ०– रे कपिपोत बोलु संभारी। मूढ़ न जानेहि मोहि सुरारी॥
कहु निज नाम जनक कर भाई। केहि नातें मानिऐ मिताई॥ १॥

अंगद नाम बालि कर बेटा। तासों कबहुँ भई ही भेटा॥
अंगद बचन सुनत सकुचाना। रहा बालि बानर मैं जाना॥ २॥

अंगद तहीं बालि कर बालक। उपजेहु बंस अनल कुल घालक॥
गर्भ न गयहु ब्यर्थ तुम्ह जायहु। निज मुख तापस दूत कहायहु॥ ३॥

अब कहु कुसल बालि कहँ अहई। बिहँसि बचन तब अंगद कहई॥
दिन दस गएँ बालि पहिं जाई। बूझेहु कुसल सखा उर लाई॥ ४॥

राम बिरोध कुसल जसि होई। सो सब तोहि सुनाइहि सोई॥
सुनु सठ भेद होइ मन ताकें। श्रीरघुबीर हृदय नहिं जाकें॥ ५॥

दो०– हम कुल घालक सत्य तुम्ह कुल पालक दससीस।
अंधउ बधिर न अस कहहिं नयन कान तव बीस॥ २१॥

चौ०– सिव बिरंचि सुर मुनि समुदाई। चाहत जासु चरन सेवकाई॥
तासु दूत होइ हम कुल बोरा। अइसिहुँ मति उर बिहर न तोरा॥ १॥

सुनि कठोर बानी कपि केरी। कहत दसानन नयन तरेरी॥
खल तव कठिन बचन सब सहऊँ। नीति धर्म मैं जानत अहऊँ॥ २॥

कह कपि धर्मसीलता तोरी। हमहुँ सुनी कृत पर त्रिय चोरी॥
देखी नयन दूत रखवारी। बूड़ि न मरहु धर्म ब्रतधारी॥ ३॥

कान नाक बिनु भगिनि निहारी। छमा कीन्हि तुम्ह धर्म बिचारी॥
धर्मसीलता तव जग जागी। पावा दरसु हमहुँ बड़भागी॥ ४॥

दो०– जनि जल्पसि जड़ जंतु कपि सठ बिलोकु मम बाहु।
लोकपाल बल बिपुल ससि ग्रसन हेतु सब राहु॥ २२ (क)॥

राम सपा के माफी दे-दे, दाँते किटका चाबुन।
टोडरी ने टंगेया धरुन भाती, कुटुम मेहरार के धरुन॥ २४॥
मान ले माता के पुरे करून, सपा डर के छांडुन।
सरनाहा के साहा होआ बलते, जोंव बिन्ती करून॥ २५॥

२० तुमचो गोहार सुनुन भाती, माफी करून दे दे राम।
सुनते बिगाल हो लो रावन, नसली सपा काम॥ २६॥

अरे बेंदरा सम्हारून बल, देव बयरी के नी जानीस।
आपलो बूबा चो नावँ साँग, जेचो ले मिलान मानीस॥ २७॥
बाली चो बेटा अंगद नाव, जानीस काय तुई तेके।
लाज पावलो सुनते बललो, जानले मयँ एदाँय एके॥ २८॥
बाली नाँव चो बेंदरा रहे, अरे तेचोई बेटा आस।
कुल के खाऊ बावँस कुल चो, आइग तुई आस॥ २९॥
गरभ ने कायकाज नी सरलीस, फोकहा जनम धरलीस।
आपलोय मुंह ले तपसीमन चो, दूत होउन इलीस॥ ३०॥
बाली चो हाल के सांग रे बेंदरा, एदाँय कहाँ हुन।
पूछसे दस दिन गेलो पाछे, जहाँ एदाँय हुन॥ ३१॥
राम ले बइर धरू चो जे गत होएसे, सपा सांगेदे हुनी।
मूरुख जेचो मन ने राम नीआय, भेद गुन ने पड़ेसे हुनी॥ ३२॥

२१ सत आय कुल के नास करूँ मयँ, तुइ कुल चो साहा आस।
अंधरा-भयरा बल असन नी बलत, कोइक नाहाँ आइँख चो आस॥ ३३॥

पायँ चो सेवा करुक डगरासोत, सिव ब्रह्मा मुनीमन।
तिहँच दूत बनुन रे रावन, कुल बुड़ाले मयँ॥ ३४॥
छाती नी फाटली असन गुन चो, सुनते आइँख छटकाऊन बललो।
नीती ने रहेसे गुने सहेसे, दुसट गोठ के इतरो॥ ३५॥
अंगद बललो तुचो धरम नीती के, मयँ बल सुनले से।
पर बायले चोर दूसर के साहा, मयँ आइँख ने दखेंसे॥ ३६॥
असन धरम के मानू बिता, बूड़ुन कसन नी मरीस।
नाक-कान नाहलो बहिन के दखुन, धरम जानुन सहलीस॥ ३७॥
तु चो धरम जगजाहिर आसे, मयँ बल भागवान आयँ।
जे तुचो माहा धरमी चोला चो, दरसन एथा पायँ॥ ३८॥

२२ (क) रावन बललो अरे मूरुख, फोकहा टोंड नी कर।
जोन लोकपाल काजे राहू, ये बाहों के लेखकर॥ ३९॥

पुनि नभ सर मम कर निकर कमलन्हि पर करि बास।
सोभत भयउ मराल इव संभु सहित कैलास॥ २२ (ख)॥

चौ०– तुम्हरे कटक माझ सुनु अंगद। मो सन भिरिहि कवन जोधा बद॥
तव प्रभु नारि बिरहँ बलहीना। अनुज तासु दुख दुखी मलीना॥ १॥

तुम्ह सुग्रीव कूलद्रुम दोऊ। अनुज हमार भीरु अति सोऊ॥
जामवंत मंत्री अति बूढ़ा। सो कि होइ अब समरारूढ़ा॥ २॥

सिल्पि कर्म जानहिं नल नीला। है कपि एक महा बलसीला॥
आवा प्रथम नगरु जेहिं जारा। सुनत बचन कह बालिकुमारा॥ ३॥

सत्य बचन कहु निसिचर नाहा। साँचेहुँ कीस कीन्ह पुर दाहा॥
रावन नगर अल्प कपि दहई। सुनि अस बचन सत्य को कहई॥ ४॥

जो अति सुभट सराहेहु रावन। सो सुग्रीव केर लघु धावन॥
चलइ बहुत सो बीर न होई। पठवा खबरि लेन हम सोई॥ ५॥

दो०– सत्य नगरु कपि जारेउ बिनु प्रभु आयसु पाइ।
फिरि न गयउ सुग्रीव पहिं तेहिं भय रहा लुकाइ॥ २३ (क)॥

सत्य कहहि दसकंठ सब मोहि न सुनि कछु कोह।
कोउ न हमारें कटक अस तो सन लरत जो सोह॥ २३ (ख)॥

प्रीति बिरोध समान सन करिअ नीति असि आहि।
जौं मृगपति बध मेडुकन्हि भल कि कहइ कोउ ताहि॥ २३ (ग)॥

जद्यपि लघुता राम कहुँ तोहि बधें बड़ दोष।
तदपि कठिन दसकंठ सुनु छत्र जाति कर रोष॥ २३ (घ)॥

बक्र उक्ति धनु बचन सर हृदय दहेउ रिपु कीस।
प्रतिउत्तर सड़सिन्ह मनहुँ काढ़त भट दससीस॥ २३ (ङ)॥

हँसि बोलेउ दसमौलि तब कपि कर बड़ गुन एक।
जो प्रतिपालइ तासु हित करइ उपाय अनेक॥ २३ (च)॥

चौ०– धन्य कीस जो निज प्रभु काजा। जहँ तहँ नाचइ परिहरि लाजा॥
नाचि कूदि करि लोग रिझाई। पति हित करइ धर्म निपुनाई॥ १॥

अंगद स्वामिभक्त तव जाती। प्रभु गुन कस न कहसि एहि भाँती॥
मैं गुन गाहक परम सुजाना। तव कटु रटनि करउँ नहिं काना॥ २॥

कह कपि तव गुन गाहकताई। सत्य पवनसुत मोहि सुनाई॥
बन बिधंसि सुत बधि पुर जारा। तदपि न तेहिं कछु कृत अपकारा॥ ३॥

२२ (ख) सुनलीस होएदे अकास तरई ने, मोचो बाहाँ पूड़न ने बसुन।
सिव संगे कैलास हाँसा माहा, रहत सोभ पाउन॥ ४० ॥

तुचो फउद ने असन कोन जे, मोचो ले लड़ुक सकेदे।
बायले फिकर ने तुचो मालिक थाकलोर, मोके काय सकेदे॥ ४१ ॥
नल-नील अबगो कारीगीर आत, हुता गोटकी बली आसे।
पहिल हार एउन लंका जरालो, हुनी अबगो आसे॥ ४२ ॥
अंगद बललो अरे रक्सा राजा, काय सते हुन जराउन रहे।
कोन मानदे रावन राज के, बेंदरा जराउन रहे॥ ४३ ॥
जेके बली बलसीस हुन हलकारा, सुगरीव पठाउन रहे।
खुबे हिंडू आय बीर नोआय, गुने पठाउन रहे॥ ४४ ॥

२३ (क) सते हुन बेंदरा बिगर हुकुम, तुचो राज के जराउन रहे।
सुगरीव लग तेबे फिरुन नी गेलो, केवँ तो लुकुन रहे॥ ४५ ॥

२३ (ख) दसमुंडया जे तुइ सत बलसीस, मोके सुमुन रीस नी एए।
सते फउद ने गोटोक नीआत, जेसंग लड़ुन सोभा पाए॥ ४६ ॥

२३ (ग) समान संगे मया बइर करतोर आय, नीती असन बलेसे।
सिंघ जे मेंडका के धरून मारले, कोन नंगत बलेदे॥ ४७ ॥

२३ (घ) तुके मारतोर राम के नी फबे, दोस बल होएसे हुसने।
बलेवल छतरी चो रीस नी बने, अटपट होएसे हुसने॥ ४८ ॥

२३ (ङ) ताना धनऊ ले गोठ कांड छांडुन, बयरी चो जीव जराए।
हुन कांड के चिमटा जवाब ले, रावन नि कराते जाए॥ ४९ ॥

२३ (च) हांसुन बलको दसमुंडेया बेंदरा ने, गोटोक गुन रहेसे।
पोसेया चो सपा बाट ले हुन, भलई उआट ने रहेसे॥ ५० ॥

धन बेंदरा जात मालिक काजे, लाज छांडुन नाचेसे।
लोग के रिझाउन मालिक पुरे, धरम जानुन नाचेसे॥ ५१ ॥
अंगद तुचो जात मालिक भगत, तुइ गुन कसन नी करसे।
मयँ गुन मानू के समझूं आय, तेबे ये गोठ सहेसे॥ ५२ ॥
अंगद बललो हनु सत के सांगलो, बन उजड़ालो तेबे।
तुचो बेटा के मरते मारलो, राज के जरालो तेबे॥ ५३ ॥
तेबे बल तेचो काईं नी करलीस, तुचो एटकर दखुन।
सपा जानते बल गलती करेंसे, निलजाहा तुके दखुन॥ ५४ ॥
एइ गुन ने बापके खदलीस, हाँसते रावन बसलो।
बापके खाउन तुके खाएँदे, रीस ले अंगद बललो॥ ५५ ॥

सोइ बिचारि तव प्रकृति सुहाई। दसकंधर मैं कीन्हि ढिठाई॥
देखेउँ आइ जो कछु कपि भाषा। तुम्हरें लाज न रोष न माखा॥ ४॥

जौं असि मति पितु खाए कीसा। कहि अस बचन हँसा दससीसा॥
पितहि खाइ खातेउँ पुनि तोही। अबहीं समुझि परा कछु मोही॥ ५॥

बालि बिमल जस भाजन जानी। हतउँ न तोहि अधम अभिमानी॥
कहु रावन रावन जग केते। मैं निज श्रवन सुने सुनु जेते॥ ६॥

बलिहि जितन एक गयउ पताला। राखेउ बाँधि सिसुन्ह हयसाला॥
खेलहिं बालक मारहिं जाई। दया लागि बलि दीन्ह छोड़ाई॥ ७॥

एक बहोरि सहसभुज देखा। धाइ धरा जिमि जंतु बिसेषा॥
कौतुक लागि भवन लै आवा। सो पुलस्ति मुनि जाइ छोड़ावा॥ ८॥

दो०– एक कहत मोहि सकुच अति रहा बालि कीं काँख।
इन्ह महुँ रावन तैं कवन सत्य बदहि तजि माख॥ २४॥

चौ०– सुनु सठ सोइ रावन बलसीला। हरगिरि जान जासु भुज लीला॥
जान उमापति जासु सुराई। पूजेउँ जेहि सिर सुमन चढ़ाई॥ १॥

सिर सरोज निज करन्हि उतारी। पूजेउँ अमित बार त्रिपुरारी॥
भुज बिक्रम जानहिं दिगपाला। सठ अजहूँ जिन्ह कें उर साला॥ २॥

जानहिं दिग्गज उर कठिनाई। जब जब भिरउँ जाइ बरिआई॥
जिन्ह के दसन कराल न फूटे। उर लागत मूलक इव टूटे॥ ३॥

जासु चलत डोलति इमि धरनी। चढ़त मत्त गज जिमि लघु तरनी॥
सोइ रावन जग बिदित प्रतापी। सुनेहि न श्रवन अलीक प्रलापी॥ ४॥

दो०– तेहि रावन कहँ लघु कहसि नर कर करसि बखान।
रे कपि बर्बर खर्ब खल अब जाना तव ग्यान॥ २५॥

चौ०– सुनि अंगद सकोप कह बानी। बोलु सँभारि अधम अभिमानी॥
सहसबाहु भुज गहन अपारा। दहन अनल सम जासु कुठारा॥ १॥

जासु परसु सागर खर धारा। बूड़े नृप अगनित बहु बारा॥
तासु गर्ब जेहि देखत भागा। सो नर क्यों दससीस अभागा॥ २॥

राम मनुज कस रे सठ बंगा। धन्वी कामु नदी पुनि गंगा॥
पसु सुरधेनु कल्पतरु रूखा। अन्न दान अरु रस पीयूषा॥ ३॥

बैनतेय खग अहि सहसानन। चिंतामनि पुनि उपल दसानन॥
सुनु मतिमंद लोक बैकुंठा। लाभ कि रघुपति भगति अकुंठा॥ ४॥

नीच घमंडाहा बाली चो मीत जानून, नी मारले तुके एबतले।
सांग मोके कितरो रावन होलासोत, सवँसार ने एबतले॥ ५६॥
जितसे सुनलेसें तेके सुनुन सांग, तुइ आस कोन एथा।
गोटोक बली के जीतुक जाउन रहे, पिलामन बांघला उथा॥ ५७॥
खेलत तेके आरू पेटते जाओत, बली छंडालो जेके।
गोटोक सहसबाहु दखून रहे, कीड़ा जानून धरलो तेके॥ ५८॥
तमासा करूक तेके घरे आनलो पुलस्त छंडाला तेके।
गोटोक के सांगुक लाज लागेसे, मयँ जानेंसे जेके॥ ५९॥

२४ बाली खकोरी ने खुबे दिन ले, चेपाउन धरू रहे।
तेमे तुइ कोन आस सते सांग, जितरो ए रावन रहे॥ ६०॥

रावन बललो मूरुख मयँ हुन, जे कैलास उठाउन रहें।
जेचो सकत सिव नंगत जानसोत, जेके मुंड चेघाउन रहें॥ ६१॥
मुंड पूड़न के हाते उतराउन, अनगिनत हार चेघाले।
सपा दिगपाल बल के जानसोत, हमनके मजा चेघाले॥ ६२॥
खूट-खूट चो हाथी बरकस छाती के, नंगत करुन जानसोत।
खीसा ले बरपेला चेपाउन बल, छाती फूटतो नी जानसोत॥ ६३॥
उल्टा खीसा मूरा माहा, टूटते जाए आपने।
जेचो हिंडलो ने पिरथी बले, डोलते जाएसे आपने॥ ६४॥
मयँ सवँसार ने असन बली, इतरो टोंड नी करू।
काय तुई केबई सुनू रहीस, इतरो टोड के करू॥ ६५॥

२५ हुन रावन के तुई नानी बलसीस, मनुख चो मान करसीस।
अरे दुसट तुचो बुध के जानले, जे तुई टोंड करसीस॥ ६६॥

सुनुन रीस ने अंगद बललो, अरे मूरुख सम्हारुन बल।
सहसबाहू गती के जानुन, बिचारुन भाती बल॥ ६७॥
जेचो फरसा सहसबाहू चो, बाहाँ माहा बन के।
जरातो काजे आइग होली, जरालो बाहाँ बन के॥ ६८॥
जेचो फरसा समुद मंजगत, अनगिनत राजा बूड़ला।
हुन फरसा चो बल घमंड सरली, तिहँचो पुरे झुकला॥ ६९॥
हुन काय मनुख आत रे मूरुख, कि काम धनऊ बिता आय।
गंगा के तुई नदी बलसीस, कि कामधेनू पसू आय॥ ७०॥
कलपतरु काय रूख आय, कि अरन दान आय।
अमरित के रस समझसीस, सेस काय सांप आय॥ ७१॥
अरे मूरुख चिन्तामनी पखना कि, बैकुंठ लोक आय।
रघुनाथ चो भक्ती काय, अउर भक्ती माहा आय॥ ७२॥

दो०– सेन सहित तब मान मथि बन उजारि पुर जारि।
कस रे सठ हनुमान कपि गयउ जो तव सुत मारि॥ २६॥

चौ०– सुनु रावन परिहरि चतुराई। भजसि न कृपासिंधु रघुराई॥
जौं खल भएसि राम कर द्रोही। ब्रह्म रुद्र सक राखि न तोही॥ १॥

मूढ़ बृथा जनि मारसि गाला। राम बयर अस होइहि हाला॥
तव सिर निकर कपिन्ह के आगें। परिहहिं धरनि राम सर लागें॥ २॥

ते तव सिर कंदुक सम नाना। खेलहहिं भालु कीस चौगाना॥
जबहिं समर कोपिहि रघुनायक। छुटिहहिं अति कराल बहु सायक॥ ३॥

तब कि चलिहि अस गाल तुम्हारा। अस बिचारि भजु राम उदारा॥
सुनत बचन रावन परजरा। जरत महानल जनु घृत परा॥ ४॥

दो०– कुंभकरन अस बंधु मम सुत प्रसिद्ध सक्रारि।
मोर पराक्रम नहिं सुनेहि जितेउँ चराचर झारि॥ २७॥

चौ०– सठ साखामृग जोरि सहाई। बाँधा सिंधु इहइ प्रभुताई॥
नाघहिं खग अनेक बारीसा। सूर न होहिं ते सुनु सब कीसा॥ १॥

मम भुज सागर बल जल पूरा। जहँ बूड़े बहु सुर नर सूरा॥
बीस पयोधि अगाध अपारा। को अस बीर जो पाइहि पारा॥ २॥

दिगपालन्ह मैं नीर भरावा। भूप सुजस खल मोहि सुनावा॥
जौं पै समर सुभट तव नाथा। पुनि पुनि कहसि जासु गुन गाथा॥ ३॥

तौ बसीठ पठवत केहि काजा। रिपु सन प्रीति करत नहिं लाजा॥
हरगिरि मथन निरखु मम बाहू। पुनि सठ कपि निज प्रभुहि सराहू॥ ४॥

दो०– सूर कवन रावन सरिस स्वकर काटि जेहिं सीस।
हुने अनल अति हरष बहु बार साखि गौरीस॥ २८॥

चौ०– जरत बिलोकेउँ जबहिं कपाला। बिधि के लिखे अंक निज भाला॥
नर कें कर आपन बध बाँची। हसेउँ जानि बिधि गिरा असाँची॥ १॥

सोउ मन समुझि त्रास नहिं मोरें। लिखा बिरंचि जरठ मति भोरें॥
आन बीर बल सठ मम आगें। पुनि पुनि कहसि लाज पति त्यागें॥ २॥

कह अंगद सलज्ज जग माहीं। रावन तोहि समान कोउ नाहीं॥
लाजवंत तव सहज सुभाऊ। निज मुख निज गुन कहसि न काऊ॥ ३॥

सिर अरु सैल कथा चित रही। ताते बार बीस तैं कही॥
सो भुजबल राखेउ उर घाली। जीतेहु सहसबाहु बलि बाली॥ ४॥

२६ फउद संग तुचो घमंड सारुन, असोक बन उजड़ाउन।
हनू काय बेंदरा आय जे फिरलो, तुचो बेटा के मारुन॥ ७३॥

कपट छांड़ुन सुन रे रावन, राम चो भजन कर।
राम चो बय री होउन नी पाइस, सिव लग बले थर॥ ७४॥
फोकहा काजे तुई ढोंग नीकर, बइर ले गती जाएदे।
सपा मुंड राम कांड पाते खन, बेंदरा पुरे पड़दे॥ ७५॥
गेंद माहा भालू बेंदरा मुंड के, गुलाय भाटा खेल दे।
जसने लड़ई ने रीस कर दे, राम धार कांड हुसने चलदे॥ ७६॥
तेबे काय असन टोंड करसे, राम के मज मानुन।
सुनुन रावन बिगाल होलो, जरतो ने घीव जानुन॥ ७७॥

२७ भाई कुमकरन, बेटा मेघनाथ, नी जानीस मोचो बल।
सपा जड़ जीव के जीतुन सारले, असन आय मोचो बल॥ ७८॥

बेंदरा सकलुन समुंद बांधलो, तेचो सकत एइ आय।
जेंके चड़ई बल नाहकुक सकेसे, सकत इत रोय होएसे काय॥ ७९॥
अरे मूरुख मोचो गोटोक बाँहाँ, समुंद पानी ले आगर।
जेमें बड़े बड़े सूरबीर बूड़ला, आसे तीनोंपुर उजागर॥ ८०॥
मोचो कोड़क समुंद के नाहके दे, असन समझसीस तुई।
बड़े बड़े दिगपाल के पानी भराएँसे, नी जानीस काय तुई॥ ८१॥
गोटोक राज चो बल के दखासीस, जेतुचो मालिक आय।
लड़ई भाटा ने हुन जे असल, लड़ू बीर आय॥ ८२॥
जाले कायकाज खबरेया पठाएसे, लाज नी लागे तेके।
बयरी ले मया करूक दखेसे, सहरा सीस तुई जेके॥ ८३॥

२८ रावन माहा को न बीर आसोत, जे हाते मुँड काटुन।
हरीक ले कई हार सिव के चेघालो, होमकुंड ने पाटुन॥ ८४॥

जरतोदाँय माथा ने आपलो, भगवान चो लिखलोर दखले।
मनुख चो हाते मउत के दखुन, फंद जानुन हाँसले॥ ८५॥
एके सुरता करून बले मयँ, निरबान नी डरे।
जानेंसे लिखलो दाँय ब्रह्मा चो, बुध गुपुन रहे॥ ८६॥
अरे मूरुख लाज छांडुन मान, मोचोय पुरे बलसीस।
घनघड़ी गोटोक मनुख बल के, एउन एथा बलसीस॥ ८७॥
अंगद बललो असन नीआत कोनी, निरजल जीव एथा।
लाज मान टकर चो आपलो गुन, केबइ नी बलतीस एक॥ ८८॥
मुंड चेघातोर कैलास उचातोर, चेत ने आसे तुचो।
बीसों हार आपलो बल सकत संग, गढ़न सांगसीस एचो॥ ८९॥
सहसबाहु बलि बाली के जीतलीस, तेकें भुकलीस कसन।
अरे मूरखाहा होलीबे एदाँय, सांगसीस तुई जसन॥ ९०॥

सुनु मतिमंद देहि अब पूरा। काटें सीस कि होइअ सूरा॥
इंद्रजालि कहुँ कहिअ न बीरा। काटइ निज कर सकल सरीरा॥ ५॥

दो०– जरहिं पतंग मोह बस भार बहहिं खर बृंद।
ते नहिं सूर कहावहिं समुझि देखु मतिमंद॥ २९॥

चौ०– अब जनि बतबढ़ाव खल करही। सुनु मम बचन मान परिहरही॥
दसमुख मैं न बसीठीं आयउँ। अस बिचारि रघुबीर पठायउँ॥ १॥

बार बार अस कहइ कृपाला। नहिं गजारि जसु बधें सृकाला॥
मन महुँ समुझि बचन प्रभु केरे। सहेउँ कठोर बचन सठ तेरे॥ २॥

नाहिं त करि मुख भंजन तोरा। लै जातेउँ सीतहि बरजोरा॥
जानेउँ तव बल अधम सुरारी। सूनें हरि आनिहि परनारी॥ ३॥

तैं निसिचर पति गर्ब बहूता। मैं रघुपति सेवक कर दूता॥
जौं न राम अपमानहिं डरऊँ। तोहि देखत अस कौतुक करऊँ॥ ४॥

दो०– तोहि पटकि महि सेन हति चौपट करि तव गाउँ।
तव जुबतिन्ह समेत सठ जनकसुतहि लै जाउँ॥ ३०॥

चौ०– जौं अस करौं तदपि न बड़ाई। मुएहि बधें नहिं कछु मनुसाई॥
कौल कामबस कृपिन बिमूढ़ा। अति दरिद्र अजसी अति बूढ़ा॥ १॥

सदा रोगबस संतत क्रोधी। बिष्नु बिमुख श्रुति संत बिरोधी॥
तनु पोषक निंदक अघ खानी। जीवन सव सम चौदह प्रानी॥ २॥

अस बिचारि खल बधउँ न तोही। अब जनि रिस उपजावसि मोही॥
सुनि सकोप कह निसिचर नाथा। अधर दसन दसि मीजत हाथा॥ ३॥

रे कपि अधम मरन अब चहसी। छोटे बदन बात बड़ि कहसी॥
कटु जल्पसि जड़ कपि बल जाकें। बल प्रताप बुधि तेज न ताकें॥ ४॥

दो०– अगुन अमान जानि तेहि दीन्ह पिता बनबास।
सो दुख अरु जुबती बिरह पुनि निसि दिन मम त्रास॥ ३१ (क)॥

जिन्ह के बल कर गर्ब तोहि अइसे मनुज अनेक।
खाहिं निसाचर दिवस निसि मूढ़ समुझु तजि टेक॥ ३१ (ख)॥

चौ०– जब तेहिं कीन्हि राम कै निंदा। क्रोधवंत अति भयउ कपिंदा॥
हरि हर निंदा सुनइ जो काना। होइ पाप गोघात समाना॥ १॥

कटकटान कपिकुंजर भारी। दुहु भुजदंड तमकि महि मारी॥
डोलत धरनि सभासद खसे। चले भाजि भय मारुत ग्रसे॥ २॥

इंदरजाल रचू के बीर नी बलत, कितरोय बल होओ।
आपलो हाते मुंड पूजन चेघाओ कि, देह के बले देओ॥ ९१॥

२९ समंझ मोह ले पड़ुन बतर, आइग ने पड़ुन जासोत।
गदहा बोझा बोहुन जासोत, बले बीर नी होओत॥ ९२॥

अरे मूरुख आगर नी गोठया, घमंड छांड मानुन।
मेल कुराउक मयँ इलेसे रावन, राम पठालासोत गुनुन॥ ९३॥
कोलेया मारुन सिंघ सोभा नीपाय, राम बललो के बलले।
भगवान गोठ के समझुन मूरुख, इतरो गोठ के सहले॥ ९४॥
नाहले बरपेला सीता के नेते, तुचो मुंड टुटाउन।
तुचो सकत जाने बायले चोर, सुना ले आनलीस चोराउन॥ ९५॥
रक्सा चो राजा तुई घमंडी, राम चो दूत आँय मयँ।
राम मान के जे नी डरते, तुके तमासा दखाते मयँ॥ ९६॥

३० भुएँ आपटुन तुचो फउद के मारुन, राज के चरपट करुन।
मूरुख तुचो सपा बायले के नेते, सीता माता संग धरुन॥ ९७॥

असन करले कोनी बड़ेपन नोआय, मरलो के मारतोर।
एकोनी बहादुरी नोआय रावन, तुचो असन के मारतोर॥ ९८॥
कामी सूम मूरूख दारदिर डोकरा, पापी रोगी मनुख।
भगवान के नीमानू रिसहा अधरमी, बेद के नी जाह मनुख॥ ९९॥
संत ले उलटुन देह के पोसू, दुसर के निंदरु लोग।
असन चौदा के मरलो जान, जे आत असन लोग॥ १००॥
रीस क जुगे नो चुलिया रे पापी, नी मारेंसे असन बिचारुन।
सुनतेखन रावन हात के रमजे, आपलो दाँत चाबुन॥ १०१॥
अरे नीच बेंदरा मरुक दखसीस, नानी मुंह बड़े गोठ।
जेचो जोर न असन टोड करसीस, करसीस एथा खोट॥ १०२॥
हुनचोने बल बुध तेज नीआय, गुन बल नीआय तेके।
मान चो लाइक नी जानुन बन ने, बाप पठालोसे जेके॥ १०३॥

३१ (क) गोटोक दुखले दंदरुन आसे, ऊपर ले बायले चो फिकर।
फेर रात-दिन मोचो डर ले, करते रहेसे फिकर॥ १०४॥

३१ (ख) जेचो बल चो घमंड करसीस, असन मनुख मन के।
टेक छांडुन बिचार कर रक्सा, खासोत असनमन के॥ १०५॥

जसने राम के निंदरुक मूरियालो, अंगद होलो रीस।
बिस्नू सिव चो निंदरना सुनतोर, गाय मारलोर पाप मीस॥ १०६॥
अंगद कटरून तमकुन भाती, दुनों बाहाँ के धुएँ आपटला।
पिरथी डोलली दरबारी पड़ला, भूत डर ले पराला॥ १०७॥

गिरत सँभारि उठा दसकंधर। भूतल परे मुकुट अति सुंदर॥
कछु तेहिं लै निज सिरन्हि सँवारे। कछु अंगद प्रभु पास पबारे॥ ३॥

आवत मुकुट देखि कपि भागे। दिनहीं लूक परन बिधि लागे॥
की रावन करि कोप चलाए। कुलिस चारि आवत अति धाए॥ ४॥

कह प्रभु हँसि जनि हृदयँ डेराहू। लूक न असनि केतु नहिं राहू॥
ए किरीट दसकंधर केरे। आवत बालितनय के प्रेरे॥ ५॥

दो०– तरकि पवनसुत कर गहे आनि धरे प्रभु पास।
कौतुक देखहिं भालु कपि दिनकर सरिस प्रकास॥ ३२ (क)॥

उहाँ सकोपि दसानन सब सन कहत रिसाइ।
धरहु कपिहि धरि मारहु सुनि अंगद मुसुकाइ॥ ३२ (ख)॥

चौ०– एहि बधि बेगि सुभट सब धावहु। खाहु भालु कपि जहँ जहँ पावहु॥
मर्कटहीन करहु महि जाई। जिअत धरहु तापस द्वौ भाई॥ १॥

पुनि सकोप बोलेउ जुबराजा। गाल बजावत तोहि न लाजा॥
मरु गर काटि निलज कुलघाती। बल बिलोकि बिहरति नहिं छाती॥ २॥

रे त्रिय चोर कुमारग गामी। खल मल रासि मंदमति कामी॥
सन्यपात जल्पसि दुर्बादा। भएसि कालबस खल मनुजादा॥ ३॥

याको फलु पावहिगो आगें। बानर भालु चपेटन्हि लागें॥
रामु मनुज बोलत असि बानी। गिरहिं न तव रसना अभिमानी॥ ४॥

गिरिहहिं रसना संसय नाहीं। सिरन्हि समेत समर महि माहीं॥ ५॥

सो०– सो नर क्यों दसकंध बालि बध्यो जेहिं एक सर।
बीसहुँ लोचन अंध धिग तव जन्म कुजाति जड़॥ ३३ (क)॥

तव सोनित कीं प्यास तृषित राम सायक निकर।
तजउँ तोहि तेहि त्रास कटु जल्पक निसिचर अधम॥ ३३ (ख)॥

चौ०– मैं तव दसन तोरिबे लायक। आयसु मोहि न दीन्ह रघुनायक॥
असि रिस होति दसउ मुख तोरौं। लंका गहि समुद्र महँ बोरौं॥ १॥

गूलरि फल समान तव लंका। बसहु मध्य तुम्ह जंतु असंका॥
मैं बानर फल खात न बारा। आयसु दीन्ह न राम उदारा॥ २॥

जुगति सुनत रावन मुसुकाई। मूढ़ सिखिहि कहँ बहुत झुठाई॥
बालि न कबहुँ गाल अस मारा। मिलि तपसिन्ह तैं भएसि लबारा॥ ३॥

गिरू रावन सम्हरून उठलो, मुकुट भूएँ पड़ला।
थोड़े के उठाउन मुंडे मंडालो, थोड़े के अंगद पकाला॥ १०८॥
मुकुट के दखुन बेंदरा पराला, बिचारुन मझने राव उठलो।
कि रावन चो बजर धाँते एएसे, जेके रीसे रीस फिंगलो॥ १०९॥
भगवान हांसुन बलला नी डरा, ये राव आय न केतू।
रावन चो मुकुट चारों आय, अंगद आय फिंगू॥ ११०॥

३२ (क) पवन चो बेटा उधलुन झोक लो, मंडालो भगवान पुरे।
बेंदरा भालू तमासा दखत, सूरुज जोत चो दिखे॥ १११॥

३२ (ख) हेंव राव न रीस ले बललो, बेंदरा के मारा धरुन।
अंगद सुनुन तेकेय दखे, मन मन ने हाँसुन॥ ११२॥

फेर बललो एके मारुन परावा, जे लग भालु बेंदरा।
धरुन, खाउन, सारुन दिआ, पिरथी चो भालु बेंदरा॥ ११३॥
दुनोंय तपसी भाईमन के, धरुन मोचो लग आना।
सुनुन अंगद रीस ले बललो, लाज नीएए रे काना॥ ११४॥
निलजाहा कुल के खाऊ जाउन, पूजी होउन मर।
मोचो बल दखुन छाती नी फाटली, मुरखाहा उफड़ुन मर॥ ११५॥
पर बायले चोर कुमारग जाऊ, पापी कामी दूसट तुई।
सनीपात ने काय असन बकसीस, काल पुरती होलीस तुई॥ ११६॥
भालु बेंदरा पुरे पड़लो ने, नंगत करुन पासे।
घमंडी जीभ गलुन नी जाए, तेके नंगत पासे॥ ११७॥
एमें काईं भरम गोठ नो आय, एकलो जीभ नी गिरे।
लड़ई भाटा ने तुचो मुंड संगे, सपा भुँई ने गिरे॥ ११८॥

३३ (क) अरे दसमुंडेया गोटकी कांड, बाली के मरते मारलो।
हुन कसन मनुख रे मूरुख, काना कोड़क आंइख धरलोर॥ ११९॥

३३ (ख) पियास होलासोत राम कांड, तुचो लहू पीवतो काजे।
असन पीता गोठ छांडेसे, जानुन तिहँचो आगे॥ १२०॥

तु चो दाँत के मयँ टुटाउक सकें, पय राम हुकुम नीआय।
रीस जाले असन एएसे टुटायँ, दसों मुँह के काय॥ १२१॥
लंका के नेऊन समुंद ने बोरे, जे डुमर इतरो आसे।
जेचो भीतरे तुमन चो जीवना, कीड़ीमन माहा आसे॥ १२२॥
बेंदरा आँय पाक खातो काजे, मोके काय बेर लागे।
मान्तर राम चो हुकुम नीआय, करते मयँ आगे॥ १२३॥
अंगद चो नीती गोठ सुमुन पू रावन मुचकुन बललो।
अरे मुरुख इतरो फंद गोठयाउक, सीखलीस कैंव पूछलो॥ १२४॥
बाली तो केबईं तुचो माहा, नी करते रहे टोंड।
तपसीमन संग तुइ इतरो, करसीस फंदी टोंड॥ १२५॥

साँचेहुँ मैं लबार भुज बीहा। जौं न उपारिउँ तव दस जीहा॥
समुझि राम प्रताप कपि कोपा। सभा माझ पन करि पद रोपा॥ ४॥

जौं मम चरन सकसि सठ टारी। फिरहिं रामु सीता मैं हारी॥
सुनहु सुभट सब कह दससीसा। पद गहि धरनि पछारहु कीसा॥ ५॥

इंद्रजीत आदिक बलवाना। हरषि उठे जहँ तहँ भट नाना॥
झपटहिं करि बल बिपुल उपाई। पद न टरइ बैठहिं सिरु नाई॥ ६॥

पुनि उठि झपटहीं सुर आराती। टरइ न कीस चरन एहि भाँती॥
पुरुष कुजोगी जिमि उरगारी। मोह बिटप नहिं सकहिं उपारी॥ ७॥

दो०– कोटिन्ह मेघनाद सम सुभट उठे हरषाइ।
झपटहिं टरै न कपि चरन पुनि बैठहिं सिर नाइ॥ ३४ (क)॥

भूमि न छाँड़त कपि चरन देखत रिपु मद भाग।
कोटि बिघ्न ते संत कर मन जिमि नीति न त्याग॥ ३४ (ख)॥

चौ०– कपि बल देखि सकल हियँ हारे। उठा आपु कपि कें परचारे॥
गहत चरन कह बालिकुमारा। मम पद गहें न तोर उबारा॥ १॥

गहसि न राम चरन सठ जाई। सुनत फिरा मन अति सकुचाई॥
भयउ तेजहत श्री सब गई। मध्य दिवस जिमि ससि सोहई॥ २॥

सिंघासन बैठेउ सिर नाई। मानहुँ संपति सकल गँवाई॥
जगदातमा प्रानपति रामा। तासु बिमुख किमि लह बिश्रामा॥ ३॥

उमा राम की भृकुटि बिलासा। होइ बिस्व पुनि पावइ नासा॥
तृन ते कुलिस कुलिस तृन करई। तासु दूत पन कहु किमि टरई॥ ४॥

पुनि कपि कही नीति बिधि नाना। मान न ताहि कालु निअराना॥
रिपु मद मथि प्रभु सुजसु सुनायो। यह कहि चल्यो बालि नृप जायो॥ ५॥

हतौं न खेत खेलाइ खेलाई। तोहि अबहिं का करौं बड़ाई॥
प्रथमहिं तासु तनय कपि मारा। सो सुनि रावन भयउ दुखारा॥ ६॥

जातुधान अंगद पन देखी। भय ब्याकुल सब भए बिसेषी॥ ७॥

अंगद बललो तुचो दसो जीभ के, मयँ नी उखनले जाले।
मयँ तेबे फंदी होएँदे रावन, तुके नी आपटले जाले॥ १२६॥
राम महेमा के जानुन अंगद, उठलो रीस ने भरुन।
रावन दरबार ने पायँ मडालो, भारी परन करुन॥ १२७॥
अरे मूरुख तुई जे मो चो, पायँ देसे गुचाउन।
जाले राम फिरुन जादे, सीता दिले हारुन॥ १२८॥
रावन बललो बीरमन सुना, पायँ के धरुन तुमी।
बेंदरा के उठाउन आपटुन दिआ, धरुन भाती तुमी॥ १२९॥
इंदरजीत संगे कइझन बीर, हरीक होते उठला।
छटपहुन थाकुन गेला सकतभर, बलेबल नी सकला॥ १३०॥
पायँ के गुचाले गुचते नीरहे, मुंड लवाउन जाओत।
लाज पाउन आपलो ठान ने, ओगाय बसते जाओत॥ १३१॥
देव बयरी उठुन नेते गरुड़, हुनबल नी सके।
जसन कुजोगी मोह रुख के, उखनुक नी सके॥ १३२॥

३४ क मेघनाथ असन करोड़ बीर रहत, हरीक होउन उठला।
संग धरुन उचाउन हारला, लाज पाउन बसला॥ १३३॥

३४ ख जसन कितरोय बाधा पड़लेवल, संत मन के नी छांडे।
हुसनेय बेंदरा पायँ भुँइ के, थाकला बले नी छांडे॥ १३४॥

दखुन बयरी चो सपा घमंड, चुकताय सरुन गेली।
सपाय हारला बल के दखुन, भारी अवगतान होली॥ १३५॥
अंगद चो धमकातो के सुनुन भाती, रावन आपन उठलो।
जसने पायँ के धरुक होलो, अंगद तेके बललो॥ १३६॥
मोचो पाँय घरले नी बाचीस, राम पायँ के धर।
तेबइ तुइ एथा बाचुक सकसे, मोचो गोठ धर॥ १३७॥
सुनुन मनने लाज पाउन, उठुन गेलो रावन।
मंझने जसन जोन दिखेसे, हुसने दिखे रावन॥ १३८॥
गादी ने बसलो मुंड लवाँउन, सपा हजालोसे जसन।
राम सपा जीव चो मालिक, पाठ करु के अस्तीर कसन॥ १३९॥
राम आइँख नेतते सवँसार जनमेसे, नास होएसे जेंमें।
उमा किटका के बजर करेसे, बजर किटका तेमें॥ १४०॥
सांग तिहँचो दूत चो परन, कसन ने टरुक सके।
अंगद समझए हुन माने नाई, काल के कोन सके॥ १४१॥
बयरी चो गरब के सारुन अंगद, राम जस के सांगे।
फेर बाली चो बेटा निकरलो, बलुन भाती आगे॥ १४२॥
रन भाटा ने खेलाउन-खेलाउन, जेबेलगले नी मारें।
एबे मयँ जुगे काय के बलें, ढोंग काय आगतले मारें॥ १४३॥

दो०– रिपु बल धरषि हरषि कपि बालितनय बल पुंज।
पुलक सरीर नयन जल गहे राम पद कंज॥ ३५ (क)॥

साँझ जानि दसकंधर भवन गयउ बिलखाइ।
मंदोदरीं रावनहि बहुरि कहा समुझाइ॥ ३५ (ख)॥

चौ०– कंत समुझि मन तजहु कुमतिही। सोह न समर तुम्हहि रघुपतिही॥
रामानुज लघु रेख खचाई। सोउ नहिं नाघेहु असि मनुसाई॥ १॥

पिय तुम्ह ताहि जितब संग्रामा। जाके दूत केर यह कामा॥
कौतुक सिंधु नाघि तव लंका। आयउ कपि केहरी असंका॥ २॥

रखवारे हति बिपिन उजारा। देखत तोहि अच्छ तेहिं मारा॥
जारि सकल पुर कीन्हेसि छारा। कहाँ रहा बल गर्ब तुम्हारा॥ ३॥

अब पति मृषा गाल जनि मारहु। मोर कहा कछु हृदयँ बिचारहु॥
पति रघुपतिहि नृपति जनि मानहु। अग जग नाथ अतुलबल जानहु॥ ४॥

बान प्रताप जान मारीचा। तासु कहा नहिं मानेहि नीचा॥
जनक सभाँ अगनित भूपाला। रहे तुम्हउ बल अतुल बिसाला॥ ५॥

भंजि धनुष जानकी बिआही। तब संग्राम जितेहु किन ताही॥
सुरपति सुत जानइ बल थोरा। राखा जिअत आँखि गहि फोरा॥ ६॥

सूपनखा कै गति तुम्ह देखी। तदपि हृदयँ नहिं लाज बिसेषी॥ ७॥

दो०– बधि बिराध खर दूषनहि लीलाँ हत्यो कबंध।
बालि एक सर मार्‌यो तेहि जानहु दसकंध॥ ३६॥

चौ०– जेहिं जलनाथ बँधायउ हेला। उतरे प्रभु दल सहित सुबेला॥
कारुनीक दिनकर कुल केतू। दूत पठायउ तव हित हेतू॥ १॥

सभा माझ जेहिं तव बल मथा। करि बरूथ महुँ मृगपति जथा॥
अंगद हनुमत अनुचर जाके। रन बाँकुरे बीर अति बाँके॥ २॥

तेहि कहँ पिय पुनि पुनि नर कहहू। मुधा मान ममता मद बहहू॥
अहह कंत कृत राम बिरोधा। काल बिबस मन उपज न बोधा॥ ३॥

काल दंड गहि काहु न मारा। हरइ धर्म बल बुद्धि बिचारा॥
निकट काल जेहि आवत साईं। तेहि भ्रम होइ तुम्हारिहि नाईं॥ ४॥

बेटा के आगे मारुन रहे, रावन दुखी सुनुन।
अंगद परन के सुनुन रक्सा, डर ले गेला बो मरुन॥ १४४॥

३५ (क) बयरी सकत के मारुन फिरलो, राम पायँ के धरलो।
देहें सीतकाटा आइँख ने पानी, राम चो बिन्ती करलो॥ १४५॥

* रावन के मंदोदरी चो समझातोर *

३५ (ख) सांझ होलो के जानुन रावन, कलपने महल गेलो।
समझाउन मंदोदरी बलली हुनके, दखुन अवगतान होलोर॥ १॥

राम संगे लड़तोर नी सोहे तुमके, कुमत छांडा तुमी।
राम भाई चो डांड पाड़लोके, नाहकुक नी सकलसा तुमी॥ २॥
राजा काय तिहँके जीतुक सकासे, जेचो दूत चो असन काम।
समुंद नाहकुन लंका ने इलो, डर चो नी रहे नावँ॥ ३॥
रखवार के मारून बन उजडालो, अछय के मारुन दिलो।
तुमचो सकत केंव रहे तेबे, लंका के डसाउन गेलो॥ ४॥
फोकहा ढोंग नी करा तुनी, मोचो बललो के माना।
राम के अबगो राजा नी माना, सपाचो मालिक जाना॥ ५॥
राम कांड परताप मारीच जानू, तेचो के नी मानलास।
जनक दरबार ने अनगिनत संगे, तुम बल बली रलास॥ ६॥
उथा राम धनऊ टुटाउन भाती, सीता संग बिहा करला।
तेबे कसन नी जीतलास तुमी, जेठाने बिहा करला॥ ७॥
जयंत जानेसे तिहँचो बल के, जेचो गोटोक आइँख गेली।
बहिन चो गत के दखासीस, जे निलजहीन जाउन रली॥ ८॥

३६ विराध, खर, दूसन के मारला, खेल ने कबंध के मारला।
तिहँके जाना जे गोटकी कांड ले, बाली बीर के मारला॥ ९॥

समूंद के जे खेल ने बंधाउन, सुबेल ने डेरा पड़ला।
सूरुजकुल चो कीरत बढ़ाऊ, दूत पठाउन हित करला॥ १०॥
सभा पुरे जे तुमचो बल के, असन मताउन दिलो।
हाथी गोहड़ा ने एउन जसन, सिंघ हबड़ाउन गेलो॥ ११॥
रन भाटा मंजी भारी बीर, हतू अंगद तिहँचो सेउक।
देव तुमी तिहँके मनुख बलासीस, जेचो वीरमन जात सेउक॥ १२॥
मान घमंड चो बोझ के फोकहा, धरुन हिंडासीस तुमी।
राम बइर ले काल चो पुरती, तेबे नी चेतास तुमी॥ १३॥

दो०– दुइ सुत मरे दहेउ पुर अजहुँ पूर पिय देहु।
कृपासिंधु रघुनाथ भजि नाथ बिमल जसु लेहु॥ ३७॥

चौ०– नारि बचन सुनि बिसिख समाना। सभाँ गयउ उठि होत बिहाना॥
बैठ जाइ सिंघासन फूली। अति अभिमान त्रास सब भूली॥ १॥

इहाँ राम अंगदहि बोलावा। आइ चरन पंकज सिरु नावा॥
अति आदर सपीप बैठारी। बोले बिहँसि कृपाल खरारी॥ २॥

बालितनय कौतुक अति मोही। तात सत्य कहु पूछउँ तोही॥
रावनु जातुधान कुल टीका। भुज बल अतुल जासु जग लीका॥ ३॥

तासु मुकुट तुम्ह चारि चलाए। कहहु तात कवनी बिधि पाए॥
सुनु सर्बग्य प्रनत सुखकारी। मुकुट न होहिं भूप गुन चारी॥ ४॥

साम दान अरु दंड बिभेदा। नृप उर बसहिं नाथ कह बेदा॥
नीति धर्म के चरन सुहाए। अस जियँ जानि नाथ पहिं आए॥ ५॥

दो०– धर्महीन प्रभु पद बिमुख काल बिबस दससीस।
तेहि परिहरि गुन आए सुनहु कोसलाधीस॥ ३८ (क)॥

परम चतुरता श्रवन सुनि बिहँसे रामु उदार।
समाचार पुनि सब कहे गढ़ के बालिकुमार॥ ३८ (ख)॥

चौ०– रिपु के समाचार जब पाए। राम सचिव सब निकट बोलाए॥
लंका बाँके चारि दुआरा। केहि बिधि लागिअ करहु बिचारा॥ १॥

तब कपीस रिच्छेस बिभीषन। सुमिरि हृदयँ दिनकर कुल भूषन॥
करि बिचार तिन्ह मंत्र दृढ़ावा। चारि अनी कपि कटकु बनावा॥ २॥

जथाजोग सेनापति कीन्हे। जूथप सकल बोलि तब लीन्हे॥
प्रभु प्रताप कहि सब समुझाए। सुनि कपि सिंघनाद करि धाए॥ ३॥

हरषित राम चरन सिर नावहिं। गहि गिरि सिखर बीर सब धावहिं॥
गर्जहिं तर्जहिं भालु कपीसा। जय रघुबीर कोसलाधीसा॥ ४॥

जानत परम दुर्ग अति लंका। प्रभु प्रताप कपि चले असंका॥
घटाटोप करि चहुँ दिसि घेरी। मुखहिं निसान बजावहिं भेरी॥ ५॥

काल ठेंगा धरुन काकेय नी मारे, धरम गियान सकत नेएसे।
जेचो काल अमरुन जाएसे, हुनचो बुध के नेएसे॥ १४॥

३७ बेटा मन मरला राज जरली, एबे बल पूरा तो करा।
किरपा चो समुंद राम के भजुन, जिवना चो जस धरा॥ १५॥

* लड़ई *

बायले चो कांड माहा गोठ सुनुन, बिहान पहाते गेलो।
सपाय डर भय भुलकुन भाती, घमंड ले गादी बसलो॥ १॥
इन् अंगद एउन पायँ पड़लो, जसने राम बलाला।
मान देते लगे बसाउन राम, हाँसते हाँसते बलला॥ २॥
बालि चो बेटा अचरित होएसे, सते सांग जे पूछेसे।
रक्सा कुल ने रावन बड़े, पुरे सवँसार लुकेसे॥ ३॥
हुनचो चार-ठान मुकुट पकालीस, कसन ले तेके पाउन।
बललो अंगद मुकुट नोआय, ये आत राजा गुन॥ ४॥
बेद असन बलसोत भगवान, जे राजा हिरदे ने रहेसे।
साम, दान, दंड, भेद चारों, नंगत राजा लग रहेसे॥ ५॥
नीती धरम चो गुन आय ये, जे नीआत रावन लगे।
असन मन ले जानुन भाती; ये इलासोत भगवान लगे॥ ६॥

३८ (क) दसमुँडेया रैयत धरम बिगर, काल चो पुरती होला।
तेबे ये रावन के छांडुन भाती, तुमचो लग अमरून गेला॥ ७॥

३८ (ख) चतुर अंगद चो गोठ के सुनुन, भगवान राम हांसला।
फेर बाली चो अंगद बेटा, लंका चो खबर सांगला॥ ८॥

बयरी चो सपा खबर जानुन राम, देवानमन के बलला।
लंका गढ़ चो अटपट ठान ने, जूझतो, बिचार कराला॥ ९॥
सुगरीव, जामवंत, बिभीसन मन ले, राम चो सुमरना करला।
बिचारुन काम के पक्की करुन, चार दल फउद करला॥ १०॥
बरकस कपतानमन के सोपुन, दल लोग के बलाला।
भगवान महेमा सपा कें समझाला सुनुन गरजते परला॥ ११॥
राम पायँ के हरीक ले पड़ुन, परासोत डोगरी धरून।
राम चो जय हों जय हो बलते, धमकाते जासोत गरजून॥ १२॥
लंका के भारी गढ़ जानते बल, राम महेमा ले निडर जाओत।
चारो खूट बादरी माहा ढापला, मुँह ले डंका बजाओत॥ १३॥

दो०— जयति राम जय लछिमन जय कपीस सुग्रीव।
गर्जहिं सिंघनाद कपि भालु महा बल सींव॥ ३९॥

चौ०— लंकाँ भयउ कोलाहल भारी। सुना दसानन अति अहँकारी॥
देखहु बनरन्ह केरि ढिठाई। बिहँसि निसाचर सेन बोलाई॥ १॥

आए कीस काल के प्रेरे। छुधावंत सब निसिचर मेरे॥
अस कहि अट्टहास सठ कीन्हा। गृह बैठें अहार बिधि दीन्हा॥ २॥

सुभट सकल चारिहुँ दिसि जाहू। धरि धरि भालु कीस सब खाहू॥
उमा रावनहि अस अभिमाना। जिमि टिट्टिभ खग सूत उताना॥ ३॥

चले निसाचर आयसु मागी। गहि कर भिंडिपाल बर साँगी॥
तोमर मुद्गर परसु प्रचंडा। सुल कृपान परिघ गिरिखंडा॥ ४॥

जिमि अरुनोपल निकर निहारी। धावहिं सठ खग मांस अहारी॥
चोंच भंग दुख तिन्हहि न सूझा। तिमि धाए मनुजाद अबूझा॥ ५॥

दो०— नानायुध सर चाप धर जातुधान बल बीर।
कोट कँगूरन्हि चढ़ि गए कोटि कोटि रनधीर॥ ४०॥

चौ०— कोट कँगूरन्हि सोहहिं कैसे। मेरु के सृंगनि जनु घन बैसे॥
बाजहिं ढोल निसान जुझाऊ। सुनि धुनि होइ भटन्हि मन चाऊ॥ १॥

बाजहिं भेरि नफीरि अपारा। सुनि कादर उर जाहिं दरारा॥
देखिन्ह जाइ कपिन्ह के ठट्टा। अति बिसाल तनु भालु सुभट्टा॥ २॥

धावहिं गनहिं न अवघट घाटा। पर्बत फोरि करहिं गहि बाटा॥
कटकटाहिं कोटिन्ह भट गर्जहिं। दसन ओठ काटहिं अति तर्जहिं॥ ३॥

उत रावन इत राम दोहाई। जयति जयति जय परी लराई॥
निसिचर सिखर समूह ढहावहिं। कूदि धरहिं कपि फेरि चलावहिं॥ ४॥

छं०— धरि कुधर खंड प्रचंड कर्कट भालु गढ़ पर डारहीं।
झपटहिं चरन गहि पटकि महि भजि चलत बहुरि पचारहीं॥
अति तरल तरुन प्रताप तरपहिं तमकि गढ़ चढ़ि चढ़ि गए।
कपि भालु चढ़ि मंदिरन्ह जहँ तहँ राम जसु गावत भए॥

दो०— एकु एकु निसिचर गहि पुनि कपि चले पराइ।
ऊपर आपु हेठ भट गिरहिं धरनि पर आइ॥ ४१॥

चौ०— राम प्रताप प्रबल कपिजूथा। मर्दहिं निसिचर सुभट बरूथा॥
चढ़े दुर्ग पुनि जहँ तहँ बानर। जय रघुबीर प्रताप दिवाकर॥ १॥

चले निसाचर निकर पराई। प्रबल पवन जिमि घन समुदाई॥
हाहाकार भयउ पुर भारी। रोवहिं बालक आतुर नारी॥ २॥

३९ भारी बली भालु, बेंदरा गरजत, भगवान राम चो जय।
लछमन जी चो जय बलत, सुगरीव राजा चो जय॥ १४॥

गुलाय लंका कोल्हार होली, घमंडी रावन बललो।
वेंदरामन चो हिमत के दखा, फउद बलाउक बललो॥ १५॥
काल ने पड़ुन बेंदरा इलासोत, रक्सा बल मुके आसोत।
घरे खाउक दिलो भगवान, बलते हाँसते जासोत॥ १६॥
चारों खूट जाउन बेंदरा भालू के, खाहा धरून धरून।
उमा घमँड जसन टिटई[1] सोएसे, पायँ के ऊपर करून॥ १७॥
हुकुम पावते भाला, मुदगर, फरसा, डोंगरी गोंदा धरला।
भिंदपाल, तोमर, तरवार, कटारी, रक्सा धरुन चलला॥ १८॥
मांस खाऊ मूरुख चड़ई जसन, लाल डोंगरी ऊपर जासोत।
चोंडी खापा जातोचो चेत गाईं, हुसने रक्सा जासोत॥ १९॥

४० बाराबानी चो हात हतयार, धनऊ कांड धरलोर रक्सा।
चारों खूट कोट ने चेधुन दिला, बड़े-बड़े वीर रक्सा॥ २०॥

कोट टीप ने रक्सा दिखत, सुमेरु टीप ने बादरी जसन।
नंगारा ढोल धाँवतो पाड़ले बाजत, मन लड़ुक होओ असन॥ २१॥
तोड़ी मोहरी अनगिनत सुनते, डरहा छाती के धरला।
उथा ले बड़े बड़े भालु बेंदरा, बीरमन के दखला॥ २२॥
बेंदरा भालू परासोत घाटी गुलाय, ओदराते बाट बनासोत।
कोटी बीर कटरते गरजसोत, दांत-ओंठ बजाते जासोत॥ २३॥
हैव रावन इसू राम गोहार, लड़ पक सपा भिड़ला।
रस्सा डोंगरी फिंगलोने झोकुन, उल्टाउन देओत बेंदरा॥ २४॥
डोगरी गोंदा धरून भालू बेंदरा, गढ़ ने फिंगते जाओत।
उधलते घुड़काउन पायँ के धरून, आपटते पराउन जाओत॥ २५॥
चांडे-चांड बीर उधलुन उधलुन, गड़ उपरे चेघते जात।
महल गुलाय ओयलुन ओयलुन, राम जस के गात॥ २६॥

४१ गोटोक गोटोक रक्सा के धरून, खाले घसराते जात।
ऊपर आपन तिहँके खाले, भुएँ आपटते जात॥ २७॥

राम परताप ले रक्सामन के, बेंदरा रमॅजते जाओत।
गढ़े चेधुन सुरज माहा राम चो, जय जय बलते जाओत॥ २८॥

---
१. टिटई = गोड़ोदी चड़ई।

सब मिलि देहिं रावनहि गारी। राज करत एहिं मृत्यु हँकारी॥
निज दल बिचल सुनी तेहिं काना। फेरि सुभट लंकेस रिसाना॥ ३॥

जो रन बिमुख सुना मैं काना। सो मैं हतब कराल कृपाना॥
सर्बसु खाइ भोग करि नाना। समर भूमि भए बल्लभ प्राना॥ ४॥

उग्र बचन सुनि सकल डेराने। चले क्रोध करि सुभट लजाने॥
सन्मुख मरन बीर कै सोभा। तब तिन्ह तजा प्रान कर लोभा॥ ५॥

दो०– बहु आयुध धर सुभट सब भिरहिं पचारि पचारि।
ब्याकुल किए भालु कपि परिघ त्रिसूलन्हि मारि॥ ४२॥

चौ०– भय आतुर कपि भागन लागे। जद्यपि उमा जीतिहहिं आगे॥
कोउ कह कहँ अंगद हनुमंता। कहँ नल नील दुबिद बलवंता॥ १॥

निज दल बिकल सुना हनुमाना। पच्छिम द्वार रहा बलवाना॥
मेघनाद तहँ करइ लराई। टूट न द्वार परम कठिनाई॥ २॥

पवनतनय मन भा अति क्रोधा। गर्जेउ प्रबल काल सम जोधा॥
कूदि लंक गढ़ ऊपर आवा। गहि गिरि मेघनाद कहुँ धावा॥ ३॥

भंजेउ रथ सारथी निपाता। ताहि हृदय महुँ मारेसि लाता॥
दुसरें सूत बिकल तेहि जाना। स्यंदन घालि तुरत गृह आना॥ ४॥

दो०– अंगद सुना पवनसुत गढ़ पर गयउ अकेल।
रन बाँकुरा बालिसुत तरकि चढ़ेउ कपि खेल॥ ४३॥

चौ०– जुद्ध बिरुद्ध क्रुद्ध द्वौ बंदर। राम प्रताप सुमिरि उर अंतर॥
रावन भवन चढ़े द्वौ धाई। करहिं कोसलाधीस दोहाई॥ १॥

कलस सहित गहि भवनु ढहावा। देखि निसाचरपति भय पावा॥
नारि बृंद कर पीटहिं छाती। अब दुइ कपि आए उतपाती॥ २॥

कपिलीला करि तिन्हहि डेरावहिं। रामचंद्र कर सुजसु सुनावहिं॥
पुनि कर गहि कंचन के खंभा। कहेन्हि करिअ उतपात अरंभा॥ ३॥

गर्जि परे रिपु कटक मझारी। लागे मर्दै भुज बल भारी॥
काहुहि लात चपेटन्हि केहू। भजहु न रामहि सो फल लेहू॥ ४॥

दो०– एक एक सों मर्दहिं तोरि चलावहिं मुंड।
रावन आगें परहिं ते जनु फूटहिं दधि कुंड॥ ४४॥

चौ०– महा महा मुखिआ जे पावहिं। ते पद गहि प्रभु पास चलावहिं॥
कहइ बिभीषनु तिन्ह के नामा। देहिं राम तिन्हहू निज धामा॥ १॥

लेहरा ले दादरी परालो माहा, रक्सा पराउन जात।
सकत नाहलो गागुक बसला, दंदरुन गागते जात॥ २९॥
मिसुन सपा रावन के सरापत, भोग करते मउत आनलो।
दंदरलो फउद चो परातोके सुनुन, फिराउन रीस ने बललो॥ ३०॥
जेचो पाठ करते परातोके सुनेंदे, जीव के खाएँदे पूजून।
एदाँय जीव काज लोभ कारासीस, जीवलास मोचोखाउन॥ ३१॥
रीस गोठ सुनुन डरला सपा, लाज होउन फिरला।
भाटा ने पुरे होउन मरलोने सोभा, जीव लोभ के छांडला॥ ३२॥

४२ खुबे हतेयार धरून बीरमन, चिचियाते उमहुन भिड़ला।
हतेयार ले मारून बेंदरा-भालू के, सने बोमराउन दिला॥ ३३॥

बेंदरा डरुन परात बले, उमा ते पुरे जीतदे।
कोनी बलत अंगद हनू, नल, नील, केवँ एबे होदे॥ ३४॥
दल के डरलो सुनलो हनू, आपन बूड़ती बाट रहे।
मेघनाथ संगे लड़ते रहे, बाट नी टूटते रहे॥ ३५॥
हनू के भारी रीस बियावली, काल माहा गरजलो।
पहाड़ धरून गढ़ ले डगालो, मेघनाथ बाट गेलो॥ ३६॥
रथ के टुटावन सारथी के मारलो, छाती ने लात दिलो।
मेघनाथ के अवचेत दखुन दूसर, जोड़ुन घरे निलो॥ ३७॥

४३ एकलो जाउन हनू गढ़ ऊपरे, लड़े से अंगद सुनलो।
रन ने चतुर उलटुन भाती, गढ़ ऊपरे चेखलो॥ ३८॥

दुनोय बेंदरा बयरी पुरे, मन ने राम के सुमरून।
रावन महल ऊपरे चेघला, राम चो दुहई करून॥ ३९॥
कलस महल के भड़लाउन दिला, रावन डरलो दखुन।
मेहरार छाती पेटुन गागत, दुईठन बेंदरा दखुन॥ ४०॥
लीला करते घुड़कुन डरात, राम चो जस सांगत।
सोन डेरी के हाते धरून, गुलाय उपदरो करोत॥ ४१॥
गरजुन डगासोत फउद मंजगत, बाहां ने मसकुन देसोत।
राम के तुमी नी भजास बलुन, थापड़ लात ने देसोत॥ ४२॥

४४ एक-दूसर के रमजुन मारते, पकासोत मुँड टुटाउन।
रावन पुरे दही टांडी माहा मुंड, फूटते जासोत गिरून॥ ४३॥

बड़े-बड़े मुखिया चो पायँ धरून, राम बाट फिंगते जासोत।
बिभीसन ले नावँ सुमुन राम, धाम देते जासोत॥ ४४॥
बाम्हन माँस खाऊ मनुख-खाया, रक्सा गती पासोत।
जोगी जेके हमेस मांगसोत, बले-बल ते नी पाओत॥ ४५॥

खल मनुजाद द्विजामिष भोगी। पावहिं गति जो जाचत जोगी॥
उमा राम मृदुचित करुनाकर। बयर भाव सुमिरत मोहि निसिचर॥ २॥

देहिं परम गति सो जियँ जानी। अस कृपाल को कहहु भवानी॥
अस प्रभु सुनि न भजहिं भ्रम त्यागी। नर मतिमंद ते परम अभागी॥ ३॥

अंगद अरु हनुमंत प्रबेसा। कीन्ह दुर्ग अस कह अवधेसा॥
लंकाँ द्वौ कपि सोहहिं कैसें। मथहि सिंधु दुइ मंदर जैसें॥ ४॥

दो०– भुज बल रिपु दल दलमलि देखि दिवस कर अंत।
कूदे जुगल बिगत श्रम आए जहँ भगवंत॥ ४५॥

चौ०– प्रभु पद कमल सीस तिन्ह नाए। देखि सुभट रघुपति मन भाए॥
राम कृपा करि जुगल निहारे। भए बिगतश्रम परम सुखारे॥ १॥

गए जानि अंगद हनुमाना। फिरे भालु मर्कट भट नाना॥
जातुधान प्रदोष बल पाई। धाए करि दससीस दोहाई॥ २॥

निसिचर अनी देखि कपि फिरे। जहँ तहँ कटकटाइ भट भिरे॥
द्वौ दल प्रबल पचारि पचारी। लरत सुभट नहिं मानहिं हारी॥ ३॥

महाबीर निसिचर सब कारे। नाना बरन बलीमुख भारे॥
सबल जुगल दल समबल जोधा। कौतुक करत लरत करि क्रोधा॥ ४॥

प्राबिट सरद पयोद घनेरे। लरत मनहुँ मारुत के प्रेरे॥
अनिप अकंपन अरु अतिकाया। बिचलत सेन कीन्हि इन्ह माया॥ ५॥

भयउ निमिष महँ अति अँधियारा। बृष्टि होइ रुधिरोपल छारा॥ ६॥

दो०– देखि निबिड़ तम दसहुँ दिसि कपिदल भयउ खभार।
एकहि एक न देखई जहँ तहँ करहिं पुकार॥ ४६॥

चौ०– सकल मरमु रघुनायक जाना। लिए बोलि अंगद हनुमाना॥
समाचार सब कहि समुझाए। सुनत कोपि कपिकुंजर धाए॥ १॥

पुनि कृपाल हँसि चाप चढ़ावा। पावक सायक सपदि चलावा॥
भयउ प्रकास कतहुँ तम नाहीं। ग्यान उदयँ जिमि संसय जाहीं॥ २॥

भालु बलीमुख पाइ प्रकासा। धाए हरष बिगत श्रम त्रासा॥
हनूमान अंगद रन गाजे। हाँक सुनत रजनीचर भाजे॥ ३॥

भागत भट पटकहिं धरि धरनी। करहिं भालु कपि अद्भुत करनी॥
गहि पद डारहिं सागर माहीं। मकर उरग झष धरि धरि खाहीं॥ ४॥

सहज मन चो दयावाय राम, उमा ते बिचार करसोत।
रक्सामन बइर धरून बले, मोके मुरता करसोत॥ ४६॥
साँग दयावान कोन जे असन, बिचारुन मुक्ती देसोत।
टकर सुनते भरम छांडुन जे, भजन नी करसोत॥ ४७॥
हुन जनम बेअकली अभागा, एके तुई मान सत।
राम बलला अंगद हनू दुनोंय, गढ़ ने ओयलासोत॥ ४८॥
दुनों बेंदरा लंका उजड़ातो दाय, असन सोभा पासोत।
जसन मंदराचल दुई ठन होउन, समुंद के मथते जासोत॥ ४९॥

४५ बाहाँ जोर ले बयरी फउद के, खुदुन रमजुन भाती।
दुनों सुस्ताउन राम बाट गेला, सांझ के दखुन भाती॥ ५०॥

पायँ पड़ला दुनों राम चो, राम हरीक होला दखुन।
किरपा करून जसने दखला, थाकी गेली सरून॥ ५१॥
अंगद हनू चो फिरलोके जानुन, बेंदरा उल्टुन इला।
सांझ होते दखुन रक्सा फउद, दुहई पाड़ते अमरला॥ ५२॥
फउद के दखुन बेंदरा उलटला, कटकटते भिड़ला सपा।
दुनोंय दल बीर हार नी मानत, दपटाते लड़त सपा॥ ५३॥
रक्सामन करिया भारी बीर, रंग-रंग चो बेंदरा बड़े।
दुनो दल बली समान बीर, खेल करत बड़े-बड़े॥ ५४॥
लागे बरसा आरू सीतकार बादरी, जत खत खुबे आसोत।
लेहरा चो जोर पाउन भाती, लड़ुक भिड़ुन जासोत॥ ५५॥
अकंपन-अतिकाय आपलो फउद के, हारते दखुन भाती।
लाखड़ी पखना लोहू बरसात, माया करून भाती॥ ५६॥

४६ दसोंखूट चिमचिमा अंधार, दखुन, बदरा हड़बडु न माती।
एक दूसर के दखुक नी सकत, गोहारत चिचियाउन भाती॥ ५७॥

सपा भेद के जानुन राम, अंगद हनू के बलाला।
रीसले निसकला दुनों बेदरा, जसने राम समझाला॥ ५८॥
हाँसते अगिनबान राम चलाला, उजड़ होली गुलाय।
जसन गियान मन ने होले, भरम उठुन जाय॥ ५९॥
बेंदरा-भालु उजड़ पाउन, हरीक होते पराला।
अंगद हनू चो गरजना सुनते, रक्सा छूटुन पराला॥ ६०॥
पराउमन के धरुन बेंदरा, भुंए आपटुन मारत।
असन अदभुत करनी करत, धरुन समुंद ने डारत॥ ६१॥

दो०– कछु मारे कछु घायल कछु गढ़ चढ़े पराइ।
गर्जहिं भालु बलीमुख रिपु दल बल बिचलाइ॥ ४७॥

चौ०– निसा जानि कपि चारिउ अनी। आए जहाँ कोसला धनी॥
राम कृपा करि चितवा सबही। भए बिगतश्रम बानर तबही॥ १॥

उहाँ दसानन सचिव हँकारे। सब सन कहेसि सुभट जे मारे॥
आधा कटकु कपिन्ह संघारा। कहहु बेगि का करिअ बिचारा॥ २॥

माल्यवंत अति जरठ निसाचर। रावन मातु पिता मंत्री बर॥
बोला बचन नीति अति पावन। सुनहु तात कछु मोर सिखावन॥ ३॥

जब ते तुम्ह सीता हरि आनी। असगुन होहिं न जाहिं बखानी॥
बेद पुरान जासु जसु गायो। राम बिमुख काहुँ न सुख पायो॥ ४॥

दो०– हिरन्याच्छ भ्राता सहित मधु कैटभ बलवान।
जेहिं मारे सोइ अवतरेउ कृपासिंधु भगवान॥ ४८ (क)॥

मासपारायण, पचीसवाँ विश्राम

कालरूप खल बन दहन गुनागार घनबोध।
सिव बिरंचि जेहि सेवहिं तासों कवन बिरोध॥ ४८ (ख)॥

चौ०– परिहरि बयरु देहु बैदेही। भजहु कृपानिधि परम सनेही॥
ताके बचन बान सम लागे। करिआ मुह करि जाहि अभागे॥ १॥

बूढ़ भएसि न त मरतेउँ तोही। अब जनि नयन देखावसि मोही॥
तेहिं अपने मन अस अनुमाना। बध्यो चहत एहि कृपानिधाना॥ २॥

सो उठि गयउ कहत दुर्बादा। तब सकोप बोलेउ घननादा॥
कौतुक प्रात देखिअहु मोरा। करिहउँ बहुत कहौं का थोरा॥ ३॥

सुनि सुत बचन भरोसा आवा। प्रीति समेत अंक बैठावा॥
करत बिचार भयउ भिनुसारा। लागे कपि पुनि चहूँ दुआरा॥ ४॥

कोपि कपिन्ह दुर्घट गढ़ु घेरा। नगर कोलाहलु भयउ घनेरा॥
बिबिधायुध धर निसिचर धाए। गढ़ ते पर्बत सिखर ढहाए॥ ५॥

छं०– ढाहे महीधर सिखर कोटिन्ह बिबिध बिधि गोला चले।
घहरात जिमि पबिपात गर्जत जनु प्रलय के बादले॥
मर्कट बिकट भट जुटत कटत न लटत तन जर्जर भए।
गहि सैल तेहि गढ़ पर चलावहिं जहँ सो तहँ निसिचर हए॥

हुता मंगर, सांप, मछरी तिहँके, धरून धरून खात।
थोड़े भरला थोड़े धवलला, थोड़े उपरे परात॥ ६२॥

४७ आपलो बल पुरे बयरी दल के, एकेदाँय घबरालोर दखुन।
बेंदरा भालु अटपट गरजत, तिहँचो परातो के दखुन॥ ६३॥

रात जानुन चारों पउद अमरला, जेलग राम रहत।
किरपा करते राम तिहँके दखला, उजरला जे थाकुन रहत॥ ६४॥
हेंव रावन देवानमन के सांगलो, बीरमन चो मरलोर।
आधा फउद के साररा बेंदरा, उआटा काय आय करतोर॥ ६५॥
माल्यवंत डोकरा जे देवान रहे, हुनचो आजा बले।
मोचो बल सुना तुमन नंगत, जे पबितर नीती बले॥ ६६॥
जेदिन ले सीता के चोरून आनलीस, असगुन होएसे भारी।
राम ले बइर सुख नी मिरेदे, बेद-पुरान गासोत भारी॥ ६७॥

४८ (क) हिरनाकस्यप, हिरनाच्छ आरू, मधुकैटभ के जे मारलोसे।
हुनी किरपा चो धाम भगवान, एदाँय अवतार धरलोसे॥ ६८॥

४८ (ख) जे काल आय दुसट बन के, जरातो काज आइग असन।
गुन चो धाम सिव ब्रह्मा मानसोत, तिहँचो रेन बइर कसन॥ ६९॥

बइर छांडुन सीता फिराउन दिआ, राम चो भजन करा।
कांड माहा लागली गोठ बललोर, एचो मुंह के करेया करा॥ ७०॥
डोकरा आस नाहले मरते-मारते, मुँह नी दखाव मोके।
सुनुन बिचारलो माल्यवंत तेबे, ये राम हाते मरुक दखे॥ ७१॥
रावन के सरापते जाते गेलो, मेघनाथ रीस ले बललो।
बिहान पहाते मोचो गुन दखासे, जुगे काय बलें बललो॥ ७२॥
भरोसा करते रावन कोरा बसालो बिचारते पाहाली बिहान।
चारों जूट बेंदरा टेकुन दिला, बाटे घाटे धारोधियान॥ ७३॥

* लछमन मेघनाथ लड़ई *

बेंदरा चारों खूट छेकुन दिला, रक्सा पराते एओत।
गढ़ ऊपर ले बड़े बड़े पखना, चारों खूट पकाउन देओत॥ १॥
कितरोय पखना घसराला रक्सा, रकम रकम गोला चले।
गाज पड़लो माहा गरजना होए, जसन परलय बादरी चले॥ २॥
भारी बेंदरा बीर भिड़ुन जासोत, देंह चोलन होए।
नी हारून डोंगरी के पकात, रक्सामन चो मउत होए॥ ३॥

दो०-- मेघनाद सुनि श्रवन अस गढ़ु पुनि छेंका आइ।
उतर्‌यो बीर दुर्ग तें सन्मुख चल्यो बजाइ॥ ४९॥

चौ०- कहँ कोसलाधीस द्वौ भ्राता। धन्वी सकल लोक बिख्याता॥
कहँ नल नील दुबिद सुग्रीवा। अंगद हनूमंत बल सींवा॥ १॥

कहाँ बिभीषनु भ्राताद्रोही। आजु सबहि हठि मारउँ ओही॥
अस कहि कठिन बान संधाने। अतिसय क्रोध श्रवन लगि ताने॥ २॥

सर समुह सो छाड़ै लागा। जनु सपच्छ धावहिं बहु नागा॥
जहँ तहँ परत देखिअहिं बानर। सन्मुख होइ न सके तेहि अवसर॥ ३॥

जहँ तहँ भागि चले कपि रीछा। बिसरी सबहि जुद्ध कै ईछा॥
सो कपि भालु न रन महँ देखा। कीन्हेसि जेहि न प्रान अवसेषा॥ ४॥

दो०- दस दस सर सब मारेसि परे भूमि कपि बीर।
सिंहनाद करि गर्जा मेघनाद बल धीर॥ ५०॥

चौ०- देखि पवनसुत कटक बिहाला। क्रोधवंत जनु धायउ काला॥
महासैल एक तुरत उपारा। अति रिस मेघनाद पर डारा॥ १॥

आवत देखि गयउ नभ सोई। रथ सारथी तुरग सब खोई॥
बार बार पचार हनुमाना। निकट न आव मरमु सो जाना॥ २॥

रघुपति निकट गयउ घननादा। नाना भाँति करेसि दुर्बादा॥
अस्त्र सस्त्र आयुध सब डारे। कौतुकहीं प्रभु काटि निवारे॥ ३॥

देखि प्रताप मूढ़ खिसिआना। करै लाग माया बिधि नाना॥
जिमि कोउ करै गरुड़ सैं खेला। डरपावै गहि स्वल्प सपेला॥ ४॥

दो०- जासु प्रबल माया बल सिव बिरंचि बड़ छोट।
ताहि दिखावइ निसिचर निज माया मति खोट॥ ५१॥

चौ०- नभ चढ़ि बरष बिपुल अंगारा। महि ते प्रगट होहिं जलधारा॥
नाना भाँति पिसाच पिसाची। मारु काटु धुनि बोलहिं नाची॥ १॥

बिष्टा पूय रुधिर कच हाड़ा। बरषइ कबहुँ उपल बहु छाड़ा॥
बरषि धूरि कीन्हेसि अँधिआरा। सूझ न आपन हाथ पसारा॥ २॥

कपि अकुलाने माया देखें। सब कर मरन बना एहि लेखें॥
कौतुक देखि राम मुसुकाने। भए सभीत सकल कपि जाने॥ ३॥

एक बान काटी सब माया। जिमि दिनकर हर तिमिर निकाया॥
कृपादृष्टि कपि भालु बिलोके। भए प्रबल रन रहहिं न रोके॥ ४॥

दो०- आयसु मागि राम पहिं अंगदादि कपि साथ।
लछिमन चले क्रुद्ध होइ बान सरासन हाथ॥ ५२॥

४९ बेंदरा छेकलासोत गढ़ के चारो खूट, मेंघनाथ जसने सुनलो।
महल ले उतरुन डंका पेटाते, साग चो पुरे अमरलो॥ ४॥

सपा लोक ने बड़े धनऊ-कांडया, दुनों भाई केंव आसोत।
नल, नील, सुगरीव, अंगद, हनू, ए बीरमन केंव आसोत॥ ५॥
भाई बयरी बिभीसन केंव, सपा के बरपेला मारे।
असन बलुन कांड के रीसे-रीस, कान अमरतले ताने॥ ६॥
कांडमन के गुलाय छांडते जाए, पटका सांप असन।
चारों खूट बेंदरा पड़ते जासोत, पुरे कोनी नी रहत जसन॥ ७॥
दंदरून बेंदरा भालु पराला, लड़ई मनयाउक भुलकला।
गोटोक दखा नीं देत जे जीव रते, सकत नाहलो चो होला॥ ८॥

५० सपा बेंदरा भुएँ पड़ला, दस-दस कांड मरलो।
धीरजाहा बली मेघनाथ, सिंघ गरजन करलो॥ ९॥

फउद गती के दखुन महाबीर, काल माहा पराउन इला।
गोटोक बड़े पहाड़ के उखनुन, रोसे रीस दिला॥ १०॥
पिचपिच उन गेला रथ सारथी-घोड़ा, आपन अकास उपरे गेलो।
धमकाउन बलालोने बल नोएए, राम भगवान बाट गेलो॥ ११॥
कई रकम ले खीजे-सरापे, हतेयार पकाए उपरे।
खेल-खेल ने हतेयारमन के, भगवान काट त उपरे॥ १२॥
राम महेमा के जातेन बल मूरख, लजाते माया करेसे।
जसन नानी सांप गरूड़ के, डरातो खेल करेसे॥ १३॥

५१ सिव-ब्रह्मा लगले नानी बड़े माया, तिहँचो हात ने आसे।
तिहुँके नीच बुधिया असुर आपलो, माया दखाउन हांसे॥ १४॥

अकास ले गुलाय आइग बरसाए, पिरथी ले पानी निकरे।
रकम-रकम चो डूमा भूत निकरुन, मारा-मारा कोल्हार करे॥ १५॥
केबई गलीच पीप लहू हाड़ा, केबई पखना पकाय।
धुरला बरसाउन अंधार करलो, हात दखा नीआय॥ १६॥
बेंदरा घबरला माया दखुन, बिचारत मरुक होएदे।
तमासा दखु राम भगवान मुचकला, जानला डरला होएदे॥ १७॥
गोटकी कांड ले माया के काटला, बेर अंधार काटेसे जसन।
किरपा करून सपा-बाटे दखला, सकत ने होला हुसन॥ १८॥

५२ हुकुम मांगुन अंगद बीर, बेंदरामन के धरला।
रीसे-रीस धनऊकांड धरुन, लछमन बीर निकरला॥ १९॥

रगरगा लाल आइँख ओसार छाती, बाँह बरकस आसे।
हिमालय माहा उजर देह रंग, खिंडिक ललउ आसे॥ २०॥

चौ०– छतज नयन उर बाहु बिसाला। हिमगिरि निभ तनु कछुएक लाला॥
इहाँ दसानन सुभट पठाए। नाना अस्त्र सस्त्र गहि धाए॥ १॥

भूधर नख बिटपायुध धारी। धाए कपि जय राम पुकारी॥
भिरे सकल जोरिहि सन जोरी। इत उत जय इच्छा नहिं थोरी॥ २॥

मुठिकन्ह लातन्ह दातन्ह काटहिं। कपि जयसील मारि पुनि डाटहिं॥
मारु मारु धरु धरु धरु मारू। सीस तोरि गहि भुजा उपारू॥ ३॥

असि रव पूरि रही नव खंडा। धावहिं जहँ तहँ रुंड प्रचंडा॥
देखहिं कौतुक नभ सुर बृंदा। कबहुँक बिसमय कबहुँ अनंदा॥ ४॥

दो०– रुधिर गाड़ भरि भरि जम्यो ऊपर धूरि उड़ाइ।
जनु अँगार रासिन्ह पर मृतक धूम रह्यो छाइ॥ ५३॥

चौ०– घायल बीर बिराजहिं कैसे। कुसुमित किंसुक के तरु जैसे॥
लछिमन मेघनाद द्वौ जोधा। भिरहिं परसपर करि अति क्रोधा॥ १॥

एकहि एक सकइ नहिं जीती। निसिचर छल बल करइ अनीती॥
क्रोधवंत तब भयउ अनंता। भंजेउ रथ सारथी तुरंता॥ २॥

नाना बिधि प्रहार कर सेषा। राच्छस भयउ प्रान अवसेषा॥
रावन सुत निज मन अनुमाना। संकठ भयउ हरिहि मम प्राना॥ ३॥

बीरघातिनी छाड़िसि साँगी। तेजपुंज लछिमन उर लागी॥
मुरुछा भई सक्ति के लागें। तब चलि गयउ निकट भय त्यागें॥ ४॥

दो०– मेघनाद सम कोटि सत जोधा रहे उठाइ।
जगदाधार सेष किमि उठै चले खिसिआइ॥ ५४॥

चौ०– सुनु गिरिजा क्रोधानल जासू। जारइ भुवन चारिदस आसू॥
सक संग्राम जीति को ताही। सेवहिं सुर नर अग जग जाही॥ १॥

यह कौतूहल जानइ सोई। जा पर कृपा राम कै होई॥
संध्या भइ फिरि द्वौ बाहनी। लगे सँभारन निज निज अनी॥ २॥

ब्यापक ब्रह्म अजित भुवनेस्वर। लछिमन कहाँ बूझ करुनाकर॥
तब लगि लै आयउ हनुमाना। अनुज देखि प्रभु अति दुख माना॥ ३॥

जामवंत कह बैद सुषेना। लंकाँ रहइ को पठई लेना॥
धरि लघु रूप गयउ हनुमंता। आनेउ भवन समेत तुरंता॥ ४॥

दो०– राम पदारबिंद सिर नायउ आइ सुषेन।
कहा नाम गिरि औषधी जाहु पवनसुत लेन॥ ५५॥

चौ०– राम चरन सरसिज उर राखी। चला प्रभंजनसुत बल भाषी॥
उहाँ दूत एक मरमु जनावा। रावन कालनेमि गृह आवा॥ १॥

हेंवले रावन बड़े-बड़े बीर के, पठालो हतेयार देऊन।
पहाड़ नख रूख धरुन बेंदरामन, निसकला दुहई करून॥ २१॥
बेंदरा रक्सा जोड़ी-जोड़ी भिड़ला, दुनोंय दल जीतुक दखसोत।
मुटका-लात ले बेंदरा मारत, दांत ले चाबुन खेदसोत॥ २२॥
जीतेया बेंदरा मारून घुड़कासोत, मारा-मारा कोल्हार करसोत।
मुंड फुटावा, बाहाँ टुटावा, असन कोल्हार करसोत॥ २३॥
नओ खण्ड ने गरजना हीएसे, धड़ परासोत गुलाय।
अकास ले देवमन तमासा दखसोत, केबई दुख केबई भाए॥ २४॥

५३ खोदरामन ने लोहू जामलीसे, उपरे धुरला उड़ेसे।
दखलोने लानेसे आइग क़ुढ़ाले, गुलाय लाखड़ी उड़ेसे॥ २५॥

फूललो फरसा गच माहा, धवलालोर वीर दिखसोत।
लछमन मेघनाथ एक दूसर ले, रीस होते भिड़सोत॥ २६॥
जीतुक नी सकत कोनी काकेय, असन आसोत बीर।
अधरम चाल आरु माया ले लड़ेसे रक्सा बीर॥ २७॥
तेबे अनन्त रीस होला भारी, रथ के टुटाला तेचो।
सारथी घोड़ा जितरो रहे, गोंदा करला तेचो॥ २८॥
कई रकम ले सेस मारत, जीवेऽच बाचली तेचो।
मेंघनाथ अंताजलो जीव जाएदे, जीव धरेदे मोचो॥ २९॥
वीरघातनी सक्ती पकालो, पावली छाती लगे।
सक्ती पातेखन मूरछा खदला, तेबे रक्सा गेलो लगे॥ ३०॥

५४ मेंघनाथ जसन सौ करोड़ बीर, तिहँके उचाते रहत।
मान्तर सवँसार चो अधार सेस, उचाले नी उठतो रहत॥ ३१॥

उमा जेचो रीस चौदा लोक के, तुरते भुंजुन देएसे।
देव-मनुख जीव सेवा करसोत, तेके कोन जीतुक सकेसे॥ ३२॥
ये लीला के हुनी जानुक सकेदे, जे राम किरपा ने आसोत।
सांझ होते सपा फउद फिरला, कप्तान सकलतोने आसोत॥ ३३॥
लछमन दखा नी देए बलते पूछला, ब्रह्मांड चो मालिक राम।
हुदलोयदाँय हनू बोहुन आनला, दखुन दुखी राम॥ ३४॥
जामवंत सांगलो लंकापुरी ने, रहेसे सुसेन बइद।
काके पठावाँ सुनुन हसू जाउन, आनला लंका ले बइद॥ ३५॥

५५ राम चो पायँ बिनाउन सुसेन, सांगलो डोंगरी ओखत।
बललो पवन चो बेटा जाहा, आनुक उथा ले ओखत॥ ३६॥

राम पायँ के मन ने राखुन, सकत सांगुन निकरलो।
हेंव खुपिया ले जानुन रावन, कालनेमी लग अमरलो॥ ३७॥

दसमुख कहा मरमु तेहिं सुना। पुनि पुनि कालनेमि सिरु धुना॥
देखत तुम्हहि नगरु जेहिं जारा। तासु पंथ को रोकन पारा॥ २॥

भजि रघुपति करु हित आपना। छाँड़हु नाथ मृषा जल्पना॥
नील कंज तनु सुंदर स्यामा। हृदयँ राखु लोचनाभिरामा॥ ३॥

मैं तैं मोर मूढ़ता त्यागू। महा मोह निसि सूतत जागू॥
काल ब्याल कर भच्छक जोई। सपनेहुँ समर कि जीतिअ सोई॥ ४॥

दो०— सुनि दसकंठ रिसान अति तेहिं मन कीन्ह बिचार।
राम दूत कर मरौं बरु यह खल रत मल भार॥ ५६॥

चौ०— अस कहि चला रचिसि मग माया। सर मंदिर बर बाग बनाया॥
मारुतसुत देखा सुभ आश्रम। मुनिहि बूझि जल पियौं जाइ श्रम॥ १॥
राच्छस कपट बेष तहँ सोहा। मायापति दूतहि चह मोहा॥
जाइ पवनसुत नायउ माथा। लाग सो कहै राम गुन गाथा॥ २॥
होत महा रन रावन रामहिं। जितिहहिं राम न संसय या महिं॥
इहाँ भएँ मैं देखउँ भाई। ग्यानदृष्टि बल मोहि अधिकाई॥ ३॥
मागा जल तेहिं दीन्ह कमंडल। कह कपि नहिं अघाउँ थोरें जल॥
सर मज्जन करि आतुर आवहु। दिच्छा देउँ ग्यान जेहिं पावहु॥ ४॥

दो०— सर पैठत कपि पद गहा मकरीं तब अकुलान।
मारी सो धरि दिब्य तनु चली गगन चढ़ि जान॥ ५७॥

चौ०— कपि तव दरस भइउँ निष्पापा। मिटा तात मुनिबर कर सापा॥
मुनि न होइ यह निसिचर घोरा। मानहु सत्य बचन कपि मोरा॥ १॥

अस कहि गई अपछरा जबहीं। निसिचर निकट गयउ कपि तबहीं॥
कह कपि मुनि गुरदछिना लेहू। पाछें हमहिं मंत्र तुम्ह देहू॥ २॥

सिर लंगूर लपेटि पछारा। निज तनु प्रगटेसि मरती बारा॥
राम राम कहि छाड़ेसि प्राना। सुनि मन हरषि चलेउ हनुमाना॥ ३॥

देखा सैल न औषध चीन्हा। सहसा कपि उपारि गिरि लीन्हा॥
गहि गिरि निसि नभ धावत भयऊ। अवधपुरी ऊपर कपि गयऊ॥ ४॥

दो०— देखा भरत बिसाल अति निसिचर मन अनुमानि।
बिनु फर सायक मारेउ चाप श्रवन लगि तानि॥ ५८॥

चौ०— परेउ मुरुछि महि लागत सायक। सुमिरत राम राम रघुनायक॥
सुनि प्रिय बचन भरत तब धाए। कपि समीप अति आतुर आए॥ १॥

बिकल बिलोकि कीस उर लावा। जागत नहिं बहु भाँति जगावा॥
मुख मलीन मन भए दुखारी। कहत बचन भरि लोचन बारी॥ २॥

रावन सपा भेद के सांगलो, मुड के ठेचे हुन।
तुमचो दखते जे लंका जरालो, बाट छेकाय कोन॥ ३८॥
फोकहा फंद छांडुन तुमी, राम चो भजन करा।
आइँख के सुख देऊ सांवर देंह के, मन ने तुमी धरा॥ ३९॥
मय-तुई मोह के छांडुन दिआ, अबूझ गत के छांडा।
अबूझ रात ने तुमी सोआसीस, उथा ले एदाँय जागा॥ ४०॥
जे काल सांप के खाउन देएसे, हुनके बिचारा तुमी।
सपना ने काय रन ले जीतासे, सांगा ये मोके तुमी॥ ४१॥

५६ रावन धरी रीस होलो सुतुन, कालनेमी मने बिचारे।
रामदूत हाते मरतोर आय निको, ये पापी फोकहा मारे॥ ४२॥

असन बिचारून माया चो सुँदर, तरई बगेचा मंदिर बनालो।
हनू आसरम के दखुन भाती, पानी खाउक उथा गेलो॥ ४३॥
मुनी भेस ने कालनेमी रक्सा, मूरूख मोहाउक दखे।
मायापती चो जे दूत रहे, तेकेय छल करुक दखे॥ ४४॥
हनू माथा लवाँला जाउन, हुन राम चो गुन सांगे।
राम-रावन चो लड़ई होएसे, राम जीतेदे सांगे॥ ४५॥
एथा रहुन मयँ सपा दखेंसे, गियान आइँख बड़े बललो।
हनूमान चो पानी मांगतोके, कमंडल निकराउन दिलो॥ ४६॥
खिडिंक पानी नी पुरे सुनुन, बललो पुरे तरई आसे।
नहाउन इलो ने मंतर देएंदे, तुई बड़े गियान पासे॥ ४७॥

५७ तरई ने ओयलतेखन मंगर एउन, हनू चो पायँ के धरली।
तुरते हसू तेके मरते दिलो, हुन सरग बाटे उठली॥ ४८॥

अदभुत देंह चो बिमान ले बलली, दरस ले पाप कटली मोचो।
मुनी नोआय रक्सा आय हनू, भरोसा करा तुमी मोचो॥ ४९॥
असन सांगुन अप्सरा जाते गेली, हनू कपटी लग गेलो।
गुरु दच्छिना धर आगे महराज, पाछे मंतर देसे बललो॥ ५०॥
मुंड के लेंगड़ा ले बांधुन आपटला, मरतोदाँय रक्सा होलो।
राम राम बलते जीव के छांडलो, हनू हरीक पुरे जितलो॥ ५१॥
पहाड़ ने ओखत के चिताउक नी सकलो, पहाड़ उखनुन धरला।
अकास मारग ले निकरुन हनू, अयोधिया ऊपर अमरला॥ ५२॥

५८ अटपट रूप के दखुन भरत, रक्सा आय बिचार करला।
कान अमरतले झीकुन गोटोक, ढोकेना कांड मारला॥ ५३॥

पातेखन राम-राम बलते हनू मूरछाते भुयँ पड़ला।
भावतो बोली सुनुन पराते भरत, हनू लग अमरुन गेला॥ ५४॥

जेहिं बिधि राम बिमुख मोहि कीन्हा। तेहिं पुनि यह दारुन दुख दीन्हा॥
जौं मोरें मन बच अरु काया। प्रीति राम पद कमल अमाया॥ ३॥

तौ कपि होउ बिगत श्रम सूला। जौं मो पर रघुपति अनुकूला॥
सुनत बचन उठि बैठ कपीसा। कहि जय जयति कोसलाधीसा॥ ४॥

सो०– लीन्ह कपिहि उर लाइ पुलकित तनु लोचन सजल।
प्रीति न हृदयँ समाइ सुमिरि राम रघुकुल तिलक॥ ५९॥

चौ०– तात कुसल कहु सुखनिधान की। सहित अनुज अरु मातु जानकी॥
कपि सब चरित समास बखाने। भए दुखी मन महुँ पछिताने॥ १॥

अहह दैव मैं कत जग जायउँ। प्रभु के एकहु काज न आयउँ॥
जानि कुअवसरु मन धरि धीरा। पुनि कपि सन बोले बलबीरा॥ २॥

तात गहरु होइहि तोहि जाता। काजु नसाइहि होत प्रभाता॥
चढ़ु मम सायक सैल समेता। पठवौं तोहि जहँ कृपानिकेता॥ ३॥

सुनि कपि मन उपजा अभिमाना। मोरें भार चलिहि किमि बाना॥
राम प्रभाव बिचारि बहोरी। बंदि चरन कह कपि कर जोरी॥ ४॥

दो०– तव प्रताप उर राखि प्रभु जैहउँ नाथ तुरंत।
अस कहि आयसु पाइ पद बंदि चलेउ हनुमंत॥ ६० (क)॥

भरत बाहु बल सील गुन प्रभु पद प्रीति अपार।
मन महुँ जात सराहत पुनि पुनि पवनकुमार॥ ६० (ख)॥

चौ०– उहाँ राम लछिमनहिं निहारी। बोले बचन मनुज अनुसारी॥
अर्ध राति गइ कपि नहिं आयउ। राम उठाइ अनुज उर लायउ॥ १॥

सकहु न दुखित देखि मोहि काऊ। बंधु सदा तव मृदुल सुभाऊ॥
मम हित लागि तजेहु पितु माता। सहेहु बिपिन हिम आतप बाता॥ २॥

सो अनुराग कहाँ अब भाई। उठहु न सुनि मम बच बिकलाई॥
जौं जनतेउँ बन बंधु बिछोहू। पिता बचन मनतेउँ नहिं ओहू॥ ३॥

सुत बित नारि भवन परिवारा। होहिं जाहिं जग बारहिं बारा॥
अस बिचारि जियँ जागहु ताता। मिलइ न जगत सहोदर भ्राता॥ ४॥

जथा पंख बिनु खग अति दीना। मनि बिनु फनि करिबर कर हीना॥
अस मम जिवन बंधु बिनु तोही। जौं जड़ दैव जिआवै मोही॥ ५॥

जैहउँ अवध कवन मुहु लाई। नारि हेतु प्रिय भाइ गँवाई॥
बरु अपजस सहतेउँ जग माहीं। नारि हानि बिसेष छति नाहीं॥ ६॥

हनू के चेतात बिकल दखुन, भरत पोटारुन भाती।
नी चेततो के आइँख भरली, बलला थाकुन भाती॥ ५५॥
जे भगवान मोके राम ले छंडाला, दुख दिलो आय तिहँचो।
जे राम पायँ ले मया आसे, मन करम बोली ले मोचो॥ ५६॥
जे राम मोचो ले हरीक आसोत, जाले बेंदरा नंगत होए।
बसलो हनू सुनते खन तुरते, बलते राम चो जय होए॥ ५७॥

५९ भरत बेंदरा के छाती ले लेपटाला, देहें सीतकाटा मारे।
राम चो सुरता करून भ रत मन, भरली हरीक चो मारे॥ ५८॥

बलला सांगा राम चो हाल, संगे सीता लछमन चो बले।
खिंडिक ने हनू सांगुन दिलो, सुनुन पछतात भरत मने॥ ५९॥
काईं काम नी पड़ले भगवान चो, सवँसार ने जनमुन।
कुबेरा जानुन हनू के बलला, भरत धीरज धरुन॥ ६०॥
तुमके जातोने बेर होएदे भाई, पहालोने नसेदे काम।
पहाड़ संगे मोचो कांड ने चेघ, तुरते अमरसे जेलग राम॥ ६१॥
भरत गोठ के सुनते हनू के, मन ने घमंड होली।
मोचो बोझ ले कांड कसन जाएदे, जे इतरो भारी होली॥ ६२॥

६०(क) फेर राम महेमा के जानुन नहू, भरत चो पायँ पडुन।
बललो मयँ तुरते अमरेंदे, तुमचो नावँ के धरून॥ ६३॥

६०(ख) असन बलते हुकुम पाउन, पायँ पडुन निकरला।
भरत बाहाँ बल टकर गुन, मया के सहराते चलला॥ ६४॥

भगवान राम चो कंदरतोर

लछमन के दखते राम बलत, सधारण लोग असन।
अधरात बल नाहकुन गेली, हनू नी इलो कसन॥ १॥
असन बलते भाई के पोटारला, छाती संगे धरुन।
केबई दुख नी दखुन रहीस, बलत भारी कंदरुन॥ २॥
कँवल टकर ले बरहमेस रहू, मोचोकाज छांडलीस सपा।
बन ने सीत घाम बरसा पानी, लेहरा सहलीस सपा॥ ३॥
एदाँय हुन मया केंव आसे, नी उठसीस दुख दखुन।
जे जानते भाई छांडेदे मो के, नी एते बाप गोठ धरुन॥ ४॥
बेटा बायले धन कुटुम, एक घनघड़ी होसोत।
मान्तर सगा भाई सवँसारे, बिरलेय के बेइ होसोत॥ ५॥
मन ने असन बिचारून भाई, बस तुइ चेतुन भाती।
पटका बिगर जसन चड़ई होसोत, सांप मनी हजाउन भाती॥ ६॥

अब अपलोकु सोकु सुत तोरा। सहिहि निठुर कठोर उर मोरा॥
निज जननी के एक कुमारा। तात तासु तुम्ह प्रान अधारा॥ ७॥

सौंपेसि मोहि तुम्हहि गहि पानी। सब बिधि सुखद परम हित जानी॥
उतरु काह दैहउँ तेहि जाई। उठि किन मोहि सिखावहु भाई॥ ८॥

बहु बिधि सोचत सोच बिमोचन। स्त्रवत सलिल राजिव दल लोचन॥
उमा एक अखंड रघुराई। नर गति भगत कृपाल देखाई॥ ९॥

सो०— प्रभु प्रलाप सुनि कान बिकल भए बानर निकर।
आइ गयउ हनुमान जिमि करुना महँ बीर रस॥ ६१॥

चौ०— हरषि राम भेटेउ हनुमाना। अति कृतग्य प्रभु परम सुजाना॥
तुरत बैद तब कीन्हि उपाई। उठि बैठे लछिमन हरषाई॥ १॥

हृदयँ लाइ प्रभु भेंटेउ भ्राता। हरषे सकल भालु कपि ब्राता॥
कपि पुनि बैद तहाँ पहुँचावा। जेहि बिधि तबहिं ताहि लइ आवा॥ २॥

यह बृत्तांत दसानन सुनेऊ। अति बिषाद पुनि पुनि सिर धुनेऊ॥
ब्याकुल कुंभकरन पहिं आवा। बिबिध जतन करि ताहि जगावा॥ ३॥

जागा निसिचर देखिअ कैसा। मानहुँ कालु देह धरि बैसा॥
कुंभकरन बूझा कहु भाई। काहे तव मुख रहे सुखाई॥ ४॥

कथा कही सब तेहिं अभिमानी। जेहि प्रकार सीता हरि आनी॥
तात कपिन्ह सब निसिचर मारे। महा महा जोधा संघारे॥ ५॥

दुर्मुख सुररिपु मनुज अहारी। भट अतिकाय अकंपन भारी॥
अपर महोदर आदिक बीरा। परे समर महि सब रनधीरा॥ ६॥

दो०— सुनि दसकंधर बचन तब कुंभकरन बिलखान।
जगदंबा हरि आनि अब सठ चाहत कल्यान॥ ६२॥

चौ०— भल न कीन्ह तैं निसिचर नाहा। अब मोहि आइ जगाएहि काहा॥
अजहूँ तात त्यागि अभिमाना। भजहु राम होइहि कल्याना॥ १॥

हैं दससीस मनुज रघुनायक। जाके हनूमान से पायक॥
अहह बंधु तैं कीन्हि खोटाई। प्रथमहिं मोहि न सुनाएहि आई॥ २॥

कीन्हेहु प्रभु बिरोध तेहि देवक। सिव बिरंचि सुर जाके सेवक॥
नारद मुनि मोहि ग्यान जो कहा। कहतेउँ तोहि समय निरबहा॥ ३॥

अब भरि अंक भेंटु मोहि भाई। लोचन सुफल करौं मैं जाई॥
स्याम गात सरसीरुह लोचन। देखौं जाइ ताप त्रय मोचन॥ ४॥

चोंडा नाहलो हाथी चो जीवना, एकेदाँय फोकहा होए से।
जे मूरुखदेव मोके जीअत राखलोने, जीवना हुसनेय होएदे॥ ७॥
बायले काजे भाई के हजाउन, जाएंदे काय मुँह धरुन।
जीवन भर मयँ बदी सहेंदे, सपा चो गोठ सुनुन॥ ८॥
बायले गेलोर काईं हानी नी रहे, एदाँय ये पखना जीव।
बदी आरु चो दुख संगे, सहेदे कलपुन जीव॥ ९॥
तुई जाले भाई आपलो आयाचो, एकलो जीव आसीस।
सपा रकम चो सुख देऊ आस, हितू माहा आसीस॥ १०॥
जानुन हात धराउन सोपलासोत, सागेंदे जाउन मय काय।
उठुन कायकाज नी सिखासीस, उथा बलेदे काय॥ ११॥
बिचार ले छंडाऊ खुबे रकम ले, बिचार करते जासोत।
पूड़न आइँख ले पानी बोहेसे, दुख ले बोमरुन जासोत॥ १२॥
उमा राम गोटकी अखड आसोत, तिहँचो लीला भारी।
भगत के किरपा करू भगवान, लीला दखासोत भारी॥ १३॥

६१ भगवान कलपतोर सुनुन बेंदरा, सपा बोमरुन गेला।
हुदलोयदाँय दुख बीर जस होली, हनुमान अमरुन गेला॥ १४॥

हरीक मगन राम हनू दुनों, खाद देऊन भेट करला।
चतुर बइद तुरते उपाय करलो, लछमन हरीक बसला॥ १५॥
मनभर दुनों भाई भेटला, भालु बेंदरा हरीक होसोत।
हुसनेय बइद के अमराउन दिला, जसन आनुन रहोत॥ १६॥

* राम-कुमकरन लड़ई *

खबर सुनते रावन दुखी होउन, मुंड के पेटे आपलो।
सोवलो कुमकरन भाई के दंदरुन, उआट करुन चेतालो॥ १॥
जसन देंह धरून काल आसे, हुसने दखा देएसे।
पूछलो तुमन चो थोथना कसन, सूखलो दखा देएसे॥ २॥
घमंडी जसन सीता के आनलो, सपा कहनी सांगला।
बेंदरा-भालू रक्सामन संगे, बीरमन के सारला॥ ३॥
दुरमुख देबबयरी मनुखखाया, अतिकाय, अकम्पन सपा।
महोधर आरू बड़े-बड़े बीर, लड़ुन मरला सपा॥ ४॥

६२ सुनुन दुखी दसमुंडेया के बललो, तुई आस जनम मुरूख।
माहामाई के चोरून आनुन, सुख डगरासीस मूरूख॥ ५॥

रक्सा राजा ये नंगत नी करलीस, कायकाज चेतालीस मोके।
सपा घमंड छांडुन राम के भज, अस्तीर मिरेदे तुके॥ ६॥

दो०– राम रूप गुन सुमिरत मगन भयउ छन एक।
रावन मागेउ कोटि घट मद अरु महिष अनेक॥ ६३॥

चौ०– महिष खाइ करि मदिरा पाना। गर्जा बज्राघात समाना॥
कुंभकरन दुर्मद रन रंगा। चला दुर्ग तजि सेन न संगा॥ १॥

देखि बिभीषनु आगें आयउ। परेउ चरन निज नाम सुनायउ॥
अनुज उठाइ हृदयँ तेहि लायो। रघुपति भक्त जानि मन भायो॥ २॥

तात लात रावन मोहि मारा। कहत परम हित मंत्र बिचारा॥
तेहिं गलानि रघुपति पहिं आयउँ। देखि दीन प्रभु के मन भायउँ॥ ३॥

सुनु सुत भयउ कालबस रावन। सो कि मान अब परम सिखावन॥
धन्य धन्य तैं धन्य बिभीषन। भयहु तात निसिचर कुल भूषन॥ ४॥

बंधु बंस तैं कीन्ह उजागर। भजेहु राम सोभा सुख सागर॥ ५॥

दो०– बचन कर्म मन कपट तजि भजेहु राम रनधीर।
जाहु न निज पर सूझ मोहि भयउँ कालबस बीर॥ ६४॥

चौ०– बंधु बचन सुनि चला बिभीषन। आयउ जहँ त्रैलोक बिभूषन॥
नाथ भूधराकार सरीरा। कुंभकरन आवत रनधीरा॥ १॥

एतना कपिन्ह सुना जब काना। किलकिलाइ धाए बलवाना॥
लिए उठाइ बिटप अरु भूधर। कटकटाइ डारहिं ता ऊपर॥ २॥

कोटि कोटि गिरि सिखर प्रहारा। करहिं भालु कपि एक एक बारा॥
मुर्‌यो न मन तनु टर्‌यो न टार्‌यो। जिमि गज अर्क फलनि को मार्‌यो॥ ३॥

तब मारुतसुत मुठिका हन्यो। पर्‌यो धरनि ब्याकुल सिर धुन्यो॥
पुनि उठि तेहिं मारेउ हनुमंता। घुर्मित भूतल परेउ तुरंता॥ ४॥

पुनि नल नीलहि अवनि पछारेसि। जहँ तहँ पटकि पटकि भट डारेसि॥
चली बलीमुख सेन पराई। अति भय त्रसित न कोउ समुहाई॥ ५॥

दो०– अंगदादि कपि मुरुछित करि समेत सुग्रीव।
काँख दाबि कपिराज कहुँ चला अमित बल सींव॥ ६५॥

चौ०– उमा करत रघुपति नरलीला। खेलत गरुड़ जिमि अहिगन मीला॥
भृकुटि भंग जो कालहि खाई। ताहि कि सोहइ ऐसि लराई॥ १॥

जग पावनि कीरति बिस्तरिहहिं। गाइ गाइ भवनिधि नर तरिहहिं॥
मुरुछा गइ मारुतसुत जागा। सुग्रीवहि तब खोजन लागा॥ २॥

हनू जसन जेचो सेउक रावन, काय हुन मनुख आय।
तुई नंगत नी करलीस भाई, आगे नी सांगलीस काय॥ ७॥
बड़े देव संग बइर धरलीस, सिव-ब्रह्मा सेउक जेचो।
नारद सांगलोर सपा गियान के, सांगुन रते तिहँचो॥ ८॥
बाहाँ भर मोक भेट भाई, मयँ आइँख के सुफल करें।
तीनों ताप ले छुंडाऊ साँवर देंह, राम चो दरसन करें॥ ९॥

६३ राम रूप गुन सुरता करून, डडिक काज मंगन होलो।
कोटी घघरी मंद भयँसा, रावन मंगाउन दिलो॥ १०॥

मंद भयँसा खाउन गाज माहा, गरजते निक रलो वीर।
लड़ई निसा ने मातुन गेलो बिगर, फउद बीर॥ ११॥
बिभीसन दखुन पुरे पड़ुन पायँ पड़ुन नावँ सागलो।
नानीभाई के अंगवा भेटुन, भगत जानुन हरीक होलो॥ १२॥
बललो दादा हित गोठ बललो काज, रावन लात मारलो।
दुख ने मयँ राम लग इले, गरीब जानुन राम तारलो॥ १३॥
रावन काचोइ नी माने भाई, काल पुरती होलो।
तुइ धन बिभीसन मान्तर हुन, बस बुड़ाउक दखलो॥ १४॥
रक्सः कुल काजे हीरा होलीस, कुल चो मान बढ़ालीस।
सोभा सुख चो धाम राम के, चेत करून भजलीस॥ १५॥

६४ मन बानी देह जे कपट छांडुन, भजन कर राम चो।
आपन अउर काईं दरक नी देए से, होलेसे पुरती काल चो॥ १६॥

भाई चो सुनुन बिभीसन गेलो, राम रहत जे लग।
सांगलो पहाड़ देह चो कुमकरन, एएसे एदांय एलग॥ १७॥
सुनते खन बेंदरा चिचियाते पराला, डोंगरी रूख धरुन।
दांत चाबुन रीस ले फिंगत, तेके नंगत नेत करून॥ १८॥
एकेहार कोटी डोंगरी रूख, पकात तेचो उपरे।
रक्सा हाले न डोले जसन, फूल पकात हाथी उपरे॥ १९॥
हनु नेतुन मुटका ने दिलो, मुंड पेटते बिकल पड़लो।
उठुन हनू के किजराउन फिंगलो, मातुन हनू पड़लो॥ २०॥
नल-नील के आपटुन बीरमन के, धरुन आपटते जाए।
बेंदरामन डरुन पराला उथा ले, कोनी पुरे नी एए॥ २१॥

६५ सुगरीव अंगद सपा बेंदरा के, बल ले मूरछा करुन।
चललो रक्सा कोल्हार करते, सुगरीव के कखोरी ने घरुन॥ २२॥

उमा मनुख माहा खेल करसोत राम, गुरुड़ साँप संग करे।
असन लड़ई काय सोभा देएसे, जे काल आइँख ले करे॥ २३॥

सुग्रीवहु कै मुरुछा बीती। निबुकि गयउ तेहि मृतक प्रतीती॥
काटेसि दसन नासिका काना। गरजि अकास चलउ तेहिं जाना॥ ३॥

गहेउ चरन गहि भूमि पछारा। अति लाघवँ उठि पुनि तेहि मारा॥
पुनि आयसु प्रभु पहिं बलवाना। जयति जयति जय कृपानिधाना॥ ४॥

नाक कान काटे जियँ जानी। फिरा क्रोध करि भइ मन ग्लानी॥
सहज भीम पुनि बिनु श्रुति नासा। देखत कपि दल उपजी त्रासा॥ ५॥

दो०– जय जय जय रघुबंस मनि धाए कपि दै हूह।
एकहि बार तासु पर छाड़ेन्हि गिरि तरु जूह॥ ६६॥

चौ०– कुंभकरन रन रंग बिरुद्धा। सन्मुख चला काल जनु क्रुद्धा॥
कोटि कोटि कपि धरि धरि खाई। जनु टीड़ी गिरि गुहाँ समाई॥ १॥

कोटिन्ह गहि सरीर सन मर्दा। कोटिन्ह मीजि मिलव महि गर्दा॥
मुख नासा श्रवनन्हि कीं बाटा। निसरि पराहिं भालु कपि ठाटा॥ २॥

रन मद मत्त निसाचर दर्पा। बिस्व ग्रसिहि जनु एहि बिधि अर्पा॥
मुरे सुभट सब फिरहिं न फेरे। सूझ न नयन सुनहिं नहिं टेरे॥ ३॥

कुंभकरन कपि फौज बिडारी। सुनि धाई रजनीचर धारी॥
देखि राम बिकल कटकाई। रिपु अनीक नाना बिधि आई॥ ४॥

दो०– सुनु सुग्रीव बिभीषन अनुज सँभारेहु सैन।
मैं देखउँ खल बल दलहि बोले राजिवनैन॥ ६७॥

चौ०– कर सारंग साजि कटि भाथा। अरि दल दलन चले रघुनाथा॥
प्रथम कीन्हि प्रभु धनुष टँकोरा। रिपु दल बधिर भयउ सुनि सोरा॥ १॥

सत्यसंध छाँड़े सर लच्छा। कालसर्प जनु चले सपच्छा॥
जहँ तहँ चले बिपुल नाराचा। लगे कटन भट बिकट पिसाचा॥ २॥

कटहिं चरन उर सिर भुजदंडा। बहुतक बीर होहिं सत खंडा॥
घुर्मि घुर्मि घायल महि परहीं। उठि संभारि सुभट पुनि लरहीं॥ ३॥

लागत बान जलद जिमि गाजहिं। बहुतक देखि कठिन सर भाजहिं॥
रुंड प्रचंड मुंड बिनु धावहिं। धरु धरु मारु मारु धुनि गावहिं॥ ४॥

दो०– छन महुँ प्रभु के सायकन्हि काटे बिकट पिसाच।
पुनि रघुबीर निषंग महुँ प्रबिसे सब नाराच॥ ६८॥

भगवान सवँसार के पबितर करुक, भारी कीरत करदे।
जेके मनुख जीव गाउन गाउन, भवसागर पार करदे॥ २४॥
हनू चेतु न सुगरीव के डगराए, सुगरीव बले चेतलो।
मुरदा माहा फुसकालो जेके, रक्सा मरलो जानलो॥ २५॥
हुनचो नाक-कान के चाबुन सुगरीव, अकास बाट उठुन गेलो।
सुगरीव पायँ के धरून रक्सा, भुएँ आपटुन दिलो॥ २६॥
धरचांड उठुन फेर मारुन सुगरीव, राम बाट फिरुन गेलो।
राम चो जय हो, जय हो, जय हो, राम चो पुरे बललो॥ २७॥
कान नाक गेली जानुन असुर रीस करुन फिरलो।
असने फेर नाक-कान नाहलो, भारी भयंकार होलो॥ २८॥

६६ राम चो जय हो बलते डरुन बेंदरा, हू-हू करत परात।
सपाझन संगहोउ न डोगरी रुख, हुन चो उपरे पकात॥ २९॥

रीसे-रीस रन ने उमंडलो असुर, कारन माहा होउन जाय।
कोटी बेंदरा के धरुन गीले, जसन भील ने थापा जाय॥ ३०॥
कोटी बेंदरा के देहें पिचके, कोटी के धुरला ने मिसाय।
गोहड़ा-गोहड़ा नाक मुंह ले निकसत, जेके धरुन मुहें भरे॥ ३१॥
रन निसा ने मातुन असुर, घमंड ले मारुन जाय।
जसन भगवान सवँसार के सोपला, गोटकी गरास बनाय॥ ३२॥
सपा बीर पराउन उबा होला, फिराले नी फिरते रहत।
आइँख ने काईं दखा नी देए, चिचियाले नी सुनते रहत॥ ३३॥
फउद के असुर तप-नस करलो, सुनुन रक्सा फउद इला।
फउद के घबरलो दखला राम, बयरी फउद अमरला॥ ३४॥

६७ पूड़न आइँख चो बलला भाई, बिभीसन राजा सुना।
बयरी संगे फउद के दखेंसे, तुमी फउद गत के जाना॥ ३५॥

हाते सारंग धनऊ कन्हेया ने ठोंगी, बांधुन राम चलला।
आगे धनऊ के गर जाला राम, बयरी भयरा होला॥ ३६॥
लाख कांड राम छांडुन दिला, जसन साँप पटका बिगर।
एथा-उथा कांड छाईं होला, रक्सा हात मुंड बिगर॥ ३७॥
पायॅ छाती मुंड बाँहाँ कटत, सौ-सौ गोंदा होत।
मातुन भाती भुएँ पड़त, सम्हरून लड़ुक होत॥ ३८॥
बादरी माहा गरजत कांड पावते, कांड के दखुन परात।
चिचियात धरा-धरा, मारा-मारा, बिगर मुँड चो परात॥ ३९॥

६८ भगवान डंडिक ने रक्सा फउद के, कांडले बींधुन सारला।
कांड मारुन जसने फिरला, ठोंगी ने ओयलुन दिला॥ ४०॥

चौ०– कुंभकरन मन दीख बिचारी। हति धन माझ निसाचर धारी॥
भा अति क्रुद्ध महाबल बीरा। कियो मृगनायक नाद गँभीरा॥ १॥

कोपि महीधर लेइ उपारी। डारइ जहँ मर्कट भट भारी॥
आवत देखि सैल प्रभु भारे। सरन्हि काटि रज सम करि डारे॥ २॥

पुनि धनु तानि कोपि रघुनायक। छाँड़े अति कराल बहु सायक॥
तनु महुँ प्रबिसि निसरि सर जाहीं। जिमि दामिनि घन माझ समाहीं॥ ३॥

सोनित स्रवत सोह तन कारे। जनु कज्जल गिरि गेरु पनारे॥
बिकल बिलोकि भालु कपि धाए। बिहँसा जबहिं निकट कपि आए॥ ४॥

दो०– महानाद करि गर्जा कोटि कोटि गहि कीस।
महि पटकइ गजराज इव सपथ करइ दससीस॥ ६९॥

चौ०– भागे भालु बलीमुख जूथा। बृकु बिलोकि जिमि मेष बरूथा॥
चले भागि कपि भालु भवानी। बिकल पुकारत आरत बानी॥ १॥

यह निसिचर दुकाल सम अहई। कपिकुल देस परन अब चहई॥
कृपा बारिधर राम खरारी। पाहि पाहि प्रनतारति हारी॥ २॥

सकरुन बचन सुनत भगवाना। चले सुधारि सरासन बाना॥
राम सेन निज पाछें घाली। चले सकोप महा बलसाली॥ ३॥

खैंचि धनुष सर सत संधाने। छूटे तीर सरीर समाने॥
लागत सर धावा रिस भरा। कुधर डगमगत डोलति धरा॥ ४॥

लीन्ह एक तेहिं सैल उपाटी। रघुकुलतिलक भुजा सोइ काटी॥
धावा बाम बाहु गिरि धारी। प्रभु सोउ भुजा काटि महि पारी॥ ५॥

काटें भुजा सोह खल कैसा। पच्छहीन मंदर गिरि जैसा॥
उग्र बिलोकनि प्रभुहि बिलोका। ग्रसन चहत मानहुँ त्रैलोका॥ ६॥

दो०– करि चिक्कार घोर अति धावा बदनु पसारि।
गगन सिद्ध सुर त्रासित हा हा हेति पुकारि॥ ७०॥

चौ०– सभय देव करुनानिधि जान्यो। श्रवन प्रजंत सरासनु तान्यो॥
बिसिख निकर निसिचर मुख भरेऊ। तदपि महाबल भूमि न परेऊ॥ १॥

सरन्हि भरा मुख सन्मुख धावा। काल त्रोन सजीव जनु आवा॥
तब प्रभु कोपि तीब्र सर लीन्हा। धर ते भिन्न तासु सिर कीन्हा॥ २॥

सो सिर परेउ दसानन आगें। बिकल भयउ जिमि फनि मनि त्यागें॥
धरनि धसइ धर धाव प्रचंडा। तब प्रभु काटि कीन्ह दुइ खंडा॥ ३॥

असुर बिचारे डंडिक ने राम, सारला फउद मारून।
महाबली भारी रोस ले गरजे, खुबे रीस होऊन॥ ४१॥
रीसे-रीस पहाड़ के उखनुन फिंगे, बेंदरा फउद उपरे।
राम कांड तेके काटुन देत, घुरला उलटे उपरे॥ ४२॥
फेर राम रीस करून मारत, काँड ले घनऊ झीकुन।
पातेखान देंह ले नाहके जसन, बिजली बादरी ने ओयलुन॥ ४३॥
करेया देंह ले लोहू बोहतोर, दखा देते रहे असन।
काजर पहाड़ ले गेरू नाला, बोहते निकरेसे जसन॥ ४४॥
घबरलो दखुन बेंदराभालु, हुनचो लगे गेला।
असुर भारी जोर ले हाँसे, जसने लगे होला॥ ४५॥

६९ फेर गरजना करलो असुर, कोटी बेंदरा के धरून।
हाथी माहा आपटते जाए, रावन चो जस करून॥ ४६॥

भालु-बेंदरा पराला जसन, मेंढ़ा लोखड़ली के दखुन।
उमा फउद बोमरते परात, कलपते गोहार करून॥ ४७॥
बलत ये रक्सा बेंदरा कुल काजे, आय दुकाल माहा।
खर चो बयरी पानी बादरी माहा, राम तुमी होआ साहा॥ ४८॥
दुख चो गोहार सुनते राम, कांड सुधराउन चलला।
फउद के पाछे करून भाती, पुरे होउन दिल॥ ४९॥
सौन कांड झिकुन धनऊ ले, नेतुन राम मारला।
कांड मन जाउन हुनचो देह ने, सपा सामुन गेला॥ ५०॥
असुर परालोने पिरथी डोले, पहाड़ धरलो गोटोक।
रघुकुल तिलक काटुन दिला, मारून डेना गोटोक॥ ५१॥
डेबरी हाते फेर पहाड़ घरून, पराते एए रक्सा।
तेके बल भगवान काटुन दिला, दखलोने दिखे रक्सा॥ ५२॥
बिगर पटका चो मंदराचल माहा, असुर असन दिखे।
आइँख छटकाउन दखे जसन, तीनोपुर के गीलुक दखे॥ ५३॥

७० मुँह के ओसार करून चिचियाए, देवमन सपा डरला।
सरगपुर ले हाय-हाय बलुन, गोहार करूक धरला॥ ५४॥

देवमन के डरलोर दखुन धनऊ के, कान अमरतले झीकला।
कांड गोछा ले रक्सा मुंह के, राम भरून दिला॥ ५५॥
बलेबल भुएँ की पड़लो महाबली, हुसनेय पुरे परालो।
जसन काल ठोंगी होऊन आपन, जीव पड़ुन इलो॥ ५६॥
तेबे भगवान धारकांड धरून, मुँड के काटुन दिला।
हूनी कांड असुर मुंड के नेउन, रावन पुरे फिंगुन फिरला॥ ५७॥

परे भूमि जिमि नभ तें भूधर। हेठ दाबि कपि भालु निसाचर॥
तासु तेज प्रभु बदन समाना। सुर मुनि सबहिं अचंभव माना॥ ४॥

सुर दुंदुभीं बजावहिं हरषहिं। अस्तुति करहिं सुमन बहु बरषहिं॥
करि बिनती सुर सकल सिधाए। तेही समय देवरिषि आए॥ ५॥

गगनोपरि हरि गुन गन गाए। रुचिर बीररस प्रभु मन भाए॥
बेगि हतहु खल कहि मुनि गए। राम समर महि सोभत भए॥ ६॥

छं०– संग्राम भूमि बिराज रघुपति अतुल बल कोसल धनी।
श्रम बिंदु मुख राजीव लोचन अरुन तन सोनित कनी॥
भुज जुगल फेरत सर सरासन भालु कपि चहु दिसि बने।
कह दास तुलसी कहि न सक छबि सेष जेहि आनन घने॥

दो०– निसिचर अधम मलाकर ताहि दीन्ह निज धाम।
गिरिजा ते नर मंदमति जे न भजहिं श्रीराम॥ ७१॥

चौ०– दिन के अंत फिरीं दोउ अनी। समर भई सुभटन्ह श्रम घनी॥
राम कृपाँ कपि दल बल बाढ़ा। जिमि तृन पाइ लाग अति डाढ़ा॥ १॥

छीजहिं निसिचर दिनु अरु राती। निज मुख कहें सुकृत जेहि भाँती॥
बहु बिलाप दसकंधर करई। बंधु सीस पुनि पुनि उर धरई॥ २॥

रोवहिं नारि हृदय हति पानी। तासु तेज बल बिपुल बखानी॥
मेघनाद तेहि अवसर आयउ। कहि बहु कथा पिता समुझायउ॥ ३॥

देखेहु कालि मोरि मनुसाई। अबहिं बहुत का करौं बड़ाई॥
इष्टदेव सैं बल रथ पायउँ। सो बल तात न तोहि देखायउँ॥ ४॥

एहि बिधि जल्पत भयउ बिहाना। चहुँ दुआर लागे कपि नाना॥
इत कपि भालु काल सम बीरा। उत रजनीचर अति रनधीरा॥ ५॥

लरहिं सुभट निज निज जय हेतू। बरनि न जाइ समर खगकेतू॥ ६॥

दो०– मेघनाद मायामय रथ चढ़ि गयउ अकास।
गर्जेउ अट्टहास करि भइ कपि कटकहि त्रास॥ ७२॥

भाई मुंड के दखन रावन, बोमरून गेलो असन।
मनी फुसकुन गेलोने साँप, होउन जाएसे जसन॥ ५८॥
मुंड कटलो पाछे धड़ पराए, जेके बींधुन दिला।
जे बाट पराए भुइँ धसे, गोंदा करून दिला॥ ५९॥
बेंदरा-भालू रक्सामन के, चेपाते दुनों पड़ला।
जसन दुइ पहाड़ गिरेसे, हुसने देंह गिरला॥ ६०॥
हुनचो तेज रघुनाथ ने समाली, देव मुनी अचरित होला।
नंगारा पेटते देव फूल बरसाते, सुमरते फिरून गेला॥ ६१॥
नारद सरग ले हरी भगवान चो, बीर रस चो गीत।
सपा संगे गाउन सुनाला, भावली राम के गीत॥ ६२॥
मुनी बसुन गेला दुसट के, सारा झटके मारून।
भारी सोभा ने राम होला, लड़ई भाटा ने एउन॥ ६३॥
मुंह ने पसना टपका सोहत, आइँख पूड़न माहा।
देह गुलाय लहू टिपका दिखे, सोभा सोहे आहा॥ ६४॥
हाते धनऊ काड किंजरासोत, बेंदरा-भालू गुलाय रहत।
तुलसी बलसोत ये छबि के सांगुक, सेस बल नी सकत॥ ६५॥

७१ उमा कुमकरन पापी के दिला, आपलो धाम राम।
अबूझ आत हुन सपा मनुख, जे नी भजत राम॥ ६६॥

बेर बसते खन फउद फिरला, बीर थाकुन रहत।
राम किरपा ले सकत बाढ़ली, बेंदरा जे थाकुन रहत॥ ६७॥
रक्सामन चो सकत घटे, उथा दिन-रात असन।
आपलो टोंड ले पुन सांगलोने, पुन घटेसे जसन॥ ६८॥
रावन खुबे कलपते गागे, भाई चो मुँड धरुन।
बल के सांगते मेहरार गागत, छाती पेटुन-पेटुन॥ ६९॥
हुदलदांय मेंघनाथ बाप के समझाय, बरन कहनी गढ़ुन।
मोचो सकत के काली जानासे, नी सांगे टोड करून॥ ७०॥
जे बल रथ पावलेसे मयँ, घर-माटी देव ले।
नी दखालेसे हुन बल रथ, तुमके एबतले॥ ७१॥
ढोंग गोठयाते बिहान पहाली, बेंदरा छेकुन दिला।
इसू काल माहा भालू-बेंदरा, हेंव रक्सा डटला॥ ७२॥
दुनों बाट चो बीरमन उमडुन, जीतुक लड़ते रहत।
तिहँचो लड़ई सांगुक नीहोय, गरुड़ जसन लड़त॥ ७३॥

७२ माया रथ ने बसुन मेघनाथ, अकास मारग ले इलो।
बेंदरा फउद के डर चेपाली, असन गरजना करलो॥ ७४॥

चौ०– सक्ति सूल तरवारि कृपाना। अस्त्र सस्त्र कुलिसायुध नाना॥
डारह परसु परिघ पाषाना। लागेउ बृष्टि करै बहु बाना॥ १॥

दस दिसि रहे बान नभ छाई। मानहुँ मघा मेघ झरि लाई॥
धरु धरु मारु सुनिअ धुनि काना। जो मारइ तेहि कोउ न जाना॥ २॥

गहि गिरि तरु अकास कपि धावहिं। देखहिं तेहि न दुखित फिरि आवहिं॥
अवघट घाट बाट गिरि कंदर। माया बल कीन्हेसि सर पंजर॥ ३॥

जाहिं कहाँ ब्याकुल भए बंदर। सुरपति बंदि परे जनु मंदर॥
मारुतसुत अंगद नल नीला। कीन्हेसि बिकल सकल बलसीला॥ ४॥

पुनि लछिमन सुग्रीव बिभीषन। सरन्हि मारि कीन्हेसि जर्जर तन॥
पुनि रघुपति सैं जूझै लागा। सर छाँड़इ होइ लागहिं नागा॥ ५॥

ब्याल पास बस भए खरारी। स्वबस अनंत एक अबिकारी॥
नट इव कपट चरित कर नाना। सदा स्वतंत्र एक भगवाना॥ ६॥

रन सोभा लगि प्रभुहिं बँधायो। नागपास देवन्ह भय पायो॥ ७॥

दो०– गिरिजा जासु नाम जपि मुनि काटहिं भव पास।
सो कि बंध तर आवइ ब्यापक बिस्व निवास॥ ७३॥

चौ०– चरित राम के सगुन भवानी। तर्कि न जाहिं बुद्धि बल बानी॥
अस बिचारि जे तग्य बिरागी। रामहि भजहिं तर्क सब त्यागी॥ १॥

ब्याकुल कटकु कीन्ह घननादा। पुनि भा प्रगट कहइ दुर्बादा॥
जामवंत कह खल रहु ठाढ़ा। सुनि करि ताहि क्रोध अति बाढ़ा॥ २॥

बूढ़ जानि सठ छाँड़ेउँ तोही। लागेसि अधम पचारै मोही॥
अस कहि तरल त्रिसूल चलायो। जामवंत कर गहि सोइ धायो॥ ३॥

मारिसि मेघनाद कै छाती। परा भूमि घुर्मित सुरघाती॥
पुनि रिसान गहि चरन फिरायो। महि पछारि निज बल देखरायो॥ ४॥

बर प्रसाद सो मरइ न मारा। तब गहि पद लंका पर डारा॥
इहाँ देवरिषि गरुड़ पठायो। राम समीप सपदि सो आयो॥ ५॥

* मेंघनाथ संग लड़ई *

सक्ती, तिरछूल, तरबार, गागड़ा, हात हतेयार बरसाय।
फरसा, पखना, परधि कांड के, गुलाय बरसाते जाय॥ १॥
दसों खुट अकास ने कांड पाटलो, जसन भादों झड़ी आय।
मारा मारा गोठ सुनई पड़े, जेके कोनी नी जानुक पाय॥ २॥
डोंगरी रुख धरुन बेंदरामन, अकास ऊपरे जाओत।
दुखी होडन फेर फिरत तेमन, कोनी दखुक नी पाओत॥ ३॥
गुलाय घाटी पहाड़ कांड चो, बनालो अटपट बाट।
केंव जाउँदे बलुन दंदरत, बेंदरा नी पाओत बाट॥ ४॥
अंनद, नल, नील, हनू बली के, बली भमराउन दिलो।
लछमन, सुगरीव, बिभीसन के मारुन, चोलन उल्टाउन दिलो॥ ५॥
फेर राम बाट भिड़लो रक्सा, कांड साँप होउन एत।
सुतंत अनंत खर बयरी, नाँग फाँस ने होते जात॥ ६॥
बरहमेस सुतंत राम गोटकी, तमासाकारी असन।
बारारकम चो नाट दखासोत, सादा मनुख जसन॥ ७॥
रन भाटा चो सोभा काजे, नाँग फाँस ने बंधाला।
मान्तर देवमन डरुन गेला, जसने बांधी होला॥ ८॥

७३ मुनी सवँसार फाँसी ले तरसोत, जेचो नावँ धरुन।
हुनी सपाठाने सवँसार के तारु, कोन राखेदे, बांधुन॥ ९॥

गवरी सगुन खेल अटपट, गियान गोठ नी पुरे।
असन बिचारु जानू लोग के, राम चो भजन पुरे॥ १०॥
फुउद के गारी देए बोमराउन, रक्स पुरे एउन।
जामवंत बललो दुसट उबारा, रीस होलो सुनुन॥ ११॥
बलल़ो मूरुख डोकरा जानुन, छांडुन रहें मयँ।
बले नीच मोके धमकासीस, तुके दखेंसे मयँ॥ १२॥
असन बलुन तिरछुल के रक्सा, जामवंत उतरे फिंगलो।
हुनी के झोकुन जामंवत उलटा, रक्सा छाती ने दिलो॥ १३॥
देव चो बयरी किंजरना खाउन, भुँए जाउन पड़लो।
पायँ धरुन किंजराउन पकालो, आपलो बल दखालो॥ १४॥
बरदान सकल ले मारलोने नीमरे, जामवंत पायँ के धरुन।
गढ़ ऊपरे फिंगुन दिलो, खुबे रीस होऊन॥ १५॥
इसू देव रिसी नारद गरुड़ के, पठाला राम लगे।
तुरते गरुड़ अमरून गेलो, भगवान राम लगे॥ १६॥

दो०– खगपति सब धरि खाए माया नाग बरूथ।
माया बिगत भए सब हरषे बानर जूथ॥ ७४ (क)॥

गहि गिरि पादप उपल नख धाए कीस रिसाइ।
चले तमीचर बिकलतर गढ़ पर चढ़े पराइ॥ ७४ (ख)॥

चौ०– मेघनाद कै मुरछा जागी। पितहि बिलोकि लाज अति लागी॥
तुरत गयउ गिरिबर कंदरा। करौं अजय मख अस मन धरा॥ १॥

इहाँ बिभीषन मंत्र बिचारा। सुनहु नाथ बल अतुल उदारा॥
मेघनाद मख करइ अपावन। खल मायावी देव सतावन॥ २॥

जौं प्रभु सिद्ध होइ सो पाइहि। नाथ बेगि पुनि जीति न जाइहि॥
सुनि रघुपति अतिसय सुख माना। बोले अंगदादि कपि नाना॥ ३॥

लछिमन संग जाहु सब भाई। करहु बिधंस जग्य कर जाई॥
तुम्ह लछिमन मारेहु रन ओही। देखि सभय सुर दुख अति मोही॥ ४॥

मारेहु तेहि बल बुद्धि उपाई। जेहिं छीजै निसिचर सुनु भाई॥
जामवंत सुग्रीव बिभीषन। सेन समेत रहेहु तीनिउ जन॥ ५॥

जब रघुबीर दीन्हि अनुसासन। कटि निषंग कसि साजि सरासन॥
प्रभु प्रताप उर धरि रनधीरा। बोले घन इव गिरा गँभीरा॥ ६॥

जौं तेहि आजु बधें बिनु आवौं। तौ रघुपति सेवक न कहावौं॥
जौं सत संकर करहिं सहाई। तदपि हतउँ रघुबीर दोहाई॥ ७॥

दो०– रघुपति चरन नाइ सिरु चलेउ तुरंत अनंत।
अंगद नील मयंद नल संग सुभट हनुमंत॥ ७५॥

चौ०– जाइ कपिन्ह सो देखा बैसा। आहुति देत रुधिर अरु भैंसा॥
कीन्ह कपिन्ह सब जग्य बिधंसा। जब न उठइ तब करहिं प्रसंसा॥ १॥

तदपि न उठइ धरेन्हि कच जाई। लातन्हि हति हति चले पराई॥
लै त्रिसूल धावा कपि भागे। आए जहँ रामानुज आगे॥ २॥

आवा परम क्रोध कर मारा। गर्ज घोर रव बारहिं बारा॥
कोपि मरुतसुत अंगद धाए। हति त्रिसूल उर धरनि गिराए॥ ३॥

प्रभु कहँ छाँड़ेसि सूल प्रचंडा। सर हति कृत अनंत जुग खंडा॥
उठि बहोरि मारुति जुबराजा। हतहिं कोपि तेहि घाउ न बाजा॥ ४॥

७४(क) चड़ई राजा माया सांप के, धरुन खाउन दिला।
सपा बेंदरा माया ले फुसकुन, खुबे हरीक होला॥१७॥

७४(ख) पहाड़, पखना रख नख जोर, बेंदरा धरुन गेला।
असुर सपा बोमरुन भाती, गढ़ ने पराते गेला॥१८॥

मुरछा जातेखान बूबा के दखुन, मेघनाथ लाज होलो।
नी जीतदे असन जग्यँ करेंदे, पहाड़ खोह ने गेलो॥१९॥
बिभीसन पांजी दखुन बललो, जग करेसे भगवान।
देवमन के बिटाऊ दुसट परपंचेया, सुना भगवान राम॥२०॥
जग्यँ सिध होलोने झपके, जीतुक नी होएदे जाना।
सुनतेखान राम अंगद-मन के, बलाउन बलला सुना॥२१॥
जग्यँ के नसावा संगे जाउन, लछमन मारेदे तेके।
देवमन चो डर दखुन भाती, नंगत नी लागेसे मोके॥२२॥
भाई बल बुध ले समझुन, मारसे नंगत दखुन।
जेमें असुर चो नास होओ बींधसे नंगत नेतुन॥२३॥
जामवंत राजा बिभीसन तुमी, रहासे फउद धरून।
हुकुम पावते ठोंगी बांधुन धनऊ साज धरून॥२४॥
बीर लछमन राम परताप के, मन ने धरून बललो।
हुनके आज बिगर मारलो मयँ, उल्टुन नीएएँ बललो॥२५॥
सौ संकर साहा होलोने बले, तेके मयँ मारूँ आँय।
किरिया पाडुन बलेंसे नाहले, राम सेउक नोआँय॥२६॥

७५ राम पायँ पाडुन सेंस अवतारी, लछमन तुरते गेला।
अंगद, नल, नील, हनू, मयंद, लछमन संगे होला॥२७॥

भयँसा लहू चो होम देए, बेंदरा जाउन दखला।
बसलो ठान ले उठे नाईं, सपा के उजड़ाउन दिला॥२८॥
सहरात बलेबल उठे नाईं, चूंदी के झीकत धरून।
लाते दिला मुटका दिला, खेदलो तिरछूल धरुन॥२९॥
लछमन पुरे अमरलो जसने, हनू-अंगद खेदला।
तिरछूल ले छाती ने मारलो, दुनोय बीर पड़ला॥३०॥
फेर भारी तिरछुल के रक्सा, पकालो लछमन उपरे।
अनंत कांड ले नेतुन मारला, गोंदा गेली उपरे॥३१॥
हनू-अंगद रीस ले मारत, पावते नी रहे तेंके।
मारलोने बयरी मरते नी रहे, कितरोय मारत तेके॥३२॥
बीरमन चो फिरतोके दखुन, चिचयाउन उपरे कूदलो।
काल माहा एतोके दखुन लछमन, कांड ले ते के बिंधलो॥३३॥

फिरे बीर रिपु मरइ न मारा। तब धावा करि घोर चिकारा॥
आवत देखि क्रुद्ध जनु काला। लछिमन छाड़े बिसिख कराला॥ ५॥

देखेसि आवत पबि सम बाना। तुरत भयउ खल अंतरधाना॥
बिबिध बेष धरि करइ लराई। कबहुँक प्रगट कबहुँ दुरि जाई॥ ६॥
देखि अजय रिपु डरपे कीसा। परम क्रुद्ध तब भयउ अहीसा॥
लछिमन मन अस मंत्र दृढ़ावा। एहि पापिहि मैं बहुत खेलावा॥ ७॥

सुमिरि कोसलाधीस प्रतापा। सर संधान कीन्ह करि दापा॥
छाड़ा बान माझ उर लागा। मरती बार कपटु सब त्यागा॥ ८॥

दो०– रामानुज कहँ रामु कहँ अस कहि छाँड़ेसि प्रान।
धन्य धन्य तव जननी कह अंगद हनुमान॥ ७६॥

चौ०– बिनु प्रयास हनुमान उठायो। लंका द्वार राखि पुनि आयो॥
तासु मरन सुनि सुर गंधर्बा। चढ़ि बिमान आए नभ सर्बा॥ १॥

बरषि सुमन दुंदुभीं बजावहिं। श्रीरघुनाथ बिमल जसु गावहिं॥
जय अनंत जय जगदाधारा। तुम्ह प्रभु सब देवन्हि निस्तारा॥ २॥

अस्तुति करि सुर सिद्ध सिधाए। लछिमन कृपासिन्धु पहिं आए॥
सुत बध सुना दसानन जबहीं। मुरुछित भयउ परेउ महि तबहीं॥ ३॥

मंदोदरी रुदन कर भारी। उर ताड़न बहु भाँति पुकारी॥
नगर लोग सब ब्याकुल सोचा। सकल कहहिं दसकंधर पोचा॥ ४॥

दो०– तब दसकंठ बिबिध बिधि समुझाईं सब नारि।
नस्वर रूप जगत सब देखहु हृदयँ बिचारि॥ ७७॥

चौ०– तिन्हहि ग्यान उपदेसा रावन। आपुन मंद कथा सुभ पावन॥
पर उपदेस कुसल बहुतेरे। जे आचरहिं ते नर न घनेरे॥ १॥

निसा सिरानि भयउ भिनुसारा। लगे भालु कपि चारिहुँ द्वारा॥
सुभट बोलाइ दसानन बोला। रन सन्मुख जा कर मन डोला॥ २॥

सो अबहीं बरु जाउ पराई। संजुग बिमुख भएँ न भलाई॥
निज भुज बल मैं बयरु बढ़ावा। देहउँ उतरु जो रिपु चढ़ि आवा॥ ३॥

अस कहि मरुत बेग रथ साजा। बाजे सकल जुझाऊ बाजा॥
चले बीर सब अतुलित बली। जनु कज्जल कै आँधी चली॥ ४॥

असगुन अमित होहिं तेहि काला। गनइ न भुज बल गर्ब बिसाला॥ ५॥

बजर कांड के दखुन भाती, माया ले लुकलो रक्सा।
बारारकम चो भेस धरून, लड़ते जाए रक्सा॥ ३४॥
केबई दिखे, केबई लुके, दखुन बेंदरा डरला।
तेबे साँपराजा रीसे रीस, मन ने बिचार करला॥ ३५॥
खुबे खेलाले पापी के एदाँय, सारतोर आय तेके।
राम परताप के सुमरुना करुन कांड ले नेतला तेके॥ ३६॥
छाती मंजगत कांड पावली, माया छांडलो हुन।
राम कहाँ लछमन कहाँ बलते, जीव छांडलो हुन॥ ३७॥

७६ अंगद हनू बलला धनतु चो माय, जे लछमन हाते मरलीस।
राम लछमन नावँ मरतो पहार, आपलो मुँह ले धरलीस॥ ३८॥

हनुमान उठाउन लंका बाट ने, छांडुन भाती इला।
हुनचो मरलो सुनुन देवसुर, बिमान चेधुन इला॥ ३९॥
फूल बरसाउन नगाड़ा बजाते, रामजस गुन गात।
अनंत सवँसार के तारू जयहो, निभालास बलुन गात॥ ४०॥
देवसुर सुमरना करून फिरला, लछमन राम लग इलो।
बेटा मरना के सुनुन रावत, मुरछाउन भुएँ पड़लो॥ ४१॥
मंदोदरी छाती पेटुन गागे, बारा रकम ले गाउन।
दुख ले बोमरते राज चो सपा, बलत नीच आय रावन॥ ४२॥

७७ दसमुँडेया सपा मेहरारमन के, समझाए धरम बानी।
सवँसारें सपा नास होउ बीती, मने बिचारा रानी॥ ४३॥

* रावन संगे लड़ई *

रावन बायले के गियान सांगे, आपन नीच आय।
मान्तर हुनचो कथा बारता, सुभ पबितर आय॥ १॥
दूसर के उपदेस देऊ लोग, भारी चलाक होसोत।
पय आगर नीआत असन, जे तेके मानुन रसोत॥ २॥
पहाते बेंदरा भालु डटला, चारों बाट ने जाउन।
बीरमन के बललो दसानन, आपलो लग बलाउन॥ ३॥
बयरी पुरे जाउक जेचो मन, एदाँय जे नी होए।
नंगत होएदे हुन एबेय पराओ, उथा भलई नी होए॥ ४॥
आपलो बाँहा सकत उपरे, धरलेसे बइर इतरो।
बयरी जे चेघुन इलोसे एथा, पुरेंदे आपलो इतरो॥ ५॥
बलुन लेहरामाहा रेंगू, रथ सम्हराउन धरलो।
जुझाऊ बाना बाजुक धरला, धुकी माहा निसकलो॥ ६॥

छं०– अति गर्ब गनइ न सगुन असगुन स्त्रवहिं आयुध हाथ ते।
भट गिरत रथ ते बाजि गज चिक्करत भाजहिं साथ ते॥
गोमाय गीध कराल खर रव स्वान बोलहिं अति घने।
जनु कालदूत उलूक बोलहिं बचन परम भयावने॥

दो०– ताहि कि संपति सगुन सुभ सपनेहुँ मन बिश्राम।
भूत द्रोह रत मोहबस राम बिमुख रति काम॥ ७८॥

चौ०– चलेउ निसाचर कटकु अपारा। चतुरंगिनी अनी बहु धारा॥
बिबिधि भाँति बाहन रथ जाना। बिपुल बरन पताक ध्वज नाना॥ १॥

चले मत्त गज जूथ घनेरे। प्राबिट जलद मरुत जनु प्रेरे॥
बरन बरन बिरदैत निकाया। समर सूर जानहिं बहु माया॥ २॥

अति बिचित्र बाहिनी बिराजी। बीर बसंत सेन जनु साजी॥
चलत कटक दिगसिंधुर डगहीं। छुभित पयोधि कुधर डगमगहीं॥ ३॥

उठी रेनु रबि गयउ छपाई। मरुत थकित बसुधा अकुलाई॥
पनव निसान घोर रव बाजहिं। प्रलय समय के घन जनु गाजहिं॥ ४॥

भेरि नफीरि बाज सहनाई। मारू राग सुभट सुखदाई॥
केहरि नाद बीर सब करहीं। निज निज बल पौरुष उच्चरहीं॥ ५॥

कहइ दसानन सुनहु सुभट्टा। मर्दहु भालु कपिन्ह के ठट्टा॥
हौं मारिहउँ भूप द्वौ भाई। अस कहि सन्मुख फौज रेंगाई॥ ६॥

यह सुधि सकल कपिन्ह जब पाई। धाए करि रघुबीर दोहाई॥ ७॥

छं०– धाए बिसाल कराल मर्कट भालु काल समान ते।
मानहुँ सपच्छ उड़ाहिं भूधर बृंद नाना बान ते॥
नख दसन सैल महाद्रुमायुध सबल संक न मानहीं।
जय राम रावन मत्त गज मृगराज सुजसु बखानहीं॥

दो०– दुहु दिसि जय जयकार करि निज निज जोरी जानि।
भिरे बीर इत रामहि उत रावनहि बखानि॥ ७९॥

चौ०– रावनु रथी बिरथ रघुबीरा। देखि बिभीषन भयउ अधीरा॥
अधिक प्रीति मन भा संदेहा। बंदि चरन कह सहित सनेहा॥ १॥

नाथ न रथ नहिं तन पद त्राना। केहि बिधि जितब बीर बलवाना॥
सुनहु सखा कह कृपानिधाना। जेहिं जय होइ सो स्यंदन आना॥ २॥

भारी असगुन होए हुदलदाँय, घमंडी माने नाईं।
बाहाँ चो घमंड खुबे आसे, काईं के जाने नाईं॥ ७॥
सगुन-असगुन बिचारे नाईं, हात ले हतेयार घसरत।
घोड़ा-हाथी उलटुन चिचियात, कोलेया काँवरा कटरत॥ ८॥
गिदहा-गदहा चिचियात गुलाय, कुरवाँ गुलाय घुरत।
काल दूत माहा ते जसन चारो खूट कटरत॥ ९॥

७८ जावमन ले जेके आसे बइर, मोह ने पड़लोर आसे।
राम ले पाठ करून भाती, काम ने अधीरजा आसे॥ १०॥

हुनके धन सुभ सगुन काय, सपना ने मिरुक सकेदे।
हुनचो चेत के काय केबई, सांती मिरूक सकेदे॥ ११॥
रक्सा चो फउद निकरला, चारों जोथा आसोत।
रंग-रंग चो बैरख धरुन, बरन बाहनने आसोत॥ १२॥
हाथी गोहड़ा मातु न हिंडसोत, बरसा बादरी असन।
बरन बाना पिंधून आसोत, लड़ई ने बीर हुसन॥ १३॥
रकम रकम माया जाह, अटपट फउद आसोत।
वसंत माहा बीर फउद, समरुन सजुन आसोत॥ १४॥
फउद हिंडतेखान हाथी हालत, समुंद अधीर होला।
पहाड़ डोले धुरला उड़ुन, सुरुज के ढापुन दिला॥ १५॥
लेहरा मांडली पिरथी डोलली, ढोल नंगारा गुलाय।
सुनले लागे भयंकर बादरी, अकास गरजेसे गुलाय॥ १६॥
मोहरी, तोड़ी बीर के सुख देऊ, लड़ई पाड़ बाजे।
सिंध माहा गरजुन सांगत, बल के आगे ले आगे॥ १७॥
दसमुंडेया बललो सुना बीर, बेंदरामन के मारा तुमन।
दुनो लाल के मयँ मारेंदे, बेंदरा सुनला जसन॥ १८॥
राम दुहई पाड़ते पराला, कालामाहा बेंदरा भालू।
पटका बिगर पहाड़ जोथा उड़सोत, लागत बेंदरा भालू॥ १९॥
नख, दाँत, पहाड़, रूख, हतेयार, बीर नी डरत काकेय।
रावन हाथी राम सिंघ चो, जस के गासोत आगेय॥ २०॥

७९ दुनों बाट बीर भिड़ुन दिला, आपलो जोड़ दखुन।
इसू राम हेंव रावन चो, जय-जय गीत करुन॥ २१॥

रावन रथ चेधुन भाती, होलोसे पुरे एऊन।
बिभीसन अधीरजा होउन गेलो, राम के भुएँ दखुन॥ २२॥
राम पायँ चो बिन्ती करून, मया धरून बललो।
रथ कवच पन्हई काईं नीआय, जीतासे कसन बललो॥ २३॥

सौरज धीरज तेहि रथ चाका। सत्य सील दृढ़ ध्वजा पताका॥
बल बिबेक दम परहित घोरे। छमा कृपा समता रजु जोरे॥ ३॥

ईस भजनु सारथी सुजाना। बिरति चर्म संतोष कृपाना॥
दान परसु बुधि सक्ति प्रचंडा। बर बिग्यान कठिन कोदंडा॥ ४॥

अमल अचल मन त्रोन समाना। सम जम नियम सिलीमुख नाना॥
कवच अभेद बिप्र गुर पूजा। एहि सम बिजय उपाय न दूजा॥ ५॥

सखा धर्ममय अस रथ जाकें। जीतन कहँ न कतहुँ रिपु ताकें॥ ६॥

दो०— महा अजय संसार रिपु जीति सकइ सो बीर।
जाकें अस रथ होइ दृढ़ सुनहु सखा मतिधीर॥ ८० (क)॥

सुनि प्रभु बचन बिभीषन हरषि गहे पद कंज।
एहि मिस मोहि उपदेसेहु राम कृपा सुख पुंज॥ ८० (ख)॥

उत पचार दसकंधर इत अंगद हनुमान।
लरत निसाचर भालु कपि करि निज निज प्रभु आन॥ ८० (ग)॥

चौ०— सुर ब्रह्मादि सिद्ध मुनि नाना। देखत रन नभ चढ़े बिमाना॥
हमहू उमा रहे तेहि संगा। देखत राम चरित रन रंगा॥ १॥

सुभट समर रस दुहु दिसि माते। कपि जयसील राम बल ताते॥
एक एक सन भिरहिं पचारहिं। एकन्ह एक मर्दि महि पारहिं॥ २॥

मारहिं काटहिं धरहिं पछारहिं। सीस तोरि सीसन्ह सन मारहिं॥
उदर बिदारहिं भुजा उपारहिं। गहि पद अवनि पटकि भट डारहिं॥ ३॥

निसिचर भट महि गाड़हिं भालू। ऊपर ढारि देहिं बहु बालू॥
बीर बलीमुख जुद्ध बिरुद्धे। देखिअत बिपुल काल जनु क्रुद्धे॥ ४॥

छं०— क्रुद्धे कृतांत समान कपि तन स्त्रवत सोनित राजहीं।
मर्दहिं निसाचर कटक भट बलवंत घन जिमि गाजहीं॥
मारहिं चपेटन्हि डाटि दातन्ह काटि लातन्ह मीजहीं।
चिक्करहिं मर्कट भालु छल बल करहिं जेहिं खल छीजहीं॥ १॥

धरि गाल फारहिं उर बिदारहिं गल अँतावरि मेलहीं।
प्रह्लादपति जनु बिबिध तनु धरि समर अंगन खेलहीं॥
धरु मारु काटु पछारु घोर गिरा गगन महि भरि रही।
जय राम जो तृन ते कुलिस कर कुलिस ते कर तृन सही॥ २॥

राम बलला संगी सुन नंगत, जय रथ अऊर आय।
धीरज सकत चाक होसोत, सत चाल बैरख आय॥ २४॥
बल बिबेक इंदरी जीतुन राखतोर, पर भलई घोड़ा आय।
माफी मया समभाव डोरी ले रथ, बरकस बांधलोर आय॥ २५॥
भगवान भजन घोड़ा खेदेया, बैराग ढाल आय।
हरीक तरवार दान फरसा, बुध भारी सकत आय॥ २६॥
बिग्यान सकत धनऊ होउन, रहेसे बड़े भारी।
पाप ले अलगुन मांडलोर मन, होएसे ठोंगी भारी॥ २७॥
मन थामतोर जीव नी मारतोर, नेम कांड होसोत।
बाम्हन-गुरु चो सेवा करतोर, देह ने कवच हो सोत॥ २८॥
एचो माहा कोनी अउर उआट, जीततो काज नीआय।
जेचो असन धरम रथ, हुनके जीतेया नी आत॥ २९॥

८०(क) धीरजा हा सुन जेचो लग असन, रथ बाना आसे।
हुनी बीर सँवसार चो बयरी के, जीततो लाइक आसे॥ ३०॥

८०(ख) सुनुन बिभीसन हरीक होउन, बललो पायँ धरुन।
किरपाकरु सुखकूढ़ा सीखालास, गुन ओखी करून॥ ३१॥

८०(ग) हेंव रावन घुड़कुन बलाय, अंगद हनू होला एबाट।
मालिक के सुमरते लड़सोत, बेंदरा भालू दुनों बाट॥ ३२॥

ब्रह्म देवमन अकास ऊपर ले, दखसोत बिमान चेघुन।
उमा तेवे मयँ बल रहें, सपा दखुँ संगे रहुन॥ ३३॥
दुनोयं बाट लड़ई ने मातला, राम बलुन बेंदरा जीतत।
एक-दूसर ले भिड़ुन लड़ुन, पिचकुन बेंदरा फींगत॥ ३४॥
पेट चीरुन बाहाँमन के, उखनुन फिंगुन देसोत।
रक्सामन के भालु-बेंदरा, भुएँ आपटुन देसोत॥ ३५॥
रक्साबीरमन के भालू धरुन, भुएँ गाड़ुन देसोत।
उपर ले तिहँचो ऊपरे खुबे, बारू डारून देसोत॥ ३६॥
जुद्ध ने बयरी जे उलटलो वीर, असन दखा देसोत।
जसन रोसेरोस खुबे काल, उथा एउन आसोत॥ ३७॥
रीस ने लोहू बोहते देह ने, काल माहा दरक देसोत।
बादरी माहा गरजुन रक्सामन के, धरुन पिचकुन देसोत॥ ३८॥
धुड़कु थापड़ लात ने मारसोत, दाँते चाबुन देसोत।
बेंदरा भालु दल के सारुक, भारी छल बल करसोत॥ ३९॥
मुँह के चीरुन छाती के फाड़ुन, पोटी चो माला पिंधसोत।
कईठन अवतार स्वरुन नरसिंग, भाटा ने खेल करसोत॥ ४०॥

दो०- निज दल बिचलत देखेसि बीस भुजाँ दस चाप।
रथ चढ़ि चलेउ दसानन फिरहु फिरहु करि दाप॥ ८१॥

चौ०- धायउ परम क्रुद्ध दसकंधर। सन्मुख चले हूह दै बंदर॥
गहि कर पादप उपल पहारा। डारेन्हि ता पर एकहिं बारा॥ १॥

लागहिं सैल बज्र तन तासू। खंड खंड होइ फूटहिं आसू॥
चला न अचल रहा रथ रोपी। रन दुर्मद रावन अति कोपी॥ २॥

इत उत झपटि दपटि कपि जोधा। मर्दै लाग भयउ अति क्रोधा॥
चले पराइ भालु कपि नाना। त्राहि त्राहि अंगद हनुमाना॥ ३॥

पाहि पाहि रघुबीर गोसाईं। यह खल खाइ काल की नाईं॥
तेहिं देखे कपि सकल पराने। दसहुँ चाप सायक संधाने॥ ४॥

छं०- संधानि धनु सर निकर छाड़ेसि उरग जिमि उड़ि लागहीं।
रहे पूरि सर धरनी गगन दिसि बिदिसि कहँ कपि भागहीं॥
भयो अति कोलाहल बिकल कपि दल भालु बोलहिं आतुरे।
रघुबीर करुना सिंधु आरत बंधु जन रच्छक हरे॥

दो०- निज दल बिकल देखि कटि कसि निषंग धनु हाथ।
लछिमन चले क्रुद्ध होइ नाइ राम पद माथ॥ ८२॥

चौ०- रे खल का मारसि कपि भालू। मोहि बिलोकु तोर मैं कालू॥
खोजत रहेउँ तोहि सुतघाती। आजु निपाति जुड़ावउँ छाती॥ १॥

अस कहि छाड़ेसि बान प्रचंडा। लछिमन किए सकल सत खंडा॥
कोटिन्ह आयुध रावन डारे। तिल प्रवान करि काटि निवारे॥ २॥

पुनि निज बानन्ह कीन्ह प्रहारा। स्यंदनु भंजि सारथी मारा॥
सत सत सर मारे दस भाला। गिरि सृंगन्ह जनु प्रबिसहिं ब्याला॥ ३॥

पुनि सत सर मारा उर माहीं। परेउ धरनि तल सुधि कछु नाहीं॥
उठा प्रबल पुनि मुरुछा जागी। छाड़िसि ब्रह्म दीन्हि जो साँगी॥ ४॥

छं०- सो ब्रह्म दत्त प्रचंड सक्ति अनंत उर लागी सही।
पर्‌यो बीर बिकल उठाव दसमुख अतुल बल महिमा रही॥
ब्रह्मांड भवन बिराज जाकें एक सिर जिमि रज कनी।
तेहि चह उठावन मूढ़ रावन जान नहिं त्रिभुअन धनी॥

दो०- देखि पवनसुत धायउ बोलत बचन कठोर।
आवत कपिहि हन्यो तेहिं मुष्टि प्रहार प्रघोर॥ ८३॥

चौ०- जानु टेकि कपि भूमि न गिरा। उठा सँभारि बहुत रिस भरा॥
मुठिका एक ताहि कपि मारा। परेउ सैल जनु बज्र प्रहारा॥ १॥

धरा-मारा पूजा आपटा, तीनोपुर गरजना जाएंसे।
राम चो जय हो, जे रोंडा बजर, बजर रोंडा होऊन जाएसे॥ ४१॥

८१ आपलो फउद चो अवगतान दखुन, बीसे बाहाँ ने धनऊ धरुन।
रथ चेधुन रावन घमंड ले जाए, सपा फिरा-फिरा बलुन॥ ४२॥

रावन पराए भारी रीस ले, बेंदरा गरजते चलला।
पहाड़ डोंगरी पखाना रुख के, एके संग पकाउक धरला॥ ४३॥
बजर देहँ ने पहाड़ बल, पातेखान टुटुन जासोत।
रीसेरीस रथ के थेबालो रावन, नी हाले कितरोय मारोत॥ ४४॥
खुबे रीस होउन बेंदरामन के, रमँजते जाए घरुन।
हाय अंगद हनू साहा होआ, पराते जात बलुन॥ ४५॥
काल माहा खाएसे रक्सा आमके, साहा होआ भगवान।
परातो के दखुन दसो धनऊ ने, रावन चेधालो बान॥ ४६॥
सांप माहा कांड उमडुन परात, दसों खूट पाटी होत।
बेंदरा पराउन केंव जादे, गुलाय कोल्हार होत॥ ४७॥
घबरुन चिचियात हे रघुबीर, दुखी के साहा होऊ।
सुख चो भंडार दुख के हरु, सेउक के साहा होऊ॥ ४८॥

८२ फउद के बोमरते दखुन भाती, ठोंगी धनऊ धरुन।
भारी रीस ले लछमन निकरला, पायँ चो बिन्ती करुन॥ ४९॥

बेंदरामन के काय मारसीस, मयँ तुचो काल आय।
बेटा के मारु डगरायँसे तुकेय, मारुन छाती जुड़ायँ॥ ५०॥
असन वलुन कांड छांडे, लछमन गोंदा करत।
करोड़ हतेयार रावन पकाए, तिल माहा काटुन देओत॥ ५१॥
रथ टुटाउन सारथी के मारला, लछमन नेतुन कांड।
फेर गोटोक-गोटोक मुंडे, मारला सौ-सौ कांड॥ ५२॥
सपा कांडमन मुंडे ओयलत, खोह ने साँप असन।
फेर सौ कांड छाती ने मारला, भुएँ पडलो हुसन॥ ५३॥
चेततेखान ब्रह्मा चो दिलोर, सक्ती के ऊपरे फिंगलो।
हुन छाती मंजगत पावली, लछमन भुएँ पड़लो॥ ५४॥
बल घमंड ने उचाउक दखे, पय नी सकलो रक्सा।
गोटी माहा पिरथी जेचो मुंडे, तेके तवलाय रक्सा॥ ५५॥

८३ तीनों भुवन चो मालिक के नी जाने, हनू सरापते अमरलो।
हनु चो एतो के दखुन रावन, उठाउन मुटका दिलो॥ ५६॥

मांडीखूटा बसलो भुएँ नी पड़े, सम्हारुन रीस ने उठुन।
गोटकी मुटका ने किंजरुन पड़लो, मारलो हनू नेतुन॥ ५७॥

मुरुछा गै बहोरि सो जागा। कपि बल बिपुल सराहन लागा॥
धिग धिग मम पौरुष धिग मोही। जौं तैं जिअत रहेसि सुरद्रोही॥ २॥

अस कहि लछिमन कहुँ कपि ल्यायो। देखि दसानन बिसमय पायो॥
कह रघुबीर समुझु जियँ भ्राता। तुम्ह कृतांत भच्छक सुर त्राता॥ ३॥

सुनत बचन उठि बैठ कृपाला। गई गगन सो सकति कराला॥
पुनि कोदंड बान गहि धाए। रिपु सन्मुख अति आतुर आए॥ ४॥

छं०— आतुर बहोरि बिभंजि स्यंदन सूत हति ब्याकुल कियो।
गिर्‌यो धरनि दसकंधर बिकलतर बान सत बेध्यो हियो॥
सारथी दूसर घालि रथ तेहि तुरत लंका लै गयो।
रघुबीर बंधु प्रताप पुंज बहोरि प्रभु चरनन्हि नयो॥

दो०— उहाँ दसानन जागि करि करै लाग कछु जग्य।
राम बिरोध बिजय चह सठ हठ बस अति अग्य॥ ८४॥

चौ०— इहाँ बिभीषन सब सुधि पाई। सपदि जाइ रघुपतिहि सुनाई॥
नाथ करइ रावन एक जागा। सिद्ध भएँ नहिं मरिहि अभागा॥ १॥

पठवहु नाथ बेगि भट बंदर। करहिं बिधंस आव दसकंधर॥
प्रात होत प्रभु सुभट पठाए। हनुमदादि अंगद सब धाए॥ २॥

कौतुक कूदि चढ़े कपि लंका। पैठे रावन भवन असंका॥
जग्य करत जबहीं सो देखा। सकल कपिन्ह भा क्रोध बिसेषा॥ ३॥
रन ते निलज भाजि गृह आवा। इहाँ आइ बक ध्यान लगावा॥
अस कहि अंगद मारा लाता। चितव न सठ स्वारथ मन राता॥ ४॥

छं०— नहिं चितव जब करि कोप कपि गहि दसन लातन्ह मारहीं।
धरि केस नारि निकारि बाहेर तेऽतिदीन पुकारहीं॥
तब उठेउ क्रुद्ध कृतांत सम गहि चरन बानर डारई।
एहि बीच कपिन्ह बिधंस कृत मख देखि मन महुँ हारई॥

दो०— जग्य बिधंसि कुसल कपि आए रघुपति पास।
चलेउ निसाचर क्रुद्ध होइ त्यागि जिवन कै आस॥ ८५॥

चौ०— चलत होहिं अति असुभ भयंकर। बैठहिं गीध उड़ाइ सिरन्ह पर॥
भयउ कालबस काहु न माना। कहेसि बजावहु जुद्ध निसाना॥ १॥

चली तमीचर अनी अपारा। बहु गज रथ पदाति असवारा॥
प्रभु सन्मुख धाए खल कैसें। सलभ समूह अनल कहँ जैसें॥ २॥

इहाँ देवतन्ह अस्तुति कीन्ही। दारुन बिपति हमहि एहिं दीन्ही॥
अब जनि राम खेलावहु एही। अतिसय दुखित होति बैदेही॥ ३॥

मूरछा जातेखान चेतुन भाती, बल के सहराय रक्सा।
हनू बललो मोचो सकत के धिकार, जे जीवत आसीस रक्सा॥ ५८॥
असन बलते लछमन के बोहुन, राम लगे धरून इलो।
दखुन रावन के अचरित होली, जसने बोहुन निलो॥ ५९॥
राम बलला भाई मन ने बिचार, तुई काल के सारू आस।
देवमन चो तुई साहा रसीस, तुई जसने भारी आस॥ ६०॥
सुनते किरपाकरु लछमन उठला, सक्ती गेली सरग बाट।
धनऊ कांड धरून घरचांड परला, उठुन बयरी बाट॥ ६१॥
रथ के टुटाउन सारथी रथ ने जोड़ुन, लंका बाट धरून गेलो।
रावन लड़ई भाटा ने गिरलो, सौ कांड तेके बिंघला॥ ६२॥
दूसर सारथी रथ ने जोड़ुन, लंका बाट धरून गेलो।
बल कुढ़ा राम चो भाई एऊन, पायँ चो बिन्ती करलो॥ ६३॥

८४ हेंव रावन चेतुन जग्यँ मुरियालो, मूरुख अग्यानी हुन।
राम ले बड़र धरून जीतुक दखे, असन अबूझ गुन॥ ६४॥

इसू बिभीसन सपा जनाउन, बललो राम लग जाउन।
सहज नी मरेदे हुन पापी, जग्यँ सम्पूरन बनाउन॥ ६५॥
बेंदरा फउद के पठावा भगवान, जाउन नसाओत उथा।
बिहान पहाते बीरमन संगे, अंगद के पठाला उथा॥ ६६॥
खेल ने गढ़ उपरे चेघला बेंदरा, निडर महल ने गेला।
जग्यँ करते जसने दखला, बेंदरा निडर बलला॥ ६७॥
निलजाहा कोकोड़ा घियान करसीस, लड़ई भाटा ले एऊन।
उठाउन लात अंगद दिलो, बले नी दखे हुन॥ ६८॥
सुआरथ ने रहे दुसट जीव, उलटुन बल नी दखे।
दांते चाबल लाते खूंदत, बले हुन नो चेते॥ ६९॥
मेहरारमन चो चूंदी धरुन, ओड़गोड़ते बाहिर आनत।
हुनमन भारी कंदरई होउन, गागते चिचयाते जावत॥ ७०॥
तेबे कालमाहा रीस होउन रावन, आपटे बेंदरामन के।
हुदलदाँय जग्यँ के नसाउन दिला, हारलो रावन मनने॥ ७१॥

८५ जग्यँ उजडाउन सपा बेंदरा, इला राम लग फिरुन।
रावन निसकलो भारी रीस ने, जीतती भरोसा छांडुन॥ ७२॥

एकेदाँय अडरा असगुन होए, गिदहा मुंडे बसे।
काल ने पडुन काई नी माने, डंका बजाउक बले॥ ७३॥
असुर चो सपा फउद निसकला, हाथी, घोड़ा रथ उपरे।
भगवान पुरे परासोत जसन, कीड़ा आइग उपरे॥ ७४॥

देव बचन सुनि प्रभु मुसुकाना। उठि रघुबीर सुधारे बाना।
जटा जूट दृढ़ बाँधें माथे। सोहहिं सुमन बीच बिच गाथे॥ ४॥

अरुन नयन बारिद तनु स्यामा। अखिल लोक लोचनाभिरामा॥
कटितट परिकर कस्यो निषंगा। कर कोदंड कठिन सारंगा॥ ५॥

छं०– सारंग कर सुंदर निषंग सिलीमुखाकर कटि कस्यो।
भुजदंड पीन मनोहरायत उर धरासुर पद लस्यो॥
कह दास तुलसी जबहिं प्रभु सर चाप कर फेरन लगे।
ब्रह्मांड दिग्गज कमठ अहि महि सिंधु भूधर डगमगे॥

दो०– सोभा देखि हरषि सुर बरषहिं सुमन अपार।
जय जय जय करुनानिधि छबि बल गुन आगार॥ ८६॥

चौ०– एहीं बीच निसाचर अनी। कसमसात आई अति घनी॥
देखि चले सन्मुख कपि भट्टा। प्रलयकाल के जनु घन घट्टा॥ १॥

बहु कृपान तरवारि चमंकहिं। जनु दहँ दिसि दामिनीं दमंकहिं॥
गज रथ तुरग चिकार कठोरा। गर्जहिं मनहुँ बलाहक घोरा॥ २॥

कपि लंगूर बिपुल नभ छाए। मनहुँ इंद्रधनु उए सुहाए॥
उठइ धूरि मानहुँ जलधारा। बान बुंद भै बृष्टि अपारा॥ ३॥

दुहुँ दिसि पर्बत करहिं प्रहारा। बज्रपात जनु बारहिं बारा॥
रघुपति कोपि बान झरि लाई। घायल भै निसिचर समुदाई॥ ४॥

लागत बान बीर चिक्करहीं। घुर्मि घुर्मि जहँ तहँ महि परहीं॥
स्रवहिं सैल जनु निर्झर भारी। सोनित सरि कादर भयकारी॥ ५॥

छं०– कादर भयंकर रुधिर सरिता चली परम अपावनी।
दोउ कूल दल रथ रेत चक्र अबर्त बहति भयावनी॥
जलजंतु गज पदचर तुरग खर बिबिध बाहन को गने।
सर सक्ति तोमर सर्प चाप तरंग चर्म कमठ घने॥

दो०– बीर परहिं जनु तीर तरु मज्जा बहु बह फेन।
कादर देखि डरहिं तहँ सुभटन्ह के मन चेन॥ ८७॥

चौ०– मज्जहिं भूत पिसाच बेताला। प्रमथ महा झोटिंग कराला॥
काक कंक लै भुजा उड़ाहीं। एक ते छीनि एक लै खाहीं॥ १॥

एक कहहिं ऐसिउ सौंघाई। सठहु तुम्हार दरिद्र न जाई॥
कहँरत भट घायल तट गिरे। जहँ तहँ मनहुँ अर्धजल परे॥ २॥

खैंचहिं गीध आँत तट भए। जनु बंसी खेलत चित दए॥
बहु भट बहहिं चढ़े खग जाहीं। जनु नावरि खेलहिं सरि माहीं॥ ३॥

एबाट देव स्तुती करसोत राम, डंड देऊँसे तुमके।
एदाँय जुगे नी खेलावा तुमी, सीता दुखी बिचारुन तुमके॥ ७५॥
कांड सुधराला मुचकते राम, देव गोठ के सुनुन।
फूल माला झूडा ने सोभा दिखेसे बांधलार आसे कसुन॥ ७६॥
लाल लाल सुन्दर तिहँचो आइँख, बांदरी माहा देह साँवर।
सपा लोक चो आइँख के हरीक करु, सुन्दर मूरित साँवर॥ ७७॥
कन्हेया ने पिछोरी ठोंगी कसलोर, हाते सारंग धरुन।
बरकस बाहाँ ओसार छाती, बाम्हन पायँ ले सोहुन॥ ७८॥
तुलसी जसन धनऊ किंजरासोत, ब्रह्मांड हालेसे हुसने।
खुट चो हाथी कचीम सेस पिरथी, समुन्द पहाड़ डोलेसे हुसने॥ ७९॥

८६ सोभा दखुन देव हरीक होउन, फूल चो बरसा करत।
सोभा सकत गुन चो धाम चो, जय जयकार करत॥ ८०॥

एइ मंजगते रक्सा चो फउद, चिपचिपा अमरला उथा।
दखुन बेंदरा बीर बादरी माहा, उमहुन अमरला उथा॥ ८१॥
तेगा, तरवार, बिजली माहा चमके, हाथी घोड़ा चिचियात भारी।
लागे, दादरी, घुमडुन गरजेसे, कोल्हार होए भारी॥ ८२॥
बेंदरा चो लेंगड़ा अकास ऊपर, ईंदर धनऊ असन।
धुरला उठेसे सूपनधार, कांड बरसा जसन॥ ८३॥
दुनोंय बाट पहाड़ ले मारत, लागे गाज पड़ेसे भारी।
राम कांड चो झड़ी धराला, फउद हकरला भारी॥ ८४॥
कांड पाते खान बीर चिचियात, किंजरुन भुंए लोंढसोत।
देंह ले लहू निकरुन बोहेसे, लागे पहाड़ ले बोहसोत॥ ८५॥
डरहा के डर ने पाड़ुक लहू चो, असन नंदी बोहसोत।
दुनों दल, दुनोंबाट खंड होला, रथ बारू माह सोहसोत॥ ८६॥
रथ चाक तेचो गोंडरा लागसोत, भाड़ी ले नंदी बोहेसे।
हाथी-घोड़ा-गदहा, मनुख बाहन, नंदी जीव सोहेसे॥ ८७॥
कांड सक्ती मुदगर साँप असन, धनऊ हलका माह।
ढालमन के दखलोने लागेसे, सजीम कचीस माहा॥ ८८॥

८७ रूख माहा बीर पड़ते जा सोत, मंजा फेन दिखेसे।
डरहा लोग दखुन डरसोत, सपा बीर के हरीक दिखेसे॥ ८९॥

भूत-डूसा, परेत केस बितामन, सिवगन नहासोत गुलाय।
काबरा रावना बाहों के नेसोत, झिकुन खासोत गुलाय॥ ९०॥
कोनी बलसोत मूरूख खुबे आसे, बलेबल दारदिर नीजाय।
घवललो लोग कहरसोत पड़ुन, जसन आधो बुढ़ालोर आय॥ ९१॥

जोगिनि भरि भरि खप्पर संचहिं। भूत पिसाच बधू नभ नंचहिं॥
भट कपाल करताल बजावहिं। चामुंडा नाना बिधि गावहिं॥ ४॥

जंबुक निकर कटक्कट कट्टहिं। खाहिं हुआहिं अघाहिं दपट्टहिं॥
कोटिन्ह रुंड मुंड बिनु डोल्लहिं। सीस परे महि जय जय बोल्लहिं॥ ५॥

छं०— बोल्लहिं जो जय जय मुंड रुंड प्रचंड सिर बिनु धावहीं।
खप्परिन्ह खग्ग अलुज्झि जुज्झहिं सुभट भटन्ह ढहावहीं॥
बानर निसाचर निकर मर्दहिं राम बल दर्पित भए।
संग्राम अंगन सुभट सोवहिं राम सर निकरन्हि हए॥

दो०— रावन हृदयँ बिचारा भा निसिचर संघार।
मैं अकेल कपि भालु बहु माया करौं अपार॥ ८८॥

चौ०— देवन्ह प्रभुहि पयादें देखा। उपजा उर अति छोभ बिसेषा॥
सुरपति निज रथ तुरत पठावा। हरष सहित मातलि लै आवा॥ १॥

तेज पुंज रथ दिब्य अनूपा। हरषि चढ़े कोसलपुर भूपा॥
चंचल तुरग मनोहर चारी। अजर अमर मन सम गतिकारी॥ २॥

रथारूढ़ रघुनाथहि देखी। धाए कपि बलु पाइ बिसेषी॥
सही न जाइ कपिन्ह कै मारी। तब रावन माया बिस्तारी॥ ३॥

सो माया रघुबीरहि बाँची। लछिमन कपिन्ह सो मानी साँची॥
देखी कपिन्ह निसाचर अनी। अनुज सहित बहु कोसलधनी॥ ४॥

छं०— बहु राम लछिमन देखि मर्कट भालु मन अति अपडरे।
जनु चित्र लिखित समेत लछिमन जहँ सो तहँ चितवहिं खरे॥
निज सेन चकित बिलोकि हँसि सर चाप सजि कोसलधनी।
माया हरी हरि निमिष महुँ हरषी सकल मर्कट अनी॥

दो०— बहुरि राम सब तन चितइ बोले बचन गँभीर।
द्वंदजुद्ध देखहु सकल श्रमित भए अति बीर॥ ८९॥

चौ०— अस कहि रथ रघुनाथ चलावा। बिप्र चरन पंकज सिरु नावा॥
तब लंकेस क्रोध उर छावा। गर्जत तर्जत सन्मुख धावा॥ १॥

जीतेहु जे भट संजुग माहीं। सुनु तापस मैं तिन्ह सम नाहीं॥
रावन नाम जगत जस जाना। लोकप जाकें बंदीखाना॥ २॥

खर दूषन बिराध तुम्ह मारा। बधेहु ब्याध इव बालि बिचारा॥
निसिचर निकर सुभट संघारेहु। कुंभकरन घननादहि मारेहु॥ ३॥

आजु बयरु सबु लेउँ निबाही। जौं रन भूप भाजि नहिं जाही॥
आजु करउँ खलु काल हवाले। परेहु कठिन रावन के पाले॥ ४॥

पोटी के गिदहा झीकसोत असन, गरी खेलेया माहा।
बीर देह ऊपरे चड़ई जासोत, डोंगी खेलेया माहा॥ ९२॥
जोगनी खप्पर ने लहू संगासोत, डूमा मेहरार नाचसोत।
खिड़खिड़ी बजासोत चामुंडा मुंड चो, रकम गीत गासोत॥ ९३॥
कोलया कटरते मुरदा के चाबसोत, हुआ-हुआ बलुन धुड़कासोत।
कोटी देह मुंड नाहलो बुलसोत, मुंडभुएँ जय-जय बलसोत॥ ९४॥
रावन मुँड खाउन लड़सोत मरसोत, बीरमन मारते जासोत।
राम बलले बेंदरा रक्सा के, चरपट करते जासोत॥ ९५॥

८८ राम कांड ले मरलोर बीरमन, भाटा ने सोसोत गुलाया।
रावन बिचारे सपा रक्सा मरला, एकलो माया करेंदे एदांय॥ ९६॥

देवमन भूएँ ने राम के दखुन, दुखी भारी मन ने।
इंदर तुरते रथ पठालो, मातिल हरीक आने॥ ९७॥
कोसलपुरेया राजा तेमे चेघला, तेज सुंदर बरकस रथ।
चांद सुंदर अमर जवान घोड़ा, फांदलोक आसे रथ॥ ९८॥
रघुनाथ के रथ ने दखुन बेंदरा, बल पाउन परात भारी।
सहुक नी सकलो बेंदरा मार के, रावन माया करे भारी॥ ९९॥
एकलो राम के मायानी बिया पे, तेके सपा सत मानत।
बेंदरामन लछमन संग खुबे राम के, गुलाय भाटा दखत॥ १००॥
खुबे दुनो के दखुन फो कहा, लछमन संगे डरला।
छायामाया उबा होउन दखत, असन सपा डरला॥ १०१॥
फउद के अकचकालो दखुन राम, हासते कांड चेघाउन।
डंडिक ने सपा माया के सारला, हरीक बेंदरा दखुन॥ १०२॥
गुलाय दखुन राम बलला, तुमन थाकलास खुबे।
रावन संग मोचो लडई, बसुन दखा एबे॥ १०३॥

८९ असम बलते राम रथ चलावला, बाम्हन पांय बिनाउन।
रीसे-रीस रावन गरजते सरापते, पुरे इलो पराउन॥ १०४॥

बललो तपसी जे बीर दखलीसीस, हुनमन माहा नोआँय।
मोचो जस तीनोंपुर ने जानसोत, मोचो नाँव रावन आय॥ १०५॥
खरदूसन बिराध के मारलीस, विचारा बाली को मारलीस।
बड़े-बड़े बीर कूढ़ा के सारलील, भाउ बेटा के मारलीस॥ १०६॥
अरे तुई रन ले नीं परालोने, सपा बाइर छुटू आँय।
रावन फाँदा ने पड़लीस एदाँय, तुके काल के सोपू आँय॥ १०७॥
काल ने पड़लो जानुन राम हांसुन, बलला तेके तुई सुन।
तुचो सकत तुचो बललो माहा, सत आय जाले सुन॥ १०८॥

सुनि दुर्बचन कालबस जाना। बिहँसि बचन कह कृपानिधाना॥
सत्य सत्य सब तव प्रभुताई। जल्पसि जनि देखाउ मनुसाई॥ ५॥

छं०— जनि जल्पना करि सुजसु नासहि नीति सुनहि करहि छमा।
संसार महँ पूरुष त्रिबिध पाटल रसाल पनस समा॥
एक सुमनप्रद एक सुमन फल एक फलइ केवल लागहीं।
एक कहहिं कहहिं करहिं अपर एक करहिं कहत न बागहीं॥

दो०— राम बचन सुनि बिहँसा मोहि सिखावत ग्यान।
बयरु करत नहिं तब डरे अब लागे प्रिय प्रान॥ ९०॥

चौ०— कहि दुर्बचन क्रुद्ध दसकंधर। कुलिस समान लाग छाँड़ै सर॥
नानाकार सिलीमुख धाए। दिसि अरु बिदिस गगन महि छाए॥ १॥

पावक सर छाँड़ेउ रघुबीरा। छन महुँ जरे निसाचर तीरा॥
छाड़िसि तीब्र सक्ति खिसिआई। बान संग प्रभु फेरि चलाई॥ २॥
कोटिन्ह चक्र त्रिसूल पबारै। बिनु प्रयास प्रभु काटि निवारै॥
निफल होहिं रावन सर कैसें। खल के सकल मनोरथ जैसें॥ ३॥

तब सत बान सारथी मारेसि। परेउ भूमि जय राम पुकारेसि॥
राम कृपा करि सूत उठावा। तब प्रभु परम क्रोध कहुँ पावा॥ ४॥

छं०— भए क्रुद्ध जुद्ध बिरुद्ध रघुपति त्रोन सायक कसमसे।
कोदंड धुनि अति चंड सुनि मनुजाद सब मारुत ग्रसे॥
मंदोदरी उर कंप कंपति कमठ भू भूधर त्रसे।
चिक्करहिं दिग्गज दसन गहि महि देखि कौतुक सुर हँसे॥

दो०— तानेउ चाप श्रवन लगि छाँड़े बिसिख कराल।
राम मारगन गन चले लहलहात जनु ब्याल॥ ९१॥

चौ०— चले बान सपच्छ जनु उरगा। प्रथमहिं हतेउ सारथी तुरगा॥
रथ बिभंजि हति केतु पताका। गर्जा अति अंतर बल थाका॥ १॥

तुरत आन रथ चढ़ि खिसिआना। अस्त्र सस्त्र छाँड़ेसि बिधि नाना॥
बिफल होहिं सब उद्यम ताके। जिमि परद्रोह निरत मनसा के॥ २॥

तब रावन दस सूल चलावा। बाजि चारि महि मारि गिरावा॥
तुरग उठाइ कोपि रघुनायक। खैंचि सरासन छाँड़े सायक॥ ३॥
रावन सिर सरोज बनचारी। चलि रघुबीर सिलीमुख धारी॥
दस दस बान भाल दस मारे। निसरि गए चले रुधिर पनारे॥ ४॥

स्त्रवत रुधिर धायउ बलवाना। प्रभु पुनि कृत धनु सर संधाना॥
तीस तीर रघुबीर पबारे। भुजन्हि समेत सीस महि पारे॥ ५॥

फोकहा टोड करुन छांड आरु, आपलो सकत के दखाव।
गोठ ने जस सरेसे रावन, नीती के आगे पाव॥ १०९॥
तीन रकम चो लोग संवसार ने, गुलाब आमा फनस।
गुलाब ले फूल, आमा फूल फर अबगो फर देएसे फनस॥ ११०॥
असने गोटक बलुन नी करत, दूसर बलुन करसोत।
फोकहा गोठ नी करत तीसर, अबगो करुन दखासोत॥ १११॥

९० राम गोठ सुनुन खुने हाँसलो, बले गियान सिखासी समोके।
बड़र धरतोदाँय तो नी डरलोस, एबेजीव दखासीस मोके॥ ११२॥

असन गोठ बलुन रीस ने रावन गाज माहा कांड छांडे।
कई रकम चो कांड खूट-खूट पाटलो, सरग पिरथी गुलाय मांडे॥ ११६॥
अगिनबान छांडुन राम तेचो, सपा के भसम करला।
खिंसयाउन धार सक्ती के छांडलो, राम फिराउन दिला॥ ११४॥
कोटी चकर तिरछूल पकाए, राम काटत असत।
सपा काँड फोकहा होएसे, दुसट मन्सा जसन॥ ११५॥
सारथी के सौकांड बींधलो, गोहारुन राम के पड़लो।
दखुन भगवान रीस होउन, उठाला जसने पड़लो॥ ११६॥
बयरी उपरे राम रीस होला, ठोंगी ने कांड कसमसे।
धनऊ गरजाला बात बियापली, मंदोदरी चो देह थरथरे॥ ११७॥
जीव के बियापली समुंद पिरथी, कचीम डरला सुनुन।
हाथी खीसाले भुंइ के थामत, तमासा देव हाँसत दखुन॥ ११८॥

९१ कान लग ले धनऊ झीकुन राम, अटपट कांड छांडत।
साँप पाहा लहरते कांडमन, निकरुन भाती जावत॥ ११९॥

बिगर पटका चो सांप माहा जात, सारथी घोड़ा के मारला।
रथ चरपट करुन बैरख गिराउन, भारी अवगतान करला॥ १२०॥
बल थाकतो के भारी गरजलो, खिसियाते दूसट बोमरुन।
रकम-रकम चो हतेयार फिंगे, नंगत नेतुन नेतुन॥ १२१॥
पर निंदा ने चेत करु चो, नेत फोकहा होएसे।
हुसने रावन चो सपा मेहनत, एकेदाँय फोकहा होएसे॥ १२२॥
राम चो चारों घोड़ा के मारलो, दस तिरछुल फिंगुन।
उठाउन राम कांड छांडला, धनऊ के पक्की झीकुन॥ १२३॥
रावन मुंड पूड़न बन काजे, राम चो भंबरा कांड चलला।
दसों मुंड ने दस-दस कांड मारला, जे भेदुन नाहकुन गेला॥ १२४॥
मुंड ले लहू चो धार बोहली, रावन परालो हुसने।
देढ़ कोढ़ी कांड फेर राम मारला, मुंड-बाहाँ गिरालो हुसने॥ १२५॥

काटतहीं पुनि भए नबीने। राम बहोरि भुजा सिर छीने॥
प्रभु बहु बार बाहु सिर हए। कटत झटिति पुनि नूतन भए॥ ६॥

पुनि पुनि प्रभु काटत भुज सीसा। अति कौतुकी कोसलाधीसा॥
रहे छाइ नभ सिर अरु बाहू। मानहुँ अमित केतु अरु राहू॥ ७॥

छं०— जनु राहु केतु अनेक नभ पथ स्त्रवत सोनित धावहीं।
रघुबीर तीर प्रचंड लागहिं भूमि गिरन न पावहीं॥
एक एक सर सिर निकर छेदे नभ उड़त इमि सोहहीं।
जनु कोपि दिनकर कर निकर जहँ तहँ बिधुंतुद पोहहीं॥

दो०— जिमि जिमि प्रभु हर तासु सिर तिमि तिमि होहिं अपार।
सेवत बिषय बिबर्ध जिमि नित नित नूतन मार॥ ९२॥

चौ०— दसमुख देखि सिरन्ह कै बाढ़ी। बिसरा मरन भई रिस गाढ़ी॥
गर्जेउ मूढ़ महा अभिमानी। धायउ दसहु सरासन तानी॥ १॥

समर भूमि दसकंधर कोप्यो। बरषि बान रघुपति रथ तोप्यो॥
दंड एक रथ देखि न परेऊ। जनु निहार महुँ दिनकर दुरेऊ॥ २॥

हाहाकार सुरन्ह जब कीन्हा। तब प्रभु कोपि कारमुक लीन्हा॥
सर निवारि रिपु के सिर काटे। ते दिसि बिदिसि गगन महि पाटे॥ ३॥

काटे सिर नभ मारग धावहिं। जय जय धुनि करि भय उपजावहिं॥
कहँ लछिमन सुग्रीव कपीसा। कहँ रघुबीर कोसलाधीसा॥ ४॥

छं०— कहँ रामु कहि सिर निकर धाए देखि मर्कट भजि चले।
संधानि धनु रघुबंसमनि हँसि सरन्हि सिर बेधे भले॥
सिर मालिका कर कालिका गहि बृंद बृंदन्हि बहु मिलीं।
करि रुधिर सरि मज्जनु मनहुँ संग्राम बट पूजन चलीं॥

दो०— पुनि दसकंठ क्रुद्ध होइ छाँड़ी सक्ति प्रचंड।
चली बिभीषन सन्मुख मनहुँ काल कर दंड॥ ९३॥

चौ०— आवत देखि सक्ति अति घोरा। प्रनतारति भंजन पन मोरा॥
तुरत बिभीषन पाछें मेला। सन्मुख राम सहेउ सोइ सेला॥ १॥

लागि सक्ति मुरुछा कछु भई। प्रभु कृत खेल सुरन्ह बिकलई॥
देखि बिभीषन प्रभु श्रम पायो। गहि कर गदा क्रुद्ध होइ धायो॥ २॥

रे कुभाग्य सठ मंद कुबुद्धे। तैं सुर नर मुनि नाग बिरुद्धे॥
सादर सिव कहुँ सीस चढ़ाए। एक एक के कोटिन्ह पाए॥ ३॥

तेहि कारन खल अब लगि बाँच्यो। अब तव कालु सीस पर नाच्यो॥
राम बिमुख सठ चहसि संपदा। अस कहि हनेसि माझ उर गदा॥ ४॥

कटतेखान फेर नबा होली, राम फेर काटला तेके।
कई हार असने काटते जाओत, फेर उथा नवा जामे॥ १२६॥
घनघड़ी काटत राम भगवान, जामते जात मुँड-बाहाँ।
अकास गुलाय राहू-केतू माहा, पाटला मुँड बाहाँ॥ १२७॥
जसन खुबे राहू-केतू, लोहू बोहाते परासोत।
राम कांड चो पावलोने, भुएँ नी एउक पासोत॥ १२८॥
गोटकी कांड ने गुथी होउन, अकास ने उड़ते दिखसोत।
जसन रीस ले सुरुज तरास, रोहूमन के खिलसोत॥ १२९॥

९२ राम जसने मुंड के काटत, हुसने अपार होसोत।
जसन अग्यानी चो भोग ले काम, दिन रात बाढ़ते जासोत॥ १३०॥

मुंड बाढ़तो को दखुन रावन, भुलकलो मरना आपलो।
रीस ने दसों धनऊ के धरुन, सपा हात ने आपलो॥ १३१॥
भाटा ने कांड चो बरसा करून,रथ के तोपुन दिलो।
घड़ीभर रथ दखानी दिली, जसन ओसने सुरुज लुकलो॥ १३२॥
देवमन हलोहाल होउन गेला, राम रोस ने धनऊ धरला।
बयरी कांड के गुचाउन भाती, गुलाय मुंड ले पाटला॥ १३३॥
कटलोर मुँड अकास ने पराते, जय-जय बलुन डरात।
लछमन, सुगरीव केंव राम केंव, कटलो मुँड बलते जात॥ १३४॥
मुँड परात राम केंव आसे बरन, तेके दखुन बेंदरा परात।
तेबे राम हाँसते नेतुन भाती, नंगत बींधते जात॥ १३५॥
हाते नुँड माला धरुन कालीमन, कुड़-कुढ़ा जुहा होला।
लहू नंदी उथा बोह ते रहे जे, सपा नहाउन चलला॥ १३६॥

९३ फेर रावन भारी सक्ती के रीसले, पकालो नंगत नेतुन।
बिभीसन पुरे कालमाहा एए, नंगत ते केय नेतुन॥ १३७॥

भारी सक्ती चो एतो के दखुन, बिचारला राम तुरते।
सरनाहा चो दुख के नास करुक, परन बिचारला तुरते॥ १३८॥
बिभीसन के पाछे करून राम, पुरे होउन झोक ला।
सक्ती पातेखान मूरछा इली, भगवान लीला करला॥ १३९॥
मान्तर देवमन बोमरून गेला, भगवान चो डंड दखुन।
रीसेरीस बिभीसन तुरते भिड़लो, हाते मुदगर धरुन॥ १४०॥
बललो अभागा मूरुख नीच, देव मनुख नांग संगे।
बइर धरुन सिव के मुँड चेघालीस, नंगत तिंहचो लगे॥ १४१॥
गोटोक-गोटक पल्टा-कोटी पाव, ते चोइ किरता मूरुख।
एबतले तुई बाचलीस मान्तर, काल पुरली मुरुख॥ १४२॥

छं०— उर माझ गदा प्रहार घोर कठोर लागत महि पर्‌यो।
दस बदन सोनित स्त्रवत पुनि संभारि धायो रिस भर्‌यो॥
द्वौ भिरे अतिबल मल्लजुद्ध बिरुद्ध एकु एकहि हनै।
रघुबीर बल दर्पित बिभीषनु घालि नहिं ता कहुँ गनै॥

दो०— उमा बिभीषनु रावनहि सन्मुख चितव कि काउ।
सो अब भिरत काल ज्यों श्रीरघुबीर प्रभाउ॥ ९४॥

चौ०— देखा श्रमित बिभीषनु भारी। धायउ हनूमान गिरि धारी॥
रथ तुरंग सारथी निपाता। हृदय माझ तेहि मारेसि लाता॥ १॥

ठाढ़ रहा अति कंपित गाता। गयउ बिभीषनु जहँ जनत्राता॥
पुनि रावन कपि हतेउ पचारी। चलेउ गगन कपि पूँछ पसारी॥ २॥

गहिसि पूँछ कपि सहित उड़ाना। पुनि फिरि भिरेउ प्रबल हनुमाना॥
लरत अकास जुगल सम जोधा। एकहि एकु हनत करि क्रोधा॥ ३॥

सोहहिं नभ छल बल बहु करहीं। कज्जलगिरि सुमेरु जनु लरहीं॥
बुधि बल निसिचर परइ न पार्‌यो। तब मारुत सुत प्रभु संभार्‌यो॥ ४॥

छं०— संभारि श्रीरघुबीर धीर पचारि कपि रावनु हन्यो।
महि परत पुनि उठि लरत देवन्ह जुगल कहुँ जय जय भन्यो॥
हनुमंत संकट देखि मर्कट भालु क्रोधातुर चले।
रन मत्त रावन सकल सुभट प्रचंड भुज बल दलमले॥

दो०— तब रघुबीर पचारे धाए कीस प्रचंड।
कपि बल प्रबल देखि तेहिं कीन्ह प्रगट पाषंड॥ ९५॥

चौ०— अंतरधान भयउ छन एका। पुनि प्रगटे खल रूप अनेका॥
रघुपति कटक भालु कपि जेते। जहँ तहँ प्रगट दसानन तेते॥ १॥

देखे कपिन्ह अमित दससीसा। जहँ तहँ भजे भालु अरु कीसा॥
भागे बानर धरहिं न धीरा। त्राहि त्राहि लछिमन रघुबीरा॥ २॥

दहँ दिसि धावहिं कोटिन्ह रावन। गर्जहिं घोर कठोर भयावन॥
डरे सकल सुर चले पराई। जय कै आस तजहु अब भाई॥ ३॥

सब सुर जिते एक दसकंधर। अब बहु भए तकहु गिरि कंदर॥
रहे बिरंचि संभु मुनि ग्यानी। जिन्ह जिन्ह प्रभु महिमा कछु जानी॥ ४॥

छं०— जाना प्रताप ते रहे निर्भय कपिन्ह रिपु माने फुरे।
चले बिचलि मर्कट भालु सकल कृपाल पाहि भयातुरे॥

राम के पाठ करुन धन डगरासीस, बिभीसन असन बलुन।
मुदगर संगे छाती ने मारलो, भारी रोस ले नेतुन॥ १४३॥
भारी रोस ले पावली तेके, भूएँ पड़लो जाउन।
दसों मुंह ले लहू बोहे, उठलो रीस होउन॥ १४४॥
दुनों बीर एक दूसर के, मारत धराधरी होउन।
राम जोर ले बिभीसन तेके, काईं मारे नी समझुन॥ १४५॥

९४ उमा बिभीसन रावन के काय, आइँख उठाउन बल दखतो।
मान्तर राम चो परसाद ले हुन, काल माहा होउन भिड़लो॥ १४६॥

बिभीसन के थाकलो जानुन हनु, पहाड़ धरुन अमरलो।
रथ घोड़ा सारथी के मारुन, छाती ने लात दिलो॥ १४७॥
ठाने राजन कपकपुन गेलो, बिभीसन राम लग गेलो।
फेर राबन हनू के मारले, हनू अकास बाट गेलो॥ १४८॥
लेंगड़ा के धरुन हनू संग गेलो, फिरुन दुनों भिड़ला।
अकास ने दुनों समान बीर, एक दूसर के मारला॥ १४९॥
दुनों छल बल करते अकास ने, दखा देसोत असन।
काजर पहाड़ आरू सुमेठ पहाड़, अकान ने लड़सोत जसन॥ १५०॥
अकल बल ले बल रक्सा नी गिरे, राम के सुमरलो हनू।
धीरज धरुन रावन के नेतुन, दिलो होतले हनू॥ १५१॥
भुएँ पड़त फेर उठुन लड़त, देव जै जै बलत दखुन।
बेंदरा भालू रीस ने अमरला, हनू के बिपती ने दखुन॥ १५२॥
मान्तर लड़ई ने मातलो रावन, बीरमन के सपा।
बाहों जोर ले धरुन रमजे, बेंदरामन के सपा॥ १५३॥

९५ बेंदरा फउद के राम उसकाला, जपा पराला तुरते।
बेंदरामन चो फउद दखुन, माया करलो तुरते॥ १५४॥

डंडिक काछे रन हाजुन गेलो, फेर खुबे भेस ने इलो।
जितरो भालू बेंदरा रहत, उतरोय होउन इलो॥ १५५॥
खुबे रावन दखुन बेंदरा भालू, जत-खत परात सपा।
हे राम लछमन ब-चावा आमके, बलते परात सपा॥ १५६॥
दसों खूट कोटी रावन परासोत, भारी गरजना करत।
जीत चो भरोसा छांडुन देवमन, जत-खत पराउक दखत॥ १५७॥
एकलोय रावन सपा के जीतलो, एदाँय तो खुबे होला।
डोंगरी करपन ने ठान दखुं, ब्रह्मा-सिव मुनी थेबला॥ १५८॥
भगवान सकत जे जानते रहोत, हुनमन थेबुन रहोत।
बेंदरा बयरी के सते चो जानुन, भारी घबराउन रहोत॥ १५९॥

हनुमंत अंगद नील नल अतिबल लरत रन बाँकुरे।
मर्दहिं दसानन कोटि कोटिन्ह कपट भू भट अंकुरे॥

दो०– सुर बानर देखे बिकल हँस्यो कोसलाधीस।
सजि सारंग एक सर हते सकल दससीस॥ ९६॥

चौ०– प्रभु छन महुँ माया सब काटी। जिमि रबि उएँ जाहिं तम फाटी॥
रावनु एकु देखि सुर हरषे। फिरे सुमन बहु प्रभु पर बरषे॥ १॥

भुज उठाइ रघुपति कपि फेरे। फिरे एक एकन्ह तब टेरे॥
प्रभु बलु पाइ भालु कपि धाए। तरल तमकि संजुग महि आए॥ २॥

अस्तुति करत देवतन्हि देखें। भयउँ एक मैं इन्ह के लेखें॥
सठहु सदा तुम्ह मोर मरायल। अस कहि कोपि गगन पर धायल॥ ३॥

हाहाकार करत सुर भागे। खलहु जाहु कहँ मोरें आगे॥
देखि बिकल सुर अंगद धायो। कूदि चरन गहि भूमि गिरायो॥ ४॥

छं०– गहि भूमि पार्‌यो लात मार्‌यो बालिसुत प्रभु पहिं गयो।
संभारि उठि दसकंठ घोर कठोर रव गर्जत भयो॥
करि दाप चाप चढ़ाइ दस संधानि सर बहु बरषई।
किए सकल भट घायल भयाकुल देखि निज बल हरषई॥

दो०– तब रघुपति रावन के सीस भुजा सर चाप।
काटे बहुत बढ़े पुनि जिमि तीरथ कर पाप॥ ९७॥

चौ०– सिर भुज बाढ़ि देखि रिपु केरी। भालु कपिन्ह रिस भई घनेरी॥
मरत न मूढ़ कटेहुँ भुज सीसा। धाए कोपि भालु भट कीसा॥ १॥

बालितनय मारुति नल नीला। बानरराज दुबिद बलसीला॥
बिटप महीधर करहिं प्रहारा। सोइ गिरि तरु गहि कपिन्ह सो मारा॥ २॥

एक नखन्हि रिपु बपुष बिदारी। भागि चलहिं एक लातन्ह मारी॥
तब नल नील सिरन्हि चढ़ि गयऊ। नखन्हि लिलार बिदारत भयऊ॥ ३॥

रुधिर देखि बिषाद उर भारी। तिन्हहि धरन कहुँ भुजा पसारी॥
गहे न जाहिं करन्हि पर फिरहीं। जनु जुग मधुप कमल बन चरहीं॥ ४॥

कोपि कूदि द्वौ धरेसि बहोरी। महि पटकत भजे भुजा मरोरी॥
पुनि सकोप दस धनु कर लीन्हे। सरन्हि मारि घायल कपि कीन्हे॥ ५॥

हनुमदादि मुरुछित करि बंदर। पाइ प्रदोष हरष दसकंधर॥
मुरुछित देखि सकल कपि बीरा। जामवंत धायउ रनधीरा॥ ६॥

संग भालु भूधर तरु धारी। मारन लगे पचारि पचारी॥
भयउ क्रुद्ध रावन बलवाना। गहि पद महि पटकइ भट नाना॥ ७॥

साहा होआ राम बलुन परात, हनू अंगद लड़त।
कपट भुई ने जामलो गाजा, रावन के रमजुन लड़त॥ १६०॥

९६ देब बेंदरामन के डरलोर जानुन, सारंग ने कांड धरून।
सपा रावन के मारून दिला, भगवान राम हाँसुन॥ १६१॥

माया सरली जसन बेर उदलो ने, जाएसे अंधयार सरून।
फूल बरसाते देवमन फिरला, रावन के गोटकी दखुन॥ १६२॥
बेंदरामन के राम फिराला, आपलो बाहाँ उचाउन।
डगाते अमरला भालू बेंदरा, राम चो बल पाउन॥ १६३॥
सपा देव चो बिनातो के दखुन, मन ने बिचारे रावन।
एमन समझसोत मयँ होलेसे, एदाँय गोटकी रावन॥ १६४॥
हमेस मोचोले मार खाऊ तुमी, असन बलुन भाती।
आकास बाटे खेदते निलो, रीस करुन भाती॥ १६५॥
देवमन के घबरलो दखुन अगद, उधलुन पायँ के धरलो।
भुएँ आपटुन लाते-लात दिलो, राम बाट जाते गेलो॥ १६६॥
सम्हारुन उहुन चिचियाते रावन, दसो धनऊ धरलो।
कांड चेघाउन उताधुरा देए, सपा के घव लाउन दिलो॥ १६७॥

९७ हुनचो मुंड-बाहाँ राम काटत, फेर बाढ़त सपा।
जसन तीरिथ ने पाप करलोने, उल्टुन बाढ़ेसे सपा॥ १६८॥

भालू-बेंदरा रीस होत खुबे, मुंड बाहाँ बाढ़तो के दखुन।
मूरुख इतरोने बल मरे नाई, पराला रीसे-रीस बलुन॥ १६९॥
अंगद, हनू, नल, नील, सुगरीव, रुख डोंगरी के पकात।
बयरी हुनी के झोकुन-झोकुन, हुनीमन उपरे पकाय॥ १७०॥
नख ले कोनी कोकमुन देओत, कोनी लाते-लात देओत।
नल-नील हुनचो मुडने चेपुन, कपार के चीरते जाओत॥ १७१॥
लहू दखुन दुखी होलो रावन, धरुक दखे तिहँके।
हुनचो हात उपरे बुलत तेमन, धरा नी देओत तेके॥ १७२॥
जसन दुई ठन भँवरा बुलसोत, पूडन बन ने हरीक।
डगराउन दुनों के आपटुक दखे, धरून रीसे-रीस॥ १७३॥
बाहाँ के अलटुन दुनोय पराला, फेर धनऊ धरलो।
बेंदरामन के कांड ले बींधुन, सपा के घबलाउन दिलो॥ १७४॥
हनू-मन सपा मूरछा खदला, सांझ दखुन हरीक होलो।
सपा बेंदरा के मूरछा ने दखुन, जामवंत पुरे गेलो॥ १७५॥
संग चो भालू डोंगरी रुख धरुन, मारत बलाउन तेके।
रीस ने रावन पायँ के धरुन, भुएँ आपटे तिहँके॥ १७६॥

देखि भालुपति निज दल घाता। कोपि माझ उर मारेसि लाता॥ ८॥

छं०— उर लात घात प्रचंड लागत बिकल रथ ते महि परा।
गहि भालु बीसहुँ कर मनहुँ कमलन्हि बसे निसि मधुकरा॥
मुरुछित बिलोकि बहोरि पद हति भालुपति प्रभु पहिं गयो।
निसि जानि स्यंदन घालि तेहि तब सूत जतनु करत भयो॥

दो०— मुरुछा बिगत भालु कपि सब आए प्रभु पास।
निसिचर सकल रावनहि घेरि रहे अति त्रास॥ ९८॥

मासपारायण, छब्बीसवाँ विश्राम

चौ०— तेही निसि सीता पहिं जाई। त्रिजटा कहि सब कथा सुनाई॥
सिर भुज बाढ़ि सुनत रिपु केरी। सीता उर भइ त्रास घनेरी॥ १॥

मुख मलीन उपजी मन चिंता। त्रिजटा सन बोली तब सीता॥
होइहि कहा कहसि किन माता। केहि बिधि मरिहि बिस्व दुखदाता॥ २॥

रघुपति सर सिर कटेहुँ न मरई। बिधि बिपरीत चरित सब करई॥
मोर अभाग्य जिआवत ओही। जेहिं हौं हरि पद कमल बिछोही॥ ३॥

जेहिं कृत कपट कनक मृग झूठा। अजहुँ सो दैव मोहि पर रूठा॥
जेहिं बिधि मोहि दुख दुसह सहाए। लछिमन कहुँ कटु बचन कहाए॥ ४॥

रघुपति बिरह सबिष सर भारी। तकि तकि मार बार बहु मारी॥
ऐसेहुँ दुख जो राख मम प्राना। सोइ बिधि ताहि जिआव न आना॥ ५॥

बहु बिधि कर बिलाप जानकी। करि करि सुरति कृपानिधान की॥
कह त्रिजटा सुनु राजकुमारी। उर सर लागत मरइ सुरारी॥ ६॥

प्रभु ताते उर हतइ न तेही। एहि के हृदयँ बसति बैदेही॥ ७॥

छं०— एहि के हृदयँ बस जानकी जानकी उर मम बास है।
मम उदर भुअन अनेक लागत बान सब कर नास है॥
सुनि बचन हरष बिषाद मन अति देखि पुनि त्रिजटाँ कहा।
अब मरिहि रिपु एहि बिधि सुनहि सुंदरि तजहि संसय महा॥

दो०— काटत सिर होइहि बिकल छुटि जाइहि तव ध्यान।
तब रावनहि हृदय महुँ मरिहहिं रामु सुजान॥ ९९॥

चौ०— अस कहि बहुत भाँति समुझाई। पुनि त्रिजटा निज भवन सिधाई॥
राम सुभाउ सुमिरि बैदेही। उपजी बिरह बिथा अति तेही॥ १॥

निसिहि ससिहि निंदति बहु भाँती। जुग सम भई सिराति न राती॥
करति बिलाप मनहिं मन भारी। राम बिरहँ जानकी दुखारी॥ २॥

दल के सरलोर दखुन जामवंत, रीस ने गेलो पुरे।
रावन छाती ने लात ने दिलो, रक्सा पड़लो पुरे॥ १७७॥
बीसों हात ले भालुमन के, रहे रक्सा धरुन।
जस न राती पूड़नबन ने, भँवरा आसोत बसुन॥ १७८॥
हुनके मूरछा ने दखुन जामवंत, फिरलो लात खुंदुन।
सारथी रथने जोडुन चेताए, हुनके मूरछा ने दखुन॥ १७९॥

९८ बेंदरा मातू मूरछा ले चेतुन, राम लग फिरुन इला।
हेंव रक्सामन घबरुन भाती, रावन के गोंडराउन दिला॥ १८०॥

हुनी रात तिरजटा सीता लगे, सपा कहनी सांगली।
मुँड-बाहाँ चो बाढ़तो के सुनुन, सीता डरुन गेली॥ १८१॥
उदास होउन फिकर करते, पूछली हुनके सीता।
सांगीस कसन नाई काए होएदे, कसन मरेदे बिता॥ १८२॥
रामकांड ले मुंड कटलोने बले, नी मरेसे पापी।
भगवान चो चरितर उलटुन गेली, दुरभाग ले जिएसे पापी॥ १८३॥
कपट फंद चो मिरगा बनालो, हुनी रिसालोसे एदाँय।
मोके भगवान पायँ ले अलगाउन, तमसा करेसे एदाँय॥ १८४॥
लछमन के ताना गोठ ने पाडलोर, दुख दिलोसे इतरो।
राम अलगलो बिस कांड ले, नेतुन मारेसे इतरो॥ १८५॥
इतरो डंड ने बल जीव राखलोसे, तेके बल जिआएसे हुसने।
किरपा चो धाम के सुरता करते, सीता कलपे असने॥ १८६॥
तिरजटा वलली सुन बाबीधनी, मरेदे देव बयरी।
जिदलदाँय छाती ने कांड पाएदे, हुसने मरेदे बयरी॥ १८७॥
छाती ने राम कांड नी मारत, कायकाज तके जान।
हुनचो हिरदे सीता आसोत, एके सत तुइ मान॥ १८८॥
सीता हिरदे ने मयँ रहेंसे, मोचो ने भुवन सपा।
हुनचो हिरदे ने कांड पातेखन, सत्यानास होएदे सपा॥ १८९॥
सुनते सीता दुखी हरीक, फेर हुन बलली सुनन।
सपा भरम के छांडुन रानी, हुनचो मरतोर के सुन॥ १९०॥

९९ घनघड़ी मुँड कटले बोमरेदे, सुरता हिरदे ने जाएदे।
तेबे अंतरजामी राम चो कांड, रावन छाती ने पाएदे॥ १९१॥

असन बलते समझाउन तिरजटा, आपलो घर गेली।
सीता के राम टकर गुरता ले, छांडलोर दुख बियापिली॥ १९२॥
जोन चो खुद करते बलली, जुग माहा रात होली।
तन-मन ले गगाते जाएसे, दुख ने जरून गेली॥ १९३॥

जब अति भयउ बिरह उर दाहू। फरकेउ बाम नयन अरु बाहू॥
सगुन बिचारि धरी मन धीरा। अब मिलिहहिं कृपाल रघुबीरा॥ ३॥

इहाँ अर्धनिसि रावनु जागा। निज सारथि सन खीझन लागा॥
सठ रनभूमि छड़ाइसि मोही। धिग धिग अधम मंदमति तोही॥ ४॥

तेहिं पद गहि बहु बिधि समुझावा। भोरु भएँ रथ चढ़ि पुनि धावा॥
सुनि आगवनु दसानन केरा। कपि दल खरभर भयउ घनेरा॥ ५॥

जहँ तहँ भूधर बिटप उपारी। धाए कटकटाइ भट भारी॥ ६॥

छं०— धाए जो मर्कट बिकट भालु कराल कर भूधर धरा।
अति कोप करहिं प्रहार मारत भजि चले रजनीचरा॥
बिचलाइ दल बलवंत कीसन्ह घेरि पुनि रावनु लियो।
चहुँ दिसि चपेटन्हि मारि नखन्हि बिदारि तन ब्याकुल कियो॥

दो०— देखि महा मर्कट प्रबल रावन कीन्ह बिचार।
अंतरहित होइ निमिष महुँ कृत माया बिस्तार॥ १००॥

छं०— जब कीन्ह तेहिं पाषंड। भए प्रगट जंतु प्रचंड॥
बेताल भूत पिसाच। कर धरें धनु नाराच॥ १॥

जोगिनि गहें करबाल। एक हाथ मनुज कपाल॥
करि सद्य सोनित पान। नाचहिं करहिं बहु गान॥ २॥

धरु मारु बोलहिं घोर। रहि पूरि धुनि चहुँ ओर॥
मुख बाइ धावहिं खान। तब लगे कीस परान॥ ३॥

जहँ जाहिं मर्कट भागि। तहँ बरत देखहिं आगि॥
भए बिकल बानर भालु। पुनि लाग बरषै बालु॥ ४॥

जहँ तहँ थकित करि कीस। गर्जेउ बहुरि दससीस॥
लछिमन कपीस समेत। भए सकल बीर अचेत॥ ५॥

हा राम हा रघुनाथ। कहि सुभट मीजहिं हाथ॥
एहि बिधि सकल बल तोरि। तेहिं कीन्ह कपट बहोरि॥ ६॥

प्रगटेसि बिपुल हनुमान। धाए गहे पाषान॥
तिन्ह रामु घेरे जाइ। चहुँ दिसि बरूथ बनाइ॥ ७॥

मारहु धरहु जनि जाइ। कटकटहिं पूँछ उठाइ॥
दहँ दिसि लँगूर बिराज। तेहिं मध्य कोसलराज॥ ८॥

छं०— तेहिं मध्य कोसलराज सुंदर स्याम तन सोभा लही।
जनु इंद्रधनुष अनेक की बर बारि तुंग तमालही॥
प्रभु देखि हरष बिषाद उर सुर बदत जय जय जय करी।
रघुबीर एकहि तीर कोपि निमेष महुँ माया हरी॥ १॥

तेबेइ डेबरी आइँख बाहाँ फड़कली, गुनुन जानली मने।
धीरज धरली राम एदाँय मिरदे विचार करली मने॥ १९४॥
रावन रीस होलो सारथी उपर, अघराती चेतुन भाती।
धिक्कार मूरूख रन भाटा ले आनलीस गुचाउन भाती॥ १९५॥
कई रकम ले सारथी समझात, रावन चो पायँ सुधरून।
बिहान पहातेय रन भाटा बाट, परालो रथ ने चेधुन॥ १९६॥
रावन अमरलोर सुनुन बेंदरा, एकेदाँय दंदरून गेला।
रूख डोंगरी के उखनुन पराते, दाँत कटरते अमरला॥ १९७॥
खुबे-बेंदरा भालू होला, रूख डोंगरी के पकात।
रीस चो मार ले रक्सा दँदरुन, इसू-हेवँ परात॥ १९८॥
बेंदरा वीर फउद के खेदुन, रावन के गोंडराउन दिला।
चारों खूट ले थापड़ देओत, गुलाय चाबुन दिला॥ १९९॥

१०० हुनचो देह के चरपट करला, बोमरुन बिचारे रावन।
बेंदरा सपा बरकस आसोत, हाजलो तुरते रावन॥ २००॥

पाखंडी उथा माया करलो, अटपट जीवमन इला।
डूमा, बैताल, परेत हात ने, धनउ धरुन इला॥ २०१॥
धरा मारा बलते जाओत, कोल्हार होए गुलाय।
मुंह के ओसार करुन सपा के, खाउक दखत गुलाय॥ २०२॥
जेबाट बेंदरा पराउन जाओत, दरवत आइग बरते।
बेंदरा-भालू बोमरुन गेला, बारु बरसा बरसे॥ २०३॥
बेंदरा-भालू के थकाउन रक्सा, गरजलो भारी जोरले।
लछमन-सुगरीव अवचेत होला, सुनुन गरजना जोरले॥ २०४॥
हाय राम बलते भारी बीरमन, ओगाय हात रमजुन।
अउर-अउर माया करते जाए, समा चो बल टुटाउन॥ २०५॥
चारो खूंट खुबे हनुमान आसे, जे पखना धरून परात।
चारो खूंट ले कुढ़ा होउन, राम के गोंडराते जात॥ २०६॥
मार धरा जाउक नी पाओ, लेंगड़ा उठाउन बलत।
तिहँचो लेंगड़ा दसों खूट दिखे, मंजगत राम के बलत॥ २०७॥
सपा मंजगते कोसलराजा चो, साँवर देहँ दिखे।
डेंग तमाल रुख काजे जसन, इंदर धनउ बाड़ी दिखे॥ २०८॥
देवमन जय-जय बलत दखुन, राम खुबे रीस होउन।
नानीमाहा माया के सारुन दिला, गोटकी कांड ले बींधुन॥ २०९॥
माया ले अलगुन बेंदरा भालू, हरीक होउन गेला।
रूख पहाड़ के घरुन घरुन, फिरुन तियार होला॥ २१०॥

माया बिगत कपि भालु हरषे बिटप गिरि गहि सब फिरे।
सर निकर छाड़े राम रावन बाहु सिर पुनि महि गिरे॥
श्रीराम रावन समर चरित अनेक कल्प जो गावहीं।
सत सेष सारद निगम कबि तेउ तदपि पार न पावहीं॥ २॥

दो०— ताके गुन गन कछु कहे जड़मति तुलसीदास।
जिमि निज बल अनुरूप ते माछी उड़इ अकास॥ १०१ (क)॥

काटे सिर भुज बार बहु मरत न भट लंकेस।
प्रभु क्रीड़त सुर सिद्ध मुनि ब्याकुल देखि कलेस॥ १०१ (ख)॥

चौ०— काटत बढ़हिं सीस समुदाई। जिमि प्रति लाभ लोभ अधिकाई॥
मरइ न रिपु श्रम भयउ बिसेषा। राम बिभीषन तन तब देखा॥ १॥

उमा काल मर जाकीं ईछा। सो प्रभु जन कर प्रीति परीछा॥
सुनु सरबग्य चराचर नायक। प्रनतपाल सुर मुनि सुखदायक॥ २॥

नाभिकुंड पियूष बस याकें। नाथ जिअत रावनु बल ताकें॥
सुनत बिभीषन बचन कृपाला। हरषि गहे कर बान कराला॥ ३॥

असुभ होन लागे तब नाना। रोवहिं खर सृकाल बहु स्वाना॥
बोलहि खग जग आरति हेतू। प्रगट भए नभ जहँ तहँ केतू॥ ४॥

दस दिसि दाह होन अति लागा। भयउ परब बिनु रबि उपरागा॥
मंदोदरि उर कंपति भारी। प्रतिमा स्त्रवहिं नयन मग बारी॥ ५॥

छं०— प्रतिमा रुदहिं पबिपात नभ अति बात बह डोलति मही।
बरषहिं बलाहक रुधिर कच रज असुभ अति सक को कही॥
उतपात अमित बिलोकि नभ सुर बिकल बोलहिं जय जए।
सुर सभय जानि कृपाल रघुपति चाप सर जोरत भए॥

दो०— खैंचि सरासन श्रवन लगि छाड़े सर एकतीस।
रघुनायक सायक चले मानहुँ काल फनीस॥ १०२॥

चौ०— सायक एक नाभि सर सोषा। अपर लगे भुज सिर करि रोषा॥
लै सिर बाहु चले नाराचा। सिर भुज हीन रुंड महि नाचा॥ १॥

धरनि धसइ धर धाव प्रचंडा। तब सर हति प्रभु कृत दुइ खंडा॥
गर्जेउ मरत घोर रव भारी। कहाँ रामु रन हतौं पचारी॥ २॥

डोली भूमि गिरत दसकंधर। छुभित सिंधु सरि दिग्गज भूधर॥
धरनि परेउ द्वौ खंड बढ़ाई। चापि भालु मर्कट समुदाई॥ ३॥

कुढ़ा कुढ़ा कांड राम छांडत, हुनचो हात मुंड गिरे।
राम रावन लड़ई चरितर के, सौ सेस नी पुरे॥ २११॥
सरसती बेद कबीमन बले, कई कलप ते गाओत।
बलेबल एचो पार नी पादे, कितरोय ते गाओत॥ २१२॥

१०१ (क) नानी बुधबिता तुलसीदास, हुनी चरितर के गाएसे।
जसन माछी आपलो सकत भर, अकास ने उड़ते जाएसे॥ २१३॥

१०१ (ख) कइ हार मुंड-बांहा कटला, रावन नी मरते रहे।
देव मुनी दुख ने कलपडाहा, राम खेल करते रहे॥ २१४॥

मुंड के काटत फेर ले बाढ़त, जसन लाभ ले लोभ।
मेहनत ले बल मरते नी रहे, तमासा चो रहे जोग॥ २१५॥
तेबे राम बिभीसन बाट दखला, जेचो मन ले काल मरे।
उमा हुनी भगवान सेउक मया चो, परीछा घरुक लीला करे॥ २१६॥
बिभीसन बलली हे सपा ठान ने रहू, तीनो पुर चो मालिक।
सुना देव मुनी के सुख देऊ, सरनाहा के पोसू मालिक॥ २१७॥
हुनचो बोमली ने अमरित कुंड, जिएसे ते चोय जोर ले।
सुनते राम हरीक होउन भाती, धनऊ के घरला रोसले॥ २१८॥
तेंबई कई रकम चो असगुन, कोलया-कुकुर गागत।
सवँसार के असगुन सांगतो काजे, चड़ई गुलाय गागत॥ २१९॥
बाहरीमूठा तारा उदली, चारों खूट आइग बरे।
सूरुज के बिन बेरा ने, भरपूर गरहन घरे॥ २२०॥
मूरित आइँख ले पानी बोहे, थरथरे मंदोदरी जीव।
अकास ले गाज पड़ते जाए, चमकुन जाओत जीव॥ २२१॥
भारी रोस ले लेहरा उठे, पिरथी डोलते जाए।
लहू केस घुरला सरग बरसाय, असगुन गुलाय होए॥ २२२॥
भारी उतपात दखुन देवमन, डरुन जय जय करला।
देवमन के डरलोर जानुन राम, घनऊ ने कांड घरला॥ २२३॥

१०२ कान लगले झीकुन इकतीस कांड, छाडला भगवान राम।
काल-सांप माहा चलला कांड, जेके छांडला राम॥ २२४॥

गोटोक बोमली चो अमरित सुखालो, दस ठन मुंड के निला।
बाचलो कोड़क कांड बाँहा के, धरुन अकास बाट गेला॥ २२५॥
मुंड़ बाहाँ नाहलो धड़ नाचते पराय, भुईं घँसते जाए।
कांड ले दुई गोंदा करला, चिचियालो मरतो दाँय॥ २२६॥
राम कहाँ मयँ बलाउन मारे, गिरलो मुँई डोलली।
समुंद, नंदी, पहाड़, हाथी चो, चेत गुपुन गेली॥ २२७॥
रावन चो दुनों धड़ ओसार होते, मुएँ जाउन पड़ला।
गिरतो दाँय खुबे भालू-बेंदरा के, खाले चेपाउन दिला॥ २२८॥

मंदोदरि आगें भुज सीसा। धरि सर चले जहाँ जगदीसा॥
प्रबिसे सब निषंग महुँ जाई। देखि सुरन्ह दुंदुभीं बजाई॥ ४॥

तासु तेज समान प्रभु आनन। हरषे देखि संभु चतुरानन॥
जय जय धुनि पूरी ब्रह्मंडा। जय रघुबीर प्रबल भुजदंडा॥ ५॥

बरषहिं सुमन देव मुनि बृंदा। जय कृपाल जय जयति मुकुंदा॥ ६॥

छं०— जय कृपा कंद मुकुंद द्वंद हरन सरन सुखप्रद प्रभो।
खल दल बिदारन परम कारन कारुनीक सदा बिभो॥
सुर सुमन बरषहिं हरष संकुल बाज दुंदुभि गहगही।
संग्राम अंगन राम अंग अनंग बहु सोभा लही॥ १॥

सिर जटा मुकुट प्रसून बिच बिच अति मनोहर राजहीं।
जनु नीलगिरि पर तड़ित पटल समेत उडुगन भ्राजहीं॥
भुजदंड सर कोदंड फेरत रुधिर कन तन अति बने।
जनु रायमुनीं तमाल पर बैठीं बिपुल सुख आपने॥ २॥

दो०— कृपादृष्टि करि बृष्टि प्रभु अभय किए सुर बृंद।
भालु कीस सब हरषे जय सुख धाम मुकुंद॥ १०३॥

चौ०— पति सिर देखत मंदोदरी। मुरुछित बिकल धरनि खसि परी॥
जुबति बृंद रोवत उठि धाईं। तेहि उठाइ रावन पहिं आईं॥ १॥

पति गति देखि ते करहिं पुकारा। छूटे कच नहिं बपुष सँभारा॥
उर ताड़ना करहिं बिधि नाना। रोवत करहिं प्रताप बखाना॥ २॥

तव बल नाथ डोल नित धरनी। तेज हीन पावक ससि तरनी॥
सेष कमठ सहि सकहिं न भारा। सो तनु भूमि परेउ भरि छारा॥ ३॥

बरुन कुबेर सुरेस समीरा। रन सन्मुख धरि काहुँ न धीरा॥
भुजबल जितेहु काल जम साईं। आजु परेहु अनाथ की नाईं॥ ४॥

जगत बिदित तुम्हारि प्रभुताई। सुत परिजन बल बरनि न जाई॥
राम बिमुख अस हाल तुम्हारा। रहा न कोउ कुल रोवनिहारा॥ ५॥

तव बस बिधि प्रपंच सब नाथा। सभय दिसिप नित नावहिं माथा॥
अब तव सिर भुज जंबुक खाहीं। राम बिमुख यह अनुचित नाहीं॥ ६॥

काल बिबस पति कहा न माना। अग जग नाथु मनुज करि जाना॥ ७॥

मंदोदरी पुरे बाहाँ मुँड़ के, मंडाउन कांड फिरला।
फिरुन कांड राम चो ठोंगी ने, सोजे ओयलुन दिला॥ २२९॥
रावन चो तेज राम ने समाली, देव नगाड़ा बजाला।
ब्रह्मा आरु संकर भगवान दखुन, खुबे हरीक होला॥ २३०॥
तीनोंपुर ने जय-जय होते जाए, बलत राम चो जय।
देव मुनी फूल बरसाते बलत, किरपा करु चो जय॥ २३१॥
हे किरपा करु मुक्ती चो दाता, हे सपा दोस के सारू।
हे सरन एऊ चो साहा होऊ भगवान, हे दुसटमन के मारू॥ २३२॥
हे सपा के जानू चो जानू देव, बरहमेस दया करू।
सपा ठान ने रहू सक्तीवान, जय हो दया करू॥ २३३॥
देवमन हरीक फूल बरसात, घुमडून नंगारा बजात।
रन ने राम चो गुलाय देह ने, कामदेब चो सोभा पात॥ २३४॥
मुंडे लत मुकुट फूल खोचलोर, भारी सोभा पासोत।
जसन नीयर डोंगरी ने बिजली कूढ़ा, नछतर सोमा देसोत॥ २३५॥
हाते धनऊकांड के किंजरात, लहू टिपका सुंदर लागे।
जसन तमालरुख ने लाल चड़ई, सुखी बसलोर लागे॥ २३६॥

१०३ किरपा नजर ले दखुन राम, देव के निडर करला।
बेंदरा भालू हरीकमन ले, राम चो जय-जय करला॥ २३७॥

मंदोदरी मुंड के दखुन, पड़ली मूरछा खाउन।
मेहरारमन गागते पराते, आनला हुनके धरून॥ २३८॥
मुनीस चो गत के दखुन भाती, रानी चिचियाउन गागे।
छाती पेटते रावन महेमा के, गाउन सपा के सांगे॥ २३९॥
तुमचो बल पुरे मोचो राजा, पिरथी रहे काँपुन।
सुरुज जोन आइग हमेस पुरे, रहोत तेज छांडुन॥ २४०॥
सेस कचीम जेचो बोझ नी सहला, हुनो धुरला ने पड़ली।
बरुन, कुबेर, इंदर, पवन चो, पुरे हिम्मत नी पड़ली॥ २४१॥
लड़ई ने केबेई धीरज नी धरला, जम बल हारलो पुरे।
हुनी तुमी आज अदनतारा होउन, पड़लासाहास पुरे॥ २४२॥
बेटा कुटुम चो बल सकत, जेके सांगुक नीहोए।
तुमचो बोस ये सवँसार ने, छाई होउन रहे॥ २४३॥
राम ले बइर धरुन तुमचो, असन गती होली।
कुल ने गागुक कोनी नी बाचला, असन दुरगति होली॥ २४४॥
भगवान चो सपा लोक, तुमचो हात ने रहोत।
लोकपाल डरुन तुमचो पुरे, मुंड लवाँउन रहोत॥ २४५॥
मुंड बाहाँ के एदाँय खासोत, कुकुर कोलया एवा।
राम ले बइर करू चो गती, असने होएसे एथा॥ २४६॥

छं०— जान्यो मनुज करि दनुज कानन दहन पावक हरि स्वयं।
जेहि नमत सिव ब्रह्मादि सुर पिय भजेहु नहिं करुनामयं॥
आजन्म ते परद्रोह रत पापौघमय तव तनु अयं।
तुम्हहू दियो निज धाम राम नमामि ब्रह्म निरामयं॥

दो०— अहह नाथ रघुनाथ सम कृपासिंधु नहिं आन।
जोगि बृंद दुर्लभ गति तोहि दीन्हि भगवान॥ १०४॥

चौ०— मंदोदरी बचन सुनि काना। सुर मुनि सिद्ध सबन्हि सुख माना॥
अज महेस नारद सनकादी। जे मुनिबर परमारथबादी॥ १॥

भरि लोचन रघुपतिहि निहारी। प्रेम मगन सब भए सुखारी॥
रुदन करत देखीं सब नारी। गयउ बिभीषनु मन दुख भारी॥ २॥

बंधु दसा बिलोकि दुख कीन्हा। तब प्रभु अनुजहि आयसु दीन्हा॥
लछिमन तेहि बहु बिधि समुझायो। बहुरि बिभीषन प्रभु पहिं आयो॥ ३॥

कृपादृष्टि प्रभु ताहि बिलोका। करहु क्रिया परिहरि सब सोका॥
कीन्हि क्रिया प्रभु आयसु मानी। बिधिवत देस काल जियँ जानी॥ ४॥

दो०— मंदोदरी आदि सब देइ तिलांजलि ताहि।
भवन गईं रघुपति गुन गन बरनत मन माहि॥ १०५॥

चौ०— आइ बिभीषन पुनि सिरु नायो। कृपासिंधु तब अनुज बोलायो॥
तुम्ह कपीस अंगद नल नीला। जामवंत मारुति नयसीला॥ १॥

सब मिलि जाहु बिभीषन साथा। सारेहु तिलक कहेउ रघुनाथा॥
पिता बचन मैं नगर न आवउँ। आपु सरिस कपि अनुज पठावउँ॥ २॥

तुरत चले कपि सुनि प्रभु बचना। कीन्ही जाइ तिलक की रचना॥
सादर सिंहासन बैठारी। तिलक सारि अस्तुति अनुसारी॥ ३॥

जोरि पानि सबहीं सिर नाए। सहित बिभीषन प्रभु पहिं आए॥
तब रघुबीर बोलि कपि लीन्हे। कहि प्रिय बचन सुखी सब कीन्हे॥ ४॥

छं०— किए सुखी कहि बानी सुधा सम बल तुम्हारें रिपु हयो।
पायो बिभीषन राज तिहुँ पुर जसु तुम्हारो नित नयो॥

राजा तुमी काल हाते पड़ुन, काचोइ नी मानलास।
सपा ठान ने रहु भगवान के, अबगो मनुख जानलास॥ २४७॥
असुर बन के जरातो काजे, आइग माहा भगवान।
तिहँके अबगो मनुख बलुन, तुमी मानास भगवान॥ २४८॥
सिव-ब्रह्मा देवमन सपा, जेचो बिन्ती करसोत।
हुन दया चो धाम भगवान, जेके सपा मानसोत॥ २४९॥
तिहुँके तुमी भजलास नाइ, पाप ने सामुन रलास।
बइर धरून ये देह के, तुमी राखुन रलास॥ २५०॥
इतरोने बले बिगर दोस चो, ब्रह्म राम तुमके।
आपलो धाम ने ठान दिला, पायँ पडेसे तिहँके॥ २५१॥

१०४ ओहो भगवान राम माहा, दूसर कोनी नीआत।
तुमके असन गती दिला, जेके जोगी नी पात॥ २५२॥

मंदोदरी गोठ के सुनुन, देव मुनी सुखी होला।
ब्रह्मा, सिव, नारद, सनकादी, जितरो मुनी रला॥ २५३॥
राम रूप के आइँख भर दखुन, मया ने भरून गेला।
मेहरारमन चो गागतोके दखुन, बिभीसन लगे गेला॥ २५४॥
दुखी होलो भाई गत के दखुन, तेबे भगवान राम।
नानी भाई के समझातो काजे, हुकुम दिला राम॥ २५५॥
लछमन समझालो कई रकम ले, बिभीसन फिरून इन।
किरपा करून दखते राम, तिहँके हुकुम दिला॥ २५६॥
दुख-फिकर के छांडुन भाती, काम करा तिहँचो।
देस बेरा दखते हुकुम मानुन, नेम ले करला तिहँचो॥ २५७॥

१०५ मंदोदरी आरु सपा नेहरार, हुनके पानी देऊन।
महल फिरला राम गुन ने, आपलो चेत नेऊन॥ २५८॥

* बिभीसन गादी *

एऊन बिभीसन पायँ पड़लो, राम लछमन के बलला।
अंगद सुगरीव नल नील जामवन्त, हनु वीर के बलला॥ १॥
सपा जाउन बिभीसन सगे, तिलक करा तिहँचो।
बूबा हुकुम ले राजे नी जाएँ, बेंदरा भाई पलटा मोचो॥ २॥
सुनुन सपाइन जाउन भाती, गादी जोड़ा करला।
मान ले हुनचो तिलक करून, सपा बिन्ती करला॥ ३॥
हात जोड़ुन बिन्ती करून, फिरून इला सपा।
राम मया चो गोठ बलला, हरीक होला सपा॥ ४॥
अमरित माहा गोठ बलुन, सपा के हरीक करला।
तुमचो जोर ने बयरी मरलो, बिभीसन गादी बसला॥ ५॥

मोहि सहित सुभ कीरति तुम्हारी परम प्रीति जो गाइहैं।
संसार सिंधु अपार पार प्रयास बिनु नर पाइहैं॥

दो०— प्रभु के बचन श्रवन सुनि नहिं अघाहिं कपि पुंज।
बार बार सिर नावहिं गहहिं सकल पद कंज॥ १०६॥

चौ०— पुनि प्रभु बोलि लियउ हनुमाना। लंका जाहु कहेउ भगवाना॥
समाचार जानकिहि सुनावहु। तासु कुसल लै तुम्ह चलि आवहु॥ १॥

तब हनुमंत नगर महुँ आए। सुनि निसिचरीं निसाचर धाए॥
बहु प्रकार तिन्ह पूजा कीन्ही। जनकसुता देखाइ पुनि दीन्ही॥ २॥

दूरहि ते प्रनाम कपि कीन्हा। रघुपति दूत जानकीं चीन्हा॥
कहहु तात प्रभु कृपानिकेता। कुसल अनुज कपि सेन समेता॥ ३॥

सब बिधि कुसल कोसलाधीसा। मातु समर जीत्यो दससीसा॥
अबिचल राजु बिभीषन पायो। सुनि कपि बचन हरष उर छायो॥ ४॥

छं०— अति हरष मन तन पुलक लोचन सजल कह पुनि पुनि रमा।
का देउँ तोहि त्रैलोक महुँ कपि किमपि नहिं बानी समा॥

सुनु मातु मैं पायो अखिल जग राजु आजु न संसयं।
रन जीति रिपुदल बंधु जुत पस्यामि राममनामयं॥

दो०— सुनु सुत सदगुन सकल तव हृदयँ बसहुँ हनुमंत।
सानुकूल कोसलपति रहहुँ समेत अनंत॥ १०७॥

चौ०— अब सोइ जतन करहु तुम्ह ताता। देखौं नयन स्याम मृदु गाता॥
तब हनुमान राम पहिं जाई। जनकसुता कै कुसल सुनाई॥ १॥

सुनि संदेसु भानुकुलभूषन। बोलि लिए जुबराज बिभीषन॥
मारुतसुत के संग सिधावहु। सादर जनकसुतहि लै आवहु॥ २॥

तुरतहिं सकल गए जहँ सीता। सेवहिं सब निसिचरीं बिनीता॥
बेगि बिभीषन तिन्हहि सिखायो। तिन्ह बहु बिधि मज्जन करवायो॥ ३॥

बहु प्रकार भूषन पहिराए। सिबिका रुचिर साजि पुनि ल्याए॥
ता पर हरषि चढ़ी बैदेही। सुमिरि राम सुखधाम सनेही॥ ४॥

बेतपानि रच्छक चहुँ पासा। चले सकल मन परम हुलासा॥
देखन भालु कीस सब आए। रच्छक कोपि निवारन धाए॥ ५॥

कह रघुबीर कहा मम मानहु। सीतहि सखा पयादें आनहु॥
देखहुँ कपि जननी की नाईं। बिहसि कहा रघुनाथ गोसाईं॥ ६॥

तीनों पुर ने जस होली, जे रोजे नवा रहे।
मोचो संग तुमचो जस गाऊ, हुन सवँसार ले तरे॥ ६॥

१०६ बेंदरामन भगवान गोठ ले, अघाते नो रहोत।
घनघड़ी मुड के लँवाउन भाती, तिहँचो पायँ धरत॥ ७॥

हनु के बलाउन राम बलला, लंकापुरी ने जाव।
सीता के सपा खबर सांगुन, संगे धरुन आव॥ ८॥
हनू वीर जसने पुर ने गेला, रक्सा रक्सीन इला।
कई रकम ले पूजा करून, सीता के दखाउन दिला॥ ९॥
लाफी ले हनु पायँ पड़लो, सीता चिताला हुनके।
भाई संग भगवान कसन आसोत, सपा साँग मोके॥ १०॥
बललो कोसल चो राम भगवान, नंगत आसोत माता।
रन ने भगवान दसमुंडेया के, जीतला जाना माता॥ ११॥
नीजाऊ राज बिभीसन पावलो, सुनुन हरीक सीता।
देहें सीतकाटा आइँख ने पानी, घनघड़ी बले सीता॥ १२॥
तीनोपुर ने काईं नीआय हनु, देतो काजे तुके।
बललो सवँसार चो राज आज, मिरली माता मोके॥ १३॥
रन ने बयरी चो फउद के मारून, जीतुन भाती दखें।
भाई संगे काई दोस नाहलो, राम के पुरे दखें॥ १४॥

१०७ बलली सपा नंगत गुन तुचो, मन ने बसत हनू।
रोस संगे कोसल चो राजा, हरीक ने बसत हनू॥ १५॥

एदाँय असन उआट कर हनू, आइँख भर दखें तिहँके।
जाउन सीता चो सपा खबर, सांगलो हनू तिहँके॥ १६॥
सुरुज कुल चो राम सुनुन, अंगद बिभीसन के बलला।
पवन चो बेटा संगे जाउन, सीता के आना बलला॥ १७॥
सपा दखला सीता लगे, रक्सीन सेवा करसोत।
झपके समझाउन नहाउक बलुन, सीता चो तियारी करसोत॥ १८॥
कई रकम चो गहना पिंधाउन, डोली सुंदर धरला।
सीता-राम के सुमरुन हरीका बसुन भाती चलला॥ १९॥
चारों खूट पड़ेहार छड़ी धरुन, हरीक हिंडते जासोत।
बेंदरा भालू दरसन करूक, तरी-उपर होसोत॥ २०॥
रीस करून रखवार तिहँके, थेबातो काजे दखत।
राम बलाला मीत मोचो माना, सीता हिड़ते एवत॥ २१॥
माय माहा बेंदरा दखदे, हांसते राम बलला।
भालू बेंदरा सुमुन भाती, खुबे हरीक होला॥ २२॥

सुनि प्रभु बचन भालु कपि हरषे। नभ ते सुरन्ह सुमन बहु बरषे॥
सीता प्रथम अनल महुँ राखी। प्रगट कीन्हि चह अंतर साखी॥ ७॥

दो०– तेहि कारन करुनानिधि कहे कछुक दुर्बाद।
सुनत जातुधानीं सब लागीं करै बिषाद॥ १०८॥

चौ०– प्रभु के बचन सीस धरि सीता। बोली मन क्रम बचन पुनीता॥
लछिमन होहु धरम के नेगी। पावक प्रगट करहु तुम्ह बेगी॥ १॥

सुनि लछिमन सीता कै बानी। बिरह बिबेक धरम निति सानी॥
लोचन सजल जोरि कर दोऊ। प्रभु सन कछु कहि सकत न ओऊ॥ २॥

देखि राम रुख लछिमन धाए। पावक प्रगटि काठ बहु लाए॥
पावक प्रबल देखि बैदेही। हृदयँ हरष नहिं भय कछु तेही॥ ३॥

जौं मन बच क्रम मम उर माहीं। तजि रघुबीर आन गति नाहीं॥
तौ कृसानु सब कै गति जाना। मो कहुँ होउ श्रीखंड समाना॥ ४॥

छं०– श्रीखंड सम पावक प्रबेस कियो सुमिरि प्रभु मैथिली।
जय कोसलेस महेस बंदित चरन रति अति निर्मली॥
प्रतिबिंब अरु लौकिक कलंक प्रचंड पावक महुँ जरे।
प्रभु चरित काहुँ न लखे नभ सुर सिद्ध मुनि देखहिं खरे॥ १॥

धरि रूप पावक पानि गहि श्री सत्य श्रुति जग बिदित जो।
जिमि छीरसागर इंदिरा रामहि समर्पी आनि सो॥
सो राम बाम बिभाग राजति रुचिर अति सोभा भली।
नव नील नीरज निकट मानहुँ कनक पंकज की कली॥ २॥

दो०– बरषहिं सुमन हरषि सुर बाजहिं गगन निसान।
गावहिं किंनर सुरबधू नाचहिं चढ़ीं बिमान॥ १०९ (क)॥

जनकसुता समेत प्रभु सोभा अमित अपार।
देखि भालु कपि हरषे जय रघुपति सुख सार॥ १०९ (ख)॥

चौ०– तब रघुपति अनुसासन पाई। मातलि चलेउ चरन सिरु नाई॥
आए देव सदा स्वारथी। बचन कहहिं जनु परमारथी॥ १॥

दीन बंधु दयाल रघुराया। देव कीन्हि देवन्ह पर दाया॥
बिस्व द्रोह रत यह खल कामी। निज अघ गयउ कुमारगगामी॥ २॥

अकास ले देव फूल बरसात, सीता जे आइग ने रहत।
साखी करुन भगवान तेके, परगट करुक दखत॥ २३॥

१०८ एइ किरता सुख चो भंडार, कड़क गोठ बलला।
जेंके सुनुन रक्सीनमन उथा, दुख करते बसला॥ २४॥

करम बानी ले पबितर सुनुन, गोठ के मान देउक।
लछमन के बलली आइग धराउक, धरम के साहा होउक॥ २५॥
विवेक धरम गोठ सुनुन, आइँख भरली हुनचो।
हात जोड़ुन राम पुरे उबा, मुंह नी फुटे तिहँचो॥ २६॥
राम नेत के दखुन लछमन, आनलो दारु आइग।
सीता हरीक डर गाईं, दखुन भड़कलो आइग॥ २७॥
मन करम बोली ले राम के छांडुन, नी दखले जे दूसर बाटे।
अगिन देव साहा होओत आरु, सीतर होओत आगे॥ २८॥
भड़कलो आइग ने गेली सीता, राम पायँ के सुमरून।
जय हो राम तुमचो पायँ के, संकर रसोत सुमरुन॥ २९॥
आइग ने कलंक छाँय दुनोय, सपा सरली जरुन।
लीला भेद नी जानुक सकला, देव दरखत अकास रहुन॥ ३०॥
बेद सवँसार ने पबितर सीता के अगिन देव धरुन।
राम भगवान के सोपुन दिला, सीता के लगे नेऊन॥ ३१॥
जसन समुंद लछमी के सोपला, बिस्नू लगे मानुन।
सीता-राम चो डेबरी बाटे, उबा होली जाउन॥ ३२॥
तेमन चो नंगत सोभा के दखले, लागे खुबे सुंदर।
बिगसलो नीयर पूड़न लगे, सोन चो पूड़न सुंदर॥ ३३॥

१०९ (क) हरीक देव फूक बरसात, नगाड़ा बाजे गुलाय।
बिमान चेघुन किन्नर गाओत, अपसरा नाचोत गुलाय॥ ३४॥

१०९ (ख) बेंदरा-भालू सीता राम चो, सोभा दखुन-दखुन।
सुख समुंद चो जय जय बलत, खुबे हरीक होउन॥ ३५॥

राम पायँ ने मुंड लबाँउन मातिल, गेलो हुकुम पाउन।
मतलबी देवमन तेबे अमरला, भलईकारी होउन॥ ३६॥
गरीब चो साहा दयावान राम, करलास दया तुमी।
सवँसार ले बइर धरू कुमारगी, रावन पापी कामी॥ ३७॥
आपलो पाप ले सरुन गेलो, तुमी समरुप आहास।
ब्रह्म अबिनासी हमेस गोटोक, टकर ले सोज आहास॥ ३८॥
अखंड अजन्मा निरगुनी तुमी, पाप के अलगुन तुमी।
तुमचोने काईं खोट नीआय, अजेय आहास तुमी॥ ३९॥

तुम्ह समरूप ब्रह्म अबिनासी। सदा एकरस सहज उदासी॥
अकल अगुन अज अनघ अनामय। अजित अमोघसक्ति करुनामय॥ ३॥

मीन कमठ सूकर नरहरी। बामन परसुराम बपु धरी॥
जब जब नाथ सुरन्ह दुखु पायो। नाना तनु धरि तुम्हइँ नसायो॥ ४॥

यह खल मलिन सदा सुरद्रोही। काम लोभ मद रत अति कोही॥
अधम सिरोमनि तव पद पावा। यह हमरें मन बिसमय आवा॥ ५॥

हम देवता परम अधिकारी। स्वारथ रत प्रभु भगति बिसारी॥
भव प्रबाहँ संतत हम परे। अब प्रभु पाहि सरन अनुसरे॥ ६॥

दो०– करि बिनती सुर सिद्ध सब रहे जहँ तहँ कर जोरि।
अति सप्रेम तन पुलकि बिधि अस्तुति करत बहोरि॥ ११०॥

छं०– जय राम सदा सुखधाम हरे। रघुनायक सायक चाप धरे॥
भव बारन दारन सिंह प्रभो। गुन सागर नागर नाथ बिभो॥ १॥

तन काम अनेक अनूप छबी। गुन गावत सिद्ध मुनींद्र कबी॥
जसु पावन रावन नाग महा। खगनाथ जथा करि कोप गहा॥ २॥

जन रंजन भंजन सोक भयं। गतक्रोध सदा प्रभु बोधमयं॥
अवतार उदार अपार गुनं। महि भार बिभंजन ग्यानघनं॥ ३॥

अज ब्यापकमेकमनादि सदा। करुनाकर राम नमामि मुदा॥
रघुबंस बिभूषन दूषन हा। कृत भूप बिभीषन दीन रहा॥ ४॥

गुन ग्यान निधान अमान अजं। नित राम नमामि बिभुं बिरजं॥
भुजदंड प्रचंड प्रताप बलं। खल बृंद निकंद महा कुसलं॥ ५॥

जेचो सकत फोकहा नीजाय, दया बिता आहास।
मछरी कचीम नरसिंह बामन, फरसू रूप आहास॥ ४०॥
जेबेवल देवमन डंड पावला, तुमी अवतार धरुन।
तिहँचो डंड सारलास परभू, भारी दया करुन॥ ४१॥
जे दुसट कयराहा देबबयरी, कामी, लोभी रहे।
घमंड ले भरपूर रिसहाजीव, भारी निलजाहा रहे॥ ४२॥
अचरित लागेसे असन नीच, तुमचो धाम पालो।
आमी सुआरथ ने बुहुन, आसूं भव ने पड़लोर॥ ४३॥
जनम मरन डंड आमचो जाले, केबई नी जाएसे राम।
आमी एदांय सरन तुमचो, साहा होआ राम॥ ४४॥

११० बिनती करुन देवमन सपा, हात जोड़ुन उबा रहोत।
भारी मयाने भरुन ब्रह्मा, बिनती करते रहोत॥ ४५॥

* जय हो, जय हो, जय हो *

सुख देऊ दुख के हरू, हाते धनऊ कांड के धरू रघुनाथ जय हो॥
जनम मऊत हाथी के मारू सिंध, सपा ठान के रहू गुनचो समुंद।
तुमी सपाले चतुर भगवान रघुनाथ जय हो॥
कोटी काम ले सुन्दर देह छबी, गाते रसोत मुनी कबी।
तुमचो जस पबितर भगवान रघुनाथ जय हो।
रावत साँप काजे गरुड़ होउन, धरलास जेंके रीस करुन,
सेउक के सुख देऊ भगवान रघुनाथ जय हो॥
दुख डरा सपा के नास करु, गियान रूप रीस ले अलगू।
तुमचो अवतार नंगत भगवान रघुनाथ जय हो॥
गुन के भारी सकत देउक, पिरथी चो सपा बोझ हरुक।
अकल चो भण्डार, भगवान रघुनाथ जय हो॥
अबतार धरुन बल हमेंस तुमी, जनम नाहलो सपा ठानने तुमी।
अटपट नी पुरतो लाइक, भगवान रघुनाथ हो॥
बिनाएँसे दया चो धाम राम, रघुकुल चो गाहना तुमी राम।
खर रक्सा के मारू भगवान रघुनाथ जय हो॥
दोस गुन के सारू तुमी, गरीब बिभीसन चो भगवान तुमी॥
लंका राज दिलास, भगवान रघुनाथ जय हो॥
गुन गियानी अजन्मा मानले अलग गुलाय माया विकार ले अलग।
हमेस मयँ बिनाएँसे भगवान रघुनाथ जय हो॥
तुमचो बाहाँ बल महेगां भारी, दुसट के नास करू तुमी 'भारी।
सपा रकम ले चलाक, भगवान रघुनाथ जय हो॥

बिनु कारन दीन दयाल हितं। छबि धाम नमामि रमा सहितं॥
भव तारन कारन काज परं। मन संभव दारुन दोष हरं॥ ६॥

सर चाप मनोहर त्रोन धरं। जलजारुन लोचन भूपबरं॥
सुख मंदिर सुंदर श्रीरमनं। मद मार मुधा ममता समनं॥ ७॥

अनवद्य अखंड न गोचर गो। सबरूप सदा सब होइ न गो॥
इति बेद बदंति न दंतकथा। रबि आतप भिन्नमभिन्न जथा॥ ८॥

कृतकृत्य बिभो सब बानर ए। निरखंति तवानन सादर ए॥
धिग जीवन देव सरीर हरे। तव भक्ति बिना भव भूलि परे॥ ९॥

अब दीन दयाल दया करिऐ। मति मोरि बिभेदकरी हरिऐ॥
जेहि ते बिपरीत क्रिया करिऐ। दुख सो सुख मानि सुखी चरिऐ॥ १०॥

खल खंडन मंडन रम्य छमा। पद पंकज सेवित संभु उमा॥
नृप नायक दे बरदानमिदं। चरनांबुज प्रेम सदा सुभदं॥ ११॥

दो०– बिनय कीन्हि चतुरानन प्रेम पुलक अति गात।
सोभासिंधु बिलोकत लोचन नहीं अघात॥ १११॥

चौ०– तेहि अवसर दसरथ तहँ आए। तनय बिलोकि नयन जल छाए॥
अनुज सहित प्रभु बंदन कीन्हा। आसिरबाद पिताँ तब दीन्हा॥ १॥

तात सकल तव पुन्य प्रभाऊ। जीत्यों अजय निसाचर राऊ॥
सुनि सुत बचन प्रीति अति बाढ़ी। नयन सलिल रोमावलि ठाढ़ी॥ २॥

रघुपति प्रथम प्रेम अनुमाना। चितइ पितहि दीन्हेउ दृढ़ ग्याना॥
ताते उमा मोच्छ नहिं पायो। दसरथ भेद भगति मन लायो॥ ३॥

बिन किरता गरीब के दया करु, सोमा धाम जानकी संगे रहू।
तुमके जोहार करेंसे, भगवान रघुनाथ जय हो॥
जनम मरना सवँसार ले तारू, मनले जनम दोस के काटू।
सवसार रूप ले गुचुन, भगवान रघुनाथ जय हो॥
धनऊकांड ठोंगी धरलोर सुंदर, रगरगा पूड़न आइँख सुंदर।
राजामन ने तुमी बड़े, भगवान रघुनाथ जय हो॥
लछमी चो घमंड माया के सारू, काम फंद परपंच के सारु।
सुख चो सुंदर गुड़ी, भगवान रघुनाथ जय हो॥
सपा दोस ले अलगुन रहू, इंद्री फांदा ने केबई नी रहू।
बरहमेस सपा रूप ने भगवान रघुनाथ जय हो॥
बेद बलसोत तुमचो रूप नीआय, मानसोत ये फन्द कथा नोआय।
हुनी तुमी आहास, भगवान रघुनाथ जय हो॥
सुरुज ले सुरुज उजड़ भिने नोआत, हुसनेय दुनों अलग नोआत।
हुसनेय सवँसार ने तुमी, भगवान रघुनाथ जय हो॥
गुलाय रहूँ ये बेंदरा धन आत, मान ले तुमचो मुँह दखसोत।
हे हरी तुमी आहास, भगवान रघुनाथ जय हो॥
धिकार आमचो देंह जीबना के, तुमचो भक्ती ले अलगुन आसूँ।
सवँसारे सुलकुन पड़लूँसे, भगवान रघुनाथ जय हो॥
गरीब के दया करू दया करा, भेद करू मोचो बुध के हरा।
उल्टा फांदा ने पड़लेंसे, भगवान रघुनाथ जय हो॥
हरीक आसें दुख के सुख मानुन, पिरथी चो गाहना दुख के सारून।
तुमचो हमेस जय होएसे, भगवान रघुनाथ जय हो॥
सिव पारबती पायँ के मानसोत, राजामन चो महराजा बरदान दिआ।
पायँ ले बढ़ती होओ, भगबान रघुनाथ जय हो॥

१११ सीतकाटा देहँने ब्रह्मा भगवान, असन बिन्ती करते रहत।
सोभा चो समुंद चो दरसन करते, आइँख भरते नी रहत॥ ४६॥

हुदलोयदाँय दसरथ उथा इला, बेटा के दखला ते।
आइँखभर तिहँचो पानी भरली, मया ने रला ते॥ ४७॥
नानी भाई संगे भगवानराम, तिहँचो बिन्ती करला।
भारी मया ले बाबा दसरथ, आसीरबाद दिला॥ ४८॥
राम बलला बाबा ये सपा, तुमचो पुन ले होली।
नी जीततो लाइक रक्सा ले, मोचो जीत होली॥ ४९॥
बेटा चो गोठ सुनुन भाती, मया बाढ़ली भारी।
देहें सीतकाटा मारते जाए, आइँख ने भरली पानी॥ ५०॥
गेलो मया के बिचारुन राम, बाप बाटे दखुन।
आपलो रूप चो असल गियान, कराला राम गढ़ुन॥ ५१॥

सगुनोपासक मोच्छ न लेहीं। तिन्ह कहुँ राम भगति निज देहीं॥
बार बार करि प्रभुहि प्रनामा। दसरथ हरषि गए सुरधामा॥ ४॥

दो०– अनुज जानकी सहित प्रभु कुसल कोसलाधीस।
सोभा देखि हरषि मन अस्तुति कर सुर ईस॥ ११२॥

छं०– जय राम सोभा धाम। दायक प्रनत बिश्राम॥
धृत त्रोन बर सर चाप। भुजदंड प्रबल प्रताप॥ १॥

जय दूषनारि खरारि। मर्दन निसाचर धारि॥
यह दुष्ट मारेउ नाथ। भए देव सकल सनाथ॥ २॥

जय हरन धरनी भार। महिमा उदार अपार॥
जय रावनारि कृपाल। किए जातुधान बिहाल॥ ३॥

लंकेस अति बल गर्ब। किए बस्य सुर गंधर्ब॥
मुनि सिद्ध नर खग नाग। हठि पंथ सब कें लाग॥ ४॥

परद्रोह रत अति दुष्ट। पायो सो फलु पापिष्ट॥
अब सुनहु दीन दयाल। राजीव नयन बिसाल॥ ५॥

मोहि रहा अति अभिमान। नहिं कोउ मोहि समान॥
अब देखि प्रभु पद कंज। गत मान प्रद दुख पुंज॥ ६॥

कोउ ब्रह्म निर्गुन ध्याव। अब्यक्त जेहि श्रुति गाव॥
मोहि भाव कोसल भूप। श्रीराम सगुन सरूप॥ ७॥

बैदेहि अनुज समेत। मम हृदयँ करहु निकेत॥
मोहि जानिऐ निज दास। दे भक्ति रमानिवास॥ ८॥

छं०– दे भक्ति रमानिवास त्रास हरन सरन सुखदायकं।
सुख धाम राम नमामि काम अनेक छबि रघुनायकं॥

दसरथ भेद भक्ती ने उमा, मन लगाउन रहत।
एड़ किरता एबतले बल, मुक्ती नी पाउन रहत॥५२॥
सगुन चो भक्ती करू भगत, मुक्ती के नी धरत।
तिहँके राम भक्ती देसोत, हुनी ने हरीक रहोत॥५३॥
भगवान के घनघड़ी पायँ पड़ुन, मन ने हरीक होला।
दसरथ राजा मया के धरून, देवपुर ने गेला॥५४॥

११२ लछमन सीता संग राम के, हरीक मन ने दखुन।
इन्दर राजा बिन्ती करसोत, भारी हरीक होउन॥५५॥

सोभा को धाम सरनाहा के साहा होऊ जय हो जय हो जय हो॥
भारी धनऊ कांड ठोंगी धरया बरकस बाहाँ बिता जय हो॥
खर दूसन चो बयरी रक्सा फउद चो नास करू जय हो॥
पिरथी चो भार हरू नंगत महेमा बिता जय हो जय हो जय हो॥
रावन चो बयरी हे किरपा करू राम जय हो जय हो जय हो॥
रक्सामन चो नास करलास भगवान जय हो जय हो जय हो॥
लंका चो राजा राबन के आपलो बल चो घमंड रहे॥
देव गंधर्व सपा के आपलो हात ने करुन रहे॥
सिद्ध मनुख चड़ई नागमन चो पाछे पड़ुन रहे॥
हुन दूसर चो बिगाड़ करतो ने हमेस उमड़ुन रहे॥
हुन महापापी हुसने फल पावलो जे भारी दुसट रहे॥

''एदाँय गरीब के साहा होऊ भगवान! पूड़न माहा बड़े बड़े आइँख बिता! सुना।

मोके खुबे घमंड रहे कि मोचो माहा सकत बिता कोनी नीआत, पय, एदाँय तुमचो पायँ चो दरान करलो दाँय ले सपा दुख देऊ बिती मोचो घमंड गेली।

कोनी हुन निरगुन ब्रह्म चो धियान करसोत जेके बेद बिगर रूप चो बलुआय मान्तर हे राम! मोके जाले तुमचो ये सरगुन कोसल राजा रूप नीको लागेसे।

श्रीजानकी जी आरू नानी भाई लछमन संगे तुमी मोचो मन ने आपलो कुडिया बनावा। हे रमानिवास! मोके आपलो दास समझा आरू आपलो भक्ती दिआ।

हे रमानिवास! हे सरन इलोर चो सपा भय के सारू आरू सपा रकम चो सुख देऊ! मोके आपलो भक्ती दिआ। हे सुख चो धाम! मय तुमके जोहार करेंसे। हे देव गोहड़ा के सुख देऊ!

सुर बृंद रंजन द्वंद भंजन मनुजतनु अतुलितबलं।
ब्रह्मादि संकर सेब्य राम नमामि करुना कोमलं॥

दो०— अब करि कृपा बिलोकि मोहि आयसु देहु कृपाल।
काह करौं सुनि प्रिय बचन बोले दीनदयाल॥ ११३॥

चौ०— सुनु सुरपति कपि भालु हमारे। परे भूमि निसचरन्हि जे मारे॥
मम हित लागि तजे इन्ह प्राना। सकल जिआउ सुरेस सुजाना॥ १॥

सुनु खगेस प्रभु कै यह बानी। अति अगाध जानहिं मुनि ग्यानी॥
प्रभु सक त्रिभुअन मारि जिआई। केवल सक्रहि दीन्हि बड़ाई॥ २॥

सुधा बरषि कपि भालु जिआए। हरषि उठे सब प्रभु पहिं आए॥
सुधाबृष्टि भै दुहु दल ऊपर। जिए भालु कपि नहिं रजनीचर॥ ३॥

रामाकार भए तिन्ह के मन। मुक्त भए छूटे भव बंधन॥
सुर अंसिक सब कपि अरु रीछा। जिए सकल रघुपति कीं ईछा॥ ४॥

राम सरिस को दीन हितकारी। कीन्हे मुकुत निसाचर झारी॥
खल मल धाम काम रत रावन। गति पाई जो मुनिबर पाव न॥ ५॥

दो०— सुमन बरषि सब सुर चले चढ़ि चढ़ि रुचिर बिमान।
देखि सुअवसर प्रभु पहिं आयउ संभु सुजान॥ ११४ (क)॥

परम प्रीति कर जोरि जुग नलिन नयन भरि बारि।
पुलकित तन गदगद गिराँ बिनय करत त्रिपुरारि॥ ११४ (ख)॥

छं०— मामभिरक्षय रघुकुल नायक। धृत बर चाप रुचिर कर सायक॥
मोह महा घन पटल प्रभंजन। संसय बिपिन अनल सुर रंजन॥ १॥

अगुन सगुन गुन मंदिर सुंदर। भ्रम तम प्रबल प्रताप दिवाकर॥
काम क्रोध मद गज पंचानन। बसहु निरंतर जन मन कानन॥ २॥

बिषय मनोरथ पुंज कंज बन। प्रबल तुषार उदार पार मन॥
भव बारिधि मंदर परमं दर। बारय तारय संसृति दुस्तर॥ ३॥

जनम, मउत, हरीक, डंड, सुख-दुख सपा झंझट के नास करू
बिता! मनुख रूप, भारी बल बिता, ब्रह्मा आरू सिव सपा देव ले
सेवा पाऊ। दया ने कवँल श्रीरामजी! मय जोहार करेंसे॥''

११३ किरपा करू एदाँय दखुन, हुकुम दिआ मोके।
काम सेवा मयँ करें सुनुन, बलला राम तेके॥ ५६॥

सुन देव जि तरो भालु बेंदरा के, रक्सा मारलासोत।
मोचो काजे ते जीव के देऊन, भुँए पड़ुन आसोत॥ ५७॥
चतुर राजा तुइ जिआव तिहँके, तीनों पुरचो राम बलसोत।
गरुड़ ए भेद के गियानी मुनी, नंगत जानुक सकसोत॥ ५८॥
जे आपन मारुन जिआउक सके, इंदर के मान दिला।
अमरित छोचुन जिआउन दिलो, सपा उठुन इक॥ ५९॥
अमरित बरसा दनों दल उपरे, मान्तर भालू बेंदरा उठला।
रक्सामन बल उथाय रहोत, तेमन उठुक नी सकला॥ ६०॥
रक्सा मरतेखन राम ने मिसला, मुक्ती पावला ते।
तिहँचो जिवना मरना छुटली, सपा तरला ते॥ ६१॥
भालू-बेंदरा तो देवमन चो, अंस ले एउन रहत।
एइ ने राम चो मन असन, फेर जीऊन रहत॥ ६२॥
राम माहा गरीब के साहा कोन, जे रक्सा के मुक्ती दिला।
बड़े-बड़े मुनी जे गती नी पाओत, ते दुसट पापी के दिला॥ ६३॥

११४(क) फूल बरसाउन सपा देव गेला, विमान ने चेघुन।
सिव भगवान भगवान लग इला, नंगत बेरा जानुन॥ ६४॥

११४(ख) भारी मया ले दुनों हात जोड़ुन, आइँख भर पानी भरुन।
देहें सीतकाटा गोठ बोली गदगदे, बलला बिन्ती करु॥ ६५॥

रघुकुल चो मालिक धनऊ कांड धरुन, होआ मोचो साहा।
मोह बादरी के उड़ातो काजे, पवन माहा अहास॥ १॥
भरम बन के लाखड़ी करूक, आइग माहा आहास।
सपा देव मन चो मन के, हरीक देऊ आहास॥ २॥
सगुन-निरगुन गुन चो धाम, खुबे सुन्दर आहास।
भरम अंधार के सारतो काजे, सुरुज माहा आहास॥ ३॥
काम रीस घमंड हाथी के मारुक सिंघ-बाघ आहास।
सेउक मन चो बन ने हमेस, बिराजुन तुमी राहा॥ ४॥
बिसय मनभाऊ पूड़न बन काज, बरकस ओस आहास।
तुमी दानी मन ले अलगुन, अपरम्पार आहास॥ ५॥
सवँसार समुंद के मथतो काजे, मंदराचल आहास।
भय के काटुन सवँसार समुंद ले, तारू बिता आहास॥ ६॥

स्याम गात राजीव बिलोचन। दीन बंधु प्रनतारति मोचन॥
अनुज जानकी सहित निरंतर। बसहु राम नृप मम उर अंतर॥ ४॥

मुनि रंजन महि मंडल मंडन। तुलसिदास प्रभु त्रास बिखंडन॥ ५॥

दो०– नाथ जबहिं कोसलपुरीं होइहि तिलक तुम्हार।
कृपासिंधु मैं आउब देखन चरित उदार॥ ११५॥

चौ०– करि बिनती जब संभु सिधाए। तब प्रभु निकट बिभीषनु आए॥
नाइ चरन सिरु कह मृदु बानी। बिनय सुनहु प्रभु सारँगपानी॥ १॥

सकुल सदल प्रभु रावन मार्‍यो। पावन जस त्रिभुवन विस्तार्‍यो॥
दीन मलीन हीन मति जाती। मो पर कृपा कीन्हि बहु भाँती॥ २॥

अब जन गृह पुनीत प्रभु कीजे। मज्जनु करिअ समर श्रम छीजे॥
देखि कोस मंदिर संपदा। देहु कृपाल कपिन्ह कहुँ मुदा॥ ३॥

सब बिधि नाथ मोहि अपनाइअ। पुनि मोहि सहित अवधपुर जाइअ॥
सुनत बचन मृदु दीनदयाला। सजल भए द्वौ नयन बिसाला॥ ४॥

दो०– तोर कोस गृह मोर सब सत्य बचन सुनु भ्रात।
भरत दसा सुमिरत मोहि निमिष कल्प सम जात॥ ११६ (क)॥

तापस बेष गात कृस जपत निरंतर मोहि।
देखौं बेगि सो जतनु करु सखा निहोरउँ तोहि॥ ११६ (ख)॥

बीतें अवधि जाउँ जौं जिअत न पावउँ बीर।
सुमिरत अनुज प्रीति प्रभु पुनि पुनि पुलक सरीर॥ ११६ (ग)॥

करेहु कल्प भरि राजु तुम्ह मोहि सुमिरेहु मन माहिं।
पुनि मम धाम पाइहहु जहाँ संत सब जाहिं॥ ११६ (घ)॥

चौ०– सुनत बिभीषन बचन राम के। हरषि गहे पद कृपाधाम के॥
बानर भालु सकल हरषाने। गहि प्रभु पद गुन बिमल बखाने॥ १॥

बहुरि बिभीषन भवन सिधायो। मनि गन बसन बिमान भरायो॥
लै पुष्पक प्रभु आगें राखा। हँसि करि कृपासिंधु तब भाषा॥ २॥

चढ़ि बिमान सुनु सखा बिभीषन। गगन जाइ बरषहु पट भूषन॥
नभ पर जाइ बिभीषन तबही। बरषि दिए मनि अंबर सबही॥ ३॥

पूड़ून आइँख चो साँवर सुंदर, देंह बिता आहास।
सरनाहा के दुख ले तारू, एकलो तुमी आहास॥ ७॥
भाई लछमन-सीता संगे, मोचो मन ने राहा।
मुनीस मन के हरीक देऊ, एकलो तुमी आहास॥ ८॥
पिरथी मंडल चो सोन मनी, गाइना तुमी आहास।
भय ले तारन करू तुमी, तुलसी चो भगवान आहास॥ ९॥

११५ अयोधिया ने जेबे गादी होएदे, तेबे मय एएँदे।
किरपा चो समुँद दुदलदांय, लीला दखुक एएँद॥ ६६॥

बिन्ती करुन सिव गेलो पाछे, लंकाराजा इला।
पायँ के बिनाउन सुसार गोठले, बिन्नी सुना बलला॥ ६७॥
कुल फउद संगे रावन के मारलास, तीनों पुर जस होली।
मोचो माहा पापी गरीब नीच काज, भारी किरपा होली॥ ६८॥
एदाँय सेउक घरे पधारुन परभू, नाहा धोआ करा।
लड़ई ने थाकलो थाकी ले, आपन के अस्तीर करा॥ ६९॥
राज खजाना महल धन सपा, दखुन भाती तुमी।
बेंदरामन के बाटुन दिआ, हरीक मन ने तुमी॥ ७०॥
सपा रकम ले आपलो बनावा, संगे निआ मोके।
सुनुन भगवान चो आइँख भरली, गोठ बलला तेके॥ ७१॥

११६(क) भाई तुमचो राज खजाना, सते मोचोय आय।
भरत सुरता ने घड़ी भर बल, कलप माहा जाय॥ ७२॥

११६(ख) तपसी भेस ने सुखुन जपेसे, असन उआट करा।
जेमें मयँ झपके जाउन दखें, बिन्ती जानुन करा॥ ७३॥

११६(ग) बेरा नाहकुन गेलोने भाई, भाई के नी पाएंदे।
जसन सुरता करत भगवान, देहें सीतकाटा होएसे॥ ७४॥

११६(घ) बिभीसन कलप भर राज करून, मन ले मोके जानसे।
संतमन जे धाम पावसोत, हुनी धाम के पावसे॥ ७५॥

गोठ सुनुन बिभीसन राम चो, पायँ के धरून बसला॥
बेंदरा भालू हरीक होउन, सफा गुन के बलला॥ ७६॥
महल ले बिभीमन मनी, कपड़ा, विमान ने भरून इलो।
हांसते राम बलला जसने, विमान आनुन दिलो॥ ७७॥
संगी अकास ने विमान के नेउन, बरसावा गाहना-कपड़ा।
हुकुम सुनते अकास ने जाउन, बरसालो गाहना-कपड़ा॥ ७८॥
जेके जे भाए हुन हुन के धरे, मनी के मुंह ने भरत।
खातों जिनिस नोआय जानुन फेर, उगालुन भाती फींगत॥ ७९॥

जोइ जोइ मन भावइ सोइ लेहीं। मनि मुख मेलि डारि कपि देहीं॥
हँसे रामु श्री अनुज समेता। परम कौतुकी कृपा निकेता॥ ४॥

दो०– मुनि जेहि ध्यान न पावहिं नेति नेति कह बेद।
कृपासिंधु सोइ कपिन्ह सन करत अनेक बिनोद॥ ११७ (क)॥

उमा जोग जप दान तप नाना मख ब्रत नेम।
राम कृपा नहि करहिं तसि जसि निष्केवल प्रेम॥ ११७ (ख)॥

चौ०– भालु कपिन्ह पट भूषन पाए। पहिरि पहिरि रघुपति पहिं आए॥
नाना जिनस देखि सब कीसा। पुनि पुनि हँसत कोसलाधीसा॥ १॥

चितइ सबन्हि पर कीन्ही दाया। बोले मृदुल बचन रघुराया॥
तुम्हरें बल मैं रावनु मार्‌यो। तिलक बिभीषन कहँ पुनि सार्‌यो॥ २॥

निज निज गृह अब तुम्ह सब जाहू। सुमिरेहु मोहि डरपहु जनि काहू॥
सुनत बचन प्रेमाकुल बानर। जोरि पानि बोले सब सादर॥ ३॥

प्रभु जोइ कहहु तुम्हहि सब सोहा। हमरें होत बचन सुनि मोहा॥
दीन जानि कपि किए सनाथा। तुम्ह त्रैलोक ईस रघुनाथा॥ ४॥

सुनि प्रभु बचन लाज हम मरहीं। मसक कहूँ खगपति हित करहीं॥
देखि राम रुख बानर रीछा। प्रेम मगन नहिं गृह कै ईछा॥ ५॥

दो०– प्रभु प्रेरित कपि भालु सब राम रूप उर राखि।
हरष बिषाद सहित चले बिनय बिबिध बिधि भाषि॥ ११८ (क)॥

कपिपति नील रीछपति अंगद नल हनुमान।
सहित बिभीषन अपर जे जूथप कपि बलवान॥ ११८ (ख)॥

दो०– कहि न सकहिं कछु प्रेम बस भरि भरि लोचन बारि।
सन्मुख चितवहिं राम तन नयन निमेष निवारि॥ ११८ (ग)॥

चौ०– अतिसय प्रीति देखि रघुराई। लिन्हे सकल बिमान चढ़ाई॥
मन महुँ बिप्र चरन सिरु नायो। उत्तर दिसिहि बिमान चलायो॥ १॥

तमासा दखुन हाँसी कह राम, सीता, लछमन संगे।
हाँसते जाओत भगवान राम, तेमन सपा सगे॥ ८०॥

११७(क) जेके मुनी धियान ने नी पाओत, बेद नेती बलुन गासोत।
हुनी किरपा सागर बेंदरामन संग, हरीक ने खेलते जासोत॥ ८१॥

११७(ख) जोग, जप, दान, तप, उपास, कितरोय जग्यँ करले।
उमा हुसन किरपा नी करत राम, जसन मया करले॥ ८२॥

भालू-बेंदरा कपड़ा, गाहना पाउन, पिंबुन पुरे एआत।
कहै जात चो बेंदरा के दखुन, राम हाँसुन देओत॥ ८३॥
किरपा ले दखते मया ले बलला, तु मन चो जोर ले भाई।
रावन के मारुन बिभीसन के, गादी बसालेसे भाई॥ ८४॥
एदाँय आपलो घरे जाहा तुमन, सुमरुन मोके रहा।
एदाँय काचोइ डर नींआय तुमके, सुबिस्ता जीउन रहा॥ ८५॥
गोठ सुनते-खन दंदरुन गेला, मया ले बेंदरामम।
हात जोड़ुन सपा उबा होउन, बलला बेंदरामन॥ ८६॥
भगवान तुमी-जे बल बलासीस, तै तुमके सोभा देएसे।
तुमचो गोठ के सुनलोने राम, आमके मोह होएसे॥ ८७॥
तीनोंपुर चो भगवान तुमी, आमी बेंदरा चो जात।
मया करते राखलासीस तुमी, जानुन बेंदरा आत॥ ८८॥
भगवान चो गोठ सुनुन आमके, लागेसे भारी लाज।
गरुड़ पुरे एउन पुरुक सकेदे, केबई मोछी काय॥ ८९॥
राम चो मन के दखुन सपाय मगन होउन गेला।
जातो काज मन नी रहे सिहँचो, बलेबल तियार होला॥ ९०॥

११८(क) राम हुकुम के पाउन भाती, रूप के मन ने राखुन।
हरीक दुख संग निसकला सपा, राम के बिन्ती करुन॥ ९१॥

११८(ख) सुगरीव, नील, जामवंत, अंगद, नल हनु संगे।
बिभीसन आरू बरकस कपतान, उबा रहोत संगे॥ ९२॥

११८(ग) बलुक नी सकसोत मया मारे, आइँख ने पानी भरून।
टोपा के थेबाउन मिलकी नी मारत, राम बाटे दखुन॥ ९३॥

तिहँचो मया के दखुन भगवान, विमान ने चढ़ाला तिहँके।
भंडार बाटे बिमान रेंगाला, सुमरुन बाम्हनमन के॥ ९४॥

चलत बिमान कोलाहल होई। जय रघुबीर कहइ सबु कोई॥
सिंहासन अति उच्च मनोहर। श्री समेत प्रभु बैठे ता पर॥ २॥

राजत रामु सहित भामिनी। मेरु सृंग जनु घन दामिनी॥
रुचिर बिमानु चलेउ अति आतुर। कीन्ही सुमन बृष्टि हरषे सुर॥ ३॥

परम सुखद चलि त्रिबिध बयारी। सागर सर सरि निर्मल बारी॥
सगुन होहिं सुंदर चहुँ पासा। मन प्रसन्न निर्मल नभ आसा॥ ४॥

कह रघुबीर देखु रन सीता। लछिमन इहाँ हत्यो इँद्रजीता॥
हनूमान अंगद के मारे। रन महि परे निसाचर भारे॥ ५॥

कुंभकरन रावन द्वौ भाई। इहाँ हते सुर मुनि दुखदाई॥ ६॥

दो०– इहाँ सेतु बाँध्यो अरु थापेउँ सिव सुख धाम।
सीता सहित कृपानिधि संभुहि कीन्ह प्रनाम॥ ११९ (क)॥

जहँ जहँ कृपासिंधु बन कीन्ह बास बिश्राम।
सकल देखाए जानकिहि कहे सबन्हि के नाम॥ ११९ (ख)॥

चौ०– तुरत बिमान तहाँ चलि आवा। दंडक बन जहँ परम सुहावा॥
कुंभजादि मुनिनायक नाना। गए रामु सब कें अस्थाना॥ १॥

सकल रिषिन्ह सन पाइ असीसा। चित्रकूट आए जगदीसा॥
तहँ करि मुनिन्ह केर संतोषा। चला बिमानु तहाँ ते चोखा॥ २॥

बहुरि राम जानकिहि देखाई। जमुना कलि मल हरनि सुहाई॥
पुनि देखी सुरसरी पुनीता। राम कहा प्रनाम करु सीता॥ ३॥

तीरथपति पुनि देखु प्रयागा। निरखत जन्म कोटि अघ भागा॥
देखु परम पावनि पुनि बेनी। हरनि सोक हरि लोक निसेनी॥ ४॥

पुनि देखु अवधपुरी अति पावनि। त्रिबिध ताप भव रोग नसावनि॥ ५॥

दो०– सीता सहित अवध कहुँ कीन्ह कृपाल प्रनाम।
सजल नयन तन पुलकित पुनि पुनि हरषित राम॥ १२० (क)॥

पुनि प्रभु आइ त्रिबेनीं हरषित मज्जनु कीन्ह।
कपिन्ह सहित बिप्रन्ह कहुँ दान बिबिध बिधि दीन्ह॥ १२० (ख)॥

चौ०– प्रभु हनुमंतहि कहा बुझाई। धरि बटु रूप अवधपुर जाई॥
भरतहि कुसल हमारि सुनाएहु। समाचार लै तुम्ह चलि आएहु॥ १॥

तुरत पवनसुत गवनत भयउ। तब प्रभु भरद्वाज पहिं गयऊ॥
नाना बिधि मुनि पूजा कीन्ही। अस्तुती करि पुनि आसिष दीन्ही॥ २॥

बिमान चलतेखान कोल्हार होली, राम चो जय बलला।
उपरे सुंदर गादी मंडालो रहे, सीत्ता संग राम बसला॥ ९५॥
सीता संग राम सुंदर दिखत, जसन बादरी सुमेरु उपरे।
जोर ले जाय बिमान देवमन, फूल बरसाओत उपरे॥ ९६॥
सुख देऊ तीनों लेहरा बोहोत, पानी छुकछुका होली।
चारो खूट सुंदर सगुन होए, सपा मन ने हरीक होली॥ ९७॥
अकास लुट सपा छुकछुका दिखत, राम सीता के बलत।
ए लड़ई भाटा एथा मेघनाथ के, लछमन मारलो बलत॥ ९८॥
हनू अंगद मार ले असुरमन, गुलाए भुएँ आसोत।
देव मुनी के बिटाऊ कुंभकरन, रावन, एइ लग मारलोर आसोत॥ ९९॥

११९(क) एइ लग पुल बंधाउन सुख धाम, सिव थापना करले।
फेर सीता संगे रामेसर भगवान के, जीतला पायँ पड़ते॥ १००॥

११९(ख) जे-जे लग किरपा चो समुंद, थेबला डेरा पड़ाला।
सपा ठान के सीता के दखाते, नावँ-गाँव के सांगला॥ १०१॥

बिमान दंडकबन ने अमरली, जेलग अगस्त मुनी रहत।
उथा सपा ठान ने राम गेला, जेलग सपा मुनी. रहत॥ १०२॥
सपा रिसी ले आसीस पाउन, चितरकुट अमरला राम।
मुनमिन के संतोस करून, चांडे-चांड जीतला राम॥ १०३॥
कली पाप के सारु जमना चो, सीता के दरसन कराला।
पबितर गंगा दरसन करून सीता के पायँ पड़ाला॥ १०४॥
उथाले परयारा तीरथ दखाउन, सांगला पाप के खाएसे।
तिरबेनी दरसन कराते सांगला, ये हरी लगे अमराएसे॥ १०५॥
फेर अयोधिया दरसन कर सीता, जे तीनों पाप हरेसे।
जनम मरना चो डंड ले तारून, रोग चो नास करेसे॥ १०६॥

१२०(क) सीता संग अवध के पायँ पड़ला, किरपा चो धाम राम।
आइँख भरली आरू देहें सीतकाटा, हरीक होओत राम॥ १०७॥

१२०(ख) फेर भगवान तिरबेनी अमरून, हरीक होउन नहाला।
बेंदरामन संग बाह्मन के, भारी दान कराला॥ १०८॥

हनू के राम समझाउन बलला, बाम्हन रूप ने जाव।
भरत के आमचो खबर सांगुन, खबर धरून आव॥ १०९॥
हनू उथा ले तुरते निकरला, मुनी बाट राम गेला।
भरद्वाज पूजा बिन्ती करून, फेर आसीरवाद दिला॥ ११०॥

मुनि पद बंदि जुगल कर जोरी। चढ़ि बिमान प्रभु चले बहोरी॥
इहाँ निषाद सुना प्रभु आए। नाव नाव कहँ लोग बोलाए॥ ३॥

सुरसरि नाघि जान तब आयो। उतरेउ तट प्रभु आयसु पायो॥
तब सीताँ पूजी सुरसरी। बहु प्रकार पुनि चरनन्हि परी॥ ४॥

दीन्हि असीस हरषि मन गंगा। सुंदरि तव अहिवात अभंगा॥
सुनत गुहा धायउ प्रेमाकुल। आयउ निकट परम सुख संकुल॥ ५॥

प्रभुहि सहित बिलोकि बैदेही। परेउ अवनि तन सुधि नहिं तेही॥
प्रीति परम बिलोकि रघुराई। हरषि उठाइ लियो उर लाई॥ ६॥

छं०— लियो हृदयँ लाइ कृपा निधान सुजान रायँ रमापती।
बैठारि परम समीप बूझी कुसल सो कर बीनती॥
अब कुसल पद पंकज बिलोकि बिरंचि संकर सेब्य जे।
सुख धाम पूरनकाम राम नमामि राम नमामि ते॥ १॥

सब भाँति अधम निषाद सो हरि भरत ज्यों उर लाइयो।
मतिमंद तुलसीदास सो प्रभु मोह बस बिसराइयो॥
यह रावनारि चरित्र पावन राम पद रतिप्रद सदा।
कामादिहर बिग्यानकर सुर सिद्ध मुनि गावहिं मुदा॥ २॥

दो०— समर बिजय रघुबीर के चरित जे सुनहिं सुजान।
बिजय बिबेक बिभूति नित तिन्हहि देहिं भगवान॥ १२१ (क)॥

यह कलिकाल मलायतन मन करि देखु बिचार।
श्रीरघुनाथ नाम तजि नाहिन आन अधार॥ १२१ (ख)॥

मासपारायण, सत्ताईसवाँ विश्राम

इति श्रीमद्रामचरितमानसे सकलकलिकलुषविध्वंसने
षष्ठः सोपानः समाप्तः।

कलियुग के समस्त पापों का नाश करनेवाले
श्रीरामचरितमानस का यह छठा सोपान समाप्त हुआ।

(लंकाकाण्ड समाप्त)

हाथ जोड़ुन, पायँ पड़ा न राम, बिमान चेघुन चलला।
निसाद सुनते खान डोंगा मंगाए, जामुन राम इला॥ १११॥
इतरो ने बिमान गंगा के नाहकुन, उतरलो हुकुम पाउन।
सीता गगा चो पूजा करली, पायँ पड़ुन बिनाउन॥ ११२॥
अखंड सुहागिन होआ तुमी, बलते आसीस देए।
सुनते गुह परालो मयाले, खुबे हरीक होए॥ ११३॥
सीता संगे राम के दखुन, चेत नाहलो पड़ला।
हुनचो मया के दखुन छाती संग, राम लेपटाउन धरला॥ ११४॥
लगे बसाउन हाल पूछला, हुन बिन्ती करते जाए।
तुमचो पायँ के ब्रह्मा संकर मानसोत, हुनचोय दरसन पाएँ॥ ११५॥
एदाँय मयँ हरीक उदीम आसें, तुमी सुख चो धाम।
तुमके मयँ जोहारेसे भगवान, तुमी समपूरन काम॥ ११६॥
सपा रकम ले नीच केंवटा के, भगवान भरत असन।
छाती संग लेपटाउन धरुन रहत, नापलो भाई असन॥ ११७॥
तुलसीदास गँवारमन आत ते, राम के भुलकुन आसोत।
रावन चो बयरी चो ये कथा, पबितर करूक आसोत॥ ११८॥
राम पायँ ले मया बढ़ाए आरू, अवगुन के मारते जासोत।
भारी गियान बढ़ती कराऊ जेके, देव मुनी हरीक गासोत॥ ११९॥

१२१(क) जे सजन राम चो गीत, लीला बसुन सुनसोत।
तिहुँके भगवान जीत बिबेक, जस-बल-पूरन देसोत॥ १२०॥

१२१(ख) मन विचारून दख ये कलीं काल जे, पाप चो घर आसे।
राम नावँ छांडुन आउर काईं, बाचतो काजे नी आसे॥ १२१॥

कलीकाल चो सपा पाप सारु ये रामचरितमानस

चो खण्ड छय सरली

॥ श्री गणेशाय नमः॥

श्रीजानकीवल्लभो विजयते

श्रीरामचरितमानस

सप्तम सोपान

उत्तरकाण्ड

श्लोक

केकीकण्ठाभनीलं सुरवरविलसद्विप्रपादाब्जचिह्नं
शोभाढ्यं पीतवस्त्रं सरसिजनयनं सर्वदा सुप्रसन्नम्।
पाणौ नाराचचापं कपिनिकरयुतं बन्धुना सेव्यमानं
नौमीड्यं जानकीशं रघुवरमनिशं पुष्पकारूढरामम्॥ १॥

कोसलेन्द्रपदकञ्जमञ्जुलौ कोमलावजमहेशवन्दितौ।
जानकीकरसरोजलालितौ चिन्तकस्य मनभृङ्गसङ्गिनौ॥ २॥

कुन्दइन्दुदरगौरसुन्दरं अम्बिकापतिमभीष्टसिद्धिदम्।
कारुणीककलकञ्जलोचनं नौमि शङ्करमनङ्गमोचनम्॥ ३॥

दो०— रहा एक दिन अवधि कर अति आरत पुर लोग।
जहँ तहँ सोचहिं नारि नर कृस तन राम बियोग॥

सगुन होहिं सुंदर सकल मन प्रसन्न सब केर।
प्रभु आगवन जनाव जनु नगर रम्य चहुँ फेर॥

॥ श्री गणेशाय नमः॥

श्रीजानकीवल्लभो विजयते

श्रीरामचरितमानस

भाग सात

उत्तरकाण्ड

(हल्बी)

* बिन्ती *

मंजूर टोडरी माहा गीयर रंग देवमन ने बड़े जे आसोत॥
बाम्हन पायँ चिन्ह छाती ने सोहसे जे सोभा ले भरपूर आसोत॥
पिताम्बरी पिंघलोर पूड़न आइँख चो बरहमेस हरीक आसोत॥
हात ने सुंदर धनऊ कांड धरुन बेंदरा गोहड़ा संगे आसोत॥
स्तुती करतो लाइक जानकी मुनीस लछमन हमेस सेवा करसोत॥
रघुकुल चो भगवान चो बिन्ती करेंसे, जे पुस्पक ने चेघुन आसोत॥
कोसलपुरी चो राजा सुन्दर जेमन चोपायँ ब्रह्मा-सिव ले पूजा पासोत॥
सुमरना करु चो मन भँवरा हमेस सीता हात ले सहलालो पायँ ने आसोत॥

कुन्दई फूल जोन संख माहा सुन्दर पंडरा,
सवँसार चो माता अम्बिका चो मुनीस,
मन चो फल देऊ दया करु काम ले छंडाऊ,
सुन्दर पूड़न माहा आइँख बिता
संकर भगवान चो मयँ बिन्ती करेंसे॥

कौसल्यादि मातु सब मन अनंद अस होइ।
आयउ प्रभु श्री अनुज जुत कहन चहत अब कोइ॥

भरत नयन भुज दच्छिन फरकत बारहिं बार।
जानि सगुन मन हरष अति लागे करन बिचार॥

चौ०– रहेउ एक दिन अवधि अधारा। समुझत मन दुख भयउ अपारा॥
कारन कवन नाथ नहिं आयउ। जानि कुटिल किधौं मोहि बिसरायउ॥ १॥

अहह धन्य लछिमन बड़भागी। राम पदारबिंदु अनुरागी॥
कपटी कुटिल मोहि प्रभु चीन्हा। ताते नाथ संग नहिं लीन्हा॥ २॥

जौं करनी समुझै प्रभु मोरी। नहिं निस्तार कलप सत कोरी॥
जन अवगुन प्रभु मान न काऊ। दीन बंधु अति मृदुल सुभाऊ॥ ३॥

मोरे जियँ भरोस दृढ़ सोई। मिलिहहिं राम सगुन सुभ होई॥
बीतें अवधि रहहि जौं प्राना। अधम कवन जग मोहि समाना॥ ४॥

दो०– राम बिरह सागर महँ भरत मगन मन होत।
बिप्र रूप धरि पवनसुत आइ गयउ जनु पोत॥ १ (क)॥

बैठे देखि कुसासन जटा मुकुट कृस गात।
राम राम रघुपति जपत स्त्रवत नयन जलजात॥ १ (ख)॥

चौ०– देखत हनूमान अति हरषेउ। पुलक गात लोचन जल बरषेउ॥
मन महँ बहुत भाँति सुख मानी। बोलेउ श्रवन सुधा सम बानी॥ १॥

जासु बिरहँ सोचहु दिन राती। रटहु निरंतर गुन गन पाँती॥
रघुकुल तिलक सुजन सुखदाता। आयउ कुसल देव मुनि त्राता॥ २॥

रिपु रन जीति सुजस सुर गावत। सीता सहित अनुज प्रभु आवत॥
सुनत बचन बिसरे सब दूखा। तृषावंत जिमि पाइ पियूषा॥ ३॥

को तुम्ह तात कहाँ ते आए। मोहि परम प्रिय बचन सुनाए॥
मारुत सुत मैं कपि हनुमाना। नामु मोर सुनु कृपानिधाना॥ ४॥

* भगवान राम जो अवध अमरतोर *

राम फिरतोर गोटकी दिन बाचली, बियाकुल पुर चो लोग।
राम छांडलोर खुबे दिन नाहकली, भेट होतोर आसे जोग॥ १॥
छांडा-छांडी दुख ने सपा सूखला, बिचारत गोठ करत।
चारों खूट सुंदर सगुन होएसे, हरीक ले बिचार करत॥ २॥
चारों खूट सहर सुंदर ला गेसे, राम चो एतोर जगाय।
कवँसिला माँय मन के सुंदर, मन ने हरीक जनाय॥ ३॥
तेमनके लागेसे असन जसन, बलुक दखेसे कोनी।
सीता लछमन संग परभू राम, इला बलेदे कोनी॥ ४॥
भरत चो जेबनी आइँख बाहाँ, फड़ केसे घनघड़ी।
एके सुभ सगुन जानते, बिचारत घनघड़ी॥ ५॥
आबगो गोटक दिन बेरा बाचलोसे, बिचारत दुखी भरत।
कसन एबतले भगवान नी इला, सुरता बल नी करत॥ ६॥
लछमन कितरो भागवान आय, जे पायँ ले मया करेसे।
कपटी-कयराहा जानुन भगवान, मोके संग नी धरेसे॥ ७॥
मोचो करनी के भगवान जाले, केबई जे लेख करले।
सौ करोड़ कलप फुसकुक नी सकें, कितरोय काईं करले॥ ८॥
भगवान आपलो सेउकमन चो, अवगुन के नी दखोत।
सरस सुँदर टकर चो आसोत, गरीब के साहा रसोत॥ ९॥
मन ने पक्की भरोस आसे, भेटदे ऊन राम।
सुन्दर सगुन खुबे होएसे, अवस एदे भगवान॥ १०॥
बेरा सरलो पाछे जे ये जीब, देहें बाचुन गेले।
सवँसारे असन नीच कोन जे, मयँ जीअत बाचुन रले॥ ११॥

१ (क) राम छांडलोर समुद ने भरत चो, मन बूड़ते जाए।
बाम्हन भेस ने हनु अमरला, डोंगा माहा हुदलदाँय॥ १२॥

१ (ख) जटा मुकुट देंह ले सुखलो, राम राम जपते सुनलो।
मया आँसू आइँख ले बोहेसे, कुस आसन ने बसलोर॥ १३॥

देहें सीतकाटा मारली हनू चो, दखुन हरीक होलो।
मन ने हरीक होउन अमरित माहा, कान काज गोठ बललो॥ १४॥
दिन-रात घुरासीस जेचो ले, अलग रहुन तुमी।
जेचो गुन मन के हमेस, रहासीस रटुन तुमी॥ १५॥
हुनी रघुकुल चो तिलक राम, जे सजन के सुख देसोत।
देव-मुनी के साहा होऊ हरीक ने एथा एसोत॥ १६॥
बयरी के रन ने जीतुन भाती, सीता लछमन संगे।
जेचो सुंदर जस के गासत, देवमन मिसुन संगे॥ १७॥

दीनबंधु रघुपति कर किंकर। सुनत भरत भेंटेउ उठि सादर॥
मिलत प्रेम नहिं हृदयँ समाता। नयन स्त्रवत जल पुलकित गाता॥ ५॥

कपि तव दरस सकल दुख बीते। मिले आजु मोहि राम पिरीते॥
बार बार बूझी कुसलाता। तो कहुँ देउँ काह सुनु भ्राता॥ ६॥

एहि संदेस सरिस जग माहीं। करि बिचार देखेउँ कछु नाहीं॥
नाहिन तात उरिन मैं तोही। अब प्रभु चरित सुनावहु मोही॥ ७॥

तब हनुमंत नाइ पद माथा। कहे सकल रघुपति गुन गाथा॥
कहु कपि कबहुँ कृपाल गोसाईं। सुमिरहिं मोहि दास की नाईं॥ ८॥

छं०– निज दास ज्यों रघुबंसभूषन कबहुँ मम सुमिरन कर्यो।
सुनि भरत बचन बिनीत अति कपि पुलकित तन चरनन्हि पर्यो॥
रघुबीर निज मुख जासु गुन गन कहत अग जग नाथ जो।
काहे न होइ बिनीत परम पुनीत सदगुन सिंधु सो॥

दो०– राम प्रान प्रिय नाथ तुम्ह सत्य बचन मम तात।
पुनि पुनि मिलत भरत सुनि हरष न हृदयँ समात॥ २ (क)॥

सो०– भरत चरन सिरु नाइ तुरित गयउ कपि राम पहिं।
कही कुसल सब जाइ हरषि चलेउ प्रभु जान चढ़ि॥ २ (ख)॥

चौ०– हरषि भरत कोसलपुर आए। समाचार सब गुरहि सुनाए॥
पुनि मंदिर महँ बात जनाई। आवत नगर कुसल रघुराई॥ १॥

सुनत सकल जननीं उठि धाईं। कहि प्रभु कुसल भरत समुझाईं॥
समाचार पुरबासिन्ह पाए। नर अरु नारि हरषि सब धाए॥ २॥

दधि दुर्बा रोचन फल फूला। नव तुलसी दल मंगल मूला॥
भरि भरि हेम थार भामिनी। गावत चलिं सिंधुरगामिनी॥ ३॥

जे जैसेहिं तैसेहिं उठि धावहिं। बाल बृद्ध कहँ संग न लावहिं॥
एक एकन्ह कहँ बूझहिं भाई। तुम्ह देखे दयाल रघुराई॥ ४॥

अवधपुरी प्रभु आवत जानी। भई सकल सोभा कै खानी॥
बहइ सुहावन त्रिबिध समीरा। भइ सरजू अति निर्मल नीरा॥ ५॥

गोठ सुनते दुख के भुलकला, जसन पियास ले जीव।
अमरित पाउन पियास दुख के, भुलकुन जाएसे जीव॥ १८॥
पूछला कोन आहास आरू, कैंव ले इलास तुमी।
मोके इतरो भावतो गोठ के, सांगलास एऊन तुमी॥ १९॥
बललो किरपा करू सुना तुमी, मयँ पवन चो बेटा आँय।
जात ले जनम बेंदरा मयँ, हनुमान नाँव चो आँय॥ २०॥
गरीब के साहा होऊ राम चो, मयँ सेउक आय।
भरत मान ले भेटला तिहँक, मया नी सामुक पाय॥ २१॥
देहे सीतकाटा आइँख ने पानी, बलला भारी मया ले।
तुमचो दरसन ले दुख गेली, आज राम के पावले॥ २२॥
घनघड़ी राम चो हाल पूछते, बलत मयँ काय देएँ।
खबर बराबरी ये सवँसारे, नीआय काई जे देएँ॥ २३॥
तुमचो लागा ले छुटान नीहोएँ, चरितर के सांग मोके।
पायँ पड़ुन हनुमान सांगलो, रामचरितर तिहँके॥ २४॥
बलला सांग किरपा करू राम, काय सेउक के सुरता करोत।
भरत गोठ के सुनुन हनु, पायँ के धरून बलोत॥ २५॥
जे सपा ठान चो मालिक सदगुनी, आपलो मुंह ले बलसोत।
हुन असन मयादार पबितर, सदगुनी कसन नी होओत॥ २६॥

२ (क) राम काजे जीव माहा आहास, एके तुमी सत जाना।
सुनुन घनघड़ी भेटत दुनोंय, मया नी समाय माना॥ २७॥

२ (ख) हनुमान भरत चो पायँ पड़ुन, गेला भगवान लगे।
सुनुन सपा हरीक ने चलली, बिमान हात लगे॥ २८॥

भरत हरीक-हरीक राज ने, गुरू के सांगला सपा।
फेर रनबास ने जनाला जाउन, राम एतोर गोठ सपा॥ २९॥
सुनतेय मायमन उठुन पराला, भरत सपा के सांगे।
राज चो रैयत सुनतेय पराला, मनुख मेहरार आगे॥ ३०॥
दही, दूध, गउलोचन, फूल, पाक, फर तुलसी सपा।
सोन थारी ने जोड़ुन एवत, हाथीहिंडा बिती सपा॥ ३१॥
जे जसन रहत हुसन परात, नी आनत पीला सियान।
राम के दखलास काय एक-एक ले, पूछत धरी धियान॥ ३२॥
राम चो एतोर के जानुन अवध, सोभा चो भंडार होली।
सफा पानी सरजू ने होली सुन्दर, तीनों लेहरा बोहली॥ ३३॥

दो०— हरषित गुर परिजन अनुज भूसुर बृंद समेत।
चले भरत मन प्रेम अति सन्मुख कृपानिकेत॥ ३ (क)॥

बहुतक चढ़ीं अटारिन्ह निरखहिं गगन बिमान।
देखि मधुर सुर हरषित करहिं सुमंगल गान॥ ३ (ख)॥

राका ससि रघुपति पुर सिंधु देखि हरषान।
बढ़्यो कोलाहल करत जनु नारि तरंग समान॥ ३ (ग)॥

चौ०— इहाँ भानुकुल कमल दिवाकर। कपिन्ह देखावत नगर मनोहर॥
सुनु कपीस अंगद लंकेसा। पावन पुरी रुचिर यह देसा॥ १॥

जद्यपि सब बैकुंठ बखाना। बेद पुरान बिदित जगु जाना॥
अवधपुरी सम प्रिय नहिं सोऊ। यह प्रसंग जानइ कोउ कोऊ॥ २॥

जन्मभूमि मम पुरी सुहावनि। उत्तर दिसि बह सरजू पावनि॥
जा मज्जन ते बिनहिं प्रयासा। मम समीप नर पावहिं बासा॥ ३॥

अति प्रिय मोहि इहाँ के बासी। मम धामदा पुरी सुख रासी॥
हरषे सब कपि सुनि प्रभु बानी। धन्य अवध जो राम बखानी॥ ४॥

दो०— आवत देखि लोग सब कृपासिंधु भगवान।
नगर निकट प्रभु प्रेरेउ उतरेउ भूमि बिमान॥ ४ (क)॥

उतरि कहेउ प्रभु पुष्पकहि तुम्ह कुबेर पहिं जाहु।
प्रेरित राम चलेउ सो हरषु बिरहु अति ताहु॥ ४ (ख)॥

चौ०— आए भरत संग सब लोगा। कृस तन श्रीरघुबीर बियोगा॥
बामदेव बसिष्ठ मुनिनायक। देखे प्रभु महि धरि धनु सायक॥ १॥

धाइ धरे गुर चरन सरोरुह। अनुज सहित अति पुलक तनोरुह॥
भेंटि कुसल बूझी मुनिराया। हमरें कुसल तुम्हारिहिं दाया॥ २॥

सकल द्विजन्ह मिलि नायउ माथा। धर्म धुरंधर रघुकुलनाथा॥
गहे भरत पुनि प्रभु पद पंकज। नमत जिन्हहि सुर मुनि संकर अज॥ ३॥

परे भूमि नहिं उठत उठाए। बर करि कृपासिंधु उर लाए॥
स्यामल गात रोम भए ठाढ़े। नव राजीव नयन जल बाढ़े॥ ४॥

३ (क) भारी हरीक ले भरत निकरला, गुरू बाम्हनमन संगे।
रामजी चो पुरे जाओत तेमन, कुटुम भाइमन संगे॥ ३४॥

३ (ख) खुदे तो ढाबा ने चेघुन भाती, अकास ने बिमान दखोत।
तेके दखुन हरीक ले सुंदर, मंगल गीत गाओत॥ ३५॥

३ (ग) पुनी जोन राम समुँद अवध दखुन, हरीकने कोल्हार होए।
तेचो हलका मेहरारमन लागत, असन सोभा होए॥ ३६॥

पूड़न के हरीक करू सुरुज माहा, सुरुज कुल चो राम।
बेंदरामन के पुर के दरवाते, बलते जासोत भगवान॥ ३७॥
सुगरीव अंगद लंका चो राजा, ये पुर पबितर आय।
असन मया बैकुंठ के सहरासोत, बेद-पुरान ने एइ आय॥ ३८॥
मान्तर अवध माहा हुन बले, नंगत नी लागू आय।
ए भेद के कोनी-कोनी जानसोत, ये सुँदर पुरी आय॥ ३९॥
एचो भण्डार ने सरजू बोहेसे, जेमे नहालोने मनुख।
बिगर मेहनत मोचो रतो लगे, अमरुन जासोत मनुख॥ ४०॥
एथा चो लोग नंगत लागसोत, ए सुख गुन चो आय।
एथा रहू लोग के जाले, मोचो धाम मिरु आय॥ ४१॥
गोठ के सुनुन सपा बेंदरामन, हरीक होला भारी।
बलसोत जेचो महेमा राम बलला, हुन आय धन भारी॥ ४२॥

४ (क) किरपा चो समुँद लोग एतोके, दखुन सहर रेठे।
बिमान के हुकुम दिला राम, उतरलो सहर रेठे॥ ४३॥

४ (ख) उतरते पुस्पक के हुकुम दिला, जा तुई कुबेर लगे।
हरीक आरु राम छांडतो दुख ले, गेली कुबेर लगे॥ ४४॥

भरत संगे सपा लोग इला, सुखलो देह ले रहोत।
बामदेव बसिस्ठ मुनीमन दखला, जे धनऊ धरुन रहोत॥ ४५॥
भुएँ मंडाउन राम-लछमन संगे, पराते जाउन भाती।
गुरु पायँ के धरला दुनों, हरीक होउन भाती॥ ४६॥
देहें सीतकाटा मारे तिहँचो, गुरु उठाला तिहँके।
खाँद देउन भेटला गुरु महराज, हाल के पूछला तिहँके॥ ४७॥
बलला दया ले हरीक आँसू, बाम्हनमन के भेटत।
तिहँचो पायँ के पड़ते दुनो, बिन्ती करते भेटत॥ ४८॥
भरत भगवान चो पायँ के धरलो, जेके मुनीमन धरसोत।
संकर, ब्रह्मा देवमन जेंके, जोहार सेवा करसोत॥ ४९॥
भरत मुई ने पडुन रहे उथा, उठालोने उठते नी रहे।
राम बरपेला उठाला तेबे, जे आपन नी उठते रहे॥ ५०॥

छं०– राजीव लोचन स्त्रवत जल तन ललित पुलकावलि बनी।
अति प्रेम हृदयँ लगाइ अनुजहि मिले प्रभु त्रिभुअन धनी॥

प्रभु मिलत अनुजहि सोह मो पहिं जाति नहिं उपमा कही।
जनु प्रेम अरु सिंगार तनु धरि मिले बर सुषमा लही॥ १॥

बूझत कृपानिधि कुसल भरतहि बचन बेगि न आवई।
सुनु सिवा सो सुख बचन मन ते भिन्न जान जो पावई॥

अब कुसल कौसलनाथ आरत जानि जन दरसन दियो।
बूड़त बिरह बारीस कृपानिधान मोहि कर गहि लियो॥ २॥

दो०– पुनि प्रभु हरषि सत्रुहन भेंटे हृदयँ लगाइ।
लछिमन भरत मिले तब परम प्रेम दोउ भाइ॥ ५॥

चौ०– भरतानुज लछिमन पुनि भेंटे। दुसह बिरह संभव दुख मेटे॥
सीता चरन भरत सिरु नावा। अनुज समेत परम सुख पावा॥ १॥

प्रभु बिलोकि हरषे पुरबासी। जनित बियोग बिपति सब नासी॥
प्रेमातुर सब लोग निहारी। कौतुक कीन्ह कृपाल खरारी॥ २॥

अमित रूप प्रगटे तेहि काला। जथाजोग मिले सबहि कृपाला॥
कृपादृष्टि रघुबीर बिलोकी। किए सकल नर नारि बिसोकी॥ ३॥

छन महिं सबहि मिले भगवाना। उमा मरम यह काहुँ न जाना॥
एहि बिधि सबहि सुखी करि रामा। आगें चले सील गुन धामा॥ ४॥

कौसल्यादि मातु सब धाई। निरखि बच्छ जनु धेनु लवाई॥ ५॥

छं०– जनु धेनु बालक बच्छ तजि गृहँ चरन बन परबस गईं।
दिन अंत पुर रुख स्त्रवत थन हुंकार करि धावत भईं॥

अति प्रेम प्रभु सब मातु भेटीं बचन मृदु बहुबिधि कहे।
गइ बिषम बिपति बियोगभव तिन्ह हरष सुख अगनित लहे॥

दो०– भेटेउ तनय सुमित्राँ राम चरन रति जानि।
रामहि मिलत कैकई हृदयँ बहुत सकुचानि॥ ६ (क)॥

पोटारुन छाती संग धरला राम, रोवाँ सपा ठिया होए।
नबा पूड़न माहा आइँख ले पानी, छल-छल करुन बोहे॥ ५१॥
सुन्दर-साँवर देह चो ठिया रोआ, भारी सोभा देते रहोत।
तीनों पुर चो मात्रिक नानी भाई संग, पोटारुन भेटते रहोत॥ ५२॥
भाई संग भेटतो दाँय भगवान, असन सोभा देओत।
तिहँचो रूप के सांगुक नी सके, गोठ संग नी देओत॥ ५३॥
लागे मया आरु सिंगार दुनों, देह धरून भेटसोत।
भारी सोभा रूप ने दुनों, भाई दखा देओत॥ ५४॥
राम-भरत के हाल-चाल पूछत, हरीक ने गोठ नी फूटे।
पारबती हुन सुख के गोठमन, कोनी बल नी पुरे॥ ५५॥
तेके तेइ जानसोत जे तिहँके पासोत, भरत राम के बलला।
दुखी जानुन तुमी दरसन दिलास, एइ आय हरीक बलला॥ ५६॥

५ फेर भगवान हरीक होउन, सतरूघन संग भेटला।
तहाँले लछमन भरत दुनोय, भारी मया ले भेटला॥ ५७॥

सतरूघन लछमन दुनों भेटला, दुख चो नास होली।
भरत सीता चो पायँ पड़ला, सुख तिहँके होली॥ ५८॥
भगवान के दखुन राज चो लोग, लुबे हरीक होओत।
सपा के मया ने दखुन राम, भारी हरीक होओत॥ ५९॥
खुबे लोग के बरगुन राम, गोटोक लीला करला।
हुनमन संगे भेटतो काजे, खुबे रूप धरला॥ ६०॥
किरपा ले तिहँके दखुन, दुख ले गुचाउन दिला।
एके डंडिक इलो लोग के, राम भेटुन दिला॥ ६१॥
उमा ये भेद कोनी नी जानला, असन दया बिता राम।
सबके सुखी करून भाती, पुरे जीतला राम॥ ६२॥
मायमन दखुन असन पराओत, जसन पकालो गाय।
आपलो बुछरा के दखुन पराएसे, तुरते पकालो गाय॥ ६३॥
जसन गाय बुधरा के छांडुन, बन चरुक जाउन रहे।
बेर बसतेखान अमरते पराएसे, गोरोस पेन्हाते रहे॥ ६४॥
भेटला मया ले मायमन के, नंगत गोठ बलला।
इतरो दिन छांडलोर दुख बिपती के, सुख ने पल्टुन दिला॥ ६५॥

६ (क) सुमितरा आपलो बेटा के भेटली, राम चो सेउक जामुन।
कयकई खुबे लाज होते रहे, राम चो लगे जाउन॥ ६६॥

लछिमन सब मातन्ह मिलि हरषे आसिष पाइ।
कैकइ कहँ पुनि पुनि मिले मन कर छोभु न जाइ॥ ६ (ख)॥

चौ०– सासुन्ह सबनि मिली बैदेही। चरनन्हि लागि हरषु अति तेही॥
देहिं असीस बूझि कुसलाता। होइ अचल तुम्हार अहिवाता॥ १॥

सब रघुपति मुख कमल बिलोकहिं। मंगल जानि नयन जल रोकहिं॥
कनक थार आरती उतारहिं। बार बार प्रभु गात निहारहिं॥ २॥

नाना भाँति निछावरि करहीं। परमानंद हरष उर भरहीं॥
कौसल्या पुनि पुनि रघुबीरहि। चितवति कृपासिंधु रनधीरहि॥ ३॥

हृदयँ बिचारति बारहिं बारा। कवन भाँति लंकापति मारा॥
अति सुकुमार जुगल मेरे बारे। निसिचर सुभट महाबल भारे॥ ४॥

दो०– लछिमन अरु सीता सहित प्रभुहि बिलोकति मातु।
परमानंद मगन मन पुनि पुनि पुलकित गातु॥ ७॥

चौ०– लंकापति कपीस नल नीला। जामवंत अंगद सुभसीला॥
हनुमदादि सब बानर बीरा। धरे मनोहर मनुज सरीरा॥ १॥

भरत सनेह सील ब्रत नेमा। सादर सब बरनहिं अति प्रेमा॥
देखि नगरबासिन्ह कै रीती। सकल सराहहि प्रभु पद प्रीती॥ २॥

पुनि रघुपति सब सखा बोलाए। मुनि पद लागहु सकल सिखाए॥
गुर बसिष्ट कुलपूज्य हमारे। इन्ह की कृपाँ दनुज रन मारे॥ ३॥

ए सब सखा सुनहु मुनि मेरे। भए समर सागर कहँ बेरे॥
मम हित लागि जन्म इन्ह हारे। भरतहु ते मोहि अधिक पिआरे॥ ४॥

सुनि प्रभु बचन मगन सब भए। निमिष निमिष उपजत सुख नए॥ ५॥

दो०– कौसल्या के चरनन्हि पुनि तिन्ह नायउ माथ।
आसिष दीन्हे हरषि तुम्ह प्रिय मम जिमि रघुनाथ॥ ८ (क)॥

सुमन बृष्टि नभ संकुल भवन चले सुखकंद।
चढ़ी अटारिन्ह देखहिं नगर नारि नर बृंद॥ ८ (ख)॥

चौ०– कंचन कलस बिचित्र सँवारे। सबहिं धरे सजि निज निज द्वारे॥
बंदनवार पताका केतू। सबन्हि बनाए मंगल हेतू॥ १॥

बीथीं सकल सुगंध सिंचाईं। गजमनि रचि बहु चौक पुराईं॥
नाना भाँति सुमंगल साजे। हरषि नगर निसान बहु बाजे॥ २॥

६ (ख) सपा माय संग लछमन भेटलो, आसीस खुबे पाए।
कयकई संगे घनघड़ी भेटे, बले रीस नी जाए॥ ६७॥

सासमन संगे सीता भेटली, पायँ पड़ली तिहँचो।
हाल पूछते आसीस देओत, सुहाग अमर तुचो॥ ६८॥
आँसू थेबाउन भाती मायमन, पूड़न मुंह के दखत।
सोन थारी ने आरती उतरात, उथा जितरो रहत॥ ६९॥
रकम रकम चो निछावर करत, हरीक मन ने भारी।
घनघड़ी किरपा चो समुँद रामके, कोसिलया दखत भारी॥ ७०॥
फेर बिचारत लंका चो राजा, रावन के कसन मारला।
दुनों सुखकर रक्सा बरकस, फेर बल तिहँके मारला॥ ७१॥

७ लछमन सीता संगे राम के, मायमन दखते रहोत।
भारी हरीक में देंह गुलाव, सीतकाटा मारते रहोत॥ ७२॥

बिभीसन, सुगरीव, नलनील, हनू, जामवंत, अंगद सपा।
सुंदर मनुख चो देह धरला, इलो इतरो सपा॥ ७३॥
भरत चो मया नेम टकर के, मान ले सहराते जासोत।
रैयत चो मया परभू पायँ ले, दखुन गुन गाते जासोत॥ ७४॥
राम सपा संगवारी के सिखाला, गुरुचो पायँ पड़ा।
आमचो ए कुलगुरू आत, सपाझन पायँ पड़ा॥ ७५॥
एइमन चो किरपाले रक्सा मरला, गुरु ये संगीआत।
लड़ई समुँद ने एमन जाले, जहाज माहा होलोर आत॥ ७६॥
मोचो हित ने जीव के होमला, एमन भरत माहा आत।
सुनुन सपा लोग मगन होला, सुख ने भरते जात॥ ७७॥

८ (क) फेर कोसिलया चो पायँ पड़ला, राजमाता आसीस देय।
तुमन राम माहा मोचो काज, हरीक ले आसीस देय॥ ७८॥

८ (ख) हरीक देऊ फेर महल गेला, अकास ले फूल पाटला।
मेहरार-मनुख ढाबा ले दखुन, हरीक होउन गेला॥ ७९॥

सोन कलसामन सुंदर-सुंदर, सम्हराउन राखुन रहोत।
घर-घर ने झंडी तोरन, बरन सजाउन रहोत॥ ८०॥
गुलय सुबास जिनिस छिचाला, गजमुक्ता चउँक पुराला।
कईं रकम चो सुभ साज धरुन, नगाड़ा पेटुक धराला॥ ८१॥
जत-खत मेहरार निछावर करते, हरीक ले आसीस देसोत।
सुहागिनमन सोन थारी ने आरती, करुन सुभ गीत गासोत॥ ८२॥

जहँ तहँ नारि निछावर करहीं। देहिं असीस हरष उर भरहीं॥
कंचन थार आरती नाना। जुबतीं सजें करहिं सुभ गाना॥ ३॥

करहिं आरती आरतिहर कें। रघुकुल कमल बिपिन दिनकर कें॥
पुर सोभा संपति कल्याना। निगम सेष सारदा बखाना॥ ४॥

तेउ यह चरित देखि ठगि रहहीं। उमा तासु गुन नर किमि कहहीं॥ ५॥

दो०– नारि कुमुदिनीं अवध सर रघुपति बिरह दिनेस।
अस्त भएँ बिगसत भईं निरखि राम राकेस॥ ९ (क)॥

होहिं सगुन सुभ बिबिधि बिधि बाजहिं गगन निसान।
पुर नर नारि सनाथ करि भवन चले भगवान॥ ९ (ख)॥

चौ०– प्रभु जानी कैकई लजानी। प्रथम तासु गृह गए भवानी॥
ताहि प्रबोधि बहुत सुख दीन्हा। पुनि निज भवन गवन हरि कीन्हा॥ १॥

कृपासिंधु जब मंदिर गए। पुर नर नारि सुखी सब भए॥
गुर बसिष्ट द्विज लिए बुलाई। आजु सुघरी सुदिन समुदाई॥ २॥

सब द्विज देहु हरषि अनुसासन। रामचंद्र बैठहिं सिंघासन॥
मुनि बसिष्ट के बचन सुहाए। सुनत सकल बिप्रन्ह अति भाए॥ ३॥

कहहिं बचन मृदु बिप्र अनेका। जग अभिराम राम अभिषेका॥
अब मुनिबर बिलंब नहिं कीजै। महाराज कहँ तिलक करीजै॥ ४॥

दो०– तब मुनि कहेउ सुमंत्र सन सुनत चलेउ हरषाइ।
रथ अनेक बहु बाजि गज तुरत सँवारे जाइ॥ १० (क)॥

जहँ तहँ धावन पठइ पुनि मंगल द्रब्य मगाइ।
हरष समेत बसिष्ट पद पुनि सिरु नायउ आइ॥ १० (ख)॥

नवाह्नपारायण, आठवाँ विश्राम

चौ०– अवधपुरी अति रुचिर बनाई। देवन्ह सुमन बृष्टि झरि लाई॥
राम कहा सेवकन्ह बुलाई। प्रथम सखन्ह अन्हवावहु जाई॥ १॥

सुनत बचन जहँ तहँ जन धाए। सुग्रीवादि तुरत अन्हवाए॥
पुनि करुनानिधि भरतु हँकारे। निज कर राम जटा निरुआरे॥ २॥

अन्हवाए प्रभु तीनिउ भाई। भगत बछल कृपाल रघुराई॥
भरत भाग्य प्रभु कोमलताई। सेष कोटि सत सकहिं न गाई॥ ३॥

दुखहरु सुरुज कुल पूड़न बनके, हरीक करू राम चो।
मेहरारमन कूढ़ा-कूढ़ा होउन, आरती करसोत राम चो॥ ८३॥
सहर चो सोभा धन-मान के, जितरो दखसोत उथा।
सेस, सरसती, बेद सागतोदाय, हारून जासोत उथा॥ ८४॥
उमा जेके देवमन नी सकत, मनुख काय पुरूक सकदे।
सेस, सारदा, बेद नी सकला, हुन गुन के कोन करदे॥ ८५॥

९ (क) मेहरार बोड़ेदा अवध तरई, राम छांडलोर सुरूज माहा।
एदाँय सुरूज चो बुड़लो पाछे, हरीक जोन के दखुन आहा॥ ८६॥

९ (ख) सपा रकम चो सगुन होएसे, अकास ने नंगाड़ा बाजला।
मनुख मेहरार के दरसन देऊन, राम महल बाटे चलला॥ ८७॥

कयकई चो लाज होतो के जानला, आगे तिहँचो महल गेला।
तिहुँके मनाउन समझाउन भाती, आपलो महल ने गेला॥ ८८॥
किरपा चो समुंद भगवान राम, जसने आपन महल गेला।
नंगर चो सपा मनुख मेहरार, सुखी होउन गेला॥ ८९॥
गुरू बसिष्ठ सपा बाम्हन चो, उथा बलाव करला।
सुभ घड़ी जोग सुंदर दिन, आज आय बलला॥ ९०॥
सपा बाम्हन हरीक होउन, एदाँय हुकुम दिआ।
जेमें रामचंद गादी ने बिराजत, असन हुकुम दिआ॥ ९१॥
सपा बाम्हन के निको लागली, बसिस्ठ चो गोठ सुनुन।
कितरोय बाम्हन कवँल बोली ले, बलला गोठ के सुनुन॥ ९२॥
राम चो गादी सपा सवँसार के, हरीक उदीम देऊ आय।
हे मुनी महाराज बेरनी करा, तिलक झपके करतोर आय॥ ९३॥

१० (क) मुनी सुमंत के सांगला हुसने, हरीक ने हुन चलला।
तुरते रथ घोड़ा हाथी सपा, सजाउन भाती आनला॥ ९४॥

१० (ख) जेबाट तेबाट खबरया पठाउन, सुभ जिनीस मंगाउन।
हरीक गुरू बसिस्ठ लग गेला, पायें ने माथा देऊन॥ ९५॥

अवध के सुन्दर सवाँरुन दिला, देव फूल बरसा करत।
सेउकमन के राम हुकुम दिला, आगे संगीमन के नबहात॥ ९६॥
सुनतेय जेबाट तेबाट पराउन, सुगरीवमन के नवहाल।
फेर राम भरत भाई के बलाउन, मुंड चो जटा बिगराला॥ ९७॥
तहाँले आगे तीनों भाई के, नवहाला भगवान हाते।
भरत भाग राम मया के सेस, हारलो गाते गाते॥ ९८॥

पुनि निज जटा राम बिबराए। गुर अनुसासन मागि नहाए॥
करि मज्जन प्रभु भूषन साजे। अंग अनंग देखि सत लाजे॥ ४॥

दो०– सासुन्ह सादर जानकिहि मज्जन तुरत कराइ।
दिब्य बसन बर भूषन अँग अँग सजे बनाइ॥ ११ (क)॥

राम बाम दिसि सोभति रमा रूप गुन खानि।
देखि मातु सब हरषीं जन्म सुफल निज जानि॥ ११ (ख)॥

सुनु खगेस तेहि अवसर ब्रह्मा सिव मुनि बृंद।
चढ़ि बिमान आए सब सुर देखन सुखकंद॥ ११ (ग)॥

चौ०– प्रभु बिलोकि मुनि मन अनुरागा। तुरत दिब्य सिंघासन मागा॥
रबि सम तेज सो बरनि न जाई। बैठे राम द्विजन्ह सिरु नाई॥ १॥

जनकसुता समेत रघुराई। पेखि प्रहरषे मुनि समुदाई॥
बेद मंत्र तब द्विजन्ह उचारे। नभ सुर मुनि जय जयति पुकारे॥ २॥

प्रथम तिलक बसिष्ट मुनि कीन्हा। पुनि सब बिप्रन्ह आयसु दीन्हा॥
सुत बिलोकि हरषीं महतारी। बार बार आरती उतारी॥ ३॥

बिप्रन्ह दान बिबिधि बिधि दीन्हे। जाचक सकल अजाचक कीन्हे॥
सिंघासन पर त्रिभुअन साईं। देखि सुरन्ह दुंदुभीं बजाईं॥ ४॥

छं०– नभ दुंदुभीं बाजहिं बिपुल गंधर्ब किंनर गावहीं।
नाचहिं अपछरा बृंद परमानंद सुर मुनि पावहीं॥
भरतादि अनुज बिभीषनांगद हनुमदादि समेत ते।
गहें छत्र चामर ब्यजन धनु असि चर्म सक्ति बिराजते॥ १॥

श्री सहित दिनकर बंस बूषन काम बहु छबि सोहई।
नव अंबुधर बर गात अंबर पीत सुर मन मोहई॥
मुकुटांगदादि बिचित्र भूषन अंग अंगन्हि प्रति सजे।
अंभोज नयन बिसाल उर भुज धन्य नर निरखंति जे॥ २॥

दो०– वह सोभा समाज सुख कहत न बनइ खगेस।
बरनहिं सारद सेष श्रुति सो रस जान महेस॥ १२ (क)॥

फेर राम जटा बिगराउन नहाला, गुरु ले हुकुम मांगुन।
तियार होला राजा साज चो, गाहना-गूठा पिंधुन॥ ९९॥
तेबे चो तिहँचो सोभा दखुन, मन भरुन जाय।
करोड़-करोड़ कामदेव सोभा, लाज पड़ुन जाय॥ १००॥

११ (क) सासमन सीता के भारी मान ले, तुरते नवहाउन दिला।
सपा देंह ने सुंदर नंगत, गाहना पिंधाउन दिला॥ १०१॥

११ (ख) राम डेबरी बाट रुप गुन चो भंडार, सुंदर सीता सोहे।
तिहँके दखुन साग माय चो, मन खुबे मोहे॥ १०२॥

११ (ग) गरुड़ हुदलदाँय मयँ आरु, ब्रह्मा-सिब मुनी सपा।
बिमान ने चेघुन सपा देव संग, दरसन करुँ सपा॥ १०३॥

* राम गादी *

परभू के दखुन मुनी चो मन भरली, सुंदर गादी मंगाला।
जेचो तेज सुरुज माहा अंजोर, तेके पुरे मंडाला॥ १॥
सुंदर गादी ने राम बिराजला, बाम्हन के मुंड लवाउन।
मुनीमन खुबे हरीक होओत, सीता संग गादी ने दखुन॥ २॥
बाम्हनमन बेद मंतर गाओत, अकास ने जय-जय होए।
आगे गुरु तिलक करला फेर, बाम्हनमन चो पारी होए॥ ३॥
बेटा के गादी ने दखुन आयामन, खुबे हरीक होआत।
घनघड़ी तिहँचो आरती उतरात, इतरो हरीक होओत॥ ४॥
बाम्हन के दान-पुन करला, मांगाखया धनी होला।
तीनोंपुर चो मालिक के गादी ने दखुन, देव खुबे हरीक होला॥ ५॥
अकास ने खुबे नगाड़ा बजासोत, गंधर्व किन्नर गासोत।
नचकारिन कूढ़ा-कूढ़ा नाचसोत, देव हरीक होते जासोत॥ ६॥
भरत, सतरुघन, लछमन, बिभीसन, अगद, हनु, सुगरीव सपा।
छतर, चंवर, पंख, धनऊ, तरवार, घरुन आसोत उबा॥ ७॥
सीता संगे सूरुजबंस चो राम, कामदेव चो सोभा पासोत।
नवा पानी बादरी माहा देह ऊपरे, पीयँर पिछोरी ले मोहासोत॥ ८॥
मुकुट बाजूबंद अद्भुत गाहना, गुलाय देहें सोभा पासोत।
पूड़न मांहा आँइख ओसार छाती, लाम बाहाँ चो सोभा पासोत॥ ९॥

१२ (क) गरूड़ सोभा के सांगुक नीहोय, धन जे दरसन करसोत।
सरसती, सेंस, बेद बरहमेस, सोभा चो गुन करसोत॥ १०॥

भिन्न भिन्न अस्तुति करि गए सुर निज निज धाम।
बंदी बेष बेद तब आए जहँ श्रीराम॥ १२ (ख)॥

प्रभु सर्बग्य कीन्ह अति आदर कृपानिधान।
लखेउ न काहूँ मरम कछु लगे करन गुन गान॥ १२ (ग)॥

छं०— जय सगुन निर्गुन रूप रूप अनूप भूप सिरोमने।
दसकंधरादि प्रचंड निसिचर प्रबल खल भुज बल हने॥
अवतार नर संसार भार बिभंजि दारुन दुख दहे।
जय प्रनतपाल दयाल प्रभु संजुक्त सक्ति नमामहे॥ १॥

तव बिषम माया बस सुरासुर नाग नर अग जग हरे।
भव पंथ भ्रमत अमित दिवस निसि काल कर्म गुननि भरे॥
जे नाथ करि करुना बिलोके त्रिबिधि दुख ते निर्बहे।
भव खेद छेदन दच्छ हम कहुँ रच्छ राम नमामहे॥ २॥

जे ग्यान मान बिमत्त तव भव हरनि भक्ति न आदरी।
ते पाइ सुर दुर्लभ पदादपि परत हम देखत हरी॥
बिस्वास करि सब आस परिहरि दास तव जे होइ रहे।
जपि नाम तव बिनु श्रम तरहिं भव नाथ सो समरामहे॥ ३॥

जे चरन सिव अज पूज्य रज सुभ परसि मुनिपतिनी तरी।
नख निर्गता मुनि बंदिता त्रैलोक पावनि सुरसरी॥
ध्वज कुलिस अंकुस कंज जुत बन फिरत कंटक किन लहे।
पद कंज द्वंद मुकुंद राम रमेस नित्य भजामहे॥ ४॥

अब्यक्तमूलमनादि तरु त्वच चारि निगमागम भने।
षट कंध साखा पंच बीस अनेक पर्न सुमन घने॥
फल जुगल बिधि कटु मधुर बेलि अकेलि जेहि आश्रित रहे।
पल्लवत फूलत नवल नित संसार बिटप नमामहे॥ ५॥

जे ब्रह्म अजमद्वैतमनुभवगम्य मनपर ध्यावहीं।
ते कहहुँ जानहुँ नाथ हम तव सगुन जस नित गावहीं॥
करुनायतन प्रभु सदगुनाकर देव यह बर मागहीं।
मन बचन कर्म बिकार तजि तव चरन हम अनुरागहीं॥ ६॥

१२ (ख) जेचो असल रस महादेव जानसोत, देव स्तुती करून!
आपलो-आपलो धाम गेला, सपा स्तुती करून॥ ११॥

१२ (ग) चारों बेद अमरला राम लगे, राम चिताउन मान दिला।
ए भेद के कोनी काईं नी जानला, वेद गुन मान करला॥ १२॥

जय सगुन निरगुन राजा ने बड़े मोहाऊ रुपचो, भगवान जय हो।
आपलो बाहां सकत ले, रावन, बली रक्सामन के मारू जय हो।
मनुख अवतारी सवँसार भार के सारू दुख के भसम करु, जय हो।
हे दया बिता, सरनाहा के साहा होऊ, भगवान तुमचो जय हो।
मयँ सक्ती संगे भारी सकत बिता के जोहारेंसे जय हो॥ १॥

तुमचो बिसम माया हाते देव, रक्सा, नाग, मनुख सपा आसोत।
जड़-जीव काल करमगुन जीवना-मरना बाट ने भटुन आसोत।
हे देव जेमन के किरपा करुन दखलास सपा तीनों ले फुसकुन गेला।
दुख के सारू चतुर राम तुमी आमके साहा होआ जय हो॥ २॥

फोकहा बुध गियान, घमंड ले मातुन, भुरलुन, तुमके मान नी दिला।
जनम मडत के सारु, तुमचो भक्ती के मानुपर, भटुन भाती रला।
[हुनमन के देवमन के नी मिरलो पद ले खारने घसरते दखूँसे
सपा लोभ के छांडुन, बिसवास करुन, तुमचो दास होउन रसोत]
हुन दिन मेहनत, नावँ जपुन भवसागर ले तरुन जासोत जय हो॥ ३॥

पायँ सिव-ब्रह्मा ले पूजा पाएसे, धुरला ले रिसी चो बायले तरली।
पायँ नख ले, मुनीमन ले पूजा सेवा पाऊ देवनदी गंगा निकरली।
बैरख, अंकुस, बजर, पूड़न चिन्हा बिती पायँ ने बन चो काँटा ले गठ पड़ली।
हे मुकुन्द राम रमापती, आमी हुनकेय मान देऊन भजूँसे जय हो॥ ४॥

बेद-सास्तर बलसोत जेचो मूर आपनेय होलर आय जे बरहमेस आसे।
चार छाली छय माई जखना पच्चीस खेंदा रकम फूल-पाना ले आसे।
पीता मीठ फर उपरे गोटकी डीरा हुनचोय आसरा ने आसे।
जेमे हमेस नवा फूल पान होएसे असन सवँसार रुख तुमके जोहार करुँसे॥ ५॥

ब्रह्म जेचो जनम नीआय कोनी जोड़ नीआय मानुन जानुक होएसे।
हुनमन ले अलग जे असन बलुन ब्रह्म चो धियान करेसे।
हुन असन बलो जानों, मालिक आमी हमेस तुमचो सगुनजस के गाऊँसे।
हे रमा चो धाम, भगवान, सपा नगत गुन चो भंडार, राम बर मांगूंसे॥
मन बानी-करम ले सपा दोस छांडुन तुमचो पायँ ले मया करुँ॥ ६॥

दो०– सब के देखत बेदन्ह बिनती कीन्हि उदार।
अंतर्धान भए पुनि गए ब्रह्म आगार॥ १३ (क)॥

बैनतेय सुनु संभु तब आए जहँ रघुबीर।
बिनय करत गदगद गिरा पूरित पुलक सरीर॥ १३ (ख)॥

छं०– जय राम रमारमनं समनं। भव ताप भयाकुल पाहि जनं॥
अवधेस सुरेस रमेस बिभो। सरनागत मागत पाहि प्रभो॥ १॥

दससीस बिनासन बीस भुजा। कृत दूरि महा महि भूरि रुजा॥
रजनीचर बृंद पतंग रहे। सर पावक तेज प्रचंड दहे॥ २॥

महि मंडल मंडन चारुतरं। धृत सायक चाप निषंग बरं॥
मद मोह महा ममता रजनी। तम पुंज दिवाकर तेज अनी॥ ३॥

मनजात किरात निपात किए। मृग लोग कुभोग सरेन हिए॥
हति नाथ अनाथनि पाहि हरे। बिषया बन पावँर भूलि परे॥ ४॥

बहु रोग बियोगन्हि लोग हए। भवदंघ्रि निरादर के फल ए॥
भव सिंधु अगाध परे नर ते। पद पंकज प्रेम न जे करते॥ ५॥

अति दीन मलीन दुखी नितहीं। जिन्ह के पद पंकज प्रीति नहीं॥
अवलंब भवंत कथा जिन्ह कें। प्रिय संत अनंत सदा तिन्ह कें॥ ६॥

नहिं राग न लोभ न मान मदा। तिन्ह कें सम बैभव वा बिपदा॥
एहि ते तव सेवक होत मुदा। मुनि त्यागत जोग भरोस सदा॥ ७॥

करि प्रेम निरंतर नेम लिएँ। पद पंकज सेवत सुद्ध हिएँ॥
सम मानि निरादर आदरही। सब संत सुखी बिचरंति मही॥ ८॥

मुनि मानस पंकज भृंग भजे। रघुबीर महा रनधीर अजे॥
तव नाम जपामि नमामि हरी। भव रोग महागद मान अरी॥ ९॥

१३ (क) सपा चो दखते बेद असन, सुन्दर बिन्ती करला।
फेर हाजुन भाती तेमन सपा, ब्रह्मलोक जाते गेला॥ १३॥

१३ (ख) गुरुड़ सुना तेबे सिव भगवान, राम चो पुरे इला।
भारी गदगदाउन सुसार बोली ले, तिहँचो बिन्ती करला॥ १४॥

जय राम रमा रमन जनम मरना दुख के नास करु।
इआर-जाआर डर ले बोमरलोर सेउक के साहा होआ॥
अयोधिया चो राजा देवमन चो मालिक लछमी चो मालिक मुक्ति देऊ।
मयँ सरनाहा ये बर मांगेसे भगवान मोके तुमी साहा होआ॥
दस मुण्ड कोड़क बाहाँ बिता रावन चो नास करुन।
पिरथी चो सपा दुख डंड रोग के टारु राम जी तुमी साहा होआ,
बतर माहा जे रक्सा उमडुन रहोत हुनमन तुमचो।
कांड आइग तेज ने जरुन भसम होला तुमी साहा होआ।
तुमी पिरथी चो सुन्दर गाहना बरकस धनऊ कांड धरुन॥
मोह-माया घमण्ड अंधार कूढ़ा के सारु सुरुज तरास आहास,
भील कामदेव चीतर मनुख हिरदे ने कुभोग कांड मारुन धसरालो,
हुनके मारुन बिसय रान ने भुलकलो पापी अनाथ जीवमन के साहा होआ॥

कई रकम चो रोग दुख ले लोग मरसोत,
ये सपा तुसचो पाँय के निदरतो फल आय।
जेमनुख पाँय ले मया नीआय,
बरहमेस गरीब उदास दुखी होउन आसोत।
आज जेके तुमचो लीला कथा चो आसरा आसे,
हुनके संत आरु भगवान नंगत लागसोत॥
हुनमन के लोभ-माया मान-घमंड नीआय,
हुनमन के धन सुख आरु बिपती समान आय,
एइकाजे मुतीमन जोग चो भरोसा के छांडुन,
हरीकमन ले तुमचो सेउक होउन जासोत।
मया ले नेम धरुन हमेस सफा हिरदे ले,
तुमचो पाँय चो सेवा करते रसोत।
निरादर आदर के समान मानुन सपा संत,
सुखी होउन पिरथी ने बुलसोत।
हे मुनीमन चो मन पूड़न चो भवँरा,
हे रन ने नी जीततो लाइक तुमके भजेसे।
हरी तुमचो नाँव के जपेसे जोहार करेंसे।
तुमी जनम, मउत, रोग चो दवई,

गुन सील कृपा परमायतनं। प्रनमामि निरंतर श्रीरमनं॥
रघुनंद निकंदय द्वंद्वघनं। महिपाल बिलोकय दीन जनं॥ १०॥

दो०– बार बार बर मागउँ हरषि देहु श्रीरंग।
पद सरोज अनपायनी भगति सदा सतसंग॥ १४ (क)॥

बरनि उमापति राम गुन हरषि गए कैलास।
तब प्रभु कपिन्ह दिवाए सब बिधि सुखप्रद बास॥ १४ (ख)॥

चौ०– सुनु खगपति यह कथा पावनी। त्रिबिध ताप भव भय दावनी॥
महाराज कर सुभ अभिषेका। सुनत लहहिं नर बिरति बिबेका॥ १॥

जे सकाम नर सुनहिं जे गावहिं। सुख संपति नाना बिधि पावहिं॥
सुर दुर्लभ सुख करि जग माहीं। अंतकाल रघुपति पुर जाहीं॥ २॥

सुनहिं बिमुक्त बिरत अरु बिषई। लहहिं भगति गति संपति नई॥
खगपति राम कथा मैं बरनी। स्वमति बिलास त्रास दुख हरनी॥ ३॥

बिरति बिबेक भगति दृढ़ करनी। मोह नदी कहँ सुंदर तरनी॥
नित नव मंगल कौसलपुरी। हरषित रहहिं लोग सब कुरी॥ ४॥

नित नइ प्रीति राम पद पंकज। सब कें जिन्हहि नमत सिव मुनि अज॥
मंगन बहु प्रकार पहिराए। द्विजन्ह दान नाना बिधि पाए॥ ५॥

दो०– ब्रह्मानंद मगन कपि सब कें प्रभु पद प्रीति।
जात न जाने दिवस तिन्ह गए मास षट बीति॥ १५॥

चौ०– बिसरे गृह सपनेहुँ सुधि नाहीं। जिमि परद्रोह संत मन माहीं॥
तब रघुपति सब सखा बोलाए। आइ सबन्हि सादर सिरु नाए॥ १॥

परम प्रीति समीप बैठारे। भगत सुखद मृदु बचन उचारे॥
तुम्ह अति कीन्हि मोरि सेवकाई। मुख पर केहि बिधि करौं बड़ाई॥ २॥

घमंड चो बयरी आहास।
गुनी मयादार किरपा चो ठान,
लक्ष्मी चो मालिक आहास।
रधुनंदन! बरहमेस तुमचो पायँ पड़ेसे,
जनम-मउत, सुख-दुख इरखा झगड़ा किबर।
कूढा के तुमी नास करा
पिरथी के पोसू राजा, ये गरीब के लेख राखा।

१४ (क) घनघड़ी तुमचोले बर मांगेंसे, पायँ ने ठान दिआ।
तेबे भगवान बेंदरा के सुख देऊक, नंगत देवरा तिहँके दिला॥ १५॥

१४ (ख) राम गुन बलुन उमापति संकर, हरीक कैलास गेला।
तेबे भगवान बेंदरा के सुख देऊक, नंगत डेरा दिला॥ १६॥

गरुड़ सुना ये कथा पबितर करेसे, तीनों दुख के नास करेसे।
जनम मउत चो डंड दुख के, उकेदाँय नास करेसे॥ १७॥
राम चो गादी बसतो चरितर, जे हरीक सुख देएसे।
सुनलो गावलो ने मनुख जीव के, गियान नंगत देएसे॥ १८॥
जे मनुख मन चो मांगुन सुनसोत, आरु जे बसुन गासोत।
हुनमन सपा सुख पावसोत, धन बल हुसने पासोत॥ १९॥
देव के नीमिरे असन सुख भोगुन, राम धाम ने जासोत।
जीव चो मुक्ती काजे लोग, बिचारुन भाती सुनसोत॥ २०॥
एके जे भगत संत बिसयी सुने, भक्ती-मुक्ती भोग पाएसे।
गरुड़ बुध इतरो राम कथा के सांगले, जे भय दुख डंड सारेसे॥ २१॥
बैराग-बिबेक आरु भक्ती के, जे बरकस करुन् राखेसे।
मोह नंदी के नहाकतो काजे, डोंगी माहा ये आसे॥ २२॥
अवधपुरी ने रोजेदिन नवा, हरीक उदीम होए।
पुरचो साग लोग हरीक, जिवना धन होए॥ २३॥
सिव, मुनी, ब्रह्मा रोजे बिनासोत, नवा मया होए रोजे।
मांगाखया के क़पड़ा, गाहना, बाम्हन के दान रोजे॥ २४॥

१५ बेंदरासन सपा हरीक आसोत, राम पाँय ले भारी मया।
दिन नाहकते छय महेना गेली, भुलकला पाउन मया॥ २५॥

घर सुरता के सपना ने बले, भुलकुन गेला सपा।
जसन दूसर ले बइर करूक, संत भुलकसोत सपा॥ २६॥
सपा संगी मन के राम बलाला, एऊन पायँ पड़ला।
लगे बसाउन भाती राम, बड़े मया ले बलला॥ २७॥

तातें मोहि तुम्ह अति प्रिय लागे। मम हित लागि भवन सुख त्यागे॥
अनुज राज संपति बैदेही। देह गेह परिवार सनेही॥ ३॥

सब मम प्रिय नहिं तुम्हहि समाना। मृषा न कहउँ मोर यह बाना॥
सब कें प्रिय सेवक यह नीती। मोरें अधिक दास पर प्रीती॥ ४॥

दो०— अब गृह जाहु सखा सब भजेहु मोहि दृढ़ नेम।
सदा सर्बगत सर्बहित जानि करेहु अति प्रेम॥ १६॥

चौ०— सुनि प्रभु बचन मगन सब भए। को हम कहाँ बिसरि तन गए॥
एकटक रहे जोरि कर आगे। सकहिं न कछु कहि अति अनुरागे॥ १॥

परम प्रेम तिन्ह कर प्रभु देखा। कहा बिबिधि बिधि ग्यान बिसेषा॥
प्रभु सन्मुख कछु कहन न पारहिं। पुनि पुनि चरन सरोज निहारहिं॥ २॥

तब प्रभु भूषन बसन मगाए। नाना रंग अनूप सुहाए॥
सुग्रीवहि प्रथमहिं पहिराए। बसन भरत निज हाथ बनाए॥ ३॥

प्रभु प्रेरित लछिमन पहिराए। लंकापति रघुपति मन भाए॥
अंगद बैठ रहा नहिं डोला। प्रीति देखि प्रभु ताहि न बोला॥ ४॥

दो०— जामवंत नीलादि सब पहिराए रघुनाथ।
हियँ धरि राम रूप सब चले नाइ पद माथ॥ १७ (क)॥

तब अंगद उठि नाइ सिरु सजल नयन कर जोरि।
अति बिनीत बोलेउ बचन मनहुँ प्रेम रस बोरि॥ १७ (ख)॥

चौ०— सुनु सर्बग्य कृपा सुख सिंधो। दीन दयाकर आरत बंधो॥
मरती बेर नाथ मोहि बाली। गयउ तुम्हारेहि कोंछें घाली॥ १॥

असरन सरन बिरदु संभारी। मोहि जनि तजहु भगत हितकारी॥
मोरें तुम्ह प्रभु गुर पितु माता। जाउँ कहाँ तजि पद जलजाता॥ २॥

तुम्हहि बिचारि कहहु नरनाहा। प्रभु तजि भवन काज मम काहा॥
बालक ग्यान बुद्धि बल हीना। राखहु सरन नाथ जन दीना॥ ३॥

नीचि टहल गृह कै सब करिहउँ। पद पंकज बिलोकि भव तरिहउँ॥
अस कहि चरन परेउ प्रभु पाही। अब जनि नाथ कहहु गृह जाही॥ ४॥

मोचो सेवा खुबे करलास, मुँह उपरे बलें काय।
मोंचो काजे तुमी सुख छाँडलास, तुमचो गुन मोके भाय॥ २८॥
नानी भाइमन राज सीता देह, घर कुटुम संगी सपा।
तुमचो माहा नंगत नी लागे, फंद नी बलेंसे सपा॥ २९॥
सेउक सपा के नंगत लागेसे, मोचो बड़े नीती आय।
सेउक उपरे मोचो तो हमेस, टकर ले मया आय॥ ३०॥

१६ एदांय तुमनमन घरे फिरा, मोके नेम ले भजते रहा।
सपा ठान ने सपा चो हितू जानुन, मया करते रहा॥ ३१॥

गोठ सुनुन सपा मया ने मगन, देह के भुलकुन गेटा।
आमी कोन आँव कोन ठाने आसूँ सपा के भुलकुन गेला॥ ३२॥
भगवान पुरे हात जोड़ुन उबा, मलकी नी मारते रहोत।
भारी मया चो किरता ते मन, बलुक नी सकते रहोत॥ ३३॥
भगवान तिहँचो भारी मया दखुन, गियान-गोठ बलला।
भगवान पुरे काइँ नी बलत, पायँ ने आइँख धरला॥ ३४॥
भगवान कई रकम चो सुंदर, गाहना-कपड़ा मंगाला।
सपा ले आगे भरत हात ले, सुगरीव के पिंधाला॥ ३५॥
बिभीसन के लछमन पिंधालो, भगवान हुकुम सुनुन।
रघुपती चो मन के भावली, तिहँचो सोभा दखुन॥ ३६॥
अंगद आपन बसुन रहे, ठान ले टरे नाई।
हुनचो भारी मया के दखुन, राम बल बलाओत नाई॥ ३७॥

१७ (क) जामवंत नील सग के रघुनाथ, गाहना कपड़ा पिंधाला।
सपा हिरदे ने राम रूप धरुन, पायँ पड़ुन चलला॥ ३८॥

१७ (ख) अंगद उठुन पायँ पड़ुन आरू, आईंख ने पानी भरून।
मया ने बुड़ाउन सुसार बललो, दुनों हात जोड़ुन॥ ३९॥

सपा ठान ने रहू किरपा चो समुंद, गरीब के साहा तुमी।
मरतो बेरा बाबा कोरा ने दिलो, सुना मालिक तुमी॥ ४०॥
सरन राखतो बाना के मानुन, मोके नी छांडा तुमी।
तुमचो पायँ छांडुन केंव जाएंदे, गुरू आया बूबा तु मी॥ ४१॥
घरे मोचो काय बुता आसे, तुमी बिचारून सांगा।
गियान बुध बलले घाट पिला के, गरीब सेउक जानुन राखा॥ ४२॥
घर चो नानी नानी टहला करेंदे, पायँ दखते तरुन जाएँदे।
असन बलुन अंगद पायँ के धरलो, नी बला मय नो जाएँदे॥ ४३॥

दो०– अंगद बचन बिनीत सुनि रघुपति करुना सींव।
प्रभु उठाइ उर लायउ सजल नयन राजीव॥ १८ (क)॥

निज उर माल बसन मनि बालितनय पहिराइ।
बिदा कीन्हि भगवान तब बहु प्रकार समुझाइ॥ १८ (ख)॥

चौ०– भरत अनुज सौमित्रि समेता। पठवन चले भगत कृत चेता॥
अंगद हृदयँ प्रेम नहिं थोरा। फिरि फिरि चितव राम कीं ओरा॥ १॥

बार बार कर दंड प्रनामा। मन अस रहन कहहिं मोहि रामा॥
राम बिलोकनि बोलनि चलनी। सुमिरि सुमिरि सोचत हँसि मिलनी॥ २॥

प्रभु रुख देखि बिनय बहु भाषी। चलेउ हृदयँ पद पंकज राखी॥
अति आदर सब कपि पहुँचाए। भाइन्ह सहित भरत पुनि आए॥ ३॥

तब सुग्रीव चरन गहि नाना। भाँति बिनय कीन्हे हनुमाना॥
दिन दस करि रघुपति पद सेवा। पुनि तव चरन देखिहउँ देवा॥ ४॥

पुन्य पुंज तुम्ह पवनकुमारा। सेवहु जाइ कृपा आगारा॥
अस कहि कपि सब चले तुरंता। अंगद कहइ सुनहु हनुमंता॥ ५॥

दो०– कहेहु दंडवत प्रभु सैं तुम्हहि कहउँ कर जोरि।
बार बार रघुनायकहि सुरति कराएहु मोरि॥ १९ (क)॥

अस कहि चलेउ बालिसुत फिरि आयउ हनुमंत।
तासु प्रीति प्रभु सन कही मगन भए भगवंत॥ १९ (ख)॥

कुलिसहु चाहि कठोर अति कोमल कुसुमहु चाहि।
चित्त खगेस राम कर समुझि परइ कहु काहि॥ १९ (ग)॥

चौ०– पुनि कृपाल लियो बोलि निषादा। दीन्हे भूषन बसन प्रसादा॥
जाहु भवन मम सुमिरन करेहू। मन क्रम बचन धर्म अनुसरेहू॥ १॥

तुम्ह मम सखा भरत सम भ्राता। सदा रहेहु पुर आवत जाता॥
बचन सुनत उपजा सुख भारी। परेउ चरन भरि लोचन बारी॥ २॥

चरन नलिन उर धरि गृह आवा। प्रभु सुभाउ परिजनन्हि सुनावा॥
रघुपति चरित देखि पुरबासी। पुनि पुनि कहहिं धन्य सुखरासी॥ ३॥

राम राज बैठें त्रैलोका। हरषित भए गए सब सोका॥
बयरु न कर काहू सन कोई। राम प्रताप बिषमता खोई॥ ४॥

१८ (क) अंगद चो सुनुन सुख चो धाम, उठाउन हिरदे संग धरला।
बिन्ती के सुनुन मया ले भगवान, आइँख भर पानी भरला॥ ४४॥

१८ (ख) आपलो माला-कपड़ा मनी नाहना, अंगद के पिंधाउन भाती।
राम भगवान बिदा करला, खुबे समझाउन भाती॥ ४५॥

भगत करनी के सुरता करुन भरत, लछमन सतरुधन संगे।
हुनमंन के अमराउक चलला, तीनों भाई संगे-संगे॥ ४६॥
अंगद हिरदे ने मया घाट नी रहे, उल्टुन-उल्टुन दखते रहे।
राम बाटे दखुन घनघड़ी हुन, परनाम करते रहे॥ ४७॥
मन ने एए राम थेबुक बलदे, राम मन-मन ने विचारत।
सपा रकम चो मया करम के, भगवान सुरता करत॥ ४८॥
भगवान मन दखुन बिन्ती करते, पायँ मन ने धरुन।
भाइमन संगे घरे फिरला, सपा के बिदा करुन॥ ४९॥
तेबे हनुमान सुगरीव चो पायँ धरुन, खुबे बिन्ती करलो।
चार दिन राम चो सेवा करुन, दरसन करेंदे बललो॥ ५०॥
राजा बललो हनु तुमी पुनवान, राम चो सेवा करा।
सपा बेंदरा असन बलुन भाती, उथा ले जाते गेला॥ ५१॥

१९ (क) अंगद बललो हनु हात जोड़ुन, भगवान के जोहार बलसे।
राम भगवान के घनघड़ी मोचो, सुरता कराते रसे॥ ५२॥

१९ (ख) असन बलुन अंगद गेलो, हनुमान फिरून इला।
हुनचो मया के भगवान के सांगला, सुनुन मगन होला॥ ५३॥

१९ (ग) गरूड़ राम चो मन बजर आय, फूल माहा कंबल आय।
असन बिचारून तुमी सांगाँ, काचो समझ ने एऊ आय॥ ५४॥

गुह के बलाउन गाहना कपड़ा, परसाद ने तिहँके दिला।
बलला जाहा सुरता करते रहासे, धरम-करम चोगियान दिला॥ ५५॥
तुमी संगी भरत माहा भाई आहास, अवध एते जाते रहा।
सुनते हरीक आइँख ने पानी भरली, पायँ ने पड़ लो आहा॥ ५६॥
भगवान पायँ के मन ने राखुन, आपलो घरे इलो।
एऊन आपलो कुटुम लोग पुरे, परभू टकर के बललो॥ ५७॥
रघुनाथ चो चे चरितर दखुन, अवधपुरिया लोग बलसोत।
सुख रासी रामचन्द धन आत, घनघड़ी लोग बलसोत॥ ५८॥
तीनोंपुर राम गादी बसतेखान, भारी हरीक होउन गेला।
दुख गेली कोनी बइर नो करत, भेद भाव उठुन गेला॥ ५९॥

दो०– बरनाश्रम निज निज धरम निरत बेद पथ लोग।
चलहिं सदा पावहिं सुखहि नहिं भय सोक न रोग॥ २०॥

चौ०– दैहिक दैविक भौतिक तापा। राम राज नहिं काहुहि ब्यापा॥
सब नर करहिं परस्पर प्रीती। चलहिं स्वधर्म निरत श्रुति नीती॥ १॥

चारिउ चरन धर्म जग माहीं। पूरि रहा सपनेहुँ अघ नाहीं॥
राम भगति रत नर अरु नारी। सकल परम गति के अधिकारी॥ २॥

अल्पमृत्यु नहिं कवनिउ पीरा। सब सुंदर सब बिरुज सरीरा॥
नहिं दरिद्र कोउ दुखी न दीना। नहिं कोउ अबुध न लच्छन हीना॥ ३॥

सब निर्दंभ धर्मरत पुनी। नर अरु नारि चतुर सब गुनी॥
सब गुनग्य पंडित सब ग्यानी। सब कृतग्य नहिं कपट सयानी॥ ४॥

दो०– राम राज नभगेस सुनु सचराचर जग माहिं।
काल कर्म सुभाव गुन कृत दुख काहुहि नाहिं॥ २१॥

चौ०– भूमि सप्त सागर मेखला। एक भूप रघुपति कोसला॥
भुअन अनेक रोम प्रति जासू। यह प्रभुता कछु बहुत न तासू॥ १॥

सो महिमा समुझत प्रभु केरी। यह बरनत हीनता घनेरी॥
सोउ महिमा खगेस जिन्ह जानी। फिरी एहिं चरित तिन्हहुँ रति मानी॥ २॥

सोउ जाने कर फल यह लीला। कहहिं महा मुनिबर दमसीला॥
राम राज कर सुख संपदा। बरनि न सकइ फनीस सारदा॥ ३॥

सब उदार सब पर उपकारी। बिप्र चरन सेवक नर नारी॥
एकनारि ब्रत रत सब झारी। ते मन बच क्रम पति हितकारी॥ ४॥

दो०– दंड जतिन्ह कर भेद जहँ नर्तक नृत्य समाज।
जीतहु मनहि सुनिअ अस रामचंद्र कें राज॥ २२॥

चौ०– फूलहिं फरहिं सदा तरु कानन। रहहि एक सँग गज पंचानन॥
खग मृग सहज बयरु बिसराई। सबन्हि परस्पर प्रीति बढ़ाई॥ १॥

कूजहिं खग मृग नाना बृंदा। अभय चरहिं बन करहिं अनंदा॥
सीतल सुरभि पवन बह मंदा। गूंजत अलि लै चलि मकरंदा॥ २॥

लता बिटप मागें मधु चवहीं। मनभावतो धेनु पय स्रवहीं॥
ससि संपन्न सदा रह धरनी। त्रेताँ भइ कृतजुग कै करनी॥ ३॥

प्रगटीं गिरिन्ह बिबिध मनि खानी। जगदातमा भूप जग जानी॥
सरिता सकल बहहिं बर बारी। सीतल अमल स्वाद सुखकारी॥ ४॥

२० सपा आपलो आसरम असो, धरम ने होउन आसोत।
बेद रीती ले सुख पावसोत, रोग दुख ले गुचुन आसोत॥ ६०॥

देव देह रोग काकेइ नी बियापे, सपा मया रामराज ने।
बेद-रीती ने धरम के मानुन, जीवसोत रामराज ने॥ ६१॥
धरम चो चारों गुन सवँसार ने, एदाँय पूरा होसोत।
राम भक्ती ने मिसुन आसोत, सपा मोच्छ अधिकारी आसोत॥ ६२॥
नानी उमर ने मउत नीहोए दुख नी बियापे काकेय।
रोग नाहलो सपाचो देंह बरकस दारदिरनी बियापे काकेय॥ ६३॥
दुखी-गरीब न मूरुख आसोत, सुभ गुन सपा ने आसे।
घमंड नाहलो धरम ने भरपूर, पुनवान चो जीव आसे॥ ६४॥
मनुख मेहरार सपा गुनी चतुर, पंडित गियानी आसोत।
दूसर चो मान भलई करू, कपटी कहाय नी आसोत॥ ६५॥

२१ गरुड़ राम राजने जड़ जीव सपा, काल करम ले गुनी होला।
टकर सुनले काकेय दुख नीआय, असन राम राज ने होला॥ ६६॥

सात समुंद पिरथी चो राजा, एकलो राम आसोत।
जेचो रोआँ रोआँ ने ब्रह्माण्ड, सात द्वीप आगर नी आसोत॥ ६७॥
जे परभू चो हुन महेमा के नंगत, समझलोर पाछे बललोने।
कि सात समुद गोंडरालोरपिरथी चो, गोटटीछतरसमराट बललोने॥ ६८॥
भगवान चो भारीहिन्ता होएसे, मांतर गरुड़ जानसोत।
जे महिमा के नंगत जोनसोत, लीला ने मया मानसोत॥ ६९॥
महेमा जानतोर फल लीला आय, इंद्री मारू मुनी बलसोत।
रामराज चो धन महेमा सांगुक, सेस-सरसती नी सकसोत॥ ७०॥
सपा मनुख मेहरार परोपकारी, बाम्हनमन चो सेउक।
मनुख नोटकी बायले मेहरार बल, मन बोली करम ले सेउक॥ ७१॥

२२ रामराज ने डांड सन्यासी हाते, भेद नचकारी हाते।
जीता गोठ अवगो सुनुक मिरेसे, गुलाय पिरथी राम काजे॥ ७२॥

रूख हमेस फरसोत फूलसोत, सिंघ हाथी संगे रसोत।
चड़ई पंसु सपा बइर छांडुन, मया परेम ले जीवसोत॥ ७३॥
बरन चड़ई कोल्हार होते रसोत, पसू निडर जीवसोत।
सीतर गंध सुन्दर लेहरा हमेस, भँवरा रस पीउन रसोत॥ ७४॥
लाहा रुख मांगलोने रस थिपासोत, गाय गोरोस देसोत।
भुँई ने हमेस खेती पाकेसे, त्रेता सतजुग फल देसोत॥ ७५॥
सवँसार चो जीव भगवान के, सवँसार चो राजा जानुन।
मनी खदान, पहाड़ देसोत, राम राज के मानुन॥ ७६॥

सागर निज मरजादाँ रहहीं। डारहिं रत्न तटन्हि नर लहहीं॥
सरसिज संकुल सकल तड़ागा। अति प्रसन्न दस दिसा बिभागा॥ ५॥

दो०– बिधु महि पूर मयूखन्हि रबि तप जेतनेहि काज।
मागें बारिद देहिं जल रामचंद्र के राज॥ २३॥

चौ०– कोटिन्ह बाजिमेध प्रभु कीन्हे। दान अनेक द्विजन्ह कहँ दीन्हे॥
श्रुति पथ पालक धर्म धुरंधर। गुनातीत अरु भोग पुरंदर॥ १॥

पति अनुकूल सदा रह सीता। सोभा खानि सुसील बिनीता॥
जानति कृपासिंधु प्रभुताई। सेवति चरन कमल मन लाई॥ २॥

जद्यपि गृहँ सेवक सेवकिनी। बिपुल सदा सेवा बिधि गुनी॥
निज कर गृह परिचरजा करई। रामचंद्र आयसु अनुसरई॥ ३॥

जेहि बिधि कृपासिंधु सुख मानइ। सोइ कर श्री सेवा बिधि जानइ॥
कौसल्यादि सासु गृह माहीं। सेवइ सबन्हि मान मद नाहीं॥ ४॥

उमा रमा ब्रह्मादि बंदिता। जगदंबा संततमनिंदिता॥ ५॥

दो०– जासु कृपा कटाच्छु सुर चाहत चितव न सोइ।
राम पदारबिंद रति करति सुभावहि खोइ॥ २४॥

चौ०– सेवहिं सानकूल सब भाई। राम चरन रति अति अधिकाई॥
प्रभु मुख कमल बिलोकत रहहीं। कबहुँ कृपाल हमहि कछु कहहीं॥ १॥

राम करहिं भ्रातन्ह पर प्रीती। नाना भाँति सिखावहिं नीती॥
हरषित रहहिं नगर के लोगा। करहिं सकल सुर दुर्लभ भोगा॥ २॥

अहनिसि बिधिहि मनावत रहहीं। श्रीरघुबीर चरन रति चहहीं॥
दुइ सुत सुन्दर सीताँ जाए। लव कुस बेद पुरानन्ह गाए॥ ३॥

दोउ बिजई बिनई गुन मंदिर। हरि प्रतिबिंब मनहुँ अति सुंदर॥
दुइ दुइ सुत सब भ्रातन्ह केरे। भए रूप गुन सील घनेरे॥ ४॥

दो०– ग्यान गिरा गोतीत अज माया मन गुन पार।
सोइ सच्चिदानंद घन कर नर चरित उदार॥ २५॥

चौ०– प्रातकाल सरऊ करि मज्जन। बैठहिं सभाँ संग द्विज सज्जन॥
बेद पुरान बसिष्ट बखानहिं। सुनहिं राम जद्यपि सब जानहिं॥ १॥

अनुजन्ह संजुत भोजन करहीं। देखि सकल जननीं सुख भरहीं॥
भरत सत्रुहन दोनउ भाई। सहित पवनसुत उपबन जाई॥ २॥

बूझहिं बैठि राम गुन गाहा। कह हनुमान सुमति अवगाहा॥
सुनत बिमल गुन अति सुख पावहिं। बहुरि बहुरि करि बिनय कहावहिं॥ ३॥

नंदी सीतर सफा पानी बोहासोत, समुँद थामुन रहेसे।
हलका संगे रतन देएसे, तरई पूड़न ले भरुन रहेसे॥ ७७॥

२३ दसों खूट पिरथी ने सपा हरीक, जोन अमरिम तरास देएसे।
सुरुज लागलो इतरो तपाएसे, बादरी मांगलोने पानी देएसे॥ ७८॥

कोटी घोड़ा जग्यँ राम कराला, बाम्हनमन के दान दिला।
बेदमारग ने हिंडू धरम मानू, तीनो गुन ले करत लीला॥ ७९॥
सोभा चो खदाननंगत टकर चो सीता, मुनीस के मानुनरसोत।
राम महेमा के नंगत जामुन मनभर, सेवा करुन रसोत॥ ८०॥
घरे कितरोय नवकर-चाकर रले बल, सेवा ने चतुर सीता।
राम हुकुम के मानुन सपा सेवा के, हात ने करसोत सीता॥ ८१॥
जसन ने राम सुख मानसोत, सीता हुसनेय करसोत।
सेवा के जानू सासमन चो सेवा, आपलोय हाते करसोत॥ ८२॥
घमंड मान तिहँक काईं नाईं, उमा रमा के मानसोत।
ब्रह्मामन सपा पूजा करसोत, बरहमेस हरीक आसोत॥ ८३॥

२४ देव जेचो किरपा के दखसोत, मान्तर तेनी दखसोत।
हुनी लछमी आपलो टकर छांडुन, राम पायँ के दखसोत॥ ८४॥

सपा भाइमन सेवा ने आसोत, राम पायँ ले मया तिहँके।
सेवा काजे राम मुंहबाट दखसोत, कि सांगदे काईं तिहँके॥ ८५॥
भाइमन के राम मया करसोत, राम पायँ ले मया तिहँके।
राज चो लोग भोग भोगसोत, देव नी पुरत जिहँके॥ ८६॥
दिन-रात ब्रह्मा के मनाते रसोत, पायँ ले मया मागसोत।
सीता चो लव-कुस बेटा होला, बेद-पुरान सांगसोत॥ ८७॥
दुनों बीर गुनी, सुन्दर आसोत, जसन हरी चो छांय आत।
दुई-दुई बेटा सपा भाई चो, सुन्दर गुनी गियानी रहोत॥ ८८॥

२५ गियानी बोली इंद्री ले अलग, जनम नाहलो आसोत।
माया मन गुन ले अलग भगवान, मनुख लीला करसोत॥ ८९॥

रोजे बिहाने सरजू नहाउन, बाम्हनमन संग बससोत।
बसिस्ठ गुरु बेद-पुरान सुनासोत, जानते बले सुनसोत॥ ९०॥
भाइमन संगे जेवनार करसोत, मायमन हरीक दखुन।
हनुमान के धरून भरत सतरूधन, बगेचामन ने जाउन॥ ९१॥
उथा बसुन राम-गुन चो कथा, दुनों भाई पूछसोत।
हनुमान सुन्दर बुध ने भरून, गुन कथा सांगसोत॥ ९२॥

सब कें गृह गृह होहिं पुराना। राम चरित पावन बिधि नाना॥
नर अरु नारि राम गुन गानहिं। करहिं दिवस निसि जात न जानहिं॥ ४॥

दो०— अवधपुरी बासिन्ह कर सुख संपदा समाज।
सहस सेष नहिं कहि सकहिं जहँ नृप राम बिराज॥ २६॥

चौ०— नारदादि सनकादि मुनीसा। दरसन लागि कोसलाधीसा॥
दिन प्रति सकल अजोध्या आवहिं। देखि नगरु बिरागु बिसरावहिं॥ १॥

जातरूप मनि रचित अटारीं। नाना रंग रुचिर गच ढारीं॥
पुर चहुँ पास कोट अति सुंदर। रचे कँगूरा रंग रंग बर॥ २॥

नव ग्रह निकर अनीक बनाई। जनु घेरी अमरावति आई॥
महि बहु रंग रचित गच काँचा। जो बिलोकि मुनिबर मन नाचा॥ ३॥

धवल धाम ऊपर नभ चुंबत। कलस मनहुँ रबि ससि दुति निंदत॥
बहु मनि रचित झरोखा भ्राजहिं। गृह गृह प्रति मनि दीप बिराजहिं॥ ४॥

छं०— मनि दीप राजहिं भवन भ्राजहिं देहरीं बिद्रुम रची।
मनि खंभ भीति बिरंचि बिरची कनक मनि मरकत खची॥
सुंदर मनोहर मंदिरायत अजिर रुचिर फटिक रचे।
प्रति द्वार द्वार कपाट पुरट बनाइ बहु बज्रन्हि खचे॥

दो०— चारु चित्रसाला गृह गृह प्रति लिखे बनाइ।
राम चरित जे निरख मुनि ते मन लेहिं चोराइ॥ २७॥

चौ०— सुमन बाटिका सबहिं लगाईं। बिबिध भाँति करि जतन बनाईं॥
लता ललित बहु जाति सुहाईं। फूलहिं सदा बंसत कि नाईं॥ १॥

गुंजत मधुकर मुखर मनोहर। मारुत त्रिबिधि सदा बह सुंदर॥
नाना खग बालकन्हि जिआए। बोलत मधुर उड़ात सुहाए॥ २॥

मोर हंस सारस पारावत। भवननि पर सोभा अति पावत॥
जहँ तहँ देखहिं निज परिछाहीं। बहु बिधि कूजहिं नृत्य कराहीं॥ ३॥

सुक सारिका पढ़ावहिं बालक। कहहु राम रघुपति जनपालक॥
राज दुआर सकल बिधि चारू। बीथीं चौहट रुचिर बजारू॥ ४॥

छं०— बाजार रुचिर न बनइ बरनत बस्तु बिनु गथ पाइए।
जहँ भूप रमानिवास तहँ की संपदा किमि गाइए॥
बैठे बजाज सराफ बनिक अनेक मनहुँ कुबेर ते।
सब सुखी सब सच्चरित सुंदर नारि नर सिसु जरठ जे॥

सुन्दर गुन सुनुन दुनों भाई, भाई सुख के पासोत।
फेर हनु ले बिन्ती करून-करुन, घनघड़ी वलुक बलसोत॥ ९३॥
घर-घर ने पुरान राम कथा, मेहरार मनुख सुखी।
रामगुन बलते रात पहाए, गुन गाते-सुनते सुखी॥ ९४॥

२६ रैयत सुख हरीक के कोन सांगे, जेठाने राम आसोत राजा।
हजार सेस सांगुन पुरुक नी सकत, जेठाने भगवान राजा॥ ९५॥

नारद कई मुनीमन सपा, राम दरसन काजे एसोत।
भगवान चो राज पुर के दखुन, बैराग भुलकुन जासोत॥ ९६॥
सोन रतन चो घर ढाबा बनलोर, मनी चो दुआर बनलोर।
सहर चारों खुट भीती बनलोर, रंग-रंग चो कोट बनलोर॥ ९७॥
अमराबती के नवगरह छेकलो माहा, फउद दखा देसोत।
कांच रचुन बनलो सड़क दखलोने, मुनीमन चो मन नाचसोत॥ ९८॥
छुकछुका महल सरग के छिएसे, कलसा सूरुज जोन के निदरसोत।
मनी रचुन ढाबा बनालोर सजलोर, मनी दिया गुलाय दिखसोत॥ ९९॥
मूंगा चो डेबना मनी चो डेरी, मरकत सोन चो भीती।
लागे ब्रह्मा गढ़ुन बनलासोत, चमकुन जासोत भीती॥ १००॥
महल सुन्दर बड़े कांच चो दुआर, कपाटमन सुन्दर सजलोर।
रकम-रकम चो हीरामनी गढ़लोर, दिखेसे सुन्दर सजलोर॥ १०१॥

२७ घर-घर सुन्दर छापाघर आसोत, जेमें रामचरितर छापा।
मुनीमन चो मन के चोरासोत, असन सवँरालोर छापा॥ १०२॥

सपा घरे सुन्दर फूल-बगेचा, जतन ले बनालोर आसोत।
जेमे रंग-रंग चो फूल लाहा, बरहमेस फूलून आसोत॥ १०३॥
भँवरामन चो कोल्हार मन झींकसे, तीन रकम लेहरा गुलाय।
पिलामन सुन्दर चड़ई पोसलासोत, बलुन उड़सोत सुन्दर गुलाय॥ १०४॥
मंजूर हाँसा परेंया घर-घर, ऊपर ते सोभा पासोत।
मनी ऊपरे आपलो छांय दखुन, सुन्दर घुरते नाचते जासोत॥ १०५॥
राम-राम, सीताराम रुपु मयना के, पिलामन पाठ पढ़ासोत।
सड़क, बाट, बजार, राज दुआर, सपा के सुन्दर सजासोत॥ १०६॥
सांगुक नीहोय असन सोभा, जिनीस मिरेसे बिनमोल।
जहाँ चो राजा आपन लछमीपती, हुनचो धन के पुरे कोन॥ १०७॥
कपड़ा-सोन रूप चो दुकान बेपारी कुबेर दिखसोत।
पिला-सियान-मनुख मेहरार सपा, सुख धरम ले रसोत॥ १०८॥

दो०– उत्तर दिसि सरजू बह निर्मल जल गंभीर।
बाँधे घाट मनोहर स्वल्प पंक नहिं तीर॥ २८॥

चौ०– दूरि फराक रुचिर सो घाटा। जहँ जल पिअहिं बाजि गज ठाटा॥
पनिघट परम मनोहर नाना। तहाँ न पुरुष करहिं अस्नाना॥ १॥

राजघाट सब बिधि सुंदर बर। मज्जहिं तहाँ बरन चारिउ नर॥
तीर तीर देवन्ह के मंदिर। चहुँ दिसि तिन्ह के उपबन सुंदर॥ २॥

कहुँ कहुँ सरिता तीर उदासी। बसहिं ग्यान रत मुनि संन्यासी॥
तीर तीर तुलसिका सुहाई। बृंद बृंद बहु मुनिन्ह लगाई॥ ३॥

पुर सोभा कछु बरनि न जाई। बाहेर नगर परम रुचिराई॥
देखत पुरी अखिल अघ भागा। बन उपबन बापिका तड़ागा॥ ४॥

छं०– बापीं तड़ाग अनूप कूप मनोहरायत सोहहीं।
सोपान सुंदर नीर निर्मल देखि सुर मुनि मोहहीं॥
बहु रंग कंज अनेक खग कूजहिं मधुप गुंजारहीं।
आराम रम्य पिकादि खग रव जनु पथिक हंकारहीं॥

दो०– रमानाथ जहँ राजा सो पुर बरनि कि जाइ।
अनिमादिक सुख संपदा रहीं अवध सब छाइ॥ २९॥

चौ०– जहँ तहँ नर रघुपति गुन गावहिं। बैठि परसपर इहइ सिखावहिं॥
भजहु प्रनत प्रतिपालक रामहि। सोभा सील रूप गुन धामहि॥ १॥

जलज बिलोचन स्यामल गातहि। पलक नयन इव सेवक त्रातहि॥
धृत सर रुचिर चाप तूनीरहि। संत कंज बन रबि रनधीरहि॥ २॥

काल कराल ब्याल खगराजहि। नमत राम अकाम ममता जहि॥
लोभ मोह मृगजूथ किरातहि। मनसिज करि हरि जन सुखदातहि॥ ३॥

संसय सोक निबिड़ तम भानुहि। दनुज गहन घन दहन कृसानुहि॥
जनकसुता समेत रघुबीरहि। कस न भजहु भंजन भव भीरहि॥ ४॥

बहु बासना मसक हिम रासिहि। सदा एकरस अज अबिनासिहि॥
मुनि रंजन भंजन महि भारहि। तुलसिदास के प्रभुहि उदारहि॥ ५॥

दो०– एहि बिधि नगर नारि नर करहिं राम गुन गान।
सानुकूल सब पर रहहिं संतत कृपानिधान॥ ३०॥

चौ०– जब ते राम प्रताप खगेसा। उदित भयउ अति प्रबल दिनेसा॥
पूरि प्रकास रहेउ तिहुँ लोका। बहुतेन्ह सुख बहुतन मन सोका॥ १॥

२८ राज चोभंडार बाटले सरजू बोहेसे, जेचो पानी सुंदर सपा।
नावँकाजे चिखला फूहड़ नाहलो, घाटमन सुदर सपा॥ १०९॥

अलग पैले सुंदर घाट जेलग, हाथी घोड़ा पानी खासोत।
पनिहारित घाट अलग सुंदर, जेलग मनुख नी जाओत॥ ११०॥
गियानी मुनीमन चो डेरा अलग,जे लग राजघाट बनलोर।
कठा कठाने मुनीमन हातले, तुलसी बूटा रोपलोर॥ १११॥
सहर सोभा के काईं बलुक नीहोय, उतरोय बाहिर सुंदर।
पुर दरसन ले पाप पराएसे, रान बगेचा तरई सुंदर॥ ११२॥
बावली, तरई, कुआँ सुंदर गुलाय, पचरी बनलोर सुंदर।
दखन मुनी मन चो मन मोहाएसे, जेमे पानी छुकछुका सुंदर॥ ११३॥
तरईमन ने रंग रंग चो पूड़न, चड़ई भंवरा कोल्हार सुंदर।
सुंदर मन झिकू बगेचामन ने, कोयली चड़ई कोल्हार सुंदर॥ ११४॥

२९ लछमीपती भगवान जहाँ चो राजा, सहर सोभा देसोत।
अणिमामन आठों सिद्धी रहुन, सुख-धन ले भरुन देसोत॥ ११५॥

गुलाय लोग राम चो गुन गासोत, एक-एक के सिखासोत सपा।
सोभागुन चो धाम सरनाहा के पोसू, जेके भजते रहा सपा॥ ११६॥
पूड़न आइँख साँवर देंह के भजा, जसन टोपा डीमा के राखेसे।
हुनी आत सेउक के साहा होऊ, ठोंगी धनऊ जे राखेसे॥ ११७॥
लोभ-मोह माहा अवगुन के मारेसे, हुनी राम रुप के भजा।
काम हाथी काज सिघ होएसे, सुखदेऊ राम के भजा॥ ११८॥
भरम दुख चो अंधार के टारेसे, हुनी सुरुज राम के भजा।
रक्सा अटपट बन के जराऊ, आइग राम के भजा॥ ११९॥
जनम-मउत डर के नास करू, सीताराम के भजा।
काम-लोभ मोछी के मारे, हुन बरफ कुढ़ा के भजा॥ १२०॥

३० बरहमेस एकरस अजन्मा अविनासी, राम भगवान के भजा।
मुनी के सुखदेऊ पिरथी भार हरू, तुलसीचो राम के भजा॥ १२१॥

असन राजपुर चो लोग राम गुन, बरहमेस गाउन रसोत।
किरपा चो धाम राम सपा उपरे, हरीक ने हुसनेय रसोत॥ १२२॥
गरुड़ तीनोंपुर ने अंजोर होएसे, जबले राम सूरज उदली।
खुबे के तो सुख होली, खुबे चो जीव बियापली॥ १२३॥

जिन्हहि सोक ते कहउँ बखानी। प्रथम अबिद्या निसा नसानी॥
अघ उलूक जहँ तहाँ लुकाने। काम क्रोध कैरव सकुचाने॥ २॥

बिबिध कर्म गुन काल सुभाऊ। ए चकोर सुख लहहिं न काऊ॥
मत्सर मान मोह मद चोरा। इन्ह कर हुनर न कवनिहुँ ओरा॥ ३॥

धरम तड़ाग ग्यान बिग्याना। ए पंकज बिकसे बिधि नाना॥
सुख संतोष बिराग बिबेका। बिगत सोक ए कोक अनेका॥ ४॥

दो०– यह प्रताप रबि जाकें उर जब करइ प्रकास।
पछिले बाढ़हिं प्रथम जे कहे ते पावहिं नास॥ ३१॥

चौ०– भ्रातन्ह सहित रामु एक बारा। संग परम प्रिय पवनकुमारा॥
सुंदर उपबन देखन गए। सब तरु कुसुमित पल्लव नए॥ १॥

जानि समय सनकादिक आए। तेज पुंज गुन सील सुहाए॥
ब्रह्मानंद सदा लयलीना। देखत बालक बहुकालीना॥ २॥

रूप धरें जनु चारिउ बेदा। समदरसी मुनि बिगत बिभेदा॥
आसा बसन ब्यसन यह तिन्हहीं। रघुपति चरित होइ तहँ सुनहीं॥ ३॥

तहाँ रहे सनकादि भवानी। जहँ घटसंभव मुनिबर ग्यानी॥
राम कथा मुनिबर बहु बरनी। ग्यान जोनि पावक जिमि अरनी॥ ४॥

दो०– देखि राम मुनि आवत हरषि दंडवत कीन्ह।
स्वागत पूँछि पीत पट प्रभु बैठन कहँ दीन्ह॥ ३२॥

चौ०– कीन्ह दंडवत तीनिउँ भाई। सहित पवनसुत सुख अधिकाई॥
मुनि रघुपति छबि अतुल बिलोकी। भए मगन मन सके न रोकी॥ १॥

स्यामल गात सरोरुह लोचन। सुंदरता मंदिर भव मोचन॥
एकटक रहे निमेष न लावहिं। प्रभु कर जोरें सीस नवावहिं॥ २॥

तिन्ह कै दसा देखि रघुबीरा। स्रवत नयन जल पुलक सरीरा॥
कर गहि प्रभु मुनिबर बैठारे। परम मनोहर बचन उचारे॥ ३॥

आजु धन्य मैं सुनहु मुनीसा। तुम्हरें दरस जाहिं अघ खीसा॥
बड़े भाग पाइब सतसंगा। बिनहिं प्रयास होहिं भव भंगा॥ ४॥

दो०– संत संग अपबर्ग कर कामी भव कर पंथ।
कहहि संत कबि कोबिद श्रुति पुरान सदग्रंथ॥ ३३॥

चौ०– सुनि प्रभु बचन हरषि मुनि चारी। पुलकित तन अस्तुति अनुसारी॥
जय भगवंत अनंत अनामय। अनघ अनेक एक करुनामय॥ १॥

जेमन के बियापली तेके सांगेसे, अविदिया रात सरली।
अंजोर होते पापी कुरवाँ लुकला, बोड़ेंदा रीस काम सरली॥ १२४॥
करम गुन काल टकर चकोर, अंजोर ने सुख नी पाओत।
डाहा, मान, मोह, मद चोरमन, हुनर करूक नी पाओत॥ १२५॥
धरम तरइ ने गियान बिग्यान चो, पूड़न बिगसुन गेला।
सुख, धीरज, बैराग, बिबेक चकवा चो, डंड-दुख उठुन गेला॥ १२६॥

३१ ये सुरुज महेमा जेचो हिरदे ने, अंजोर करुन देसोत।
पाछे सांगलोर बाढ़ुन जासोत, आगे चो नास होसोत॥ १२७॥

भाईमन संगे हन के धरून, बगेचा ने राम गेला।
गुलाय बगीचा फूल फुलुन रहे, उथाय सपाझन गेला॥ १२८॥
बेरा दखुन सनकादी इला, जे तेज गुनी रहोत।
दखलोने पिला लागत बले, ब्रह्म ने मस्त रहोत॥ १२९॥
लागत चारों बेद भेस धरून इलासोत, सपा भेद ले अलग रहू।
लुट तिहँचो कपड़ा राम लीला के, जाऊन बरहमेस सुनू॥ १३०॥
सनकादी अगस्त लग जाउन रहोत, मुनी राम कथा सांगला।
जसन अरणि ले आइग होएसे, हुसने गियान कथा सांगला॥ १३१॥

३२ तिहँके दखुन राम हरीकले उठुन, डंडासन पायँ पड़ला।
तिहँचो बसतो काजे आपलो पिछोरी, हुनी लग ओछाउन दिला॥ १३२॥

तीनो भाई हनुसंगे डंडासन पड़ला, सपा के हरीक भारी।
मन के थेबाउक नी सकला मुनीमन, रामचो सोभा भारी॥ १३३॥
जसन मउत के छंडाऊ साँवर देह, पूड़न आइँख राम।
टकटकी मारुन दखते रहुन गेला, सुँदर रूप चो धाम॥ १३४॥
आरु राम भगवान हात जोड़ुन, मुड लँवाउन आसोत।
तिहँचो मया के दखुन रघुनाथ, आइँख ले पानी बोहत॥ १३५॥
ओछालो ठानने हात धरून परभू, मुनीमन के बसाला।
देवमन मयँ धन होले, असन, सुंदर बोली बलला॥ १३६॥
तुमचो दसन ले सपा पाप, नास होउन जासोत।
बड़े भाग ले संत संगत होएसे, भव चकर कटुन जासोत॥ १३७॥

३३ संत-संगत मोच्छ कराएसे, कामी भव ने पाड़ेसे।
संत, कबी, पंडित ,बेद, पुरान सपा, गरंथ हो जान पड़ेसे॥ १३८॥

परभू गोठ ले चारों हरीक होउन, स्तुती करूक धरला।
राम भगवान चो हरीक मन ले, बिन्ती करूक धरला॥ १३९॥
तुमचो जयहो तुमचो अंत नीआय, बिकारले अलग तुमी।
पायँ ले अलग सपा रूपने परगट, अटपट सुख देऊ तुमी॥ १४०॥

जय निर्गुन जय जय गुन सागर। सुख मंदिर सुंदर अति नागर॥
जय इंदिरा रमन जय भूधर। अनुपम अज अनादि सोभाकर॥ २॥

ग्यान निधान अमान मानप्रद। पावन सुजस पुरान बेद बद॥
तग्य कृतग्य अग्यता भंजन। नाम अनेक अनाम निरंजन॥ ३॥

सर्ब सर्बगत सर्ब उरालय। बससि सदा हम कहुँ परिपालय॥
द्वंद बिपति भव फंद बिभंजय। हृदि बसि राम काम मद गंजय॥ ४॥

दो०– परमानंद कृपायतन मन परिपूरन काम।
प्रेम भगति अनपायनी देहु हमहि श्रीराम॥ ३४॥

चौ०– देहु भगति रघुपति अति पावनि। त्रिबिधि ताप भव दाप नसावनि॥
प्रनत काम सुरधेनु कलपतरु। होइ प्रसन्न दीजै प्रभु यह बरु॥ १॥

भव बारिधि कुंभज रघुनायक। सेवत सुलभ सकल सुख दायक॥
मन संभव दारुन दुख दारय। दीनबंधु समता बिस्तारय॥ २॥

आस त्रास इरिषादि निवारक। बिनय बिबेक बिरति बिस्तारक॥
भूप मौलि मन मंडन धरनी। देहि भगति संसृति सरि तरनी॥ ३॥

मुनि मन मानस हंस निरंतर। चरन कमल बंदित अज संकर॥
रघुकुल केतु सेतु श्रुति रच्छक। काल करम सुभाउ गुन भच्छक॥ ४॥

तारन तरन हरन सब दूषन। तुलसिदास प्रभु त्रिभुवन भूषन॥ ५॥

दो०– बार बार अस्तुति करि प्रेम सहित सिरु नाइ।
ब्रह्म भवन सनकादि गे अति अभीष्ट बर पाइ॥ ३५॥

चौ०– सनकादिक बिधि लोक सिधाए। भ्रातन्ह राम चरन सिर नाए॥
पूछत प्रभुहि सकल सकुचाहीं। चितवहिं सब मारुतसुत पाहीं॥ १॥

सुनी चहहिं प्रभु मुख कै बानी। जो सुनि होइ सकल भ्रम हानी॥
अंतरजामी प्रभु सभ जाना। बूझत कहहु काह हनुमाना॥ २॥

जोरि पानि कह तब हनुमंता। सुनहु दीनदयाल भगवंता॥
नाथ भरत कछु पूँछन चहहीं। प्रस्न करत मन सकुचत अहहीं॥ ३॥

हे निरगुन तुमचो जय गुन समुँद, सुखचो धाम चतुर राम।
लछमीपती अजन्मा अनादि तुमी, सोभा चो खान॥ १४१॥
गियान चो भण्डार मान नी दखू, दूसर के मान देऊ।
बेद पुरान चो जस गासोत, असल गुन के जानू॥ १४२॥
सेवा करलोर के मानू आहास, अग्यान के नास करू।
कितरोय नाँव तुमचो बिन नावँ चो, गरीबे के दया करू॥ १४३॥
सपा रूप चो सपा ठान ने तुमी, सपा मन ने रहू तुमी।
बिपती झगड़ा जनम मउत के काटू, आमचो साहा होआ तुमी॥ १४४॥
राम आमचो मन ने बसुन, काम के सारून दिआ।
घमंड इरखा चो नास करून, सतगियान आमके दिआ॥ १४५॥

३४ तुमी भारी हरोक चो रूप, किरपा चो धाम तुमी।
मन चो पूरा करु नीजाऊ भक्ती, आमके देऊन दिआ तुमो॥ १४६॥

तीनों ताप के जे नास करेसे, पबितर भक्ती दिआ।
सरन इलो चो सपा करु, आपलो भक्ती दिआ॥ १४७॥
कामधेनु कलपतरू तुमी परभू, हरीक मन ने बर दिआ।
जनम मउत समुंद के सुखाऊ, तुमी मुक्ती चो बर दिआ॥ १४८॥
सेवा करलोने तुमी मिरू, सपा सुख देऊ आहास।
मन ने उपजलो दुख के टारू, समान नंजर करुन दिआस॥ १४९॥
तुमी डर इरखा लोभ के टारू, बैराग के उपजाऊ तुमी।
राजा ने बड़े पिरथी चो गाहना, आपलो भक्ती दिआ तुमी॥ १५०॥
मुनीमन चो मन तरई ने, हाँसा माहा रहू तुमी।
सिव-ब्रह्मा तुमचो पायँ के बिनासोत, रघुकुल चो सुरुज तुमी॥ १५१॥
काल करम टकर रूप के टारू, सपा दोस के हरु तुमी।
तरन-तारन तीनों पुर चो सोन, तुलसी चो परभू तुमी॥ १५२॥

३५ मया ले घनघड़ी बिन्ती करुन, पायँ पड़ुन मुनी गेला।
मन चो बर पाउन मुनीमन, ब्रह्म लोक बाट गेला॥ १५३॥

* भगवान राम चो उपदेस *

भाईमन सग राम पायँ पड़ला, मुनीमन ब्रह्म लोक गेला।
सपा भाई राम के पूछुक लजासोत, हनू बाट नेतते गेला॥ १॥
भगवान मुँह चो गोठ सुनुक दखसोत, जेमे भरम नास होएसे।
अन्तरजामी सपा भेद जानला, पूछला काय मन होएसे॥ २॥

तुम्ह जानहु कपि मोर सुभाऊ। भरतहि मोहि कछु अंतर काऊ॥
सुनि प्रभु बचन भरत गहे चरना। सुनहु नाथ प्रनतारति हरना॥ ४॥

दो०– नाथ न मोहि संदेह कछु सपनेहुँ सोक न मोह।
केवल कृपा तुम्हारिहि कृपानंद संदोह॥ ३६॥

चौ०– करउँ कृपानिधि एक ढिठाई। मैं सेवक तुम्ह जन सुखदाई॥
संतन्ह कै महिमा रघुराई। बहु बिधि बेद पुरानन्ह गाई॥ १॥

श्रीमुख तुम्ह पुनि कीन्हि बड़ाई। तिन्ह पर प्रभुहि प्रीति अधिकाई॥
सुना चहउँ प्रभु तिन्ह कर लच्छन। कृपासिंधु गुन ग्यान बिचच्छन॥ २॥

संत असंत भेद बिलगाई। प्रनतपाल मोहि कहहु बुझाई॥
संतन्ह के लच्छन सुनु भ्राता। अगनित श्रुति पुरान बिख्याता॥ ३॥

संत असंतन्हि कै असि करनी। जिमि कुठार चंदन आचरनी॥
काटइ परसु मलय सुनु भाई। निज गुन देइ सुगंध बसाई॥ ४॥

दो०– ताते सुर सीसन्ह चढ़त जग बल्लभ श्रीखंड।
अनल दाहि पीटत घनहिं परसु बदन यह दंड॥ ३७॥

चौ०– बिषय अलंपट सील गुनाकर। पर दुख दुख सुख सुख देखे पर॥
सम अभूतरिपु बिमद बिरागी। लोभामरष हरष भय त्यागी॥ १॥

कोमलचित दीनन्ह पर दाया। मन बच क्रम मम भगति अमाया॥
सबहि मानप्रद आपु अमानी। भरत प्रान सम मम ते प्रानी॥ २॥

बिगत काम मम नाम परायन। सांति बिरति बिनती मुदितायन॥
सीतलता सरलता मयत्री। द्विज पद प्रीति धर्म जनयत्री॥ ३॥

ए सब लच्छन बसहिं जासु उर। जानेहु तात संत संतत फुर॥
सम दम नियम नीति नहिं डोलहिं। परुष बचन कबहूँ नहिं बोलहिं॥ ४॥

दो०– निंदा अस्तुति उभय सम ममता मम पद कंज।
ते सज्जन मम प्रानप्रिय गुन मंदिर सुख पुंज॥ ३८॥

चौ०– सनहु असंतन्ह केर सुभाऊ। भूलेहुँ संगति करिअ न काऊ॥
तिन्ह कर संग सदा दुखदाई। जिमि कपिलहि घालइ हरहाई॥ १॥

खलन्ह हृदयँ अति ताप बिसेषी। जरहिं सदा पर संपति देखी॥
जहँ कहुँ निंदा सुनहिं पराई। हरषहिं मनहुँ परी निधि पाई॥ २॥

हात जोड़ुन हनुमान बललो भगवान, भरत काईं पूछूक दखसोत।
मान्तर तुमचोले सवाल करुक, मन ने लाज होसोत॥ ३॥
बलला हनु टकरु के जानास, भरत संग भेद नी आय।
सुनतैय भरत पायँ के धरलो, सुना मन ने भरम नीआय॥ ४॥

३६ मालिक भरम नीआय सपना ने बले, दुखमोह एउक नी सकली।
किरपा करू हरीकके देऊ ये तुमचो किरपा ने बनली॥ ५॥

गोटोक गलती करेंसे परभू, सेउक मय मालिक तुमी।
बेद-सास्तर, संत महेमा सांगसोत, आउर बलासीत तुमी॥ ६॥
एमें तुमचो मया खुबे रहेसे, मय टकर ले सुनुक दखें।
तुमी किरपा सागर गुनी गियानी, तुमचो ले सुनुक दखें॥ ७॥
सरनाहा के साहा होऊ संत असंत चो, भेद अलगाउन सांगा।
बलला राम तिहँचो गुन अनगिनत, पुरान ने आसे जाना॥ ८॥
संत-असंत चो करनी असन, जसन चंदन टंगेया गुन।
टंगेया हमेस चंदन के काटे से, काटतो तेचो आय गुन॥ ९॥

३७ चंदन गंध देउन सवँसारे, देव माथा ने हमेस चेघे से।
टंगेया के हुसनेय डंड मिरेसे, लोहरा तपाउन पेटेसे॥ १०॥

संत बिसय ले घुचुन रसोत, सदगुन चो भंडार आत।
पर-दुख ले दुखी सुख ले सुखी, सपाकाज समान आत॥ ११॥
तिहुँचो मन ने कोनी बयरी नीआत, घमंड नी छिए तिहँके।
लोभ-रीस हरीक डर के छांडुन, बैराग गियान तिहँके॥ १२॥
चेत ले कँवल गरीब के साहा, मन बानी ले भक्ती करसोत।
तपा के मान देते आपन नी दखत, जे जीव मोचो होउन रसोत॥ १३॥
तिहँके काईं मन्सा नी रहेसे, मोचोय नाँव के जानसोत।
धीरज-बैराग बिन्ती हरोक धरने, नंगत गुन के मानसोत॥ १४॥
सपा संगे मीत सरल सीतर मनले, बाम्हन पाँय ले मया।
धरम के बढ़ाउन गियान बढ़ासोत, संत हिरदे ने दया॥ १५॥
धरम उपजाऊ मन मारुन रसोत, इंद्री ची डंड नीहोए।
नेम रीती के नी छांडत केबई, कड़क चो गोठ नीहोए॥ १६॥

३८ निंदा स्तुती दुनों समान, मोचो पायँ ले मया जेके।
हुनी गुनी सुख चो रासि संत, जीव माहा लागसोत मोके॥ १७॥

असन्त लोग चो गुन एदाँय सुना, भुलकुन संग नी धरा।
तिहँचो संगत भारी डंड देएसे, एसे सपा भरोसा करा॥ १८॥
जसन दोखई गाय कपिला गाय के, संग ने नसाउन देएसे।
हुसने दुसट नंगत टकर के, संगत ने नसाउन देएसे॥ १९॥

काम क्रोध मद लोभ परायन। निर्दय कपटी कुटिल मलायन॥
बयरु अकारन सब काहू सों। जो कर हित अनहित ताहू सों॥ ३॥

झूठइ लेना झूठइ देना। झूठइ भोजन झूठ चबेना॥
बोलहिं मधुर बचन जिमि मोरा। खाइ महा अति हृदय कठोरा॥ ४॥

दो०– पर द्रोही पर दार रत पर धन पर अपबाद।
ते नर पाँवर पापमय देह धरें मनुजाद॥ ३९॥

चौ०– लोभइ ओढ़न लोभइ डासन। सिस्नोदर पर जमपुर त्रास न॥
काहू की जौं सुनहिं बड़ाई। स्वास लेहिं जनु जूड़ी आई॥ १॥

जब काहू कै देखहिं बिपती। सुखी भए मानहुँ जग नृपती॥
स्वारथ रत परिवार बिरोधी। लंपट काम लोभ अति क्रोधी॥ २॥

मातु पिता गुर बिप्र न मानहिं। आपु गए अरु घालहिं आनहिं॥
करहिं मोह बस द्रोह परावा। संत संग हरि कथा न भावा॥ ३॥

अवगुन सिंधु मंदमति कामी। बेद बिदूषक परधन स्वामी॥
बिप्र द्रोह पर द्रोह बिसेषा। दंभ कपट जियँ धरें सुबेषा॥ ४॥

दो०– ऐसे अधम मनुज खल कृतजुग त्रेताँ नाहिं।
द्वापर कछुक बृंद बहु होइहहिं कलिजुग माहिं॥ ४०॥

चौ०– पर हित सरिस धर्म नहिं भाई। पर पीड़ा सम नहिं अधमाई॥
निर्नय सकल पुरान बेद कर। कहेउँ तात जानहिं कोबिद नर॥ १॥

नर सरीर धरि जे पर पीरा। करहिं ते सहहिं महा भव भीरा॥
करहिं मोह बस नर अघ नाना। स्वारथ रत परलोक नसाना॥ २॥

कालरूप तिन्ह कहँ मैं भ्राता। सुभ अरु असुभ कर्म फल दाता॥
अस बिचारि जे परम सयाने। भजहिं मोहि संसृत दुख जाने॥ ३॥

त्यागहिं कर्म सुभासुभ दायक। भजहिं मोहि सुर नर मुनि नायक॥
संत असंतन्ह के गुन भाषे। ते न परहिं भव जिन्ह लखि राखे॥ ४॥

दुसट हिरदे ने इरखा रहेसे, धन सुख दखुन जरसोत।
जेलग पर चो निंदा सुनसोत, जीव ले हरीक होसोत॥ २०॥
काम रीस घमंड लोभ ने पड़लोर निरदयी कपटी कयराहा ते।
फोकहा सपा संग बइर धरसोत, भलई करलोने निंदरसोत॥ २१॥
फंद धरतोर फंद देतोर, खातों पीतो फंद आय।
मन्जूर माहा मीठा गोठ तिहँचो, साँप खाऊ टकर चो आत॥ २२॥

३९ परधन पर निंदा पर बायले टाकू, बरहमेस बइर धरू।
हुन पापी पाप चो मनुख देहने, रक्सा जनम करू॥ २३॥

लोभ-ओढ़ना, लोभ डसना तिहँचो, पसू माहा आहार करसोत।
काम-भोग ने मस्त जमपुर के नी डरुन, पर निंदा करसोत॥ २४॥
काचोई भलइ गोठ सुनते खान, तिहँके ठाने जर धरेसे।
पर बिपती ले सुखी असन, जसन राज चो राजा करेसे॥ २५॥
सुआरथी कुटुम ले बइर धरू, काम-लोभ ने पड़ुन ते।
रीसहा बदमास होउन रसोत, काकेय नी मानत ते॥ २६॥
माय, बाप, गुरू, बाम्हन के निंदरू, आपन तो बूड़ुन आसोत।
दूसर के बल एइ ने बुड़ाउन, तमासा दखते रसोत॥ २७॥
मोह ने दूसर ले बइर धरसोत, संत नी भाए तिहँके।
भगवान कथा नी सुहाए आरू, अवगुन भाएसे तिहके॥ २८॥
अवगुन चो समुंद घाट बुध चो, वेद के निदरते जासोत।
पर चो धन के दखुन भाती, ठगतो उआट करसोत॥ २९॥
दूसर ले बइर तो करसोत सिरजुन, बाम्हन ले बइर धरसोत।
मन ने कपट रहेसे मांतर, सुन्दर भेस धरून रसोत॥ ३०॥

४० असन दुसट सतजुग-त्रेता ने नीहोत, दुआपर ने खिंडिक होदे।
कलीकाल ने तो एमनमन, कूढ़ा-कूढा गुलाय होदे॥ ३१॥

पर भलई माहा धरम नीआय, डंड देतो माहा नी आय पाप।
वेद-पुरान चो टुटालोर सांगले, एके पंडित लोग जानू आत॥ ३२॥
मनुख जनम धरुन भाती जे मनुख, दूसर मनुख के डंड देएसे।
तिहुँके जनम मउत चो भारी डंड मंजपुर ने सहुक पड़ेसे॥ ३३॥
मोह ने पड़ुन मनुख सुआरथी होलेने, पाप बुध के करसोत।
एई ने तिहँचो परलोक नसेसे, अवगतान होउन जीसोत॥ ३४॥
तिहँचो काजे मयँ काल आयँ, निको-अडरा फल देएँसे।
असन बिचारून जे चतुर आसोत, मोचो भजन ने चेत ने एसे॥ ३५॥
सुभ-असुभ फल देऊ करम के छाँड़ुन, देव मुनी मनुख भजसोत।
संत-असंत गुन बलले गुन समझू, जनम मउत फांदा ले गुचसोत॥ ३६॥

दो०– सुनहु तात माया कृत गुन अरु दोष अनेक।
गुन यह उभय न देखिअहिं देखिअ सो अबिबेक॥ ४१॥

चौ०– श्रीमुख बचन सुनत सब भाई। हरषे प्रेम न हृदयँ समाई॥
करहिं बिनय अति बारहिं बारा। हनूमान हियँ हरष अपारा॥ १॥

पुनि रघुपति निज मंदिर गए। एहि बिधि चरित करत नित नए॥
बार बार नारद मुनि आवहिं। चरित पुनीत राम के गावहिं॥ २॥

नित नव चरित देखि मुनि जाहीं। ब्रह्मलोक सब कथा कहाहीं॥
सुनि बिरंचि अतिसय सुख मानहिं। पुनि पुनि तात करहु गुन गानहिं॥ ३॥

सनकादिक नारदहि सराहहिं। जद्यपि ब्रह्म निरत मुनि आहहिं॥
सुनि गुन गान समाधि बिसारी। सादर सुनहिं परम अधिकारी॥ ४॥

दो०– जीवनमुक्त ब्रह्मपर चरित सुनहिं तजि ध्यान।
जे हरि कथाँ न करहिं रति तिन्ह के हिय पाषान॥ ४२॥

चौ०– एक बार रघुनाथ बोलाए। गुर द्विज पुरबासी सब आए॥
बैठे गुर मुनि अरु द्विज सज्जन। बोले बचन भगत भव भंजन॥ १॥

सनहु सकल पुरजन मम बानी। कहउँ न कछु ममता उर आनी॥
नहिं अनीति नहिं कछु प्रभुताई। सुनहु करहु जो तुम्हहि सोहाई॥ २॥

सोइ सेवक प्रियतम मम सोई। मम अनुसासन मानै जोई॥
जौं अनीति कछु भाषौं भाई। तौ मोहि बरजहु भय बिसराई॥ ३॥

बड़ें भाग मानुष तनु पावा। सुर दुर्लभ सब ग्रंथिन्ह गावा॥
साधन धाम मोच्छ कर द्वारा। पाइ न जेहिं परलोक सँवारा॥ ४॥

दो०– सो परत्र दुख पावइ सिर धुनि धुनि पछिताइ।
कालहि कर्महि ईस्वरहि मिथ्या दोस लगाइ॥ ४३॥

चौ०– एहि तन कर फल बिषय न भाई। स्वर्गउ स्वल्प अंत दुखदाई॥
नर तनु पाइ बिषयँ मन देहीं। पलटि सुधा ते सठ बिष लेहीं॥ १॥

ताहि कबहुँ भल कहइ न कोई। गुंजा ग्रहइ परस मनि खोई॥
आकर चारि लच्छ चौरासी। जोनि भ्रमत यह जिव अबिनासी॥ २॥

फिरत सदा माया कर प्रेरा। काल कर्म सुभाव गुन घेरा॥
कबहुँक करि करुना नर देही। देत ईस बिनु हेतु सनेही॥ ३॥

४१ माया चो बनालो गुन दोस आत, हुनके दखतोर नोआय।
गुन एई आय ए दुनों ने काकेय, केबई दखतोर नोआय॥ ३७॥

भगवान मुँह ले सुनुन सपा हरीक, मया मने नी समाए।
घनघड़ी बिन्ती करते जासोत, हनु हरीक होते जाए॥ ३८॥
फेर राम आपलो महल ने गेला, रोजे नवा लीला करसोत।
बरहमेस नारद अवध ने एऊन, रामचरितर के गासोत॥ ३९॥
मुनी रोजे नवा चरितर दखुन, ब्रह्मलोक ने गाउन सांगसोत।
सुनुन घनघड़ी राम गुन गावा बलुन, ब्रह्मा हरीक होसोत॥ ४०॥
सनकादी-नारद के सहराते रसोत, भले बड़े मुनी आत।
राम गुन सुनुन ब्रह्मतप के भुलकसोत, भारी मया ले सुनू आत॥ ४१॥

४२ धियान छांडुन रामचरितर के सुनसोत, ब्रह्मरूप मुनी जे आत।
ये जानुन जे राम कथा नो मनयात, हुन सोजे पखाना चो आत॥ ४२॥

हारक राम गुरु बाम्हन रैयत चो, दरबार बसाउन बलला।
जेबे गुरु मुनी बाम्हन रैयत, बसला तेबे राम बलला॥ ४३॥
सुना मयँ काईं मया ले बलें, आउर न अनीती के बलेसे।
आपलो काईं बड़ई नी सांगेसे, जे भाएसे करा बलेंसे॥ ४४॥
सेउक हुनी आरु मयादार हुनी, जे मानेसे हुकुम मोचो।
जे काईं अनीती के बलेंसे जाले, निडर थेबाहासे मोके॥ ४५॥
बड़े भाग ले मनुख चोला मिरेसे, जेके देव बल नी पाओत।
सपा पुरानसास्तर एई बलसोत, डगराले जीव नी पाओत॥ ४६॥
ए चोला साधन चो धाम आय, मुक्ती चो डेवना आए।
ए देह ले जे परलोक नी बनालो, हुन परलोक ने दुख पाए॥ ४७॥

४३ मुंड-पेटुन पछताते रहेसे, आपन चो दोस नी जानुन।
काल-करम आरु भगवान उपरे, दोस पाड़ेसे नी मानुन॥ ४८॥

भाइ ए देंह भोग काजे नोआय, सरग भोग खिंडिक आए।
सरासरी दुख ने पाडुन देएसे, जे भोग बाट भटुन जाए॥ ४९॥
मूरुख अमरित छांडुन बिस खाएसे, पारस छांडुन घोंघी धरेसे।
नास नी होऊ जीव भटुन भाती, चार रकम देंह धरेसे॥ ५०॥
चवरासी लाख जोनी ने भटते रहेसे, माया फांदा ने पडुन।
काल करम टकर गुनने होउन, बरहमेस जीएसे भटुन॥ ५१॥
बिन किरता मया करु भगवान, बिरले मनुख चोला देसोत।
ये मनुख चोला सवँसार समुंद नाहकुक, जहाज माहा होसोत॥ ५२॥

नर तनु भव बारिधि कहुँ बेरो। सन्मुख मरुत अनुग्रह मेरो॥
करनधार सदगुर दृढ़ नावा। दुर्लभ साज सुलभ करि पावा॥ ४॥

दो०– जो न तरै भव सागर नर समाज अस पाइ।
सो कृत निंदक मंदमति आत्माहन गति जाइ॥ ४४॥

चौ०– जौं परलोक इहाँ सुख चहहू। सुनि मम बचन हृदयँ दृढ़ गहहू॥
सुलभ सुखद मारग यह भाई। भगति मोरि पुरान श्रुति गाई॥ १॥

ग्यान अगम प्रत्यूह अनेका। साधन कठिन न मन कहुँ टेका॥
करत कष्ट बहु पावइ कोऊ। भक्ति हीन मोहि प्रिय नहिं सोऊ॥ २॥

भक्ति सुतंत्र सकल सुख खानी। बिनु सतसंग न पावहिं प्रानी॥
पुन्य पुंज बिनु मिलहिं न संता। सतसंगति संसृति कर अंता॥ ३॥

पुन्य एक जग महुँ नहिं दूजा। मन क्रम बचन बिप्र पद पूजा॥
सानुकूल तेहि पर मुनि देवा। जो तजि कपटु करइ द्विज सेवा॥ ४॥

दो०– औरउ एक गुपुत मत सबहि कहउँ कर जोरि।
संकर भजन बिना नर भगति न पावइ मोरि॥ ४५॥

चौ०– कहहु भगति पथ कवन प्रयासा। जोग न मख जप तप उपवासा॥
सरल सुभाव न मन कुटिलाई। जथा लाभ संतोष सदाई॥ १॥

मोर दास कहाइ नर आसा। करइ तौ कहहु कहा बिस्वासा॥
बहुत कहउँ का कथा बढ़ाई। एहि आचरन बस्य मैं भाई॥ २॥

बैर न बिग्रह आस न त्रासा। सुखमय ताहि सदा सब आसा॥
अनारंभ अनिकेत अमानी। अनघ अरोष दच्छ बिग्यानी॥ ३॥

प्रीति सदा सज्जन संसर्गा। तृन सम बिषय स्वर्ग अपबर्गा॥
भगति पच्छ हठ नहिं सठताई। दुष्ट तर्क सब दूरि बहाई॥ ४॥

दो०– मम गुन ग्राम नाम रत गत ममता मद मोह।
ता कर सुख सोइ जानइ परानंद संदोह॥ ४६॥

चौ०– सुनत सुधासम बचन राम के। गहे सबनि पद कृपाधाम के॥
जननि जनक गुर बंधु हमारे। कृपा निधान प्रान ते प्यारे॥ १॥

मोचो किरपा मन चो लेहरा, सदगुरु घटवारी आत।
असन नी मिरु जाक मिसुन, मनुख काज साहा आत॥ ५३॥

४४ असन जाक रते सवँसार के नी नाहके, भलई नी जानू आय।
आपलो हतेया हाते करलो पापने, पडुन फेर भटू आय॥ ५४॥

जे परलोक आरूं एथा सुख दखासीस, जाले मोचो गोठ के माना।
बेद-पुरान बलसोत ये सहज सुख चो, भक्ती मारग के जाना॥ ५५॥
गियान अगम जेके पाउक बाधा, साधन कठिन आय।
डंड सहुन बिगर भक्ती पाऊ, मोके नी भाऊ आय॥ ५६॥
भक्ती सुतन्त सुख खदान आय, संत-संगत ने मिरेसे।
पुन बिगर संत नी मिरत, संत सवँसार ले तारेसे॥ ५७॥
सवँसार ने पुन गोटकी आय, तेके कोनी पुरूक सकत।
मन, करम, बानी ले बाम्हन पूजा, सेवा ले सपा पुरत॥ ५८॥

४५ गोटोक गुपत गोठ आउर आसे, हात जोड़ुन सांगेसे।
संकर भजन नाहलो मोके नी पाओत, सत गोठ के सांगेसे॥ ५९॥

भक्ती मारग काय कठिन आय, जोग जप नी लागे।
सहज मन ले कइर छांडुन भजतोर, धीरज मन रहो आगे॥ ६०॥
मोचो सेउक होउन जे कोनी, मनुख ले भरोसा करेसे।
जाले तुमी सांगा हुनचो काय, आउर बिसबास आसे॥ ६१॥
जुगे लमाउन गोठ के मयँ, बलेंदे आउर काय।
भाई मयँ जाले एइ टकर चो, हात ने पड़लोर आयँ॥ ६२॥
काचोई ले बइर न झगड़ा किबर, भरोस न डर ले रहो।
हुनके सपा खूट ले सुख गिरेसे, जीवना भर सुखी रहो॥ ६३॥
मूर ले जे काईं लोभ नी करे, जेचो आपलो घर नीआय।
भक्ती ने चतुर गियानी आसोत, मान पाप रीस नीआय॥ ६४॥
संत संग रतोर जेके मया रहेसे, मन ले दोस छांडुन।
सरग मुक्ती चो बल लोभ नीरहो, किटका माहा छांडुन॥ ६५॥
भक्ती काजे जे टेक करेसे, दूसर के मानुन रहेसे।
सपा गोठ काटतोर टकर के, एकेदाय बोहाउन रहेसे॥ ६६॥

४६ माया, मोह, घमंड छाड़ुन जे मोचो, गुन नावँ ने मस्त रहे से।
हुनचो सुख हुनी जानेसे जे, ब्रह्म सुख कूढ़ा ने रहे से॥ ६७॥

अमरित माहा गोठ सुनुन राम चो, सपा पाँय पड़ुन बलला।
हे किरपा करू तुमी माय-बाप गुरू जीव ले आगर बलला॥ ६८॥

तनु धनु धाम राम हितकारी। सब बिधि तुम्ह प्रनतारति हारी॥
असि सिख तुम्ह बिनु देइ न कोऊ। मातु पिता स्वारथ रत ओऊ॥ २॥

हेतु रहित जग जुग उपकारी। तुम्ह तुम्हार सेवक असुरारी॥
स्वारथ मीत सकल जग माहीं। सपनेहुँ प्रभु परमारथ नाहीं॥ ३॥

सब के बचन प्रेम रस साने। सुनि रघुनाथ हृदयँ हरषाने॥
निज निज गृह गए आयसु पाई। बरनत प्रभु बतकही सुहाई॥ ४॥

दो०– उमा अवधबासी नर नारि कृतारथ रूप।
ब्रह्म सच्चिदानंद घन रघुनायक जहँ भूप॥ ४७॥

चौ०– एक बार बसिष्ट मुनि आए। जहाँ राम सुखधाम सुहाए॥
अति आदर रघुनायक कीन्हा। पद पखारि पादोदक लीन्हा॥ १॥

राम सुनहु मुनि कह कर जोरी। कृपासिंधु बिनती कछु मोरी॥
देखि देखि आचरन तुम्हारा। होत मोह मम हृदयँ अपारा॥ २॥

महिमा अमिति बेद नहिं जाना। मैं केहि भाँति कहउँ भगवाना॥
उपरोहित्य कर्म अति मंदा। बेद पुरान सुमृति कर निंदा॥ ३॥

जब न लेउँ मैं तब बिधि मोही। कहा लाभ आगें सुत तोही॥
परमातमा ब्रह्म नर रूपा। होइहि रघुकुल भूषन भूपा॥ ४॥

दो०– तब मैं हृदयँ बिचारा जोग जग्य ब्रत दान।
जा कहुँ करिअ सो पैहउँ धर्म न एहि सम आन॥ ४८॥

चौ०– जप तप नियम जोग निज धर्मा। श्रुति संभव नाना सुभ कर्मा॥
ग्यान दया दम तीरथ मज्जन। जहँ लगि धर्म कहत श्रुति सज्जन॥ १॥

आगम निगम पुरान अनेका। पढ़े सुने कर फल प्रभु एका॥
तब पद पंकज प्रीति निरंतर। सब साधन कर यह फल सुंदर॥ २॥

छूटइ मल कि मलहि के धोएँ। घृत कि पाव कोइ बारि बिलोएँ॥
प्रेम भगति जल बिनु रघुराई। अभिअंतर मल कबहुँ न जाई॥ ३॥

सोइ सर्बग्य तग्य सोइ पंडित। सोइ गुन गृह बिग्यान अखंडित॥
दच्छ सकल लच्छन जुत सोई। जाकें पद सरोज रति होई॥ ४॥

देह-धन-धाम चो तुमी हितू, सरनाहा चो दुख हरू।
असन गियान तुमके छांडुन आउर, नीआत असन करू॥ ६९॥
माय-बाप हितू सिखासोत बले, सुआरथ संगे रहेसे।
असुर चो बयरी असन बिगर किरता, उपकारी दुई रहेसे॥ ७०॥
एक तुमी, दूसर तुमचो सेउक, बाचलो सुआरथ चो आत।
सपना ने पर चो भलई गोठ, ते नी करू आत॥ ७१॥
मया ने सानलो गोठ के सुनुन, राम मन ने हरीक होला।
हुकुम पाउन सुन्दर गोठ गोठयाते, सपा घर बाट गेला॥ ७२॥

४७ उमा अवध चो मेहरार मनुख, सपा मया लाइक आत।
जेठाने आपन भगवान परब्रह्म, राज चो राजा आत॥ ७३॥

* राम-बसिस्ठ गोठ *

सुख चो धाम राम लगे हारक, मुनी बसिष्ट इला।
तिहँचो पायँ के पखारुन भाती, राम चरनामृत धरला॥ १॥
हात जोड़ुन मुनी बलला राम, मोचो बिन्ती के सुना।
तुमचो टकर के दखुन मन ने, भरम जे होएसे सुना॥ २॥
तुमचो महेमा अपरम्पार आय, बेद बल नी सकत पुरुक।
बेद पुरान स्मृति जेके निदरसोत, हुन पुरोहित काय सकेदे पुरुक॥ ३॥
पुरोहित पेसा नी धरते रहें तेबे, ब्रह्मा सांगुन रहोत।
पुरे तुके लाभ होएदे बलुन, मोके ब्रह्मा सांगुन रहोत॥ ४॥
भगवान खुद मनुख चोला ने, जनम धरदे बलला।
रघुकुल ने राजा होदे बलुन समझाउन मोके बलला॥ ५॥

४८ मने बिचारते जेचो काजे मयँ, जपतप उपास करले।
मयँ जे ये करम ले पाएँदे, तेंके धरम बिचार करले॥ ६॥

जप-तप, नेम-जोग, धरम-सपा, बेद ने सांगसोत सपा।
करम, गियान, दया, तीरथ, इंद्री साधु न करले सपा॥ ७॥
जितरो बेद संत धरम बलसोत, कितरोय तन्तर जानले।
बेद-पुरान पढ़तो सुनतो फलके, अबगो गोटकी जानले॥ ८॥
सपा-साधन चो ये सुन्दर फल, पायँ ले मया मिरे।
मइल ले मइल धोलोने नी छूटे, पानी बिलाले घीव नी मिरे॥ ९॥
मया भक्ती पानी चो नाहलो, जीव चो मइले नीजाय।
हुनी पंडित आय जे बरहमेस, तुमचो पाय ने जाय॥ १०॥
हुनी सपा ठान ने हुनी गियानी पंडित, हुनी गुन चो घर आय।
चतुर नंगत टकर ले जे तुमचो, पायँ चो सेउक आय॥ ११॥

दो०– नाथ एक बर मागउँ राम कृपा करि देहु।
जन्म जन्म प्रभु पद कमल कबहुँ घटै जनि नेहु॥ ४९॥

चौ०– अस कहि मुनि बसिष्ट गृह आए। कृपासिंधु के मन अति भाए॥
हनूमान भरतादिक भ्राता। संग लिए सेवक सुखदाता॥ १॥

पुनि कृपाल पुर बाहेर गए। गज रथ तुरग मगावत भए॥
देखि कृपा करि सकल सराहे। दिए उचित जिन्ह जिन्ह तेइ चाहे॥ २॥

हरन सकल श्रम प्रभु श्रम पाई। गए जहाँ सीतल अवँराई॥
भरत दीन्ह निज बसन डसाई। बैठे प्रभु सेवहिं सब भाई॥ ३॥

मारुतसुत तब मारुत करई। पुलक बपुष लोचन जल भरई॥
हनूमान सम नहिं बड़भागी। नहिं कोउ राम चरन अनुरागी॥ ४॥

गिरिजा जासु प्रीति सेवकाई। बार बार प्रभु निज मुख गाई॥ ५॥

दो०– तेहिं अवसर मुनि नारद आए करतल बीन।
गावन लगे राम कल कीरति सदा नबीन॥ ५०॥

चौ०– मामवलोकय पंकज लोचन। कृपा बिलोकनि सोच बिमोचन॥
नील तामरस स्याम काम अरि। हृदय कंज मकरंद मधुप हरि॥ १॥

जातुधान बरूथ बल भंजन। मुनि सज्जन रंजन अघ गंजन॥
भूसुर ससि नव बृंद बलाहक। असरन सरन दीन जन गाहक॥ २॥

भुज बल बिपुल भार महि खंडित। खर दूषन बिराध बध पंडित॥
रावनारि सुखरूप भूपबर। जय दसरथ कुल कुमुद सुधाकर॥ ३॥

सुजस पुरान बिदित निगमागम। गावत सुर मुनि संत समागम॥
कारुनीक ब्यलीक मद खंडन। सब बिधि कुसल कोसला मंडन॥ ४॥

कलि मल मथन नाम ममताहन। तुलसिदास प्रभु पाहि प्रनत जन॥ ५॥

दो०– प्रेम सहित मुनि नारद बरनि राम गुन ग्राम।
सोभासिंधु हृदयँ धरि गए जहाँ बिधि धाम॥ ५१॥

४९ भगवान मय गोटोक दर मागें से, किरपा करुन दिआ तुमी।
जनम जनम तुमचो पायँ ले मया, नी घटो केवई॥ १२॥

* राम भक्ती गोठ *

असन बलुन बसिस्ठ घरे इला, राम के भावला ते।
हनू भाईमन के संगे धरला, सेउक के सुखदेऊ जे॥ १॥
सहर बाहिर हाथी, रथ, घोड़ा मंगाला, सपा के सहराउन भाती।
जेचो मन चो तेके हुसने दिला, लाइक जानुन भाती॥ २॥
सवँसार चो थाकी टारू राम, आपलो के थाकलो जानुन।
आमा बगेचा छाँय ने गेला, भरत कपड़ा ओछालो जानुन॥ ३॥
भगवान हुनी उपरे सुस्ताउक बसला, सपाइन सेवा करत।
हनुमान उबा होउन पंखा डोलाए, हरीक ने सेवा करत॥ ४॥
सीतकाटा देहें आइँख ने पानी, उमा हबूमहा कोनी नीआत।
बड़भागी हनू राम चो सेउक, राम पायँ चो सेउक आत॥ ५॥
जेचो सेवा आरु मया गोठ के, राम घनघड़ीं आपन करत।
रामबाजा के धरून नारद, उथा एउन रहत॥ ६॥

५० राम भगवान चो महेमा के, जोड़ुन-जोड़ुन गाओत।
जे बरहमेस नवा माहा आय, हुन कीरत के गाओत॥ ७॥

किरपा ले दखले दुख के छंडाऊ, पूड़न आइँख चो राम।
मोचो बाट दखाकिरपा करून, नीयर साँवर देह चो राम॥ ८॥

संकर चो मन पूड़न चो रस खाऊ, भँवरा आहास तुमी।
रक्सा फउद चो बल के टुटाऊ, महाबली आहास तुमी॥ ९॥
मुनी संत के संग देऊ तुमी, पाप चो नास करू।
बाम्हन बेड़ा काच बादरी तुमी, बोपड़ा चो तारन करु॥ १०॥
गरीब के आपलो आसरा ने राखू पिरथी के तारु राम।
खर दूसन बिरात के मारतोने चतुर, रावन चो बयरी राम॥ ११॥
हरीक चो रुप राजा ने बड़े, जय हो भगवान राम।
दसरथ कुल बोड़ेंदा चो जोन, जय हो भगवान राम॥ १२॥
तुमचो जस बेद पुरान ने आसे, देव मुनी जेके गासोत।
पुनी दया करु फंद के मारू, चतुर अवध राज चो आहास॥ १३॥
मया के मारु कली पाप ले तारु, एकलो जे तुमचो नावँ।
तुलसी चो भगवान साहा होआ, आमी सरनाहा आँव॥ १४॥

५१ मया ले नारद मुनी गावला, राम चो गुन गढुन।
ब्रह्म लोक बाट जाते गेला, राम के मनने धरुन॥ १५॥

चौ०– गिरिजा सुनहु बिसद यह कथा। मैं सब कही मोरि मति जथा॥
राम चरित सत कोटि अपारा। श्रुति सारदा न बरनै पारा॥ १॥

राम अनंत अनंत गुनानी। जन्म कर्म अनंत नामानी॥
जल सीकर महिं रज गनि जाहीं। रघुपति चरित न बरनि सिराहीं॥ २॥

बिमल कथा हरि पद दायनी। भगति होइ सुनि अनपायनी॥
उमा कहिउँ सब कथा सुहाई। जो भुसुंडि खगपतिहि सुनाई॥ ३॥

कछुक राम गुन कहेउँ बखानी। अब का कहौं सो कहहु भवानी॥
सुनि सुभ कथा उमा हरषानी। बोली अति बिनीत मृदु बानी॥ ४॥

धन्य धन्य मैं धन्य पुरारी। सुनेउँ राम गुन भव भय हारी॥ ५॥

दो०– तुम्हरी कृपाँ कृपायतन अब कृतकृत्य न मोह।
जानेउँ राम प्रताप प्रभु चिदानंद संदोह॥ ५२ (क)॥

नाथ तवानन ससि स्त्रवत कथा सुधा रघुबीर।
श्रवन पुटन्हि मन पान करि नहिं अघात मतिधीर॥ ५२ (ख)॥

चौ०– राम चरित जे सुनत अघाहीं। रस बिसेष जाना तिन्ह नाहीं॥
जीवनमुक्त महामुनि जेऊ। हरि गुन सुनहिं निरंतर तेऊ॥ १॥

भव सागर चह पार जो पावा। राम कथा ता कहँ दृढ़ नावा॥
बिषइन्ह कहँ पुनि हरि गुन ग्रामा। श्रवन सुखद अरु मन अभिरामा॥ २॥

श्रवनवंत अस को जग माहीं। जाहि न रघुपति चरित सोहाहीं॥
ते जड़ जीव निजात्मक घाती। जिन्हहि न रघुपति कथा सोहाती॥ ३॥

हरिचरित्र मानस तुम्ह गावा। सुनि मैं नाथ अमिति सुख पावा॥
तुम्ह जो कही यह कथा सुहाई। कागभसुंडि गरुड़ प्रति गाई॥ ४॥

दो०– बिरति ग्यान बिग्यान दृढ़ राम चरन अति नेह।
बायस तन रघुपति भगति मोहि परम संदेह॥ ५३॥

चौ०– नर सहस्त्र महँ सुनहु पुरारी। कोउ एक होइ धर्म ब्रतधारी॥
धर्मसील कोटिक महँ कोई। बिषय बिमुख बिराग रत होई॥ १॥

कोटि बिरक्त मध्य श्रुति कहई। सम्यक ग्यान सकृत कोउ लहई॥
ग्यानवंत कोटिक महँ कोऊ। जीवनमुक्त सकृत जग सोऊ॥ २॥

तिन्ह सहस्त्र महुँ सब सुख खानी। दुर्लभ ब्रह्मलीन बिग्यानी॥
धर्मसील बिरक्त अरु ग्यानी। जीवनमुक्त ब्रह्मपर प्रानी॥ ३॥

सब ते सो दुर्लभ सुरराया। राम भगति रत गत मद माया॥
सो हरिभगति काग किमि पाई। बिस्वनाथ मोहि कहहु बुझाई॥ ४॥

आपलो बुध इतरो सांगले उमा, जानलोर सपा कथा के।
सौ करोड़ अपार बेद सरसती बल, नी पुरुक सकत एके॥ १६॥
राम अपार गुन अपार तिहँचो, जनम-करम नावँ अपार।
पानी टिपका धुरला गनुक होएदे, राम चो चरितर अपार॥ १७॥
पबितर कथा राम धाम देऊ, सुनले अटल भक्ती मिरेसे।
उमा सपा कथा सांगुन सारले, जेंमें भारी भक्ती मिरेसे॥ १८॥
ए कथा के काकभुसुंड सुनाला, गरुड़ के सुन्दर गढ़ुन।
हुनी के मयँ खिंडिक ने सांगले, राम चो गुन धरुन॥ १९॥
उमा अउर काय सांगेदे मय, हरीक पारबती बलली।
धन मयँ जे भव ले तारु चो, कथा के सुनले बलली॥ २०॥

५२ (क) किरपा चो धाम तुमचो किरपा ले, मयँ धन होउन गेले।
मोह गेली आरु भगवान राम चो, महेमा जानुन गेले॥ २१॥

५२ (ख) भगवान तुमचो मुंह जोन ले, राम कथा अमरित बरसेसे।
धीरजाहा मोचो कान पीउन, बले बल तरसेसे॥ २२॥

राम कथा सुनते जे अघासोत, एचो रस के नी जानत।
जिवना ले मुकत महामुनी आत, जे हमेस सुनुक जानत॥ २३॥
सवँसार समुंद ले जे नाहकुक दखेसे, राम कथा डोंगी आय।
हरी गुन अवगुनी के सुख देऊ, मन के हरीक करूआय॥ २४॥
सवँसारे असन कोन आसे जेके, राम कथा नी भाए।
जेके नीभाए हुन मूरूख जीव के, हाते मरूक भाए॥ २५॥
तुमी रामचरितर गावलास सुमुन, मन के सुख होली।
तुमी बललास काकभुसुंड सांगला, ये कसन ने होली॥ २६॥

५३ काँवरादेंह पाउन बैरागी गियानी, राम पाँय ले मया तेके।
राम भक्ती हुनके मिरलीसे जे, भरम ने पाड़ेसे मोके॥ २७॥

हजारों मनुख ने गोटोक धरमी, कोटी धरमी ने गोटोक मिरेसे।
जे बिसय के तियागुन रहेसे, हुनकेय बैराग मिरेसे॥ २८॥
बेद बलेसे कोटी बैरागी ने कोनी, असल गियान के पाएसे।
कोटी गियानी ने कोनी गोटोक जीव, मुक्ती मारग ने जाएसे॥ २९॥
हजारों मुक्ती जीव ने सपा जीव के, बिरयानी पाउक नीहोए।
धरमी-बैरागी गियानी मुक्ती, भगवान ने मस्त जे होए॥ ३०॥
असन ने बल महादेव हुन जीव, भारी कठिन ने मिरेसे।
जे माया ले बाचुन राम भक्ती के, नेम धरून भाती करेसे॥ ३१॥
असन नी मिरू हरी भक्ती के, काँबरा कसन पावलो।
समझाउन सांगा महादेव तुमी, जे रामचरितर गावलो॥ ३२॥

दो०— राम परायन ग्यान रत गुनागार मति धीर।
नाथ कहहु केहि कारन पायउ काक सरीर॥ ५४॥

चौ०— यह प्रभु चरित पवित्र सुहावा। कहहु कृपाल काग कहँ पावा॥
तुम्ह केहि भाँति सुना मदनारी। कहहु मोहि अति कौतुक भारी॥ १॥

गरुड़ महाग्यानी गुन रासी। हरि सेवक अति निकट निवासी॥
तेहिं केहि हेतु काग सन जाई। सुनी कथा मुनि निकर बिहाई॥ २॥

कहहु कवन बिधि भा संबादा। दोउ हरिभगत काग उरगादा॥
गौरि गिरा सुनि सरल सुहाई। बोले सिव सादर सुख पाई॥ ३॥

धन्य सती पावन मति तोरी। रघुपति चरन प्रीति नहिं थोरी॥
सुनहु परम पुनीत इतिहासा। जो सुनि सकल लोक भ्रम नासा॥ ४॥
उपजइ राम चरन बिस्वासा। भव निधि तर नर बिनहिं प्रयासा॥ ५॥

दो०— ऐसिअ प्रस्न बिहंगपति कीन्हि काग सन जाइ।
सो सब सादर कहिहउँ सुनहु उमा मन लाइ॥ ५५॥

चौ०— मैं जिमि कथा सुनी भव मोचनि। सो प्रसंग सुनु सुमुखि सुलोचनि॥
प्रथम दच्छ गृह तव अवतारा। सती नाम तब रहा तुम्हारा॥ १॥

दच्छ जग्य तव भा अपमाना। तुम्ह अति क्रोध तजे तब प्राना॥
मम अनुचरन्ह कीन्ह मख भंगा। जानहु तुम्ह सो सकल प्रसंगा॥ २॥

तब अति सोच भयउ मन मोरें। दुखी भयउँ बियोग प्रिय तोरें॥
सुंदर बन गिरि सरित तड़ागा। कौतुक देखत फिरउँ बेरागा॥ ३॥

गिरि सुमेर उत्तर दिसि दूरी। नील सैल एक सुन्दर भूरी॥
तासु कनकमय सिखर सुहाए। चारि चारु मोरे मन भाए॥ ४॥

तिन्ह पर एक एक बिटप बिसाला। बट पीपर पाकरी रसाला॥
सैलोपरि सर सुंदर सोहा। मनि सोपान देखि मन मोहा॥ ५॥

दो०— सीतल अमल मधुर जल जलज बिपुल बहुरंग।
कूजत कल रव हंस गन गुंजत मजुंल भृंग॥ ५६॥

चौ०— तेहिं गिरि रुचिर बसइ खग सोई। तासु नास कल्पांत न होई॥
माया कृत गुन दोष अनेका। मोह मनोज आदि अबिबेका॥ १॥

रहे ब्यापि समस्त जग माहीं। तेहि गिरि निकट कबहुँ नहिं जाहीं॥
तहँ बसि हरिहि भजइ जिमि कागा। सो सुनु उमा सहित अनुरागा॥ २॥

पीपर तरु तर ध्यान सो धरई। जाप जग्य पाकरि तर करई॥
आँब छाँह कर मानस पूजा। तजि हरि भजनु काजु नहिं दूजा॥ ३॥

बर तर कह हरि कथा प्रसंगा। आवहिं सुनहिं अनेक बिहंगा॥
राम चरित बिचित्र बिधि नाना। प्रेम सहित कर सादर गाना॥ ४॥

५४ बला राम भक्ती गियान ले भरपूर, गुन चो धाम कसन।
धीरजाहा होउन काकभुसुंड चो देह, काँबरा होली कसन॥ ३३॥

* काकभुसुंडी चरितर *

किरपा करुन सांगा रामचरितर के, काँबरा पावलो केंवले।
मन चांड होएसे काम चो बयेरी, तुमी सुनलास केंवले॥ १॥
गरूड़ जे गियानी सतगुनी सेउक, रहेसे भगवान रेठे।
मुनीमन ले छांडुन काँबरा लग जाउन, कायकाज सुनुन रहे॥ २॥
दुनों हरी भगत चो कसन ने, गोठ होली सांगा मोके।
गोठ ने हरीक होउन सिवभगवान, बलला पूछला जे तेके॥ ३॥
सती तुमी धन बुध पबितर, राम पाँय ले मया भारी।
सपा लोक चो भरम के सारेसे, सुना हुन कथा जे भारी॥ ४॥

५५ राम पायँ ले भरोसा बढ़ाएसे, जाएसे मनुख जीब तरुन।
गरुड़ बल जाउन असने पूछला, सुना काय मन देऊन॥ ५॥

जसन जनम मउत ले छंडाएसे कथा, मयँ सुनुन रहे उमा।
हुदलदँय सती जो देंह ने रलीस, हुनी कथा सुन उमा॥ ६॥
दच्छ जग्यँ ने जेबे हतक करला, रीस ने जीव दिलीस।
मोचो सेउक जग्यँ के उजड़ाला, हुन सपा के जानीस॥ ७॥
तुचो बिगर खुबे दुखी होले, मन ने फिकर होए।
सपा के छांडुन बन तरई नंदी, मोचो बुलतोर होए॥ ८॥
सुमेरु चो पयले भंडार बाट, नील पहाड़ ने आसे।
सोन माहा टीप दखा देएसे, भावली चारों जे आसे॥ ९॥
उथा एक-एक ने बड़ पीपड़ आमा, पाकर चो गच आसे।
सुन्दर तरई ने मनी चो पचरी, मन मोहातो लाइक आसे॥ १०॥

५६ हुनचो सफा सीतर पानी मीठा, रंग-रंग चो पूड़न उथा।
हाँसा कोल्हार भँवरा कोल्हार, बरहमेस होए से उथा॥ ११॥

हुनी पहाड़ ने चड़ई रहेसे, कलप सरले नास नीहोए।
माया रचलो सपा गुन दोस, मोह काम अबिबेक होए॥ १२॥
सपा सवँसार ने छाउन जाएसे, हुन पहाड़ लगे नी जाए।
उथा रहुन हुन काँवरा जाले, हरी भजन गाए॥ १३॥
पीकड़ गच खाले धियान, पाकर जप जग करेसे।
आमा छाँव ने मानस पूजा, भजन छांडुन काई नी करेसे॥ १४॥

सुनहिं सकल मति बिमल मराला। बसहिं निरंतर जे तेहिं ताला॥
जब मैं जाइ सो कौतुक देखा। उर उपजा आनंद बिसेषा॥ ५॥

दो०— तब कछु काल मराल तनु धरि तहँ कीन्ह निवास।
सादर सुनि रघुपति गुन पुनि आयउँ कैलास॥ ५७॥

चौ०— गिरिजा कहेउँ सो सब इतिहासा। मैं जेहि समय गयउँ खग पासा॥
अब सो कथा सुनहु जेहि हेतू। गयउ काग पहिं खग कुल केतू॥ १॥

जब रघुनाथ कीन्हि रन क्रीड़ा। समुझत चरित होति मोहि ब्रीड़ा॥
इंद्रजीत कर आपु बँधायो। तब नारद मुनि गरुड़ पठायो॥ २॥

बंधन काटि गयो उरगादा। उपजा हृदयँ प्रचंड बिषादा॥
प्रभु बंधन समुझत बहु भाँती। करत बिचार उरग आराती॥ ३॥

ब्यापक ब्रह्म बिरज बागीसा। माया मोह पार परमीसा॥
सो अवतार सुनेउँ जग माहीं। देखेउँ सो प्रभाव कछु नाहीं॥ ४॥

दो०— भव बंधन ते छूटहिं नर जपि जा कर नाम।
खर्ब निसाचर बाँधेउ नागपास सोइ राम॥ ५८॥

चौ०— नाना भाँति मनहि समुझावा। प्रगट न ग्यान हृदयँ भ्रम छावा॥
खेद खिन्न मन तर्क बढ़ाई। भयउ मोहबस तुम्हरिहिं नाई॥ १॥

ब्याकुल गयउ देवरिषि पाहीं। कहेसि जो संसय निज मन माहीं॥
सुनि नारदहि लागि अति दाया। सुनु खग प्रबल राम कै माया॥ २॥

जो ग्यानिन्ह कर चित अपहरई। बरिआईं बिमोह मन करई॥
जेहिं बहु बार नचावा मोही। सोइ ब्यापी बिहंगपति तोही॥ ३॥

महामोह उपजा उर तोरें। मिटिहि न बेगि कहें खग मोरें॥
चतुरानन पहिं जाहु खगेसा। सोइ करेहु जेहि होइ निदेसा॥ ४॥

दो०— अस कहि चले देवरिषि करत राम गुन गान।
हरि माया बल बरनत पुनि पुनि परम सुजान॥ ५९॥

चौ०— तब खगपति बिरंचि पहिं गयऊ। निज संदेह सुनावत भयऊ॥
सुनि बिरंचि रामहि सिरु नावा। समुझि प्रताप प्रेम अति छावा॥ १॥

मन महुँ करइ बिचार बिधाता। माया बस कबि कोबिद ग्याता॥
हरि माया कर अमिति प्रभावा। बिपुल बार जेहिं मोहि नचावा॥ २॥

अग जगमय जग मम उपराजा। नहिं आचरज मोह खगराजा॥
तब बोले बिधि गिरा सुहाई। जान महेस राम प्रभुताई॥ ३॥

बैनतेय संकर पहिं जाहू। तात अनत पूछहु जनि काहू॥
तहँ होइहि तव संसय हानी। चलेउ बिहंग सुनत बिधि बानी॥ ४॥

बढ़ खाले हरी कथा बलेसे, सुनुक चड़इमन एसोत।
चरितर के हुन गाउन सांगेसे, जे सपा बसुन सुन सोत॥ १५॥
सफा बुध हांसा हुन तरई ने, रहुन हुनके सुनसोत।
जाउन दखले हरीक लागली, जसन हुनमन सुनसोत॥ १६॥

५७ हाँसा चोला धरुन थोड़े दिन रहुन, राम कथा के सुनले।
आदर मान ले सुगुन फेर मयँ, कैलास फिरुन इले॥ १७॥

उमा मयँ हुन कहनी सांगले, जसन सुनुन रहें उथा।
एदाँय हुन कथा के सुन जसन, गरुड़ अमरलो उथा॥ १८॥
राम जेबे रन ने लीला करला, मेघनाथ हाते बंघाला।
सुरता इलो ने लाज लागेसे, नारद गरुड़ के पठाला॥ १९॥
सांप खाऊ, बांधन काटुन फिरलो, मन ने दुखी होए।
भगवान चो बांधन के सुरता करुन, गरुड़ के फिकर होए॥ २०॥
जे सपा ठान ने रहू विकार ले अलग, सरसती चो सुनीस।
माया मोह ले अलग ब्रह्म, तिहँचो अवतार ये॥ २१॥

५८ हुन अवतार चो काईं सकत नी दखें, जेके मनुख जपुन भाती।
सवँसार बाँधन ले फुसकुन जासोत, जे नाँग ले होलो बाँधी॥ २२॥

कई रकम ले मन के समझाय, गियान नी एए हुनके।
दुख ले दुखी भरम ने पड़लो, मोह बियापली तिहँके॥ २३॥
बोमरुन नारद लग जाउन भाती, मन चो भरम बललो।
राम चो माया सकत ले भरपूर, नारद दयावान बललो॥ २४॥
गियानी चेत के गुपाउन देएसे, बरपेला भरम उठाय।
जे मके कई हार ले नचाला, हुनी तुमके भरमाय॥ २५॥
मोचो समझाले ये बड़े मोह, केवई नी जाउक सके।
ब्रह्मा लग जाहा जे हुकुम मिरेदे, हुनी एके पुरुक सके॥ २६॥

५९ असन बलुन नारद राम गुन गाते, पुरे जीतते गेला।
हरी चो माया के गाउन सांगते, नारद जाते गेला॥ २७॥

ब्रह्मा लगे गरुड़ जाउन आपलो, सांगलो भरम सपा।
सुनुन बिनती करून समझाला, राम महेमा सपा॥ २८॥
बिचारत ब्रह्मा कबी, मियानी, पंडित, माया ने पड़लो आसोत।
भगवान चो माया अपरम्पार, मोके बल नचालोर आसोत॥ २९॥
मय जे माया ने पड़ेंसे जे सवँसार, मोचोय बनालो आय।
गरुड़ चो भरमतोर ए काईं, अचरित चो नोआय॥ ३०॥
बलला सोजे संकर लग जा, काकेय काई नी पूछा।
उथाय तुमचो भरम सरेदे, तिहँकेय जाउन पूछा॥ ३१॥

दो०– परमातुर बिहंगपति आयउ तब मो पास।
जात रहेउँ कुबेर गृह रहिहु उमा कैलास॥ ६०॥

चौ०– तेहिं मम पद सादर सिरु नावा। पुनि आपन संदेह सुनावा॥
सुनि ता करि बिनती मृदु बानी। परेम सहित मैं कहेउँ भवानी॥ १॥

मिलेहु गरुड़ मारग महँ मोही। कवन भाँति समुझावौं तोही॥
तबहिं होइ सब संसय भंगा। जब बहु काल करिअ सतसंगा॥ २॥

सुनिअ तहाँ हरिकथा सुहाई। नाना भाँति मुनिन्ह जो गाई॥
जेहि महुँ आदि मध्य अवसाना। प्रभु प्रतिपाद्य राम भगवाना॥ ३॥

नित हरि कथा होत जहँ भाई। पठवउँ तहाँ सुनहु तुम्ह जाई॥
जाइहि सुनत सकल संदेहा। राम चरन होइहि अति नेहा॥ ४॥

दो०– बिनु सतसंग न हरि कथा तेहि बिनु मोह न भाग।
मोह गएँ बिनु राम पद होइ न दृढ़ अनुराग॥ ६१॥

चौ०– मिलहिं न रघुपति बिनु अनुरागा। किएँ जोग तप ग्यान बिरागा॥
उत्तर दिसि सुंदर गिरि नीला। तहँ रह काकभुसुंडि सुसीला॥ १॥

राम भगति पथ परम प्रबीना। ग्यानी गुन गृह बहु कालीना॥
राम कथा सो कहइ निरंतर। सादर सुनहिं बिबिध बिहंगबर॥ २॥

जाइ सुनहु तहँ हरि गुन भूरी। होइहि मोह जनित दुख दूरी॥
मैं जब तेहि सब कहा बुझाई। चलेउ हरषि मम पद सिरु नाई॥ ३॥

ताते उमा न मैं समुझावा। रघुपति कृपाँ मरमु मैं पावा॥
होइहि कीन्ह कबहुँ अभिमाना। सो खौवै चह कृपानिधाना॥ ४॥

कछु तेहि ते पुनि मैं नहिं राखा। समुझइ खग खगही कै भाषा॥
प्रभु माया बलवंत भवानी। जाहि न मोह कवन अस ग्यानी॥ ५॥

दो०– ग्यानी भगत सिरोमनि त्रिभुवनपति कर जान।
ताहि मोह माया नर पावँर करहिं गुमान॥ ६२ (क)॥

मासपारायण, अट्ठाईसवाँ विश्राम

सिव बिरंचि कहुँ मोहइ को है बपुरा आन।
अस जियँ जानि भजहिं मुनि माया पति भगवान॥ ६२ (ख)॥

चौ०– गयउ गरुड़ जहँ बसइ भुसुंडा। मति अकुंठ हरि भगति अखंडा॥
देखि सैल प्रसन्न मन भयऊ। माया मोह सोच सब गयऊ॥ १॥

करि तड़ाग मज्जन जलपाना। बट तर गयउ हृदयँ हरषाना॥
बृद्ध बृद्ध बिहंग तहँ आए। सुनै राम के चरित सुहाए॥ २॥

६० सुनते गरुड़ हाथा इलो उमा, मयँ कुबेर बाट जायँ।
तुइ हुदलदांय कैलास ने रहीस, हुन एऊन पड़लो पायँ॥ ३२॥

आपलो भरम के मोके सांगलो, बिन्ती सुनुन बलले।
मया चो सरस गोठ के सुनुन, समझाउन भाती बलले॥ ३३॥
बाटे भेटलोस बाट हिंडतोदाँय, काए समझाएंदे तुमके।
सपा भरम तेबई जाएदे जेबे, खुदे करुंदे संतसंग के॥ ३४॥
आउर उथा हरी कथा सुनूँ, मुनीमन रोजे गावलासोत।
जेचो मूरन टीप नीआय, हुन राम गुन गावलासोत॥ ३५॥
जे ठान ने रोजे हरिकथा होएसे, तुमके पठाएँसे उथा।
जाउन सुना सपा भरम जाएदे, राम पाँय ले मया उथा॥ ३६॥

६१ सतसंग नाहलो हरीकथा नीमिरे, तेचो बिगर मोहनी जाए।
मोह गेलो नाहलो राम पायँ ले, अटल मया नी आए॥ ३७॥

मयातप जप गियान बैराग नाहलो, राम नी मिरत जाना।
भंडारबाटे नील डोंगरी ने रहेसे, काकभुसुंड तेके माना॥ ३८॥
राम भक्ती ने चतुर गियानी गुनी, खुबे दिन ले बलसोत।
बरहमेस रामकथा बलते रसोत, रकम चड़ई जुहुन सुनसोत॥ ३९॥
सुनलोने दुख मोह जाएसे सुना, हरीकथा के जाउन।
समझाउन बलले तेबे हुन गेलो, मोचो पायँ के पड़ुन॥ ४०॥
उमा मयँ हुनके एकाजे समझाले, हुनचो भेद के जानले।
राम परताप ने हुनचो एकाजे समझाले, हुनचो भेद के जानले॥ ४१॥
केबई हुन भारी घमंड करुन रहे, जेके राम काटुक दखसोत।
फेर मयँ बल हुनके लगे नी राखले, चड़ई के चड़ई सकसोत॥ ४२॥
राम चो माया भारी बली उमा, असन कोन गियानी आसे।
जेके हुन केबई नी मोहालीसे, असन कोन जीव आसे॥ ४३॥

६२ (क) जेगियानी भगत चो मुखिया आत, तिहँचो हुन बाहन आय।
हुनके माया मोहाउन भरमाली, नीच मनुख चो घमंड काय॥ ४४॥

६२ (ख) सिव-ब्रह्मा के मोहाउन देयसे, दूसर बिचारा काय होसोत।
जानुन मायापती भगवान के, मुनीमन भजते जासोत॥ ४५॥

गियानी भगत भुसुँडी जे लग रहत, गरुड़ अमरला उथा।
माया मोह बिचार जाते गेली, जसने पहाड़ के दखला उथा॥ ४६॥
तरई ने नहाउन पानी खाउन गरुड़, बड़-छाँय उथाय गेला।
राम चारचा सुनुक सियान चड़ई, उथा एऊन रला॥ ४७॥

कथा अरंभ करै सोइ चाहा। तेही समय गयउ खगनाहा॥
आवत देखि सकल खगराजा। हरषेउ बायस सहित समाजा॥ ३॥

अति आदर खगपति कर कीन्हा। स्वागत पूछि सुआसन दीन्हा॥
करि पूजा समेत अनुरागा। मधुर बचन तब बोलेउ कागा॥ ४॥

दो०– नाथ कृतारथ भयउँ मैं तव दरसन खगराज।
आयसु देहु सो करौं अब प्रभु आयहु केहि काज॥ ६३ (क)॥

सदा कृतारथ रूप तुम्ह कह मृदु बचन खगेस।
जेहि कै अस्तुति सादर निज मुख कीन्हि महेस॥ ६३ (ख)॥

चौ०– सुनहु तात जेहि कारन आयउँ। सो सब भयउ दरस तव पायउँ॥
देखि परम पावन तव आश्रम। गयउ मोह संसय नाना भ्रम॥ १॥

अब श्रीराम कथा अति पावनि। सदा सुखद दुख पुंज नसावनि॥
सादर तात सुनावहु मोही। बार बार बिनवउँ प्रभु तोही॥ २॥

सुनत गरुड़ कै गिरा बिनीता। सरल सुप्रेम सुखद सुपुनीता॥
भयउ तासु मन परम उछाहा। लाग कहै रघुपति गुन गाहा॥ ३॥

प्रथमहिं अति अनुराग भवानी। रामचरित सर कहेसि बखानी॥
पुनि नारद कर मोह अपारा। कहेसि बहुरि रावन अवतारा॥ ४॥

प्रभु अवतार कथा पुनि गाई। तब सिसु चरित कहेसि मन लाई॥ ५॥

दो०– बालचरित कहि बिबिधि बिधि मन महँ परम उछाह।
रिषि आगवन कहेसि पुनि श्रीरघुबीर बिबाह॥ ६४॥

चौ०– बहुरि राम अभिषेक प्रसंगा। पुनि नृप बचन राज रस भंगा॥
पुरबासिन्ह कर बिरह बिषादा। कहेसि राम लछिमन संबादा॥ १॥

बिपिन गवन केवट अनुरागा। सुरसरि उतरि निवास प्रयागा॥
बालमीक प्रभु मिलन बखाना। चित्रकूट जिमि बसे भगवाना॥ २॥

सचिवागवन नगर नृप मरना। भरतागवन प्रेम बहु बरना॥
करि नृप क्रिया संग पुरबासी। भरत गए जहँ प्रभु सुख रासी॥ ३॥

पुनि रघुपति बहु बिधि समुझाए। लै पादुका अवधपुर आए॥
भरत रहनि सुरपति सुत करनी। प्रभु अरु अत्रि भेंट पुनि बरनी॥ ४॥

दो०– कहि बिराध बध जेहि बिधि देह तजी सरभंग।
बरनि सुतीछन प्रीति पुनि प्रभु अगस्ति सतसंग॥ ६५॥

कहनी मुरयतो दाँय गरुड़ अमरला, सोजे उथाय गेला।
तिहँके दखुन भुसुंड संगे सपा, चड़ई हरीक होला॥ ४८॥
चड़ई राजा के भारी मान करुन, बसतो काज ठान दिला।
हाल पूछुन, पूजा करुन, भुसुंड, सरस गोठ बलला॥ ४९॥

६३ (क) नाथ आज मयँ धन होलेसे दखुन, हुकुम करा तुमी।
काय कारज ने इलास साँगा, हरीक मनने तुमी॥ ५०॥

६३ (ख) गरुड़ बलला तुमी पुनबान रूप, जेके सिब सहरासोत।
मया ने आदर ले सिव भगवान, आपलो मुँह ले बलसोत॥ ५१॥

सुना मयँ एथा कसन इलेसे, एतेखान पूरा होली।
दरसन पावले आसरम दखुन, सपा भरम गेली॥ ५२॥
श्रीरामकथा जे पबितर करेसे, सुख देऊन दुख सारे।
बिन्ती करेंसे हुनके मया ले सांगा, जे सपा भरम के मारे॥ ५३॥
गरुड़ चो मया बिन्ती के सुनुन, भुसुंड हरीक होला।
सुख पबितर गोठ के सुनुन, सांगुक तियार होला॥ ५४॥
पहिल राम चरितर कुंड चो, रूप समझाउन बलला।
फेर नारद चो मोह सांगुन, रावन जनम सांगला॥ ५५॥
भगवान अवतार चो सुंदरकथा, गढ़ुन भाती सांगला।
पिलाँ दाँय चो राम लीला के, बड़े मया ले गावला॥ ५६॥

६४ मन ने हरीक धरुन कई रकम ले, बाललीला सांगुन।
बिस्वामितर एतोर राम बिहा, सपा सांगला गढ़ुन॥ ५७॥

राम गादी चो कथा सांगुन, दसरथ भासा हारलो गोठ।
रैयत लोग चो कंदरई दुख, राम लछमन गोठयालोर गोठ॥ ५८॥
राम चो बन जातोर केवँटा मया, गंगा नाहकुन परयाग डेरा।
बालमिकी राम भेंट के सांगुन, चितरकूट पड़लोर डेरा॥ ५९॥
सुमन्त फिरतोर राजा मरतोर, भरत चो अवध एतोर।
तिहँचो मया चो गीत सांगला, राजा चो काम करतोर॥ ६०॥
रैयत के धरुन भरत गेला, जे लग राम रहोत।
तिहँके राम खुबे समझाला, खड़ऊ धरुन फिरुन रहोत॥ ६१॥
नंदी गांव रतोर रीती सांगुन, जयंत करनी के बलला।
फेर राम अतरी चो भेट के भुसुंड, भारी मया ले बलला॥ ६२॥

६५ बिराध मारतोर, सरभंग चो मरतोर, सपा कहानी सांगत।
मुतीछन मया भगवान अगस्त चो, भेट कथा के सांगत॥ ६३॥

चौ०– कहि दंडक बन पावनताई। गीध मइत्री पुनि तेहिं गाई॥
पुनि प्रभु पंचबटीं कृत बासा। भंजी सकल मुनिन्ह की त्रासा॥ १॥

पुनि लछिमन उपदेस अनूपा। सूपनखा जिमि कीन्हि कुरूपा॥
खर दूषन बध बहुरि बखाना। जिमि सब मरमु दसानन जाना॥ २॥

दसकंधर मारीच बतकही। जेहि बिधि भई सो सब तेहिं कही॥
पुनि माया सीता कर हरना। श्रीरघुबीर बिरह कछु बरना॥ ३॥

पुनि प्रभु गीध क्रिया जिमि कीन्ही। बधि कबंध सबरिहि गति दीन्ही॥
बहुरि बिरह बरनत रघुबीरा। जेहि बिधि गए सरोबर तीरा॥ ४॥

दो०– प्रभु नारद संबाद कहि मारुति मिलन प्रसंग।
पुनि सुग्रीव मिताई बालि प्रान कर भंग॥ ६६ (क)॥

कपिहि तिलक करि प्रभु कृत सैल प्रबरषन बास।
बरनन बर्षा सरद अरु राम रोष कपि त्रास॥ ६६ (ख)॥

चौ०– जेहि बिधि कपिपति कीस पठाए। सीता खोज सकल दिसि धाए॥
बिबर प्रबेस कीन्ह जेहि भाँती। कपिन्ह बहोरि मिला संपाती॥ १॥

सुनि सब कथा समीरकुमारा। नाघत भयउ पयोधि अपारा॥
लंकाँ कपि प्रबेस जिमि कीन्हा। पुनि सीतहि धीरजु जिमि दीन्हा॥ २॥

बन उजारि रावनहि प्रबोधी। पुर दहि नाघेउ बहुरि पयोधी॥
आए कपि सब जहँ रघुराई। बैदेही कि कुसल सुनाई॥ ३॥

सेन समेति जथा रघुबीरा। उतरे जाइ बारिनिधि तीरा॥
मिला बिभीषन जेहि बिधि आई। सागर निग्रह कथा सुनाई॥ ४॥

दो०– सेतु बाँधि कपि सेन जिमि उतरी सागर पार।
गयउ बसीठी बीरबर जेहि बिधि बालिकुमार॥ ६७ (क)॥

निसिचर कीस लराई बरनिसि बिबिध प्रकार।
कुंभकरन घननाद कर बल पौरुष संघार॥ ६७ (ख)॥

चौ०– निसिचर निकर मरन बिधि नाना। रघुपति रावन समर बखाना॥
रावन बध मंदोदरि सोका। राज बिभीषन देव असोका॥ १॥

सीता रघुपति मिलन बहोरी। सुरन्ह कीन्ह अस्तुति कर जोरी॥
पुनि पुष्पक चढ़ि कपिन्ह समेता। अवध चले प्रभु कृपा निकेता॥ २॥

जेहि बिधि राम नगर निज आए। बायस बिसद चरित सब गाए॥
कहेसि बहोरि राम अभिषेका। पुर बरनत नृपनीति अनेका॥ ३॥

दंडक पबितर कथा के सांगुन, गिदहा भेट के बलला।
जसन राम पंचबटी ने थेबुन, मुनीमन चो डर हरला॥ ६४॥
लछमन के जे उपदेस दिला, सुपनखा चो अवगतान करला।
खर-दूसन के मारतोर रावन चो जानतोर, सपा कथा के बलला॥ ६५॥
रावन मारीच जसन गोठयाला, सीता चोरतोर सांगला।
राम चो अलगतोर कलपतोर के, सुन्दर गढ़ुन बलला॥ ६६॥
गिदहा चो काम के जसन करला, कबंध के बाटे मारला।
सबरी के भारी गती जे दिला, भगवान कलपना सांगला॥ ६७॥

६६ (क) पंपापुर अमरलोर सपा के सांगुन, नारद संग भेट बलला।
हनुमान संग चो भेट के सांगुन, सुगरीव मितान सांगला॥ ६८॥

६६ (ख) बाली के मारुन सुगरीव के गादी, परबरसन डेरा के सांगला।
बरसा सीत गोठ सुगरीव उपरे रीस, डरातो के सांगला॥ ६९॥

जसन राजा बेंदरामन के पठाला, सीता चो डगर कराला।
करपन ने जाउन संपाती संग भेट, सपा कथा के बलला॥ ७०॥
सम्पाती ले सुनुन हनुमान कसन, समुंद नाहकुन गेला।
लंका अमरुन सीता ले भेटुन, कसन तिहँके समझला॥ ७१॥
असोक बन उजड़ाउन रावन के समझाउन लंका जरालो गोठ।
जसन बेंदरा एउन राम के भेटला, सांगला सीता चो गोठ॥ ७२॥
फउद संग समुँद रेठे उतला, जसन बिभीसन भेटलो।
समुंद बांधतोर सपा कथा के, भुखुँड सरसरा सांगलो॥ ७३॥

६७ (क) पुल बांधुन जसन बेंदरामन, समुँद नाहकुन गेला।
बाली चो बेटा दूत होउन, रावन दरबार ने गेला॥ ७४॥

६७ (ख) रक्सा बेंदरामन चो लड़इ के, कई रकम ले सांगत।
कुम्भकरन-मेघनाथ मरतो कथा, सुंदर बसुन सांगत॥ ७५॥

कई रकम चो रक्सा मरतोर, राम रावन लड़ई सांगला।
रावन मरतोर मंदोदरी कलपतोर, बिभीसन गादी बलला॥ ७६॥
देवमन चो दुख सरतोर कथा, जसन सीताराम भेटला।
जसन देवमन स्तुती करू रहोत, पुस्पक ने सपा बसला॥ ७७॥
अवधपुर बाट फिरतोर कथा, बेंदरा भालूमन संगे।
जसन अवधपुर राम अमरला, आपलो संगीमन संगे॥ ७८॥
सुंदर चरितर के काकभुसुंड, लमाउन भाती सांगला।
राम चो गादी अवध चो नीती, उमा जे भुसुंड सांगला॥ ७९॥

कथा समस्त भुसुंड बखानी। जो मैं तुम्ह सन कही भवानी॥
सुनि सब राम कथा खगनाहा। कहत बचन मन परम उछाहा॥ ४॥

सो०– गयउ मोर संदेह सुनेउँ सकल रघुपति चरित।
भयउ राम पद नेह तव प्रसाद बायस तिलक॥ ६८ (क)॥

मोहि भयउ अति मोह प्रभु बंधन रन महुँ निरखि।
चिदानंद संदोह राम बिकल कारन कवन॥ ६८ (ख)॥

चौ०– देखि चरित अति नर अनुसारी। भयउ हृदयँ मम संसय भारी॥
सोइ भ्रम अब हित करि मैं माना। कीन्ह अनुग्रह कृपानिधाना॥ १॥

जो अति आतप ब्याकुल होई। तरु छाया सुख जानइ सोई॥
जौं नहिं होत मोह अति मोही। मिलतेउँ तात कवन बिधि तोही॥ २॥

सुनतेउँ किमि हरि कथा सुहाई। अति बिचित्र बहु बिधि तुम्ह गाई॥
निगमागम पुरान मत एहा। कहहिं सिद्ध मुनि नहिं संदेहा॥ ३॥

संत बिसुद्ध मिलहिं परि तेही। चितवहिं राम कृपा करि जेही॥
राम कृपाँ तव दरसन भयऊ। तव प्रसाद सब संसय गयऊ॥ ४॥

दो०– सुनि बिहंगपति बानी सहित बिनय अनुराग।
पुलक गात लोचन सजल मन हरषेउ अति काग॥ ६९ (क)॥

श्रोता सुमति सुसील सुचि कथा रसिक हरि दास।
पाइ उमा अति गोप्यमपि सज्जन करहिं प्रकास॥ ६९ (ख)॥

चौ०– बोलेउ काकभसुंड बहोरी। नभग नाथ पर प्रीति न थोरी॥
सब बिधि नाथ पूज्य तुम्ह मेरे। कृपापात्र रघुनायक केरे॥ १॥

तुम्हहि न संसय मोह न माया। मो पर नाथ कीन्हि तुम्ह दाया॥
पठइ मोह मिस खगपति तोही। रघुपति दीन्हि बड़ाई मोही॥ २॥

तुम्ह निज मोह कही खग साईं। सो नहिं कछु आचरज गोसाईं॥
नारद भव बिरंचि सनकादी। जे मुनिनायक आतमबादी॥ ३॥

मोह न अंध कीन्ह केहि केही। को जग काम नचाव न जेही॥
तृस्नाँ केहि न कीन्ह बौराहा। केहि कर हृदय क्रोध नहिं दाहा॥ ४॥

दो०– ग्यानी तापस सूर कबि कोबिद गुन आगार।
केहि कै लोभ बिडंबना कीन्हि न एहिं संसार॥ ७० (क)॥

श्री मद बक्र न कीन्ह केहि प्रभुता बधिर न काहि।
मृगलोचनि के नैन सर को अस लाग न जाहि॥ ७० (ख)॥

हुन सपा कथा के मयँ सांगले, गरुड़ सुनुन हरीक होलो।
मन ने खुबे हरीक होउन गरुड़, काकभुसुँड के बलल्लो॥ ८०॥

६८ (क) राम चरितर के सुनुन एदाँय, मोचो भरम गेली।
तुमचो किरपा ले राम पायँ ले, मोके मया होली॥ ८१॥

६८ (ख) राम के नाँग फाँस ने दखुन, भरम होउन रहे।
राम तो भगवान परमेसर आत, कसन ने बोमरुन रहे॥ ८२॥

असन मनुख माहा चरितर दखुन, भरम होउन रहे खुबे।
एदाँय हित माहा समझले मयँ, राम चो दया खुबे॥ ८३॥
जे धाम ने डाहलबिकल होसोत, हुनी छाँय सुख के जाने।
मोके असन भरम जे नी होलोने, कसन तुमके भेटुक पाते॥ ८४॥
कसन अटपट सुँदर कथा सुनले, जेके रकम गावलास तुमी।
बेद-सास्तर चो असने बिचार, बलसोत सिद्ध मुनी॥ ८५॥
पक्की आय संत हुनकेय मिरसोत, जेके राम चो किरपा होएसे।
राम किरपा ले दरसन पावले, भरम जातोर होए॥ ८६॥

६९ (क) चड़ई राजा चो गोठ सुनुन भुसुंड चो, देहें सीतकाटा मारे।
आइँख ले थर थर पानी बोहे, मन ने हरीक चो मारे॥ ८७॥

६९ (ख) उमा हरी सेउक अकलबान जे होए, मनयायसे पबितर कथा।
सजन लोग तिहँके सपा भेद, सांगुन देसोत उथा॥ ८८॥

गरुड़ उपरे भुंसुड चो मया खुबे, बलला नाथ सुना तुमी।
सपा बाट ले तुमी पूजा चो लाइक, हरी चो सेउक तुमी॥ ८९॥
तुमके भरम मोह माया नी बियापे, ये मोके करलास दया।
एइ ओखी ने राम तुमके पठाउन, बड़ई करते करला दया॥ ९०॥
चड़ई चो राजा तुमी मोह बललास, ये काईं अचरित नो आय।
नारद-सनकादि, सिव-ब्रह्मा मुनी, आतमा के जनलोर आत॥ ९१॥
ये सपा के गियान उपदेस देसोत, सपा मरम जानसोत।
काके मोह काना नी करलोसे, काके काम नी नचलासोत॥ ९२॥
रीस अवगुन काचो जीव के, नी जरालोसे सांगा।
लोभ काके नी मतालोसे एथा, बिचारून भाती सांगा॥ ९३॥

७० (क) सवँसारे असन कोन तपसी बीर, कबी पंडित गुनी आसोत।
जे लोभ चो नास करतोले, बाचुन भाती आसोत॥ ९४॥

७० (ख) लछमी घमंड काके कोकटा नी करें, मान भयरा नी करेसे।
असन कोन जे जवान मेहरार चो, आइँख कांड ले बाचेसे॥ ९५॥

चौ०– गुन कृत सन्यपात नहिं केही। कोउ न मान मद तजेउ निबेही॥
जोबन ज्वर केहि नहिं बलकावा। ममता केहि कर जस न नसावा॥ १॥

मच्छर काहि कलंक न लावा। काहि न सोक समीर डोलावा॥
चिंता साँपिनि को नहिं खाया। को जग जाहि न ब्यापी माया॥ २॥

कीट मनोरथ दारु सरीरा। जेहि न लाग घुन को अस धीरा॥
सुत बित लोक ईषना तीनी। केहि कै मति इन्ह कृत न मलीनी॥ ३॥

यह सब माया कर परिवारा। प्रबल अमिति को बरनै पारा॥
सिव चतुरानन जाहि डेराहीं। अपर जीव केहि लेखे माहीं॥ ४॥

दो०– ब्यापि रहेउ संसार महुँ माया कटक प्रचंड।
सेनापति कामादि भट दंभ कपट पाषंड॥ ७१ (क)॥

सो दासी रघुबीर कै समुझें मिथ्या सोपि।
छूट न राम कृपा बिनु नाथ कहउँ पद रोपि॥ ७१ (ख)॥

चौ०– जो माया सब जगहि नचावा। जासु चरित लखि काहुँ न पावा॥
सोइ प्रभु भ्रू बिलास खगराजा। नाच नटी इव सहित समाजा॥ १॥

सोइ सच्चिदानंद घन रामा। अज बिग्यान रूप बल धामा॥
ब्यापक ब्याप्य अखंड अनंता। अखिल अमोघसक्ति भगवंता॥ २॥

अगुन अदभ्र गिरा गोतीता। सबदरसी अनवद्य अजीता॥
निर्मम निराकार निरमोहा। नित्य निरंजन सुख संदोहा॥ ३॥

प्रकृति पार प्रभु सब उर बासी। ब्रह्म निरीह बिरज अबिनासी॥
इहाँ मोह कर कारन नाहीं। रबि सन्मुख तम कबहुँ कि जाहीं॥ ४॥

दो०– भगत हेतु भगवान प्रभु राम धरेउ तनु भूप।
किए चरित पावन परम प्राकृत नर अनुरूप॥ ७२ (क)॥

जथा अनेक बेष धरि नृत्य करइ नट कोइ।
सोइ सोइ भाव देखावइ आपुन होइ न सोइ॥ ७२ (ख)॥

गुन करनी चो सनिपात रोग, काके नी मारेसे एथा।
असन नीआत कोनी जेके मान चो, घमंड छांडेसे एथा॥ ९६॥
जवानी जर काके नी उचउचुन, सकत बाहिर नी करेसे।
मया काचो जस नी खाएसे, इरखा कलंक नी धरेसे॥ ९७॥
दुख लेहरा काके नी डोलाएसे, फिकर साँप काके नी खाए।
सवँसार ने असन कोन जेके, माया बियापलो नीआय॥ ९८॥
मन्सा कीड़ा देंह रूख आय, धीरजाहा कोन आमे।
जेचो देह के ए कीड़ा नी खदली, असन मनुख कोन आसे॥ ९९॥
बेरा धन लोग भीतरे मान, ए तीनों मन्सा बड़े।
काचो बुध के नीच नी करे से, ए मन्सा गुन बड़े॥ १००॥
ये सपा माया चो सकत कुटुम, कोन एमन के पुरुक सके।
सिव ब्रह्मा बल डरसोत माया ले, जीव काय पुरुक सके॥ १०१॥

७१ (क) हिटते सवँसार ने गुलाख माया चो, आसोत भारी फउद।
काम रीस लोभ कप्तान आत, कपट कइर फउद॥ १०२॥

७१ (ख) राम चो दासी आय माया, समझतोने फोकहा आय।
मांतर राम बिगर छूटे नाईं, एई सते गोठ आय॥ १०३॥

माया चरितर सवँसार के नचाएले, जेके कोनी नी जानत।
राम नेत ने कुटुम संगे एके, नचकारी माहा मानत॥ १०४॥
राम हुनी भगवान आत जे, जनम तिहँचो नीआय।
बिग्यान रूप बलले भारी, सपा ठान ने हुनी आय॥ १०५॥
अखंडजेचो पार पाउक नीहोए, जेचो सकत भारी आसे।
सपा रूप ने गुन ले भरपूर, भगवान महेमा आसे॥ १०६॥
निरगुन माहा गोठ बोली जेचो, ईंदरी जीतुन राखेसे।
सपा के दखू निरदोस मया ले अलग, कोनी जीतुक नी सकेसे॥ १०७॥
जेचो काईं रूप नीआय हमेस, मया ले अलगुन रहू।
मोह ले अलग सुख चो धाम अलग ले अलग रहू॥ १०८॥
सकत बिता सपा चो मन ने रहू, मन्सा नाहलो आत।
सदा बिचार ले अलग ब्रह्मा, राम मोह नाहलो आत॥ १०९॥
अंधयार काम सुरुज चो पुरे, केवई नी जाउक सके।
राम भगत काजे राजा देंह धरला, गियानी जानुक सके॥ ११०॥

७२ (क) सवँसार चो मनुखमन काजे ते, सुँदर लीला करला।
जसन तमासाकारी तमासा दखाउक, बरन भेस धरला॥ १११॥

७२ (ख) जसन भेस ने हुसन नाट, सपा के मोहाते जाएसे।
मान्तर हुन आपन हुनमें, केबइ नी होउन जाएसे॥ ११२॥

चौ०– असि रघुपति लीला उरगारी। दनुज बिमोहनि जन सुखकारी॥
जे मति मलिन बिषय बस कामी। प्रभु पर मोह धरहिं इमि स्वामी॥ १॥

नयन दोष जा कहँ जब होई। पीत बरन ससि कहुँ कह सोई॥
जब जेहि दिसि भ्रम होइ खगेसा। सो कह पच्छिम उयउ दिनेसा॥ २॥

नौकारूढ़ चलत जग देखा। अचल मोह बस आपुहि लेखा॥
बालक भ्रमहिं न भ्रमहिं गृहादी। कहहिं परस्पर मिथ्याबादी॥ ३॥

हरि बिषइक अस मोह बिहंगा। सपनेहुँ नहिं अग्यान प्रसंगा॥
मायाबस मतिमंद अभागी। हृदयँ जमनिका बहुबिधि लागी॥ ४॥

ते सठ हठ बस संसय करहीं। निज अग्यान राम पर धरहीं॥ ५॥

दो०– काम क्रोध मद लोभ रत गृहासक्त दुखरूप।
ते किमि जानहिं रघुपतिहि मूढ़ परे तम कूप॥ ७३ (क)॥

निर्गुन रूप सुलभ अति सगुन जान नहिं कोइ।
सुगम अगम नाना चरित सुनि मुनि मन भ्रम होइ॥ ७३ (ख)॥

चौ०– सुनु खगेस रघुपति प्रभुताई। कहउँ जथामति कथा सुहाई॥
जेहि बिधि मोह भयउ प्रभु मोही। सोउ सब कथा सुनावउँ तोही॥ १॥

राम कृपा भाजन तुम्ह ताता। हरि गुन प्रीति मोहि सुखदाता॥
ताते नहिं कछु तुम्हहिं दुरावउँ। परम रहस्य मनोहर गावउँ॥ २॥

सुनहु राम कर सहज सुभाऊ। जन अभिमान न राखहिं काऊ॥
संसृत मूल सूलप्रद नाना। सकल सोक दायक अभिमाना॥ ३॥

ताते करहिं कृपानिधि दूरी। सेवक पर ममता अति भूरी॥
जिमि सिसु तन ब्रन होइ गोसाईं। मातु चिराव कठिन की नाईं॥ ४॥

दो०– जदपि प्रथम दुख पावइ रोवइ बाल अधीर।
ब्याधि नास हित जननी गनति न सो सिसु पीर॥ ७४ (क)॥

तिमि रघुपति निज दास कर हरहिं मान हित लागि।
तुलसिदास ऐसे प्रभुहि कस न भजहु भ्रम त्यागि॥ ७४ (ख)॥

चौ०– राम कृपा आपनि जड़ताई। कहउँ खगेस सुनहु मन लाई॥
जब जब राम मनुज तनु धरहीं। भक्त हेतु लीला बहु करहीं॥ १॥

गरुड़ असने आय राम लीला, जे रक्सा के मोहाएसे।
भगतमन के एइ लीला भारी, सुख देते जाएसे॥ ११३॥
अबूझ जीव बिसय ने पड़लोर, कामी लोग जे आसोत।
हुनमन मोह के भगवान उपरे, बदी करते जासोत॥ ११४॥
काचोई आइँख ने दोस रलोने, जोन के पींयर दखेसे।
खूट चो भरम होउन गेलोने, बुड़ती बेर उदेसे॥ ११५॥
डोंगी ने बसलोर लोग सवँसार के, रेंगू माहा दखसोत।
मोह ने पड़ुन हुन आपन के उबा, रलो-माहा समझसोत॥ ११६॥
किंजरू पिला घर-कुड़िया के, किंजरलो माहा जानसोत।
फेर आपन एक-दूसर ले, फंद गोठ के बलसोत॥ ११७॥
गरुड़ हरी चो मोह बल असने, सपना ने अग्यान नीआय।
मान्तर माया ने पड़लोर अभागा चो, मन ने परदा आय॥ ११८॥
मूरुख टेक ने भरम करसोत,राम के दोस देसोत।
जे लोग काम रीस लोभ ने, हमेस पड़ुन आसोत॥ ११९॥

७३ (क) असन दुख घर ने पड़ुन भाती, राम के कसन जानदे।
अंधार कुआँ ने रहुन भाती, हमन काय के जानदे॥ १२०॥

७३ (ख) समझुक होएसे निरगुन रूप के, सगुन के कोनी नी जानत।
एइ ने अगम चरितर सुनुन मुनी, भरम ने पड़ुन जासोत॥ १२१॥

आपले बुध इतरो राम चो सकत, सुना सांगेंसे मयँ।
जसन मोके मोह होउन रहे, कथा के साँगेंसे मयँ॥ १२२॥
राम चो तुमी सतवान सेउक, गुन ले मया तुमके।
काईं नी लुकाउन सांसेंसे गरुड़, भेद गोठ के तुमके॥ १२३॥
भगत ने घमंड रहुक नी देत, सहज टकर चो आत।
जनम मउत सँवसार चो जड़, जे दुख डंड देऊ आत॥ १२४॥
तेके किरपा करू काटुन देसोत, सेउक ले मया तिहँके।
जसन पिला चो देहैं पाकस होलोने, माय चिराएसे तेके॥ १२५॥

७४ (क) तेबे पिला चिरावतो दाँय, गागेसे डंड पाउन।
रोग सारूक माय पिला डंड के, रहेसे काई नी जानुन॥ १२६॥

७४ (ख) हुसने सेउक चो भलई काजे, घमंड के काटसोत राम।
भरम छांडुन कसन तुलसी, नी भजासीस राम॥ १२७॥

मोचो मूरुखपन आरु राम चो किरपा, सुना ए गोठ सांगे।
जबे राम मनुख जनम धरसोत, लीला करसोत आगे॥ १२८॥

तब तब अवधपुरी मैं जाऊँ। बालचरित बिलोकि हरषाऊँ॥
जन्म महोत्सव देखउँ जाई। बरष पाँच तहँ रहउँ लोभाई॥ २॥

इष्टदेव मम बालक रामा। सोभा बपुष कोटि सत कामा॥
निज प्रभु बदन निहारि निहारी। लोचन सुफल करउँ उरगारी॥ ३॥

लघु बायस बपु धरि हरि संगा। देखउँ बालचरित बहुरंगा॥ ४॥

दो०– लरिकाईं जहँ जहँ फिरहिं तहँ तहँ संग उड़ाउँ।
जूठनि परइ अजिर महँ सो उठाइ करि खाउँ॥ ७५ (क)॥

एक बार अतिसय सब चरित किए रघुबीर।
सुमिरत प्रभु लीला सोइ पुलकित भयउ सरीर॥ ७५ (ख)॥

चौ०– कहइ भसुंड सुनहु खगनायक। राम चरित सेवक सुखदायक॥
नृप मंदिर सुंदर सब भाँती। खचित कनक मनि नाना जाती॥ १॥

बरनि न जाइ रुचिर अँगनाई। जहँ खेलहिं नित चारिउ भाई॥
बालबिनोद करत रघुराई। बिचरत अजिर जननि सुखदाई॥ २॥

मरकत मृदुल कलेवर स्यामा। अंग अंग प्रति छबि बहु कामा॥
नव राजीव अरुन मृदु चरना। पदज रुचिर नख ससि दुति हरना॥ ३॥

ललित अंक कुलिसादिक चारी। नूपुर चारु मधुर रवकारी॥
चारु पुरट मनि रचित बनाई। कटि किंकिनि कल मुखर सुहाई॥ ४॥

दो०– रेखा त्रय सुन्दर उदर नाभी रुचिर गँभीर।
उर आयत भ्राजत बिबिधि बाल बिभूषन चीर॥ ७६॥

चौ०– अरुन पानि नख करज मनोहर। बाहु बिसाल बिभूषन सुंदर॥
कंध बाल केहरि दर ग्रीवा। चारु चिबुक आनन छबि सींवा॥ १॥

कलबल बचन अधर अरुनारे। दुइ दुइ दसन बिसद बर बारे॥
ललित कपोल मनोहर नासा। सकल सुखद ससि कर सम हासा॥ २॥

नील कंज लोचन भव मोचन। भ्राजत भाल तिलक गोरोचन॥
बिकट भृकुटि सम श्रवन सुहाए। कुंचित कच मेचक छबि छाए॥ ३॥

पीत झीनि झगुली तन सोही। किलकनि चितवनि भावति मोही॥
रूप रासि नृप अजिर बिहारी। नाचहिं निज प्रतिबिंब निहारी॥ ४॥

तेबे मयँ लीला के अवध ने, जाउन हरीक दखेंसे।
जनमदिन उच्छब दखुन लोभाउन, पांच बरख थेबेंसे॥ १२९॥
पिला राम मोचो बड़े देव आत, जेचो देंह भारी सोभा।
करोड़ काम नी पुरुक सकसोत, आइँख जुड़ायँ दखुन सोभा॥ १३०॥
काँवरा देह धरुन भगवान संगे, दखेंसे बुलुन-बुलुन।
रकम-रकम चो पिला चरितर, दखेंसे उबा रहन॥ १३१॥

७५ (क) पिला बेरा जे बाट जाओत, उड़ुन संगे जाएँसे।
तिहँचो दुआर ने पड़लोर जूठा के, बेचुन-बेचुन खाएँसे॥ १३२॥

७५ (ख) एक हार राम आपलो चरितर के, आगर करुन दिला।
देहें सीतकाटा मारली भुसुंड चो, सुरता करते लीला॥ १३३॥

बलला सुना गरुड़ रामचरितर, सेउक के सुख देएसे।
सुन्दर महल रतन गढ़लोर भीती, भारी सोभा देएसे॥ १३४॥
सुंदर दुआर जेके सांगुक नीहोय, चारों खेलते रसोत।
माय के सुख देऊक हाँसी करते, राम दुआरे रसोंत॥ १३५॥
मरकत मणि माहा सुंदर साँवर, गुलगुला देंह तिहँचो।
नख जोत जोन जोत हरे से, असन जोत तिहँचो॥ १३६॥
तरपायँ ने बजर अंकुस पूड़न, बैरख चिन्हा आसे।
पायँ ने सुन्दर गरजना बिती, पैंजन पिंधुन आसे॥ १३७॥
मनी गढ़लोर सोन चो करधन, कन्हेया ने सोभा पाएसे।
कन्हेया हालतेखन तेचो गरजना, मन मोहाउन देएसे॥ १३८॥

७६ पेट नें सुन्दर तीन डांड आसोत, बोमली खोदरी सुन्दर।
भारी छाती बरन गाहना पिंधलोर, कपड़ा लागेसे सुन्दर॥ १३९॥

लाल-लाल हात नख अंडखी, मन के मोहाउन देएसे।
भारी बाहाँ ने सुन्दर गाहना, मन झीकते जाएसे॥ १४०॥
पिला सिंघ माहा खांद आरू, संख माहा टोंडरा आसे।
सुन्दर टोढ़ी मुँह चो सोभा, खुबे सुन्दर आसे॥ १४१॥
तोतराउन गोठयातो रगरगा ओंठ, दुइ-दुइ दांत सुन्दर।
नाक-गाल सुन्दर सुख देऊ, मुचकतोर तिहँचो सुन्दर॥ १४२॥
नीयर पूड़न हा आइँख आसोत, जनम मउत ले छंडाएसे।
माथा उपरे गउलोचन चो सुंदर, तिलक सोभा पाएसे॥ १४३॥
टेड़गा भँव कान समान सुंदर, करिया चुन्दी सुंदर।
हरदुला पातर कुड़ता देह ने, दखलोने लागेसे सुंदर॥ १४४॥
चिचियातोर दखतोर टकर तेबे, मोके भाएसे खुबे।
दसरथ दुआर ने खेलतो दाँय, छाँय नाचसोत खुबे॥ १४५॥

मोहि सन करहिं बिबिधि बिधि क्रीड़ा। बरनत मोहि होति अति ब्रीड़ा॥
किलकत मोहि धरन जब धावहिं। चलउँ भागि तब पूप देखावहिं॥ ५॥

दो०– आवत निकट हँसहिं प्रभु भाजत रुदन कराहिं।
जाउँ समीप गहन पद फिरि फिरि चितइ पराहिं॥ ७७ (क)॥

प्राकृत सिसु इव लीला देखि भयउ मोहि मोह।
कवन चरित्र करत प्रभु चिदानंद संदोह॥ ७७ (ख)॥

चौ०– एतना मन आनत खगराया। रघुपति प्रेरित ब्यापी माया॥
सो माया न दुखद मोहि काहीं। आन जीव इव संसृत नाहीं॥ १॥

नाथ इहाँ कछु कारन आना। सुनहु सो सावधान हरिजाना॥
ग्यान अखंड एक सीताबर। माया बस्य जीव सचराचर॥ २॥

जौं सब कें रह ग्यान एकरस। ईस्वर जीवहि भेद कहहु कस॥
माया बस्य जीव अभिमानी। ईस बस्य माया गुन खानी॥ ३॥

परबस जीव स्वबस भगवंता। जीव अनेक एक श्रीकंता॥
मुधा भेद जद्यपि कृत माया। बिनु हरि जाइ न कोटि उपाया॥ ४॥

दो०– रामचंद्र के भजन बिनु जो चह पद निर्बान।
ग्यानवंत अपि सो नर पसु बिनु पूँछ बिषान॥ ७८ (क)॥

राकापति षोड़स उअहिं तारागन समुदाइ।
सकल गिरिन्ह दव लाइअ बिनु रबि राति न जाइ॥ ७८ (ख)॥

चौ०– ऐसेहिं हरि बिनु भजन खगेसा। मिटइ न जीवन्ह केर कलेसा॥
हरि सेवकहि न ब्याप अबिद्या। प्रभु प्रेरित ब्यापइ तेहि बिद्या॥ १॥

ताते नास न होइ दास कर। भेद भगति बाढ़इ बिहंगबर॥
भ्रम तें चकित राम मोहि देखा। बिहँसे सो सुनु चरित बिसेषा॥ २॥

तेहि कौतुक कर मरमु न काहूँ। जाना अनुज न मातु पिताहूँ॥
जानु पानि धाए मोहि धरना। स्यामल गात अरुन कर चरना॥ ३॥

तब मैं भागि चलेउँ उरगामी। राम गहन कहँ भुजा पसारी॥
जिमि जिमि दूरि उड़ाउँ अकासा। तहँ भुज हरि देखउँ निज पासा॥ ४॥

दो०– ब्रह्मलोक लगि गयउँ मैं चितयउँ पाछ उड़ात।
जुग अंगुल कर बीच सब राम भुजहि मोहि तात॥ ७९ (क)॥

सप्ताबरन भेद करि जहाँ लगें गति मोरि।
गयउँ तहाँ प्रभु भुज निरखि ब्याकुल भयउँ बहोरि॥ ७९ (ख)॥

सांगलोने लाज लागेसे मोचो संग, रकम खेल करसोत।
धरूक होलोने मोचो परातेखान, आगे रोटी दखासोत॥ १४६॥

७७ (क) लगे गेलो ने हांसुन देसोत, पराले गागुन देसोत।
पायँ छिउक जे लगे गेलोने, दखते उल्टुन परासोत॥ १४७॥

७७ (ख) असन पीलापन चो चरितर दखुन, भरम होली मोके।
कसन-असन लीला करसोत, भगवान दखुन मोके॥ १४८॥

असन भरम होतेखान तुरते, बिआपली राम चो माया।
दुख नी देय सवँसारे भटाएसे, असन रहे हुन मया॥ १४९॥
एथा दूसर किरता ने होली, नुमी नंगत करून सुना।
अखंड गियान चो रूप राम, जड़-जीव माया ने जाना॥ १५०॥
जीव के अखंड चेत रलोने, भगवान जीव ने भेद कसन।
माया चो तीनों गुन तिहँचो हाते, घमंडी जीव माया ने जसन॥ १५१॥
जीव परहाते भगवान सुतंत, जीव खुबे एक राम।
असन माया चो करलो भेद असन, जे के काटेसे राम॥ १५२॥
परभू भजन ले ए कटेसे, अउर काईं ले नी जाए।
कोटी उपाय करलोने बले, कोनी पार नी पाए॥ १५३॥

७८ (क) राम चो भजन बिगर करलोर, जे गियानी मुक्ती दखेसे।
हुन मनुख लेंगड़ा-सींग नाहलो, जनम पसू दिखेसे॥ १५४॥

७८ (ख) तारा संगे सोरा कला चो जोन उदो, सपा पहाड़ ने आइग धराले।
बिगर बेर उदलोर रात नी पहाए, किसरोय अंजोर करले॥ १५५॥

असने गरूड़ हरि भजन बिगर, जीव चो दुख नी जाए।
हरी सेवक मूरखाहा नी होत, मया ले गुन पाए॥ १५६॥
एइने सेउक चो नास नीहोय, भेद-भक्ती बाढ़ते जाएसे।
अकचकालोर दखुन राम हौसला, ये चरितर सुना गाएँसे॥ १५७॥
हुन खेल मरम के कोनी नी जानला, भाई न बाप-माय।
साँवर देह रगरगा हात पायँ, मांडीखूटा धरूक आय॥ १५८॥
साँप चो बयरी मयँ तुरते पराले, धरुक बाहाँ लमाला।
जसन अकास ने उड़ते जाएँ, बाहाँ के लगे दखाला॥ १५९॥

७९ (क) ब्रह्मलोक अमरुन उल्टुन दखले, हुदलदाँय बले।
दुइ बोट लाफी ने हात रहोत, उथा अमरले बले॥ १६०॥

७९ (ख) सप्ताबरन के भेदुन सकत इतरो, मयँ पराते गेले।
उथा बल बाहां के लगे दखुन, मयँ बोमरुन गेले॥ १६१॥

चौ०– मूदेउँ नयन त्रसित जब भयउँ। पुनि चितवत कोसलपुर गयऊँ॥
मोहि बिलोकि राम मुसुकाहीं। बिहँसत तुरत गयउँ मुख माहीं॥ १॥

उदर माझ सुनु अंडज राया। देखेउँ बहु ब्रह्मांड निकाया॥
अति बिचित्र तहँ लोक अनेका। रचना अधिक एक ते एका॥ २॥

कोटिन्ह चतुरानन गौरीसा। अगनित उडगन रबि रजनीसा॥
अगनित लोकपाल जम काला। अगनित भूधर भूमि बिसाला॥ ३॥

सागर सरि सर बिपिन अपारा। नाना भाँति सृष्टि बिस्तारा॥
सुर मुनि सिद्ध नाग नर किंनर। चारि प्रकार जीव सचराचर॥ ४॥

दो०– जो नहिं देखा नहिं सुना जो मनहूँ न समाइ।
सो सब अद्भुत देखेउँ बरनि कवनि बिधि जाइ॥ ८० (क)॥

एक एक ब्रह्मांड महुँ रहउँ बरष सत एक।
एहि बिधि देखत फिरउँ मैं अंड कटाह अनेक॥ ८० (ख)॥

चौ०– लोक लोक प्रति भिन्न बिधाता। भिन्न बिष्नु सिव मनु दिसित्राता॥
नर गंधर्ब भूत बेताला। किंनर निसिचर पसु खग ब्याला॥ १॥

देव दनुज गन नाना जाती। सकल जीव तहँ आनहि भाँती॥
महि सरि सागर सर गिरि नाना। सब प्रपंच तहँ आनइ आना॥ २॥

अंडकोस प्रति प्रति निज रूपा। देखेउँ जिनस अनेक अनूपा॥
अवधपुरी प्रति भुवन निनारी। सरजू भिन्न भिन्न नर नारी॥ ३॥

दसरथ कौसल्या सुनु ताता। बिबिध रूप भरतादिक भ्राता॥
प्रति ब्रह्मांड राम अवतारा। देखउँ बालबिनोद अपारा॥ ४॥

दो०– भिन्न भिन्न मैं दीख सबु अति बिचित्र हरिजान।
अगनित भुवन फिरेउँ प्रभु राम न देखेउँ आन॥ ८१ (क)॥

सोइ सिसुपन सोइ सोभा सोइ कृपाल रघुबीर।
भुवन भुवन देखत फिरउँ प्रेरित मोह समीर॥ ८१ (ख)॥

चौ०– भ्रमत मोहि ब्रह्मांड अनेका। बीते मनहुँ कल्प सत एका॥
फिरत फिरत निज आश्रम आयउँ। तहँ पुनि रहि कछु काल गवाँयउँ॥ १॥

निज प्रभु जन्म अवध सुनि पायउँ। निर्भर प्रेम हरषि उठि धायउँ॥
देखउँ जन्म महोत्सव जाई। जेहि बिधि प्रथम कहा मैं गाई॥ २॥

राम उदर देखेउँ जग नाना। देखत बनइ न जाइ बखाना॥
तहँ पुनि देखेउँ राम सुजाना। माया पति कृपाल भगवाना॥ ३॥

करउँ बिचार बहोरि बहोरी। मोह कलिल ब्यापित मति मोरी॥
उभय घरी महँ मैं सब देखा। भयउँ भ्रमित मन मोह बिसेषा॥ ४॥

डरुन भाती आइँख के लिमटले, उघड़ाते अवध ने रले।
मोके दखुन राम मुचकुन दिला, हांसतेय मुंह भीतर गेले॥ १६२॥
पेट ने खुबे ब्रह्मांड दखले गरुड़, उथा कई लोक रहोत।
लोकमन अदभुत अड़जंगाड़ बनलोर, एक ले आगर एक रहोत॥ १६३॥
कोटी ब्रह्मा सिव अनगिनत तारा, सुरुज जोन रहोत।
अनगिनत लोकपाल जम काल, पहाड़ भुँइ समुंद रहोत॥ १६४॥
नंदी, समुंद, तरई, रान, रकम, रकम चो, सवँसार रूप दखले।
देव, मुनी, सिध, नाग, मनुख, अनगिनत, जड़ जीव के दखले॥ १६५॥

८० (क) केबई नी सुनलोर दखलोर सपा जे, मन ने एऊक नी सके।
हुन सपा अटपट सवँसार दखले, कसन मयँ सांगुक सकें॥ १६६॥

८० (ख) सौ-सौ बरख गोटोक गोटोक, ब्रम्हांड ने मयँ रहें।
असन कईठन ब्रम्हांड ने मयँ, गुलाय बुलते रहें॥ १६७॥

हरलोक ने अलग ब्रम्हा बिस्नू, सिव दिगपाल अलग।
मनु, मनुख, गंधर्व, भूत, डूमा रक्सा, चड़ई-पसू सपा अलग॥ १६८॥
कई जात चो देव रक्सामन, कई रकम जीव रहोत।
कई पिरथी नंदी समुंद तरई, सृष्टि दूसर दूसर रहोत॥ १६९॥
सपा ब्रम्हांड ने मोचो रूप, अटपट जिनिस दखले।
सपा ने अलग अवध सरजू, अलग मनुख मेहरार दखले॥ १७०॥
दसरथ, कौसिला, भरत, भाइमत बल, अलग-अलग रहोत।
सपा ने राम चो अवतार लीला, पिलापन ने रहोत॥ १७१॥

८१ (क) हरीबाहन सपा अलग अलग अदभुत, अनगिनत ब्रम्हांड बुलले।
मान्तर राम भगवान चो दूसर रूप, कोनी ठाने नी दखले॥ १७२॥

८१ (ख) हुनी पिलामन हुनी सोभा, किरपा करू राम हुनी।
असन मोह-माया लेहरा जोर ने, ठान-ठान ने दखें हुनी॥ १७३॥

कई ब्रह्मांड भटते बुलते, सौ कलप, कटुन गेली।
बुलते-बुलते आसरम ने एऊन, थोड़े दिन उथा गेली॥ १७४॥
भगवान चो अवध ने जनम सुनुन, मया ले पराते गेले।
जाउन जनम उच्छब के दखले, जसन आगेय सांगुन दिले॥ १७५॥
राम पेट ने खुबे सवँसार दखू रहें, जे अबगो दखतोय बने।
फेर उथा माया चो मालिक के दखले, जेके सांगुक नी बने॥ १७६॥
घनघड़ी मयँ बिचारें मोचो बुध, मोह चिखला ने हरजुन।
ए सपा के दुइ घड़ी ने दखले, मोह किरता भरम ने पड़ुन॥ १७७॥

दो०— देखि कृपाल बिकल मोहि बिहँसे तब रघुबीर।
बिहँसतहीं मुख बाहेर आयउँ सुनु मतिधीर॥ ८२ (क)॥

सोइ लरिकाई मो सन करन लगे पुनि राम।
कोटि भाँति समुझावउँ मनु न लहइ बिश्राम॥ ८२ (ख)॥

चौ०— देखि चरित यह सो प्रभुताई। समुझत देह दसा बिसराई॥
धरनि परेउँ मुख आव न बाता। त्राहि त्राहि आरत जन त्राता॥ १॥

प्रेमाकुल प्रभु मोहि बिलोकी। निज माया प्रभुता तब रोकी॥
कर सरोज प्रभु मम सिर धरेऊ। दीनदयाल सकल दुख हरेऊ॥ २॥

कीन्ह राम मोहि बिगत बिमोहा। सेवक सुखद कृपा संदोहा॥
प्रभुता प्रथम बिचारि बिचारी। मन महँ होइ हरष अति भारी॥ ३॥

भगत बछलता प्रभु कै देखी। उपजी मम उर प्रीति बिसेषी॥
सजल नयन पुलकित कर जोरी। कीन्हिउँ बहु बिधि बिनय बहोरी॥ ४॥

दो०— सुनि सप्रेम मम बानी देखि दीन निज दास।
बचन सुखद गंभीर मृदु बोले रमानिवास॥ ८३ (क)॥

काकभसुंडि मागु बर अति प्रसन्न मोहि जानि।
निमादिक सिधि अपर रिधि मोच्छ सकल सुख खानि॥ ८३ (ख)॥

चौ०— ग्यान बिबेक बिरति बिग्याना। मुनि दुर्लभ गुन जे जग नाना॥
आजु देउँ सब संसय नाहीं। मागु जो तोहि भाव मन माहीं॥ १॥

सुनि प्रभु बचन अधिक अनुरागेउँ। मन अनुमान करन तब लागेउँ॥
प्रभु कह देन सकल सुख सही। भगति आपनी देन न कही॥ २॥

भगति हीन गुन सब सुख ऐसे। लवन बिना बहु बिंजन जैसे॥
भजन हीन सुख कवने काजा। अस बिचारि बोलेउँ खगराजा॥ ३॥

जौं प्रभु होइ प्रसन्न बर देहू। मो पर करहु कृपा अरु नेहू॥
मन भावत बर मागउँ स्वामी। तुम्ह उदार उर अंतरजामी॥ ४॥

दो०— अबिरल भगति बिसुद्ध तव श्रुति पुरान जो गाव।
जेहि खोजत जोगीस मुनि प्रभु प्रसाद कोउ पाव॥ ८४ (क)॥

भगत कल्पतरु प्रनत हित कृपा सिंधु सुख धाम।
सोइ निज भगति मोहि प्रभु देहु दया करि राम॥ ८४ (ख)॥

८२ (क) मोके बोमरलो दखुन राम भगवान, फेर ले हाँसुन दिला।
धीरजाहा तिहँचो मुँह ले बाहिर इले, जसने हाँसुन दिला॥ १७८॥

८२ (ख) फेर हुनी पिला गुन करुक धरला, मोचो संगे राम।
मन के कोटी मयँ समझाँय बले, धीरज चो नी रहे नावँ॥ १७९॥

पिला चरितर दखुन तिहँचो, सकत के सुरता करुन।
देह चेत के मुलकुन गेले, पड़ले गोहार करुन॥ १८०॥
साहा होआ राम बलुन पड़ले, मुह ले भाखा नी फूटे।
मोके मया ने भुरललोर दखुन, माया थेबाला तुरते॥ १८१॥
आपलो हात मोचे मुंडे मंडाउन, सपा दुख के हरला।
सेउक के सुख देऊ किरपाचो धाम, सपा मोह के हरला॥ १८२॥
तिहँचो आगे चो सकत बिचारुन, मन ने हरीक होए।
भगत उपरे किरपा के दखुन, खुबे मया होए॥ १८३॥
आँइख पानी ले भरुन गेला, देहें सीतकाटा भारी।
दुनों हात जोड़ुन उबा होउन, बिन्ती करले भारी॥ १८४॥

८३ (क) मया चो गोठ सुनुन दास के, गरीब दखुन राम।
सुख देऊ भारी गुलगुला, गोठ बलला राम॥ १८५॥

८३ (ख) काकभुसुंड बर मांग तुई, मोके हरीक जानुन।
आठों सिद्धि आरु सिद्धि मुक्ती, सुख चो खदान मानुन॥ १८६॥

गियान, बिग्यान, बिबेक, बैराग, आरु हुन सपा गुन।
जेके सँवसार ने मुनी नी पाओत, हुन अनमोल भारी गुन॥ १८७॥
मयँ आज सपा तुके देएँदे, एमें भरम नीआय।
जेमन लागो ते मांग भुसुँड, काईं चो भय नीआय॥ १८८॥
गोठ सुपुन मयँ मया ने भरले, मन ने बिचार करें।
सपा सुख देउक भगवान बलसोत, भक्ती चो गोठ नी करे॥ १८९॥
सपा गुन सुख भक्ती बिगर, फोंकहा लागेसे असन।
खातो जिनीस फेंकवा लागेसे, बिगर लोन जसन॥ १९०॥
बिचारुन बलले जे हरीक आहास, दया मया ले जाले।
मन भावतो के मांगेंसे मयँ, मालिक देहासीस जाले॥ १९१॥

८४ (क) तुमी धरमी मन चो जानू, तुमचो जे पक्की आसे।
जेके बेद-पुरान गावसोत, हुन सफा भक्ती आसे॥ १९२॥

८४ (ख) जोगी मुनी जेके खोजते बुलसोत, कोनी बिरले पाएसे।
भगत चो कलपतरू सरनाहा चो हितू, राम भक्ती मांगेंसे॥ १९३॥

चौ०— एवमस्तु कहि रघुकुलनायक। बोले बचन परम सुखदायक॥
सुनु बायस तैं सहज सयाना। काहे न मागसि अस बरदाना॥ १॥

सब सुख खानि भगति तैं मागी। नहिं जग कोउ तोहि सम बड़भागी॥
जो मुनि कोटि जतन नहिं लहहीं। जे जप जोग अनल तन दहहीं॥ २॥

रीझेउँ देखि तोरि चतुराई। मागेहु भगति मोहि अति भाई॥
सुनु बिहंग प्रसाद अब मोरें। सब सुभ गुन बसिहहिं उर तोरें॥ ३॥

भगति ग्यान बिग्यान बिरागा। जोग चरित्र रहस्य बिभागा॥
जानब तैं सबही कर भेदा। मम प्रसाद नहिं साधन खेदा॥ ४॥

दो०— माया संभव भ्रम सब अब न ब्यापिहहिं तोहि।
जानेसु ब्रह्म अनादि अज अगुन गुनाकर मोहि॥ ८५ (क)॥

मोहि भगत प्रिय संतत अस बिचारि सुनु काग।
कायँ बचन मन मम पद करेसु अचल अनुराग॥ ८५ (ख)॥

चौ०— अब सुनु परम बिमल मम बानी। सत्य सुगम निगमादि बखानी॥
निज सिद्धांत सुनावउँ तोही। सुनु मन धरु सब तजि भजु मोही॥ १॥

मम माया संभव संसारा। जीव चराचर बिबिधि प्रकारा॥
सब मम प्रिय सब मम उपजाए। सब ते अधिक मनुज मोहि भाए॥ २॥

तिन्ह महँ द्विज द्विज महँ श्रुतिधारी। तिन्ह महुँ निगम धरम अनुसारी॥
तिन्ह महँ प्रिय बिरक्त पुनि ग्यानी। ग्यानिहु ते अति प्रिय बिग्यानी॥ ३॥

तिन्ह ते पुनि मोहि प्रिय निज दासा। जेहि गति मोरि न दूसरि आसा॥
पुनि पुनि सत्य कहउँ तोहि पाहीं। मोहि सेवक सम प्रिय कोउ नाहीं॥ ४॥

भगति हीन बिरंचि किन होई। सब जीवहु सम प्रिय मोहि सोई॥
भगतिवंत अति नीचउ प्रानी। मोहि प्रानप्रिय असि मम बानी॥ ५॥

दो०— सुचि सुसील सेवक सुमति प्रिय कहु काहि न लाग।
श्रुति पुरान कह नीति असि सावधान सुनु काग॥ ८६॥

चौ०— एक पिता के बिपुल कुमारा। होहिं पृथक गुन सील अचारा॥
कोउ पंडिंत कोउ तापस ग्याता। कोउ धनवंत सूर कोउ दाता॥ १॥

असने होओ बलुन रघुकुल चो मालिक, सुख देऊ गोठ बलला।
काँवरा सुन तुई टकर ले चतुर, कसन नी मांगतीस बलला॥ १९४॥
सपा सुख चो भंडार मांगलीस, तुमचो माहा कोनी नीआत।
मुनी जय जोग आइग ने, देंह जराते रहुआत॥ १९५॥
कितरोर करलेबल ते नी पाओत, मांगलीस हुनी भक्ती।
तुचो चलाकी ले रीझुन गेले, दिले मयँ मोचो भक्ती॥ १९६॥
तुचो चलाकी मोके नंगत लागली, मोचो किरपा ले एदाँय।
सपा नंगत गुन तुचो हिरदे ने, बरहमेस रहेदे एदाँय॥ १९७॥
भक्ती गियान बैराग जोग सपा, मोचो लीला आरू भेद।
साधतो ने केबई डंड नी होएदे, किरपा ले जानसे भेद॥ १९८॥

८५ (क) नी बियापेदे केबई माया ले उपजू, कोनी भरम एदाँय।
मोके अनादी अजन्मा अगुन गुनी, ब्रह्मा जानसे एदाँय॥ १९९॥

८५ (ख) काबरा सुन मोके भगत हमेस, नंगत लागेसे जानुन।
मन, बोली, करम ले पाँय ले, मया करसे मानुन॥ २००॥

एदाँय सत सहज बेद सांगलोर, गोठ के सुन नंगत।
खुद चो पक्की बिचार सांगेंसे, मन ने धर नंगत॥ २०१॥
सवँसार के जनमाऊ मोचो माया, सपा रकम चो जीव।
मोके नंगत लागसोत काँवरा, मोचो जनमालो जीव॥ २०२॥
मनुख सपा ले नंगत लागेसे, हुनमन ले बले जे।
बाम्हन बेद-सास्तर के जानू, धरम ने रहेसे जे॥ २०३॥
तेमें बैरागी ले गियानी, गियानो ले बिग्यानी।
तेमें मोके सेउक जुगे भाएसे, जे सेवा ने रहेसे ध्यानी॥ २०४॥
जेके मोचोय आसरा आसे, आउर दूसर के नी दखे।
घनघड़ी सत गोठ बलेंसे, तिहँकेय मयँ दखें॥ २०५॥
सेउक माहा मोके आउर कोनी, सवँसार ने नी भाओत।
भक्ती नाहलो ब्रह्मा बल होले, अउर जीव माहा भासोत॥ २०६॥
मान्तर नीच भगत जीव माहा, नंगत लागसोत ते।
सांग काके नी भाएदे काँबरा, भक्ती बिता आत जे॥ २०७॥

८६ पबितर नगत बुध बिता सेउक, काहे नंगत नी लागे।
बेद पुरान असन नीती बलसोत, मन देउन सुन आगे॥ २०८॥

गोटोक बाप चो कई - ठन बेटा, अलग गुन टकर चो।
कोनी पंडित, कोनी तपसी होदे, कोनी भारी गियान चो॥ २०९॥

कोउ सर्बग्य धर्मरत कोई। सब पर पितहि प्रीति सम होई॥
कोउ पितु भगत बचन मन कर्मा। सपनेहुँ जान न दूसर धर्मा॥ २॥

सो सुत प्रिय पितु प्रान समाना। जद्यपि सो सब भाँति अयाना॥
एहि बिधि जीव चराचर जेते। त्रिजग देव नर असुर समेते॥ ३॥

अखिल बिस्व यह मोर उपाया। सब पर मोहि बराबरि दाया॥
तिन्ह महँ जो परिहरि मद माया। भजै मोहि मन बच अरु काया॥ ४॥

दो०– पुरुष नपुंसक नारि वा जीव चराचर कोइ।
सर्ब भाव भज कपट तजि मोहि परम प्रिय सोइ॥ ८७ (क)॥

सो०– सत्य कहउँ खग तोहि सुचि सेवक मम प्रानप्रिय।
अस बिचारि भजु मोहि परिहरि आस भरोस सब॥ ८७ (ख)॥

चौ०– कबहूँ काल न ब्यापिहि तोही। सुमिरेसु भजेसु निरंतर मोही॥
प्रभु बचनामृत सुनि न अघाऊँ। तनु पुलकित मन अति हरषाऊँ॥ १॥

सो सुख जानइ मन अरु काना। नहिं रसना पहिं जाइ बखाना॥
प्रभु सोभा सुख जानहिं नयना। कहि किमि सकहिं तिन्हहि नहिं बयना॥ २॥

बहु बिधि मोहि प्रबोधि सुख देई। लगे करन सिसु कौतुक तेई॥
सजल नयन कछु मुख करि रूखा। चितइ मातु लागी अति भूखा॥ ३॥

देखि मातु आतुर उठि धाई। कहि मृदु बचन लिए उर लाई॥
गोद राखि कराव पय पाना। रघुपति चरित ललित कर गाना॥ ४॥

सो०– जेहि सुख लागि पुरारि असुभ बेष कृत सिव सुखद।
अवधपुरी नर नारि तेहि सुख महुँ संतत मगन॥ ८८ (क)॥

सोई सुख लवलेस जिन्ह बारक सपनेहुँ लहेउ।
ते नहिं गनहिं खगेस ब्रह्मसुखहि सज्जन सुमति॥ ८८ (ख)॥

चौ०– मैं पुनि अवध रहेउँ कछु काला। देखेउँ बालबिनोद रसाला॥
राम प्रसाद भगति बर पायउँ। प्रभु पद बंदि निजाश्रम आयउँ॥ १॥

तब ते मोहि न ब्यापी माया। जब ते रघुनायक अपनाया॥
यह सब गुप्त चरित मैं गावा। हरि मायाँ जिमि मोहि नचावा॥ २॥

निज अनुभव अब कहउँ खगेसा। बिनु हरि भजन न जाहिं कलेसा॥
राम कृपा बिनु सुनु खगराई। जानि न जाइ राम प्रभुताई॥ ३॥

कोनी धनी, कोनी वीर होदे, कोनी दानी बेटा होदे।
कोनी सपा रकम ले भरपूर, कोनी धरमी होदे॥ २१०॥
बूबा चो मया सपा के समान, मान्तर एमें जे कोनी।
मन, बोली, करम ले बूबा मानेसे, अउर धरम नी जाने कोनी॥ २११॥
हुन जीव ले आगर मया पाएसे, भले हुन मूरूख होओ।
असन पसु चड़ई देव मनुख, असुर जड़-जीव होओ॥ २१२॥
ये सवँसारे मोचो जनमालोर, सपाके समान जानेंसे।
घमंड माया छा इन मन बानी, करम ले जे मानेसे॥ २१३॥

८७ (क) हुन माखना होओ कि मेहरार होओत, जड़ होओ कि जीव।
कपट छांडुन मोके भजुन रएसे, हुन आय मोचो जीव॥ २१४॥

८७ (ख) चड़ई तुके मयँ सत बलेंसे, मयँ मनयायँसे सेउक।
बिचारून सपा भरोसा छांडुन, तुइ होव मोचो सेउक॥ २१५॥

केबई काल नी बियापेदे तुके, सुमरुन भजन करसे।
खुबे हरीक होले सुनुन गरुड़, मोचो सुनुक तरसे॥ २१६॥
हुन सुख मन आरू कान जानसोत, जीभ नी सांगुक सके।
सोभा के ये आइँख जानजोत, मान्तर बलुक नी सकें॥ २१७॥
मोके समझाउन सुख देऊन, फेर पिला माहा खेलत।
आइँख ने पानी मुंह के सुखाउन, आया बाटे दखत॥ २१८॥
दखते पराते एऊन आया, लेपटाली छाती संगे।
कोरा बसाउन दूद पियाते, राम चो लीला गाए संगे॥ २१९॥

८८ (क) ले सुख काजे मुख देऊ संकर, भूतहा भेस धरला।
हुनी अवध चो मनुरह मेहरार के, सुख ने राम भरला॥ २२०॥

८८ (ख) खिंडिक हारक बल सपना ने बले, जे पावलासोत हुन सुख।
तेचो पुरे नी गनत सजन लोग, काईं माहा ब्रह्म सुख॥ २२१॥

थोड़े दिन मयँ अवध ने रहुन, पीला लीला दखले।
किरपा ले भक्ती चो बर पाउन, बिनाउन घरे फिरले॥ २२२॥
जब ले राम मोके आपलो बनाला, माया नी बियापली केबई।
हरी नचाउन रहोत माया लें, सांगले मयँ तेकेई॥ २२३॥
एदाँय आपलो अपन जानलोके, सांगेंसे गरूड़ तुमके।
भगवान भजन बिन डंड नी जाए, जाना सत तुमी एके॥ २२४॥
राम किरपा नाहलो राम चो सकत, जानुक नीहोएजाना।
बिगर सकत के जानलोर तिहँके, बिस्वास नीहोए माना॥ २२५॥

जानें बिनु न होइ परतीती। बिनु परतीति होइ नहिं प्रीती॥
प्रीति बिना नहिं भगति दिढ़ाई। जिमि खगपति जल कै चिकनाई॥ ४॥

सो०– बिनु गुर होइ कि ग्यान ग्यान कि होइ बिराग बिनु।
गावहिं बेद पुरान सुख कि लहिअ हरि भगति बिनु॥ ८९ (क)॥

कोउ बिश्राम कि पाव तात सहज संतोष बिनु।
चलै कि जल बिनु नाव कोटि जतन पचि पचि मरिअ॥ ८९ (ख)॥

चौ०– बिनु संतोष न काम नसाहीं। काम अछत सुख सपनेहुँ नाहीं॥
राम भजन बिनु मिटहिं कि कामा। थल बिहीन तरु कबहुँ कि जामा॥ १॥

बिनु बिग्यान कि समता आवइ। कोउ अवकास कि नभ बिनु पावइ॥
श्रद्धा बिना धर्म नहिं होई। बिनु महि गंध कि पावइ कोई॥ २॥

बिनु तप तेज कि कर बिस्तारा। जल बिनु रस कि होइ संसारा॥
सील कि मिल बिनु बुध सेवकाई। जिमि बिनु तेज न रूप गोसाँई॥ ३॥

निज सुख बिनु मन होइ कि थीरा। परस कि होइ बिहीन समीरा॥
कवनिउ सिद्धि कि बिनु बिस्वासा। बिनु हरि भजन न भव भय नासा॥ ४॥

दो०– बिनु बिस्वास भगति नहिं तेहि बिनु द्रवहिं न रामु।
राम कृपा बिनु सपनेहुँ जीव न लह बिश्रामु॥ ९० (क)॥

सो०– अस बिचारि मतिधीर तजि कुतर्क संसय सकल।
भजहु राम रघुबीर करुनाकर सुंदर सुखद॥ ९० (ख)॥

चौ०– निज मति सरिस नाथ मैं गाई। प्रभु प्रताप महिमा खगराई॥
कहेउँ न कछु करि जुगुति बिसेषी। यह सब मैं निज नयनन्हि देखी॥ १॥

महिमा नाम रूप गुन गाथा। सकल अमित अनंत रघुनाथा॥
निज निज मति मुनि हरि गुन गावहिं। निगम सेष सिव पार न पावहिं॥ २॥

तुम्हहि आदि खग मसक प्रजंता। नभ उड़ाहिं नहिं पावहिं अंता॥
तिमि रघुपति महिमा अवगाहा। तात कबहुँ कोउ पाव कि थाहा॥ ३॥

रामु काम सत कोटि सुभग तन। दुर्गा कोटि अमित अरि मर्दन॥
सक्र कोटि सत सरिस बिलासा। नभ सत कोटि अमित अवकासा॥ ४॥

दो०– मरुत कोटि सत बिपुल बल रबि सत कोटि प्रकास।
ससि सत कोटि सुसीतल समन सकल भव त्रास॥ ९१ (क)॥

बिगर बिस्वास मया नीहोए, मया बिगर कहां भक्ती।
जहन गरूढ़ पानी बिछलान चो, नी रहेसे सक्ती॥ २२६॥

८९ (क) बिन गुरुकाय गियान होउक सकेसे, कि बैराग बिगर गियान।
हरी भक्तीबिगर काय सुख मिरेसे, असन बलसोतबेदपुरान॥ २२७॥

८९ (ख) तात सहज संतोस बिगर काय, सांती पाउक सकेसे।
बिन पानी ठाने कोटी घाटलोने काय, डोंगी जाउक सकेसे॥ २२८॥

संतोस बिगर मन्सा चोनास नीहोए, जे सपनानेसुख नीदेए।
राम भजन बिगर काय मन्सा गुचेदे, बिन भुँइ काय रूख होए॥ २२९॥
बिग्यान बिगरकाय समभाव एएसे, बिन सरग काय पोल[1] होए।
मान बिगर काम धरमहोएदे, पिरथी बिगर काय गंध होए॥ २३०॥
तपबिगर काय तेज होउक सकेसे, बिन पानी रस नी होए।
बुधबिता चो सेवा बिगर गुन नी भिरे, तेज बिगर रूप नी होए॥ २३१॥
आपलो सुख बिगर काय मन मांडेसे, लेहरा बिगर काय जानुक होएसे।
हरी भजन बिगर जनम मउत नी सरे, भरोसा बिगर सिध नी होएसे॥ २३२॥

९० (क) बिसवास बिगर भक्ती नी होए, भक्ती बिगर राम नी मिर।
राम चो गिर सपना ने बले, धीरज केबई नी मिरे॥ २३३॥

९० (ख) असन बिचारुन मपा गोठ छांडुन, जे आसोत सुख चोधाम।
राम भगवान चो भजन के करा, सपासुख देउ आत राम॥ २३४॥

चड़ईराजा बुध इतरो भगवान महेमा, गाउन सांगलेतुमके।
काईं लमाउन नी सांगलेसे, दखलोके सांगले तुमके॥ २३५॥
राम चो नावँ रुप गुन कथा, अपरम्पार महेमा काए।
मुनी बुध असन गुने बलसोत, सेस सारद पार नी पाए॥ २३६॥
तुमचो ले धरुन भुरसुंडी लगले, अकास ने जे उडसोत।
मान्तर ते अकास चो सरत ले, कोनी जानुक नी सकसोत॥ २३७॥
हुसने गरुड़ राम चो महेमा बल भारी खोल आसे।
हुनचो थाहा के ए सवँसार ने, कोन पाउन आसे॥ २३८॥
राम भगवान चो सुँदर देह, अरब काम ले आगर।
बयरी चो नास करतो काजे, कोटी दंतसरी ले आगर॥ २३९॥

९१ (क) अरब पवन माहा तिहँके सकत, अरब सुरुज माहा जोत।
सँवसार चो सपा डर के टारुक, जोन माहा सीतर जोत॥ २४०॥

---

१. पोल = अकास, ठान जेठान काईं नी रए

काल कोटि सत सरिस अति दुस्तर दुर्ग दुरंत।
धूमकेतु सत कोटि सम दुराधरष भगवंत॥ ९१ (ख)॥

चौ०– प्रभू अगाध सत कोटि पताला। समन कोटि सत सरिस कराला॥
तीरथ अमित कोटि सम पावन। नाम अखिल अघ पूग नसावन॥ १॥

हिमगिरि कोटि अचल रघुबीरा। सिंधु कोटि सत सम गंभीरा॥
कामधेनु सत कोटि समाना। सकल काम दायक भगवाना॥ २॥

सारद कोटि अमित चतुराई। बिधि सत कोटि सृष्टि निपुनाई॥
बिष्नु कोटि सम पालन कर्ता। रुद्र कोटि सत सम संहर्ता॥ ३॥

धनद कोटि सत सम धनवाना। माया कोटि प्रपंच निधाना॥
भार धरन सत कोटि अहीसा। निरवधि निरुपम प्रभु जगदीसा॥ ४॥

छं०– निरुपम न उपमा आन राम समान रामु निगम कहै।
जिमि कोटि सत खद्योत सम रबि कहत अति लघुता लहै॥
एहि भाँति निज निज मति बिलास मुनीस हरिहि बखानहीं।
प्रभु भाव गाहक अति कृपाल सप्रेम सुनि सुख मानहीं॥

दो०– रामु अमित गुन सागर थाह कि पावइ कोइ।
संतन्ह सन जस किछु सुनेउँ तुम्हहि सुनायउँ सोइ॥ ९२ (क)॥

सो०– भाव बस्य भगवान सुख निधान करुना भवन।
तजि ममता मद मान भजिअ सदा सीता रवन॥ ९२ (ख)॥

चौ०– सुनि भुसुंडि के बचन सुहाए। हरषित खगपति पंख फुलाए॥
नयन नीर मन अति हरषाना। श्रीरघुपति प्रताप उर आना॥ १॥

पाछिल मोह समुझि पछिताना। ब्रह्म अनादि मनुज करि माना॥
पुनि पुनि काग चरन सिरु नावा। जानि राम सम प्रेम बढ़ावा॥ २॥

गुर बिनु भव निधि तरइ न कोई। जौं बिरंचि संकर सम होई॥
संसय सर्प ग्रसेउ मोहि ताता। दुखद लहरि कुतर्क बहु ब्राता॥ ३॥

तव सरूप गारुड़ि रघुनायक। मोहि जिआयउ जन सुखदायक॥
तव प्रसाद मम मोह नसाना। राम रहस्य अनूपम जाना॥ ४॥

दो०– ताहि प्रसंसि बिबिधि बिधि सीस नाइ कर जोरि।
बचन बिनीत सप्रेम मृदु बोलेउ गरुड़ बहोरि॥ ९३ (क)॥

प्रभु अपने अबिबेक ते बूझउँ स्वामी तोहि।
कृपासिंधु सादर कहहु जानि दास निज मोहि॥ ९३ (ख)॥

९१ (ख) अरब काल माहा भारी अटपट, अपार दिकट बिसम आत।
अरब बाहरीमूठा तारा माहा, भारी सकत बिता आत॥ २४१॥

अरब पताल माहा कहा नी मिरे, अरब जम माहा भारी।
कोटी तीरथ माहा पबितर करसोत, नावँ सारेसे पाप भारी॥ २४२॥
कोटी हिमालय माहा माँडलोर, खोल अराग समुंद माहा।
सपा चो मन चो पुराउक, अरब काम धेनु माहा॥ २४३॥
सवँसार बलाउक कोटी ब्रह्मा, चतुर कोटी सारद माहा।
पोसतो काजे अरब बिस्नू, मारतो काजे सिव माह॥ २४४॥
अरब कुबेर माहा धनी, करोड़ माया धन काज आय।
बोझ बोहुक कोटि सेंस, कोन नावँ के पुरेया आय॥ २४५॥
कटारतो लाइक कोनी नी आत, राम अपन राम आसोत।
कीटी जुगनू बल सुरुज पुरे, एकेदाँय नानी आसोत॥ २५६॥
असन अपन अपन बुध असन मुनी, हरी चो गुन करसोत।
भगवान भगत चो मन मानुन, भारी किरपा करसोत॥ २४७॥

९२ (क) राम अपार गुन चो समुँद, थाहा पाएदे कोन।
सपा गाउन सामले गरूड़, संतमन ले सुनले जोन॥ २४८॥

९२ (ख) मया हाते सुख चो भण्डार, दया चो धाम राम।
मोह माया मान के छाँडुन, भजन करा सीताराम॥ २४९॥

काकभुसुंड चो सुनुन हरीक ले, पटका फुलाउन गरुड़।
आइँख ने पानी मन ने हरीक, महेमा धरला गरूड़॥ २५०॥
गेलो मोह के जानुन पछतात, मयँ ब्रह्म के मनुख बलें।
घनघड़ी गरूड़ पाएँ पडसोत, राम माहा तिहँके बले॥ २५१॥
गुरू बिगर तरूक नी सकत, ब्रह्मा सिव कोनी होओ।
भरम साँप चाबलो के राम जियाला, भरम ने अटपट होए॥ २५२॥
तुमचो राम गारुड़ी[1] जोरले, भगत के सुख देऊराम।
जिआला मोह के काटुन भाती, भेद जानतो होली काम॥ २५३॥

९३ (क) भुसुंडी के सहराते बिन्ती करते, कई रकम ले गरूड़।
दुनों हात जोड़ुन पायँ पड़ुन, मय ले बलला गरूड़॥ २५४॥

९३ (ख) भगवान तुमी सपा के जानू, अबूझ मयँ पूछेंसे।
आपलो सेउक जानुन मानले, सांगा जे सवाल पूछेंसे॥ २५५॥

---

१. गारूड़ी–सांप बिस उतरातो ओखत

चौ०– तुम्ह सर्बग्य तन्य तम पारा। सुमति सुसील सरल आचारा॥
ग्यान बिरति बिग्यान निवासा। रघुनायक के तुम्ह प्रिय दासा॥ १॥

कारन कवन देह यह पाई। तात सकल मोहि कहहु बुझाई॥
राम चरित सर सुंदर स्वामी। पायहु कहाँ कहहु नभगामी॥ २॥

नाथ सुना मैं अस सिव पाहीं। महा प्रलयहुँ नास तव नाहीं॥
मुधा बचन नहिं ईस्वर कहई। सोउ मोरें मन संसय अहई॥ ३॥

अग जग जीव नाग नर देवा। नाथ सकल जगु काल कलेवा॥
अंड कटाह अमित लय कारी। कालु सदा दुरतिक्रम भारी॥ ४॥

सो०– तुम्हहि न ब्यापत काल अति कराल कारन कवन।
मोहि सो कहहु कृपाल ग्यान प्रभाव कि जोग बल॥ ९४ (क)॥

दो०– प्रभु तव आश्रम आएँ मोर मोह भ्रम भाग।
कारन कवन सो नाथ सब कहहु सहित अनुराग॥ ९४ (ख)॥

चौ०– गरुड़ गिरा सुनि हरषेउ कागा। बोलेउ उमा परम अनुरागा॥
धन्य धन्य तव मति उरगारी। प्रस्न तुम्हारि मोहि अति प्यारी॥ १॥

सुनि तव प्रस्न सप्रेम सुहाई। बहुत जनम कै सुधि मोहि आई॥
सब निज कथा कहउँ मैं गाई। तात सुनहु सादर मन लाई॥ २॥

जप तप मख सम दम ब्रत दाना। बिरति बिबेक जोग बिग्याना॥
सब कर फल रघुपति पद प्रेमा। तेहि बिनु कोउ न पावइ छेमा॥ ३॥

एहिं तन राम भगति मैं पाई। ताते मोहि ममता अधिकाई॥
जेहि तें कछु निज स्वारथ होई। तेहि पर ममता कर सब कोई॥ ४॥

सो०– पन्नगारि असि नीति श्रुति संमत सज्जन कहहिं।
अति नीचहु सन प्रीति करिअ जानि निज परम हित॥ ९५ (क)॥

पाट कीट तें होइ तेहि तें पाटंबर रुचिर।
कृमि पालइ सबु कोइ परम अपावन प्रान सम॥ ९५ (ख)॥

चौ०– स्वारथ साँच जीव कहुँ एहा। मन क्रम बचन राम पद नेहा॥
सोइ पावन सोइ सुभग सरीरा। जो तनु पाइ भजिअ रघुबीरा॥ १॥

राम बिमुख लहि बिधि सम देही। कबि कोबिद न प्रसंसहिं तेही॥
राम भगति एहिं तन उर जामी। ताते मोहि परम प्रिय स्वामी॥ २॥

* काकभुसुंडी कथा *

तुमी सपा संगे भेद के जानू, अंधार ले अलगुन तुमी।
गियानी भगत, सहज टकर बयरागी, बिग्यानी रामदास तुमी॥ १॥
कसन ने तुमी ये देह पावलास, समझाउन सांगा मोके।
अकास के बुलू राम कथा के कहाले, पावलास सांगा मोके॥ २॥
परलय होलोनेबल तुमचो नास, केबई नीहोए बलसोत।
सिव भगवान लग सुनलेये एके, जे केबई फंदनी बलसोत॥ ३॥
मालिक मनुख नांग, देव, जड़ जीव, सपा के काल खाएसे।
अनगिनत ब्रह्मांड के वले काल, अवस करून खाएसे॥ ४॥

९४ (क) ये भयंकार काल तुमके नी बियापे, काय फिरता आय एचो।
गियान सकत कि जोग चो बल आय, भेद के सांगा तेचो॥ ५॥

९४ (ख) तुमचो आसरम ने एतेय मोचो, मोह भरम पराउन गेली।
एचो काय किरता आय मालिक, मया खुबे बाढ़ुन गेली॥ ६॥

उमा गरुड़ चो गोठ सुनुन भुसुंड, हरीक होउन बलला।
सांप चो बयरी धन तुमचो बुध, नंगत लागली बलला॥ ७॥
मया ले सुंदर सवाल सुनुन, कई जनम चो सुरता इली।
सपा के सांगेंसे मन देऊन सुना, सत आय मोचो बोली॥ ८॥
जप-तप मन के जीतुन राखतोर, इंदरी के मारुन रतोर।
उपास, दान, बैराग, बिबेग, जोग, बिग्यान गुन रतोर॥ ९॥
राम पायँ ले मया राखलोने, सपा मिरून जाएसे।
तेचो बिगर कोनी जीव चो एथा, भलई नी रहुक पाएसे॥ १०॥
एई देंह राम भक्ती पावले, एई ने मया मोके।
जेमें जेचो कारज बनेसे, सपा मनयासोत तेके॥ ११॥

९५ (क) मानलो ने बेद ने ये रीती आय, गियानी बलसोत असने।
नीच के बले मया करतोर आय, हित जानुन तसने॥ १२॥

९५ (ख) रेसम कीड़ा ले कपड़ा बनेसे, जानसोत एके सपा।
मान्तर छूतई कीड़ा के पोससोत, जीव ले आगर सपा॥ १३॥

मन बानी करम ले पायँ ले मया, जीवना के सुफल करे।
सुंदर पबितर देह के पाउन, राम चो भजन करें॥ १४॥
ब्रह्मा माहा देंह पाउन फोकहा, राम के पाठ करून।
कबी पंडित नी सहराओत तिहँके, जे रहेसे पाठ करुन॥ १५॥

तजउँ न तन निज इच्छा मरना। तन बिनु बेद भजन नहिं बरना॥
प्रथम मोहँ मोहि बहुत बिगोवा। राम बिमुख सुख कबहुँ न सोवा॥ ३॥

नाना जनम कर्म पुनि नाना। किए जोग जप तप मख दाना॥
कवन जोनि जनमेउँ जहँ नाहीं। मैं खगेस भ्रमि भ्रमि जग माहीं॥ ४॥

देखेउँ करि सब करम गोसाईं। सुखी न भयउँ अबहिं की नाईं॥
सुधि मोहि नाथ जन्म बहु केरी। सिव प्रसाद मति मोहँ न घेरी॥ ५॥

दो०– प्रथम जन्म के चरित अब कहउँ सुनहु बिहगेस।
सुनि प्रभु पद रति उपजइ जातें मिटहिं कलेस॥ ९६ (क)॥

पूरुब कल्प एक प्रभु जुग कलिजुग मल मूल।
नर अरु नारि अधर्म रत सकल निगम प्रतिकूल॥ ९६ (ख)॥

चौ०– तेहि कलिजुग कोसलपुर जाई। जन्मत भयउँ सूद्र तनु पाई॥
सिव सेवक मन क्रम अरु बानी। आन देव निंदक अभिमानी॥ १॥

धन मद मत्त परम बाचाला। उग्रबुद्धि उर दंभ बिसाला॥
जदपि रहेउँ रघुपति रजधानी। तदपि न कछु महिमा तब जानी॥ २॥

अब जाना मैं अवध प्रभावा। निगमागम पुरान अस गावा॥
कवनेहुँ जन्म अवध बस जोई। राम परायन सो परि होई॥ ३॥

अवध प्रभाव जान तब प्रानी। जब उर बसहिं रामु धनुपानी॥
सो कलिकाल कठिन उरगारी। पाप परायन सब नर नारी॥ ४॥

दो०– कलिमल ग्रसे धर्म सब लुप्त भए सदग्रंथ।
दंभिन्ह निज मति कल्पि करि प्रगट किए बहु पंथ॥ ९७ (क)॥

भए लोग सब मोहबस लोभ ग्रसे सुभ कर्म।
सुनु हरिजान ग्यान निधि कहउँ कछुक कलिधर्म॥ ९७ (ख)॥

चौ०– बरन धर्म नहिं आश्रम चारी। श्रुति बिरोध रत सब नर नारी॥
द्विज श्रुति बेचक भूप प्रजासन। कोउ नहिं मान निगम अनुसासन॥ १॥

ए देह ले मोचो मन ने गरुड़, राम चो भक्ती होली।
एइ काजे मो के एइ देह ले, खुबे मया होली॥ १६॥
देह नी छाँडे मन उपरे आसे, मउत के मोचो जाना।
बेद बलसोत भजन नीहोए, देह बिगर माना॥ १७॥
आगे मोके मोह होउन रहे गुने, मोचो दुरगती होली।
राम के पाठ करुन सुख ले केबई, सोउक बल नी होली॥ १८॥
कई जनम ने, कई रकम ले, जप तप सपा करले।
कोनी-जोनी असन नीआत जेमें, मय जनम नी घरले॥ १९॥
सपा करम करुन सारले मान्तर, असन सुख नी पाँए।
सिव किरपा ले सपा सुरता आसे, मोह ने मयँ नी जाएँ॥ २०॥

९६ (क) पहिल जनम चो चरितर सांगेंसे, सुनलोने मया होए।
सपा दुख कटु न उठुन जाएसे, पायँ ले भक्ती होए॥ २१॥

९६ (ख) आगे एक कलप पाप चो कलजुग, असन चो जुग रहे।
मनुख मेहरार अधरमी रओत, बेद चो बयरी रहे॥ २२॥

हुन कली ने नीच जनमुन, सिव चो सेउक रहें।
दूसर देवमन चो निंदा करें, भारी घमंडी रहें॥ २३॥
मन ले घमंडी भारी टोंडकाहा, रिसहा गढ़ न चो रहें।
राम राज रहुन हुनचो महेमा के, नी जानते रहें॥ २४॥
एदाँय अवध चो गुन के जानले, नंगत करून भाती।
बेद सास्तर गावलासोत एके, नंगत सांगुन भाती॥ २५॥
कोनी बल जनम ने अवधपुर ने, जे जीव रहुन जाएसे।
हुन राम चो भगत होउन भाती, राम चो महेमा गाएसे॥ २६॥
अवध महेमा के जीव तेबई जानेंसे, जे हाते धनऊ कांड धरुन।
राम मन ने बरहमेस रसोत, आपन ले दया करून॥ २७॥
सांगुक नीहोए असन अटपट, हुन कलीकाल गरुड़।
मेहरार मनुख पापी रहोत, असन कली गरुड़॥ २८॥

९७ (क) कली चो पाप सपा धरम के, गोलुन सारुन दिला।
गरंथ लुकला कपटी बुधले, धरम उपजाउन दिला॥ २९॥

९७ (ख) सपा मोह ने गुपुन रहोत सुभ के लोभ खदला।
एदांय सुना कली चो धरम, कसन रकम चो रला॥ ३०॥

कली ने बरन धरम नाईं, चारों आसरम नी रहेसे।
मनुख मेहरार चो मन देह चो, खिलाप करुक रहेसे॥ ३१॥

मारग सोइ जा कहुँ जोइ भावा। पंडित सोइ जो गाल बजावा॥
मिथ्यारंभ दंभ रत जोई। ता कहुँ संत कहइ सब कोई॥ २॥

सोइ सयान जो परधन हारी। जो कर दंभ सो बड़ आचारी॥
जो कह झूँठ मसखरी जाना। कलिजुग सोइ गुनवंत बखाना॥ ३॥

निराचार जो श्रुति पथ त्यागी। कलिजुग सोइ ग्यानी सो बिरागी॥
जाकें नख अरु जटा बिसाला। सोइ तापस प्रसिद्ध कलिकाला॥ ४॥

दो०– असुभ बेष भूषन धरें भच्छाभच्छ जे खाहिं।
तेइ जोगी तेइ सिद्ध नर पूज्य ते कलिजुग माहिं॥ ९८ (क)॥

सो०– जे अपकारी चार तिन्ह कर गौरव मान्य तेइ।
मन क्रम बचन लबार तेइ बकता कलिकाल महुँ॥ ९८ (ख)॥

चौ०– नारि बिबस नर सकल गोसाईं। नाचहिं नट मर्कट की नाईं॥
सूद्र द्विजन्ह उपदेसहिं ग्याना। मेलि जनेऊ लेहिं कुदाना॥ १॥

सब नर काम लोभ रत क्रोधी। देव बिप्र श्रुति संत बिरोधी॥
गुन मंदिर सुंदर पति त्यागी। भजहिं नारि पर पुरुष अभागी॥ २॥

सौभागिनीं बिभूषन हीना। बिधवन्ह के सिंगार नबीना॥
गुर सिष बधिर अंध का लेखा। एक न सुनइ एक नहिं देखा॥ ३॥

हरइ सिष्य धन सोक न हरई। सो गुर घोर नरक महुँ परई॥
मातु पिता बालकन्हि बोलावहिं। उदर भरै सोइ धर्म सिखावहिं॥ ४॥

दो०– ब्रह्म ग्यान बिनु नारि नर कहहिं न दूसरि बात।
कौड़ी लागि लोभ बस करहिं बिप्र गुर घात॥ ९९ (क)॥

बादहिं सूद्र द्विजन्ह सन हम तुम्ह ते कछु घाटि।
जानइ ब्रह्म सो बिप्रबर आँखि देखावहिं डाटि॥ ९९ (ख)॥

चौ०– पर त्रिय लंपट कपट सयाने। मोह द्रोह ममता लपटाने॥
तेइ अभेदबादी ग्यानी नर। देखा मैं चरित्र कलिजुग कर॥ १॥

आपु गए अरु तिन्हहू घालहिं। जे कहुँ सत मारग प्रतिपालहिं॥
कल्प कल्प भरि एक एक नरका। परहिं जे दूषहिं श्रुति करि तरका॥ २॥

बाम्हन बेद के बिकुन खासोस, राजा रैयत के खाएसे।
बेद हुकुम के कोनी नी मानुन, आपलो बाट ने जाएसे॥ ३२॥
जेके ले नगत हुन हुनी बाट, ढोंगहा पंडित आय।
फोकहा फालू परपंची पाखंडी, हुनी संत माहा आय॥ ३३॥
परधन चोरु अकलवान, फंदी होसोत गुनी।
फंद गोठयाऊ हांसी करु, हुनी कली चो गुनी॥ ३४॥
अवगुनी चाल चो बेद के नीमानू, कली चो हुन गियानी।
नख लट लमाउन ढोंग करेया, हुनी असल तपसी मुनी॥ ३५॥

९८ (क) असगुन भेस आरु सिंगार करु, नी खातो के जे खाएसे।
हुनी जोगी, हुनी सिद्धी आय, कली ने पूजा पाएसे॥ ३६॥

९८ (ख) दूसर के डंड देऊ नावँ कमाएसे, हुनचोय मान होएसे।
मन बानी करम ले फंदी लोग, कली चो पंडित होएसे॥ ३७॥

मनुख मेहरार के हाते नचासोत, बेंदरा नचालो असन।
जनई पिंधुन दान-पुन झोकसोत, बड़े बाम्हुन असन॥ ३८॥
काम-लोभ ने पड़ुन मनुखमन, भारी रिसहा होसोत।
देव, बाम्हन, बेद, संत के निंदरते, तिहँचो बयरी होसोत॥ ३९॥
मेहरार घर चो सुन्दर मुनीस के, छांडुन भाती जासोत।
अउर मनुख चो सेवा करून, भारी नाँव पासोत॥ ४०॥
राँडी रोजे नवा नाहन पिंधसोत, अवातिन गाहना बिगर।
गुरु चेला काना भरारा माहा, रसोत एक ले एक आगर॥ ४१॥
चेला-गुरु चो गियान नी सुने, गुरु तिहँके नी दखे।
गुरु-चेला चो धन माल के, झीकतो काजे दखे॥ ४२॥
चेला चो दुख डंड नी हरे, नरक ने पड़ेसे जाउन।
आया बूबा पेट भरतो गियान, पिला के देसोत सिखाउन॥ ४३॥

९९ (क) ब्रह्मगियान छांडुन काई नी गोठयात, मनुख मेहरार बसुन।
गुरु बाम्हन चो हतया करसोत, कौड़ी लोभ ने पड़ुन॥ ४४॥

९९ (ख) नीच बाम्हन संग होड़ करसोत, आपन के बडे बलुन।
ब्रह्म जानू बाम्हन आय बलते, देसोत पक्की डपटुन॥ ४५॥

पर बायले उपरे मन के नेऊ, कपट ने चतुर लोग।
मोह बइर मया ने सानी होलोर, रसोत खुबे लोग॥ ४६॥
हुनी ब्रह्म जीव के गोटकी बलुन, गियानी होउन रसोत।
मयँ हुन कली ने चरितर दखले, जसन लोग रसोत॥ ४७॥
आपन बरोबाद दूसर नंगत के, बरोबाद करुन देसोत।
टोंड करून बेद के निंदरून, नरक ने जाउन रसोत॥ ४८॥

जे बरनाधम तेलि कुम्हारा। स्वपच किरात कोल कलवारा॥
नारि मुई गृह संपति नासी। मूड़ मुड़ाइ होहिं संन्यासी॥ ३॥

ते बिप्रन्ह सन आपु पुजावहिं। उभय लोक निज हाथ नसावहिं॥
बिप्र निरच्छर लोलुप कामी। निराचार सठ बृषली स्वामी॥ ३॥

सूद्र करहिं जप तप ब्रत नाना। बैठि बरासन कहहिं पुराना॥
सब नर कल्पित करहिं अचारा। जाइ न बरनि अनीति अपारा॥ ४॥

दो०– भए बरन संकर कलि भिन्नसेतु सब लोग।
करहिं पाप पावहिं दुख भय रुज सोक बियोग॥ १०० (क)॥

श्रुति संमत हरि भक्ति पथ संजुत बिरति बिबेक।
तेहिं न चलहिं नर मोह बस कल्पहिं पंथ अनेक॥ १०० (ख)॥

छं०– बहु दाम सँवारहिं धाम जती। बिषया हरि लीन्हि न रहि बिरती॥
तपसी धनवंत दरिद्र गृही। कलि कौतुक तात न जात कही॥ १॥

कुलवंति निकारहिं नारि सती। गृह आनहिं चेरि निबेरि गती॥
सुत मानहिं मातु पिता तब लौं। अबलानन दीख नहीं जब लौं॥ २॥

ससुरारि पिआरि लगी जब तें। रिपुरूप कुटुंब भए तब तें॥
नृप पाप परायन धर्म नहीं। करि दंड बिडंब प्रजा नितहीं॥ ३॥

धनवंत कुलीन मलीन अपी। द्विज चिन्ह जनेउ उघार तपी॥
नहिं मान पुरान न बेदहि जो। हरि सेवक संत सही कलि सो॥ ४॥

कबि बृंद उदार दुनी न सुनी। गुन दूषक ब्रात न कोपि गुनी॥
कलि बारहिं बार दुकाल परै। बिनु अन्न दुखी सब लोग मरै॥ ५॥

दो०– सुनु खगेस कलि कपट हठ दंभ द्वेष पाषंड।
मान मोह मारादि मद ब्यापि रहे ब्रह्मंड॥ १०१ (क)॥

तामस धर्म करहिं नर जप तप ब्रत मख दान।
देव न बरषहिं धरनीं बए न जामहिं धान॥ १०१ (ख)॥

छं०– अबला कच भूषन भूरि छुधा। धनहीन दुखी ममता बहुधा॥
सुख चाहहिं मूढ़ न धर्म रता। मति थोरि कठोरि न कोमलता॥ १॥

तेली, कुम्हार, डोम, कोल, भील, जितसे जे नानी आसोत।
बायले मरलो ने मुंड मुंडाउन, जोगी होउन जासोत॥ ४९॥
बाम्हन ले आपलो पूजा कराउन, आपलोय हात लेते।
दुनों लोक के नास करसोत, मूरूख गतर चो ते॥ ५०॥
बाम्हन अपढ़, लोभी, कामी, मूरूख, टकर ले अडरा रसोत।
नीच जात चो बदमास मेहरार चो, मुनीस रुझोउन रसोत॥ ५१॥
नीच करम चो जप-तप करसोत, डेंग ठान ने बससोत।
उपरे बसुन पुरान सास्तर चो, गोठ के ते बलसोत॥ ५२॥
सपा मनुख मन-मन चो टकराहा, नीती ले बाहिर रहुंन।
तिहँचो नीती के सांगुक नीहोय, असन जीसत रहुन॥ ५३॥

१००(क) कलजुग ने जुगे उपका आरू, नेम ले अलग जीवना।
पाप ले दुख डर रोग छांडरा, तिहँचो होएसे जीवना॥ ५४॥

१००(ख) बेद गोठ बैराग गियान ले भरपुर, हरी भक्ती चो मारग।
मोह ने मनुख नी मानुन धरसोत, नवा रकम चो मारग॥ ५५॥

सन्यासी धन खरचुन घर सवँरासोत, बैराग नावँ नीआय।
तपसी, धनी, कुटुम बिता दारदिर, कली लीला के कोन पाय॥ ५६॥
कुलवन्तीन सती के निकराउन, नवकरीन के राखसोत।
मेहरार मुँह नी दखतले माय बाप बेटा चो होउन आसोत॥ ५७॥
ससुर घर ले मया कुटुम बयरी, राजा पापी होसोत।
रैयत के डंड देउन देउन, दुरदसा करून देसोत॥ ५८॥
धनी लोग के बड़े मानसोत, बाम्हन चो जनेई बाचली।
नगंडा देह आय तपसी चिन्हा, बेद चो मान सरली॥ ५९॥
बेद के नीमानू कालीकाल ने, सतवान संत होसोत।
कबी फउद गुलाय होलासोत, मान देऊ नी रसोत॥ ६०॥
गुन ने दोस सांगू लोग खुदे, पय गुनी कोनी नीआत।
घनघड़ी अकाल भूख ने लोग चो, कहाँय गती नीआय॥ ६१॥

१०१(क) गरुड़ कली ने कपट्टी, टेकहा, फंदी, कयराहा, मोह काम।
गुलाय ब्रह्मांड छाइ होलासोत, असन चो चले काम॥ ६२॥

१०१(ख) जप-तप जग्यँ दान धरम के लोग, नीच मन ले करसोत।
पानी नी बरसात देव उपज नाईं बरन उपदरो करसोत॥ ६३॥

मेहरार चो अबगो चूँदी गाहना, भूख तिहुँके खुबे।
गरीब होउन बल मया ने पड़ुन, दुखी होसोत खुबे॥ ६४॥
मूरुख ते फेर सुख डगरासोत, धरम ले नीआय दया।
अकल तिहँचो खिंडिक रहेसे, जीव ले नीआय दया॥ ६५॥

नर पीड़ित रोग न भोग कहीं। अभिमान बिरोध अकारनहीं॥
लघु जीवन संबतु पंच दसा। कलपांत न नास गुमानु असा॥ २॥

कलिकाल बिहाल किए मनुजा। नहिं मानत क्वौ अनुजा तनुजा॥
नहिं तोष बिचार न सीतलता। सब जाति कुजाति भए मगता॥ ३॥

इरिषा परुषाच्छर लोलुपता। भरि पूरि रही समता बिगता॥
सब लोग बियोग बिसोक हुए। बरनाश्रम धर्म अचार गए॥ ४॥

दम दान दया नहिं जानपनी। जड़ता परबंचनताति घनी॥
तनु पोषक नारि नरा सगरे। परनिंदक जे जग मो बगरे॥ ५॥

दो०– सुनु ब्यालारि काल कलि मल अवगुन आगार।
गुनउँ बहुत कलिजुग कर बिनु प्रयास निस्तार॥ १०२ (क)॥

कृतजुग त्रेताँ द्वापर पूजा मख अरु जोग।
जो गति होइ सो कलि हरि नाम ते पावहिं लोग॥ १०२ (ख)॥

चौ०– कृतजुग सब जोगी बिग्यानी। करि हरि ध्यान तरहिं भव प्रानी॥
त्रेताँ बिबिध जग्य नर करहीं। प्रभुहि समर्पि कर्म भव तरहीं॥ १॥

द्वापर करि रघुपति पद पूजा। नर भव तरहिं उपाय न दूजा॥
कलिजुग केवल हरि गुन गाहा। गावत नर पावहिं भव थाहा॥ २॥

कलिजुग जोग न जग्य न ग्याना। एक अधार राम गुन गाना॥
सब भरोस तजि जो भज रामहि। प्रेम समेत गाव गुन ग्रामहि॥ ३॥

सोइ भव तर कछु संसय नाहीं। नाम प्रताप प्रगट कलि माहीं॥
कलि कर एक पुनीत प्रतापा। मानस पुन्य होहिं नहिं पापा॥ ४॥

दो०– कलिजुग सम जुग आन नहिं जौं नर कर बिस्वास।
गाइ राम गुन गन बिमल भव तर बिनहिं प्रयास॥ १०३ (क)॥

प्रगट चारि पद धर्म के कलि महुँ एक प्रधान।
जेन केन बिधि दीन्हें दान करइ कल्यान॥ १०३ (ख)॥

चौ०– नित जुग धर्म होहिं सब केरे। हृदयँ राम माया के प्रेरे॥
सुद्ध सत्व समता बिग्याना। कृत प्रभाव प्रसन्न मन जाना॥ १॥

बरन रोग सुख नावँ नाईं, फोकहा घमंड जुगे।
दस पाँच बरख जीवना तिहँचो, टेडम दखासोत जुगे॥ ६६॥
कली मनुख चो दुरदसा करेसे, बहिन बेटी नी जानत।
धीरज बिबेक सांती नीआय, भीखमांगू सपा आसोत॥ ६७॥
इरखाहा, कयराहा, ललचाहा गुलाय, बराबरी काई नीआय।
छांडरा दुख ले मरते रसोत, धरम करम नीआय॥ ६८॥
दान, दया, धरम काचोई लग नाईं, ईंदरी जीतुक नी सकत।
ठगतो बेभार बाढ़ न गेलीसे, काकेय ते नी दखत॥ ६९॥
मनुख मेहरार आपलो पेट के, भरतो उआट ने रसोत।
परनिंदा मारते हिटते सवँसारे, बिखरी होउन आसोत॥ ७०॥

१०२(क) पापगुन चो घर आय कली, गुन आसे गोटोक बड़े।
बिगर मेहनत भव-बांधन ले फुसकेसे, एय आय गुन बड़े॥ ७१॥

१०२(ख) सतजुग, द्वापर, तरेता ने जे, पूजा जप जोग ने मिरेसे।
हुनी कलजुग ने नावँ जपलोने, सपा गुन गती मिरेसे॥ ७२॥

सतजुग ने सपा जोगी बिग्यानी, हरी चो धियान करून।
सवँसार समुंद ले तरून जासोत, गियान ले धियान धरून॥ ७३॥
तरेता जुग ने मनुख रकम रकम, हवन जग्यँ करसोत।
सपा करम के भगवान के होमुन, सवँसार ले तरुन जासोत॥ ७४॥
द्वापर ने राम पायँ चो पूजा, करते तरुन जासोत।
कली ने राम गुन गाउन मनुख, सवँसार नाहकुन जासोत॥ ७५॥
कली ने राम नावँ चो भरोसा, जोग जप धियान नी लागे।
सपा भरोसा छांडुन राम नावँ, मया ले गासोत आगे॥ ७६॥
हुनी तरेसे एमें भरम नीआय, नावँ महेमा पुरे आसे।
कली गोटोक भारी महेमा आय, जेचो भारी गुन आसे॥ ७७॥
अंतस ले पुन आसे कली ने, मान्तर पाप नी होए।
बिसवास करलोने कलीजुग माहा, अउर कोनी नी होए॥ ७८॥

१०३(क) ये जुग ने राम चो सुंदर जस के, जे मनुख गाउन जीएसे।
बिगर मेहनत सवँसार समुंद के, मनुख नाहकुन जाएसे॥ ७९॥

१०३(ख) जाहिर धरम चो चार गुन, जेंमें कली ने गोटकी।
नंगत होएसे कोनी रकम ले, दान करलोने गोटकी॥ ८०॥

राम मया ले मन ने उठेसे, सपा जुग चो धरम।
सत समान बिग्यान हरीक रतोर, सतजुग चो करम॥ ८१॥

सत्व बहुत रज कछु रति कर्मा। सब बिधि सुख त्रेता कर धर्मा॥
बहु रज स्वल्प सत्व कछु तामस। द्वापर धर्म हरष भय मानस॥ २॥

तामस बहुत रजोगुन थोरा। कलि प्रभाव बिरोध चहुँ ओरा॥
बुध जुग धर्म जानि मन माहीं। तजि अधर्म रति धर्म कराहीं॥ ३॥

काल धर्म नहिं ब्यापहिं ताही। रघुपति चरन प्रीति अति जाही॥
नट कृत बिकट कपट खगराया। नट सेवकहि न ब्यापइ माया॥ ४॥

दो०– हरि माया कृत दोष गुन बिनु हरि भजन न जाहिं।
भजिअ राम तजि काम सब अस बिचारि मन माहिं॥ १०४ (क)॥

तेहिं कलिकाल बरष बहु बसेउँ अवध बिहगेस।
परेउ दुकाल बिपति बस तब मैं गयउँ बिदेस॥ १०४ (ख)॥

चौ०– गयउँ उजेनी सुनु उरगारी। दीन मलीन दरिद्र दुखारी॥
गएँ काल कछु संपति पाई। तहँ पुनि करउँ संभु सेवकाई॥ १॥

बिप्र एक बैदिक सिव पूजा। करइ सदा तेहि काजु न दूजा॥
परम साधु परमारथ बिंदक। संभु उपासक नहिं हरि निंदक॥ २॥

तेहि सेवउँ मैं कपट समेता। द्विज दयाल अति नीति निकेता॥
बाहिज नम्र देखि मोहि साईं। बिप्र पढ़ाव पुत्र की नाईं॥ ३॥

संभु मंत्र मोहि द्विजबर दीन्हा। सुभ उपदेस बिबिध बिधि कीन्हा॥
जपउँ मंत्र सिव मंदिर जाई। हृदयँ दंभ अहमिति अधिकाई॥ ४॥

दो०– मैं खल मल संकुल मति नीच जाति बस मोह।
हरि जन द्विज देखें जरउँ करउँ बिष्नु कर द्रोह॥ १०५ (क)॥

सो०– गुर नित मोहि प्रबोध दुखित देखि आचरन मम।
मोहि उपजइ अति क्रोध दंभिहि नीति कि भावई॥ १०५ (ख)॥

चौ०– एक बार गुर लीन्ह बोलाई। मोहि नीति बहु भाँति सिखाई॥
सिव सेवा कर फल सुत सोई। अबिरल भगति राम पद होई॥ १॥

रामहि भजहिं तात सिव धाता। नर पावँर कै केतिक बाता॥
जासु चरन अज सिव अनुरागी। तासु द्रोहँ सुख चहसि अभागी॥ २॥

हर कहुँ हरि सेवक गुर कहेऊ। सुनि खगनाथ हृदय मम दहेऊ॥
अधम जाति मैं बिद्या पाएँ। भयउँ जथा अहि दूध पिआएँ॥ ३॥

सत आगर बनावटी घाट, करम ले मया होले।
तरेताजुग चो एइ धरम आय, सपा ले सुखी रले॥८२॥
बनावटी आगर सत घाट ने, खिंडिक पाप मिसुन गेले।
द्वापर धरम असनेय मन ने, हरीक डर चो होले॥८३॥
पाप आगर बनावटी मिसड़ा, चारों खूट झगड़ा होले।
कली चो सकत बाढ़ न जाएसे, अधरम बाढ़ुन गेले॥८४॥
पंडित, गियानी जुग बिचारून, अधरम छांडुन देसोत।
राम पायँ ले जे मया धरेसे हुनीऽच बाचुन रसोत॥८५॥
जादू-बिता चो चरितर गरूड़, दबू के बिकट लागे।
पय हुनी चो सेउक के उथा, काईं माहा नी लागे॥८६॥

१०४(क) हरी माया ले गुन दोस होएसे, हरी भजन बिन नी जाए।
मन ने बिचारून लोभ छांडुन, राम के भजतोर आए॥८७॥

१०४(ख) हुनी कलीकाल ने खुबे बरख ले, अवधपुर ने रहे।
अकाल पड़तो के बिपती दखुन, परदेस उठुन गेले॥८८॥

साँप बयरी गरीब दारदिर बोपड़ा, मयँ उज्जैन गेले।
थोड़े दिन ने धन जोड़ुन संकर चो, सेवा करते रले॥८९॥
गोटोक बाम्हन बेद रीती ले, सिव चो पूजा करे।
साधू परमारथ के जानू बिता, संभू भगत रहे॥९०॥
हरी के नींदरू के मयँ जाले, कपट ले सेवा करें।
बाम्हन दयावान-नीती के मानु, बेटा माहा मया करे॥९१॥
मोके सिव चो मंतर दिला, गियान बल दिलो नंगत।
सिव गुड़ी ने जाउन जाप करें, कपट बाढ़े नंगत॥९२॥

१०५(क) मयँ दुसट नीच पापी मोह ने, चरके भगत के दखुन।
बिस्नू भगवान ले बइर धरें, जरें बाम्हन के दमुन॥९३॥

१०५(ख) टकर दखुन गुरु दुखी, रोजे समझात मोके।
पाखंडी नीती भाते नी रहे, रीस लागे मोके॥९४॥

हारक गुरु बलाउन सिखाला, नीतो चो पाठ मोके।
सिव सेवा फल असल मिरेसे, राम ले मया जेके॥९५॥
सिव-ब्रह्मा राम के भजसोत, तिहँचोले बइर कसन।
सिव ब्रह्मा पायँ चो सउक, सुख मिरेदे कसन॥९६॥
हरी चो सेउक सिव काज बलला, जीव जरली सुनुन।
जसन नीचमन बिदिया पाउन, साँप गोरस खाउन॥९७॥
कयराहा, अभागा, नीच मयँ, गुरू ले बइर धरे।
दयावान केबई रीस नी होत, घनघड़ी गियान करे॥९८॥

मानी कुटिल कुभाग्य कुजाती। गुर कर द्रोह करउँ दिनु राती॥
अति दयाल गुर स्वल्प न क्रोधा। पुनि पुनि मोहि सिखाव सुबोधा॥ ४॥

जेहि ते नीच बड़ाई पावा। सो प्रथमहिं हति ताहि नसावा॥
धूम अनल संभव सुनु भाई। तेहि बुझाव घन पदवी पाई॥ ५॥

रज मग परी निरादर रहई। सब कर पद प्रहार नित सहई॥
मरुत उड़ाव प्रथम तेहि भरई। पुनि नृप नयन किरीटन्हि परई॥ ६॥

सुनु खगपति अस समुझि प्रसंगा। बुध नहिं करहिं अधम कर संगा॥
कबि कोबिद गावहिं असि नीती। खल सन कलह न भल नहिं प्रीती॥ ७॥

उदासीन नित रहिअ गोसाईं। खल परिहरिअ स्वान की नाईं॥
मैं खल हृदयँ कपट कुटिलाई। गुर हित कहइ न मोहि सोहाई॥ ८॥

दो०– एक बार हर मंदिर जपत रहेउँ सिव नाम।
गुर आयउ अभिमान तें उठि नहिं कीन्ह प्रनाम॥ १०६ (क)॥

सो दयाल नहिं कहेउ कछु उर न रोष लवलेस।
अति अघ गुर अपमानता सहि नहिं सके महेस॥ १०६ (ख)॥

चौ०– मंदिर माझ भई नभबानी। रे हतभाग्य अग्य अभिमानी॥
जद्यपि तव गुर कें नहिं क्रोधा। अति कृपाल चित सम्यक बोधा॥ १॥

तदपि साप सठ दैहउँ तोही। नीति बिरोध सोहाइ न मोही॥
जौं नहिं दंड करौं खल तोरा। भ्रष्ट होइ श्रुतिमारग मोरा॥ २॥

जे सठ गुर सन इरिषा करहीं। रौरव नरक कोटि जुग परहीं॥
त्रिजग जोनि पुनि धरहिं सरीरा। अयुत जन्म भरि पावहिं पीरा॥ ३॥

बैठि रहेसि अजगर इव पापी। सर्प होहि खल मल मति ब्यापी॥
महा बिटप कोटर महुँ जाई। रहु अधमाधम अधगति पाई॥ ४॥

दो०– हाहाकार कीन्ह गुर दारुन सुनि सिव साप।
कंपित मोहि बिलोकि अति उर उपजा परिताप॥ १०७ (क)॥

करि दंडवत सप्रेम द्विज सिव सन्मुख कर जोरि।
बिनय करत गदगद स्वर समुझि घोर गति मोरि॥ १०७ (ख)॥

नीच जेचो ले बड़ई पाएसे, हुनी के नास करे से।
आइग ले उठलो धुँवा बादरी, आइग के बुताउन देएसे॥ ९९॥
सड़क ने पडुन रहेसे धुरला, सपा चो लात खाउन।
असन नीच ठोकरना ने बले, रहेसे कसन होउन॥ १००॥
जसने लेहरा उपरे नेएसे, आगे हुनी के भरेसे।
फेर राजामन चो आइँख किरीट ने, जाउन भाती पड़ेसे॥ १०१॥
सुना चड़ई राजा नीच संगत, नी करत असन समझुन।
पंडित गियानी असन रीती, बलसोत नीती धरून॥ १०२॥
नीच ले झगड़ा मया नी बने, कबी-पंडित बलसोत।
तेचोले नंगन नीच ले अलगुन, ओगाय होउन रसोत॥ १०३॥
दुसट कुकुर के लाफी ले दखुन, गुचुन रतोर आय।
बेरा-कुबेरा ने नीच लोग के, तियागुन देतोर आय॥ १०४॥
दुसट कपटी कयराहा मोचो ले, गुरू हित चो बलत।
मान्तर मोके भाते नी रहे, जेबल गुरू बलत॥ १०५॥

१०६(क) हारक गुड़ी ने सिव नाम जपें, गुरू महराज इला।
घमंड चो मारे पायँ नी पड़ले, काईं तें नी बलला॥ १०६॥

१०६(ख) दयावान के रीस छिए नाई, खिंडिक बल तिहँके।
गुरू अपमान पाप होएसे, सिव नी सहला एके॥ १०७॥

अकास ले गोठ तुरते होली, घमंडी अभागा तुई।
गुरू गियानी किरपा करु के, नी मानलीस तुई॥ १०८॥
नीती छांडू मोके नी भाए, सराप देएंदे तुके।
बेद मारग नसुन जाएदे, जे छांडेंदे तुके॥ १०९॥
जे गुरू ले इरखा करेसे, रौरव नरक ने पड़ेसे।
करोड़ जुग ले हुन जाउन, नरक भीतर सड़ेसे॥ ११०॥
फेर पसू चड़ई जीवना ने हुन देह धरून भटेसे।
दस हजार बरख डंड पाउन, दुख सहते जीएसे॥ १११॥
बोड़ा साँप माहा गुरु पुरे, बसुन दिलीसीस तुई।
पाप ले गियान तोपी होलीसे, साँप होउन जा तुई॥ ११२॥
नीच ले नीच दुरगती पाउन, रूख खोलकी ने रव।
गुरू अपमान करून तुई, असन गती ने रव॥ ११३॥

१०७(क) सिव चो कठिन सराप सुनुन, गुरू दंदरून गेला।
मोके थरथरते दखुन गुरू, खुबे दुखी होला॥ ११४॥

१०७(ख) सिव पुरे डंडासरन पडुन, सिव के हात जोडुन।
अटपट गती के बिचारून गुरु, बलला बिन्ती करून॥ ११५॥

छं०– नमामीशमीशान निर्वाणरूपं। विभुं ब्यापकं ब्रह्म वेदस्वरूपं॥
निजं निर्गुणं निर्विकल्पं निरीहं। चिदाकाशमाकाशवासं भजेऽहं॥ १॥

निराकारमोंकारमूलं तुरीयं। गिरा ग्यान गोतीतमीशं गिरीशं॥
करालं महाकाल कालं कृपालं। गुणागार संसारपारं नतोऽहं॥ २॥

तुषाराद्रि संकाश गौरं गभीरं। मनोभूत कोटि प्रभा श्रीशरीरं॥
स्फुरन्मौलि कल्लोलिनी चारु गंगा। लसद्भालबालेन्दु कंठे भुजंगा॥ ३॥

चलत्कुंडलं भ्रू सुनेत्रं विशालं। प्रसन्नाननं नीलकंठं दयालं॥
मृगाधीशचर्माम्बरं मुण्डमालं। प्रियं शंकरं सर्वनाथं भजामि॥ ४॥

प्रचंडं प्रकृष्टं प्रगल्भं परेशं। अखंडं अजं भानुकोटिप्रकाशं॥
त्रयःशूल निर्मूलनं शूलपाणिं। भजेऽहं भवानीपतिं भावगम्यं॥ ५॥

कलातीत कल्याण कल्पान्तकारी। सदा सज्जनान्ददाता पुरारी॥
चिदानंद संदोह मोहापहारी। प्रसीद प्रसीद प्रभो मन्मथारी॥ ६॥

न यावद् उमानाथ पादारविन्दं। भजंतीह लोके परे वा नराणां॥
न तावत्सुखं शान्ति सन्तापनाशं। प्रसीद प्रभो सर्वभूताधिवासं॥ ७॥

न जानामि योगं जपं नैव पूजां। नतोऽहं सदा सर्वदा शंभु तुभ्यं॥
जरा जन्म दुःखौघ तातप्यमानं। प्रभो पाहि आपन्नमामीश शंभो॥ ८॥

श्लोक०– रुद्राष्टकमिदं प्रोक्तं विप्रेण हरतोषये।
ये पठन्ति नरा भक्त्या तेषां शम्भुः प्रसीदति॥ ९॥

मय तुमके जोहार करेसे मय तुमचो पायँ पड़ेसे।
हे मुक्ती रूप सपा ठानने रहू सपा काल ने बियापू।
ब्रह्म बेद रूप ईसान चो भगवान सपा चो मालिक सिवजी॥
आपलो रूप ने रहू गुन भेद ले अलग मन ले अलग जीव।
अकास रूप, अकास कपड़ा पिंधू दिगम्बर भगवान सिवजी॥
बिगर अकार चो ओंकार चो जड़ तीनों गुन ले अलग।
बोली गियान ईंदरी ले अलग कैलासपती सिवजी॥
बिकराल, महाकाल चो काल किरपा करू गुन चो धाम।
सवँसार ले अलग तुमी परमेसर भोला भगवान सिवजी॥
जे हिमालय असन पंडरा देंह फेर हमेस आगाय आसोत।
देह ने कोटी कामदेव चो जोत सोभा ले भरपूर सिवजी॥
माथा ने दूज चो जोन जेमन चो मुंड उपरे गंगा बिराजमान।
टोडरा ने साँप सोभा पासोत भोला भगवान सिवजी॥
कान ने कुंडल हालते रसोत भँव सुंदर बड़े आइँख आसोत।
हरीक मुंह नीलकंठ दया करूं आत भोला भगवान सिवजी॥
बाघ खाला चो कपड़ा सुंदर मुंड माला पिंघलोर आसोत।
हुन सपा चो मयादार सपा चो भगवान भोला संकर सिवजी॥
भारी रूप तेज रूप चो भगवान अखंड अजन्मा बड़े।
कोटी सूरुज जोत तीनों डंड के जड़ ले नास करू सिवजी॥
हात ने तिरछलू धरून आसोत मया ले भेट होऊ।
भवानी चो मुनीस संकर जी भोला भगवान सिवजी॥
सपा काल ले भिने भलई रूप चो परलय करू बिता।
सजन लोग के हरीक देऊ भोला भगवान सिवजी॥
तिरपुर चो बयरी सच्चिदानंदघन मोह के नास करू।
मन के मथू काम चो बवरी परसन होआ सिवजी॥
जब लगले गवरी पती चो पायँ के मनुख नी भजत।
तब लगगे तिहके एलोक-परलोक ने सुख धीरज नी मिरे सिवजी॥
तिहँचो डंड चो नास नी होए, असन सपा जीव भीतर रहू।
हरीक होआ, हरीक होआ हे भोला भगवान सिवजी॥
जोग जाने न पूजा जाने मयँ अबगो हमेस पायँ पड़ेंसे।
हे भगवान मय तुमचो सरन हरीक होआ भोला सिवजी।
सियानपन आरू जनम मउत चो दुख डंड ले जरते।
मयँ दुखेला चो दुख के साहा होआ भोला भगवान सिवजी॥
आठों रुद्र स्तुती के बाम्हन सिव के हरीक करून बलुन रहे।
जे भक्ती ले पड़सोत हरीक होसोत भगवान भोला सिवजी॥

दो०– सुनि बिनती सर्बग्य सिव देखि बिप्र अनुरागु।
पुनि मंदिर नभबानी भइ द्विजबर बर मागु॥ १०८ (क)॥

जौं प्रसन्न प्रभु मो पर नाथ दीन पर नेहु।
निज पद भगति देइ प्रभु पुनि दूसर बर देहु॥ १०८ (ख)॥

तव माया बस जीव जड़ संतत फिरइ भुलान।
तेहि पर क्रोध न करिअ प्रभु कृपासिंधु भगवान॥ १०८ (ग)॥

संकर दीनदयाल अब एहि पर होहु कृपाल।
साप अनुग्रह होइ जेहिं नाथ थोरेहीं काल॥ १०८ (घ)॥

चौ०– एहि कर होइ परम कल्याना। सोइ करहु अब कृपानिधाना॥
बिप्र गिरा सुनि परहित सानी। एवमस्तु इति भइ नभबानी॥ १॥

जदपि कीन्ह एहिं दारुन पापा। मैं पुनि दीन्ह कोप करि सापा॥
तदपि तुम्हारि साधुता देखी। करिहउँ एहि पर कृपा बिसेषी॥ २॥

छमासील जे पर उपकारी। ते द्विज मोहि प्रिय जथा खरारी॥
मोर श्राप द्विज ब्यर्थ न जाइहि। जन्म सहस अवस्य यह पाइहि॥ ३॥

जनमत मरत दुसह दुख होई। एहि स्वल्पउ नहिं ब्यापिहि सोई॥
कवनेउँ जन्म मिटिहि नहिं ग्याना। सुनहि सूद्र मम बचन प्रवाना॥ ४॥

रघुपति पुरीं जन्म तव भयऊ। पुनि तैं मम सेवाँ मन दयऊ॥
पुरी प्रभाव अनुग्रह मोरें। राम भगति उपजिहि उर तोरें॥ ५॥

सुनु मम बचन सत्य अब भाई। हरितोषन ब्रत द्विज सेवकाई॥
अब जनि करहि बिप्र अपमाना। जानेहु संत अनंत समाना॥ ६॥

इंद्र कुलिस मम सूल बिसाला। कालदंड हरि चक्र कराला॥
जो इन्ह कर मारा नहिं मरई। बिप्र द्रोह पावक सो जरई॥ ७॥

अस बिबेक राखेहु मन माहीं। तुम्ह कहँ जग दुर्लभ कछु नाहीं॥
औरउ एक आसिषा मोरी। अप्रतिहत गति होइहि तोरी॥ ८॥

दो०– सुनि सिव बचन हरषि गुर एवमस्तु इति भाषि।
मोहि प्रबोधि गयउ गृह संभु चरन उर राखि॥ १०९ (क)॥

प्रेरित काल बिंधि गिरि जाइ भयउँ मैं ब्याल।
पुनि प्रयास बिनु सो तनु तजेउँ गएँ कछु काल॥ १०९ (ख)॥

१०८(क) सपा ठान ने रहू बिन्ती सुनुन, बाम्हन चो मया दखला।
अकास गोठ होली गुड़ी भीतर, बाम्हन दर मांग बलला॥ ११६॥

१०८(ख) बललो भगवान जे तुमी हरीक, गरीब उपरे मया।
आगे तो पायँ चो भक्ती दिआ, पाछे दूसर दिआ॥ ११७॥

१०८(ग) ये अग्यानी जीव तुमचो माया ले, भुरलुन बुलते रहे।
किरपा चो समुंद हुनचो उपरे, एदाँय रीस नी रहो॥ ११८॥

१०८(घ) गरीब के साहा होऊ हुनके तुमी, किरपा करून दिआ।
थोड़े दिन सराप बियापो फेर, मुक्ती देऊन दिआ॥ ११९॥

हुनी करा जेंमें एचो भलई होओ, सुनुन हितू गोठ।
असने होओ बलते अकासले, सुनुक होली गोठ॥ १२०॥
भले ये भारी पाप करलोसे, रीस ने सरापुन दिले।
बले तुचो साधूपन के देखुन, खास किरपा करले॥ १२१॥
माफी देऊ परहित होसोत, खरारी माहा लागसोत नंगत।
सराप अबिरथा नी जाएदे, हजार जनम पाएदे नंगत॥ १२२॥
जनमतो मरतो दाँय जे दुख होएसे, हुन नी बियापेदे एके।
कोनी जनम चो सुरता नी भुलकेदे, सत मान तुई एके॥ १२३॥
अरे नीच सुन तुचो जनम जाले, राम-पुर ने होली।
फेर मोचो सेवा भक्ती ने, तुचो मन चेत होली॥ १२४॥
पुरी आरू मोचो किरता तुचोने, राम भक्ती होएदे।
भाई मोचो सत गोठ के सुन, जेमें तुचो भलई होएदे॥ १२५॥
बाम्हनमन चो सेवा करलोने, भगवान हरीक होसोत।
एदाँय केबेई अपमान नी करसे, जे भगवान माहा होसोत॥ १२६॥
मोचो तिरछूल इंदर चो बजर, काल-ठेंगा जे आसे।
हरी भगवान चो बिसम चकर, जितरो जे बल आसे॥ १२७॥
एमन ले मारलोने जे नी मरेसे, हुनके तुई जान।
बाम्हन बइर आइग ने पड़ुन, लाखड़ी होएसे मान॥ १२८॥
असन गियान राखसे जालें, सवँसार ने सपा पासे।
मोचो आसीस आय सपा ठान ने, अमरतो गती पासे॥ १२९॥

१०९(क) सिव गोठ सुनुन गुरू हरीक, असने होओ बलला।
मोके समझाउन सिव के बिनाते, आपलो धरे गेला॥ १३०॥

१०९(ख) सिव भगवान बेद चो मान राखला, मयँ डंड नी पावले।
असने गरुड़ कई देह ने जनमुन, मयँ चेत नी छांडले॥ १३१॥

जोइ तनु धरउँ तजउँ पुनि अनायास हरिजान।
जिमि नूतन पट पहिरइ नर परिहरइ पुरान॥ १०९ (ग)॥

सिवँ राखी श्रुति नीति अरु मैं नहिं पावा क्लेस।
एहि बिधि धरेउँ बिबिध तनु ग्यान न गयउ खगेस॥ १०९ (घ)॥

चौ०– त्रिजग देव नर जोइ तनु धरउँ। तहँ तहँ राम भजन अनुसरऊँ॥
एक सूल मोहि बिसर न काऊ। गुर कर कोमल सील सुभाऊ॥ १॥

चरम देह द्विज कै मैं पाई। सुर दुर्लभ पुरान श्रुति गाई॥
खेलउँ तहूँ बालकन्ह मीला। करउँ सकल रघुनायक लीला॥ २॥

प्रौढ़ भएँ मोहि पिता पढ़ावा। समझउँ सुनउँ गुनउँ नहिं भावा॥
मन ते सकल बासना भागी। केवल राम चरन लय लागी॥ ३॥

कहु खगेस अस कवन अभागी। खरी सेव सुरधेनुहि त्यागी॥
प्रेम मगन मोहि कछु न सोहाई। हारेउ पिता पढ़ाइ पढ़ाई॥ ४॥

भए कालबस जब पितु माता। मैं बन गयउँ भजन जनत्राता॥
जहँ जहँ बिपिन मुनीस्वर पावउँ। आश्रम जाइ जाइ सिरु नावउँ॥ ५॥

बूझउँ तिन्हहि राम गुन गाहा। कहहिं सुनउँ हरषित खगनाहा॥
सुनत फिरउँ हरि गुन अनुबादा। अब्याहत गति संभु प्रसादा॥ ६॥

छूटी त्रिबिधि ईषना गाढ़ी। एक लालसा उर अति बाढ़ी॥
राम चरन बारिज जब देखौं। तब निज जन्म सफल करि लेखौं॥ ७॥

जेहि पूँछउँ सोइ मुनि अस कहई। ईस्वर सर्ब भूतमय अहई॥
निर्गुन मत नहिं मोहि सोहाई। सगुन ब्रह्म रति उर अधिकाई॥ ८॥

दो०– गुर के बचन सुरति करि राम चरन मनु लाग।
रघुपति जस गावत फिरउँ छन छन नव अनुराग॥ ११० (क)॥

मेरु सिखर बट छायाँ मुनि लोमस आसीन।
देखि चरन सिरु नायउँ बचन कहेउँ अति दीन॥ ११० (ख)॥

सुनि मम बचन बिनीत मृदु मुनि कृपाल खगराज।
मोहि सादर पूँछत भए द्विज आयहु केहि काज॥ ११० (ग)॥

तब मैं कहा कृपानिधि तुम्ह सर्बग्य सुजान।
सगुन ब्रह्म अवराधन मोहि कहहु भगवान॥ ११० (घ)॥

* काकभुसुंडी चो सराप ले मुक्ती *

१०९(ग) चड़ई, पसू, देव, मनुख चो मयँ, जे जे देंह धरले।
हुन-हुन भेस ने उथा मय, राम चो भजन करले॥ १॥

१०९(घ) मांतर गो टोक दुख बनुन रहे, गुरु चो टकर नी भुलकले।
दयावान चो अपमान करलो के, केबई नी भुलकते॥ २॥

सरासरी बाम्हन जनम पावले, जे देव के बल नी मिरे।
तेबे बल पिलामन संगे खेलतो दाँय, रामलीला के करें॥ ३॥
बाढ़लो पाछे बाप पढ़ाउक दखत, मयँ सुनें, समझें, बिचारें।
पढ़ुक मोके नाते नो रहे, मने-मन मय बिचारें॥ ४॥
सपा भोग मोचो ले गुचुन गेली, राम पायँ ले मया करें।
सांगा कोन अभागा कामधेनु छांडुन, गदही चो सेवा करे॥ ५॥
अपन ने मगन काई नी भाए, पढ़ाउक हारुन गेला।
पाछे काल ने पड़ुन माय-बाप, सपा मरुन गेला॥ ६॥
भगत के साहा होऊ राम भजन, करूक रान ने गेले।
मुनीमन के जे लग भेटते जाँय, मयँ पाँय पड़ते गेले॥ ७॥
राम गुन कथा तिहँके पूछें, सांगत जाले हरीक होएँ।
असने सुनते मयँ बुलते रहें, किरपा ले गुलाय होएँ॥ ८॥
तीन[1] रकम चो भारी मन्सा, मन ले छुटुन गेली।
राम पायँ चो दरसन करुक, मन ने बाढ़ुन गेली॥ ९॥
जेके बल पूछें असन बलत, आसोत राम सपा ठाने।
निरगुन बिचार भाते नी रहे, सगुन ब्रह्म के मानें॥ १०॥

११०(क) छन-छन मया बाढ़ते जाए, गुरु गोठ के बिचारें।
राम पायँ ने मन लागुन गेली, नवा-नवा मंसा करें॥ ११॥

११०(ख) राम जस गाते बुलते रहें, सुमेरू ने लोमस रहोत।
पायँ पड़ुन बलले मुनी के, जे उथा बसुन रहोत॥ १२॥

११०(ग) गरूड़ मोचो बिन्ती सुनुन मुनो, मान ते पूछला मोके।
महराज तुमी कसन इलास एबाट, सपा के सांगा मोके॥ १३॥

११०(घ) बलले किरपा करू सपा जानास, तु मी पुनवान आहास।
मोके सगुन ब्रह्म गोठ के सांगा, तुमी गियानी आहास॥ १४॥

तेबे चड़ई राजा राम चो गुनी, सुंदर कथा बलला।
ब्रह्म गियान जानू गुनी मुनी, लाइक दखुन बलला॥ १५॥

---
१. बेटा-धन आरू मान

चौ०– तब मुनीस रघुपति गुन गाथा। कहे कछुक सादर खगनाथा॥
ब्रह्मग्यान रत मुनि बिग्यानी। मोहि परम अधिकारी जानी॥ १॥

लागे करन ब्रह्म उपदेसा। अज अद्वैत अगुन हृदयेसा॥
अकल अनीह अनाम अरूपा। अनुभव गम्य अखंड अनूपा॥ २॥

मन गोतीत अमल अबिनासी। निर्बिकार निरवधि सुख रासी॥
सो तैं ताहि तोहि नहिं भेदा। बारि बीचि इव गावहिं बेदा॥ ३॥

बिबिधि भाँति मोहि मुनि समुझावा। निर्गुन मत मम हृदयँ न आवा॥
पुनि मैं कहेउँ नाइ पद सीसा। सगुन उपासन कहहु मुनीसा॥ ४॥

राम भगति जल मम मन मीना। किमि बिलगाइ मुनीस प्रबीना॥
सोइ उपदेस कहहु करि दाया। निज नयनन्हि देखौं रघुराया॥ ५॥

भरि लोचन बिलोकि अवधेसा। तब सुनिहउँ निर्गुन उपदेसा॥
मुनि पुनि कहि हरिकथा अनूपा। खंडि सगुन मत अगुन निरूपा॥ ६॥

तब मैं निर्गुन मत कर दूरी। सगुन निरूपउँ करि हठ भूरी॥
उत्तर प्रतिउत्तर मैं कीन्हा। मुनि तन भए क्रोध के चीन्हा॥ ७॥

सुनु प्रभु बहुत अवग्या किएँ। उपज क्रोध ग्यानिन्ह के हिएँ॥
अति संघरषन जौं कर कोई। अनल प्रगट चंदन ते होई॥ ८॥

दो०– बारंबार सकोप मुनि करइ निरूपन ग्यान।
मैं अपनें मन बैठ तब करउँ बिबिधि अनुमान॥ १११ (क)॥

क्रोध कि द्वैतबुद्धि बिनु द्वैत कि बिनु अग्यान।
मायाबस परिछिन्न जड़ जीव कि ईस समान॥ १११ (ख)॥

चौ०– कबहुँ कि दुख सब कर हित ताकें। तेहि कि दरिद्र परस मनि जाकें॥
परद्रोही की होहिं निसंका। कामी पुनि कि रहहिं अकलंका॥ १॥

बंस कि रह द्विज अनहित कीन्हें। कर्म कि होहिं स्वरूपहि चीन्हें॥
काहू सुमति कि खल सँग जामी। सुभ गति पाव कि परत्रिय गामी॥ २॥

भव कि परहिं परमात्मा बिंदक। सुखी कि होहिं कबहुँ हरिनिंदक॥
राजु कि रहइ नीति बिनु जानें। अघ कि रहहिं हरिचरित बखानें॥ ३॥

पावन जस कि पुन्य बिनु होई। बिनु अघ अजस कि पावइ कोई॥
लाभु कि किछु हरि भगति समाना। जेहि गावहिं श्रुति संत पुराना॥ ४॥

ब्रह्म गियान के सांगत मोके, अजन्मा अद्वैत आत।
सपा हिरदे चो अंतरजामी, सपा चो मालिक आत॥ १६॥
अकल ले तिहँके नापुक नीहोय, ते मन नाहलो आत।
नावँ नाहलो, रूप नाहलो अखंड, मने जानतो लाइक आत॥ १७॥
मन इंदरी ले अलग आत, तिहँचो नास नी होए।
अपरम्पार काईं बिकार नाहलो, सुख चो धाम आत॥ १८॥
बेद बलसोत तुई हुनी आस, पानी चो हलका असन।
हुनमें तुचो ने भेद नी आय, मुनी समझसोत असन॥ १९॥
निरगुन बिचार हिरदे ने बसली, फेर पायँ पडुन बलले।
सगुन ब्रह्म चो भेद के सांगा, असन तिहँके पुछले॥ २०॥
मोचो मन राम भक्ती पानी चो, मछरी माहा होएसे।
असन ने सांगा मुनी महराज, कसन ने भिने होएदे॥ २१॥
दया करुन तुमी हुनी के सांगा, जेंमें आइँख ले राम के दखें।
आइँख भर राम चो दरसन करुन, निरगुन गुन बाट दखें॥ २२॥
फेर सगुन के काटते निरगुन बलत मयँ टेक करते जाएँ।
निरगुन गुचाउन सगु न के सांगुक, फेर मयँ बलते जाएँ॥ २३॥
सवाल-जवाब करते रलो ने, मुनी रीस होओत।
भारी अपमान करलो ने गियानी, मन ले रीस होओत॥ २४॥

१११(क) चंदन लकड़ी दो खुबे घसलोने, निकरेसे आइग तेमें।
मुनी घनघड़ी रीस ले गियान, उपदेस देओत तेंमें॥ २५॥

१११(ख) बसुन मन ने बिचार करले, अलग मानू बुध कसन।
गियान बिगर बुध नी होए, रीस होसोत कसन॥ २६॥

माया ने पड़लोर मूरुख जीव, काय भगवान होएसे।
सपा चो हित करू के काय, केबई दुख होएसे॥ २७॥
जेचो लग पारसमनी रलोने, काय दारदिर होएसे।
बइर करु निडर कामी काय, कलंक ले बाचुक सकेसे॥ २८॥
बाम्हन निंदरू चो काय केबई, बंस रहुक सकेसे।
आतमा चो गियान होलोने काय, अडरा करम होएसे॥ २९॥
दुसट संगत करलोने काय, नि को गियान मिरेसे।
पर बायले संग रलोने काय, निको गती मिरेसे॥ ३०॥
भगवान के जानू काय जनम मउत, फांदा ने पडुक सकेसे।
भगवान के निंदरून रहू जीव काय, सुखी होउक सकेसे॥ ३१॥
नीती बिगर काय राजा चो राज, नंगत चलुक सकेसे।
भगवान चारचा ने रलोने काय, पाप अमरूक सकेसे॥ ३२॥

हानि कि जग एहि सम किछु भाई। भजिअ न रामहि नर तनु पाई॥
अघ कि पिसुनता सम कछु आना। धर्म कि दया सरिस हरिजाना॥ ५॥

एहि बिधि अमिति जुगुति मन गुनऊँ। मुनि उपदेस न सादर सुनऊँ॥
पुनि पुनि सगुन पच्छ मैं रोपा। तब मुनि बोलेउ बचन सकोपा॥ ६॥

मूढ़ परम सिख देउँ न मानसि। उत्तर प्रतिउत्तर बहु आनसि॥
सत्य बचन बिस्वास न करही। बायस इव सबही ते डरही॥ ७॥

सठ स्वपच्छ तव हृदयँ बिसाला। सपदि होहि पच्छी चंडाला॥
लीन्ह श्राप मैं सीस चढ़ाई। नहिं कछु भय न दीनता आई॥ ८॥

दो०– तुरत भयउँ मैं काग तब पुनि मुनि पद सिरु नाइ।
सुमिरि राम रघुबंस मनि हरषित चलेउँ उड़ाइ॥ ११२ (क)॥

उमा जे राम चरन रत बिगत काम मद क्रोध।
निज प्रभुमय देखहिं जगत केहि सन करहिं बिरोध॥ ११२ (ख)॥

चौ०– सुनु खगेस नहिं कछु रिषि दूषन। उर प्रेरक रघुबंस बिभूषन॥
कृपासिंधु मुनि मति करि भोरी। लीन्ही प्रेम परिच्छा मोरी॥ १॥

मन बच क्रम मोहि निज जन जाना। मुनि मति पुनि फेरी भगवाना॥
रिषि मम महत सीलता देखी। राम चरन बिस्वास बिसेषी॥ २॥

अति बिसमय पुनि पुनि पछिताई। सादर मुनि मोहि लीन्ह बोलाई॥
मम परितोष बिबिधि बिधि कीन्हा। हरषित राममंत्र तब दीन्हा॥ ३॥

बालकरूप राम कर ध्याना। कहेउ मोहि मुनि कृपानिधाना॥
सुंदर सुखद मोहि अति भावा। सो प्रथमहिं मैं तुम्हहि सुनावा॥ ४॥

मुनि मोहि कछुक काल तहँ राखा। रामचरितमानस तब भाषा॥
सादर मोहि यह कथा सुनाई। पुनि बोले मुनि गिरा सुहाई॥ ५॥

रामचरित सर गुप्त सुहावा। संभु प्रसाद तात मैं पावा॥
तोहि निज भगत राम कर जानी। ताते मैं सब कहेउँ बखानी॥ ६॥

राम भगति जिन्ह कें उर नाहीं। कबहुँ न तात कहिअ तिन्ह पाहीं॥
मुनि मोहि बिबिधि भाँति समुझावा। मैं सप्रेम मुनि पद सिरु नावा॥ ७॥

निज कर कमल परसि मम सीसा। हरषित आसिष दीन्ह मुनीसा॥
राम भगति अबिरल उर तोरें। बसिहि सदा प्रसाद अब मोरें॥ ८॥

बिगर पुन चो काय पबितर जस, मनुख पाउक सकेसे।
पाप माहा अउर कोनी अपजस, काय होउक सकेसे॥ ३३॥
जेचो महेमा बेद पुरान संत, गाउन भाती साँगसोत।
हरी भक्ती माहा लाभ नीआय, पंडित, गियानी बलसोत॥ ३४॥
सवँसार ने एचो असन अउर, काय हानी आसे।
मनुख जिवना पाउन रामभजन, नी करुन जीअत आसें॥ ३५॥
चारी-चुगली असन अउर काय पाप, दया माहा काय धरम।
असन बिचारते मयँ सुनते रहें, मन ने अनगिनत भरम॥ ३६॥
जसने सगुन चो बाट धराले, रीस ले बलला मुनी।
मूरुख तुके मयँ नंगत सिखाएँसे, तुईऽच होसीस गुनी॥ ३७॥
नी मानीस आरू गोठ करसीस, काईं के नी जानीस।
काँवरा माहा तुई सपा ले डरुन, काईं के नी मानीस॥ ३८॥
मुरुख आपलोय टेक करसीस, काईं नी मानीस तुई।
जाले चंडाल चड़ई होउन, काँवरा होव तई॥ ३९॥

११२(क) हरीक ले सराप के मुंडे चेघाउन, काँवरा होउन गेले।
मुनी पायँ के पड़ुन भाती, राम के सुमरते उड़ले॥ ४०॥

११२(ख) उमा काम घमंड ले अलगुन, राम पायँ ले मया करू।
काचोले बइर करुन रहेदे, भगवान के मान करू॥ ४१॥

गरुड़ मुनी चो दोस नोआय, राम आपन ले करला।
मुनी बुध के भुरलाउन भाती, मोचो परीछा धरला॥ ४२॥
मन-बोली-करम ले सेउक मानुन, मुनी बुध के पलटला।
सजन टकर राम पायँ ले मया, मुनी मोचो ने दखला॥ ४३॥
दुख ले पछताते घन-घन मुनी, मोके मान ले बलला।
सपा रकम ले संतोस करुन, राम मंतर दिला॥ ४४॥
पिला रुप राम भगवान चो, धियान करुक सांगला।
सुख देऊ धियान नीको लागली, जसन मुनी सांगला॥ ४५॥
थोड़े दिन मोके उथा थेबाउन, रामायन सुनाला बसुन।
राम कथा मान ले सुनाला, सुंदर मया ले बलुन॥ ४६॥
ये गुपत चरितर राम चो, सिव लग ले पावले।
तुके राम चो भगत जानुन, सपा चरितर सांगले॥ ४७॥
राम भक्ती जेचो मन ने नीआय, नी सांगा हुनचो पुरे।
मया ले मोके लुबे समझाला, मुंड लवाँले पुरे॥ ४८॥
आपलो हात ले मुंड के छिवला, हरीक आसीस दिला।
मन ने राम भक्ती बाढ़ेदे बलुन आसीस दिला॥ ४९॥

दो०– सदा राम प्रिय होहु तुम्ह सुभ गुन भवन अमान।
कामरूप इच्छामरन ग्यान बिराग निधान॥ ११३ (क)॥

जेहिं आश्रम तुम्ह बसब पुनि सुमिरत श्रीभगवंत।
ब्यापिहि तहँ न अबिद्या जोजन एक प्रजंत॥ ११३ (ख)॥

चौ०– काल कर्म गुन दोष सुभाऊ। कछु दुख तुम्हहि न ब्यापिहि काऊ॥
राम रहस्य ललित बिधि नाना। गुप्त प्रगट इतिहास पुराना॥ १॥

बिनु श्रम तुम्ह जानब सब सोऊ। नित नव नेह राम पद होऊ॥
जो इच्छा करिहहु मन माहीं। हरि प्रसाद कछु दुर्लभ नाहीं॥ २॥

सुनि मुनि आसिष सुनु मतिधीरा। ब्रह्मगिरा भइ गगन गँभीरा॥
एवमस्तु तव बच मुनि ग्यानी। यह मम भगत कर्म मन बानी॥ ३॥

सुनि नभगिरा हरष मोहि भयऊ। प्रेम मगन सब संसय गयऊ॥
करि बिनती मुनि आयसु पाई। पद सरोज पुनि पुनि सिरु नाई॥ ४॥

हरष सहित एहिं आश्रम आयउँ। प्रभु प्रसाद दुर्लभ बर पायउँ॥
इहाँ बसत मोहि सुनु खग ईसा। बीते कलप सात अरु बीसा॥ ५॥

करउँ सदा रघुपति गुन गाना। सादर सुनहिं बिहंग सुजाना॥
जब जब अवधपुरीं रघुबीरा। धरहिं भगत हित मनुज सरीरा॥ ६॥

तब तब जाइ राम पुर रहऊँ। सिसुलीला बिलोकि सुख लहऊँ॥
पुनि उर राखि राम सिसुरूपा। निज आश्रम आवउँ खगभूपा॥ ७॥

कथा सकल मैं तुम्हहि सुनाई। काग देह जेहिं कारन पाई॥
कहिउँ तात सब प्रस्न तुम्हारी। राम भगति महिमा अति भारी॥ ८॥

दो०– ताते यह तन मोहि प्रिय भयउ राम पद नेह।
निज प्रभु दरसन पायउँ गए सकल संदेह॥ ११४ (क)॥

मासपारायण, उनतीसवाँ विश्राम

भगति पच्छ हठ करि रहेउँ दीन्हि महारिषि साप।
मुनि दुर्लभ बर पायउँ देखहु भजन प्रताप॥ ११४ (ख)॥

चौ०– जे असि भगति जानि परिहरहीं। केवल ग्यान हेतु श्रम करहीं॥
ते जड़ कामधेनु गृहँ त्यागी। खोजत आकु फिरहिं पय लागी॥ १॥

११३(क) बरहमेस राम चो मया मिरो, गुन चो धाम होव।
मन चो देह पावतों सकत ले, तुई भरपूर होव॥ ५०॥

मन ले मउत नियान भरपूर, तुचो जिवना होओ।
बैराग भंडार ले भरपूर होउन, तु चो जिवना होओ॥ ५१॥

११३(ख) भगवान के सुमरते हमेस तुई, जे आसरम ने रसे।
चार कोस अबिदिया नी अमरेदे, जे लग तुई रसे॥ ५२॥

काल-करम, गुन-दोस टकर ले, दुख तुके नी होएदे।
राम चो भेद आसे जितरो रकम चो, सपा गियान होएदे॥ ५३॥
जितरो कथा पुरान गुयत परगट आसे, सपा के तुई जानसे।
राम पाँय ले मया बाड़े दे तुचो, मन चो तुई करसे॥ ५४॥
हरी किरपा ले सहज पावसे, मुनी आसीस सुनुन।
आकास ले ब्रह्मबोली होली, सपा गोठ के सुनुन॥ ५५॥
हे गियानी मुनी तुमचो सपा, गोठ सत होऊ आय।
मन करम बोली ले मोचो, ये भारी भगत आय॥ ५६॥
मोके हरीक लागली सुनुन, मया ने हरीक होले।
सपा भरम गेली तुरते, मुनी चो बिन्ती करले॥ ५७॥
हुकुम पाउन, पायँ पड़ुन मुनी चो, ये आसरम ने इले।
राम किरपा ले नी मिरु के पाउन, हरीक मन ले इले॥ ५८॥
एक कोड़ी सात कलप नाहकली, राम गुन करते एथा।
चतुर चड़ईमन मान ले सुनसोत, ने गीत करेंसे एथा॥ ५९॥
जेबे बल भगत काजे अवध ने, राम जनम धरसोत।
तेबे मयँ जाउन सुखी होएँसे, दखुन जे लीला करसोत॥ ६०॥
पीलापन चो लीला के दखुन, मन ने हरीक होएँसे।
पीला-लीला चो रुप धरुन, एथाय फिरुन एएँसे॥ ६१॥
एई किरता मयँ काँवरा होलेसे, कथा जे सांगले।
तुम चो सपा करलो सवाल के, भक्ती गोठसंग सांगले॥ ६२॥

११४(क) एइ काजे काँवरा देह भाएसे, जेमे राम पायँ के पावले।
मोचो सपा भरम गैली, भगवान दरसन पावले॥ ६३॥

११४(ख) भक्ती उपर जे टेक करले गुने, लोमस सरापुन दिला।
हुनचोय फल जेके मुनी नी पाओत, हुन बरदान दिला॥ ६४॥

भजन-भक्ती चो महेमा जानुन, छांडुन देसोत लोग।
गियान पाउकलाय मेहनत करसोत, असन रसोत लोग॥ ६५॥

सुनु खगेस हरि भगति बिहाई। जे सुख चाहहिं आन उपाई॥
ते सठ महासिंधु बिनु तरनी। पैरि पार चाहहिं जड़ करनी॥ २॥

सुनि भसुंडि के बचन भवानी। बोलेउ गरुड़ हरषि मृदु बानी॥
तव प्रसाद प्रभु मम उर माहीं। संसय सोक मोह भ्रम नाहीं॥ ३॥

सुनेउँ पुनीत राम गुन ग्रामा। तुम्हरी कृपाँ लहेउँ बिश्रामा॥
एक बात प्रभु पूँछउँ तोही। कहहु बुझाइ कृपानिधि मोही॥ ४॥

कहहिं संत मुनि बेद पुराना। नहिं कछु दुर्लभ ग्यान समाना॥
सोइ मुनि तुम्ह सन कहेउ गोसाईं। नहिं आदरेहु भगति की नाईं॥ ५॥

ग्यानहि भगतिहि अंतर केता। सकल कहहु प्रभु कृपा निकेता॥
सुनि उरगारि बचन सुख माना। सादर बोलेउ काग सुजाना॥ ६॥

भगतिहि ग्यानहि नहिं कछु भेदा। उभय हरहिं भव संभव खेदा॥
नाथ मुनीस कहहिं कछु अंतर। सावधान सोउ सुनु बिहंगबर॥ ७॥

ग्यान बिराग जोग बिग्याना। ए सब पुरुष सुनहु हरिजाना॥
पुरुष प्रताप प्रबल सब भाँती। अबला अबल सहज जड़ जाती॥ ८॥

दो०– पुरुष त्यागि सक नारिहि जो बिरक्त मति धीर।
न तु कामी बिषयाबस बिमुख जो पद रघुबीर॥ ११५ (क)॥

सो०– सोउ मुनि ग्याननिधान मृगनयनी बिधु मुख निरखि।
बिबस होइ हरिजान नारि बिष्नु माया प्रगट॥ ११५ (ख)॥

चौ०– इहाँ न पच्छपात कछु राखउँ। बेद पुरान संत मत भाषउँ॥
मोह न नारि नारि कें रूपा। पन्नगारि यह रीति अनूपा॥ १॥

माया भगति सुनहु तुम्ह दोऊ। नारि बर्ग जानइ सब कोऊ॥
पुनि रघुबीरहि भगति पिआरी। माया खलु नर्तकी बिचारी॥ २॥

भगतिहि सानुकूल रघुराया। ताते तेहि डरपति अति माया॥
राम भगति निरुपम निरुपाधी। बसइ जासु उर सदा अबाधी॥ ३॥

तेहि बिलोकि माया सकुचाई। करि न सकइ कछु निज प्रभुताई॥
अस बिचारि जे मुनि बिग्यानी। जाचहिं भगति सकल सुख खानी॥ ४॥

दो०– यह रहस्य रघुनाथ कर बेगि न जानइ कोइ।
जो जानइ रघुपति कृपाँ सपनेहुँ मोह न होइ॥ ११६ (क)॥

घरे उबा कामधेनु के छांडुन, मंदार डगर ने बुलसोत।
हरी भक्ती छांडुन दूसर गुन ले, सुख डगराउक दखसोत॥ ६६॥
महासमुंद नाहकुक दखसोत अभागा, बिगर जहाज पवँरुन।
उमा हरीक होउन बलला गरुड़, भुसुंड गोठ के सुनून॥ ६७॥
तुमचो परताप ले मन चो भरम, दुख मोह सपा गेली।
तुमचो किरपा ले रामचरितर गुन, मोके सुनुक मिरली॥ ६८॥
गोटोक फेर मयँ पूछेंसे भगवान, समझाउन सांगा मोके।
संत, मुनी, बेद, पुरान बलसोत, सुदर बोली ले जेंके॥ ६९॥
गियान माहा काईं आउर नीआय, फेर बल साँगा तुमी।
मुनी सागलोने बले भक्ती के, नी मानलास तुमी॥ ७०॥
भक्ती गियान ने कितरो भेद, सपा तुमी बला मोके।
गरूड़ गोठ ले हरीक होउन भुसुंड, मान ले बलला तिहँके॥ ७१॥
भक्ती गियान ने काईं भेद नीआय, दुनोय समान आत।
सवँसार ने उपजुर सपा डंड के, दुनोय हरू आत॥ ७२॥
मुनी तेमे खिंडिक भेद सांगसोत जेके सुना तुमी।
गियान, बैराग, बिग्यान, जोग, एके बल जाना तुमी॥ ७३॥
ये सपा मनुख मनुख चो सकत, सपा ले भारी होएसे।
माया एकेदाँय सेसही गतर चो, जात ले मूरुख होएसे॥ ७४॥

११५(क) बैरागी धीरजाहा एके छांडसोत, कामी नी सकत एके।
बिसयी लोग राम के नी मानू, कसन ने पुरदे एके॥ ७५॥

११५(ख) गियानी मुनी बल मेहरार मुंह के, दखते पड़ुन जासोत।
साच्छात बिस्नू चो माया आपन, मेहरार होउन एसोत॥ ७६॥

कथा काचोई मयँ मानी नो धरे, सत गोठ के बलेंसे।
मेहरार-मेहरार उपरे नी मोहाय, ये अटपट रीती बलेंसे॥ ७७॥
माया भक्ती दुनोंय मेहरार जात, सपा जानसोत एके।
माया बिचारी नचकारिन आय, भक्ती के राम दखे॥ ७८॥
राम भक्ती के मान देसोत, माया लाफी ले डरेसे।
जेचो मन ने बिगर नावँ सफा, राम भक्ती बास करेसे॥ ७९॥
हुनके दखुन माया डरून भाती, माया आपला नी करेसे।
असन जानुन बिग्यानी मुनी, भक्तों बाट के धरेसे॥ ८०॥

११६(क) झपके कोनी जानुक नी पाओत, राम चो गुपत भेद।
जेके सपना ने बल मोह नी आय, हुनीऽच जान सोत भेद॥ ८१॥

औरउ ग्यान भगति कर भेद सुनहु सुप्रबीन।
जो सुनि होइ राम पद प्रीति सदा अबिछीन॥ ११६ (ख)॥

चौ०– सुनहु तात यह अकथ कहानी। समुझत बनइ न जाइ बखानी॥
ईस्वर अंस जीव अबिनासी। चेतन अमल सहज सुख रासी॥ १॥

सो मायाबस भयउ गोसाईं। बँध्यो कीर मरकट की नाईं॥
जड़ चेतनहि ग्रंथि परि गई। जदपि मृषा छूटत कठिनई॥ २॥

तब ते जीव भयउ संसारी। छूट न ग्रंथि न होइ सुखारी॥
श्रुति पुरान बहु कहेउ उपाई। छूट न अधिक अधिक अरुझाई॥ ३॥

जीव हृदयँ तम मोह बिसेषी। ग्रंथि छूट किमि परइ न देखी॥
अस संजोग ईस जब करई। तबहुँ कदाचित सो निरुअरई॥ ४॥

सात्त्विक श्रद्धा धेनु सुहाई। जौं हरि कृपाँ हृदयँ बस आई॥
जप तप ब्रत जम नियम अपारा। जे श्रुति कह सुभ धर्म अचारा॥ ५॥

तेइ तृन हरित चरै जब गाई। भाव बच्छ सिसु पाइ पेन्हाई॥
नोइ निबृत्ति पात्र बिस्वासा। निर्मल मन अहीर निज दासा॥ ६॥

परम धर्ममय पय दुहि भाई। अवटै अनल अकाम बनाई॥
तोष मरुत तब छमाँ जुड़ावै। धृति सम जावनु देइ जमावै॥ ७॥

मुदिताँ मथै बिचार मथानी। दम अधार रजु सत्य सुबानी॥
तब मथि काढ़ि लेइ नवनीता। बिमल बिराग सुभग सुपुनीता॥ ८॥

दो०– जोग अगिनि करि प्रगट तब कर्म सुभासुभ लाइ।
बुद्धि सिरावै ग्यान घृत ममता मल जरि जाइ॥ ११७ (क)॥

तब बिग्यानरूपिनी बुद्धि बिसद घृत पाइ।
चित्त दिआ भरि धरै दृढ़ समता दिअटि बनाइ॥ ११७ (ख)॥

तीनि अवस्था तीनि गुन तेहि कपास तें काढ़ि।
तूल तुरीय सँवारि पुनि बाती करै सुगाढ़ि॥ ११७ (ग)॥

सो०– एहि बिधि लेसै दीप तेज रासि बिग्यानमय।
जातहिं जासु समीप जरहिं मदादिक सलभ सब॥ ११७ (घ)॥

११६(ख) चतुर गरुड़ गियान भक्ती भेद, मन देऊन तुमी सुना।
राम पायँ ले ठुकठुका मया होएसे, तेके नंगत गुना॥ ८२॥

बलुक नीहोय असन कहनी सुना, समझतो लाइक आय।
जीव भगवान चो अंस टकर ले, सुख चो रासी आय॥ ८३॥
केबई नास नीहोय सफा रहेसे, नी सरतो लाइक आय।
माया ने हरजुन रूपू बेंदरा माहा, आपने बांधी होलोर आय॥ ८४॥
भले जड़ जीव ने गठ पडलीसे, पय ये फोकहा आय।
हुनचो फुसकतोर बल कठिन भारी, गुने जीव सवँसारीं आय॥ ८५॥
फेर न सके बल नाई, आरू जीव सुखी नी होय।
बेद पुरान फुसकतो उआट सांगसोत, बले-बल हरजुक होए॥ ८६॥
जीव हिरदे ने अग्यान अधार, विकट होउन आसे।
एई ने गठ झपके दखा नीदेय, फुसकतोर भिने आसे॥ ८७॥
केबई भगवान चो जोग पड़लोने, लटपट गठ फुसकेसे।
सवँसार फांदा ले तेबई जीव, लटपट फुसकुक पाएसे॥ ८८॥
सत मया चो सुँदर गदर रूप ने, हिरदे ने एऊन बसेसे।
अनगिनत जप, तप, उपास, नेम, बेद जे सपा बलेसे॥ ८९॥
धरम टकर रोंडा चरुन पेन्हाएसे, धरमी बुछरा के पियाउन।
सवँसार ले गुचतो छांद ले छादुन, बिसवास भंडवा धरुन॥ ९०॥
मन जे आपन चो सेउक आय, हुनी दुहू बिताआय।
असन धरम गोरस के दुहुन, नंगत टकर आइग जे आय॥ ९१॥
हुनी ने चुड़ाउन अँटाउन भाती, माफी संतोस लेहरा ले।
जुड़ावन धीरज ले मन के थामुन, जावन दिलो ने॥ ९२॥
हरीक हांडी ने हुनके भरून, हरीक बिचार मथनी धरुन।
इंदरी मारतोर डेरी ने बांधुन, राम गोठ डोरी धरून॥ ९३॥
तेबे नंगत बिलाउन तेचोले, बैराग लेवनी धरो।
जोग ले आइग निकराउन भाती, सुभकरम आइग करो॥ ९४॥

११७(क) मया मइल चो जरून गेलोने, ते बे गियान घीव धरून।
पक्की बिचार चो बुध जोर ले, हुन घीव के जुड़ाउन॥ ९५॥

११७(ख) तेबे बिग्यान बुध घीव के, चेत दिया ने भरो।
समान रूखी बनाउन भाती, हुन दिया के उपर करो॥ ९६॥

११७(ग) तीनों बैरा तीनों गुन महा, कपसा के आनुन भाती।
तुरीय बैरा रूई के निकराउन, बनाओ टाट बाती॥ ९७॥

११७(घ) असन बिग्यान अंजोर दिया के, जराउन पुरे रारके।
घमंड बतर जरून जाओ जेमे, असन हुनके राखो॥ ९८॥

चौ०– सोहमस्मि इति बृत्ति अखंडा। दीप सिखा सोइ परम प्रचंडा॥
आतम अनुभव सुख सुप्रकासा। तब भव मूल भेद भ्रम नासा॥ १॥

प्रबल अबिद्या कर परिवारा। मोह आदि तम मिटइ अपारा॥
तब सोइ बुद्धि पाइ उँजिआरा। उर गृहँ बैठि ग्रंथि निरुआरा॥ २॥

छोरन ग्रंथि पाव जौं सोई। तब यह जीव कृतारथ होई॥
छोरत ग्रंथि जानि खगराया। बिघ्न अनेक करइ तब माया॥ ३॥

रिद्धि सिद्धि प्रेरइ बहु भाई। बुद्धिहि लोभ दिखावहिं आई॥
कल बल छल करि जाहिं समीपा। अंचल बात बुझावहिं दीपा॥ ४॥

होइ बुद्धि जौं परम सयानी। तिन्ह तन चितव न अनहित जानी॥
जौं तेहिं बिघ्न बुद्धि नहिं बाधी। तौ बहोरि सुर करहिं उपाधी॥ ५॥

इंद्रीं द्वार झरोखा नाना। तहँ तहँ सुर बैठे करि थाना॥
आवत देखहिं बिषय बयारी। ते हठि देहिं कपाट उघारी॥ ६॥

जब सो प्रभंजन उर गृहँ जाई। तबहिं दीप बिग्यान बुझाई॥
ग्रंथि न छूटि मिटा सो प्रकासा। बुद्धि बिकल भइ बिषय बतासा॥ ७॥

इंद्रिन्ह सुरन्ह न ग्यान सोहाई। बिषय भोग पर प्रीति सदाई॥
बिषय समीर बुद्धि कृत भोरी। तेहि बिधि दीप को बार बहोरी॥ ८॥

दो०– तब फिरि जीव बिबिधि बिधि पावइ संसृति क्लेस।
हरि माया अति दुस्तर तरि न जाइ बिहगेस॥ ११८ (क)॥

कहत कठिन समुझत कठिन साधत कठिन बिबेक।
होइ घुनाच्छर न्याय जौं पुनि प्रत्यूह अनेक॥ ११८ (ख)॥

चौ०– ग्यान पंथ कृपान कै धारा। परत खगेस होइ नहिं बारा॥
जो निर्बिघ्न पंथ निर्बहई। सो कैवल्य परम पद लहई॥ १॥

अति दुर्लभ कैवल्य परम पद। संत पुरान निगम आगम बद॥
राम भजत सोइ मुकुति गोसाईं। अनइच्छित आवइ बरिआईं॥ २॥

जिमि थल बिनु जल रहि न सकाई। कोटि भाँति कोउ करै उपाई॥
तथा मोच्छ सुख सुनु खगराई। रहि न सकइ हरि भगति बिहाई॥ ३॥

अस बिचारि हरि भगत सयाने। मुक्ति निरादर भगति लुभाने॥
भगति करत बिनु जतन प्रयासा। संसृति मूल अबिद्या नासा॥ ४॥

मयँ ब्रह्म आँय अंखड जीवना, हुनचो जोत होएसे।
आतमा के पुरतले अजोर होलोने, सुख जोत होएसे॥ ९९॥
तेबे बुध हुन अंजोर पाउन, मन भीतरु ने होले।
तेबे मूरुख जीव पड़लो गठ के, तड़ा कनाय खोले॥ १००॥
जे मठ के फुसकाउक पावलो ने, जीव अस्तीर होएसे।
गरुड गठ फुसकातोदाय माया, बिघन करूक होएसे॥ १०१॥
खुबे रिधी-सिधी के पठाएसे जे, भारी लोभ दखासोत।
कल बल छल ले लगे आमरुन, आँचरा ले दिया लिबासोत॥ १०२॥
तेबे अकल जे बरकस रलो ने, सपा अबिरथा जानुन।
हुनचो बाटे फेर दखत बल नाई, हुनके बरकस मानुन॥ १०३॥
असन माया चो बिघन पड़लो ने, अकल नी गुपली जाना।
देवमन सपा उजराउक दखसोत, एके सत तुमी माना॥ १०४॥
इंदरीमन ले मन चो कई बाट, देवम चोन डेरा उथा।
जसने बिनय लेहरा एएसे, कपाट उघड़ातोर बुता॥ १०५॥
जराने लेहरा मन घर ने जाएसे, बिग्यान दिया लिबेसे।
गठ बले फुसकुक नी पाए, फेर अंजोर बले गुचेसे॥ १०६॥
अकल बियाकुल होउन जाएसे, बियस लेहरा पाते खान।
इंदरी आरू हुनचो देवमन के केबई, भाएसे गियान॥ १०७॥
अकल के बियस लेहरा तुरते, बैहा बनाएसे एथा।
हुन गियान दिया के तेबे, कौन बारेदे उथा॥ १०८॥

११८(क) तहाँ ले जीव सवँसार फादा ने, पडुन दुख बाट जाए।
रुगड़ हरी चो माया अटपट, सहज तरुक नी होए॥ १०९॥

११८(ख) समझातोर समझतोर साधतोर ने, भारी कठिन आय गियान।
भारी बिघन जे जोग ले केबई, होउन गेलोने गियान॥ ११०॥

गियान ले घसरुक बेर नी लागे, ये तेगा चो धार असन।
हुनी जीव मुक्ती पाएसे जे नाहकेसे, मारग बिगर बिघन॥ १११॥
संत, पुरान, बेद, सास्तर, बलसोत, ये गियान चो भारी पद।
भारी खटखट झंझट ने मिरेसे, इतरो बड़े ये पद॥ ११२॥
मान्तर गरुड़ ये अटपट मुक्ती, करलोने राम चो भजन।
मन-नाहलो बल बरपेला एएसे, करलोने नावँ चो भजन॥ ११३॥
भुँई नाहलो पानी नी थेबे, उआट करा कसनेय।
मुक्ती सुख भक्ती के छांडुन, नी रहुक सकेसे असने॥ ११४॥
असन बिचारते अकल बिता भगत, भक्ती ने मोहाउन रसोत।
असन ने मोहाउन मुक्ती के बले, गियानी छांडुन देसोत॥ ११५॥

भोजन करिअ तृपिति हित लागी। जिमि सो असन पचवै जठरागी॥
असि हरि भगति सुगम सुखदाई। को अस मूढ़ न जाहि सोहाई॥ ५॥

दो०– सेवक सेब्य भाव बिनु भव न तरिअ उरगारि।
भजहु राम पद पंकज अस सिद्धांत बिचारि॥ ११९ (क)॥

जो चेतन कहँ जड़ करइ जड़हि करइ चैतन्य।
अस समर्थ रघुनायकहि भजहिं जीव ते धन्य॥ ११९ (ख)॥

चौ०– कहेउँ ग्यान सिद्धांत बुझाई। सुनहु भगति मनि कै प्रभुताई॥
राम भगति चिंतामनि सुंदर। बसइ गरुड़ जाके उर अंतर॥ १॥

परम प्रकास रूप दिन राती। नहिं कछु चहिअ दिआ घृत बाती॥
मोह दरिद्र निकट नहिं आवा। लोभ बात नहिं ताहि बुझावा॥ २॥

प्रबल अबिद्या तम मिटि जाई। हारहिं सकल सलभ समुदाई॥
खल कामादि निकट नहिं जाहीं। बसइ भगति जाके उर माहीं॥ ३॥

गरल सुधासम अरि हित होई। तेहि मनि बिनु सुख पाव न कोई॥
ब्यापहिं मानस रोग न भारी। जिन्ह के बस सब जीव दुखारी॥ ४॥

राम भगति मनि उर बस जाकें। दुख लवलेस न सपनेहुँ ताकें॥
चतुर सिरोमनि तेइ जग माहीं। जे मनि लागि सुजतन कराहीं॥ ५॥

सो मनि जदपि प्रगट जग अहई। राम कृपा बिनु नहिं कोउ लहई॥
सुगम उपाय पाइबे केरे। नर हतभाग्य देहिं भटभेरे॥ ६॥

पावन पर्बत बेद पुराना। राम कथा रुचिराकर नाना॥
मर्मी सज्जन सुमति कुदारी। ग्यान बिराग नयन उरगारी॥ ७॥

भाव सहित खोजइ जो प्रानी। पाव भगति मनि सब सुख खानी॥
मोरें मन प्रभु अस बिस्वासा। राम ते अधिक राम कर दासा॥ ८॥

राम सिंधु घन सज्जन धीरा। चंदन तरु हरि संत समीरा॥
सब कर फल हरि भगति सुहाई। सो बिनु संत न काहूँ पाई॥ ९॥

अस बिचारि जोइ कर सतसंगा। राम भगति तेहि सुलभ बिहंगा॥ १०॥

दो०– ब्रह्म पयोनिधि मंदर ग्यान संत सुर आहिं।
कथा सुधा मथि काढ़हिं भगति मधुरता जाहिं॥ १२० (क)॥

बिरति चर्म असि ग्यान मद लोभ मोह रिपु मारि।
जय पाइअ सो हरि भगति देखु खगेस बिचारि॥ १२० (ख)॥

भक्ती सवँसार चो जिवना-मरना जड़, अबिदिया जे आसे।
बिगर मेहनत सपा सरून जासोत, अवगुन जितरो आसे॥ ११६॥
जसन भूख किरता भात खाऊँसे, पेट चो अगिन पचायसे।
कोन मूरुख के सहज सुख देऊ, असन भक्ती नी भाएमे॥ ११७॥

११९(क) सेउक मालिक बिचार बिगर गरुढ़, सवँसार ले तरुक नीहोए।
असन रीती बिचारुन राम पायँ चो, भजन ने रतोर होए॥ ११८॥

११९(ख) जे जड़ के जीव, जीव के जड़, करून देएसे जान।
असन समपूरन जे राम के भजेसे, हुनके तुमी धन माना॥ ११९॥

गियान रीती के समझाउन बलले, एदाँय भक्ती मनी के सुना।
राम भक्ती चिन्तामनी आय, जे चो मन ने बससे जाना॥ १२०॥
दिन-रात अपने बरते रहेसे, घीव दिया-बाती नी लागे।
असन मनी चो आपन उजर पुरे दारदिर नी एए लगे॥ १२१॥
लोभ लेहरा हुन मनी दिया के, केबई बुताउक नी सके।
अबिदिया अंधार एचो उजर पुरे, के बई होउक नी सके॥ १२२॥
धमंड कइर असन सपा बतर, एकेदाँय जरून जासोत।
भक्ती पुरे काम रीस लोभ, लगे अमरुक नी पासोत॥ १२३॥
बिस अमरित बयरी मीत होसोत, मनी बिगर सुख नी पाए।
बड़े बड़े रोग जे भारी डंड देसोत, हुन केबई लगे नी आए॥ १२४॥
राम भक्ती मनी जेचो हिरदे ने, सपना ने दुख नी पाए।
सवँसार ने हुनी जीत चतुर ले चतुर, जे मनी के जतनाते जाए॥ १२५॥
असन ये मनी सवँसार ने परगट, राम किरपा बिगर नी मिरे।
जेचो मिरतो बाट सहज आसे, अभागा मनुख नी बिने॥ १२६॥
वेद-पुरान पबितर पहाड़ आत, राम कथा भंडार तेमे।
मरमी संत बुध कोड़की आय, गियान बैराग आइँख तेमें॥ १२७॥
ये जी व मया ले तेके डगराएसे, ये भक्ती मनी के पाए।
मोके भरोस राम दास राम ले, आगर होऊ आए॥ १२८॥
राम समुंद आत जाले संत बादरी, हरी चंदन पवन संत।
सपा साधतोर सुन्दर भक्ती, बिगर नी पाओत संत॥ १२९॥
असन बिचारुन भाती जे गरुड़, संत संगत करेसे।
हुनमन के राम भक्ती सहज, जे सत सेवा ने रहेसे॥ १३०॥

१२०(क) बेद समुंद गियान मंदराचल, संत देव होउन आत।
मथुन कथा अमरित निकरासोत, भक्ती सुआद आय॥ १३१॥

१२०(ख) बैराग ढाल ले बाचते गियान तरवार ले, मद भोग बैरी के माहन।
चड़ई राजा हरी भक्ती आय हुन, जीतेसे सपा के मारून॥ १३२॥

चौ०– पुनि सप्रेम बोलेउ खगराऊ। जौं कृपाल मोहि ऊपर भाऊ॥
नाथ मोहि निज सेवक जानी। सप्त प्रस्न मम कहहु बखानी॥ १॥

प्रथमहिं कहहु नाथ मतिधीरा। सब ते दुर्लभ कवन सरीरा॥
बड़ दुख कवन कवन सुख भारी। सोउ संछेपहिं कहहु बिचारी॥ २॥

संत असंत मरम तुम्ह जानहु। तिन्ह कर सहज सुभाव बखानहु॥
कवन पुन्य श्रुति बिदित बिसाला। कहहु कवन अघ परम कराला॥ ३॥

मानस रोग कहहु समुझाई। तुम्ह सर्बग्य कृपा अधिकाई॥
तात सुनहु सादर अति प्रीती। मैं संछेप कहउँ यह नीती॥ ४॥

नर तन सम नहिं कवनिउ देही। जीव चराचर जाचत तेही॥
नरग स्वर्ग अपबर्ग निसेनी। ग्यान बिराग भगति सुभ देनी॥ ५॥

सो तनु धरि हरि भजहिं न जे नर। होहिं बिषय रत मंद मंद तर॥
काँच किरिच बदलें ते लेहीं। कर ते डारि परस मनि देहीं॥ ६॥

नहिं दरिद्र सम दुख जग माहीं। संत मिलन सम सुख जग नाहीं॥
पर उपकार बचन मन काया। संत सहज सुभाउ खगराया॥ ७॥

संत सहहिं दुख पर हित लागी। पर दुख हेतु असंत अभागी॥
भूर्ज तरू सम संत कृपाला। पर हित निति सह बिपति बिसाला॥ ८॥

सन इव खल पर बंधन करई। खाल कढ़ाइ बिपति सहि मरई॥
खल बिनु स्वारथ पर अपकारी। अहि मूषक इव सुनु उरगारी॥ ९॥

पर संपदा बिनासि नसाहीं। जिमि ससि हति हिम उपल बिलाहीं॥
दुष्ट उदय जग आरति हेतू। जथा प्रसिद्ध अधम ग्रह केतू॥ १०॥

संत उदय संतत सुखकारी। बिस्व सुखद जिमि इंदु तमारी॥
परम धर्म श्रुति बिदित अहिंसा। पर निंदा सम अघ न गरीसा॥ ११॥

हर गुर निंदक दादुर होई। जन्म सहस्र पाव तन सोई॥
द्विज निंदक बहु नरक भोग करि। जग जनमइ बायस सरीर धरि॥ १२॥

सुर श्रुति निंदक जे अभिमानी। रौरव नरक परहिं ते प्रानी॥
होहिं उलूक संत निंदा रत। मोह निसा प्रिय ग्यान भानु गत॥ १३॥

सब कै निंदा जे जड़ करहीं। ते चमगादुर होइ अवतरहीं॥
सुनहु तात अब मानस रोगा। जिन्ह ते दुख पावहिं सब लोगा॥ १४॥

* गरूड़ चो सात सवाल, भुसुंडि चो जवाब *

फेर गरुड़ बड़े मया ले बलला, जे मोचो ले मया आसे।
सेउक जानुन मोके सांगा तुमी, सात सवाल जे आसे॥ १॥
पहिल सांगा कोन देह आसे जे, जीव के थतगत मिरेसे।
फेर हुन दुख के सांगा आरु, बड़े सुख के मिरेसे॥ २॥
संत-असंत चो भेद के जानास, सहज टकर के सांगा।
सपाले बड़े पुन कोन आय आरू, भारी पाप के साँगा॥ ३॥
पन चो सपा रोग के सांगा, समझाउन भाती तुमी।
मोचो उपरे तुमचो मया खुबे, सपा ठान ने आहास तुमी॥ ४॥
भुसुंडी बलला खुबे मया ले, मान देऊन तुमी सुना।
सहज खिंडिक ने सपा के सांगेसे, मन देऊन तुमी सुना॥ ५॥
मनुख़ देह माहा कोनी देह नीआय, सपा मांगसोत एके।
जड़ जीव सपा बिन्ती करून, मांगते जासोत तेके॥ ६॥
सरग-नरक मुक्ती चो ये, निसेनी माहा आय।
भलई करम गियान बैराग, भक्ती के देऊ आय॥ ७॥
असन मनुख देह पाउन बले जे, हरी भजन नी करत।
पारस फिंगुन कांच धरसोत, नीच बुध ने पड़ुन रसोत॥ ८॥
दारदिर माहा काईं दुख नीआय, संत भेटलोने सुख।
मन गोठ करम ले पर भलई के, करतोर संत चो गुन॥ ९॥
पर काजे संत दुख सहूआत, अभागा असंत दुख देऊ।
भोज रूख माहा संत डंड सहसोत, दूसर चो भलई करू॥ १०॥
दुसट सन माहा दूसर के बांधुक, चामड़ी झिकाउन मरसोत।
बिगर मतलब साँप मूसा माहा, पर चो बिगाड़ करसोत॥ ११॥
पर धन नास करुन मरसोत, जसन करा बेड़ा के सारु।
तिहँचो जनम केतू माहा आय, सवँसार के दुख देऊ॥ १२॥
संत जनम भलई काजे जसन, जोन सूरुज आसोत।
बेद जीव हतया नी करतो धरम, चारी पाप के अनासोत॥ १३॥
सिव गुरू निंदरु मेंडका जनम, हजार हार जीव धरेसे।
बाम्हन के निंदरु नरक भोगुन, काँवरा जनम धरेसे॥ १४॥
घमंडी जीव देव बेद के निंदरु, गौरव नरक ने पड़सोत।
एदाँय मन चो रोग के सुना, जेमें लोग दुख सहसोत॥ १५॥
जे मूरुख सपा के निंदरसोत, गादूर जनम धरसोत।
एदाँय मन चो रोग सुना, जेमें लोग दुख सहसोत॥ १६॥
सपा रोग चो जड़ अग्यान आय, उथा ले उपकेसे रोग।
काम बात, लोभ, घेंघल होएसे, सीस छाती जराऊ पित रोग॥ १७॥

मोह सकल ब्याधिन्ह कर मूला। तिन्ह ते पुनि उपजहिं बहु सूला॥
काम बात कफ लोभ अपारा। क्रोध पित्त नित छाती जारा॥ १५॥

प्रीति करहिं जौं तीनिउ भाई। उपजइ सन्यपात दुखदाई॥
बिषय मनोरथ दुर्गम नाना। ते सब सूल नाम को जाना॥ १६॥

ममता दादु कंडु इरषाई। हरष बिषाद गरह बहुताई॥
पर सुख देखि जरनि सोइ छई। कुष्ट दुष्टता मन कुटिलई॥ १७॥

अहंकार अति दुखद डमरुआ। दंभ कपट मद मान नेहरुआ॥
तृस्ना उदरबृद्धि अति भारी। त्रिबिध ईषना तरुन तिजारी॥ १८॥

जुग बिधि ज्वर मत्सर अबिबेका। कहँ लगि कहौं कुरोग अनेका॥ १९॥

दो०— एक ब्याधि बस नर मरहिं ए असाधि बहु ब्याधि।
पीड़हिं संतत जीव कहुँ सो किमि लहै समाधि॥ १२१ (क)॥

नेम धर्म आचार तप ग्यान जग्य जप दान।
भेषज पुनि कोटिन्ह नहिं रोग जाहिं हरिजान॥ १२१ (ख)॥

चौ०— एहि बिधि सकल जीव जग रोगी। सोक हरष भय प्रीति बियोगी॥
मानक रोग कछुक मैं गाए। हहिं सब कें लखि बिरलेन्ह पाए॥ १॥

जाने ते छीजहिं कछु पापी। नास न पावहिं जन परितापी॥
बिषय कुपथ्य पाइ अंकुरे। मुनिहु हृदयँ का नर बापुरे॥ २॥

राम कृपाँ नासहिं सब रोगा। जौं एहि भाँति बनै संयोगा॥
सदगुर बैद बचन बिस्वासा। संजम यह न बिषय कै आसा॥ ३॥

रघुपति भगति सजीवन मूरी। अनूपान श्रद्धा मति पूरी॥
एहि बिधि भलेहिं सो रोग नसाहीं। नाहिं त जतन कोटि नहिं जाहीं॥ ४॥

जानिअ तब मन बिरुज गोसाँई। जब उर बल बिराग अधिकाई॥
सुमति छुधा बाढ़इ नित नई। बिषय आस दुर्बलता गई॥ ५॥

बिमल ग्यान जल जब सो नहाई। तब रह राम भगति उर छाई॥
सिव अज सुक सनकादिक नारद। जे मुनि ब्रह्म बिचार बिसारद॥ ६॥

सब कर मत खगनायक एहा। करिअ राम पद पंकज नेहा॥
श्रुति पुरान सब ग्रंथ कहाहीं। रघुपति भगति बिना सुख नाहीं॥ ७॥

जे तीनों भाई ले मया करेसे, तेके डंड सनीपात होएसे।
कठिन ले मिरू मन चो बिसय, जे रकम रोग होएसे॥ १८॥
मया दाद आय इरखा खसू, हरीक दुख टोडरी रोग।
पर सुख दखुन जेचो छाती जरेसे, हुनी आय छई रोग॥ १९॥
दुसट-पन आरू मन ले कइर, होएसे महा कोढ़ रोग।
पाखंड कपट नसा मान ने, होएसे नस चो रोग॥ २०॥
लोभ अटपट पेट चो रोग, बेटा धन मान दखेसे।
ये तीनों चो लोभ करू जीव, तिजरा रोग के सहेसे॥ २१॥
इरखा आरू अग्यान जे आसे, दुई रकम चो जर आय।
असन कई रकम चो गुन उपरे, गुन बल हुसनेय आय॥ २२॥

१२१(क) गोटकी रोग ने मनुख जाले, पटनाय मरून जाएसे।
ये जाले रकम अजार आत, जे जीव के डंड देएसे॥ २३॥

१२१(ख) नेम टकर धरम जप तप गियान, दान जग्यँ जे आसोत।
ए कोटी ओखत आत गरुड़ पय, एचोले रोग नी जाओत॥ २४॥

असन रकम ले सवँसार ने, जीव रोग ने भटसोत।
दुख हरीक डर मया छांडरा चो, दुख ले दुखी होसोत॥ २५॥
खिंडिक ने मयँ ये जीव रोग के, एथा सांगलेसे तुमके।
सपा के आसे ये रोग मान्तर, बिरलेय जानसोत एके॥ २६॥
जीव जराऊ पापीमन के जानले, घाट खिंडिक तो होएसे।
मान्तर ये सपा रोग असन आय, नास तेचो नी होएसे॥ २७॥
अग्यान कुपथ पाउन मुनीमन चो, मन ने गाजा होएसे।
फेर ये सधारन कोगमन के, कहाँ ये बाट देएसे॥ २८॥
राम किरपा ले सपा नाम होएसे, जे मनुख मानुन करे।
सदगुरू बइद चो भरोसा करते, अग्यान छांडुन नेम धरे॥ २९॥
राम भक्ती संजीवनी आय, मया खुराक होएसे।
असन भले जाओ रोग नाहले, कोटी उपाय लेनी जाएसे॥ ३०॥
मन रोग गेली तेबई माना, जसने बैराग बाढ़ेसे।
अग्यान चो सूखतो के दखुन, बुध चो भूख बाढ़ेसे॥ ३१॥
सफा गियान ले नहालो ने भक्ती, मनुख हिरदे ने होएसे।
सिव, ब्रह्मा, सुक, सनकादी, नारद, ब्रह्म बिचार चो मुनी होएसे॥ ३२॥
सपा एई बलसोत चड़ई राजा, राम पायँ ले मया करा।
राम भक्ती नाहलो सुख नी आय, बेद-पुरान के बिसवास करा॥ ३३॥

कमठ पीठ जामहिं बरु बारा। बंध्या सुत बरु काहुहि मारा॥
फूलहिं नभ बरु बहुबिधि फूला। जीव न लह सुख हरि प्रतिकूला॥ ८॥

तृषा जाइ बरु मृगजल पाना। बरु जामहिं सस सीस बिषाना॥
अंधकारु बरु रबिहि नसावै। राम बिमुख न जीव सुख पावै॥ ९॥

हिम ते अनल प्रगट बरु होई। बिमुख राम सुख पाव न कोई॥ १०॥

दो०– बारि मथें घृत होइ बरु सिकता ते बरु तेल।
बिनु हरि भजन न भव तरिअ यह सिद्धांत अपेल॥ १२२ (क)॥

मसकहि करइ बिरंचि प्रभु अजहि मसक ते हीन।
अस बिचारि तजि संसय रामहि भजहिं प्रबीन॥ १२२ (ख)॥

श्लोक०– विनिश्चितं वदामि ते न अन्यथा वचांसि मे।
हरिं नरा भजन्ति येऽतिदुस्तरं तरन्ति ते॥ १२२ (ग)॥

चौ०– कहेउँ नाथ हरि चरित अनूपा। ब्यास समास स्वमति अनुरूपा॥
श्रुति सिद्धांत इहइ उरगारी। राम भजिअ सब काज बिसारी॥ १॥

प्रभु रघुपति तजि सेइअ काही। मोहि से सठ पर ममता जाही॥
तुम्ह बिग्यानरूप नहिं मोहा। नाथ कीन्हि मो पर अति छोहा॥ २॥

पूँछिहुँ राम कथा अति पावनि। सुक सनकादि संभु मन भावनि॥
सत संगति दुर्लभ संसारा। निमिष दंड भरि एकउ बारा॥ ३॥

देखु गरुड़ निज हृदयँ बिचारी। मैं रघुबीर भजन अधिकारी॥
सकुनाधम सब भाँति अपावन। प्रभु मोहि कीन्ह बिदित जग पावन॥ ४॥

दो०– आजु धन्य मैं धन्य अति जद्यपि सब बिधि हीन।
निज जन जानि राम मोहि संत समागम दीन॥ १२३ (क)॥

नाथ जथामति भाषेउँ राखेउँ नहिं कछु गोइ।
चरित सिंधु रघुनायक थाह कि पावइ कोइ॥ १२३ (ख)॥

* भजन महेमा *

कचीम पाठ ने भले रोआँ होओ, बांझ चो बेटा मारो काकेय।
अकास ने कितरोय फूल फूलो, हरी बिगर सुख नीआय काकेय॥ १॥
खरिया भाटा चो पानी ले पिआसजाओ, लमहा मुंड ने सींग होओ।
अंधार भले सूरुज के मारो, राम के पीठ करले सुख नी होए॥ २॥
बरफ ले भले आक निकरले बले, सत गोठ के जाना।
हरी भजन बिगर जीव नी तरे, सुख नी मिरे माना॥ ३॥

१२२(क) पानी बिलालोने घीव निकरो, बारू ले तेल निकरो।
हरी भजन बिगर जीव नी तरे, सत आय गोठ इतरो॥ ४॥

१२२(ख) ब्रह्मा के भुरसुंडी, भुरसुंडी के ब्रह्मा भगवान बनाउक सकत।
भरम छाँडुन चतुर मनुख सपा, राम भजन ने रसोत॥ ५॥

१२२(ग) मयँ नंगत जानून रीती सांगेंसे, मेलाय गोट नोआय।
हरी भजन के जे बल करसोत, हुनी भव ले नाहकुक पाय॥ ६॥

हरी चो सुंदर चरितर के बलले, सहज बुध ने जे आसे।
बेद रीती आय काम ले गुचुन, राम भजन करलो ने आसे॥ ७॥
भगवान राम के छांडुन काके भजवाँ, एदाँय एके जाना तुमी।
मोचो माहा मूरुख उपरे मया, इतरो आसे माना तुमी॥ ८॥
मोचो उपरे किरपा करलास तुमी, मोह नी आय तुमके।
तुमी बिग्यान रुप भगवान सेउक, कोन पुरेदे तुमके॥ ९॥
सुक सनकादी सुकदेव के भाएसे, जे पबितर राम कथा।
हुनी मन भाऊ के पूछलास, जे आय राम कथा॥ १०॥
सवँसार ने घड़ी भर डंडिक बले, हारक काजे बले।
हुनी मन केबई नी मिरे गरुड़, ये जीवना के बले॥ ११॥
मन के बिचारा दखा काय मयँ, भजन चो लाइक आँय।
चड़ई ने नीच सपा बाटले, छूतहा चड़ई आँय॥ १२॥
असन होले बले भगवान मोके, हिटते सवँसार काजे।
सपा पबितर करुक जाहिर, बनालो सवँसार काजे॥ १३॥

१२३(क) नीच आँय बले धन आँय, जीवना धन आय।
सत संगत आपलो सेउक जामुन, राम चो दिलोर आय॥ १४॥

१२३(ख) मालिक बुध इतरो साँगले, काई के नी लुकायँ।
राम चरितर अथाह समुंद, कोन थाहा पाउ आय॥ १५॥

चौ०– सुमिरि राम के गुन गन नाना। पुनि पुनि हरष भुसुंडि सुजाना॥
महिमा निगम नेति करि गाई। अतुलित बल प्रताप प्रभुताई॥ १॥

सिव अज पूज्य चरन रघुराई। मो पर कृपा परम मृदुलाई॥
अस सुभाउ कहुँ सुनउँ न देखउँ। केहि खगेस रघुपति सम लेखउँ॥ २॥

साधक सिद्ध बिमुक्त उदासी। कबि कोबिद कृतग्य संन्यासी॥
जोगी सूर सुतापस ग्यानी। धर्म निरत पंडित बिग्यानी॥ ३॥

तरहिं न बिनु सेएँ मम स्वामी। राम नमामि नमामि नमामी॥
सरन गएँ मो से अघ रासी। होहिं सुद्ध नमामि अबिनासी॥ ४॥

दो०– जासु नाम भव भेषज हरन घोर त्रय सूल।
सो कृपाल मोहि तो पर सदा रहउ अनुकूल॥ १२४ (क)॥

सुनि भुसुंडि के बचन सुभ देखि राम पद नेह।
बोलेउ प्रेम सहित गिरा गरुड़ बिगत संदेह॥ १२४ (ख)॥

चौ०– मैं कृतकृत्य भयउँ तव बानी। सुनि रघुबीर भगति रस सानी॥
राम चरन नूतन रति भई। माया जनित बिपति सब गई॥ १॥

मोह जलधि बोहित तुम्ह भए। मो कहँ नाथ बिबिध सुख दए॥
मो पहिं होइ न प्रति उपकारा। बंदउँ तव पद बारहिं बारा॥ २॥

पूरन काम राम अनुरागी। तुम्ह सम तात न कोउ बड़भागी॥
संत बिटप सरिता गिरि धरनी। पर हित हेतु सबन्ह कै करनी॥ ३॥

संत हृदय नवनीत समाना। कहा कबिन्ह परि कहै न जाना॥
निज परिताप द्रवइ नवनीता। पर दुख द्रवहिं संत सुपुनीता॥ ४॥

जीवन जन्म सुफल मम भयऊ। तव प्रसाद संसय सब गयऊ॥
जानेहु सदा मोहि निज किंकर। पुनि पुनि उमा कहइ बिहंगबर॥ ५॥

दो०– तासु चरन सिरु नाइ करि प्रेम सहित मतिधीर।
गयउ गरुड़ बैकुंठ तब हृदयँ राखि रघुबीर॥ १२५ (क)॥

गिरिजा संत समागम सम न लाभ कछु आन।
बिनु हरि कृपा न होइ सो गावहिं बेद पुरान॥ १२५ (ख)॥

राम गुन सुमरुन धरमी मुसुंड, सुबे हरीक होसोत।
जेयो महिमा बेद नेती बलसोत, सकत ले भारी होसोत॥ १६॥
जे राम के ब्रह्मा, सिव मानसोत, हमेस पूजा करसोत।
तिहँचो सहज मया के बिचारा, जे मोके दया करसोत॥ १७॥
काचोय टकर नी सुनलेंसे, अउर दखेंसे कहाँय।
असन के गरुड़ तुमी मोके साँगा, काके मयँ आयँ॥ १८॥
साधक सिध जीव ले मुक्ती पाउन, सपा जे छांडुन रहेंसे।
पंडित करम के जानू, सन्यासी जोगी जे रहेसे॥ १९॥
बड़े बड़े बीर तपसी गियानी-बिग्यानी धरम जानू।
कोनी बल तरुक नी सकत जे, नोआत राम के मानू॥ २०॥
हुनी राम के मयँ घनघड़ी गरुड़, बिन्ती करते रहेंसे।
जेचो सरन ने मोचो माहा पापी, पबितर होउन जाएसे॥ २१॥

१२४(क) जेचो नावँ जनम मरना रोग चो, हमारी दवई आय।
तीनो अटपट रोग के सारेसे, असन महेमा आय॥ २२॥

१२४(ख) हुनी राम बरहमेस हरीक रहन, सुनुन गरुड़ बलला।
सुभ गुन चो गोठ मया दखुन, भरम ले अलगुन बलला॥ २३॥

रामभक्ती मिसालो गोठ सुनुन, जिवना धन होली।
राम पायँ ले मया बाढ़ली, माया चो डंड गेली॥ २४॥
मोह समुंद ने बुड़तोदाँय तुमी, जहाज सुख दिलास।
ये भलई पलटा पुरुक नी सकें, पायँ चो दरसन दिलास॥ २५॥
तुमी समपूरन राम चो मयादार तुमचो माहा नीआत।
संत रुख नंदी पहाड़ भुईं, सपा परहित काज आत॥ २६॥
संत मन लेवनी माहा होसोत, असन कबी बलसोत।
मान्तर असल बलुक नी जानत, जसन संत करसोत॥ २७॥
तपालोने लेवनी टघलुन जाएसे, संत असन नोआत।
दूसर चो दुख दखुन भाती, अंतस ले टिघलु आत॥ २८॥
मोचो जनम जिवना सुफल, सपा भरम गेली।
मोके आपलो दास जाना, गरुड़ चो रहे बोली॥ २९॥

१२५(क) भुसुंड पायँ के मया ले बिनाउन, राम के मन ने धरून।
धरिजाहा गरूड़ बैकुंठ गेलो, उथा ले हरीक उड़ुन॥ ३०॥

१२५(ख) उमा सत संगत माहा काईं, लाभ नीआय जाना।
हरी किरपा बिगर नी मिरत, बेद पुरान गोठ माना॥ ३१॥

चौ०– कहेउँ परम पुनीत इतिहासा। सुनत श्रवन छूटहिं भव पासा॥
प्रनत कल्पतरु करुना पुंजा। उपजइ प्रीति राम पद कंजा॥ १॥

मन क्रम बचन जनित अघ जाई। सुनहिं जे कथा श्रवन मन लाई॥
तीर्थाटन साधन समुदाई। जोग बिराग ग्यान निपुनाई॥ २॥

नाना कर्म धर्म ब्रत दाना। संजम दम जप तप मख नाना॥
भूत दया द्विज गुर सेवकाई। बिद्या बिनय बिबेक बड़ाई॥ ३॥

जहँ लगि साधन बेद बखानी। सब कर फल हरि भगति भवानी॥
सो रघुनाथ भगति श्रुति गाई। राम कृपाँ काहूँ एक पाई॥ ४॥

दो०– मुनि दुर्लभ हरि भगति नर पावहिं बिनहिं प्रयास।
जे यह कथा निरंतर सुनहिं मानि बिस्वास॥ १२६॥

चौ०– सोइ सर्बग्य गुनी सोइ ग्याता। सोइ महि मंडित पंडित दाता॥
धर्म परायन सोइ कुल त्राता। राम चरन जा कर मन राता॥ १॥

नीति निपुन सोइ परम सयाना। श्रुति सिद्धांत नीक तेहिं जाना॥
सोइ कबि कोबिद सोइ रनधीरा। जो छल छाड़ि भजइ रघुबीरा॥ २॥

धन्य देस सो जहँ सुरसरी। धन्य नारि पतिब्रत अनुसरी॥
धन्य सो भूपु नीति जो करई। धन्य सो द्विज निज धर्म न टरई॥ ३॥

सो धन धन्य प्रथम गति जाकी। धन्य पुन्य रत मति सोइ पाकी॥
धन्य घरी सोइ जब सतसंगा। धन्य जन्म द्विज भगति अभंगा॥ ४॥

दो०– सो कुल धन्य उमा सुनु जगत पूज्य सुपुनीत।
श्रीरघुबीर परायन जेहिं नर उपज बिनीत॥ १२७॥

चौ०– मति अनुरूप कथा मैं भाषी। जद्यपि प्रथम गुप्त करि राखी॥
तव मन प्रीति देखि अधिकाई। तब मैं रघुपति कथा सुनाई॥ १॥

यह न कहिअ सठही हठसीलहि। जो मन लाइ न सुन हरि लीलहि॥
कहिअ न लोभिहि क्रोधिहि कामिहि। जो न भजइ सचराचर स्वामिहि॥ २॥

द्विज द्रोहिहि न सुनाइअ कबहूँ। सुरपति सरिस होइ नृप जबहूँ॥
राम कथा के तेइ अधिकारी। जिन्ह कें सत संगति अति प्यारी॥ ३॥

मयँ ये पबितर कथा बलले, जेके सुनलो ने।
सवँसार बांधन ले फुसकेसे, मन ले गुनलो ने॥ ३२॥
सरनाहा के मन चो फल देअए, ये कलपरूख आय।
दया चो धाम राम पायँ ले मया, होलोंने मिरू आय॥ ३३॥
जे कान मन देअन सुनसोत, हरीक मन ले बसुन।
मन बोली करम ले पाप जाएसे, तीरिथ ले आगर होउन॥ ३५॥
साधन जोग बैराग गियान ले चतुर, धरम नेम ले भरपूर।
इंदरो जीनुन जप तप जग्यँ संगे, जीव ले दया भरपूर॥ ३५॥
बाम्हन गुरू चो सेवा करून, बिदिया बिन्ती बिबेक सपा।
बैद जितरो बाट के सांगसोत, तेमन के मानुन सपा॥ ३६॥
बेद सांगसोत सपा चो फल, आय हरी भक्ती।
राम किरपा ले बिरले कोनी, पासोत एथा भक्ती॥ ३७॥

१२६(क) रोसा ले मानुन भाती, हमेस कथा सुनेसे।
बिगर मेहनत मुनी के नी मिरू, हुन भक्सी पाएसे॥ ३८॥

जेचो मन राम पायँ ने आसे, हुनी सपा के जानू आय।
हुनी-गुनी-गियानी पिरथी चो, हीरा होऊ आय॥ ३९॥
धरम हुनी जे कुल के साहा, पंडित जे दानी आय।
छल-छांडुन राम भजन करू, नीती ने चतुर आय॥ ४०॥
बेद रीती के जानेंसे मानेसे, हुनी कबी पंडित मियानी।
हुन देस धन आय जहाँ, बोहेसे गंगा चो पानी॥ ४१॥
हुनी मेहरार धन जे पतिबरता, हुनी राजा जे नियाव करेंसे।
हुनी बाम्हन धन आय, जे धरम ले नी दरेसे॥ ४२॥
हुनी धन धन जे दान ने पड़ेसे, बुध जे पुन ने रहेसे।
बाम्हन चो मान करु जनम धन, हर घड़ी सतसंग करेसे॥ ४३॥

१२७ हुन कुल धन जेके सवँसार मानेसे, पबितर होउन रहेसे।
राम भगत माह धरमी मनुख, जनमुन भाती रहेसे॥ ४४॥

बुध खपतसे मयँ कथा बललेसे, जेके आगे लुकाउन राखले।
तुमचो भारी मया के दखुन, ये राम कथा के सांगले॥ ४५॥
बदमास लोग पूरे जे टेकहा आत, कथा नी सांगतोर आय।
लोभी कामी जे राम के नी मानत, तिहँके नी सांगतोर आय॥ ४६॥
बाम्हन बयरी इंदर बल होले, ए कथा नी सुनतो आय।
राम कथा हुनी सुनतो लाइक, जे सतसंत ने रह आय॥ ४७॥

गुर पद प्रीति नीति रत जेई। द्विज सेवक अधिकारी तेई॥
ता कहँ यह बिसेष सुखदाई। जाहि प्रानप्रिय श्रीरघुराई॥ ४॥

दो०– राम चरन रति जो चह अथवा पद निर्बान।
भाव सहित सो यह कथा करउ श्रवन पुट पान॥ १२८॥

चौ०– राम कथा गिरिजा मैं बरनी। कलि मल समनि मनोमल हरनी॥
संसृति रोग संजीवन मूरी। राम कथा गावहिं श्रुति सूरी॥ १॥

एहि महँ रुचिर सप्त सोपाना। रघुपति भगति केर पंथाना॥
अति हरि कृपा जाहि पर होई। पाउँ देइ एहिं मारग सोई॥ २॥

मन कामना सिद्धि नर पावा। जे यह कथा कपट तजि गावा॥
कहहिं सुनहिं अनुमोदन करहीं। ते गोपद इव भवनिधि तरहीं॥ ३॥

सुनि सब कथा हृदय अति भाई। गिरिजा बोली गिरा सुहाई॥
नाथ कृपाँ मम गत संदेहा। राम चरन उपजेउ नव नेहा॥ ४॥

दो०– मैं कृतकृत्य भइउँ अब तव प्रसाद बिस्वेस।
उपजी राम भगति दृढ़ बीते सकल कलेस॥ १२९॥

चौ०– यह सुभ संभु उमा संबादा। सुख संपादन समन बिषादा॥
भव भंजन गंजन संदेहा। जन रंजन सज्जन प्रिय एहा॥ १॥

राम उपासक जे जग माहीं। एहि सम प्रिय तिन्ह कें कछु नाहीं॥
रघुपति कृपाँ जथामति गावा। मैं यह पावन चरित सुहावा॥ २॥

एहिं कलिकाल न साधन दूजा। जोग जग्य जप तप ब्रत पूजा॥
रामहि सुमिरिअ गाइअ रामहि। संतत सुनिअ राम गुन ग्रामहि॥ ३॥

जासु पतित पावन बड़ बाना। गावहिं कबि श्रुति संत पुराना॥
ताहि भजहि मन तजि कुटिलाई। राम भजें गति केहिं नहिं पाई॥ ४॥

छं०– पाई न केहिं गति पतित पावन राम भजि सुनु सठ मना।
गनिका अजामिल ब्याध गीध गजादि खल तारे घना॥
आभीर जमन किरात खस स्वपचादि अति अघरूप जे।
कहि नाम बारक तेपि पावन होहिं राम नमामि ते॥ १॥

गुरू पायँ ले जे मन के मया, बाम्हन चो सेउक जे।
हुनी सुनतो चो लाइक आत, धरम के मानसोत जे॥ ४८॥
तिहँके ये कथा सुख देएसे, जे राम ले मया करसोत।
मया करते जे बरहमेस उमडुन, मुक्ती कारज करसोत॥ ४९॥

१२८ हुनी ये कथा अमरित के, मया ले बसुन भाती।
कान दोनी ने झोकुन पीएसे, नंगत समझुन भाती॥ ५०॥

उमा कली चो पाप के सारु, मन चो मइल गुचाऊ।
ये सुंदर राम कथा के सांगले, जे आय गुनी के भाऊ॥ ५१॥
राम कथा जनम-मरना ले तारेसे, रोग काज संजीवनी आय।
बेद-पुराने पंडित मुनी बलसोत, मन ले मानतोर आय॥ ५२॥
एमे सुंदर सात निसेनी आसे, राम भक्ती पातो काजे।
हरी किरपा जेचो उपरे होएसे, हुनी जाउक सके ये बाटे॥ ५३॥
कपट छांडुन जे कथा गावसोत, मनुख मन चो पासोत।
बलते-सुनते सहराते सवँसार, समुंद के नाहकुन जासोत॥ ५४॥
कथा सुनुन पारबती चो मन के, खुबे निको लागली।
भरम गेली आरु राम पायँ ले, मया होली बलली॥ ५५॥

१२९ सवँसार चो मालिक तुमचो दया ले, सुफल होउन गेले।
दुख भरम सपा उठुन गेली, राम पायँ चो होउन गेले॥ ५६॥

राम पारबती चो कल्याणकारी, जे ये गोठ होली।
सुख उपजाऊ दुख नास करु, सुंदर कथा होली॥ ५७॥
जनम-मउत सारु भरम मारु, भगत के सुख देऊ।
सवँसारे राम के मानू लोग काज, भारी मया चो होऊ॥ ५८॥
राम किरपा ले राम चो चरितर, सपा के पबितर करेसे।
कली ने जप-तप नेम उपास, काईं गुन नी पड़ेसे॥ ५९॥
राम के सुमरुन राम के गाउन, राम गुन सुनतोर आय।
पापी के पबितर करु राम नावँ, गोटकी बाना आय॥ ६०॥
कबी, बेद, पुरान, संत बलसोत, कपट छांडुन भजा।
भजुन कोन मुक्ती नी पावलो, राम के तुमी भजा॥ ६१॥
पापी के तारु राम के भजुन, कोन गती नी पावलो।
गनिका, अजामिल, बियाध, गिदहा, हाथी के जे तारलो॥ ६२॥
चंडार लोग जे पाप रूप आत, नावँ धरुन तरसोत।
हुनी राम के मयँ पायँ पड़ेसे, जे सपा के दया करसोत॥ ६३॥

रघुबंस भूषन चरित यह नर कहहिं सुनहिं जे गावहीं।
कलि मल मनोमल धोइ बिनु श्रम राम धाम सिधावहीं॥
सत पंच चौपाईं मनोहर जानि जो नर उर धरै।
दारुन अबिद्या पंच जनित बिकार श्री रघुबर हरै॥ २॥

सुंदर सुजान कृपा निधान अनाथ पर कर प्रीति जो।
सो एक राम अकाम हित निर्बानप्रद सम आन को॥
जाकी कृपा लवलेस ते मतिमंद तुलसीदासहूँ।
पायो परम बिश्रामु राम समान प्रभु नाहीं कहूँ॥ ३॥

दो०– मो सम दीन न दीन हित तुम्ह समान रघुबीर।
अस बिचारि रघुबंस मनि हरहु बिषम भव भीर॥ १३० (क)॥

कामिहि नारि पिआरि जिमि लोभिहि प्रिय जिमि दाम।
तिमि रघुनाथ निरंतर प्रिय लागहु मोहि राम॥ १३० (ख)॥

श्लोक– यत्पूर्वं प्रभुणा कृतं सुकविना श्रीशम्भुना दुर्गमं
श्रीमद्रामपदाब्जभक्तिमनिशं प्राप्त्यै तु रामायणम्।
मत्वा तद्रघुनाथमनिरतं स्वान्तस्तमःशान्तये
भाषाबद्धमिदं चकार तुलसीदासस्तथा मानसम्॥ १॥

पुण्यं पापहरं सदा शिवकरं विज्ञानभक्तिप्रदं
मायामोहमलापहं सुविमलं प्रेमाम्बुपूरं शुभम्।
श्रीमद्रामचरित्रमानसमिदं भक्त्यावगाहन्ति ये
ते संसारपतङ्गघोरकिरणैर्दह्यन्ति नो मानवाः॥ २॥

मासपारायण, तीसवाँ विश्राम
नवाह्नपारायण, नवाँ विश्राम

इति श्रीमद्रामचरितमानसे सकलकलिकलुषविध्वंसने
सप्तमः सोपानः समाप्तः।

कलियुग के समस्त पापों का नाश करनेवाले
श्रीरामचरितमानस का यह सातवाँ सोपान समाप्त हुआ।

(उत्तरकाण्ड समाप्त)

जे रघुबंस चो हीरा राम चो चरितर, बसुन सुनुन गासोत।
कली पाप ले मन धोऊन सहज, राम चो धाम जासोत॥ ६४॥
पाँच सात पद बल जे मनुख, नंगत मानुन भाती।
आपलो हिरदे ने धारन करेसे, मान देऊन भाती॥ ६५॥
हुनचो बल पाँच रकम चो जे, अबिदिया ले होसोत।
सपा बिगाड़ के भगवान राम, नास करून देसोत॥ ६६॥
सुन्दर नंगत किरपा निधान, बोपड़ा के मया करू।
एकलोय राम आसोत जे, बिन सुआरथ हित करु॥ ६७॥
खिंडिक किरपा ले सांती पावलो, गवाँर तुलसीदास।
हुनी राम माहा आउर बले, कोनी परभू नीआत॥ ६८॥

१३०(क) रघुबीर मोचो माहा कोनी, एथा गरीब नीआत।
गरीब के साहा होऊ तुमचो माहा, अउर कोनी नीआत॥ ६९॥

असन बिचारुन रघुबंसमनी, तुमी दया करा।
जनम मउत चो भय दुख ले, मोचो तारन करा॥ ७०॥

१३०(ख) जसन कामी के मेहरार भाएसे, लोमी के भाएसे धन।
रघुनाथ हुसनैय मया लागत, हमेस राम ने रहो मन॥ ७१॥

बड़े कबी संकर आगे जे अटपट, मानस रामायन गढ़ला।
राम पायँ ने बरहमेस भक्ती पाउक, जेचो गुन गीत करला॥ ७२॥
आपलो मन चो अंधार के मेटुक, मानस रामायन चो भासा।
रघुनाथ नावँ ने होमी होउन, तुलसी चो मानस भासा॥ ७३॥
पुन रुप पाप सारु भलई करु, बिग्यान भक्ती देऊ आय।
ये रामचरितमानस माया मोह मइल, सपा के धोऊ आय॥ ७४॥
एकेदाँय सफा मया रुप पानी ले, सुभ ले भरपूर आय।
जे मनुख भक्ती ले भरपूर होउन, मान मया देऊ आय॥ ७५॥
बरहमेस मानस कुंड ने जे, डोबरी होउन नहासोत।
हुन सवँसार रुप सूरुज तरास ले केबई जरुक नी पासोत॥ ७६॥

कलजुग चो सपा पाप के नाल करू श्रीरामचरितमानस

चो ए खण्ड सात सरली

श्रीरामायणजी की आरती

आरति श्रीरामायनजी की।
कीरति कलित ललित सिय पी की॥
गावत ब्रह्मादिक मुनि नारद।
बालमीक बिग्यान बिसारद॥
सुक सनकादि सेष अरु सारद।
बरनि पवनसुत कीरति नीकी॥ १॥

गावत बेद पुरान अष्टदस।
छओ सास्त्र सब ग्रंथन को रस॥
मुनि जन धन संतन को सरबस।
सार अंस संमत सबही की॥ २॥

गावत संतत संभु भवानी।
अरु घटसंभव मुनि बिग्यानी॥
ब्यास आदि कबिबर्ज बखानी।
कागभुसुंडि गरुड के ही की॥ ३॥

कलिमल हरनि बिषय रस फीकी।
सुभग सिंगार मुक्ति जुबती की॥
दलन रोग भव मूरि अमी की।
तात मात सब बिधि तुलसी की॥ ४॥